U0129189

千 秋 人 物

上 冊

彭 建 方 編撰

文史哲出版社印行

《千秋人物》序（一）

　　歷史是人類活動的記錄，人類的活動，創造了歷史！

　　所謂「英雄造時勢」，「時勢造英雄」；說明了兩者的關係。因此換言之，歷史離不開英雄人物，沒有人物，就沒有歷史。沒有歷史就不能鑑往知來；沒有歷史人物，我們就沒有前車之鑒和借鏡。本書作者有鑒於此，他以八六高齡，在完成編年歷史巨著《中華紀元年表》之後，又繼續完成本書，無疑地，《千秋人物》是他對人類、對文化，尤其是對勵志青年的又一巨大貢獻。

　　曾文正公嘗言：「自古名臣良將，都要有好師、好友、好榜樣。」本書以通俗之體，持董狐之筆，秉春秋之義，記往事之實，行褒貶之誅；除能作到「以銅為鏡，可整衣冠，以古為鏡，可知興替；以人為鏡，可明自己得失．」外，更能辨是非於名教，判忠奸於道德，功莫大焉！

　　我中華民族雄踞東亞，建國迄今已歷五千年，在五千多年的歷史長河裡，滾滾逝水，不知道浪花淘盡了多少英雄人物？因此作者在自序中寫道：「只是千載英豪無數，世事萬縷，難如一一縷陳，惟有蜻蜓點水，摘數顯要名人，提供瀏覽，知古鑑今。」本書起自古聖先賢黃帝，包括歷代帝王，名臣良相，開國英豪，各界名家，尖端人物等廿四綱，雖摘要而包羅備至，作者之用心可謂良苦。

　　《千秋人物》一書體例嚴謹，脈絡清晰，網羅宏大，體大思精，史料充實，考證稽詳，敘事詳明，繁簡得宜；誠不愧名家巨作，筆著認為此書傳世無疑。

　　我國歷史名著有司馬遷的《史記》和司馬光的《資治通鑑》，宋末元初<u>胡三省</u>評價《通鑑》：「為人君而不知《通鑑》，

則欲治而不知自治之源，惡亂而不知防亂之術，為人臣而不知《通鑑》，則上無以事君，下無以治民，為人子而不知〈通鑑〉，則謀身必至於辱先，作事不足以垂後。」因此，《千秋人物》的面世，對我們每一個人，都有警覺、反省、啓迪、檢點、和效法的作用。曾文正公又言：「不為聖賢，則為禽獸；」聖賢與禽獸之別「幾希」，讀此書者，可不慎哉！

　　茲承作者建方宗兄囑序，「恭敬不如遵命」，爰畧抒讀後感言，籍以介紹本書，並就正於方家大老，不亦宜乎！

　　最後筆者把明楊慎所寫《臨江仙》一詞的兩闋合成一闋，用作《千秋人物》一書序言輕鬆和瀟灑的結尾吧！

　　「滾滾長江東逝水，浪花淘盡英雄；是非成敗轉頭空，古今多少事，都付笑談中。」

甲午蒲月
湖南古羅

彭　聖　師

序於台北澹廬

《千秋人物》序（二）

中華民族源自上古尚無文字典籍之時，年數始末根由難以稽考。混沌之初，日星河嶽開闢以來，海陸環宇，時物變幻，萬彙奧蹟，莫此為甚，天象淵壞，其道萬千。

混沌紀：盤古氏生於大荒天地初分之時，莫知所始；然盤古能知天地之高低、及造化之理，故俗傳盤古分天地。

三皇紀：天皇氏號天靈，時民風勿穆，居不知所在，行不知所地，饑就食，渴就飲，曚曖然如人之方孩、獸之適野耳·地皇氏始定三辰，以別日明、分晝夜、辨四時·人皇氏御天下為九，各御一區，為政自所始。

五帝紀：有巢氏為古民避患禽獸，帝構木造居，然猶未知熟食·燧人氏因古民茹毛飲血未知烹，帝觀星辰而察五行，知空有火，麗木則明，教民鑽木取火為烹。作繩之政，立傳教之台、與交易之道，國政啓始，開物成務，文明創立·伏羲氏王朝傳十六君，第一位君主太昊華胥氏，出生於公元前-4471 年。再傳炎帝神農氏、黃帝、至國父孫中山先生，領導推翻滿清，於公元 1912 年創建中華民國，合共 6384 年，歷史悠久，尚古文化綿延，生生永續不息。

建方宗賢，求學時，適逢七七抗日戰爭，響應先蔣委員長「一寸山河一寸血，十萬青年十萬軍」號召，投筆從戎，分發青年軍 205 師（師長劉安祺）服役，抗戰勝利復員，分發國立湖南大學，因學系不理想，另行考入國立廣西大學，山河突變，轉輾來台，在國立中興大學寄讀完成未竟學業·他學農，專事農業開發、水土保持，擔任日月潭水土保持工作處主任時，際遇行政院國軍退除役官兵輔導委員會前主任委員蔣經國，垂青賞識到輔導會，在橫貫公路擔任勝光工站主任，負責橫貫公路水土保持，及公路兩側農地開發安置榮

民，今日武陵農場即其任內首勘發現，闢建今日〔武陵農場〕，成為〔武陵農場〕開山鼻祖．當時交通不便，物資缺乏，率領二百餘榮民，克盡萬難，披荊斬棘，孕育而成，初名「七家灣農場」，先總統蔣公蒞臨視察，視為世外桃園，欽命「武陵農場」。

宗賢工作卓越，農委會山地聯絡室主任張廉駿賞識，延聘到「中華民國駐越南農技團」擔任技正兼湄公河三角洲15 個省(安江)隊長，歷時五年之多，回國在行政院退輔會從事森林撫育、木材利用、水土保持，及去泰國(泰王泰北山地計劃)、日本、印尼、馬來西亞、菲律賓，參與農業調查開發顧問工作．迄至屆齡退休。

建方耄居者儒，利用退休餘年，精心編纂「中華彭氏源流譜」、「中華民族紀年表」、「建方札記」等書，今又撰編〔千秋人物〕，跨越古今經典史事，千錘百鍊，新穎文化之作．忠奸易辨，義理分明，彌足珍貴。

愚與建方宗親，年齡相約，同宗、同鄉、同好，時相往來，情同手足，承囑為〔千秋人物〕作序，愚耄識淺，愧赧不稱，多同之誼，盛情難卻，惟命是從，遵囑為序。

彭伯良

中華民國 103 年（2014）甲午歲蒲月
金門縣金城鎮珠浦北路 11 號之一
電話：082-320-290

自 序

尚古朝代興衰，帝王交遞，權謀譎詭，險惡多端，是非功罪，斑斑在人耳目，發人深省，堪足天下殷鑑·冀期博聞而不亂，多識而不疑·匯萃顯著典型人物生平事蹟，留供世人修身為人作事參考，只是千載英雄豪傑無數，世事萬縷，難如一一縷陳，惟有蜻蜓點水，摘數顯著人物，提供瀏覽，知古鑑今。

史上君臣宰相公卿，才能品德各別，英才、賢能、聰明、廉潔、貪婪、狡詐、弱智、卑劣、無恥，形色各異·令人欽仰敬賞者，名留千古；為人唾棄者，遺臭萬年，各有歷史痕跡可尋·當今執政諸公或在野者，堪作為反躬自省殷鑑，擇善固執，知所進退，日夕警惕，借鏡鑑之。

賢能博學之士，高風亮節，威武不能屈，貧賤不能移，不為五斗米折腰，後人景仰；政客者，卑躬屈膝，彎腰哈背，唯命是從，一時有成，但終歸沒落；功利之士，仰人鼻息，見人眼色行事，然紅潮短暫，破綻終露，功敗垂成，告老還鄉，落葉歸根，養老終生。

唐太宗悼忠臣魏徵：「以銅為鏡，可整衣冠，以古為鏡，可知興替；以人為鏡，可明自己得失·」金石箴言，人人可借鏡自省。

歷史是一面鏡子，拙作「千秋人物」，言簡意賅，拳拳衷懷，意境難全，它不是明鏡，對修身、齊家、治國，有什

麼多大鴻圖謀略貢獻，但至少對人、對己、處事，多少有些
助益，發人省思，望共鑑識。

彭 建 方

湖南省瀏陽市官橋鎮達庄梅村灣
台北市和平東路一段 55 巷 1 弄 8 號 19 樓
cf.pen@msa.hinet.net
電話：02-2395-2231
2014 年甲午於台北草廬

千秋人物　　綱　目

序言…………………………………………………… 1-6

綱要…………………………………………………… 7-8

目次………………………………………………… 9-84

一、三皇五帝………………………………………… 85-147

二、古聖先賢………………………………………… 148-187

三、歷代皇帝………………………………………… 188-321

四、國粹瑰寶………………………………………… 322-441

五、上古名臣良將（289~366,367~415）………… 442-588

六、巾幗名人………………………………………… 589-679

　　（一）巾幗女傑………………………………… 589-626

　　（二）巾幗名人………………………………… 627-679

七、歷代奸臣亂賊…………………………………… 680-714

八、中華民國開國元勳……………………………… 715-765

九、中國民初軍閥…………………………………… 766-814

十、中華民國元首及五院院長……………………… 815-830

十一、中華民國先賢………………………………… 831-909

十二、中華民國英豪………………………………… 910-1027

　　（一）沙場名將………………………………… 922-994

　　（二）春秋英烈………………………………… 995-1004

　　（三）國家安全………………………………… 1005-1027

十三、台灣碩彥……………………………………… 1028-1100

十四、中華學術精英………………………………… 1101-1136

十五、中華人民共和國功臣………………………… 1137-1216

十六、中華人民共和國名將………………………… 1217-1266

十七、儒、理、哲學家……………………………… 1267-1306

十八、史學家⋯⋯⋯⋯⋯⋯⋯⋯⋯⋯⋯⋯⋯⋯⋯ 1307-1357

十九、政治家⋯⋯⋯⋯⋯⋯⋯⋯⋯⋯⋯⋯⋯⋯⋯ 1358-1404

二十、外交家⋯⋯⋯⋯⋯⋯⋯⋯⋯⋯⋯⋯⋯⋯⋯ 1405-1444

廿一、財經家⋯⋯⋯⋯⋯⋯⋯⋯⋯⋯⋯⋯⋯⋯⋯ 1445-1460

廿二、科學家⋯⋯⋯⋯⋯⋯⋯⋯⋯⋯⋯⋯⋯⋯⋯ 1461-1506

廿三、古今名醫⋯⋯⋯⋯⋯⋯⋯⋯⋯⋯⋯⋯⋯⋯ 1507-1650

　　（一）中醫⋯⋯⋯⋯⋯⋯⋯⋯⋯⋯⋯⋯⋯⋯ 1507-1608

　　（二）西醫⋯⋯⋯⋯⋯⋯⋯⋯⋯⋯⋯⋯⋯⋯ 1606-1650

廿四、文學家⋯⋯⋯⋯⋯⋯⋯⋯⋯⋯⋯⋯⋯⋯⋯ 1651-1691

廿五、名詩人⋯⋯⋯⋯⋯⋯⋯⋯⋯⋯⋯⋯⋯⋯⋯ 1692-1716

廿六、名作家⋯⋯⋯⋯⋯⋯⋯⋯⋯⋯⋯⋯⋯⋯⋯ 1717-1744

廿七、教育家⋯⋯⋯⋯⋯⋯⋯⋯⋯⋯⋯⋯⋯⋯⋯ 1745-1798

　　（一）教育家⋯⋯⋯⋯⋯⋯⋯⋯⋯⋯⋯⋯⋯ 1745-1791

　　（二）學府（北京大學⋯⋯）⋯⋯⋯⋯⋯⋯ 1792-1798

廿八、書法家⋯⋯⋯⋯⋯⋯⋯⋯⋯⋯⋯⋯⋯⋯⋯ 1799-1811

廿九、名畫家⋯⋯⋯⋯⋯⋯⋯⋯⋯⋯⋯⋯⋯⋯⋯ 1812-1863

三十、名報人⋯⋯⋯⋯⋯⋯⋯⋯⋯⋯⋯⋯⋯⋯⋯ 1864-1885

卅一、音樂家⋯⋯⋯⋯⋯⋯⋯⋯⋯⋯⋯⋯⋯⋯⋯ 1886-1904

卅二、攝影家⋯⋯⋯⋯⋯⋯⋯⋯⋯⋯⋯⋯⋯⋯⋯ 1905-1916

卅三、宗教家⋯⋯⋯⋯⋯⋯⋯⋯⋯⋯⋯⋯⋯⋯⋯ 1917-1963

卅四、慈善家⋯⋯⋯⋯⋯⋯⋯⋯⋯⋯⋯⋯⋯⋯⋯ 1964-1990

卅五、社會名人⋯⋯⋯⋯⋯⋯⋯⋯⋯⋯⋯⋯⋯⋯ 1991-2027

卅六、京劇名伶⋯⋯⋯⋯⋯⋯⋯⋯⋯⋯⋯⋯⋯⋯ 2028-2037

卅七、電影藝人⋯⋯⋯⋯⋯⋯⋯⋯⋯⋯⋯⋯⋯⋯ 2038-2067

卅八、名歌星⋯⋯⋯⋯⋯⋯⋯⋯⋯⋯⋯⋯⋯⋯⋯ 2068-2079

卅九、民俗技藝⋯⋯⋯⋯⋯⋯⋯⋯⋯⋯⋯⋯⋯⋯ 2080-2104

四十、騎牆人⋯⋯⋯⋯⋯⋯⋯⋯⋯⋯⋯⋯⋯⋯⋯ 2105-2166

四一、編後語⋯⋯⋯⋯⋯⋯⋯⋯⋯⋯⋯⋯⋯⋯⋯ 2167-2168

四二、參考資料⋯⋯⋯⋯⋯⋯⋯⋯⋯⋯⋯⋯⋯⋯ 2169-2172

千秋人物　　目　次

一、三皇五帝

三皇五帝	學　　　　　　　　　　　　　　　　說	頁次
盤古氏		85
三　皇		85
五　帝		85
有巢氏		86
燧人氏		86
伏羲氏		87
女媧氏		91
少典氏		94
神農氏		105
炎　帝		109
黃　帝	前-2728~-2598	112
堯	前-2374~-2257	116
舜	前　?~-2208	118
禹		120
彭　祖	彭祖群像	122
	彭祖史考	125
	彭祖養生術	127
	彭祖攝養術	128
	彭祖導引術　一　彭祖坐引法	129
	二　服氣導引行氣	130
	(一) 長壽養生導引	131
	(二) 長壽養療導引	132
	(三) 彭祖壽仙導引	134
	三　彭祖調攝療養	136
	時調攝養身	138
	彭祖房中術	140
	一　玄女九法	144
	二　陰陽七損八益	145
	三　合陰陽七忌	147
	毛澤東讚彭祖	147

二、古聖先賢

古 聖 先 賢	生　　　殁	備　　　　註	頁次
老　子	前-561.2.15~-467		148
孔　子	前 51.9.28.~-479.4.11.		150
莊　子	前-369~-286		162
孟　子	前-372~-289		164
荀　子	前-313~-238		166
墨　子	前-479~-381		168
韓非子			170
曾子（曾參）	前-505.10.12.~-435	山東平邑居武城春秋魯國南武	173
黃石公			175
釋迦牟尼佛	前-558~-478（-558--483）		176
玄　奘	602~664		180
道　教			184

三、歷代皇帝

朝 代	帝　　　王	生　　　殁	在位時間	壽	在位	頁次
秦	秦始皇	前-259~-210	前 262~-210	50	12	195
	胡亥	前-230~-207	前 210~-207	24	4	196
	子嬰	不詳~207.8.	前 207~-207		45 天	196
西漢	漢高祖　劉邦	前-256~-195	前 202—195	62	8	197
	漢惠帝　劉盈	前-211~-188	前 195~-188	24	8	198
	漢少帝　劉恭	?~前-184	前 184~-180		4	198
	漢後少帝 劉弘		前 180-		4	198
	西漢文帝 劉恒	前-202~-157	前 180—157	46	24	199
	西漢景帝 劉啟	前-188~-141	前 157—141	48	17	199
	西漢武帝 劉徹	前 156~-87	前 140—87	71	54	199
	西漢昭帝 劉弗陵	前-94~-74	前-85~-74	21	13	200
	西漢天皇 劉賀	前 ?~-74	前 ?~-74		1 個月	201
	西漢宣帝 劉詢	前-90~-49	前 90~-49	42	25	201
	西漢元帝 劉奭	前-76~-33	前 75~-33	43	17	201
	西漢成帝 劉驁	前-51~-7	前 32~-7	45	26	201
	西漢哀帝 劉欣	前-27~-1	前-26~-1	26	6	202
	西漢平帝 劉衍	前-9~公元 5	公元 1~5	14	5	202
	西漢孺子 劉嬰	公元 4~8	4~8	5	3	202
新朝	假皇帝　王莽	前-45~公元 23	8~23	65	15	203
	更始帝　劉玄		23-25			204

朝代	帝　　王	生　　歿	在位時間	壽	在位	頁次
東漢	光武帝　劉秀	前-6~公元 57.2	25~57	62	33	205
	明帝　　劉莊	公元 28~75	57~75	47	19	206
	章帝　　劉炟	51~88	76~88	32	14	206
	和帝　　劉肇	78~105.12.	88~105	27	18	206
	殤帝　　劉隆	105.12.~107	105~106	2	2	207
	安帝　　劉祜	93~125	107~125	32	20	207
	少帝　　劉懿	不詳~125.10.	125~125		7個月	207
	順帝　　劉保	115~144	125~144	30	19	207
	沖帝　　劉炳	142~145	144~145	3	4個月	208
	質帝　　劉纘	138~146	145~145	9	6個月	208
	桓帝　　劉志	132~167.12.	146~167	36	21	208
	靈帝　　劉宏	156~189	168~189	34	22	208
	又一少帝　劉辯	175~190	189~189	15	5月	209
	獻帝　　劉協	181~234	181~220	54	31	209
三國	魏武帝　曹操	155-220.3.15.		66		210
	魏文帝　曹丕	187~226	220~226	40	7	212
	魏明帝　曹叡	205~239	227~239	35	13	212
	齊王　　曹芳	232~254	239~254	22	15	212
	高貴鄉公　曹髦	240~260	240~260	20	6	213
	魏元帝　曹奐	245~265	246~265	21	5	213
蜀漢	昭烈帝　劉備	161~223	221~223	63	2	214
	後主孝懷帝　劉禪	207~271	222~263	66	41	215
孫吳	吳大帝　孫權	182~252.4.	222~252	71	30	215
	廢帝　　孫亮	243~258	252~258	16	7	216
	景帝　　孫休	235~264	258~264	30	7	216
	亡國皇帝　孫皓	242~283	264~280	41	17	216
西晉	西晉宣帝　司馬懿	179~251				217
	晉武帝　司馬炎	236~290.4.	265~290	55	25	218
	晉惠帝　司馬衷	259~307	290~306	49	17	218
	晉懷帝　司馬熾	284~313	306~313	29	7	218
	晉愍帝　司馬鄴	300~316	313~316	18	4	219
東晉	元帝　　司馬睿	276~322.11.	317~322	47	6	219
	明帝　　司馬紹	299~325.7	323~325	27	3	219
	成帝　　司馬衍	321~342	326~342	23	17	220
	康帝　　司馬岳	322~344	343~344	23	2	220
	穆帝　　司馬聃	343~361	343~361	19	18	220
	哀帝　　司馬丕	341~365	361~365	25	5	220
	廢帝（海西公）司馬奕	341~386	366~371	45	7	221
	簡文帝　司馬昱	320~372	371~372	53	8月	221
	孝武帝　司馬曜	362~396	383~396	35	24	221
	安帝　　司馬德宗	382~418	396~418	37	22	221

朝 代	帝	王	生 歿	在位時間	壽	在位	頁次
	晉恭帝	司馬德文	386~420	418~420	36	2	221
南朝	宋武帝	劉裕	362~422.5.	420~422	60	2	222
	宋少帝	劉義符	406~424	422~415	19	3	223
	宋文帝	劉義隆	407~453	424~453	47	30	223
	宋孝武帝	劉駿	430~464.5.	453~464	35	12	223
	宋前廢帝	劉子業	449~465.4.11.	464~465	17	1	223
	宋明帝	劉彧	439~472	465~472	34	8	224
	後廢帝	劉昱	462~477	472~472	15	5	224
	宋順帝	劉淮	467~479	477~479	13	3	224
蕭齊	齊高帝	蕭道成	427~482	479~482	56	4	225
	齊武帝	蕭頤	440~493	483~493	54	11	225
	廢帝	蕭昭業	473~494	493~494	22	1	226
	廢帝	蕭昭文	480~500494	494~494	15	3個月	226
	齊明帝	蕭鸞	452~498	494~498	47	5	226
	東昏侯	蕭寶卷	483~501	499~501	19	3	226
	齊和帝	蕭寶融	498~501.7.	501~501.4	4	1	226
蕭梁	梁武帝	蕭衍	464~549	502~549	86	46	227
	梁簡文帝	蕭綱	503~551	550~551	49	2	227
	梁豫章王	蕭棟	551~552	551~552	2	7個月	227
	梁元帝	蕭繹	508~555	552~554	47	3	227
	梁貞陽侯	蕭淵明	不詳-555	555~555.9		4個月	228
	梁敬帝	蕭方智	542~558.4.	555~557	16	2	228
陳	武帝	陳霸先	503~559.6.	557~559	57	3	228
	文帝	陳蒨	522~566	560~566	45	7	229
	廢帝	陳伯宗	554.5~570.4.	567~568	27	2	229
	宣帝	陳頊	530.7.~582.11.	569~582	53	15	229
	後主	陳叔寶	553.11.~604.11.	583~589	37	7	229
北魏	北魏道武	拓拔珪	371~409	386~409	39	24	230
	明元帝	拓拔嗣	392~423	409~423	32	15	230
	太武帝	拓拔燾	408~452	424~452	45	30	230
	文成帝	拓拔濬	440.6.~465.5.	452~465	26	14	231
	獻文帝	拓拔弘	454.7.~476	466~476	23	6	231
北魏	孝文帝	元宏	467~499	471~499	33	29	231
	宣武帝	元恪	483.閏4月~515.1.	500~515	33	16	231
	孝明帝	元詡	510~528.1.	516~528	19	14	232
	孝莊帝	元子攸	507~530.9	528~530	24	3	232
	長廣王	元曄	508~531	530~531	23	2	232
	節閔帝	元恭	498~532.5.	531~532	25	1.2	232
	安定王	元朗	513~532.11.	531~531.4	19	6月	232
	孝武帝	元修	510~534.閏12月	532~534	25	3	233
東魏	孝靜帝	元善見	524~551.5.	534~550	28	17	233

朝代	帝　　王	生　　殁	在位時間	壽	在位	頁次
北齊	文宣帝　高洋	529~559	550~559	31	10	233
	廢帝（濟南王）高殷	?-559	550-561		1	233
	孝昭帝　高演	535~561.9.	560~561	27	1.1	233
	武帝　高湛	537~568	561~565	32	5	233
	後主　高緯	556~576	565~576	21	12	234
	安德王　高延宗	?-576.12	576~577.1		1個月	234
	幼主　高恒	570~571	577~577.1	22	1個月	234
西魏	文帝　元寶矩	507~551.3.	535~551	45	17	234
	廢帝　元欽	不詳-555.4	551~554		3	234
	恭帝　元廓	537~557.12.	554~557.1		3	235
北周	孝閔帝　宇文覺	542~557	557~557.1	16	9個月	235
	明帝　宇文毓	534~560	557~560	27	4	235
	武帝　宇文邕	543~578	561~578	36	18	235
	宣帝　宇文贇	559~580	578~579	22	8個月	236
	靜帝　宇文闡	573~581	579~581	9	2	236
隋	隋文帝　楊堅	541~604	581~604	64	24	236
	隋煬帝　楊廣	569~618	604~618	50	14	237
	隋恭帝　楊侑	605~619	617~618	15	1	239
	隋越王　楊侗	不詳~619	618~619		1	239
唐	唐高祖　李淵	566~635	618~626	70	9	239
	唐太宗　李世民	598~649	627~649	52	23	240
	唐高宗　李治	628~683	650~683	56	34	242
	武曌　武則天	624~705	684~704	82	21	242
	唐中宗　李顯	656~710	705~710	55	6	245
	唐殤宗　李重茂	697~710	710~710.7	14	1個月	245
	唐睿宗　李旦	662~716	710~712	55	2	245
	唐玄宗　李隆基	685~762	712~762	78	44	246
	唐肅宗　李亨	711~762	756~761	52	6	249
	唐代示　李豫	728~779	763~779	51	17	249
	唐德宗　李適	742~805	780~805	64	26	249
	唐順宗　李誦	761~807	805~806	46	8月	250
	唐憲宗　李純	778~820	806~820	43	15	250
	唐穆宗　李恒	795~824	820~824	30	4	250
	唐敬宗　李湛	809~827	825~827	19	3	250
	唐文宗　李昂	808~840	827~840	33	14	250
	唐代宗　李炎	814~846	841~846	33	6	251
	唐宣宗　李枕	810~859	847~859	50	13	251
	唐懿宗　李漼	833~873	860~874	41	15	251
	唐僖宗　李儇	862~888	874~888	27	15	251
	唐昭宗　李曄	867~904	889~904	38	16	252
	唐哀帝　李柷	893~908	904~907	16	4	252

朝代	帝　　　王	生　　殁	在位時間	壽	在位	頁次
五代	後梁太祖朱全忠（朱溫）	852.12.9.~912.8.7.18	907~912	61	6	253
後梁	弒父帝　朱友珪	不詳-913	912~913		8個月	254
	後梁末帝 朱友貞	888~923	913~923	36	10	254
後唐	莊宗　　李存勗	885~926	923~926	42	3	254
	明帝　　李嗣源	866~933	926~933	68	8	256
	閔帝　　李從厚	913~934	933~934	21	4個月	256
	末帝　　李從珂	884~936	934~936	53	3	256
後晉	高祖兒　石敬瑭	892~942	936~942	51	6	256
	孫皇帝　石重貴	不詳~946	942~946		5	257
後漢	高祖　　劉知遠	895~948	947~948	54	1	258
	隱帝　　劉承祐	931~951	948~950	21	3	258
後周	太祖　　郭威	904~954	951~954	51	4	259
	世宗　　郭柴榮	921~959	954~959	39	6	260
	恭帝　　柴宗訓	953~不詳	959~960		6個月	260
北宋	宋太祖　趙匡胤	927~976	960~976	50	17	261
	宋太宗　趙匡義	937~997	976~997	61	22	262
	宋真宗　趙恒	968~1022	998~1022	55	25	262
	宋仁宗　趙禎	1010~1063	1023-1063	54	41	263
	宋英宗　趙曙	1030~1067	1064-1067	38	4	263
	宋神宗　趙頊	1047~1085	1068-1085	39	18	264
	宋哲宗　趙煦	1077~1100	1086-1100	24	15	264
	宋徽宗　趙佶	1082~不詳	1101-1125		25	265
	宋欽宗　趙桓	1100~1127	1125-1127	27	2	265
南宋	南宋高宗　趙構	1107~1187	1127-1162	81	36	266
	南宋孝宗　趙伯琮	1127~1194	1163-1190	68	27	268
	南宋光宗　趙惇	1147~1200	1190-1194	54	4	269
	南宋寧宗　趙擴	1168~1224	1195-1224	57	30	269
	南宋理宗　趙昀	1205~1264	1225-1264	60	40	269
	南宋度宗　趙祺	1242~1274	1265-1274	33	10	270
	南宋恭帝　趙顯	1271~不詳	1274-1276		2	270
	南宋端宗　趙昰	1267~1278	1276-1278	12	2	270
	南宋衛王　趙昺	1270~1279	1278-1279	10	10個月	271
遼	太祖 耶律阿寶機	872~926	916-926	55	11	271
	太宗 耶律德光	902~947	927-947	46	21	271
	世宗 耶律阮	918~951	947-951	34	4	272
	穆宗 耶律璟	931~969	952-969	39	18	272
金	景宗 耶律賢	948~982	969-982	35	14	272
	聖宗 耶律隆緒	971~1031	983-1031	61	48	272
	興宗 耶律宗真	1016~1055	1031-1055	40	24	272
	道宗 耶律洪基	1032~1101	1055-1101	70	46	272
	天祚帝 耶律延禧	1075~1126	1101-1125	52	24	272

朝 代	帝 王	生 歿	在位時間	壽	在位	頁次
	西遼德宗 耶律大石	1087-1143	1124-1143		19	273
	太祖 完顏阿骨打	1068~1123	1115-1122	56	9	273
	太宗 完顏晟	1075~1135	1123-1135	61	13	273
	熙宗 完顏亶	1119~1149	1135-1149	31	14	274
	廢帝 完顏亮	1122~1161	1149-1161	40	13	274
	世宗 完顏雍	1123~1189	1161-1189	67	29	274
	章宗 完顏璟	1168~1208	1189-1208	41	19	274
	廢帝 完顏永濟	不詳~1213	1208-1213		5	274
	宣宗 完顏洵	1163~1223	1213-1223	61	11	275
	哀宗 完顏守緒	?~1234	1223-1234		11	275
	末帝 完顏承麟	?-1234.1.9.	1234-1234			275
西夏	景帝 李元昊	1003~1048.1.15.	1038-1048	46	11	275
	毅宗 李諒祚	1047~1067.12.	1048-1067	21	20	276
	惠宗 李秉常	1060~1086.9.	1068-1086	27	18	276
	崇宗 李乾順	1084~1139.6.	1086-1139	56	53	276
	仁宗 李仁孝	1124~1193	1139-1193	70	55	276
	桓宗 李純祐	1187~1206.1.	1193-1206	20	13	277
	襄宗 李安全	1206~1211.7.	1206-1211	5	5	277
	神宗 李遵頊	1163~1226.5.	1211-1223	64	12	277
	獻宗 李德旺	1181~1226	1223-1226	46	4	277
	末帝 李 睍	不詳~1226	1226-1227		1	277
元	太祖 成吉思汗	1162~1227.7.	1206-1227	66	22	278
	太宗 窩闊台	1186~1241.11.	1229-1241	56	13	280
	定宗 貴由	1206~1248	1246-1248	43	2	281
	憲宗 蒙哥	1218~1259	1251-1259	42	9	281
	世祖 忽必烈	1215~1294	1260-1294	80	35	281
	成宗 鐵穆耳	1266~1307	1294-1307	42	13	282
	武宗 海山	1281~1311	1307-1311	31	4	282
	仁宗 愛育黎拔力八達	1285~1320	1311-1320	36	9	283
	英宗 碩德八剌	1303~1323	1320-1323	21	3	283
	泰定帝 也孫鐵木兒	1276.10.29.~1328.7.	1324-1328	53	6	283
	少帝 阿叔吉巴	1320~1328	1328-1328	8	2個月	283
	明宗 和世瓎	1300.11.~1329.8.	1329-1329	30	8個月	283
	文宗 圖帖睦爾	1304.1.~1332.8.	1329-1332	29	4	284
	寧宗 懿璘質班	1326.3.~1332.9.	1332-1332	7	43天	284
	順帝 懽帖睦爾	1320~1368.8.2.	1333-1368	51	35	284
明	太祖 朱元璋	1328~1398	1368-1398	71	31	285
	惠帝 朱允炆	1377~1402.6.	1398-1402	25	4	287
	成祖 朱棣	1360~1424.7.18.	1402-1424	65	22	287
	仁宗 朱高熾	1377~1424.5.	1424-1424	49	10個月	288
	宣宗 朱瞻基	1398~1435	1425-1435	38	10	288

朝 代	帝　　　王	生　　　歿	在位時間	壽	在位	頁次
	英宗 朱祁鎮	1427~1464	1435-1464	38	23	288
	代宗 朱祁鈺	1428~1457	1449-1457	30	8	289
	憲宗 朱見深	1447~1487.8.	1464-1487	41	23	289
	孝宗 朱祐樘	1470.7.~1505	1487-1505	36	18	289
	武宗 朱厚照	1491.10.~1521.3.	1505-1521	31	16	290
	世宗 朱原熜	1507~1566.12.	1521-1566	60	45	290
	穆宗 朱載垕	1527~1572.5.	1566-1572	46	6	290
	神宗 朱翊鈞	1562~1620.8.	1572-1620	59	48	291
	光宗 朱常洛	1582.8.~1621	1620-1620	36	29 天	291
	熹宗 朱由校	1605~1627	1620-1627	23	7	291
	思宗 朱由檢	1610.2.~1644.8.19.	1627-1644	35	17	292
	安宗 朱由崧	?~1645	1644-1644		1	293
	魯王 朱以海	1618~1662.11.13.	1645-1662	45	17	294
	唐王 朱聿鍵	?-1646.8.	1644-1646			294
	桂王 朱由榔	1623-1662	1646-1662		16	294
太平天國	洪秀全	1814~1864	1851~1864.		14	295
清	太祖 努爾哈赤	1559~1626.1.	1616-1626	68	11	297
	太宗 皇太極	1592.10.25.~1643.8.8	1626-1643	52	17	298
	世祖（順治）福臨	1638~1661.2.5.	1644-1661	24	18	299
	聖祖（康熙）玄燁	1654.3.3.~1722.11.13	1661-1722	69	61	300
	世宗（雍正）胤禛	1678.11.30.~1735.8.23	1722-1735	58	13	302
	高宗（乾隆）弘曆	1711.8.13.~1799	1735-1799	89	60	304
	仁宗（嘉慶）顒琰	1760.10.6.~1820.9.3.	1795-1820	61	25	305
	宣宗（道光）旻寧	1782.8.10.~1850.1.14	1821-1850	69	30	306
	文宗（咸豐）奕詝	1831.6.9.~1861.7.17.	1851-1861	31	11	307
	穆宗（同治）載淳	1856.3.23.~1874.12.15	1861-1874	19	14	308
	慈禧太后	1835.11.29.~1908.11.25		67		309
	德宗（光緒）載湉	1871.6.28.~1908.11.14.	1875-1908	38	34	311
	末帝 溥儀	1906.1.14.~1967.10.17.	1909-1911	62	3	314
	秦以來各朝帝王嵩壽錄					318
	中華民族元首					321

四、國粹瑰寶

國粹瑰寶	姓　　名	生　　歿	備　　　　註	頁次
文字發明人	倉　頡	前 24 世紀		322
農　業	后　稷	上古時人		323
	許　行	戰國時代人	楚懷王時與孟子同時代	324
	賈思勰	生卒不明	山東壽光市	325
	王　禎	1271~1333	山東東平人	327
兵　法	孫武（孫子）	約前-535-？		328

國粹瑰寶	姓　名	生　　歿	備　　　　註	頁次
	孫　臏	生卒不詳	山東省陽谷縣阿城鎮	329
	龐　涓			330
	諸葛亮	181-234	湖北襄樊琅琊陽都	330
中國四大發明				332
造紙術	蔡　倫	62-121	湖南桂陽寶山腳下蔡子坪	332
指南針				334
火　藥	葛　洪	戰國時期		335
印刷術	畢　昇	約970~1051	湖北英山草盤地五桂墩村	336
中國領先世界發明				339
火　箭				339
火箭噴射器				340
槍　炮				341
微型熱氣球				341
鐵　犁				341
懸吊橋				342
紡　織				343
弩				344
獨輪車				345
釀酒術				347
雨　傘				353
降落傘				353
鍊鋼術				354
數　學				354
珠　算				356
空位表零法				357
二進位制				357
十進計算制				358
九九乘法表				359
古代機器人				359
風　箏				360
鼓				361
鑼				362
地　毯				363
繩　索				364
漆				365
銅　鏡				365
長明燈				369
硝　石				369
第一條運河				369
立體地圖				370
墨　水				371

國粹瑰寶	姓　名	生　歿	備　　註	頁次
耬				371
風　車				371
豆　腐				372
瓷　器				373
走馬燈				374
火　柴				376
化學武器				376
大　炮				377
眼　鏡				378
古代直升機				378
象　棋				378
拱　橋				379
水力風箱				379
骨水車				380
帆　船				380
七根桅杆船				381
連珠火銃				381
赤道式天文儀				383
人工孵化養魚				384
音樂記譜法				385
焰　火				386
熨　斗				386
平衡環				388
紙　幣				389
錢　幣				391
麻　將				393
撲克牌				395
運河閘門				395
種痘免疫法				396
機械鐘				398
水　雷				398
回音壁				399
人造金				399
雙動活塞風箱				399
催淚彈				400
鏈式傳動裝置				401
凸　輪				401
自動控制機				402
傳動帶				402
船尾舵				402
直升機螺旋槳				402
划槳輪船				402

國粹瑰寶	姓　名	生　　殁	備　　　　註	頁次
水力磨面機				403
海灘航行				403
指標標度裝置				403
曲　柄				404
曲柄搖手				404
麥卡托投影				404
水涌缽				404
馬胸帶換具				404
馬肩套輓具				404
馬　蹬				404
石油照明法				404
大定音鐘				404
分行細耕法				404
密封實驗室				405
滑動測繪儀				405
定量製圖法				405
純硫提煉法				405
車前橫木				405
初級砷提煉法				405
捲線釣魚器				405
古代科技				406
水利家	李　冰	生卒不詳		406
	王　景			406
	高　超	北宋人		407
	潘季馴	1521.4.23.~1595.4.12.	湖州吳興環渚街道常溪	407
土木	魯　班	春秋魯國人		408
土地井田制	滕文公			409
曆算家	耿壽昌			409
機械家	馬　鈞		三國魏扶風（陝西興平）人	409
	丁　緩		西漢長安	410
紡織家	黃道婆	約 1245~?	上海華涇鎮人	410
天文家	郭守敬	1231~1316	生於邢州境內的邢台	411
地動儀	張　衡	78-139	河南南陽縣石橋鎮人	411
藥　物	蘇　頌	1020~1101	福建廈門市同安區	414
儀　器	梁令瓚		蜀（今四川）	414
曆　算	沈　括	1031~1095	浙江錢塘（杭州）	415
冶金術	綦母懷文	東魏北齊時		416
地球子午線	僧一行（張遂）	683~727	今河南南樂縣人	416
九章算術	劉徽注			418
造船家	高　宣			418
航海	徐　福	前?~-210	江蘇連雲港贛榆縣金山	418

國粹瑰寶	姓　名	生　　歿	備　　　註	頁次
經典	支　謙			420
玻璃家	何稠新			421
陶瓷家	章生一	生歿不詳	處州（治今浙江麗水）	421
	舒　翁	生歿不詳	江西吉安和鎮人	421
製墨家	奚　鼐	生歿不詳	河北道易州（河北易縣）	421
	李廷珪	生歿不詳	河北易縣人居安徽歙	421
兵　器	趙士楨	1553－1611	溫州樂清（今杭州）人	421
	戴　梓	1635~1704	杭州人	422
爆　竹	李　畋	621.4.18.~691.	湖南瀏陽醴陵萍鄉交界處	422
農　具	趙　過		西漢人	423
諾貝爾獎人	伍連德	1879.3.10.~1960.1.21.	廣東台山人	425
	楊振寧	1922.9.22.~	安徽省合肥	425
	李政道	1926.11.24.~	上海市 祖籍江蘇蘇州	428
	丁肇中	1936.1.27.~	山東日照出生美國密歇根州	429
	朱棣文	1948.2.28.~	江蘇太倉生美國密蘇里州	430
	李遠哲	1936.11.19.~	臺灣新竹	431
	高行健	1940.1.4.~	祖籍江蘇省泰州市	432
	崔　琦	1939.2.28.~	河南省寶豐	433
	劉曉波	1955.2.28.~	吉林省長春市	433
	莫　言	1955.2.17.~	山東高密縣	434
	高　錕	1933.11.4.~	生於上海金山張堰	434
	14世賴喇嘛	1935.7.6.	青海同仁縣	435
太空科學	中國原子彈			437
	中國人造衛星			438
太空人	王贛駿		台灣出生1975入美國	438
	張福林		美籍華人	438
	焦立中		美籍華人	439
	盧　傑		美籍華人	439
	楊利偉	1965.6.21.~	遼寧綏中縣	439
	劉伯明	1966.9.~	黑龍江齊齊哈爾依安縣	439
	翟志剛	1966.10.10.~	黑龍江齊齊哈爾龍江縣	439
	景海鵬	1966.10.24.~	山西運城東楊家卓村	440
	劉　旺	1969.3.25.~	山西省平遙縣人	440
	劉洋（女）	1978.10.6.~	河南省鄭州市人	440
	聶海勝	1964.10.13.~	湖北襄陽人	441
	張繼光			441
	王亞平（女）	1980年生		441

五、上古名臣良將

上古名臣良將	生　歿　時　間	備　　　　　　註	頁次
周公（周公旦）			442
華　督			443
姜子牙		東海上人	443
管　仲	前-725~ -645	安徽潁上縣人	444
鮑叔牙	?~前-644	潁上（今屬安徽）人	445
弦　高		春秋戰國時人	445
公孫杵臼	?~前-597	春秋時期晉國人	445
程　嬰		春秋時期晉國人	447
閔損（閔子騫）	前-536~-487	春秋末期魯國人	448
范　蠡	前 517~	河南南陽淅川縣大石橋鄉寺灣鎮人	448
文　種	?~前 472	楚國郢（今湖北省江陵北）人	450
晏嬰（晏子）	?~前-500	齊國萊地夷維（山東萊州平里店鎮）	450
伍子胥	?~ 前-484		451
吳　起	前-440~-381	山東省定陶縣一說山東省曹縣東北	452
司馬穰苴			453
商　鞅	前-390~-338		453
屈　原	前-340~-278	湖北秭縣樂平里人	454
張　儀	前-310	魏國人	456
魯仲連	約前-305~-245	山東荏平王老鄉望魯店村	456
蘇　秦	?~前-284	東周雒邑（河南洛陽東）乘軒里人	457
李　斯	?~前-280	河南省上蔡縣西南方人	458
范　增	前-277~ - 204	秦末居巢（今安徽巢湖市亞父街道）	459
蕭　何	前-257~ - 193	沛縣豐邑（今中國江蘇省豐縣）人	460
韓　信	前-230~-196	淮陰（今江蘇淮安）人	461
彭　越	前 2 世紀?~前-196	山東省巨野縣人	462
張　良	前 3 世紀?~前-185 年	潁川城父人	463
孟嘗君	前 254.~3 世紀人		464
平原君	?~前-251		464
信陵君	?~前-243		465
春申君（黃歇）	?~前-238		466
藺相如			466
樂　毅			467
廉　頗			468
田　單		山東臨淄人	468
項　羽	前-232~前-202	秦末下相（今蘇宿遷西）	469
荊　軻	?~前-227	戰國末年衛國人	471
蒙　恬	?~前-210	齊國人	471
陳　勝	?~前-208	秦末陽城（今河南登封東南）	472

上古名臣良將	生歿時間	備註	頁次
吳　廣	?~前-208	陳郡陽夏（今河南省太康縣）	472
田　橫	?~前-202	秦末狄縣（今山東高青東南）	473
樊　噲	前3世紀?~前-189		473
陳　平	?~前-178	漢初陽武（河南原陽）	474
周　勃	?~前-169	沛縣（今江蘇豐縣）	474
霍去病	前-140～-117	河東郡平陽縣（今山西臨汾西南）	476
衛　青	?～前-106	河東平陽（今山西臨汾西南）	476
瀆　嬰	?－前-131年	西漢清河觀津（今河北省衡水市武邑縣）人	477
灌　夫	?－-前131年	漢朝潁川郡潁陰（今河南省許昌市）人	478
田　蚡	?－-前131年	西漢內史長陵（今陝西咸陽市東北）人	478
黃　霸	前~前-130	淮陽陽夏（今河南太康）	479
張　騫	前?~-114	西漢漢中郡成固（今陝西省城固縣）	479
李　廣	前2世紀?~-119	隴西成紀人	479
周亞夫	前2世紀~-143		480
卜　式		河南洛陽	481
蘇　武	?～前-60	杜陵（今陝西西安東南）人	481
梁　統	?~西元1世紀	甘肅平涼	482
霍　光	?～-68	東平陽（今山西汾西南）人	483
劉盆子	10~?	泰山式縣（今山東泰安附近）人	483
竇　固	?~88	東漢扶風平陵（今陝西咸陽西北）人	483
竇　憲	?~92	東漢扶風平陵（今陝西咸陽西北）人	484
竇　武	?~168	東漢扶風平陵（今陝西咸陽西北）人	484
班　超	32~102	扶風安陵（今陝西咸陽）人	485
班　勇		扶風安陵（今陝西咸陽）	485
黃　香	68~122	江夏雲夢人（湖北省孝感市雲夢縣）	486
皇甫嵩	?~195年	東漢涼州安定朝那（甘肅鎮原東南）	487
劉　表	142~208	兗州山陽郡高平（山東濟寧市魚台）	488
孫　堅	155~191	吳郡富春縣（浙江省杭州市富陽縣）	489
袁　紹	?～202	東漢末汝南汝陽（今河南商水西北）	490
袁　術	155~199	東漢末汝南汝陽（今河南商水西北）	491
呂　布	?~198.2.7.		492
張　昭	156~236	彭城人（今江蘇徐州）	492
徐　庶		三國潁川（今河南禹縣）人	493
關　羽	162~220	司隸河東解縣（今山西省運城）人	494
張　飛	?－221	末涿郡（今河北省保定市涿州市）	495
趙　雲	?～229	常山真定（今河北正定）	497
荀　彧	163年－212	潁川郡潁陰縣（今河南許昌）人	498
魯　肅	172~217	臨淮東城（今安徽定遠東南）人	499
周　瑜	175~210	廬江舒人，（今安徽省廬江縣東南）	500
孫　策	175~200.5.5.	吳郡富春縣（今浙江省杭州市富陽）	500
呂　蒙	178－220	汝南富陂（今安徽阜南東南）人	501

上古名臣良將	生　歿　時　間	備　　　　　註	頁次
龐　統	179~214	湖北襄陽市襄州區人	501
黃　忠	?~220	三國荊州南陽（今屬河南）人	502
諸葛瑾	174~241	三琅琊陽都（今山東沂南）人	502
諸葛恪	203~253	三琅琊陽都（今山東沂南）人	503
司馬懿	179~251	河南溫縣招賢鎮人	504
司馬師	208~255	河南溫縣招賢鎮	505
李　密	224~287	西晉犍為武陽（今四川彭山東）人	505
李　密	582~619.1.20.	長安人，祖籍遼東襄平（遼寧遼陽）	505
賈　充	217~282	平陽郡襄陵縣	506
祖　逖	266~321	東晉范陽遒縣（今河北淶水北）人	507
王　導	276~339	琅邪郡臨沂	508
謝　安	320~385.8.23.	浙江紹興祖籍陳郡陽夏（河南太康）	508
陶　侃	259~334	江西鄱陽人	509
王　猛	325~375	北海劇人	510
符　堅	338~385.10.16.	略陽臨渭（今甘肅秦安東南）人	511
朱　異	483~549		512
楊　素	544~606	弘農華陰人	512
李　靖	571~649.7.2.	雍州三原（今陝西三原東北）人	513
房玄齡	579~648.8.18.	齊州臨淄（今山東濟南淄博）人	514
杜如晦	585～630.5.6.	京兆杜陵（陝西西安長安區）人	515
尉遲恭	585~658.12.26.	朔州善陽（山西朔州市朔城區）人	515
魏　徵	580~6432.11.	河北巨鹿縣，又晉州市或館陶縣人	516
程咬金	589~665.2.26.	濟州東阿斑鳩店（屬山東省東平縣）	517
李建成	589~626.7.2.	隴西成紀（今甘肅秦安西北）人	518
李　勣	594~669	山東東明人	518
高　潁	?~607		519
薛　禮	614~683	絳州龍門（今山西河津）人	519
薛仁貴	614~683	絳州龍門（今山西河津西）	520
薛平貴		生於武家坡	521
狄仁傑	630~700	山西太原人	521
姚　崇	650~721		521
宋　璟	663~737	河北	521
張九齡	678~740	嶺南詔州	522
郭子儀	697～781	陝西華縣祖籍山西汾陽·	522
高力士	684~762	廣東高州人	523
張　巡	709~757	山西永濟生於河南鄧州彭橋鎮寺北張	523
彭構雲（彭雲）	715.1.15.~767.11.29.	江西廬陵人	525
李　泌	722~789	京兆（陝西西安）人,亦說遼東遼陽	526
李德裕	787~849	河北趙縣人	527
趙　普	922~992	河南洛陽人	527
潘　美	925~991	大名（今屬河北）人	527

上古名臣良將	生　歿　時　間	備　　　　　　註	頁次
楊繼業	?~986	并州太原（山西太原）又云麟州（陝西神木）	528
楊延輝		籍麟州（今陝西神木）人	529
楊延昭	958~1014	山西太原人	530
楊文廣	?~1074	山西太原人	531
寇　準	961~1023.10.24	華州下邽（今陝西渭南東北）人	532
范仲淹	989.10.1.~1052.6.19.	今江蘇省蘇州市	533
包　拯	999.4.11.~1062.5.24.	北宋廬州合肥（今安徽合肥肥東）	534
狄　青	1008－1057	北宋汾州西河（即今山西汾陽）人	535
韓　琦	1008~1075	相州安陽（今屬河南）人	535
富　弼	1004~1083	河南洛陽人	536
蔡　襄	1012~1067	福建仙游縣	536
王安石	1021.12.18.~1086.5.21.	江西臨川東鄉縣上池村	537
韓世忠	1089～1151	延安府（今陝西省延安市）人	538
岳　飛	1103.3.24.-1142.1.27	河南安陽市湯陰縣永和鄉孝悌里	539
耶律楚材	1190~1244	契丹族人	540
拔　都	1208~1255		541
文天祥	1236.6.6.-1283.1.9.	吉州廬陵（今江西吉安）人	542
陸秀夫	1236~1279	江蘇鹽城後遷江南京口（江蘇鎮江）	543
張世傑	?~1279	范陽（今河北涿縣）人	545
兀　朮	?~1148.11.19.		546
察合台	?~1242		546
劉秉忠	1216~1274	河北刑台人	546
伯　顏	1236~1294	蒙古八鄰部人	547
劉伯溫（劉基）	1311.7.1.~1375.5.16.	浙江青田（今文成縣）人	547
胡惟庸	?~1380	安徽定遠人	548
常遇春	1330－1369	南直隸懷遠（今屬安徽）人	549
李文忠	1339－1384	盱眙（今屬江蘇）人	549
方孝孺	1357~1402		550
鄭　和	1371~1434	雲南昆陽（晉寧）寶山知代村回族	550
王　驥	1378－1460	明北直隸束鹿呂村里（辛集位伯鎮西呂村）	551
于　謙	1398~1457	浙江杭州人	552
翟　鑾	1477~1546	祖籍諸城，北直隸京師錦衣衛人	553
王景弘		福建人	553
俞大猷	1504~1580	福建泉州洛江區原籍安徽霍邱	553
海　瑞	1514.1.23.~1587.11.13.	廣東瓊州府瓊山縣（海南省海口市）	554
楊繼盛	1516~1555	北直隸容城縣人	555
戚繼光	1528.11.12.~1588.1.5	山東登州蓬萊又定遠人生於山東濟寧	556
熊廷弼	1569~1625	湖北省武漢市江夏區人	557
楊　漣	1572~1625	湖北廣水人	558
溫體仁	1573~1638	浙江烏程（今湖州）南潯輯里村	558
袁崇煥	1584~1630	廣東東莞人	559

上古名臣良將	生　歿　時　間	備　　　　　註	頁次
范文程	1597~1666		561
史可法	1601.2.4.~1645.5.20.	河南開封祖籍順天府大興縣（北京）	561
左懋第	1601~1645	山東萊陽（萊陽市）人	562
尚可喜	1604.8.25.~1676.12.4	遼寧遼東祖籍山西洪洞後河北衡水	563
張煌言	1620~1664	鄞縣（今浙江寧波）人	564
耿精忠	?~1682	耿家先世為山東後遷至遼東蓋州衛	565
夏完淳	1631~1647	祖籍浙江會稽，生於松江。	565
靳輔	1633~1692	遼陽人	566
周遇吉	? ~1644	遼東錦州衛人	566
林則徐	1785~1850	福建福州	567
曾國藩	1811.11.26.~1872.3.12.	湖南湘鄉婁底（雙峰）荷葉鎮天子坪	568
左宗棠	1812-1885	湖南湘陰人	571
胡林翼	1812.7.14.~1861.9.30	湖南長沙府益陽（今益陽市赫山區）	572
彭玉麟	1816-1890	生於安徽安慶，遷湖南衡陽渣江	573
馮子才	1818~1903	廣東欽州（今屬廣西）	575
翁同和（翁同龢）	1830.5.19.~1904	江蘇常熟人	575
陳寶箴	1831~1900.7.22.	江西義寧客家人	578
奕訢	1833~1898		579
丁汝昌	1836.11.18.~1895.2.12.	安徽廬江北鄉石頭嘴村丁家坎	579
張之洞	1837.9.2.~1909.10.4.	直隸南皮（河北南皮），生於貴州	580
鄧世昌	1849~1894	廣東番禺（今廣州市珠海）	581
楊深秀	1849.4.24.~1898.9.28	山西絳州聞喜縣人	581
嚴復	1854.1.8.-1921.10..27.	福建省福州市倉山區蓋山鎮陽岐村	582
楊銳	1855~1898.9.28.	四川省綿竹縣人	584
劉光第	1859－1898	福建武平縣遷四川敘州府富順縣	584
王士珍	1861.8.19.~1930.7.1.	直隸省正定府正定縣牛家莊人	584
譚嗣同	1865.3.10.~1898.9.28.	湖南省瀏陽市	586
康廣仁	1867－1898	廣東南海人	588
林旭	1875~1898	福建侯官（今福州）人	588

六、巾幗名人

（一）巾幗英傑

巾　幗　英　豪	生　　　殁	備　　　　註	頁次
嫘　祖			589
簡　狄			589
嫦　娥			589
常　儀			590
織　女			590
姜　嫄			591
素　女			591
花木蘭			592
宣太后	?~前-265	楚國人	596
呂　雉	前-241~-180		596
竇太后（一）	?~前 135		597
竇太后（二）	?~97		
竇太后（三）	?~172		
衛皇后	?~前-91		598
陳寶光妻	生殁不詳	西漢巨鹿（今屬河北）人	598
陰麗華	5~64	南陽新野（今河南新野南）人	598
班　昭	60~103	廣東人	599
鄧太后（和熹皇后）	81~121	南陽新野（今河南新野南）人	600
梁太后（東漢順帝）	106~150	安定馬氏（今甘肅平涼西北人	601
梁太后（西夏惠宗）	?～1085		602
梁太后（西夏崇宗）			602
梁國夫人（宋趙搆后）			602
賈后（賈南風）	256~300	平陽襄陵（今山西襄汾）人	604
荀　灌	303~?	潁川郡臨潁（河南臨潁）人	606
蘇　蕙	351~394	陝西扶風美陽鎮人	606
馮太后	442~490	長樂信都（今河北冀縣）人	607
胡太后（北魏宣武帝妃）	?~528	北魏安定臨涇（甘肅鎮原南）	607
胡太后（北齊文宣帝妃）		北齊安定郡（寧夏固原）人	607
冼夫人	生殁不詳	高涼（今廣東陽江西）人	608
千金公主（隋）			608
千金公主（唐）			608
安義公主			608
義成公主			608
交河公主			609
何仙姑	581.8.8.~707.3.7.	廣東增城縣	609
長孫皇后	601~636.7.28.		610

巾幗英豪	生　　　歿	備　　　　　註	頁次
弘化公主	623~698		610
文成公主	629~635.11.1.		611
上官婉兒	664~710.7.21.	河南三門峽祖籍甘肅天水‧	611
平陽公主（長孫皇后女）	?~623		613
平陽公主			613
安樂公主	684~710		613
太平公主	?~713		614
韋　后	?~710.7.21.	京兆萬年（今陝西西安）人	615
虢國夫人	?~756		615
佘太君	934~1010		616
穆桂英	北宋時人		617
方百花	北宋時人	歙縣七賢村人	617
沈雲英	生歿不詳	明朝浙江蕭山人	618
楊妙真	金末時人	金末益都（今屬山東）人	618
唐賽兒	生歿不詳	明初山東人	618
蕭太后（綽、燕燕）	971~1031		618
高太后	1032~1093	亳州蒙城（今屬安徽）人	619
梁紅玉	1102~1135	東京人	619
謝太后	1210~1283（1206~1279）	天台（今屬浙江）人	620
陳碧娘	?~1279	南宋福建雲霄人	620
蛇　節	?~1303	貴州彝族人	620
秦良玉	1574~1648	明四川忠州（今忠縣）人	620
劉玉娘		魏州成安縣人	621
烏三娘	?~1774	山東兗州人	622
王聰兒	1777~1798	湖北襄陽人	622
李張氏	?~1814	江蘇常州人	622
沈　壽	1874.8.10~1921.6.8.	江蘇吳縣人	622
鄭毓秀	1891~1959	廣東廣州新安（深圳市）人	623
龔　澎	1914.10.~1970.9.20.	安徽合肥人	624
鄭蘋如	1918~1940.2.	浙江蘭溪	625
張明照	生歿不詳	河北豐潤縣人	626

（二）巾幗名人

巾幗名人	生　　　歿	備　　　　　註	頁次
娥　皇			627
女　英			627
妹　喜			628
姐　己	前-1060 年前後	冀州（今河北）人	629
褒　似			629

巾幗名人	生　　　歿	備　　　註	頁次
文　姜	？~前-673	春秋時代齊國人	630
黔婁夫人	約前-453~	春秋末年	631
孟仉（孟母）	？~前317	春秋戰國時人	632
息夫人（息媯）		春秋時代陳國、楚國人	633
秋胡妻			633
虞　姬	?~前-202	秦末人	634
李夫人（孝武皇后）	前2世紀~前-100	出身中山（今河北省定縣）	634
孟姜女		秦始皇時人	635
王昭君	公元前-52年~	南郡秭歸縣寶坪村（湖北山昭君村）	637
西　施	春秋末年	浙江諸暨薴蘿山人	638
貂　蟬	約東漢未年	忻州市東南三公里的木芝村	639
孟　光	生歿不詳	東漢時人	640
趙飛燕	？~前-1		641
緹　縈		西漢臨淄（今山東淄博）人	642
孫尚香		吳國浙江富陽人	642
謝道蘊		東晉時人	643
潘　妃		南齊時人	643
莫　愁		河南洛陽又說湖北鐘祥人	643
卓文君		西漢臨邛（今四川邛峽）人	644
蔡　琰	177~	陳留圉今河南杞縣人	645
鄧后（文昭甄皇后）	183.1.26.~221.8.4.	河北省無極縣人	646
薛靈芸	三國時人	出身常山郡	646
綠　珠	？~300	晉白州博白今廣西生雙角山下	647
祝英台	318~419	浙江上虞人	647
蘇小小	479~502	錢塘江	648
張麗華	559~589		648
文成公主	623~680.11.1.		649
梅妃（江采蘋）	710~756	福建莆田	650
楊貴妃	719.6.22.~756.8.15.	四川都江堰	651
薛濤	768~831	長安（今陝西西安）人	652
關盼盼	785~820		653
魚玄機	844~868	長安人	653
花蕊夫人（後蜀）	？~976	青城（成都都江堰市東南）人	654
江都公主(西漢)		西漢人	655
江都公主(明朝)		明朝人	655
孫夫人(孫權之妹孫仁)		三國時人	655
二喬（大喬小喬）		三國時人	656
紅拂女			656
孫窈娘		唐朝武則天時人	656
公孫大娘			657
崔鶯鶯			658

巾幗名人	生　　歿	備　　　註	頁次
王寶釧			658
窅娘		南唐李後主時人	658
貞義夫人（京娘）		北宋時人	659
李師師		北宋末年汴京（河南開封）人	659
蘇小妹			660
毛惜惜			661
潘金蓮			661
林黛玉			662
紅娘子		明末清初人	663
蘇　三			664
王朝雲	1062~1095	北宋錢塘人	664
馬皇后一（漢明帝劉莊）	?~79		665
馬皇后二（明朱元璋后）	1332~1382	安徽宿州人	666
馬皇后三（明惠帝皇后）	1378~1402.6.13.		667
孝莊文皇后	1613.3.28.~1687		667
柳如是	1618~1664.6.28.	浙江嘉興人	668
顧橫波	1619~1664	應天府上元（江蘇南京市）人	669
董小宛	1623~1651	明末清初蘇州人	669
李香君	1624~	蘇州閶門楓橋吳宅	670
陳圓圓	1624~1681	常州武進（今江蘇境內）人	671
客　氏	?~1627	明保定興（今屬河北）人	672
香　妃	1734.10.11.~1788.5.24.		672
賽金花	1872.10.9.~1936.12.4.	安徽徽州黟縣後隨父移居蘇州	673
小鳳仙	1900.8.~1954.3.	浙江錢塘人	675
楊惠敏	1915.3.6.~1992.3.9.	上海人祖籍江蘇鎮江市	676
蘇雪林	1897.2.24.~1999.4.31.		677
袁昌英			678
凌叔華			679

七、歷代奸臣亂賊

奸臣亂賊	生　　歿	備　　　註	頁次
慶　父	?~前-660		680
劉　濞	前-216~前-154	沛縣（今江蘇省）人	680
趙　高	?~前-207		681
梁　冀	?~159年	安定（今寧夏固原）人	681
董　卓	?~192.5.22.	涼州隴西臨洮（今甘肅岷縣）	681
司馬昭	211~265	三國司州河內溫縣（河南溫縣招賢鎮）	683
爾朱榮	493~530	北秀容（山西朔縣西北）人	683
楊　素	544~606	弘農華陰人	683

奸臣亂賊	生 歿	備 註	頁次
來俊臣	651~697	河北趙縣陝西西安人	684
李林甫	?~752		684
安祿山	703~757	唐營州柳城（今遼寧朝陽南）胡人	684
楊國忠	?~756.6.15.	蒲州永樂（今山西芮城）人	685
黃 巢	835~884	曹州冤句（今山東菏澤西南）人	685
北宋六賊			686
蔡 京	1047~1126年	北宋興化仙遊人	687
童 貫	1054~1126	開封（今中國河南）人	687
朱 勔	1075~1126	江蘇蘇州人	688
王 黼	1079~1126	河南開封人	688
李邦彥（李彥）	?~1126	懷州（今河南沁陽）人	689
梁師成	?~1126		690
張邦昌	1081~1127.11.1.	河北東光縣大龍灣	691
秦 檜	1091.1.23.~1155.11.18.	江寧（今江蘇南京）	692
賈似道	1213~1275	南宋台州（現今浙江臨海）人	692
阿合馬	?~1282	出生於費納喀忒（烏茲別克境內）	694
劉 瑾	1451~1510	陝西興平人	694
嚴 嵩	1480~1567	江西分宜人	695
魏忠賢	1568~1627.12.11.	北直隸肅寧（今河北滄州肅寧縣）人	696
李自成	1606.9.22.~1645	陝西米脂李繼遷寨人	697
張獻忠	1606.9.18.~1647.1.2.	延安柳樹澗（今陝西定邊東）人	698
鼇 拜	1610~1669	滿州鑲黃旗人	699
吳三桂	1612.6.8.~1678.10.2.	祖籍高郵（江蘇高郵）（今遼寧遼陽）	700
年羹堯	1679~1726	安徽懷遠	701
和 珅	1750.7.1.~1799.2.22	京城西城驢肉胡同福建副都統常保家	702
王欽若	962-1025	江西新餘縣人	703
田令孜	?-893	四川蜀人	703
仇士良	781-843	廣東興寧人	704
元 載	?-777	陝西鳳人	704
盧 杞	?-785	河南滑縣人	704
魚朝恩	721-770	四川人	705
程元振	?-764		705
李輔國	704-762		705
武三思	?-707	唐并州山西人	706
周 興	?-691	長安人	706
索元禮	?-691	胡人	707
李義府	614-666	河北饒陽縣人	707
許敬宗	592-672.9.20.	高陽郡新城縣人	707
宇文化及	約6世紀~619	匈奴人	708
裴 蘊	?~618	山西省聞喜縣人	708
虞世基	？－618	會稽餘姚人	709

奸臣亂賊	生　　　歿	備　　　註	頁次
宇文護	513~572	代郡武川(今內蒙古武川西)人	710
高阿那肱	?~580	善無（今山西朔州右玉縣）人	710
和士開	524~571.8.30.	清都郡臨漳縣人，鮮卑族	711
孔　范	生卒不詳	會稽山陰人	711
沈客卿	589~	吳興武康(今浙江德清武康鎮)人	711
施文慶	?~589	吳興烏程(今浙江湖州)人	711
侯　景	503~552	朔方人(或雁門人)又說鮮卑化羯人	712
阮佃夫	427－477	諸暨人	712
黃　皓	?－264	三國時期人	713
張　讓	135－189	東漢時人	713
侯　覽	?－172	山陽防東人(今山東單縣)	713
石　顯	?－前33	濟南人	714

八、中華民國元勳

中華民國元勳	生　　　歿	備　　　註	頁次
孫中山	1866.11.12~1925.3.12	廣東香山縣翠亨村人	715
黃　興	1874.10.25.~1916.10.31.	湖南善化黃興鎮居涼塘長沙府皇倉街	718
蔣中正	1887.10.31.~1975.4.5.	祖籍中國江蘇宜興生於浙江奉化溪.	722
岑春煊	1861~1933.4.17.	廣西西林壯族人	734
馬福益	1865~1905.4.20.	湖南醴陵，生於湘潭	736
唐才常	1867~1900	湖南瀏陽人	736
陸皓東	1868.9..30.~~1895.11.7.	上海出生　廣東香山（今中山人）	737
陳少白	1869-7.20.~1934.12.23.	廣東新會海南華里人	738
徐錫麟	1873~1907.7.7.	浙江紹興山陰東浦鎮	739
秋　瑾	1875.11.8.~1907.7.15.	浙江紹興福建省廈門	739
楊　度	1875~1931.9.17.	湖南湘潭姜畬石塘村	741
劉揆一	1878~1950	湖南衡山縣生於湘潭縣白石鋪楊柳沖	743
史堅如	1879~1900	廣東番禺人	744
趙　聲	1881.3.16.~1911.5.18.	江蘇省鎮江市丹徒縣大港鎮人.	744
宋教仁	1882.4.5.~1913.3.22.	湖南桃園上坊村湘沖	745
蔡鍔（蔡松坡）	1882.12.18.~1916.11.8.	湖南省寶慶邵陽縣	746
劉道一	1884~1906	湖南衡山縣生於湘潭縣白石鋪楊柳沖	747
胡　瑛	1884~1933.11.	湖南桃源人	747
鄒　容	1885~1905.4.3.	四川巴縣今重慶市	748
林覺民	1887~1911	福建省福州市人	749
陳天華	1875~1905.12.8.	湖南省新化縣人	750
譚人鳳	1860.9.20.~1920.4.24.	湖南隆回縣鴨田鎮人	751
禹之謨	1866~1907.2.6.	湖南湘鄉（今雙峰縣青樹坪鎮）人	751

中華民國元勳	生　　歿	備　　　註	頁次
程家檉	1874~1914.9.23.	安徽休寧人	752
廖仲愷	1877.4.23.~1925.8.20.	廣東惠州市惠陽區陳江鎮幸福村人	753
焦易堂	1880.3.20.－1950.10.28.	陝西省咸陽武功縣人	754
趙　聲	1881.3.16.~1911.5.18.	江蘇省鎮江市丹徒大港鎮人	755
李烈鈞	1882~1946	江西	755
張　繼	1882.8~1947.12.15.	河北滄縣東南孫清屯	757
彭楚藩	1884~1911.10.10.	湖北鄂城人	758
劉復基	1885.1.20.~1911.10.10.	湖南常德武陵武陵區人	759
朱執信	1885~1920	廣東	760
蔣翊武	1885~1913	湖南省澧縣城關鎮人	761
楊宏勝	1886~1911.10.10.	湖北襄陽谷城人	761
何　鍵	1887.4.10.~~1956.4.25.	湖南醴陵人	762
陶成章	?~ 1912.1.14.		762
喻培倫	1887~1911.4.27.	四川內江人	763
葉覺邁			764
李卓峰		廣東南海縣九江鎮大正坊西社北建中	764
黃花崗72烈士	1911.4.27.		765

九、中國民初軍閥

中華民國軍閥	生　　歿	備　　　註	頁次
張　勳	1854.12.14.~1923.9.11	江西奉新人	766
袁世凱	1859~1916.6.6.	河南項城	767
馮國璋	1859.1.7.~1919.12.28.	直隸河間府河間縣（河北省河間縣）	769
陸榮廷	1859.9.9.~1928.11.6.	廣西壯族自治區南寧市武鳴縣壯族	770
王占元	1861.2.20.~1934.9.14.	山東館陶縣（今河北）南館陶鎮人	771
曹　錕	1862.12.12.~1938.5.17.	清末直隸省天津府天津縣大沽口人	772
張懷芝	1862~1934	山東東阿縣皋上村人	774
楊增新	1864.3.6.~1928.7.7.	雲南蒙自人	774
黎元洪	1864.10.19.~1928.6.3.	湖北省武漢黃陂人	775
段祺瑞	1865.3.6.~1936.11.2.	安徽合肥（今屬肥西縣）人	776
盧永祥	1867~1933	山東省濟南府濟陽縣人	777
龍濟光	1867~1925.3.12.	哈尼族雲南元陽縣逢春嶺納更土司	778
倪嗣沖	1868~1924.7.12.	安徽阜陽倪新寨（今屬阜南縣）人	779
馬　麒	1869.9.23.~1931.8.5.	回族，甘肅河州人	779
劉顯世	1870.5.8.~1927.10.14.	貴州省興義縣人	780
趙　倜	1871~1933	河南平輿人	781
白　朗	1873~1914.8.3.	河南寶豐人	782
陳光遠	1873.10.8.~1939.	直隸省武清縣崔黃口（天津市）人	782
吳佩孚	1874.4.22~1939.12.4.	山東蓬萊	783

中華民國軍閥	生　　　歿	備　　　　　　註	頁次
張作霖	1875.3.19.~1928.6.4.	遼寧省盤錦市大窪縣東風鎮葉家村	784
鄧本殷	1879.8.27.~?	廣東防城縣茅嶺鄉大陶村人	786
金樹仁	1879~1941.9.12.	漢族甘肅臨夏回族自治州永靖縣人	787
趙恆惕	1880.~1971.	湖南衡山人	788
楊蓋誠	1880~1922.7.	土家族，四川秀川人	789
張宗昌	1881.2.13.~1932.9.3.	山東省萊州市府掖番人	790
張敬堯	1881~1933.5.7.	安徽省潁州府霍丘縣人	791
馮玉祥	1882.9.26.~1948.9.1.	於河北青縣興隆鎮　後居安徽巢縣.	792
閻錫山	1883~1960.5.23.	山西五台	793
唐繼堯	1883~1927.5.23.	雲南會澤人	795
劉鎮華	1883~1955.11.18.	河南省鞏縣	796
郭松齡	1883~1925.12.25.	瀋陽深井子鎮漁樵村祖籍山西汾陽	797
楊　森	1884.2.20.~1977.5.15.	四川省廣安縣龍台寺人。	798
孫傳芳	1885.4.17.~1935.11.13.	山東省濟南府歷城縣人	800
陳樹藩	1885~1949.11.2.	陝西安康祖籍湖南寧鄉縣	801
郭　堅	1887~1921	陝西省蒲城縣平路廟鄉郭家村人	801
唐生智	1889.~1970.4.6.	湖南永州東安縣人	802
鄧錫侯	1889.5.24.~1964.3.30.	四川營山縣回龍鎮鄧家花園人	803
袁祖銘	1889.6.9.~1927.1.31.	貴州省安龍縣人	804
韓復榘	1890.1.25.~1938.1.24.	河北省霸州市人	805
劉　湘	1890.7.~1938.1.20.	四川大邑安仁人	806
馬鴻逵	1892.3.9.~1970.1.14.	回族漢人生於甘肅河州	807
周西成	1893.4.7.~1929.5.22.	貴州省遵義府桐梓縣祖籍江西省	808
王家烈	1893.7.10.~1966	貴州桐梓新站區小水鄉人	808
劉文輝	1895.1.10.~1976.6.24.	四川省邛州大邑縣安仁鎮人	809
盛世才	1897.1.8.~1970.7.13.	遼寧省開原人	810
馬步青	1901~1977.2.9.	回族甘肅省臨夏縣漠泥溝人	812
馬步芳	1903~1975.7.	回族甘肅臨夏市	812
馬仲英	約1912~1937	甘肅臨夏人	813
黨玉琨	?~1928	陝西省鳳翔縣人	814

十、中國民國元首及五院院長

中華民國元首及五院院長	備　　　　　　註	頁次
中華民國元首（總統）		815-819
中華民國歷屆行政院院長		820-824
中華民國歷屆立法院院長		825-826
中華民國歷屆司法院院長		826-827
中華民國歷屆考試院院長		828-829
中華民國歷屆監察院院長		829-830

十一、中華民國先賢

中華民國先賢	生　　歿	籍　　　　　　貫	頁次
林　森	1868.3.16.~1943.8.1.	福建省閩侯縣尚幹鄉	831
嚴家淦	1905.10.23.-1993.12.24.	江蘇吳縣	831
蔣經國	1910.4.27.~1988.1.13.	浙江奉化縣溪口人	833
李登輝	1923.1.15.~-	台灣新北市三芝人	836
陳水扁	1951.2.18..~	臺灣臺南官田鄉人	837
馬英九	1950.7.13.	湖南衡山縣	838
宋美齡	1897.3.5.~2003.10.24.	廣東文昌縣（海南）生於虹口東餘杭路	840
宋慶齡	1893.1.27.-1981.5.29.	海南文昌上海	843
張　謇	1853.7.1.~1926.7.17.	生於常樂鎮落業江蘇海門	844
楊衢雲	1861~1901	香港	845
沈秉堃	1862~1913	湖南　長沙市人	846
吳敬恆（吳稚輝）	1865.3.25.~1953.10.30.	江蘇武進雪堰橋	846
宋嘉樹	1866~1918.5.3.	廣東人海南島	847
熊希齡	1870.7.23.~1937.12.25.	湖南省鳳凰鳳凰縣沱江鎮人.	848
陳英士(其美)	1876-1916	浙江	849
于右任	1879.411.~1964.11.10.	陝西三原祖籍涇陽	850
胡漢民	1879-1936.5.12.	廣東廣州	851
羅家倫	1879.12.21.~1969.12.25.0	江西進賢縣	851
譚延闓	1880.1.25.~1930.9.22.	湖南茶陵人生於浙江杭州	852
賈景德	1880~1960.10.25.	山西沁水	853
李烈鈞	1882.2.23.~1946.2.20.	江西省南昌府武寧縣羅溪人	853
吳忠信	1884.3.15.~1959.12.16.	安徽合肥	855
方覺慧	1886~1958	湖北省蘄春縣赤東鎮方上灣人	856
王雲五	1888.7.9.~1979.8.14.	廣東香山，生於上海	857
吳鐵城	1888~1953.11.19.	廣東香山三鄉鎮平湖村生江西九江	858
張　群	1889.5.9.~1990.12.14.	四川華陽縣今雙流縣人	859
翁文灝	1889.~1971.1.27.	浙江省鄞縣寧波石塘人	860
谷正倫	1889~ 1953	貴州安順	861
谷正綱	1901.4.30.-1993.12.11.	貴州安順	862
谷正鼎	1903.-1974	貴州安順	862
宋藹齡	1889.7.15.~1973.10.19	海南文昌縣生於上海	863
陳布雷	1890.11.15.-1948.11.13.	浙江省慈谿	863
戴傳賢	1891.1.6.~ 1949.2.11.	四川廣漢　浙江吳興	864
孫　科	1891.10.20.~1973.9.13.	廣東中山縣南朗鎮翠亨村人	865
戴愧生	1892~1979	福建南安人	866
陳果夫	1892.10.5.~1951.8..25.	浙江吳興縣東林	867
陳立夫	1900.7.27.-2001.2.8.	浙江吳興縣東林	868
劉維熾	1892~1955.5.11.	廣東台山人	871

中華民國先賢	生　　歿	籍　　　貫	頁次
朱家驊	1893.5.30.~1963.1.3.	浙江吳興縣（今湖州）	872
周雍能	1893~1986	鄱陽縣人	872
宋子文	1894.1.27~1971.4	廣東人上海出生	873
李　璜	1895.1.~1991.11.5.	四川成都	874
楊亮功	1895.8.8.~1992.1.8.	安徽巢縣	874
段錫朋	1896~1948	江西永新人	875
謝冠生	1897.5.~1971.12.	浙江嵊縣	876
張道藩	1897.7.12.~1968.6.12.	貴州盤縣	877
陳　誠	1898.1.4.~1965.3.5.	浙江青田縣高市鄉	877
黃季陸	1899.3.2.~1985.4.24.	四川敘永縣	878
吳經熊	1899.3.28.~1986	浙江寧波鄞州區人	878
梁寒操	1899.7.19.－1975.2.26.	廣東肇慶府高要縣生於廣東廣州府三水縣	879
鄭士良	?~1901	廣東	880
張厲生	1901.6.17.~1971.4.20.	河北樂亭縣	881
黃少谷	1901.7.24.~1996.10.16.	湖南南縣麻河口鎮	881
鄭彥棻	1902.2.8.~1990.6.21.	廣東省順德縣人	882
余俊賢	1902.12.22.~1994.1.21.	廣東平遠	884
劉健群	1903~1972	貴州遵義人	884
杭立武	1903.1.26.~1991.2.26.	浙江省杭州	885
吳國楨	1903.10.21.~1984.6.6.	湖北建始縣	885
查良鑑	1905.6.17.~1994.3.13.	浙江海寧	886
倪文亞	1906~2006.6.3.	浙江樂清	887
袁守謙	1903.8.-1992.	湖南長沙	887
孫運璿	1913~2006.2.13	山東蓬萊	888
李元簇	1923.9.24.~	湖南邵陽	890
俞國華	1914.1.10.-2000.10.4.	浙江奉化	892
蔣彥士	1915.2.27.~1998.7.2.	浙江杭州市	893
李　煥	1917.9.24.-2010.12.2.	湖北漢口	893
王昭明	1920.8.5.-2015.2.	福建福	894
梁肅戎	1920.8.8.~2004.8.27.		895
秦孝儀	1921.2.11.~2007.1.5.	湖南省衡東縣吳集鎮桃嶺村人	896
鄧傳楷	1912.9.7.~1999.1.3.	江蘇江陰縣	896
沈君山	1932.8.29.~	浙江省餘姚市	897
陳履安	1937.6.22~	浙江青田	898
宋楚瑜	1942.3.16.~	湖南湘潭縣人	899
劉兆玄	1943.5.10.~	湖南衡陽人出生於四川成都市	900
毛治國	1948.10.4.~	浙江奉化	901
楊子葆	1963.8.8.~		902
陳　沖	1949.10.13.~	遼寧昌圖縣人	903
蔣孝文	1935.12.14.~1989.4.14.	浙江奉化	903
蔣孝武	1945.4.25.~1991.7.1.	浙江奉化	904

中華民國先賢	生　　　歿	籍　　　貫	頁次
蔣孝勇	1948.10.27.~1996.12.22.	浙江奉化	905
蔣孝嚴	1942.3.1.~	浙江奉化	906
蔣孝慈	1942.3.1.~	浙江奉化	907
胡志強	1948.5.15.~	吉林省吉林市	908
朱立倫	1961.6.7.~	浙江義烏	909

十二、中華民國英豪

中華民國英豪	出　生　年　代	出　　生　　地	頁次
（一）少場豪傑			
黃埔軍官學校			910
黃埔校歌			910
青天白日勳章			910
抗日陣亡將領			911
中共編列國民黨戰犯			913
中華民國上將名錄			913
陸軍總司令名錄			919
海軍總司令名錄			920
空軍總司令名錄			921
徐樹錚	1880.11.11.~1925.12.30.	江蘇徐州蕭縣（安徽）官橋鎮醴泉村	922
蔣百里	1882.9.2.～1938.11.4.	浙江杭州府海寧州硤石鎮人	923
沈鴻烈	1882.10.27.~1969.3.12.	湖北天門人	924
鹿鍾麟	1884.3.12..~1966.1.11.	河北定州北鹿庄	924
俞飛鵬	1884~1966	浙江奉化人	925
馬占山	1885~1950	奉天懷德（今吉林公主嶺）	925
宋哲元	1885.10.30.~1940.4.5.	山東樂陵縣	926
熊克武	1885.12.26.~1970.9.2.	湖南懷化麻陽生於四川井研縣鹽井灣	926
楊宇霆	1886~1929.1.10.	奉天省法庫縣（今遼寧省法庫縣）	927
徐永昌	1887.12.15.~1959.7.12.	山西省崞縣（原平市）	928
商　震	1888.9.21.~1978.5.15.	祖籍浙江紹興,生於河北保定大城縣	928
陳紹寬	1889~1969	福建閩侯	928
林　蔚	1889~1955	浙江黃岩人	929
賀耀組	1889.5.8.~1961.7.16.	湖南寧鄉人	929
陳濟棠	1890.1.23.~1954.11.3.	廣東防城（今廣西防城港）	930
何應欽	1890.4.2~1987.10.21.	貴州興義縣	930
蔣緯國	1916.10.6.~1997.9.22.	浙江奉化	931
李品仙	1890.4.22.－1987.3.23.	廣西蒼梧縣人	933
朱紹良	1891~1963	福建福州人	935
張自忠	1891.8.11.~1940.5.16.	山東臨縣唐家園村	935
劉　峙	1892.6.30.~1970.1.5.	江西吉安	936

中華民國英豪	出 生 年 代	出 生 地	頁次
劉建緒	1978.3.22.	湖南醴陵縣北鄉清安鋪逝於巴西	937
徐庭瑤	1892~1974.12.16.，	安徽無為人	937
孫 震	1892.2.5.~1985.9.9.	四川綿竹原籍浙江紹興楊家壠齊賢鎮	938
秦德純	1893~1963	山東沂水人	939
白崇禧	1893~1966.12.2.	廣西臨桂	939
熊式輝	1893~1974	江西安義人	941
顧祝同	1893.1.9.~1987.1.17.	江蘇省漣水縣人	941
孫連仲	1893.2.3.~1990.8.14.	河北雄縣人	941
錢大鈞	1893.6.14.~1982.7.21.	江蘇吳縣人	942
郭 懺	1894~1950	浙江諸暨人	943
李仙洲	1894~1988		943
范漢傑	1894.10.29.~1976.1.16.	廣東大埔人	943
蔣鼎文	1895~1974	浙江諸暨人	944
羅卓英	1896~1961	廣東大埔人	944
余漢謀	1896~1981	廣東高要人	944
張發奎	1896~1980.3.10.	廣東省始興縣人	945
薛 岳	1896.12.27.~1998.5.3.	廣東樂昌	946
胡宗南	1896.4.4.~1962.2.14.	寧波鎮海遷湖州孝豐今湖州安吉縣	947
鄒 洪	1897.~1945.4.16.	廣東五華華陽鎮出生台灣新竹芎林	947
俞大維	1897.12.2.~1993.7.8.	浙江紹興山陰人	948
王東原	1898.2.13.~1995.4.8.，	安徽全椒人，原籍徽州	950
湯恩伯	1898.9.20.~1954.6.29.	浙江金華武義	950
黃鎮球	1898~1979	廣東梅縣人	951
李玉堂	1899~1951	山東廣饒人	952
周至柔	1899.11.30.~1986.8.29.	浙江省臨海	952
桂永清	1900~1954	江西貴溪	952
賀衷寒	1900.1.5.~1972.5.9.	湖南岳陽	953
孫立人	1900.12.8.~1990.11.19.	安徽省廬江縣金牛鎮山南	953
黃百韜	1900.~1948.11.22.	廣東梅縣生於直隸省天津府	955
霍揆彰	1901~1953	湖南酃縣人	956
邱清泉	1902.1.27.~1949.1.10.	浙江省溫州永嘉縣蒲洲鄉	957
余程萬	1902~1955	廣東台山白沙鎮漲村寧興村人	958
方 天	1902~1991	江西贛縣	958
郭寄嶠	1902~1998.7.25	安徽合肥人	959
黃 杰	1902.10.2.~1995.1.14.	湖南長沙	959
方先覺	1903-1983	江蘇蕭縣今安徽宿州市埇橋欄杆鎮	960
李 鴻	1903~1988.8.15.	湖南湘陰縣	960
劉安祺	1903.6.10.~1995.9.8.	山東微山縣韓莊鎮人	962
張靈甫	1903.8.20.~1947.5.16.	陝西省西安城郊東大村人	962
劉玉章	1903.11.11.~1981.4.11.	陝西興平	963
康 澤	1904~1967	四川安岳人	964

中華民國英豪	出 生 年 代	出 生 地	頁次
王耀武	1904~1968	山東泰安人	965
毛邦初	1904~1987	浙江省奉化縣岩溪村未生長上海市	965
孫元良	1904.3.17.~2007.5.25.	四川成都華陽縣（今屬雙流縣）	966
俞濟時	1904.5.1.~1990.1.25.	浙江奉化縣	966
彭士量	1904.8.5.~1943.11.15.	湖南省瀏陽縣鎮頭市百星橋楊眉堂	967
戴安瀾	1904.11.25.~1942.5.26.	安徽省無為縣人	968
關麟徵	1905~1980	陝西鄠縣人	969
王叔銘	1905~1998	山東諸城	969
蕭贊育	1905~1999	湖南邵陽茅塘道童村人	969
謝晉元	1905~1941.4.24.	廣東蕉嶺人	969
劉戡	1906~1948	湖南桃源人	970
徐煥升	1906~1984.3.4	上海崇明	970
滕傑	1906.1.25.~2004.	江蘇省淮安府阜寧縣人	970
何世禮	1906.5.15.~1998.7.26.	廣東寶安	971
潘裕昆	1906.8.4~1982.10.28.	湖南瀏陽市官橋鄉一江村會同	971
高魁元	1907.3.26.~2012.5.7.	山東嶧縣	973
宋希濂	1907.4.9.~1993.2.13.	湖南省湘鄉縣溪口	973
高志航	1907.5.14.-1937	遼寧通化	974
劉詠堯	1907.8.18.~1998.822.	湖南醴陵縣	975
胡璉	1907.10.1.~1977.6.22.	陝西省華縣	975
彭孟緝	1908.9.12~1997.12.19.	湖北武昌人	976
賴名湯	1911.6.1.~1984.11.30.	江西石城	977
馬紀壯	1912～1998		977
譚文	1912~1938	山東海陽人	978
趙聚鈺	1913~1981	湖南衡山	978
王昇	1917.10.28.~2006.10.5.	江西龍南	979
鄭為元	1913.1.20.~1993.8.3.	安徽合肥	979
李桂丹	1913.12.-1938.2.18.	遼寧省新民縣人	980
柳哲生	1914.2.22.~1991.2.18.	湖南醴陵人生於河北保定	980
黎玉璽	1914.5.28.~2003.2.19.	四川達縣人	981
劉廣凱	1914.7.13.~1991.5.8.	遼寧人	981
宋長志	1916~2002	遼寧遼中縣	982
宋達	1916.2.28.~1975.8.7.	湖南省湘潭縣	982
郝柏村	1919.8.8.~	江蘇鹽城	983
陳慶堃	1919~1983.	廣東番禺人	984
許歷農	1921.3.1.~	安徽貴池人	984
陳守山	1921.2.20.~2009.	台灣臺北市	985
蔣仲苓	1922~	浙江義烏	985
劉和謙	1926.9.28.~	安徽合肥	986
歐陽位	1926.12.10.~2009.1.18.	湖南省瀏陽縣普蹟鎮青龍頭人	986
羅本立	1927~	安徽合肥	987

中華民國英豪	出　生　年　代	出　　生　　地	頁次
郭宗清	1927.4.7.~2010	台北市建成圓環真人廟附近	988
莊銘耀	1929.11.16.~2002.1.6.	臺灣高雄市	988
顧崇廉	1931.6.6.~2007.1.15.	江蘇無錫人	989
伍世文	1934~	廣東台山	989
湯曜明	1938.11.29.~	台灣台中市霧峰客家人	989
李　傑	1940.6.6.~	天津人	990
陳肇敏	1940.7.10.~	臺灣彰化縣溪湖鎮人	990
陳邦治	1942.11.4.~	台灣台中縣沙鹿人	991
曹文生	1943.2.17.	湖南永興人	991
霍守業	1943~	河南尉氏	992
費鴻波	1944.8.12.~	山東日照市人	992
李天羽	1946.5.23.~	山東臨淄	992
高華柱	1946.10.2.~	山東即墨人	992
嚴　明	1949.11.14.~	江西南康	993
高廣圻	1950~		993
嚴德發		江蘇南	993
劉震武			994
李光前	1917.~1949.10.25.	湖南平江	994
（二）春秋英烈			
張學良	1901.6.4.~2001.10.15.	東北瀋陽人	995
楊虎城	1893.11.26.~1949.9.6	陝西蒲城人	1000
鄭洞國	1903.1.13.~1991.1.27.	湖南石門縣	1001
杜聿明	1904.11.29.~1981.5.7.	陝西省米脂縣杜家灣人	1001
廖耀湘	1906.5.16.~1968.12.2.	湖南邵陽縣人	1002
于豪章	1918.3.12.~1999.4.19		1003
陳懷生	1928~1962.9.9.		1003
（三）國家安全			
國家安全局			1005
戴　笠	1897.5.28~1946.3.17.	浙江江山市保安鄉	1007
鄭介民	1897.9.18.~1959.12.11.	廣東瓊州府文昌（今海南省文昌縣）	1009
徐恩曾	1896~1985	浙江湖州吳興人	1010
毛人鳳	1898~1956.12.11.	浙江江山縣（江山市）	1010
張炎元	1904~2005.8.13.	廣東梅縣人	1011
陳大慶	1904.~1973.8.22.	江西崇義	1012
梁敦厚	1905~1949.4.20.	山西定襄師家灣村	1012
李　麗	1910~1983		1012
葉翔之	1912.9.29.~2001.1.3.	浙江省餘杭縣	1013
沈之岳	1913.2.18.~1994.2.24.	浙江仙居縣	1013
陳恭澍	1907~1969	福建龍海,出生北	1014
趙理君	1905~1942	四川蒲江人	1015
王天木		東北	1016

中華民國英豪	出　生　年　代	出　　生　　地	頁次
沈　醉	1914.6.3.~1996.3.18.	湖南湘潭人	1017
周中峰	1915~1985	河北慶雲縣（尚家堂）大周莊（山東）	1018
阮成章	1919~2004	湖北省黃安人	1019
汪希苓	1929.7.18.~	浙江紹興人	1019
殷宗文	1932~2003.3.28.		1020
劉連昆	1933 ~ 1999.8.15.	齊齊哈爾市	1020
蔡朝明	1941.1.1.	臺灣省南投縣人	1021
薛石民	1943.9.29.~	江蘇常熟市人	1021
丁渝洲	19443.15.~	山東日照	1021
劉廣智	1947.3.~2004	山東招遠人	1022
沃維漢	1948~2008.11.28.	黑龍江省齊齊哈爾市達斡爾族	1022
蔡得勝	1949.2.~	台灣澎湖縣西嶼鄉竹灣村人	1023
佟達寧	1950.9.~2006.4.21.	遼寧省北鎮市人滿族	1023
李翔宙	1952.8.2.~	臺灣屏東出生祖籍河南省新鄉縣	1024
劉從文	? ~ 1950.9.28.		1024
王魯翹	1914~1974	山東濟南人	1025
毛萬里	1903~1982	浙江江山人	1026
陳祖康	1901~1979	福建漳平縣人	1027
姜毅英	1908.5.~2006.1.		1027

十三、台灣碩彥

台灣碩彥	生　歿　年　代	出　　生　　地	頁次
沈光文	1613~1688	浙江鄞縣	1028
鄭成功	1624.8.27.~1663.6.23.	福建泉州安南縣43都石井安平鎮	1028
鄭　經	1643~1681	福建南安人	1030
鄭克塽	1670~ ?	福建同安人	1030
郭懷一	? ~1652.9.12.		1031
施世榜	1671.11.26.~1743.1.27.	福建泉州晉江安平落籍臺灣鳳山縣	1031
藍鼎元	1680.9.19.~1733.8.1.	福建漳浦落籍屏東里港	1032
張達京	1690~1773	廣東潮州大埔客居台灣中部平埔族岸裡	1032
吳　鳳	1699.2.17.~1769.9.9.	福建省平和縣，台灣嘉義番仔潭人	1032
郭錫瑠	1705~1765	福建漳州幼年隨父親移民台灣彰化	1033
蔡　牽	1761~1809	福建同安人	1033
鄭用錫	1788.6.10.~1858.3.21.	福建漳州漳浦遷居泉州府同安金門	1034
丁克家	1813~1873	本籍福建，後移民台灣	1034
陳星聚	1817－1885	河南省臨潁縣台陳鎮台陳村人	1035
沈葆楨	1820~1879	福建省福州市	1035
林達泉	1830~1878	廣東大埔人	1037
劉　勳	1830－1889	江蘇常州府武進縣(今屬常州市)人	1037

台灣碩彥	生　歿　年　代	出　　生　　地	頁次
鄭元傑		浙江人	1038
趙　鈞		浙江人	1038
管裕疇		江蘇人	1038
高鴻飛	?~1853	江蘇高郵人	1038
張世英		甘肅省秦州直隸州人	1038
王　鏞		安徽人	1038
周懋琦		安徽人	1039
張夢元		天津人	1039
孫壽銘		江蘇人	1039
袁聞拆		江西人	1039
胡國榮		浙江德清人	1039
李雲標		直隸人	1039
劉奇偉			1040
嚴金清		江蘇人	1040
定　保		滿洲人	1040
潘駿章		安徽人	1040
夏獻綸	? -1879	江西人	1040
劉　璈	?－1889.12.	湖南臨湘人	1040
孫壽銘		江蘇人	1041
王德潤		安徽六安州人	1041
易金杓		江蘇儀征人	1041
張啟煊		浙江人	1041
富樂賀		滿洲人	1041
黎兆棠		廣東順德縣人	1041
白鷺卿	?－1877	河南人	1041
孫繼祖		浙江人	1042
陳培桂		廣東人	1042
梁元桂		廣東恩平縣歇馬村人	1042
于湘蘭		山東人	1042
張傳敬		貴州人	1042
章觀文		四川宜賓人	1042
周式濂		河南濬縣人	1042
祝永清		直隸	1043
雷以鎮		江蘇人	1043
姚　鴻		江蘇人	1043
甯長敬		安徽人	1043
王　衢		甘肅人	1043
王文棨		山東海豐縣（今無棣縣）人	1043
支昭訓		江蘇省丹徒縣人	1043

台灣碩彥	生　歿　年　代	出　生　地	頁次
梁元桂		廣東恩平縣歇馬村人	1044
陳思燏		籍貫不詳	1044
許鳳翔		安徽廬江縣人	1044
恩　煜		滿州人	1044
陳　祚		南直隸吳縣（今屬蘇州市）人	1044
葉宗元		江西人	1044
吳大廷	1824－1877	湖南沅陵人	1045
陳懋烈		湖北人	1045
馬樞輝			1045
洪毓琛	1813－1863	山東臨清州人	1045
陳　鍔			1045
劉銘傳	1836~1896	安徽合肥	1045
唐景崧	1841.~1903	廣西桂林府灌陽縣	1046
馬　偕	1844.3.21. ~1901.6.2.	加拿大人	1047
曹　謹			1048
吳湯興	1860~1895.8.28.	臺灣苗栗銅鑼灣客家人	1049
徐　驤	1860~1895	臺灣苗栗縣頭份鎮客家人	1049
丘逢甲	1864.12.26.~1912.2.25.	臺灣淡水銅鑼灣（苗栗縣銅鑼竹森村）	1049
辜顯榮	1866.2.2.~1937.12.9.	福建省泉州府惠安縣台灣彰化鹿港	1050
簡大獅	1870~1900.3.29.	台北淡水祖籍福建漳州南靖梅林坎下	1051
姜紹祖	1874.12.26.~1895.7.11.	臺灣新竹北埔鄉海陸腔客家人	1052
柯　鐵	1876~1900	臺灣雲林縣古坑鄉	1052
連橫（連雅堂）	1878.2.17.~1936.6.28.	祖籍福建漳州龍溪縣台灣台南人	1052
余清芳	1879.11.16.~1915	出生屏東市，幼遷高雄市路竹區	1054
葉清耀	1880~1942	台灣台中東勢	1054
林獻堂	1881.12.13.~1956.9.8.	臺灣臺中霧峰人	1055
莫那魯道	1882~1930.12.1.	台灣霧社	1056
蔡培火	1889.6.20.~1983.1.4.	台灣雲林北港	1056
蔣渭水	1891.2.8.~1931.8.5.	台灣宜蘭	1057
顏欽賢		台灣基隆人	1058
李建興	1891.11.10.~1981.9.24.	台北瑞芳祖籍閩南泉州安溪廣孝鄉	1059
楊肇嘉	1892.10.13.~1976.4.19.	出生台灣臺中清水牛罵頭牛埔子	1060
翁俊明	1893.1.12.~1943.	台灣台南石門腳祖籍廣東潮州澄海	1061
丘念台	1894.3.11.~1967.1.12.	台灣台中潭子祖籍廣東應州蕉嶺	1062
黃朝琴	1897.10.25.~1972.7.5.	臺灣省嘉義縣鹽水港	1063
李應章	1897~1954.		1063
陳兼善	1898.1.22.~1988.8.21.		1063
葉榮鐘	1900~1978.11.3.	台灣彰化鹿港人	1064
謝雪紅	1901.10.17.~1970.1.15.	台灣彰化	1064
陳茂源	1903.2.16.~？	台灣桃園大溪	1065

台灣碩彥	生 歿 年 代	出 生 地	頁次
連震東	1904.4.23.~1986.12.1.	台灣台南市中西區人	1066
余登發	1904.9.12.~1989.9.13.	台灣高雄縣橋頭	1067
張秀哲	1905.-1982.2.27.	台灣台北人，台北宮前町	1068
黃國書	1905.8.8.~1987.12.8.	台灣新竹北埔客家人	1069
謝東閔	1908.1.25.~2001.4.8.	台灣彰化縣二水鄉光化村人	1070
林頂立	1908~1980	台灣雲林刺桐	1070
許世賢	1908~1983.6.30.	台灣嘉義人	1071
郭雨新	1908.8.20.~1985.8.2.	臺灣宜蘭人	1071
周百鍊	1909.2.23.~1991.9.11.	台北市	1072
戴炎輝	1909.11.28.~1992.7.3.	台灣屏東縣人	1072
黃啟瑞	1910~1976.6.14.	台北市	1072
廖文毅	1910.3.22.~1986.5.9.	台灣雲林西螺	1072
蔡鴻文	1910.9.21.~1994.4.16.	台灣台中縣	1073
高玉樹	1913.9.3.~2005.6.15.	臺北市興雅庄祖先祖福建安溪	1074
辜振甫	1917.1.6.~2005.1.3.	台灣彰化鹿港人祖籍福建省惠安縣	1074
王永慶	1917.1.18.~2008.10.15.	台灣台北人祖籍福建安溪	1075
史 明	1918.11.9.~	台灣士林（今臺北市士林區）	1076
林挺生	1919~2008	台灣台北市	1077
王育德	1924.1.30.~1985.9.9.	台南市人	1077
辜寬敏	1926.10.15.~		1078
辜濂淞	1933.9.8.~2012.12.6.	台灣鹿港	1079
黃順興	1923.3.12.~2002.3.5.	臺灣省彰化縣彰化市人	1079
林洋港	1927.6.10.~2013.3.	南投魚池鄉 日月潭畔頭社	1079
黃信介	1928.8.20.~1999.11.30.	台北大龍峒,祖籍福建泉州府安溪縣	1080
劉松藩	1931.12.3.~	臺中縣大甲鎮（今臺中市大甲區）	1081
許世楷	1934.7.7.~	台灣彰化人	1081
蔡同榮	1935.6.13.~2014.1.11.	臺南州東石郡布袋庄新塭	1082
連 戰	1936.8.27.~	原籍台灣台南 中國陝西西安出生	1082
蕭萬長	1931.1.3.~	台灣嘉義	1084
吳敦義	1948.1.30.~	台灣南投草屯	1085
邱創煥	1925.7.25.~	台灣彰化	1085
王金平	1941.3.17.~	臺灣 高雄路竹	1086
施啟揚	1935.5.5.~	台灣台中	1087
賴英照	1946.8.24.~	台灣宜南	1087
郭婉容	1930.1.25.~	台灣台南	1088
張博雅	1942.10.5.~	台灣臺南州嘉義市	1088
康寧祥	1938.11.16.~	台北萬華人	1089
簡又新	1946.4.16.~	台灣桃園	1089
張俊宏	1938.5.17.~	台灣南投縣南投市人	1090
許信良	1941.5.27.~	臺灣桃園縣中壢市客家	1090
施明德	1941.1.15.~	高雄鹽埕區	1091

台灣碩彥	生　歿　年　代	出　　生　　地	頁次
尤　清	1942.3.20.~	台灣台北	1093
陳定南	1943.9.29. ~2006.11.5.	臺灣宜蘭縣三星鄉	1093
呂秀蓮	1944.6.6.~	台灣桃園祖籍福建	1093
謝長廷	1946.5.18.~	台灣台北縣	1094
蘇貞昌	1947.7.28.~	臺灣屏東縣屏東市人	1095
游錫堃	1948.4.25.~	台灣省宜蘭縣冬山鄉太和村	1095
陳婉真	1950.6.10.~	台灣省彰化縣	1095
許惠祐	1952.11.2.~	臺灣南投人	1096
蔡英文	1956.8.31.~	屏東縣枋山鄉楓港	1096
劉濶才	1911~1999.5.21.	台灣苗栗人	1097
張豐緒	1928.8.5.~2014.6.1.	台灣屏東縣人	1097
江宜樺	1960.11.18.~	台灣基隆	1098
柯文哲	1959.8.6.~	台灣新竹	1098

十四、中華學術精英

中　華　學　術　精　英	備　　　　註	頁次
中華民國中央研究院院士	精英人數過多僅列其名	1101
中華人民共和國最高科技學術得獎人		1116
中華人民共和國科學院院士		1118
中華民國十大傑出青年當選人		1135

十五、中華人民共和國功臣

中華人民共和國功臣	生　歿　時　間	出　　生　　地	頁次
毛澤東	1893.12.26~1976.9.9.	湖南湘潭韶山沖人	1137
劉少奇	1898.11.24.~1969.11.12.	湖南寧鄉	1141
周恩來	1898.3.5.~1976.1.8.	原籍浙江紹興生於江蘇淮安縣	1144
華國鋒	1921.2.16.~2008.8.20.	山西交城祖籍河南省范縣蘇家堡	1149
鄧小平	1904.8.22~1997.2.19.	四川廣安	1152
江澤民	1926.8.17.~	江蘇揚州人	1159
胡錦濤	1942.12.~	安徽績溪人祖籍安徽績溪	1160
習近平	1953.6.15.~	生在北京，祖籍陝西富平縣	1162
胡耀邦	1915.11.20~1989.4.15.	湖南瀏陽縣中和鄉人	1163
趙紫陽	1919.10.17.~2005.1.17.	河南省安陽市滑縣桑村鄉趙莊	1166
李　鵬	1928.10.20.~~	上海原籍四川省宜賓市慶符縣	1167
朱鎔基	1928.10.23.~	湖南長沙	1168
溫家寶	1942.9.15.~	天津	1169
李克強	1955.7.17.~	安徽定遠縣生於合肥	1171
何叔衡	1876~1935	湖南寧鄉	1172

中華人民共和國功臣	生　歿　時　間	出　　生　　地	頁次
徐特立	1877.2.1.~1968.11.28.	湖南長沙縣江背鎮	1173
吳玉章	1878.12.30.~1966.12.12.	生於四川落籍廣東惠州市惠陽	1174
謝覺哉	1884.4.27.~1971.6.15.	湖南省長沙市寧鄉縣	1174
鄧演達	1895.3.1.~1931.11.29.	廣東歸善（今惠州市惠陽區）	1175
董必武	1886.3.5.~1975.4.2.	湖北黃安（今紅安）	1176
林伯渠（林祖涵）	1886.3.20.~1960.5.29.	湖南省安福縣（今臨澧縣）	1176
李大釗	1889.10.29.~1927.4.28.	河北樂亭縣小黑坨村	1178
李　達	1890.10.2.~1966.8.24.	湖南零陵嵐角山鎮（永州冷水灘區）	1178
張國燾	1897.11.26.~1979.12.3.	江西萍鄉上栗縣金山鎮山明村	1179
康　生	1898~1975.12.16.	山東大台近諸城（膠南）	1180
瞿秋白	1899.1.29.~1935.6.18.	祖籍江蘇宜興，落籍江蘇常州	1182
李立三（李隆郅）	1899.11.18.~1967.6.22.	湖南醴陵人	1184
劉仁靜	1902.3.4.~1987.8.5.	湖北應城	1185
彭　真	1902.10.12.~1997.4.26.	山西省曲沃縣侯馬鎮垤上村	1186
任弼時	1904.4.30.~1950.10.27.	湖南湘陰（今汨羅）塾塘鄉唐家橋	1186
楊靖宇	1905.2.13.-1940.2.23.	河南確山人	1187
趙一曼	1905.10.25.~1936.8.2.	四川宜賓白花鎮白荷村人	1188
王稼祥	1906.12.26.~?	安徽涇縣人	1189
薄一波	1908.2.17.~2007.1.15.	山西省定襄縣蔣村人	1189
李先念	1909.6.23.~1992.6.21.	湖北紅安人	1192
胡喬木	1912.6.~1992.9.28.	江蘇省鹽城市龍岡鎮	1193
習仲勳	1913.10.15.~2002.5.24.	祖籍河南省鄧州市，陝西富平	1194
汪道涵	1915.3.27.~2005.12.24.	安徽嘉山縣（今明光市）	1195
胡克實	1921.5.30.~2004.7.20.	湖北武昌人	1197
喬　石	1924.12.~	浙江定海	1197
胡啟立	1929.10.~	陝西榆林人	1197
閻明復	1931~	遼寧海城人	1198
李瑞環	1934.9.~	天津寶坻人	1200
賈慶林	1940.3.~	河北泊頭	1200
吳邦國	1941.7.~	安徽肥東人	1201
陳雲林	1941.12.~	遼寧黑山人	1202
吳　儀	1938.11.17~	湖北漢口人祖籍黃梅	1202
王兆國	1941.7.~	河北豐潤人	1203
王岐山	1948.7.1.~	山西天鎮	1204
俞正聲	1945.4.~	浙江紹興生於西安	1205
張德江	1946.11.4.~	遼寧台安	1206
張高麗	1946.11.~	福建江東石鎮潘俓村	1207
文革四人幫　江青	1914.~1991.5.14.	山東諸城人	1208
張春橋	1917.2.1.~2005.4.21.	山東菏澤巨野人	1209
姚文元	1931.1.12.~2004.12.23.	浙江諸暨人	1210
王洪文	1935.12.~1992.8.3.	吉林長春人	1210

中華人民共和國功臣	生　歿　時　間	出　　生　　地	頁次
新四人幫　薄熙來	1949.7.3.~	山西定襄縣人	1212
周永康			1214
令計劃			1215
徐才厚	1943.6.~2015.3.	遼寧瓦房店人	1215

十六、中華人民共和國名將

中華人民共和國名將	生　歿　時　間	出　　生　　地	頁次
抗日陣亡將領			1217
朱　德	1886.12.1.~1976.7.6.	四川儀隴縣	1218
彭德懷	1898.10.24.~1974.11.29.	湖南湘潭人	1218
林　彪	1907.12.5.~1971.9.13.	湖北黃岡縣迴龍山人	1220
劉伯承	1892.12.4.~1986.10.7.	四川重慶開縣人	1222
賀　龍	1896.3.22.~ 1969.6.9.	湖南桑植縣城北洪家關	1223
陳　毅	1901.8.26.~1972.1.6.	四川樂至復興場張安井村	1225
羅榮桓	1902.11.26.~1963.12.16.	湖南衡山	1226
徐向前	1901.11.8.~1990.9.21.	山西五台五台縣永安村	1227
聶榮臻	1899.12.29.~1992.5.14.	四川重慶	1228
葉劍英	1897.4.28.~1986.10.22.	廣東梅縣雁洋堡下虎形村	1228
許世友	1905.2.28.~1985.10.22.	湖北黃州府麻城今河南信陽新縣	1230
徐海東	1900.6.17.~1970.3.25.	湖北大悟縣夏店區黃陂（武漢）	1231
黃克誠	1902.10.1.~1986.12.28.	湖南永興油麻圩下青村人	1231
蕭勁光	1903.1.4.－1989.3.29.	湖南長沙	1232
羅瑞卿	1906.5.31.~1978.8.3.	四川南充鳳清泉壩馬家坡	1234
譚　政	1906.6.14. ~1988.11.6.	湖南湘鄉	1235
楊尚昆	1907.7.5.~1998.9.14.	四川遂寧縣雙江鎮（重慶潼南）	1235
粟　裕	1907.8.10.~1984.2.5.	湖南會同	1326
蕭　克	1907.7.14.~2008.10.24.	湖南嘉禾縣泮頭鄉小街田村	1237
張宗遜	1908.2.7.~1998.9.14.	陝西渭南人	1238
王　震	1908.4.11.－1993.3.12.	湖南省瀏陽縣馬跪橋村人	1238
宋任窮	1909.7.11.~2005.1.8.	湖南瀏陽縣龍潭	1240
黃永勝	1910.~1983.4.26.	湖北咸寧	1241
張愛萍	1910.1.9.~2003.7.5.	四川達縣張家溝	1242
楊得志	1911.1.13. ~1994.10.25.	湖南株洲市株洲縣南陽橋鄉	1242
韓先楚	1913.2.~1986	湖北省黃安縣（今紅安縣）	1243
洪學智	1913.2.2.~2006.11.20.	安徽金寨縣（原屬河南省商城縣）	1244
楊成武	1914~2004	福建長汀	1245
余秋里	1914.~1999.2.3.	江西吉安人	1245
李天佑	1914.1.8.~1970.9.27.	廣西臨桂縣鄉間	1246

中華人民共和國名將	生 歿 時 間	出 生 地	頁次
葉 飛	1914.5.7.~1999.4.18.	祖籍福建南安生於菲律賓呂宋島	1246
劉華清	1916.10.~2011.1.14.	湖北大悟縣	1247
汪東興	1916.1.~	江西弋陽人	1248
楊白冰	1920.9.~2013.1.15.	重慶潼南	1249
朱敦法	1927~	江蘇省沛縣	1249
張萬年	1928.8.~	山東龍口	1250
遲浩田	1929.5.~	山東招遠	1250
曹雙明	1929.8.~	河南林州	1251
傅全有	1930.11.~	山西省崞縣〈今原平縣〉	1251
張連忠	1931.6.~	青島膠州	1252
于永波	1931.9.~	遼寧復縣（大連市瓦房店）	1252
曹剛川	1935.12.~	河南舞鋼人	1252
喬清晨	1939~	河南鄭州人	1253
廖錫龍	1940.6.~	貴州省思南縣	1253
梁光烈	1940.12.~	四川省三台縣人	1254
劉書田	1940.12.~	山東滕州人	1254
陳炳德	1941.7.~	江蘇南通人	1255
楊德清	1942~	湖北應城人	1255
朱文泉	1942~	江蘇響水人	1256
郭伯雄	1942.7.~	陝西省禮泉縣人	1256
李繼耐	1942.7.~	山東滕州人	1257
靖志遠	1944.12.~	山東臨沭	1257
吳勝利	1945.8.~	河北吳橋人	1258
范長龍	1947.5.~	遼寧丹東出生東溝縣大孤山鎮西關	1258
趙克石	1947.11.~	河北高陽縣人	1259
常萬全	1949.1.~	河南南陽人	1259
馬曉天	1949.8.~	河南鞏義人	1260
許其亮	1950.3.~	山東臨朐縣五井鎮花園河村	1260
張又俠	1950.7.~	祖籍陝西渭南，出生於北京市	1261
房峰輝	1951.4.~	陝西省彬縣城關鎮人	1261
張 陽	1951.8.~	河北武強人	1261
魏鳳和	1954.2.~	山東聊城茌平縣溫陳鄉茌平	1262
中華人民共和國上將		P. 869~880	1263
1998年恢復軍銜制至今			1265

十七、儒、理、哲學家

理 哲 學 家	生 歿	備 註	頁次
冉 耕	前-547~？	春秋時期魯國人	1267
子路（仲由）	前 542~480	春秋時期魯國人	1267

理哲學家	生　　歿	備　　　　註	頁次
子騫（閔損）	前-536~-487	春秋時期魯國人	1268
冉　雍	前-522~？	春秋時期魯國（山東曲阜）人	1268
子我（宰予）	前-522~-458	春秋時代齊國人	1268
子有（冉求）	前-522~？	春秋末年魯國（山東曲阜）人	1269
子貢（端木賜）	前-520~-446	春秋時期衛國人	1269
子有（有若）	前-518~-458	春秋時期魯國人	1270
子游（言偃）	前-506~-443	春秋末吳國常熟人	1271
子張（顓孫師）	前-503~-447	陳國人	1271
許　慎	約58年－約147年	東漢汝南召陵(現河南省漯河市召陵區)	1272
鄭　玄	127~200	北海高密（山東省高密市）人	1272
何　休	129~182	東漢任城樊（鄰近山東曲阜）人	1273
文中子	開皇四年		1273
邵　雍	1011.1.21.~1077.7.27.	河南輝縣	1275
周敦頤	1017~1073.724.	道州營道縣（今湖南道縣）	1277
呂公著	1018~1089	山東萊州	1278
張　載	1020~1077	陝西眉縣橫渠鎮	1278
程　顥	1032~1085	北宋洛城伊川	1279
程　頤	1033~1107	北宋洛陽伊川（今屬河南省）	1279
楊　時	1053~1135	福建將樂縣龜山下	1281
李　侗	1093~1163	南平人	1281
朱　震	?~1138	湖北荊門人	1281
胡　宏	1105~1161	福建省武夷山家住湖南衡山	1282
朱　熹	1130.9.15~1200.3.9	江西婺源南劍光溪長居福建	1282
張　栻	1133~1180	漢州綿竹（今屬四川）	1284
呂祖謙	1137~1181	壽州（今安徽鳳台）人	1285
陸九淵	1139~1193	撫州金溪（江西省金溪縣）人	1286
許　衡	1209~1281	懷州河內（今河南沁陽）人	1287
曹　端	1376~1434	澠池人祖籍山西曲沃縣沃閣村	1288
薛　瑄	1389~1464	山西河津縣人（今河津市）	1288
王守仁（王陽明）	1472.10.31.-1529.1.9.	浙江寧波餘姚市人	1289
呂　坤	1536~1618	寧陵人（今屬河南商丘）	1290
黃宗羲	1610~1695	浙江省寧波餘姚市黃埠鎮人	1291
朱伯廬	1617~1688	江南昆山人	1292
王夫之	1619~1692	湖南衡陽人	1292
顏　元	1635~1704	直隸博野（河北安國縣東北）人	1294
方　苞	1668~1749	安徽桐城人	1294
唐　鑑	1778~1861	湖南善化（長沙）	1295
俞　樾	1821.12.25.~1906.2.5.	浙江德清人	1296
吳汝綸	1840~1903	清朝安徽桐城（屬樅陽會宮鄉）	1296
皮錫瑞	1850~1908	湖南善化（長沙）人	1297
劉人熙		湖南瀏陽人	1297

理哲學家	生　　殁	備　　　　　註	頁次
馬一浮	1883.4.2.~1967.6.2.	浙江紹興上虞人在四川成都出生	1297
劉師培	1884~1919	揚州儀徵人	1298
熊十力	1885.2.18.~1968.5.23.	湖北黃岡團風上巴河鎮熊坳村張家灣	1299
梁漱溟	1893.10.18.~1988.6.23.	北京人入籍河南開封	1300
方東美	1899~1977.7.13.	安徽桐城人	1301
徐復觀	1904~1982	湖北浠水縣徐埠場鳳形灣人	1301
唐君毅	1909.1.17.~1978.2.2.	四川宜賓人祖籍廣東五華	1302
牟宗三	1909.6.12.~1995	山東棲霞縣祖籍湖北省公安縣	1303
魯實先	1913.3.12.~1977	湖南省寧鄉縣人	1303
蔡仁厚	1930~	江西省雩都縣現居臺灣台中市	1304
劉述先	1934~	生於上海,江西吉安人	1305
成中英	1935.11.8.~	生於南京有美籍華裔雙國籍	1305
杜維明	1940~	祖籍廣東南海,出生雲南昆明	1306

十八、史學家

史學家	生　　殁	備　　　　　註	頁次
司馬遷	前-145 ~-86	龍門（今陝西省韓城市）	1307
呂不韋	約前-290~－-235	戰國衞國濮陽（河南濮陽）	1308
司馬談	?~ 前-110	夏陽（今陝西韓城南）	1309
甘忠可		山東人	1309
顧　胤	生殁不詳	江蘇蘇州	1309
班　彪	3~54	扶風安陵（今陝西省咸陽）	1310
班　固	32 ~ 102	扶風安陵（今陝西咸陽）	1310
張　湯	?~115	陝西長安	1311
劉　珍	1世紀?-約126 年	南陽郡蔡陽（湖北襄陽西南）	1311
范　曄	398~445	順陽（現河南省淅川南部人）	1311
沈　約	441~513	吳興武康（今浙江武康）人	1312
蕭　衍	464~549	南蘭陵（江蘇常州西北）中都	1313
蕭子顯	489~537	梁南蘭陵（今江蘇常州）人	1313
魏　收	507~572	巨鹿下曲陽（今河北平鄉）	1313
李延壽	生殁不詳	祖籍隴西狄道（甘肅臨洮縣）	1313
姚思廉	557~637	吳興（今浙江湖州）人	1314
李百藥	565~648	唐定州安平（今屬河北）人	1314
令狐德棻	583~666	宜州華原（今陝西耀縣東南）	1315
劉　昫	888~947	五代時涿州歸義（今屬河北）	1315
薛居正	912~981	開封府浚儀縣（河南開封市）	1315
宋　庠	996~1066	安州安陸（今湖北安陸）人	1316
宋　祁	998~1061	安陸徙開封雍丘（河南杞縣）	1316
歐陽修	1007~1072	吉州廬陵（屬江西省永豐縣）	1316

史　學　家	生　　　　歿	備　　　　註	頁次
司馬光	1019.11.17.~1086	河南沁陽後遷山西省夏縣	1317
劉　攽	1022~1089	江西新餘樟樹市黃土崗荻斜	1318
劉　恕	1032~1078	筠州高安（今江西高安）人	1318
鄭　樵	1104~1162	福建莆田	1319
李　燾	1115~1184	四川眉州丹陵	1320
徐夢莘	1124~1207	江西清江人	1320
袁　樞	1131~1205	福建建甌人	1321
李心傳	1166~1243	四川井研人	1321
胡三省	1230~1302	寧海（浙江寧海縣）中胡村	1321
馬端臨	約1254~1323	樂平（今屬江西）人	1322
歐陽玄	1283~1357	江西廬陵（吉安）遷湖南瀏陽	1323
宋　濂	1310.11.4.~1381.6.20.	浙江省浦江縣人	1323
脫　脫	1314~1355	蒙古族蔑兒乞人	1324
解　縉	1369~1415	江西吉水縣	1324
談　遷	1593~1657	祖籍汴梁（開封）浙江海寧裏	1325
查繼佐	1601~1676	浙江海寧人	1326
傅以漸	1609~1665	山東聊城人祖籍江西永豐。	1326
馬　驌	1621~1673	山東鄒平人	1326
吳　炎	1624~1663	江蘇吳江人	1326
潘檉章	1626~1663	江蘇吳江人	1327
徐乾學	1631~1694	江蘇昆山人	1327
明　珠	1635~1708	清滿州正黃旗人	1328
萬斯同	1638.3.9.~1702.5.4.	浙江鄞縣（今寧波市）人	1328
張廷玉	1672~1755	安徽桐城人	1329
全祖望	1705~1755	浙江鄞縣	1329
趙　翼	1727~1814	江蘇常州人	1330
朱　筠	1729~1781	順天府大興縣（今北京市）	1330
章學誠	1738~1801	會稽（今浙江紹興）	1331
邵晉涵	1743~1796	浙江餘姚	1331
周永年	1730~1791	山東歷城（今屬濟南市）	1332
汪輝祖	1730~1807	浙江蕭山	1332
王永瑢	1743~1790		1332
洪亮吉	1746~1809	安徽歙縣生於江蘇常州	1333
紀　昀	?~1805		1333
湯　球	1804~1881	安徽黟縣人	1334
王闓運	1833~1916	湖南湘潭人，出生於長沙。	1334
王先謙	1842~1917	湖南長沙人	1335
趙爾巽	1844~1927	祖籍奉天鐵嶺。	1336
柯劭忞	1850~1933	山東膠州人	1336
沈曾植	1850~1922	浙江省嘉興府嘉興縣人	1336
屠　寄	1856~1921	江蘇武進人	1337

史　學　家	生　　　　殁	備　　　　　　註	頁次
孟　森	1868~1937	江蘇武進人	1337
朱希祖	1879~1944	浙江海鹽人	1337
柳詒徵	1880.2.5.~1956.2.3.	江蘇鎮江丹徒人	1338
劉文典	1889~1958	安徽合肥人原籍安徽懷寧。	1339
顧頡剛	1893~1980	江蘇蘇州人	1339
毛子水	1893.2.25.~1988.5.1.	生於浙江衢州江山清漾村。	1340
洪　業	1893.10.27.~1980.12.22.	福建侯官人	1341
蒙文通	1894~1968	四川鹽亭人	1342
董作賓	1895.3.20.~1963.11.23.	河南南陽	1342
錢　穆	1895.7.30.~1990.8.30.	江蘇無錫人	1343
李　濟	1896.7.12.~1979.8.1.	湖北鍾祥縣	1343
沈剛伯	1896.12.4.~1977.7.31.	湖北宜昌三斗坪人	1344
繆鳳林	1899~1959	浙江杭州富陽鎮人	1345
向　達	1900.2.19.~1966.11.24.	湖南漵浦土家族人	1345
韓儒林	1903~1983.4.7.	河南省舞陽縣	1346
郭廷以	1904.1.12.~1975.9.14.	河南省舞陽縣姜元店人	1347
鄧廣銘	1907.3.16.~1998.1.10.	山東臨邑齊家莊	1347
白壽彝	1909.2.19.~2000.3.21.	河南開封人	1348
吳　晗	1909.8.11.~1969.10.11.	浙江金華義烏人	1349
侯仁之	1911.12.6.~2013.10.22.	山東恩縣（今平原縣恩城鎮）	1349
柏　楊	1920.3.7.~2008.4.29.	河南省開封祖籍為河南輝縣	1350
唐德剛	1920.8.23.－2009.10.26.	安徽合肥西鄉山南館唐老圩	1352
余英時	1930.1.22.~	安徽潛山官莊金城生於天津	1352
許倬雲	1930.7.10.~	江蘇無錫	1353
郭冠英	1949~	貴州清鎮，生於新竹市	1353
中國歷史學家			1353

十九、政治家

政　治　家	生　殁　時　間	出　　生　　地	頁次
霍　光	?-前-68 年	河東平陽人	1358
賈　誼	前-200~-168	河南洛陽人	1359
晁　錯	前-200~-154	穎川（今河南禹縣）	1359
董仲舒	前-197~-104	廣川（今河北棗強東北）	1360
賈　逵	174~228	河東郡襄陵縣人（山西襄汾縣）	1361
張居正	1525~1582	湖北江陵	1362
顧憲成	1550.8.7.~1612	安徽無錫涇里	1364
左光斗	1575~1625	南直隸桐城（今屬安徽）	1364
楊　漣	1572~1625	湖廣應山（今湖北廣水）	1364
劉宗周	1578~1645	山陰（今浙江紹興）	1365

政 治 家	生 歿 時 間	出 生 地	頁次
黃宗羲	1610.9.24.~1695.8.12.	今浙江省寧波餘姚市黃埠鎮	1366
方以智	1611~1671	南直隸桐城縣（安徽省桐城市）	1366
顧炎武	1613~1682	江蘇蘇州崑山	1367
黃宗炎	1616~1686	浙江餘姚（今浙江省餘姚市）	1367
施世綸	1685~		1368
劉 墉	1719~1805	山東諸城注溝逢戈庄村（高密）	1369
錢 灃	1740~1795	先祖為應天府江寧縣人（南京）	1369
伊秉綬	1754~1816	寧化城關遷居福建汀州寧化	1370
康有為	1858.3.19.~1927.3.31.	廣東廣州南海縣糖鄉（銀河鄉）	1370
鄭孝胥	1860.5.2.~1938.3.28.	福建省閩縣（今福州）	1372
吳永（吳漁川）	1865.4.30.~1936	浙江吳興生於四川寧遠府西昌縣	1372
章炳麟	1866-1936	浙江	1373
章太炎	1869.1.12. ~1936.6.14.	浙江餘杭	1373
梁啟超	1873.2.23.~1929.1.19.	廣東新會茶坑鄉	1375
沈鈞儒	1875.1.2.~1963.6.11.	浙江嘉興生於蘇州	1377
張靜江	1877.~1950.9.3.		1378
黃炎培	1878.10.1.~1965.12.21.	江蘇省川沙縣内史第浦東新區	1381
李石曾	1881.5.29.~1973.9.30.	河北高陽縣	1382
冷 遹	1882.6.22.~1959.8.18.	江蘇省丹徒縣黃墟鎮人	1383
張東蓀	1886.12.9.~1973.6.2.	浙江杭縣（今杭州市）	1385
張君勱	1887.1.18.~1969.2.23.	江蘇寶山人（上海寶山）	1386
顧孟餘	1888~1972.6.	浙江上虞縣	1388
張奚若	1889.~1973.7.18.	陝西大荔縣朝邑鎮	1388
衛挺生	1890~1977	湖北省襄陽市雙河鎮	1389
曾 琦	1892~1951.5.7.	四川隆昌	1390
梁漱溟	1893.10.18.~1988.6.23.	生於北京入籍河南開封	1391
左舜生	1893~1969.10.16.	湖南長沙人	1392
余井塘	1896~1985.9.2.	江蘇東台縣小海鎮（今大豐市）	1393
雷 震	1897.6.25.~1979.3.7.	浙江湖州長興人	1394
聞一多	1899.11.24. ~1946.7.15.	湖北黃岡浠水	1395
陶希聖	1899~1988.6.27.	湖北黃岡（今屬武漢市新洲區）	1396
李公樸	1902.~1946.7.11.	江蘇武進	1397
唐振楚	1914.8.15~1999	湖南衡陽市衡陽縣金溪鎮	1398
費希平	1916~2003.2.21.	遼寧省遼中縣人	1399
楚崧秋	1920.8.11.~	湖南省湘潭縣白雲鄉梅林橋鎮	1400
陳香梅	1925.6.23.~	出生於北京現為美國華僑	1402
傅 正	1927.12.11.~1991.5.10.	江蘇省高淳縣	1403

二十、外交家

外 交 家	生 歿 時 間	出 生 地	頁次
俞士吉	1354~1430	浙江象山人	1405
郭嵩燾	1818.4.11.~1891.7.18.	湖南湘陰人	1405
李鴻章	1823.2.15.~1901.11.7.	從江西湖口遷至安徽合肥縣	1406
張蔭桓	1837~1900	廣東南海人	1409
洪　鈞	1839~1893	江蘇吳縣人	1409
曾紀澤	1839~1890	湖南湘鄉	1410
伍廷芳	1842.7.30.~1922.6.23.	廣東新會官來橋生馬六甲峇都安南	1411
許景澄	1845~1900.7.28.	浙江嘉興人	1412
袁　昶	1846~1900.7.28.	浙江桐廬人	1413
徐用儀	1826~1900.8.11.	浙江海鹽人	1414
聯　元	1838.~1900.8.11.	滿洲紅旗人	1415
立　山		歷史上有其人但無資料可考	1415
陸徵祥	1871.6.12.~1949.1.15.	上海人	1415
施肇基	1877.4.10.~1958.1.3.	江蘇蘇州府吳江縣人	1416
王寵惠	1881.10.10.~1958.3.15.	香港	1417
王正廷	1882.9.7..~1961.5.21.	浙江奉化金溪鄉白杜鄉人	1418
鄭天錫	1884.8.30.~1970.1.30.	廣東中山人	1419
陳　介	1885－1951	湖南省湘鄉人，出生於浙江杭州	1420
魏宸組	1885~1942.8.	湖北江夏人	1421
顧維鈞	1888.1.29.~1985.11.14.	江蘇太倉州嘉定縣	1422
郭泰祺	1888.12.4.~1952	湖北廣濟縣（今武穴市）人	1423
朱佛定	1889.3.16.~1981.7.13.		1424
徐　謨	1893.10.22.~1956.6.28.	江蘇吳縣人	1425
蔣廷黻	1895.12.17.~1965.10.9.	湖南邵陽楮塘鋪（邵東縣廉橋鎮）	1426
傅秉常	1896.2.16.~1965.7.29.	廣東廣州南海縣人	1426
魏道明	1899.~1978.5.18.	江西九江	1427
葉公超	1904.10.20~1981	江西九江	1428
劉　鍇	1907.5.27.~1991.2.12.	廣東中山	1429
伍修權	1908.3.6.~1997.11.9.	湖北陽新人	1429
沈劍虹	1908.7.2.~2007.7.12.	上海市蘇州河北虹口區沈家灣	1430
王炳南	1908~1988.12.22.	陝西乾縣洪鄉好畤村人	1431
黃　華	1913.1.25.~2010.11.24.	河北磁縣人	1432
喬冠華	1913.3.28.~1983.9.22.	江蘇鹽城人	1432
周書楷	1913.8.21.~1992.7.31.	湖北安陸人	1433
沈昌煥	1913.10.16.~1998.7.2.	江蘇蘇州吳縣人	1434
朱撫松	1915.1.5.~2008.6.14.	湖北襄陽人	1435
吳祖禹	1920.5.3.~2006.12.17.	浙江鄞縣人	1435
吳學謙	1921.12.19.~2008.4.4.	上海嘉定人	1435

外 交 家	生 歿 時 間	出 生 地	頁次
丁懋時	1925.10.10.~	雲南賓川人	1436
錢其琛	1928.1.5.~	上海嘉定區人生於天津	1436
陳錫蕃	1934.2.11.~	祖籍湖南，出生於江蘇南京	1437
錢 復	1935.2.17.~	浙江省杭州市人	1438
唐家璇	1938.1.17.~	江蘇鎮江人	1438
程建人	1939.8.11.~	出生於上海	1439
歐鴻鍊	1940.1.5.~		1440
李肇星	1940.10.20.~	出生於青島市黃島區	1440
袁健生	1942.2.1.~	貴州人	1441
楊進添	1942.7.1.~		1441
胡志強	1948.5.15~	祖籍吉林省永吉縣，生於北京	1441
李大維	1949.10.15.~		1442
楊潔箎	1950.5.		1442
王 毅	1953.10.~	北京人	1443
金溥聰	1956.8.30.~	滿族正黃旗後裔生於台灣台南市	1443

廿一、財經家

財政經融家	生 歿 時 間	出 生 地	頁次
孔祥熙	1880.9.11~1967.8.16.	山西太谷	1445
龐松舟	1887~1990	江蘇浦東人	1446
張嘉璈	1889.11.13.~1979.10.15.	江蘇寶山	1446
俞鴻鈞	1898.12.12.~1960.6.1.	廣東新會	1447
吳嵩慶	1901~1991	浙江省鎮海縣（寧波）	1448
徐柏園	1902~1980	浙江蘭谿	1448
金開英	1902.10.16.~1999.5.8.	浙江省吳興縣南潯鎮	1449
尹仲容	1903.4.16.~1963.1.24.	湖南邵陽	1450
李國鼎	1910.1.28.~2001.5.31.	江蘇南京人	1451
任顯群	1912.10.21.~1975.8.28.	江蘇宜興	1451
趙耀東	1915~2008	江蘇淮陰縣, 江蘇省淮陰縣	1452
蔣碩傑	1918.8.25.~1993.10.21.	湖北應城人，生於上海	1453
張繼正	1918.12.7.~	四川華陽縣人	1454
王作榮	1919.2.6.~2013.7.31.08:15	湖北省漢川縣西王家村人	1455
王建煊	1938.8.7.~	安徽合肥	1456
彭淮南	1939.1.2.~	臺灣新竹	1457
馬 凱	1944.4.7.~		1458
林毅夫	1952.10.15.~	台灣宜蘭縣	1458
中國石油公司	1946~		1459

廿二、科學家

科 學 家	生 歿 時 間	出 生 地	頁次
郭守敬	1231~1316	邢州境內的邢台	1461
黃道婆	約1245~？	松江烏泥涇鎮（上海縣華涇鎮）	1461
李維格	1867~1929	江蘇吳縣出生於上海南市區	1462
丁文江	1887.3.20.~1936.1.5.	江蘇泰興縣人	1463
李四光	1889.10.26.~1971.4.29.	湖北黃岡縣蒙古族	1463
饒毓泰	1891.12.1.~1968.10.16.	江西臨川鐘嶺人	1464
胡剛復	1892.3.24.~1966.2.19.	江蘇桃源縣（現泗陽縣）	1465
汪敬熙	1893.7.7.~1968.6.30.	山東省歷城縣人	1465
淩鴻勛	1894.4.15.~1981.8.15.	廣東番禺原籍江蘇省常熟縣	1466
沈宗瀚	1895.12.15.~1980.12.15.	浙江省餘姚縣	1466
茅以昇	1896.1.9.~1989.11.12.	江蘇鎮江	1467
吳有訓	1897.4.2.~1977.11.30.	江西高安市石溪吳村	1468
戴運軌	1897.11.27.~1982.4.4.	浙江奉化	1469
葉企蓀	1898.7.16.~1977.1.13.	上海人唐家弄	1470
黃子卿	1900.1.2.~1982.7.23.	廣東梅縣	1471
梁思成	1901.4.20.~1972.1.9.		1472
薩本棟	1902.7.24.~1949.1.31.	福建省閩縣	1472
周培源	1902.8.28.~1993.11.24.	江蘇宜興	1473
林徽因	1904.6.10.~1955.4.1.	福建省福州府閩縣	1473
王淦昌	1907.5.28.~1998.12.10.	江蘇省常熟縣支塘鎮楓塘灣	1474
吳大猷	1907.9.29.~2000.3.4.	廣東肇慶府治高要縣	1475
趙九章	1907.10.15.~1968.10.26.	浙江吳興縣	1476
郭永懷	1909.4.4.~1968.12.5.	山東省榮成縣	1477
陳永齡	1910.11.8.~2004.8.15.	北京人	1477
華羅庚	1910.11.12.~1985.6.12.	江蘇金壇	1478
錢學森	1911.12.11.~2009.10.31.	杭州下城區馬市街方谷園2號	1479
陳國達	1912.1.22.~2004.4.7.	廣東新會人	1481
袁家騮	1912.4.5.~2003.2.11.	河南安陽縣（安陽市）	1482
吳健雄	1912.5.31.~1997.2.16.	江蘇上海南通市	1483
閻振興	1912.7.10.~2005.1.7.	河南汝南	1484
錢偉長	1912.10.9.~2010.7.30.	江蘇無錫鴻聲鄉七房橋村	1485
錢三強	1913.10.16.~1992.6.28.	浙江湖州　　吳興人	1486
任新民	1915.12.5.~	安徽寧國縣	1487
黃緯祿	1916.12.18.~2011.11.23.	安徽省蕪湖	1487
梁守槃	1916.4.13.~2009.9.5.	福建省福州市	1488
貝聿銘	1917~	廣東出生成長於蘇州移民美國	1488
錢驥	1917~1983.8.28.	江蘇金壇縣	1489
王大閎	1917.7.6.~	原籍廣東東莞，出生於北京	1490

科　學　家	生　歿　時　間	出　　生　　地	頁次
屠守鍔	1917.12.5. ~2012.1215.	浙江省湖州市	1491
鄧稼先	1924.6.25. ~1986.7.29.	安徽懷寧	1491
周光召	1929.5.15.~	湖南長沙人	1492
袁隆平	1930.9.7.~	生於北京，祖籍江西九江德安	1492
方勵之	1936.2.12.~2012.4.6.	浙江杭州，美籍華人	1492
張俊彥	1937.10.12.~	台灣台南麻豆	1493
劉兆漢	1939.1.3.~	湖南衡陽	1494
蔡義本	1940.3.23.~	台灣苗栗縣的濱海區域	1494
朱經武	1941.12.2.~	廣東台山遷臺灣台中清水鎮	1495
翁啟惠	1948.8.3.~	臺灣嘉義縣義竹鄉	1495
孟懷縈	1961.1.17.~	祖籍四川省巴縣，出生於台南	1496
周苡嘉	1983~		1497
郭兆林		台灣人	1497
王　選	1937.2.5.~2006.2.13.	生於上海，江蘇無錫人	1498
各界科技人			1498
中國科學院學部與院士			1505

廿三、古今名醫

（一）中　醫

時　　期	歷代名中醫	生　　歿	備　　　註	頁次
神醫藥王	神農氏		烈山	1507
	岐　伯	前-1649~-1549		1508
	長桑君	春秋戰國時人		1509
	扁　鵲	前-407.4.28.~-310	河北任丘一說山東長清	1510
	倉公（淳于意）	前-205~ -150	臨淄（山東淄博）人	1512
	華　陀	145~208	沛國譙縣（安徽亳州市）	1513
	張仲景	150~219	河南鄧州市和鎮平縣	1517
	王叔和	210~258	西晉高平	1518
	董　奉	220~280	侯官縣人	1521
	孫思邈	581~682	西魏唐京兆華原(陝西耀縣)	1522
	伊　尹			1526
	雷　公	前-?年 8.2.		1527
	醫　緩		春秋時秦國人	1528
	醫　和		春秋戰國時人	1528
	公乘陽慶	不詳		1529
三國晉南北朝	皇甫謐	215~282	寧夏彭陽縣古城	1529
	葛　洪	284~363	江蘇丹陽句容	1530

時　期	歷代名中醫	生　　歿	備　　　　　註	頁次
	陶弘景	456~536	南京丹陽秣陵	1531
隋唐五代	巢元方		不詳	1532
	王　燾	670~755	陝西省鄠縣人	1532
	王　冰	710~805	唐代人	1533
	昝　殷	797~859		1533
宋朝	林　億			1533
	唐慎微		蜀州晉原（四川崇慶）人	1534
	錢　乙	1032~1113	山東東平	1534
	龐安時	1042~1099	湖北浠縣人	1534
遼夏金元	成無己	1066~1156	山東聊城人	1534
	朱肱	1068~1165	浙江湖州	1535
	許叔微	1079~1154		1535
	王惟一		無考	1536
	劉完素	約1110~1180	河北河間市	1536
	張元素	1151~1234	河北省易縣	1537
	張從正	約1156~1228	河南蘭考縣	1537
	李　杲	1180~1251		1538
	朱震亨（朱丹溪）	1281~1358	浙江義烏	1538
	滑　壽	約1304~1386	河南襄城	1539
	羲　妁	宋代時人		1539
	鮑　姑			1540
	張小娘子			1540
明朝	談允賢	1461~1556	江蘇無錫人	1541
	汪　機	1463~1539	安徽祁門	1541
	薛　己	1487~1559	江蘇蘇州吳郡	1542
	萬　全	1495~1580	江西南昌	1542
	李時珍	1518.7.3.~1593	湖北蘄春	1542
	龔廷賢	1522~1619	屬江西金溪	1543
	楊濟時	1522~1620	三衢（今浙江衢縣）人	1544
	武之望	1552~1629	西安武屯鎮廣陽村	1544
	王肯堂	約1552~1638	今屬江蘇金壇	1544
	陳實功	1555~1636	江蘇南通市	1545
	秦昌遇	不詳	上海松江區	1545
	陳司成	不詳	明代浙江海寧	1545
	張景岳（介賓）	1563~1640	今浙江紹興）	1545
	吳有性	1582~1652	江蘇吳縣人	1547
清朝	喻　昌	1585~1664	南昌	1548
	李中梓	1588~1655	上海松江	1548
	章　楠		不詳	1548
	傅　山	1607~1684	山西太原向陽鎮西村	1549
	張志聰	約1630~1674	浙江錢塘人	1549

時　　期	歷代名中醫	生　　　歿	備　　　註	頁次
	尤　怡	1650~1749	江蘇吳縣	1550
	葉天士（葉桂）	1667~1746	江蘇蘇州市	1550
	李慶遠	1677~1933	四川開縣,原籍雲南.	1551
	薛　雪	1681~1770	江蘇吳縣人	1552
	徐大椿	1693~1771	江蘇吳江人	1553
	黃元御	1705~1758	山東昌邑人	1553
	李世泰		上川口(今青海民和縣)人	1553
	楊潞玉	不詳	江西義寧人	1554
	吳鞠通（吳瑭）	1758~1836	江蘇淮陰	1554
	梁財信	1763~1855	佛山市石灣區瀾石鎮人	1554
	陳修園	1766~1823	長樂市湄村人	1555
	劉　沅	1768~1855	清朝四川雙流人	1555
	王清任	1768~1831	今河北玉田縣人	1555
	趙文魁	1783~1934	浙江紹興人	1556
	費伯雄	1800~1879	江蘇武進縣孟河鎮人	1557
	馬培之	1820~1903	江蘇武進河鎮人	1557
	鄭壽全	1824~1911	四川邛州人	1558
	唐宗海	1846~1897	四川彭州三邑鎮	1558
	張驤雲	1855.~1925.	上海市人	1558
中華時代	張錫純	1860~1933	山東諸城	1559
	丁甘仁	1865~1926	江蘇武進人	1560
	曹穎甫	1866~1938	江蘇江陰人	1560
	蕭龍友	1870~1960	四川三台縣人	1560
	張山雷	1873~1934	上海嘉定馬陸鎮	1562
	王朴誠	1877~1961	四川中江縣人	1562
	惲鐵樵	1878~1935.7.	江蘇省常州市	1562
	冉雪峰	1879~1963.1.29.	四川省巫山縣人	1563
	余雲岫	1879.9.14.~1954.1.3.	浙江省鎮海人	1563
	陳櫻寧	1880~1969	安徽懷寧人	1564
	謝利恒	1880~1950	江蘇武進羅墅灣人	1564
	曲煥章	1880－1938	雲南江川縣人	1565
	施今墨	1881~1969	浙江蕭山坎施家台門	1566
	陳無咎	1883~1948	浙江義烏人	1566
	汪逢春	1884.5.29.~1949.8.14.		1567
	孔伯華	1884~1955	山東曲阜	1567
	祝味菊	1884~1951	生於浙江紹興縣	1567
	蒲輔周	1888~1975.4.29.	四川梓潼人	1568
	陳邦賢	1889-1976	江蘇丹徒人	1568
	瞿文樓	1891~1957	河北城縣人	1569
	左季雲	1891~1942	江北縣洛磺人	1569
	李宗恩	1894.9.10.~1962.	江蘇省武進縣人	1570

時　　期	歷代名中醫	生　　歿	備　　註	頁次
	陸淵雷	1894~1955	江蘇川沙人	1570
	承淡安（承澹盦）	1899.9.~1957.7.10	江蘇江陰華士鎮	1571
	余無言	1900~1963	江蘇阜寧人	1572
	岳美中	1900~1982	河北省灤南縣人	1572
	秦伯未	1901~1970	上海市陳行鎮	1573
	程門雪	1902~1972	江西婺源人。	1574
	章次公	1903~1959	江蘇鎮江人	1574
	張合英	1910 年代	湖南瀏陽官橋善沖人	1575
	王伯岳	1912~1987	四川成都人	1575
	何世英	1912~1990	江蘇人	1576
	關幼波	1913.4.4.~2005	北京市	1576
	邱茂良	1913.9.~	浙江省龍遊縣	1577
	周左宇	1914.6.20.~2011.7.21	河北	1578
	祝諶予	1914.11.30.~1999.8.12		1578
	胡海牙	1914.~2013.9.27.	浙江紹興人	1578
	鄧鐵濤	1916.11.6.~10.11.	廣東省開平縣人	1579
	朱良春	1917.8.~	江蘇鎮江人	1580
	李玉奇	1917.~	遼寧鐵嶺市人	1581
	劉渡舟	1917.10.9.~2001.2.3	遼寧省營口市	1581
	金明淵	1917.1.14.~2006.10.8	浙江紹興生於上海	1582
	張正懋	1919-201402.4.	山東即墨人	1582
	李仲愚	1920~2003	四川彭州市	1582
	顏正華	1920~	江蘇丹陽市人	1583
	路志正	1920.12.~		1583
	程莘農	1921.8.~	安徽淮安人	1583
	方藥中	1921.10.~1995.3.3	重慶	1584
	焦樹德	1922.5.31.~2008.6.14.	河北辛集市人	1584
	王綿之	1923.~	江蘇南通人	1585
	張鏡人	1923.~	上海市人	1585
	方和謙	1923.11.~	山卜東掖縣人	1585
	劉弼臣	1925~	江蘇省揚州市人	1586
	吳咸中	1925.8.~	遼寧新民縣人	1586
	賀普仁	1926.5.20.~	河北淶水縣人	1586
	梁貽俊	1927~	北京	1587
	朱鶴亭	1927.~	山東青島人	1587
	張志禮	1930.10.~ 2000.11.		1588
	孔光一	1931~	江蘇省泰興縣人	1588
	李濟仁	1931.1.~	安徽歙縣人	1588
	魏　稼	1933~	江西都昌縣人	1589
	石學敬	1936.~		1589
	周德安	1939~		1590

時　期	歷代名中醫	生　　　歿	備　　　註	頁次
	樊　阿	生卒年不詳	彭城國（江蘇徐州）	1591
	徐宜厚	1940~	湖北省武漢	1591
	周玉祥	1947~	江蘇省常州市人	1591
	倪海廈	1954~2012.1.31.	浙江瑞安具中美國籍	1591
	黃　煌	1954.12.~	江蘇江陰市人	1592
	徐　彭	1959.4.~	江西湖口縣人	1592
	張擴 張杲 張一帖 張根桂 張舜華 張守仁 張其成			1593
	鄭振鴻			1594
	許中華			1596
	廖麗蘭	1967~	台灣雲林人	1596
	楊素卿			1597
	陳春發			1598
	許毓芬			1598
	陳朝宗			1598
	陳建宏			1599
	賴榮年			1599
	任應秋		四川重慶江津區人	1599
	何　任		浙江杭州人	1599
	周仲英			1600
	武國忠			1600
	趙紹琴	1918~2001		1601
	趙錫斌			1602
	張錫純		河北鹽山邊務里人	1603
	乾祖望	1912.~	上海金山區人	1603
	莊淑旂	1920.11.26.~2015.1.31.	台灣台北市迪化街	1604
	郝萬山	1944.11.~		1605
	曲黎敏	1964.~		1605
	資料關於中醫			1605

（二）西　醫

各科名醫	生　　　歿	備　　　註	頁次
醫療署院首長			1606
心臟血管內科			1610
心臟血管外科			1612
肝膽腸胃科			1615
腦血管科			1618
神經內科			1619

各 科 名 醫	生　　殁	備　　註	頁次
神經外科			1622
胸腔內科			1622
胸腔外科			1623
呼吸治療科			1624
腎臟科			1624
骨科			1625
一般外科			1626
大腸直腸外科			1627
泌尿外科			1628
移植外科			1629
整形外科			1629
眼科			1631
耳鼻喉科			1633
皮膚科			1634
神經放射線科			1634
過敏免疫風濕科			1634
感染科			1635
血液腫瘤科			1635
新陳代謝科			1636
精神科			1637
口腔醫學科			1638
婦產科			1639
小兒科			1642
兒童外科			1642
兒童神經外科			1643
癌病中心			1643
整形外科			1644
移植外科			1644
傳統醫學科			1645
麻醉學科（疼痛）			1646
放射線部			1646
核子醫學科			1647
病理檢驗部			1647
輸血液科			1648
法醫			1648
防毒物科			1648
生化免疫			1649
葉克膜急救			1649
健康管理中心			1650
高齡醫學中心			1650

廿四、文學家

文 學 家	生 歿 時 間	出 生 地	頁次
阮 籍	210~263	河南開封	1651
嵇 康	223年前後~263年前後	三國魏譙郡銍（安徽省濉溪縣）	1651
山 濤	205~283	西晉河內懷縣（河南武陟西）	1651
劉 伶	約221~300	西晉沛國（今安徽宿縣）	1652
王 戎	234~305	琅邪臨沂（山東省臨沂市北）	1652
阮 咸	三國魏朝約卒晉武帝末年		1653
向 秀		河南武陟	1654
韓 愈	768~824	河南孟縣祖籍河北省昌黎縣	1655
柳宗元	773~819.11.28.	出生於長安祖籍山西永濟	1657
屈 原	前-340~前-278	河南西峽人或湖北秭歸	1658
王禹偁	954~1001	山東巨野人	1659
范 鎮	1007~1088	四川成都人	1659
蘇 洵	1009.5.22.~1066.5.21.	四川眉山人	1660
曾 鞏	1019~1083	建昌南豐（今江西南豐）	1660
蘇軾（蘇東坡）	1037.1.8.~1101.8,.24.	四川眉山人	1661
蘇 轍	1039~1112	四川眉山市	1662
宋 濂	1310.11.4.~1381.6.20.	浦江（浙江義烏西北）	1662
王世貞	1526~1590	明朝太倉（今江蘇太倉）人	1663
黃景仁	1749~1783		1664
劉 蓉	1816~1873	湖南湘潭人	1664
辜湯生	1857.7.18.~1928.4.30.	福建惠安生於馬來西亞檳榔嶼	1664
王國維	1877.12.3.~1927.6.2.	浙江嘉興海寧	1665
魯 迅	1881.9.25.~1936.10.19.	浙江紹興市越城區	1667
蘇曼殊	1884~1918.5.2.	廣東香山珠海	1668
周作人	1885.1.16.~1967.5.6.	紹興府城內的周家新台門	1669
陳寅恪	1890.7.3.~1969.10.7.	生於湖南長沙移居江西修水縣	1672
郭沫若	1892.11.16.~1978.6.12.	四川樂山	1674
茅盾（沈德鴻）	1896.7.4.~1981.3.27.	浙江省桐鄉縣烏鎮	1675
郁達夫	1896.12.7.~1945.9.17.	浙江富陽	1676
徐志摩	1897.1.15.~1931.11.19.	浙江海寧縣硤石鎮	1677
朱自清	1898.11.22.~1948.8.12.	浙江紹興生於江蘇海州（東海）	1679
老舍（舒慶春）	1899.2.3.~1966.8.24.	滿洲正紅旗人	1679
張幼儀	1900~1988	江蘇寶山現屬上海	1681
謝婉瑩（冰心）	1900.10.5.~1999.2.28.	福建省長樂	1682
沈從文	1902.12.28.~1988.5.10.	湖南鳳凰	1683
臺靜農	1902~1990	安徽霍邱縣葉家集鎮	1684
錢歌川	1903.~1990.10.13.	原籍湖南湘潭，祖籍江蘇常州	1684
丁 玲	1904.10.12.~1986.3.4.	湖南 臨澧縣余市鎮高豐村	1685

文學家	生　歿　時　間	出　　　生　　　地	頁次
巴　金	1904.11.25.~2005.10.17.	四川成都人祖籍浙江嘉興	1686
錢鍾書	1910.11.21.~1998.12.19.	江蘇無錫	1687
季羨林	1911.8.6.~2009.7.11.	山東省臨清市	1688
趙蘿蕤	1912.5.9.~1998.1.1.	浙江省德清人	1688
饒宗頤	1917.8.9.~	廣東潮安	1689
夏志清	1921.2.18.~2013.12.29.	江蘇吳縣人，生於上海浦東	1690
白先勇	1937.7.11.~	廣西省桂林臨桂縣	1690

廿五、詩人

名詩人	生　歿　時　間	出　　　生　　　地	頁次
左　思	約 250~305	齊國臨淄（今屬山東）人	1692
左　棻	約 253~300.4.23.	齊國臨淄（今屬山東）人	1692
李　白	701~763	隴西成紀（在現在甘肅靜寧南）	1693
杜　甫	712.2.12.~770	河南省鞏義祖籍湖北襄陽	1694
王　維	701~761	祖籍山西祁縣遷居山西永濟市	1696
白居易	772~846	山西太原遷居下邽（陝西渭南）	1697
劉禹錫	772~842	蘇州嘉興出生河北定州市	1699
蘇　軾	1037~1101		1700
蘇　轍	1039~1112	眉州眉山（今四川眉山市）人	1700
李後主	937~978		1701
李商隱	813~約 858	原籍河南沁陽河南鄭州	1701
李清照	1084.3.13.~1155.5.12.	山東省濟南市章丘市明水鎮	1702
王　勃	650~676	絳州龍門（今山西河津）	1703
孟浩然	689 或 691 年－740 年	唐代襄州襄陽（今湖北襄陽）	1704
陸　遊	1125.11.13.~1210.1.26	越州山陰（浙江紹興）	1705
杜　牧	803~852	京兆萬年（今陝西西安）士族	1706
張九齡	678~740	韶州曲江（現廣東省韶關市）	1707
王昌齡	698~756	山西太原	1708
元　結	723~772	唐代河南（今河南省洛陽市）	1708
張　旭	生卒不詳（或 658~747）	江蘇省蘇州市	1708
陳子昂	661－702	唐朝梓州射洪（四川射洪）人	1709
劉長卿	709~780	宣城（屬安徽）郡望河間（河北）	1710
鄭　畋	825~883	滎陽（今屬河南）	1710
沈佺期		相州內黃（今河南省內黃）	1710
陳子龍	1608~1647	松江華亭（今上海市松江）人	1711
夏完淳	1631~1647	松江華亭（今上海市松江）人	1711
陳三立	1853.10.23.~1937.9.14.	江西義寧（今修水）客家人	1712
黃景仁	1749~1783		1713
李金髮	1900.11.21~1976.12.25.	廣東梅縣客家人	1713

名 詩 人	生 歿 時 間	出 生 地	頁次
綠 原	1922~2009	湖北黃陂人	1713
穆木天	生歿不詳	吉林伊通人	1714
杜秋娘	生歿不詳		1714
劉方平	生歿不詳	河南洛陽	1714
柳中庸		山西永濟	1714
賈 島	779~843	范陽（今河北省涿州市）人	1715
西鄙人（哥舒翰）			1715
岑 參	715~770	河南南陽郡後徙湖北荊州	1716
現代詩人錄			1716

廿六、名作家

作 家	生 歿 時 間	出 生 地	頁次
陳 壽	233~297	四川省南充縣	1717
劉 勰	約465~？	山東日照市莒縣世居江蘇鎮江	1717
曹雪芹	1724.4.26~1763	祖籍遼陽.	1717
施耐庵	1296~1372	祖籍泰州海陵縣或蘇州吳縣	1718
吳承恩	1504~1582	江蘇省淮安市楚州區	1719
羅貫中	1330~1400	山西太原人或（江西吉安廬陵）	1720
王實甫		大都（今北京市）	1720
蒲松齡	1640~1715	山東淄川今淄博市淄川區	1721
劉 鶚	1857.10.18.~1909.8.23.	祖籍江蘇鎮江府丹徒縣	1722
曾 樸	1871~1935	江蘇常熟	1722
李寶嘉	1867~1906	江蘇武進	1723
關漢卿		解州（今山西運城）	1723
湯顯祖		1550.9.24.~1616.7.29.	1724
吳趼人（吳沃堯）	1866.5.29.~1910.10.	廣東南海佛山鎮人	1725
孔尚任（孔東塘）	1648~1718	山東曲阜	1725
徐霞客	1587.1.15~1641.3.8.	江蘇江陰馬鎮南暘岐	1726
胡蘭成	1906.2.28.~1981.7.25.	浙江紹興嵊縣三界鎮胡村	1727
張愛玲	1920.9.30.~1995.9.8.	上海公共租界西區麥根路313號	1728
查良鏞（金庸）	1924.3.10.~	浙江海寧	1729
洪 昇	？~1704		1731
丁西林	1893.9.29.~1974.4.4.	江蘇泰興生於江蘇泰興黃橋鎮	1731
張天翼	1906.9.10.~1985.4.28.	祖籍湖南湘鄉東山出生於南京	1732
卜乃夫	1917~2002.10.11.	江蘇南京人（原籍揚州）	1732
潘希珍	1917.7.24.－2006.6.7.	浙江永嘉縣瞿溪鄉人	1733
嚴停雲（華嚴）	1926.4.8.~	福建省閩侯縣人	1734
郭良蕙	1926.7.19.~2013.6.19.	河南開封原籍山東鉅野縣	1735
劉宜良	1932.12.7.~1984.10.15.	江蘇靖江，後歸化美國	1735

作　　家	生　歿　時　間	出　　生　　地	頁次
李　敖	1935.4.25.~	哈爾濱	1737
瓊瑤（陳喆）	1938.4.20.~		1738
陳若曦	1938.11.15.~	台北永和人	1738
三毛（陳懋平）	1943.3.26.~1991.1.4.	浙江定海生於重慶長於台北	1739
龍應台	1952.2.13.~		1740
齊邦媛	1924.2.19.~	遼寧鐵嶺	1741

廿七、教育家

教　育　家	生　歿　時　間	出　　生　　地	頁次
何　休	129~182	東漢任城樊（鄰近山東曲阜）	1745
文中子			1745
陸九齡	1132~1180	宋代撫州金溪（江西金溪縣）	1746
呂祖謙	1137~1181	壽州（今安徽鳳台）	1746
薛　瑄	1389~1464	山西河津縣人（今河津市）	1746
呂　坤	1536~1618	寧陵人（今屬河南商丘）	1747
何紹基	1799~1873	湖南道州人	1747
俞　樾	1821.12.25.~1907.2.5.	浙江德清人	1748
吳汝綸	1840~1903	清朝安徽桐城（今樅陽會宮鄉）	1748
嚴　復	1854.1.8.~1921.10.27.	福建福州市人	1749
嚴　修	1860.4.12.~1929.3.15.	祖籍寧波慈溪縣，今天津市人	1750
蔡元培	1868.1.11.~1940.3.5.	浙江紹興	1751
范源濂	1876~1927.12.23.	湖南湘陰	1753
張伯苓	1876.4.5.~1951.2.23.	天津市	1753
彭國鈞	1877~1952	湖南安化小淹鄉沙灣村張家沖	1754
馬君武	1881.7.17.~1940.8.1.	廣西桂林	1755
馬寅初	1882.6.24.~1982.5.10.	浙江紹興出生於嵊縣（嵊州市）	1755
張默君	1884.10.6.~1966	湖南湘鄉人	1756
楊樹達	1885.6.1.~1956.2.14.	湖南長沙	1757
蔣夢麟	1886.1.20.~1964.6.19.	浙江餘姚縣	1760
胡敦復	1886.3.19.~1978.12.1.	江蘇無錫堰橋村前人	1761
徐養秋	1887~1972.8.10.	江蘇金壇	1762
劉伯明	1887~1923.	江蘇南京	1763
錢玄同	1887.9.12.~1939.1.17.	浙江吳興（現浙江湖州市）	1763
趙紫宸	1888~1979.11.21.	浙江德清人	1764
劉文典	1889~1958	安徽合肥	1764
梅貽琦	1889.12.29.~1962.5.19.	由江南遷居北京後落籍天津	1765

教育家	生 歿 時 間	出 生 地	頁次
黎錦熙	1890.3.2.~1978.3.27.	湖南湘潭	1766
胡 適	1891.12.17.~1962.2.24.	江蘇川沙縣（上海浦東新區）	1767
趙元任	1892.11.3.~1982.2.25.	江蘇常州武進縣生於天津	1769
梁漱溟	1893.10.18.~1988.6.23.	生於北京入籍河南開封	1770
莊長恭	1894.12.25.~1962.2. 25.	福建省泉州府晉江縣人	1771
魯蕩平	1895-1975	湖南寧鄉	1772
任培道	1895~1988	湖南汨羅市弼時鎮	1773
曾虛白	1895.4.19.~1994.1.5.	江蘇常熟	1773
林語堂	1895.10.10.~1976.3.26.	福建漳州平和縣坂仔鎮龍溪	1774
范壽康	1896.1.6.~1983.2.27.	浙江紹興上虞市	1775
林渭訪	1896~1974	浙江臨海	1776
傅斯年	1896.3.26.~1950.12.20.	山東聊城人祖籍江西永豐	1776
陸志鴻	1897.~1973.5.4.	浙江嘉興人	1778
朱光潛	1897~1986	安徽省桐城縣	1778
程天放	1899.~1967.11.29.	江西新建縣人生於浙江杭州	1779
馬廷英	1899~1979.9.15.	遼寧大連金州人	1780
湯惠蓀	1900~1966.11.20.	江蘇崇明人	1780
陳雪屏	1901~1999	江蘇宜興	1781
梁實秋	1903.1.6.~1987.11.33.	出生北京浙江杭縣人（今餘杭）	1781
徐復觀	1904~1982	湖北浠水縣徐琣場鳳形灣	1782
周有光	1906.1.13.~	江蘇常州	1783
錢思亮	1908.1.9~1983.9.15.		1784
唐君毅	1909.1.17.~1978.2.2.	祖籍廣東五華遷移四川宜賓	1785
牟宗三	1909.6.12.~1995.4.12.	山東棲霞牟家疃祖籍湖北公安	1785
李新民	1915.4.17.~2004.12.12.	湖南耒陽	1786
劉業經	1917.3.1.~1991.9.14.	廣西桂林	1786
孔德成	1920.2.23.~2008.10.28.	山東曲阜	1786
李崇道	1923.10.2.~	江蘇蘇州	1789
余光中	1928.9.9.~	生於南京市現居台灣高雄市	1789
孫 震	1934.11.8.~	山東平度市城關鎮東閣村人	1790
張京育	1937.4.27.~	湖南湘潭人	1790
李嗣涔	1952.8.13.~	原籍河南濟源	1790
楊泮池	1954.2.8.~		1791
北京大學歷任校長			1792
清華大學			1793
南開大學			1794
交通大學			1794
武漢大學			1795
台灣大學			1795
成功大學			1796
中興大學			1797

廿八、書法家

書 法 家	生 歿 時 間	出 生 地	頁次
梁　鵠	生年不詳	安定烏氏（甘肅平涼）東漢時人	1799
鍾　繇	151~230	穎川長社（今河南長葛西）人	1799
王羲之	303~361	山東琅琊臨沂遷居山東臨沂	1799
歐陽詢	557~641	潭州臨湘（今湖南長沙）	1800
褚遂良	596~658	浙江杭州祖籍河南禹州	1800
顏真卿	709-785	陝西西安祖籍山東臨沂	1801
懷　素	725~785	湖南長沙人（另一說零陵人）	1802
柳公權	778-865	陝西耀縣京兆華原	1802
祝允明	1460~1526	長洲（今江蘇蘇州）人.	1802
王　寵	1474~1533	長洲（今江蘇蘇州）江蘇吳縣	1803
陳繼儒	1558~1639	上海淞江人	1804
黃道周	1585~1646	福建漳州	1804
倪元璐	1593~1644	浙江上虞人	1805
石　谿	1612~?	湖南常德人	1806
宋　曹	1620~1701	湖北鹽城郊區北宋莊人	1806
翁方綱	1733~1818	順天府大興縣（今北京市）人	1807
鄧石如	1743~1805	安徽懷寧人	1808
蔣　仁	1743~1795	浙江杭州府仁和縣（杭州）	1808
伊秉綬	1754~1816	福建汀洲	1808
趙之謙	1829.7.9.~1884	浙江紹興	1809
華世奎	1863~1942	祖籍江蘇無錫，世居於天津	1809
孟廣慧	1867~1939	祖籍山東鄒縣，世居天津	1810
趙元禮	1868~1939	直隸天津人	1810
沈尹默	1883~1971	浙江吳興生於陝西安康市漢陰	1811
周伯敏	1895~1965	陝西省涇陽縣涇干鎮	1811
臺靜農	1902~1990	安徽霍邱縣葉家集鎮	1811

廿九、名畫家

名 畫 家	生 歿 時 間	出 生 地	頁次
各朝代畫家			1812
顧愷之	344~405	江蘇無錫人	1814
宋徽宗趙佶	1082.11.2.~1135.6.4.		1815
張擇端	1085~1145.	東武（今山東省諸城市）	1815

名畫家	生　歿　時　間	出　　生　　地	頁次
趙孟頫	1254~1322		1816
黃公望	1269~1354	江蘇省蘇州市常熟市	1816
吳　鎮	1280~1354		1817
倪　瓚	1301~1374		1818
王　蒙	1308~1385		1818
沈　周	1427~1509.	江蘇蘇州相城	1818
唐寅（唐伯虎）	1470~1524	江蘇蘇州吳縣人	1819
文徵明	1470~1559.	江蘇蘇州	1820
呂　紀	1477~?	浙江寧波	1822
陳　淳	1482~1544	江蘇吳縣	1822
仇　英	1494~1552	原籍江蘇太倉，移居蘇州	1822
錢　穀	1508~1572	江蘇蘇州人	1823
徐　渭	1521~1593	山陰山陰城大雲坊（浙江紹興）	1823
董其昌	1555~1636	松江華亭（今上海松江）人	1824
藍　瑛	1585~1666	浙江杭州人	1825
王　鐸	1592~1652	河南孟津人	1825
王時敏	1592.9.19.~1680	南直隸太倉縣（江蘇太倉市）	1826
項聖謨	1597~1658	浙江嘉興人	1826
陳洪綬	1598~1652	浙江省紹興諸暨人	1827
王　鑒	1598~1638	江蘇太倉人	1828
王　翬	1632~1717	江蘇常熟	1828
惲壽平	1633~1690	武進（今江蘇常州）	1829
張瑞圖		福建晉江青陽街道蓮嶼人	1829
石　濤	1642~1707	廣西全州	1829
王原祁	1642~1715	江蘇太倉人	1830
高其佩	1660~1734		1831
蔣廷錫	1669~1732	江蘇常熟人	1831
華　嵒	1682~1756	福建上杭人	1831
高鳳翰			1831
邊壽民	1684～1752	淮陰舊城梁陂橋	1832

名畫家	生殁時間	出生地	頁次
鄒一桂	1686~1772	江南無錫（今江蘇省無錫市）	1832
金 農	1687~1764	浙江杭州人	1832
鄭板橋	1693～1765.12.12.	江蘇興化人	1833
方士庶	1693~1751	歙縣人	1835
董邦達	1699~1769	浙江富陽	1835
錢維城	1720~1772	江南武進（今江蘇常州）	1835
閔 貞	1730~?	江西南昌人	1835
羅 聘	1733~1799	安徽歙縣移居江蘇甘泉（江都）	1836
改 琦	1773~1828	江蘇華亭人	1836
居 廉	1828.9.22.~1904.5.5.	江蘇揚州寶應縣落籍廣州海珠	1836
趙之謙	1829~1884	浙江紹興	1837
任頤（伯年）	1840~1895	山陰（浙江省紹興）人	1837
吳昌碩	1844.9.12.~1927.11.29.	浙江省湖州安吉縣鄣吳村	1838
齊白石	1864.1.1.~1957.9.16.	湖南湘潭縣	1838
黃賓虹	1865.1.27.~1955.3.25.	祖籍安徽歙縣生於浙江金華	1839
高劍父	1879.10.12.~1951.6.22.	廣東番禺縣大石鄉員崗村	1839
李叔同（弘一）	1880.10.23.~1942.10.13	祖籍山西洪洞，民初遷到天津	1840
高奇峰	1889-1933	廣東番禺（今廣州）	1841
於非闇	1889.4.21..~1959.7.3.		1841
吳湖帆	1894~1968		1841
陶冷月	1895~1985	江蘇蘇州人	1842
徐悲鴻	1895.7.19.~ 1953.9.26.	江蘇宜興屺亭鎮	1842
溥 儒	1896.8.30.~1963.11.18.	北京	1842
陳之佛	1896.9.14.~1962.	浙江紹興府餘姚縣（屬慈溪市）	1843
潘天壽	1897.3.14.~1971.9.5.	浙江寧海冠莊	1843
黃君璧	1898.11.12.~1991.	廣東南海祿舟	1843
豐子愷	1898.11.9.~1975.9.15.	浙江崇德（嘉興桐鄉市崇福鎮）	1844
李苦禪	1899.1.11.~1983.6.11.	山東省高唐縣人	1844
張大千	1899.5.10.~1983.4.2.	祖籍廣東番禺縣,四川省內江	1845
林風眠	1900.11.22.~1991.8.12.	廣東梅縣人	1846

名畫家	生 歿 時 間	出 生 地	頁次
袁耀	?~?	江蘇揚州人	1847
冷枚		山東膠州人	1847
董壽平	1904~1997	山西洪洞人	1847
蔣兆和	1904.5.9.~1986.4.15.	湖北麻城，四川瀘州小市出生	1848
傅抱石	1904.10.5.~ 1965.9.29.	江西南昌祖籍新喻縣章塘村	1849
趙少昂	1905.3.6.~1998.1.28.	廣東番禺	1849
陸儼少	1907~1993	江蘇嘉定南翔	1850
李可染	1907~1989	江蘇徐州人	1850
葉淺予	1907.3.31.~1995.5.8.	浙江省桐廬縣	1850
李石樵	1908.7.13.~1995.7.7.	新北市新莊郡新莊街	1851
何海霞	1908.9.~1998	北京	1852
吳作人	1908.11.3.~1997.4.9.	安徽涇縣茂林村生於江蘇蘇州	1852
唐雲	1910~1993	浙江杭州人	1852
黎雄才	1910.5.15.~2001.12.19.	廣東肇慶	1853
謝稚柳	1910~1997	江蘇武進（常州）	1854
劉啟祥	1910.2.3.~1998.4.27.	台灣台南柳營	1854
關山月	1912.10.25.~2000.7.3.	廣東陽江	1855
楊善深	1913~2004	廣東省台山赤溪	1856
方召麐	1914.1.17.~2006.2.20.	江蘇蕪錫	1856
吳冠中	1919.8.29.~2010.6.25.	江蘇省宜興縣	1857
宋文治	1919.9.5.~1999.8.10.	江蘇省太倉縣人	1858
程十髮	1921.4.10.~2007.7.18.	上海松江縣城外岳廟鎮莫家巷	1859
黃永玉	1924.8.24.~	湖南鳳凰縣，出生於常德縣	1859
黃冑	1925.3.~1997.4.23.	河北蠡縣	1859
顧媚	1929~	蘇州人生於廣東廣州	1860
孫家勤	1930.5.28.~2010.10.27.	生於大連祖籍山東泰安	1860
劉文西	1933~	浙江嵊州市長樂鎮水竹村人	1860
梁丹豐	1935~	廣東順德人，出生於南京	1861
范曾	1938.7.5.~	江蘇南通人	1861
李崑山	1942.8.~	河北欒縣人	1862

名畫家	生歿時間	出生地	頁次
王西京	1946.8.~	陝西西安人	1862
王明明	1952.5.4.~	北京原籍山東省蓬萊縣	1862
徐樂樂	1955~	江蘇南京	1863
何家英	1957~	天津籍貫河北任丘人	1863
劉寶杰	1963~	生於北京長於河北涿鹿	1863

三十、名報人

名報人	生歿時間	出生地	頁次
汪康年	1860~1911.11.14.	浙江錢塘（今杭州市）人	1864
張元濟	1867.10.25.~1959.8.14.	浙江嘉興海鹽人	1864
歐榘甲	1870~1911	廣東歸善（今惠陽）人	1865
曾廣銓	1871~1940	湖南湘鄉人	1865
胡文虎	1882~1954.9.4.	新加坡人祖籍福建永定	1865
胡　仙	生歿不詳	新加坡人祖籍福建永定	1867
董顯光	1887.11.9.~1971.1.10.	浙江寧波鄞茅山鄉董家跳村	1867
張季鸞	1888.3.20.~1941.9.6.	陝西榆林，生於山東鄒平	1868
胡霖（胡政之）	1889~1949.4.14.	四川成都人	1869
龔德柏	1891~1980	湖南瀘溪武溪鎮	1870
蕭同茲	1895~1973	湖南省常寧人	1871
曾虛白	1895.4.19.~1994.1.5.	江蘇常熟人	1872
雷　震	1897.6.25.~1979.3.7.	浙江湖州長興縣	1872
成舍我	1898.8.28.~1991.4.1.	湖南湘鄉出生於南京	1874
吳三連	1899.11.15.~1988.10.29.	台灣台南學甲「頭港仔」	1875
李萬居	1901.7.22.~1966.4.9.	雲林縣口湖鄉	1876
王芸生	1901.9.~1980.5.30.	天津靜海人	1877
夏道平	1907~1995.12.23.	湖北省大冶縣人	1878
卜少夫	1909.6.21.~2000.11.4.	山東滕州移居江蘇鎮江	1878
余紀忠	1910.4.16.~2002.4.9.	江蘇武進	1879
王惕吾	1913.8.29.~1996.3.11.	浙江東陽	1879

名報人	生　殁　時　間	出　　生　　地	頁次
葉明勳	1913.9.25.~2009.11.21.	福建浦城縣人	1879
陸　鏗	1919~2008.6.22.	雲南保山人	1881
殷海光	1919.12.5.~1969.9.16.	湖北黃岡回龍山鎮人	1881
劉紹唐	1921.10.14.~2000.2.10.		1882
彭聖師（慎思）	1930.8.29.~	湖南湘陰文家鄉彭家嶺	1883
王曉波	1943.1.16.~	江西省鉛山縣	1884
周伯蘋			1885
吳豐山	1945.1.24.~	台灣台南市北門區	1885

卅一、音樂家

音樂家	生　殁　時　間	出　　生　　地	頁次
唐朝音樂			1886
杜　夔		三國時代河南人	1886
劉半農	1891.5.29.~1934.7.14.	江蘇 蘇州市張家港市	1887
黎錦輝	1891.9.5.-1967.2.15.	湖南湘潭	1887
鄧雨賢	1906.7.21.~1944.6.11.	臺灣桃園縣平鎮（龍潭）	1887
李臨秋	1909~1979	臺灣臺北人	1888
馬思聰	1912.5.7.~1987.5.20.	廣東海豐海城鎮中山西路 25 號	1888
吳晉淮	1916.6.8.~1991.5.21.	台灣臺南柳營區人和村	1890
姚　敏	1917.11.~1967.3.30.	寧波人，出生於上海	1891
莊奴（王景羲）	1922~	北京人	1891
喬　羽	1927~	山東濟寧市	1892
許常惠	1929.9.6.~2001.1.1.	台灣彰化縣和美鎮	1892
申學庸	1929.10.5.~	四川江安	1892
傅　聰	1934.3.10.~	上海花園新村出生	1893
黃　霑	1941~2004	廣州出生	1893
李泰祥	1941.2.20.~2014.1.2.	阿美族人台灣台東馬蘭	1894
劉家昌	1943.4.13.~	哈爾濱	1894
許博允	1944~	新北市淡水出生日本東京	1895

音 樂 家	生　歿　時　間	出　　　生　　　地	頁次
趙季平	1945.8,~	河北束鹿，生於甘肅平涼	1895
馬友友	1955.10.7.~	法國出生祖籍浙江鄞州落籍美國	1896
王羽佳	1987.2.10.~	生於北京	1897
聶　耳	1912.2.14.－1935.7.17.	雲南玉溪人	1897
冼星海	1905.6.13.－1945.10.30.	祖籍廣東番禺欖核，出生於澳門	1898
施光南	1940.8.22.-1990.5.2.	重慶人	1899
穀建芬	1935-	山東威海衛人	1900
印　青	1954.5.-		1900
賀綠丁	1903-1999	湖南邵東人	1901
田　漢	1898.3.12.-1968.12.10.	湖南長沙人	1901
徐沛東			1902
王洛賓	1913.12.28.-1996.3.14.	北京人	1903
瞿希賢	1919.9.23.-2008.3.19.	上海人	1904

卅二、攝影家

攝 影 家	生　歿　時　間	出　　　生　　　地	頁次
郎靜山	1892.6.12.~1995.4.13.	浙江蘭溪人生於江蘇淮安市	1905
彭瑞麟	1904.11.3.~1984.2.3.	台灣新竹竹東	1905
鄧南光	1907.12.5.~1971.6.17.	台灣新竹縣北埔鄉	1905
李釣綸	1909~1992	台灣台北士林	1907
黃則修	1930.9.15.~	臺灣臺北大加蚋（大安）人	1908
邵　華	1938.10.30.~2008.6.24.	湖南石門人	1908
王　信	1942.3.17.~	台灣彰化鹿港	1908
張照堂	1943.11.17.~	台灣台北縣板橋鎮。	1909
徐仁修	1946~	新竹縣芎林鄉，客家人	1910
馮　剛	1947~	上海人	1910
阮義忠	1950~	宜蘭縣頭城鎮	1911
鮑德熹	1951~	原籍安徽歙縣，生於香港	1911
杜可風	1952.5.2.	香港	1911

攝影家	生　歿　時　間	出　　生　　地	頁次
陳敏明	1953.2.21.~	臺灣花蓮市	1912
任曙林	1954.7.15.~	出生於北京	1912
葉青霖	1955~	香港	1912
顧長衛	1957.12.12.~	祖籍江蘇吳江出生陝西西安	1913
劉偉強	1960.4.4.~	香港	1913
張乾琦	1961~		1913
奚志農	1964~	雲南大理人	1913
夏永康	1964~	香港	1915
紀國章			1915
伍振榮		香港	1916
龍君兒		香港	1916

卅三、宗教家

宗　教　家	生　歿　時　間	出　　生　　地	頁次
禪　定			1917
禪　宗			1920
達摩祖師	?~535		1922
佛家二祖慧可	487~593	虎牢人（河南省滎陽縣）	1924
佛家三祖僧璨	?~606		1925
佛家四祖道信	580~651	河南省沁陽市後遷蘄州廣濟縣	1925
佛家五祖弘忍	602~675	黃梅（今湖北省黃梅縣）	1925
佛家六祖慧能	638~713	北京原籍范陽（今北京城西南）	1926
西藏達賴喇嘛			1929
班　禪			1930
慧　文		渤海（今山東）	1935
慧　思	515~577	豫州汝陽郡武津縣（河南上蔡縣）	1935
靜琬（智苑）			1936
智　顗	538~597	荊州華容（今湖北潛江）	1936
道宣法師	596~667	浙江湖州市一說丹徒（江蘇丹徒）	1937

宗　教　家	生　歿　時　間	出　　生　　地	頁次
傅　山	1607~1684	山西陽曲	1938
楊仁山	1837~1911	安徽石埭（今安徽池州石台）	1939
虛雲大師	1840～1959	原籍湖南湘鄉生於福建泉州	1940
釋月霞	1858~1917.11.30.	湖北黃岡	1941
印　光	1862.1.11.~ 1940.12.2.	陝西省郃陽縣（今合陽縣）	1942
歐陽漸（歐陽竟無）	1871~1943	江西宜黃縣人	1942
慈舟大師	1877.9.19.~1958.1.6.	湖北隨縣人	1943
釋圓瑛	1878~1953.9.12.	福建古田縣	1944
弘一（李叔同）	1880.9.23.~1942.10.13.	浙江平湖生於河北區糧店街陸家胡同	1945
釋太虛	1890.1.8.~1947.3.17.	浙江海寧縣桐鄉	1946
智　光	1889.5.25.~1963	江蘇泰縣生于泰縣隅黃柯莊	1947
常惺法師	1896~？	江蘇省如皋縣	1949
釋印順	1906.3.12.~2005.6.4.	浙江杭州府嘉興	1950
釋靈源	1902~1988	浙江省台州府臨海縣人	1951
星雲法師	1927.8.19.（農7月22日）~	江蘇江都	1951
聖嚴法師（張志德）	1930.1.3.~2009.2.3.	江蘇南通狼山前的小娘港	1953
證嚴法師	1937.5.11.~	台灣台中清水鎮	1956
媽祖（林默、默娘）	約宋太祖建隆元年	福建路泉州府莆田縣湄洲島	1958

卅四、慈善家

慈　善　家	生　歿　時　間	出　　生　　地	頁次
何　東	1862~1956.	香港人原籍廣東寶安	1964
施　乾	1899~1944	台灣新北市淡水人	1965
王貫英	1906.~1998.12.15.	山東人	1965
周榮富	1909.2.1.~2002.10.26.	台灣新北市新莊人	1966
李建和	1911.4.3.~1971.9.2.	台灣台北瑞芳祖籍泉州安溪廣孝	1966
何英傑	1911.6.8.~2000.1.21.	香港人上海浦東出生	1967
葉由根神父	1911.8.18.~2009.3.17.	奧匈帝國斯洛伐克	1967
田家炳	1919.11.20.~	廣東埔古野	1970
吳尊賢	1916.12.29.-1999.6.7.	台灣台南	1971
王永慶	1917.1.18.~2008.10.15.	台北新店祖籍福建安溪	1972
何明德	1922.4.2.~1998.2.1.	嘉義民雄人	1974

慈　善　家	生　歿　時　間	出　　生　　地	頁次
余彭年	1922~	湖南省漣源市藍田鎮中人	1975
李嘉誠	1928.7.29.~	福建潮州	1975
孫　越	1930.10.26.~	浙江餘姚人	1976
萬祥玉	1934~	台灣人	1977
楊清欽	1934.2.23.~2002.9.1.	台灣台中沙鹿人	1977
王梁潔華	1934~	廣東省順德人香港出生	1977
楊登魁	1939.8.6.~2012.12.31	屏東縣新園鄉烏龍村	1977
廖榮吉	1940~	台灣台北市萬華	1978
楊受成	1943.3.2.~	廣東潮州人	1979
李春平	1949~		1979
郭台銘	1950.10.18.~	晉城市澤州生於台灣板橋	1980
陳樹菊	1951.~	台灣雲林後遷台東	1984
黃如論	1951.9.18.~	福建連江馬鼻鎮辰山村人	1984
陳發樹	1961.10.25.~	福建安溪縣祥華鄉人	1985
陳光標	1968.7~	江蘇泗洪縣天崗湖鄉	1985
李清友	1972.6.~	陝西甯強漢源鎮亢家洞村人	1986
沈蕊菱	1989.11.~	台灣雲林人	1987
鍾德權		台灣新北市坪林人	1987
郭曉玲		晉城市澤州，生於台灣台北	1987
王琳達			1988
匡俊英		苗族人	1989
中國慈善家			1990

卅五、社會名人

（一）社會學家

社　會　學　家	生　歿　時　間	出　　生　　地	頁次
鄭　信	1734~1782	廣東澄海華富村僑居泰國	1991
孫本文	1891~1979	江蘇蘇州吳江人	1991
金岳霖	1895.7.14.~1984.10.19.	浙江諸暨縣生於湖南長沙	1992
潘光旦	1899~1967	上海市寶山區人	1993
楊開道	1899.6.7.~1981.7.23.	湖南新化人	1994
黃現璠	1899.11.13.~1982.1.18.	廣西壯族自治區崇左扶綏渠舊鎮	1994
黃華節	1901~？	廣東人	1995

社 會 學 家	生 歿 時 間	出 生 地	頁次
吳文藻	1901.12.20.~1985.9.24.	江蘇江陰人	1996
夏道平	1907~1995.12.23.	湖北大冶縣人	1996
趙樸初	1907.11.5.~2000.5.21.	安徽省太湖縣人	1996
瞿同祖	1910.7.12.~2008.10.3.	湖南長沙人後遷居上海	1997
費孝通	1910.11.2.~2005.4.24.	蘇州吳江	1998
吳尊賢	1916.12.29.-1999.6.7.	台灣台南	1998
殷海光	1919.12.5.~1969.9.16.	湖北黃岡回龍山鎮人	1999
金耀基	1935.2.14.~	浙江省天台縣人	2000
吳幼堅	1947.4.25.~	廣東省恩平市	2000
劉兆佳	1947.6.7.~	廣東東莞人	2001
李銀河	1952.2.4.~	衡陽市衡山縣生於北京人	2001
張海洋	1955.5.~	天津人	2002
關學君	1955.4.~	滿族人入美國籍	2002
孫海英	1956.10.7.~	遼寧省瀋陽市人	2003
陳健民	1959~		2003
崔子恩	生歿不詳	黑龍江人	2004

（二）社會名人

社 會 名 人	生 歿 時 間	出 生 地	頁次
洪 門			2005
致公堂			2005
義興會			2007
青 幫			2008
司徒美堂	1868.4.3.~1955.5.6.	廣東開平赤坎中股溜堤洲牛路里	2020
黃金榮	1868.12.14.~1953.5.10.	蘇州人祖籍浙江餘姚	2021
張嘯林	1877~1940.	浙江寧波人移居杭州	2021
杜月笙	1888.8.22.~1951.8.16.	上海市	2021
陳啟禮	1941.5.11.~2007.10.4.	江蘇高淳	2024
張安樂	1948.3.12.~	江蘇南京	2025

周　榕	？~2013.8.8.	台灣新北市人	2025
吳　敦	1949.11.29.~	台灣台北市出生	2026
董桂森	1951~1991.4.3.	祖籍四川省	2026

卅六、京劇名伶

京　　劇	生　歿　時　間	出　　生　　地	頁次
京劇淵源			2028
清末京劇名伶			2029
余叔岩	1890.11.28.~1943.519.	祖籍湖北在北京出生	2029
梅蘭芳	1894.10.22.~1961.8.8.	江蘇泰州生於北京	2029
周信芳	1895.1.28.~1975.3.5.	浙江寧波慈溪出生江蘇	2031
尚小雲	1900.~1976.4.19.	河北南宮	2031
荀慧生	1900.1.5.~1968.12.26.	河北東光	2032
馬連良	1901.2.28.~1966.12.16.		2032
程硯秋	1904.1.1.~1958.3.9.	滿洲正黃旗人	2033
孟小冬	1908.19.~1977.5.27.	上海	2034
王少樓（一）	1911.11.8.~1967.1.2.		2034
王少樓（二）	1918.1.13.~2003.5.13.		2034
章遏雲	1912~2004	祖籍廣東，在北京出生	2035
張君秋	1920.10.14.~1997.5.27.	北京祖籍江蘇	2035
顧正秋	1929.10.5.~	南京	2036
馬長禮	1930~	在北京出生	2036
李寶春	1950~	北京出生祖籍河北霸縣	2036
沈海蓉			2037

卅七、電影名人

電影名人	生　歿　時　間	出　　生　　地	頁次
胡蝶（胡瑞華）	1907.~1989.4.23.	廣東鶴山縣坡山鄉水寨村	2038
邵逸夫	1907.11.19~2014.1.7.	寧波鎮海鎮長居新加坡	2039

電影名人	生　歿　時　間	出　　生　　地	頁次
阮玲玉	1910.4.26.~1935.3.8.	廣東中山，生於上海	2039
韓蘭根			2040
殷秀岑	1911.6.13.~ 1979.3.3.	天津人	2040
童月娟	1914.8.7.~2003.1.6.	江蘇杭州	2041
陳燕燕	1916.1.12.~ 1999.5.7.	出生於浙江寧波，滿族	2041
龔秋霞	1916.12.4.~2004.9.7.	上海浜鎮住大橋東塊靈龍街	2042
白楊	1920.4.22.~1996.9.18.	生於北京，湖南湘陰（今汨羅）	2043
周曼華	1922~2013	上海浦東人	2044
盧碧雲	1922.2.22.~	浙江吳興人出生於吉林	2045
張徹	1923.2.10.~2002.6.22.	祖籍浙江寧波生於上海	2045
歐陽莎菲	1923.9.9.~2010.8.3.		2046
蔣光超	1924~2000.12.15.	浙江奉化人	2046
李麗華	1924.7.17.~	生於上海原籍河北	2047
李翰祥	1926.4.18.~1996.12.17.	遼寧葫蘆島出生	2047
關　山		瀋陽人	2047
夷　光			2048
王天林	1927.9.11.~2010.11.16.	浙江紹興人	2048
李　行	1930.7.7.~	江蘇武進出生於上海市	2049
胡金銓	1932.4.29.~1997.1.14.	生於北京籍貫河北邯鄲	2049
林　黛	1934.12.26.~1964.7.17.	廣西賓陽生在廣西南寧	2050
樂　蒂	1937.8.29.~1968.12.27.	生於上海四馬路迎春坊.	2051
王　羽	1943.3.18.~	籍貫江蘇無錫，出生於上海	2052
張照堂	1943.11.17.~	台灣新北縣市	2052
歸亞蕾	1944.6.2.~	祖籍湖州，出生於湖南省長沙	2053
柯俊雄	1945.1.15.~	台灣高雄市人	2053
沈殿霞	1945. 6.1.~2008.2.19.	生於上海，籍貫浙江寧波	2054
秦　漢	1946.7.10.~	四川成都人，出生於上海	2055
林懷民	1947.2.19.~	台灣嘉義新港祖籍漳州	2056
鄭少秋	1947.2.24.~		2057
秦祥林	1948.5.19.~	生於南京，祖籍湖北黃岡	2057

電影名人	生　歿　時　間	出　　生　　地	頁次
甄　珍	1948.7.17.~	江蘇杭州	2057
張藝謀	1951.11.14.~	陝西西安	2058
林鳳嬌	1953.6.30.~	台北市郊葫蘆堵	2059
成　龍	1954.4.7.~	祖籍山東臨淄生於香港	2059
李　安	1954.10.23.~	臺灣屏東縣潮州鎮	2060
林青霞	1954.11.3.~	山東青島萊西市孫受鎮	2060
周潤發	1955.5.18.~	出生香港南丫島籍貫廣東寶安縣	2061
鍾楚紅	1960.2.16.~	原籍廣東博羅，生於香港	2062
劉德華	1961.9.27.~		2062
張曼玉	1964.9.20.~	原籍上海，生於香港	2063
鞏　俐	1965.12.31.~	山東濟南生於遼寧瀋陽入新加坡籍	2063
章子怡	1979.2.9.~	出生於中國北京	2064
王丹鳳	1925.8.23.-	浙江寧波	2065
唐國強	1952.5.4.-	山東煙台	2065
劉　勁	1963.12.7.-	四川省阿壩藏族羌族自治州	2066
田　華	1928.-	河北唐縣	2066
秦　怡	1922.1.31.-	江蘇高郵	2067
孫道臨	1921.1.18-2007.12.28.	浙江嘉善	2067

卅八、名歌星

影　視　歌　星	生　歿　時　間	出　　生　　地	頁次
周　旋	1918.8.1.~1957.9.22.	上海常熟	2068
白光（史永芬）	1921.6.27.~1999.8.27.	北平（今北京）	2068
姚莉（姚秀雲）	1922~	寧波人	2069
白嘉莉			2069
紫　薇	1930.11.13.~1989.3.4.		2069
凌　波	1939~	廣東汕頭	2069
崔苔菁	1951.11.8.~	祖籍山東青島，台灣台北出生	2070
鄧麗君	1953.1.29.~1995.5.8.	河北生於臺灣省雲林褒忠	2070

影視歌星	生歿時間	出生地	頁次
鳳飛飛	1953.8.20..~2012.1.3.	桃園縣大溪鎮人	2071
孔蘭薰	1954.5~		2072
江 蕙	1961.9.1.		2072
彭麗媛	1962.11.20.~	山東鄆城黃堆集彭庄村	2072
宋祖英	1966.8.13.~	湖南古丈縣　苗族（瓦鄉族）	2073
李穀一	1944.11.10.	湖南長沙	2074
蔣大為	1947.1.22.-	天津人	2074
韋 唯	1959.9.28.-	山東蘭陵人	2075
韓 磊	1968.2.23.-	內蒙古呼和浩特人	2075
張 也	1968.-	湖南	2076
譚 晶	1977.9.11.-	山西候馬市人	2076
毛阿敏	1963.3.1.~	上海人	2077
關牧村	1953.11.6.-	遼寧瀋陽人生於河南新鄉，滿族	2077
戴玉強	1963.-	河北文安人	2077
郭蘭英	1929.12.-	山西平遙縣	2078
殷秀梅	1956.1.-	生於黑龍江鶴崗，祖籍山東平陰	2078
閻維文	1957.-	山西太原	2079

卅九、民俗技藝

民俗	技藝人	生歿時間	出生地	頁次
太極拳	太極拳緣起			2080
	陳氏太極拳			2082
	趙堡太極拳			2084
	吳氏太極拳			2085
	陳王庭			2086
	陳長興	1771~1853	河南溫縣陳家溝	2087
	陳清平	1795~1868	河南溫縣陳氏第15世祖	2087
	蔣 發			2088
	楊露禪	1799－1872	河北永年人	2089

民俗	技藝人	生歿時間	出生地	頁次
	吳全佑	1834~1902	清朝旗人	2089
	楊班侯	1837~1892	河北永年	2089
	楊健侯	1839~1917	河北永年	2090
	孫福全	1860~1933	河北望都縣東任家疃村	2090
	高義盛	1866~1951	山東無棣大山移居天津	2090
	劉百川	1870－1964	安徽六安縣十里溝人	2090
	楊澄甫	1883－1936	生於北京，河北永年縣人	2091
	陳發科	1887~1957	河南溫縣人	2091
武術	柳森嚴	?~1951	湖南長沙人	2092
	黃大元		直隸懷安縣李信屯人	2093
	張禮泉	1882~1964	廣東惠陽（東江）	2094
	杜心五	1869~1953	湖南慈利縣江埡岩板田	2095
	顧汝章	1894~1952	江蘇省阜寧	2095
	黃嘯俠	1900~1981	廣東番禺人	2096
	鄭曼青	1902.6.25.~1975.3.14.	浙江永嘉人	2096
	李小龍	1940.11.27.~1973.7.20.	香港生於舊金山唐人街	2096
	李鳳山	1950.4.~	河北北平出生於台灣基隆	2096
圍棋	吳清源	1914.6.12.~	祖籍福建福州入籍日本	2096
	林海峰	1942.5.6.~	浙江寧波寧鎮居日本	2096
星相家	巫鹹	上古時人		2100
	朱建平	生歿不詳	三國沛國（今安徽省）人	2101
	周宣	559~580	樂安郡（今山東博興縣）人	2102
	管輅	209~256	三國時代的人物，平原郡人	2102
	蘇敬	1965~		2103
	獨特星相家			2104

四十、騎牆人

騎牆人	生歿時間	出生地	頁次
洪承疇	1593.10.16.~1665.4.3.	福建泉州南安英都良山村霞美人	2106

騎牆人	生 歿 時 間	出 生 地	頁次
張曾敭	1852~1920	直隸南皮（今屬河北）人	2107
陳炯明	1878.1.13.~1933.9.22.	廣東海豐人	2107
章士釗	1881.3.20.~1973.7.1.	湖南善化縣	2108
程 潛	1882~1968.4.5.	湖南醴陵	2109
邵力子	1882.12.7.~1967.12.25.	浙江紹興人	2110
陳 儀	1883.5.3.~1950.6.18.	浙江紹興	2111
汪精衛	1883.5.4.~1944.11.10	祖籍安徽婺源廣東番禺三水	2113
馬鴻賓	1884.9.14.~1960.10.21.	回族中國甘肅河州人	2115
龍 雲	1884.11.19.~1962.6.27.	雲南昭通人	2116
蔣光鼐	1887~1967	廣東東莞	2117
何 遂	1888~1968,1.	福建福清港頭鎮占陽村生於福州	2117
左世允	1889~1960	陝西長安人	2119
陳紹寬	1889.10.7.~1969.7.30.	福建福州倉山區城門鎮臚雷村	2119
張治中	1890.10.27.~1969.4.10.	安徽省巢縣	2120
李宗仁	1891.8.13.~1969.1.30.	廣西桂林	2121
陳公博	1892.10.19.~1946.6.3.	廣東省南海縣人	2123
蔡廷鍇	1892~1968	廣東羅定	2124
吳奇偉	1893~1953	廣東大埔人	2124
鄧寶珊	1894~1968	甘肅省天水市人	2124
吳 石	1894.8.~1950.1.	福建福州倉山區螺洲鎮吳厝村	2125
黃紹竑	1895～1966.8.31.	廣西容縣珊萃村人	2127
傅作義	1895.6.27.~1974.4.19.	山西榮河縣（今萬榮縣）安昌村	2127
馮友蘭	1895.12.4.~1990.11.26.	河南南陽唐河縣祁儀鎮人	2128
載 戢	1895~1973	安徽旌德人	2130
盧 漢	1896~1974.5.	雲南	2130
錢壯飛	1896~	浙江吳興（今湖州市）	2131
楚溪春	1896~1966	河北蠡縣人	2131
孫蔚如	1896~1989	陝西西安人	2132
衛立煌	1897.2.16.~1960.1.17.	安徽合肥	2132
劉多荃	1897~1985	遼寧鳳城人	2133

騎牆人	生　歿　時　間	出　　生　　地	頁次
周佛海	1897~1948.2.28.	湖南沅陵人	2132
劉　斐	1898~1983	湖南醴陵人	2133
李士蒸			2134
李克農	1898~1962.2.9.	安徽巢縣（今巢湖市）	2134
王長江	1899~1978	河北博野人	2135
董其武	1899~1978	山西河津人	2135
張　炎	1902~1945	廣東吳川人	2135
余程萬	1902~1955	廣東台山白沙鎮漲村寧興村人	2135
陳明仁	1903.4.7.~1974.5.21.	湖南醴陵人	2136
何文鼎	1903~1968	陝西盩厔人	2136
李默庵	1904~2001	湖南長沙市	2136
池峰城	1904~1955	河北景縣人	2137
黃樵松	1905~1947	河南太康人	2137
羅廣文	1905~1956	四川忠縣人	2137
謝和賡	1912~	廣西桂林	2137
沈安娜	1915.11.~2010.6.16.	江蘇泰興人	2138
熊向暉	1919~	湖北武昌，祖籍安徽鳳陽	2138
嚴　僑	1920.1.1.~1974.7	福建福州倉山蓋山鎮陽岐村	2139
郭汝瑰	1928.5.~	四川人	2139
張憲義	1945~		2141
朱諶（朱楓）			2141
榮毅仁			2141
于學忠		山東蓬萊人	2143
鄧兆祥	1903~	廣東高要人	2143
林　遵	1905~	福建福州人	2143
余樂醒		湖南醴陵浦口人	2144
中共潛伏人員			2147
海軍投共軍艦			2152

一、三皇五帝

盤古－混沌紀

盤古氏	生於大荒，天地初分之時，莫知所始。能知雲天地勢之高低，及霄壤陰陽造化之理，使輕清之氣上浮於天空，凝結成日、月、星、辰四象，兩雪重渾之物下降，融結成大地、山川、河岳、湖泊、海洋。盤古開天地。首出御世，姓氏考略：「述異記，盤古氏夫婦陰陽之始，天地萬物之祖也。今南海中盤古國人以盤古為姓。帝女媧氏運用乾坤瑞氣，收取日月精華，五彩神石補天。」
三　皇	一、史記秦本紀： 　　天皇：天皇氏號天靈，繼盤古御世，兄弟 13 人，各萬八千歲，時民風沕穆，居不知所在，行不知所處，饑就食，渴就飲，獸之適野耳。故居天開於子之義，定天干，分地支，相配而成歲次。 　　地皇：地皇氏繼天皇御世，兄弟 11 人，各萬八千歲，始定三辰，取地闢於丑之道，以別日明，分晝夜辨四時為一日，農曆 30 日為一月，計 12 個月為一年。 　　人皇：繼天皇御世，弟兄九人，各 300 歲，世為酋長 45，600 歲。區分天下為九，各御一區，為政教所自始。居人生於寅之歲，語言始起，居食分男女之別。 二、戰國時代（燧人氏、有巢氏、伏羲氏、神農氏、黃帝）： 　　1. 伏羲，神農，燧人。 　　2. 伏羲，神農，祝融。 　　3. 伏羲，女媧，神農。 　　4. 宓羲，女媧，神農。 　　5. 伏羲，神農，黃帝。 三、《三皇本紀》/《帝王世紀》/《尚書大傳》：伏羲、神農、女媧/黃帝/燧人
五帝	1. 黃帝，顓頊，帝嚳，帝堯，帝舜。 　　2. 伏羲，神農，黃帝，帝堯，帝舜。 　　3. 伏羲（太昊），神農（炎帝），黃帝，少昊，顓頊。 　　4. 少昊，顓頊，高辛（帝嚳），堯.舜。 　　5. 帝堯，帝舜，夏禹，商湯，周文王。 　　6. 顓頊，帝嚳，堯，舜，禹。 附註：自漢代以來，都尊稱五帝為：黃帝、顓頊、帝嚳、堯、舜。

有巢氏

　　有巢氏，中國上古傳說人物、氏族，亦稱「大巢氏」。《通志·三皇志》「有巢氏」亦曰「大巢氏」，《莊子·盜跖》：「古者禽獸多而人民少，於是民皆巢居以避之。畫拾橡栗、暮棲木上，故命之曰有巢氏之民。」

　　中華初民穴居野處，受野獸侵害，有巢氏教民構木為巢，以避野獸，從此人民才由穴居到巢居，從原始山洞居住發展到建造房屋的階段，是進步的一個標誌。

　　古民穴居，患禽獸，帝教構木為巢，在樹上架屋，以避禽獸蟲蛇的侵害，有屋可居，造石器，防獸襲，然猶未知熟食，茹毛飲血，樹葉為衣蔽身，分散遊離生活。有巢氏實際上代表著當時人類發展的一個階段，從原始的山洞居住發展到建造房屋的階段，是進步的一個標誌。

燧人氏

　　燧人氏是中國上古神話中火的發現者，有一種說法他為三皇之一。《韓非子·五蠹》記載：「民食果蓏蜯蛤，而傷害腹胃，民多疾病。有聖人作，鑽燧取火，以化腥臊，而民悅之，使王天下，號曰燧人氏。」

　　是新石器初期河套附近一個母系氏族，以打獵為生，當擊打野獸的石塊與山石相撞時產生火花。燧人氏受到啟發，於是發明了鑽木取火。燧人氏是在商丘發明鑽木取火，因此商丘被授予「火文化之鄉」稱號。當地更設有一個佔地4萬多平方米的「燧皇陵」陵園。

　　古茹毛飲血，民猶不知熟食，帝觀星辰而察五行，號天靈，火為陽，知空

有火，麗木則明，教民鑽木取火烹食，形成部落。避臭去毒，減少疫病。作結繩之政，立傳教之台，興交易之道，民從遂之，故又號遂皇。有四佐，曰明由、必育、成博、隕邱。相道由立。燧人氏，出生天水，先以游牧為生，以養羊為主，與華胥氏是夫妻，是伏羲氏的生母。華胥氏（即赫胥氏），是華夏族的最早的起源，華人之名即以華胥氏稱號而誕生。華胥氏又名太昊（崇拜太陽之意），是華夏（漢族）中華民族之始祖、母，上古時原始社會為群婚制，亦即母系社會末期。燧人氏殁，伏羲氏代之，繼天而王。

伏羲氏

中華民族始祖 —— 伏羲氏女媧氏圖騰

這幅出自唐代畫家之手的「伏羲女媧圖」出土於新疆吐魯番阿斯塔那—哈拉和卓古墓群，雖然其著裝已受唐代流行的西域風格的影響，但描繪的卻是中國神話中人類始祖的形象。畫中的女媧伏羲都是人首蛇身，上身相擁，下身交纏。它表現的是中國有關人類起源的眾多神話傳說中，最主要的一個版本：上古時期，一場毀滅性的洪水過後，只剩女媧與同族兄長伏羲兩人，為了人類的繁衍，他們只得同族兄妹交合，繁衍子孫。

—— 女媧右手執規，伏羲左手拿矩，據說伏羲曾教導人們從事農、牧、漁業生產，女媧曾教導人們婚姻嫁娶的人倫禮法。他們手中的規和矩，既是生產工具，又是社會秩序的象徵。還有一種說法是，規主圓，矩主方，兩人以手中的規、開天闢地，正合古時天圓地方之說。

三足烏

太陽黑子在古人眼中，是住在太陽上的精靈，這隻尖喙利爪，生有三足的烏鴉，是太陽的象徵，所以太陽古時又被稱作「金烏」。

女 媧

女媧在畫中被置於伏羲的右側，而中國古代社會一般視右為卑，雖然女媧是中國神話傳說中人類共同的母親，在三皇五帝中擁有特殊的地位，但從畫中女媧與伏羲的位置安排，所反映的顯然是父權社會中的男尊女卑。

雲 氣

雲中蘊雨，雨水滋潤大地，催生萬物，也被古人列為生殖崇拜的對象，所以「雲雨」長久以來是暗示男女交合的雅詞。

交繞的蛇身

交繞的蛇身是古人對交合繁衍的表現，這種雙螺旋式的結構，與現代科學發現的人類最基本的遺傳物質 DNA（脫氧核糖核酸）的分子結構，極為相似。

太 陽

太陽是大自然的中心，是萬物的生命之源。古人崇拜太陽，因為它是天地間神奇力量的象徵。

星 辰

古人按星辰的移動規律，安排狩獵、游牧、農耕等生產活動。還通過它們的位置移動和明暗變化預兆人間的福禍，古人相信每一個人的生命，都有一顆對應的星在天上維繫，一顆星的隕落，就代表著一個生命的消逝。

生殖崇拜

蛇多產蛋多子，且每年蛻皮獲得新身，被古人視為永生之物。中國人獨有的神龍圖騰，就以蛇身為主體。蛇在中國自古以來就倍受尊敬，同樣也是生殖崇拜的象徵。

月 亮

陰柔的月亮是女性的象徵。母兔懷孕 28 天產小兔，28 也是女子月經周期的天數，生殖力極強的蟾蜍和花朵細密的桂樹都代表了旺盛的繁殖能力。古人把它們安置在月亮上，是將對母性生殖的期望都寄托在這個神秘的天體之中。古時家中的主婦帶領全家拜月，供奉多籽的瓜果，即是為了祈求家族繁衍、子孫滿堂。

伏羲，又稱宓羲、庖犧、包犧、犧皇、皇羲、太昊等，生於隴西成紀（今甘肅天水），徙治陳倉，定都於陳宛丘（今河南淮陽）。《史記》中稱伏犧，傳說中的中國古代君主。華夏太古三皇之一，與女媧同被尊為人類始祖，中國神話中與女媧一樣，龍身人首、蛇身人首。伏羲，又稱太昊。

伏羲教民佃漁畜牧，編織繩索，畫八卦，仰觀天象，俯察地理，中觀萬物生長機緣，造書契，結繩之政，制嫁娶，月龍作為官名。

伏羲坐於方壇之上，聽八風之氣，乃做八卦。八卦衍生《易經》，開華夏文明。近代之靈籤或擲杯，實是《易經》之簡化版。因其製造八卦，人奉之為神，尊其為八卦祖師。傳說伏羲以八卦衍六十四為萬世之文字始祖。

制六法：一象形，二會意，三指事，四假借，五轉注，六形聲，使天下文字歸六書。又作甲曆，定四時。古民野合，知有母不知其父。定婚娶，人倫禮法。規主圓，矩主方，開天闢地。創造琴瑟，作荒樂，歌扶徠。劉桐為 27 絃之琴，曰離徽，□桑為 36 絃之瑟。以木德繼承天意，統治天下。伏羲氏崇太陽，繼承世號，稱少昊氏。

伏羲即盤古，「盤」字古義為開端，「古」即葫蘆，寓意生命繁衍。他是蛇、鳥兩族的部落聯盟首領，以龍紀官，也把龍鳳圖騰為民為徽號。龍鳳當作氏族和文化肇端的象徵標誌。

母華胥氏生帝於成紀（甘肅省秦安縣），建都於陳，崩葬於陳（河南省陳州），在位 115 年，傳 15 世，共計 1，260 年。伏羲氏（龍身）之妻雲姁（；蛇軀）謂女登、華陽、任似，原是同部落雙胞族的族兄妹關係「通志卷一。三皇紀」。引「春秋世譜」等謂，遇大洪水伏羲氏雲姁媧兄妹乘竹籃逃生，神靈佐少昊，正婚姻以重夫之則，由此他們溥化天下，繁衍了炎黃子孫，是絕大多中華民族諸多姓氏的共同祖先。

黃帝部落興起，炎帝、蚩尤等部落的一部分從黃河流域遷徙到南方以後，其先祖伏羲在傳說中演變為盤古，流傳於南方少數民族當中，演變出「盤古開天」的傳說。

伏羲（太昊）下名臣：倉頡（制造文字）、昊英（考六十甲子，作歲時甲曆，歲建甲寅）、昆吾、中央（守龜史）、共工（上相，才廣多智）、栗陸（疏導河川）、葛天、大庭（造屋廬）、柏皇（下相，博通萬物，辨識人才）、赫胥、陰康（藏著史，治地政）、朱襄（制版冊、書契）、驪連、混沌（開墾）、無懷、尊盧、有巢。

伏羲（包犧）氏王朝 （傳 16 君 歷 1260 年）

世代	帝王			在位	起訖			通鑑輯覽順序	附記
	王朝	帝號	姓名		黃紀前	干支	公元前		
1	伏羲氏	太昊羲	風方牙（蒼牙）	131	1744-1614	庚申-庚午	4441-4311	太昊伏羲氏	史前時代
2	女媧氏	女希氏	雲包媧	130	1613-1484	辛未-庚辰	4310-4181	女媧氏	
3	伏羲氏	大庭氏			1483	辛巳-	4180-	柏皇氏	一曰朱顏氏
4	伏羲氏	柏皇氏						中央氏	
5	伏羲氏	中央氏						大庭氏	一曰中皇氏
6	伏羲氏	栗陸氏						栗陸氏	一曰栗陸氏
7	伏羲氏	驪連氏						驪連氏	一曰昆連氏
8	伏羲氏	赫胥氏						渾沌氏	一曰赫蘇氏
9	伏羲氏	尊盧氏						赫盧氏	
10	伏羲氏	渾沌氏						尊盧氏	一曰混敦氏
11	伏羲氏	昊英氏						昊英氏	一曰子英氏
12	伏羲氏	有巢氏						有巢氏	非燧人氏前之有巢氏
13	伏羲氏	朱襄氏						朱襄氏	一曰子襄氏
14	伏羲氏	葛天氏						葛天氏	
15	伏羲氏	陰康氏						陰康氏	
16	伏羲氏	無懷氏			-485	-己未	-3182	無懷氏	
合計				16 君 1260	1744-485	庚申-己未	4441-3182		16 君歷 1260 年

伏犧氏王朝

朝代	帝王	姓	名、字或廟號諡	籍	在位			紀要
					年數	干支	紀元前	
1	包犧氏太昊羲皇	風	方牙（蒼牙）	通鑑外紀生成紀今甘肅秦縣	131	庚申至庚午	-4441至-4311	庚寅公元前-4471.10.4.生於甘肅今秦縣原名成紀庚申-4441登基-4311卒壽161歲葬陳今河南淮寧縣北
2	女媧氏女希氏女皇	風路史作靈	雲包媧		130	辛未至庚辰	-4310至-4181	生歿無考辛未公元前-4310繼位至庚辰公元-前4181年崩葬今山西趙城縣
3	大庭氏	路史作大庭氏又曰朱顏氏				辛巳	-4180	大庭氏辛巳繼位生歿無考

朝代	帝王	姓	名、字或廟號諡	籍	在位 年數	在位 干支	在位 紀元前	紀要
4	柏皇氏	路史姓柏	名芝莊子作柏皇					
5	中央氏		路史作中黃中皇					
6	栗陸氏		路史作栗陸					
7	驪連氏		莊子作驪畜一日昆連氏					
8	赫胥氏		金樓子作赫蘇一日作赫蘇氏					路史曰葬朝陽今地不詳
9	尊盧氏		金樓子作宗盧一日赫盧氏					路史曰葬藍田今陝西藍田縣
10	混沌氏		莊子作混沌一日混敦氏					
11	皞英氏		帝王世紀作昊英					
12	有巢氏							非燧人氏前之有巢氏
13	朱襄氏							一日子襄氏
14	葛天氏							
15	陰康氏							
16	無懷氏					己未	-3182	
計	16君				1260	庚申~己未		（-4441~-3182+1）

女媧氏

女媧，又稱女媧氏，媧皇，相傳女媧是伏羲的妹妹，人首蛇身異相，成為中國神話中的人類始祖，尊為人類之母。被尊崇為創造天地人類的神靈，三皇五帝時期統御全國部落的女首領，亦為母系社會的女酋長。

女媧氏為上古氏族。《說文解字》釋「媧」字為女媧之稱謂，並以「化」解釋「媧」字，表示「女媧」的詞源和得名本身即與「化育」的功能相聯繫。

傳說女媧和伏羲均為風姓。鄭康成根據《春秋緯》注《禮記》云：「女媧，三皇承伏羲者。」認為女媧是三皇之一。司馬貞在《補史記·三皇本紀》中也認為女媧是三皇之一。但三皇五帝向來說法不一，如《尚書大傳》、《帝王世紀》等均將女媧排除在三皇之外。

女媧和伏羲的母親為華胥。古籍多提到華胥因為在雷澤踩了大腳印而在成紀生下伏羲。古華胥國在今陝西省西安市附近的藍田縣華胥鎮，有華胥溝、女媧谷、鍊石台等相關地名遺存。

女媧與伏羲結合，為最早的婚姻。唐代盧仝在《與馬異結交》詩中寫道：「……女媧本是伏羲婦，恐天怒，擣鍊五色石，引日月之針，五星之縷把天補。補了三日不肯歸媧家，走向日中放老鴉。月里栽桂養蝦蟆，天公發怒化龍蛇。」

女媧氏最早以上古氏族的形象出現在古籍中。唐代司馬貞在《三皇本紀》中認為，在伏羲氏之後經歷了數個世代，女媧氏便取代伏羲氏成為了氏族聯盟的首領。女媧氏和伏羲氏均為風姓，表明這兩個氏族有共同的母系祖先。

在女媧氏之後成為氏族聯盟首領的是大庭氏。另一說為神農氏。

女媧娘娘即上古女神且為創世神之一女媧乃上古三皇之一，伏羲之妹，作為中國神話中的人類始祖，女媧用黃土製造出了人類。鍊石補天，平洪水滅猛獸，置婚姻定人倫，創笙簧，女媧娘娘在中國道教與民間信仰之中有相當崇高之地位，一般中華民族皆視其為始祖女神。

【太平御覽】「俗說天地開闢，未有人民，女媧摶土作人。劇務，力不暇供，乃引繩於泥中，舉以為人。」

『淮南子。說林篇』有「黃帝生陰陽，上骈生耳目，桑林生臂手，此女媧所以七十化也。」

『獨異志』記載：宇宙初開時，山洪淹滅天下人類，共有伏羲和女媧兄妹坐在葫蘆裡逃避洪水得救。他們是洪水退去後僅存的孑遺，只得兄妹結婚，綿延血脈，傳宗後代，使人類重新繁衍滋生。

女媧摶土造人，鍊石補天，發明笙簧和規矩，創設婚姻。女媧成為後世民間信仰中的神祇，作為人類始祖和婚姻之神來崇拜。

伏羲媧兄妹相婚，用黃土造人，時四極廢，九州裂，天下兼覆，地不周載，火濫炎而不滅，水結而不息，猛獸食民，鷙鳥攫老弱，女媧氏斷鼇足以立四極，煉五色石以補天。殺黑龍以濟冀州，積蘆灰以止滔水。制定婚禮。

盤古開天辟地，日月星辰各司其職，子民安居樂業，四海歌舞升平。後來共工與顓頊爭帝位，不勝而頭觸不周之山，導致天柱折，地維絕，四極廢，九州裂，天傾西北，地陷東南，洪水泛濫，大火蔓延，人民流離失所。

女媧補天臺

往古之時，四極廢，九州裂，天不兼覆，地不周載，火爁炎而不滅，水浩洋而不息。猛獸食顓民，鷙鳥攫老弱。於是女媧煉五色石以補蒼天，斷鰲足以立四極，殺黑龍以濟冀州，積蘆灰以止淫水。……蒼天補，四極正，淫水涸，冀州平，狡蟲死，顓民生。

女媧將背負天臺山之神鰲的四隻足砍下來支撐四極，移到東海之濱的瑯琊，就是今天日照市濤雒鎮一帶。五彩石後人稱之為太陽神石。

女媧補天之後，天地定位，洪水歸道，烈火熄滅，四海寧靜。人們在天臺山載歌載舞，歡慶補天成功，在山下建立女媧廟，世代供奉，香火不斷。

《竹書紀年》東海外有山曰天臺，有登天之梯，有登仙之臺，羽人所居。天臺者，神鰲背負之山也，浮遊海內，不紀經年。惟女媧斬鰲足而立四極，見仙山無著，乃移於瑯琊之濱。

《淮南子‧覽冥訓》往古之時，四極廢，九州裂，天不兼覆，地不周載，火濫（lǎn）焱而不滅，水浩洋而不息，猛獸食顓民，鷙鳥攫老弱。於是，女媧煉五色石以補蒼天，斷鰲足以立四極，殺黑龍以濟冀州，積蘆灰以止淫水。蒼天補，四極正；淫水涸，冀州平；狡蟲死，顓民生；背方州，抱圓天。

《淮南子‧天文訓》"昔者共工與顓頊爭為帝，怒而觸不周之山，天柱折，地維絕。天傾西北，故日月星辰移焉；地不滿西南，故水潦塵埃歸焉。"

清瑯琊王隕《天外來客 —— 隕石收藏錄》：

神話可能是遠古時代的一次隕石雨災害。女媧看到她的子民們陷入巨大災難之中，十分關切，決心煉石以補蒼天。於是她周遊四海，遍涉群山，最後選擇瞭東海之外的海上仙山—天臺山。天臺山是東海上五座仙山之一，五座仙山分別由神鰲用背駝著，以防沉入海底。女媧在天臺山頂堆巨石為爐，取五色土為料，借來太陽神火，歷時九天九夜，煉就瞭五色巨石 36501 塊。然後又歷時九天九夜，用 36500 塊五彩石將天補好。剩下的一塊遺留在天臺山中湯谷的山頂上。

研究發現，白洋淀流域區的特殊地貌，是全新世中晚期的一次規模巨大的隕石雨撞擊留下的。從任丘、河間到保定、望都一帶，向西偏北的方向延伸，一直到完縣、滿城附近，存在大量特殊地貌現象碟形窪地及其群體。

日照隕：沂州府日照縣南 40 裏石盆山。……山巔尚有馬蹄形隕石坑依稀可辯，隕石散落於其間，山下有隕石立於濤雒南門外。土人傳曰：盤古開天辟地，日月星辰各司其職，四海一統，其樂融融。不意太陽爆，隕石降，竟至石破天驚，"四極廢，九州裂"，民不聊生者也。幸得女媧補天於高山之巔，羲和浴日於東海之濱，救得萬眾生靈。乃建老母廟於山下以祀女媧羲和，堆隕石於高臺以祭太陽神靈。其廟已毀，其碑尚存；其臺已去，隕石可見－河北望都白城村窪地遺址。

女媧造笙簧，【隋書、宋書】女媧娘娘創作笙簧，而為音樂之女神。笙是將竹管插在葫蘆內製成，類似今日之葫蘆絲。簧就是笙管中的簧片。女媧用葫蘆

和竹管造笙的傳說，也與其兄長伏羲相聯繫。後人又以「笙」為「生」之意，象徵女媧生人。

【三皇本紀】記載，水神共工與火神祝融交戰。共工被祝融打敗，用頭去撞西方的世界支柱不周山，導致天塌陷，天河之水注入人間。女媧不忍人類受災，於是煉五色石補好天空，折神鱉之足撐四極，平洪水殺猛獸，人類始得以安居。也有其他說法。女媧不忍人類受災，於是煉五色石補好天空，折神鱉之足撐四極，平洪水殺猛獸，人類始得以安居。

《路史》稱共工氏在太昊氏（伏羲氏）之後作亂，導致洪水為患。女媧氏與共工氏戰鬥，戰勝了共工氏，於是天地平復。

【山海經】記載女媧昇天後，她的腸化作了十個神人。

【淮南子·說林訓】記載女媧造人時，其他神靈都來幫忙。在他們的幫助下，女媧經過了七十次的嘗試和改變，最終創造了人類。另《太平御覽》說，女媧用黃土塑造人，但工作繁重，力有未逮，於是用繩子在泥潭中抽打，濺起的泥點就成了無數人類。

【風俗通、路史】女媧造人傳說，來自於女媧作為婚姻之神的身份，女媧創立婚姻制度。《路史》認為女媧規定以姓氏來安排婚姻。

民間傳說女媧娘娘即為地母娘娘，地母娘娘在道教乃后土，為道教四御之一，俗稱「地母娘娘」，主掌陰陽、生育，是四御中唯一的女性神。「后土」中的"后"是君主的意思，后土就是管理土地的君主。女媧傳說最早始於《山海經》、《楚辭·天問》等古籍在時空歷史背景下均有很大的差異。

民間還有傳說驪山老母是煉石補天的女媧娘娘，然則驪山老母是驪山的山神，中國傳說中古代道教的女神仙。姓氏與來歷不詳。依道教中《驪山老母玄妙真經》記載老母乃斗姥所化，是上八洞古仙女中的第七柱，是上古時代的神仙。

《山海經》，女媧死後，她的腸化作了十個神人。

少典氏

　　少典也稱有熊氏，嫡系後裔為有熊國國君黃帝。活動於今中原一帶。有熊國其實就是有 6 個部落組成－熊、羆、貔、貅、貙、虎為圖騰，是黃帝的嫡系親信部落和中堅力量。

　　少典，天字輩，少典氏部落的人，傳說爲盤古氏七十世、伏羲氏九世，華胥氏孫子，有熊氏之子。姓公孫，少典國君。娶有蟜氏女安登，曰任姒爲妃，身孕游華陽之常羊，九龍山有神龍首，感神首飛龍之祥，有聖德而生兩子，長石年（炎帝）、次勖其，石年長育於薑（一曰羌）水之上，遂以薑爲姓。初都城於陳（即今開封陳州），

複君於曲阜（今曲阜），在位 140 年而崩，葬於長沙鄉茶。生子二十五人，生勷其於軒轅之丘，繼少典之嗣，故以公孫爲姓。又娶任姒爲妃，有娠生叔子、季安。

少典或為一國之國名；國語所指亦或為少典是黃帝、炎帝兩氏氏族之祖，非指炎黃二人。

蓋聞，若木千尋，殊柯共幹，洪河萬里，異出同源，故公族姓氏敦親敦疏，宗盟千百世可遡於前源流，當在洪荒之時，世系未得其考。少典是原始社會時期有熊部落的首領，大多史料都稱黃帝為有熊氏。少典氏啟昆生黃帝軒轅氏。

《史記·五帝本紀》：「黃帝者，少典之子」。

《史記集解》譙周：「有熊國君，少典之子也。」

《國語·晉語四》："昔少典氏娶於有蟲喬氏，生黃帝、炎帝。曾祖母為華胥氏。黃帝以姬水成，炎帝以薑水成"。

《中國歷史地圖集》，夏商時期地圖上標明：有熊氏地域內有兩大地貌特點：南有潁水，此有人隗山，

《漢書·地理志》記載："河南郡有大隗山，蓋壓禹、密、新三縣也。"北魏時候，大地理學家酈道元通過實地踏勘，在他寫的〈水經注〉裏確切地說："大隗即具茨山也。"

《禹州市志》《禹州市地名志》：具茨山就在禹州北部，萇莊鄉北部的薈萃山起頭，蜿蜒東南行，在淺井鄉北邊的大鴻寨山分為兩支：一支經無梁鎮延續出境，在新鄭、長葛兩縣交界處消失；一支由無梁鎮南部，經朱閣鄉、郭連鄉進入許昌縣。上古時候沒有我們今天的省、市、縣、鄉的區域概念，所以以《中國歷史地圖集》只能憑藉山、水、丘，壑等自然地貌作界線，標明有熊國的地域範圍南有潁水，北有大院隗山。可見有熊部族活動的主要區域就在今禹州市北部大隗山以南、潁水以北、薈萃山以東、古城，郭連以西這大約 700 平方公里的範圍之內。

戰國時期哲學家莊子說，原始社會時期，「民知其母，不知其父，與麋鹿共處」。

少典的次妃附寶，有一天到郊外遊玩，忽遇暴雨，有大電光纏身，許久才離開，繞北斗而去。結果，附寶感而受孕，懷胎 25 個月，生下黃帝，起名叫雲，黃帝長得"河目龍顏"，落地能語，性情和善，很受少典國君的喜愛，就帶著他和附寶一同住在陰水河邊。附寶生就的美容麗質，非常動人，被人們呼為美姬。她常陰水邊洗衣淘菜，人們見多了，就把這段河叫成了姬水，黃帝長大以後，便也以姬為姓，名叫姬雲。

炎帝薑榆岡長大之後，剽悍勇武，智慧過人，便做了部落首領，以"牛"為圖騰，標記於旗幟之上。巫師說他以火德旺，所以稱作炎帝。據說炎帝有一條神鞭，名叫"赭鞭"，用它抽打各種野草，野草便顯出藥性，炎帝為了驗證這些藥草有毒無毒，是熱性還是寒性，到底能治啥病，就親自嘗百草，試其效用，為氏族百姓防病治病。因而炎帝氏族的人，個個身強力壯，迅速繁衍壯大，炎

　　帝便率領他的部族沿渭水，黃河東遷，經河此、河南、湖北，還到過山東曲阜，打敗了不少弱小部落，最後“定都于陳”，即今河南省淮陽縣。黃帝姬雲長大以後，身高九尺開外。他為人敦厚樸實，好旋仁義，很受部族人民尊崇，被擁戴為部落酋長，成了有熊國的繼承人，他利用姬河兩岸天然的地理優勢，與豐富的礦產資源，鼓勵部族民眾發展農牧業生產，親自教百姓播五穀，植草木，馴養豬，牛、羊、狗等，使有熊部落很快富庶強盛起來，周圍許多弱小部落見他好行仁義，以鄰為友，能團結人，就紛紛前來投奔、歸順，使有熊部族逐漸成為中原地區最強大的部族。巫師說他“以土德王天下”，土是黃色，所以叫黃帝。

　　少典氏炎黃總始祖，中華民族從盤古氏（人類始祖盤古氏開天闢地），燧人氏族（燧人氏發明鑽木取火），伏羲氏族（伏羲氏正姓氏制嫁娶），人類已經進入文明社會的生活方式之開端，正姓氏制嫁娶產生優生繁衍後代生生不息，至少典氏為中華民族姓氏炎（炎帝神農氏）、黃（黃帝軒轅氏）總始祖後，歷史典籍上出現兩萬兩千多個姓氏，經過優生劣汰現有數千姓氏在使用中，由於伏羲氏以前所衍生之姓氏，都未能見到其系譜到現代者，而少典氏傳下之系譜較為完整，如目前所使用姓氏除炎帝247個姓氏之外，餘皆為黃帝所衍生姓氏，世人稱為炎黃世胄（子孫）之由來也。

　　中華民族歷史悠久，自三皇一燧人氏約在黃帝紀年前歲次歲次乙卯 1809年、民國前六四一七年、公元前 4506 年年在世（詳見黃帝甲子紀年表或黃帝甲子紀年表（前第 1 甲子至前第 31 甲子）），至中華民族姓氏炎黃總始祖少典氏約在黃帝紀年前歲次丁亥 577 年、民國前-5185 年、公元前-3274 年，其間已歷 1232年，邏輯推估約有四十多代，若推估至現代約有 6516 年，每敗已 30 年計算有218 代。

中華姓氏三皇系譜簡表

```
│ 中華民族的開端              ┌三皇┌柏皇┌中央┌粟陸┌驪連      │
│                          │二伏│氏。└氏。└氏。└氏。└氏 →下續│
│ 盤古┌天皇┌地皇┌人皇┌三皇┤羲氏┤【三皇二伏羲氏，自公元前四四七年│
│ 氏。└氏。└氏。└氏。┤ 一燧├●姓│即位至無懷氏公前三二一八年等十八氏│
│ ←人類初始，開天闢地  └人氏│風 └共一二六〇年，朝代下續炎帝神農氏】│
│                          ├郝骨氏                        │
│                          └女媧，創設婚姻娶嫁制度，人類優生學始祖。│

　　伏羲氏，其裔咸鳥一承釐一厚炤一顧相一巴人，衍傳五胡十六國之成漢。

│ 驪連┌渾沌┌赫胥┌尊盧┌昊英┌有巢┌朱襄┌葛天┌陰康┌無懷氏      │
│ 氏。└氏。└氏。└氏。└氏。└氏。└氏。└氏。└氏。┼祝融┌少典 下續│
│         綜核史料，無懷氏與祝融氏應屬同輩。      └氏 └氏 →炎帝│
```

中華姓氏炎帝神農氏源流系譜

第一代	第二代	第三代	第四代	第五代	第六代	第七代	第八代	第九代	第十代	十一	少典氏
天	地	玄	黃	宇	宙	洪	荒	日	月	盈	昃輩序
第一代	第二代	第三代	第四代	第五代	第六代	第七代	第八代	第九代	第十代		炎帝
炎帝神農氏											朝代

中華民族姓氏炎黃總始祖少典氏姅有蟜氏女安登，生長子石年（炎帝）、次子勗其（黃帝直系）

三皇三：炎帝神農氏　●姜　公元前三二一七年至前三〇七八在位一四〇年

臨魁　公元前三〇九七年至前二九九八在位八〇年至公元前三〇一七姜董權姜會魁姜門臨姜邛姜柱姜起—慶甲—帝監—縉雲　女娃（女）

帝承　公元前二九九七年至前二九三八在位六〇年

帝明　公元前二九三七年至前二八三八在位一〇〇年相傳越南開國之君為帝明之子

帝宜　公元前二八三七年至前二四九四相傳四四九年。

帝來　公元前二八三年至公元前二四二八在位四五年。

帝裹（帝居）公元前二七二七至公元前二四八五三在位四三年。

節莖（路史：炎居生節莖，節莖生戲。戲生器。）

姜克（氏族典：炎居生節莖數傳而有戲。戲為榆罔。）

榆罔（下略名參盧公元前二五至前二六九位五五年）—姜戲—姜器→（小帝）（一云：炎帝子邛之支庶耆田後裔為蚩尤。）

蚩尤，傳說兄弟八十一人

（黃帝直系）勗其姅扶胥氏—巨駓姅蜀山氏—芒昧姅逿氏—夷栗姅女氏—柏堅姅赤水氏—節姅鉅閭氏—赫胡姅摩利氏—封胥姅女娥氏—依盧姅九方氏—啟昆姅有蟜氏→下續黃帝

世　　代	紀　　　　　　　事
一世祖少典	諱烈山氏，又號厲山氏，迺祝融氏之分派也。姅有蟜氏安登（又曰任姒）。生子長石年、次勗其。
二世祖炎帝	諱石年，又諱軌，號神農氏，迺厲山氏之長子也，生于太昊乙巳（民民國前 5167 年、公元前 3256 年、炎帝比勗其年長四歲。）115 年，崩于即位後壬辰 145 年，享壽 168 歲，葬于萬陽山。

世　代	紀　　　事
	帝母曰安登，遊華陽之常羊，感神首飛龍之祥而生帝。三辰而能言，五日而能行，七朝而齒具，三載而知稼穡。牛首人身，長八尺有七寸，形貌怪異，乃曰魁隗氏。育於姜水，故以姜為姓。代伏羲治天下，以火德王，故曰炎帝。都於陳（今開封府陳州。）遷曲阜（金屬山東袞州府。）民茹草木之實，食禽獸之肉，未知耕稼。帝因天時，相地宜，斲木為耜，揉木為耒，始教民藝五穀，而農事興焉！民有疾病，未知藥石，帝始味草木之滋，察其寒溫平熱之性，辨其君臣佐使之義。嘗一日而遇七十毒，神而化之，遂作方書，以療民疾，而醫道自此始。複察水泉甘苦，令人知所避就，由是斯民居安食力，而無夭札之患，天下宜之，故曰神農。帝作蠟祭，以赭鞭鞭草木，為日中之市，使民交易而退，各得其所。以火紀官。命赤冀為杵臼。命巫咸卜筮。命刑天作扶犁之樂。命屏風作種書。命白阜作地理紀。以理天下。時諸侯夙沙氏叛，不用帝命，其臣箕文，諫而被殺，帝益修厥德。夙沙之民，自攻其君，而來歸其地，於是南至交趾，北至幽都，東至暘谷，西至三危，莫不服從其化。崩於長沙（今湖南長沙府）之茶鄉（即茶陵州。）傳七世，曰帝臨魁（神農子，在位 80 年。）帝丞（臨魁子，在位 60 年。）帝明（帝丞子，在位 49 年。）帝宜（帝明子，在位 45 年。）帝來（帝宜子，在位 48 年。）帝裹（帝來子，在位 43 年。生子節莖，節莖生子克及戲。節莖、克、戲皆不在位。克子榆罔立。）帝榆罔（克之子，在位 55 年。諸侯尊軒轅為天子，而封帝於洛，神農氏遂亡。） 姒算莽水氏聽訞（又曰奔水氏。）生子臨魁（傳稱炎帝有子 13 人，今無可考。） 女娃（嘗游於東海，溺而不返，化為鳥，其狀如鳥，文首白啄赤足，名曰精衛。常嗤西山木石，以填於東海。） 二世公少典國君諱晶其：迺厲山氏之次子也。生子女媧戊申（民國前 5164 年、公元前 3253 年）三年，薨于炎帝戊子 140 年，享壽 161 歲；妣扶胥氏，生子巨駞。
三世祖諱巨駞	迺晶其公之子也。妣蜀山氏，生子芒昧。
四世祖諱芒昧	迺巨駞公之子也。妣逿伊氏，生子夷栗。
五世祖諱夷栗	迺芒昧公之子也。妣女儀氏，生子柏堅。
六世祖諱柏堅	迺夷栗公之子也；妣赤水氏，生子節。迺夷栗公之子也；

世　　代	紀　　　　　事
	姒赤水氏，生子節。
七世祖諱節	迺柏堅公之子也；姒鉅閭氏，生子赫胡。
八世祖諱赫胡	迺節公之子也；姒摩利氏，生子封胥。
九世祖諱封胥	迺赫胡公之子也；姒女娥氏，生子依盧。
十世祖諱依盧	迺封胥公之子也；姒九方氏，生子啟昆。
十一世祖有熊君 諱啟昆	迺依盧公之子也。由少典北遷於熊（河南開封新鄭縣。） 因改國曰有熊，為人剛健中正；姒女嬌氏附寶，生子軒轅、 子高。 勗其公，生於黃帝紀年前戊申 556 年、公元前 3253 年， 至黃帝軒轅氏，逝於黃帝紀年 100 年癸卯，公元前 2598 年，共十一代共 656 年，每代平均年齡為五十九年。上古 者長命，或譜系漏列乎？
十二祖黃帝諱軒轅	又諱伯荼，迺啟昆公之長子也。生于帝榆罔癸丑四十五 年，崩于即位後甲辰一百年，享壽 111 歲，葬于橋山（在 陝西延安府中都縣。） 帝母曰附寶，（彳生，同往字）祈野，見大電繞北斗樞星， 感而懷孕，二十四月，生帝於軒轅之丘（在開封府新鄭縣。） 因名軒轅，姓公孫，帝生而神靈，弱而能言，幼而徇齊， 長而敦敏，成而聰明，國於有熊，故號有熊氏，長於姬水， 故又以姬為姓。年十二嗣位時，神農氏世衰，諸侯相侵伐。 炎帝榆罔弗能征。於是帝習用干戈，以征不軌，諸侯皆來 賓從。榆罔侵陵諸侯，諸侯益叛。帝修德治兵，藝五穀， 撫萬民，度四方，教熊羆貔貅貙虎，與榆罔戰於阪泉之野， 三戰，然後勝之。先是有姜姓諸侯，曰蚩尤，作五兵，一 曰弩、二曰殳、三曰矛、四曰戈、五曰戟，并刀劍等器， 以暴虐天下，兼並諸侯。榆罔不能制，命居少顥，以臨四 方。蚩尤益肆惡，出洋水，登九淖，攻榆罔於空桑，榆罔 避居涿鹿。帝乃征師諸侯，與戰於涿鹿之野（今順天府涿 州。）夢大風吹天下之塵垢，皆去。又夢執千鈞之弩，驅 羊萬群。帝寤曰風為號令，執政者也。垢為塵土，土去， 而后在也，天下豈有姓風名后者乎！執千鈞弩，異力也， 驅羊萬群。能牧也，天下豈有姓力名牧者乎！於是依二占 以求之，得風后於海隅，登以為相，得力牧於大澤，進以 為將，後因箸占夢經十二卷。蚩尤做大霧，軍士昏迷，帝 作指南車，以示四方。命應龍攻蚩尤，應龍畜水。蚩尤請 風伯雨師，縱大風雨。帝仰天而歎，天遣玄女授以兵符，

世　　代	紀　　　　事
	下一天女，長二三尺，而目在頂上，行走如風，見則大旱，赤地千里，其名曰魃，雨乃止。三十七戰，遂擒蚩尤，戮於中冀之野，血冒四布，滴入水，味變為鹹，今陝西慶陽有二鹽池，甯夏大小有二池，山丹衛有紅鹽池，皆其血所化，因其為亂害民，故令萬世食其血也。時有黃龍地螾見，大五六圍，長十餘丈，是為土瑞，故曰黃帝，以土德王，都涿鹿為天子，內行刀鋸，外用甲兵，制陣法，設旌麾，有不順者，從而征之。披山通道，其土地，東至於海。西至崆峒，南至於江，北逐薰鬻，合諸侯之符於釜山（在保定府安肅縣），又殺（猰）（貐）之獸，使民無憂恐之疾。以雲紀官，用風后為當時，太常為稟者，蒼龍為土師，祝融為司徒，大封為司馬，后土為司李，夢兩龍授圖，齋戒往河求之，有大魚負圖。

少典家族世系

（1）華胥氏—伏羲（配女媧）—少典—黃帝—昌意（黃帝次子）—顓頊—鯀曾—鯀祖—鯀父—鯀—禹（夏朝開國君主）—姒啟（夏啟）—姒太康、姒元康、姒伯康、姒仲康、姒武觀

（2）華胥氏—伏羲（配女媧）—少典—黃帝—少昊（又名玄囂，黃帝長子）—蟜極—帝嚳(名姬夋，又名姬夒或姬夋)—契—昭明—相土—昌若—曹圉—冥—王亥（振）—上甲微—報乙—報丙—報丁—主壬（示壬）—主癸（示癸）—商太祖成湯（商朝開國君主）—太丁、外丙、仲壬

（3）華胥氏—伏羲（配女媧）—少典—黃帝—少昊—蟜極—帝嚳—契—昭明—相土—昌若—曹圉—冥—王恒

（4）華胥氏—伏羲（配女媧）—少典—黃帝—少昊—蟜極—帝嚳—棄（史稱後稷，本名姬棄）—不窋（kū）—鞠—公劉（姬劉）—慶節—皇僕—差弗—毀隃（姬隃）—公非（姬非）—高圉—亞圉—公叔祖類（姬類）—周太王（又稱古公亶父，本名姬亶）—周王季（也稱季曆，本名姬曆）—周文王姬昌—周武王姬發（周朝開國君主）

（5）華胥氏—伏羲—少典—黃帝—少昊—蟜極—帝嚳—台璽—叔均（也被周朝奉為先祖）

（6）華胥氏—伏羲—少典—黃帝—少昊—蟜極—帝嚳—堯—丹朱

（7）華胥氏—伏羲—少典—黃帝—少昊—蟜極—帝嚳—摯

（8）華胥氏—伏羲—少典—黃帝—少昊—蟜極—業父—大業—伯益—大廉—衍曾—衍祖—衍父—中衍—軒祖—軒父—戎胥軒—中潏—蜚廉—惡來—女防—旁皋—太己—大駱—秦非子（秦國首任國君）—秦侯—公伯—秦仲—

秦莊公—……—秦始皇（嬴政，中國首位皇帝）

（9）華胥氏—伏羲—少典—黃帝—少昊—蟜極—業父—大業—伯益—大廉—衍曾—衍祖—衍父—中衍—軒祖—軒父—戎胥軒—中潏—蜚廉—季勝—孟增—衡父—造父—渠父—安父—梁父—莒父—奄父—叔帶（趙國始祖）—明祖—明父—公明—趙成子（趙衰）、趙夙

（10）華胥氏—伏羲—少典—黃帝—少昊—蟜極—業父—大業—伯益—若木（伯益次子）—昌曾—昌祖—昌父—費昌（費國始祖、費姓始祖）

（11）華胥氏—伏羲—少典—黃帝—少昊—蟜極—帝嚳—陶父—皋陶（李唐皇帝暨李氏家族的得姓始祖，其子孫被封于英、六，此後世系不明）

（12）華胥氏—伏羲—少典—黃帝—少昊—蟜極—張揮（張姓始祖）

（13）華胥氏—伏羲—少典—黃帝—少昊—昧祖—昧父—昧—台駘

（14）華胥氏—伏羲—少典—黃帝—少昊—重（句芒）、該（蓐收）、窮奇、般、倍伐、窮申、瞀目

（15）華胥氏—伏羲—少典—黃帝—昌意（黃帝次子）—顓頊—古蜀王、魍魎、檮杌

（16）華胥氏—伏羲—少典—黃帝—昌意—顓頊—窮蟬—敬康—句望—橋牛—瞽叟—舜—商均—……—遏父（商均的三十二世孫）—陳胡公（陳國開國君主）

（17）華胥氏—伏羲—少典—黃帝—昌意—顓頊—稱—老童（卷章）—吳回—陸終—昆吾、參胡、彭祖、會人、曹姓、季連（季姓、熊姓、羋姓、屈姓、景姓、昭姓始祖，楚國始祖）：

　①季連—附沮—穴熊—熊完—熊服—熊元—熊機—熊杼—熊懷—熊胤—熊靡—熊祖—熊潛—熊僅—熊紳—熊克—熊成—熊單—熊輔—熊佐—熊文—熊浩—熊傑—熊啟—熊苞—熊越—熊儇—熊俊—鬻熊—熊麗（鬻熊長子）—熊狂—熊繹（熊狂長子）—熊艾

　②季連—附沮—穴熊—熊完—熊服—熊元—熊機—熊杼—熊懷—熊胤—熊靡—熊祖—熊潛—熊僅—熊紳—熊克—熊成—熊單—熊輔—熊佐—熊文—熊浩—熊傑—熊啟—熊苞—熊越—熊儇—熊俊—鬻熊—熊麗（鬻熊長子）—熊狂—屈紃（熊狂次子）

　③季連—附沮—穴熊—熊完—熊服—熊元—熊機—熊杼—熊懷—熊胤—熊靡—熊祖—熊潛—熊僅—熊紳—熊克—熊成—熊單—熊輔—熊佐—熊文—熊浩—熊傑—熊啟—熊苞—熊越—熊儇—熊俊—鬻熊—端木侸（鬻熊次子，史稱侸叔）—端木典（端木姓得姓始祖）

（18）華胥氏—伏羲—少典—黃帝—昌意—顓頊—稱—老童—重黎（晉朝皇帝始祖）

世系新表

（1）燧人氏（配华胥氏）—伏羲（配女娲）—少典—黄帝—少昊（本名姬己挚，
又名玄嚣，黄帝长子）—蟜极—帝喾（名姬夋，又名姬夒 náo）—契（约前
2096 年-前？年在位）—昭明—相土—昌若—曹圉—冥（前？年-前 1875 年
在位）—王亥（又名振，前 1875 年-前 1775 年在位）—上甲微（前 1770
年-约前 1720 年在位）—报乙—报丙—报丁—主壬（也作示壬）—主癸[4]
（也作示癸，前？年-前 1675 年在位）—商太祖成汤（商朝首任帝王）—太
丁、外丙、仲壬

（2）燧人氏（配华胥氏）—伏羲—少典—黄帝—少昊—蟜极—帝喾—契（约前
2096 年-前？年在位）—昭明—相土—昌若—曹圉—冥（前？年-前 1875 年
在位）—王恒（商部族首领，前 1775 年-前 1770 年在位）

（3）燧人氏（配华胥氏）—伏羲—少典—黄帝—少昊—蟜极—帝喾—弃（后稷，
姬弃）—不窋（kū）—鞠—公刘（姬刘）—庆节—皇仆—差弗—毁隃（姬
隃）—公非（姬非）—高圉—亚圉—公叔祖类（姬类）—古公亶父（姬亶）
—季历（姬历）—周文王姬昌—周武王姬发（周朝开国君主）

（4）燧人氏（配华胥氏）—伏羲—少典—黄帝—少昊—蟜极—帝喾—尧（帝尧）
—丹朱

（5）燧人氏（配华胥氏）—伏羲—少典—黄帝—少昊—蟜极—帝喾—挚（帝挚）

（6）燧人氏（配华胥氏）—伏羲—少典—黄帝—少昊—蟜极—帝喾—台玺—叔
均（也被周朝奉为先祖）

（7）燧人氏（配华胥氏）—伏羲—少典—黄帝—少昊—蟜极—业父—大业—伯
益—大廉—衍曾—衍祖—衍父—中衍—轩祖—轩父—戎胥轩—中潏—蜚廉
—恶来—女防—旁皋—太己—大骆—秦非子（秦国首任国君）—秦侯—公
伯—秦仲—秦庄公—……—秦始皇（嬴政）

（8）燧人氏（配华胥氏）—伏羲—少典—黄帝—少昊—蟜极—业父—大业—伯
益—大廉—衍曾—衍祖—衍父—中衍—轩祖—轩父—戎胥轩—中潏—蜚廉
—季胜—孟增—衡父—造父—渠父—安父—梁父—莒父—奄父—叔带（赵
国始祖）—明祖—明父—公明—赵成子（赵衰）、赵夙

（9）燧人氏（配华胥氏）—伏羲—少典—黄帝—少昊—蟜极—业父—大业—伯
益—若木（伯益次子）—昌曾—昌祖—昌父—费昌（费国始祖、费姓始祖）

（10）燧人氏（配华胥氏）—伏羲—少典—黄帝—少昊—蟜极—帝喾—陶父—
皋陶（李唐皇帝的始祖，也是天下李氏家族的得姓始祖，其子孙被封于英、
六，此后世系不明）

（11）燧人氏（配华胥氏）—伏羲—少典—黄帝—少昊—蟜极—挥公（世界张
姓始祖）

（12）燧人氏（配华胥氏）—伏羲—少典—黄帝—少昊—眛祖—眛父—眛—台骀

（13）燧人氏（配华胥氏）—伏羲—少典—黄帝—少昊—重（句芒）

（14）燧人氏（配华胥氏）—伏羲—少典—黄帝—少昊—该（蓐收）

（15）燧人氏（配华胥氏）—伏羲—少典—黄帝—少昊—穷奇

（16）燧人氏（配华胥氏）—伏羲—少典—黄帝—少昊—般

（17）燧人氏（配华胥氏）—伏羲—少典—黄帝—少昊—倍伐

（18）燧人氏（配华胥氏）—伏羲—少典—黄帝—少昊—穷申

（19）燧人氏（配华胥氏）—伏羲—少典—黄帝—少昊—瞽目

（20）燧人氏（配华胥氏）—伏羲—少典—黄帝—昌意（黄帝次子）—颛顼—
古蜀王

（21）燧人氏（配华胥氏）—伏羲—少典—黄帝—昌意—颛顼—魍魉

（22）燧人氏（配华胥氏）—伏羲—少典—黄帝—昌意—颛顼—梼杌

（23）燧人氏（配华胥氏）—伏羲—少典—黄帝—昌意—颛顼—鲧曾—鲧祖—
鲧父—鲧—禹（大禹，姒文命，夏朝首任帝王）—姒启（即夏启，夏朝
第二任帝王）—姒太康、姒元康、姒伯康、姒仲康、姒武观

（24）燧人氏（配华胥氏）—伏羲—少典—黄帝—昌意—颛顼—穷蝉—敬康—
句望—桥牛—瞽叟—舜（即帝舜）—商均—……—阏父（也称虞阏父、
遏父，是商均的第 32 世孙）—陈胡公（即胡公满，陈国开国君主）

（25）燧人氏（配华胥氏）—伏羲—少典—黄帝—昌意—颛顼—称—老童（又
名卷章）—吴回—陆终—昆吾、参胡、彭祖、会人、曹姓（曹国始祖，
封地在今山东省菏泽市）、季连（季姓、熊姓、芈姓、屈姓、景姓、昭
姓始祖、楚国始祖）：
甲、季连—附沮—穴熊—熊完—熊服—熊元—熊机—熊杼—熊怀—熊胤
—熊靡—熊祖—熊潜—熊仅—熊绅—熊克—熊成—熊单—熊辅—熊佐—
熊文—熊浩—熊杰—熊启—熊苞—熊越—熊僤—熊俊—鬻熊—熊丽（鬻
熊长子）—熊狂—熊绎（熊狂长子）—熊艾
乙、季连—附沮—穴熊—熊完—熊服—熊元—熊机—熊杼—熊怀—熊胤
—熊　靡—熊祖—熊潜—熊仅—熊绅—熊克—熊成—熊单—熊辅—熊佐
—熊文—熊浩—熊杰—熊启—熊苞—熊越—熊僤—熊俊—鬻熊—熊丽
（鬻熊长子）—熊狂—屈剐（熊狂次子）
丙、季连—附沮—穴熊—熊完—熊服—熊元—熊机—熊杼—熊怀—熊胤
—熊靡—熊祖—熊潜—熊仅—熊绅—熊克—熊成—熊单—熊辅—熊佐—
熊文—熊浩—熊杰—熊启—熊苞—熊越—熊僤—熊俊—鬻熊—端木侸
（鬻熊次子，史称侸叔）—端木典（端木姓得姓始祖）

（26）燧人氏（配华胥氏）—伏羲—少典—黄帝—昌意—颛顼—称—老童—重黎

中華姓氏總始祖少典氏古今史籍摘要

少典氏第一代為少典國君，諱烈山氏，又號厲山氏，迺祝融氏之分派也。

【路史前紀八】祝誦氏：「一曰祝龢氏，是為祝融氏也。文後註云：見姓苑等書、白虎群儒通義，以祝融為三皇。宋衷論三皇，亦數祝融，而出黃帝。梁武帝祠畫像述，先伏羲氏、次祝誦氏、次神農氏，乃及黃帝、顓帝，蓋有所本，豈得云帝浩之臣哉？洪臣相云：先儒說三皇不一；太史公采大戴禮，遷少昊而不錄，又經傳顓帝之後，黎為祝融，為莊子以祝融氏與伏羲神農赫胥同辭。白虎通既依史記遂以羲、農、祝融為三皇。至論五行，則又以祝融為南方之神，初非通論此，梁碑以祝融為祝誦，而介於羲、農之間，白虎之說也。」此祝融氏與黃帝第七代黎（重黎），又云祝融有別，至今各說不一，難以稽考。

【史記少典註】集解譙周曰：「有熊國君，少典之子也。」皇甫謐曰：「有熊，今河南新鄭是也。」索隱少典者，諸侯國號，非人名也。又案：國語云「少典娶有蟜氏女，生黃帝、炎帝。」然則炎帝亦少典之子。炎黃二帝雖則相承，如帝王代紀中閒凡隔八帝，五百餘年。若以少典是其父名，豈黃帝經五百餘年而始代炎帝後為天子乎？何其年之長也！又案：秦本紀云「顓頊氏之裔孫曰女脩，吞鳥之卵而生大業，大業娶少典氏而生柏翳」。明少典是國號，非人名也。黃帝即少典氏後代之子孫，賈逵亦謂然，故左傳「高陽氏有才子八人」，亦謂其後代子孫而稱為子是也。譙周字允南，蜀人，魏散騎常侍徵，不拜。此注所引者，是其人所著古史考之說也。皇甫謐字士安，晉人，號玄晏先生。今所引者，是其所作帝王代紀也。

從上列史記少典註中說，以國語云「少典娶有蟜氏女，生黃帝、炎帝。」若以少典是其父名，豈黃帝經五百餘年而始代炎帝後為天子乎？何其年之長也！據劉譜以少典氏君，生子長石年（炎帝神農氏），次子勗其，勗其公第十一代為黃帝軒轅氏。衍傳炎、黃世胄，確屬合理邏輯思維推衍譜系。

【國語卷十晉語四】「昔少典娶於有蟜氏，生黃帝、炎帝。」少典氏，妣有蟜氏女安登，生長子石年（炎帝神農氏）、次子勗其，勗其派下第十一代孫為黃帝軒轅氏。見中華姓氏源流通譜。

中華民族姓氏炎黃總始祖少典氏，生於黃帝紀年前丁亥577年、民國前5185年、公元前3274年。）有蟜氏，女安登，生二子，長子三皇三炎帝神農氏、次子勗其。三十歲生長子三皇三炎帝神農氏至齊國姜太公為止，其間分支命氏有117個姓氏（單姓73個，二字複姓44個。）；齊國姜姓公族後有130個姓（單姓68，複姓62。）共計247（一云251。）個姓氏；據未署名之神農世在台諸姓淵源考，炎帝在台有74姓，以戶數多者在前依序為，許謝賴洪邱呂高柯盧方姜白紀丁駱甘陸章賀崔易穆解向左狄刑丘申齊蒲焦晏尚柴欒路佘竺屬邰封國逄強山浦麻薄台危井右巨后年農士青望羌檀大竹慶牙伯柱麗藥王帖淳、姜林、范姜。33歲生次子勗其，十一傳五帝一軒轅氏黃帝，現有使用姓氏除炎帝247個姓氏

之外，餘為黃帝所衍生姓氏，世人皆稱炎黃世冑（子孫）之由來，其源有自。

神農氏

　　神農氏，華夏太古三皇之一，中國農業和醫藥的發明者，親嘗百草，醫治人民疾苦，世人尊稱為「藥王」；發明耒耜，教人農耕，後人尊稱「五穀王」「五穀先帝」「神農大帝」。

　　傳說神農氏像貌奇特，身材瘦削，身體除四肢和腦袋外，都是透明的，內臟清晰可見。神農氏嚐盡百草，只要藥草是有毒的，服下後他的內臟就會呈現黑色，因此甚麼藥草對於人體哪一個部位有影響就可以輕易地知道了。後來，由於神農氏服太多種毒草，積毒太深，終於身亡。

　　裴李崗文化、賈湖文化等考古，約7千至1萬年前，黃河流域中原地區已經出現農業社會，上古未有完整文字記述，古籍書刊提到神農氏的一些事情，有：

　　《易經‧繫辭》「神農氏作，斲木為耜，揉木為耒，耒耜之利，以教天下。」

　　《白虎通》「古之人皆食禽獸肉。至於神農，人民眾多，禽獸不足，至是神農因天之時，分地之利，製耒耜，教民農耕」。

　　《太平御覽》引《周書》「神農耕而作陶」。

　　《史記‧補三皇本紀》神農始嘗百草始有醫藥。

　　《世本》「神農和藥濟人」。

　　《淮南子》「嘗百草之滋味，水泉之甘苦…一日而遇七十毒」。

　　神農氏發明耕種方法，他命百姓把穀種收集，然後播在開墾過的田土上，以後百姓便照這方法耕植五穀了，神農氏之稱一源為此。

　　一、神農氏首創木製的耒耜，被認為是農業發明之始。

　　二、神農氏為辨別各類草藥，親自嘗試，最後試到一種含有劇毒的草藥，
　　　　無法可解，犧牲了自己生命。

　　三、神農氏有一條神鞭，名為赭鞭，用來鞭打各類花草，可令到花草的藥、
　　　　毒、寒、熱等特性顯露出來。劇毒的草藥傳說是斷腸草。

　　四、神農氏發明陶器，陶器是與農耕同時出現的，譽為繼火後的一大創舉。

　　相傳神農氏有五處故居：

　　一、相傳神農氏出生於烈山，有人在湖北距隨州北四十公里的厲山鎮列山

神農洞修建了「神農故居」，設有神農洞二處（一為穀物藥材貯藏，一
為居住），並有神農亭、神農塔、神農廟、山南建神農茶室、神農花卉、
九龍亭及山北神農母安登浴池，百草園等十數處。

　　距離隨州市區五十五公里處的烈山上，洞中原有石桌、石凳、石碗、
石榻等，傳說是神農氏所用器物。烈山還有神農井、神農宅、神農觀、
炎帝廟等古建築。湖北西部山區，有稱「神農架」，緣於神農氏曾到此
地搭架採藥之傳說。厲山鎮北有「炎帝神農氏」碑一座，保存至今。
陝西寶雞有炎帝廟，湖南有炎帝陵。

二、日本人也信奉神農，尤其藥商、醫師、攤販，在東京的湯島聖堂有神
農節。

神農氏王朝 （傳 8 君 歷 520 年）

　　神農氏炎帝第 1 代姜軌（石年）登基，在位 140 年（-3277~-3138），癸卯
崩，壽高 168 歲。

　　神農氏王朝（傳八君主歷 520 年）其中公元前-2817 至前-2752 年中間，有
61 年是八世節莖、九世克，不在帝位之年數。神農氏計 10 世，合計 632 年，
帝王八代在位 520 年。其中第 1、8、9 三世不在位 113 年之故（3329–2698）
+1=632

世代	帝王			在位年數	起訖		通鑑輯覽順序
	王朝	帝號	姓名		干支	紀元前	
1	神農氏	炎帝	姜軌(石年)	140	甲申-癸卯	3277-3138	神農氏
2	神農氏	炎帝	姜臨魁	80	甲辰-癸亥	3137-3058	帝臨魁
3	神農氏	炎帝	姜承	60	甲子-癸亥	3057-2998	帝承
4	神農氏	炎帝	姜明	49	甲子-壬子	2997-2949	帝明
5	神農氏	炎帝	姜直	45	癸丑-丁酉	2948-2904	帝宜
6	神農氏	炎帝	姜釐	48	戊戌-乙酉	2903-2856	帝來
7	神農氏	炎帝	姜哀	43	丙戌-戊辰	2855-2813	帝裏
8	神農氏	炎帝	姜檢罔	55	己巳-癸亥	2752-2698	帝榆罔
	合計			520			8 位君主
			8 位君王				

　　追溯黃帝紀元前人類為游牧生存，是為包伏犧氏全系。包犧之世，耕稼未
興，生民群聚而居，游獵漁牧不足以供食，群相爭食，因有酋長誕生，帝皇之
業，乃由斯而漸舉，此即包犧之所以得名。包犧古書曰伏犧，蓋取其德伏物，
教人取牲畜供庖廚。包犧在位，庶政初興，教民佃漁畜牧，生而謀食充飢。包
犧德政：

一、養民：原民臥則呿呿，起則吁吁，飢則求食，飽則棄餘，茹毛飲血，
　　衣蔽樹葉毛皮，教以畜牲漁獵庖廚，網罟漁牧，民食漸次形成。

二、序民：民初憧憧終日，不知歲序，包犧立周天歷度，剙為日月列星分

度之法，由是「甲歷」之作。日主畫，月主夜，日月相逐，積365畫夜而為「歲」，因而知時序，立年歲，民事肇現端倪。

三、理民：群居首領自生，包犧始名官，有六佐，庶政賴之以理，或曰龍紀官，實為太昊。包犧治規，業謀興刱，紀官以龍，非無可議，惟包犧當日，有分職之可徵，民治始漸臻發展。

四、牖民：包犧仰觀天象，俯察法於地，中視萬物之宜，始啓楔形符號以紀事物，即世儒所謂「始作八卦，因而重之，而爻象以備。」一以象天，一以象地，一「--」相錯而象天地以內應有之事物。簡略易記，於是民智漸萌。

五、育民：民初知母而不知有父，知愛而不知禮，男女配偶出於掠奪，包犧始興嫁娶，以儷皮為禮，溷以成婚。

和民：民初糾葛無道德制裁，性情乖暴，包犧斷桐象琴，綑桑象瑟，繩絲為絃，鼓樂調民氣，制繭絲織遮體，石作斧皿，斷木成器，民性始漸和鳴。

神農氏王朝 （10個世代合計632年八君在位520年）

勖其	石年世代	代	祖　名	帝　　王			在　　位			紀　要
				王朝	帝號	姓　名	年	干支	紀元前	
1	一	0	開派始祖少典	伏羲氏第16君無懷氏之諸侯	炎帝	少典始於烈山曰烈山氏又名厲山氏		壬辰	-3329 出生（不在帝位）	少典生於公元前-3329年，卒殁無考．長子石年，次子勖其，
2	二	1	少典次子勖其	神農氏	炎帝	少典長子姜軌（石年）	140	甲申-癸卯	-3305 出生-3277~-3138	神農氏炎帝第一代丙辰（-3305）生，29歲甲申（-3277）登基元年，至癸卯（-3138）崩，在位140年壽168歲，
3	三	2	勖其之子炎居	神農氏	炎帝	石年長子姜臨魁	80	甲辰-癸亥	-3137~-3058	神農氏炎帝第二代甲辰（-3137）繼位，至癸亥（-3058）崩在位80年，生年無考．
4	四	3	炎居之子節並	神農氏	炎帝	七叔之子姜承（慶甲）子姜明年幼	60	甲子-癸亥	-3057~-2998	神農氏炎帝第三代甲子（-3057）繼位，至癸亥（-2998）在位60年，生殁無考．
		4		神農氏	炎帝	臨魁之子姜明	49	甲子-壬子	-2997~-2949	神農氏炎帝第四代甲子（-2997）登基元年至壬子（-2949）在位49年，出生無

邸其世	石年世代	祖 名	帝 王 王朝	帝號	姓 名	在 位 年	干 支	紀元前	紀 要
									考.
5	五 5	節並之子戲器	神農氏	炎帝	明之子姜直（帝宜）	45	癸丑-丁酉	-2948~-2904	神農氏炎帝第五代癸丑（-2948）繼位至丁酉（-2904）在位45年崩生出無考.
6	六 6	戲器之子祝庸	神農氏	炎帝	直之子姜釐（帝來）	48	戊戌-乙酉	-2903~-2856	神農氏炎帝第六代戊戌（-2903）繼位，至乙酉（-2856）在位48年崩生出無考.
7	七 7	祝庸之子共工	神農氏	炎帝	釐之子姜哀（帝裏）（又曰帝裏）	43	丙戌-戊辰	-2855~-2813	神農氏炎帝第七代丙戌（-2855）繼位元年至戊辰（-2813）在位43年崩，出生無
8	八	共工次子勾龍			節莖		戊辰-己巳	-2813~-2752（不在帝位）	哀帝之子節莖，不在帝位，生卒無考.
9	九	勾龍長子噎鳴			克			（不在帝位）	節莖長子克，生卒無考,
10	十 8	邸其九世孫啟昆	神農氏	炎帝	克之子姜榆罔（參盧）	55	己巳-癸亥	-2752~-2698	神農氏炎帝第八代榆罔己巳（-2752）登基元年至癸亥（-2698）在位55年崩，出生無考.
11		啟昆之子黃帝							
合 計			8位君主（朝代） 10個世系			520	壬辰至癸亥		合計632年(632減在位520年尚餘113年乃1、8、9世三代不在帝位年數.平均每個世代37年.

炎　帝

炎帝（石年），又稱赤帝，少典長子，號烈山氏、又名厲山氏、三曰神農氏。公元前-3305 年丙辰五月廿五日生，癸卯公元前-3138 年歿，享壽 168 歲。育於姜水故以姜為姓，名軌，又名百年。湖南株洲市茶陵縣露嶺封地，今茶陵潞水鎮。在位 140 年。

「炎黃子孫」者，指炎帝和黃帝，常以炎黃代表中華民族先祖。

古時相傳華山，太陽神神龍轉世臨凡，有熊氏部落首領「少典」妻室「女登」，如花似玉，賢淑善良，才能出眾，入睡作夢，天上太陽神神龍附體懷孕，二十個月後，炎帝生於山石室石床，頭上長兩隻小角，出生三天即能開口叫「媽媽」講話，五天能走路，三年知稼穡事，罕世奇才。

水經、潙水注載，潙水西經歷鄉，「水南有重山，即烈山也。山下有一穴，父老傳云，是神農誕生處，故禮謂之烈山氏。子書所謂神農既誕，九井自穿，謂斯水也。」據云，這「九井」，就是神農氏「洗三朝」之處。河邊一塊草地突然變成九口水井，傳云：「是有九條潛龍從此地破口入海」。

嬰兒在石床上誕生，母用石盆、石鉢、石缸做湯餅宴（湯餅酒），為新生兒洗三朝，見江畔石崖，不怕火燒，不畏雨打，不懼蟲蛇叮咬，長年累月堅固、頑強、昂首挺立，洗三朝替嬰兒取名「石年」，亦即今稱之「炎帝」。

太陽神轉世，炎帝誕生，哭嚷動天，驚動九天玄女，賜號「石年」，並命仙鹿帶靈芝哺乳，神鷹攜琉璃獅犬保安，下凡相助。屆週歲日回天宮時，贈石年「赭鞭」、「獅犬」建功立德，後人將此山取名「靄仙山」，建「二仙庵」。

炎帝開創農耕，始作耒耜，普嘗百草，研究醫藥；治麻為布，制作衣裳，日中為市，互通有無，削桐為琴，結絲為弦，作五弦琴，木為孤，剡木為矢，弧矢之利，儀威天下。

史記作奔水氏神仙通鑑作赤水氏曰聽詙（山海經作聽詙）。

炎帝為救世人，遍嘗百草，一日見一牧童口沾血跡，手握黃花藤狀草，倒地淹淹一息，炎帝見狀，隨即捋捻牧童同樣黃花藤狀草入口嚼嘗吞服，頃時腹部絞痛，頭冒冷汗，渾身顫抖抽搐，痛不可支。炎帝回想白鹿仙母曾對他說：「青藤爬牆，葉綠花黃，人吃腸斷，牛吃解涼」，是一種毒藥，名「斷腸草」，告誡子孫千萬不能吃，急救無效，隨即瞑目遽逝，崩於湖南長沙之茶鄉，安葬湖南炎陵縣康樂鄉白鹿原，今之炎陵縣塘田鄉鹿原陂。史記云：炎帝葬於茶山之野，茶山即景陽山，在湖南茶陵州（古代為州），東接江西永新縣界（炎黃源流史註石年為第一代神農氏），炎陵縣，世稱「神州第一陵」。古時茶陵與炎陵縣是一個縣，宋嘉定四年公元 1211 年，始分設　縣，民間自古有「炎陵故地」之稱。

炎帝舉喪，胡真官、彬耒等重臣選出 36 名武士抬柩，72 名孝女哭喪，在他的封地露嶺安葬。此山叫「天子山」，墓穴叫「天子坑」。縣志載：茶陵睦鄉有潞水溪，相傳炎帝先卜葬于此，弗吉，乃歸葬白鹿原，炎帝遽逝，石龍護靈。

奔水氏生五子一女：

一、臨魁：在位 80 年崩，子一帝承，在位 60 年崩；子一帝明，在位 49 年崩；子一帝宜，在位 45 年崩，子一姜釐，在位 48 年崩，子一姜哀，在位

43 年崩，子一節莖，子二克、戲；克子一，參盧（即帝榆罔），居於空桑，今河南開封府，其臣蚩尤作亂，遂居涿鹿，在位 55 年，諸侯尊軒轅為天子，降封帝於露。戲子一器子一祝融，為黃帝司徒子一術囂子一句龍，官顓頊土正子一垂，官帝堯共工，子二伯夷修。伯夷官帝堯秩宗，佐禹平水土有功，封於呂，子一萬，周文王師姜尚是其裔。修好遠遊後祀為祖神。

二、萺居伊水，子一伯陵，子三鼓延殳，始為侯（見山海經）

三、權：守宛丘，子一靈契，子一互人。

四、不浩：居陳倉。

五、耑：居築水。女娃溺死東海（見博物志山海經神仙通鑑）尊盧氏生三子列強。

六、卬：居耆田，榆罔時諸侯，蚩尤是其裔（見神先通鑑）；

七、柱：有聖德，佐父播種殖百疏，區百穀，封居谷城，在平陽口州，子一慶甲，顓頊火正薦是其裔，炎黃源流史七八頁柱為第二代神氏生。

八、起我，居萬陽山。

炎帝、黃帝，同為中華民族始祖，晉人皇甫謐（音密）「帝王世紀」，宋人羅泌「路史」，都記載炎帝陵在湖南茶陵，從宋太祖起，歷代帝王遇有大典，都派員遣官員前來祭祀，明清兩代共 58 次，有專用的「炎陵御祭道」。炎黃子孫遍佈全球，湖南炎陵與陝西黃陵同為後人景仰重視。1940 年及 1988 年，陵園相繼修葺，1993 年 8 月，湖南各界首界公祭炎陵，炎帝陵名聲遠播，古建築、炎山十景、獅子溶洞、和炎山水庫，風景秀麗，由炎陵縣東上井岡山，極為方便。

一、神農氏炎帝，傳 10 世 8 代，立國 520 年（黃紀前 497 至 23 年，公元前-3277 至-2698 年），建都初都陳（河南淮陽）後遷曲阜（山東曲阜）。種族漢，姓氏姜，亡於族親裔孫內鬥。

二、彊域：西王三危，古人說：三危即瓜州，即今甘肅敦煌縣，或云渭源縣，或云天水縣；或云雲南省，或云西藏。東至暘谷（即嵎夷今朝鮮之地）。北至幽都今河北宛平縣西南。南至交趾，為五嶺，讀史方輿紀要說：「五嶺者，謂入嶺之途五路也」。

三、炎族之裔

1. 姜戎：西戎別種，姜姓之戎，居晉之南鄙。

2. 撣人：撣（侍彥切音擅）族，蒙古利亞人種之一。

3. 寮人：老撾族，舊稱「南掌」，介於安南暹羅之間，1949 年獨立稱寮國。

4. 泰人：暹羅族，相傳古分「暹」與「羅斛」二國，又稱白象國，信奉佛教。隋唐時稱赤土國，元代入貢我國，清盛時為我國藩屬，暹羅後來獨立稱安南，嗣於 1932 年改為君主立憲制獨立王國稱越南。

炎、黃時期，炎帝和黃帝皆神農氏之後，兩部落聯合形成華夏族。炎帝敗於黃帝，黃帝為共主，炎帝部落一部分遷離黃河流域。蚩尤亦神農氏之後，蚩尤部落在黃河流域戰敗後，一部分融入黃帝部落，一部分南遷，後又西遷鄂、湘、貴間現今苗民，亦屬蚩尤之後，先祖務農，故而得名。蚩尤為神農氏後裔，因戰敗居於偏遠山區，日久文化落後，成化外之民。

黃　帝

黃帝

顓頊帝

帝嚳

帝堯真像

帝舜

黃帝手植龍柏
（陝西黃陵縣橋山黃帝陵內）

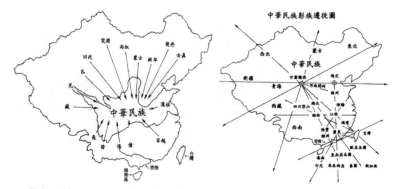

　　黃帝（前-2728～-2598），姓公孫（亦姓姬）。名軒轅，有熊國君，其先出自少興，母曰附寶，至祁野，見大電繞北斗樞星，感而懷孕，24 個月生帝於壽丘，日角龍顏，有景雲之瑞，故史稱〔生而神靈〕。其初都於涿鹿，（今察哈爾省涿鹿縣），當時帝榆罔不能治天下，人民塗炭，黃帝乃脩德振兵，戰榆罔於阪泉。誅蚩尤於涿鹿，而後天下安，諸侯擁立為天子，都於有熊（今河南省新鄭縣）披山通道，未嘗寧居，東至海，登丸山及岱宗（泰山），西至空同（甘肅省平涼縣西）登雞頭，南至江，登熊湘（湖南益陽縣），北逐葷粥（匈奴）合符釜山，遂建立中華萬世之基業。黃帝以前，氏族混雜，源流未辨，祖制 12 姓（姬、西、祁、己、滕、箴、任、荀、僖、佶、儇、依），帝 25 子，立 25 宗，今之諸姓氏，俱由此十二母姓演變而來，乃鑄成今日之中華民族，故稱黃帝子孫。黃帝軒轅氏，少典之子，神農氏有熊氏，有熊國君姬軒登基，在位 100 年（甲子至癸卯，公元前-2697～-2598）崩於荊山之陽，葬橋山。傳十世 1520 年，或曰傳 13 世 1072年，或云傳 18 代。有子 25、女 1，得姓者 14 人。祁己滕葳任荀嬉姑嬛依二姬二酉（玄孫帝魁）。

　　黃帝治天下法乎中庸，重道義，紀人倫，萬物，講信，篤仁，法令昭明，上下交融，功濟人生，澤被後世，為天下景仰。

　　相傳黃帝與神農氏後裔炎帝大戰獲勝，又打敗蚩尤，成為部落的共主。定都有熊，致力各部落的繁榮與發展。

　　一、選賢任能，設官司職，治理天下，劃野分州，計田設井，教民因時播種五谷蔬菜，馴養畜禽。

　　二、命大撓制定天干地支，用來計算年月日，從此中國有了年月日的計算，稱之為『黃帝歷』或「黃曆」，後有詩曰：「炎國喪寶，黃曆開睿」。

　　三、命容成製作蓋天（渾天儀之類）觀察天象。使羲和佔日，常儀佔月，臾區占星宿，命隸首作算數，制定度量衡之制，用來計量物之輕重，長短多寡，命倉頡製作象形文字。

　　四、命寧封為陶正，製作釜甑碗碟，進一步完備人們的飲食器物。

　　五、命赤將為木正，共鼓、化弧剡木為舟，刳木為楫，邑夷作大輅，揮作

弓，夷牟作矢，雍父作杵、臼，命伶倫定律呂，十二個音階，制成各種樂器。

六、命榮猨鑄十二鐘，以和五音。

七、命元妃嫘祖教民養蠶制絲，供作衣料，伯余製作衣裳和鞋子。黃帝作冕垂旒充纊，定玄衣黃裳衣服之制。建軍築宮室，與岐伯、雷公探討醫藥之學。

八、命俞跗、岐伯、雷公察明堂，究息脈；巫彭、桐君處方餌，防治疾病，尊為中華民族的祖先。

九、製訂紀年甲子時辰：以十大天干（甲乙兩丁戊己庚辛壬癸）與十二地支（子丑寅卯辰巳午未申酉戌亥）輪流相配來紀年。配完一次地支叫做「一紀」，配完五次地支六十年，叫做「一個甲子」。

自紀元前－2697年至紀元1984年止有79個甲子。計算公式為：

（-2757＋1984）－1÷60＝79個甲子（1984減去紀元前和紀元重疊1年）今年為黃帝第1個甲子

關於黃帝出生，有好幾種說法。最通常的是：有熊國國君少典娶了有喬氏的兩個女兒作妃子，長妃叫女登，次妃叫附寶。有一天，長妃女登在華亭遊玩，忽然有一神龍來伴。女登因此懷孕，生了炎帝，取名榆罔。傳說他生下來三天能言，五天能走，七天就長全了牙齒，五歲便學會了許多種莊稼的知識。但是，因為他相貌長得很醜，"牛首人身，脾氣又暴，少典不大喜愛，就把他和女登母子倆養在姜水河畔，所以，炎帝長大後就以薑為姓，姓薑。

黃帝傳略

黃帝姓公孫名曰荼，字玄律，號自然，綱鑑補記云：名軒轅，有熊國君之子也，母曰附寶，見大電繞北斗樞星，照郊野，感附寶而懷孕二十四月，當姜帝榆罔立位25載，公元前2728年癸巳戊子之日而生帝於軒轅之丘即壽丘，在河南開封府新鄭縣，因名軒轅帝。生而神靈，弱而能言，幼而洵齊，長而敦敏，成而聰明，長於姬水，故又以姬為姓。國於有熊，號為熊氏，有土德之瑞，故曰黃帝。當炎帝榆罔侵凌諸侯，諸侯相侵伐，暴虐百姓，而蚩尤最為暴，莫能伐，於是黃帝乃習用干戈，教民忠義，修德振兵，舉「尊王」抗暴之師，戰榆罔於阪泉，誅蚩尤於涿鹿山，以征不享，諸侯咸來賓從擁立為天子，受禪神農而有天下，開物成務，文明漸起，其治政之道，法乎中宿，職道義、等貴賤、紀天倫、紋萬物，不使不仁者加乎天下，以信與仁為天下先。是故法令昭明，上下交融，物忘忿激之心，人忘爭傾之患，耕父推畔，道不拾遺，人保命而無夭折，歲時熟而無凶歉，風雨時節，日月星辰不失其行，故遠夷之國，莫不獻其貢職，盛世之治，已臻大同之境。虎豹不忘噬，鷙鳥不忘搏，鳳凰巢于阿閣，麒麟遊于囿苑，人和邦睦，海不揚波，故史不廢書。其有天下也，可取而不之圖，國雖大，好戰必亡；其赴戰也，應戰而不避戰；功濟生人，大德配乎天地，故天報之以眉壽，德澤深及後世，子孫皆以有土，黃祚衍于天下，於今未忘也。

由于黃帝是漢族的嫡祖，故漢書古人表，傳記黃帝軒轅氏列為第一等、上上、聖人。在位 100 年，都涿鹿即前直隸順天府涿州，壽高 131，至西（公）元前 2598 年癸卯甲戌日鑄銅三鼎成于荊山屬河南省閺鄉縣南之陽，遭逢大地震，山川易位，大地崩裂，帝及羣臣後宮從之者七十餘人，走避不及，墜落罅隙而崩，應地裂而陟葬，地罅復合，遺骸不可尋。帝崩後七十日癸未，其臣左徹等，取帝日常習用之衣冠几杖葬橋山。廟饗，率諸侯大夫時朝拜。本源錄云：在陝西延安府中部縣北門外二里有軒轅黃帝廟，廟後即黃帝陵寢，據炎黃源流史五二一頁記述：橋山黃帝陵位于今陝西黃陵縣，正是華胥氏所在地華池之東。帝出 25 子，立 25 宗，乃鑄成今日之中華民族，故稱黃帝子孫。

恭錄中華彭氏源流通譜湖湘彭伯良撰著

堯

前-2374～-2257
傳說出生於「三阿之南」

堯（拼音：yáo），祁姓，陶唐氏，名放勳，先封於陶，後遷徙到唐（今臨汾和襄汾），五帝之一，道教中為天官大帝，誕日為上元節。

堯帝為帝嚳次子，初封於陶，又封於唐，故有天下之號為陶唐氏。其號曰[堯]，史稱為唐堯。在位百年，有德政，常徵求四岳的意見，而且設立謗木，讓平民可以發表意見，設立多項政權組織，要求荐舉賢人，加以任用，後讓位於舜。

史記"卷一"五帝本紀：帝堯者，放勳。其仁如天，其知如神。傳說堯帝發明圍棋。

堯帝名放勳，因帝嚳四子荒滛不孚民望，諸部酋長廢帝摯，另推唐部落酋長伊祁放勳為元首，尊稱唐堯帝（-2357 至-2258），在位 100 年，禪位舜，壽高 117 歲。堯帝名放勳，生於-2374 年，以火德王都平陽，眉有八彩，其仁如天，其智如神，生子名丹，二女，長曰娥皇，次曰女英，皆舜妻所生。

《史記‧五帝本紀》記載：帝嚳有兩個兒子 —— 摯和放勳；帝嚳死後，以

其年齡最大的兒子摯繼承帝位，為帝摯。堯好學而能幹，13歲時就受命輔佐帝摯。帝摯才幹平庸，未能妥善管理國家。而堯仁慈愛民，明於察人，治理有方，盛德聞名天下。於是各部族首領紛紛背離帝摯，而歸附於堯。帝摯也自覺不如堯之聖明，終於在繼位九年以後，將帝位禪讓於堯。

相傳堯繼帝位時21歲（一說16歲），以唐縣（今河北唐縣）為都城，以火德為帝，人稱赤帝。他性格仁慈，十分聰明，年輕有為，當上天下共主，也不因而驕橫傲慢。他勤於政事，未敢休息。禮儀簡單，生活儉樸，絕不浪費百姓的一分一毫。例如他只吃用陶簋盛的粗飯淡湯，只求能飽。

堯為了管治天下，制定法度，禁止欺詐。他設置諫鼓，讓普通人都能對國事發表意見。他樹立謗木，鼓勵百姓批評自己的過失。他說：「如果有一個人挨餓，就是我餓了他；如果有一個人受凍，就是我凍了他；如果有一個人獲罪，就是我害了他。」堯無微不至地關心百姓，輕徭薄賦，因此百姓都十分擁戴他。他又大力提倡道德與和順，使天下百姓能融洽相處，使天下萬國和諧一致。

帝堯任命羲和掌管天文，制定曆法，授民農時。分派羲仲、羲叔、和仲、和叔分住四方，負責觀察日月星辰萬物生靈，以通報氣候變化，使百姓能及時下種和收穫。

帝堯年老以後，到處都出現洪水泛濫，影響百姓生活，於是問四岳誰可以治好洪水。四岳都說：「鯀可以。」帝堯說：「鯀違背教命，敗壞宗族，不行。」四岳說：「看法不同啊！讓他試試，不成功再說。」帝堯聽從了四岳的意見，讓鯀治水，鯀花了九年時間，還沒有成功。

帝堯與四岳討論繼承人問題。帝堯說：「四岳，我在位已經70年了，您幾位中間有誰能承天命、繼帝位呢？」四岳齊聲回答：「我等鄙陋無德，不能辱沒神聖的帝位。」帝堯說：「那麼，把近親貴戚和隱匿民間的大德大才的人都推薦上來吧！」大家一致推舉道：「有個民間的鰥夫，叫虞舜。」帝堯說：「噢，我聽說過。這個人究竟怎樣？」四岳說：「他是一個瞎子的兒子。父親固執，母親放肆，弟弟傲慢，他卻能以孝道使得家庭和睦，不至於出亂子。」帝堯說：「那就讓他試試吧！」於是帝堯將兩個女兒娥皇、女英嫁給舜，來觀察他的德性。舜讓二妃回媯汭（河名，今山西）家中，去侍奉公婆，盡行婦道。帝堯很滿意，又讓九個兒子跟隨舜，來觀察他處理社會事務的能力。帝堯派舜負責協調民間父義、母慈、兄友、弟恭、子孝這五種人倫關係，取得成績，連帝堯的九個兒子也受到教育，變得更加淳厚謹敬。帝堯又派舜輪流到幾個官府任職。舜都盡職盡責，制定製度，使各官府的行政走上了正規。帝堯又派舜接待四方朝見的部族酋長和使者，舜態度嚴謹和睦，處事得當，使者都很敬仰中朝。帝堯派舜到山林川澤中去，在暴風雷雨交加中，舜都沒有迷路。堯覺得，權力傳給舜，天下人會受益，卻不利於丹朱；如果將權力傳給丹朱，就會使丹朱得益，而不利於天下人。他想：「我總不能讓天下人受害而只對一個人有好處！」於是他召見舜，說：「你謀劃事情詳盡周到，言論意見都獲得了實效，試用三年了，你就登上帝位吧！」舜假意推辭道：「我的德行不夠，總覺得還不能穩妥地擔當大任。」

最後舜接受了堯的禪讓，登上共主之位。

　　也有部分古籍記載，帝堯受舜的挑唆，認為自己的兒子丹朱不行，不能將天下交給他。舜讓人在堯的面前舉薦自己，讓堯覺得舜很聖明，終於堯決定將權力交給舜。

　　另外，堯曾計劃把天下讓給許由，許由沒有接受，堯又要把天下讓給子州支父，子州支父也沒有接受。

　　堯讓位後，繼續關注國事，經常巡視天下，做了許多利國利民的事。禪位二十八年以後，堯以 118 歲（有說 116 或 117 歲）的高齡逝世，安葬於濟陰城陽（今山東鄄城縣南）。百姓們聽到堯逝世的消息，無不悲痛萬分，如喪父母。在此後的三年中，人們自動停止了各種娛樂活動，以表達對堯的哀思。三年喪期結束，舜提出讓位給丹朱，自己避居於南河以南的荒野。人們都不服丹朱的號令，還是向舜朝覲，百姓照樣謳歌舜的盛德。舜說：「這是天意啊！」於是重新回到國都，再一次共主之位。

舜

生於姚墟，冀州人（今河北、山東、山西省）

　　舜，名重華；帝顓頊的曾孫，父親瞽叟是個盲人。瞽叟的妻子握登在姚墟生下了舜，姚姓，都城在蒲阪（山西永濟）。

　　高陽氏 47 年，舜為四部落聯盟首領，受堯「禪讓」而稱帝，其國號為「有虞」。帝舜、大舜、虞帝舜、舜帝皆虞舜之帝王號，故後世以舜簡稱之。在位48 年（公元前-2255~-2208 卒）。尊稱「虞舜帝」五帝之一。

　　舜兩眼雙瞳仁，故名重華。《尚書緯，帝命驗》記「姚氏縱華感樞。」鄭玄注：「舜母感樞星之精而生舜重華。」

　　20 歲，舜之孝道，聞名於天下，深得堯的鍾愛。

　　舜是黃帝的後裔，距黃帝九世，舜當時可能是某部落的首領，名聲才會被堯所聞。堯為了聯合拉攏舜的部落，把兩個女兒娥皇、女英嫁給了舜。這可能是中國歷史上最早的聯姻。遙想當年，舜迎娶二女的時候一定百感交集，蒹葭蒼蒼，野露茫茫，一絲寒意襲上了年輕的舜的心頭：這次聯姻吉凶未卜，二女

所懷的，不知是怎樣惡毒的使命，舜部落的秘密和實力，眼看即將暴露在閨房女紅的閒庭信步之中；但是無論二女如何作為，舜又無法處治，畢竟，娥皇、女英是強大的堯的親生女兒。在聯姻的脈脈的溫情下面，隱藏著多少陰謀！對於娥皇、女英而言，她們有什麼感受呢？帝堯的長子叫做丹朱，而丹朱頑凶，娥皇、女英和另外九個庶出的兄弟，大概早已預料到了丹朱上台後自己的命運。那麼，父親密令刺探的這個叫舜的男人，能夠依恃嗎？在這個白露為霜的寒冷的早晨，婚媾張揚的大喜之日，娥皇、女英也是心緒複雜，滋味難辨。

婚後的日子應該是簡樸而幸福的。舜身材魁梧，而且非常能幹，處事公正，甚得部落百姓的愛戴。如果這樣的男人不值得愛，還有什麼人值得愛呢？就這樣，愛情這個神秘的種子，悄悄地發芽了。當舜的父母和弟弟屢次要加害舜的時候，娥皇、女英被愛情激發出了巨大的智慧，指點舜兩次逃生。先結婚後戀愛原來也是很幸福的啊。三人同心，其利斷金。趁著堯派他的九個庶出的兒子，假借探望娥皇、女英之名實為收集情報的時機，三人和九男結成了統一戰線。堯 73 歲時，傳位於丹朱，舜和九個內應發動了政變，囚禁了堯和丹朱，舜順理成章地登上了帝位。這就是「禪讓」的真相。陰謀與愛情，就這樣結合了，舜則志得意滿，江山美人盡攬。

《史記》摘記：堯在位七十載，命悉舉貴戚及疏遠隱匿者踐其位，眾皆言有矜在民間，曰虞舜。虞舜者，名曰重華，冀州之人也，帝顓頊之子曰窮蟬，自窮蟬至舜七世矣，皆微為庶人。舜年二十以孝聞，三十而帝堯問可用者，四岳咸薦虞舜。堯乃妻之二女以觀其德，堯二女不敢以貴嬌事舜親戚，甚有婦德。舜耕歷山，歷山之人皆讓畔；漁雷澤，雷澤之人皆讓居。堯善之，乃使舜慎和五典，五典能從；遍入百官，百官時序，諸侯遠方賓客皆敬。帝堯老，命舜攝行天子之政，攝政八年而堯崩。堯知子不肖，卒授舜以天下。舜行厚德，遠佞人，蠻夷率服，四海之內咸戴帝舜之功。踐帝位三十九年，南巡狩，崩於蒼梧之野，葬於江南九疑，是為零陵。

《史記》所載，舜曾在歷山耕種，讓歷山的人都相互推讓地界；在陶河濱製陶，讓河濱的陶器都不再偷工減料；在雷澤捕魚，讓雷澤的人都推讓漁界。

時堯帝年歲已大，要舜代行共主之政，舜將天下劃為並、冀、幽、營、兗、青、徐、荊、揚、豫、梁、雍十二州，以河道確定各州的邊界。

舜代行共主政務八年，帝堯逝世，舜服喪三年後，把共主之位讓給堯的兒子丹朱，但天下人心不服。舜知道是天意所歸，於是正式登上共主的位置。

他劈開山嶺，引導洪水流入大海，確定九州的劃分，南邊的交趾，西邊的戎、析支、渠廋、氐、羌，北邊的山戎、北發、息慎、東邊的長夷、鳥夷，都受到安撫，天下人全都感戴帝舜的功德。

帝舜以堯的兩個女兒娥皇和女英為帝妃，娥皇無子，女英生子商均，庶子八人。帝舜的弟弟和兒子商均都不成器，於是向上天薦告以禹繼承帝位，實行禪讓。

17 年後，帝舜在蒼梧的南巡途中逝世，安葬於蒼梧山（今湖南寧遠縣境的九嶷山，錢穆先生認為在湖北北部的漢水流域）南側，終年 101 歲。

舜年老時，認為自己的兒子商均不肖，確定威望最高的禹為繼任者，並由
禹來攝行政事。故舜與堯一樣，都是禪位讓賢的聖王。

禹

生於石紐鄉（四川汶川縣石紐山）

　　禹，姓姒，字高密，名禹，又名文命，鯀之子。後世尊稱禹王，黃帝軒轅
氏玄孫。以黃帝軒轅氏到禹，共八世。禹父親鯀，鯀的五世祖叫顓頊，顓頊的
父親叫昌意，昌意是嫘祖為黃帝所生的次子。禹父鯀被封在汶山石紐地區（今
四川省北川縣），母親有莘氏之女，名叫女志，也叫女嬉。禹幼年隨父東遷到中
原，帝堯封鯀於崇（即中嶽嵩山），被封為夏伯，史稱伯禹、夏禹。

　　帝堯時，中原洪水氾濫，水患災禍頻仍，帝堯命鯀治水，鯀用障水法，築
河堤，水越淹越高，歷時九年，未平洪禍，改命鯀之子禹繼任治水。禹長於西
羌，明導山決川之法，以疏導為主，通九河，把平地積水導入江河，再引入海
洋，餐風露宿，過家門而不入，歷經 13 年終於成功消除水患。舜命禹為司空，
賜姓曰姒，封為夏伯。治水有功，受舜禪讓繼帝位。舜帝在位 33 年時，把天子
位禪讓給禹。17 年以後，舜在南巡中逝世。

　　高辛氏 16 年，姒文命繼位，紀元前-205 年建立夏王朝，以安邑（今山西
夏縣）為都城，國號夏。稱為禹帝，建碑《大禹陵》。禹將全國劃分為九州：冀
州（河北平原與山西高原）、兗州（黃河與濟水之間）、青州（山東半島）、徐州
（河淮平原）、豫州（中原）、雍州（關中與隴西）、梁州（秦嶺以南與四川盆地）、
揚州（長江下游）、荊州（長江中游）作樂曰「大夏樂」，改定曆日稱為夏曆，

以建寅之月為正月，頒歷曰「夏時」（以建寅月為歲首，當年有 12 個月。自漢至清，皆用此曆）。以金德王，人統寅正，制貢法，疏九河，收取天下銅，鑄成九鼎，作為天下共主的象徵。置百官，立貢法，制刑典，協和萬邦，將多元之中國，建為一多民族統一之國。

《說苑》記載大禹「卑小宮室，損薄飲食，土階三等，衣裳細布。」

夏禹不傳賢而傳其子啓，家天下由此而生，啓賢德無能，乃伐有扈。

紀元前-2198 年，禹卒。葬會稽山陰（河南伊川），建「大禹陵」。在位 8 年（-2205~-2198），壽 106 歲，子姒啓繼位。

【大禹陵】占地五公頃，內有禹陵、禹廟、禹祠、禹井亭、窆石亭、岣嶁碑亭、菲飲泉亭、咸若亭、碑廊亭廓。依山傍水，氣勢恢宏，景色秀麗，為千古名勝。

禹五世孫「少康」即位，派庶子無余至會稽守禹塚，并定居紹興。現禹陵附近姒姓住戶，乃係禹之後裔，迄今已傳至 144 世餘代。

「墨子。節葬下」『禹東教平九夷，道死，葬會稽之山。』、「史記。夏本紀」『或言禹會諸侯江南，計功而崩，因葬焉，合日會稽。』、「漢書。地理誌」『會稽郡山陰縣，會稽山之南，上有禹塚、禹井』今紹興市東南會稽山麓即禹葬地。

彭　祖

彭祖列像

列仙傳彭祖像　　徐州彭祖園　　仙佛奇蹤彭祖像
　　　　　　　　彭祖像

徐州彭祖祠彭祖像　　清代彭祖像

神仙圖彭祖像

古史書彭祖像

古聖傳集彭祖像

彭祖觀井像

神仙傳彭祖像

彭祖，名籛鏗，顓頊的玄孫，父親陸終是吳回的長子，母親是鬼方首領之妹女嬇，因擅長烹飪野雞湯，受帝堯的賞識，受封於大彭，是為大彭氏國（今江蘇徐州），又稱彭鏗，傳說中是彭姓的祖先。自堯帝起，歷夏、商朝，商代時為守藏史，官拜賢大夫，周代時擔任柱下史；娶妻四十九，生子五十四。傳說活了八百年，是一位長壽之神。《神仙傳》（晉葛洪撰寫）形容他：「殷末已七百六十七歲，而不衰老。少好恬靜，不恤世務，不營名譽，不飾車服，唯以養生活身為事。」他的養生之道被後人整理成為《彭祖養性經》、《彭祖攝生養性論》傳世。

彭祖生於山西臨汾癸亥（-2338）農曆十一月初一日子時，西周昭王三年辛卯公元前-1050 年夏六月初三日仙逝，壽高 1,289 歲（公元前-2338 減 -1050）（待考）。

彭祖父陸終氏，為唐陶氏帝堯之將領，山西臨汾郡衛戍伯侯，娶鬼方氏部落領袖胞妹女嬇氏為妻，父病去世，妻懷胎三年未分娩，經通士法醫剖左肋脅產六子，三子彭祖（籛鏗），三歲喪母，遭犬戎之亂，流離西域，鬼方氏得悉其妹棄世，即起雄師破臨汾城擄走年六歲彭祖，往由陝西境部落撫養，母舅鬼方氏，教以武功，旋拜尹壽道長為師，悟得〔導引術〕尹壽歸真，返回中原，途遇仙人道長收為徒弟，十年習得「氣功養生術」「調鼎術」。

堯帝病時，彭祖以「雉羹湯」侍奉，導引術練身，堯帝迅速病癒。彭祖時年 49 歲『（2338-2290）+1=49』堯帝喻鎮守銅山北隅一墟鼓邑（今徐州），彭祖寓教於民，築「遠古城廓」國泰民安，堯帝御賜以國為姓「大彭國」封武安君，彭祖時年 54 歲『（2338-2258）+1=54』彭祖受封彭城伯，彭祖時年 84 歲『（2338-2255）+1=84』。

彭祖為守藏史，賢臣，好觀覽古籍，以禮教大夫，以官教士，以技教庶，時年 767 歲而不衰。彭祖為商賢大夫時，年 807 歲『（2338-1532）+1=807』，任職至 814 歲『（2338-1525）+1=814』。彭祖 832 歲時『（2338-1507）+1=832』得知帝祖乙下令嚴禁彭祖傳授養生術道，違者誅死，為免其禍，乃去，但不知去向。後聞有人於西域流沙國（今新疆張掖府延縣）見之，彭祖時年 965 歲『（2338-1374）+1=965』。彭祖先後遊離西域二次，計百餘次，取青海回蜀時年『（2338-1325）+1=1014』。彭祖為殷賢大夫時年 1015 歲，相傳，薦使彭祖入朝，武丁以安車厚幣召彭祖於雲山中，好述古事，嘗述修古先王之道，篤信好學，惟咨以先聖賢之事，稱疾閒居，殷欲得彭祖養延壽之術不可得而失望，意欲害之，彭祖不得已不辭而別。「大彭國」破，彭祖時 1057 歲，為避災亂，遊走四方，湖南長沙東鄉原名隱居山（現望城名珠山），發現有彭祖石，相傳彭祖曾隱

居於此，所留古蹟，本源錄云：彭祖偕同第 53、54 子彭武、彭夷隱居福建閩山，修築武夷山道，時年 1，119 歲『（2338-1220）+1=1119』。西周武王姬發元年己卯公元前-1122 年封彭祖柱下史，時年 1217 歲『（2338-1122）+1=1217』。西周王三年辛卯公元前-1050 年夏六月初三日，彭祖病卒於家四川武陽山彭山縣，身畔有黃金一笏，眾社兒為殮，葬於四川眉州舊名象耳山西山下今日彭山。舉柩日，天忽然飛降冰雹，堆積難行，安葬畢，60 人皆凍死，皆立 60 冢於彭祖墓旁，號曰社兒墩，若有耕鋤於旁，犯墓鏟草木，則風雨大作，彭祖崇壽 1289 歲『（2338-1050）+1=1289』。

中國中央電視台（中文國際）2013.9.19.10:00~11:00，解說彭祖壽年，實際有 146 歲，說古代把 60 天算作一年。又有云彭祖至商大戊王時逝世，年壽 802 歲。

彭祖歷經陶唐堯、虞舜、夏、商、殷、周六個朝代，先秦祖視之為大賢，漢視之為碩仙，史有籍，世有跡，譜牒源流有序，永垂景行。

註：彭祖年齡，傳說紛紜，壽考不一，民間多以八百長春相傳，書考亦云 1289，依據醫學常理，似都屬神話，勉勵人求生有術，長生不老。

彭祖 49 妻 54 子，分別 28 姓，較普通可見者有彭祖、彭、籛、錢、豕韋、禿、名、諸暨、防、風、既……等。長生不老，人們謹仰尊稱其為【彭祖】。

彭祖史考

中華民族始祖黃帝傳昌意、昌意傳顓頊、顓頊傳大稱、大稱傳卷章，卷章傳吳回，吳回傳陸終，陸終孿生六子：長子樊封爵「昆吾」夏諸侯、蘇姓始祖。次子惠連封爵「參胡」夏諸侯，黃始姓祖。三子彭祖籛鏗爵武安君「大彭國」，彭姓始祖。四子求言封於「鄔古」鄶邑，鄔姓始祖。五子晏安封爵「邾國」鄒縣，朱姓始粗祖。六子季連食采於魯，連姓始祖。

話說陸終堯帝時代領衛山西臨汾郡衛戍伯侯。一生精忠報國，先後跟盤據山西北疆鬼方氏交鋒三年之久，鬼方氏是遠古兇猛民族，屢次侵犯中原，為息雙方戰亂，故兩族聯婚。陸終迎娶鬼方氏領袖之妹。女嬇氏為妻，終成姻緣，由於雙方結親關係，雙方往來頻洽，戰火停息愈六年之久。

女嬇氏已經懷孕三年，仍無產子之象，而女嬇氏痛苦日加一日，家常瑣事，全擔在陸終身上，在公務家務煞費苦心陸終公負疾而終。憐憫女嬇氏孕而未產，加上丈夫早喪，立志請母家巫師到中原剖肋。右肋取出三子左肋取出三子。是年帝堯時代癸亥（公元前 2338）年十一月初一日。女嬇剖肋後元氣大傷，又少人照顧，孩兒三歲時永別人間。

鬼方氏聞悉其妹棄世，即起雄師擊破臨汾，據走六歲彭祖住鬼方氏領域，忝在母舅與外甥關係，彭祖在其地居住數十年。幸遇尹壽道長，遂拜為師，承道長悉心指導禪定法門實習，彭祖天資穎慧，苦修練習，悟得竅門，法門師教

導，成果靠苦修，遂開創運氣引導功，流傳於道教，兼得歷代道教參照後，棄瑕錄用，增益求全，充加智慧，終成道教引導功宏揚於世矣。

不久鬼方氏棄世，彭祖立志回返中原，孤單起程。跋山涉水。登峰越嶺，步行數月，安達江蘇銅山邑（即徐州》安歇於雲龍山嶺，承尹壽道長秘訣採藥煉丹救治民疾。研究人類養生法，講究食品調味法門，終成調鼎術貢獻給人類享食。帝堯登基第 61 年。洪流氾濫連年不退，帝堯為解民困，親躬帶領治水長官、四野巡祝搶救，兼之古代食糧粗拙，造成營養不良，時年八十五年臥病於大彭山調養，彭祖時年 49 歲聞悉親躬展示調鼎術，煮「雉羹湯」御前獻湯，指導帝堯引導術暨服食彭祖每天應食藥料桂芝精、雲母粉、麋角散天天進補劑。

帝堯御體迅速復健如常。斯時銅山北隅有一墟名豈鼓邑，出品各種鼓類供應朝廷所需屢遭游勇流寇擄掠，致使鼓類被破壞繁多，遂命彭祖往鎮守，彭祖抵邑後，教練民勇健身強體，練成一支護邑隊伍。適逢流勇再次攘搖，被彭祖屬下保護隊擊退討盡；彭祖並發動居民協力劈木豎柱，起楹縛柵，建成一座遠古城郭，從此城泰民安。彭祖向帝堯覆命，受帝堯命名「大彭國」，封武安君，武者獎勵彭祖懂得用兵，安者建城安民，君者封號也。彭祖壽八百，娶 49 妻，傳 54 子。古今第一人。門徒青烏公為堪輿祖師。

彭祖年晉耄耋榮壽，屢思造福人倫，思量男女歡合；適可致益，違則而害，窮年累月，終能融會貫通，將「以人撩人」為圭皋。完成「房中術」秘訣問世。

大彭氏國成立，人民生活改善，進步強盛，於當時諸氏國中最先進。適夏朝啟帝執政時期，內廷諸王子爭權奪利，社稷朝綱混亂，夏啟十一年啟帝不得不將武觀王子遂放河南安陽郡，武觀日夜苦練武士，廣積稻糧。夏啟十五年武觀宣告叛亂，嚴重震動夏王朝的統治，啟帝遂命大彭氏國率領大軍征討，武觀部落不敵，無條件歸順夏朝。迨至商代外壬元年山束滕州邳人叛亂，商王遂命大彭氏國靖平之。河亶甲三年姺人發動叛亂，大彭氏國再度受命打敗姺人歸順商朝。大彭氏國日益強盛，殷王妒忌，況且功高震主。殷朝武丁 43 年，殷王聯合各氏國攻打大彭國，寡不敵眾，大彭氏國城破，遺名神州。彭祖在城破後期：隻身抵達流沙西域（新疆沙漠區）後被門人所見，年登 965 歲。近千歲取道青海入四川眉州武陽歸隱。壽享 1,289 歲，農曆六月初三日禪坐一連九天，于十二日禪定化真于武陽。四川感念彭祖功績，將武陽縣改為彭山縣。

彭祖師真後，愛徒青烏公、黑穴么、秀眉公、白兔公子、離婁公、太足公、高丘子，不肯來等，八位愛徒都活幾百歲，彙集彭祖一生學說編成一部「彭祖經」傳世，魏晉時期「彭祖經」流行道教傳佈民間，漢朝張道陵，晉朝葛洪等人均有緣讀過「彭祖經」，據說唐失落，惟彭祖學說尚流傳神州大地，「彭祖經」酷似孔子愛徒將孔子一生學說編成「論語集注」並駕齊驅也。彭祖經深究長壽，論語集注竊比於我老彭。彭祖世代各說不一，茲分列如下：

彭祖世代	少典 11	12	13	14	15	16	17	18	19
	黃帝 1	2	3	4	5	6	7	8	9
大戴禮記	黃帝	昌意	顓頊	老童	吳回	陸終	彭祖		
史記楚世家	黃帝	昌意	顓頊	稱	卷章	吳回	陸終	彭祖	
籛治冰	黃帝	昌意	乾荒	顓頊	稱	卷章	吳回	陸終	彭祖

注：十三世昌意長子韓流，神仙通鑑云：毋昌僕善執婦道，生長子乾荒於濮之上流，乃
曰韓流。

彭祖養生術

　　彭祖說：養生之道，「淮泗間有白石先生，其道以陰陽合和，性命交修為主；
金精玉液，還丹之藥為上品；常煮白石為糧，亦不絕酒脯谷食，因而人稱白石
先生」。日行百里，東游謁見，其貌似四十有零。叩拜為師，學盡真空妙有清玄
微之術，僻居雲母山。問先生何不服升舉之藥，而長久忙碌於塵世？白石翁答：
天地之樂，恐無異於人間，何況上界至尊太多，奉事更比人世辛勞，故而不去。
又叩問其年壽？白石翁答：你出生時，我已兩千餘歲。於是拜其為師，盡領他
真空妙有清靜玄微之術，僻居雲母山。

　　采女俯身懇求彭祖授技，彭祖云：養生之法，人秉天地正氣，五行秀毓以
生。雖不得道妙，只要能保合太和，正性正命，養之得宜，常可活到 120 歲。
若不受五運六氣之感傷，再能凝求養生之道，得 240 歲。如存神過化，返虛人
渾，盡理，通乎玄，乃可不死。再積功累德，可冀成真耳。

　　養壽之道，「莫傷」兩字而已。冬溫夏涼，春發秋斂，不失四時之和，為能
適身；美色淑姿，幽閑娛樂，不致思欲之感，是為通神；車服威儀，知足無求，
是為專一致志；八音五玩，愉悅視聽，是為導心。凡此種種，皆可養壽，倘不
慎酌，反速禍殃。

　　古代至人高手，惟恐不才之人不識事宜，流而不返，因此必絕其源，古有
「上士異室，中士異床，下士異被，服藥百顆，不如獨眠」的箴言。以及「五
音使人耳聾，五色使人目盲」等告誡。其中道理，譬猶水火，人不可少，但用
之過當，反足為害。不知經脈損傷，血氣不足，內裡空疏，腦髓不實，體已先
病，致易為外物侵犯，將藉風寒酒色發作。內患不興，外侮不入，假若內本充
實，豈有傷哉！

　　「遠思強記傷人，憂喜悲哀傷人，陰陽不順傷人。」獨獨諄諄告誡于房中
之惑？「男女相成，猶如天地相生。天地得清寧之道，所以終極無限；倘人失
氤氳之道，必有傷殘。若能得陰陽動靜，剛柔專翕之機，能避重傷之事，再君
以無相回光，真空煉形，即是不死之道」。

　　對話完畢，采女從容禮辭，答應信守奉行，深謝彭祖，告別回宮，稟陳殷
王祖甲養生之道，試之有驗，頓起邪惡意念，企圖獨享秘密，遏止彭祖養生之

道傳播，下令嚴禁傳授彭祖之道，違者誅死。

彭祖為免其禍，避入南閩深山中居息，改名延生子高。後又傳聞灘水有一老人，教人愛惜性命，輕棄不可復得。他乘船至橋下，惟恐被石梁塌下傾倒，必先登岸而過，再乘船行走。凡事先察干支忌諱，有所規避。故世傳彭祖戒忌，即「彭祖曆」。彭城西北隅有井泉，水沸如濤，人皆倚在石欄旁觀，老人亦前往觀看。他先用繩繫腰，一端緊綁於樹，旁邊又令數人扶住，才敢俯首往下看。並對大家說：「臨此不測深淵，怎可不小心謹慎？少有顛挫，就會遭受淹沒凶險」，彭祖生平謹小慎微，莫此為甚。

後有杜沖，欲往金堂尋李八百談道，西行走到一山，見形狀如象耳，又見一大冢如土阜，旁有小冢累累，因而問土老（當地老人）。土老答曰：『「中原有彭祖，年近千歲，入蜀武陽，臨崖結廬，祖述大易三極道理，書寫竹簡，召來他兒子彭武、彭夷，囑咐道：「古聖賢心傳，詳備紀錄在此，要珍藏洞中，留作中天三極歸終，普度弘開的張本。」又說：「軀壳不去，終為所繫。」於是面山陽而坐化。即商帝乙廿三年三月三日午時。身畔有黃金一笏。眾社兒為他拾斂委蛻即骸骨，葬在西山下陽名象耳山，今名之【彭山】。

唐杜光庭「洞天福地岳瀆名山記」載：彭祖委蛻葬蜀地彭山，衣冠劍佩葬彭水，琴書几杖葬天彭（今彭州市）。兒子彭武、彭夷，度世覺民，以彝倫道德為本，研几文字為末，化行中道。大丹成後，亦如彭祖隱居此山，後人以彭祖「武、夷」二子命名「武夷山」而得名。唐朝封彭祖為太清景明三峰真君，彭武封永治真人，彭夷封永平真人。

彭祖攝養術

「神強者長生，氣強者易滅」。「神強畏威，鼓怒聘志；量才而思，量力而行，不積憂悲，節制喜怒，明確愛憎，欲思有度」。十二忌：「久言笑則臟腑傷，久坐立則筋骨傷，寢寐失時則肝傷，動氣疲榮則脾傷，挽弓引弩則筋傷，沿高涉下則腎傷，沈醉嘔吐則肺傷，飽食偃臥則氣傷，驟馬步走則胃傷，喧呼詰罵則膽傷，陰陽不交則瘡痱生，房室不節則榮瘠發」。

養生之法，不遲睡，不聽行，耳不極聽，目不久視，坐不至疲，臥不及極。先寒而後衣，先熱而後解。不欲甚飢，飢則敗氣；食戒過多，勿極渴而飲，飲戒過深。食過則症塊成矣，飲過則痰癖結聚氣風。不欲甚勞，不欲甚逸，勿出汗，勿醉中驟奔，勿飽食走馬。勿多語，勿生餐，勿強食肥鮮，勿沐發後露頭。冬不欲極溫，夏不欲極涼，冬極溫而春有狂疫，夏極涼而秋有瘧痢。勿露臥星月之下，勿飢臨屍骸之前，勿睡中搖扇，勿食次露頭，勿沖大熱而飲冷水，勿凌盛寒而逼炎爐。勿沐浴後而迎猛風。勿汗出甚而便解衣，勿沖熱而便用冷水淋身。勿對日月及南北斗大小便。勿于星辰下露體，勿沖霜霧及嵐氣，此皆損傷臟腑，敗其神魄，五味不得偏耽，酸多傷脾，苦多傷胃，辛多傷肝，甘多傷

腎，鹹多傷心此並應於五行，潛稟四體，可理可究矣。志士君子，深可慎焉！犯之必便損，久乃積成衰敗。

「神仙傳、彭祖」，述彭祖養性之法曰：「己人道當食甘旨，服輕麗，通陰陽，外觀秩耳。骨節堅強，顏色和澤，老而不衰，長在世間，寒溫風濕不能傷，鬼神眾精莫敢犯，五兵百蟲不敢近，嗔喜毀譽不為累，乃可為貴耳。人受氣雖不知方術，但養之得宜，常至百二十歲，不及此者傷也；小復曉道可得二百四十歲，加之可至四百八十歲。盡其理者可以不死。」因之做彭祖攝養術，牢記謹慎，不可大意，以陶冶性情，旺神宣氣，即可得攝精神矣。

彭祖導引術

彭祖精擅導引行氣，開中華氣功之先河，為各門派氣功之祖師。世傳彭祖功法及流派甚多，彭祖益壽功，是彭城彭氏族人後代密傳的健身氣功。全功法共十式，每式廿四個動作，暗合廿四個節氣。導引行氣，「應四時，運五氣，避六淫，克七情」。持之以恆，可收到防病治病，健康長壽的功效。

導引又稱道引，為中國古老醫療體育和養生方法。導引術是適應當時社會環境需要而產生的。據「呂氏春秋。古樂」記載：「昔陶唐氏之始，陰多滯伏而湛積，水道擁塞，不行其原，民氣郁淤而滯著，筋骨瑟縮不達，故作舞以宣導之」。「索向。異支方宣論」亦述：「中央者，其地平以濕，天地所以生成萬物也眾，其民食雜而不勞，故其病多痿厥寒熱，其治宜導引按蹻者，亦眾中央出也」。王冰注曰：「導引謂搖筋骨，動支節，按謂抑按皮肉，蹻謂捷舉手足」。即是說，導引包括軀體運動、呼吸、和按摩三個部份。李頤注「庄子。刻意」：「此道引之士，養形之人，彭祖壽考者之所好也」。句曰：「導氣令和，引體令柔」。彭祖導引術中之一種，影響較大，春秋戰國時期成為流行的治病保健和養生方法。彭祖導引術分、坐臥引兩種。

一、彭祖坐引法

令人目明，發黑不白，治頭風。「道藏」盡字三號「彭祖導引圖」記有方法：「導引服，解發，東向坐，握固、不息、一通；舉手，左右導引，以手掩兩耳，以指掐兩脈邊，五通」。

彭祖臥引法，又稱彭祖谷仙臥引法：須半夜至雞鳴平旦為之，禁飽食，沐浴。作用：除百病，為延年益壽要術。其法凡十節，五十息，五通，共二百五息。「道藏」盡字三號有「彭祖谷仙臥引法」，「古仙導引按摩法」書中亦有「彭祖導引法」，二者大體相同，文字略有出入。據「彭祖谷仙臥引法」，十節為：

（一）解衣被，臥，伸腰，瞋小腹，五息，止。引腎，去消渴，利陰陽。

（二）伸左腳，屈右膝，內壓之，五息，止。引脾，去心腹寒熱，胸腹邪脹。

（三）挽兩趾，五息，止。引腹中，去疝瘕，利九竅。

（四）仰兩足趾，五息，止。引腰脊痺，偏枯，令人耳聲。

（五）兩足內相向，五息，止。引心肺，去咳逆之氣。

（六）踵內相向，五息，止。短股除五絡之氣，利腸胃，去邪氣。

（七）掩左脛，屈右膝，內壓之，五息，止。引肺，去風虛，令人明目。

（八）張脛兩足趾號，五息，止。令人不轉筋。

（九）兩手牽膝，置心上，五息，止。愈腰疼。

（十）外轉兩足，十通；內轉兩足，十通，止。復諸勞。

凡十節，五十息，五五二百五十息，欲導引，常夜半至雞鳴平坦為之，禁飽食沐浴。

二、服氣導引行氣

彭祖是醫學專家，「呂氏春秋，情欲」曰：「耳不可瞻，目不可壓，口不可滿，身盡府種，筋骨沉滯，血脈壅塞，九竅寥寥，曲失其宜，雖有彭祖，猶不能為也」。肯定了彭祖保健地位，也肯定彭祖治病的醫術。彭祖發明吐納服氣療法，也是中國原始的養身醫病方法。葛洪「神仙傳，彭祖」述彭祖言：「次有服氣得其道，則邪氣不得入，治身之本要」。「人受精養體，服氣煉形，則萬神自守其真，不然者，則榮衛枯悴，萬神自逝，悲思所留者也」。其法大致為閉氣，服氣，導引閉氣，以氣攻病四個步驟。梁代陶弘景「養性延命錄，服氣療病篇」對此作了專門介紹。

彭祖曰：「常閉氣納息，從平旦至日中，乃跪坐，拭目，摩搦身體，舐唇咽唾，服氣數十，乃起行言笑。其偶有疲倦不安，便導引閉氣，以攻所患，必存其身、頭、面、九窮、五藏、四肢、至于發端，皆令所在覺其氣運行體中，起于鼻口，下達十指末，則澄和其神，不須針藥炙刺。凡行氣欲解百病，隨所在作念之。頭痛念頭，足痛念足，和氣往攻之，從時至時，便自消矣。時你中冷，可閉氣取汗，汗出輒周身則解矣」。導引閉氣以攻所患的氣功療法，沿襲至今。

彭祖所說的服氣，是中國最早的辟穀術。辟穀，亦稱斷穀。絕穀，即不食五穀的意思，這是我國古代一種修養方法。辟穀時，仍食藥物，並須兼做導引等功。以後，辟穀成為道教修練方法之一。其理論根據：人體中有一種叫做三尸或三彭，三蟲的邪怪，靠五谷而生。危害人體，經過辟穀修，可除去三尸，達到長生不死。不過彭祖服氣，主要還是療病。

彭祖服氣術，即氣功療病術，是從大氣，日光中吸取營養的辦法。漢代古醫書「引書」亦載彭祖之道：「春日早起之後，弁水，澡漱，洒齒，沟，被髮，游堂下，逆露之清，受天之精，飲水一杯，所以益讎也」。所說「逆露之清，受天之精」，亦類于服氣也。辟穀服氣之法，；應來自各種動物。清代徐叟所輯「宋人小說類編」有「辟穀說」：『洛下有洞穴，深不可測。有人墮其中，不能出，飢甚，見龜蛇無數，每旦輒引東望，吸取日光咽之，其人亦隨其所向，效之不已，遂不復飢，身輕力強，後卒還家，不食，不知其所終』。

「庄子。刻意」載：吹噓呼吸，吐故納新，熊經鳥伸，為壽而已。此導引之士，養形之人，彭祖壽考者之所好也。彭祖長導引有三：一是長壽養生導引，次是長壽養療導引，三是彭祖壽仙導引。

（一）長壽養生導引

第一個招式：「彭祖站樁」

具有平衡人體陰陽，幫助人入靜入定，使人氣血脈流通，內氣允盈，精力充沛，利於修練者吸納天地之精氣，練習發放外氣和排泄體內邪濁病氣。正如「內經」云：陰平陽秘，精神乃治。動為陽，靜為陰，調節動靜，平衡陰陽即達到治病的目的。彭祖站樁分高位樁、中位樁、低位樁三種態，根據修練者身體虛弱，年齡大小，可作不同選擇。

1、高位樁：亦即無極樁，雙腳自然站立，與肩同寬，腳膝微屈，膝蓋與腳尖對齊，臀部略下坐，尾閭穴與腳跟對齊。百會穴、會陰穴、湧泉穴三點意成一線。含胸拔背，垂肩墜肘。頭顱豎立，下頜微收，眼帘微垂，口唇輕閉，舌抵上腭。十指微微伸展，雙手曲肘平伸，手心向前。全身放鬆，目光凝視，面帶微笑，自然呼吸。逐步把呼吸調到最深、細、匀、長、呈「吐惟細細，納惟綿綿」的狀態。心中則意面對太陽或月亮，全身放鬆，進入真境。

2、中位樁：亦與高位樁相同，只是腳膝要更加彎曲，約呈 120 度。

3、低位樁：又稱馬步樁。雙下肢彎呈 90 度雙手鬆直平舉，五指向，上掌心向前，勞宮穴向外向前，其他與高位樁相同。採取自然呼吸法，稍比平常呼吸加深。吸氣時收小腹，意念宇宙間的氣通過你的呼吸道和全身的毛細孔吸進體內，沉入下丹田。呼氣時，鼓小腹，意念劍指和勞宮穴變成呼吸道，氣從兒排出去。

第二個招式：「鴿鵬展翅」

雙腳分開站立，全身自然放鬆。雙手臂從左右兩側徐徐抬起，與肩相平。然後雙腳膝微曲下蹲，隻手臂順勢作仙鴿展翅狀，手臂與手掌、手指乃至全身冗肉呈自然柔和的起伏飛翔狀態。目光平視，自然呼吸，飛翔擺動 6-36 次不等.。

第三個招式：「黑熊晃身」

雙腳自然分開與肩同寬，雙手腕放鬆，掌心及手指下垂呈熊的搭爪樣。手臂抬至胸前，腋窩稍稍挾緊。在扭動腰肢時單下肢微曲，左右交替，呈笨熊行進狀。動作反復一分鐘，雙目微閉，自然呼吸，注意不要跨出腳步，只原地作左右扭擺運動，把脊背充分活躍起來。

第四個招式：「古松迎客」

雙腳平行站立，與肩同寬，胸部、頭部豎直，雙目微閉。左手在前，掌心對著中丹田，右手在後，掌心對著門穴。分別作一張一合的撈氣動作 6-12 次，然後雙手交換再作 6-12 次，之後身體適度放鬆，意念你完全處在蒼松翠柏樹林中，自己也化作了松柏同類。

第五個招式：「貨郎擊鼓」

右腿向右橫跨一大步，然後右轉身呈弓箭步，右手順勢向右前方斜上伸直，左手向左下方斜下伸直，雙手臂保持在一條直線上，五指張開作貨郎搖鈴顫動，一分鐘後左轉身，呈左弓箭步作同樣動作。雙手伸直成一條直線時，猶如貨郎挑擔百貨走村串鄉。行在山野美景之中，何其悠哉游哉。

第六個招式：「托天按地」

左腳向左橫跨一步，曲膝下蹲呈馬步，右手從下至上抬起，手心朝天，抬至目光相平齊，左手從腰胯划弧狀與右手交义而向下按，與小腹齊平，手心向地，然後隻手反復來回作按、托姿勢。但應注意雙手作按、托交替時，上牝的手在外，下按的手在內。

第七個招式：「甘露灌頂」

雙腳自然站立，與肩同寬，雙手慢慢舉過頭頂，手掌心向內，雙掌心與頭頂距離 20 厘米左右，兩勞宮穴焦點正對百會穴，以氣照百會，然後雙手慢慢從上至下運動，直至自然伸直。如此反復 9-36 次，同時要做到頭正、腰直、眼帘微垂、下頜微收、面帶笑容。

第八個招式：「懷中抱月」

雙腳自然站立，左腳向左跨出半步，屈膝微下坐，雙手從腰胯間慢慢抬起，雙手臂內彎呈弧形，雙手掌形如抱球狀，隻手由外向內縮，將所抱之球緊貼胸前，用目光凝視胸前所抱之球。雙手再反復拉氣壓氣，然後揉球送入中丹田再注入下丹田。

第九個招式：「氣照三田」

雙腳等寬於肩，平行站立，雙手從兩側腰間向外劃弧上舉至前額，用掌心先照上丹田，掌心離額 10-15 厘米，兩勞宮穴焦點集中在印堂穴。待上丹田部位得氣後，雙手掌下移，照中丹田。兩勞宮穴集距正對膻中穴。待中丹田部位得氣後，雙手掌繼續下移，照至下丹田。兩勞宮穴焦距正對關元穴。待下丹田得氣後，雙手由內向外劃弧，自然將雙手掌運行至前額處，反復照上丹田，重復 3-9 次，最後雙手交叉置於下丹田。

第十個招式：「結束式」

雙腳站立，身體慢慢伸直，輕鬆自然，雙手伸展向上過頭頂，然後手心向下，指尖相對，從上到下，導氣入下丹田，雙手撫著下丹田，男子左手在內，右手在外，女子相反，意念氣沉下丹田，結束。

（二）**長壽養療導引**

彭祖長壽養療導引，由行氣袪病大法，吐納袪病大法，和靜坐袪病大法，三部份組成：

1、行氣袪大法：戰國初期的「行氣玉佩銘」共 45 個字，刻在一個几面體的小玉柱上：「行氣，深則蓄，蓄則伸，伸則下，下則定，定則固，固則萌，萌則長，長則退，退則天。天几春在上，地几春在下。順則生，逆則死。」

吸天精：雙腳略寬於肩，雙手向下收回，經側面部、頸部、胸部、腹部，逐漸下降。收手時指尖相對，做導氣下行狀，同時微微呼氣外出。默想「蓄則伸，伸則下」。

定心猿：雙手下伸，手指微張，手心向地，雙腳穩步站立，身體全然不動，呼吸進入閉息狀態，默想「下則定，定則固」。

坤幼萌：緊接前式，身體從全然放鬆的忘我狀態開始甦醒，雙手翻掌，從外向內，手心朝上，五指微張。在翻掌時停止閉息狀態，慢慢吸氣。默想「固則萌」。

地氣蒸：緊接前式，雙手曲肘，手掌慢慢上行至中丹田，配合微微吸氣，不能吸得太深太滿。默想「萌則長」。

飛天升：接前式，雙手掌自中丹田往上托，直至伸直雙背，與地面呈 45 度，復原至吸天精位置。默想「長則退，退則天」。

2、吐納袪病大法：吐，就是呼出體內廢氣；納，就是進外界新鮮空氣。有如下諸方法：

胸息法：即自然呼吸法，採取站、坐、臥、行各種姿勢均可。用意把呼吸調得深、細、勻、長。

腹息法：一是順腹式呼吸，吸氣時腹部自然凸起，呼氣時腹部自然凹陷。二是逆腹式呼吸，與順腹式呼吸方法的腹肌運動正好相反。

體息法：就是呼吸，通過毛細血管交換身體內外的氣。練習體呼吸有兩個關鍵，一是稱「閉息」，逐漸減緩減少鼻竅對空氣的吸入量，二是以意領氣，加入體呼吸意念，把全身毛細打開，讓外界之氣大量進入。毫無疑問，這需要一個漸進適應的過程。

胎息法：是一種較高的吐納層次，仿胎兒在腹中吸息的方式，即僅憑臍中一息以供養全身。胎息法的修煉，是在鼻息微微，若有若無，氣功修煉已到一定火候的情況下進行的。修煉時當選取清靜地方，正身偃臥，雙目瞑閉，澄神靜慮，無私無營，從胸息、腹息、體息，逐步加深，順其自然，在鼻息若有若無之時，可領入氣，讓氣神相抱，直貫臍中。

龜息法：氣功仿生的一種，根本要旨在於使氣息潛沉，降至「真淵」。這「真淵」就是男女生殖或尾閭處。龜息法是以意領氣入精關，入尾閭，以利於尾閭的氣血運行。

踵息法：「庄子。大宗師」云：『古之真人……其息深深，真人之息以踵，眾人之息以喉。』說明踵是一種相當高級的功法層次。「性命圭旨」曰：『踵者，真息深深之意』。龜息僅領氣入精關，而踵息領氣直達足跟。足跟可為全身肢節末端之最，氣血運行之邊緣，若足跟已得氣，全身還有何處不得氣呢？所以，練踵息可使真氣至全身，使人容光煥發，永保青春年華。

3、靜坐袪病大法：

　　　　靜坐以盤坐姿態為佳，盤坐分散盤坐、單盤坐、雙盤坐三種姿式。散盤坐又叫自然坐、駕馬式坐，是人們常用的自然盤腿方式，即兩腿相互交叉自由盤腿而坐。單盤坐又叫單跏趺坐，靜坐時把一腿屈膝在另一腿之上，放在上面的那一條腿的腳心要朝上。雙盤坐又叫跏趺坐，靜坐時兩腿交叉，兩腳掌分別放在對側大腿之上，使腳心微朝上，小腿相互盤趺。靜坐祛病大法掌握三調、三觀、三定、三忘。

三調：一是調身，使身體坐姿適應修練，二是調心，使心神寧靜，意志專一，進入恬靜虛無狀態，三是調息，把一呼一吸的狀態調至息相，直到進入深、細、勻、長，猶如蠶吐絲一般輕綿長。

三觀：一是觀天象，分為日月觀、甘露觀、仙人觀，目的是使修練者心懷美好物象；二是觀地，分為泰山觀、海潮觀、花叢觀，目的是使修練者處在美好境界之中；三是觀人生，分為心照觀、普照觀、童子觀，使人返現心境，澄沏透明，讓生機潑潑的童年心態回復心中。

三定：一是定心，讓心系一緣，解除一切散亂，心無所需，心無所慮，心無所求，心就是心；二是定形，使身體穩定，堅如磐石，穩如泰山，風吃不動，雷打不歪；三是定神，神是精與氣的綜合物，表現於人的顏貌色澤，肌肉骨骼，體態氣質等方面，所謂定神，就是要定精、氣、定身體所表現的一切。實際上，它是定心、定形基礎上的進一步的加深和完善。心定可制散亂，形定可制歪邪，神定可制昏沉。

三忘：一是忘我，在進入神定之後，全然不知返觀者是你的真身，還是靜坐者是你的真身。對自己的身體似乎已無知覺，只有一個念條在那裡修練；二是忘他，在忘我基礎上的進一步加深，達到「內觀其心，心無其心，外觀其形，形無其形」的境界；三是忘一切，在忘他基礎上繼續坐忘下去，便覺得上下四方空無一物，什麼都不存在。

　　　　三調、三觀、三定、三忘四大層次，是彭祖及其信徒老子、庄子等人的靜坐修練法和歷代道、佛、醫、儒坐功修練法的必需境界，無疑是一門幫助人們調理身心、平衡陰陽、強健的長壽導引功法。

　　（三）彭祖壽仙導引

1.陰陽旋轉導引法：

　　　　又稱自發導引。在自發導引修練過程中，人會不由自主地出現各種樣的動作，比如優美的體操、武術、舞蹈姿勢等，就像有一股外力在引導著自己手腳沿一定軌跡運行似的。根據中醫學的觀點，人體之氣有營氣和衛氣之分，營行體的，衛行體外。實際上，人體周圍擁罩著一層外氣，這就是人體的氣場，即人體場。這個場可隨導引行氣師的能量而發生變化，產生奇蹟般的效應，當人身體寂靜至極時，內在的陽氣靜極而動，由弱到強，逐漸引動外氣，使內、外之氣相迎，身體飄然而動。這種動力就是衛外之氣對於內氣的引動力。在這種外氣引動力中包含著各種各樣的複雜訊息，一旦某種訊息輸入，人的身體也就某種訊息的指導下產生某種姿態運動。

修練自發導引採取站式、坐式、臥式均可。要全身自然放鬆，思想集中，兩眼輕閉，自然呼吸，使情緒逐步安定下來，慢慢進入無人之境。在平衡安靜狀態下，細細體會內氣的流動，並順勢加碼，驅動身體，緊跟氣感走，以氣領身行。在導引狀態之中，不論如痴如醉到何種程度，一個堅定的意念「我在練長壽自發導引術」，這是防出偏差的關鍵。結束的方式是漸漸減緩運行，待穩定之後，再把眼睛微微睜開，然後搓兩手，採用彭祖樁簡易結束方法最後結果。

2.丹道周天導引法

彭祖的丹道煉丹法，是指如何恬靜養氣。所謂「周天」，即是以地球中心，以圍繞地球的日、月、星辰，一圓圈為黃道，廿八星宿循黃道運行一周稱為一個周天。中醫經絡學在人體劃分了十二經脈與七經八脈。其中兩條極為重要的經脈就是任脈和督脈。彭祖長壽引導術在周天說和經絡說的影響下，發展成了獨具特色的「丹道周天導引術」。其中又分周天和小周天。大周天運行一周，即為小周天。

（一）外丹術修練：

採取站立式修練。雙腳左右分開，平行站立，與肩同寬，腳膝微屈，垂直墜肘，手指自然伸直，頭頂百會穴朝天，下頷微收，提且縮腎，全身自然放鬆，採用自然呼吸。意想自己站在地球中央，頭頂天，腳踏地，天、地、人完全合一。此時你的前後左右、上下內外，全是一脈彌漫之氣。人融於氣中，氣貫體內。什麼也沒有了，唯有這氣的大世界。此時即按大周天的氣運路線領氣運行。運氣路線，是從頭頂上空北斗七星開始，到頭頂百會穴，到中丹田，到下丹田，到雙下肢，到腳底湧湶穴，到蒼茫大地，到雲水天際，到九天環宇，到北斗七星，如此為一大周天。一般領氣運行 12-36 周不等，結束方式採用彭祖導引簡易結束法意念結束。

（二）內丹術修練：

以坐姿修煉為主。平坐、自然坐、單盤坐、雙盤坐均可。要頭正身直，下頷微收，雙目輕閉，口齒不露，舌微抵門齒，垂肩墜肘，全身輕鬆自如。氣行路線：從下丹田開始，到會陰，到尾閭，到命門，到大椎，到玉枕，到百會，到上丹田，到中丹田，到下丹田。如此為一小周天，可運轉 9-36 圈。結束採用彭祖長壽導引簡易結束法。

大周天在於聚外氣集丹，而小周天在於煉內氣集丹，把大周天所聚之氣進一步濃縮提煉，集成高能物質的金丹。所言「金丹」乃人生三寶「精、氣、神」高度合成之謂也。大周天聚外氣所集之丹，未經小周天濃縮提煉，不可能產生高能作用。小周天所運之金丹又必須靠大周天源源不斷地採氣、聚氣，集成外丹向它輸入。因此，修練者應先修大周天，先聚外氣，然後再修小周天，這樣才有實的內容。

3.回歸自然導引法

導引行氣的最高境界是大道自然。彭祖之所以長壽，就是在他身心調節得

大自然完全吻合，順應大自然的客觀規律的緣故。回歸自然導引法，就是據彭祖晚年在彭山仙女山養形修煉的實踐，經過整理總結出來的長壽養生大法。分為「身心回歸自然導引法」和「仙山太極自然導引法」。

（一）身心回歸自然導引法：一般不受地理條件限制，無論方位地點，都可習練，以身心回歸自然為目的。而仙山太極自然導引法必須在彭山仙女山這一「天然太極地」修煉才行。身心回歸自然導引法在修煉姿勢方面，不論行、坐、站、臥均可，與自然景物隨意相伴，使呼吸減慢，逐步做到深、細、勻、長，鼻息微微，若有若無，以感到舒適自然為宜。在心念調節方面，一是止念，排雜念，讓心中空空無念，一心修煉氣功；二是平心，在止念之後，進一步調協心態，讓心博減慢，全身隨之輕鬆自然；三是定心，使心思和身體都穩定下來，不要出現恍惚晃動的情況，意念你在修煉，你始終是你，不是其他的什麼，這就是客觀，就是自然；四是無心，除了「我在修煉」之外，一切皆忘，如入「坐忘」之境。

此時意念「天、地、人合一」，打開頭頂百會穴，讓它呈喇叭狀，吸九霄之氣，洞開湧泉穴，入地九尺，與地氣接通。如此則天、地、人緊密聯系在一起，萬物與我同一，人與自然息息相通。有利於健康長壽，增智開慧的信息密碼，自由進入身心，人便在返樸歸真中悟透了生命的真諦。

（二）仙山太極自然導引法：彭祖曾一度離彭山去中原為官，因功受封彭城，後遭殷王迫害辭官回歸故里，選居仙女山養形修煉。彭祖之所以選仙女山為修煉之地，其原因正在於仙女是一處罕見的天然太極地。自彭祖開始仙女山便成了歷代導引行氣大師們養形修煉的聖地，也是道、佛兩家爭相建廟觀的寶地。它蘊藏許多對於人身體有益的東西，如地磁、地電、其化宇宙訊息，到此修煉獨具奇特效用。修煉仙山太極自然導引法，其方法步驟與身心回歸自然導引法相同，只是在整個修煉過程中，要一個心意想著這獨特地方的訊息來源，便會有不同的效果。

三、彭祖調攝療養

彭祖「固守本真」是最根本、最質樸、最原初、真實的養生智慧，遵循自然。彭祖說：「致壽之道無他，但莫傷之而已」，遵重人的自然性，切勿扭曲和改變，偏離自然的根本軌跡，清心寡欲。

繼彭祖之後，庄子提倡「天樂」之境。庄子說：「與人和者，謂之人樂；與天和者，謂之天樂。」能得人樂者，處世有智慧，事事皆順心。能得天樂者，與天地相諧，自然健康長壽。人樂是塵世境界，天樂才是神仙境界。所謂與天和，便是所一切皆與天地相合，不與自然偏離，更不與自然違逆。

呂覽在「呂氏春秋」中言道：「聖人察陰陽之宜，辨萬物之利。」其目的在於養生。「養生莫若知本」這「本」正是自然本身。「知本則疾無由至矣」病痛無犯，安能不健康長壽！

中醫經典「黃帝內經」則明確指出：「夫四時陰陽者，萬物根本也。所以聖

人春夏養陽，秋冬養陰，以從其根，故與萬物浮沉於生長之門。逆其根，則伐其本，壞其真矣。故陰陽四時者，萬物之始終也，死生之本也。逆之則災害生，從之則苛疾不起，是謂得道。道者，聖人行之，愚者佩之。從陰陽則生，逆之則死，從之則治，逆之則亂，反順為逆，是謂內格。」又說：「故智者之養生也，必順四時而適寒暑，和喜怒而安居處，節陰陽而調剛柔。如是，則僻邪不至，長生久視。」

漢大儒董仲舒得彭祖真傳，特別重視調攝養生，他強調「循天之道，以養其身。」天者，天地自然宇宙之謂也。養生的前提，必須是遵循自然規律。為此，董仲舒提出了「中和」養生的學說。「中者，天地之終始也。」而和者，天地之所生成也。」能以中和養其身者，其壽極命。」董仲舒進一步指出，真正能遵中和之道的人，必是仁義之士。他重申了孔子「仁者壽」的觀點，說「仁人之所以多壽者，外無貪而內清靜，心和平而不失中正，取天地之美以養其身。」

張仲景在「金匱要略」中說那些「不善調攝」的人，他們必然「疾病竟起」。因此，尤其在飲食調攝方面，獨具見地。

道家是最注重調攝養生的，抱朴子是道家的一個重要立論者，他在「仙經」中言道：「善攝生者，臥起有四時之早晚，興居有至和之常制。」總的遵循原則仍然是「以不傷為本」，「才所不逮而困思之，傷也；力所不勝而強舉之，傷也。」「所作所為一定要符合客觀自然原則，這裡所謂的客觀自然，不僅包括天地宇宙，還吨括人自身。」

尊重人本身的自然性，是彭祖調攝思想的重要方面。為此，陶宏景在「養性延命錄」中列舉了十二多的危害與十二少的妙處。「多思則神怠，多念則忘散，多欲則損志，多事則形疲，多語則氣爭，多笑則傷臟，多愁則心懾，多樂則意滋，多喜則忘錯亂，多怒則百脈定，多好則專迷不治，多惡則焦煎無歡。此十二多不除，喪生之本也。」而「少思，少念，少欲，少事，少語，少笑，少愁，少樂，少喜，少怒，少好，少惡，行此十二少，乃養生之精也。」

大醫學家孫思邈說：「凡心有所愛，不用深愛；心有所憎，不用深憎；皆損性傷神。常須心平，如覺偏頗，尋改正之。」他倡「自慎」以保持人的自然平和狀態，「養性之士，不知自慎之方，未足與論養生之道。」

蘇東坡的養生「任性逍遙，隨緣放曠，但盡凡心，別無勝解」十六字。

金代醫學家李東垣主張「安於淡泊，少思寡欲。」

曾國藩：養肝在於「不藏怒焉，不宿怨焉。」養心在於「泰而不驕，威而不猛。」養脾在於「飲食有節，起居有常，作事有時，容止有定。」養肺在於「擴然而大公，物來而順應。」養腎在於「心欲其定，氣欲其定，神欲其定，體欲其定。」

清石天基認為「心為一身之主宰，萬事之類應，調和其心，五官百骸未有不調和者。」他提出要常保持幾種心態：一、常存安靜心，二、常存正覺心，三、常存歡喜心，四、常存良善心，五、常存和悅心。

平日四時調攝養身

（一）四時調攝

1、春季調攝：

「四時調攝箋」引『黃帝內經』：「春三月，此謂發陳，天地俱生，萬物以榮；夜臥早起，廣步於庭，披髮緩行，以使志生；生而勿殺，賞而勿罰，此春氣之應，養生之道也，逆之則傷肝。」春季養生，重在養肝。一是吐納養肝：早晨起床，「東面而坐，叩齒三通，閉氣九息。」深呼吸九，次吞氣咽下，「以補虛受損，以享青龍之榮。」二是用「六字訣」行氣法中的噓法養肝，以鼻緩慢吸進清氣，吟念「噓」字吐出濁氣。肝病用大噓三十遍，以目睜起，以出肝邪氣，去肝家邪熱，數噓之，綿綿相次，不絕為妙，疾平即止。不可過多為之，則損肝氣。三是肝臟導引法：「治肝以兩手相重，按肩上，徐徐緩捩身，左右各三遍。又可正坐，兩手相叉，翻復向三五遍。此能去肝家積聚風邪毒氣，不令病作。一春早暮，須念念為之，不可懈惰，使一曝十寒，方有成效。」春季還須注意冷暖，石在基說：「春時天氣頓暖，不可頓減綿衣，須一重重漸減，使不至暴寒。」

2、夏季調攝：

【黃帝內經】夏三月，此為蕃秀，天地氣交，萬物華實。夜臥早起，無厭於日，使志無怒，使華英成秀，使氣得泄，若所愛在外，此夏氣之應，養生之道也。逆之則傷心……。夏屬火，在人主心，故夏以養心為主。心臟導引法，【四時調攝箋】可正坐，兩手作拳，用力左右互築，各五六度。又以一手向上拓空，如擎石米之重，左右更手行之。又以兩手交叉，以腳踏手中，各五六度，閉氣為之。去胸邪諸疾，行之良久，閉目，三咽津，叩齒三通而止。石天基在「四時調攝」中說，「夏之一季，是人脫精神之時，此時心旺腎衰，液化為水，不問老少，皆宜食暖物，獨宿調養」。「夏月不可用單席臥潮溼處，及坐冷石上，以圖涼快」，冷溼入筋脈，會患各種相關疾病。

3、秋季調攝：

【黃帝內經】秋三月，此謂容平，天氣以急，地氣以明。早臥早起，與雞俱興，使志安寧，以緩秋刑。收斂神氣，使秋氣平，無外其志，使肺仔清。此秋氣之應，養之道也。逆之則傷神。秋季養生，應以安魂平肺為主。

「四時調養箋」有六氣治肺法：吐納用咽，以鼻微長引氣，以口咽之，勿使耳聞。皆先須調氣令和，然後咽之。肺病甚，大咽三十遍，去肺家勞熱。氣壅咳漱，皮膚燥養，疥癬惡瘡，四肢勞頓，鼻塞，胸背疼痛，依法咽之，病去即止，過度則損，咽時用雙手擎天為之，以導肺腑。故秋季保養之法，平肺養肝為主。石天基說：秋三月天氣消鑠，毛髮枯槁，綿衣宜漸增添。

4、冬季調攝：

【黃帝內經】冬三月，此謂閉藏，水冰地拆，無擾乎陽，早臥晚起，必待日

光，使志若伏若匿，若有私意，若己有得，去寒就溫，無泄皮膚，使氣報奪。此冬季之應，養藏之道也。逆之則傷腎。冬季養生，應以固精養腎為主，腎為人生之本，是生命之氣的府庫，同時又是死亡之氣的廬屋。

修養腎臟法「四時調攝箋」：冬三月，人面北而坐，鳴響金津穴部位七次，使口中生津，三次咽下，又吞吸北方黑色之氣入口五次，以補「吹」字功之損。又有「六字治腎法」，以鼻漸長引氣，以口吹之，大吹三十遍，細吹十遍，除腎上一切冷氣、腰病、膝次沉重，不能久立，男性性功能低下及陽萎，耳鳴或口瘡。若有煩熱，連續吹去，中不斷續，疾瘥乃止，過多則損。石天基說：冬三月乃水藏閉澀之時，最宜固守元陽，以養真氣。

（二）每日調攝：

石天基講述：清晨睡醒欲起，先拍胸，披衣坐起，隨用兩手擦面令熱。因四時寒暑，酌量衣服，令適溫和，不可過暖。下床後即食白粥一飽，最養脾胃。或白滾湯亦可，但不可食辛厚及生硬之物。食畢，就洗面漱口…或理家務，或治生業。凡事不可起惡念，不可動嗔怒不可過慢慮，不可太勞力。其風寒澡溼之氣，俱不可觸冒。午餐量腹而食，不可因食爽口，遂食過多。食畢，以清茶漱口令潔，世間焉有無事長閑之人？凡有事，不妨盡在上半日料理，午飯後即當尋些意為。之晚來餐妥少許，再停一時，隨量飲酒數杯，勿令大醉。將睡時，或茶或滾湯，或溫水，用牙刷漱口齒令潔。靜叩齒數遍，略走數十步，或溫水濯足，或再靜坐一會，即脫衣上床。上床即摩足心令熱，即側身屈膝而睡。此每日調養之法。

（三）每夜調攝：

石天基說：晚間脫衣睡下，隨意左右，側身屈膝而臥，不可仰臥，不可將手放在心胸，不可以覆面。臥下便不言語，更不可砍唱，不可慢慮，睡醒即舒伸手足，再隨意轉側。夜間或有事，或小便，先拍心胸三四掌，然後穿衣起身。夜夢不祥者，不宜即說，凡此乃每夜之調養要法。「夜臥常閉口，最是固養元氣。若開口則失元氣，且邪惡從口而入，又生血絕諸證。故宜慎之。」

（四）旅行調攝：

遠走他鄉，多吃青菜豆腐，可免水土泄瀉之病。清晨不宜空心行路，免致感冒風邪。瘴瘧徙步，宜飽腹飲酒，如雨雪之途，兩足凍冷麻木，歸家入店，先用溫水烘熱，以手揉擦，令血脈回陽，再用熱湯洗之。冒寒而來，不可立飲熱湯，須待稍刻方無患。

彭祖攝術還提倡在天地自然中尋求閑中樂事，調節身心，自然享樂，以利養生：如靜坐，書棋字畫，歌舞，觀花，賞鳥，玩月，釣魚等等。

彭祖房中術

獨男不長，孤女不生；一陽一陰，相須而行；二氣交精，氣液相通。女喜不倦，男歡不衰。以人撩人，陰陽相輔。樂而且強，壽年增延。

彭祖房中術，是養生術的一部份，從延年益壽指導人們進行性生活的性科學。葛洪「神仙傳，彭祖」中，采女問延年益壽之于彭祖，彭祖曰：「欲舉登天，上補仙官，當用金丹…其次當愛養精神。服藥草可以長生，但不能役使鬼神，乘虛飛行。身不知交接之道，縱服藥無益也」。「男女相成，猶天地相生也。所以神氣導養成，使用人不失其和；天地得交接之道，故無終竟之限；人失交接之道，故有傷殘之期限。能避眾傷之事，得陰陽之術，則不死之道也。天地晝分而夜合，一年三百六十交，而精氣和合，故能生產萬物而不窮。人能則之，可以長存」。

一、交接以時，以一年四季而論，依次為春日，夏日，冬日，秋日。見漢代醫書「引書」之「彭祖之道」。以氣候變化而論，當避天忌，即避大寒，大熱，大雨，大雪，日月蝕，地動，雷震；以人的情感而論，當避人忌，即勿醉飽，勿喜怒憂愁，勿悲哀恐懼；以交接地點而論，當避地忌，即不在山川神祇，社稷井灶之處。「御女損益篇」引彭祖曰：「能避此三忌，又有吉日，春甲乙，夏丙丁，秋庚辛，冬壬癸，四季三月戊己，皆王相之日也」。

二、交接有度。交接時間不可過長，過長則傷氣。另外，務須謹于泄漏。長沙馬王堆漢墓竹簡醫書「十問」，引彭祖言：「死生安在，晉土制之，實下閉精，氣不漏泄。心制死生，孰為之敗？慎守易失，長生累世。累世安樂長壽，長壽生于蓄積」。元代李鵬飛「三元延壽參贊書」引彭祖言：「人能一月再泄精，一歲二十四泄。得壽二百歲」。

三、交接戒暴。「醫心方，治傷」述彭祖言。列舉男子五衰：氣傷，肉傷，筋傷，骨傷，體傷。凡此眾傷，皆由不徐交接，而卒暴施瀉之所致也。

四、交接戒濫。縱性食色，淫聲美色，猶如破骨斧鋸，徒有減年損壽。「神仙傳，彭祖」言：「夫冬溫夏涼，不失四時之和，所適身也；美色淑姿，幽閑娛樂，不致思欲之惑，所以通神也；車服威儀，知足無求，所以一志也；八音五色，以悅視聽，所以導心也。凡此皆以養壽，而不能斟酌之者，反以速患。古之聖人，恐天下之子不識事宜，流遁不還，故絕其源，故有「上士別床，中士異被，服藥百裹，不如獨臥」。元代李鵬飛「三元延壽參贊書」亦述彭祖曰：「美色妖麗，嬌妾盈房，以致虛損之禍，知此可以長生」。

五、禁忌：交歡不得勉強，疲勞禁止交媾；夫婦禁忌同浴，抱恙嚴忌同歡；吼怒需戒同房，縱慾必剋壽命。男女交合有七忌：一忌晦、朔、弦、望，交合以免損氣；二忌雷大風時交合，以免心驚血動；三忌飲酒暴食交合，此時谷氣未行，大腹挺肚，小便混濁；四忌小便後交合，此時精氣盡失；五

忌勞倦重擔交合，此時志氣未安，會筋腰苦痛；六忌沐浴之後交合，膚髮未干，令人短氣；七忌兵堅盛怒，當合不合，內傷有病。

六、籛鏗云：「上士別床，中士異被，下士異枕，服藥百顆，不如獨臥。」

七、房事交媾應注意「調節與調理」、「血氣與精氣」，亦即房室中有「七損八益」，湖南長沙馬王堆漢墓醫簡有詳細介紹。

八益：調治精氣，產生精液，掌握交接的適宜時機，蓄養精氣，調和精液，聚積精氣，保持氣血盈滿，防止陽萎，陰陽合才兩相蒙益。八益要：

　　1.治氣：早晨起床打坐，脊椎伸直，放鬆臀部，提肛導氣，運氣下行。

　　2.致沫：漱咽口中津液，垂直臀部端坐運氣，豎直脊背，提肛導氣，使氣通至前陰。

　　3.和沫：交合不急躁，不圖快，陰莖抽送出入輕鬆柔和。

　　4.積氣：臥交精液泄出，讓人起身，在陰莖尚能勃起時，就停止交媾。

　　5.定傾：保持精氣盈滿，房事接近結束時，納氣運行至脊背，不再抽動，吸氣導氣下行，身體平靜等待，將餘精灑盡，陰莖尚能勃起時抽出。

七損：精道閉塞，精氣早泄，精氣短竭，陽萎不舉，心煩意亂，陷入絕境，急速圖快耗費精力。

　　1.內閉：男女交合時，男子陰莖疼痛，或女子陰戶疼痛，叫內閉。

　　2.陽氣外泄：交合時大汗淋漓不止，這叫做陽氣外泄。

　　3.竭：行房沒有節制，耗絕精氣，這叫竭。

　　4.費：意欲交合時，郤陽萎不能進行；或交合時過於急速，既無情趣又不愉悅，於身又無補益，徒然浪費精力，這叫做費。

　　5.煩：交合時心慌意亂，呼吸喘促，這叫煩。

　　6.絕：女方沒有性慾，男方強行交媾，汗泄氣少，心熱目瞑，如陷入絕境，這叫做絕。

五衰：氣傷、肉傷、筋傷、骨傷、體傷。是皆由不和緩漸進交接，粗暴宣洩之所致。所謂「勿監」，是指切戒縱性食也，淫聲美色，否則，猶如破骨斧鋸，徒有減年損壽，好淫所以使人不壽者，未必鬼神所為之。或以粉內陰中，或以象牙為男莖而用之，皆賊年命，早老速死。

　　房事「以和為貴」，是指交接之道，無復他奇，但當從容安徐，以為貴。玩其丹田，求其口實，深按小搖以致其氣。至於房中術用藥，彭祖曰：「使人丁強不老，房室不勞損，氣力顏色不變者，莫過麋角也。其法取麋角刮之為末，十兩，輒用八角生附子一枚合之，服方寸匕，三日，大良。亦可熬麋角令微黃，單服之，亦令人不老，然遲緩，不及內附子者。服之二十日，大覺。亦可用隴西頭伏苓，分等搗篩，服方寸匕，日三，令人長生，房內不衰。」

八、湖南長沙馬王堆醫簡對男女陰陽相合有詳細描述，大意是：

　　凡行男女兩性交合的方法，從撫摸手部陽谷、腕骨開始，順著臂肘兩肪，抵達腋窩部位，上經臂根，抵達脖頸。再按摩頸部承光穴，環繞頸部一周，下

走缺盆，經由乳中，越過胸窩，到達曲骨與橫骨之間。再下摸陰戶，觸摸陰蒂，聚吸天之精氣，以醒腦提神。如此按摩觸摸，才能長生久視與天地共存。交筋，是陰門中的交脈，即陰蒂。還應從陰開始，由上而下進行按摩觸摸，使全身舒服愉悅，兩情相悅，產生快感。斯時，精氣上引而臉部發熱，便徐徐呼氣。女子乳頭竪起，而鼻上滲出汗珠，當徐徐擁抱，舌苔甘淡而舌面滑利，當徐徐操動；女子陰股濕潤，便可備性交了。女子不斷做舌咽動作，徐徐搖動，這是五慾的徵兆，五慾徵兆齊備，便可正式進行交合。挺刺而不深入，使精氣皆至。精氣到來，便深刻而向上撅起臀部，以發散熱氣，接著反復抽送，不要使精氣越泄，於是女子就大為盡興。然後行抽送一百次的十動，採用仿生的十種交合姿態，變換交合方位，深淺和速度等。交合接近終結時，精氣通過陰部，再觀察對方交合時八種動作的反應，諦聽女子發出的五種嘆息聲音，瞭解其對「十己」（交媾十個回合而不瀉精）所作反應的特徵。

十種仿生交合動作：

　　一叫　虎遊
　　二叫　蟬遊
　　三叫　尺蠖爬行
　　四叫　獐鹿觸刺
　　五叫　蝗蟲展翅
　　六叫　猿猴蹲居
　　七叫　蟾蜍吸氣
　　八叫　兔子奔跑
　　九叫　蜻蛉飛翔
　　十叫　鯽魚弄鈎

彭祖十動是指：

　　第一回合的十次抽送不瀉精能使耳目聰明，
　　第二回合不泄精能使聲音洪亮；
　　第三回合能使皮膚光澤；
　　第四回合使脊背堅強；
　　第五回合使臀部和大腿壯實；
　　第六回合使尿道通暢；
　　第七回合陰莖勃起得堅挺剛強；
　　第八回合皮澤有光；
　　第九回合不精可通曉神明；
　　第十回合不瀉精就符合養生的原則。這叫故十動。

十動過程中要注意十修

一是刺摩陰戶上方，
二是刺摩下方，
三是刺摩其左邊，
四是刺摩其右邊，
五乃抽送作疾速，
六乃抽送動作緩慢，
七為動作稀少，
八為動作細密，
九系淺刺，
十系深刺。

八種動作的反應：

一是　　兩手抱人，
二是　　伸直肘臂，
三是　　伸直月腿腳，
四是　　從側面鈎人，
五是　　舉足向上鈎人，
六是　　男女大腿相交，
七是　　身體平展躍動，
八是　　全身顫動。男女交手抱人，是欲腹部互相貼附，伸直肘臂，是要切
摩身體上部位觸刺陰部；伸直腿部，是因為交合的深度不夠；側面鈎人，
是要刺摩陰部兩旁；女子舉腳向上鈎人，是要男子向其陰道深處刺摩；男女
大腿相交，是為挺刺太深的緣故；平展身體躍動，是想淺刺，全身振動，
是想要交接持久。

女子發出急促的呼吸聲，是內心性沖動急迫的反應；出粗氣，是處於高度
的性興奮時期；發出哼哼唧唧的漢息聲，是陰莖刺入陰道，交接的快感開
始產生了；發出呵呵聲音，那是感到快樂舒到了極點；女子主動親吻男子，
全身振動，是希望交合能夠持久。

所謂「十己」

指交媾十個回合中的反應這裡的「己」是每個回合完畢之意。

一己　是出現清新涼爽的感覺，
二己　是聞到烤骨頭的焦香氣味，
三己　是已聞到焦臊氣味，
四己　是陰部產膏狀的分泌物，
五己　是可以聞到稻谷一般的清香之氣，
六己　是陰部十分滑潤，

七己　是交合能夠持久，

八己　是陰部分泌物猶如濃稠的凝脂，

九己　是陰部分泌物如膠以漆，

十己　是精衰氣弱。精氣衰弱之後，會出現滑溜的現象，清涼之氣又會出現，這就說明房事大功告成。

　　房事告成的特徵是女子鼻尖冒汗，嘴唇發白，手腳皆動，臀部不沾墊席。此時男子應趕緊抽出陰莖，如果等到陰莖萎縮還不停止交合，就會造成損害。每當這個時候，前陰部位因氣血滙聚而擴張，精氣輸入內臟，得收補益，就會使人產生旺盛的精神而神智清明。

　　彭祖房中術特別指出，夜晚男子精氣旺盛，早晨女子精氣蓄積，因此夜晚交媾，可以男精補女精，早晨交媾，可以女精補男精。因為此時前，陰部位筋脈部因高度興奮得到運動，皮膚平展而氣血流暢，所以能夠開郁串通塞，五臟六腑均可受其補益。彭祖長壽養生秘法，都以天地陰陽之氣，與人體陰陽之氣和諧一玫為基礎，所以長壽秘法四大術，以導引行氣緊密相聯。導引行氣與房中術融為一體，方可達到陰陽調和，以養生的目的。

　　彭祖勸人常服「麋角散」：取麋角（如鹿角、鹿茸），刮成細末三百克左右，配伍八角少許，生附子一枚，煎湯吞服，麋角一點五至三克，三天即可生效，也可把麋角熬成微黃，單獨服用。如果不加附子同服，一般要二十天左右才能見效，如果配合茯苓末同服，每次一點五至三克，每日服三次，可使人長壽，並且房室生活精力充沛。玄女經：黃帝曰：所說九法，未聞其法，願為陳之，以開其意，藏之石室，行其法式。

一、玄女九法

姿　式	房　　中　　術
第一曰龍翻	令女正偃臥向上，男伏其上，股隱於牀，女攀其陰，以受玉莖，刺其穀實，又攻其上，疏緩動搖，八淺二深，死往生返，勢壯且強，女則煩悅其樂，如倡致自閉固百病消亡。
第二曰虎步	令女俯仆尻仰，首伏，男跪其後，抱其腹，乃內玉莖，刺其極，務令深密，進退相薄，行五八之數，其度自得，女陰閉張，精液外溢，畢而休息，百病不發，男益盛。
第三曰猿搏	令女偃臥，擔其股，膝還過胸，尻背俱舉，乃內玉莖，刺其骨鼠，女還動搖，精液如雨，男深案之，極壯且怒，女快乃止百病自愈。
第四曰蟬附	令女伏臥，直伸其軀，男伏其後，深內玉莖，小舉其尻，以扣其赤珠，六九之數，女煩精流，陰裡動急，外為開舒，女快乃止，七傷自除。

姿　　式	房　中　術
第五日　龜騰	令女正臥，屈其兩膝，男乃推之其足至乳，深內玉莖，刺嬰女，深淺以度，令中其實，女則感悅，軀自搖舉，精液流溢，乃深極內，女快乃止。行之勿失精，力百倍。
第六日　鳳翔	令女正臥，自舉其腳，男跪其股間，兩手據膝，深內玉莖，刺其昆石，堅熱內牽，令女動作，行三八之數，尻急相薄，女陰開舒，自吐精液，女快乃止，百病銷滅。
第七日兔吮毫	男正臥，直伸腳，女跨其上，膝在外邊，女背頭向足，據席俛頭，乃內玉莖，刺其琴絃，女快，精液流出，如泉欣喜，和樂動其神形，女快乃止，百病不生。
第八日魚接鱗	男正偃臥，女跨其上，兩股向前，安徐內之，微入便止，繞授勿深，如兒含乳，使女獨搖，務令持久，女快另退，治諸結緊。
第九日鶴交頸	男正箕坐，女跨其股，手抱男頸，內玉莖，刺麥齒，務中其實，男抱女尻，助其搖舉，女自感快，精液流溢，女快乃止七傷自愈。

二、陰陽七損八益

八　　益	房　中　術
一益曰　固精	令女側臥張股，男側臥其中，行二九數，數畢，令男固精，又治女子漏血，日再，行十五日愈。
二益曰　安氣	令女正臥高枕，伸張兩屁股，男跪其股間，刺之，行三九數，數畢止，令人氣和，又治女門寒，日三行，二十日愈。
三益曰　利藏	令女人側臥，屈其兩股，男橫臥，初刺之，行四九數，數畢止，令人氣和，又治女門寒，日四行，二十日愈。
四益曰　強骨	令女側臥，屈左膝，舁其右屁，男伏刺之，行五九數，數畢止，令人關節調和，又治女閉血，日五行，十日愈。
五益曰　調脈	令女側臥，屈右膝，伸左肶，男據刺之，行六九數，數畢止，令人通利，又治女門辟，日六行，二十日愈。
六益曰　畜血	男正臥，令女戴尻跪其上，極內之，令女行七九數，數畢止，令人力強，又治女子月經不利，日七行，十日愈。
七益曰　益液	令女正伏舉後，男上往，行八九數，數畢止，令人骨填。
八益曰　道體	令女正臥，屈其肶足，迫尻下，男以肶脅刺之，以行九九數，數畢止。令人骨實，又治女陰臭，日九行，九日愈。

七　損	症　狀
一損謂　絕氣	絕氣者，心意不欲，而強用之，則汗泄氣少，令心熱目冥冥，治之法，令女正臥，男擔其兩股，深入之，令女自搖，女精出止，男勿得快，日九行，行十日愈。
二損謂　溢精	溢精者，心意貪愛，陰陽未和用之，精中道溢，又醉飽而交接，喘息氣亂則傷肺，令人咳逆上氣消渴，喜怒或悲慘，悲慘口乾，身熱而難久，立治之法，令女正臥，屈其兩膝，俠男，男淺刺，內玉莖寸半，令女自搖，女精出止，男勿得快，日九行，十日愈。
三損謂　雜脈	雜脈者，陰不堅而強用之，中道強瀉，精氣竭，及飽貪訖交接傷脾，令人食不化，陰痿無精，治之法，令女人正臥，以腳拘男子尻，男則據席內之，令女自搖，女精出止，男勿快，日九行，十日愈。
四損謂　氣泄	氣泄者，勞倦汗出未乾而交接，令人腹熱脣焦，治產，男子正臥，女跨其上，向足，女據席淺內玉莖，令女自搖，精出止，男勿快，日九行，十日愈。
五損謂機關厥傷	機關厥傷者，適新大小便身未定而強用之，則傷肝及卒暴交會遲疾不理，不理勞疲筋骨，令人目茫茫，癰疽互發，眾脈稿絕久，生偏枯，陰痿不起，治之法，令男正臥，女跨其股踞前向，徐徐內之，勿令人自搖，女精出，男勿快，日九行，十日愈。
六損謂　百閉	百閉者，濡佚於女，自用不節，數交失度，竭其精氣，用力強瀉精不出，百病並生，消渴目冥冥，治之法，令男正臥，女跨其上，前伏據席，令女內玉莖，相搖精出止，男勿快，日九行，十日愈。
七損謂　血竭	血竭者，力作疾行，勞因汗出，因以交合，俱已之時，偃臥推深沒本，暴急劇病，因發連施，不止血枯氣竭，令人皮虛、膚急、莖痛囊濕、精變為血，治之法，令人正臥，抗其尻，申張兩股，男跪其間，深刺，令女自搖，精出止，男勿快，日久行之，十日愈。

三、合陰陽七忌

第一之忌，晦朔弦望，以合陰陽損氣，以是生子，子必刑殘，宜深慎之。

第二之忌，電風，如地風動，以合陰陽，血脈踴，以是生子，子必癰腫。

第三之忌，新飲酒飽食，穀氣未行，以合陰陽，腹中彭亨，小便白濁，以是生子，子必顛枉。

第四之忌，新小經，精氣竭，以合陰陽，經脈得澁，以是生子，子必妖孽。

第五之忌，勞倦重倦，志氣未安，以合陰陽，筋腰苦痛，以是生子，子必大殘。

第六之忌，新沐浴，髮膚未燥，以合陰陽，令人短氣，以是生子，子必不全。

第七之忌，兵堅盛怒，莖脈痛當合不合，內傷有病，如上為七傷。

毛澤東讚彭祖

1952 年 10 月 29 日，毛澤東去徐州，召見徐州市領導幹部讚揚道。

據史書記載，大約在 4000 年以前，大禹把全國九片陸地命名為九州，你們徐州即為一州。另外，我們徐州應是養生學的發祥地。堯時有位叫錢鏗的，是歷史上有文字記載的第一位養生學家。堯封他到大彭，也就是徐州市區周圍這塊地方，建立了大彭國。這位錢鏗就是彭祖，這塊土地的開山人物。

你們徐州的這位錢鏗可不是簡單的人物。據說他是黃帝的後裔，顓頊的玄孫，祝融吳回的孫子，陸終氏的第三子。他的母親女嬇氏是鬼方人。這鬼方是華夏民族西部、北部的強梁外族，也是犬戎、獫狁、匈奴的前身。陸終氏和女嬇氏的結合，也許是民族和解的結果。傳說這位女嬇氏分娩時難產，打開兩肋，生下六子。大概因為剖腹產留的創傷太重，不久這位母親就去世了。後來發生了犬戎之亂，錢鏗流離西域，受盡磨難，並學會養生之道。據說他在堯帝生命垂危之際曾進獻雉羹，也就是野雞湯，治好了堯的病，因此給堯留下很好的印象。

彭祖為開發這塊土地付出了極大的辛苦。他帶頭挖井，發明瞭烹調術，建築城牆。傳說他活了 800 年，是中國歷史上第一位長壽之人，還留下了養生著作《彭祖經》。

他建的大彭國，在夏商時期比較強大，後被殷商武丁滅掉，前後存在八百年。大彭國滅亡後，彭城後來曾屬宋、齊、楚，其都史稱彭城。

彭祖在歷史上影響很大，孔夫子就非常推崇他。莊子、荀子、呂不韋等都曾論述過他。《史記》中對他有記載，屈原詩歌中也提到過他。大概因為他名氣太大了，到了西漢，劉向在《列仙傳》中竟把彭祖列入仙界。

二、古聖先賢

老 子

李耳、老聃。清源山老君岩
前-561.2.15~-467
楚國苦縣厲鄉曲仁里（今河南歸德）人

　　老子，姓李名耳，字聃，號伯陽，東周時，曾任守藏史，掌管圖書典籍。
　　『史記』「老萊子，楚國人，與孔子同時，著書十五篇，以說明道家之用。」
相傳孔子曾向他問「禮」，他卻為孔子講述許多深奧的道理，使孔子完全折服。
是我國古代著名哲學家，道家學派創始人。
　　【道德經】李耳一生修行道德，晚年才「書言道德之意」是為老子「道德
經」分上下兩篇，共 81 章，五千餘言。以【道】為核心，創立他的哲學體系，
樸素辯證法、及認識論等。「道」可生出萬物世界。萬物從「道」而生，最後又

復歸於「道」。「夫物芸芸，各複歸其根。歸根曰靜，是謂覆命」。老子的哲學思想發展。一是莊子將老子的世界觀發展為虛無主義；另一就是將「道」解釋為規律，以「道」為禮、法的思想依據。老子思想：樸素辯證法、無為而治、性命雙修。

孔子年 51，適周問『禮』於老子。曰「五十知天命。」講述開創哲學思想。

公元 742 年，唐玄宗追崇老子元皇帝，享於新廟。是道家學派的經典著作，他的學說後被莊周發展。道家後人將老子視為宗師，與儒家的孔子相比擬，史載孔子曾問學於老子後來意見不合就分道揚鑣。到了唐朝武宗時期老子，被定為是三清尊神之一太上老君的第十八個化身。

《史記正義》：「老子，楚國苦縣厲鄉曲仁里人也。姓李，名耳，字伯陽。一名重耳，外字聃。身長八尺八寸，黃色美眉，長耳大目，廣額疏齒，方口厚唇，日月角懸，鼻有雙柱。周時人，李母懷胎八十一年而生。」

《上元經》：「李母晝夜見五色珠，大如彈丸，自天下，因吞之，即有娠。」

老子即老聃，如《莊子》書中時常一段話前稱老聃，後稱老子的，見於《天運》篇，《庚桑楚》篇等。

司馬遷在《史記》的《老子韓非列傳》中總共記載了 3 個疑似是老子的人，分別是：李耳、老萊子、太史儋。

孔子向其問禮的那個「老聃」，應該不是撰寫《道德經》的作者。籍貫，楚國苦縣厲鄉曲仁里。周朝守藏史，在周朝首都洛陽管理周朝的國家藏書、國家檔案。

孔子曾向他學習禮法，在現在洛陽仍然有「孔子入周問禮碑」。

《史記·老子韓非列傳》孔子適周，將問禮於老子。老子曰：「子所言者，其人與骨皆已朽矣，獨其言在耳。且君子得其時則駕，不得其時則蓬累而行。吾聞之，良賈深藏若虛，君子盛德容貌若愚。去子之驕氣與多欲，態色與淫志，是皆無益於子之身。吾所以告子，若是而已。」

老子後西出函谷關，被關令尹喜求留，按老子本意，他是不想留任何文字的，但經不住尹喜的勸說，終於在函關住了些日子，認真總結自己的思想，留下五千言《道德經》倒騎青牛而去，末年於狄道府（今甘肅臨洮）飛升。

《史記·卷 063·老子列傳》對老子的事蹟不能確定，將李耳、老萊子與太史儋並列，稱老子一百六十餘歲或二百餘歲。

老子經典

一、老子《道德經》，是跨時代的作品，據統計，道德經僅次於基督教《聖經》被翻譯為多國文字。

二、修身求道，老子是道家性命雙修的始祖，講究虛心實腹、不與人爭的修持。

三、政治上，主張無為而治、不言之教。老子抨擊當時統治者說：「天之道，損

有餘而補不足；人之道則不然，損不足以奉有餘。」「民之飢，以其上食稅
之多；民之輕死，以其上求生之厚；民不畏死，奈何以死懼之。」
四。權術上，老子講究物極必反之理。

孔 子

公元前-551.9.28.～-479.4.11.魯國昌平鄉陬邑（今山東曲阜）人

　　孔子，孔氏，名丘，字仲尼，生於周靈王廿年（魯襄公二十二年，黃帝紀
元 2146 年，前 551 年）夏曆八月廿七（現行陽曆 9 月 28 日）。春秋末期思想家、
教育家。中華文化主流學說儒家創始人。孔子和他創立的儒家思想對古代中國
及朝鮮等周邊國家有深遠影響，後世尊為萬世師表。
　　孔子先祖乃宋國貴族，為商人後裔。如果把傳說與信史結合起來，子姓孔
氏有著顯赫的世系。傳說中的五帝時代，有娀氏之簡狄生契。契的後裔湯建立
了商王朝。周滅商後，封紂的庶兄微子啟於宋。微子啟傳位於其弟微仲。微仲
後四世弗父何讓國於弟，為宋卿。弗父何後四世孔父嘉，「五世親盡，別為公族」，
遂為孔氏。孔父嘉後三世防叔奔魯。防叔生伯夏，伯夏生叔梁紇（名紇字叔梁）。
　　叔梁紇居於魯昌平鄉陬邑（今山東曲阜縣東南），72 歲時娶 18 歲的顏徵在，
生孔丘仲尼。傳說孔子出生前顏徵在曾見到麒麟。孔子 3 歲時，叔梁紇去世，
葬於防山。顏氏移居曲阜闕里，將孔子撫養成人，在他 17 歲時去世。孔子打聽

到父親葬處，將父母合葬於防。

孔丘 19 歲時娶宋人亓官氏為妻。第二年亓官氏生子，魯昭公派人送鯉魚表示祝賀，該子便名為孔鯉，字伯魚。孔鯉先孔子而死，有遺腹子孔伋，字子思。

孔子生而首上圩頂，長成後身長九尺六寸（周時尺寸，大約 1.76 米，一說 1.83 米），被稱為「長人」。孔子早年生活極為艱辛，他說：「吾少也賤，故多能鄙事。」年輕時，他受過季氏家臣陽虎的欺侮，不過也做過季氏的委吏和乘田，管理倉儲和畜牧。

在艱難困苦中，孔子發憤好學，他遍訪名師，虛心求教，先後師事老子、郯子、萇弘、師襄等人。

約三十歲，從事教育事業，廣收門徒，相傳弟子三千，賢人七十二。首倡「有教無類」「因材施教」，主張「溫故知新」「多聞闕疑」「學而不思則罔，思而不學則殆」「不憤不啟，不悱不發」，成為當時學術下移、私人講學的先驅和代表，故後人尊為「萬世師表」及「至聖先師」。

35 歲時魯昭公被魯國掌權的叔孫、季孫、孟孫三桓大夫趕走，孔子便離開魯國到齊國，由於齊相國晏嬰的反對，孔子幾年沒有得到齊景公的重用，又回到魯國，聚徒講學。

魯定公九年至魯定公十四年，孔子仕魯，初為中都宰（中都為今山東汶上縣），又做司空，後以大司寇行攝相事，這是他政治生涯的巔峰。魯定公十年，魯定公與齊景公會於夾谷，孔子取得外交上的勝利，使齊歸還侵佔魯的汶陽等地。魯定公十三年，為重新確立魯公室的權威，孔子策劃實施了「墮三都」的政治軍事行動，希望能夠削減三桓大夫的實力，於是先墮叔孫氏之郈，再墮氏之費，然而圍攻成的攻勢最終功敗垂成。

孔子治下魯國頗有起色，引起齊人警懼，齊大夫黎鉏設計，向魯贈送女樂文馬，造成魯定公不問朝政。這使得孔子與魯公、季子等在道德與政見上的分歧難以彌合，孔子最終去魯適衛。其後，孔子率眾弟子周游列國，輾轉於衛、曹、宋、鄭、陳、蔡、葉、楚等地，然而均未獲重用。其間，在匡、宋、蒲等地，孔子一行多次被困遇險；最嚴重的一次是在陳、蔡之間絕糧，孔子仍講誦弦歌不衰。

顛沛流離凡十四年，前-484 年，年近七十歲的孔子被季康子派人迎回魯國，但未受魯哀公的任用。這段期間孔子專注於教育和古籍整理。孔鯉、顏回、子路皆先他而去。5 年後，孔子離開了這個世界和他的弟子，葬於曲阜城北的泗水岸邊。眾弟子為其服喪 3 年，子貢為孔子守墳 6 年。

孔子迴首一生：「吾十有五而志於學，30 而立，40 而不惑，50 而知天命，60 而耳順，70 而從心所欲，不逾矩。」

孔子所處春秋時代，西周社會血緣氏族制度，崩潰瓦解，啟蒙思考天道、人生和世界秩序，原先由貴族所壟斷的文化教育，逐漸流入民間。孔子遂開戰國諸子百家之先河。《論語》即是瞭解其思想的主要著作。

孔子死後，「魯世世相傳，以歲時奉祀孔子塚」代代相傳，而有今日每年九月廿八日「孔子」的「教師節」，以紀念他。

孔子臨終遺言《子壽終錄》

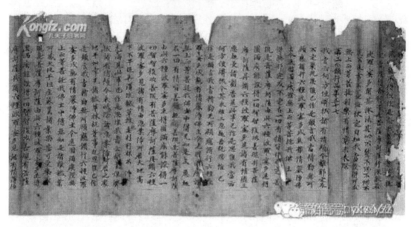

　　子壽寢前彌留少時，喚諸弟子近叩于榻側。子聲微而緩，然神爍。囑曰：吾窮數載說列侯，終未見禮歸樂清。吾身食素也，衣麻也，車陋也，至盡路洞悉天授之欲而徒棄乃大不智也。

　　汝之所學，乃固王位，束蒼生，或為君王繡袍之言。無奈王者耳木，賞妙樂如聞雜雀鳴，擲司寇之銜于仲尼，竊以為大辱。其斷不可長也。鴻鵠偉志實毀於為奴他人而未知自主。無位則無為，徒損智也，吾識之晚矣。嗚呼，魯國者，乃吾仕途之傷心地也。汝勿複師之轍，王不成，侯為次，再次商賈，授業覓食終溫飽耳，不及大盜者爽。吾之所悟，授於爾等，切記：踐行者盛，空敘者萎。施一法於國，勝百思於竹。吾料後若有成大器之人君，定遵吾之法以馭民，塑吾體于廟堂以為國之魂靈。然非尊吾身，吾言，乃假仲尼名實其位耳。

　　擁兵者人之主也，生靈萬物足下蛆；獻謀者君之奴也，錦食玉衣仰人息。鋒舌焉與利劍比乎？愚哉！曠古鮮見書生為王者，皆因不識干戈，空耗于文章。寥寥行者，或棲武者帳下，或臥奸雄側室。如此，焉令天下乎？王座立於枯骨，君觴溢流紫液，新朝舊君異乎？凡王者祈萬代永續，枉然矣！物之可掠，強人必效之；位之可奪，豪傑必謀之。遂周而復始，得之，失之，複得之，複失之，如市井奇貨易主耳。概言之，行而優則王，神也；學而優則仕，奴耳；算而優則商，豪也；癡書不疑者，愚夫也。智者起事皆言為民，故從者眾。待業就，諸遁矣。易其巧舌令從者擁主，而民以為然。故定乾坤者必善借民勢。民愚國則穩，民慧世則亂。

　　武王人皆譽之，紂王人皆謗之。實無異也！俱視土、眾為私。私者唯懼失也。凡為君者多無度，隨心所欲，迎其好者，侍君如待孺子。明此理，旋君王如于股掌，挾同僚若持羽毛，騰達不日。逆而行之，君，虎也，僚，虎之爪也，

汝猝死而不知其由。遇昏聵者，則有隙，斷可取而代之。

　　治天下者知百姓須瘦之。抑民之欲，民謝王。民欲旺，則王施恩不果也。投食餓夫得仁者譽，輕物媚予侯門其奴亦嗤之。仁非釣餌乎？塞民之利途而由王予之，民永頌君王仁。

　　禦民者，縛其魂為上，囚其身為不得已，毀其體則下之。授男子以權羈女子，君勞半也。授父以權轄子，君勞半之半也。吾所言忠者，義者，孝者，實乃不違上者也。禮者，鉗民魂、體之枷也。鎖之在君，啟之亦在君。古來未聞君束於禮，卻見制禮者多被枷之，況于布衣呼？禮雖無形，乃銳器也，勝驍勇萬千。

　　樂者，君之頌章也。樂清則民思君如甘露，樂濁則漁於惑眾者。隘民異音，犯上者則無為。不智君王，只知戟可屠眾，未識言能潰堤，其國皆亡之。故鼓舌者，必戡之。吾即赴冥府，言無誑，汝循此誡，然坦途矣！切切。言畢，子逝。

> **待考：**馬王堆考古發掘出一批春秋時代竹簡出土，共 168 片，包裹在一做工考究的豬皮囊內，囊外塗有約一寸厚的保護層（疑為豬油與其它物質之化合物），使竹簡與空氣隔絕。豬皮囊內的竹簡又被分成 21 捆（每 8 個一捆），分別裝在絲綢袋內。包裝風格很像現在中秋節的高檔月餅盒。經考古學家仔細清理，辨認，這批竹簡完整地記錄了中國古代最偉大的思想家，教育家，哲學家孔丘先生的臨終遺言。這無疑是中國考古史，古代思想史上最偉大的發現。

歷代帝王為彰顯對孔子的尊崇追封追諡

朝代	年代	封賜來源	封號和諡號	封諡原因及意義來源
東周	周敬王四十一年（前 479 年）	魯哀公	尼父	亦稱「尼甫」孔子字仲尼父是敬稱
西漢	元始元年（公元元年）	漢平帝	褒成宣尼公	漢元帝曾封孔氏二支長孫孔霸為褒成君，日後以褒成君食邑八百戶祀孔子，宣是諡號
東漢	永元四年（92 年）	漢和帝	褒尊侯	
北魏	太和十六年（492 年）	北魏孝文帝	文聖尼父	文聖為諡號
北周	大象二年（580 年）	北周靜帝	鄒國公	鄒國為東周國名此為封地
隋朝	開皇元年（581 年）	隋文帝	先師尼父	先師出自《禮記·文王世子》「凡學，春官釋奠於其先師，秋冬亦如之。凡始立學者，必釋奠於先聖先師」
唐朝	武德七年（624 年）	唐高祖	先師	
唐朝	貞觀二年（628 年）	唐太宗	先聖	隋至初唐釋奠禮以周公為先聖孔子為先師唐太宗廢周公以孔子為先聖顏淵配享
唐朝	貞觀十一年（637 年）	唐太宗	宣父	

朝代	年代	封賜來源	封號和諡號	封諡原因及意義來源
唐朝	乾封元年（666 年）	唐高宗	太師	
武周	天綬元年（690 年）	武則天	隆道公	
唐朝	開元二十七年（739 年）	唐玄宗	文宣王	文宣為諡號，「經天緯地曰文」「聖善周聞曰宣」
宋朝	大中祥符元年（1008 年）	宋真宗	玄聖文宣王	玄聖出自《莊子·外篇·天道第十三》「玄聖素王之道也」
宋朝	大中祥符五年（1012 年）	宋真宗	至聖文宣王	因避宋聖祖趙玄朗諱而改至聖，至聖出自《中庸》「唯天下至聖，為能聰、明、睿知、足以有臨也」
西夏	人慶三年（1146 年）	西夏仁宗	文宣帝	
元朝	大德十一年（1307 年）	元成宗	大成至聖文宣王	大成出自《孟子·萬章下》，「孔子之謂集大成，集大成也者，金聲而玉振之也。」「大成」本是古代奏樂的用語。古樂一變為一成，九變而樂終，至九成完畢，稱為大成，後來引申稱集中前人的主張、學說等形成的完整的體系。
明朝	嘉靖九年（1530 年）	明世宗	至聖先師	張璁認為孔子稱王名不正言不順，明世宗依其意見，去王號及大成文宣之稱。
清朝	順治二年（1645 年）	清世祖	大成至聖文宣先師	李若琳提請於元朝時確定孔子封諡，為大成至聖文宣先師
清朝	順治十四年（1657 年）	清世祖	至聖先師	
中華民國	民國二十四年（1935 年）	中華民國	大成至聖先師	

《史記》記載，孔子弟子三千，精通六藝者 72 人，稱「72 賢人」孔子有 10 位

傑出弟子，號稱孔門十哲：出眾的弟子有

德行方面	顏回（顏淵）、閔損（閔子騫）、冉耕（伯牛）、冉雍（仲弓）
政事方面	冉求（冉有）、仲由（子路）。
言語方面	宰予（宰我）、端木賜（子貢）。
文學方面	言偃（子游）、卜商（子夏）。

孔子血緣

孔子十五世祖，微仲，子姓，名衍，宋國第二任國君。

　　『孔子家語』載「仲思名衍，一名泄」，宋微子啟之弟，帝乙之子。微仲死後，其子稽繼位，是為宋公稽。

　　「宋國君主」：宋微子→微仲→宋公稽→宋丁公→宋湣公→宋煬公→宋厲公→宋僖公→宋惠公→宋哀公→宋戴公→宋武公→宋宣公→宋穆公→宋殤公→宋庄公→宋閔公→子游→宋桓公→宋襄公→宋成公→公弟禦→宋昭公→宋文公→宋共公→宋平公→宋元公→宋景公→啟→宋昭公→宋悼公→宋休公→宋桓侯→宋剔成君→宋康王

　　周→秦→吳→姜齊→田齊→魯→燕→蔡→曹→陳→杞→衛→宋→晉→趙→魏→韓→楚→越→鄭

　　1世孔子－2世孔鯉－3世孔伋（子思遺腹子）－4世孔白－5世孔求－6世孔箕－7世孔穿－8世孔謙（七世單傳）－9世孔鮒、孔騰、孔樹－10世孔聚……－73世孔慶鎔－74世孔繁灝－75世孔祥珂－76世孔令貽－77孔德成（台灣考試院長）－78世孔維益、孔維寧－79世孔垂長－80世孔佑仁。

　　第77世孫孔德成之父孔令貽，與王氏有二女一子，長女孔德齊，適前清探花兼書法家馮恕之子，早逝；次女孔德懋，適史學大師柯劭忞之子柯昌汾。

　　孔德成與孫琪方，育有二子二女、孫兒女五人，曾孫兒女三人。長女孔維鄂在美國，長子孔維益卒於1989年，次子孔維寧，次女孔維崍，長孫孔垂長。孔垂長目前從商，與吳碩茵結婚後，長子孔佑仁於2006年2月出生。

孔子世系派序行輩

　　1400年，明惠帝朱允炆賜孔氏八字行輩：「公、彥、承、弘、聞、貞、尚、胤」，以供取名。由於56代及57代衍聖公孔希學及孔訥先後於明洪武時襲封，所以「希」「言」亦用他字輩，排在「公」前。

　　1628年，原行輩不夠應用，經65代衍聖公孔胤植，奏准續十字，取名行輩：「興毓傳繼廣，昭憲慶繁祥」，據《闕里志》載，此十字行輩亦連同十個表字輩：「起鍾振體京，顯法澤羽瑞」。

　　而「弘」字為清高宗避諱改為「宏」，「胤」字避清世宗諱改為「衍」，又有改為「蔭」「允」「壞」，但較少見。

　　1863年，75代衍聖公孔祥珂襲封時因原有行輩經已用盡，故奏准新立行輩為：「令德維垂佑，欽紹念顯揚」。

　　1915年，袁世凱洪憲稱帝，賜孔、孟、顏、曾四裔十字行輩：「鼎新開國運，克復振家聲」，但此不為四裔後代所承認。

　　1919年，76代衍聖公孔令貽又曾擬二十行輩，但未及上呈而逝世。

　　1920年，其遺孀陶夫人召集合族，議定先公所擬20行輩，咨請北洋政府內政部核准。新擬行輩「建道敦安定，懋修肇懿長，裕文煥景瑞，永錫世緒昌」。有文獻將「懿」字改成「彝」「長」字改成「常」「緒」字改成「續」。

　　孔子後裔自56代起至105代行輩如下「希言公彥承，宏聞貞尚衍，興毓傳繼廣，昭憲慶繁祥，令德維垂佑，欽紹念顯揚，建道敦安定，懋修肇懿長，裕文煥景瑞，永錫世緒昌」。

孔子年譜

年歲	公元	紀　事
1 歲	公元前 551 年（魯襄公 22 年）	孔子生於魯國陬邑昌平鄉（今山東曲阜城東南）。因父母曾爲生子而禱於尼丘山，故名丘，字仲尼。孔子出生年月有多種記載，今從《史記·孔子世家》說。
3 歲	公元前 549 年（魯襄公 24 年）	其父叔梁紇卒，葬於防山（今曲阜東 25 里處）。孔母顏征在攜子移居曲阜闕里，生活艱難。
5 歲	公元前 547 年（魯襄公 26 年）	孔子弟子秦商生，商字不慈，魯國人。
6 歲	公元前 546 年（魯襄公 27 年）	弟子曾點生，點字皙，曾參之父。
7 歲	公元前 545 年（魯襄公 28 年）	弟子顏繇生，繇又名無繇，字季路，顏淵之父。
8 歲	公元前 544 年（魯襄公 29 年）	弟子冉耕生，字伯牛，魯國人。
10	公元前 542 年（魯襄公 31 年）	弟子仲由生，字子路，卞人。是年魯襄公死，其子躕繼位，是爲昭公。
12	公元前 540 年（魯昭公 2 年）	弟子漆雕開生，字子若，蔡人。
15	公元前 537 年（魯昭公 5 年）	孔子日見其長，已意識到要努力學習做人與生活之本領，故曰："吾十有五而志於學"。《論語·爲政》
16	公元前 536 年（魯昭公 6 年）	鄭鑄刑鼎。弟子閔損生，字子騫，魯國人。
17	公元前 535 年（魯昭公 7 年）	孔母顏征在卒。是年。季氏宴請士一級貴族，孔子去赴宴，被季氏家臣陽虎拒之門外。
19	公元前 533 年（魯昭公 9 年）	孔子娶宋人亓官氏之女爲妻。
20	公元前 532 年（魯昭公 10 年）	亓官氏生子。據傳此時正好趕上魯昭公賜鯉魚於孔子，故給其子起名爲鯉，字伯魚。是年孔子開始爲委吏，管理倉庫。
21	公元前 531 年（魯昭公 11 年）	是年孔子改作乘田，管理畜牧。孔子說："吾少也賤，故多能鄙事。"（《論語·子罕》)此"鄙事"當包括"委吏"、"乘田"。
27	公元前 525 年（魯昭公 17 年）	郯子朝魯，孔子向郯子詢問郯國古代官制。孔子開辦私人學校，當在此前後。
30	公元前 522 年（魯昭公 20 年）	自十五歲有志於學至此時已逾 15 年，孔子經過努力在社會上已站住腳，故云"三十而立"。（《論語·爲政》)是年齊景公與晏嬰來魯國訪問。齊景公會見

年歲	公元	紀　　　　事
		孔子，與孔子討論秦穆公何以稱霸的問題。弟子顏回、冉雍、冉求、商瞿、梁鱣生。回字淵，雍字仲弓，求字子有，瞿字子木，皆魯國人；鱣字叔魚，齊國人。
31	公元前 521 年（魯昭公 21 年）	弟子巫馬施、高柴、宓不齊生。施字子期，陳國人；柴字子高，齊國人；不齊字子賤，魯國人。
32	公元前 520 年（魯昭公 22 年）	弟子端木賜生，賜字子貢，衛國人。
34	公元前 518 年（魯昭公 24 年）	孟懿子和南宮敬叔學禮於孔子。相傳孔子與南宮敬叔適周問禮於老聃，問樂於萇弘。
35	公元前 517 年（魯昭公 25 年）	魯國發生內亂。《史記·孔子世家》雲："昭公率師擊（季）平子，平子與孟孫氏、叔孫氏三家共攻昭公，昭公師敗，奔齊。"孔子在這一年也到了齊國。
36	公元前 516 年（魯昭公 26 年）	齊景公問政於孔子，孔子對曰："君君、臣臣、父父、子子"。孔子得到齊景公的賞識，景公欲以尼溪之田封孔於，被晏子阻止。孔子在齊聞《韶》樂，如醉如癡，三月不知肉味。
37	公元前 515 年（魯昭公 27 年）	齊大夫欲害孔子，孔子由齊返魯。吳公子季箚聘齊，其子死，葬於瀛、博之間。孔子往，觀其葬禮。弟子樊須、原憲生。須字子遲，魯國人；憲字子思，宋國人。
38	公元前 514 年（魯昭公 28 年）	晉魏獻子（名舒）執政，舉賢才不論親疏。孔子認爲這是義舉，雲："近不失親，遠不失舉，可謂義矣。"
39	公元前 513 年（魯昭公 29 年）	是年冬天晉鑄刑鼎，孔子曰"晉其亡乎，失其度矣。"
40	公元前 512 年（魯昭公 30 年）	經過幾十年的磨練，對人生各種問題有了比較清楚的認識，故自雲"四十而不惑"。弟子澹台滅明生。滅明字子羽，魯國人。
41	公元前 511 年（魯昭公 31 年）	弟子陳亢生。亢字子禽，陳國人。
42	公元前 510 年（魯昭公 32 年）	昭公卒，定公立。
43	公元前 509 年（魯定公 1 年）	弟公西赤生。赤字華，魯國人。
45	公元前 507 年（魯定公 3 年）	弟子蔔商生。商字子夏，衛國人。
46	公元前 506 年（魯定公 4 年）	弟子言偃生。偃字子游，吳國人。
47	公元前 505 年（魯定公 5 年）	弟子曾參、顏幸生。參字子輿，魯國人。幸字子柳，魯國人。

年歲	公元	紀　　事
48	公元前 504 年 （魯定公 6 年）	季氏家臣陽虎擅權日重。孔子稱之爲"陪臣執國命"。（《論語·季氏》） 《史記·孔子世家》雲："陪臣執國政。……故孔子不仕，退而修《詩》、《書》、《禮》、《樂》，弟子彌眾，至自遠方，莫不受業焉。" 陽虎欲見孔子，孔子不想見陽虎、後二人在路上相遇。陽虎勸孔子出仕，孔子沒有明確表態。此事當在魯定公五年或魯定公六年。
49	公元前 503 年 （魯定公 7 年）	弟子顓孫師生。師字子張，陳國人。
50	公元前 502 年 （魯定公八年）	自謂"五十而知天命"《論語·爲政》。公山不狃以費叛季氏，使人召孔子，孔子欲往，被子路阻攔。
51	公元前 501 年 （魯定公九年）	孔子爲中都宰，治理中都一年，卓有政績，四方則之。弟子冉魯、曹垎、伯虔、顏高，叔仲會生。魯字子魯，魯國人：垎字子循，蔡國人：虔字子析，魯國人；高字子驕，魯國人：會字子期。魯國人。
52	公元前 500 年 （魯定公 10 年）	孔子由中都宰升小司空，後升大司寇，攝相事。夏天隨定公與齊侯相會於夾穀。孔子事先對齊國邀魯君會於夾穀有所警惕和准備，故不僅使齊國劫持定公的陰謀未能得逞，而且逼迫齊國答應歸還侵占魯國的鄆、鄟、龜陰等土地。
53	公元前 499 年 （魯定公 11 年）	孔子爲魯司寇，魯國大治。
54	公元前 498 年 （魯定公 12 年）	孔子爲魯司寇。爲削弱三桓，采取堕三都的措施。叔孫氏與季孫氏爲削弱家臣的勢力，支持孔子的這一主張，但此一行動受孟孫氏家臣公斂處父的抵制，孟孫氏暗中支持公斂處父。堕三都的行動半途而廢。 弟子公孫龍生。龍字子石，楚國人。
55	公元前 497 年 （魯定公 13 年）	春，齊國送 80 名美女到魯國。季桓子接受了女樂，君臣迷戀歌舞，多日不理朝政。孔子與季氏出現不和。孔子離開魯國到了衛國。 十月，孔子受讒言之害，離開衛國前往陳國。路經匡地，被圍困。後經蒲地，遇公叔氏叛衛，孔子與弟子又被圍困。後又返回衛都。
56	公元前 496 年 （魯定公 14 年）	孔子在衛國被衛靈公夫人南子召見。 子路對孔子見南子極有意見批評了孔子。 鄭國子產去世孔子聽到消息後，十分難過，稱讚子產是"古之遺愛"。

年歲	公元	紀　　事
57	公元前 495 年 （魯定公 15 年）	孔子去衛居魯。夏五月魯定公卒，魯哀公立。
58	公元前 494 年 （魯哀公元年）	孔子居魯，吳國使人聘魯，就"骨節專車"一事問於孔子。
59	公元前 493 年 （魯哀公 2 年）	孔子由魯至衛。衛靈公問陳（陣）於孔子，孔子婉言拒絕了衛靈公。孔子在衛國住不下去，去衛西行。經過曹國到宋國。宋司馬桓魋（左鬼右隹）討厭孔子，颺言要加害孔子，孔子微服而行。
60	公元前 492 年 （魯哀公 3 年）	孔子自謂"六十而耳順"。 孔子過鄭到陳國，在鄭國都城與弟子失散獨自在東門等候弟子來尋找，被人嘲笑，稱之爲"累累若喪家之犬"。孔子欣然笑曰："然哉，然哉！"
61	公元前 491 年 （魯哀公 4 年）	孔子離陳往蔡。
62	公元前 490 年 （魯哀公 5 年）	孔子自蔡到葉。葉公問政於孔子，並與孔子討論有關正直的道德問題。 在去葉返蔡的途中，孔子遇隱者。
63	公元前 489 年 （魯哀公 6 年）	孔子與弟子在陳蔡之間被困絕糧，許多弟子因困餓而病，後被楚人相救。由楚返衛，途中又遇隱者。
64	公元前 488 年 （魯哀公 7 年）	孔子在衛。主張在衛國爲政先要正名。
65	公元前 487 年 （魯哀公 8 年）	孔子在衛。是年吳伐魯，戰敗。孔子的弟子有若參戰有功。
66	公元前 486 年 （魯哀公 9 年）	孔子在衛。
67	公元前 485 年 （魯哀公 10 年）	孔子在衛。孔子夫人亓官氏卒。
68	公元前 484 年 （魯哀公 11 年）	是年齊師伐魯，孔子弟子冉有帥魯師與齊戰，穫勝。季康子問冉有指揮才能從何而來？冉有答曰"學之於孔子"。季康子派人以幣迎孔歸魯。 孔於周游列國 14 年，至此結束。 季康子欲行"田賦"，孔子反對。孔子對冉有說："君子之行也，度於禮。施取其厚，事舉其中，斂從其薄。如是則丘亦足矣"。
69	公元前 483 年 （魯哀公 12 年）	孔子仍有心從政，然不被用。孔子繼續從事教育及整理文獻工作。孔子的兒子孔鯉卒。
70	公元前 482 年 （魯哀公 13 年）	孔子自謂"七十而從心所欲，不逾矩"。顏回卒，孔子十分悲傷。

年歲	公元	紀　　事
71	公元前 481 年（魯哀公 14 年）	是年春，魯哀公狩獵穫麟。孔了認爲這不是好征兆，說："吾道窮矣"。於是停止修《春秋》。 六月齊國陳恒弒齊簡公，孔子見魯哀公及三桓，請求魯國出兵討伐陳桓，沒有得到支持。 顏回病故。
72	公元前 480 年（魯哀公 15 年）	孔子聞衛國政變，子路被害。孔子十分難過。
73	公元前 479 年（魯哀公 16 年）	四月乙丑日，孔子病逝。葬於魯城北方的泗水邊。魯哀公誄之曰："？天不弔，不漱遺一老，俾屛餘一人以在位，煢煢餘在疚，嗚呼哀哉！尼父！無自律"。不少弟子爲之守墓三年，子貢爲之守墓六年。弟子及魯人從墓而家者上百家，得名孔里。孔子的故居改爲廟堂，孔子受到人們的奉祀。

註：孔子生歿日期，史書各有記載不一：
　　一、西元前-551.8.27.~-479.2.18.
　　二、西元前-551.9.28.~-479.4.11.
　　三、西元前-551.9.28.~-479.3.9.
　　四、西元前-552.10.21.~-479.4.18.
　　五、西元前-552.10.9.~-479.3.9.

諸子百家思想

百家	創始人	思　想	諸子主要著作
儒家	孔子	崇古思想	論語，大學，中庸，孟子，左氏春秋，盧氏春秋，李氏春秋，春秋公羊傳，春秋穀傳，荀子，景子，公孫尼子，寧越，曾子，徐子，思子，世子，芈子，宓子，羊子，魯仲連子，王孫子，漆雕子.
道家	李耳	退讓思想	老子（道德經）關尹子，莊子，列子，文子，鶡冠子，力牧，公子牟，黔婁子，田子，捷子，長盧子，黃帝君臣，鄭長者，王狄子.
墨家	墨翟	博愛思想	墨子名翟，魯國人，生歿不詳，生（-479~-486），死（-390~-376）墨子，田俅子，我子，隨巢子，胡非子.
法家	李悝	法治思想	法經，管子，商君書，韓非子，申子，李子，處子，慎子.
名家	惠施	邏輯方法	惠子.鄧忻子公孫龍子黃公毛公尹文字成公生.
兵家	孫臏	軍事思想	孫子兵法，司馬兵法.

百家	創始人	思　想	諸子主要著作
陰陽家	鄒衍	玄學思想	鄒子馮促子黃帝泰索杜文公關丘子周伯南公.
縱橫家	蘇秦	外交技術	蘇子，張子，關子，蒯子，鬼谷子，零陵，令信.
雜家	呂不韋	綜合思想	呂氏春秋，尸子，淮南子，尉繚子.
農家	許行	農業技術	神農，黔老.
小說家	屈原	文學著作	離騷，九辯，.神女，高唐.

孔　廟

　　孔廟面積 327.5 畝，東西寬 200 公尺，倣皇宮九進院落，有三殿、一閣、一壇、三祠、兩廡、兩堂、兩齋等共 466 間，1443 年立「大成至聖文宣王墓」碑。

莊 子

前-369~-286
宋國蒙邑（今安徽蒙城、河南商丘交界處）

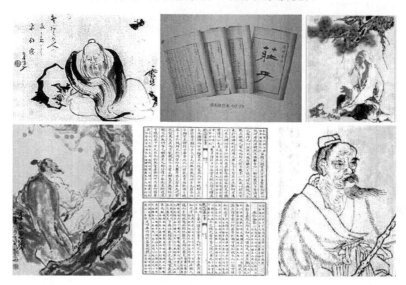

　　莊子，名周，約與孟子同時。戰國時期哲學家，道家思想，學識淵博，才華橫溢，但生性孤傲隱居。喜歡以寓言的形式表達哲學思，其「逍遙遊」「齊物論」「大宗師」與老子並稱為「老莊」提倡「全生」「凡人之生也，天出其精，地出其形，合此以為人，和乃生，不和不生」、「汝神將將守行，形乃長生」、「上與造物者遊，下與外死生，無始終者為友」、「與天地精神往來」、「澹然獨神明居」後世將莊子與老子並稱為「老莊」。莊周為南華真人，稱其著書《莊子》為南華經。

　　莊子屬道家，今本《莊子》僅 33 篇 6 萬 5 千多字，分內篇、外篇、雜篇三部分。

　　莊子寫書風格獨特，《雜篇寓言》以不拘一格的寓言寫作。

　　莊子做過漆園吏以外，沒有做過其它官，一生淡泊名利，主張修身養性，清靜無為，順應自然，追求精神逍遙無待，過著深居簡出的隱居生活。

　　莊子逍遙，憤世嫉俗。「人只知三閭之哀怨，而不知漆園之哀怨有甚於三閭也。蓋三閭之哀怨在一國，而漆園之哀在天下；三閭之哀怨在一時，而漆園之哀怨在萬世。」莊子還被認為是最早的無政府主義者。

　　莊子和老子都是道家的代表人物，但莊子的思想是承繼於老子的，相同點

在「道法自然」，莊子說「天有大美而不言……是故至人無為，大聖不作，觀於天地之謂也。」無為、反對戰爭。

莊子反對儒家的以禮法治國、和法家的以法律治國。莊子與老子一樣，主張無為治國，任其自然，認為「絕聖棄知而天下大治」，君主要「無容私」，「汝游心於淡，合氣與漠，順物自然而無容私焉，而天下治矣。」「至德之世」，「不尚賢，不使能，上如標枝，民如野鹿。端正而不知以為義，相愛而不知以為仁，實而不知以為忠，當而不知以為信，蠢動而相使，不以為賜。是故行而無跡，事而無傳。」

處世哲學

「清貧無積，終身不仕。」莊子認為人活在世上，如「游於羿之彀中」，強調「回聞衛君，其年壯，其行獨；輕用其國，而不見其過；輕用民死，死者以國量乎澤若蕉，民其無如矣。」莊子不願做官，他認為伴君如伴虎，只能「順」。

莊子認為人生應該追求自由，認為如果能做到「齊物」，那麼他便能達到「逍遙」的境界，重「無為」，也被稱為「無待」。「乘天地之正，而御六氣之辯，以游無窮。」心與「道」合一的境界。

莊子認為人虛偽，「人心險于山川，難於知天。天猶有春秋冬夏旦暮之期，人者厚貌深情。」莊子的為人有四點，「一曰立場，站在環中。二曰方法，信奉無為。三曰理想，追慕澤稚。四曰修養，緊守心齋。」「澤雉十步一啄，百步一飲，不蘄畜乎樊中」，是追求自由。「若一志，無聽之以耳而聽之以心，無聽之以心而聽之以氣！聽止於耳，心止於符。氣也者，虛而待物者也。唯道集虛。虛者，心齋也。」，所謂心齋就是要排除心中的種種雜念。

哲學思想

莊子的哲學思想「萬物齊一」，主觀唯心主義，傾向和相對主義詭辯傾向。提倡破除「肉身我」與「認知我」，追求超然物外的審美態度，事於物不著痕迹。

「道」是宇宙的本體，由「道」而產生了天地萬物，「道」本身是萬物之源。「夫道有情有信，無為無形，可傳而不可受，可得而不可見，自本自根，未有天地，自古以固存，神鬼神帝，生天生地。」

老子認為「道可道非常道」，「寓言十九，重言十七，巵言日出，和以天倪。」莊周夢蝶、混沌開竅、庖丁解牛、惠施相梁、螳螂捕蟬等都是其出色的寓言。莊子的文字，堪稱中國文學史上的一宛奇葩，將先秦散文推向了一個新的高峰。

莊子形象

南華老仙，碧眼童顏，手執藜杖，以天書三卷授之曰：「此名太平要術。汝得之，當代天宣化，普救世人；若萌異心，必獲惡報。」有說南華老仙即莊子。蓋道教尊莊周為神仙，奉《莊子》為經典。而相傳說莊周曾隱居於南華山，故唐玄宗天寶初，詔封莊周為南華真人，稱《莊子》為《南華真經》（或《南華經》）。

孟　子

前-372~-289 山東鄒縣

　　孟子，名軻，鄒人。生於鄒，有曰生於（前-390~-305）、亦曰（-372..4.~-289）享壽84歲。孟子是魯桓公的庶長子公子慶父的後代，公子慶父之子公孫敖另立一族，為孟孫氏，或稱仲孫氏、孟氏。

　　孟子的祖先，從魯國遷居到鄒國（今山東省鄒縣），於是孟子成了鄒國人。相傳其父名為激，字公宜；母親仉氏、與李氏之說。孟子三歲喪父，孟母艱辛將他撫養成人，管束甚嚴，「孟母三遷」、「斷杼教子」，成為千古美談，是後世母教之典範。

　　《孟子世家譜》十五、六歲時到達魯國，拜入孔子之孫子思的門下，但根據史書考證發現子思去世時，離孟子出生還早幾十年，所以還是如《史記》中所記載的受業於子思的門人的說法比較可信。

　　孟子是著名思想家，儒家代表人物。著有《孟子》，發揚孔子的思想，成為僅次於孔子的一代儒家宗師，有「**亞聖**」之稱，與孔子合稱為「孔孟」。

　　孟子曾仿效孔子，帶領門徒遊說各國，但不被當時各國所接受，退隱與弟子一起著述。有《孟子》七篇傳世，篇目為《梁惠王》上、下；《公孫丑》上、下；《滕文公》上、下；《離婁》；《萬章》上、下；）《告子》上、下；《盡心》上、下。其學說為〔性〕善論，提出「仁政」「王道」，主張德治。

　　孟子是儒家最主要代表人物之一，唐韓愈著《原道》，把孟子列為先秦儒家

中唯一繼承孔子「道統」人物，其書逐漸受人重視。

1071 年，《孟子》一書首次列入科舉考試科目之中。

1083 年，孟子追封為「鄒國公」，

1804 年，配享孔廟。以後《孟子》一書為儒家經典，南宋朱熹將《孟子》《論語》《大學》《中庸》合稱為「四書」。

1330 年，孟子被加封為「亞聖公」，以後稱為「亞聖」，地位僅次於孔子。

明朝朱元璋有《孟子節文》刪掉《孟子》章句：「民為貴，社稷次之，君為輕」「殘賊之人謂之一夫，聞誅一夫紂矣，未聞弒君也」等。朱元璋曾說「使此老在今日寧得免耶！」越南學者張漢超在文章中說「為士大夫者，非堯舜之道不陳前，非孔孟之道不著述。」

孟子思想

孟子「仁政學說」，講求思想仁愛，人生哲學，即性善。人性、性善論、性惡論和心理利己論。認為人生天賦本性，「性善」或「不忍人之心」，或者說對別人的憐憫之心、同情心。「不忍人之心」也叫「惻隱之心」。此外還有「羞惡之心」、「辭讓之心」、「是非之心」。這四種心（也叫「四端」或「四德」）

孟子認為人與禽獸的差別在「心」，具「善」的本性。「求其放心」，後世稱為「復性」。「反身而誠，樂莫大焉」。「人之初，性本善。」性善論也成為後來儒家的正統觀念。

「民為貴，社稷次之，君為輕。」孟子認為君主應以愛護人民為先，為政者要保障人民權利，這就是孟子的民本思想。「天視自我民視，天聽自我民聽」告誡人君重視民心。

仁政與王道

孟子主張君主行仁政，性善論，「人有不忍人之心」，乃有「不忍人之政」，所謂「幼吾幼以及人之幼，老吾老以及人之老」，由愛護自己的家人，到愛護國民，就是仁政。推行仁政的具體措施是行「王道」，要使人民富足，百姓安樂，即「保民而王」，人民自然擁戴君主，國家自然富強安定。

孟子重「民為貴，社稷次之，君為輕。」「吾今而後知殺人親之重也：殺人之父，人亦殺其父；殺人之兄，人亦殺其兄。然則非自殺之也，一間耳。」「君之視臣如手足，則臣視君如腹心；君之視臣如犬馬，則臣視君如國人；君之視臣如土芥，則臣視君如寇讎。」

主要封贈

1083 年（宋元豐 6 年），升鄒國公。

1330 年（元至順 1 年），加贈為鄒國亞聖公。

1530 年（明嘉靖 9 年），奉為亞聖，罷公爵。

荀 子

（前-313 年－-238 年）周朝戰國末期趙國猗氏（今山西安澤）人

荀子，名況，時人尊而號為「卿」；因「荀」與「孫」二字古音相通，故又稱孫卿。著名思想家，教育家，儒家代表人物之一，提倡性惡論。

『人定勝天』，他認為人的本性是「惡」，只要能掌握日月的照耀，眾星的旋轉的「自然定律」，必「人定勝天」

《史記‧卷七十四‧孟子荀卿列傳第十四》記錄他的生平。荀子於五十年始來遊學於齊，至襄王時代「最為老師」「三為祭酒」。後來被逸而適楚，春申君以為蘭陵（今山東蒼山縣蘭陵鎮）令，春申君死而荀卿廢，家居蘭陵，在此期間，他曾入秦，稱秦國「治之至也」。最後老死於楚國。他曾經傳道授業，戰國末期兩位最著名的思想家、政治家 ── 韓非、李斯都是他的入室弟子，亦因為他的兩名弟子為法家代表人物，使歷代有部分學者懷疑荀子是否屬於儒家學者。

荀子著有《荀子》一書，長受歷代學者的抨擊，故為其註釋者不多。僅唐代楊倞為其作注。直至清代考據學興盛，註釋校訂者才有所增加。其中包括清代王先謙之《荀子集解》，民國時期梁啟雄之《荀子柬釋》，北京大學《荀子》註釋組《荀子新注》，章詩同之《荀子簡注》等。現代研究荀學者也有所增加，出現了諸如高正之《〈荀子〉版本源流考》，夏甄陶之《論荀子的哲學思想》，李德永之《荀子》等；其中比較新出者如：儲昭華之《明分之道》等。

思　想

　　孔子中心思想為「仁」，孟子中心思想為「義」，荀子主「禮」，唯物主義的天道觀，重視社會人們行為規範，「隆禮重法」「尊賢愛民」。以孔子為聖人，但反對子思和孟子為首的「思孟學派」哲學思想，認為子弓與自己才是繼承孔子思想的學者。

　　荀子和孟子的「性善」學說相反，荀子認為人與生俱來就想滿足慾望，若慾望得不到滿足便會發生爭執，主張人性生來是「惡」的，「其善者偽也」（古書「偽」與「為」相通，指心透過思慮、抉擇而後作出的行動，特別是在經過學習之後，就叫做偽，也就是禮義），須要「師化之法，禮義之道」，通過「注錯習俗」、「化性起偽」對人的影響，才可以為善。

　　荀子強調後天學習，樸素的唯物主義者。在天人關係上，荀子反對天命、鬼神迷信之說，肯定了「天行有常，不為堯存，不為桀亡」，即自然運行法則是不以人們的意識為轉移的，主張「明於天人之分」，認為天有「天職」，人有「人分」，提出「制天命而用之」、「應時而使之」的人定勝天思想。既說明規律的不可抗禦，也強調應發揮人的主觀能動性。

　　荀子主張「從道不從君，從義不從父，人之大行也。」荀子繼承孔子的地方，還在於他對於禮和師法的重視，堅持儒家「正名」之說，強調尊卑等級名分的必要性，主張「法後王」即效法文、武、周公之道。又由於主張「性惡論」，荀子成為後來出現的法家的開啟者。

　　荀子在經濟上主張「節用裕民，而善臧其餘」，提出強本節用、開源節流，和「省工賈、無奪農時」等主張。為以後歷朝所遵守，至今仍有借鑒之處。

　　在軍事上，其核心思想是「仁義」，主張以德兼人，反對爭奪。荀子認為「用兵攻戰之本在乎壹民」「在乎善附民」。隆禮貴義，好士愛民，刑賞並重。此外，還論述了為將之道，如六術，五權等。

　　《史記》記載李斯「乃從荀卿學帝王之術」，荀子的「帝王之術」，通過李斯後來的實踐，體現出來。北宋蘇軾在《荀卿論》中說：「荀卿明王道，述禮樂，而李斯以其學亂天下。」朱熹對荀子殊無好感，在彈劾唐仲友的狀子上就有以官錢刊印《荀子》的罪名。

學生及其後學

　　李斯：荀子的主要學生之一，入秦後曾任秦國的廷尉、丞相等，法家代表人物，公元前 209 年被趙高所殺

　　韓非：戰國時期法家最傑出的代表人物，法家的集大成者。出身韓國的公

族，使秦後被秦始皇所留，後遭同學李斯陷害而被殺。其作見於《韓非子》

浮丘伯：戰國至漢初的學者，治《詩》

張蒼：漢初著名的科學家、學者和軍事將領，漢朝開國功臣之一，漢文帝時出任丞相十餘年。張蒼學問比較龐雜，他既是諸子百家中陰陽家的代表人物之一，也是漢初儒家古文經學的代表人物。

吳公：李斯的學生，漢文帝時期任河南守，朝廷考核時為「治天下第一」，賈誼即是由他向朝廷推薦的。

賈誼：張蒼學生，從張蒼學習《春秋左氏傳》，是漢初儒家古文經學的代表人物

劉交：即楚元王，少年時從浮丘伯學習詩、書，及秦焚書時才相別去。即位為楚王後，聞老師浮丘伯在長安，派其子楚夷王與其同學白生、申培公等去長安從浮丘伯完成學業。為《詩經》作傳，稱為《元王詩》。西時期大學者劉向、劉歆都是他的後人。

申公，亦稱申培公，浮丘伯的學生。漢初儒家學者，治《詩》，其弟子主要有王臧等，漢武帝初年興儒學，如其入長安。之前曾因迕逆楚王劉（楚元王之孫）被處以腐刑。

墨　子

前-479~-381 墨子春秋末戰國初期河南魯山人

司馬遷在《史記‧孟子荀卿傳》末附載云：「或曰並孔子時，或曰在其後」。孫詒讓考定，墨子生年約為公元前 468 年，卒年則為前 376 年。

《琅環記》原文：「墨子姓翟名烏。其母夢，日中赤烏飛入室中。炎輝照耀，目不能正瞥覺。生烏，遂名之」。

墨子是戰國著名思想家、政治家。約為以內。他提出了「兼愛」「非攻」「尚賢」「尚同」「天志」「明鬼」「非命」「非樂」「節葬」「節用」「交相利」等觀點，創立墨家學說，有《墨子》一書傳世。主張兼愛、非攻。

墨家在當時影響很大，《孟子‧滕文公》篇云「楊朱、墨翟之言盈天下，天下之言，不歸於楊，即歸墨。」可知戰國之世，墨家屬顯學。《墨子》一書中體現的墨子的思想在後世仍具有一定影響，廣為流傳的《千字文》中便記載了出

自《墨子・所染》的「墨悲絲染」的故事。

墨子曾學習儒術，因不滿「禮」之煩瑣，另立新說，聚徒講學，成為儒家的主要反對派。

墨子與孔子有相當程度上的差異。孔子主張久喪厚葬，對祭祀非常重視，子曰：「食不厭精，膾不厭細。」墨子一生過著簡樸的生活，「量腹而食，度身而衣」，主張「節用，節葬，非樂」，他的弟子也是「短褐之衣，藜藿之羹，朝得之，則夕弗得」。

墨子姓名考

墨氏，名翟。歷史學界至今無法確定墨子的真實姓名，《呂氏春秋》《淮南子》《史記·孟子荀卿列傳》內都稱墨子。司馬遷在孟子、荀卿傳後，有簡略記載：「蓋墨翟宋之大夫，善守禦，為節用，或曰並孔子時，或曰在其後」。《元和姓纂》稱，「墨氏，孤竹君之後，本墨台氏，後改為墨氏，戰國時宋人。墨翟著書號墨子。」墨子長得黑，主張兼愛、非攻。

翟姓，名烏。南齊孔稚圭所著的《北山移文》則稱墨翟為「翟子」，元朝伊世珍所著的《瑯環記》也附和此說，並認為墨子姓翟名烏。清朝周亮工所著的《固樹屋書影》更具體地提出：「以墨為道，今以姓為名。」認為他姓翟，並將姓轉成名；而「墨」是一種學派。晚清學者江瑔所著的《讀子厄言》承襲周亮工的說法，並進一步說明，以為古代確實有「翟」這姓氏，但無「墨」姓，而且戰國諸子中儒、道、名、法、陰陽、縱橫、雜、農、小說等，都沒以姓作為學派名，因此墨應該是學派的名稱。墨取自刑罰名稱

近代學者錢穆的《墨子傳略》從墨刑是古代刑名之一的角度展開研究，認為古人犯輕刑，則罰作奴隸苦工，故名墨為刑徒，實為奴役，而墨家生活菲薄，其道以自苦為極。墨子和弟子們都「手足胼胝，面目黎黑，役身給使，不敢問欲」，人人皆可使「赴火蹈刃，死不旋踵」。這樣，就被稱為墨了。而歷史上西漢淮南王英布遭黥刑後稱為黥布，也是一證。而翟確實是名，因《墨子》和《呂氏春秋》記載墨翟，往往稱「翟」。

墨子里籍考：墨子生於何處，現有書籍並無明確記載，歷史上也有不同的說法，曾有宋人說，楚人說，魯人說，印度人說等。其中宋人說已經為墨學界絕大部分人所認可。

魯人提出清代孫詒讓作《墨子間詁》，在附文《墨子傳略》中，第一次提出墨子為魯國人。其主要依據為：

《墨子・貴義》「墨子自魯即齊」。

《墨子・魯問》「以迎墨子於魯」。

墨子是宋國貴族目夷之後，史載滕州東南有目夷亭。

墨子學說繼承了邾婁文化的傳統，而邾婁號稱「百工之鄉」，而墨子生活習

慣和科技成就與此密切相關。該學說現得到絕大多數墨學研究者（匡亞明、任繼愈、楊向奎、張岱年、季羨林）的認同。

其他學說

胡懷琛撰《墨翟為印度人辨》、《墨子學辨》等論著，首次提出墨子為印度人。他認為墨並非姓，翟也不是姓，更不是名，而是「貃狄」或「蠻狄」之音轉；而且顯示墨子應該是婆羅門。金祖同、陳盛良則說墨子可能是穆罕默德以前的回教徒，衛聚賢考證墨子應為印度人或阿拉伯人。

重要弟子

早期墨家弟子很多，《公輸篇》：「墨子之說楚王曰：『臣之弟子禽滑厘等三百人』」，《淮南王書》「亦謂墨子服役者百八十人，皆可使赴火蹈刃，死不旋踵」，但現存有關墨子及墨家活動的資料很少，「而徒屬名籍亦莫能記述」現存史料中可考之稱「鉅子」者有孟勝、田襄子、腹䵍等三人。

耕柱子、禽滑釐、縣子碩、公尚過、隨巢子、胡非子、

著作：現存《墨子》五十三篇，由墨子和各代門徒逐漸增補而成，是研究墨子和墨家學說的基本材料。

韓非子

約前-296~-233

韓非，又名《韓非子》、《韓子》，先秦時法家，思想家，論著為先秦法家，思想作品內容，充滿批判與汲取先秦諸子多派的觀點，唯物主義哲學家。中國歷史上第一部對《道德經》論註的思想著作。韓非對先秦時期社會各種領域的思維，有系統的對政治策略立場主張的闡發，全面性政策設計表述和深度的對統治技術探究。極為重視唯物主義與功利主義思想，積極倡導君主專制主義理論。

《史記》記載：秦王見《孤憤》《五蠹》之書，曰「嗟乎，寡人得見此人與之遊，死不恨矣！」可知當時秦始皇的重視。

他繼承荀況「制天命而用之」的人定勝天思想，否定儒家的「天命論」；又強調「不期修古，不法常可」，「世異則事異」，斥駁儒家的「法先王」理論。他還反對儒家的「禮治」，提出「法不阿貴」，「刑過不避大臣，賞善不避匹夫」的法治主張。

《韓非子》內容共二十捲分為五十五篇，十多萬言。體裁上，有論說體、辯難體、問答體、經傳體、故事體、解注體、上書體等七種。辯難體與經傳體為韓非首創。在內容方面，則論「法」「術」「勢」「君道」相結合的法治理論。其中以下列五篇最能代表其思想：

1.《孤憤》論述自己對當代法家對更法之志的憤概。

2.《說難》第十二，論述對君主進諫的困難，反映韓非對君主的心理分析之清楚，為論說體。

3.《奸劫弒臣》第十四，前半部論述奸臣的奸行及治奸之法，後半部則反對儒家思想，倡導法家思想治國之道。

4.《顯學》，批判儒家與墨家，闡揚法治，該篇是韓非對法治思想的代表作，亦是中國古代哲學思想的重要史料來源。

5.《五蠹》，『蠹』字意指由內部危損整體的木中之蟲，五蠹指五種蛀蟲，韓非認為為學者（儒家）、言議者（縱橫家）、帶劍者（墨家俠者與俠客）、患御者（怕被徵調作戰的人）、工商買賣者等，為擾亂君王法治的五種人，考量歷史應除掉他們。本篇亦為歷史上公認的韓非子代表作。

韓非子政治思想：《問田》、《飭令》、《難勢》。長篇政論文：《六反》、《八奸》。

韓非子對《老子》思想的個人發揮延伸的思想應用，自然之道與法治的關係、法治思想的論述。

韓非子僅取《老子》『無為』的思想，《老子》認為處世，不需要拘泥固定形式與方式，只要順著大道即可。但韓非認為無為，落實在君王統治上，應該是無論特定喜好，或不喜好都不能被臣下推測與掌握，此觀點還包括施政習慣，統馭方式等，應該陰晴不定，難以掌握。如此才不會反被臣下駕馭，這也就是申不害的「術」。部分學者認為，《解老》與《喻老》部分，似乎與韓非其他論述思想有所出入，可能不是韓非所作。

韓非與儒家之關係

一、性惡思想的影響

韓非之學屬法家，然韓非思想形成受儒家影響極大。荀子主張「性惡」說，異於孟子之「性善」說，以為人性本惡。

《史記》載韓非與李斯並受業於荀卿。韓非習儒家之術，受業於荀子，於荀卿所創「性惡」說，必有深刻認識。韓非主張國君統馭政權與乎政治之運作與道德無關，依此觀點，韓非於人性之見解必歸於性惡說，甚且性惡見解可視為法家統治思想之必要基礎。

二、正名思想之影響

儒家正名主義，始自孔子，其於政治理論，已有為政必先正名之主張；荀子繼承其學，於當時詭辯學者之弄奇辭，亂名實，是非混淆，真偽莫辨，深以為不可，故作正名論，以明是非之形，真偽之狀，俾事物有所分辨而不亂。

三、對於儒家的取捨

荀子與韓非雖然都主張「師法改造」，但是荀子主張以「禮義」來改造，韓非則是主張以「勢」來改造。荀子與韓非都談論到「人皆趨利避害」，否定

內在的道德良知，注重外在的社會規範。

荀子強調人性中只存有自然之性，韓非則是進而談論人性「計較利害」的特點。

荀子與韓非都是從外在的現實世界來闡述其思想學說。荀子的道德價值不在本性中的仁性良知，也不在形上天的本體內容，而是從現實社會的禮義制度來闡述。荀子的思想學說雖有外在權威的傾向，但其學說思想至少還有他律道德的元素在裡面；而韓非則是完全否定一切道德的存在，認定君權才是這世界上唯一的標準，及主張賞罰制度和「法」「術」「勢」的運用，是外在威權的傾向。

儒家思想主張崇尚賢能與仁政思想，韓非則是抱持著反對的意見，認為賢能的人若是沒有權勢的賦予，也無法治理人民百姓。因此，韓非主張賢不如勢，並且強調要運用「法」、「術」、「勢」來管理臣民。

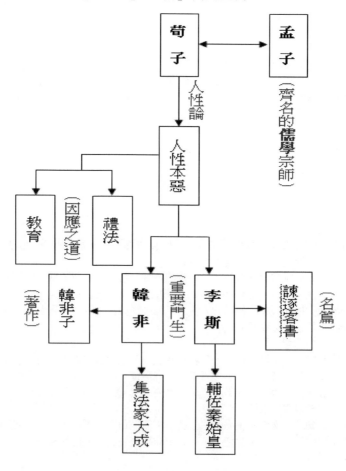

曾子（曾參）

前-505.10.12.~前-435 年山東省平邑縣移居武城春秋末期魯國南武人，

曾參，字子輿，儒家主要代表人物之一，孔子的弟子，世稱「曾子」，有**宗聖**之稱。曾提出「吾日三省吾身」的修養方法，相傳他著述有《大學》《孝經》等儒家經典，後世儒家尊他為「宗聖」。他亦為《二十四孝》中「齧指痛心」的主角。山東濟寧市嘉祥縣南建有曾子廟、曾林（曾子墓）。

曾子的祖先是夏禹的後代，姒姓。曾子的父親曾點，字晳，是孔子的早期弟子之一，行為不拘一格而有狂者的氣質，其舞雩詠歸的志向得到孔子的讚許，成為後世追求精神境界。

前-492 年，14 歲「躬耕於泰山之下，遇大雨雪旬日不得歸，因思父母，而作梁山之歌。」

前-489 年，16 歲拜孔子為師，後積極推行儒家主張，是孔子學說的主要繼承人和傳播者。孔子的孫子孔伋（字子思）師從曾子。孔伋後又傳授孟子。

前 479 年，27 歲。孔子卒，曾參若父喪而無服，守孔子墓。

前-468 年，38 歲，武城大夫聘曾參為賓師，設教於武城。

前 455 年，50 歲，「齊聘以相，楚迎以令尹，晉迎以上卿，皆不應命。」

前 446 年，60 歲。與子夏、段干木等設教於西河一帶。

前-435 年，曾參卒，年 71 歲。

曾子曾提出「慎終，追遠，民德歸厚」的主張。又提出「吾日三省吾身」的修養方法，即「為人謀而不忠乎？與朋友交而不信乎？傳不習乎？」曾聲言道：「士不可以不弘毅，任重而道遠。」「仁以為己任，不亦重乎？死而後已，不亦遠乎？」「可以托六尺之孤，可以寄百里之命，臨大節而不可奪也。君子人與？君子人也？」著述有《大學》、《孝經》等儒家經典，後世儒家尊他為「宗聖」。在儒家文化中與孔子、孟子、顏子、子思共稱為儒家五大聖人。

曾子性情沉靜，不屈從、不苟合，齊國欲聘之為卿，辭而不就。《韓詩外傳》說曾參五十歲時，「齊聘以相，楚迎以令尹，晉迎以上卿，皆不應命。」孟氏使陽膚為師，問於曾子。曾子曰：「上失其道，民散久矣。如得其情，則哀矜而勿喜。」（《論語·子張》）「天下有道，則君子欣然以交同；天下無道，則衡言不革；諸侯不聽，則不幹其士；聽而不賢，則不踐其朝」（《大戴禮記·解詁》）。

曾參察覺到「天圓地方」說存在的矛盾，提出「如誠天圓地方，則是四角之掩也」（《曾子·天圓》）。《曾子·天圓》中指出：「陽之精氣曰神，陰之精氣曰靈，神靈者品物之本也。陰陽之氣各從其行則靜矣。偏則風，俱則雪，交則電，亂則霧，和則雨。陽氣勝，則散為雨露；陰氣勝，則凝為霜雪。陽之專氣

為雹，陰之專氣為霰。霰雹者，一氣之化也。」

《曾子‧大孝》說：「天之所生，地之所養，人為大矣。」認為人是天地間最偉大的，「天地之性為貴」(《孝經》)。《小戴禮記‧禮運》中說：「人者五行之秀氣也。」荀子繼承並發展了這一思想，認為人不是順應自然，屈從於自然，而是能動的改造自然。「從天而頌之，孰與制天命而用之」(《荀子‧天論》)。發現並重視人的作用，這是儒家思想的特點。

傳說曾子於瓜田除草，不慎割斷瓜根，曾點大怒，用棍子將曾子打昏，倒於瓜田，良久始甦，曾子清醒後向父親認罪，他隨後操琴唱歌，以示身體健康。孔子知道這事後，告訴曾參說「小杖則受，大杖則走，今參委身待暴怒，以陷父不義，安得孝乎！」曾參說：「參罪大矣！」。

「曾參，字子輿，事母至孝。曾參採薪山中，家有客至，母無措。參不還，乃齧其指。參忽心痛，負薪以歸。跪問其母，母曰：有客忽至，吾齧指以悟汝耳。」

這就是古代著名的「二十四孝」中的「齧指痛心」。曾參入山打柴，家裡來了客人，母親不知所措，就用牙咬自己的手指。曾參忽然覺得心疼，背起柴迅速返回家中，跪問緣故。母親說：「有客人忽然到來，我咬手指讓你知道。」

曾子是著名的孝子，因此對母親傳出的資訊有著很強的感知力。後人也以詩頌之：「母指方才齧，兒心痛不禁。負薪歸未晚，骨肉至情深。」

《戰國策‧秦策二》記載：「昔者曾子處費，費人有與曾子同名族者而殺人。人告曾子母曰：『曾參殺人。』曾子之母曰：『吾子不殺人。』織自若。有頃焉，人又曰：『曾參殺人。』其母尚織自若也。頃之，一人又告之曰：『曾參殺人。』其母懼，投杼逾牆而走。

說的是曾子住在費的時候，有一個名字也叫曾參的人殺了人，有人去告訴了曾子的母親，曾母開始時還表示相信自己的兒子不會殺人，繼續紡織，等到第三個人來說同樣的事情的時候，曾母也怕了起來，翻牆逃走了。後世用這個典故來比喻人言可畏。李白就在《答王十二雪夜獨酌有懷》中說：「曾參豈是殺人者，讒言三及慈母驚。」

曾子殺彘，或稱「曾子殺豬」、「曾子烹彘」，一則關於兒童教育和誠信的故事，始載於《韓非子‧外儲說左上》。原文如下：

曾子之妻之市，其子隨之而泣。其母曰：「女還，顧反為女殺彘。」妻適市來，曾子欲捕彘殺之。妻止之曰：「特與嬰兒戲耳。」曾子曰：「嬰兒非與戲也。嬰兒非有知也，待父母而學者也，聽父母之教。今子欺之，是教子欺也。母欺子，子而不信其母，非所以成教也。」遂烹彘也。

翻譯為現代漢語為：一天，曾子的妻子要到集市去買東西，她的兒子哭鬧著要一起去，曾妻就哄孩子說：「你要是回家去，媽媽回來後就給你殺豬吃。」曾妻回來後，曾子就拿起屠刀去殺豬。曾妻急忙制止道：「我只是哄孩子玩的。」曾子說：「孩子可不是和你玩的呀！他不懂事，什麼都要向父母學習，聽從父母的教導。現在你哄騙他，就是教他以後騙人。母親欺騙兒子，兒子就不相信母親，這就不能把孩子教育成人。」最後，曾子把豬殺了給孩子吃。

黃石公

　　黃石公本為秦漢時人，後得道成仙，被道教納入神譜。《史記・留侯世家》稱其避秦世之亂，隱居東海下邳。其時張良因謀刺秦始皇不果，亡匿下邳。與下邳橋上遇到黃石公。黃石公三試張良後，授與《太公兵法》，臨別時有言：「十三年後，在濟北谷城山下，黃石公即我矣。」張良後來以黃石公所授兵書助漢高祖劉邦奪得天下，并於十三年後，在濟北谷城下找到了黃石，取而葆祠之・後世流傳有《黃石公素書》和《黃石公三略》二書，蓋為後人托名所作。黃石公，又稱圯上老人。《史記》中記載的仙人，曾經傳授漢朝開國元老張良兵法。

　　出身韓國宰相世族的張良，年輕時即為了報復滅國之仇，於陽武縣博浪沙（今河南省原陽縣）刺殺秦始皇不成，逃隱下邳（今江蘇徐州），躲避通緝。孰料遇到一位老人，刁難張良，要張良在圯橋替老人「三次進履」，老人滿意，送一部《太公兵法》給張良，要張良好好研讀，以便成為王者之師。並說「十三年後，你經過濟北穀城（今山東省平陰縣），見到山下的巨石，那就是我。」

　　張良苦練之後，果然成了一代智謀之士，輔佐劉邦敗滅項羽得天下。十三年後，張良隨劉邦過濟北，果見穀城山下黃石，於是向黃石祭祀，稱為「黃石公」。山東後有穀城黃石公祠，唐朝李棲筠曾作《濟州穀城黃石公祠記》傳世。張良死後，遂與石並葬（史記。留侯世家），後代流傳有兵書「黃石公三略」三卷。

　　張良年輕時即為了報復滅國之仇，於陽武縣博浪沙（今河南省原陽縣）刺殺秦始皇不成，只好隱居下邳（今江蘇徐州），躲避通緝。

　　孰料隱居時卻遇到一位老人，老人刁難張良，態度無禮，張良不想惹是生非，只好在圯橋替老人「三次進履」，後來老人滿意了，送了一部《太公兵法》給張良，要求張良好好讀，以便成為王者之師。並說「十三年後，你經過濟北穀城（今山東省平陰縣），見到山下的黃石，那就是我。」

　　張良苦練之後，果然成了一代智謀之士，輔佐劉邦敗滅項羽得天下。十三年後，張良隨劉邦過濟北，果見穀城山下黃石，於是向黃石祭祀，稱為「黃石公」。

　　山東後有穀城黃石公祠，唐朝李棲筠曾作《濟州穀城黃石公祠記》傳世。

釋迦牟尼佛

前-558~-478 亦云（-558--483）

釋迦牟尼（梵文：शाक्यमुनि，Śākyamuni），原名悉達多‧喬達摩（巴利文：SiddhatthaGotama；梵文：सिद्धार्थगौतम，SiddhārthaGautama），古印度釋迦族人，生於現在尼泊爾的南部，佛教創始人。成為佛陀後被尊稱為釋迦牟尼，佛陀（Buddha）的意思是「覺悟者」，也就是徹底覺悟宇宙和生命真相的人；在民間信仰中也常稱呼為佛祖。

釋迦牟尼佛祖「聖道教義」俗姓喬答摩俗，號悉達多，公元前-558年出生於古印度北剖尼泊爾迦毗羅國淨飯王兒子，年25結婚，二子，29歲發現民瘼疾苦，回宮聚財濟施，苦思救世，遂棄王族進入東方藍摩國苦修，前-478年功德圓滿，安祥盤坐槃於菩提下成佛，聖壽（-558~-478）80歲，亦有云釋迦牟尼佛-483年崩。

「佛誕紀年」簡稱佛曆元年，黃紀2155年，民國前2454年。

佛教起源於公元前六至五世紀，相當於我國春秋時代，距今約2,500多年，這正是印度奴隸制度經濟急劇發展，大批城市國家興起的時期。佛陀出剎帝利王族，但在菩提樹下發出「大地眾生皆有如來智慧德相」「四姓出家，同為釋氏」四海皆兄弟，用慈悲、平等的精神，遁世苦行，宣揚佛法，真理教化人間。

關於釋迦牟尼的生卒年歷來眾說紛紜，北傳佛教現在根據漢譯《善見律毘婆沙》的「出律記」推斷為公元前565年-前486年，南傳佛教則作公元前624年-前544年或公元前623年-前543年。中國藏傳佛教格魯派，又傳有公元前1041年-前961年之說。

姓名釋義

『釋迦牟尼』是後人對他的尊稱。「釋迦」他所屬的部族釋迦族的名稱，有「能」「勇」意思；「牟尼」意為「文」「仁」「寂默」，所以漢文翻譯又作「能仁

寂默」「釋迦文佛」等。在《梨俱吠陀》的誦詩中，曾經記載一種出家修行者，稱為「牟尼」，他蓄長髮、著褐色的髒衣、可以飛行空中，喝飲毒汁而無事，所以「釋迦牟尼」，可意譯為「來自釋迦族的修行成就者」「釋迦族的聖人」。

　　「悉達多」（梵文：Siddhartha，巴利文：Siddhattha），意思是「吉財」「吉祥」「一切功德成就」，又作「薩婆曷剌他悉陀」（梵文：Sarvarthasiddha），意為「意義成就」或「一切義成」。傳統上認為「喬達摩」或「瞿曇」（Gautama）是釋迦牟尼的氏族名稱，即釋迦族祖先的姓氏。但這應非他的姓氏，而是依照古印度貴族的習慣，由《梨俱吠陀》讚歌的作者仙人家族喬答摩，所取的另一個名字。此外，大乘佛教對他又有不同的尊稱，如《華嚴經》中又稱他為毗盧遮那佛，是光明遍照的意思，俗謂大日如來。

佛陀誕生

　　佛陀時代，印度北部有十六大國，都是君主制國家；釋迦族統治的是東北部邊緣四小國之一的，屬於剎帝利階級迦毗羅衛國，採取共和制，以憍薩羅（Kosāla）為宗主國。釋迦牟尼即出生於迦毗羅衛國（Kapilavastū），於釋迦族。父親為淨飯王，母親為摩耶夫人。根據巴利文《中部・稀有未曾有法經》和梵文《佛所行讚》的記載，佛陀的母親摩訶摩耶王后在夢中受孕的經過以及他的成長。

> 　　四個守護天使來到，把她連床提起，帶到喜馬拉雅山。……然後這四個天使的妻子們前來，把她帶到阿諾達蒂湖，為她沐浴，以除去所有屬人的污垢。……不遠之處便是銀山，其中有一座金色的大宅。天使在宅內鋪好一張聖床，床頭向東，扶她躺在床上。當時，未來的佛陀已變成一頭壯碩的白象。……他爬上銀山，……繞著母親的床遊行三次，右邊向著那床，從她的右側碰她，看來進入了她的腹內。她於是在這個仲夏的節日懷了孕。

　　王后把這件事奏告她的國王丈夫。國王於是召集了 64 名顯赫的婆羅門教僧侶，賜衣食給他們，叫他們解釋這夢。他們的回答是「王上不必憂慮！…將會有一個兒子。他如果繼續在家裏生活，就會成為轉輪聖王；但如果他厭世出家，就會成為佛陀，驅散罪孽的雲霧和這個世界的愚昧。」根據巴利文《中部・稀有未曾有法經》和《長部・大本經》記載，在母親摩耶夫人返回娘家的途中，她於蘭毗尼園無憂樹下站立生下了釋迦牟尼。《中阿含經・未曾有法經》和《長阿含經・大本經》有佛從母右脇出生的說法。

出家成道

29歲那年是他一生的轉捩點，他的兒子羅睺羅在那年出生。他在外出巡遊時，恰遇老人、病人、死者和修行者，深感人間生老病死的苦惱，經常在閻浮樹下沉思，但是不得離苦之道，於是在29歲時的某個月夜乘馬出家修道。

為了尋求解脫，他遍訪名師，遇阿羅陀迦蘭（AlaraKalama）。阿羅陀為沙門師，日後的佛陀要求按照阿羅陀的教義和教規過梵行生活。這種教義主張通過一系列禪定功夫，達到無所有處定，即是意識上一切空無所有，進入甚深的禪定狀態。不久釋迦牟尼達到了阿羅陀所教導的一切，使後者大為嘆服，建議合作領導他的沙門團體。然而釋迦牟尼卻不滿足於這種學說而選擇退出。仍未成道的他接著又跟隨鬱陀羅摩子（UdrakaRamaputra）修行，得到非想非非想處定。但是他認為這仍然不是解脫的境界，然而釋迦牟尼已經找不到老師。

佛陀證道

於是釋迦牟尼與五比丘在苦行林中苦修6年，忍受飢餓痛苦。35歲時，意識到苦行無法達到解脫，轉而前往菩提伽耶，後在菩提樹下禪定，並發願不成正覺，永不起身。直到了第七日中的第七夜，天正曉明，瞻望明星而悟道。悟得三明與四諦，證得無上正等正覺，而成為佛陀。

佛陀悟道之後，在鹿野苑開始傳道，為憍陳如等五比丘宣說「四聖諦」。此為出家僧團的開端。後來波羅奈國長者耶舍，成為佛陀弟子，僧團在此擴張，超過百人，也開始有了在家居士的護持。佛陀教團以此為中心，逐漸擴大教化。淨飯王聽到佛陀的消息，派遣侍者前往，邀請佛陀回國說法。釋迦族的貴族子弟，如富樓那尊者、阿難陀、提婆達多等人，紛紛加入僧團。此後說法住世四十五年，度化了許多弟子，其中著名的有舍利弗、目犍連、大迦葉、阿難等。他為了度化眾生，走遍印度各地，以摩揭陀、憍薩羅、拔沙三國為中心，曾在憍薩羅舍衛城的祇園精舍說法25年。

般涅槃

佛陀在婆羅雙樹間般涅槃八十歲時，佛陀在毗舍離城坐雨安居，宣布將在三個月後般涅槃，偕弟子向西北行走，後食用鐵匠純陀（周那）奉獻的世間奇珍栴檀樹耳（Sukara-maddava），重病發作（南傳記載為痢疾，北傳記載為背痛）。釋迦牟尼口渴，讓阿難去給他打水喝。釋迦牟尼喝完，同弟子們繼續向前走。走到醯連尼耶瓦提河的岸邊，佛告知弟子們將入涅槃，命阿難在兩棵娑羅樹中

間鋪下臥具（《雜阿含經》記載為「繩床」），頭部向北，佛陀躺下，向右側偃臥，左足置右足上，弟子們都守候在身邊，聆聽佛陀的最後教誨。夜裡須跋陀羅（Subhadda）去求佛開示，成為佛陀的最後弟子，佛於此拘屍那羅城附近的娑羅雙樹下入滅。火化後的舍利子由摩揭陀國王阿闍世和釋迦族等八王帶回建塔（即舍利塔）供養。

身後事蹟

在佛涅槃後的坐雨安居，摩訶迦葉率五百大阿羅漢，在王舍城外集會合誦經典；由持戒第一的優波離誦出律藏，由多聞第一的阿難陀誦出經藏。經過大眾的認可，這是佛教的第一次結集。此後弟子們陸續彙集、整理佛陀一生的言傳身教，又通過多次結集，形成經、律、論「三藏」。佛教在印度孔雀帝國阿育王時代傳遍印度全境並對外傳播至斯里蘭卡、金地等地，公元十二世紀後佛教在印度本土絕跡，印度教有釋迦牟尼是毗濕奴第九化身的說法。隨著現代佛法傳播範圍的日益擴大，佛教逐漸成為世界性的宗教。

關於釋迦牟尼基本的教義，後世有許多不同的見解，但是無論是大乘佛教、部派佛教都同意保存在《阿含經》中的四聖諦、八正道、十二因緣、三十七道品等，是釋迦牟尼最初的教義。

玄　奘

602~664 年
出生於洛州緱氏縣（今河南省偃師市南境）

玄奘，梵文：ह्वेनसांग/hvenasāṃga）俗名陳名褘，漢傳佛教史上最偉大的譯經師之一，中國佛教法相唯識宗創始人。俗姓陳，名褘，他是中國著名古典小說《西遊記》中心人物唐僧。東漢名臣陳寔（104-187）的後代，曾祖父陳欽，曾任東魏上黨（今山西長治）太守，祖父陳康，為北齊國子博士，父親陳惠，在隋初曾任江陵縣令，618 年辭官隱居，此後潛心儒學修養。玄奘有三個哥哥，二哥陳素，早年於洛陽淨土寺出家，以講經說法聞名於世，號長捷法師。系出書香世家，八歲能熟背孝經，11 歲不幸失怙，13 齡隨二哥出家，入洛陽淨土寺，禮道基上人為剃度師。隋末天下大亂，洛陽不安，隨兄入長安，然大唐初建，長安尚不安定，知名之學僧，則相繼遠離長安，避難於四川成都，玄奘與其兄亦由子谷隘入成都之慧日寺，嗣受戒，而奠佛教經論堅實基礎。21 歲為深入各宗義理，不顧其兄，長捷法師之勸，而離開成都，沿長江經湖北、湖南、江西、浙江、江蘇、河南、河北，四處遊學，足跡遍半個中國。

玄奘遊學期間，研習各師學說，習而不倦，精進探研，對所學並不滿足，為解決「經有不周，義有所關」之疑，乃決往西方取經求法。

《大唐大慈恩寺三藏法師傳》玄奘幼年人品高貴、智慧聰明、個性獨立，在八歲那年父親陳惠坐在旁邊為他的孩子講授《孝經》時，玄奘聽到「曾子避席」時，忽然整理好衣服站起來，陳惠問玄奘為什麼突然起身，年幼的玄奘回答：「曾子聽聞老師的教誨就起身聆聽，玄奘要奉行慈父的家訓，怎麼還能坐在那裡呢！」父親陳惠很高興，特別召告族人宗親這件事。玄奘早熟有智慧，從此更是精通經書妙義，童年的玄奘，就喜歡閱讀先聖先賢的書籍，不是高雅正派的書不看，不是聖賢哲人的門風不學，年幼的玄奘，身不結交童蒙稚友，足不涉市集雜語，就算街頭鑼鼓喧天，巷尾戲曲歌舞叫聲，男女聚集交談笑聲等，玄奘都不曾好奇前往觀看。

602 年，玄奘出生，少時因家境貧困，跟長捷法師住淨土寺，學習佛經五年。學習了小乘、和大乘佛教，而他本人偏好後者。

613 年，就熟讀《妙法蓮華經》《維摩詰經》。

615 年，13 歲，出家，博讀經倫，深感當時佛教理論分岐，無所適從，西去印度求法。玄奘離開印度東歸，戒日王於鉢羅耶迦開「無遮大會」。

618 年，隋朝滅亡。玄奘跟長捷法師前往唐朝首都長安，後得知當時名僧多在蜀地，因而又同往成都。在那裡聽寶暹講《攝論》、道基講《雜心》、惠振講《八犍度論》。三、五年間，究通諸部，聲譽大著。

622 年，玄奘在成都（據傳在成都大慈寺）受具足戒。

624 年，離開成都，沿江東下參學。先到了荊州天皇寺。講《攝論》、《雜心》，淮海一帶的名僧聞風來聽。六十高齡的大德智琰也對他執禮甚恭。講畢以後，繼往趙州從道深學《成實論》，又到揚州聽惠休講《雜心》、《攝論》。

627 年，玄奘毅然由長安私發，冒險前往天竺。路經高昌國，得高昌王麴文泰禮重供養，復欲強留奘師以為國之法導，奘師「水漿不涉於口三日，至第四日，王覺法師氣息漸惙，深生愧懼，乃稽首禮謝」，遂與奘師結為義兄弟，相

盟自天竺返國時更住高昌三載受其供養，講經說法。

629 年，玄奘從長安出發離開高昌西行，晝伏夜行，至瓜州，唐朝律令禁唐人出番，涼州都督令玄奘返京，幸州官佛教徒李昌協助放行，得繼續西行往「伊吾」至玉門關，陪伴同行胡人藉故離隊他去，僅剩瘦馬伴隨玄奘，經過杳無人煙，白骨成堆荒漠，歷經八百里沙漠、戈壁，西域諸國，翻越帕米爾高原

630 年，在異常險惡困苦的條件下，以堅韌不拔，克服重重艱難險阻，終於到達天竺那爛陀寺，拜戒賢為師。

留學那蘭多寺五年，印度天竺遊學十有二年，玄奘跟隨、請教諸多著名高僧，停留過的寺院，包括當時如日中天的著名佛教中心那爛陀寺，向印度佛學權威戒賢法師學習《瑜伽師地論》與其餘經論，戒賢是護法的徒弟，世親的再傳弟子。

639 年，他在那爛陀寺代戒賢大師講授《攝大乘論》和《唯識抉擇論》。此後，玄奘還徒步考察了整個南亞次大陸。

學成以後，他立真唯識量論旨，在曲女城無遮辯論法會上 18 天，無人敢於出來辯難，他因此不戰而勝，名聲鵲起，威震全天竺，被當時大乘行者譽為摩訶耶那提婆（Mahayanadeva），亦即「大乘天」，被小乘佛教徒譽為木叉提婆，亦即「解脫天」。

640 年，回那蘭陀寺講學，篡述「會宗論」，提出「制惡見論」，博得極高榮譽，被稱為「大乘天」。

643 年，玄奘學成，攜帶佛經 657 部梵文、佛像、花果種子等，束裝歸國，印度國王懇留不成，率文武百官送行 20 里，與大師相別。

645 年正月 24 日，歷 19 年，行 25,000 公里，自印度返抵長安（627-645），唐太宗命文武大臣，率僧、道、尼等列隊相迎，幡旗蔽天，焚香散花人潮長達五里。唐太宗親切接待。

玄奘由印度帶回舍利子 150 粒、佛像 7 尊、佛經 657 部，陳列街市供人瞻仰。

玄奘表示希望前往嵩山少林寺譯經，唐太宗卻指定住長安弘福寺。

玄奘精梵文、漢文，直譯意譯融為一體，共譯經論 775 部、1,235 典，創法相宗，綜合印度十大論師著作譯成「唯識論」作為「法相宗」經典，提出「入識論」宣傳「萬法唯識」、「心外無法」故法宗又稱唯識宗。

奉唐太宗敕命記述取經旅程經過，玄奘口述，弟子辯機撰文「大唐西域記」共 12 卷，書中記玄奘親歷城邦、地區、國家的見聞和經過概況。

647 年，玄奘重遊長安學習外國語文和佛學。先後從道岳、法常、僧辯、玄會諸師鑽研《俱舍》《攝論》《涅槃》，他很快就窮盡各家學說，其才能倍受稱讚，聲譽滿京師。僕射蕭瑀奏請令他住莊嚴寺。

652 年，玄奘在長安慈恩寺的西院築五層塔（大雁塔）貯藏自天竺攜來的經像。

1962 年，寺內建立玄奘紀念館。大雁塔成為玄奘西行求法、歸國譯經的建

築紀念物。在唐太宗大力支持下，玄奘在長安設立譯經院（國立翻譯院），參與譯經的優秀學員來自全國以及東亞諸國。他花了十幾年時間在今西安北部約150公里的銅川市玉華宮內將約1,330卷經文譯成漢語。玄奘本身最感興趣的是「唯識」部分。這些佛經後來從中國傳往朝鮮、越南、日本。

657年5月，高宗下敕，要求「其所欲翻經、論，無者先翻，有者在後」。

9月，玄奘藉著陪駕住在洛陽的機會，第二次提出入住少林寺的請求「望乞骸骨，畢命山林，禮誦經行，以答提獎」。次日，高宗回信拒絕。

奘師一生所翻經論，合計74部，總1,338卷（學界說法為75部，1,335卷），另外，由玄奘大師口述，弟子僧辯機筆撰的《大唐西域記》，堪稱中國歷史上的經典遊記，允為瑰寶。

663年10月，玄奘譯完《大般若經》感慨說「向在京師，諸緣牽亂，豈有了日？」

664年2月5日，玄奘圓寂，葬於白鹿原雲經寺；

669年，改葬於少陵原（又稱鳳棲原），建有舍利塔，並在此興建興教寺。

1944年，頂骨舍利現供奉於世界上九個地方，被掠奪到日本。最早安放在東京佛教聯合會所在的增上寺。為防止被戰火毀壞，放到埼玉縣的慈恩寺。第二次世界大戰結束後，當時在慈恩寺寄居的日本佛教聯合會顧問水野梅曉，將舍利子歸還中國，將頂骨舍利供奉在台灣慈恩寺。

1949年，日本東部鐵道公司根浸捐贈16噸重花崗岩，開始修建玄奘塔。

1953年，玄奘塔落成，並舉行隆重典禮。

1980年，慈恩寺打開玄奘塔取出舍利，住持大島法師分贈大阪藥師寺高田法師。

1981年，藥師寺舉行落成典禮。

道　教

　　道教，是發源於古代本土中國春秋戰國的方仙道，是一個崇拜諸多神明的多神教原生的宗教形式，主要宗旨是追求長生不死、得道成仙、濟世救人。在古中國傳統文化中佔有重要地位，在現代世界的也積極發展。道家雖然從戰國時代即為諸子百家之一，道教把原為道德哲學家神化了。直到漢朝後期才有教團產生，益州（今四川）的天師道奉老子為太上老君。至南北朝時道教宗教形式逐漸完善。唐代尊封老子，為了美化唐皇室，說老子（太上老君）是唐室先祖。

　　道教以「道」為最高信仰，認為「道」是化生中原萬物的本原。在中華傳統文化中，道教（包括道家、術士等）被認為是與儒學和佛教一起的一種佔據著主導地位的理論學說和尋求有關實踐練成神仙的方法。

　　現在的道教，在中國古代宗教信仰基礎上，承襲方仙道、黃老道和民間天神信仰等分宗教觀念和修持方法，奉太上老君為教主，老子《道德經》等為修仙境界經典，追求修煉成為神仙的一種中國的宗教。道教成仙或成神的主要五種方法：服食仙藥，外丹，煉氣與導引，內丹修煉，藉由道教科儀與本身法術修為等儀式來功德成仙。

　　道教與道家不同，道家是學問，道教是宗教。道教是人神溝通的占卜等多種方式，演變成商周時期的祭祀上天和祖先。春秋戰國時期，古代宗教經歷顯著的理性化演變，與社會文化知識的分化。諸子百家尤以道、儒、墨為「顯學」且當時的陰陽家、神仙家興起，在歷史有所的影響。至東漢，社會因為戰亂與漢朝崩潰導致對宗教產生急迫的需求，於是原本儒學逐漸宗教化，此時也於傳入佛教。在這種社會背景下，道教的主要創始人物張道陵綜合傳統的鬼神崇拜、神仙思想、陰陽術數，巫術並於與漢代所崇尚黃老道家的思潮逐漸融合；道教教派也於此時形成[7]。道教雖奉老子為教主，莊子為祖師，但其主張與老莊的思想並不完全一致，而更多得益於漢初盛行的以老子之名言修道養壽的黃老道。道教的另一淵源是始於戰國、盛於秦漢的方仙道。方仙道分行氣（含導引）、服餌、房中三派。行氣派尊彭祖、王喬、赤松子為始祖；服餌派以羨門、安期生為代表；房中派以容成、務成子為代表。此外，亦可遙追殷商的鬼神崇拜。

　　由於受歐美文化影響，現在的「道教」，認為起源於西元 142 年東漢張道陵所創立的「五斗米道」，道教並非創自三張父子。《後漢書》：張魯字公旗，初祖父陵，順帝時客於蜀，學道鶴鳴山中，造作符書以惑百姓。受其道者輒出米五斗，故謂之米賊。陵傳子衡，衡傳於魯，魯遂自號師君。其來學者，被名為鬼卒，後號祭酒。祭酒各領部眾，眾多者名曰理頭。皆校以誠信，不聽欺妄。有病，但令首過而已。諸祭酒各起義舍於路，同之亭傳，縣置米肉以給行旅。食者量腹取足，過多則鬼能病之。犯法者先加三原然後行刑，不置長吏，以祭酒為理，民夷信向。朝廷不能討遂就拜魯鎮夷中郎將，領漢寧太守，通其貢獻。

　　《三國志張魯傳》劉宋。裴松之注引《典略》：熹平中（靈帝年號，西元 172~177 年），妖賊大起，三輔有駱曜。

　　東方有張角，漢中有張脩。駱曜教民緬匿法，角為太平道，脩為五斗米道。太平道者，師持九節杖，為符祝（咒）。教病人叩頭思過，因以符水飲之，得病

或曰淺而愈者，則雲此人信道；其或不愈，則為不信道。脩法略與角同，加施靜室，使病者處其中思過[10]；又使人為姦令、祭酒。祭酒主以老子五文，使都習，號為姦令，為鬼吏，主為病者請禱。請禱之法，書病人姓名，說服罪之意，作三通，其一上之天，著山上；其一埋之地；其一沉之水；謂之三官手書。使病者家出米五斗以為常，故號曰五斗米師。實無益於治病，但為淫妄，然小人昏愚，競共事之。後角被誅，脩亦亡。及魯在漢中，因其民信行脩業，遂增飾之。教使作義舍，以米肉置其中以止行人。又教使自隱，有小過者，當治道百步，則罪除。又依《月令》，春夏禁殺，又禁酒。流移寄在其地者，不敢不奉[11]。在《典略》這段文獻的記載中，裴松之以為張脩是張衡之誤。姑且不論人名是否有誤；但可以很清楚看出當時的教派相當多；五斗米道與太平道一樣，都僅能算是道教的一個派別支流；在當時的道教，不僅僅是張陵張魯一家而已。而且或說張陵撰，或說張魯撰，常以「偽伎」一語，來攻擊其他教派，可以看出當時不僅道教的派別多，還常互相攻擊。又張道陵所傳之經，稱為正一經；《雲笈七籤。卷六第四》：「《正一》者，真一為宗，大上所說。《正一經》，天師自云：『我受於太上老君，教以正一新出道法。謂之新者，物厭故舊，盛新，新出，名異實同，學正除邪，仍用舊文，承先經教，無所改造。亦教人學仙，皆用上古之法。』王長慮後改易師法，故撰傳錄文，名曰《正一新出儀》。」由張陵的標榜「新出」，可知當時舊經舊法固多。而通常宗教都是發展到某個階段後，才會定向分裂，成為多種不同的教派；由此可印證道教不創自張道陵。因而若以道教歸屬於張道陵所創不合乎於史實。因此，其他道教分支為了以示區別，也就不再以「道教」自稱。

　　道教的稱呼在形成初期有所不同，先秦時期的諸子百家中許多人都曾經以「道」來稱呼自己的理論和方法。儒家、墨家、道家、陰陽家甚至佛教都曾經由於各種原因自稱或被認為是「道教」。儒家最早使用「道教」一詞，將堯、舜等先王之「道」和孔子的言「教」稱為「道教」。

　　道教是一個多神教，最高的神是由道衍化的三清（「一炁化三清」）尊神，即元始天尊、靈寶天尊和道德天尊，其中道德天尊即是太上老君[14]。

　　另外道教先人認為天地人中定數代表天庭及玉皇大帝與地獄和海中世界的概念，作為天庭的附屬，也發展出了閻羅地府和龍王水晶宮的一系列神仙官員，再加上地方神仙系列如四值功曹、山神、城隍、土地神、灶君等[14]。古代-制定中國古代神話中的西王母、九天玄女等。中國道教信奉的神仙譜系極為繁雜。

　　《太平經》中「神仙」分為六等，張君房《雲笈七籤》道書中「神仙」分為十個等級，以道書來說，道教的神仙譜系中，最高為「三清」、「四禦」，最低為「城隍」、「土地」。這是經過長期演化才逐漸定型的。如媽祖、關帝、岳王、雙忠等，本為民間的豪傑英烈，因為民間信仰而納入道教的神仙。道教早期雖然不供神像，但為了傳播方便而開始塑造神像供奉，在大型道教宮觀中，必有「天尊殿」（或曰「三清閣」）以及「四禦殿」，至於其他神仙，則根據道觀之歷史、地理特點而不盡相同，並合祀「三清」神像。此外，道教先人認為人身也

是一個小天地，因此人身上的各種器官，例如毛髮、五官等等也都有神靈駐守，而且還有相應的修持方法，如三屍神與庚申信仰。

現今人引述在《封神榜》裡的神尊，屬於小說野史，與道教記載有很大差別。

道教戒律

道教戒律是一些約束道士思想言行的準則。是由北魏寇謙之創立，因為早期張道陵所制的道戒不嚴。而且提倡道徒於每月塑望之日集會於道觀，集體行黃赤之術（即集體行房）。到北魏時期道戒鬆散各成一體，教職多為父承子繼。到了隋朝根本廢除集體黃赤之術和交五斗米入道。道教的戒律依照不同的教派，有著不同的內容。一般說來，全真派的戒律嚴於符籙派。戒律的內容主要有不得殺生，不得喝酒吃肉，不得偷盜，不得邪淫等。戒律是教徒必須遵守的，全真三堂大戒在清朝白雲觀高道王常月於（缽鑒）稱丘處機才樅道教傳統戒律，乃彷彿教沙彌，比丘，菩薩三戒之制定初真，中極，天仙戒。而且必須有一個受戒儀式一名道士才能算作教徒。根據規則的嚴緊程度，戒律可以分成上品戒，中品戒，下品戒。根據戒條的多少有「三戒」、「五戒」、「八戒」、「十戒」、「老君二十七戒」等。

1.「五戒」為「不殺生」、「不偷盜」、「不邪淫」、「不妄語」、「不飲酒」。

2.「八戒」為「不殺生」、「不偷盜」、「不邪淫」、「不妄語」、「不飲酒」、「不得眠坐高廣華麗之床」、「不得塗脂抹粉」、「不得觀聽歌舞」

除戒律外，還有道教清規，就是道士犯戒以後的處罰手段。具體條例派別不同則規定也不同。

三、歷代皇帝

朝代	歷　代　皇　帝
秦	始皇帝嬴政前 246-210 前 221 年始稱皇帝 二世嬴胡亥前 210-207 嬴子嬰前 207-206 始皇帝孫，一說始皇帝弟
西漢	高祖劉邦前 206-195 惠帝劉盈前 195-188 高后呂雉前 187-180 高祖之后，惠帝之母 文帝劉恒前 180-157 高祖之子 景帝劉啟前 157-141 武帝劉徹前 141-87 昭帝劉弗陵前 87-74 宣帝劉詢前 74-49 武帝曾孫 元帝劉奭前 49-33 成帝劉驁前 33-7 哀帝劉欣前 7-1 元帝孫，定陶恭王子 平帝劉衍前 1-公元 5 元帝孫，中山孝王王 孺子嬰 6-8 宣帝玄孫，廣戚侯子
新朝	王莽 9-23
東漢	光武帝劉秀 25-57 西漢景帝七世孫 明帝劉莊 57-75 章帝劉炟 75-88 和帝劉肇 88-105 殤帝劉隆 105-106 安帝劉祜 106-125 章帝孫，清河孝王子 少帝劉懿 125 章帝孫，濟北惠王子 順帝劉保 125-144 安帝子 沖帝劉炳 144-145 質帝劉纘 145-146 章帝玄孫，渤海孝王子 桓帝劉志 146-167 章帝曾孫，蠡吾侯子 靈帝劉宏 167-189 章帝玄孫 少帝劉辯 189 獻帝劉協 189-220 靈帝子

朝代	歷　代　皇　帝
三國魏	文帝曹丕 220-226 明帝曹叡 226-239 齊王曹芳 239-254 明帝養子 高貴鄉公曹髦 254-260 元帝曹奐 260-265 武帝孫（武帝指曹操，由曹丕追封）
蜀	昭烈帝劉備 221-223 後主劉禪 223-263
吳	大帝孫權 222-252 會稽王孫亮 252-258 景帝孫休 258-264 大帝子 末帝孫皓 264-280 大帝孫
西晉	武帝司馬炎 281-290 惠帝司馬衷 290-306 懷帝司馬熾 306-313 愍帝司馬鄴 313-317
東晉	元帝司馬睿 317-322 司馬懿曾孫，琅邪恭王子 明帝司紹 322-325 成帝司馬衍 325-342 康帝司馬岳 342-344 明帝子 穆帝司馬聃 344-361 哀帝司馬丕 361-365 成帝子 廢帝司馬奕 365-371 成帝子 簡文帝司馬昱 371-372 元帝子 孝武帝司馬曜 372-396 安帝司馬德宗 396-418 恭帝司馬德文 418-420 孝武帝子
十六國（略）	
南北朝宋	武帝劉裕 420-422 少帝劉義符 422-423 文帝劉義隆 423-453 孝武帝劉駿 453-464 前廢帝劉子業 464-465 明帝劉彧 465-472 文帝子 後廢帝劉昱 472-477 順帝劉準 477-479 明帝子

朝代	歷　代　皇　帝
南齊	高帝蕭道成 479-482 武帝蕭賾 482-493 明帝蕭鸞 494-498 武帝姪 東昏侯蕭寶卷 498-501 和帝蕭寶融 501-502 明帝子
梁	武帝蕭衍 502-549 簡文帝蕭綱 549-551 元帝蕭繹 552-555 武帝子 敬帝蕭方智 555-557
陳	武帝陳霸先 557-559 文帝陳蒨 559-566 廢帝陳伯宗 566-568 宣帝陳頊 569-582 後主陳叔寶 582-589
北魏	道武帝拓跋珪 386-409 明元帝拓跋嗣 409-423 太武帝拓跋燾 423-452 南安王拓跋余 452 文成帝拓跋濬 452-465 太武帝孫 獻文帝拓跋弘 465-471 孝文帝元宏 471-499（推行漢化改姓元） 宣武帝元恪 499-515 孝明帝元詡 515-528 孝莊帝元子攸 528-530 獻文帝孫，彭城王勰子 前廢帝元恭 531 廣陵王羽子 後廢帝元朗 531 章武王融子 出帝元修 532-534 西魏文帝元寶炬 廢帝元欽 恭帝元廓 東魏孝敬帝元善見
北周	孝閔帝宇文覺 明帝宇文毓 武帝宇文邕 宣帝宇文贇 靜帝宇文闡

朝代	歷　代　皇　帝
北齊	文宣帝高洋 廢帝高殷 孝昭帝高演 武成帝高湛 後主高緯 幼主高恒
隋	文帝楊堅 581-604 煬帝楊廣 604-617 恭帝楊侑 617-618
唐	高祖李淵 618-626 太宗李世民 626-649 高宗李治 649-683 中宗李顯 683-684 睿宗李旦 684 高宗子 武則天 684-689 高宗後
周	武則天 690-704
唐	中宗李顯 705-710 少帝李重茂 710 睿宗李旦 710-712 玄宗李隆基 712-756 肅宗李亨 756-762 代宗李豫 762-779 德宗李适 779-804 順宗李誦 805 憲宗李純 805-820 穆宗李恒 820-824 敬宗李湛 824-826 文宗李昂 826-840 穆宗子 武宗李炎 840-846 穆宗子 宣宗李忱 846-859 憲宗子 懿宗李漼 859-873 僖宗李儇 873-888 昭宗李曄 888-904 哀宗李柷 904-907
五代後梁	太祖朱溫 907-912 朱友珪 912-913 末帝朱友貞 913-923 太祖子

朝代	歷　代　皇　帝
後唐	莊宗李存勗 923-926 明宗李嗣源 926-933 莊宗父克用之養子 閔帝李從厚 933-934 末帝李從珂 934-936 莊宗養子
後晉	高祖石敬瑭 936-942 出帝石重貴 942-946
後漢	高祖劉知遠 947-948 隱帝劉承祐 948-950
後周	太祖郭威 951-954 世宗柴榮 954-959 太祖養子 恭帝柴宗訓 959-960
北宋	太祖趙匡胤 960-975 太宗趙光義 975-997 太祖弟 真宗趙恒 997-1022 仁宗趙禎 1022-1063 英宗趙曙 1063-1067 太宗曾孫，濮王允讓子 神宗趙頊 1067-1085 哲宗趙煦 1085-1100 徽宗趙佶 1100-1125 欽宗趙桓 1125-1126
遼	太祖耶律阿保機 907-927 太宗耶律德光 927-947 世宗耶律阮 947-951 太祖孫 穆宗耶律璟 951-968 太宗子 景宗耶律賢 969-982 世宗子 聖宗耶律隆緒 982-1030 興宗耶宗真 1031-1054 道宗耶律洪基 1055-1100 天祚帝耶律延禧 1101-1125
南宋	高宗趙構 1127-1162 徽宗子 孝宗趙眘 1162-1189 太祖七世孫 光宗趙惇 1189-1194 寧宗趙擴 1194-1224 理宗趙昀 1224-1264 太祖十世孫 度宗趙基 1264-1274 理宗姪 恭宗趙㬎 1274-1276 端宗趙昰 1276-1277 度宗子 趙昺 1278-1279

朝代	歷　代　皇　帝
金	太祖完顏阿骨打 1115-1122 太宗完顏晟 1123-1134 太祖弟 熙宗完顏亶 1135-1148 太祖孫 海陵王完顏亮 1149-1160 太祖孫 世宗完顏雍 1161-1189 太祖孫 章宗完顏璟 1189-1208 世宗孫 衛紹王完顏永濟 1208-1213 世宗子 宣宗完顏珣 1213-1223 章宗庶兄 哀宗完顏守緒 1223-1234 末帝完顏承麟 1234
元	太祖孛兒隻斤鐵木真 1206-1237 孛兒隻斤拖雷監國 1228 太宗孛兒隻斤窩闊台 1229-1241 太祖子 乃馬真后監國 1241-1245 太宗后 定宗孛兒隻斤貴由 1246-1248 太宗子 海迷失后監國 1248-1251 定宗后 憲宗孛兒隻斤蒙哥 1251-1259 太祖孫，拖雷子 世祖孛兒隻斤忽必烈 1260-1294 憲宗弟 成宗孛兒隻斤鐵穆耳 1294-1307 世祖孫 武宗孛兒隻斤海山 1307-1311 成宗姪 仁宗孛兒隻斤愛育黎拔力八達 1311-1320 武宗弟 英宗孛兒隻斤碩德八剌 1320-1323 泰定帝孛兒隻斤也孫帖木兒 1323-1328 武宗堂兄 天順帝孛兒隻斤阿速吉八 1328 文宗孛兒隻斤圖帖木兒 1328 武宗子 明宗孛兒隻斤和世㻋 1329 文宗兄 文宗孛兒隻斤圖帖木兒 1329-1332 寧宗孛兒隻斤懿璘質班 1332 明宗子 順帝孛兒隻斤妥懽帖木兒 1333-1368 寧宗兄
明	太祖朱元璋 1368-1398 惠帝朱允炆 1398-1402 太祖孫 成祖朱棣 1402-1424 太祖子 仁宗朱高熾 1424-1425 宣宗朱瞻基 1425-1435 英宗朱祁鎮 1435-1449 代宗朱祁鈺 1449-1456 英宗弟 英宗朱祁鎮 1457-1464

朝代	歷　代　皇　帝
	憲宗朱見深 1464-1487
	孝宗朱祐樘 1487-1505
	武宗朱厚照 1505-1521
	世宗朱厚熜 1521-1566 武宗從弟
	穆宗朱載垕 1566-1572
	神宗朱翊鈞 1572-1620
	光宗朱常洛 1620
	熹宗朱由校 1620-1627
	思宗朱由檢 1628-1644 熹宗弟
清	太祖愛新覺羅努爾哈赤 1616-1626
	太宗愛新覺羅皇太極 1626-1643
	世祖愛新覺羅福臨 1643-1661
	聖祖愛新覺羅玄燁 1661-1722
	世宗愛新覺羅胤禛 1722-1735
	高宗愛新覺羅弘曆 1735-1795
	仁宗愛新覺羅顒琰 1796-1820
	宣宗愛新覺羅旻寧 1820-1850
	文宗愛新覺羅奕詝 1850-1861
	穆宗愛新覺羅載淳 1861-1874
	德宗愛新覺羅載湉 1874-1908 文宗姪
	愛新覺羅溥儀 1908-1911 德宗姪

秦朝　傳三世執政 15 年（前 221~207 年）

秦始皇

公元前-259.1.~-210.7.　生於邯鄲

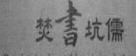

秦始皇，嬴姓，名政，秦莊襄王之子。自稱「始皇帝」，戰國末期秦國君主。前-238年，13歲登基親政，鏟除嫪毐與呂不韋，重用李斯、尉繚。

秦始皇是中國歷史上第一個採用君主專制制度及推行中央集權，也是中國歷史上第一個使用皇帝稱號的君主。秦始皇廢封建，改郡縣，劃全國為36郡統一政令，中央集權，修築長城禦匈奴，拓馳道，設驛站，鑿靈渠，疏運河，車同軌，語同文，統一度量衡，功不可沒。另一方面，秦始皇修築長城、阿房宮、驪山陵等，暴政令人民徭役甚重，這是秦朝在他死後速亡的其中一個原因。

前-213年，焚書坑儒，聽李斯讒言，燒燬不屬於博士官收藏的詩書著作，坑儒460多名，嚴刑峻法，偶語棄市，鎮壓異己，則為惡政，成為歷史上千古罪人。

派徐福率金童玉女渡海訪仙，採長生不老藥，一去不返，杳無音信，

前-221年，39歲，滅韓、魏、楚、燕、趙、齊六國，統一華夏，稱始皇帝。

前-210年，病死沙丘（今河北刑台），在位12年　得年50歲。

胡　亥　前-230~-207

始皇二十餘子，胡亥最小，甚愛，母胡姬。

前-210年，從始皇出遊，始皇病死旅途中，遺書子嬴扶蘇。趙高謀迫李斯屈從，矯詔殺兄扶蘇奪位，立二世胡亥為帝。胡亥葬始皇於驪山，令後宮無子者皆從死，恐工匠洩密，盡閉於墓中。續修房宮和馳道，賦稅徭役繁重。殊殺忠臣良將宗室李斯、蒙田、蒙毅，弱殺十公主於社（今陝西西安市東南），人心震恐，上下危懼。

趙高權謀，「指鹿為馬」，為所欲為，人民不堪壓迫，紛紛起義，陳勝、吳廣揭竿而起，天下大亂，群起反秦。前207年，胡亥被趙高強逼自殺，死時年24歲，在位4年（-210-207）。以平民之禮葬於宜春苑中（今陝西長安縣南）。

子　嬰　?~前-207.8.

胡亥死後，趙高曰「今六國復自立，秦地益小，乃以空名為帝，不可」遂立秦始皇之孫扶蘇子嬰為秦王，生年不詳。前-207年8月，子嬰設計殺趙高，滅三族，在位僅45天，子嬰投降劉邦，旋被項羽殺害，燬阿房宮，父兄皆毀於奸臣。

西漢 (前漢) 15 傳，執政 210 年（前-202~公元 8 年）

西漢高祖劉邦　前-256~-195.6.1.江蘇沛縣豐邑中里人

　　漢高祖劉邦，沛公，字季，父親劉太公，母劉媼。性格豪爽，不喜歡讀書，為人豁達，不喜農事。

　　曾任泗水亭長，兄弟四人，父劉執嘉，母王含始。劉邦出身微賤，單父（今山東單縣南）人呂安，見劉邦狀貌奇特，以女妻之，是為呂后。

　　中國歷史上第一位平民出身的天子。從家鄉豐縣起兵反秦，東攻沛縣，被蕭何等擁為沛公（即沛令），尊楚懷王。秦亡後，項羽封其為漢中王。

　　楚漢相爭，劉邦擊敗項羽，統一天下，建立漢朝，視為西漢開國皇帝，死後廟號太祖，諡號高皇帝，所以史稱漢高祖、漢高帝、漢太祖高皇帝或漢太祖。

　　劉邦少時慕魏國公子信陵君魏無忌，欲往大梁投效其門下知信陵君死，

　　前 226 年，劉邦往投往信陵君門客張耳，兩人成知交好友。劉邦將女兒魯元公主嫁與張耳之子張驁。

　　前 218 年，劉在沛縣任泗水亭長，和縣府的官吏們混得很熟。蕭何、樊噲、任敖、盧綰、周勃、灌嬰、夏侯嬰、周苛和周昌為知交好友。

　　呂公把女兒呂雉嫁給劉邦，生了漢孝惠皇帝劉盈和魯元公主。

　　劉邦為亭長時，奉命押解犯人到驪山，途中有不少人逃脫，因為當時讓犯人逃脫是重如死罪，所以劉邦索性放走所有人，劉邦因此必須逃亡，當時逃犯中就有十餘人願意跟隨他一同逃亡，傳說劉邦「斬白蛇起義」，之後入碭山。秦

始皇常說「東南有天子氣，於是東遊以厭之。」劉邦自疑，隱於芒碭山山澤之間。

陳勝起兵，沛縣縣令恐慌，蕭何、曹參等勸縣令召回劉邦。縣令先答應後反悔，劉邦率約百人於沛縣城外射箭夾信，說服城內人誅殺縣令。於是劉邦被立為沛縣令，自稱沛公，發縣中約三千子弟響應起義，攻佔沛縣等地。

項梁別號武信君，命項羽、劉邦別攻城陽。

前-209年，陳勝、吳廣起義，劉邦率三千子弟和之抗秦至沛，以書射入城內，；號召共誅沛令，城中父老殺沛令，開城門迎劉邦，擁立為沛公。「以布衣提三尺劍有天下」，初屬項梁。用蕭何、張良、韓信功臣輔佐。

前208年九月，楚懷王徙都彭城，並收項羽、呂臣等諸軍自將之。

前-206年，項羽劉邦軍至霸上（今陝西西安東），秦王子嬰投降。入咸陽，項羽封劉邦為漢王，推翻秦朝統治。

前-205年，項羽自立為西楚霸王，都彭城（今江蘇徐州市）。殺義帝，劉邦大哭，哀臨三日，云項羽殺義帝，大逆不道，率兵攻彭城，項羽大敗劉邦漢軍。

前-203年，項羽敗退垓下，拔劍自刎而死，劉邦擊敗項羽稱帝，

前-202年，劉邦受諸侯擁戴登帝位，統一中國，國號漢，定都長安，史稱前漢或西漢，劉邦稱漢高祖。在位前-202~-195。

前-195年，死於長安長樂宮，年62歲，葬於長陵（今陝西咸陽東北）。

劉邦繼承秦制，實行中央集權，先後殺韓信、彭越、英布等異姓侯王。六國皇室家族地方富聲到關，中加強控制。實行重本抑末政策，發展農業，打擊工商，以秦律為根據，制定「漢律」九章，崇尚法治，為漢朝奠定四百多年基礎。

西漢漢惠帝　劉盈　-211~-188

前210年生於沛，漢高祖嫡長子，母呂雉。前-205年立為太子，前202年立為皇太子。前-195年即皇帝位，年16歲。呂后代理朝政。漢高祖以劉盈軟弱欲廢之，改立寵姬戚夫人之子劉如意為太子，因大臣反對未遂。漢高祖一死，呂后即囚禁戚夫人，並予毒害致死。劉盈知其慘死，悲憤填膺，縱情酒色，於前188年病死於長安未央宮，得年24歲，在位8年。

西漢漢少帝　劉恭　?~-184

呂太后聽政以恭為劉盈子即位，前184年太皇太后囚殺少帝，立劉弘為後少帝。

西漢後少帝　劉弘

生年不詳。係太皇太后呂雉所立，至公元前-180年呂后病卒，諸大臣誣後少帝非惠帝子殺之，太尉周勃迎立劉邦庶子代王劉弘為帝，是為文帝，以上前後兩少帝各在位4年。

西漢文帝　劉恒　-202~-157

漢高祖庶子，漢高祖第五子，薄姬所生，8 歲受封代王，公元前 196 年立為代主，都晉陽（今山西太原市），前 180 年 7 月呂后死，劉恒受滿朝百官擁戴，繼立為帝。全國免收田賦 12 年，選賢與能治國，削弱諸侯勢力，加強中央集權，實行法治，廢「一人有罪，並坐其家室」之連坐法，解放奴婢，提倡農耕，興修水利，儉僕戒奢，增加糧食貯備，國漸富強，反擊匈奴入侵，詔告天下「朕不受獻」，生產增加，社會安定，史稱「**文景之治**」。公元 157 年病死長安未央宮，得年 46 歲，在位 24 年（前-180~157）。

西漢景帝　劉啓　前-188~-141

漢文帝之子，公元前-157 年生，母竇氏，前 179 年立為太子，157 年 6 月嗣位。勸農桑，益種樹，發展農業，繁榮經濟，減輕刑罰。「削藩」，平定吳楚七國之亂，把諸侯權收歸中央，加強戰備，防範匈奴攻擾。採取與民休養生政，重農抑商，興修水利，減少賦稅。文帝、景帝父子執政 40 年間，與民休息，全國經濟繁榮，社會安定，百姓豐衣足食，史稱「**文景之治**」。遺憾聽信袁盎讒言，誅殺晁錯，是一大失策

公元前-141 年 1 月死於長安未央宮，終年 48 歲，在位 17 年（前-157~141）。葬於陽陵（今陝西高陵縣西南）。

西漢武帝　劉徹　前-157.7.14.-87.3.29.

漢武帝為漢景帝第九子，母為關隴人孝景王皇后，前 153 年封膠東王，前 150 年立為皇太子，前-141 年即皇帝位，時年 16 歲。雄才大略，氣度恢宏，襲秉文景帝之策，選賢任能，罷百家，尊儒術，頒行「推恩令」，削弱諸侯王，採桑弘羊主張，將鹽、鐵、貿易收歸國家經營，發佈「告緡令」、打擊工商富豪。納董仲舒「罷絀百家，獨尊儒術」設立大學，培育人才。

前-383 年，派騫往月氏、安息，加強西域統治。

前 140 年，尊重儒術，詔舉賢良方正直言極諫之士，上親策問以古今治道。

前-139 年，派遣張騫出使西域，打通中原文化和西域文化交通的通路絲綢之路。前-133 年，重用衛青、霍去病等良將，連續追擊匈奴，追奔漠北，安定邊境，威震四海，史稱「漢武中興」。

前 129 年，對匈奴作戰，打通中原文化和西域文化交通的通路。設置酒泉、武威、張掖及敦煌四郡，保障河西走廊的安全。

前-124 年，創建太學「養天下之士」，作為「教化之本原」。接受董仲舒建議，「臣願陛下興太學，置明師，以養天下之士」。

漢武帝文學造詣甚高，提倡辭賦詩人，他屬於文采一流的人物。

建立樂府，「采詩夜誦，有趙、代、秦、楚之謳」、「以李延年為協律都尉，多舉司馬相如等數十人造為詩賦，略論律呂，以合八音之調，作十九章之歌」。

前-119 年，平定四方，加強邊防。大幅開擴領土，消滅夜郎及南越國，建立 7 郡，消滅衛氏朝鮮，將其國土分為四郡 —— 樂浪郡、真番郡、臨屯郡及玄菟郡。

前-109 年，親臨河上督工，修堵黃河瓠子大決口。

前-99 年，齊、楚、燕、趙和南陽等地相繼爆發大規模農民起義；

前 92 年，巫蠱之禍興起。

前-91 年，武帝寵臣江充指使胡巫，說宮中有蠱氣，江充誣告太子宮中埋的木人最多，又有帛書，所言不守道法。

前-90 年，謀反巫蠱案真相大白，大臣直言進諫，武帝感悟，下令族滅江充家。巫蠱之亂後，漢武帝立劉弗陵為太子，其生母鉤弋夫人被處死，避免太后涉政。

前-89 年，漢武帝頒下《輪台罪己詔》向人民承認自己的罪過及公開作出反省。

前-88 年，漢武帝晚年得子劉弗陵，甚愛之。漢武帝命令畫工畫了一張《周公背成王朝諸侯圖》送予霍光，意思是讓霍光輔佐他的小兒劉弗陵作為未來皇帝。

前-87 年 1 月病崩於五柞宮（今陝西周至縣東南）。在位 54 年（前-141~-87），享壽 71 歲，葬茂陵（今陝西興平縣東北）。諡號為孝武皇帝，廟號為世宗。

西漢昭帝　劉弗陵　前-94~-74

漢武帝少子，母趙氏（戈夫人），幼年體壯知廣，受武帝奇愛，前-89 年立為皇太子，以其「年稚母少」，為防「主少母壯」呂后往事重演，賜其母鉤弋夫

人死于掖庭,「立其子去其母」。

前-86 年,8 歲嗣皇帝位,大司馬霍光桑弘羊、大將金日磾輔政,推行重本抑末政策,移民屯田,多次派兵擊敗匈奴、烏桓,加強北方防衛。

前-80 年,其兄劉旦(漢武帝第三子),未獲繼承皇位而不滿,企圖廢立,被劉弗陵粉碎。前-74 年 4 月,病故長安未央宮,時年 21 歲,在位 14 年(-87~-74),葬平陵(今陝西興平縣東北)

西漢天皇帝　劉賀　生年不詳

以昭帝無子,霍光迎武帝孫劉賀,於公元前 74 年繼位,唯賀放蕩不羈,淫戲無度,隨便污辱后宮嬪妃,不到一月被廢。

西漢宣帝　劉詢　前-91~-49

劉詢,字次卿,漢武帝曾孫,父劉進,母王翁須,故太子劉據之孫,幼時多病,又名病巳,前-64 年改名詢。昭帝死,前-73 年為霍光等擁立繼位。劉詢剛毅,高才好學,認為「漢家自有制度,本以霸王道雜之」。反對「純任德教,用周政。」實行法治,好刑名之術,勵精圖治,任用賢能,廣開言路。輕徭薄賦,重農業墾殖,發展生產,史稱「中興」。前-49 年病死長安未央宮,終年 43 歲,在位 26 年。葬於杜陵(今陝西西安市東南),廟號中宗,諡曰孝宣帝.

西漢元帝　劉奭　前-75~-33

漢宣帝長子,母許平君。公元前-48 年嗣帝位,時年 27 歲,好儒家學說,為太子時,曾反對宣帝措施,認為「持刑太深,宜用儒生」,遭到宣帝斥責。前-49 年,即皇帝位。他重用儒生,治事優柔寡斷,沉緬聲色,少問政事,是非不明,重宦官石顯,揮霍無度,財政空虛。前-33 年,和蕃許嫁王昭君,不知其美,悔恨交加,憤殺畫師毛延壽,留下話柄,尋憂鬱病死。享年 44 歲,在位 17 年。葬於渭陵(今陝西咸陽東北)。西漢由其開始,由盛日衰。

西漢成帝　劉驁　前-51~-7

元帝長子,母王政君(王莽姑母)。因係宣帝嫡皇孫,深受寵愛。取名驁,字太孫,常置左右。前-47 年立為皇太子,公元前-33 年嗣位,迷信鬼神,信方士之術。拒採賢臣良言,聽邪臣之計,輕奪民財,內用外戚替他執政,外用將

士給守土，樂得坐享太平，貪焚酒色，寵愛趙飛燕姐妹燕，，日夜荒淫過度，公元前-7 年 3 月猝卒，享年 45 歲，無嗣，在位 27 年，葬於延陵（今陝西咸陽市西北）。

西漢哀帝　劉欣　前-26～-1

　　元帝庶孫，成帝弟定陶恭王劉康之子，母丁氏。以成帝無子，前 7 年 21 歲過繼即皇帝位。劉欣不好聲色，知經書，文辭博敏。初立，躬行節儉，省滅諸用，事必躬親。傅太后參政，劉欣不能左右政局，自是朝風日下，政經紊亂，荒淫失德，喜好女色，看上郎官董賢年輕俊美，加官進爵，留置同眠，並詔董賢妻子進宮同住。哀帝幸董賢，嘗共晝寢，賢偏枕帝衣袖未覺，帝不欲動賢，遂斷袖而起。因稱男寵為「**斷袖之癖**」。西漢王朝尤趨衰敗。公元前-1 年 6 月酒色過度，死于長安未央宮，年 26 歲，無嗣，在位 7 年，葬義陵（今陝西咸陽縣西北）。

西漢平帝　劉衍　前-9～公元 5 年

　　元帝庶孫，中山孝王劉興之子，母衛氏。原名箕子，公元 1 年 9 歲過繼即位，改名衍。朝政大權，操於王太皇太后侄兒大司馬王莽之手，尊為安漢公自己兒皇后。王莽以女配衍，立為皇后，自比周公。公元 3 年王莽盡滅衛氏支屬，唯獨衛氏幸免，公元 5 年 12 月 8 日被王莽毒死，無子，年僅 14 歲，在位 6 年，葬於康陵（今陝西咸陽市西北）。

西漢孺子　劉嬰　4～8

　　王莽於公元 6 年，立年僅 2 歲宣帝玄孫劉嬰為皇太子，稱「孺子」，於公元 8 年被王莽廢為定安公，在位 3 年。

新朝　一帝即亡，執政 15 年（8~23）

假皇帝 王莽　公元前-45~公元 23.10.6.元城河北大名縣

王莽，字巨君，父王曼，秦漢交替時濟北王田安六世孫，即陳國、田齊之王裔。漢元帝皇后王政君之侄。幼年時父親王曼去世，很快其兄也去世。王莽孝母尊嫂，生活儉樸，飽讀詩書，結交賢士，聲名遠播。

幼年即喪，志氣不餒，力爭上游，溫良恭儉。王莽姑母係元帝皇后，莽叔伯皆侯，獨莽孤貧。皇后憐憫，將王莽和其母供養於東宮。王莽折節恭儉，勤身博學，事母及寡嫂恭謹周到，又外交靈活，內事諸父，曲有禮意。王莽伯父大將軍王鳳病親侍湯藥，不解衣帶護理連月。

公元前-22 年，王鳳臨死前，推薦王莽托太后及成帝，不久擔任黃門郎、身聲校尉。襲位新都侯，騎都尉光祿大夫。

公元前-16 年，封王莽為新都侯、光祿大夫、侍中。王莽愈為儉約，散衣物於賓客，收名士於門下，廣交權貴，名聲頗好，爭相推薦宣揚。

公元前-8 年，平帝時任大司馬、太傅、安漢公，扶搖直上，自比周公，毒死漢平帝劉衍，再廢孺子嬰自立。

公元前-2 年，王莽回京城居住。

公元前-1 年，漢哀帝去世，並未留下子嗣，由太皇太后王政君掌管傳國玉璽，王莽任大司馬，兼管軍事令及禁軍，立漢平帝，得到朝野的擁戴。

公元 1 年，王莽在推辭再三之後接受「安漢公」的爵位，將俸祿轉封兩萬多人。

公元 3 年，王莽的女兒成了皇后。

公元 4 年，加號宰衡，位在諸侯王公之上。大力宣揚禮樂教化，得到儒生的擁戴，被加九錫。

公元 5 年，王莽毒死漢平帝，立年僅兩歲的孺子嬰為皇太子，太皇太后王氏命王莽代天子朝政，稱「假皇帝」或「攝皇帝」。

公元 6 年，翟義起兵反對王莽，有人開始不斷借各種名目對王莽勸進。

公元 8 年，王莽接受孺子嬰禪讓，篡漢稱帝，號稱「假皇帝」，建立新莽王

朝。改國號為「新」，改長安為常安，是為建國元年。王莽開中國歷史上通過篡
位作皇帝的先河。因傳統史觀較鄙棄篡位這種移轉政權的方式，王莽此後一直
被中國歷代史家形容為偽君子。

他當上皇帝後仿照周朝的制度推行新政，屢次改變幣制，更改官制與官名，
以王田制為名恢復井田制，把鹽、鐵、酒、幣制、五均賒貸及山林川澤收歸國
有，不停回復西周時代的周禮模式。「今更名天下田曰王田，奴婢曰私屬，皆不
得買賣」。由於政策多存在不合實情處，百姓未蒙其利，先受其害，不斷挑起天
下各貴族和平民的不滿。另外措施又不合時宜，所以措施如王田制推行四年便
令民怨沸騰。這可見於當時的中郎將區博所言：「井田雖聖王法，共廢久矣。」
和史學家馬端臨《文獻通考》所言：「廢之於寡，立之於眾，土地有列在豪強。」

此外，王莽外交政策極為不當。他將原本臣服於漢朝的匈奴、高句麗、西
域諸國和西南夷等屬國統治者由原本的「王」降格為「侯」。又收回並損毀匈奴
單于之印璽，改授予新匈奴單于之章；甚至將匈奴單于改為降奴服于，高句麗
改名下句麗；各國因此拒絕臣服新朝，造成邊境戰爭不絕。

公元 17 年，各地農民紛起，形成赤眉及綠林大規模的反抗。

公元 21 年，王莽夢受漢高祖譴責，即毀高祖廟，以洩心頭之恨。

公元 23 年，王莽在南郊舉行哭天大典。同年，綠林軍攻入長安，王莽在混
亂中為商人杜吳所殺，校尉公賓斬其首，懸於宛市之中。新朝滅亡，在位 15
年（8~23），壽 68 歲。頭顱後來被各代收藏，直到 295 年晉惠帝時，洛陽武庫
大火，王莽之頭焚毀。

更始帝　劉玄

生歿不詳　南陽蔡陽（今湖北襄陽縣西南）人

劉玄，字聖公，祖父蒼梧太守劉利，父劉子張，母何氏。公元 22 年，加入
陳牧起義軍，次年正月號更始將軍。仁月即皇帝位於水（今河南白河）上沙中，
都洛陽。南陽豪件劉縯（劉秀兄），樂於放縱之新市（今湖北京山縣東北）、平
林出身將帥怕縯威明，硬立劉玄。即位後見縯威名日盛，乃殺之。公元 24 年，
遷都長安，納趙萌之女為夫人，委政於萌，群臣將不滿。公元 25 年，亦眉軍攻
入長安，劉玄單騎逃走，投降赤眉，將玉璽送赤眉擁立之皇帝劉盆子，封畏威
侯。赤眉軍將張卬為絕後患，將其勒死。劉秀即位，將其葬於霸陵（今陝西長
安縣東）。

東漢（後漢）　傳 14 帝，執政 196 年（25~220）

東漢光武帝　劉秀　前-5.1.15.~57.3.29.河南蘭考縣

劉秀，字文叔，漢高祖九世孫，祖父巨鹿，父劉欽，母樊嫻都。九歲孤，叔父劉良撫養有兄劉縯、劉仲。

新朝末年國家動蕩，各地寇盜蜂起。

公元 23 年，王莽虐民殘暴，與胞兄劉縯在春陵起兵，以恢復漢業為矢志，當時劉玄綠林軍，暨樊崇赤眉軍，殺王莽於南陽，繼赤眉軍滅綠林軍，劉玄被絞死，劉秀又將赤眉軍覆滅。

公元 25 年，在河北鄗縣登基稱帝，定都洛陽，改元建武，史稱東漢，東漢是西漢的延續，相對於前漢，統稱〔漢〕，亦稱後漢。

公元 26 年，統一全國，在位 32 年。

劉秀待人誠懇，寬厚有信，竇融、叛將歸心。引南匈奴內遷，分置諸部於北地、朔方、五原、雲中、定襄、雁門、代郡、西河緣邊八郡，詔單于徙居西河美稷。

公元 30 年，削平割據勢力，興修水利，裁併郡縣，精簡官吏，加重尚書職權，在地方廢除軍權都尉，加中央集權體制。從新朝末年的動蕩中恢復，社會安定，臣民安居樂業，故稱「光武中興」。

公元 40 年，全國統一。

公元 51 年，劉秀統一中國後，厭武事，不言軍旅，朗陵侯臧宮、揚虛侯馬武上書：請乘匈奴分裂、北匈奴衰弱之際發兵擊之，立「萬世刻石之功」。光武卻下詔：「今國無善政，災變不息，人不自保，而復欲遠事邊外乎！……不如息民。」不同於先祖劉邦得天下後誅殺功臣的無情，劉秀分封三百六十多位功臣為列侯，給予他們尊崇的地位，只解其兵權。不設丞相，「雖置三公」但「事歸台閣」；削弱三公權力，使三公成為虛位，另則擴大尚書台的職權，成為皇帝發號施令的執行機構，所有權力集中於皇帝一身。」

公元 52 年，他藉故搜捕王侯賓客，「坐死者數千人」，嚴禁結黨營私。

　　公元 57 年，死於洛陽南宮前殿，在位 33 年（公元 25~57），享壽 62 歲，葬原陵（今河南孟津縣鐵謝村附近）。廟號世祖，諡曰光武皇帝。

　　劉秀勤於政事，「每旦視朝，日仄乃罷，數引公卿郎將議論經理，夜分乃寐」。在位期間，釋放奴婢，禁止殘害，減少貧民賣身為奴婢，經常發救濟糧，減少租徭役，興修水利，發展農業生產。裁併郡縣，精簡官員。結果，裁併四百餘縣，官員十置其一。歷史上稱其統治時期為光武中興。其間國勢昌隆，號稱「建武盛世」。

東漢明帝　劉莊　28~75

　　原名陽，光武帝第四子，母陰麗華。

　　57 年，嗣帝位，體恤民情，賑貧濟弱，築堤疏洪，興修水利，農村益盛。

　　67 年，迎佛教進入中國，洛陽建白馬寺，張道陵 34 歲任江州令，四川天師洞潛修創立道教，溶入中華文化。

　　69 年，派水利王景、王昊修堤建水門，使河、汴分流，從此黃河無重大改道。

　　73 年，派班超出使西域。

　　75 年，病死洛陽東宮前殿，享年 48 歲，在位 19 年。葬於顯節陵（今河南洛陽市東南），廟號顯宗，諡曰孝明皇帝。

東漢章帝　劉炟　57~88

　　明帝第五子，母賈貴人，養母馬皇后。60 年立為皇太子。

　　75 年 8 月，嗣帝位。劉炟性寬容，好儒術，為明帝所器重。重視農業，親耕農田，平徭薄賦，發展經濟，可稱東漢盛世。為我國歷史上著名書法家。

　　79 年，在白虎觀召集將帥大夫儒士研討古聖賢書同異，班固作成「白虎通義」。

　　87 年，派班超，穩定西域，智取莎車，匈奴來降。以儒術治國，未防矯情偽飾虛名寵流弊，埋下腐敗禍根。

　　88 年 2 月，病死章德前殿，臨終前，遺詔「無起寢廟」，享年 32 歲，在位 14 年。葬於敬陵（今河南洛陽市東南），廟號肅宗，諡曰孝章皇帝。

東漢和帝　劉肇　78~105.12.

　　章帝四子，母梁氏（為竇太后所譖，憂心），養母竇太后。

　　88 年嗣位，年僅 10 歲，竇太后臨朝，重用外戚，由后兒竇憲掌權，持續經濟昌盛，社會安定。

　　89 年，派竇憲北征，大破北匈奴於稽落山（今外蒙古杭愛山），出塞五千里。

　　92 年，劉肇厭竇憲專權，逼竇自殺，重用宦官外戚，為恤民苦，禁獻貢品。

　　94 年，班超大破焉耆、尉犁。西域五十餘國，皆內附於漢。

　　97 年，竇太后死，劉肇始知其母死因。眾求竇太后尊號。

　　102 年，班超出使西域 30 餘年，返還洛陽。

103 年，下詔「敕太官復勿受獻」。

105 年 12 月，和帝病卒於章德前殿，享年 27 歲，在位 18 年，葬慎陵（今河南洛陽市東），廟號穆宗，謚曰孝和皇帝。

東漢殤帝　劉隆　105.12~--106

和帝失皇子，前後十數年，後生者乃密養於民間，羣臣無知者。105 年 12 月，和帝死，鄧皇后遂收皇子於民間。以長子劉勝有痼疾，不立。而立僅生下百日之少子劉隆為為太子，次年襁褓中嗣皇帝位。鄧皇后主持朝政。翌年 106 年 8 月，劉隆因受風寒感冒病卒，不到兩歲，為歷史上壽命最短的皇帝，葬於康陵（在慎陵中）。

東漢安帝　劉祜　94~125

章帝之孫，父清河王劉慶，母左小娥。聰穎，好讀史書，性忠順，和帝喜愛。

106 年，殤帝劉隆死後，群臣以和帝長子劉勝並非痼疾，意欲歸之。鄧太后與其兄鄧騭商議，過繼 13 歲的劉祜即皇帝位。鄧太后聽政。司空周章以眾心不附，於翌年密謀誅鄧騭兄弟，廢太后及帝，事洩，周章自殺。鑒於竇家失敗教訓，未讓鄧騭掌權。

107 年，太監蔡倫經十年研造紙成功，晉封龍亭侯，稱「蔡侯紙」。

108 年，竇太后出巡洛陽監獄，得知有囚犯非殺人，而係拷打成招，即予釋放，將洛陽令下獄抵罪。深得民心，天下太平，歲亦豐穰。

121 年，鄧太后死，安帝劉祜親政，貶蔡倫服毒，重用宦官與外戚，自反吃喝玩樂，不理政事。

125 年，帝遊江南，至葉縣（今屬河南），死於乘輿，年 32 歲，在位 20 年。葬於恭陵（今河南洛陽東北），廟號恭宗，謚曰孝安皇帝。

東漢少帝　劉懿　?~125.10.

生不詳，由閻太后與兄閻顯協商，迎章帝孫北鄉侯劉懿為帝。

125 年 4 月繼位，同年 10 月病卒，在位僅 7 個月。

東漢順帝　劉保　115~144

安帝之子，母李氏，生劉保後，為閻皇后妒忌加害。

120 年，立為太子。

125 年 3 月，安帝死，迎立幼童劉懿為帝，10 月劉懿死，秘不發喪，11 月宦官孫程聯結 18 個黃門，背著閻太后，立 11 歲的濟陽王劉保即皇帝位。隨即逼閻太后交出玉璽軟禁離宮，處死閻顯等人。以宦官擁立有功，冊封孫程等為 19 列侯，宦官與外戚聯手當權，朝日益腐敗。

144 年，順帝劉保病卒洛陽玉堂前殿，遺詔「無起寢廟，斂以故服，珠玉

玩好皆不得下」。年30歲，在位19年，由其兩歲太子劉炳繼位。葬憲陵（今河南洛陽西），廟號敬宗，諡曰孝順皇帝。

東漢沖帝　劉炳　143~145

章帝玄孫。順帝之子，母虞氏。143年生，144年4月立為太子，8月即皇帝位，梁太后臨朝政事。145年，小皇帝重病不起，年僅3歲，在位4個月。死於洛陽玉堂前殿，葬於懷陵（今河南洛陽西），諡曰孝沖皇章。

東漢質帝　劉纘　138~146

章帝玄孫，父劉鴻，母陳氏。145年沖帝死，梁太后迎劉纘入南宮，封建平侯，即日繼帝位，時年僅8歲。質帝年幼而聰明，五、六月間，看到梁冀驕橫日甚，當群臣罵「跋扈將軍」。梁冀聽後氣憤，暗地吩咐內侍，做毒餅給小皇帝吃被毒死，年9歲，在位6個月。葬於靜陵（今河南洛陽東南），諡曰孝質皇帝。

東漢桓帝　劉志　132~167.12

漢章帝曾孫，父劉翼，母匽明。翼死，劉志世襲蠡吾侯，

146年，質帝崩，梁冀迎立即帝位，15歲，梁太后臨朝，外戚梁冀掌握朝政。

150年，梁太后卒，桓帝受制於梁冀，帝用計誅滅梁冀，但大權旁落，宦官勢力澎漲，為非作歹，釀成「黨錮之禍」。

159年，桓帝和宦官單超等合謀捕冀，梁冀及其妻自殺，朝政轉到宦官手中。然宦官尤貪縱，奢侈專橫，民不堪命。李膺捕殺其黨。

166年，宦官誣告李膺，世家豪族與太學游士結為朋黨，誹謗朝廷，桓帝劉志下令逮李膺等二百餘人。

167年，赦李膺等返歸田里，禁錮終身，史稱**黨固之禍**。

桓帝平庸無能，不聽忠言，受制於人，好音樂，善琴笙，常微行親近之家，私幸臣者之舍，生活奢靡，宮女五六千，供役者無數。田野空，朝廷亂，倉庫空，危機四伏，王朝處於風雨之中。

167年12月，桓帝崩於洛陽德陽前殿，年36歲，無嗣，在位21年（146~167）。葬於宣陵（今河南洛陽東南），廟號威宗，諡曰孝桓皇帝。

東漢靈帝　劉宏　156~189

漢章帝玄孫，劉開曾孫，父劉長，母董氏。

167年，桓帝死，無嗣，竇太后與竇武密商迎劉宏。

168年，即位，時年13歲，竇太后臨朝，任竇武大將軍，陳蕃為太尉輔政。徵天下名賢李膺等與政，人民莫不引頸望治，希望天下太平。

劉宏乳母趙嬈和宦官曹節、王甫勾結，謀詔太后，操弄國權。公開標價賣官，天下田畝增稅十錢，大修宮室園林，收天下珍寶藏之。誅殺陳蕃、李膺等

人，逼使竇武、竇太后交出玉璽，幽禁南宮。靈帝昏庸無能，傀儡，吃喝玩樂，耽迷酒色，社會混亂。

169 年，李膺等被捕，黨人死者百餘人，妻子徙邊，被株連者六七百。

172 年，有人書「曹節、王甫幽殺太后。」宏命四出逐捕千人。從此宦官更為得勢，滿布天下，貪婪殘暴。

176 年，凡黨人之門生故吏、父子兄弟在位者，皆免官禁錮。史稱「第二次黨錮之禍」。

184 年，民窮財盡，民怨沸騰，激起民憤，爆發「黃巾之亂」。

189 年，病死洛陽嘉德殿，享年 34 歲，在位 22 年（168~189）。葬文陵（今河南洛陽西北），諡曰孝靈皇帝。

東漢又一少帝　劉辯　175~190

何皇后生子劉辯，靈帝以其輕佻無威，欲立劉協。猶豫未決。189 年 4 月靈帝死，欲立協為帝，未成。辯 14 歲即帝位，封協為勃海王。何太后聽政，后兄何進輔政，密召董卓領兵入洛陽，欲以武力消除宦官勢力，事機不秘，反被宦官張讓等誅何進，袁紹率兵入宮誅宦官，隨後董卓入朝，殺死何太后廢除少帝，迎立陳留王劉協即位為獻帝。少帝在位 5 個月，次年被董卓殺害，年方 15 歲。

漢獻帝　劉協　181~234

靈帝之子，母王氏。

189 年，漢獻帝劉協 9 歲，為董卓迎立繼位，董卓自領丞相掌握大權，濫使淫威草菅人命，被司徒王允施美人計刺殺，中原大亂。

190 年，遷都長安。吞沒富室財產，燒宮廟、官府、房舍二百餘里，室屋蕩盡，雞犬不留，又使呂布挖掘陵園公卿墳墓，搜收珍寶，錦綺奇玩，堆積如山。

192 年，王允及呂布殺董卓，百姓歌舞於道，互舉酒肉相慶。

195 年，劉協成為曹操囊中物，「挾天子以令諸侯」擊敗呂布、袁術，征服烏桓。

196 年，曹操率兵入朝，被曹操迎都于許昌（今河南許昌），曹操任司徒，政令統歸曹氏操縱，挾天子令諸侯，獻帝成為傀儡。

220 年，曹操卒，曹丕篡漢稱帝。廢劉協為山陽公。東漢歷 12 主凡 196 年而亡。同年 10 月獻帝禪位立禪位碑於河南襄域，王朗文、梁鵠書、鍾繇鐫字，史稱「三絕碑」。曹丕，改國號魏，史稱曹魏，漢亡。

234 年，獻帝劉協死，年 54 歲，在位 31 年（181~220），葬於禪陵（今河南修武縣北），諡曰孝獻皇帝。

三國　魏蜀吳三國鼎立（220~280）共歷 61 年

魏　220~265

魏武帝　曹操　155~220.3.15.沛國譙（今安徽省亳州市）

曹操，字孟德，小名吉利，小字阿瞞，才華橫溢，兼併群雄，統一北方，魏吳蜀三國鼎立，享壽 65 歲。

曹操擔任東漢丞相，後為魏王，去世後諡號為武王。其子曹丕稱帝後，追尊為武皇帝，廟號太祖。

曹操出生官宦世家，養祖父是宦官曹騰，歷侍四代天子，漢桓帝時被封為費亭侯。曹操父親曹嵩是曹騰的養子，漢靈帝時官至太尉。《三國志》記載曹操的遠祖是漢代初期的相國曹參。劉宋裴松之《三國志注》曹操本姓夏侯，是夏侯惇的從兄，則曹操為漢惠帝時太僕夏侯嬰的後裔。

174 年，曹操為洛陽北部尉。上任數月，宦官蹇碩的叔叔違禁夜行，被曹操依律棒殺，得罪了宦官集團

175 年，曹操造「五色棒」懸於四門，違者處死。

177 年，曹操任頓丘令，

178 年，曹操因堂妹夫滁強侯宋奇被宦官誅殺，受到牽連，被免去官職，回到家鄉譙縣閒居。

180 年，曹操又被朝廷徵召，任命為議郎。

184 年，鎮壓黃巾之亂有功，升任濟南相。這時，曹操被起用為典軍校尉。

189 年，漢靈帝駕崩，太子劉辯登基，太后臨朝聽政。

190 年，擁戴長安的獻帝，「諸君北面，我自西向」。

191 年，曹操討伐入侵東郡的黑山軍，袁紹上表朝廷推舉曹操為東郡太守。

192 年 4 月，董卓被司徒王允和呂布所殺，佔兗州，誘降黃巾軍，收編降卒三十餘萬，選出精銳編為「青州兵」。

正當曹操協助袁紹，大破袁術於各地之際，陶謙卻趁機攻打兗州東部的泰山郡，導致曹操的父親曹嵩被殺。

193～194 年，二度討伐陶謙，曹操殘忍本性爆發，展開殘忍大屠殺。《後漢書》「男女數十萬人慘遭殺害，即便雞犬也不能倖免，泗水也因此堵塞不通。」

194 年～195 年，曹操擊破呂布平定兗州，曹操為兗州牧地位。

195 年，將漢獻帝遷出長安到許昌，名為皇帝實為傀儡，曹操「挾天子令諸侯」。

196 年，曹操升任鎮東將軍，「奉天子以令不臣」的局面形成。自己只任司空，行使車騎將軍之職。曹操在《蒿里行》「白骨露於野，千里無雞鳴。」還發生過由於糧食極度缺乏，人吃人的情形。曹操用人有術，不停地舉著天子旗號東征西討，實力日強。迎獻帝都許（今河南許昌東）。先後削平呂布，大破袁紹，逐漸統一中國北部。

197 年，征討張繡，張繡舉眾投降，之後因曹操納張濟之妻，張繡對這件事感到十分痛恨，於是襲擊曹操，曹操在長子曹昂、姪子曹安民與校尉典韋殿後下逃亡，但曹昂、曹安民與典韋也陣亡。

198 年，曹操用荀攸、郭嘉的計策，開決泗、沂二河之水灌入下邳，最後生擒呂布、陳宮，把徐州納入勢力範圍。

199 年，派史渙、曹仁、于禁和徐晃擊破張楊舊部眭固，勢力擴張到黃河以北。

200 年，奇襲淳于瓊等人守備的烏巢，焚燒袁軍糧草輜重，扭轉了戰局。隨後，袁紹大敗，僅剩八百騎逃回北方，曹操前後殺死淳于瓊等袁軍將士 7 萬多人。

202 年五月，袁紹病逝，子袁譚、袁尚爭位，河北一分為二，曹操趁勢進攻。曹操注釋《孫子兵法》的《魏武註孫子》著作傳世。

204 年 7 月，曹操把據點北遷到冀州鄴城，而漢獻帝的都城許縣則只留個別官吏，漢獻帝十幾年間卻不敢違背其意志。

207 年徹底擊潰袁尚、烏桓，消滅了袁氏集團，統一中國北部。

208 年，進位為丞相，12 月赤壁（湖北蒲圻西北）之戰，曹操被孫權和劉備聯軍擊敗，損失大半士兵，倉皇敗逃引軍北還。形成「三國鼎立」局面。

211 年 3 月，兵敗逃奔漢中。

213 年，漢獻帝冊封曹操為魏公，領地廣及魏郡、河東郡、河內郡等十個郡國，違背「七國之亂」和推恩令今後諸侯封地不得超過一郡的漢制。

216 年，曹操自封「魏王」，自加九錫。

217 年，設天子旌旗，戴天子旒冕，出入得稱警蹕，並作泮宮。10 月，再授賜十玉冠、二絑帶，乘金根車，駕六馬，設五時副車。

219 年 7 月，劉備在漢中進位漢中王，封關羽為前將軍。年冬，孫權上書稱臣，「陳說天命」，勸曹操稱帝。

220 年 3 月 15 日），曹操病逝洛陽，享年 66 歲。諡曰武王。他臨死前留下《遺令》。根據曹操的遺囑，他於二月廿一丁卯日（4 月 11 日）安葬於鄴城西郊的高陵。次子曹丕稱帝，以魏代漢，追尊曹操為太祖武皇帝。

曹操好文學，和兒子曹丕、曹植合著「建安文學」，白天是軍人，夜間是文人。著有「蒿里行」「觀滄海」「短歌行」「武帝集」。曹操是雙重性格人物，既有大功亦有大過，奸險狡詐，權謀陰險，後世人評價，毀譽褒貶參半。

魏文帝　曹丕　187~226 譙（今安徽亳縣）人

曹操次子（長子曹昂 197 年死於淯水之戰），字子桓，母卞氏。五歲學射箭，六歲學騎馬。愛看書，手不釋卷。著有「典論」「太宗論」「燕歌行」詩賦百餘篇。惟胸襟窄狹，記小，報私仇，缺乏政治家風度。忌胞弟曹植之才，欲予加害，限七步成詩。曹植詩云「煮豆燃豆萁，豆在釜中泣，本是同根生，相煎何太急」丕受感動，封植為東河王，離京就國而罷。

211 年，為五官中郎將，丞相副。

219 年，兵敗投降關羽。

220 年正月，為丞相、魏王。10 月篡漢獻帝位稱帝，都洛陽，國號魏。追封父曹操為魏武帝。曹丕即位後，繼承父業，打擊士族豪強，行九品中正制，養民屯田，以「九品中正」選任官吏，社會經濟好展，百姓豐衣足食。

226 年，死於洛陽嘉福殿，享年 40 歲，在位 7 年（220~226），葬首陽陵（今河南偃師西北之首陽山），廟號世祖，諡曰文皇帝。

魏明帝　曹叡　205~239

文帝長子，字元仲，母甄氏。容貌出眾，立髮垂地，口吃少言，沉毅好斷，強於記憶，過目不忘。

221 年為齊公，222 年為平原王，226 年迨帝病危，乃立叡為皇太子。不交朝臣，不問政事，專心讀書，能詩文，長於樂府，與操、丕並稱魏之「三祖」。

227 年，文帝死，遂即皇帝位。克守帝業，復行舊制，唯恣意淫樂，大修宮苑，設八坊，選美女，雜役繁興，百姓怨苦。

237 年，與郭夫人同遊後園，毛后知之，叡怪罪左右，殺十餘人賜毛后死。

239 年，終因荒淫過度，病死洛陽喜福殿，年 35 歲，在位 14 年。葬大石山高平陵（今河南洛陽南）。號烈祖，諡曰明皇帝。

魏齊王　曹芳　232~254

字蘭卿，明帝無子，抱芳為養子，

235 年封齊王，239 年正月，明帝病危，囑司馬懿、曹爽，是日，立芳為皇太子，明帝死，即帝位，時年 8 歲，大將軍曹爽太尉司馬懿共同輔政。

249 年，司馬懿誅殺曹爽，獨攬大權。

254 年，大將軍司馬師（司馬懿長子）廢芳，絞殺張皇后，時年 22 歲，在位 16 年。晉初封為邵陵公，274 年死，年 43 歲，諡曰厲公。

魏高貴鄉公　曹髦　242.9.~260　譙（今安徽亳縣）人

文帝之孫，東海定王曹霖之子，字彥士，少好學。善書畫，初封高貴鄉公。

254 年，司馬師廢曹芳，立他為帝，司馬師輔政。髦位之時，百官皆欣愉得人，以髦「才同陳思（曹植）」，「武類太祖（曹操）」，然受制司馬昭，威權日落。

255 年，司馬師死，其弟司馬昭繼任大將軍，總纜朝政。

260 年，曹髦不甘任人擺布，召王沈、王業、王經曰：「司馬昭之心，路人所知也。吾不能坐受廢辱，今日當與卿自出討之。」決心除昭。司馬昭得知，持劍上殿，逼封晉王，不勝懣忿，率宮中宿衛及官僮 300 人，親詩司馬昭，遭賈充迎戰，被太子舍人成濟刺死，死後無號，史稱高貴鄉公，時年 19 歲，在位6 年（254~260）。葬洛陽湮潤之濱，百姓見之，皆掩面而泣，悲不自勝。

魏元帝　曹奐　246~265

曹操之孫，燕王曹宇之子。字景明，原名璜。

257 年，封安次縣（今河北省）常道鄉公。

260 年，曹髦被司馬昭弒殺，立曹奐為帝，政事皆歸司馬昭治理。

263 年，蜀主劉禪投降。

265 年，司馬昭死，接納賈充相勸，禪帝位予司馬炎，廢為陳留王，遷都鄴（今河北臨章縣北），魏亡。他被廢為陳留王。年 21 歲，在位 5 年。

302 年，曹奐死，時 57 歲，諡魏元皇帝（260~265）。

蜀 221~263
蜀漢昭烈帝　劉備
161~223.6.10.幽州涿郡涿縣（今河北保定市涿州市）

　　劉備，字玄德，東漢遠支皇族，漢景帝子中山靖王劉勝之後，父劉弘，少年時去逝，與母賣草鞋、草蓆為生。蜀漢開國皇帝，諡號昭烈皇帝，史稱先主，在位三年（221~223）。三國志《典略》記載，劉備為「臨邑侯枝屬。」

　　劉備，身高 7 尺 5 寸（漢時一尺約為 23.1 公分）（約 173 公分）垂手下膝，一對招風大耳，不需攬鏡自照，眼睛餘光可以看到耳朵。由於沒有鬍鬚，不愛多說話，喜怒不形於色，不甚愛讀書，喜玩賞評犬馬、音樂、美衣等。好結豪俠義士，識人善用，與關羽、張飛結為桃園三結義。

　　175 年，母親叫劉備外出求學，與同宗劉德然加入東漢末大儒盧植門下，與公孫瓚同門、並與其結為好友。劉德然父劉元起常資助劉備。

　　184 年，參與征討「黃巾之亂」，先後投靠公孫瓚、陶謙、曹操、袁紹、劉表。

　　201 年，劉備於汝南被曹操擊敗，投奔荊州牧劉表，使駐新野。

　　207 年，「三顧茅廬」得南陽諸葛孔明輔佐。

　　208 年，劉表死，其子劉琮投降曹操。時樊城之劉備狼狽南逃，曹操追至當陽（今湖北）長坂，倉惶棄妻而逃脫。「赤壁之戰」劉備聯合孫權，大敗曹操。

　　210 年，劉備向孫權借荊州，入川自領益州牧，

　　211 年，曹操進兵漢中，劉備入蜀，駐葭明，成都稱帝，國號漢，改元章武。

　　219 年，佔漢中、益州，自立為漢中王，造成魏、蜀、吳三國鼎立，

221年，劉備於武擔（今四川成都西北）即皇帝位，國號漢，史稱「蜀漢」。

222年，大舉攻吳，進兵猇亭（湖北宜都），兵敗退守白帝（四川奉節）

223年，劉備患痢疾病危，託孤孔明，旋病卒，享壽63歲，在位3年，葬惠陵（今四川雙流縣），諡曰昭烈帝。

蜀後主　劉禪　207~271

劉備之子，字公嗣，小字阿斗，母甘氏。無政治頭腦，才智平庸。

219年，立為王太子。221年立為皇太子。

222年，17歲，諸葛亮受先帝託孤輔政嗣皇帝位。

223年，在成都即皇位，巨細政事，均仰決於丞相諸葛亮。

225年，七擒七縱孟獲，平定南中叛亂，希圖統一全國，但未能如願。

234年，孔明病世五丈原（今陝西眉縣西南）軍中，大將姜維繼承亮業，累次出師無功，皆因糧草不繼，被排躋屯田沓中（青海東南）。劉禪寵信宦官黃皓，朝政腐敗，國勢日衰。

263年，魏軍迫成都，劉禪出降，蜀漢亡。

264年，劉禪舉家遷居洛陽，封安樂公，司馬昭問及生活，劉禪答「樂不思蜀」。

271年，死於洛陽，在位41年（223~263），享壽65歲。

吳　222~280　經4　凡59年

孫權　182~252.4.吳郡富春（今浙江富陽）人

孫權，字仲謀，孫堅第二子，母吳氏，錢塘人。身體奇偉，骨體不勻，方頤大口，目有精光，性格弘明，仁而多斷，好俠義士，善於用人。

195年，孫策削平江東，據吳、會稽六郡，創建孫氏政權。

200年，孫策死，孫權繼位。

208年，孫權、劉備赤壁（湖北蒲圻西北）聯軍大敗曹操。

210年，孫權從劉備，借駐荊州，共拒曹操。

214 年，孫索荊州，劉備不許，導致吳、蜀之戰。

219 年，擊江陵，麥城擒關羽，佔據荊州。

222 年，猇亭火燒連營四十餘處，戰勝劉備，建立東吳帝業。

229 年，於湖北武昌稱帝，國號吳，改元黃武，遷都建業（今江蘇南京）。

230 年，派大將軍衛溫、諸葛直帶數萬人，大規模航海對夷州（今台灣）墾殖，置農官，行屯田，設郡縣，促進土地開發。

252 年 4 月逝世，在位 23 年（229~252），享壽 71 歲。

吳廢帝　孫亮　243~258

孫權幼子。

250 年，孫權聽信讒言，廢太子孫和，立亮為太子。

252 年，孫亮 10 歲嗣帝位，大將軍諸葛恪、侍中孫峻輔政。孫峻藉機殺害諸葛恪，被封丞相，大將軍，督中外諸軍事。

256 年，孫峻死，堂弟孫綝輔政，綝專權暴橫，妄殺異己，孫亮不滿，

258 年，意謀除之，事機不密，孫綝先發制人，召集百官，廢孫亮為會稽王，另立孫休，時年 16 歲，在位 7 年。

260 年，亮宮人告亮有惡言，被黜為侯，遣就國，途中自殺，葬賴鄉。

吳景帝　孫休　235~264

孫權第六子，母王夫人。

258 年，24 歲被孫綝迎接繼帝位，不願受其擺布，設計於臘月群臣宴會殺孫綝。

264 年，聞司馬昭滅蜀後冊升晉王，即將伐吳篡魏，憂鬱成疾，病死。享年 30 歲，在位 7 年。葬定陵，諡曰景皇帝。

吳末帝　孫皓　242~283

孫權之孫，孫和之子，母何氏。

258 年，封烏程侯。孫休皇太子孫𩂯年幼，朱太后心靈不定，由丞相濮陽興。

264 年 7 月，景帝死，迎孫皓為帝。孫皓初立，發優詔，恤士民，開倉廩，賑貧乏。遣宮女以配無妻者，一時譽為明主。

及得志，驕淫無道，沉緬酒色，殺朱太后暨前太子孫𩂯，對勸諫大臣濮陽興、樓玄、王蕃等人先後誅殺，遷都武昌昏庸離德。

279 年，司馬炎伐吳，孫皓眾叛親離，軍中瓦解。

280 年，晉軍司馬炎大舉伐吳，入武昌，皓自縛降晉，吳亡，在位 17 年（264~280）。

283 年，孫皓死，年 42 歲，葬河南洛陽縣界。

西晉　四傳，執政 53 年（265~316）

西晉宣帝　司馬懿　179-251　河南省溫縣招賢鎮人

　　司馬懿，字仲達，出身士族家庭，三國時期魏國大臣，政治家、軍事家。一生屢屢抵抗蜀漢的諸葛亮北伐軍，堅守疆土。發動了高平陵之變，掌握了曹魏的政權。長子司馬師自封公後，追尊為舞陽文宣侯；次子司馬昭稱王後，追尊為晉宣王；其孫司馬炎稱帝後，追尊為高祖宣皇帝，故也稱晉高祖、晉宣帝。

　　司馬懿少有奇節，聰明多大略，博學洽聞，伏膺儒教。漢末大亂，常慨然有憂天下心」、「內忌而外寬，猜忌多權變。

　　司馬懿在上邽興屯田，京兆、天水、安南興冶鐵，穿成國渠，築臨晉坡使雍涼足食，並有餘力供給關中不足。後來又大興屯田於淮北，穿廣槽渠。

　　司馬懿曾向曹操建議軍事屯田制，曹操採納，很快死去（曹操死前已有屯田制）。

　　201 年，23 歲，曹操徵召不就。

　　208 年，入曹操丞相府任軍司馬。

　　219 年，與東吳聯合借孫權殺關羽，曹丕稱帝後大展圖謀。

　　220 年，任丞相長史。

　　227 年，平定孟達叛亂。

　　231 年，阻止諸葛亮六次北伐，被魏明帝升為太尉，魏軍事，平定公孫淵亂，維護統一。魏明帝死，輔佐曹芳，受到曹爽猜忌。

　　233 年，司馬懿興修水利，而「開成國渠，自陳倉至槐裡築臨晉陂，引汧洛溉舄鹵之地三千餘頃」使得『國以充實』。

　　236 年，關東饑荒，司馬懿調 5 百萬斛粟運往洛陽，足見關中存有大量糧食。

　　曹操時魏國就曾「開募屯田於淮南」（《三國志‧魏書‧倉慈傳》），但僅是民屯。241 年，主持對吳作戰時，始與鄧艾籌劃在淮南淮北創建軍屯。

　　243 年，司馬懿『在於積穀，乃大興屯田，廣開淮陽、百尺二渠，又修諸陂於潁之南北，萬餘頃。自是淮北倉庾相望，壽陽至於京師，農官屯兵連屬焉。』『因欲廣田積穀，為兼并之計，乃使鄧艾行陳、項以東，至壽春地』。

　　238 年，司馬懿勸諫曹叡不要大修宮殿勞民傷財，以保國之根本。曹叡死後他奏請罷修宮室，雕玩物之人力，節用務農，使天下欣賴。

　　249 年，發動政變，弒殺曹爽，掌握軍政大權。

　　251 年，司馬懿病逝，享年 73 歲。承其遺願，辭讓郡公和殊禮，不樹不墳，

不設明器，葬於首陽山。諡文貞，後改文宣。

265 年，司馬懿孫司馬炎稱帝，建立西晉。追尊司馬懿為高祖宣帝。

西晉武帝　司馬炎　236~290.4.　河內溫縣（河南溫縣西南）

司馬炎，字安世，司馬昭之子，母王元姬。

264 年，立炎為世子。

265 年，司馬昭死，司馬炎為相國。12 月魏元帝曹奐被迫上章，禪位於晉、司馬炎即篡魏稱帝，改國號晉，都洛陽，史稱「西晉」。

279 年，伐吳，孫皓縛輿櫬向晉投降，天下復歸統一。

280 年，實行佔田制，加強門閥制度，大封宗室，懈怠政事，貪婪淫奢，吏治敗壞，釀成其後八王之亂的根源。

281 年，將所俘吳國宮女，詔選五千入宮，一心享受，肆意姿色。

290 年，死於洛陽含章殿，在位 26（265~290），年 55 歲。葬洛陽峻陽陵。廟號世祖，諡曰武皇帝。

西晉惠帝　司馬衷　259~307

武帝第二子（嫡長子），母楊艷。

290 年，武帝死嗣位，代皇帝，痴呆不懂朝政，曾言「百姓餓死，何不食肉糜」，初賈后專權。天下慌亂，殺生母，諸王怨憤恨，骨肉相殘，史稱「八王之亂」。歷時 16 年（291~306）。其後諸王相繼擅政，他形同傀儡。

300 年，毒死太子（非賈氏生），司馬倫（司懿第九子），司馬冏（攸之子），起兵殺賈后，誅其同黨，倫總纜朝政。

301 年，倫廢衷，自立為皇帝。

304 年，隨越伐穎，衷中三箭，頰傷，逃奔洛陽，失六璽，被穎挾持至鄴（今河北臨漳縣北），復被張方劫往長安。

306 年，被越挾持回洛陽，衷食餅中毒，死於洛陽顯陽殿（或云為越所害），得年 48 歲，在位 17 年（290~306），葬太陽陵。諡曰孝惠皇帝。

西晉懷帝　司馬熾　284~313

武帝第 25 子，母王媛姬。字豐度，兄弟 26 年。

290 年，封豫章王。

304 年，劉淵據左國城（今山西離石縣東北），自稱漢王。

306 年，惠帝死，熾繼皇位，司馬越輔政。八王相殘，胡人有機可乘，劉淵、石勒勢力最強，以晉為敵.巨馬越領兵對峙。

307 年，越出鎮許昌。309 年回京，殺熾之近臣十餘人。

310 年，淵死，其子聰繼位。劉聰攻洛陽，俘熾，遭至平陽。

311 年，熾密詔荀晞討越，司馬越死於頂城，歸葬郯城，由太尉王衍引兵

至苦縣（河南鹿邑），遭石勒包圍殲滅。晉元氣大傷，同年六月，劉曜攻陷洛陽，俘懷帝送平陽（今山西襄汾西南），劉聰叫他在宴會中青衣行酒，晉舊臣多號啕大哭，劉聰因此把他殺死，史稱「永嘉之亂」。

312年，劉聰封司馬熾為會稽郡公。

313年，聰宴群臣，使熾著青衣行酒，晉舊臣悲憤號哭，聰殺之，熾亦遇害。劉聰被害，享年30歲，在位7年（306~311），諡曰孝懷皇帝。

西晉愍帝　司馬鄴　270~317

字彥旗，武帝孫，司馬晏之子，出繼秦王司馬柬，襲封秦王。

308年，拜散騎常侍、撫軍將軍。

312年，立為皇太子。

313年，懷帝死，司馬鄴在於長安被擁立為皇帝，欲重振聲威，大將傾斜，長安城蕭條，居民不足百戶，倉儲空無一粟，飢民哀號。

316年，劉聰派劉曜率攻進長安，城內無糧，人相食。鄴悲不自勝，歷時52年之西晉王朝，遂告滅亡。

317年，劉聰於平陽誅殺司馬鄴，年18歲，在位4年（313~316），諡曰孝愍皇帝。

東晉　傳11帝，執政104年（317~420）

東晉元帝　司馬睿　276~322.11.河南洛陽

司馬睿，字景文，司馬懿曾孫，司馬覲之子，母夏夏光姬。善書法，歷史有名。

初襲封琅邪王，出鎮健康（今江蘇南京），依靠中原南遷士族，聯合江南士族顧榮、賀循等，統治長江中下游和珠江流域。

313年，愍帝即位，以睿為左丞相。315年，為丞相。317年，睿即晉王位。

318年，愍帝死，睿即帝位，史稱東晉。王導、王敦支持，穩定局面偏安一時。

322年，因王敦擅權專政，憂憤而死。在位6年（317~322），年47歲。諡曰元皇帝，廟號中宗。葬建平陵（今江蘇江寧縣雞籠山）。

東晉明帝　司馬紹　299~325.7.

字道畿，元帝長子，母荀氏。賢禮下士，喜文辭，善書法，有文武才略，名臣敬仰，遠近歸心。有膽略，能決斷。

317年，立為王太子。

322年，即皇帝位，時24歲。

323年，王敦圖謀篡位未果，不久病死，同謀王含、錢鳳、沈充被誅。

324年，平定王敦動亂。

325年閏8月，暴死建康東堂，年27歲，在位4年。諡曰明皇帝，廟號肅

宗，葬武平陵（今江蘇江寧縣雞籠山）。

東晉成帝　司馬衍　321~342.

字世根，明帝長子，母庾文君。

325 年 3 月立為太子，閏 8 即帝位，時年 5 歲，庾太后臨朝，司徒王導為政寬和，頓得人心。國舅中書令庾亮，尚書令卡壺輔政。庾亮專橫，導致蘇叛亂，幸被陶侃平定。成帝節儉，史有佳評。

342 年 6 月病故，年 22 歲，在位 18 年，兩子均在襁褓中。諡曰成皇帝，廟號顯宗，葬興平陵（今江蘇江寧縣雞籠山）。

東晉康帝　司馬岳　322~344

字世同，成帝母弟，少好書法，是我國歷史上著名書法家。

326 年立為吳王，翌年為琅邪王，334 年為驃騎將軍，339 年為侍中、司徒，342 年成帝病重，成帝二子皆在襁褓，由司馬岳為嗣，343 年繼帝位。

司馬岳在位二年多，無所作為。依靠國舅庾冰庾翼分別主政，力主北伐無功。

344 年 9 月病死式乾殿，年 23 歲，在位 2 年。諡曰康帝，葬崇平陵（今江蘇南京鍾山西南）。

東晉穆帝　司馬聃　343~361

字彭子，康帝之子，母褚蒜子。

344 年，康帝病重，立司聃為皇太子，9 月康帝死，聃即帝位。年僅二歲。

345 年，由褚后抱著臨朝攝政，何充輔政，何充死，由左光祿、蔡謨、司馬晃共同輔政。

349 年，石虎即皇帝位，建都襄國（今河北邢豪縣），史稱後趙。

350 年，冉閔滅後趙即皇帝位，國號大魏，建都鄴。

351 年，符健即皇帝位，建都長安，史稱前秦。

352 年慕容俊滅魏，即帝位，史稱前燕。

聃即位，年幼無知，及長也無所作為。任用桓溫北伐，朝廷揮霍浪費，國庫空虛。武將無謀，均非將才，朝臣明爭暗鬥，各從所志，尚清談。

353 年，王羲之作蘭亭集序於紹興，名傳後世。

361 年，司馬聃死，年 19 歲，在位 18 年，諡曰穆皇帝，廟號孝宗，葬永平陵。

東晉哀帝　司馬丕　341~365

字千齡，成帝長子，母周氏。二歲封琅邪王，五歲拜散騎常侍，356 年為中軍將軍。359 年為驃騎將軍，361 年由褚太后迎立繼帝位。

丕喜書法，為歷史上著名書法家。好黃老之學，方士之言，因循守舊，胸無大志。桓溫收復洛陽，上書還都洛陽，建議民返回故土，帝等不聽，苟安江南。

364 年，相信方士長生藥病發，不理朝政。

365 年 2 月病死太極殿西堂，年 25 歲，無子，在位 5 年。諡曰哀皇帝，葬安平陵。

東晉廢帝　司馬奕（海西王）　341~386

廢帝司馬奕又為海西公，成帝次子，哀帝之弟。366 年由太后迎立繼帝位，會稽王司馬昱、大司馬桓溫，持才位高，威權無比，每臥床撫枕曰：「既不能流芳百世，亦當遺臭萬年。」以當今皇帝不能人道，田、孟二妃私生三男。

371 年，司馬溫決心廢帝，建儲立王，傾移皇基，取得褚太后同意廢掉司馬奕，372 年，降為海西公，立承相會稽王司馬昱為新君，廢帝在位 7 年。

386 年，奕自知形勢無法逆轉，終日酗暢，耽於內寵，死於吳縣，年 45 歲。

東晉簡文帝　司馬昱　320~372

字道萬，元帝少子，母鄭阿春。三歲封琅邪王，七歲徙會稽王，345 年拜撫軍大將軍，錄尚書六條事。346 年與輔政。366 年進位丞相，錄尚書事。

371 年，受桓溫擁戴，褚太后同意，即帝位。

372 年，病逝，年 53 歲，在位 8 個月。諡曰簡文皇帝，廟號太宗，葬南京鍾山。

東晉孝武帝　司馬曜　362~396

字昌明，簡文帝第三子，母李陵容。幼聰穎，及長始讀典籍，書法家。

372 年，12 歲嗣帝位。委政司馬道子，自己卻沉迷酒色，長夜笙歌，流連殿內。

383 年，秦王符堅南下，謝玄智勇以少勝多，擊退百萬雄師，史稱「肥水之戰」。

385 年，羌族首領姚萇殺符堅，在長安稱帝，史稱後秦。

396 年，寵愛張貴人，乘帝酒醉用棉被捂死孝武帝，享年 35 歲，在位 25 年。諡曰孝武皇帝，廟號烈宗。葬隆平陵（今江蘇南京鍾山西南）。

東晉安帝　司馬德宗　382~418

武帝長子，母陳歸女。387 年立為皇太子，396 年即皇位。司馬道子輔政。司馬德宗白痴，說話不清楚，愚笨口吃，人稱「白痴安帝」。朝政落於會稽王司馬道父子手中，難服群臣，導致桓玄叛逆，被劉裕討平，洛陽故土，得而復失。

399 年，司馬道子昏憒無能，遇事求神，嗜酒，被其 18 歲子司馬元顯所取代。

402 年，元顯才智出眾，但性苛刻，任意嗜殺，為桓玄攻入建康，元顯被殺。

404 年，桓玄奢豪縱捲，政令無常，朋黨互起，凌侮朝廷為劉裕所殺總攬朝政。

418 年，安帝被劉裕派人勒死於建康東堂，享年 37 歲，在位 23 年。諡曰安皇帝，葬休平陵（今江蘇南京鍾山西南）

東晉恭帝　司馬德文　386~420

安帝同母弟，418 年即皇位，封劉裕為宋王加九錫，420 年 6 月恭帝被逼禪位於裕。東晉亡，在位 2 年，同年 9 月司馬德文被士兵捂死，年 36 歲，諡曰恭皇帝，葬沖平陵（今江蘇南京鍾山西南）

南北朝　420~589

公元 420 年，東晉滅亡後，中國分裂為南北兩部分。據南方者，相繼有宋、齊、梁、陳四朝，史稱南朝。據北方者，先有後魏，後分東、西二魏。東魏為北齊所代，西魏為北周所代，北周又滅北齊。史稱北朝。北周 581 年，隋代周。589 年隋滅陳，全國復歸統一，南北朝首尾共 170 年。

南朝　宋、齊、梁、陳更替 169 年（420~589）.

南朝又分：一、劉宋、二、蕭齊、三、蕭梁、四、陳朝

一、劉宋　劉宋傳八帝，執政 60 年（520~479）

南朝宋武帝　劉裕

363.4.16.~422.6.26.　祖籍彭城縣（今江蘇徐州市）人

宋武帝劉裕，字德輿，小字寄奴，漢高祖劉邦之弟楚元王劉交 21 世孫。父劉翹，母趙安宗。裕出生母即死，家貧，父欲棄之。劉懷敬母相救養之。及長，性格奇特，勇健有大志，以販履為業，好賭博，為鄉人輕視。

劉裕是東晉末年軍事家、政治家，亦是劉宋的開國君主。劉裕最初為北府將領孫無終的司馬，在孫恩之亂中展現其軍事才能，及後更發起義軍擊敗篡位的桓玄，恢復了東晉政權，並獲得了極高名望，並在不久之後掌握朝權。

劉裕趁南燕內訌之際而出兵滅燕，隨後又平定了盧循之亂，以及消滅了劉毅、諸葛長民及司馬休之等異己，鞏固了在東晉國內的地位。接著又乘後秦內亂而北伐，收復了洛陽及關中地區，受封宋公並得九錫，終篡奪了東晉政權，建立劉宋，開始了南北朝時代。

399 年，投軍孫恩，勇悍善戰，驍勇機智，屢立戰功。逐步掌握東晉軍政大權。

402 年，孫恩攻東晉時，史桓玄乘機攻入建康。

403 年，逼安帝退位，自立為皇帝。

405 年，安帝返回建康，恢復皇位，劉裕總攬朝政。

418 年，裕云「昌明之後尚有二帝」，縊死安帝，立司馬德文為帝。

420 年，恭帝禪位於裕稱帝，國號宋，開明節儉，以身作則，重視才高博學之人，防止門閥壟斷，中央集權。

421 年，劉裕派人於秣陵弒殺恭帝。

422 年 5 月，病死建康西殿，享壽 60 歲，在位 3 年.諡曰武皇帝，廟號高祖。葬初寧陵（今江蘇南京鍾山）

南朝宋少帝　劉義符　406~424　生於京口

武帝長子，母張氏，小名車兵。力氣過人，善騎射，懂音樂。

419 年為宋太子，420 年立為皇太子，422 年 17 歲即皇帝位，童心未泯，整天遊玩，不理朝政，飲酒作樂，野遊忘返。

424 年，朝臣商請皇太后廢為營陽王，幽禁於吳郡（今江蘇州市）金昌亭，尋予殺害，年 19 歲，在位 2 年，迎立武帝三子劉義隆為帝.

南朝宋文帝　劉義隆　407~453　生於京口

武帝第三子，母胡道安，小名車兒，聰明仁厚，極重文儒，博覽經史，善書法隸書。儉約不奢，躬親政事，孜孜無怠，執法不峻，容物不馳。

411 年，4 歲，諮議參軍劉粹輔其鎮京口。

415 年封彭城公，420 年封宜都王，為鎮西將軍，荊州刺史。

424 年，少帝劉義符荒溺無道被廢，武帝第二子劉義真亦被殺。立劉義隆為帝。426 年，文帝劉義隆下詔追究殺害少帝劉義符、劉義真二王之謝晦罪責誅之。大臣徐羨之自縊，斬傅亮。「罪止元凶，餘無所問」獎勵農業，重生產，社會安定，經濟繁榮，放寬刑責，減輕賦稅，史稱「元嘉之治」。

453 年，太子使女巫呪文帝死，文帝大怒，欲廢太子劉劭事泄，反被太子弒殺，享年 47 歲，在位 30 年。諡曰文皇帝，廟號太祖。葬長寧陵（今江蘇南京鍾山）。

南朝宋孝武帝　劉駿　430~464.5.

字休龍，小名道民，文帝第三子，母路惠男。其兄劉劭弒文帝後，又欲殺劉駿，劉劭反被殺死，並格殺其四個兒子，受百官朝賀，隨即帝位。

劉駿強化中央集權，實行吏任期制，每任三年，又派親出任各州刺史「典簽」，監視官員行動，誅殺宗室暨大臣，殘暴狠毒，降低役齡，累收稅賦，百姓困苦，士族高利剝削，被迫賣兒鬻女，投河自縊，時有所聞。

464 年閏 5 月，病死玉燭殿，時年 35 歲，在位 12 年。諡曰孝武皇帝，廟號世祖，葬景寧陵（今江蘇江寧縣岩山）

南朝宋前廢帝　劉子業　449~465.4.11.

武帝帝長子，母王憲嫄。小名法師，

453 年，劉子業被劉邵囚禁，幾乎被殺，4 月立為皇太子。

464 年閏 5 月 6 歲即皇帝位。劉義恭、柳元景、沈慶之、頻師伯、王玄謨輔政。

實權操在戴法興手中，他人徒具虛名。

為一殘暴淫亂皇帝，在位僅一年，喪盡人倫壞事，先後殺死叔祖父及四個兒子，誘殺幼弟，繼殺六個叔父，毒死三朝元老 80 高齡沈慶之，文武朝臣人人自危。誘使其姐山陰公主，與其同寢交歡，強佔姑新蔡公主為寵妃，逼令諸王妃聚集一堂，裸身露體，輪流縱淫，強使宮女與羊猴狗馬交媾，稍有不從，立刻格殺，喪盡天良，尤甚桀紂。

465 年 8 月，法興規勸其改過，不滿殺之。群臣義恭、元景、師伯密謀廢帝，久議不決，事洩，反被殘酷殺害。11 月被侍衛壽寂之刺殺，在位 1 年，17 歲，葬丹陽秣陵縣（今江蘇江寧縣）南郊壇西。

南朝宋明帝　劉彧 439~472

字休炳，小名榮期。文帝第 11 子，母沈容姬，早死，路太后養之。

448 年封淮陽王，452 年改封湘東王，武帝踐位為鎮軍將軍、雍州刺史

465 年 11 月被廢帝拘於建康，備受凌辱。廢帝被殺，朝臣迎劉彧為帝。

466 年，誅子勛，又滅劉子房等十人，至此孝武帝 28 子，全被其誅殺盡。淫樂縱慾，殘殺骨肉，借種生育，巧得太子。

472 年 4 月，死於景福殿，年 34 歲，在位 8 年。諡曰明皇帝，廟號太宗，葬高寧陵（今山東臨沂縣莫府山）。

南朝後廢帝　劉昱 462~477

字德融，小名慧震。明帝長子，母陳妙登，原是明帝妃子，生昱。幼小在宮就學，喜嬉遊，不好學，漸長，喜怒無常，四處敖遊，晨出暮歸。

466 年立為皇太子，472 年 4 月，10 歲嗣皇帝位。袁粲、褚濂輔政。素好嬉戲，喜怒無常，不理朝政。

477 年 6 月，蕭道成晝臥裸袒，劉昱在肚臍上畫腹為箭靶標示，以骨箭射，正中其臍。蕭道成惱怒伺機報復。7 月，衛士楊玉夫趁小皇熟睡時，弒殺將其頭割下來，年僅 15 歲，在位 6 年。因其罪惡，貶為蒼梧王，葬丹陽秣陵縣南郊。

南朝宋順帝　劉准 469~479

字仲謀，小名智觀，明帝第三子（實為桂陽王劉休範之子），義母陳法容.

472 年封安成王，廢帝即位封揚州刺史，474 年都督揚、南豫二州諸軍事。476 年進號驃騎大將軍。

477 年 7 月後廢帝被殺，蕭道成迎立嗣帝位，時年 9 歲。蕭道成自為司空，錄尚書事，兼驃騎大將軍，大尉，進封為齊王。

479 年 4 月，蕭道成逼劉准禪位，代宋稱帝，宋亡。在位 3 年，年僅 13 歲。禪位之日，泣彈「順後世世勿復生天王家」宮中皆哭。蕭道成貶其為汝陰王，禁於丹楊宮 5 月被殺。劉氏皇族，均被斬殺，悽慘莫甚。諡曰順帝，葬遂寧陵。

二、蕭齊　傳七帝執政 24 年（479~502 年）

南朝高帝　蕭道成

427~482　東海蘭陵縣（今山東蒼山縣西南蘭陵鎮）

蕭道成出自蘭陵蕭氏，父親蕭承之仕於劉宋為右將軍，蕭道成亦在劉宋任軍官，宋明帝駕崩，蕭道成以右衛將軍領衛尉的名銜，與其他數位大臣受遺詔掌機要，輔政大臣。劉昱即位後，桂陽王兼江州刺史劉休範叛變，為蕭道成領軍所平定，權勢日隆。

430 年，棄學籤劉義康。

446 年，任左軍中兵參軍，宋明帝即位為右軍將軍。

467 年，為南袞州刺史，鎮廣陵。

470 年為黃門侍郎、越騎校尉，472 年為右衛將軍，後改侍中，石頭戍軍事。

474 年，為中領軍、南袞州刺史，476 年平定劉景素亂。

477 年，無道的劉昱被蕭道成的黨羽刺殺，蕭道成改立宋順帝劉準，獨攬朝政。並在同年和隔年。

478 年，消滅忠於宋室的尚書令袁粲、荊州刺史沈攸之，宰制全國。

479 年，篡宋自立為天子，國號齊，他為政務節儉，實施檢籍政策，清查詐入士族籍貫的寒人。在位四年去世，終年 56 歲。

除了在政治上的功業，蕭道成也廣覽經學、史學書籍，善寫作文、書法和下棋。

字紹伯，小名鬥將。父蕭成之，少有大志，才力過人。在儒生雷次宗門下就讀。479 年 3 月為相國，為齊公。4 月進為齊王。同月蕭道成篡宋順帝稱帝，改國號齊。想要改革弊政，效果甚微，鑑於前朝殘刻奢華，提倡節儉。

482 年 3 月病死臨光殿，諄諄告誡太子不可「骨肉相殘」，享年 56 歲，在位 4 年。諡曰高皇帝，廟號太祖，葬泰安陵（今江蘇丹陽縣陵口鎮東南）。

南朝武帝　蕭頤　440~493

字宣遠，少名龍兒，高帝長子，母劉智兒。482 年嗣帝位，時年 43 歲。用寒人典掌機要，給百姓休養生息。

493 年 7 月病死建康，享年 54 歲，在位 12 年。諡曰武皇帝，廟號世祖，葬景安陵（今江蘇丹陽縣陵口鎮東南）。

南朝廢帝鬱林王　蕭昭業 473~494

　　字元尚，小名法身，武帝嫡長孫，父蕭長懋，母王寶明。美少年，好隸書，善言詞，接待賓客，殷勤禮甚，深得武帝喜愛。

　　懋早死，493 年以皇孫嗣帝位。矯情飾詐，陰懷鄙惡荒淫亂倫，勾引其父文惠太子寵妃，日夜淫樂，並選入諸多佳，麗後宮尋樂，不問朝政，揮霍無度。

　　494 年 7 月，被西昌侯蕭鸞，陰使衛蕭諶勒斃，年 22 歲，在位 2 年。追鬱林王。

南朝廢帝海陵王　蕭昭文 480~500

　　字季尚，文惠太子第二子，係昭業之弟。494 年 7 月 15 歲立為皇帝，蕭鸞總攬大權，蕭昭文飲食起居，無自由，蕭鸞自領宣城王，以「典簽」官制，屠戮諸王削弱異己。同年 10 月，廢蕭昭文，降封海陵王，自立稱帝，為蕭齊明帝，隨即以鴆酒毒死海陵王，在位 3 個月，時年 15 歲。

南朝明帝　蕭鸞 452~498

　　字景栖，小名玄度，蕭道成第二子，少孤，高帝撫育勝過諸子。

　　472 年為宋安吉令，以嚴格能幹聞名。478 年進號輔國將軍，483 年為侍中，領驍騎將軍，492 年為尚書左僕射，493 年武帝遺詔為侍中、尚書令。

　　494 年 7 月，領兵入宮，迎立蕭昭文為帝，總攬大權。10 月廢昭業、昭文自立為帝，性殘暴，屠戮功臣，殘殺親生骨肉，令人髮指。篤信鬼神，出門先占卜。

　　498 年 7 月，死於正福殿，年 47 歲，在位 5 年。諡曰明皇帝，廟號高宗。葬興安陵（今江蘇丹陽縣陵口鎮東南）。

南朝東昏侯　蕭寶卷 483~501

　　原名明賢，字智藏，明帝第二子。494 年立為皇太子，498 年即皇帝位。恣意遊樂，殘酷暴虐，內親外戚文武大臣稍有不如意，即大肆殺戮，誣蕭懿謀反斬首。

　　500 年 8 月，後宮大火蕭寶卷夜遊未歸，死相枕籍。橫徵暴斂，再造華麗宮殿。

　　501 年 3 月，蕭衍發兵擁蕭寶融為帝，廢蕭寶卷為涪陵王，12 月蕭衍攻建康，兵屯石頭城守，潛入宮中殺蕭寶卷，執首級傳獻蕭衍，經王太后令，降涪陵王為東昏侯，年 19 歲，在位 4 年。廢為東昏侯。

南朝和帝　蕭寶融 498~501.7

　　字智昭，明帝第八子，494 年封隨郡王，499 年改封南康王、中郎將、荊州刺史，501 年正月蕭寶融始稱相國，3 月即皇帝位於江陵，同年 12 月，東昏侯被殺。502 年 3 月，被迫讓位於梁。齊自蕭道成於 479 年即位，至此凡 24 年而亡。蕭寶融降為巴陵王，4 月飲酒沉醉，伯禽殺之，時年 15 歲。在位 1 年。追為齊和帝，葬恭安陵。

三、梁　六傳，執政 56 年（502~557）

南朝武帝　蕭衍　464~549　南蘭陵（今江蘇常州市西北）中都里人

字叔達，小名練兒，漢相國蕭何 25 世孫，父蕭順之，母張尚柔。好學手不釋卷，長於樂律，善書法，著有「通史」600 卷、「金海」30 卷、「孔子正言」、「孝經講疏」、「昭明文選」，天資聰穎，下筆成章。號稱「竟陵八友」。為文學重要文獻傳世。他信奉佛教，濫設官職，包庇宗親，任人唯親，歷史認為是愚昧皇帝。

500 年，東昏侯殺蕭懿，行刺衍未遂。

501 年 3 月，衍擁蕭寶融即帝位，是為和帝。

502 年正月，進位相國，封梁公。2 月進爵為王，3 月和帝被迫禪位於衍，4 月衍即位建康南郊。篡齊稱帝，立國號梁，恢復士族，高諸王權力，改革宋齊用人時弊，表面和善，內心險惡，中央集權，偽裝節儉，對部屬放縱，對百姓繁瑣苛重，以辦佛事為善行，視民生而不顧。

527 年，天竺僧來金陵講經捨身，嵩山少林壁。

549 年，侯景叛亂將梁武帝蕭衍軟禁，將其餓死，終年 86 歲，在位 46 年。蕭衍長子蕭純立為太子，死後諡為「昭明」太子。

南朝簡文帝　蕭綱　503.10.~551

字世讚，小名六通，梁武帝第三子，母丁令光。

503 年封晉安王，523 年為雍州刺史，531 年太子蕭統死，遂立蕭綱為皇太子，

549 年 5 月，蕭綱皇帝位。大權獨攬，行政殘暴，淚起四方討伐。

550 年，陳霸先起兵始興（今廣東始興縣）。

551 年，蕭繹敗景於巴陵（今湖南岳陽市），廢蕭綱為晉安王，旋又立蕭棟（統之孫）為帝。蕭綱被幽禁，自知將死，暴飲烈酒，沉醉後，被裝入土袋，壓坐其上致死。年 49 歲，在位 3 年。以門扉為棺，置酒庫中，552 年葬莊陵（今江蘇丹陽縣陵口鎮東南），諡曰簡文皇帝，廟號太宗。

南朝豫章帝　蕭棟　?~552

551 年 8 月，侯景迎立繼帝位，僅當 3 個內皇帝，即被侯景趕下台廢掉。侯景自稱漢帝，改元太始。朝廷內外反抗。552 年 3 月，王僧辦、陳霸先大破侯景，攻佔建康，侯景浮海被俘殺，送屍建康，王僧辦入建康後，即尋殺蕭棟。

南朝梁元帝　蕭繹　508~555

字世誠，小名七符。武帝第七子，母原姓石，采女，武帝賜姓阮，名令嬴。蕭繹能書會畫，援筆成文，情懦弱，無謀略，多疑少斷，「韜於文士，愧於武夫」

515年封湘東王，547年都督荆，荆州刺史，549年景逼死武帝，繹使少子受質於西魏，551年景於巴陵，逃回建康，繹引軍東下。7月景文帝禪位於豫東王蕭棟，11月廢棟，，自立為帝。552年11月由公卿藩鎮勸進於江陵稱帝，同年4月太尉武陵王蕭紀在成都稱帝，553年2月蕭紀攻江陵，骨肉相殘，蕭繹自感兵力不足，聯合西魏宇文泰攻蜀，蕭紀兵敗及三個兒子均被殺。

554年11月，魏軍攻破江陵，蕭繹到西魏投降，12月被殺，在位3年，終年47歲，謚曰孝元皇帝，廟號世祖。

南朝貞陽侯　蕭淵明　?~?

梁武帝侄兒，由北齊送來建康，555年5月由太尉王僧辨妥協北齊眾兵壓境，迎立即帝位，改元天成。引起陳霸先不滿，在位4個月，547年被陳霸威逼退位，並殺掉王僧辨。陳霸先與王僧辨原係兒女親家，為政見不合成仇。

南朝敬帝　蕭方智　543~558.4

字慧相，小名法真，元帝第九子，母夏氏。

552年封晉安王，554年被王僧辯、陳霸先擁立為太宰，承制。555年正月立蕭詧為皇帝，史稱後梁，實為西魏之傀儡。2月蕭方智即梁王位。3月立蕭淵民為皇帝，蕭方智為皇太子。10月蕭方智即皇帝位，12月14歲被陳霸先擁立即帝位，一度被王僧逼迫降為太子，同年9月北齊大軍攻鐘山，被陳霸先擊敗，敬帝封陳霸先為丞相、義興公、鎮衛大將等。

557年10月晉封陳霸先為陳王，逼敬帝蕭方智禪位，梁亡。

558年4月，陳霸先遣人殺之，死時16歲，在位2年。謚為敬皇帝。

四、陳　五傳，執政33年（557~589）

南朝武帝　陳霸先

503~559.6.　祖籍潁川（今河南中南部）浙江紹興人

字興國，小名法生，父陳文贊，母董氏。出身寒微，初為鄉之里司，後任油庫吏。為蕭映所賞識，由傳今吏，而衛兵參軍，督護，太守。

548年平定侯景叛亂後，鎮守京口（鎮江）。為維護蕭方智繼任為帝，殺王僧辨，打敗北齊，進爵大將軍，陳王，促使國家安定，受到人民擁戴。

555年，陳霸先為丞相、錄尚書事、鎮衛大將軍、湯州牧、義興公。

556年，進為相國，封陳公，10月迫梁敬帝禪位，自立皇帝位。降封梁敬帝為江陰王，旋被害。

557年10月篡梁稱帝，立國號陳。

559 年，病死建康璇璣殿，享年 57 歲，在位 3。諡曰武皇帝，廟號高祖。葬萬安陵（今江蘇江寧縣方山西北）。

南朝文帝　陳蒨（倩）522~566

字子華，武帝兄陳道譚長子，沉敏有膽識，舉動文雅，好學遵禮法，武帝愛之。

「侯景之亂」景捕蒨，累欲加害未逞，及景敗，乃得出。

554 年，征廣陵，每戰皆捷，以功授宣毅將軍、會稽太守、都督十群軍事。

557 年，立為臨川王，拜侍中，安東將軍，出鎮南皖。

559 年，武帝死，以皇子陳昌在江陵失蹤被西魏俘未歸，朝議立皇侄陳蒨（蒨）。560 年，繼帝位。知民疾苦，節儉勤政，下不容奸。勸耕作，勤農產，社會安定。面臨蕭梁殘聯合北齊、北周對抗陳朝局面，九江以西非陳所有，終於統一。566 年 4 月，病死建康有覺殿，年 45 歲，在位 7 年。諡曰文皇帝，廟號世祖，葬永寧陵（今江蘇南京鍾山東北）。

南朝廢帝臨海王　陳伯宗　554.5.~570.4.

字奉業，小名藥王，文帝長子，母沈妙容。性懦弱，無人君之器。

559 年立為皇太子。

566 年嗣帝位。皇叔陳頊輔政，專權獨斷，大臣不滿，陳頊怒殺書舍人劉師知暨右將軍軍韓子高，引發荊刺史華皎連結北周、西梁起兵討伐，陳頊孤軍擊敗。

568 年 11 月，威迫章太后廢陳伯宗為臨海王，禪位皇叔陳頊。在位 2 年。

570 年 4 月，伯宗死，年 17 歲。

南朝宣帝　陳頊　530.7.~582.1.

字紹世，小名師利，陳道譚第二子，文帝同母弟。性寬容，多智略，善騎射。

566 年，文帝病危，憂太子伯宗柔弱，不能繼業，囑頊輔之。

568 年，陳頊以皇太后令，誣伯宗兄弟與師知通謀，又以文帝之托，廢姪伯宗為臨海王。569 年 1 月即帝位。582 年 1 月，死於建康宣福殿，年 53 歲，在位 15 年。諡孝宣皇帝，廟號高宗，葬顯寧陵（今江蘇江寧縣牛頭山西北）。

南朝後主　陳叔寶　553.11.~604.11.

字元秀，小名黃奴，宣帝嫡長子，母柳敬言。582 年正月，宣帝病危，陳叔寶與宣帝第二子陳叔陵、四子陳叔堅，入寢侍疾，宣帝剛死，叔陵陰懷異志，抽刀殺傷哀哭俯伏叔寶，幸叔堅奪刀而脫，叔陵為追兵所殺。

583 年，陳叔寶即帝位，但其生於深宮，不知民間疾苦，政治腐敗。不理朝政。

酷愛歌舞酒色，荒淫揮霍無度，寵愛孔貴人，日夜耽溺，邀狎客共飲。

584 年，大興土木，起臨春、結綺、望仙宮庭，國庫衰空。

588 年，隋文帝楊堅見陳叔寶滛蕩無為，率兵起義。

589 年，隋軍攻建業，慌張失措，帶孔姬跳入枯井中避難，為隋軍俘獲，時年 37 歲，在位 7 年，陳亡。

604 年 11 月，死於洛陽，年 52 歲，追贈其大將軍，封長城縣公，諡曰煬，葬河南洛陽芒山。

北　朝

北魏、東魏、西魏、北齊、北周.439~581 年共 143 年

鮮卑族拓跋燾統一北方，是為北魏，亦稱後魏，是北朝之始。534 年，北魏分裂為東、西魏。後來北齊代東魏，北周代西魏，又滅北齊。隋代北周。

一、北魏　439~534

315 年 2 月，晉愍帝封拓跋猗盧（鮮卑族）為代王，食代、常山二郡。338 年拓拔部建立代國。386 年 4 月，拓跋珪（道武帝），改稱魏王，439 年拓跋燾（太武帝）滅北涼，結束五胡十六國混亂局面，統一北方，北朝之始。至 534 年分為東魏、西魏，歷 11 帝，凡 96 年。

北魏道武帝　拓拔珪　371~409

386 年，16 歲在牛川（歸綏東境）為酋長稱代王，尋改稱魏王，定都平城（山西大同）改元登國。凶暴嗜殺，游牧務農，仿漢人治國。

409 年 10 月，被子清河王拓拔紹弒殺，享年 39 歲，在位 24 年。

北魏明帝　拓拔嗣　392~423

409 年，嗣帝位，殺拓拔紹及生母賀夫人，探行「八公」議政，勸農增產，移民到山東就食，解決冰霜乾旱缺糧等問題。

422 年，乘宋武帝病死，劉義符剛嗣帝位之未穩之際，攻打宋國，佔黃河以南淮北淮西等鎮，確立南北對峙局勢。

423 年 11 月，病死，享年 32 歲，在位 15 年。

北魏太武帝　拓拔燾　408~452　生於平城東宮

拓跋嗣長子，母杜氏。

424 年，拓跋嗣死，拓拔燾帝位，

439 年，滅胡夏（夏滅西秦、北燕後滅北涼，終結五胡亂華 136 年的時代。

444 年，聽信崔浩獻策，下令禁佛教，沙門還俗，凡有私養沙門巫師師者處死。446 年，發現佛寺藏有兵器，下令盡誅沙門，無論少長悉斬，寺廟焚毀。

450 年，命司徒崔浩撰國史，事皆詳確，拓拔燾大怒，以「暴揚國惡」囚崔浩於南城，尋殺之，夷三族，聽信讒，言殺害太子親信，太子拓拔晃憂鬱而死。太武帝追悔莫及。

452 年 2 月，太武帝醉臥，為中常侍宗愛生所殺，享年 45 歲，在位 30 年。葬雲金陵（今內蒙古和林格爾縣），諡曰太武皇帝，廟號世祖。

北魏文成帝　拓拔濬（浚） 440.6.~465.5. 生於東宮

太武帝之孫，拓跋晃長子，母閭氏。452 年 2 月中常侍宗愛殺太武帝，立太武帝少子拓跋余為帝。10 月愛殺余，立浚即帝位。以中宗愛連殺二帝，罪大惡極立斬，夷三族，每以胡漢矛盾，官商勾結盤剝百姓困擾。

465 年 5 月，死於平城太華殿，年 26 歲，在位 14 年。

北魏獻文帝　拓拔弘 454.7.~476 生於陽山之北

字萬民，文成帝長子，母李氏。三歲立為皇太子，465 年 5 月 13 歲即皇帝位，胡太后臨朝聽政，次年即把政事交獻文帝執治。

471 年，把帝位傳給五歲的太拓拔宏，自以太上皇總理朝政大事，馮太后淫姣不貞，姦情為太上皇拓拔弘不滿，將姦夫李奕兄弟誅殺，惹惱太后憤恨。

476 年 6 月，用藥酒毒死拓拔弘，年 23 歲，在位 6 年。諡曰獻文皇帝，廟號顯祖，葬雲中金陵（今內蒙古和林格爾縣）

北魏孝文帝　元宏 467~499 生於平城紫宮

獻文帝長子，母李夫人被殺，馮太后撫養。

469 年立為皇太子，

471 年獻文帝信奉佛教，輕功名富貴讓位，元宏 5 歲即帝位，祖母馮太后聽政，太后淫蕩，但才幹出眾，治國有方。

490 年太皇太后胡氏卒，文帝 24 歲親政，漢化遷都，改拓拔姓為兀姓，禁止鮮卑族同姓結婚，促進北方社會融洽，經濟發展。

495 年，以漢語取代鮮卑語，次年改鮮卑姓為漢姓。促進民族融和，貢獻甚大。

499 年 4 月，病死，年 33 歲，在位 29 年。諡曰孝文皇帝，廟號高祖，葬於長陵（今河南洛陽市瀍水之西）。

北魏宣武帝　元恪 483.閏 4 月~515.1.生於平城

孝文帝第二子，母高氏（為馮皇后陷害）。恪貌美，善風儀，喜怒不形於色，端嚴若神，篤信佛教，唸佛忘疲。平庸沒作為，無統帥才能。

497 年立為太子。499 年嗣皇帝位。年幼不能親政，由王元禧（恪之叔父）、及禧弟王元勰輔政，茹皓、趙修、高肇（恪之舅）用事。吏部賣官，貪風盛行，興建佛寺廟 500 餘所，各州郡造寺廟 13，700 多處。閒養僧尼三千餘人。

515 年 1 月，死於洛陽式乾殿，年 33 歲，在位 17 年。諡曰宣武皇帝，廟號世宗，葬景陵（今河南洛陽市東北邙山）。

北魏孝明帝　元詡　510~528.1.

516 年 7 歲嗣帝位，尊生母胡貴嬪為太后臨朝，胡太后年輕失德，荒淫殘虐，專權靡亂，孝明帝年漸長不齒。

528 年，密令朱榮提兵返京，逼太后交權，走漏風聲，太后以毒酒耽殺元詡，年 19 歲，在位 14 年。諡曰孝明皇帝，廟號肅宗，葬於定陵。隨即立臨洮王世子元釗為帝，出生才三個月。

北魏孝庄帝　元子攸　507~530.9.

北魏孝庄帝元子攸係宣武帝皇叔彭城王元勰第三子長樂王。

528 年，二月胡太后毒死孝明帝，立孝明帝之女潘充華為帝（太后詐言為皇子）即帝位，旋又廢之，改立元釗為帝，車騎將軍爾朱榮聞之，大怒，立子攸為帝。執捕胡太后暨元釗等沉入黃河，召集百官於河陰「河南孟津」責以「國家喪亂」皇帝暴死，朝臣貪虐驕侈，未能匡政，立即下令全部殺死，史稱「河陰之變」。

530 年 8 月，子攸外逼於榮，內逼於皇后，快快不樂。召榮入洛。

9 月，假以皇子生，召榮入宮，伏兵殺之。

10 月，尚書僕射爾朱世隆（榮之堂弟）擁元曄為帝（拓跋晃之曾孫）。

12 月，兆攻入洛陽，殺皇子，鎖子攸於永寧寺，後遷晉陽，子攸被爾朱氏縊死於三級佛殿，年 24 歲，在位 3 年。先諡曰武懷皇帝，後改諡曰孝莊皇帝，廟號敬宗。葬於靜陵。

北魏長廣王　元曄　508~531

530 年，被擁立帝位，在位 2 年，531 即被廢帝，年 23 歲。

北魏節閔帝　元恭　498~532.5.

字修業，王元羽（元弘第四子）之子，母王氏。元恭端莊謹慎，好學，事祖母、嫡母以孝聞名。

531 年 2 月，爾朱氏兄弟擁王元曄繼帝位，薛孝通建議立恭，迫曄禪位於恭。大權掌握爾朱氏手中，10 月高歡立元朗為帝，以與爾朱氏相對抗。532 年 4 月，高歡攻入洛陽，5 月毒殺元恭，得年 35 歲，在位 1 年。諡曰節閔皇帝。

北魏安定王　元朗　513~532.11.

字仲哲，章武王元融（拓跋晃之曾孫）第三子，母程氏。531 年正月為冀州渤海太守。6 月高歡擁立朗為帝。532 年 4 月高歡入洛陽，擊敗爾朱氏，殺閔帝元恭，又殺元朗，年 20 歲，在位 6 個月。葬於鄴西南野馬崗。

北魏孝武帝　元修　510~534.閏 12.

字孝則，孝文帝曾孫，王元懷（高祖元宏之子）第三子，母李氏。沉默少言，好武藝。530 年封平陽王。為高歡擁立。532 年 4 月即帝位，時年 23 歲為一傀儡。534 年逃出洛陽，西奔長安，投靠宇文泰，高歡立孝文帝玄孫元善見為帝，北魏分裂，同年 10 月元修被宇文毒死，時年 25 歲，在位 3 年。諡曰孝武皇帝，葬雲陵（今陝西渭南縣東南）。

二、東魏　一帝執政 17 年（534~550）

東魏孝靜帝　元善見　524~551.5.

北魏孝文帝元宏之孫之世子，母胡氏。534 年魏孝武帝逃往長安，高歡擁立元善見即帝位，朝政大權操於高氏父子手中。550 年 5 月禪讓帝位予高洋，在位 17 年東魏亡。551 年 12 月高洋使人毒殺元善見，死時 28 歲，諡曰魏孝靜皇帝，葬於鄴西漳北，其後高洋忽掘其墳墓，投棺於漳水。

三、北齊　七傳，執政 28 年（550~577）

北齊文宣帝　高洋　529~559

北齊文宣帝高洋係高歡次子 550 年 5 月篡魏稱帝時年 21 歲，初期注重朝政，治國治軍，修長城，重邊防，後期瘋狂瘋虐，戀酒色，野遊肆殺，甚於桀紂.559 年死，得年 31 歲在位 10 年。

北齊廢帝　高殷　? ~559

北齊廢帝濟南王高殷，559 年嗣帝位，以胡漢氏族鬥氣，由太皇太后匹類氏下令，560 年 8 月廢高殷為濟南王，皇叔高演繼位，在位 1 年。

北齊孝昭帝　高演　535~561.9.

公元 560 年以政變帝位，在太后干預下，不敢重用漢官，次年出外遊獵落馬，脇骨折斷，醫治無效而死，享年 27 歲，在 1 年 1 個月。

北齊武帝　高湛　537~568

北齊武帝高湛，係高演之弟，561 年繼帝位，執政腐敗，土地嚴重，賦役繁重，百姓怨聲在道，惟恐死後帝位被奪，565 年 4 月辭帝位，禪位給 10 歲長子高緯，自己當太上皇，在位 5 年，至 568 年病死，得年 32 歲。

北齊後主　高緯　556~576

565 年 10 歲嗣位。太上皇臨朝。568 年太上皇死，13 歲親政，高緯昏庸殘暴，生活奢侈，畜禽給封，諍諫漢官，一律格殺，

576 年 10 月北周攻近晉陽，倉惶逃出北方，時年 21 歲，在位 12 年。

北齊安德王　高延宗　?~576.12.

北齊安德王高延宗，係後主庶兄，576 年 12 月以北齊後主出逃無主為由，被群官擁立繼位，在晉陽對抗北周不敵，兵敗被俘，在位不到一個月。

北齊幼主　高恒　570~577

577 年 1 月後主在鄴城禪位於幼主，自稱無上皇輔政，幼主時年 8 歲，不到 1 個月，北周武帝攻破晉陽，即率軍進鄴城，北齊慘敗，後主攜幼主逃至青州被俘，尋遭殺害，高緯死時年僅 22 歲，北齊滅亡，北方統一。

四、西魏　三傳，執政 22 年（535~556）

北魏 534 年 7 月，孝武帝西奔長安。12 月被大丞相宇文泰毒死，535 年正月元寶炬即皇帝位，是為文帝，史稱西魏。556 年 12 月恭帝元廓被迫禪位於北周孝閔帝宇文覺。西魏三主，凡 22 年而亡。

西魏文帝　元寶炬　507~551.3.

王元愉（北魏孝文帝元宏之子）之子，母楊氏。508 年愉稱帝於信都，兵敗被殺。530 年元寶炬封南陽王，532 年拜太尉加侍中，533 年為太保、開府、尚書令，534 年隨孝武帝奔長安，拜太宰、錄尚書事。

535 年為宇文泰擁立元寶炬為帝，史稱西魏。大權掌握宇文泰手中，炬只能俯首聽命。屯田實軍，獎勵清廉，士紳支持，國家日強。

551 年 3 月，文帝死於乾安殿，年 45 歲，在位 17 年，諡曰文皇帝，葬永陵（今陝西富平縣東南）

西魏廢帝　元欽　?~555.4.

535 正月立為皇太子，551 年嗣皇帝位，不滿宇文泰專權，企圖謀削權被泄。

554 年被宇文泰廢，送雍州被鴆毒殺死。宇文氏皇后，係文泰之女，自願殉夫，亦飲鴆而亡，在位三年。

西魏恭帝　元廓　537~557.2.

　　文帝第四子，元欽之弟，548 年封齊王，554 年宇文泰擁立為帝，史稱後梁或西梁。附屬西魏。宇文泰死後，其子宇文覺襲爵，又晉封周公。556 年廓遜位於周孝閔帝宇文覺。西魏歷三主，凡 22 年遂告滅亡。

　　557 年 1 月，降封宋公，2 月遭殺害，死時 20 歲。

五、北周　傳五帝，執政 25 年（557~581）

　　556 年 12 月恭帝禪位於周，557 年正月宇文覺即天王位，559 年改稱皇帝，國號周。創建者為西魏大臣宇文泰，581 年隋滅北周，北周經五主，凡 25 年而亡。

北周孝閔帝　宇文覺

542~？　蒙古武川人生於同州（今陝西大荔縣）

　　字陁羅尼，鮮卑族，宇文泰第三子，母元胡摩。550 年略陽公，556 年泰死，覺嗣位太師、大冢宰，宇文護逼恭帝禪位於覺，557 年覺即天王位，國號周，史稱北周，宇文護為大司馬（宇文泰侄）總理朝政。覺性剛果，不滿宇文護專權，欲圖之，事泄被廢，逼覺遜位，降為洛陽公，後慘遭殺害，在位 9 個月，年僅 16 歲，諡曰孝閔皇帝，葬靜陵。

北周明帝　宇文毓

534~560.4.生於統萬城（今陝西橫山縣西）

　　宇文泰長子，母姚夫人。548 年封寧都公，556 年授大將軍，557 年宇文護擁立繼帝位，559 年依制稱皇帝。封宇文護為太師，仍掌軍國大權。明帝聰敏善斷，頗有膽識，宇文護畏懼，深忌其才，560 年 4 月護使膳部安置毒物於餅中，明帝中毒將死，命皇弟宇文邕繼位，囑罷亡故，得年 27 歲，在位 4 年，諡曰明皇帝，廟號世宗，葬昭陵。

北周武帝　宇文邕　543~578.6.生於同州

　　字禰羅突，宇文泰四子，母叱奴氏。559 年為大司空，封魯國公，560 年明帝死，561 年奉皇兄遺命繼帝位，時年 18 歲，宇文護輔政，名為宰相，實為周王，專權跋扈，邕沉默不言，連其害兩帝罪行，亦不過問，郤暗中籌劃意欲除之，時經 13 年，572 年 3 月，智召宇文護至太后宮中讀「酒誥」殺之，誅其子弟親黨，邕始親政。修富民之政，務強兵之求，興修水利，發展經濟，釋放奴婢，決心滅佛，寺廟充公，僧尼還俗，國家漸強。577 年消滅北齊，統一中國北方。578 年 6 月，一代英主病逝長安，享年 36 歲，在位 19 年。諡曰武皇帝，廟號高祖，葬孝陵。

北周宣帝　宇文贇　559~580.5.生於同州

字乾伯，武帝長子，母李氏。572 年立為太子，

578 年 6 月武帝死，嗣帝位，不恤政事，荒淫狂亂，恣意酒色，揮霍無度，喜怒無常，神經錯亂，

579 年 2 月傳綸 7 歲兒子文闡，自稱天元皇帝。

580 年 5 月病死長安天德殿，時年 22 歲，在位 2 年，諡曰宣皇帝，葬定陵。

北周靜帝　宇文闡　573~581.2.　生於長安宮

宣帝長子，母朱滿月。原名衍，579 年 2 月嗣帝位，外公隋楊堅輔政，581 年 2 月禪位楊堅，北周亡。闡封為介公，5 月闡被楊堅害死，時年 9 歲，在位 2 年。諡曰靜皇帝，葬於恭陵。北周自閔帝於 557 年即位，經五主，凡 25 年而亡。

隋　四傳，執政 38 年（581~618）

隋文帝楊堅於 581 年 2 月，代北周而有天下，因楊堅為隋國公，故以隋為國號。

587 年 9 月廢後梁，589 年正月滅陳，至此五胡十六國之亂，及南北朝對峙，分裂 280 餘年之天下，復歸統一。617 年 11 月淵攻入長安，立秦王楊侑（煬帝嫡長孫）為帝，618 年 5 月唐滅隋。隋經三帝，凡 38 年而亡。

隋文帝　楊堅

541.7.21~604.8.13.馮翊（今陝西大荔縣）般若寺弘農華陰

楊堅父親是西魏隨國公、北周柱國、大司空楊忠。其妻獨孤皇后為北周時八大柱國之一獨孤信之女。其長女嫁北周宣帝為後，地位顯赫。楊堅在北周時曾官拜驃騎大將軍，又封為大興郡公，後襲父爵柱國，北周武帝時任隨州刺史，參加過北周滅北齊之戰。楊堅，小字為那羅延（金剛不壞），鮮卑姓氏為普六茹，普六茹鮮卑姓氏是其父楊忠受西魏恭帝所賜的。後楊堅掌權後恢復漢姓「楊」，並讓宇文泰鮮卑化政策中改姓的漢人恢復漢姓。[1]楊堅建立的隋朝統一了已經分裂數百年的中國。

　　父楊忠，母呂氏。楊堅幼年由尼姑智仙撫養，18 歲始還家。北周時襲父爵為隋國公。女為宣帝皇后，靜帝年幼即位，他任丞相，總攬朝政，封隋王。

　　555 年，以父之勛，授散騎常侍、車騎大將軍、儀同三司、封成紀縣公。

　　556 年，驃騎大將軍、大興郡公。

　　568 年，父死，襲隋國公。

　　580 年 5 月，宣帝死，輔年八歲靜帝，總攬朝政，12 月為相國，進爵為王滅周。

　　581 年，篡周，逼外孫宇文闡禪位稱帝，國號隋。都長安，翌年遷於新都。

　　583 年，罷天下諸郡，以州統縣，改州郡縣三級制為州縣兩級制，減少官員。

　　587 年，滅後梁，九年滅陳，結束南北朝分立局面，統一全國。

　　596 年，規定死囚須經三次奏請，方能執行。嚴懲不法官吏。

　　604 年 7 月，隋文帝病中被次子楊廣（隋煬帝）唆使心腹張衡弒殺篡位，壽 64 歲，在位 24 年（581~604），葬太陵（今陝西武功縣三疇原），謚曰文皇帝，廟號高祖。

　　楊堅隋文帝是我國史上起過顯著進步作用的傑出皇帝，開明勤政，儉樸自奉，擴大墾殖，均田地，設義倉，輕徭薄賦，重編戶籍。社會繁榮。改革官制，確立三省制，廢除九品官人法，九品官以上由中央任免，加強中央集權。

　　隋文帝第一次實現中國大範圍內的多民族的統一。實行一直沿襲到清朝的三省六部制。開創科舉制度，制定律法《開皇律》。主導東亞新秩序，實現千古傳頌的「開皇之治」。將鮮卑姓的漢人大臣及府兵將領恢復漢姓。世稱其統治時期為開皇之治。其成功之道為拔除反正，平行各方勢力，使其能達到統一天下及開皇治世的偉績。

　　隋文帝楊堅第一次實現中華民族的統一；沿襲到清朝的三省六部制；還有兵民合一的府兵制、援禮入法的法律制度（《開皇律》），還有英雄不問出處的科舉制。不僅如此，他還建立了以隋朝為主導的東亞新秩序，實現了千古傳頌的「開皇之治」。西方人認為中國對世界歷史影響最大的兩個皇帝，第一是秦始皇，第二就是隋文帝。

隋煬帝　楊廣　569~618.4.11.

　　隋文帝次子，名英，名阿㦅。隋文帝和文獻皇后獨孤伽羅的次子，隋朝第二位皇帝。楊廣好學，性敏慧，善作文，外表莊重，朝野矚目。自著撰有經術、文章、兵、農、地理、醫、卜、釋、道，乃至賭博、鷹狗等書，共成書 31 部，1.7 萬餘卷。但陰險殘苛，巧偽狡猾，計謀廢兄楊勇，取代太子地位。

581年，立為晉王，拜柱國、并州總管，後受武衛大將軍，上柱國、尚書令。

588年，伐陳，收圖書，封府庫，未取絲毫資財，天下稱之，以為賢。

600年，太子楊勇奢侈色失寵，廣則敬接朝士，禮極卑屈，群臣皆傾心相交。10月勇被廢，11月立廣為太子。

602年，獨孤皇后死，廣在文帝和宮人面前哀慟絕氣，在私室卻飲食言笑如常。

607年3月4日，誅殺侄兒長寧王楊儼、又把剩餘的侄兒（楊勇諸子）安城王楊筠、安平王楊嶷、襄城王楊恪、高陽王楊該、建安王楊韶、潁川王楊煚、楊孝寶、楊孝范貶到嶺南，在路途中全部被處死。

604年7月，楊廣弒父繼位後，假傳文帝遺囑，逼迫楊勇自盡。親弟蜀王楊秀被他誣陷使用巫蠱詛咒隋文帝及幼弟漢王楊諒，被剝奪官爵貶為庶民軟禁於內侍省，後與諸子一起被軟禁。將起兵造反的幼弟漢王楊諒「除名為民絕其屬籍」。

隋文帝駕崩，楊廣送去後母茝華夫人同心結，宣華夫人害怕，勉強收下。當夜，楊廣姦淫後母宣華夫人、容華夫人。蕭皇后發現此事，在宣華夫人面前斥責楊廣罪行，逼其送走宣華夫人，楊廣只好把宣華夫人送到仙都宮居住。但他對宣華夫人念念不忘，不久又將其迎回宮中，一年多宣華夫人病逝，終年29歲。

605年，修鑿運河，溝通海河、黃河、淮河、長江四大水。建東都洛陽，大興土木，修建宮殿和西苑，築長城，開闢馳道、冶遊奢侈，沈醉江都。

徵發河南、淮北一百多萬人開通濟渠（唐時稱廣濟渠，宋稱汴河），由洛陽通到淮水。同年，又遣淮南十幾萬人開邗溝，從山陽（今江蘇淮安）到揚子（今江蘇揚州南）入江，又稱「山陽瀆」。自大興至江都（今揚州）全長四千多里。運河兩旁開闢大道，栽植榆樹和柳樹，可謂當代良策。

607年，鑿太行山，達并州（今太原）以通馳道，東達於薊（北京西南），長三千里。

608年，征河北一百多萬人開永濟渠，引沁水南達黃河，北通涿郡（今北京）。610年，開江南河，從京口通到餘杭（浙江杭州）。又沁水入衡河，再至涿郡，長二千多里。六年時間開鑿邗溝、通濟渠、永濟渠和江南運河。置驛宮糧秣站。

611年，大運河建成。引發民眾乃至貴族大規模的起義 —— 隋末民變。

612年，募集30萬人攻打高句麗，結果大敗而歸。

613年，再發兵圍攻遼東城，但國內楊玄感叛變，隋煬帝不得不中返平亂。

614年，第三次進攻高句麗，高句麗王高元不敵投降，方班師回朝，耗盡國力。

615年，吐谷渾可汗伏允在西海、河源、鄯善、且末四郡復國），討占城、討高句麗（三戰均以失敗告終）則對後世影響較小。

618年4月11日，隋煬帝於江都被叛軍宇文化及弒殺而終。隋煬帝死前，宇文化及煽動叛軍將之包圍，煬帝聞變，倉皇換裝，逃入西閣。被叛軍裴虔通、元禮、馬文舉等逮獲，煬帝說：「我實負百姓；至於爾輩，榮祿兼極，何乃如是！今日之事，孰為首邪？」宇文化及命封德彝宣布煬帝罪狀。煬帝說：「卿乃士人，何為亦爾？」德彝一時慚愧退下。煬帝愛子趙王杲，才十二歲，在帝側，號慟不已，叛軍裴虔通將其斬殺，血濺御服。煬帝欲飲毒酒自盡，叛軍文舉等不許，隋煬帝在江都（江蘇揚州）被宇文化及勒斃縊殺，時年50歲，在位15年（604~618），蕭后與宮人以床板為棺槨，殯於西院流珠堂，後葬今江蘇楊州市北雷塘。

隋恭帝　楊侑　605~619.8.

隋煬帝嫡長孫，父楊昭，母韋氏。二歲立為陳王，後為代王。613 年煬帝侵高麗，侑留西京，615 年拜太原太守，617 年李淵攻入長安，奉侑為帝，李淵自任大丞相、唐王，掌握朝政大權。618 年 3 月宇文化及殺煬帝，立楊浩（文帝第三子楊俊之子）為帝（9 月浩被毒死於魏），5 月侑被迫禪位予李淵，遜居代王邸，得年 15 歲。619 年 8 月被殺，在位 1 年，死時年 15 歲，諡曰恭帝。

隋越王　楊侗　?~618

618 年為王世充擁立繼帝位，619 年被殺，在位 1 年。

唐　傳 22 帝，執 290 年（618~907）

唐高祖　李淵　566.4.8.~635.6.25.　隴西成紀（今甘肅秦安）人

字叔德，祖李虎，賜姓大野氏，父親李昞，周安州總管、柱國大將軍，襲封唐國公。母獨孤氏，與隋文帝獨孤皇后是姊妹。李淵七歲，父親去世，李淵世襲為唐國公。

父李昞，性好酒色，聽信讒言，以致功臣劉文靜被殺，次子李世民幾乎喪生。

573 年，7 歲襲封唐國公。

581 年，隋文帝受北周靜帝禪讓，李淵任千牛備身（皇帝的禁衛武官），因與皇室的姻親關係。

589 年，隨隋文帝滅陳，後累任譙、隴、岐三州刺史，滎陽郡太守。

604 年，隋文帝駕崩，遷樓煩太守。

605 年，遷殿內少監。

613 年，遷衛尉少卿。隋煬帝征高句麗，李淵在懷遠鎮負責督運。楊玄感之亂，煬帝詔李淵為弘化留守，知關右諸軍事。可見李淵與隋朝宗室關係密切，參與朝廷大事，他趁此機會招納人才引起煬帝猜忌，李淵懼以酗酒、受賄「自污」。

615 年，李淵任山西河東郡慰撫大使，參與鎮壓龍門絳州起義軍。

616 年，升為右驍衛將軍，拜太原留守，襲突厥屢戰皆捷。

617 年，任太原留守，時隋朝群雄逐鹿，土崩瓦解，乘機起兵，攻取長安，擁代王楊侑做傀儡皇帝，遙尊隋煬帝為太上皇，受假黃鉞、使持節、大都督內外諸軍事、大丞相，進封唐王，不久進位相國，加九錫。

618 年 3 月，隋恭帝楊侑禪位即皇帝位，國號唐。任命次子李世民領兵削平群雄，評定全國。6 月 18 日，隋煬帝在四月被叛軍所弒，李淵接受隋恭帝禪讓稱帝，建立唐朝，隋朝滅亡。李淵消滅隋朝領土諸侯、軍閥，他兒子李世民、李建成、李元吉和平陽昭公主的征討下，七年先後消滅薛仁杲、薛舉、李軌、宋金剛、劉武周、王世充、竇建德、蕭銑、杜伏威和梁師都等割據勢力。

624 年，頒布唐的官僚制度，農業上，頒布均田制；調節稅捐，減輕了受田農民的負擔。廢棄隋煬帝苛政，頒布武德律。為唐太宗「貞觀之治」打下基礎。

626 年，玄武門之變，李世民伏兵殺死太子李建成暨弟李元吉，八月禪位，自居太上皇，在位 9 年，傳位次子李世民，自稱太上皇。

628 年，禪位兒子李世民，皇太子李建成與各嫡子明爭暗鬥，他卻一再縱容，並未加以控制，同時李世民擁護者眾多，導致太子李建成、李元吉和李世民之間的矛盾激化。最終李世民發動政變，史稱玄武門之變，李建成、李元吉被李世民所殺，李世民的軍隊控制了帝都，聲稱二人系作亂伏誅，加上群臣的支持和擁戴，李淵被迫將軍國大事交由李世民處分，而李建成、李元吉不但被追廢為庶人，諸子也遭誅殺，皆除宗籍。三天後，李淵又立李世民為皇太子，不久更將帝位內禪給李世民，自己退位為太上皇，貞觀三年，移居弘義宮。

634 年，淵得風疾。

635 年 5 月死於長安大安宮之垂拱殿，年 70 歲，在位 9 年，諡曰神堯大聖光孝皇帝，廟號高祖，葬獻陵（今陝西三原縣城東 25 公里土原）。

674 年）八月，改上尊號為神堯皇帝，上尊號神堯大聖大光孝皇帝。

唐太宗　李世民　598.1.28.~649.7.10.生於武（今陝西省）慶善宮

　　李世民，唐高祖李淵次子，母竇氏。竇皇后有四個兒子，一個女兒，按長幼次序為：李建成、平陽昭公主、李世民、李玄霸、李元吉。

　　李世民少年從軍，曾營救隋煬帝。唐朝建立後，李世民受封為秦國公，後晉封為秦王，他是傑出的軍事家，率部平定了薛仁杲、劉武周、竇建德、王世充等軍閥，在唐朝的建立與統一過程中立下赫赫戰功，最終統一天下。後因毒酒事件，烈馬事件，昆明湖事件，

　　615年，隋煬帝被突厥圍困雁門，李世民前往救援解圍脫困。

　　617年，率軍攻渭北，軍令嚴整，秋毫無犯，吏民歸之如流。

　　618年，為右元帥，與其兄李建成督軍奪取洛陽，封趙國公、尚書令、右武大將軍、秦王、雍州牧

　　619年，出鎮長春宮，為左武侯大將軍、涼州總管。

　　620年高祖以李世民功高，授天策上將，位在王公之上，領司徒。尚書令。

　　622年高祖屬意立世民為太子，世民固辭，乃立李建成為太子。後李世民功名日盛，高祖欲改立世民為太子。李建成得知，與四弟李元吉合謀，共傾李世民。

　　626年6月4日，「玄武門之變」李世民殺李建成、李元吉，得為太子，8月高祖禪位，李世民即帝位，是為唐太宗，改元貞觀，在位23年。

　　李世民為帝後，聽取群臣的意見，以文治天下，知人善用，唯才以德，納諫如流。任用房玄齡、杜如晦相，採納魏徵言，推行均田制、租庸調法、府兵制，影行為標，納諫如流，雄才大略，智勇兼備，百姓生活安定，「官吏清謹制馭」，並開疆拓土，成為中國史上著名的明君。他廣納諫言，虛心納諫，厲行節約，百姓能休養生息，國泰民安，開創中國歷史上著名的貞觀之治。李世民愛好文學與書法，有墨寶傳世。晚年連年用兵，營建宮室，賦役日苛，國勢日弱。

　　630年，擊敗東突厥，建立行政機構。

　　640年，削平高昌據，發展「絲綢之路」，拓展貿易，以文成公主嫁給吐蕃王松贊干布，加強漢藏聯盟。

　　647年，得風疾。晚年，魏徵發現他「漸惡直言」。奢侈之風日重。司馬光說「好尚功名，不及禮樂，父子兄弟之間，慚德多矣」。由早年的清靜轉為奢縱，營建宮殿，計劃封禪泰山等，魏徵諫陳「恐非興邦之至言，豈安人之長算？」，太宗幸節制調整，「功大過微，故業不墮」。

　　648年，唐太宗撰寫《帝範》十二篇頒賜給太子李治。

　　649年，唐太宗患痢疾（一說自視驕矜，妄想長生，服用天竺長生藥中毒），醫治最終無效，命李治到金掖門代理國事。

　　649年7月10日），太宗駕崩於終南山上的翠微宮含風殿，享年52歲，在位23年（626~649），諡曰文皇帝，廟號太宗，葬昭陵（陝西禮泉縣東北50多里山峰）。

　　674年，加諡文武聖皇帝，749年，加諡文武大聖皇帝，754年，加諡文武大聖大廣孝皇帝，葬於昭陵（位於今中國陝西省禮泉縣）。

唐高宗　李治　628.6.~683.12.生於長安東宮之麗正殿

字為善，小名雉奴。唐太宗第九子，母長孫皇后。善書法。

631年封晉王，633年并州都督，636年長孫皇后死，哀慟左右，拜右武大將軍。

643年立為太子。649年，唐太宗病危，李治晝夜侍奉不離。5月太宗死，6月於太宗柩前即帝位。660年，患風眩頭重，目不能視，委政於后，武后得志，垂簾聽政，稱「二聖」。唐高宗李治依遺訓施政，唯與武媚舊情難捨，不顧非議，立為皇后，萎靡不振，皇后臨朝，致帝權旁落。683年12月死於洛陽貞觀殿，年56歲在位35年，諡曰天皇大帝，754年增諡天皇大聖大弘孝皇帝。葬乾陵。

唐女皇　武則天　624.2.17.~705.12.16.河南計昌縣（又說山西文水東）

武則天，名媚娘，姓武，名曌（即「照」），亦作武瞾、武照，本名不詳，木材商武士護之女，後仕唐官至工部尚書。

通稱武則天或武后，中國歷史上唯一掌握君權的女皇帝。

唐高宗時為皇后（655－683），尊號為天后，與唐高宗天皇李治並稱二聖。（683.12.27.－690.10.16.）作為唐中宗、唐睿宗的皇太后臨朝稱制，後自立為武周皇帝（690.10.16.－705.2.22.）705年退位崩，終年82歲。

631年，父親去世。

637年，唐太宗聽說十四歲的武氏姿色豔美，乃將她納入宮中，封為五品才人，賜號「武媚」。唐太宗有名馬師子驄，肥逸無能調馭。武氏對太宗說：「妾能制之，然須三物：一鐵鞭，二鐵檛，三匕首。鐵鞭擊之不服，則以檛檛其首；又不服，則以匕首斷其喉。」太宗壯武氏之志。

638年，「美容止」聲聞朝廷，唐太宗矚目遂召入宮。武氏精通文史，聰慧銳敏，唐太宗李世民寵愛封為才人。

643年，侍奉太宗之際，武才人和李治相識並產生愛慕之心。

648年，太后臨朝聽政，置睿宗李旦於別殿，為掌政權先後毒死長子李弘，流放次子李賢，廢三子李顯。武則天生四子李弘、李賢、李顯、李旦。

649 年，唐太宗逝世，武才人依唐後宮之例，入感業寺剃髮出家。

650 年，武則天寄身長安感業寺為尼，與高宗李治舊情纏綿。五月，唐高宗在太宗週年忌日入感業寺進香，又與武氏相遇，兩人相認並互訴離別後的思念之情，將武氏納入宮中。

651 年五月，唐高宗的孝服已滿，武氏還俗再入宮，生下兒子李弘。

652 年五月，被拜為二品昭儀。

653 年，再次入宮，以嬌媚風華，禮讓謙遜得寵，晉封昭儀。

655 年，後宮謠言，王皇后與其母柳氏找來巫師，企圖用魘鎮之術將武昭儀詛咒而死亡。高宗聞訊大怒，將其母柳氏趕出皇宮，想把武昭儀陞為一品宸妃，受到宰相韓瑗和來濟的反對，不能成事。

十月十三日，唐高宗詔書：以「陰謀下毒」的罪名，將王皇后和蕭淑妃廢為庶人，並加囚禁；她們的父母、兄弟等也被削爵免官，流放嶺南。將武昭儀立為皇后，將反對最力的宰相褚遂良貶為外州都督。

657 年，李治不顧非議，冊封為皇后，遭長孫無忌、褚遂良等強烈反對。

659 年，將長孫無忌、于志寧、韓瑗、來濟等人削職免官，貶出京師。

660 年，高宗患疾，頭暈目眩，不能處理國家大事，遂命武皇后代理朝政。

664 年，高宗打算廢掉武氏皇后之位，武皇后得知，到高宗面前追問此事，唐高宗不得已，把責任推到上官儀身上，上官儀被逮捕入獄，被滿門抄斬。

674 年，高宗稱「天皇」武后稱「天后」，名為避先帝、先后之稱，實欲自尊。十二月武后上表建議十二事：

1.農桑，薄賦徭。

2.給復三輔地（免除長安及其附近地區之徭役）。

3.息兵，以道德化天下。

4.南、北中尚（政府手工工場）禁浮巧。

5.省功費力役。

6.廣言路。

7.杜讒口。

8.王公以降（下）皆習《老子》。

9.父在為母服齊衰（喪服）三年（過去是一年）。

10.上元《年號》前勳官已給告身（委任狀）者，無追繳。

11.京官八品以上，益稟入（增加薪水）。

12.百官任事久，材高位下者，得進階（提級）申滯。」高宗詔皆施行之。武
　則天重視農業，規定各州縣境內「田疇墾闢，家有餘糧」者予以升獎；「為
　政苛濫，戶口流移」者必加懲罰。所編《兆人本業》農書，頒行天下。

675 年，武后召集文人學士大量修書，密令這批學者參決朝廷奏議，以分宰相之權，時人謂之「北門學士」。

時高宗風眩更甚，擬使武后攝政，宰相郝處俊說「陛下奈何以高祖、太宗之天下，不傳之子孫而委之天后乎！」高宗才罷攝政之意。太子李弘深為高宗

鍾愛,高宗欲禪位於太子。武后想總攬大權,不滿太子弘,剛好太子弘見蕭淑妃之女義陽、宣城二公主因得罪武后而被幽禁宮中,年逾三十而未嫁,奏請出降,高宗許之。武后怒,不久太子死於合壁宮。

667年,高宗久疾,命太子弘監國。

683年,唐高宗病逝,臨終遺詔:太子李顯於柩前即位,是為唐中宗。軍國大事多由武則天決定,武后被尊為皇太后,她臨稱制。

684年,武后廢唐中宗為盧陵王,並遷於房州。立第四子豫王李旦為帝,是為唐睿宗,武后臨朝稱制,自專朝政,誅殺大臣裴炎及其黨羽。

686年,武后下令製銅匭(銅製小箱子)置於洛陽宮城前,隨時接納臣下表疏,又大開告密之門。凡告密之人,可破格陞官,所告非事實者,亦不問罪。

武后任用索元禮、周興、來俊臣、侯思止等酷吏掌管制獄,使用酷刑審訊。誅其親黨。唐之宗室至是殺戮殆盡,幼弱倖存者流亡嶺南。武后謀奪李唐的社稷,翦除唐宗室,諸王不自安,起兵對抗。

688年,諸王舉兵四起,交相呼應,武后遣丘神勣、魏崇裕擊之,王多兵敗自殺。武后誅殺李氏宗族諸王、親信,迫使韓王李元嘉、魯王李靈夔、黃國公李譔、東莞郡公李融、常樂公主等自殺。

命僧薛懷義等萬人,毀乾元殿,建明堂三層,高294尺,闊300尺。上為圓蓋,九龍作捧著姿態。上有鐵鳳,高一丈,飾黃金,稱為「萬象神宮」。

又命僧薛懷義鉅資鑄大像,像手小指可容數十人,北起五層高天堂來收納此像。

武承嗣命人鑿白石為文「聖母臨人,永昌帝業。」佯稱在洛水中發現,獻給武后大喜,命其石曰「寶圖」,尊號「聖母神皇」。

690年,廢睿宗李旦。發展科舉制度,興「殿試」,有「補闕連車載,拾遺平斗量,把推侍御史,腕脫校書郎。」之語。

武后明察善斷,對朝庭不稱職人員亦予罷黜;當時人亦樂於為武后效力。

僧法明等撰《大雲經》,侍御史傅游藝百官、帝室宗戚、百姓、四夷酋長、沙門、道士百姓等上表,請改國號為周,賜皇帝姓武。武后准其所請,改唐為周,改元天授。尊號**聖神皇帝**,以睿宗為皇嗣,賜姓武氏,以皇太子為皇孫。立武氏七廟於神都,追尊周文王曰:始祖文皇帝。立武承嗣為**魏王**,武三思為梁王,其餘武氏多人為王及長公主。

691年,67歲,正式即皇帝位,號聖神皇帝,改國號周。獎勵農業,破格舉才,知人善用,法理分明,重用酷吏,崇信佛教,惟權變辛辣,生活淫侈。

694年,武三思以銅鐵鑄天樞,歌頌武后功德。武后親題「大周萬國頌德天樞」。

696年,契丹攻陷營州,武氏派曹仁節、張玄遇、李多祚等率兵征討,全軍覆沒,武氏再派武攸宜、王孝傑等率兵討伐,均大敗而歸。

697年,酷吏來俊臣,污羅告武氏諸王及太平公主(中宗之妹,武則天親生女兒),誣皇嗣(唐睿宗)及盧陵王(唐中宗)與南北衙共同謀反。武氏諸王

與太平公主揭發來俊臣罪行，武后知天下憤怨，不得已將其下獄處死，沒收家財。

698 年，武承嗣、武三思企謀當太子，狄仁傑對武后說：「姑侄之與母子，哪個比較親？陛下立子，則千秋萬歲後，祭祖於太廟；立侄則未聞侄為天子祭姑於太廟者」，勸武后召還盧陵王（中宗）。武后由是取消立武承嗣、武三思之意，並召盧陵王還東都，立為皇太子，皇嗣（睿宗）請遜位於盧陵王，命為元帥。

武后信重狄仁傑，常謂之「國老」而不呼其名。狄仁傑好諍諫，武后每屈意從之。仁傑卒，武后泣曰：「朝堂空矣！」常嘆：「天奪吾國老何太早邪！」

700 年七月七日，來嵩山祈福，譴宮廷太監胡超向諸神投簡以求除罪消災。

705 年正月，武則天病篤，宰相張柬之、崔玄暐與大臣敬暉、桓彥範、袁恕己等，結交禁軍統領李多祚，佯稱張易之、張昌宗兄弟謀反，發動兵變，禁軍衝入宮中，包圍武則天寢宮，要求武氏退位，辭去帝號，史稱神龍革命。武氏被迫禪讓帝位與太子李顯，是為唐中宗。中宗上尊號為「則天大聖皇帝」。

12 月 16 日，武氏病死上陽宮，在位 21 年（690~705）壽 82 歲，武周之朝結束，唐朝復辟，遺制去帝號，稱「則天大聖皇后」。

706 年五月，與高宗合葬乾陵，留無字碑。

唐中宗　李顯　656.11.~710.6.

唐高宗第七子，武則天第三子，原名李哲，二歲封周王。

677 年，封英王，授雍州牧，改名李顯。

680 年，立為皇太子，683 年高宗死，於柩前即帝位，武則天臨朝。

684 年，因后父韋玄貞為侍中，；武則天不漢，廢為盧陵王。9 月復名為皇太子。

705 年 1 月，武則天病重，寵臣張易之張昌宗逼宮傳於顯，復國號為唐，立韋氏為皇后，帷幔坐殿，參與朝政。國事由韋氏及女兒安樂公主處理。

709 年，顯乃昏庸之主，安樂公主自制敕，掩其文，令署之，顯笑而不視從之。

710 年 6 月，韋后及安樂公主合謀餅中置毒，顯進食死於神龍殿，年 55 歲，在位 6 年。諡曰孝和皇帝，廟號中宗，葬定陵（今陝西平縣龍泉山），754 年改諡曰大和大聖大昭孝皇帝。

唐殤帝　李重茂　697~716

710 年 6 月嗣帝位，年 13 歲，韋后臨朝，安樂公主把持，次月相王及李隆基聯合姑母太平公主起兵，衝入后宮，殺死韋后及安樂公主等人，殤帝下讓位，請叔父相王即皇帝位，在位 1 個月。

唐睿宗　李旦　662.6.~716

唐高宗第八子，武則天幼子，始封殷王，5 歲封冀王。676 年封相王拜右大將軍。

683 年，中宗即位，武后臨稱制。

684 年，武則天廢中宗，立旦為帝，但李旦昏庸無能，不得干政。

686 年，武則天下詔復政於旦。自稱聖神皇帝，改國號周。

698 年，武則天復立中宗為皇太子，封旦為相王。

705 年，中宗即位，以李重俊為太子。

710 年，韋后與安樂公主毒死中宗，立李重茂為帝，是為少帝，或稱殤帝，進旦為太尉。臨淄王李隆基（睿宗李旦第三子），殺韋后及安樂公主，李為太子。

712 年，傳位予太子李隆基（即玄宗），自稱太上皇。

716 年 6 月，死於長安百福殿，在位 13 年，得年 55 歲，諡曰大聖貞皇帝，廟號睿宗，754 年改諡曰玄真大聖大興孝皇帝。

唐玄宗　李隆基　685.8.5.~762.4.

唐玄宗，睿宗第三子，母竇氏，生於洛陽。多才藝，善書法，知音律，善騎射，好天文。3歲封楚王，9歲封臨淄王。705年遷衛尉少卿，708年兼路州別駕。

李隆基英俊多才藝，儀表堂堂，從小有大志，在宮裡自詡為"阿瞞"，雖然不被武氏族人看重，但他一言一行依然很有主見。在他七歲那年，一次朝堂舉行祭祀儀式，當時的金吾大將軍（掌管京城守衛的將軍）武懿宗，大聲訓斥侍從護衛，李隆基馬上怒目而視，喝道"這裡是我李家的朝堂，幹你何事？！竟敢如此訓斥我家騎士護衛！隨之揚長而去，武則天知道後，非常驚訝，不僅沒有責怪，反而更加寵愛他。

李隆基獲得祖母的寵愛，但在693年正月，其母竇氏與嫡母皇嗣妃劉氏被武則天秘密殺害，屍骨無蹤。李旦另一位妾室豆盧氏和李隆基的姨媽竇氏撫養、照料過年幼喪母的李隆基。

710年，李隆基從潞州（治所在今山西長治）回長安，暗中聚結才勇之士，在皇帝的親軍萬騎中發展勢力。太宗時，選官戶及蕃口中驍勇的武士穿虎紋衣，跨豹紋韀，從游獵，于馬前射禽獸，謂之百騎。武則天時增加為千騎，中宗時發展為萬騎。李隆基非常重視萬騎的作用。

李顯的母親（武則天）死後，中宗懦弱無能，朝政大權慢慢落到韋皇后和安樂公主手上，原來發動政變恢復唐朝的功臣、宰相張柬之也被他們貶官驅逐，太子李重俊被殺。韋皇后效仿原來武則天的做法，讓自己的兄長韋溫掌握大權，對於女兒安樂公主的違法賣官鬻爵也不加制止，大加縱容。中宗終於死于韋皇后和安樂公主之手，被她們合謀毒殺。

韋皇后靜觀時變的李隆基（唐玄宗）和太平公主的兒子薛崇簡，苑總監鐘紹京等，密謀策劃，欲先發制人。有人建議，把發動政變的事先向相王報告，李隆基胸有成竹地說："我是為了拯救社稷，為君主、父親救急，成功了福祉歸於宗廟與社稷，失敗了我因忠義而死，不連累相王。怎可以報告，讓相王擔心呢！現在報告，相王若贊成，就是害他參與了危險的起事；若他不贊成，我計謀就失敗了。"於是，決定背著相王，立即行動。

710年六月庚子日申時，李隆基等人穿著便服進入禁苑，到苑總監鐘紹京住處。鐘紹京反悔拒絕參加政變。但其妻許氏卻堅定地說："忘身殉國，神必助之。既然參與同謀，即使不參加實質的兵變，勢難免罪。"鐘紹京於是前往拜謁李隆基。入夜後，萬騎果毅李仙鳧、葛福順、陳玄禮等軍官都先後來到，請李隆基發佈命令，終於定於七月廿一夜發動政變。

葛福順突襲羽林營，殺韋跨、韋播、高嵩，策反羽林軍，攻入玄德門，李仙鳧引兵攻入白獸門，三更會師於凌煙閣。李隆基稱："韋氏毒死先帝，陰謀危害社稷，應一起誅殺諸韋。"守衛內宮的武士紛紛倒戈響應，韋後逃入飛騎營反被斬首，宗楚客、安樂公主、武延秀、上官婉兒等人也陸續被殺，並全城捕殺韋氏集團人員，史稱"唐隆政變"。這時，李隆基才將唐隆之變的經過報告相王。相王抱著李隆基哭泣著說："宗廟社稷的災禍是你平定的，神明與百姓也都仰賴你的力量。"當日，隆基被改封為平王，兼殿中監，同中書門下三

品、兼押左右萬騎。

李隆基與太平公主迫使李重茂禪讓，由睿宗李旦重新即位。睿宗與大臣議立太子。按嫡長子繼承制度，長子宋王李成器應為太子，但李成器堅決辭讓說：「國家安則先嫡長，國家危則先有功；平王有功于國，自己決不居平王之上。」參與消滅韋黨的功臣也多主張立李隆基為太子。睿宗順水推舟遂立李隆基為太子。

太平公主恃著擁立睿宗有功，經常干預政事。她感到太子李隆基精明能幹，妨礙自己參政，總想另易太子。李隆基當然不願任人擺佈，亦想除掉太平公主。

711 年二月，睿宗命太子監國，六品以下除官及徒罪以下，由太子處分。

712 年七月，睿宗禪讓于太子。太平公主雖力勸睿宗不要放棄處理大政的權力，但已無濟於事了。

太平公主的主要對手便是太子李隆基，開始她沒把他放在眼裡，覺得他還年輕，但後來瞭解了李隆基的英勇果斷之後，就開始防範他。她製造輿論說，李隆基不是長子，沒資格做太子，更不能繼承皇位。太平公主的目的是要廢除李隆基的太子身份。

712 年 7 月，李隆基 28 歲，承父皇睿宗禪位嗣皇帝位，太平公主不甘，被賜死。

735 年，用姚崇、宋璟、張九齡、為相，勵精圖治，國盛兵強，史書「唐世賢相，前稱房杜，後稱姚宋」，譽「**開元之治**」比美貞觀。

742 年，任用李林甫、楊國忠不才，晚年驕奢昏潰，巧奪兒妻，納封貴妃。

755 年，暴發「安史之亂」，避西蜀。

756 年，逃往四川，太子李亨（肅宗）在靈武稱帝，李隆基被尊為太上皇。

758 年，回長安。

762 年，鬱悶而死，在位 44 年，壽 78 歲。諡曰至道大聖大明孝皇帝，廟號玄宗，葬泰陵（今陝西蒲城縣金粟山）。

唐玄宗重用賢臣，勵精圖治，社會經濟繼續發展，前所未有的盛世景象。他的後期，沉湎酒色，荒淫無度，重用奸臣，政治腐敗，終於爆發了安史之亂，唐朝由此轉衰。唐玄宗是功過都很突出的歷史人物。

（1）唐玄宗統治前期，重視地方官的選拔，曾親自考核縣令，把不稱職的人斥退。任用有才幹，能負責，敢進諫的姚崇、宋璟做宰相，因此社會安定，生產發展，經濟繁榮，唐朝進入全盛時期，史稱"開元盛世"。天寶十三年（754年），是唐代的極盛之世，全國有 321 郡，1，538 縣，16，829 鄉，9，069，154 戶，人口 52，880，488。史載："戶口之盛，極於此"。

（2）唐玄宗重視邊疆管轄，封粟末的大祚榮為"渤海郡王"，設渤海都督府和黑水都督府，封南詔的皮羅閣為雲南王，封回紇的骨力裴羅為"懷仁可汗"，鞏固了多民族國家的統一。

（3）改革軍事制度，改府兵制為募兵制。

（4）唐玄宗統治後期，寵愛楊貴妃，整日飲酒作樂，不理政事，重用奸臣李林甫、楊國忠，政治十分腐敗，以致釀成安史之亂。持續 8 年的安祿山、史

思明的叛亂，使農業生產受到極大破壞，人民流離失所，使唐朝由盛轉衰，從此唐朝開始走向下坡。

（5）唐玄宗為唐的高度繁榮起了重大作用，但晚年卻給唐朝人民帶來巨大災難，位功過都很突出的重要歷史人物。

唐肅宗　李亨　711.9.3.~762.4.

唐玄宗第三子，母氏，初名嗣升，後幾經改名浚、璵、紹、亨。個性仁孝，聰明好學，文詞秀麗，善強記，過目不忘。

2 歲封陝王，5 歲拜安西大都護，727 年封忠王、節度大使，單于大都護，730 年行軍元帥、司徒，738 年立為皇太子。

756 年安史之亂，唐明皇奔蜀避難，李亨在靈武城南樓即帝位。

757 年，派郭子儀、李光弼攻取長安收復洛陽。任宦官為觀軍容使，勢力擴大。

761 年，張后與李輔國專權，後兩人有隙，張后欲除李輔國，圖謀廢立。

762 年，宦官李輔國，程元振殺張后，擁太子李豫（唐代宗），4 月憂鬱病死，終年 52 歲，在位 7 年（756~761），諡曰文明武德大聖大宣孝皇帝，廟號肅宗，葬建陵（今陝西禮泉縣武將山）。

唐代宗　李豫　726.10.13.~779.5.

唐肅宗長子，母吳氏，李豫為嫡皇孫。氣量寬弘，動則禮，聰明好學。

741 年，15 歲，封廣平王，757 年封楚王，758 年 3 月封成王，5 月立為皇太。

762 年，李輔國殺張后，肅宗驚死，李豫於靈柩前嗣皇帝位。重用宦官，平定安史之亂，藩鎮割據加劇，盛唐優勢不再。

779 年 5 月，病死長安紫宸之內殿，年 54 歲，在位 18 年，諡曰睿文孝皇帝，廟號代宗，葬元陵（今陝西富平縣檀山）。

唐德宗　李適　742.4.19.~805.1.

代宗長子，母沈氏（安史之亂時失蹤）。

762 年，為兵馬元帥代宗時為兵馬元帥、魯王、雍王，763 年尚書令，

764 年，立為皇太子，討史朝義，平定河北。

742 年，嗣帝位，尊郭子儀為尚父，加太尉兼中書令，奪其兵權而分為三。使其俾將分領其地。

779 年，即皇帝位，時局勢混亂，勵精圖治，革新朝政，以謀復興。

783 年，涇原兵變，長安被朱泚佔領，他逃往奉天（今陝西乾縣）。對藩姑息遷就，並用宦官統率禁兵，宦官權勢日盛。

805 年 1 月，病死長安會寧殿，壽 64 歲，在位 27 年（779~805），諡曰神武孝文帝，廟號德宗，葬崇陵（今陝西涇陽縣嵯峨山）。

唐順宗　李誦　761.1.~807

唐德宗長子。母王氏。為癱瘓皇帝。779 年封宣王，780 年立為太子。

804 年，李誦得風病，不能言語。

805 年 1 月，德宗死，即帝位。朝臣逼其讓位於太子李純，改元永貞。

任用王叔文為翰林學士，領導改革，下令罷貪酷的京兆尹李實，減免捐稅，停止宮市，籌劃奪取宦官兵權，以「永貞革新」遭宦官反對，宮廷政變，脅迫順帝遜位，立太子純為帝（即憲宗）。致有八馬二王被貶。若王叔文、王伾被貶外暨韓曄貶饒州、韓泰貶贛州、陳諫貶台州、柳宗元貶永州、劉禹錫貶朗州、凌準貶連州、程异彬州、韋執誼貶崖州等為各州司馬，自稱太上皇，徙居興慶宮。

806 年死於長安興慶宮，在位 8 個月，終年 46 歲。諡曰至德大聖大安孝皇帝，廟號順宗，葬豐陵（今陝西富平縣甕金山）。

唐憲宗　李純　778.2.~820

順宗長子，母王氏。788 年封廣陵王。

805 年 8 月 28 日，順帝「永貞革新」革新失敗，李純被宦官擁立嗣帝位。整頓江淮財賦，增加稅收，利用藩鎮矛盾，平定劉辟、李錡、吳元濟等叛亂，節儉治國，削藩。

819 年，韓愈上表諫佛諫佛被貶潮州。

820 年正月，服長生不老藥暴死長安中和殿，傳說被宦官毒殺，年 43 歲，在位 16 年（805~820），諡曰聖神章武孝皇帝，廟號憲宗。葬景陵（陝西蒲城縣金幟山）。

唐穆宗　李恒　795.7.~824

憲宗第三子，母郭氏，初名宥，811 年惠昭太子李寧死，812 年立為太子。

820 年，憲宗死，被官擁立繼帝位。即位後荒淫嬉戲，朝政紊亂，既怕宦官，又怕早死，常服金石仙藥，終致中毒。824 年正月死於長安清思殿，年 30 歲，在位 5 年，諡曰睿聖文惠孝皇帝，廟號穆宗。葬光陵（今陝蒲城堯山）。

唐敬宗　李湛　809.6.7.~826.12.18.

穆宗長子，母王氏，821 年封景王，822 年立為太子，824 年即帝位。

淫逸放蕩，遊戲無度。

826 年 12 月 18 日，夜獵還宮酒酣被佐明所殺，得年 18 歲，在位 3 年（827~84），諡曰睿武昭愍孝皇帝，廟號敬宗，葬莊陵（今陝西三原縣東北）。

唐文宗　李昂　809.10.10.~840.1.

穆宗第一子，敬宗之弟。母蕭氏，原名李涵。才智平庸，有帝王之道，而無帝王之才。治理政務多有失策。

821 年，封江王。

826 年 12 月 18 日，敬宗遇害，劉克明立憲宗第六子李悟，為王守澄誅絳王，迎李昂嗣帝位。

勤勞政事，節儉愛民，想廢除穆宗、敬宗兩朝弊端，消除宦官勢力，計劃格殺閹人，由於牛李黨朋黨之爭，宦官與朝官相亂，朝風日壞。

835 年，「甘露之變」，任李訓、舒元輿為宰相，鄭注為鳳翔節度使，欲一舉剷除宦官勢力，被閹人識變，大太監仇士良領軍，劫持文宗幽禁，誅殺朝臣。

840 年 1 月，文宗及太子李成美均遭殺害於長安太和殿，年 33 歲，在位 15 年（827~840），諡曰元聖昭獻皇帝，廟號文宗，葬章陵（今陝西富平縣天乳山）。

唐武宗　李炎　814.6.12.~846

穆宗第五子，文宗之弟，母韋氏，原名李瀍，後改名炎。821 年封穎王，

840 年，文宗病逝，為宦官仇士良擁李炎立繼帝位，意圖有所作為，治世嚴謹，疏離宦官，改善財政。

845 年，禁止佛教，拆除寺廟庵院，強制 26 萬餘僧尼還俗，收水婢 15 萬人，沒收量良。唯篤奉道教，尊崇神仙方術。追求長生，服食仙藥。

846 年 3 月 23 日，中毒而死，年 33 歲，在位 6 年（840~846）。諡曰至道昭肅孝皇帝，廟號武宗，葬端陵（今陝西三原縣）

唐宣宗　李枕　810.6.22.~859.8.

憲宗第 13 子，武宗皇叔，母鄭氏。名怡，821 年更名枕。性孝節儉，不居別宮，朝夕侍奉鄭太后，敦睦兄弟，禮侍群臣，明察沉斷，用法無私，從諫如流。

837 年，自幼裝儍成習受益，反而受益。

846 年，武宗死，枕即帝位，勤于政事，體察民間疾苦，墾荒種田，節儉治國。國家太平，重興佛教，武宗所毀廟宇佛寺，一律復健。

859 年 8 月，為求長生，服金丹仙藥疽疾病死，年 50 歲，在位 14 年。諡曰聖武獻文孝皇帝，廟號宣宗，葬貞陵（今陝西涇陽縣）。

唐懿宗　李漼　833.11.14.~873.7.

宣宗長子，母晁氏，原名溫，姿貌雄杰，有異眾人

846 年，封鄆王，

859 年，宣宗死，漼即帝位，遊蕩荒淫，驕奢靡爛，迷信佛教，耗費無度。

873 年，病死長安咸寧殿，年 41 歲，在位 15 年，諡曰昭聖恭惠皇帝，廟號懿宗，葬簡陵（今陝西富平縣）。

唐僖宗　李儇　862.5.8.~888.3.

懿宗第五子，母王氏，初名儷。

873 年，懿宗死，柩前即皇帝位，時年 12 歲。性奢侈，好嬉遊。關東連年

水旱，百姓流離，相聚劫掠，差役繁重，賦稅盤剝。

　　875 年，蝗蟲蔽日，赤地千里，濮陽王仙芝、黃巢聚眾造反，世局動亂，884 年 6 月始滅黃巢，

　　888 年 3 月帝崩於靈符殿，年 27 歲，在位 16 年，諡曰惠聖恭定孝皇帝，廟號僖宗，葬靖陵（今陝西乾縣）。

唐昭宗　李曄　867.2.22.~904.8.12.

　　懿宗第七子，僖宗之弟。母王氏，原名杰，僖宗危難時曄常隨左右，僖宗喜愛。

　　872 年，封壽王，876 年節度使，

　　880 年，曄從僖宗逃蜀時，疲乏臥石，受宦官田令孜鞭打。

　　888 年，昭宗剛滯 22 歲，被宦官擁主繼帝位，極欲振興朝政，復興唐室，宦官勢力龐大，無所作為，復因剷除宦官，而由朱溫得勢，被迫遷都洛陽。

　　904 年 8 月 12 日，被朱溫害追殺刺死，年 38 歲，在位 17 年。諡曰聖穆景文孝皇帝，廟號昭宗，葬和陵（今河南偃師縣太平山）。

唐哀帝　李柷　892.9.3.~908.2.

　　昭宗第九子，母何氏，原名祚。

　　897 年，封輝王。

　　904 年昭宗被殺，柷即帝位，年 13 歲，攝於朱溫權威，不敢哭。從洛陽遷大梁（開封）。柷徒具虛名，大權全由朱溫掌握。

　　907 年，朱溫逼哀帝禪位，降為濟陰王遷居曹州唐亡。

　　908 年 2 月，被朱溫毒殺，年 17 歲，在位 4 年。諡曰哀帝，後唐明宗追諡曰昭宣光烈孝皇帝，葬溫陵（今山東定陶縣）。

五代十國

　　梁、唐、晉、漢、周五朝，計54年（907年~960）。暨十國分裂，亂73年（903~979），計契丹后稱遼國、劉燕、淮南、吳越、南楚、閩、南平、後蜀、南唐、後漢.

一、後梁　三傳16年（907~923）

後梁太祖　朱全忠（又名朱溫）

852.12.9.~912..18.7.18.安徽碭山午溝里人

　　朱全忠，原名朱溫，小名朱三，少隨母寄食於蕭縣劉崇家。被賜名朱全忠，稱帝後改名朱晃。家世儒生，祖朱信，父朱誠，皆以教授為業。幼年喪父，家貧，母王氏佣食於蕭縣劉崇家。朱溫成人後，與其兄朱存「勇有力，而溫尤兇悍」，「不事生業，以雄勇自負，里人多厭之」。

　　877年，朱溫參加黃巢軍，屢立戰功，唐僖宗任朱溫為大將軍，賜名「全忠」。

　　882年，降唐，被任為河中行營招討副使，賜名全忠。

　　823年，授宣武節度使。

　　883年，授以宣武節度使，隨後擊敗黃巢。

　　884年，與李克用聯聯攻黃巢軍。封為梁王，成為割據勢力，與李克用父子長期混戰，建立在軍士驗上刺字的制度。

　　889年，斬黃巢餘部蔡州節度使秦宗權，被封為東平王。

　　901年，封為梁王。黃巢覆亡後，唐帝國名存實亡，昭宗被宦官韓全誨幽禁，宰相崔胤乃召朱全忠救駕。

　　903年，李茂貞殺韓全誨，與朱全忠和解，護送昭宗出城，昭宗又回到長安。朱全忠控制皇室，被封為梁王。

　　904年，朱全忠殺宰相崔胤，逼昭宗遷都洛陽，指使朱友恭、氏叔琮等人殺昭帝，立其子李柷為哀帝，是為唐哀宗，遷都洛陽，再遷大梁。

　　905年，親信李振鼓動，一夕殺盡殺宰相裴樞、崔遠等朝臣三十餘人，投屍於河，史稱「白馬之禍」。

　　朱全忠用法苛嚴，大軍交戰時，如將軍戰死，所部士卒則一律斬首，稱「跋隊斬」，自是戰無不勝。而且士卒逃匿州郡，不歸者甚眾，為防士卒逃亡，朱全忠命軍士紋面以記軍號。

　　907年，昭宣帝被迫禪位，篡唐稱帝，改國號梁，建都汴（今河南開封），

吏稱〔後梁〕。狡滑凶悍，善迎人意，殘暴淫亂，兒媳女兒，悉為姦污。

907 年，廢唐哀帝，自行稱帝，改名為晃，建都開封，國號為「梁」，史稱「後梁」，後人稱為後梁太祖。封李柷為濟陰王，

908 年，殺李柷，唐朝結束 289 年的統治，中國進入五代十國的紛亂時期。朱全忠頗重視農業，下令兩稅法之外不得妄有科配；但因連年戰事，民不聊生。

910 年，發生柏鄉之戰，與晉王李存勗矛盾加劇。晚年宮廷內陷入權力鬥爭，皇后張氏臨終前勸他：「君人中英傑，妾無他慮，惟『戒殺遠色』四字，請君留意。」朱溫生性殘暴，殺人如草芥。夫人在世時尚能勸止，死後卻大肆淫亂，甚至亂倫，包括兒媳都得入宮侍寢。

912 年，被三子朱友珪刺殺，享年 61 歲，在位 6 年（907~912）。謚曰神武聖孝皇帝，廟號太祖，葬宣陵（今河南洛陽伊闕）。

後梁　朱友珪　?~913

太祖第二子，母張氏，

912 年，弑父即位，朱氏諸子憤慨，，都想取而代之，

913 年 2 月，朱友珪被被朱友貞兵變誅殺，僅當了 8 個月皇帝。

後梁　朱友貞　888~923

913 年，兵變稱帝，政治腐敗，財政混亂，且梁晉交戰頻仍。

918 年 10 月，晉將李嗣源，自楊柳店渡河攻取中都（汶上）擒獲梁大將王彥章，勸降不屈被殺「五代一人」。

923 年，末帝兵潰無路可走，命侍衛皇甫麟刺死自己，得年 36 歲，在位 10 年，皇內麟殺主後自殺身，梁亡。

二、後唐　四傳，執政 14 年（923~936）

後唐莊宗　李存勗　885~926　沙陀部人

　　李存勗自幼擅長騎馬射箭，膽力過人，為李克用所寵愛。少年時隨父作戰，11歲就與父親到長安向唐廷報功，得到了唐昭宗的賞賜和誇獎。成人後狀貌雄偉瑰麗，得習《春秋》，豁達通大義，勇敢善戰，熟知戰略要術。又喜愛音樂、歌舞、俳優之戲，旁人多有異談。當時，軍閥混戰、佔據河東的李克用常被控制河南的朱全忠（即梁太祖朱溫，又名朱晃）牽制圍困，兵力不足，地盤狹小，非常悲觀。李存勗勸其父：「朱全忠恃其武力，吞滅四鄰，想篡奪帝位，這是自取滅亡。我們千萬不可灰心喪氣，要積蓄力量，等待時機」。李克用聽後大為高興，重新振作，與朱全忠對抗。

　　908年正月，李克用病死，李存勗於同月襲晉王位。他設計捕殺試圖奪位的叔父李克甯，並率軍解潞州（山西上黨）之圍。李存勗認為潞州是河東屏障，沒有潞州對河東不利，所以他立即率軍從晉陽出發，直取上黨，乘大霧突襲圍潞州的梁軍，大獲全勝。李存勗的用兵之奇使梁太祖朱全忠大驚，他說：「生子當如李亞子，克用為不亡矣！至如吾兒，豚犬耳！」

　　朱全忠一聽晉軍就談虎色變。而李存勗卻進一步安定了河東局勢，息兵行賞，任用賢才，懲治貪官惡吏，寬刑減賦，一時河東大治。

　　908年，李克用臨死，交給李存勗三支箭，囑咐他要完成三件大事：

　　第一是討伐劉仁恭（劉守光），攻克幽州（今北京一帶）；

　　第二是征討契丹，解除北方邊境的威脅；

　　第三件大事就是要消滅世敵朱全忠。他將三支箭供奉在家廟裡，每臨出征就派人取來，放在精製的絲套裡，帶著上陣，打了勝仗，送回家廟，表示完成了任務。911年，李存勗在高邑（河北高邑縣）打敗朱全忠。接著攻破燕地，將劉仁恭活捉，押回太原。

　　920年，大破契丹，將耶律阿保機趕回北方。十年交戰，李存勗完成了父親遺命。

　　923年，滅後梁稱帝，改國號唐（史稱後唐），建都洛陽。由於用人不當，伶人干政，聽信讒言，朝政紊亂，眾叛親離。寵愛劉皇后，劉后出身寒微，自幼入官，初為侍女，善吹笙，長砍舞，為莊宗所愛，納為侍妾，再封貴人，晉封皇后。

　　李存勗是戰場上的巨人，政治上的矮子。稱帝后，他認為父仇已報，中原已定，不再圖謀進取，開始享樂墜落。

　　李存勗寵信伶人，任意出入宮廷內外，傲視戲弄貴族大臣。又相互勾結，朝廷日益腐敗，還陷害忠臣良將，魚肉百姓，搜刮民財。李存勗走上滅亡之路。

　　926年，李存勗聽信讒言，冤殺大將郭崇韜，另一戰功卓著的大將李嗣源也險遭殺害。是年三月，李嗣源在將士們的擁戴下，率軍進入汴京，準備自立為帝。李存勗試圖抵抗，但大勢已去，急返洛陽率軍扼守。但曾被提升為指揮使的伶人郭從謙，發動兵變，火燒興教門，殺入宮內，混亂中射死李存勗。後來從灰燼中找到李存勗零星屍骨，葬於雍陵（河南新安縣）年42歲，在位3年（923~926）。李存勗死後，諡號光聖神閔孝皇帝，廟號莊宗。劉后聞變，囊

括錢財金寶出走，逃至晉陽山中，削髮為尼，不久被殺。李嗣源當上了皇帝。

後唐明帝　李嗣源　867~933 應州（今山西應縣）人，沙陀族

父唐賜名李電，雁門部將，母劉氏，李克用收為養子，賜名嗣源小字邈售烈。出身微賤，不識字，善騎射，驍勇善戰，為李克用賞識，屢立戰功，從不驕矜。

926 年，莊宗中流矢而死，於莊宗靈柩前即帝位，改名亶。簡拔賢俊，杜絕僥幸，府庫充實，軍民皆足，朝綱粗立。馮道為相，頗知民間疾苦，求安定。

933 年，暴得風疾，病危中因嫡子李榮昏庸，輕狂動亂被殺，悲憤而死，壽67 歲，在位 8 年。尊號曰聖德和武欽孝皇帝，廟號明宗，葬徽陵（今河南新安縣）

後唐閔帝　李從厚　914~924

明宗第三子，母夏氏，為人豐厚，寡言好禮，貌似明宗。

927 年，拜河南尹，929 年徙鎮河南尹，同中書門下平章事。928 年宣武度使。

930 年，封宋王，鎮成德。931 年鎮天雄，兼中書令。

933 年，明宗死，繼帝位，934 年 4 月優柔寡斷，誤逼養兄潞王李從珂兵變被殺，年僅 21 歲，在位 4 個月。葬徽陵城南。晉高祖位，諡之曰閔。

後唐末帝　李從珂　885-936 平山（今河北省）人

明宗養子，父王氏，早死，母魏氏，小名阿三，出身微賤。

924 年，為衛州刺史，932 年鳳翔節度使，933 年封潞王。934 年明帝死即帝位。

935 年，石敬瑭圍洛陽，李從珂與太后、皇后攜國寶登玄武樓自焚而死，在位 3 年，時年 52 歲，葬徽陵南。後唐經四主，凡 14 年而亡。

三、後晉　兩傳，執政 10 年（936~947）

後晉兒皇帝　石敬瑭　892.2.28.~942.6.沙陀部人生於太原

石敬瑭像

石敬瑭的祖先為中亞（西夷）人，從沙陀移居太原。但在發掘出土的石重貴墓誌銘中，則指他是後趙石勒之後裔。父石紹雍，母何氏。石紹雍從李克用

父子征戰，官至洺州刺史。

石敬瑭自少為李嗣源（後來的後唐明宗）賞識，為其親兵將領，被招為女婿。石敬瑭滅後唐後，按約定將燕雲十六州獻給契丹，使中原地區喪失了北方屏障，另外每年納歲絹三十萬匹，並向比他小 10 歲的遼太宗耶律德光稱自己為「兒皇帝」，耶律德光為「父皇帝」。

915 年，多次救明宗危難。927 年宣武軍節度使。

926 年，魏州兵變，石敬瑭力勸李嗣源回兵入汴，轉攻洛陽。嗣源即位後，石敬瑭歷任保義，宣武，河東諸鎮節度使。

928 年，鎮天雄、附馬都尉。

932 年，河東節度使，

933 年，明宗死，閔帝即位。

934 年，李從珂反，閔帝出奔。

934 年，閔帝李從厚徙石敬瑭為成德節度使。閔帝討伐潞王李從珂失敗，逃到衛州，向石敬瑭求援，石敬瑭把閔帝安置在衛州，最後閔帝被李從珂派人殺死。

末帝李從珂繼位後，任石敬瑭為河東節度使，開始對石敬瑭起疑，石敬瑭為自保。石敬瑭以多病為由，上表請求朝廷調他往其它藩鎮，試探朝廷對他的態度。

936 年五月，改授石敬瑭為天平節度使，並降旨催促赴任。石敬瑭懷疑末帝對他起疑心，便舉兵叛變。後唐派兵討伐，石敬瑭被圍，向契丹求援，九月契丹軍南下，擊敗唐軍。石敬瑭在十一月受契丹冊封為大晉皇帝，割燕雲十六州予契丹，年獻帛 30 萬匹，認契丹可汗為父，自稱兒皇帝，建都汴（今河南開封），改後唐晉，史稱後晉。

石敬瑭在位期間，各地將領叛變事件不斷，兒子石重信和石重乂亦遭叛軍殺害。後因成德節度使安重榮及河東節度使劉知遠先後接受吐谷渾部族投降，

937 年 1 月，石敬瑭屢遭契丹責問。

942 年 6 月，部將劉知遠，反對依附契丹，外懼契丹責罵，憂鬱成疾，一病不起，終年 51 歲，在位 6 年（936~942）。諡曰聖文章武明德孝皇帝，廟號高祖。葬顯陵（今河南宜陽縣）。

後晉孫皇帝出帝　石重貴　914~964.6.11.

石敬瑭侄子，父石敬儒（高祖兄）早死，高祖以石重貴為子，母安氏，老而失明 936 年，為太原尹、河東節度使。

938 年，開封尹，封鄭王。

941 年，封齊王。因兒子石重睿年齡太小，被擁立。

942 年，高祖死，繼帝位，因稱「孫」稱「臣」名義之爭爆發戰爭，後晉戰勝。

946 年 11 月，後晉戰敗，石重貴出降，被押往北方，後晉亡，在位 4 年。

947 年，貶為負義侯遷封禪寺。

948 年，遼強奪石重貴之女。

949 年，遷建州。

950 年，李太后臥病，無醫藥，唯與石重貴仰天號泣，964 年死，年 51 歲。

四、後漢 兩傳，執政4年（947~950）

後漢高祖 劉知遠 895~948.1. 太原出生祖先沙陀人世居太原

劉知遠，後漢高祖，五代後漢開國皇帝，即帝位後改名劉暠，在位（947~948），死後諡睿文聖武昭肅孝皇帝。父劉琠，母安氏，面呈紫色，目多白睛，嚴肅莊重，沉默寡言，不好遊玩。

劉知遠最初是李嗣源（後來的後唐明宗）的部下，李嗣源登上帝位後，劉知遠在石敬瑭帳下任牙門都校。

934年，閔帝出逃到衛州時，與石敬瑭議事未決，閔帝隨從欲動武，劉知遠把閔帝隨從殺盡，石敬瑭便捨閔帝而去。

936年，後唐末帝下詔調河東節度使石敬瑭為天平節度使，劉知遠勸石敬瑭起兵，石敬瑭便舉兵叛唐。劉知遠不贊成石敬瑭以割地向契丹借兵，石敬瑭不從。劉知遠任馬步軍都指揮使，同年任保義軍節度使。石敬瑭滅後唐，建後晉。

937年，任劉知遠為忠武軍節度使。

940年，為鄴都留守。

941年，為忠武軍節度使、歸德節度使。

942年，石敬瑭死，劉知遠輔政，功大位高，見疑於出帝。封劉知遠太原王、中書令、幽州道行營招討使、北面行營都統。

943年，升劉知遠為中書令。

944年，任幽州道行營招討使，封太原王。

945年，改封北平王。

947年，契丹滅後晉。河東行軍司馬張彥威等人以中原無主，勸劉知遠稱帝，劉知遠在推捙一番後，便在太原稱帝，沿用後晉高祖年號天福，稱天福十二年。六月入汴京，引兵入大梁，改國號漢，史稱後漢。自稱為東漢顯宗八子淮陽王昞之後，改國號為「漢」。其視反抗契丹群眾為盜賊，殘酷鎮壓，為五代之最，不遵信守，斬殺降將。司馬光評曰「殺幽州無辜千五百人，非仁也，誘張璉而誅之，非信也，杜重威罪大而赦之，非刑也。仁以合眾，信以行令，刑以懲奸，失此三者，何以守國！是祚運之延也，宜哉！」

948年正月，改元乾祐，劉知遠改名皓，又改名為劉暐，病死大梁之萬歲殿，年54歲，在位2年。諡曰睿文聖武昭肅孝皇帝，廟號高祖。

後漢隱帝 劉承祐 931~950.11

高祖劉知遠第二子，母李氏。

948年先立為周王、同平章事，同日即帝位，朝失賢臣，內亂失策，隱帝年輕，無治國良策。

　　950 年 11 月，亂殺朝臣乘邠、弘肇、章，又密詔殺郭威，事洩郭威得知，舉兵攻封丘（今河南），隱帝兵潰脫逃中，為亂兵所殺，死僅 20 歲，在位 3 年，葬穎陵（今河南禹縣），後漢亡。

五、後周　三傳，執政 10 年（951~960）

後周太祖　郭威

904.7.28.~954.2.　邢州堯山（河北隆堯縣）人依潞州人常氏。

　　幼時隨母親王氏適郭簡，故改姓郭，字文仲，年少貧孤，3 歲時徙家太原，不久就成為孤兒，由姨母韓氏撫養。他身材魁梧，習武好鬥。或雲 18 歲時往依潞州（今長治）故人常氏。其時李繼韜在潞州招募兵勇，郭威前去投軍，得到李繼韜的賞識。郭威犯了殺人重罪，李繼韜憐其才勇，將其釋放。

　　形體奇偉，有勇力，好酒貪杯，不拘小節，生性好強，從不屈居人下，謀略用兵服人。原係後漢大將

　　947 年，契丹滅後晉，劉知遠起兵太原，建國**後漢**，郭威為鄴都（河北大名縣）留守。劉知遠稱帝不到一年即死去，其子劉承祐繼位，拜郭威為樞密副使。

　　948 年，河中（今山西永濟）李守貞、永興（今陝西西安）趙思綰、鳳翔（今陝西鳳翔）王景崇相繼反漢，郭威相繼平定亂事，李守貞自焚，趙思綰投降，王景崇自焚。

　　949 年，平關西三鎮叛亂，以郭威為侍中監國。

　　950 年，隱帝疑忌大臣，下詔將開封城內郭威（當時郭威已有成年的兒子）、柴榮和王峻的全家屠殺殆盡。

　　951 年，功高震主，險遭殺身，被迫起兵，黃袍披身，郭威誅隱帝，建立**後周**，建都汴（今河南省開封市），改元廣順。他廣招人才、勵精圖治，得魏仁浦、李穀、王溥、范質等輔臣。

　　953 年，封義子柴榮為晉王。得風痺疾，行動不便，食飲困難。

　　954 年，病死汴京滋德殿，年 51 歲，在位 4 年。諡曰聖神恭肅文武孝皇帝，廟號太祖。葬嵩陵（今河南新鄭縣）。周太祖去世，因親生兒子全都被劉承祐殺害，妻侄柴榮繼位。

後周世宗　郭柴榮　921~959.6.19.刑州龍岡（今河南邢台縣）人

太祖義子，父㧑守禮，姑柴氏為太祖皇后，為人謹慎寬厚，具雄才大略。

953 年，拜開封尹，封晉王。太祖病危，朝中大事，由柴榮稟報宣行。

954 年，太祖死，嗣皇帝位，為人敦厚，事必躬親，整飭風紀，勵精圖治，整修黃河，疏浚忭蔡穎水，溝通淮航線，杜水患興修水利，漕運四通，整頓朝綱，選賢與能，招撫流民，務農墾荒，整軍練武，為五代英王。

955 年，今天下寺院，非敕額者悉廢，禁私度僧尼。毀銅像以鑄錢，布施濟民。

956 年，築外城，拓寬街道，統一公共建築，汴京都城，始見規模。

959 年 6 月 19 日，病死滋德殿，年 39 歲，在位 5 年。諡曰睿武孝文皇帝，廟號世宗，葬慶陵（今河南新鄭縣郭店村）。

後周恭帝　柴宗訓　953~973.3.

廿宗第四子，母符氏。

959 年 6 月 9 日封為梁王，19 日世宗死，7 月即皇帝位，年方 7 歲。

960 年 1 月，「陳橋兵變」殿前都檢點趙匡胤，陳橋驛黃袍加身，廢恭帝，帝在位僅 6 個月，周亡。周經三主，凡十年而亡於宋，改國號宋，史稱北宋。

973 年 3 月，恭帝死於房州，年 21 歲，諡曰恭帝，葬慶陵之側，號順陵。

北宋　九傳，執政 167 年（960~1127）

北宋太祖　趙匡胤

927.2.~976.10.生於洛陽夾馬營，涿郡（河北涿縣）人

　　父趙弘殷，母杜氏，頗有見識。兄弟五人，趙匡胤居二，容貌雄偉，器度
豁如，性驍勇，額撞門楣墜地而不傷，騎射術精。956 年，後周時，任殿前都
點檢，領宋州歸德軍節度使，掌握兵權。959 年，周世宗去世，繼的恭帝只有
七歲，掌握兵權趙匡胤，密謀策反。

　　960 年，軍至陳驛（開封東北）趙義、趙普及諸將「**陳橋兵變**」。簇擁趙匡
胤為帝。

　　961 年，改國號宋，史稱北宋。對周室舊臣，優禮待之，重要藩鎮，亦加
爵賞。銳意整軍，削弱藩鎮，「杯酒釋兵權」，統一大半中國，結束殘唐亂局。
中央集權，以樞密使掌兵，三司使理財，分散宰相力。改革政治、整治汴梁運
河，興修水利，鼓勵墾田拓荒，及鹽、鐵、糧、財稅制度，社會安定，農村繁
茂。他重文輕武，偏重防內，形成日後宋朝「積貧積弱」。

　　963 年，乘湖南內亂出兵，滅荊南，江陵四分五裂之國，因而下之，得 3
州 17 縣，蓋荊南割據凡 57 年而亡。

　　964 年，遣兵伐蜀，令詔毋得焚蕩廬舍，驅略吏民，秋毫無犯，深得民心。

965 年，宋軍 66 日亡蜀，得 46 州 240 縣，蜀王降。

969 年，再一次杯酒釋兵權，凡與宴節度使，皆罷鎮改官，以文官出任州縣官。

971 年，南漢 76 年亡，得 60 州 240 縣。南漢主劉鋹被擒，封恩赦侯，賜第居京。

972 年，用反間計去南唐林仁肇。

973 年，恭帝死，素服發哀輟朝十日，對周室舊臣，以優禮。克得南唐 19 州。

974 年，曹彬建浮橋過江，擊南唐主李煜。

975 年，破金陵，南唐降，立國 40 年亡。南唐主李煜封侯為右千牛衛上將軍而亡，宋得 19 州 108 縣。

976 年 10 月，「燭影斧聲」趙匡胤在懸疑案中病死，在位 17 年（960~976），年 50。諡曰英武聖文神德皇帝，廟號太祖，葬永昌陵（今河南鞏縣西南）。

北宋太宗　趙匡義（趙光義）　939.4.17.~997.生於浚儀官舍

趙匡胤之弟。原名匡義，太祖賜名光義，即帝位後改炅。生活儉樸，勤於政務。

960 年，參與擁立趙匡胤為帝，後為殿前都虞侯。

961 年，杜太后病危，召太祖趙匡胤宰相趙普入，太后謂太祖「汝與光義皆吾所生，汝後當傳位汝弟」太祖頓首流涕應允，普即書之藏入金匱。

964 年，為中書令，969 年為東京留守，973 封晉王。

976 年，太祖死，兄終弟及，繼承帝位，雖無其兄才略，卻繼兄業，勵精圖治。

978 年，繼續用兵，逼使北漢主劉繼元出城投降，北漢自後周 951 年割據以來，至此凡 29 年而亡。迫使吳越「納土」。

979 年，對遼戰中一再大敗。

政治襲採中央集權，潛修內政，多文人執政，儒學漸興，恢復孔丘後代免稅，發展農業，開墾荒地，偃武修文，行科舉。晚年有四川王小波、李順之亂

982 年，遼南侵，宋兵滿城。983 年遼改號曰大契丹（即遼國）

986 年，宋伐遼，宋軍在岐溝關、君子館全軍覆沒。

997 年，病卒萬歲殿，年 59 歲，在位 22 年（976~997），諡曰神功聖德文武皇帝，廟號太宗，葬永熙陵（今河南鞏縣）。

北宋真宗　趙恒　968.12.2.~1022.2.

太宗第三子，母李氏，初名德昌，年幼英睿，姿表特異，讀經書，一覽成誦。

983 年，為檢校太保、封韓王，改名元休。988 年封襄王，改名元侃。

994年，封壽王、開封尹，斷案公允，995年立為皇太子。997年太宗死即帝位。

998年，真宗崇儒、遵佛、信道。

999~104年，遼累來犯，雙方協定，宋每年輸銀10萬兩，絹20萬匹，史稱「澶淵之盟」此一和平狀態，凡116年。

1007年，用王欽若計，偽造天書，大興祥瑞，封禪泰山，號為「大功業」。

1009年，大興土木，廣建宮觀，玉清昭應宮尤為華麗。勞民傷財，歲出日增，國勢漸衰。親至曲阜祭孔，提倡佛、道兩教。

1022年，徽違約攻遼，2月病死延慶殿，享年55歲，在26年（997~1022）。諡曰文明武定章聖元孝皇帝，廟號真宗，葬永定陵（今河南鞏縣）。

北宋仁宗　趙禎　1010.4.14.~1063

真宗第六子，母后宮李氏，章獻皇后劉娥無子，取禎為己子養之，劉死後，禎始知其生母，原名趙受益。性仁孝寬宏，喜怒不形於色，才智平庸，優柔寡斷。

1014年，相繼為左衛上將軍、慶國公、節度使、壽春郡王。

1017年，中書令、節度使、加太保、封升王。9月立為皇太子，改名禎。

1022年，真宗死，13歲嗣帝位，尊章獻皇后為太后。嫡母劉太后臨朝。

1033年，禎始親政，與西夏和戰，忍辱求和。

1042年，增「納遼」歲幣，增獻絹10萬匹。銀10萬兩。

1043年，推動新政，范仲淹整頓吏治，修水利，勸農業，兵農合一，擇將于伍。

1044年，以「賜」為名，用歲幣與西夏議和。政治因循苟且相習成風，黃河流域不斷爆發變亂，南方地區各樺屢次起兵作亂。雖力從軍政經濟改革，但遭權貴反對，「慶歷新政」曇花一現。惜晚年宴樂侈奢華。

1048年，「顏秀之亂」，皇后召兵入衛，始平。

1063年3月28日，駕崩，享年54歲，在位42年（1022~1063），諡曰神文武明孝皇帝，廟號仁宗，葬永昭陵（今河南鞏縣）。

北宋英宗　趙曙　1032.1.3.~1067

太宗趙光義之孫，趙允讓第13子，母任氏。宋仁宗無子，收養趙宗實為養子，賜名趙曙，由仁宗曹皇后撫育。

1062年，立曙為皇子，1063年仁宗死，趙曙即帝位。

1064年，太后還政於曙，次年因「濮儀」之爭，朝廷大臣兩派主張：韓琦、歐陽修主張尊英宗生父「濮王」（趙允讓已死）為「皇考」，另一派司馬光、呂海、薛純仁、呂大方等主張崇其為「皇伯」，事經曹太后決定為「皇考」．但兩派互攻不息，致使政波蕩漾。

　　1067 年正月，趙曙死於福寧殿，年 36 歲，在位 5 年（1064~1067），諡曰憲文肅；武宣孝皇帝，廟號英宗，葬永厚陵（今河南鞏縣）。

北宋神宗　趙頊　104.8.4.~1085.3.

　　英宗長子子，母高氏，賜名仲針。

　　1063 年，授安州觀察使、封光國公、忠武軍節度使、淮陽王，改名頊。

　　1064 年，封穎王，1066 年立為皇太子。

　　1067 年，嗣帝位，有重整宋室雄心，且力從「慶歷改革」萬言文獻進行。

　　1068 年，頊接見王安石，王提出「變風俗，立法度」。

　　1069 年，王安石拜相變法，力謀改變「貧弱宋朝」，力除時弊，改革圖強，但遭元老韓琦、司馬光等反對，太皇太后曹氏、黃太后高氏亦有異議阻難重重。

　　1072 年，太子中允唐坰列王安石不法 60 條。

　　1074 年，曹太后直接干政，王安石辭相位。

　　1075 年，王復為相。

　　1076 年，王安石罷相，推行新法遲滯，力不從心。

　　1081 年，命宦官李憲攻西夏，戰敗。

　　1082 年，再遣徐禧築永樂城（今陝西米脂西），準備再舉，遭西夏攻陷。

　　1084 年，司馬光編成「資治通鑑」出書。

　　1085 年 3 月，神宗崩於福寧殿，年 38 歲，在位 19 年（1067~1085）。諡曰英文烈武聖孝皇帝，廟號神宗，葬永裕陵（今河南鞏縣）。

北宋哲宗　趙煦　1076.12.7.~1100

　　神宗第六子，母朱氏，初名佣，授檢校太尉、太平軍節度使、封均國公。

　　1082 年，遷開封府儀同三司、彰武軍節度使、封延安王。

　　1085 年 3 月，立為皇太子，改名煦。是月神宗死，煦即皇帝位，年 10 歲。

　　1086 年，祖母皇太后高氏臨朝，司馬光保守派為相，廢王安石新法舊黨還朝。史稱「元祐更化」，呂公著獨秉朝政。

　　1093 年，高太后卒，哲宗煦親政，罷舊黨，行新政，改元為紹聖（紹述神宗新法之意），以新黨章惇為相。舊黨蘇軾等三十餘人被貶官或流放嶺南。

　　1100 年，哲宗煦死於福寧殿，終年 25 歲，在位 16 年（1085~1100），諡曰欽文睿武昭孝皇帝，廟號哲宗，葬永泰陵（今河南鞏縣）。

北宋徽宗　趙佶 1082.10.~1125

神宗第 11 子，哲宗之弟。母陳氏，賜名佶。

1083 年，授鎮寧軍節度使，封寧國公，哲宗即位封遂寧王。

1096 年，封端王，1098 加司空，改昭德、彰信軍節度使。

1100 年，哲宗死，繼皇帝位，向太皇后臨朝，追復舊黨司馬光等 33 人官職。

1101 年，佶親政，佶昏庸無道，重用蔡京等「六賊」，擢宦官童貫為司空統軍。

1102 年，定司馬光、文彥博等 117 人為奸黨。

1103 年，毀司馬光、呂公著等人繪像。

趙佶窮奢極欲，建華陽宮殿，貪污橫暴，濫增捐稅。但尊孔孟，崇佛道，修佛塔，建道觀，自號「教主道君皇帝」。文臣編輯「宣和書譜」「宣和畫譜」「宣和博古圖」等書。善工書畫，正書稱「瘦金書」，繪畫長於花鳥。

1120 年，民不聊生，方臘、宋江之起義，佶九次招降，無果。

1121 年，兵敗始降。

1122 年，聯金攻遼，使金南下攻宋失策誤國。

1125 年，金兵臨黃河，汴京大震，徽宗傳位其子趙桓，稱號「教主道君太上皇帝」，與金議和，自帶蔡京、童貫南逃，金兵北退，返回開封，在位 25 年（1100~1125）。

1127 年，徽宗和欽宗同被金兵俘擄，北宋滅亡。

1135 年，死於五國城（今黑龍江依蘭）。年 54 歲，諡 2 聖文仁德顯顯孝皇帝，廟號徽宗，葬永祐陵（今浙江紹興寶山）。

北宋欽宗　趙恒 1100.4.~1126

徽宗長子，母王氏，初名亶，封韓國公。

1101 年，封兆王，11012 年先後改名烜、桓。1108 年封為定王，1113 年加太保。

1115 年，立為皇太子，1125 年拜開牧，徽宗禪位，桓即位於福寧殿。

1124 年，遼耶律大石西徙新疆，自立為王，史稱西遼。

1125 年，臨危受命嗣帝位，與金議和，被迫除奸，斬殺王黼，賜死李彥、梁師成，流放蔡京、童貫、朱勔等人，均被殺於流途中。

1126 年，金兵攻汴京，李綱擊退金兵，但仍割太原等三鎮，向金求和，不久金軍再度南下，汴京城破，宋軍潰，欽宗赴金營乞降。

1127 年，金擄徽、欽二宗父子，暨皇族后妃三千人北去，北宋亡。欽宗在位 1 年 4 個月（1125~1127）。

1128 年，徙桓等至韓州（今遼寧昌圖縣），後徙於五國城（今黑龍江依蘭縣）。

1161 年，欽宗死於五國城，年 62 歲。諡曰恭文順德仁孝皇帝，廟號欽宗，葬於鞏、洛之原。

南宋　九傳，執 153 年（1127~1279）

南宋高宗　趙構　1107.6.12.~1187.11.9.

趙構，字德基，宋朝第十位皇帝。宋朝南遷南宋第一任皇帝。北宋皇帝宋徽宗第九子，宋欽宗之弟，曾被封為「康王」。

趙構在位初期因為動亂，為了保持江山，起用主戰派李綱、岳飛等。但中期眼見女真的強勢，又為了集權中央、強化皇權，採用求和政策，重用主和派的黃潛善、汪伯彥、王倫、秦檜等人，處死岳飛，罷免李綱、張浚、韓世忠等主戰派大臣。

1107 年 8 月，出生三個月，授定武軍節度使、檢校太尉、封蜀國公。

1108 年，封廣平王。

1121 年，進封康王。

1126 年，金兵圍困汴京，要求宋以親王宰相各一為人質，才肯與宋和談，宋欽宗以趙構以親王身份在金營中為人質。趙構獲釋返回汴京途中，金兵再次南侵，金要求宋要趙構為使才肯與宋議和，守臣宗澤勸阻留下，得以免遭金兵俘虜。

1127 年 6 月 12 日，趙構南逃到應天府（亦稱之為歸德府，今河南商丘，非江蘇省的南京市）登基做皇帝，改元「建炎」，建立南宋。建炎改元時，趙構遙尊被擄到金國的其生母韋氏為「宣和皇后」，封自己的外祖父韋安道為郡王，

親屬三十人均任官職。並且從此不斷派遣使者到金國求和要迎韋氏回南宋。

「靖康之難」，趙構接到宋欽宗蠟書，要他火急救援被圍困的開封城。

1127 年 5 月，徽、欽宗被俘後，在南京應天府即帝位（河南商邱），求和抗金，用黃潛善、汪伯彥為相，南遷揚州。繼建臨安（今杭州）。用岳飛韓世忠抗金。

秦檜在宋金之戰中被金俘獲，後縱歸，向趙構進獻財寶，構喜以檜為相，秦檜陰險奸詐殘忍，有功忠貞之士，或貶或殺，趙構終為所制，為相 19 年。

1128 年，徽、欽二帝被金軍虜掠北去，**北宋亡**。趙構被金兵追殺，在海上飄泊，金立宋濟南知府劉豫為皇帝，國號大齊，都大名府（今河北大名縣）

1129 年 3 月 4 日，劉正彥兵變，逼趙構禪位於方三太子趙敷。皇后垂簾聽政。

1131 年，定都於臨安（今浙江杭州）。

1134 年，宋遣使向金求和，年貢銀 25 萬兩，絹 25 萬匹。

1136 年，以秦檜為樞密使。

1137 年，趙構生父宋徽宗的死訊傳到南宋。『帝號慟，諭輔臣曰「宣和皇后春秋高，朕思之不遑甯處，屈己請和，正為此耳。」趙構號哭，對大臣說「我母親宣和皇后年歲已經大了，我思念她到了坐不安的地步，我委屈自己向金國求和，正是為了這事。」翰林學士朱震引用唐德宗李適的事，請趙構遙尊韋氏為皇太后，趙構聽從。

1138 年，宋金議定，金冊封康王（構）為宋帝，宋稱藩於金，年贈金絹 50 萬兩匹。

在宋使王倫的成功外交下，金朝撤銷偽齊，把包含東京開封等三京（東京、西京、南京）之地的河南、陝西歸還給南宋，但高宗生母韋太后尚未歸還。

1140 年，宋韓世忠、張俊、岳飛大敗金兵，岳飛母喪，金軍兵臨城下，危在旦夕，岳飛回營，朱仙鎮大捷，保住半壁江山。

高宗偏安江南，求和心切，與秦檜計謀命岳飛班師回朝，岳飛收到十二道金牌班師回朝，向高宗請辭，未允。以韓世忠、張俊為樞密使，岳飛為樞密副使，皆留院治事。秦檜以岳飛不死，終梗和議，己必及禍，定計殺飛。

11 月宋金「紹興議和」宋向金稱臣，歲貢銀絹各 25 萬兩匹。

金朝撕毀協約，重新攻佔陝西、河南之地。金軍主帥完顏宗弼（兀朮）先在開封正南的順昌敗於劉錡所部的「八字軍」，再於開封西南的鄆城和穎昌，在女真精銳部隊所拿手的騎兵對陣中兩次敗於岳飛的岳家軍，只在開封東南面的淮西亳州、宿州一帶戰勝了宋軍中最弱的張俊一軍，在宋高宗以「十二道金牌」召回岳家軍前，金軍已被壓縮到開封東部和北部。

1141 年，岳飛請求拿回兵權，未允。之後岳飛父子被秦檜以「莫須有」定罪，子岳雲年 23 歲亦受波及。

金熙宗對南宋示好，將死去的宋徽宗追封為天水郡王，將在押的宋欽宗封為天水郡公。

四月下旬，趙構解除岳飛、韓世忠、劉錡、楊沂中、張俊等大將的兵權，

為《紹興和議》作準備。十月，南宋派魏良臣赴金，提出要議和。

十一月，金國派蕭毅、邢具瞻為審議使，隨魏良臣回南宋，提出議和條件。此時趙構生母韋氏託人將一封信送到趙構手裏。「洪皓在燕，求得（韋）後書，遣李微持歸。帝大喜曰：「遣使百輩，不如一書。」遂加（李）微官。金人遣蕭毅、邢具瞻來議和，帝曰：『朕有天下，而養不及親。徽宗無及矣！今立誓信，當明言歸我（韋）太后，朕不恥和。不然，朕不憚用兵！』」（『我擁有天下，但卻不能瞻養親人，我父親徽宗已經死了！現在我發誓，我要公開要求金國歸還我母親韋太后，我不以議和為恥。不然的話，我不怕向金國用兵！』），蕭毅等還，帝又語之曰：『（韋）太后果還，自當謹守誓約。如其未也，雖有誓約，徒為虛文。』」「如果我母親韋太后果然能回南宋，自當謹守我們訂的和議誓約。如果回不來，有和議誓約也是一紙空文。」當月《紹興和議》達成。

1142 年 1 月 27 日（農曆 12 月 29 日）除夕，趙構和秦檜以莫須有的罪名殺害岳飛與其子岳雲、部將張憲於臨安（今杭州），《宋史》載這是為了滿足完顏宗弼為《紹興和議》所設的前提，以防止岳飛的十萬岳家軍攻入黃河以北。岳飛絞死於大理寺獄中風波亭，年 39 歲。葬杭州西湖湖畔。

至此，趙構和秦檜以稱臣賠款，割讓從前被岳飛收復的唐州、鄧州以及商州、秦州的大半為代價，簽定紹興和議。宋金東以淮河，西以大散關為界，南宋正式放棄上次和約所獲得的陝西、河南領土。趙構立刻迎回生母韋氏。

1142 年 5 月 1 日（韋）皇太后偕梓宮（徽宗靈柩）到宋都臨安。欽宗被留在北方。

1161 年），《紹興和議》被金海陵煬王完顏亮撕毀。

1162 年 7 月 24 日，趙構禪讓位太子趙眘（養子），是為宋孝宗。自稱太上皇，在位 36 年（1127~1162）。

1187 年 11 月 9 日，宋高宗去世，享壽 81 歲。諡曰聖神武文憲孝皇帝，廟號高宗，葬蘭亭山（今紹興）。

宋高宗與其父宋徽宗，頗有藝術天才，是傑出的書法家；初學黃庭堅，後改學米芾，至終以追摹魏晉法度和王羲之、王獻之父子，流傳有《賜岳飛手敕》及《真草嵇康養生論書卷》。元朝書法家趙孟頫早年即以宋高宗書法為榜樣。

南宋孝宗　趙伯琮（眘）　1127.10.~1194

趙匡胤七世孫，高宗族侄，高宗無子，收養趙伯瑄為太子，母張氏。

1155 年，秦檜病危，謀以子秦熺代相，終破其奸。

1160 年，立為皇子，改名瑋。1162 年立為皇太子，改名眘。

1163 年，眘嗣位，為岳飛昭雪平反，追復岳飛官爵，依官禮改葬加諡武穆；派張浚抗金，敗於符離，與金重訂和約。備戰理財，國況好轉。

1164 年，金宋達成「隆興和議」，改「歲貢」為「歲幣」，

歲銀 20 萬兩，絹 20 萬匹，宋金相安 40 年。

1189 年眘傳位於第三子趙惇，自尊為至尊壽皇聖帝。

1194 年 6 月，死，年 68 歲，諡曰哲文神武成孝皇帝，廟號孝宗。在位 27 年（1162~1189），壽 68 歲.

南宋光宗　趙惇　1147.9.~1200.8.

孝宗第三子，母郭氏，賜名惇。

1171 年，立為皇太子。1189 年倦勤禪位，惇嗣帝位。堅持對金求和，罷用主戰官，與上皇失和，上皇病歿不服喪，有失孝道，群臣憤慨。

1194 年 6 月，太皇太后下詔，讓光宗退位，令皇子趙擴繼位，尊惇為太上皇帝。

1200 年 8 月，死於壽康宮，年 54 歲，在位 4 年。諡曰憲仁聖哲慈孝皇帝，廟號光宗，葬永崇陵（浙江紹興市寶山）。

南宋寧宗　趙擴　1168.10.~1224

光宗第二子，母李氏，賜名擴。

1194 年，孝宗死，太皇太后詔令擴嗣帝位，以趙汝愚為相，專擅朝政。支持抗金，復用辛棄疾等人，以內部不和，部署失宜，宋師失敗。罷趙汝愚，斥逐理學朱熹，定理學為偽學，專仕韓侂胄。

1204 年，韓侂胄議，追封岳飛為鄂王。

1206 年，去秦檜王爵，改諡「膠丑」。下詔攻金。

1207 年，軍事失利，重開議和。楊后與史彌操縱朝政。

1208 年，為反韓侂胄專橫，不顧公議，恢復秦檜王爵，斬胄首送金。

與金訂屈辱「嘉定和議」世為伯侄之國，增歲幣銀絹各 30 萬兩匹犒軍 300 兩。

1221 年，蒙古軍攻汴京，宋被迫遣使通好蒙古，相互派使。

1224 年閏 8 月，寧宗擴死於福寧殿，終年 57 歲，在位 28 年（1194~1224）。諡曰仁文哲武恭孝皇帝，廟號寧宗，葬蘭亭山（今浙江紹興市）。

南宋理宗　趙昀　1205~1264

趙匡胤十世孫，父趙希瓐，母全氏。尊崇理學，怠于政事，昏庸腐敗，縱情聲色，任用權奸丁大全，內侍董宋臣等，國勢日衰，崇道學，加諡朱熹。

1224 年，宗病危，權相史彌遠廢皇太子趙竑，誣以謀反殺害，選他為寧宗嗣子，擁立趙昀即皇位。原名趙與莒，改名趙貴誠，又改稱趙昀。

1233 年，史彌遠死後，理宗趙昀始親政。

1234 年，宋蒙聯合滅金。以後蒙古連年入侵，江淮四川時遭兵禍，宋無寧日。

1258 年，蒙古大舉攻宋，圍鄂州（今湖北武昌），朝中有遷都之議。晚年委任賈似道執政，疆土日削，國勢益危。

1264 年 10 月，理宗崩無嗣，享壽 60 歲，在位 40 年（1224~1264），諡曰建道備德大功復興烈文仁武聖明安孝皇帝，廟號理宗。葬會稽永穆陵（今浙江紹興寶山）

南宋度宗　趙禥　　1240.4.9.~1274.7.

趙匡胤第 11 世孫，父趙與芮（理宗同母弟），母黃氏。

1253 年，立為皇子，改名禥，1260 年為皇太子，賜字長源。

1264 年，理宗死，禥即皇帝位。

1265 年，為賈似道擁立繼帝位，昏潰無能，委政于似道，獨攬大權，自己則沉淪酒色美女，日夜淫樂，揮霍無度，民窮兵弱，官吏貪財無恥，蒙入侵，襄樊無援失陷，臨安日趨勢危。

1274 年 7 月，度宗崩於嘉福殿，年 35 歲，在位 10 年。諡曰端文明武景孝皇帝，廟號度宗，葬永紹陵（今浙江紹興寶山）。

南宋恭帝　趙顯　　1271.9~1276.3

公度宗，母全氏。

1274 年，度宗死，4 歲，嗣帝位，皇太后謝氏臨朝，賈似道獨攬朝政，

1275 年，蒙古南下，賈似道兵敗被貶，遭人殺害。

1276 年 3 月，議和不成，臨安城破，恭帝趙顯及謝太后被擄，押赴燕京，在位 2 年。元封其為瀛國公，宋遙尊顯為孝恭懿聖皇帝。

南宋端宗　趙昰　　1269.6.~1278.4.

度宗庶子，母楊氏。

1274 年，封為吉王。

1276 年正月，封益王，2 月元軍進逼臨安，昰出走婺州（今浙江金華），隱匿山中七日。閏 3 月被奉為天下兵馬都元帥，5 月由陸秀夫、陳宜中、張世傑在福州擁昰即帝位，楊太后臨朝，復得文天祥協力，收復江諸州縣。

1278 年 4 月，趙昰病死，年方 10 歲，諡曰裕文昭武愍孝皇帝，廟號號端宗，葬永福陵（今廣東新會縣南厓山）。

南宋帝　趙昺　1272.1.~1279.2.6.

度宗庶子，母俞氏。

1274 年，封信王，1276 年進廣王，2 月從臨安出逃，5 月封為衛王。

1278 年 4 月，端宗死，為陸秀夫、張世傑於海上擁立昺為帝，時年 8 歲，改年號祥興，遷厓山（今廣東新會南），楊太后臨朝，文天祥屯兵潮陽，敗走海豐，被俘不屈死節，寫「正氣歌」流傳後世。

1279 年 2 月 6 日，張宏範率軍攻破厓山，陸秀夫負 9 歲趙昺帝，投海殉國，於厓立碑「張宏範滅宋於此」，趙昺在位 10 個月，是役赴海屍體逾十萬具以上，慘烈驚人。旋張世傑亦投海殉國，南宋亡。

遼　九傳，執政 210 年（916~1125）

遼太祖　耶律阿寶機　872~926

遼太祖耶律阿寶機乃契丹鮮卑一支，漢名億。聰顗過人，胸懷大志，熟習兵法，孔武有力，東征西討戰功卓著。統一契丹八部，控制女真、宗章等族。用漢人韓延徽，改革習俗，建築城廓，製作契丹文字，發展農商業。

916 年，稱帝建大遼國王朝，定都臨潢，稱上京，即今內蒙林西縣。

926 年，攻滅渤海。病死，55 歲，在位 11 年（907~926），一位有作為的君主。

遼太宗　耶律德光　902~947

遼太宗耶律德光係太祖庶子。

927 年，由皇太后述律氏支持繼帝位，勵精圖治，拓展疆土。

936 年，藉後唐叛將石敬瑭求援機會，立石為晉帝，取得燕雲 16 州（今河北、山西北部），父禮事遼。

937 年，改國號遼。

942 年，石重貴以孫禮事遼。

946 年，滅後晉，改國號契丹為遼。

947 年 4 月，病死，終年 46 歲，在位 21 年（927~947）。

遼世宗　耶律阮　918~951

947 年，在爭奪中以「橫渡之約」為述律太后許立，繼皇帝位，隱憂不休。
951 年 9 月，酒醉為叛臣弒殺，終年 34 歲，在位 4 年（927~947）。

遼穆宗　耶律璟　931~969

952 年，殺死叛臣察割，削平叛亂，繼承皇位。全力穩定內部，唯嗜酒作
樂，夜夜笙歌，白天昏睡，不理朝政，動輒借故殺人。
969 年 2 月，被廚師殺死於黑山遊獵行宮，終年 39 歲，在位 18 年（952~969）。

遼景宗　耶律賢　948~982

公元 969 年繼帝位，勇於進取，大膽改革，重用漢臣，仿漢治國，發展農
業，整軍鞏固國防，遼漸振富庶.982 年病故，終 35 歲在位 14 年。

遼聖宗　耶律隆緒　971~1031

983 年，繼帝位，年僅 12 歲，母蕭太后臨朝，改革攏絡漢人，改編部族俘
戶為平民，科舉取士，鞏固統治，恢復國號遼為契丹。
984 年，耶律斜軫、耶律休哥等連年攻宋。
1004 年，與宋締結澶州之盟，與宋相約為兄弟，休戰和平相處，社會安定，
經濟繁榮，人稠野沃，糧食充裕。
1031 年 6 月，病崩，終年 61 歲，在位 48 年（982~1031）。

遼興宗　耶律宗真　1016~1055

遼興宗耶律宗真係宮人所生，由皇后收養。
1031 年，嗣帝位，無建樹。
1055 年，病死，終年 40 歲，在位 24 年（1031~1055）。

遼道宗　耶律洪基　1032~1011

1055 年繼帝位，權臣內鬥，誣陷太子政治腐敗，國勢日下。
1101 年，崩，終年 70 歲在位 46 年（1055~1101）。

遼天祚帝　耶律延禧　1075~1125

遼天祚帝耶律延禧，係道宗皇孫。
1101 年，繼帝位。各族紛紛起兵，內訌激烈，率兵攻金，屢為所敗。
1121 年，宋徽宗趙佶受金、宋違背壇州盟約合兵夾擊，敗逃夾山（內蒙）。
1125 年，逃往西夏時，在應州（今山西大同南）新城，為金軍俘獲，遼亡。
1126 年，病死，終年 52 歲，在位 24 年（1101~1125）。

西遼德宗　耶律大石　1087~1143

西遼德宗，字重德，西遼建立者。遼太祖八世孫。天慶進士，通契丹文、漢文。

遼將亡時，他於 1124 年稱王，率軍西走，佔新疆地區。

1131 年，稱帝，史稱西遼（或稱哈喇契丹），在位 13 年（1124~1143）。

金　10 傳，執政 120 年（1115~1234）

金太祖　完顏阿骨打

1068.8.1.~1123.9.19.虎水（黑龍江哈爾濱東南阿什河）

金太祖完顏阿骨打，漢名旻，女真族（滿族祖先）首領。

完顏阿骨打（漢名完顏旻），金朝開國皇帝（1115.1.28.~1123.9.19.）。女真族完顏部酋長烏骨迺之孫，劾里鉢之次子，完顏部首領，金朝的建立者。善騎射，力大過人。在位 9 年，終年 56 歲。

1113.10.，其兄烏雅束死，繼位女真各部落聯盟長，稱都勃極烈。天慶四年，率 2500 人起兵叛遼，破寧江州(今吉林省扶餘市東南)。蕭嗣先率 7000 精兵集結於出河店，阿骨打率兵 3700 乘夜奔襲，渡混同江（今松花江），大敗遼軍。

1115.1.28.，阿骨打在會寧（黑龍江省哈爾濱市阿城區南白城）稱帝，建立大金，年號收國，改名完顏旻。天慶五年九月，攻佔黃龍府（今吉林省農安縣）城。

1119 年，遼天祚帝冊封完顏旻為東懷國皇帝，但冊文不稱完顏旻為兄長、國號不稱大金，故他不接受冊封，繼續攻打遼國。

1120 年，與宋朝訂攻遼計劃，攻陷遼上京臨潢府（今內蒙古自治區巴林左旗南）。1122 年，取遼中京（內蒙古自治區寧城縣西）；是年底，攻陷燕京（今北京市）。

1123 年八月，返金上京（今黑龍江省哈爾濱市阿城區附近）途中病逝。他死後，在天會三年六月上諡號大聖皇帝，同年十二月改為大聖武元皇帝，廟號是太祖。皇統五年十月，增諡為應乾興運昭德定功仁明莊孝大聖武元皇帝。

1980 年代在北京市西南郊外的九龍山的金朝陵墓，證實是完顏阿骨打的石棺、遺骨及裝飾物。

金太宗　完顏晟　1075~1135

金太宗完顏晟係太祖之弟，繼兄為帝。

1123 年，繼帝位，乘勝南侵。創建典章制度，奠定金國規模。

1125 年，滅遼，向宋作掠奪戰。

1127 年，滅宋，佔有東起淮水，西至秦嶺以北中原北部，追趕南宋高宗趙構逃建業杭州紹興寧波而至溫州。

1135 年，立太祖孫完顏亶（金熙宗）為繼承人。終年 61 歲，在位 13 年（1123~1135）。

金熙宗　完顏亶　1119~1149

金熙宗完顏亶係太祖之孫，於 1135 年繼帝位，是金朝第一位接受漢文化教的皇帝，採用漢官制，大膽改革。唯酗酒暴謙不仁，打殺臣僚，貴族臣佐爭權，朝廷混亂.1149 年被顏亮刺殺，終年 31 歲，在位 14 年。

金廢帝　完顏亮　1122~1161

完顏亮，金太祖孫，本名迭古乃，熙宗時任丞相，被廢後降為海陵庶人。

1149 年，弑熙宗篡位自立，年號天德。為清除後顧之憂，殺太子宗懿，宗室，鎮壓貴族，遷都燕京（北京），腐朽淫亂。

1153 年，遷都燕京，改燕京為中都。

1161 年，意欲消滅南宋統一江南，金世宗顏雍乘機在遼陽自立，在采石為宋軍所敗，東至瓜州被亂箭射死，享年 40 歲，在位 13 年（1149~1161）。

金世宗　完顏雍　1123~1189

金世宗完顏雍，本名烏祿，遼太祖孫。

1161 年，廢帝完顏亮攻宋，他留守東京（遼陽）即帝位，年號大定。

1165 年，與南宋議和，廢帝完顏亮為海陵王。改革節儉，用科舉，辦學校，重農業，輕徭薄賦，社會安定，財經繁榮，譽稱「小堯舜」。

1189 年，崩，享壽 67 歲，在位 29 年（1161~1189）。

金章宗　完顏璟　1168~1208

金章宗完顏璟係世宗之孫，1189 年繼帝位，喜愛漢文，好書法繪畫，是金朝漢化最高皇帝。征服轄韃，准許女真人與當地居民通婚。

1208 年，崩，享年 41 歲，在位 19 年（1189~1208）。

金後廢衛紹王　完顏永濟　?~1213

金後廢衛紹王完顏永濟，係章宗之叔，生年不詳，。

1208 年，繼帝位，但無能，賞罰不明，對抗蒙軍失利，不敢對守將問罪。

1213 年 8 月，政變中被殺，在位 5 年（1208~1213）.

金宣宗　完顏洵　1163~1223

金宣宗完顏洵係世宗之孫。

1213 年，繼帝位，向蒙軍成吉思汗求和，遷都汴京（開封），棄守中都（燕京）。

1223 年 12 月，崩，壽 61 歲，在位 11 年（1213~1224）。

金哀宗　完顏守緒　?~1234

1223 年，嗣帝位，與宋、夏和好，保衛汴京對抗蒙軍。

1234 年，敗走蔡州自縊而死，在位 11 年（1223~1234）

金末帝　完顏承麟　?~1234.1.9.

金末帝完顏承麟即位不到一天，由於哀帝肌體肥胖，不便鞍韉馳，突圍蔡州不易，苦苦哀求，不得已，於 1234 年 1 月 9 日夜間，應詔即位，隨聞哀帝自縊，痛哭不已，與蒙軍奮戰，死于亂軍之中，史稱末帝，金亡。

西夏　10 傳，執政 190 年（1038~1227）

西夏景帝　李元昊　1003.6.7.~1048.1.19.　黨項人，係羌族分支。

李元昊，又名曩，李繼遷之孫。

李元昊是西夏開國皇帝（1038.11.10.－1048.1.19. 在位），党項族人，原為拓跋氏。李繼遷孫，李德明長子，生母衛慕氏。身型魁梧，勤奮好學，手不釋卷，尤好法律和兵書。通漢、蕃語言，精繪畫，多才多藝。其父在位時，已經不斷對外出戰，擴大勢力。

1032 年以太子身份繼位，仍稱藩與宋，後來為表獨立，廢唐宋分別賜李、趙姓，改姓嵬名，改名曩霄，自稱兀卒，以元魏王室後裔自居，並以嚴酷手段徹底翦除守舊派。

1038.11.10.自立為帝，自稱世祖始文本武興法建禮仁孝皇帝，改年號為天授禮法延祚，脫離北宋，國號「大夏」，亦稱西夏，定都興慶府。命大臣野利仁榮創西夏文，大力發展西夏的文化。建國後推動教育，創著學，啟西夏文教之風。開鑿「李王渠」，以便西夏國民耕種。三次分別於三川口（今陝西延安西北）、好水川（今寧夏隆德東）及定川砦（今甘肅固原西北）等戰中大敗北宋，並於遼夏第一次賀蘭山之戰，大勝遼國，奠定西夏在遼、宋兩國的地位。本來有意奪取關中之地，攻佔長安，但因宋軍頑強抵抗，夏軍戰敗，直搗關中之美夢就此破滅。但由於戰事繁多，西夏經濟破損，遂於 1044 年與北宋簽訂慶曆和議，

向宋稱臣，被封為夏國王。為西夏建樹良多，堪稱一代英豪。

他的文治武功卓有成效，但他本人也有不足之處。在位 16 年（1032 年繼承王位起計），猜忌功臣，稍有不滿即罷或殺，反而導致日後母黨專權；另外，晚年沉湎酒色[4]，好大喜功，導致西夏內部日益腐朽，眾叛親離。據說他下令民伕每日建一座陵墓，足足建了三百六十座，作為他的疑塚，其後竟把那批民伕統統殺掉。廢皇后野利氏、太子寧令哥，改立與太子訂親的沒移氏為新皇后，招致殺身之禍。

1048.1.19.，其子寧令哥趁元昊酒醉時，恨「廢母奪妻」之恨，割其鼻子，失血過多而死，享年 46 歲，在位 11 年（1038~1049）。廟號景宗，諡號武烈皇帝，葬泰陵。寧令哥後來因弒父之罪被處死。

西夏毅宗　李諒祚　1047~1067.12.

李諒祚，元昊之子。

1048 年，李諒祚年僅 2 歲，被擁立繼帝位，權臣沒藏氏以弒君罪殺掉寧哥令，把持朝政。

1061 年，沒藏陰謀殺害毅宗，得大將漫咩支持，擒殺沒藏氏父子，一舉奪回政權，清除內部隱患，實行軍政改革，改蕃禮，漢禮，復漢姓，與宋休戰言和，恢復貿易，發展經濟。

1067 年 12 月，病死，享年 21 歲，在位 20 年（1048~1068）。

西夏惠宗　李秉常　1060~1086.9.

1068 年，6 歲嗣帝位。因年輕由梁太后執政。

1074 年，16 歲親政。

1081 年，21 歲被囚禁，皇族母黨對抗爭權熾熱，晚期被釋復位，但仍無實權。1086 年 9 月，崩，享年 26 歲，在位 18 年（1068~1086）。

西夏崇宗　李乾順　1048~1139.6.

1086 年，16 歲嗣帝位，依附遼金，與宋言和，人方有生息，經濟發展，終結外戚專政，重用漢人，推行蕃學外，建立「國學」，教授漢學，娶漢女曹氏，立宋降臣任得敬女封為皇后。

1139 年 6 月，崩，享年 56 歲，在位 53 年（1086~1139）。

西夏仁宗　李仁孝　1124~1193

1139 年，嗣帝位，仿宋朝行科舉，培養人才，漢化，重國丈任得敬，由尚書，而中書令、國相、進爵為楚王，而任得敬不守分際，陰謀分國自立，被仁宗誅殺，夏朝轉危為安。

1193 年，崩，享壽 70 歲，在位 55 年（1139~1193）。

西夏桓宗　李純祐 1187~1206.1.

1193 年，嗣帝位，安國養民，和金附宋，以其弟李仁友病死，其子李安全請求襲父爵為越王，不許，引起安全不滿怨恨。

1206 年 1 月，得羅太后支持發動政變，廢桓帝自立，當年去世，終年 30 歲，在位 13 年（1193~1206）。

西夏襄宗　李安全 生年不詳~1211.7.

1206 年，廢叔篡帝位自立，即被蒙古發兵侵夏，襄宗向金求援，金帝拒絕，襄宗無奈，將女兒獻給成吉思汗，向蒙古求和。

1211 年，皇室齊王李遵頊發動政變，發襄宗自立，同年 8 月崩在位 5 年（1206~1211）。

西夏神宗　李遵頊 1163~1226.5.

公元 1211 年廢襄宗自立，附蒙抗金，連年兵禍，田野荒蕪，民生塗炭，朝庭大臣，清歌夜宴。遭到臣民反對，神宗不得已，於 1223 年 12 月宣告退位，傳位予二子李德旺。自稱太上皇，在位 12 年，至 1226 年 5 月死，享壽 64 歲。

西夏獻宗　李德旺 1181~1226

1223 年，受命繼帝位，和金修好，共抗蒙古，唯金朝兵虛財盡，亡在旦夕，無力援夏。

1226 年，成吉思汗圍甘州，破西涼，守將降敵，獻宗見大勢已去，憂懼而死，享年 46 歲，在位 4 年（1223~1227）

西夏末主　李睍 ?~1227.6.

夏夏末主李睍係獻宗之弟，抗蒙激烈犧牲慘重，外援無帝，糧盡草絕，至次年 6 月，又發生地震，房屋倒塌，宮室俱毀，李睍走投無路，出降蒙軍被殺，夏亡，在位 1 年。

元 傳帝 15 帝，執政 163 年（1206~1368）

1140 年，孛兒只斤酋長合不勒奪取金克魯河以北地區，號大蒙古國。合不勒死後，諸部分立。1206 年鐵木真統一各部，尊為成吉思汗，建立蒙古汗國。

1227 年成吉思汗死，窩闊台繼位，是為太宗。1251 年憲宗蒙哥即位，1260 年世祖忽必烈即位，1271 年改國為元，1368 年，朱元璋攻入大都。

元亡，經 10 帝，凡 163 年。

元太祖　成吉思汗

1162~1227.7.蒙古高原斡難河畔蒙古部孛兒只斤氏族人

姓奇渥溫，名鐵木真，生性深沉，胸有大略，用兵如神。初出母胎，頭角崢嶸，雙目炯尚有光，手握凝向如赤石，為吉祥預兆。三子：朮赤、察合台、窩闊台。

1189 年，27 歲，被擁戴為汗。

1190 年，鐵木真蒙古乞顏部迅速發展壯大，引起札達蘭部首領札木合的不滿，向鐵木真進攻，鐵木真兵敗。札木合將俘虜分七十大鍋煮殺，史稱「七十鍋慘案」，慘不忍睹，部下紛紛倒向鐵木真，而鐵木真敗而得眾，軍力得以迅速恢復和壯大。

1196 年，塔塔兒部首領蔑兀真笑里徒反抗金朝，金朝丞相完顏襄約克烈部王汗和鐵木真聯合出兵進攻塔塔兒，塔塔兒部大敗，蔑兀真笑里徒被殺。鐵木真遂被金朝封為「札兀惕忽里」，即部落官。

1200 年，滅台答斤。

1201 年，泰赤烏部、塔塔兒部、蔑兒乞部等 11 部推舉札達蘭部的札木合為「古兒汗」攻打鐵木真。鐵木真擊敗札木合等十二部聯軍。

1202 年，殺死塔塔兒部首領札鄰不合等塔塔兒人，手法殘忍震驚蒙古諸部族。

1203 年，王汗將鐵木真收為義子，導致桑昆跟鐵木真仇恨，聯軍夾擊鐵木真。戰況慘烈，鐵木真逃到貝爾湖避過一劫。秋天他突襲王汗駐地消滅克烈部。王汗逃到鄂爾渾河畔被乃蠻人所殺，其子桑昆則逃到庫車，被當地人殺死。

1204 年，鐵木真征太陽汗，太陽汗被殺，乃蠻部滅亡，乃蠻部太子屈出律

則逃亡西遼。

1206 年，札木合被叛將送到鐵木真之手，鐵木真殺了他，統一蒙古草原眾部族。

蒙古貴族們在斡難河（今鄂嫩河）源頭召開大會，諸王和群臣為鐵木真上尊號「成吉思汗」，正式登基成為大蒙古國皇帝（蒙古帝國大汗），這是蒙古帝國的開始。成吉思汗頒布《成吉思汗法典》，是世界上第一套應用範圍最廣泛的成文法典，建立以貴族民主為基礎的蒙古貴族共和政體制度。

1208 年，派大將速不台追擊三姓蔑兒乞部首領脫黑脫阿、忽都父子、乃蠻部太子屈出律，脫黑脫阿中流矢而死。

1209 年，蒙古三次侵略西夏，逼使西夏屈服。

1210 年，西夏向蒙古稱臣西夏皇帝夏襄宗獻女求和，把察合公主嫁給成吉思汗。

1210 年，成吉思汗與金朝斷絕了朝貢關係（約從 1195 年開始）。

1211 年，成吉思汗親率大軍入侵金朝，新疆東部的畏兀兒歸附蒙古。

1212 年，契丹人耶律留哥在遼東起兵反抗金朝，宣布歸附蒙古。

1213 年，耶律留哥自稱遼王。

1214 年，金宣宗遣使向蒙古求和，送大量黃金、絲綢、馬匹，並將金衛紹王的女兒岐國公主送給成吉思汗為妻，童男女五百陪嫁。成吉思汗從中都撤兵。金宣宗離開中都，遷都汴京，得知金朝皇帝離開，成吉思汗下令入侵中都，蒙古軍在佔領中都後，成吉思汗返回蒙古草原。

1215 年春，耶律留哥攻克金朝東京（今遼寧省遼陽），並佔領金朝東北大部分地區。十一月耶律留哥秘密與其子耶律薛闍帶著厚禮前往漠北草原覲觀成吉思汗，成吉思汗極為高興，賜給耶律留哥金虎符，仍舊封他為遼王。5 月 31 日佔領中都，金朝在黃河以北之地陸續失守。

1217 年，成吉思汗任命大將木華黎為「太師國王」，讓他負責繼續入侵金朝，經過木華黎和他的兒子孛魯十年的戰爭，到 1227 年成吉思汗去世前夕，蒙古軍隊基本佔領金朝黃河以北的所有領土，金朝的領土僅局限於河南、陝西等地（當時的黃河取道江蘇北部的淮河入海）。

1218 年，成吉思汗派大將者別滅西遼，殺死西遼末代皇帝屈出律，平定西域。

成吉思汗派遣的蒙古使團到達花剌子模王國，強迫摩訶末蘇丹簽訂與蒙古的條約。條約簽訂後，花剌子模城市訛答剌長官殺死路過此城的一支來自蒙古的由 500 人穆斯林組成的商隊，奪取貨物，僅有一人幸免於難逃回蒙古，成吉思汗派三個使臣前往花剌子模向摩訶末交涉，結果為首者被殺，另外二人被辱，成吉思汗更加憤怒，決定入侵花剌子模。

1219 年六月，成吉思汗親率蒙古主力（大約十萬人）向西侵略，並在中途收編 5 萬突厥軍，蒙古西征，滅花剌模，打斡羅思和欽察聯軍，版圖擴展到中亞地區和南俄，將地分封給長子朮赤、次子察合台、三子窩闊台。

1220 年底，一直被蒙古軍隊追擊的花剌子模算端摩訶末病死在寬田吉思海

（今裏海）中的一個名為額別思寬島（或譯為阿必思昆島，已陸沉）的小島上，並在臨死前傳位札蘭丁。蒙古軍先後取得河中地區和呼羅珊等地。

1221 年，蒙古軍隊消滅花剌子模王國，十一月，成吉思汗率軍追擊札蘭丁一直追到申河（今印度河）岸邊，札蘭丁大敗，僅僅率少數人渡河逃走。

當初，成吉思汗命令速不台和者別率領二萬騎兵追擊向西逃亡的摩訶末，摩訶末逃入裏海後，他們率領蒙古軍繼續向西進發，征服了太和嶺（今高加索山）一帶的很多國家，然後繼續向西進入欽察草原擴張。

1223 年，者別與速不台於迦勒迦河之戰（今烏克蘭日丹諾夫市北）中擊潰基輔羅斯諸國王公與欽察忽炭汗的聯軍，然後又攻入黑海北岸的克里木半島。

1223 年底，者別與速不台率軍東返，經過也的里河（今伏爾加河的突厥名，又譯亦的勒），攻入此河中游的不里阿耳，遭遇頑強抵抗後，沿河南下，經由裏海，鹹海之北，與成吉思汗會師東歸。在東返途中，者別病逝。

成吉思汗回師後，再次入侵西夏。

1227 年，蒙古滅西夏，大蒙古國疆域包括金朝、南宋、大理國、吐蕃西夏、西遼、花剌子模、以黃河為界，另高加索山一帶和東歐欽察草原，金朝領土基本只剩河南和陝西。13 世紀的黃河取道江蘇北部的淮河入海，而不是取道山東北部入海。

8 月 25 日成吉思汗病逝於今寧夏南部六盤山（一說靈州），崩於薩里川啥老徒之行宮。終年 65 歲，死後葬在不爾罕山（今肯特山）接近斡難河源頭的地方，在位（1206~1228），窩闊台繼位。

8 月 28 日，諸將遵照成吉思汗遺命將西夏末帝殺死，西夏滅亡。蒙古軍將領察罕努力使西夏首都中興府（今寧夏銀川）避免屠城的命運，入城安撫城內軍民，城內的軍民得以保全。

在內蒙古自治區西部的鄂爾多斯高原上，有一座蒙古包式建築宮殿，是成吉思汗的衣冠冢，它經過多次遷移，直到 1954 年才由湟中縣的塔爾寺遷回故地伊金霍洛旗，北距包頭市 185 公里。每年的農曆三月廿一、五月十五、八月十二和十月初三，為一年的四次大祭。

元太宗　窩闊台　1186~1241.11.

元太宗窩台為成吉思汗三子，又稱合罕皇帝。

1229 年，嗣位，統一北方。

1230 年，出兵西進，佔領陝西南部，河南北部，及淮西一帶。又聯合南宋攻金。1234 年，滅金。建設漠北，羊馬成群，華夏富庶。

1236 年，命拔都西征，深入歐洲中部。任耶律楚材，採用「漢法」，制定賦稅制度。設驛站，加強與諸汗國聯繫。

1241 年 11 月暴卒，享年 56 歲，在位 13 年（1229~1241）。

元定宗　貴由　1206~1248

太宗長子，1246 年被推繼帝位，身有殘疾，手足拘彎在新疆養病。
1248 年 3 月，病死，享年 43 歲，在位 2 年（1246~1248）。

元憲宗　蒙哥　1218~1259.7.

成吉思汗孫，拖雷長子。1251 年，被推尊即汗位，繼續派兵西征伐宋。

1258 年，命忽必烈攻鄂州，兀良合台自雲南出廣西、湖南向鄂州，進兵四川，大舉攻南宋。

1259 年 7 月，督師出征，被砲擊中，傷重死于四川合川縣釣魚山下，享年 42 歲，在位 9 年（1251~1260）。

元世祖　忽必烈　1215.8.~1294

忽必烈，成吉思江之孫，睿宗拖雷第四子，憲宗蒙哥同母弟，母怯烈氏。仁明英睿，事母至孝，驍勇善戰，重視漢文化，訪擢賢能，聽諫忠言。

1215 年。成吉思汗、窩闊台汗、貴由汗、蒙哥汗之後，第五個登上蒙古國大汗。

1242 年，忽必烈召海雲禪師、儒師趙壁到藩邸徵詢治國之道，必須「附會漢法」。

1251 年，在開府灤河上游墾殖，以懷孟、京兆分地屯田。

1253 年，率軍攻雲南，次年滅大理而歸。

1257 年，蒙古伐宋，憲宗入蜀。

1259 年，憲宗暴釣魚山（今四川合川縣），忽必烈正攻宋鄂州（今湖北武昌），得蒙哥汗死訊北還。其弟阿里不哥密謀繼位，忽必烈迎憲宗靈輿，收皇帝璽。

1260 年，召開庫里爾台（蒙古選汗大會），在開繼大汗位，仿唐內政，充實軍備。

1264 年，阿里不哥投降，結束內戰，遷都燕京。

1271 年，採納太保劉秉忠意，改蒙古為「大元」帝國，國號元。

1274 年，元大舉伐宋，以火炮攻取樊城，炮中譙樓，城中洶洶，宋軍投降。

1276 年，謝太后請降，趙昰出逃，3 月元軍俘宇帝，5 月昰即帝位，是為端宗。

1277 年，忽必烈平定憲宗之子昔里吉前圖奪帝位不成，叛走和林。

1279 年，消滅流亡崖山的宋軍，統一中國。結束分裂局面。

倡程朱理學，統一各民族實行省制，加強邊疆管理。

1280 年，日本殺元使者杜世忠，忽必烈命范文虎泛海東征，至平壺島（長崎北部）遇颶風，宋軍於五龍山逃往堅艦，被日本慘殺，僅三人生還。

1281 年，出兵東伐日本，兵至平壺島（長崎北）遇颶風而返。

1282 年，殺文天祥，意大利馬可孛羅來中國，寫「東方見聞記」。

1294 年正月，忽必烈死於紫檀殿，在位 35 年（1260~1294）享壽 80 歲。諡曰聖德神功文武皇帝，廟號世祖，蒙古語尊稱薛禪皇帝，葬察罕顏爾格。

元成宗　鐵穆耳　1126~1307

世祖之孫，真金第三子，母弘吉烈氏。初與太傅伯鎮守上都。

1294 年，世祖死，繼帝位，還大都（今北平）。

推行儒學，維護封建統治。鑑於世祖征戰頻繁，民怨四起，停止對日本、安南征討，內免稅輕徭，禁擾農桑，致使穩定。

1303 年，30 年來成吉思汗子孫自相殘殺，鐵穆耳 —— 平定，自是叛者相繼來降。

1307 年正月，病死玉德宮，享年 43 歲，在位 14 年（1294~1307）。諡曰欽明廣孝皇帝，廟號成宗。

元武宗　海山　1281.7.19.~1311

順宗答剌麻八拉（忽必烈之孫）之長子，母弘吉剌氏。

1304 年，封懷寧王

1307 年，成宗死，發生帝位之爭，海山即皇位。長年領軍在外，不懂治國

之道，隨心所欲，朝政紊亂，唯恒歌酗舞，鞠球為樂，高官斂財，濫發錢幣，物價波動，民生疾苦。

1311 年，終因淫亂無度瘁死於玉德殿，享年 31 歲，在位 5 年。諡曰仁惠宣孝皇帝，廟號武宗，葬起輦谷。

元仁宗　愛育黎拔力八達　1285.3.~1320

順宗剌麻八拉之子，武宗同母弟，母弘吉剌氏。

1307 年，成宗死，武宗即帝位，立愛育黎拔力八達為皇太子。1309 年尚書令。

1311 年正月，武宗死嗣帝位，勤勉好學，聰敏恭儉，漢化務學，興利除弊，力圖強盛，節儉，汰沉員，殺佞臣，整頓吏治，用治國才能臣，恢復科舉，專責取士，頒行學官，激勵向學，一時人才薈萃，晚期母后及倖臣阻礙改革，被迫停止。

1320 年 1 月，終年 36 歲在位 10 年。諡曰聖文欽孝皇帝，廟號仁宗，葬起輦谷。

元英宗　碩德八剌　1303.2.~1323.8.

仁宗嫡子，母弘吉剌氏，幼時即讀漢儒經史。

1316 年，立為太子，1319 年即參與國政，1320 年仁宗死。即帝位。

碩德八剌剛毅果斷，不受祖母皇太后擺佈，鋒芒初展，位受朝廷內外讚譽，獨皇太后及鐵木達兒不悅。重用拜住，一舉處斬矢列門，亦列矢八、黑驢等一批佞臣，使皇太后及鐵木達兒驚恐憂鬱而死。

1323 年 8 月，英宗自上都南歸，被奸黨鐵失乘夜弒殺，史稱「南坡之變」享年 21 歲，在位 4 年。諡曰睿聖文孝皇帝，廟號英宗。

元泰定帝　也孫鐵木兒　1276.10.29.~1328.7.

世祖之孫，甘麻剌之子。

1302 年，甘麻剌死，也孫鐵木兒嗣王位。

1323 年，鐵失密謀廢立，弒殺英宗。平章政事張珪致書勸進，於龍居河即皇帝位。

1324 年，嗣帝位，先加封擁立有功臣民，後懲誅鐵失謀逆先皇之罪，政局動蕩。

1328 年，修佛寺，尊僧人，七月病死上都，年 53 歲，在位 6 年，葬輦谷。

元少帝　阿叔吉巴　1320~1329.1.

1328 年 8 月被擁立帝位，同年 10 月因奪位內亂，混戰中不知去向，在位月餘。

元明宗　和世瓎　1300.11.~1329.8.

武宗長子，1307 年 5 月武宗即位，立仁宗為皇太子，依次傳位和世瓎。

1311 年，武宗死，仁宗繼位，1315 年封世瑓為周王，出鎮雲南。

1320 年，英宗立，1323 年英宗被刺身亡，1328 年泰定帝死，引起皇位之爭。

1329 年，即皇帝位，同年 8 月被其弟圖帖睦爾暗算中毒暴死，年 30 歲，在位 8 個月，謚曰翼獻景孝皇帝，廟號明宗，葬起輦谷。

元文宗　圖帖睦爾　1304.1.~1332.8.

武宗次子，母唐兀氏，明宗同父異母弟，圖帖睦爾毒死皇兄明宗。

1328 年 9 月 8 日即帝位，常於夢中被兄嫂索命，驚憂成疾。

1329 年，以西僧為師，作佛事，大建佛寺。

1332 年 8 月病死，年 29 歲，在位 5 年，謚曰聖明元孝皇帝，廟號文宗，葬輦谷。1340 年 6 月，明宗之子順帝，以其使明宗飲恨而死，詔除其廟主。

元寧宗　懿璘質班　1326.3.~1332.9.

明宗第二子，母蠻真氏，名八不沙。

1332 年 8 月，遵文宗遺詔繼帝位，9 月死去，10 月懿璘質班即皇帝位，11 月死，在位僅 43 天，年 7 歲，謚曰沖聖嗣孝皇帝，廟號寧宗，葬起輦谷。

元順帝　懽帖睦爾　1320~1368.8.2.

明宗長子，母罕祿魯氏，名邁來迪。信用權臣，吏政腐敗，君臣溷亂，又逢連月霪雨，黃河三次決口，淮河水溢漫野，飛蝗蔽天，災民遍野，尤建穆清閣，造龍船，兵禍連綿，天災人禍，交相煎熬。

1333 年，以文宗皇后仍懼明宗么魂，不敢立自己兒子，堅持擁立順帝妥懽帖睦爾繼位。伯顏不安份守己，專權自恣，欺帝年幼，貶伯顏於河南，以脫脫（伯顏之侄）為相。

1335 年 6 月，得知其父母死因，乃廢文宗廟主，遷太皇太后弘吉剌氏安州。

1342 年，脫脫用役年引渾河（今北京永定河）之水，東達通州（今通縣），毀民宅，夫丁死傷甚眾，卒以無功。

1350 年，變鈔，發行「至正通寶」「至正交鈔」，引起物價高漲，引起民怨，「挑動黃河天下反」，導致「紅巾軍」之亂。

1351 年，白蓮教、紅巾徒動亂，動搖國本。順帝生活靡爛，荒淫無度，耽於淫樂，獨朱元璋「高築牆，廣積糧，緩稱王」實力強。

1352 年，起兵反元，自稱元帥，朱元璋來歸。

1355 年，擁立韓林兒為帝，稱小明王，國號宋，威震中原。

1363 年，妥懽帖睦爾與皇太子不和，以孛羅火拼，太子出奔太原。

1365 年，孛羅幽皇后，妥懽帖睦爾誅之，並殺其黨羽，召回太子。

1368 年 8 月 2 日，朱元璋派徐達，攻大都，順帝無力抵抗，攜后妃北逃應昌（內蒙阿巴哈納爾旗），元經 10 主，凡 98 年而亡。

1370 年 4 月 28 日，因痢疾死於應昌，年 51 歲，在位 36 年（1333~1368）。朱元璋以其「知順天命，退避而去」，加其號曰順帝。

明

16 傳及南明四王執政 276 年（1368~1644）（後南明四王 18 年）

明太祖　朱元璋

1328.9.18.~1398.6.24.安徽濠州鳳陽（今安徽鳳陽東）人

　　朱元璋，原名重八，又名興宗，字國瑞。「先世家沛」（江蘇沛縣）後「徙句容」（江蘇句容市）祖輩居古泗州（江蘇省盱眙縣）。父親朱五四（後改為世珍），母親陳氏為濠州鍾離縣（安徽省鳳陽縣）人。

　　朱元璋出身平民，幼時家貧，曾為人放牛，參加起義軍改名元璋。姿貌雄傑，奇骨貫頂，聰明英武，志意廓然。朱元璋自知「家庭寒微，無古人博知」，因之身在行間，手不輟書，建大本堂。倡節儉，勤政務，知人善用，具軍事政治才能。休養生息，養民富國。

　　1344 年，瘟疫，父母長兄相繼死亡，生活無依，入皇覺寺出家為僧，行乞化緣。

　　1348 年，返回皇覺寺。

　　1352 年，投靠郭子興，參加紅巾軍，成為郭子興身旁一名親兵，逐漸讀書識字，並娶郭子興養女馬氏。

　　1353 年，朱元璋攻下滁州，李善長加入朱元璋部隊，成為他重要幕僚。

　　濠州郭子興被孫德崖及趙均用迫走，前來滁州投靠朱元璋，由於朱元璋名義上仍是郭子興部下，乃將滁州兵權交予郭子興。

　　1354 年，張士誠據高郵，自稱為誠王。

　　1355 年，元朝丞相脫脫攻六合，朱元璋領兵援六合，元軍不戰自潰。郭子興病故，次子郭天敘被立為都元帥，朱元璋成為都元帥統其軍。常遇春、廖永安、俞通海歸附朱元璋。

　　1356 年，吳國公接受朱建議「高築牆，廣集糧，緩稱王」，實行屯田，壯大軍力。擊敗陳友諒，改稱吳王。朱元璋攻陷集慶，改名為應天府。

　　1357 年，朱元璋攻取寧國，趙繼祖克江陰、徐達克常熟、胡大海克徽州、

常遇春克池州，繆大亨克揚州。

1358年，朱元璋取婺州。

1359年，小明王擢升朱元璋為儀同三司江南等處行中書省左丞相。

1360年，陳友諒攻陷鳩州，弒主徐壽輝、稱帝建國，國號漢。

朱元璋用「圍魏救趙」之策攻應天府，命胡大海進攻信州，陳友諒班師救援。

1361年，朱元璋改樞密院任大都督府，重新整理軍制。

1363年，陳友諒率六十萬水軍進攻洪都，朱元璋率二十萬部隊馳援，在鄱陽湖交戰，史稱「**鄱陽湖之戰**」。陳友諒自恃巨艦出戰，採用炮攻，朱元璋險些負傷被擒。朱元璋利用東北風而改用火攻，致使陳友諒部大量受損。又水路圍攻陳友諒，陳友諒中箭身亡，漢軍潰敗。

1964年，朱元璋佔湖北，自立為吳王，以李善長為右相國，徐達為左相國，常遇春、俞通海為平章政事，立子朱標為世子。親征武昌，陳友諒之子陳理舉降。

1365年，吳軍繼續攻佔寶慶、贛州、浦城、襄陽，同年冬，下令討張士誠。

1366年，攻破湖州、杭州，朱元璋一統江南。

1367年，朱元璋制定北伐戰略，先攻山東，取河南山西，佔陝西潼關，克福建福州，最終直取元大都（今北京）。

1368年正月初四（1368年1月23日），朱元璋在應天府稱帝，建國號大明，年號洪武。以應天為「南京」，開封為「北京」。

朱元璋在位期間，下令農民歸耕，獎勵墾荒，移民屯田和軍屯；組織各地農民興修水利；大力提倡種植桑、麻、棉等經濟作物和果木作物；下令解放奴婢；減免賦稅；派人到全國各地丈量土地，清查戶口等等。經過洪武時期的努力，社會生產逐漸恢復和發展了，史稱「**洪武之治**」。

同年八月初二（9月14日），大將徐達攻克元大都，元朝覆亡，統一全國。

1368年，即皇帝位，國號明，年號洪武。實行中央集權，嚴飭吏治，普查土地，興修水利，推行屯田，制訂「大明律」，廢除宰相，加強皇權。分封諸子為王，功臣勳戚大量賜田。立《大明律》，用嚴刑峻法管理百姓與官僚，禁止百姓自由遷徙，嚴厲打擊官吏貪污腐敗，設立錦衣衛特務機構，清洗權貴勢力、廢中書省，加強中央集權，駕崩傳位於嫡長孫朱允炆。

1370年，殺中書左丞楊憲。

1371年，傅友德攻克成都，明朝平定四川。

1372年，傅友德大敗元軍，明朝平定甘肅，廖永忠率明軍平定廣西。

1373年，朱元璋鑒於開國元勛多倚功犯法，虐暴鄉閭，特命工部製造鐵榜，鑄上申戒公侯的條令，類似戰國時代的「鑄刑鼎」。

1375年，德慶侯廖永忠，因僭用龍鳳諸不法事，賜死。

1379年，貶右丞相汪廣洋於廣南，旋賜死。

1380年，左丞相胡惟庸被誅，分中書省之權歸於六部，直接歸皇帝掌管。

1382年，設立錦衣衛，加強明朝特務統治。

1385年，郭桓案發，由於涉案人員甚多，朱元璋將六部左右侍郎以下官員

皆處死，各省官吏死於獄中達數萬人以上。

1390年，李善長與胡惟庸勾結，以「狐疑觀望懷兩端，大逆不道」見誅，株連被殺的功臣及其家屬共計達三萬餘人。朱元璋頒布《昭示奸黨錄》。

1393年，藍玉被錦衣衛指揮蔣瓛密告謀反，史稱「藍玉案」，牽連到十三侯、二伯，連坐族誅達一萬五千人，明朝建國功臣因此案幾乎全亡。

此時朱元璋又頒布《逆臣錄》，詔示一公、十三侯、二伯。

1394年，朱元璋殺江夏侯周德興，以及殺穎國公傅友德，在捕魚兒海戰役中立功的定遠侯王弼亦被賜死。

1395年，開國六公爵最後一位僅存者馮勝被殺。

1388年，朱元璋進軍遼東，使朝鮮等歸順。

1398年6月24日，朱元璋駕崩應天皇宮，在位31年（1368~1398），享壽71歲。葬紫金山孝陵。上諡曰「欽明啟運俊德成功統天大孝高皇帝」，廟號太祖。

朱元璋遺詔【朕膺天命三十有一年，憂危積心，日勤不怠，務有益於民。奈起自寒微，無古人之博知，好善惡惡，不及遠矣。今得萬物自然之理，其奚哀念之有。皇太孫允炆仁明孝友，天下歸心，宜登大位。內外文武臣僚同心輔政，以安吾民。喪祭儀物，毋用金玉。孝陵山川因其故，毋改作。天下臣民，哭臨三日，皆釋服，毋妨嫁娶。諸王臨國中，毋至京師。諸不在令中者，推此令從事。】

1403年六月十一日丁巳，增諡「聖神文武欽明啟運俊德成功統天大孝高皇帝」。1538年十一月朔，改諡「開天行道肇紀立極大聖至神仁文義武俊德成功高皇帝」。後世康熙帝歷次南巡必跪拜孝陵，曾立碑「治隆唐宋」讚譽朱元璋。

明惠帝　朱允炆　1377~1402.6.

太祖孫。

1392年，太祖長子朱標病死，立朱允炆為皇太孫。

1398年，朱元璋死，以皇太孫繼帝位，年號建文。生性軟弱，循規蹈矩，唯燕王朱棣是從，屢建奇功，手握重兵，嚴重受到威脅。

用齊秦、黃子澄削藩，加強中央集權，引發「靖難之役」燕王朱棣藉口出兵，攻陷京師（今江蘇南京）。

1402年6月，朱棣大軍渡江，南京城破，惠帝失縱，有說在宮中自焚而死，一說他從地道出亡，改換僧服，流浪天涯，自號應文。在位4年（1398~1402）。

明成祖　朱棣　1360~1424.7.18.

朱元璋第四子，母馬氏，相貌奇偉，美鬚髯，機智多謀，勇敢困斷，推誠待人。1370年封燕王，鎮守北平。1390年討乃兒不花，時大雪，乘雪急進，乃兒不花不覺，遂降。太祖大喜曰「肅清沙漠，燕王功也！」

1398年，太祖朱元璋死，惠帝即位，削藩責棣。

1399年，棣引太祖訓「朝無正臣，內有奸逆，必舉兵誅討，以清君側之惡」，

「靖難」起兵攻拔居庸關等重鎮，解除後顧之憂，全力對付朝廷。

1402 年 6 月，進破金陵，繼帝位，年號永樂。

敕解縉、姚廣孝等編「永樂大典」資用賢才，削藩遷都發展經濟，遠征漠北。

1403 年，改北平為北京，改應天為南京。

1404 年，遷都北京。浚吳淞江，疏通運河，漕運直達通州

1405 年，令鄭和出使西洋，從蘇州啓航，先至占城（越南中南部）、印度尼西亞、斯里蘭卡、印度等地 1407 年秋始回，中國威名遠播，來朝入貢者不絕。

1407 年，將安南收歸中國版圖，設交趾布政使司。

1408 年，派鄭和七次下南洋，文治武功，稱世一時。

1409 年，派亦失哈等設奴兒干都司，管轄黑龍江、精奇里江、烏蘇里江、松花江、庫頁島等地。

1414 年，日本倭寇騷擾遼東半島、浙江、福建、廣東沿海。

1424 年 7 月 18 日，在今蒙古倫縣染疾病死，在位 23 年（1402~1424）壽 65 歲。秘不發喪，熔錫為棺，載以龍車，朝夕膳如常。諡曰啓天弘道高明肇運聖武神功純仁至孝文皇帝，廟號成祖，葬長陵（今北京昌平縣天壽山下，即十三陵）。

明仁宗　朱高熾　1378~1424.5.

成祖長子，母徐氏，端莊沉靜，言行禮性，好學，重君臣儒禮。

1395 年，立為世子，1399 年高熾留守北平，萬人拒官軍五十萬，北平城賴以全。

1404 年，立為皇太子。

1424 年，成祖病逝，高熾嗣帝位，積多年監國經驗，仁慈恤民，百姓休養生息，繼承洪承疇政策，整飭吏治，減輕賦稅，經濟繁榮。

1425 年 5 月，病死欽安殿，年 48 歲，在位 10 個月，尊諡曰敬天體道純誠至德弘文欽武章聖達孝昭皇帝，廟號仁宗，葬於獻陵（今北京昌平縣天壽山 13 陵）。

明宣宗　朱瞻基　1398~1435.1.

仁宗長子，母張氏，喜讀書，智能突出。1411 年，立為皇太孫。

1424 年 7 月，成祖病逝，仁宗即位，立瞻基為皇太子。

1425 年，仁宗死，嗣帝位，平定皇叔漢朱高煦叛亂，與民休戚相關，減免田賦，節儉僕實，裁撤冗官，社會安定，被稱「治平之世」「仁宣之治」。

1435 年 1 月，病逝乾清宮，年 38 歲，在位 11 年，諡曰憲天崇道英明神聖欽文昭武寬仁純孝章皇帝，廟號宣宗，葬景陵（今北京昌平縣天壽山 13 陵）。

明英宗　朱祁鎮　1427~1464

宣宗長子，母孫氏，出生四個月，即立為皇太子。

1435 年，宣宗死，朱祁鎮年 9 歲嗣帝位，張后臨朝，平庸昏鈍，寵信宦官，

受王振擺佈，北遊大同，「土木之變」被俘押往北方。

1436 年，送還京師，以太上皇閒居南宮。1442 年，太皇太后卒，大權全落王振。

1457 年，代宗臥病以「奪門之變」，被石亨、徐有貞、曹吉祥等擁護復位，改年號天順，冤殺抗擊瓦剌有功大臣于謙，報立代宗之恨。任用宦官曹吉祥，政治腐敗，爆發葉宗留、郭茂七變亂。

1464 年，病死，享年 38 歲，在位 23 年（1435~1464）太上皇 7 年。諡曰法天立道仁明誠敬昭文憲武至德廣孝睿皇帝，廟號英宗，葬裕陵（今北京昌平天壽山）。

明代宗（景帝）朱祁鈺　1428~1457

宣宗次子，英宗之弟，母吳氏，英宗即位，封郕王。

1449 年 8 月，瓦剌俘英宗朱祁鎮被擄北去，9 月于謙等群臣擁立郕王繼帝位，遙尊英宗為太上皇，抵抗外力，保衛京城。

1450 年，英宗南歸，朱祁鈺迎於居庸關，英宗至京師，幽居南宮。

1457 年，臥病被廢，移居西宮，幾天即逝，年 30 歲，在位 9 年，諡曰恭仁康定景皇帝，廟號代宗。

明憲宗　朱見深　1447~1487.8.

英宗長子，母周氏，初名見浚。英宗被俘，皇太后立為皇太子。

1452 年，廢為沂王，英宗復位，復立為皇太子，改為朱見深。

1464 年，英宗死，嗣帝位，為于謙翻案雪冤，恢復于謙官職，邰寵信宦官汪直，擴展東廠組織，又增設西廠，廣佈眼線，屢興大獄，人心惶惶。後宮多佳麗，獨寵萬貴妃，窮奢極欲，揮金如土，朝政混亂，史評「既荒唐又昏庸的皇帝」。

1487 年 8 月，薨死，享年 41 歲，位 24 年，諡曰繼天凝道誠明仁敬崇文肅武宏德聖孝純皇帝，廟號憲宗，葬茂陵（今北京昌平天壽山 13 陵）。

明孝宗　朱祐樘　1470.7.~1505

憲宗第三子，母紀氏，1475 年紀氏暴死，祐樘時年 6 歲，哀傷如成人，11 月立為皇太子。

1487 年，憲宗死，嗣帝位，改年號為弘治。任用賢臣，勤政愛民，裁抑宦官，削弱太監專權，提倡節儉，與民休息，社會安定，經齊復甦，頗有仁、宣二帝遺風，史稱「弘治中興」。

1492 年 7 月，黃河張秋（今山東陽谷縣）決堤，1495 年方修復。

1505 年 5 月，崩，享年 36 歲，在位 19 年。尊諡曰建天明道誠純中正聖文神武至仁大德敬皇帝，廟號孝宗，葬泰陵（今北京昌平天壽山 13 陵）。

明武宗　朱厚照　1491.10.~1521.3.

孝宗長子，母張氏，性聰穎，好騎射。荒淫無道，為明代最荒唐之皇帝，寵奸臣劉瑾、江彬，奸黨橫行，殘害忠良，致叛四起。

1492 年，立為皇太子，1505 年，孝宗死，嗣帝位，年號正德。

即位後，一掃其孝宗仁慈、恭儉、用賢、納諫作風。寵信劉瑾、馬永城、谷大用、高鳳、羅祥、丘聚、魏彬、張永等八太監，人稱「八虎」。迎合武宗所好，弄來鷹犬、歌伎、角觝等，淫樂嬉遊，更設密室「豹房」，花天酒地，縱情淫樂。後強姦奸民處女、寡婦，鬧得雞犬不寧，昏庸無道。

1506 年，韓文、劉健等上書力諫，請誅劉瑾等八人，未從。

1507 年，劉瑾得志，驕橫殘暴，矯詔指劉健、韓文等 53 人忠貞之士為奸黨，設內行廠，排除異己。

1510 年，朱置鐇以誅劉瑾為名，反於寧夏，亂平。永奏劉瑾不法事，厚照下令捕瑾入獄，抄其家。自封「威武大將軍」南巡，沿路騷擾百姓以棄市逃山谷。

河北劉六、劉七兵變，山東、湖廣、江西、河南、四川等地，造成政治危機。

1518 年，太皇太后死，乘發喪仍到處遊獵，勒索民物，大徵女樂，毫無哀傷。

1521 年 3 月，死於豹房，無子，年 31 歲，在位 17 年（1505~1521）。諡曰承天達道央肅睿哲昭德顯功弘文思孝毅皇帝，廟號武宗，葬康陵（今 13 陵）。

明世宗　朱原熜　1507~1566.12.

憲宗第四子朱祐杬之子，武宗堂弟。

1519 年，武宗死，武宗無子，囑意立祐杬繼位。

1521 年，遵武宗遺詔嗣帝位。

1524 年，尊母為本生聖母章聖皇太后去本生之稱，群臣喪氣史稱「大禮議」爭。

厚熜為人果斷，但偏於固執，初革武宗弊政，誅殺佞臣錢寧、江彬等人，朝政為之一新，惟崇仙拜道，不修清心寡慾，專務長生不老，寵信嚴嵩，不理朝政，幸臣竊柄，昏憒不堪，博求淑女縱淫取樂，搜尋民間 8~13 歲童女 1,080 人，由陶仲文煉製「先天」丹藥，專供世宗服食，引發「海瑞上書」誹議，導致海瑞反遭罷官下獄處死。

1542 年，「壬寅宮變」楊金英等不堪凌辱宮女，企圖將厚熜勒死，未成。

1548 年，嚴嵩初「忠勤敏達」，及後專擅朝政，排除異己，其子嚴世蕃謀叛被斬，嚴嵩被免官。

1566 年 12 月，世宗服藥中毒死，終年 60 歲，在位 46 年（1521~1566）。諡曰欽天履道英毅聖神宣文廣武洪仁大孝肅皇帝，廟號世宗，葬永陵（今北京 13 陵）。

明穆宗　朱載垕　1537~1572.5.

世宗第三子，母杜氏。1539 年封裕王。

1566 年，世宗死，嗣帝位，張居正輔政，逮捕道士，停止齋醮，革除世宗弊政，申法紀，固邊防，切中時弊。

1572 年 5 月，死於乾清宮，享年 46 歲，在位 7 年。諡曰契天隆道淵懿寬仁顯文光純德弘孝莊皇帝，廟號穆宗，葬昭陵（今北京 13 陵）。

明神宗　朱翊鈞　1563~1620.8.

穆宗第三子，母李氏。幼時聰慧。

1568 年，立為皇太子，年號萬曆。

1572 年，穆宗死，年方 10 歲翊鈞嗣帝位，慈聖皇太后臨朝，通達事理，對小皇帝管教甚嚴，重用張居正為相，勤政節儉，固邊防。清丈土地，推行一條鞭法，治理黃河，國勢日強，史稱「中興」。

1580 年，義大利傳教士利瑪竇來中國，徐光啟入北京。

1582 年，皇太后與張居正先後過世，神宗生活腐化，淫逸縱樂，懶於理政，深居二十多年不上朝，國勢不振，史上有名的昏君。

1592 年，日本豐臣秀吉侵朝鮮，向明求援，戰歷六年，戰爭浩大，國庫空虛。

1596 年，派遣宦官任礦監、稅監，強奪暴取，官逼民反，激起兵變。

1616 年，努爾哈赤即大汗位，國號金（史稱後金），叛明。

1620 年 8 月，病死，享年 58 歲，在位 49 年（1572~1620）。諡曰範天合道哲肅敦簡光文章武安仁止孝顯皇帝，廟號神宗，葬定陵（今北京 13 陵）。

明光宗　朱常洛　1582.8.~1621

世宗重孫，神宗長子，母王氏（妃子）。

1601 年，立為皇太子。

1619 年，「挺擊案」張差持梃入慈慶宮常洛住所，被執訊問，供為鄭貴妃宮監龐保、劉成所指使，神宗不願深究。

1620 年 8 月，神宗死，常洛即帝位，次月得痢疾，服「紅丸」仙丹暴斃，享年 39 歲，在位僅 29 天。諡曰崇天契道英睿恭純憲文景武淵仁慈孝貞皇帝，廟號光宗，葬慶陵（今北京 13 陵）。

明熹宗　朱由校　1605.11.~1627

光宗長子，母王氏（侍女），怠於政事，黨爭劇烈。

1620 年 9 月，光宗朱常洛暴斃，妃李氏以朱由校年少，自掌大權。御史左斗光，以其既非嫡母，又非生母，力促移宮仁壽殿，史稱「移宮案」。

9 月 6 日，朱由校嗣帝位，年號天啓。乳母客氏，用士族東林黨，寵閹人魏忠賢，屢興廷獄，把持朝政，造成俺黨擅權，東林抗爭，政治極為黑暗。熹宗不理朝政，政務腐敗，財經靡爛，連年飢荒，危機四伏。後金攻佔遼陽、沈陽、進迫錦州，關外多事。

1626 年，「寧遠大捷」擊退金兵，8 月努爾合赤死，皇太極（努爾合赤第八

子）即汗位。

1627 年 8 月，病死乾清宮，享年 23 歲，在位 8 年（1620~1627）。諡曰達天闡道教孝篤友章文襄武清穆莊勤哲皇帝，廟號熹宗，葬德陵（今北京 13 陵）。

明思宗　朱由檢　1610.12.~1644.8.19

光宗第 5 子，母劉氏，熹宗之弟，熹宗病死無子，弟承兄業。在位不近聲色，潛心治國，但剛愎自用，疑心甚重，用非其人，信任宦官，政治日益腐敗，官吏貪污日盛，戰爭消耗甚大，危機四伏，束手無策致亡。

1623 年，封信王。

1627 年受熹宗遺命，即帝位，年號崇禎。振興朝綱，唯生性猜疑，急於求成，懲治魏忠賢，誅殺閹黨，寵信宦官。

1629 年，誣殺袁崇煥，國失干城。

1636 年，後金改國號為大清。

1640 年，清兵圍攻錦州，洪承疇被俘，吳三桂逃走。

1642 年 3 月 19 日李自成破北京，吳三桂救援不及，清兵入關，大肆搜括財物。洪承疇兵敗降清，朝無良將，米脂人李自成，饑寒造反，張憲忠舉兵呼應。

8 月皇太極暴死，李自成破潼關、西安。

1643 年正月，李自成部克襄陽、荊州、德安、承天等府，張獻忠部陷蘄州，明將左良玉逃至安徽池州。

1644 年 3 月 1 日，大同失陷，北京危急。

4 日，崇禎任吳三桂為平西伯，飛檄三桂入衛京師，起用吳襄提督京營。六日，李自成陷宣府，太監杜勳投降。

15 日，大學士李建泰投降，李自成部開始包圍北京，太監曹化淳說：「忠賢若在，時事必不至此。」

16 日，昌平失守。

17 日，圍攻北京城。

18 日，賊軍以飛梯攻西直、平則、德勝諸門，守軍或逃、或降。下午，曹化淳開彰儀門（一說是十九日王相堯開宣武門，另張縉彥守正陽門，朱純臣守朝陽門，一時俱開，二臣迎門拜賊，賊登城，殺兵部侍郎王家彥於城樓，刑部侍郎孟兆祥死於城門下）。

李自成軍攻入北京。太監王廉急告皇帝，思宗在宮中飲酒長嘆：「苦我民爾！」太監張殷勸皇帝投降，被一劍刺死。崇禎帝命人分送太子、永王、定王

到勳戚周奎、田弘遇家。又逼周后自殺，手刃袁妃（未死）、長平公主（未死）、昭仁公主。

然後思宗手執三眼槍與數十名太監騎馬出東華門，被亂箭所阻，再跑到齊化門（朝陽門），成國公朱純臣閉門不納，後轉向安定門，此地守軍已經星散，大門深鎖，太監以利斧亦無法劈開。

3月19日拂曉，大火四起，重返皇宮，城外已經是火光映天。此時天色將明，崇禎在前殿鳴鐘召集百官，卻無一人前來，崇禎帝說：「諸臣誤朕也，國君死社稷，277 之天下，一旦棄之，皆為奸臣所誤，以至於此。」上弔死前於藍色袍服上大書：【朕自登基十七年，雖朕涼德藐躬（也有一說薄德匪躬），上干天咎，致逆賊直逼京師，然皆諸臣誤朕也。朕死，無面目見祖宗於地下，自去冠冕，以髮覆面。任賊分裂朕屍，勿傷百姓一人。】

皇城陷落，朱由檢復登煤山，衣襟遺詔「朕死無面目見祖宗，自去冠冕，以髮覆面」，在景山歪脖樹上自縊於壽皇亭身亡，死時光著左腳，右腳穿著一隻紅鞋。時年33歲。身邊僅有提督太監王承恩陪同，內臣王承恩亦縊於側，大學士范學文從死。至此**明亡**，在位18年（1627~1644），年35歲。諡曰莊烈愍帝，廟號思宗。明歷16主，凡277年而亡。

3月21日，屍體被發現，大順軍將崇禎與周皇后的屍棺移出宮禁，在東華門示眾，「諸臣哭拜者30人，拜而不哭者60人，餘皆睥睨過之」，梓宮暫厝在紫禁城北面的河邊。

崇禎帝死後，自殺官員有戶部尚書倪元璐、工部尚書范景文、左都御史李邦華、左副都御史施邦曜、大理寺卿凌義渠、太常寺卿吳麟徵、左中允劉理順、刑部右侍郎孟兆祥等，駙馬都尉鞏永固全家自殺，太監自殺者以百計，戰死在千人以上。宮女自殺者三百餘人。紳生生員等七百多家舉家自殺。

4月4日，昌平州吏趙一桂等人將崇禎與皇后葬入昌平縣田貴妃的墓穴之中，清朝以「帝體改葬，令臣民為服喪三日，諡曰莊烈愍皇帝，陵曰思陵」。

五月初六日，多爾袞以李明睿為禮部侍郎，負責大行皇帝的諡號祭葬事宜，李擬上先帝諡號端皇帝，廟號懷宗，並建議改葬梓宮。後因思宗梓宮已入葬恭淑端惠靜懷皇貴妃的園寢，便不再遷葬，改田貴妃園寢為思陵。

6月，定先帝諡號為紹天繹道剛明恪儉揆文奮武敦仁懋孝烈皇帝，廟號思宗。

弘光元年李清上疏請改思宗廟號，議擬毅宗正皇帝。弘光元年二月丙子改上廟號毅宗，諡號未改。唐王監國，諡思宗為威宗。

南明福王安宗　朱由崧　?~1645.4.

1644年5月20日，由宦官馬士英擁立，在南京即位。寵信奸佞，昏庸腐朽，排斥忠臣史可法、左良玉等忠義之士。國家危難中，仍日夜猶飲酒作樂，淫蕩婦女。

1645年4月，多鐸兵圍揚州，勸降史可法不成，清軍猛攻揚州十日，屠殺

百姓八十多萬，史稱「揚州慘烈十日」。朱由崧夜酒宴中被擒，押送北京，百姓夾道唾罵，不久被殺。

南明魯王　朱以海　?~1662.11.13.

1645 年閏 6 月，在浙江紹興立監國政權，實力單薄，游走舟山群島，持續抵抗清軍，兩年後投靠鄭成功，居閩南金廈間。

1662 年 11 月 13 日，因哮喘病死，享年 45 歲，葬福建金門鼓崗。

南明唐王　朱聿鍵　?~1646.8.

1644 年福王朱由崧在南京稱帝，同時由福建鄭芝龍、黃道周等人，推立唐王朱聿鍵稱帝，建元隆武。除據福建外，尚擁有兩廣、兩湖、江西、安徽等地區，頗有光復希望。唐王虛心求治，有作為。奈官吏無能，實權操在鄭芝龍之手，終被清軍擊敗，於 1646 年 8 月清軍攻入福州，鄭芝龍降清，唐王被擄，旋被殺。

南明永曆帝　朱由榔　1623~1662

神宗孫，思宗堂弟。初封永明王，隆武時襲封桂王。

南明末代皇帝，在位 16 年。明神宗朱翊鈞之孫，明光宗朱常洛之侄，明熹宗朱由校、思宗朱由檢、安宗朱由崧堂弟。父桂王朱常瀛，是明神宗第七子，封湖南衡陽。

1627 年年九月二十六日就藩，弘光元年十一月初四日病死於梧州。第三子安仁王朱由愛（左木右愛）承嗣。隆武稱帝后，病重，不久由榔被封桂王。隆武被俘後，于當年十月初十日（一說十四日）稱監國於肇慶。

1646 年 11 月，隆武帝崩後，由瞿式耜、何騰蛟等擁立為帝，于廣東肇慶即位。盤據兩廣、雲貴、湖南、江西部份地區，兵多將廣，唯優柔寡斷，膽小怕死，聞警即逃，東奔西躲，更受群臣挾制。

1656 年，李定國迎他到雲南。

1661 年，清軍攻入雲南，永曆政權滅亡。永曆帝被清軍逼到緬甸，逃到緬甸首都曼德勒，被緬甸王收留。後來明朝降將吳三桂攻入緬甸，他被俘。于 1662 年 1 月在昆明被絞死。年 40 歲。死後廟號昭宗，諡號匡皇帝。

1662 年，逃往緬甸，被吳三桂以弓弦絞死。在位 16 年（1646~1662）。

太平天國　歷 14 年（1851~1864）

洪秀全　1814.1.1.~1864.6.1.廣西桂平花縣人

洪秀全，初名洪火秀，又名洪日，洪仁坤，小名火秀，客家人。1837 年大病痊癒，聲稱夢見天父著白袍於夢境賜寶刀璽印給他，指他名字須避諱，必須用全（全拆字為人王，有自稱君王之意）。

洪秀全先祖洪皓是南宋名臣，與岳飛同是愛國民族英雄。父親洪鏡揚，母親王氏。耕讀世家，以聰明自負，7 歲上私塾，村中父老看好洪秀全可考取功名，光宗耀祖。

1836 年，幾次考秀才都落第。

1843 年，再次參加廣州府試，仍是落選。受此打擊患病，昏迷夢幻中，有一老人對他說：奉上天旨意，命他到人間斬妖除魔。從此洪秀全言語沉默，舉止怪異。

洪秀全閱《勸世良言》，內容與自己病時的幻覺，認為受上帝之命下凡誅妖，自認上帝的幼子，耶穌的幼弟，並稱上帝耶和華為「天父」，稱耶穌為「天兄」，拋開孔孟之書不做儒生，改信基督教教義，把家裡孔子牌位換成上帝牌位。

洪秀全雖然未讀過《聖經》，卻宣傳他所理解的基督教義，稱之為「拜上帝會」。洪秀全說「人心太壞，政治腐敗，天下將有大災大難，唯信仰上帝入教者可以免難。入教之人，無論男女尊貴一律平等，男曰兄弟，女曰姊妹。」洪秀全的「拜上帝會」在教義上模仿基督宗教，太平天國十誡，叫十款天條。

1843 年，洪秀全創立拜上帝會反清。

1844 年，以傳教方式，在廣東珠江三角洲一帶宣傳革命，組織信徒，寫「原道救世歌」「原道醒世訓」「原道覺世訓」拜上帝教教義，天父為唯一的真神。

1845 年至 1846 年，洪秀全撰寫《原道醒世訓》《原道覺世訓》《百正歌》。

1847 年，在廣州曾要求受洗，牧師羅孝全對洪秀全「異象」見解，拒絕為他施洗。洪秀全乃回到廣西會合馮雲山，陸續制訂拜上帝會的規條及儀式。

1848 年，洪秀全起事被囚，尋釋之。

1850 年，洪秀全在廣西桂平縣金田村起義，號稱「太平軍」。

1851 年 1 月 11 日，洪秀全在廣西桂平的金田村起義，建號太平天國，自稱天王；分封東、西、南、北、翼諸王，各王均受東王楊秀清節制。

1852 年，頒「天朝田畝制度」以均田分地，改革土地制度。

1853 年，洪秀全五十萬大軍，勢如破竹，攻克南京，改名天京並予定都，頒布天朝田畝制度。試圖達到「有田同耕，有飯同食，有衣同穿，有錢同使，無處不均勻，無人不飽暖」的理想社會。

並為婦女考試設立女科，拔取女狀元、女進士等，提婦女地位推上歷史頂峰。

嚴厲刑罰禁止鴉片，主權上承認英國長江航行權，與列強決裂予以否決。

洪秀全主張把四書五經列為禁書，東王楊秀清不同意，借「天父下凡」迫洪秀全讓步，洪只好同意四書五經在修改後可以刊印流傳，然而直至太平天國滅亡仍未曾刊行。後來洪秀全又修改《聖經》，按照政治上的需要及個人喜惡改動內容，在太平天國內頒行。

1856 年，洪秀全與東王楊秀清為權利矛盾日深，太平天國諸王「內閧」「天京事變」，互相殘殺，楊秀清、韋昌輝死。石達開回京輔政。

1857 年，洪秀全猜忌無常，石達開又出走。洪秀全雖掌握朝政大權，太平天國國勢卻日漸衰竭走下坡。

清軍進逼天京，陳玉成和李秀成等太平軍，數年間擋住清軍多次攻勢。

1859 年，族弟洪仁玕抵達天京，洪秀全大喜，封仁玕為軍師、干王，名義上總理天國朝政，卻不肯把軍權交給他。由於洪仁玕未有立功而封王，洪秀全怕其他人不服，再次封異姓為王。

1862 年，英王陳玉成被殺，形勢急轉直下，天京附近據點逐一陷落。李秀成知道天京難以久守，向洪秀全建議放棄天京，轉戰中原，反遭洪秀全斥責。

1863 年，石達開在四川安順場大渡河全軍覆沒，受酷刑而死.

1864 年，曾國荃克江寧，圍天京（江蘇南京）三年，城中糧盡，洪秀全知事不可為，憂憤成疾，「吾以義拯同胞兄弟，今反為同胞兄弟所敗」。

6 月 1 日，洪秀全病逝天京，屍體秘密埋葬在天王府的後花園內，子洪福瑱 16 歲嗣位，忠王李秀成輔政。太平天國維持 14 年，擴展 17 省。

曾國荃攻進天京，洪福瑱逃往江西廣信（上饒）遭擒，磔死南昌，李秀成被擒遭斬，太平天國亡（1851-1864）。

7 月 30 日，天京陷落，湘軍曾國荃在天王府的大殿內挖出了洪秀全的屍體。

8 月 1 日，曾國藩斷然下達了最嚴厲的懲處方式「戮屍，舉烈火而焚之！」於是洪秀全的屍體再次被拖了出來，被刀戮火焚。隨後，曾國藩根據湘軍將領李臣典建議，把洪秀全骨灰混合火藥，裝入炮彈，用大砲發射出去，要讓洪秀全徹底灰飛煙滅，陰魂無歸。

清 傳 12 帝，執政 296 年（1616~1911）

1583 年，明建州女真族人努爾哈赤起兵，創建軍政合一之「八旗制度」。

1616 年，努爾哈赤在赫圖阿拉（今遼寧新賓老城）即汗位。

1626 年，努爾哈赤在寧戰中負傷，未幾死，由其第 8 子皇太極繼汗位。

1636 年，皇太極改汗稱皇帝，改國號為大清，改女真族為滿洲。

1911 年，清朝為中國國民黨推翻，歷 11 帝凡 296 年（1616~1911）。

　　註：有史者將清朝自皇太極 1636 年改女真族滿洲為清時計起，則
（1636~1911）建國 276 年。

清太祖　努爾哈赤　1559.2.21.-1626.9.30.

　　努爾哈赤，愛新覺羅氏，出身建州左衛都指揮使世家
旁系，祖父覺昌安被明朝授予都指揮使，父親塔克世為覺
昌安第四子，努爾哈赤是嫡長子，宣皇后喜塔喇氏所出。
少年時曾以采人蔘為生，常到撫順關馬市進行貿易活動。
後因父祖被明朝誤殺，努爾哈赤遂以先人留下的「十三副
遺甲」起兵復仇，開始建國稱汗。他先後征服建州女真其
他勢力、海西女真諸部和部分野人女真部族，大體上統一
女真。1616 年，努爾哈赤在赫圖阿拉稱汗，又稱天命汗，
建立後金，兩年後誓師伐明，後金軍在四年間接連攻佔撫順、清河、開原、鐵
嶺、瀋陽、遼陽、廣寧等地，並遷都瀋陽。通漢、蒙文字。

　　努爾哈赤是後金創建者、清朝的奠基人，繼承人皇太極在改號稱帝後追尊其
為太祖高皇帝。努爾哈赤雖然沒有親自建立清朝，卻仍有「清朝第一帝」之稱。

　　努爾哈赤創建八旗制度：女真民俗壯者皆兵，素無其他徭役，平時多以漁
獵為生。每次作戰或行獵，女真人依家族城寨出師，以十人以一人為牛錄額真，
總領其餘九人負責各方動向。努爾哈赤起兵正是利用女真人這種傳統的狩獵組
織形式，牛錄額真也成為建州治下的官名之一，起初總分為環刀、鐵錘、串赤
（鐵弗皮牌）、能射四軍，成為後來創建旗制的基礎。

　　1601 年，努爾哈赤整編軍隊，以三百人為一牛錄，設一牛錄額真（後稱佐
領）管理，並以黃、白、紅、藍四色為四旗。

　　1615 年 11 月，擴大編制，以五牛錄為一甲喇，設甲喇額真（後稱參領）；
五甲喇為一固山（旗），設固山額真（後稱都統），以梅勒額真（後稱副都統）
二人副之。旗幟數目在原有四旗基礎上再增鑲黃、鑲白、鑲紅、鑲藍四旗為八
旗，分長甲、短甲、巴雅喇三兵種。除了軍事外，八旗制度還兼行政、生產、
司法、宗族諸職能。

　　努爾哈赤創製女真語（滿文）。

　　1616.2.17.建後金帝國，自稱可汗，建元天命。以七大恨反明，割據遼東，

年號天命。進入遼河流域。則諡尊其為清太祖高皇帝,建制八旗,一統女真。

1625年,遷都瀋陽。

1626年,攻寧遠(今遼寧興城),被袁崇煥擊敗受傷,乘船順太子河返回瀋陽,於途中薨雞堡病逝,時年68歲。在位11年(1583~1626)。

努爾哈赤生前為避免諸子爭儲導致權力紛爭,創立八旗貝勒共議國政之制,汗位可由八個旗主互議,推選旗主之一擔任,沒有明確指定繼承人。經推舉,努爾哈赤第八子、四貝勒皇太極繼任後金大汗,次年改元天聰。

清太宗　皇太極　1592.11.28.-1643.9.21.

皇太極(滿語:ᡥᠣᠩ ᡨᠠᡳᠵᡳ,穆麟德:HongTaiji,又譯「黃台吉」、「洪太」、「紅歹是」,乾隆年間改用現譯。屬建州女真部落,後世以部落名愛新覺羅為其姓氏。後金努爾哈赤(追認為清太祖)第八子,繼承其汗位。

1636年,被漠南蒙古部落奉為「博格達·徹辰汗」,又稱天聰汗,同年改國號為大清,是「大清」國的實際創立者,仿漢制,廟號清太宗。在位期間,發展生產,增強兵力,不斷對明作戰。皇太極改女真族名為滿族。

在瀋陽稱帝,建國號大清,廟號太宗,諡號應天興國弘德彰武寬溫仁聖睿孝敬敏昭定隆道顯功文皇帝。

皇太極,努爾哈赤第八子,母葉赫氏,滿族。儀表奇偉,聰敏過人,益神勇,善騎射,好詩書,喜典籍,仁孝寬厚,胸襟開闊。

　　1626 年，太祖病逝瀋陽，繼位後金汗，分編滿州外族「奴僕」為「民戶」。發展農業，吸收漢文化，翻譯漢文書籍，仿明官制，設立六郡，廢除四大貝勒共理政務，自掌三旗（正黃、鑲黃、正藍）。

　　皇太極繼承大汗位置後與其他三位親王同主持朝政，大貝勒禮親王代善，二貝勒阿敏、三貝勒莽古爾泰、四貝勒皇太極。統稱為「四大貝勒」。皇太極「允文允武，內修政事，外勤討伐，用兵如神，所向有功。」

　　1627 年，皇太極寧錦之戰，大敗。

　　1629 年，以離間計借崇禎帝之手除掉勁敵袁崇煥。將都城瀋陽改名「盛京」。

　　1631 年，大凌河大破明軍，守將祖大壽等降清。

　　1635 年，皇太極打敗林丹汗，令其遁逃至大草灘（今甘肅境），取得了傳國玉璽（原為元朝所有）。漠南蒙古各部向後金臣服，為其上尊號博格達汗。

　　1636 年，即帝位。改國號大清，年號崇德，自稱寬溫仁聖皇帝。更族名「女真」為「滿洲」。擴大八旗組織增編「八旗蒙古」和「八旗漢軍」，掌控全國政權。

　　1637 年，征討後金統治的朝鮮，迫使朝鮮向其臣服；從此朝鮮成為清朝的藩屬。

　　1641 年七月，帶病急援松錦之戰，史載「上行急，鼻衄不止，承以椀」，在松山大敗明軍，生俘洪承疇，並令其投降。

　　1642 年，勸降洪承疇，獎善罰惡，發展生產民富國強。

　　1643 年八月初九晚十時入關前夕，皇太極腦中風病逝，暴死瀋陽清寧宮，在位 17 年（1626~1643），終年 52 歲。葬瀋陽昭陵（今瀋陽市北陵公園北）。其死前未立繼承人，其弟睿親王多爾袞與長子豪格爭位不下，彼此陳兵示威。最終多爾袞獨排眾議，擁立莊妃的六歲兒子福臨，是為清世祖，改元順治。

　　後來順治帝諡皇太極為太宗文皇帝。

清世祖（順治）福臨　　1638-1661.2.5.

　　太宗第 9 子，母博爾濟吉特（皇后），擢拔才德之士，減免賦稅，救濟貧民，禮俗衣冠，從明制。

　　1643 年，太宗死，福臨六歲即皇帝位，改年號為順治。

　　1644 年，叔父多爾袞、濟爾哈朗輔政。擊敗李自成，遷都北京，封多爾袞為皇父攝政王。下圈地、剃髮令。

　　1646 年，清軍入紹興，

　　6 月魯王走入海，唐王逃奔汀州（今福建長汀縣），被俘，不食而死。

　　10 月朱聿健、朱聿鐭在廣州稱帝，被俘，不食不飲，投繯而死。

　　11 月明臣擁朱由榔為帝，是為永曆帝；張獻忠被俘，死鳳凰山（今四川西充縣）。

　　1647 年，停止濟爾哈朗輔政，國事多由多爾袞獨斷。

　　1650年，多爾袞死。福臨年13歲親政，奪多爾袞封典襲爵。制定「正黃、鑲黃、正白旗」，限制八旗貴族勢力，由皇帝直轄，頒行「大清律」，禁文結社。

　　吳三桂為陳圓圓引兵入關，「沖冠一怒為紅顏」。是年六月為崇禎帝發喪，八月福臨遷都北京，正式入主中國，滿漢合作。尊孔修廟，滿漢通婚，重用范文程，指派洪承疇經略江南，皇太后下嫁皇叔。

　　1661年2月5日病死養心殿，年24歲，在位19年（1643~1661），諡曰體天隆運定統建極英睿欽文顯武大德弘功至仁純孝章皇帝，廟號世祖，葬孝陵（今河北遵化縣馬蘭峪，即清東陵）。

清聖祖（康熙）玄燁　1654.5.4.~1722.12.20.

　　愛新覺羅氏名玄燁，世祖第三子，母佟佳氏，中國歷史上在位時間最長的皇帝。

　　1661.2.4.順治帝年僅24歲早逝，遺詔冊立玄燁為皇太子。玄燁6歲即位。

　　1662年，改元康熙。順治遺詔同時指派索尼、蘇克薩哈、遏必隆、鰲拜四大臣輔政。

　　是年，鄭成功病故，子鄭經繼承事業。清荷聯攻鄭經，失廈門金門，退守台灣。

　　1667年，首席輔政索尼病故，年14歲的康熙帝親政，在太和殿受賀，赦天下。康熙親政十天後，鰲拜擅殺同為輔政大臣的蘇克薩哈，數天後與遏必隆一起進位一等公，政局不直接受康熙帝掌控。

　　1669年，康熙帝康熙自幼習武，精於騎射。常召集少年侍衛在宮中作撲擊之戲，五月十六日，康熙突然下令侍衛在鰲拜進見時將其逮捕，削去太師、一等公。奪回朝廷大權真正親政。

1673 年，康熙撤藩，導致平西王吳三桂起兵反抗，其他二藩相繼響應。

1674 年，康熙立出生剛一歲次子胤礽為太子，但康熙臨終決定傳位四子胤禛。

1678 年，吳三桂暴死，其孫吳世璠即位。

1681 年，世璠服毒死，三藩之亂始平，但清軍對平民大屠殺，老百姓遭受厄運。

1683 年 8 月 18 日，收復台灣。置台灣府，下設縣，另置澎湖廳。授明鄭降將施琅為福建水師提督。

1685 年，出擊帝俄侵略黑龍江流域，驅逐盤踞雅克薩的俄軍，遏止俄侵華。

1688 年，安定天山南路、外蒙、青海、邊疆等地，抗蘇俄。治黃河，興文教，重科學，倡農耕。

1689 年，派索額圖等訂「中俄尼布楚條約」。

1690 年，三征噶爾丹，派遣薩布素驅逐沙俄對黑龍江流域的侵略，收復雅克薩城和尼布楚城。

在京師東北熱河營建避暑山莊，為清朝大肆的修建皇家園林開闢先河。

停止圈地，放寬墾荒免稅年限。整頓吏治，恢復京察、大計等考核制度。

為瞭解民情，六次南巡，三次東巡、一次西巡，數百次巡查京畿和蒙古，親自巡視黃河河道，督察河工，下令整修永定河道。

康熙崇尚儒學，尤其朱熹理學。多次舉辦博學鴻儒科，創建南書房制度，並親臨曲阜拜謁孔廟。編纂輯《康熙字典》《古今圖書集成》《曆象考成》《數理精蘊》《康熙永年曆法》《康熙皇輿全覽圖》等圖書、曆法和地圖。

康熙發現羅馬教廷試圖過多的干預清朝政治，並且皇子信仰基督後以此作為爭權奪利的工具，遂開始有所抵制天主教。

康熙在佔領台灣後開放海禁，設立四個通商口岸，此政策持續了整個清朝歷史。

1707 年，委任耶穌會士雷孝思、白晉、社德美及中國學者何國棟、明安圖等人走遍各地，運用當時最先進的經緯圖法、三角測量法、梯形投影技術等在全國大規模實地測量，向來華傳教士學習代數、幾何、天文、醫學等方面的知識。

1710 年，御史參劾戶部堂官希福納等侵貪戶部內倉銀 64 萬餘兩，牽連 112 官吏。

1711 年，發生南山案文字獄事件。規定「滋生人丁，永不加賦」。

1712 年，頒布人丁稅，保證賦稅收入，對反清運動殘酷壓制。

1716 年，進兵西藏，次年佔領拉薩。

1717 年，康熙防止地方官吏的橫徵暴斂，多種改善措施，使農民都能休養生息。

1718 年，繪製成《康熙皇輿全覽圖》，其作被稱為在當時世界地理學的最高成就，英國李約瑟亦稱之為不但是亞洲當時所有的地圖中最好的一幅，而且比當時的所有歐洲地圖都要好、更精確。

戴梓，明末的火器製造世家，發明〔威遠將軍炮〕（類近代的榴彈砲）〔子母炮〕〔連環炮〕，擊敗"三藩"和準葛爾勢力，立下非凡功勞。但戴梓被比利時傳教士南懷仁的嫉恨陷害，向康熙帝誣告戴梓私通日本，康熙帝不察，"聽信讒言"，將戴梓發配遼東，終結他武器研製，戴梓被迫以賣字畫為生，鬱鬱而終。

　　康熙對外貿易發展快速，茶葉、絲綢、棉布、瓷器和漆器經廣州運往歐洲銷售。

　　康熙對賑濟災區與安撫饑民手法：免除賦稅，設立常平倉進行賑恤，調撥大量糧食和巨額款項賑災。同時帝採取捐官政策，允許富人有學識的人，如果能夠通過做官資格的考試、有才幹，向災區捐獻一定數目的糧食，便可買到一個相應的官職。當時，大量的窮人紛紛湧入北京，尋求生路，康熙皇帝下令把這些人全都招用於六部官署的建築工程，既幫助了窮人又使他們對社會有所貢獻的辦法，有利於安撫饑民，防止他們因走投無路發生動亂。

　　1722 年 11 月 13 日，玄燁行獵時生病，崩於暢暢園，在位 61 年（1661~1722），年 69 歲。諡曰合天弘運文武睿哲恭儉寬裕孝敬誠信成德大成仁皇帝，廟號聖祖，葬景陵（今河北遵化縣馬蘭峪，即清東陵）。

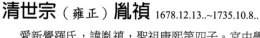

清世宗（雍正）胤禛 1678.12.13..~1735.10.8..

　　愛新覺羅氏，諱胤禛，聖祖康熙第四子。宮中學漢、滿、蒙文和經史，書法、武術。處理朝政，廢寢忘食，日理萬機，批閱奏章，動輒萬言，待下嚴肅，逢佳節，必宴諸王大臣，飲酒賦詩，歡若家庭，不踩同行人影，不踐踏蟲蟻，珍惜飯粒餅屑，篤信佛教。在位時期，置軍機處加強皇權、火耗歸公與打擊貪腐的王公官吏等一系列政策。

　　生母烏雅氏出身低微，依朝規無撫育的資格，同時清初後宮也不允許生母撫育自己的兒子，因此胤禛滿月後由佟貴妃撫養。康熙皇帝曾評價幼年的胤禛「喜怒不定」。

　　1696 年，參與軍事。

　　1698 年封貝勒。

　　1702 年，胤禛性情急躁，康熙「戒急用忍」訓喻他。胤禛早年隨康熙巡歷四方。

　　1708 年，康熙廢皇太子，康熙 36 子 16 死，存者長子胤褆、2 子胤礽（嫡長子為太子）、8 子胤禩、12 子胤祹、13 子胤祥、14 子胤禵、胤禟、胤䄉等，圖立儲位，競立朋黨各盡心機，凶相畢露。康熙宣示太子罪狀，被廢，兄弟爭奪儲位益烈。康熙第一次罷黜了太子胤礽。在推選新太子的過程中，胤禛支持復立胤礽，同時與八皇子胤禩也保持良好的關係。

　　1709 年，復立胤礽為太子。同年封胤禛為雍親王。

　　1712 年，再次廢黜胤礽，自此不再立太子。爭奪儲位鬥爭轉入暗處而更加激烈。胤禩因爭奪意圖過於明顯而被康熙斥責疏遠。胤禛表面不問時事，沉迷釋教與道教，自稱「天下第一閒人」，與諸兄弟維持和氣，暗中與隆科多[註1]與年羹堯交往，加強自己的勢力集團，同時向父親表現孝順，贏得康熙的信任。

　　1722 年十一月初七（12 月 14 日）康熙在暢春園去世，得隆科多、年羹堯之助，胤禛即帝位，改年號為雍正。康熙治喪期間，隆科多提督九門、衛戍京

師。隆科多是孝懿仁皇后佟佳氏的弟弟，雍正小時候曾被佟佳氏撫養。

雍正即位經過，至今仍是一個解不開的謎。雍正繼位後，對其兄弟手段頗為毒辣，用各種方式進行迫害。康熙皇八子胤禩先是被安撫封為親王，後被削宗籍和圈禁，並被改名為「阿其那」，意為待宰的魚。康熙的皇九子胤禟發往西寧，後被削宗籍和圈禁，並被改名為「塞思黑」，意為討厭的人。皇十子胤䄉被圈禁。康熙的皇十四子胤禵先是派去守陵，再後來受圈禁。康熙皇三子胤祉也被革爵圈禁。皇十二子胤祹被降爵。

雍正寵信四位臣工：李衛（江蘇人）、田文鏡（福建人）、張廷玉（安徽人）、鄂爾泰；李衛和張廷玉為漢人，田文鏡為漢軍的旗人，以民族分，漢族佔了四分之三，足見雍正確實了解也重用漢人。

雍正帝銳意改革，鞏固國防，平定西北，勤於政事，澄清吏治，養廉罰貪，一位傳奇很有作為的帝王。清錢糧，充實國庫，攤丁入畝，耗羨歸公，澄清吏治，養廉罰貪，促進社會安，農業旺盛，國力強大，百姓安康。

雍重法治，其繼帝位時，年羹堯、隆科多雖擁立之功，但其專權驕縱，行趾多有不法，雍正仍給予年羹堯被賜死、隆科多禁錮死。

雍正整頓吏治，創立密摺制度監視臣民，廢除議政王大臣會議，設立軍機處以專一事權。

稅制推動「攤丁入畝」「廢除賤籍」「火耗歸公」「官紳一體當差納糧」制度。

嚴格執行海禁，閩地百姓生計困難，則適當開禁；

1724年，准許廣東人移民台灣，但對外洋回來的人民仍有戒心。

更改祕密立儲制度，皇帝在位時不公開宣布太子，只寫繼承人名單，一式兩份詔書，分別置於乾清宮「正大光明」匾額後，和皇帝身邊，待皇帝去世後，宣詔大臣共同拆啟傳位詔書，確立新君，使皇位繼承制度化，避免皇子互相傾軋。

雍正信仰喇嘛教，與達章嘉嘛交往密切；雍正也著有佛學書籍，並研究金剛經、禪宗，為章嘉活佛認可其參透三關，成為中國佛教史上唯一一位自認為已開悟的皇帝。但禁止天主教。

1726年，廢除少數民族的土司制度，改用朝廷分發的流官，史稱「改土歸流」。

改土歸流，地丁合一，廢除世襲土司，推行土司制度，任用流官。

1729年，大興文字獄，呂留良拋骨示眾、曾靜悔過認罪，集成「大義覺迷錄」。

1735年8月23日，雍正勤於政事，自詡「以勤先天下」「朝乾夕惕」。工作過勞，批閱奏章時去世的。但傳云雍正是因病服有毒的金丹而駕崩。又傳云呂留良之孫女說，呂四娘（精劍術，父報仇）刺死宮中，在位13年（1722~1735），享年58歲。諡曰敬天昌運建中表正文武英明寬仁信義睿聖大孝至誠憲皇帝，廟號世宗，葬泰陵（今河北易縣永寧山）。

努爾哈赤和皇太極的陵墓位於瀋陽的盛京三陵。清入關後，從順治帝、康熙帝都安葬到北京東邊的遵化縣馬蘭峪皇家陵園，即清東陵。雍正帝另選北京西邊的易縣開闢自己的陵墓，即清西陵。民間相傳，雍正因為對父親當時想立皇十四子為太子存有心結，以及陰謀得位並懲處手足弟兄等手段愧於死後面父，所以才另建清西陵。

清高宗（乾隆）弘曆　1711.8.13.-1799.2.7.

　　乾隆帝，愛新覺羅氏，諱弘曆，雍正第四子（實際上的第五個兒子），母鈕祜祿氏，生於雍王府東書院「如意室」。有史稱弘曆非雍正子，而係好友陳氏子，會兩家各生子年月日皆同，一男一女，妃竊易之。弘曆性慧敏，過目成誦，好吟詩書畫，槍法如神，武功文治，遇事深思熟慮，1735 年即位（1735~1795）在位 63 年，年號「乾隆」。1799 年駕崩，成為中國歷史上執政時間最長的皇帝（63 年），其祖父康熙帝的在位時間為 61 年。同時，他也是歷史上統治中國的最長壽的皇帝。行事恩威並施，手段寬猛相濟，雍正帝時常指派他作為自己的欽差出京辦事。政治上的能力，使其逐漸得到了父親的恩寵。

　　1723 年，創「儲位密建法」，避免儲位鬥爭，驕矜失德。將弘曆立嗣密書藏於匣內，置乾清宮正中最高處順治帝所書「正大光明」匾額之後，立清朝家法。

　　1727 年，娶妻富察氏，此前已有妾室。一位妾室哲憫皇貴妃為他生下了第一個孩子長子永璜。

　　1733 年，弘曆被封為和碩寶親王。

　　1735 年，雍正死，即皇位，改年號乾隆。寬大為政，減免租稅，「攤丁入畝」。

　　制定「損益隨時，寬猛互濟」治國方針，修水利，治黃河，興農業，安邊防，籠絡文人，自號「十全老人」，又六巡、五幸五台、五次告祭曲阜，七謁三陵，一登嵩山.大修承德「避暑山莊」與祖父史稱「康乾盛世」亦稱「康乾之治」，

　　1762 年，設置伊犁將軍，統管天山南北路地域，統稱為新疆。

　　1773 年，責成紀曉嵐編纂《四庫全書》，集全國學者 360 人歷時 10 年編成。相繼完成「明史」「續文獻通考」「大清會典」「大清一統志」「各省通志」「十全記」。

　　為了打擊朋黨以及加強對人民主要是漢人的思想控制，大興文字獄，藉此焚書箝制漢人反清思想的傳播。

　　1787 年 1 月 16 日，台灣爆發林爽文事件，滿清利用台灣閩客之間的種族對立，成功在四個月後鎮壓此亂。並將爽文被凌遲斬首，女眷發放邊疆做奴，十五歲以下男童緣坐犯被解壓至北京閹割。

　　乾隆鼓勵秘密向他彙報官員們的可疑行為，收受賄賂、欺詐、任人唯親、濫用職權和瞞報等，堅定懲治貪腐的決心，下令任何案件只要涉贓額超過一千兩，案犯就將斬立決。

　　然而乾隆統治後半期，官員貪污嚴重，寵愛和珅，貪枉不問，巡遊祭孔廟、避暑承德，一人出遊，萬人隨從，水行巨舟千百艘，四圍皆侍衛，每處所費二、三十萬金，耗費民財。以致財政赤字增加，糧倉虛空，群臣欺君罔上。

　　乾隆五十年晚期，睡眠減少，「寅初已懶睡，寅正無不醒。」，左眼視力下降，年過七十之後，「昨日之事，今日輒忘；早間所行，晚或不省。」

　　1790 年，班禪兄弟爭奪遺產時，興兵入藏。頒布「欽定西藏章程」，明訂達賴、班禪平等地位。在各地設「宗有木」理民事，「丁布木」管兵事。

　　1792 年，平定台灣林文爽反清運動，征緬甸、安南（今越南）。盡復西藏失地。

　　1793 年，英國遣使喬治・馬戛爾尼於乾隆 83 歲時到中國尋求駐節，雙方出現與乾隆皇帝會面採「單膝下跪」（英方主張）或「三跪九叩」（中方主張）的禮儀之爭，最後以「單膝下跪」而為禮。

　　1795 年，禪位第十五子顒琰（嘉慶帝），自稱太上皇，仍總朝政。軍國大事及用人皆由乾隆躬親指教，嘉慶帝朝夕敬聆訓聽。

　　1799 年正月 3 日死於養心殿，在位 60 年（實際 65 年），壽 89 歲，諡曰法天隆運至誠先覺體元立極敷文奮武孝慈神聖純皇帝，廟號高宗，葬裕陵（河北東陵）。

　　1928 年，乾隆去世近 130 年後，軍閥孫殿英覬覦乾隆帝后及慈禧太后陵墓珍貴財寶，藉演習之名，率部下盜掘其陵墓。士兵為得棺內珠寶，將乾隆梓棺劈開大肆搜掠，乾隆帝后遺骸四散其地，何其淒慘；及後清廢帝溥儀派人前往收拾，亦只能找回部份遺骸，勉強砌回主體，並將帝后遺骸合葬一棺，重新行葬。

　　1928 年，乾隆去世近 130 年後，軍閥孫殿英覬看乾隆帝后及慈禧太后陵墓陪葬珍貴財寶，藉演習之名，率部下盜掘乾隆帝后及慈禧太后之陵墓。將乾隆梓棺劈開大肆搜掠，遺骸四散，情況奇慘；清廢帝溥儀派人前往收拾，亦只能找回部份遺骸，勉強砌回主體，並將帝后遺骸合葬一棺，重新行葬。

清仁宗（嘉慶）顒琰　1760.11.13.~1820.9.3.

　　愛新覺羅氏。未即位時諱永琰；登基後為避免避諱擾民，改為顒琰乾隆第 15 子，母魏佳氏，13 歲通五經－易經、尚書、詩、禮、春秋。嘉慶帝是清朝入關以來的第五位皇帝，1796 年至 1820 年在位，年號。

1789 年，封永琰為嘉親王。清代以秘密建儲制指定皇位繼承人，乾隆連兩次建儲，惜指定人選均早早去世；到乾隆晚年才第三次立儲，為十五子永琰。

1795 年九月辛亥，乾隆帝在勤政殿，召皇子、皇孫、王公大臣等入見，宣示十五子永琰為皇太子，第二年傳位為於他。而太子永琰及王公大臣等到相繼上奏請求等到壽「壽躋期頤」（乾隆帝一百歲時）再舉行歸政典禮。

1796 年，乾隆禪位，親授寶璽，顒琰即位，年號嘉慶，仍以太上皇名義掌朝政大權。

1799 年，乾隆死，顒琰親政，是為嘉慶帝，時年 40 歲。登基後隨即逮捕和珅下獄，列 20 罪狀，賜令自盡，抄沒家產達八億兩以上，民間言「和珅跌倒，嘉慶吃飽。」凡奔走和珅門下，逢迎饋賄者，皆不所免，連及多人。

顒琰勤政愛民，安定社會，屢減田賦。

嘉慶帝對貪污深惡痛絕，翰林院侍講梁同書「恭錄嘉慶七年御制罵廷臣詩」:「滿朝文武著錦袍，閭閻與朕無分毫；一杯美酒千人血，數碗肥羹萬姓膏。人淚落時天淚落，笑聲高處哭聲高；牛羊付與豺狼牧，負盡皇恩為爾曹。」但他卻拿不出治貪的辦法，他的治貪方式僅針對和珅一人，不肯擴大掃蕩層級，以致於收效有限，更無以改變朝廷全面性的腐化。1799 年，白蓮教首領王三槐在北京受審時的供詞提到「官逼民反」，嘉慶知道後受到很大震動。

1802 年，阮福映在法蘭西支持下，恢復舊土，改國號為越南。

1803 年，爆發陳德在紫禁城門口行刺嘉慶案。

1804 年，白蓮教亂惹事，湖北、河南、陝西、四川等地動亂，經四年圍剿，1804 年始平。大傷元氣，財罄窘破。

1810 年，浙閩海盜始平。海盜既平，又有天理教之變。

1813 年，天理教李文成等舉事攻入皇宮事件，兵敗引火自焚死。

嘉慶時期，貪污問題嚴重，還爆發了白蓮教、天理教等農民抗爭，鴉片流入中國、八旗生計問題、錢糧的虧空、河道漕運，清朝國勢日非。嘉慶頒布「罪已詔」，歷史學家稱這時期為「嘉道中衰」。

1820 年，嘉慶木蘭秋獮（秋季打獵）。在到達熱河避暑山莊，9 月 2 日因天氣酷暑，旅途勞頓，誘發心腦血管病而猝死。在位 26 年，壽 61 歲，諡曰受天興運敷化綏猷崇文經武孝恭儉端敏英哲睿皇帝，廟號仁宗，葬河北易縣永寧山。

清宣宗（道光）旻寧　1782.9.16.~1850.2.25.

愛新覺羅氏，旻寧，嘉慶次子，母喜塔臘氏，生母為孝淑睿皇后喜塔拉氏。清朝入關以來的第六位皇帝，未即位時諱綿寧，即位後為了避免避諱擾民，改為旻寧。他是清朝歷史上唯一一位以嫡長子身分繼承皇位的皇帝。

從小十分聰明，是祖父乾隆帝最疼愛的孫子。在乾隆帝執政的後期，父親顒琰

被立太子，1796年登基。同年，綿寧娶妻鈕祜祿氏。

1799年，嘉慶遵建儲家法，親書旻寧之名，密封藏於匣，托之於內侍。

1799年四月，嘉慶帝依照秘密建儲制，立其為太子。他第一個孩子奕緯出生。

道光帝在繼位之前，其騎射武功在嘉慶帝諸子裡相當聞名，亦習得一手好槍法。1813年，林清宮之變（天理教癸酉之變），旻寧以鳥槍腰刀，打死二人，禦敵有功，封智親王。嘉慶謂之「有膽有識，忠孝兼備。」

1820年，嘉慶危避暑山莊，召眾臣開啟密匣，宣示旻寧為皇太子，九月嘉慶死，旻寧即位，改年號為道光。

1821年38歲嗣位，潔身節儉，衣褲破了縫補，不輕易換新。

1822年，回疆張格爾作亂起事，俘張格爾，其亂始平。

1827年，平定張格爾大小和卓叛亂，指定林則徐虎門銷烟。

1831年，湘丞瑤族起義，旋被鎮壓。

1838年，特詔林則徐，命為欽差大臣，節制廣東水師，主持禁煙。

1839年，林則徐至廣州，嚴令禁煙，在虎門銷毀鴉片230餘萬斤。英國水手在香港尖沙嘴打死九龍村民林維喜，英駐華商務監督義律拒之，林則徐，禁絕供應食物，逼英人離華。英軍炮擊尖沙嘴威脅，旻寧下令停止與英貿易。

1840年1月16日，英國會通過對中國作戰案，因而爆發中英鴉片戰爭，

1841年，清軍戰敗。

1842年，旻寧即位時，鴉片氾濫，為挽救國家財政危機，主張禁煙，多次下詔禁鴉片進口，禁止自種自製。鴉片戰爭爆發，道光帝戰守無策，時和時戰，洋人船堅砲利，清朝戰敗，與英人簽訂《南京條約》，割讓台灣，開廣州、廈門、福州、寧波、上海五口通商，賠款2,100萬元。自始洋務入侵中國。

1844年，6月美國欺詐與恫嚇，迫清廷簽訂「望廈條約」五口貿易章程。9月法步英美後塵，與法簽訂「黃埔條約」。

1850年正月14日，死於圓明園，在位31年，壽98歲，諡曰效天等運立中體正至文聖武智勇仁慈儉勤孝敏寬定成皇帝，廟號宣宗，葬慕陵（河北易縣永寧山）。

清文宗（咸豐）奕詝　1831.7.17.~1861.7.17.

咸豐帝，愛新覺羅氏，諱奕詝，道光第四子，母鈕祜祿氏，養母是孝靜成皇后博爾濟吉特氏。生於北京圓明園之澄靜齋，20歲繼帝位清朝入關以來的第七位皇帝，在位11年（1850~1861），為端仁寬敏儉顯皇帝，中國歷史上最後一位掌握實際統治權的皇帝。

1846年，秘密立儲制度，道光帝立為儲君，立為皇太子，封奕訢為恭親王，書之藏於金匣。

1850年正月丁未，道光帝駕崩前，宣召大臣開啟

鐍匣，奕詝即皇帝位，改年號為咸豐。

咸豐帝即位後，勤於政事，廣開言路、明詔求賢，先後將有損國家利益的穆彰阿和耆英革職，大手筆的對朝政頗有改革。

1851年，年20歲，洪秀全組天帝會自稱天王，廣西金田村起兵。

1853年2月，攻占南京，改稱天京，南方2半壁動亂。

此時大清內憂外患不斷，太平天國運動、鴉片戰爭，北京不守，圓明園、清漪園等西山行宮等相繼被焚掠，最後以簽定一系列不平等條約－南京條約、天津、北京等條約。尤以《璦琿條約》，割去黑龍江以北、外興安嶺以南原屬清朝的領土約60萬平方公里，導致國家主權喪失。咸豐皇帝鑒於祖訓，令耆英自。

咸豐開啟洋務運動（自強運動），「師夷長技以制夷」的繁榮局面。

1860年8月，英法聯軍陷通州，進攻北京，火燒圓明園，咸豐帝走熱河避山莊，簽北京條約，賠款辱國。蘇俄趁火打劫，迫簽「中俄北京條約」。

1861年7月17日，咸豐帝因肺結核崩於避暑山莊煙波致爽殿，在位12年，年31歲，諡曰協天翊運執中垂謨懋德振武聖孝淵恭端仁寬敏顯皇帝，廟號文宗，葬定陵（今河北遵化縣馬蘭峪）。皇長子載淳繼位。依遺詔，由肅順等顧命八大臣輔政。在咸豐靈柩啟程返京期間，後兩宮太后攜恭親王奕訢發動「辛酉政變」（祺祥政變），八大臣被奪權、賜死、流放。兩宮聽政。

咸豐好色，飲鹿血，嗜醇酒，也抽鴉片，即位不久，吸上「福壽如意膏」。愛看戲唱戲，「著昇平署三拔至熱河」，樂不思蜀。咸豐一朝，財政困難，財源枯竭，「戶部軍興財匱，行鈔，置寶鈔處，行大錢，置官錢總局，分領其事」，發行大量鈔票，通貨膨脹，「官民交累，徒滋弊竇」。

他「任賢擢才，洞觀肆應」，對太平天國內憂外患中，咸豐指揮若定，重用漢族大臣曾國藩，頗思除弊勵治，提拔行事果斷的肅順，推行改革。

清穆宗（同治）載淳 1856.4.27.~1875.1.12.

　　咸豐長子，母那拉氏（慈禧），愛新覺羅氏，諱**載淳**，清朝入關來的第 8 位皇帝。

　　1856 年 7 月 16 日晚膳後，咸豐帝病危，立皇長子載淳為皇太子，御大臣載垣、端華、景壽、肅順、穆蔭、匡源、焦佑瀛輔政。17 日咸豐死，奕訢（咸豐異母弟）仍京師，年號祺祥。載淳母那拉氏（慈禧）久有野心，對八大臣輔政，殊不甘心，乃慫恿皇后鈕祜祿氏一同垂簾聽政。

　　9 月 1 日上鈕祜祿徽號曰慈安，那拉氏徽號曰慈禧。

　　30 日諭旨宣佈解除八大臣輔政之任，旋賜坦、端華自縊，肅順處斬，史稱「北京政變」亦曰「祺祥政變」「辛酉政變」，10 月改年號為同治。

　　同治是咸豐帝長子，懿貴妃（即慈禧太后）所生。5 歲時即帝位，由慈安太后和慈禧太后共同垂簾聽政。

　　1861 年，載淳 6 歲嗣位，殺肅順、戴垣、瑞華等臣，慈安、慈禧兩宮太后聽政，以慈安東太后不熱心政事，慈禧西太后獨攬政權 48 年，重用榮祿暨曾國藩、左宗堂、張之洞、李鴻章，學洋務，派學生留學。

　　1864 年 6 月攻克金陵，8 月於江西南昌擒磔洪福瑱，平定洪楊動亂。

　　1868 年，再滅捻匪。

　　1872 年，派留學生詹天佑、鄺榮元、唐國安等 30 名出國學習技能。

　　1873 年，載淳親政，唯我獨尊，修圓明園。荒淫廢政。

　　1874 年 10 月病危，12 月 5 日，瞑目而死，無子，在位 14 年，年 19 歲，諡曰繼天開運受中居正保太定功聖智誠孝信敏恭寬毅皇帝，廟號穆宗，葬惠陵（今河北遵化縣馬蘭峪，即清東陵）。

　　1875 年。同治駕崩時年 19 歲，諡穆宗毅皇帝。同治無後，慈禧挑出咸豐之弟奕譞之子載湉入嗣大宗為帝，是為德宗（光緒帝）。

慈禧太后　1835.11.29.~1908.11.15.葉赫都滿州黃旗人

那拉氏（慈禧），安徽徽寧池太廣道惠徵女玉牒稱「葉赫那拉氏，出身北京滿洲鑲藍旗世襲官宦之家，父親惠徵，滿洲鑲黃旗，曾為湖南副將。

1851 年被選入宮，號懿貴人，清文宗咸豐皇帝妃子，清穆宗同治皇帝生母，榮安固倫公主後母，清德宗光緒皇帝姨母，隆裕皇太后姑姑，以聖母皇太后身分或垂簾聽政或臨朝稱制，自 1861 至 1908 年間，為實際統治者。

朝廷以「老佛爺」尊稱之；死後諡號為「孝欽慈禧端佑康頤昭豫莊誠壽恭欽獻崇熙配天興聖顯皇后」。

慈禧太后父系家族的身世說法不一，多數學者認定是葉赫部貝勒金台吉的後裔。《德賀訥世管佐領接襲家譜》所記載，慈禧祖先喀山是世居葉赫蘇完的那拉氏，雖同屬葉赫，但與葉赫部貝勒並非同宗，且在天命四年葉赫部未滅之前就歸附了努爾哈赤。

1851 年，16 歲，選秀入宮，晉封蘭貴人。

1852 年，慈禧選秀入宮昇為安徽徽寧池太廣道員（四品）。

1854 年，19 歲，晉封懿嬪。

1856，21 歲，懿嬪生子載淳，晉懿妃。後晉懿貴妃。

咸豐帝逝世治喪期間，大行皇帝皇后鈕祜祿氏住煙波致爽殿的東暖閣，那拉氏以新皇帝生母「聖母皇太后」身分住西暖閣，稱「西太后」，清朝同治、光緒時代「無冕女皇」。

1857 年，22 歲，晉封懿貴妃。

1860 年，25 歲，英法聯軍攻陷北京，咸豐皇帝率后妃、宗室、重臣等避禍承德避暑山莊，命恭親王奕訢留京與聯軍議和。

1861 年，26 歲，咸豐帝駕崩，懿貴妃成為寡婦，兒子載淳繼位，尊為懿皇貴太妃，後以皇帝生母身份，被尊為聖母皇太后；御前太監安德海把遺詔密報慈禧太后，八月，慈禧太后在恭親王奕訢支持下發動辛酉政變，兩宮太后聯合恭親王，殺肅順等八大臣，成功奪權，垂簾聽政。

1862 年，27 歲，同治皇帝對聖母皇太后晉徽號「慈禧」。

1865 年，30 歲，罷議政王奕訢，遭洋人宗室大臣疑問，旋又復職，但有所戒備。

1874 年，39 歲，同治皇帝駕崩，因其無嗣；遵皇太后之意，由醇親王奕譞之子載湉繼位（光緒皇帝）。

1881 年，慈禧小產，慈安置酒慶病癒名，婉言勸之。並袖出咸豐遺詔，授慈禧。略謂：葉赫氏生皇子，異日必以子貴，唯朕不能信其人。日後如能安份守己則已，否則汝可出此詔，命廷臣傳遺命除之。慈安笑曰「吾姊妹相處久，無間言，何必留此詔乎？」立即焚之。慈禧面赤謝謝，然怏怏不自得，決計除之。3 月 11 日慈禧令太監進餅餌，慈安甚喜，食之，頓覺不適，未幾即死。從此大權完全操由慈禧控制。

1888 年，53 歲，光緒帝大婚，翌年親政；慈禧繼續「訓政」。

1894 年，60 歲，皇太后 60 大壽，慈禧太后挪用海軍軍費重修頤和園。

　　1898 年，64 歲，光緒皇帝發起戊戌變法，慈禧殺六君子、囚光緒，後重行訓政。

　　1900 年，66 歲，義和團發起庚子拳亂，導致八國聯軍入京，帝后被迫前往西安避禍，列強順勢搶奪其最心愛的頤和園文物古董。

　　1901 年，67 歲，辛丑條約後，兩宮回鑾；皇太后及皇帝下詔罪己、行庚子新政。

　　1908 年 10 月 21 日，74 歲，光緒皇帝駕崩，後一天，皇太后於 11 月 15 日下午五時病逝，葬定東陵；大行皇帝無嗣，由醇親王載灃為攝政王，其子溥儀為帝（宣統皇帝），慈禧太后臨終遺言「此後，女人不可預聞國政。此與本朝家法相違，必須嚴加限制。尤須嚴防，不得令太監擅權。明末之事，可為殷鑒！」

清德宗（光緒）載湉　1871.8.14.~1908.11.14.

　　光緒帝，愛新覺羅氏，諱載湉，清朝第十一位皇帝，醇賢親王奕譞次子，道光帝孫，道光第七子醇親王奕譞之次子，同治族弟，母為西太后（慈禧之妹）。同治無子，病危時，口授遺詔，以貝勒載澍（道光第八子孚邵王交譓之子）繼位。慈禧閱後，怒不可遏，立碎其紙，擲於地，命盡斷同治醫藥飲食。同治死，慈禧召諸王，意欲立年僅4歲之載湉，諸王皆愕，不知所對，但不敢抗旨，議遂定。以三歲沖齡過繼與咸豐帝，即帝位年號「光緒」。幼年時由慈安太后及慈禧太后垂簾聽政。

　　1874年12月7日，載湉入宮，時尚在酣睡之中；日本曾以武力侵犯台灣。

　　1875年，年僅5歲之載湉繼帝位，慈安、慈禧垂簾聽政，改年號光緒。

　　1876年，英翻譯官馬嘉理於1875.2.在雲南被殺，英強迫簽訂「煙台條約」。左宗棠平定新疆動亂。

　　1879年，日本併吞琉球，改名沖繩縣。沙俄強迫清崇厚訂新約，賠款五百萬盧布，割讓伊犁南邊沃險要，而收回伊犁。朝野駭然，左宗棠反對尤烈。

　　1881年，中俄簽訂「伊犁條約」中國收回伊犁但俄侵佔七萬平方公里中國領土。

　　1883年，中法戰爭爆發，翌年簽定《中法新約》。

　　光緒帝受慈禧太后的控制，自小由翁同龢做他的老師，但慈禧太后規定翁同龢只能教孝經，更被李連英監視。

　　1885年，中法戰爭，馮子材攻諒山，法軍大敗反訂「天津條約」放棄越南主權。

　　1886年，將海軍經費移作修建頤和園（原名清漪園），合銀五千萬兩，貽害無窮。

　　1887年，太后撤簾，德宗親政。

　　1888年，大婚，翌年19歲，宣告親政，實際大權仍掌握在慈禧太后手中。此後，載湉逐漸建立以翁同龢、汪鳴鑾、孫家鼐、文廷式、志銳等為骨幹的帝黨，與慈禧太后爭奪政治實權。

　　1889年，載湉親政，慈禧名為歸政，實仍掌握因權不放，形成帝后兩黨。

　　1894年，朝鮮東學黨起義，中國前往平亂，日本以保護僑民為名，導致中日海戰，日偷襲駐牙山清軍和豐島清海軍，挑起侵略中國戰爭，甲午戰爭爆發，黃海海戰大敗，被迫簽定《馬關條約》。

　　1895年正月，派李鴻章赴日議和，簽訂「馬關條約」，割讓台灣、澎湖、遼東半島，賠償軍費兩億兩，開放沙市、重慶、蘇州、杭州為通商口岸。消息傳出，全國沸騰，群情激憤，康有為聯合會試舉人1，300餘人，「公車上書」聯名上書載湉，提出拒和、遷都、練兵、變法主張，以求危亡。設「保國會」，提出「保國」「保種」「保教」。

　　孫中山廣州起義，陸皓東處死。

　　1896年4月22日，李鴻章接受沙俄300萬巨額賄賂，在莫斯科簽訂「中俄密約」，沙俄攫取中國東北路權。

1897 年，德國聞之，強佔膠州灣。各列強紛起效尤，俄佔旅大，英租威海衛，法取廣州灣，日以福建為其勢力範圍，形成瓜分中國之勢。

1898 年 4 月 28 日，光緒皇帝在頤和園仁壽殿接見康有為，詳論新政步驟。銳意變法革新，「不做亡國之君」，起用康有為、梁啟超等推行新政，並以譚嗣同、楊銳、林旭、劉光第等四軍卿架空原有的軍機大臣，受到以慈禧太后為首的當權保守派的反對。

12 月 24 日慈禧立載漪（道光之從孫）之子溥俊為大阿哥，清世家法，不立太子而立大阿哥，由是決定廢立。由於列強反對，載漪不得廢，慈禧不滿，遂有義和團排外之發生。

斯時慈禧太后有意借「天津閱兵」廢弒光緒帝的陰謀，而載漪則打算以親自提拔的候補侍郎袁世凱，以新式陸軍發兵，殺直隸總督兼北洋大臣榮祿（慈禧親信），圍頤和園（慈禧所居），但袁向榮祿告密，令軍機處譚嗣同、楊銳、林旭、劉光第四軍卿以及楊深秀、康廣仁等六維新派人士被捕處死，戊戌政變失敗。光緒帝被慈禧幽禁在三面環水的南海瀛台，對外則宣布光緒帝生病，由太后訓政。從戊戌年 1898.4.23.光緒帝下「明定國是詔」起，到政變發生的 9 月 21 日止，整個變法維新曆時不過 103 天，故稱百日維新，慈禧太后欲廢除光緒帝。

1900 年，慈禧太后挑選大阿哥溥儁入宮，是為己亥建儲，未獲得各國公使認可。

溥儁之父載漪等利用**義和團**排洋，發生動亂，慈禧太后宣戰。八國聯軍攻入北京，慈禧挾光緒帝逃至西安，殺害珍妃。

1901 年，簽定辛丑條約（庚子賠款）。八國聯軍之後，慈禧太后也不得不推動改革，此為清末新政（或稱庚子新政）。

1902 年 8 月，八國聯軍攻北京，西太后慈禧出奔山西，轉西安避難。

1903 年 7 月，奕劻、李鴻章簽訂「辛丑和約」賠償軍費四億五千萬兩，年息四厘，本息合計九億八千二百廿三兩。11 月后帝妃還都。

1904 年，日俄戰爭，日本佔領旅順。

1908 年 11 月 14 日，慈禧病危，光緒帝中毒身亡，無子，年 38 歲，在位 34 年（1875~1908）謚曰同天崇運大中至正經文緯武仁孝睿智寬勤景皇帝，廟號德宗，葬崇陵（河北易縣永寧山清西陵）。光緒死後第二天，慈禧皇太后尋卒，年 74 歲。

1913 年，葬河北易縣清西陵中的崇陵。

1980 年，為揭開光緒皇帝死謎，法醫開棺攝取光緒皇帝頭髮兩小攝，長 26 公分、65 公分檢驗，認為「清光緒帝死於「急性腸胃型砒霜中毒」，遺體衣領頭髮沾染有高濃度的三氧化二砷（即砒霜）約 201 毫克，肩胛骨、脊椎骨和衣物的胃區、繫帶、領肩、內層衣物、都含砒霜砷量。

盛傳慈禧於戊戌政變後，就陰謀廢黜弒害光緒，擔心光緒會在自己死後復位翻案，所以才會下毒手。

隆裕皇后太監小德張（張蘭德）向太醫院正堂宣布光緒皇帝駕崩。此時派人給軟禁中的皇帝贈食，極不尋常。慈禧可能先光緒帝病死，祕不發喪，確信可以掌控全局，慈禧從容布置之後，才向天下公布光緒的死亡。

砒霜是古人常用來下毒的毒物，砒霜主要成分為三氧化二砷。

清末帝　溥儀　1906.2.7.-1967.10.17.

　　溥儀，姓愛新覺羅，名溥儀，乳名「午格」，字耀之，字浩然，筆名植蓮。
父親醇親王載灃（光緒之弟），母蘇完瓜爾佳氏。英文名 Henry（亨利）；清朝
入關以來的第十位也是最後一位皇帝，被稱作末代皇帝（或清遜帝），同時也是
被普遍承認的中國最後一位皇帝。祖父為道光帝七子、咸豐帝之弟奕譞，外祖
父為榮祿，生父載灃為光緒帝之弟，後繼承醇親王爵位，母嫡福晉幼蘭。

　　1908 年 10 月 20 日，光緒帝載湉病重，慈禧太后下令溥儀入宮。不久光緒
帝去世，慈禧太后命溥儀繼承皇統，過繼於同治帝載淳，同時兼承光緒帝之祧，
一人祧兩房。

　　10 月 21 日光緒帝死於瀛台，慈禧令溥儀繼帝位。年號康德，又稱康德皇帝。

　　11 月 9 日，溥儀於太和殿登基即位，時年 3 歲。舉行登基大典時，溥儀由
父親抱著坐上寶座上，看到龐大的場面和鼓樂喧天，被嚇得哭鬧起來。載灃低
聲哄勸：「別哭，一會兒就完了。」驗證溥儀皇位短暫不保。

　　溥儀襁褓不知世事，由其父攝政王載灃掌政。

　　1909 年，生父醇親王載灃攝政監國。另編禁衛軍，罷免袁世凱，自為陸海

軍大元帥，集大權於一身。以其弟載洵和載濤分別為海軍大臣，和軍咨大臣，屬行皇族集權政策。

1911 年武昌起義成功，華南地區各省紛紛宣布脫離中央，但清廷仍控有北京附近省份，並派遣北洋新軍鎮壓。最後孫中山與袁世凱密約，若袁能使溥儀退位，就讓他擔任大總統。袁世凱便一面脅迫，一面勸說好讓溥儀退位。

12 月 25 日清隆裕太后及清帝溥儀宣告遜位，清亡。清歷 11 主，凡 286 年。自秦始皇統一中國（前 221 年）歷時二千餘年之中國封建社會，至此宣告結束。

1912 年 2 月 12 日，隆裕皇太后臨朝稱制以太后名義頒布《退位詔書》，溥儀退位，國民政府優待皇室八條：

一、存清帝尊號，以待各外國君主之禮相待遇。
二、歲給清室經費四百萬圓。
三、以頤和園為清室住室。
四、保護清宗廟及陵寢。
五、修清德宗崇陵。
六、宮內各項執事照常留用，唯以後不復再招閹人。
七、保護清帝原有之私產。
八、原有之衛軍，歸民國陸軍部編制、額數、俸餉悉如舊。

退位後的溥儀，民國政府的《清室優待條件》准繼續住在紫禁城內保留「大清」國號（只限在紫禁城內），並保留太監宮女供他使喚。

英國蘇格蘭籍軍官莊士敦此時至北京紫禁城，擔任溥儀帝師，教育溥儀英文、數學、世界史、地理。師生感情甚篤。溥儀眼界大開，開始穿西服，剪辮，遭陳寶琛、鄭孝胥等保守人士的反對。

1917 年 7 月 1 日，北洋軍隊將領張勳協同康有為等保皇人士發動政變，宣佈清朝復辟。張勳復辟的舉動遭到共和勢力的反對與襲擊，在反對勢力壓力之下，僅 12 天便宣告失敗，溥儀再次遜位，宣告垮台，退位還宮，史稱「張勳復辟」。

1924 年 11 月 5 日，馮玉祥軍隊包圍紫禁城，鹿鍾麟奉代理大總統黃郛之命，攜帶《修正清室優待條件》與李石曾、張璧率眾進入皇宮，威脅以景山排炮轟擊紫禁城，強逼溥儀取消皇帝尊號並簽字，限二天內趕走溥儀。

1925 年 2 月 24 日，在鄭孝胥和日本人的策劃下，經東交民巷日本使館，溥儀化裝成商人，由前門車站乘火車匆匆逃往天津，居住天津日租界的張園和靜園。

九一八事變發生後，一直冀望復辟清朝的前滿洲貴族以為時機到來。滿洲宗室、時為吉林省軍參謀長的熙洽趁吉林長官奔母喪不在城中之機，打開吉林城門，向日本投降。熙洽密信清朝遜帝溥儀，請「皇上」（溥儀）回到「祖宗發祥地，復辟大清，救民於水火」，日本支持下，先據有滿洲，再圖關內。以已經升任吉林省代理長官的熙洽為首的前滿洲貴族向日本方面提出迎接溥儀至滿洲、建立君主制的國家。日本關東軍方面也早已認定溥儀是合適的傀儡人選。

1931 年 11 月 8 日，土肥原賢二製造「天津事件」，將溥儀從其在天津日租

界的住所秘密帶出，經大沽口、營口、旅順，接至撫順。

1932 年 2 月 16 日，關東軍召集張景惠、熙洽、馬占山、臧式毅，及謝介石、於衝漢、趙欣伯、袁金鎧等人在瀋陽大和旅館召開「東北政務會議」，會議由關東軍司令官本莊繁主持。會議決定迎接溥儀為滿洲國執政，並分配各人在政權中的職務，其中板垣征四郎任奉天特務機關長、滿洲國軍政部最高顧問。

18 日，發布《獨立宣言》「從即日起宣佈滿蒙地區同中國中央政府脫離關係，根據滿蒙居民的自由選擇與呼籲，滿蒙地區從此實行完全獨立，成立完全獨立自主之政府。」就任滿洲國執政，定年號大同。

23 日，板垣在撫順與溥儀會面，告知溥儀出任滿洲國執政。原本以為能夠重登帝位的溥儀儘管對於「執政」的安排甚為失望，但只能接受。

1934 年 3 月 1 日，溥儀正式登基「滿州帝國」康德皇帝，年號康德，又被稱為康德皇帝，作為日本傀儡，受盡屈辱。當時，關東軍為表慎重其事，還在登基前特別向「通用汽車」訂購一輛凱迪拉克豪華都鐸 8C 型禮車（CADILLAC Deluxe Tudor Limousine 8C）。車身前後方及輪圈都鑲有滿洲國徽章，表示對滿洲國皇帝的祝賀。可是，這段期間內，雖然名義上貴為皇帝，但是實際上所有重大決定都要得到關東軍的批准，為有名無實之傀儡皇帝。

1935 年 4 月 6 日，訪問日本。

1940 年，溥儀秘密聯繫上一個薩爾瓦多代表團，希望能把他一家人接去薩爾瓦多，以擺脫日本控制。薩爾瓦多外交官回國後，將溥儀的意願報告給總統。

正好薩爾瓦多總統馬丁內斯是一個神秘主義者，他認為溥儀來薩爾瓦多是上天的安排，便不顧同日本關係惡化的危險，答應了溥儀的請求。馬丁內斯認為他和溥儀都是螞蟻轉世，他曾對薩爾瓦多官員說道：「殺死一隻螞蟻比殺死一個人罪行嚴重得多！」

1941 年 10 月，又有一個薩爾瓦多使團到達新京（今吉林省長春市），溥儀把出逃計劃告訴給禁衛隊裡的一名親信，他打算讓禁衛隊護送自己一家到薩爾瓦多使團駐地，然後化裝隨使團逃走。沒想到，禁衛隊早被日本人收買，那名軍官告密，出逃計劃徹底泄露。日本憲兵隊迅速出動，將薩爾瓦多使團驅逐出去。，關東軍派人到皇宮興師問罪，毫無自衛能力的溥儀只得屈服，繼續充當日本人的「橡皮印章」。

1945 年 8 月 5 日，日本戰敗投降，溥儀逃亡通化路上，宣告退位。9 月溥儀被蘇聯逮捕，押往西北利亞赤塔。

8 月 9 日，蘇聯開始進行八月風暴行動。蘇聯軍隊迅速打垮了日本在中國東北的關東軍。

8 月 11 日夜，溥儀一行在日本高官監護下在新京東站登上火車出逃。

8 月 13 日到達通化臨江縣大栗子溝，停留數日觀看局勢是否要過鴨綠江逃入日本吞併的朝鮮境內。

8 月 15 日，日本天皇裕仁宣布日本投降。

8 月 17 日夜，溥儀在大栗子溝宣讀滿洲國皇帝退位詔書，宣告滿洲國正式

解體。隨後，溥儀一行乘火車轉到通化市，換乘飛機飛往瀋陽準備出逃日本本土。

8月19日，溥儀在瀋陽東塔機場候機，準備前往日本時，為蘇聯紅軍空降逮捕，留在通遼至8月20日。

8月21日，溥儀被一架雙引擎杜格拉斯載到蘇聯赤塔一號軍用機場，被囚於莫洛可夫卡三十號特別監獄直到11月初。後被拘押在伯力四十五號特別監獄直至1946年春。然而，在拘留所裡受到優厚的待遇，令溥儀多次上書向蘇聯表示願意永久居留蘇聯，請求加入蘇聯共產黨，但也有推測認為有可能是溥儀害怕日後追究責任，故而申請永居。在蘇聯拘押期間，曾作為證人出席遠東國際軍事法庭。證言中，聲稱自己在任滿洲國皇帝期間，完全為日本佔領當局擺佈，沒有人身自由，也沒有做為滿洲國元首相應的權力和尊嚴，是自己被日本關東軍脅持到內滿洲的。但是，被轉交給中華人民共和國政府後，溥儀承認由於懼怕日後被中國政府追究，作證時將部分責任推卸給日本方面（含如何到達內滿洲），在部分涉及雙方責任的地方皆有所保留。

1946年，溥儀在日本東京「國際遠東軍事法庭」作證，出庭八天。

1950年8月1日，溥儀與其他滿洲國263名「戰犯」，在綏芬河由蘇聯政府遣送移交給中國政府，至送撫順戰犯管理所，編號是981。受訓約十年的思想再教育與勞動改造。

1959年12月4日，溥儀經中華人民共和國最高人民法院根據國家主席劉少奇的特赦令予以釋放到北京。「該犯關押已經滿十年。在關押期間，經過勞動改造和思想教育，已經有確實改惡從善的表現，符合特赦令第一條的規定，予以釋放。」從此，溥儀成為中華人民共和國公民。

1960年3月，溥儀被分配到北京植物園擔任園丁及賣門票的工作。

1960年，溥儀擔任北京中山公園管理員。

1961年，被調任「全國政協文史資料編輯委員會」文史專員。

1964年，調到全國政協文史資料研究委員會任資料專員，並擔任第四屆全國政協委員、文史館員。

1966年，文化大革命，溥儀被列為「黑五類」（地主、富農、舊軍政人員、壞分子、右派）分子。因周恩來將溥儀列為保護對象之一，未遭到文革衝擊。

1967年，因尿毒症送入人民醫院，醫護人員害怕「同情黑五類」的政治罪名，不敢醫治，後經周恩來過問，才得以醫治。

10月17日，病逝北京人民醫院，享年62歲，骨灰安放北京八寶山革命公墓。

1995年，他的遺孀李淑賢將他的骨灰葬於北京西南120千米的河北省易縣華龍皇家陵園，溥儀墓在清西陵附近。

1997年，溥儀遺孀李淑賢逝世。

秦以來各朝帝王嵩壽錄

年　齡	人數	帝　　　王　　　元　　　首
80 歲以上	7 人	89 歲：清高宗乾隆弘曆、中華民國總統蔣中正
		86 歲：梁武帝蕭衍
		82 歲：女皇武則天武曌、中華人民共和國主席毛澤東
		81 歲：南宋高宗趙構
		80 歲：元世祖忽必烈
70 歲以上	9	79 歲：唐明皇李隆基
		77 歲：中華民國總統蔣經國
		72 歲：中華人民共和國主席劉少奇
		71 歲：漢武帝劉徹、東吳大帝孫權、明太祖朱元璋
		70 歲：唐高祖李淵、遼道宗耶律洪基、夏仁宗李仁孝
60 歲以上	27	68 歲：南宋孝宗趙伯琮、清太祖努爾哈赤、清聖祖康熙玄燁、清宣宗道光旻寧、後漢明帝李嗣源
		67 歲：金世宗完顏雍
		66 歲：蜀漢後主劉禪、元太祖成吉思汗鐵木真
		65 歲：明成祖朱棣
		64 歲：唐德宗李適、西夏神宗李遵頊
		63 歲：蜀漢昭烈帝劉備
		62 歲：漢高祖劉邦、新朝新帝王莽、東漢光武帝劉秀隋文帝楊堅
		61 歲：後梁太祖朱溫、遼聖宗耶律隆緒、金太宗完顏晟、金宣宗完顏珣、清仁宗嘉慶帝顒琰、清宣統溥儀
		60 歲：南朝劉宋武帝劉裕、宋太宗趙匡義、南宋理宗趙昀、明世宗朱厚熜、中華民國總統孫中山
50 歲以上	33	58 歲：清世宗雍正胤禛
		57 歲：南朝陳武帝陳霸先、南宋寧宗趙擴
		56 歲：唐高宗李治、唐睿宗李旦、南朝齊高帝蕭道成、西夏崇宗李乾順、元太宗窩闊台
		55 歲：西晉武帝司馬炎、唐中宗李顯、唐睿宗李旦、後唐末帝李從珂、宋真宗趙恒、遼太祖耶律保機.
		54 歲：宋仁宗趙禎、南宋光宗趙惇、南朝蕭齊武帝蕭賾、後漢高祖劉知遠、
		53 歲：東晉簡文帝司馬昱、南朝陳宣帝陳頊
		52 歲：唐太宗李世民、唐肅宗李亨、唐代宗李豫、清太宗皇太極、金太祖阿骨打、遼天祚帝耶延禧

年　齡	人數	帝　　王　　元　　首
		51 歲：元順帝妥懽帖睦爾、後晉兒皇帝石敬瑭、後周太祖郭威、
		50 歲：秦始皇趙政、隋煬帝楊廣、唐景宗李枕、宋太祖趙匡胤、
40 歲以上	37	49 歲：明仁宗朱高熾、南朝梁簡文帝蕭鋼、
		48 歲：漢景帝劉啟、西晉惠帝司馬衷、
		47 歲：漢文帝劉恒、東漢明帝劉庄、東晉元帝司馬睿、南朝劉宋文帝劉義隆、南朝梁元帝蕭繹、南朝齊明帝蕭鸞、
		46 歲：唐順帝李誦、遼太宗耶律德光、西夏景宗李元昊、西夏獻宗李德旺、明穆宗朱載后、明神宗朱翊鈞、宋徽宗趙佶、
		45 歲：漢成帝劉鶩、北魏太武帝拔熹、南朝陳文帝陳倩、西魏文帝元寶炬、明魯王朱以海、
		43 歲：漢元帝劉奭、東漢章帝劉烜、唐憲宗李純、元定宗貴由
		42 歲：漢宣帝劉詢、元成宗鐵穆耳、後唐莊宗李存勖、元憲宗蒙哥
		41 歲：東漢獻帝（禪害）唐懿宗李漼金章宗完顏璟明憲宗朱見琛
		40 歲：曹魏文帝曹丕、遼興宗耶律宗真、金廢宗海陵王完顏亮
30 歲以上	47	39 歲：北魏道武帝拓拔珪、後周世宗柴榮、遼穆宗耶律璟
		38 歲：唐昭宗李曄、宋英宗趙曙、明宣宗朱瞻基、明英宗朱祁鎮、清德宗光緒
		37 歲：東晉安帝司馬德宗、南朝陳后主陳叔寶
		36 歲：東漢桓帝劉志、東晉恭帝司馬德文、北魏文成帝拓拔睿、北周武帝宇文邕、後梁末帝朱友貞、宋神宗趙頊、元仁宗愛育黎拔力筛達、元泰定帝也孫鐵木耳、明光宗朱常洛
		35 歲：魏明曹睿、朝劉宋孝武帝劉駿、遼景宗耶律賢
		34 歲：東漢靈帝劉宏、遼世宗耶律阮、明思宗崇禎朱由檢
		33 歲：東漢安帝劉祐、北魏孝文帝拓拔元宏、北魏宣帝武元恪、唐文宗李昂、唐武宗李炎、南宋度宗趙禥
		32 歲：北魏明元帝拓拔嗣、北齊武成帝高湛
		31 歲：北齊文宣帝高洋、金熙宗完顏亶、元武宗海山、明武宗正德朱厚照、清文宗咸豐奕寧
		30 歲：東漢順帝劉保、東吳景帝孫休、南朝劉宋明帝劉彧、唐穆宗李恒、西夏桓宗李純祐、元明宗和世瑓、明代宗朱祁鈺、東晉孝;武帝司馬曜（？）
20 歲以上	36	29 歲：西晉懷帝司馬熾、元文宗圖鐵木耳
		28 歲：東魏孝靜帝元善見、宋欽宗趙桓
		27 歲：東漢和帝劉肇、東晉明帝司馬紹、南朝陳廢帝陳伯琮、北齊孝昭帝高演、北周明帝宇文毓、唐僖宗李懷、唐僖宗李懷
		26 歲：西漢哀帝劉欣、西夏惠宗李秉常

年　齡	人數	帝　　王　　元　　首
		25 歲：東晉哀帝司馬丕、北魏節閔帝元恭、北魏孝武帝元修、
		24 歲：秦二世胡亥、漢惠帝劉盈、北魏孝莊帝元子攸、清世祖順治福臨
		23 歲：東晉康帝司馬岳、北魏獻文帝拓弘、北魏長廣王元曄、宋哲宗趙煦、明熹宗朱校
		22 歲：曹魏齊王曹芳、東晉成帝司馬衍、南朝廢帝蕭昭業、北齊後主高緯、北周宣帝宇文贇
		21 歲：漢昭帝劉弗陵、曹魏元帝曹奐、後唐閔帝李從厚、後漢隱帝劉承祐、西夏毅宗李諒祚、元英宗碩德八刺
		20 歲：曹魏高鄉公曹髦
10 歲以上	21	19 歲：東晉隱帝司馬聃、南朝劉末少帝劉義符、南朝齊昏侯蕭卷、北魏孝明帝元詡、北魏安定王元朗、清穆宗同治
		18 歲：西晉愍帝司馬鄴、唐敬帝李湛
		17 歲：南朝劉宋廢帝劉子業
		16 歲：東吳廢孫亮、南朝梁敬帝蕭方智、北周孝閔帝宇文覺、15 歲：東漢少帝劉辯、南朝劉宋后廢帝劉昱、南朝齊海陵王蕭昭文、隋恭帝楊侑、唐哀帝李祝
		14 歲：西漢平帝劉衍
		13 歲：南朝劉宋順帝劉准、唐觴帝李重茂
		11 歲：南宋端宗趙昰
10 歲以下	8	9 歲：東漢質帝劉贊、南宋衛王趙昺、北周帝宇文闡
		8 歲：北齊幼主高恒
		7 歲：元寧宗懿璘質班
		3 歲：東漢沖帝劉炳
		2 歲：東漢殤帝劉隆
年齡不詳	29	秦王子嬰、西漢少帝劉恭、西漢后少帝劉弘、西漢廢帝劉賀、西漢孺子劉嬰、東漢少帝劉懿、東吳末帝孫皓、東晉廢帝司馬奕、南朝蕭梁豫章王蕭棟、南朝蕭梁貞陽侯蕭淵明、北齊廢帝高殷、北齊安德王高延宗、西魏廢帝元欽、西魏恭帝元廓禪、隋越王楊侗廢、後梁朱友珪、後晉石重貴、後周恭帝柴宗訓、南宋恭帝趙㬎、金后廢帝完顏永濟廢、金哀宗完顏守緒、金末帝完顏承麟、西夏襄宗李安全、夏末主李睍降、元少帝阿叔吉巴、明惠帝朱允炆、明福王朱由崧、明唐王朱聿鍵、明桂王朱由榔

中華民族元首

朝　代	元　首	生　　歿	在位時間	享壽	在位
中華民國	孫中山	1866.11.12~1925.3.12	1912-1925	60	13
	袁世凱	1859~1916	1912-		
	張勳	1854~1923			
	黎元洪	1864-1928			
	段祺瑞	1865~1936			
	馮國璋	1857-1919			
	徐世昌	1887.11.1.~			
	曹錕	~1938.5.17	1923-1924		
	張作霖	1875~1928			
	林森	1867~1943			
	蔣中正	1887~1975	1925-1975	89	50
	李宗仁	1891~1969	1949-1949	79	
	嚴家淦		1975-		
	蔣經國	1910~1988	-1988	79	
	李登輝	1923.1.15.-	1988-2001		12
	陳水扁	1951.2.18~	2001-2008		8
	馬英九	1950.7.13.~	2008-2016		8
中華人民共和國	毛澤東	1893.12.26.~1976.9.9.	1949-1976	84	
	劉少奇	1898~1969		72	
	華國鋒	1921~2008	1976-1982		
	鄧小平	1904~1997.		92	
	董必武				
	朱德	1886~1976			
	葉劍英	1897~1986			
	李先稔	1909~			
	楊尚昆	1907.7.5.~1998.9.14.			
	胡耀邦	1915~1989	1982-1988		
	趙紫陽	1919~2005	1980-1989		
	江澤民	1926~	1992-2004		
	胡錦濤	1942~	2004-2012		
	習近平	1953~	2012-		

四、國粹瑰寶

文字發明人

倉頡　前-24 世紀農曆 3 月 28 日~

　　倉頡，是中國神話人物，相傳為黃帝史官，創造文字，俗稱倉頡先師、倉頡聖人、制字先師、制字先聖、左史倉聖人或倉頡至聖。傳中倉頡生有「雙瞳四目」倉頡的壁刻，1931 年完工，美國華盛頓哥倫比亞特區有珍藏。

　　「倉頡造字」的傳說在戰國時期已經廣泛流傳。

　　《荀子‧解蔽》「好書者眾矣，而倉頡獨傳者壹也」。

　　《韓非子‧五蠹》「昔者倉頡之作書也，自環者謂之私，背私謂之公。」

　　《呂氏春秋‧君守篇》「奚仲作車，倉頡作書，后稷作稼，皋陶作刑，昆吾作陶，夏鯀作城，此六人者，所作當矣。」

　　《淮南子‧本經》「昔者倉頡作書，而天雨粟，鬼夜哭。」《說文解字序》中記載：「倉頡之初作書，蓋依類象形，故謂之文；其後形聲相益，即謂之字。」

　　緯書《春秋元命苞》記載倉頡「龍顏侈侈，四目靈光，實有睿德，生而能書。於是窮天地之變，仰觀奎星圓曲之勢，俯察龜文鳥羽山川，指掌而創文字，天為雨粟，鬼為夜哭，龍乃潛藏。」

　　張彥遠《歷代名畫記・敘畫之源流》「頡有四目，仰觀天象。因儷烏龜之跡，遂定書字之形。造化不能藏其秘，故天雨粟；靈怪不能遁其形，故鬼夜哭。是時也，書畫同體而未分，象制肇創而猶略。無以傳其意故有書，無以見其形故有畫，天地聖人之意也。」

　　徐堅《初學記・卷二十一》「易曰『上古結繩以治，後世聖人易之以書契』」，又「倉頡造文字，然後書契始作，則其始也。」

　　南北朝後期及唐代佛教傳說，倉頡與在印度創造梵文和「伽書」（佉樓文？）的仙人是三兄弟，「梵天」派他們三人下凡，分赴天竺與中華兩地造字。

　　山東壽光和東阿、河南開封、河北南樂、虞城、陝西長安和白水、河南陽武（今原陽縣）、洛寧等地都有倉頡墓等遺迹。

　　為了紀念倉頡造字之功，後人把河南新鄭縣城南倉頡造字的地方稱作「鳳凰銜書台」，宋朝時還在這裡建了一座廟，取名「鳳台寺」。

農　業

后　稷

　　周的始祖名棄，曾經被堯舉為“農師”，被舜命為後稷。《詩經・生民》篇說：“厥初生民，時維姜嫄。生民如何，克禋克祀，以弗無子。履帝武敏歆，攸介攸止，載震載夙，載生載育，時維後稷。”周的始祖母為姜嫄，傳為“有邰”氏族的人，為炎帝之後裔。她踐踩了巨人的足跡而心動有孕，生下了後稷。這個有濃厚神話色彩的傳說裡的“帝”據說就是帝嚳，可見周族的起源與黃帝族的高辛氏有一定關係。

　　後稷所以名棄，是因為他曾經三次被拋棄。先被拋棄在隘巷中，路過的牛羊都不踩他；又被拋棄在樹林裡，卻被前去伐木的人抱回；第三次被拋棄在寒冰上，卻見一群大鳥張開翅膀來覆蓋他。《詩經・生民》所記載的這種棄子儀式，很可能與原始時代某種宗教禮儀有關。棄在經過嚴峻考驗後，被認為是神異式的人物，長大後便在氏族中有了很高威望。

　　棄精于農作，他所種的穀物“實方實苞，實種實裒，實發實秀，實堅實好，

實穎實粟”，很受人們稱讚。在古人印象裡，後稷的農稼是大有功于民的偉業，《尚書·呂刑》就把他和伯夷、大禹並列，說是“稷降播種，農殖嘉穀”。棄還是觀象授時的能手，相傳他善於觀測辰星以掌握農時。在很長時期裡，周族首領世稱後稷，可見周族是得力于農作的發展而興起的。古代文獻中多說棄的時代的周族所居與“禹跡”有關，據推測當時的周族生活在今晉境的汾河下游地區。

據傳後稷是帝嚳的兒子。帝嚳即帝俊，說是黃帝的曾孫，古神話傳說天帝之一。

後稷小時候就有遠大的志向。他做遊戲，就喜歡收集各類野生植物種子，用自己的小手種到地裡去。他長大成人後，很快給成為以為種地好手，能因地制宜，適時播種，收割各類農作物。以至周圍的百姓都依法仿效，後稷也因此而遠近傳名。

帝堯聽說後，聘請後稷為農師，讓他管理與指導天下農業各方面的事情。由於他發展農業有功，帝堯封他于邰地，號曰後稷，別姓姬氏，成了周民族的始祖。

後稷死後，人們將他葬在山環水繞的“都廣之野”。《山海經·海內經》稱：都廣之野“有膏菽、膏稻、膏黍、百穀自生，冬夏播琴，鸞鳥自歌，鳳鳥自舞，靈壽實華，草木所聚，相群愛處。此草地，冬夏不死。”世間一方仙國樂園，古神話傳說的“天梯”“建木”就在附近。

《山海經》還載後稷有個孫子，叫“叔均”，是最早教民用牛耕地的人。

後人尊崇他為農業之神，或穀神而享受人間的祭祀。《史記·封禪書》載：“周公既相成王，郊祀後稷以配天，宗祀文王於明堂以配上帝。自禹興而修社祀，後稷稼穡，故有稷祠，郊社所從來尚矣。”自周成王始郊祀後稷以後，起初社、稷二祠分祀，其後歷朝多社、稷合祭，列為國家大典。因為古人認為：“稷非土無以生，土非稷無以見生生之效，故祭社必及稷。”又說：“社為九土之尊，稷為五穀之長，稷生於土，則社與稷固不可分。”

從以上介紹可以看出，稷神應源于祖先崇拜。因後稷稼穡之功，遂演變成農神，或穀神。又因農業和土地密不可分，故後世多社、稷合祭，並上自京師，下至府州縣皆有社稷祠壇之設。土地和五穀收成關係到人類的生存和社會穩定。因此，社稷也就成了國家的代名詞。

許行　生於楚宣王至楚懷王時期約與孟子同時代，楚國（都城江陵紀南城）

許行，戰國時期著名農學家、思想家。《孟子。滕文公上》記載有許行其人

「為神農之言」，所以被歸為農家，後世也將許行視為先秦時代農家的代表人物。

戰國時期生於楚宣王至楚懷王時期，主張依據產品的長短、大小等數量、質量規定價格，不贊成商人居中剝削，反對抬高物價的欺詐行為。

許行反對不勞而獲，集中顯示勞動農民自食其力的本色，解除現實壓迫的強烈願望，想像中平均社會的憧憬。

孟子對許行推崇「君民並耕」，《孟子‧滕文公》記述：「勞心，治人。勞力，治於人。」即以腦做事之人統治人，以力做事之人被治於人。

「賢者與民並耕而食，饔飧而治」：賢德的國君應該要和百姓一同耕種獲得自己的糧食，自己做早晚餐並處理國事。

「倉廩府庫，是厲民而以自養也」反對國君設倉庫儲存米穀，有府庫積聚財貨，認為這就是傷害人民來供養自己，並否定國君擁有倉庫、府庫的物權。《漢書‧藝文志》載錄《神農》20篇（已佚）。

許行倡導神農之說「君民並耕」「市賈不二」，楚國「篳路藍縷，以啟山林」的奮鬥，農家學派產生在楚國。楚國地大物博，資源豐富，「不待賈而足」（《史記‧貨殖列傳》），導致原始農業思想的發展和理論化。要求社會「均平」合理，反對剝削和壓迫，深入人心，為人民所嚮往。

許行思想，主張賢君要與民眾並耕而食。

許行，一天朝夕兩餐，身體力行，為民辦事。凡事代表貧苦農民的利益和要求的立場出發，提出以農產品與手工業產品交換、實行「市賈不二」。

《孟子‧滕文公上》記陳相語：「從許子之道，則市賈不二，國中無偽，雖使五尺之童適市，莫之或欺。布帛長短同，則賈相若；麻縷絲絮輕重同，則賈相若；五穀多寡同，則賈相若；屨大小同，則賈相若。」顯然，這是原始農業時期實行以物易物的交換，要求絕對的合理，杜絕偽劣與欺詐。

許行農家思想反對不勞而食。不贊成商人居中剝削，反對抬高物價和交換中的欺詐行為。他還否定君主擁有倉稟、府庫的物權。

把財物分給別人叫做惠，教導別人向善叫做忠，為天下找到賢人叫做仁。

孔子說：『堯為君主，只天偉大，堯效法天，天下事在耕種。

賈思勰（生卒不明）北魏齊郡益都縣（今山東省壽光市西南而非青州市）

賈思勰，出身儒學家族，官至高陽太守，精通農業科學，在復興由於戰亂而荒廢的華北農業時，將旱地農業技術體系化，於北魏末年寫成《齊民要術》一書，由耕田、穀物、蔬菜、果樹、樹木、畜產、釀造、調味、調理、外國物產等各章構成，是中國現存最早、最完整的大型農業百科全書。

《齊民要術》是中國保存得最完整的古農書鉅著，成書於東魏武定二年（544年）以後，另一說為 533 年至 544 之間。

書中分成 10 卷 92 篇，收錄 1500 年前中國農藝、園藝、造林、蠶桑、畜牧、獸醫、配種、釀造、烹飪、儲備，以及治荒的方法，書中援引古籍近 200 種，所引《氾勝之書》《四民月令》等漢晉重要農書現已失傳，後人只能從此書了解當時的農業運作。

該書受歷朝代重視，傳遍海內外，後常成為研究古物種變化的經典，達爾文研究進化論時，曾參考一部「中國古代百科全書」，有說此書正是《齊民要術》。

《齊民要術》有"自序"、"雜說"其中"序"廣泛摘引聖君賢相、有識之士等注重農業的事例，以及由於注重農業而取得的顯著成效。一般認為，雜說部分是後人加進去的。它是承先啟後、繼往開來的農學著作，自公元 6 世紀初撰成，到北宋，其間經 500 年左右，全靠手抄流傳。北宋時期，書籍刻印業發展較快，技術趨於完善，它才得以付梓。王應麟《玉海》說："宋朝天禧四年（1020）八月二十六日，利州轉運史李昉請頒《四時纂要》與《齊民要術》二書，詔使館閣校勘鏤本摹賜。"曆時約五六年，至天聖年間才刻完。《玉海》另引宋《國史補》稱，"天禧中頒《齊民要術》於天下，以教種植蓄養之方"，這里，《國史補》誤把詔令刻刷年份當作頒發書籍年份。可以確認，北宋天禧四年詔刻刷的崇文院刻本，是《齊民要術》第一個刻印本，也是後來其他各本據以傳抄、刻印的祖本。

《齊民要術》現在存世的約有二十四五個版本。欒調甫《齊民要術版本考》稱："按要術傳刻之本，以宋崇文院校刊為鼻祖，龍舒重梓是其子本，元明翻刻，悉屬雲仍，而清儒校刊者，則又汲古之嗣續也。"晚近各家學者認為《齊民要術》現存世 20 餘個版本，源自 3 個祖本，一是北宋崇文院原刻本，但到南宋時期，此本已屬稀有名貴。現在我們在國內能見到的北宋系統本《齊民要術》，則是日本珍藏本的影印本；二是南宋紹興本，又稱龍舒本，現在國內最好的《齊民要術》的舊版本，是明代據龍舒本抄出的一種。國內傳刻多以兩宋系統本為祖本；三是明代嘉靖年間的湖湘本，轉刻自南宋紹興本。

書中內容相當豐富，涉及面極廣，包括各種農作物的栽培，各種經濟林木的生產，以及各種野生植物的利用等等；同時，書中還詳細介紹了各種家禽、家畜、魚、蠶等的飼養和疾病防治，並把農副產品的加工（如釀造）以及食品加工、文具和日用品生產等形形色色的內容都囊括在內。因此說《齊民要術》對我國農業研究具有重大意義。

該書受曆朝重視，傳遍海外後亦被常成為研究古物種變化的經典，達爾文研究進化論時，曾參考《齊民要術》。

《齊民要術》可解作平民謀生方法，亦可解爲治理民生的方法，已是稀世之珍。

中國保存得最完整的古農書巨著，成書於東魏武定二年（544 年）以後，另一說爲 533 年至 544 之間。

王禎　1271~1333　山東東平人

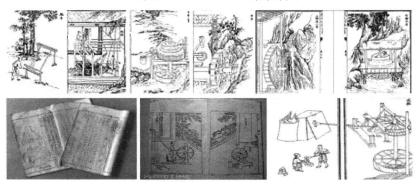

王禎，字伯善，元代農學家及活字印刷術的改進者。

1295 至 1300 年他在旌德、永豐做縣尹時，生活儉樸，捐俸給地方上興辦學校、修建橋梁、道路、施舍醫藥，教民種植麻、苧、禾、黍、麳麥、桑、棉等農作物，改良農具錢、鏄、耰、耬、耙、麯，及播種收穫等方法，親執耒耝，躬務農桑；並撰寫「農書」。當時已有木活字，他設計轉輪排字架，活字依韻排列，排版時轉動輪盤，以字就人。1298 年，製造三萬餘活字，用木活字排印「旌德縣志」。所著「造活字印書法」附載在「農書」之末，是最早記述活字版印刷術文獻。

《王禎農書》於 1313 年完成，37 集，371 目，約 13 萬餘字。分《農桑通訣》《百穀譜》《農器圖譜》，附《雜錄》與農業生產關係"法制長生屋"和"造活字印書法"。

附錄中的【造活字印書法】王禎把工匠刻制 3 萬多個木活字，以及自己發明的轉輪排字盤，用來試印《旌德縣志》成功，雖然與農業生產無關，但對印刷排字技術，有目大貢獻。

兵　法

孫武（孫子） 約公元前 535 年~？春秋末年齊國人

　　孫子，名武，字長卿。出自嬀姓或姬姓，善用兵，尊稱其為孫子、兵聖。中國古代著名軍事家，山東、江蘇蘇，尚有祀奉孫武〔兵聖廟〕。

　　孫武祖先是陳國宗室，後歸附齊國田完，田完的曾孫田桓子有子陳書，討伐莒國有功，齊景公賜姓孫，改名孫書，封於樂安，是嬀姓孫氏的始祖，孫書之子孫憑生孫武。

　　孫武研究黃帝戰勝四帝作戰經驗，以及古代名相伊尹、姜尚、管仲的用兵策略，甚有心得。

　　前-517 年，孫武不堪齊國攻爭頻仍，離開南下吳國，隱居吳國都城姑蘇（今江蘇蘇州）穹窿山，撰著《**孫子兵法**》竹簡十三篇，1972 年山東省臨沂市銀雀山出土《孫子兵法》竹簡。

　　孫武名言知彼知己，百戰不殆；攻其不備，出其不意，兵無常勢，水無常形。

　　前-515 年，闔閭刺殺吳王僚即位，孫武意識到闔閭是有為之主。

　　前-512 年，吳王闔閭欲攻打楚國，國小非易事，伍子胥推荐孫武，獻上其所著《孫子兵法》。吳王閱後大為賞識，要孫武即場展現其練兵之法給他看，以確定孫武的才能。翌日孫武令嬪妃女兵操劍持盾，選吳王兩愛妃當隊長，口令站好列隊，嬪妃嘻笑不尊軍令，兩次不從，孫武命斬兩個隊長，繼再選隊長操演，嚴肅無犯。吳王信服任孫武為主將，幫助吳王消滅鐘吾國及徐國，吳王想乘勝進攻楚國，孫武制止，認為吳軍已疲憊，不宜再戰，於是吳王引兵回國，由此可看出孫武的冷靜思考。

前-506 年，楚犯吳國的保護國蔡國，蔡國求救於吳，孫武認兵貴神速，率領精兵，採迂迴戰略，避實擊虛，奪下了楚國北部三個險隘，進抵漢水東岸。

楚昭王大驚，派出囊瓦、沈尹戌等抗吳，連戰皆敗，士氣低落疲憊，楚昭王逃奔隨國，孫武大敗 20 萬楚軍，滅了強盛的楚國，一戰成名，震驚中原諸國。

前-496 年，吳王闔閭不聽孫武勸阻，出兵攻打越王勾踐，結果大敗，氣憤病死。孫武及伍子胥幫助吳王夫差治國練兵，大敗勾踐，報仇雪恨。而後吳王夫差稱霸，黃池大會諸侯，皆是孫武訓練士兵有素的成果。

孫武助吳王夫差在稱霸後，驕傲自大，不聽忠言，將伍子胥殺死。

孫武明白鳥盡弓藏，退隱江湖，專著改良孫子兵法，成為一代鉅著。

孫武之子孫明被吳王封為富春侯，是為富春孫氏之始。

孫武墓在蘇州城北陸墓。

孫　臏

生卒年不詳，約生於阿鄄之間今山東省陽谷縣阿城鎮、菏澤市鄄城縣北

孫臏是孫武的後代，先祖是陳國公子陳完，陳完的曾孫陳無宇有子陳書，因討伐莒國有功，被齊景公賜姓孫，改名孫書，封於樂安，作為食邑，是媯姓孫氏的始祖。

孫臏與龐涓為同窗，孫臏學藝，才高被忌，被龐涓迫害遭受臏刑，身體殘疾，刖足致傷，黥刑使廢，因受過臏刑，故名曰孫臏。

孫書之子孫憑生孫武，孫武因躲避齊國國內發生的陳、鮑、高、國四族之亂而出奔吳國，有子三人，孫馳、孫明、和孫敵。次子孫明有子孫順，孫順有子孫機，孫機有子孫操，孫操即為孫臏之父。但唐代孫壬林自述家族世系的碑文卻記載孫臏是衛武公的後代。

宋徽宗時追尊孫臏為武清伯，位列宋武廟 72 將之一。

唐德宗將孫臏等名將供奉於武成王廟，稱為武成王廟 64 將。

逃奔齊國

孫臏與龐涓原為同窗，一起拜師學習兵法。龐涓的才能比不上孫臏，龐涓嫉妒他的才能，捏造罪名將孫臏處以臏刑和黥刑，砍去孫臏雙足，並在他臉上刺字，想使他埋沒於世，不為人知。齊國出使魏國時，孫臏秘密拜見齊國使者，覺得孫臏不同凡響，秘密用車輛載他回齊國，田忌賞識，寄居田忌門下擔任門客。

田忌賽馬

田忌常與齊國諸公子賽馬，孫臏設計使齊威王贏得千金賭注，孫臏由此名聲大振。田忌將孫臏推薦給齊威王，齊威王請他擔任兵法教師。

前-355 年，趙派使者向齊、楚兩國求救，由田忌、孫臏率領救援趙國。

前-354 年，趙攻衛，招致魏不滿，出兵圍趙國邯鄲（今河北省邯鄲市）。

前-353 年，齊攻魏，齊威王欲以孫臏為主將，孫臏以受過酷刑殘疾拒絕。齊威王乃任命田忌為主將，孫臏為軍師。魏龐涓率大軍到茌丘，孫臏計謀阻止。

建議田忌佯攻魏國的平陵（今山東省定陶縣東北）迷惑魏軍，造成龐涓無能錯覺。孫臏以輕裝戰車，直搗魏國首都大梁，龐涓率軍回援，吸引魏軍主力，孫臏佯裝示弱，使其輕敵，而在桂陵埋伏，一舉擒獲龐涓。

前-352年，魏惠王擊敗包圍襄陵的齊、宋、衛聯軍，齊請楚國大將景舍出面調停，各國休戰。

前-351年，魏趙漳河結盟，魏撤出趙國邯鄲。齊將龐涓釋放回到魏再度為將。

前-342年，魏國攻韓，韓向齊國求援。孫臏再次採用圍魏救趙戰術，襲擊魏國首都大梁，龐涓急忙從韓國撤軍回魏國。孫臏知魏軍自恃驍勇善戰，輕視齊軍，孫臏估算龐涓天黑會進至馬陵，道路狹窄，兩旁峻隘險阻，孫臏命士兵砍去道路旁大樹，剝去樹皮，露出白木，在樹上寫上「龐涓死於此樹下」，然後命弓弩手埋伏在馬陵道兩旁，曉軍「天黑能在此處看到有火光就萬箭齊發」。龐涓果然當晚趕到砍去樹皮大樹下，見到白木上寫著的字，點火查看。字還沒讀完，齊軍伏兵萬箭齊發，魏軍大亂。龐涓自知敗局已定，拔劍自刎，臨死前說道：「遂成豎子之名！」魏元氣大傷，從此每況愈下，而齊國則稱霸東方。

孫臏返回故地頤養天年。孫臏有子孫勝，字國輔，秦國將領。據記載，三國時期的東吳孫氏家族就是孫武、孫臏的後代。

龐　涓

龐涓，中國戰國時代的著名軍事家，戰國時魏將，相傳與孫臏同拜於隱士鬼谷子門下，因嫉妒孫臏的才能，恐其賢於己，因而設計把他的膝蓋骨剮去。

魏惠王二十八年（前342年），魏國進攻韓國，次年齊救韓，採用孫臏策略，直趨魏都大梁，旋即退兵，誘使龐涓兼程追擊，在馬陵（今河南范縣西南）中伏大敗，涓智窮，大嘆「遂叫豎子成名」，自刎而死，史稱馬陵之戰。

諸葛亮　181-234 湖北襄樊琅琊陽都

諸葛亮，字孔明，中國歷史上著名政治家、軍事家、散文家、發明家。躬耕南陽。漢司隸校尉諸葛豐之後，父親諸葛珪，字君貢，漢末太山郡丞，早逝，諸葛亮與其弟諸葛由叔父諸葛玄撫養。身高八尺，自比於管仲、樂毅。

207 年，諸葛亮受徐庶（字元直）引薦，劉備「禮賢下士」「三顧茅廬」。兩人闔室秘談，劉備問：「漢室傾頹，奸臣竊命，主上蒙塵。孤不度德量力，欲信大義於天下，而智術淺短，遂用猖獗，至於今日。然志猶未已，君謂計將安出？」

諸葛亮對劉備獻策「三分天下之計」，分析曹操不可取，孫權可作援的形勢；詳述荊、益二州的州牧懦弱，有機可乘，擁有此二州可爭勝天下；更向劉備講述攻打中原的戰略「隆中對」。劉備聽後大加讚賞，力邀諸葛亮相助，諸葛亮便出山入幕，劉備常與論政，日漸親密。

208 年，諸葛亮《隆中對》是此後數十年劉備和蜀漢的基本國策。

是年，曹操大舉南下，諸葛亮「東聯孫吳，西據荊益，南和夷越，北抗曹操」立下汗馬功勞。赤壁之戰，孫劉聯軍大敗曹軍，輔佐劉備借荊州，獲益州，與魏吳三分天下。劉備任命諸葛亮為軍師中郎將。

212 年 12 月，劉備與劉璋決裂，諸葛亮與張飛、趙雲等入蜀，與劉備一起圍成都。

214 年，劉備攻下成都，劉璋投降，劉備入主益州。諸葛亮受金五百斤、銀千斤、錢五千萬、錦千匹，並受任為軍師將軍，署左將軍府事。

220 年，魏王曹丕篡漢自立。

221 年，漢獻帝被害，劉備登基為帝。蜀漢建立，實現諸葛亮「三分天下」之計，官拜丞相錄尚書事，再領司隸校尉。

222 年 8 月，劉備東征奪回荊州途中被打敗，撤退至永安，頹喪至極。

223 年 2 月，劉備病重，召諸葛亮到永安託孤「君才十倍曹丕，必能安國，終定大事。若嗣子可輔，輔之；如其不才，君可自取。」諸葛亮涕泣說：「臣敢竭股肱之力，效忠貞之節，繼之以死！」劉備要劉禪和其他兒子視諸葛亮為父。

4 月，劉備逝世，劉禪繼位，改元建興。封諸葛亮為武鄉侯，設相府辦公，大小政事，劉禪都依賴諸葛亮，由諸葛亮決定。

225 年「七擒七縱」平定孟獲動亂。蜀漢資源豐富，開始練兵，預備北伐。

227 年 3 月，諸葛亮向劉禪上《出師表》，表明心跡，發兵沔陽，準備北伐。

228 年，第一次北伐，與魏軍戰於街亭，馬謖違背諸葛亮戰旨，以致為魏軍張郃所敗，諸葛亮「揮淚斬馬謖」並上書罪己，春秋責帥，臣職是當。

231 年，諸葛亮六出祁山「八陣圖」，以木牛運糧，糧盡退兵，累出重病。

234 年，第五次北伐，流馬運糧，屯田墾耕，為久駐之基，相持百餘日。

8 月嘔血病危，死於五丈原軍中，「出師未捷身先死，長使英雄淚滿襟。」壯志未酬，為後世歎惜。臨終前推薦蔣琬、費禕作為後繼，逝後歸葬定軍山勉縣武侯墓。諸葛亮忠誠，自劉備託孤，一直對後主劉禪盡心力，凡事躬親，憂公如家，自己食少事煩，病死軍中。諸葛亮大權獨攬十餘年，不斂財，不謀私

利名位，以興復漢室為任。

　　諸葛亮家財，只有 800 株桑樹、薄田 15 頃，衣著為朝廷賜封，沒有多餘財產。

　　臨死，吩咐下葬只需挖一個洞，棺木能夠放進去即可，穿著平常服裝，無須陪葬物。諸葛亮政治戰略突出，隆中對，作八務、七戒、六恐、及五懼訓誡各臣，民風樸實，賞罰分明，承認錯誤。發明連弩、木牛流馬、孔明燈，名成八陣圖。

　　祖先諸葛豐，父親諸葛珪，從父諸葛玄，堂兄弟諸葛誕，兄弟姊妹：諸葛瑾，諸葛均，長姊嫁襄陽望族蒯氏蒯祺二姊嫁龐德公子龐山民。

　　妻黃夫人，子女：諸葛喬，諸葛瞻。

　　孫：諸葛攀，諸葛喬之子。因諸葛恪被殺，無嗣，便回作諸葛瑾之後。諸葛尚，諸葛瞻長子。與父親諸葛瞻在涪城一役中戰死。諸葛京，諸葛瞻次子。264 年與諸葛攀之子諸葛顯移居河東，在晉朝仕官，才能出眾，官至江州刺史。

中國四大發明

（造紙術、指南針、火藥、印刷術）

一、造紙術

蔡倫　62-121　湖南來陽縣燕塘鄉紅溪村寶山腳下蔡子坪

　　蔡倫，字敬仲，西元前 200 年左右，中國人發明了造紙術。西元 105 年東漢時期的蔡倫制出了蔡侯紙。造紙術是中國四大發明之一。1769 年『蔡氏宗譜』續譜中，引述 1669 年序稱「余始祖大漢受封龍亭侯，諱倫，字敬仲，住桂陽城南。」清同治「桂陽直隸州志」載：「今州南門有蔡倫井，傳云倫故居也。」

　　74 年，在大山麓石林的鄉學啟蒙讀書。

　　75 年，為生活所迫，進宮為宦當小太監。

　　76 年，任小黃門（宦官）

　　80 年，和帝即位，進皇宮做宦官，升中常侍，出入皇帝左右，參預國家大事。

87 年，為尚書令，掌管宮廷御用手工作坊。

89 年，入朝廷侍從天子的中常侍，豫參帷幄之中，傳達詔令，掌理文書，參與朝政。歷經東漢五位皇帝。

97 年，蔡倫是鑄劍高手，「監作秘劍及諸器械，莫示精工堅密，為後世法。」『後漢書。蔡倫傳』「有蔡太僕之弩，及龍亭九年之劍，至今擅名天下。」

105 年，發明造紙術。他把樹皮、麻桿、爛布帛、魚網等漚爛，經過挫、搗、抄、銑舂成薄漿，再用非常細密的網狀方框撈取漿水，凝結晾曬後加工，成了既平又薄很規則的一層物質，這便是紙，時有「蔡侯紙」之稱，受到漢和帝讚譽，這是偉大發明。

114 年，封為龍亭侯，食邑 300 戶。後非常信任他的鄧太后，又提升蔡倫為九卿之一的長樂太僕。

121 年，鄧太后去世，安帝親政。安帝祖母宋貴人在宮中受辱，蔡倫雖未參與，因出入官中，涉嫌竇太后誣陷案，安帝下令他到審理刑獄受審。蔡倫受不了誣陷污辱，在家中沐浴潔身後，服毒藥自盡，屍骨草草埋於對他封地陝西省洋縣龍亭鎮。

151 年，時隔 30 多年，漢桓帝下詔書為蔡倫昭雪，重新修建一座巍然如山墳墓；蔡侯祠正殿大門上，高懸唐德宗御書『蔡侯福』匾額。蔡倫故鄉桂陽，也建有蔡侯祠、蔡侯井、牌坊，上面鏤刻「蔡倫功德源遠流長。」

（後漢書）記載，蔡倫大約是在東漢明帝時進宮當宦官，為什麼他要去當宦官呢？因為當時皇室中有一位楚王叫劉英，被誣陷有造反行為，在當時謀反是很嚴重的罪名，劉英的謀士蔡雨亭也因此被牽連，蔡雨亭的兒子--蔡倫因此被閹割，並被派入皇宮內當差，那時蔡倫才 12 歲。

蔡倫很好學，皇帝寵妃宋貴人很賞識他，於是提拔蔡倫當皇子的伴讀。有了這樣的激勵蔡倫更加用心向學，後來又得到章帝的重視，便再次得到提升，當了小太監，可以自由出入皇家書庫。章帝駕崩（死了）後，和帝即位，蔡倫升職為中常侍（一種官名），直接可以參與國家的機密大事，以及朝廷的決策運作。

史書上曾記載：有一次太后病重時，宮內正醞釀著叛亂，蔡倫得知後稟告皇上，皇帝下旨捉拿叛賊，於是平息了一場危機。但是皇帝不聽蔡倫的勸告，將叛逆者"誅殺九族"，致使蔡倫心灰意冷，辭去官職。蔡倫還曾經過當尚方令，專門監督製造寶劍以及各種兵器，品質很好，許多研發出來的製作技術，一直沿用到後代。西元 105 年，竇太后因為他長期的功勞，封他為龍亭侯，同一年他向東漢和帝獻上他的發明—紙。後來皇帝又賦予他新的任務，讓他召集監督一些博學之士，校正修改許多經典，蔡倫也都作的極為稱職。

不過蔡倫晚年極為悽慘，捲入一場宮廷糾紛中，被指控曾經誣陷新皇帝（安帝）的祖母宋貴人（在古代凡是對皇室造反、誣陷，都是很重的罪名），蔡倫覺得自己受到污辱，於是服毒自殺，結束自己的生命。

蔡侯紙發明的背景，史書上的資料很有限，後漢書的記載：

「自古書契多編以竹簡，其用縑帛者謂之為紙。縑貴而簡重，并不便于人。

倫乃造意，用樹膚、麻頭及敝布、魚網以為紙。元興元年奏上之，帝善其能，自是莫不從用焉，故天下咸稱“蔡侯紙”。」

蔡倫創造出來的「紙」，不斷有後繼者加以改良，甚至製紙的技術還向外傳至阿拉伯世界、歐洲等地。

陸續出土的古文物中發現，早在公元前 2 世紀的西漢初期，我國就已發明了造紙術，而且當時造出的「麻紙」已經可以用于書寫文字和繪圖，這比蔡倫早了兩三百年。東漢蔡倫雖然不是紙的最早發明者，但他改進造紙技術，擴大了造紙原料的來源，把樹皮、破布、麻頭和魚網這些廢棄物品都充分利用起來，降低了紙的成本，尤其是用樹皮做原漿紙的創見，為造紙業的發展開闢了廣闊的途徑，光是這點就足以證明他是人類史上最重要的發明家。

後人為紀蔡倫，湖南省耒陽市城區蔡子池旁，原為東漢蔡倫的故宅，其發明造紙術後，封為龍亭侯，後人立祠紀念。

上海市為紀念蔡倫，有一條路命名〔蔡倫路〕。

美國《影響人類歷史進程的 100 名人排行榜》中，蔡倫位列第七位。

二、指南針

相傳西元前 2700 年中國人發明了指南針。前身為中國古代的司南，用於指示方向的工具，廣泛應用於航海、野外探險等領域。早在古代已對貿易、戰爭和文化交流造成深遠影響。

指南車：西元前 100 年左右西漢時期，中國發明指南車（也有傳說黃帝時期中國人就發明了指南車）。中國老祖先提煉生鐵，並將之與天然磁石接觸以進行磁化。古文獻對天然磁石吸引鐵以製備磁鐵的描述於《管子》《呂氏春秋》和《淮南子》中。到了漢朝（前 202-220）開始使用指南北天然磁石磨製的勺碗狀指南針，用來占卜與風水堪輿，尚未用在導航方面。東漢王充（27-約 97 年）在其所著《論衡》卷 17 是應篇第 52 說「司南之杓，投之於地，其柢指南」。

1044 年，北宋曾公亮《武經總要》描述用人造磁鐵片製作指南魚：將鐵片或者鋼片剪裁成魚狀，放入炭火燒紅，尾指北方斜放入水，便形成熱剩磁的指南針，可放在盛水的碗內，透過剩磁與地磁感應作用指南。《武經總要》記載該裝置與純機械的指南車並用於導航。

960-1279 年宋朝沈括在其 1088 年著述《夢溪筆談》中是第一位描述地磁偏角（即磁北與正北間的差異）和利用磁化的繡花針做成的指南針的人，而朱

或（活躍於 12 世紀）在其 1119 年發表的《萍洲可談》中是第一位具體提到利用指南針在海上航行的人。

1123 年，宋朝派遣使臣取海路出使朝鮮，《宣和奉使高麗圖經》記載用水浮指南針導航：「是夜洋中不可住，維觀星斗前邁。若晦冥，則用指南浮針，以揆南北」。宋代的航海指南針，除「南北」，還未見有其他方位。四十八方位羅盤用於航海的文獻紀錄，最早見於元代周達觀《真臘風土記》：「自溫州開洋，行丁未針。歷閩、廣海外諸州港口，過七洲洋，經交趾洋到占城。又自占城順風可半月到真蒲。又自真蒲行坤申針，過崑崙洋入港」。

明朝永樂年間隨鄭和下西洋的鞏珍在《西洋番國志》的《自序》中敘述應用水浮羅盤的情況：「往還三年，經濟大海，綿邈彌茫，水天連接，四望迥然，絕無纖翳之隱蔽。惟日月升墜，以辨西東，星頭高低，度量遠近。斫木為盤，書刻干支之字，浮針於水，指向行舟」。

到了元代，指南針為海上首航最重要的儀器。晝夜晴陰都用指南針導航了。而且還編製出使用羅盤導航，在不同航行地點指南針針位的連線圖，叫做「針路」。船行到某處，採用何針位方向，一路航線都 —— 標識明白，作為航行的依據。

三、火　藥

葛洪　戰國時期

西元 850 年。發明了火藥。十世紀時中國人已用來發信號和製造煙火。西方到 12 世紀後期才開始關注火藥，比中國晚了三百多年。

葛洪「抱朴子仙藥篇用雄黃、硝石、豬大腸油、松脂」煉丹治成「火藥」魏郝昭用「火箭」架雲梯發射攻城。

808 年，清虛子「伏火礬法」。

976 年，吳越「武經總要」有火箭。

970 年，有「火箭法」。

1000 年，北宋唐福製造火箭受到朝廷嘉獎，明代出現「一根火繩發射多發火箭」。十六世紀「火龍經火龍出水」，1259 年創「空火槍（火銃）」「前膛槍」。

絹畫《降魔變》是中國最早的火藥火槍使用藝術描繪，907～960 年繪成，在敦煌莫高窟被發現。

右圖為元代火銃、明代火炮。

四大發明中的火藥除了可製作煙花和炮仗等，亦是一種炸藥，被運用到戰爭上成為軍事用途。據載起源於唐朝甚至秦朝。宋朝時期，約 12 世紀中期已經發展出具有一定殺傷力的單兵火器（火銃）以及連發式火器（連銃）用於彌補當時宋人戰鬥力不及金人的劣勢。中國在實用性火器的使用上早於歐洲五個世紀左右。

可查的首次火藥使用是在五代十國（907 年-960 年），不過已知最早火藥配方的書面記錄是在宋朝年間（960～1279 年），由曾公亮、丁度、和楊惟德在 1044 年《武經總要》里的記述《武經總要》描述火藥用於旋風車炮拋射引火球拋過城牆，或者用鐵鍊操作降低甩擺高度以擊碎城牆。由水軍船隻搭載的霹靂炮（一種用火藥彈丸的投石機）使得宋軍在 1161 年采石之戰大敗金軍，

元朝（1271 年-1368 年）在 1274 年和 1281 年兩次入侵日本時使用過鐵火炮。在 13 和 14 世紀期間，火藥配方殺傷力變得更加強大（硝酸鹽含量高達 91%），且火藥武器更為先進更為致命。

明朝（1368～1644）由焦玉（活躍於 14 世紀至 15 世紀初）與劉基（1311～1375）軍事著作《火龍經》書中記述鐵鑄轟天猛火火炮、攻城噴火器、地煞神機炮〔地雷〕、毒火藥配方等軍火。該書於劉基死後不久完成並由焦玉作序於 1412 年在南陽出版。武經總要全前集卷十二火藥製法、霹靂火球製法、霹靂火球圖、竹火鷂鐵嘴火鷂、火球圖、火龍經飛雲霹靂炮、火龍經水雷。

葛洪不但發明火藥，同時他又是名中醫學家。

四、印刷術

畢昇　約 990~1051　湖北英山草盤地鎮五桂墩村一說浙江杭州人

畢昇，刻版工兼發明家，發明了活字版印刷術。

畢昇的發明是世界上最早的活字印刷技術。宋朝的沈括所著的《夢溪筆談》

記載了畢昇的活字印刷術：

　　版印書籍，唐人尚未盛為之，自馮瀛王始印五經，已後典籍，皆為版本。慶歷中，有布衣畢昇，又為活版。其法用膠泥刻字，薄如錢唇，每字為一印，火燒令堅。先設一鐵版，其上以松脂臘和紙灰之類冒之。欲印則以一鐵範置鐵板上，乃密布字印。滿鐵範為一板，持就火煬之，藥稍鎔，則以一平板按其面，則字平如砥。若止印三、二本，未為簡易；若印數十百千本，則極為神速。常作二鐵板，一板印刷，一板已自布字。此印者才畢，則第二板已具。更互用之，瞬息可就。每一字皆有數印，如之、也等字，每字有二十餘印，以備一板內有重複者。不用則以紙貼之，每韻為一貼，木格貯之。有奇字素無備者，旋刻之，以草火燒，瞬息可成。不以木為之者，木理有疏密，沾水則高下不平，兼與藥相粘，不可取。不若燔土，用訖再火令藥熔，以手拂之，其印自落，殊不沾汙。昇死，其印為余群從所得，至今保藏。

　　畢昇為北宋仁宗時杭州平民，於慶歷（西元 1041～1048 年）間創製膠泥活字排版印書，見於沈括晚年所著夢溪筆談一書。雖其法終宋代迄未發生影響。畢竟誘導後世木質以及銅、錫、鉛、泥等活字印刷，為國際周知之活字版發明人。沈括述畢昇之法：先以膠泥刻常用單字為印，薄如錢唇，以火燒之令堅，另設一鐵板，以松脂、紙灰之類作藥敷板面，然後以鐵製版範置鐵板上。印刷前，於鐵範中排列膠泥單字令滿，又使鐵板背就火熔所敷之藥，另以一平板按其面，則字平如砥，即可以紙刷印。多印極為神速，印畢可再以火熔藥，使泥字易脫，改排再印。又言畢昇亦曾製木活字，因不如泥活字合宜捨去，及畢昇卒，其泥字為沈括從侄輩保藏云云。由於沈括記載欠詳，近代學者對畢昇及其活字頗多臆測附會，皆已經張秀民氏辯闢。如羅振玉、胡適等總疑膠泥不宜刻字印刷，張氏即？道光間翟金生自造泥字印書仍有存本駁之。沈括原籍杭州錢塘，就畢昇所遺活字為其侄輩所得，可推想畢昇當即杭州一帶人氏。

　　西元前 1324 年，中國人已會雕刻印章，用墨水印在檔上。1040 年，刻字工人畢升在北京歷年間發明活字印刷術。

　　1107 年，中國人還發明了彩色印刷術。

　　畢昇初為印刷鋪工人，專事手工印刷；畢昇在宋慶歷年間（1041~1048）發明在膠泥片上刻字，一字一印，用火燒硬後，便成活字；排版前先在置有鐵框的鐵板上敷有一層攪和紙灰的松脂蠟，活字依次排在上面加熱，使蠟稍熔化，以平板壓字平面，泥字即固著在鐵板上，可以象雕版一樣印刷；此外他還研究過木活字排版；活字可以多次使用，比雕版印刷經濟方便；活字印刷術被認為是世界上最早的活字印刷技術。

　　宋朝的沈括所著的《夢溪筆談》記載有畢昇的活字印刷術；

　　1990 年，湖北英山草盤地鎮五桂墩村睡獅山麓出土一方墓碑，考證為畢昇

墓碑。

　　四大發明中的活字印刷術並非現代印刷術的前身，而據李約瑟所論北宋制的膠泥活字印刷術有許多劣勢的地方。它與造紙術一樣對知識的保存和流通造成影響。另外，印刷術的發展與早期的印章無直接關係，古代印章在古埃及、古希臘、兩河流域都有使用。美國考古學家在中亞土庫曼斯坦安納烏曾於 2000 年 10 月發掘出距今 4300 年的中亞印章，其文字仍有待考證。

　　雕版印刷：目前發現最早的雕版印刷成品是一單頁版梵文撰寫的《陀羅尼經》，該經是印在亞麻紙上，於 650 年至 670 年間出版，且在 1974 年於西安附近的唐代陵墓出土。金剛般若波羅蜜經是已知最古老的印刷書籍，在 868 年出版約唐朝 618～907 年期間。

　　最早大小的印刷出版書籍，是唐代（618～907）年間刊行的《金剛經》。經長 5.18 米（17 英尺），捲軸格式，可追溯到唐懿宗咸通 9 年農曆 4 月 15 日（即 868 年）。另外，兩個最古老的印刷農曆日期為 877 年和 882 年，它們是在當時佛教聖地敦煌被發現。

　　1313 年所著《王禎農書》附撰《造活字印書法》中的插圖顯示在原型表的區間內依照音韻方式排列的活字

　　活字印刷：宋朝（960～1279 年）沈括是第一位描述活字印刷過程的學者，在他寫於 1088 年的著作《夢溪筆談》中，將此發明歸於不知名的工匠畢升（990 年-1051 年）。隨著燒結陶土字元的使用，沈括描述畢升製作字形、撿字排列、印刷、並在印刷後拆解留待後來使用。畢升曾嘗試木製活字，但木製活字一直要到元朝（1271～1368）王禎（活躍於 1290～1333）的木模才趨完善。王禎亦將文字按照音韻組合置於有小隔間的轉輪排字盤以方便撿字。至於銅版活字要等到明朝（1368～1644）華燧（1439～1513）於 1490 年的印刷作品才趨完美。清朝（1644～1912）山東泰安的學者徐志定於 1718 年發展出瓷版印刷。

　　1990 年秋，湖北省英山縣草盤地鎮五桂墩村睡獅山麓出土了一方墓碑，據考證為畢昇的墓碑，任昉發現該墓誌的形制和風格有明顯的外來文化和外來宗教的色彩，他認為畢昇很可能是信仰摩尼教的昭武九姓後裔。

科　技

中國領先世界發明

火　箭

西元 1150 年中國發明火箭，並用火藥為燃料的火箭打仗。

火箭，在古代是將固體火藥綁於箭竿的箭，最早出現是中國的宋代。將紙筒包裹的火藥綁於箭竿，並裝有配重金屬塊來使箭簇在飛行中保持穩定，再用弓弩發射，燃燒的火藥能使箭增大飛行高度和距離。

1234 年蒙古滅金，將在開封等地虜獲的工匠、作坊和火器全部掠走，把金軍中的火藥工匠和火器手編入蒙古軍。

1235 年，蒙古大軍發動第二次西征，新編入蒙軍的火器部隊也隨軍遠征。

1236 年秋，蒙古大軍攻至伏爾加河沿岸，在這裡擊潰欽察部後，進入俄羅斯腹地。在隨後的幾年中，裝備火器的蒙古大軍橫掃東歐平原。

1241 年 4 月 9 日，蒙古大軍與 3 萬波蘭人和日爾曼人的聯軍在東歐華爾斯塔德大平原上展開激戰。蒙古軍使用威力強大的火器。蒙古人從一種木筒中成束地發射火箭。木筒上繪有龍頭，因此被波蘭人稱作「中國噴火龍」。

1304 年阿拉伯人將黑火藥應用在軍事上，放在竹或鐵製的管內，以射擊箭枝。

明朝後出現填充神機箭的一窩蜂、火龍出水等火箭。火箭係籍噴氣反衝推動裝置。中國響成千年前已經發明咗火箭，用火箭到推動箭射向敵人。明朝有個叫做萬戶嘅人設想用火箭綁凳腳度點火飛天。第二次世界大戰德國利用火箭原理發明飛彈，火箭開始用於軍事。1950 年代蘇聯人開始用火箭發射太空船。

火焰噴射器

　　中國 904 年發明火焰噴射器，並且用於打仗。

火焰噴射器（Flame Thrower）主體是由一根長長的金屬管子組成，經由軟管連接到背後的高壓空氣桶。燃料箱是由膠帶綁在金屬管子上，可以在噴射器的前端看見一團不會滅掉的火苗，這個火苗是按下板機之後要射出燃料的底火。發射器的扳機是由加油站的加油槍做成。

　　此種武器每秒可以噴射出 22.5 個火焰微粒，而且是成椎狀擴散放射。微粒傷害會受距離影響，但是卻有穿透性，不會因為建築物或玩家而阻擋噴射，也就是說可以一次攻擊複數目標。但他的攻擊範圍有限，且只有近距離能造成較大的傷害。使用火焰噴射器攻擊大約每秒會消耗 12.5 單位的彈藥。

　　火焰噴射器分為兩大類：

第一類會發射出一道燃燒中的可燃液體；

第二類會發射出燃燒中的氣體。

　　火焰噴射器由背包和火焰槍組成。背包一般有兩至三個圓筒，其中一個內含高壓的惰性推進氣體（如氮氣），另外兩個則裝有易燃液體 —— 一般為汽油和某些增稠劑的混合物。

　　火焰槍由小容器、彈簧閥、點火裝置，扣下扳機，彈簧閥打開，高壓易燃液體流經點火裝置，從噴嘴噴出。

　　火焰噴射器，分為壓縮氣體推動和火藥燃氣推動兩類，前者可以自由控制噴射時間和次數但射程偏近，後者一般每次噴射一個容器的量但射程較遠。

　　火焰噴射器對於敵軍具有強大的心理威懾力，殺傷力相當慘烈，被擊中者往往被活活燒死，因此曾有人呼籲禁止此類武器的使用。火焰噴射器主要用於對付掩體、碉堡等各種加固工事，能夠地打擊到各種射擊死角。實際上，現代火焰噴射器能夠在 50 至 80 米的距離上將目標燒成灰燼。另外，也有向目標噴射易燃液體並事後點燃（或被目標的燈火等所點燃）的做法。

槍　炮

大約西元 905 年，中國人發明了槍炮。這槍就是火槍（或稱長矛）。歐洲人到 1396 年才開始用火槍，比中國晚了四百多年。槍炮，又叫大砲、火炮，係利用火藥燃氣壓力等能源拋射彈丸，口徑唔少過 20 毫米嘅身管射擊武器。

微型熱氣球

西元前二世紀中國人發明微型熱氣球。最早的微型熱氣球是用蛋殼製造的。在那個時期寫的《淮南萬畢術》一書裡提到，借助於燃燒著的引火物，蛋殼可以飛上天空。用一個雞蛋，去掉蛋黃和蛋清，然後點燃放入其孔中的引火物艾蒿。蛋殼就可以自行升空飛走。

氫氣球和氦氣球的最佳替代產品，該產品的主要特點是

具備超強的抗風能力，省燃料，易回收，空中不用駕駛員，採用全地面操縱作任意高度懸停。熱氣球也有用紙做成的。一位於 1939 年僑居在中國雲南省麗江地區的名叫彼得·古拉特的外國人，他曾寫書說，他曾目睹過中國人放紙紮熱氣球的情景。

鐵　犁

西元前六世紀中國就發明了鐵犁，其他國家前 2，200 年後才有。鐵犁最早出現在戰國時期，農業生產傳統耕翻農具。河北易縣燕下都遺址和河南輝縣都出土過戰國時期鐵犁鏵。

漢代鐵犁已有犁壁用來翻土和碎土。

鐵犁裝有鐵製犁鏵和犁鏡，以牲畜或人力牽引，日耕地 2-3 畝，耕翻深度 4 寸許。鐵犁犁身全鐵化，稱為全鐵犁，犁口鋒利化，角度縮小到 90 度以下，銳利適用；犁因不同需要，而有大、中、小型之分，形制亦因需要而有差異；犁頭犁冠化，用於多沙石地區的犁頭，多加裝鐵犁冠，對犁鏵刃部起保護作用，可隨時更換；犁鏵犁壁化，犁上裝有犁壁，便於翻土、起壠，用力少而見功多。

秦代鐵犁鏵（陝西臨潼秦始皇陵附近出土）鐵犁歷史上曾有幾百年，消耗體力極大，造成人的時間與精力的最大浪費。

1、犁的始祖

農業勞動中，耕田翻土是一項重要的工作，神農時代就已有了專門的工具—耒耜，《易經·系辭》即有「斫木為耜，揉木為耒」，可見耒耜全部都是木製的。

2、犁在新石器時代出現

最基本和通用的犁稱為阿得犁，一個淺犁鏵僅能開出淺溝，用於經常颱風和土壤疏鬆而乾燥的地區，木料製成，中國出土的三角石犁鏵可追溯到公元前4000年甚至公元前5000年早期。牛拉的「阿得犁」早在新石器時代就已使用了。

3、青銅犁鏵

漢代舌形大鏵、小鏵，為約公元前16世紀真正犁（旋轉犁）的青銅犁鏵，在當時與中國有貿易的越南境內出土。但中國大多數犁鏵在那時似乎是木製的。

4、鐵犁的出現

公元前6世紀，鐵包木或實心鐵犁已廣泛應用，這是世界上最早的鐵犁，在質量上比西方通用的阿得犁好得多。

公元前3世紀，隨著煉鐵和鑄造技術，導致「輨」的犁鏵研製。輨這類犁鏵在設計上就比較先進，呈脊形，以便於犁土，而擋板以平緩坡度向上朝向中心，將土從犁上拋開，從而減少摩擦。這一時期，鐵犁已經普及，而弓架式阿得犁開始廢棄，代之以較重而更有效的方框式旋轉犁。這種犁可以用於粘性較大的土壤，而阿得犁太輕又不結實，對這種土質不適用。漢代舌形犁鏵公元前1世紀時，犁的寬度已超過15厘米，能夠開溝作壟。而在更寬的壟的兩邊較深地疏通壟溝，至遲在公元前4世紀，中國朝廷官吏和學者就正式推廣了框架犁。中國的這種犁，堅固、方框式、重型、結構良好的犁，以及新的犁壁都優於世界其他國家的各種犁，犁成為具有多種用途的農具。

公元前2世紀，大量生產鑄鐵農具，公元前100年時，漢代朝廷在許多省建立了大型官營鑄造廠。漢代鏵冠（五件套合在一起，陝西垅縣出土）

現代的「犁」是以牛力牽引耕田的農具之一，主要部分為鐵的「犁鏵」、「犁頭」及木製的「犁槃」、「犁稍」。牛力牽引犁槃，人持犁稍叱牛前進，犁鏵受牛前行的挽力，而將田土翻起。

犁的發明與牛有直接關聯，打通牛鼻內的軟骨，扣上牛鼻環，加上繩索成為馭牛最重要的工具。人們駕馭牛之後，開始用一根橫木駕在兩頭牛凸起的背背上，再由橫木拉繩到犁曳引。可是雙牛同時拖犁，腳步快慢不一，於是就設甫了「軛」套在牛的肩背上，像人類在挑擔，稱「牛擔」。牛擔是以竹子的根頭部分，在竹子生長期利用工具使之彎曲成型，擱在牛凸起的肩背上，兩端又微微反向彎曲，用來繫索向後拉到「牛後蹚」，一條橫木置於牛後，中間有一個圓鐵環，犁就扣勾在這個環上把牛、犁連接成一體，轉彎前進都活動自如。先農發明了牛鼻環、牛擔、牛後蹚，從而能操控牛力耕田，綿延數千年。

懸吊橋

吊索橋，中國在西元前第一世紀便已建成，世界各國到 1,800 年後才有。懸索橋亦稱吊橋，是橋樑的一種其主要承力部分是橋兩端的兩根塔架，在這兩根塔架間的懸索拉住橋的橋面。為了保障懸索橋的穩定性，兩根塔架外的另一面也有懸索，這些懸索保障塔架本身受的力是垂直向下的。這些懸索連接到橋兩端埋在地裡的錨錠中。有些懸索橋的塔架外還有兩個小一些的橋面，它們可以由小一些的懸索拉住，或由主索拉住。香港青馬大橋是連接大嶼山香港國際機場及市區的幹線公路，它不單是香港一個主要的建築標誌，而且更是全球最長的行車及鐵路吊橋。

青馬大橋橋身長度為 2.2 公里，主跨長度 1,377 米，離海面高 6.2 米，橋塔高 206 米，而吊纜鋼線總長度為 16 萬公里.同類吊橋還有巴拿馬運河，英法海峽隧道及三藩市金門大橋等其他九項工程，最長的鋼索橋在上海黃浦江上，一座橫跨兩岸的拱形鋼架拉索橋為世界上最長的鋼索橋。最長的觀光吊橋在廣西桂林建成一座長兩百餘米的旅遊觀光空懸吊橋。最長雨林吊橋是馬來西亞瓜拉大漢國家公園內，長達 450 公尺的雨林吊橋。

紡　織

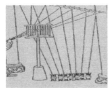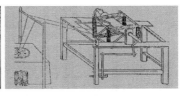

傀祖教民紡織，西元前九千年開始製造使用世界其他國家晚幾個世紀才知紡紗。

1.雙手搓捻：

將羊毛、棉花纖維搓成長紗，然後織布，西元前 9000 年左右被用來製造紗線，織品種類很多。

2.手工紡紗桿及錠子

西元前 7000 年左右，人類開始用燃桿（紡紗桿）和錠子紡紗。一隻手拿著上有纖維的撚桿，另手把纖維抽成一根鬆紗，繞在另一根棒或錠子頂端的凹槽裏。錠子底下用扁平的石塊或錠盤加重固定。人把錠子像陀螺那樣旋轉，錠子便把鬆紗燃緊成紗線，然後再把紗線繞在錠子上。

3.紡車

一般認為紡車起源於中國，由繰絲機演變而來。改進的紡車，燃桿裝在機器上，輪子用腳踏板操縱，這種機器可以同時紡紗和繞線，減輕勞動力。

4.中國紡車的演進

春秋時期即已有紡車，最原始的紡織工具應為紡磚，由石片或陶片所作成的扁圓形的紡輪，中間有一短桿，利用物體迴轉的慣性，從事捲繞撚合紗線的

工作。從出土的紡織品中，可以推斷，秦漢時，手搖單錠紡車已廣為使用。

宋代麻紡大紡車與水運大紡車的出現實際上已具備小型工廠的雛形。在紡織技術上最重要的成就，是紗羅錦鍛等的織造方法和提花工藝。棉織業也逐步發展。

根據元陶宗儀所著〈綴耕錄〉記載，宋末松江一帶雖種植棉花，但因沒有踏車、椎弓，只能用線弦與竹弧彈紡，效率極低。

元代元禎年間，流落涯州的黃道婆回到故鄉，有感於從事紡織婦女的辛勞，將其所學改良，將舊有的紡織機械成為一套集桿、彈、紡、織的生產工具。此外，她又創造三錠腳踏紡車，可同時紡三根紗。三紡車不但提高了工作效率，更讓產量增加，這遠比歐洲的「珍妮機」還要早上五百年。

清代的多錠紡紗車，將手工紡織機器改良，速度快，提昇效率。

5.紡紗機械化

西元 1769 年亞克賴特（R. Arfwright）得鐘錶匠的協助，改良老式紡車，發明水力紡紗機。1779 年克朗頓（S. Crompton）結合傑尼紡紗機與水力紡紗機的優點，開發出走錠紡紗機（spinning Mule），可紡出又細又結實的細紗，同時結合軋棉機的發明與惠特尼（E. Whitney）的蒸汽動力機器的運用，從分離棉花與棉籽到紡成紗，完全改以機器代勞人力。

弩（英語：crossbow）

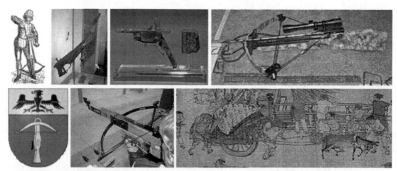

中國前第四世紀即造成弩箭，用作武器，界其他國家有弩箭要晚 200 年。

弩，古曾稱窩弓，現亦十字弓（Crossbow），一種射擊兵器。它是一種裝有臂的弓，主要由弩臂（弩身）、弩弓（弩翼）、弓弦和弩機等部分組成。因不需要在拉弦時同時瞄準，所以對使用者的要求也比較低，裝填時間比弓長很多，但是一般來說它比弓的射程更遠、殺傷力更強，而且命中率更高，在古代是一種大威力的遠距離殺傷武器。強弩的射程可達六百公尺，床弩的射程更達一千多公尺。按張弦的方法不同，可分為臂張、蹶張（足踏）和腰張等。

弩弓一般用多層竹、木片膠制的複合弓，形似扁擔，所以俗稱「弩擔」。前部有一橫貫的容弓孔，以便固定弓，使弩弓不會左右移動，木臂正面有一個放

置箭簇的溝形矢道，使發射的箭能直線前進。木臂的後部有一個匣，稱為弩機；匣內前面有掛弦的鉤，稱為「牙」；牙的後面裝有瞄準器，叫「望山」；牙的下面連接有扳機，稱為「懸刀」。發射時，先將弓弦向後拉，掛在鉤上，把弩箭放在矢道上，瞄準目標後扣下懸刀，牙就縮下，牙鉤住的弓弦就彈出，箭矢疾射而出。

前2世紀。在東漢《吳越春秋》，弩傳說由戰國時代楚國的楚琴氏發明，楚琴氏在戰爭中感到弓箭的威力還不夠，便在弓上裝臂，創造了第一把弩。

前342年，齊國和魏國在馬陵交戰，齊國軍師孫臏在馬陵道兩側埋伏了一萬多名弩手，當魏軍經過時，萬弩齊發，大敗魏軍。秦朝時期弩在軍事上的應用極爲普遍，依照對秦始皇兵馬俑的考古發掘，不僅是步兵，當時的騎兵也將弩作爲首要作戰兵器。由於弩需要上弦，故在戰術上多以弓箭作其掩護武器。

漢朝時期，弩已趨成熟。晁錯於西元前169年寫了一篇奏章上呈漢文帝，該奏章中涵蓋了他認為漢弩優於匈奴弓的主張。文字上「弩」與「弓」明顯分家。

傳說三國時期蜀國丞相諸葛亮發明了可以用拉桿快速上弦的連弩。

晉朝馬隆憑藉腰開弩打敗樹機能。明朝的蹶張弩的力可達二、三石，腰開弩可達十石。明朝又有人將半自動弩改良命名為諸葛弩，由於諸葛弩上有矢彈匣，加快上矢速度，添加矢至矢彈匣。而諸葛亮發明的連弩與諸葛弩是不一樣，連弩發射範圍大、殺傷力大，故一弩十矢齊發，當時魏張郃即被連弩擊斃在戰場上。後又有「元戎弩」，「元」為輪子、「戎」為兵器，故稱為元戎弩，可以連續發射，一次可十矢齊發，推應該諸葛亮發明的連弩也有大型矢彈匣，其缺點拉弦需弩士七、八人。春秋曰「損益連弩，謂之元戎，以鐵為矢，矢為八寸，一弩十矢俱發。」八寸如釘約二十四公分（現代建築用）《天工開物》一書則敘述諸葛弩是「機巧雖工，然其力綿甚，所及二十餘步而已，此民家防竊具，非軍國器。」《武備誌》也提到「東南人喜用之，然力輕而不能傷人。」「此弩懦夫閨婦皆可執以環守其城，一弩連發十矢，鐵簇塗以射虎毒藥，發矢一中人馬見血立斃，便捷輕巧即付騎兵亦可執以衝突，但矢力輕必藉藥耳。」

火器的應用，弩漸漸衰落，明代開始，軍隊已經漸漸不使用弩作為戰鬥武器。

有些地方，射弩用於競技體育運動項目。射弩目前並不是現代奧林匹克運動會的比賽項目之一。在北美、亞洲、澳洲和非洲的一些地區，弩仍被原住民用作狩獵工具。一些戶外運動愛好者也喜歡選擇弩作為狩獵工具。在對鯨類的科研活動中，弩被用來作為一種取樣工具。它能夠安全地從鯨魚身上取得鯨脂的活體樣本而同時只對鯨魚造成最小限度的傷害。

獨輪車

獨輪手推車，中國在西元第一世紀就已造出使用，世界國家 1,300 年後才有。比中國晚了一千二百年。

獨輪**車**是以人力推動的小型運載工具，最早為希臘人或中國漢朝人發明。它符合工效學，能夠抵受在崎嶇路面行進，但是不能在太過傾斜的地面作物資或工具運輸。

獨輪車利用槓桿原理而把負載的抗力點的靠近支點（即車輪）而令本身運作有效率，亦把負載分擔在獨輪車及操縱者之上。因為獨輪車令笨重或大量的負載移動變得輕鬆，所以它在建築工地、農地、花園中都是不可或缺的。雖然兩輪的手推車在平地較為穩定，但獨輪車則在易失平衡的地方如細小、鋪板或翹起的路面有較高的可操作性，而且在卸載時亦較易控制。

獨輪車，由北宋畫家張擇端（1085 年–1145 年）畫作清明上河圖中描繪的單輪中式獨輪車。此外，古代史家陳壽（233 年–297 年）所著的《三國志》中，指出蜀漢丞相諸葛亮在 197 年–234 年間對獨輪車的發明作出貢獻。文中指出諸葛亮在 231 年發明了木牛流馬，並在對曹魏的作戰中用作軍事供應物品的運輸。裴松之在 430 年所作的註解中詳細描述了木牛流馬的設計，它有一個單獨大型的中心車輪，在代表牛的木製支架周圍有一個軸。在 11 世紀，宋朝（960 年–1279 年）學者高承在其著作《事物紀原》指出他當時的軸向前傾斜的小車（便於拉動），為諸葛亮木牛的直接後代。此外，高承亦指出三世紀的"流馬"獨輪車為軸向後傾斜的小車（便於推動）。

中國獨輪車的最早描述在 2 世紀漢朝墓地壁畫及磚墓浮雕中發現。在四川成都一個年代為 118 年的墓中壁畫，發現繪有推著獨輪車的人。在四川沈府君闕發現年代約為 150 年的石浮雕，亦刻有推著獨輪車的人。二十四孝中便有孝子董永利用名為「鹿車」的獨輪車載著父親到處移動的故事，並描述在山東武梁祠年代為 147 年的壁畫上。但有比以上更早期的證據可以追溯至公元前 1 世紀及 1 世紀。在 5 世紀的後漢書中提及了發生在前 30 年共挽鹿車的成語故事，故事中鮑宣的妻子與鮑宣一同推著鹿車回鄉成親。期後發生在 20 年，反對篡位者王莽（前 45 年–23 年）的赤眉起義中，趙憙為自己喬裝和把其妻子放在他的鹿車上，並聲稱其妻子十分不適而成功通過暴徒的詢問，從而避過危險。

中國獨輪車的特點

與其後在歐洲中世紀發明不同（車軸在前方用作運送較輕的負載），車軸在中間的中式獨輪車令它們負擔起重很多的重量。中國的獨輪車通常能夠一次負擔起六個人的重量，而且它並不是把大量的重量施加在拉動的人或動物上，而是把重量平均分佈在拉動者與車輪本身。由從 17 世紀歐洲到達中國的來訪者中對此十分讚賞，並受到荷蘭東印度公司的一位成員範巴瀾（Andreas Everardus van Braam Houckgeest）在 1797 年的著作中（精確描述了其設計及負重大的能力）表達對此的極度關注。

釀酒術

　　人類洪荒時代起，酒就出現了，酒的歷史幾乎是和人類文化史一起開始。中國在西元第七世紀即可釀造白蘭地及威士忌，世界國家要晚 500 年。

　　誰發明瞭酒？一說儀狄，一說杜康。《戰國策魏策》中記載，梁惠王請魯共公喝酒，魯共公說，當年天帝的女兒讓儀狄造美酒獻大禹。大禹飲後覺得甘甜，就疏遠了儀狄，不讓再釀酒，因為他看到，“後世必有以酒亡其國者”。宋朝竇革的《酒譜》中說，儀狄、少康之名，不見於經，只出於《世本》，《世本》非可信之書，況且在流傳中已真假難辨。西晉江統在《酒誥》中說：“有飯不盡，委余空桑，鬱積成味，久蓄氣芳。本出於此不由奇方。”他認為，酒本是從剩飯發酵中偶然發現的，不存在奇妙方法。空桑是傳說中產琴瑟材質之山，引申指佛門。

　　事實上，酒的發明非常早，原始社會時期，祖先就已經從穀物和剩餘熟飯的自行發酵中認識了“酒”。正如晉人江統在《酒誥》裏“酒之所興，肇自上皇……，有飯不盡，委余空桑，鬱積成味，久蓄氣芳，本出於此，不由奇方。”

　　我國很可能最晚在夏代就已具有了釀酒技術。《戰國策》“昔者帝女令儀狄作酒而美，進之於禹”。《淮南子》謂：“清醠之美，始於耒耜”。而《說文解字》中“少康造酒”的傳說是流傳最廣、影響最大的。少康即杜康，是夏朝第六代的王。六十年代，在河南偃師二里頭夏文化遺址中，發現有陶質的、盉、爵、觚等酒器，進一步證明了夏代已有人工釀酒。

　　商代，隨著農業生產的發展，用穀物釀酒更為普遍，城縣台西村商代中期遺址中發現了一座比較完整的釀酒作坊，其酵母在地下埋藏 3000 年後，出土時還有發酵作用。在商代甲骨文中有“鬯其酒”的記載。漢代班固在《白虎通義》中解釋說：“鬯者，以百草之香，鬱金合而釀之成為鬯”。即是由鬱金香與黑黍合釀成的一種氣味芳香的藥酒。

　　酒的發明，是中國古代的一大成就，而發現並利用酒來治療疾病，則是醫學的重大進步，酒可稱為人類製造的第一種人工藥物，故有“酒為百藥之長”的說法。再從古漢字“醫”的結構，也可以看出古代醫和酒（古代“酉”與“酒”通用）的關係。如漢代許慎《說文解字》說：“醫，治病工也……從酉。”

　　古代的酒，是由黍或稻釀製成的一種含有低度酒精的飲料，服用可以通經活血，令人精神興奮；多量服用就會麻醉神經，令人昏睡不醒，因而酒被先民

們當做最早的興奮劑和麻醉劑來使用。酒有通血脈、養脾氣、厚腸胃、潤皮膚、去寒氣、制藥劑、消毒殺菌的功效，在《黃帝內經》中有詳細記載。書中指出，古人作"湯液醪醴"，其醫療作用是"邪氣時至服之萬全"，所以有"疾在腸胃，酒醴之所及"之說。《素問玉版論要篇》曰："其色見淺者，湯液主治，十日已；其見深者，必齊之主治，二十一日已；見其大深者，醪酒主治，百日已。"由此可見，早在先秦時代，酒類就已在防病治病中佔有非常重要的地位，在中醫科技發展上起到了重要的推動作用。

一、傳說之一：「酒星」作酒

讀古人詩文，經常遇到「酒星」這個名詞，如：◎號稱「酒仙」的人－李白在【月下獨酌】一詩中有「天若不愛酒，酒星不在天」。

◎東漢末年以「座上客常滿，樽中酒不空」自詡的孔融，在【與曹操論酒禁書】中有『天垂酒星之耀，地列酒泉之郡』。

◎經常喝得大醉，被譽為「鬼才」的詩人李賀，也在『秦王飲酒』一詩中有「龍頭瀉酒邀酒星」。而翻閱有關酒的史料時，在『酒譜』中更是明白地標著：酒，「酒星之作也」。令人不得不欽佩古人的智慧與聰明。

二、傳說之二：杜康造酒

杜康是造酒第一人，中國古代也是流傳甚廣。東漢許慎在『說文解字。巾部』中，「古者，少康作箕帚、秫酒。少康即杜康」。據這些記載，人們認為杜康是最早的釀酒者。特別是在古代的釀酒行業中，都尊奉杜康為祖師。有些地方興建「杜康祠」，祭奠「杜康神」，並把「杜康」作為酒的代稱。

壹、釀酒方法

一、自然酒

自然酒在遙遠的古代就已經存在。就像樹木腐爛後的碳氫化合物埋藏在地下形成煤，火山岩漿遷移流徙構成金剛石一樣，自然的果實發酵，就生成自然「酒」。凡是含有糖份的物質，如水果、蜂蜜、獸乳等，很容易受到自然界中發酵微生物的作用而產生酒精的。酵母菌廣泛分佈於自然，尤其在一些含糖的水果（如葡萄等）中更多。成熟的野果掉落下來後，受到果皮上或空氣中酵母菌的作用而產生酒，此為一種"自然現象"，產生了"自然酒"。

二、酒的種類

在科學上的說法，凡含有酒精成分 1%以上的飲料，皆可稱之為酒，同時由於原料和製造方法不同，又可概括的分為以下三大類：（一）釀造酒：所含酒清成分完全係由含澱粉或含糖的原料，經過糖化醱酵等過程而產生的。但由於酒精成分達到 12%以上時，酸酵菌類如酵母菌 Yelazt 的繁殖，便受到了限制，即特別訓練的菌類，亦很少可以在 20%以上的液中繼續作用，所以釀造酒的特點就是酒精分在 20%以下，例如省產的啤酒、紹興酒、特級清酒等均之。其中，以釀酒所採用的原料來分，可概分為

下類三種：

1.以穀物為原料釀的酒：如稻、黍、稷、粟、高粱、麥等

2.以果品釀的果酒：如葡萄、梨、荔枝、石榴、椰子、棗、甘蔗等。另有與花卉一起製成的，如椰花酒、菊花酒、薔薇露、玫瑰紅等。

3.以奶為原料釀的奶酒：如馬、牛、羊、駱駝等，主要為北方遊牧民族。

（一）蒸餾酒：經過酸酵已經生成相當酒精成分的酒液，以蒸餾機蒸機蒸餾之，所得的餾出液，便是蒸餾酒，其餾出液的酒精成分，隨酒別、原料及產品規格而不同，但一般皆在 20%以至 80%之間，例如省產的米酒、燒酒、高粱酒及國內所產的茅台、大麴、汾酒，外國所產生的白蘭地等均屬之。

（二）再製酒：使用釀造酒或蒸餾酒為原料酒，添加各種藥材，水果香料、糖料或酒醪等浸漬調製而成的酒，一般均稱之為再製酒。如五加皮酒、人參酒、虎骨酒、菊花酒、枸杞酒、桂花釀酒、薑酒、烏梅酒、紅露酒等均屬之。

三、中國的釀酒技藝

中國釀酒技藝，『禮記』中還有一套較完整的釀酒經驗，說：仲冬之月，「乃命大酋，秫稻必齊，麴蘗必時，湛熾必潔，水泉必香，陶器必良，火齊必得。兼用六物，大酋監之，毋有差貸」。在冬季裡，王室向大酋發出釀酒的指示，

（1）準備品質釀酒原料高粱、稻子。　　（2）於生產酒麴的時間生產好酒麴。

（3）原料的浸泡和蒸煮要清潔。　　　　（4）釀造的水要適用

（5）所用的器具要完好　　　　　　　　（6）火候要適當。

抓住了這六點，就會釀出質地不好酒來。也就是後人所說的「古六法」。

在白酒釀造中，山西汾酒的「釀酒七條秘訣」：

（1）人必得其精　　（2）水必得其甘　（3）麴必得其時　（4）高粱必得其實

（5）器具必得其潔　（6）缸必得其濕　（7）火必得其緩

四、酒麴的應用

從釀酒所取得酒汁的方法來說，有蒸餾酒和壓榨酒之分。如果是蒸餾酒醅所取得的酒汁，就叫蒸餾酒；壓榨酒醅或用過濾的方法取得的酒汁，叫作壓榨酒。無論是蒸餾酒還是壓榨酒的釀製，都離不開發酵，而讓原料發酵又少不了一種「催化劑」——酒麴。

酒麴，含有許多對釀酒有用的微生物，如根黴菌、毛黴菌、酵母菌等等。而根黴菌和毛黴菌不僅有酒精發酵力，而且有很強的糖化澱粉的能力，早在中國三千多年前便已能熟練地製麴並用酒麴釀酒，這是中國發明的一種特殊釀酒法，這種微生物的掌握和運用是中華民族對人類的一大貢獻。

最早的酒麴是有黴菌在其中繁殖的穀粒，也可以說「發黴」的穀粒，人們叫它「散麴」。在周代，當時的散麴中有一種叫黃麴黴的菌佔有顯著的優勢。而漢代，製麴技術得到了很大的發展，不僅出現了用不同的穀物製的麴，而且出現了一種作成塊狀的麴，人們叫它「餅麴」，從散麴到餅麴，麴的表面和中間接觸空氣不一樣，表面有利於麴黴菌的生長，而內部則是利黴菌和酵母菌更容易繁殖，到了晉代出現了一種在製麴時加入一些植物的枝葉及汁液的方法。由於

一些植物的枝葉及汁液含有多量的維生素，加入酒麴中，能促使對釀酒有利的一些微生物繁殖和生長，而釀出的酒也別具風味。

「紅麴」的製作和應用。

宋代初年人陶谷在『清異錄』書中，提到「紅麴煮肉」。紅麴中的主要微生物為「紅麴黴菌」，它既有糖化澱粉的能力，也有酒精發酵力。宋代人大概是常飲用紅麴釀的酒的，全世界的發酵工作者莫不對中國紅麴的發明嘆為神奇。紅麴不僅可以釀酒，還是一味活血化瘀、健脾及治婦科病的良藥。紅麴黴菌產生的紅麴黴紅素，是一種很好食物染色劑，至今還被使用在紅腐乳、蘇式醬鴨、廣東叉燒和配製色酒中。用微生物發酵法製造食用色素，是中國對人類的又一貢獻。

宋代人製麴，還使用了一種叫「傳醅」的方法，即選用優良的老麴，碾成粉末，塗在用糧食做的麴坯外面。這實際是麴中微生物的傳種，與今天的接種操作相似。中國現在用的一些麴中，例如小麴中根黴菌的糖化力極強，正是近千年來人們連續選育的結果。用澱粉質原料製的麴，不僅運輸方便，而且易於保存。在保存的過程中，還提到了菌種的純養和馴養的作用，而糖化和酒精發酵作用只有極其輕微的降低，可以說是一種獨創的、多體菌種的巧妙的保存法。它比德國人－可赫發明的固體培養微生物法要早三千年之久。酒麴的發明和應用，不僅對後世的酒類生產，而且對發酵食品的製作，對酒精和醫藥的生產，產生難以估量的影響。

參。酒的用途～以酒為媒

西元前126年，中國人發明白蘭地和威士卡，1570年這種制酒法才傳到歐洲，引起歐洲人的轟動。釀造白蘭地，酒歐洲人比中國人晚了一千四百年左右。

水菓酒製造法：

水果酒	材料	一層果肉一層糖	釀期	特　殊　療　效
葡萄酒	葡萄、糖10比3	葡萄沖淨晾乾捏碎可連皮帶梗與糖攪在酒缸中封好，只能盛裝八分滿，否則發酵時果汁會溢出。	90天	B12可抗病毒，中醫認為葡萄酒可補中益氣，增力強志有補血作用，可治神經衰弱虛勞。
山竹酒	山竹、糖10比4	山竹去殼，一層山竹一層糖，裝填滿密封。	90天	清涼消暑，可加冰塊風味絕佳。
梅子酒	生梅、糖10比6	沖洗吹乾用刀割兩道深痕可縮短釀造期一層生梅一層糖壓實密封。360天後開封。	180天	清涼退火，潤喉飯後飲用去油膩效果佳，常喝可預防尿酸。
水蜜桃酒	水蜜桃、糖10比3	水蜜桃用紙巾擦拭後對切並取出桃核。	180天	平衡體內酸鹼值

水果酒	材料	一層果肉一層糖	釀期	特 殊 療 效
李子酒	李子、糖 10比4	沖淨晾乾切成兩半醃好滿滿一缸二三天後會縮成半缸左右。	至少90天	平衡酸鹼值,氣管不好者可少飲用,不宜牛飲。
杏子酒	杏子、糖 10比3	杏子洗淨晾乾對切兩半去籽。	90天	含豐富維他命A.B.C,活血通氣對身體有益。
柚子酒	柚子、糖 10比3	柚子連皮擦拭乾淨,橫切成輪狀或月芽狀,越薄越佳。酒渣泡澡有提神醒腦恢復疲勞根治感冒作用。	至少180天	陰雨天去除濕氣對失眠者有安神鎮定作用,對吸煙者有化痰通體舒泰作用。
金橘酒	金橘、糖 10比4	金橘洗淨晾乾,表面劃數道深痕。	至少90天	有收歛,發汗、止咳、化痰潤肺功效,初期風寒感冒二杯見效。
橘子酒	橘子、糖 10比4	洗淨晾乾,連皮帶肉切車輪狀薄片。盛裝八分滿,發酵時會產生大量氣體外洩。	至少90天	豐富維他命及鉀質有益心臟及腦部,亦可化痰止咳治氣管不順。
檸檬酒	檸檬、糖 10比4	檸檬洗淨晾乾,連皮帶肉環切薄片車輪狀。檸檬渣泡澡可預防感冒消除疲勞,更有美容養顏功效。	至少90天	豐富維他命C可治感冒,有清腸胃消除疲勞平衡體內酸鹼值。健康、美白功效。
木瓜酒	木瓜、糖 10比2	洗淨晾乾去籽切成月狀每日 20CC,絕佳養命酒。木瓜槽渣是燉煮紅燒聖品,因木瓜 有快煮易燜功效。	至少90天	木瓜可幫助消化,胡蘿蔔素可平衡酸鹼值,增強活力。對膝疼腰軟有療效更可治腳氣病。
蘋果酒	蘋果、糖 10比4	洗淨晾乾切成小片女性生理期飲用有趕經血及補血養生作用。	至少90天	補血開胃生津潤肺。
枇杷酒	枇杷、糖 10比3	枇杷洗淨晾乾去籽(切開)可帶皮再加些新葉(藥效在葉子是膏的主要原料)	至少90天	保養氣管預防汗疹。
梨子酒	梨子、糖 10比3	梨子洗淨晾乾去核,切成小片狀。	150天	潤肺、止咳、瀉大腸火。嗓子受傷喉嚨痛等症狀。
石榴酒	石榴、糖 10比2	石榴洗淨晾乾剝開含籽釀造。	180天	豐富維他命C養顏美容能滋潤膚色貧血者最宜。

水果酒	材料	一層果肉一層糖	釀期	特　殊　療　效
楊桃酒	熟楊桃糖 10比3	楊桃洗淨晾乾切小塊	180天	清涼降火潤肺止咳化痰預防口腔炎，牙週病。
桑椹酒	桑椹、糖 10比2	桑椹連枝帶葉沖淨晾乾。	180天	促進腸黏膜消化清除宿便治胃病便祕關節疼痛。
鳳梨酒	鳳梨、糖 10比3	洗淨晾乾連皮切小片狀鳳梨酒性溫和，四季老少皆宜是很好養生酒。	180天	去油膩助消化維他命B群可增加身體抵抗力，維他命C可美容養顏，鉀質對心臟頗有助益。
奇異果酒	奇異果糖 10比3	洗淨晾乾環切小輪狀薄片	90天	維他命C預防高血壓心臟病新陳代謝增強活力。
草莓酒	草莓、糖 10比3	新鮮草莓洗淨晾乾	180天	豐富維他命C，養顏美容助消化，也是調酒勝品。
芭樂酒	芭樂、糖 10比2	芭樂洗淨切成月牙狀晾乾約二、三天表面呈燥狀最佳	90天	專治女人筋骨酸痛的養生酒。
棗子酒	棗子、糖 10比2	棗子洗淨切開去籽晾乾	90天	滋補養顏補脾胃潤心肺瀉大腸火治便祕補氣血
香蕉酒	香蕉、糖 10比2	剝皮切成小段加些粗鹽，功效更佳	90天	清熱、解毒、潤腸、治便祕及痔血特別有效。
地瓜酒	地瓜、糖 10比2	地瓜洗淨蒸熟自然冷卻後壓成粉狀。加純水或蒸餾水調成糊狀與糖混合放入缸中	90天	維他命A1、B1、B2、C對視神經極佳。
芋頭酒	芋頭、糖 10比2	去皮洗淨蒸熟冷卻壓成粉狀加純水調成糊狀與糖混合放入缸中	90天	豐富鈣、磷、鐵等礦物質酒性與米酒頭同。
馬鈴薯酒	馬鈴薯、糖 10比2	去皮洗淨蒸熟冷卻壓成粉狀加純水調成糊狀與糖混合放入缸中	90天	少量飲用對心肺循環及肝臟功能助益極大。
西瓜酒	西瓜、糖 10比2	西瓜洗淨晾乾切片塊	90天	性溫和酒精濃度低對膚色有助益，血或經血不順
哈蜜瓜酒	哈蜜瓜、糖 10比3	哈蜜瓜洗淨晾乾去籽切月牙狀	90天	補血疏筋，養顏美容
蕃茄酒	蕃茄、糖 10比3	蕃茄洗淨晾乾切厚片	60天	治高血壓、糖尿症、治貧血可使肌膚紅潤

雨　傘

西元前 1100 年，中國人已經使用傘。也有人說，西元 4 世紀三國時期中國人才發明了傘。那時用傘表示身份。

傘骨用竹或檀香木製成，上面覆以樹葉或羽毛做的傘面。西元 12 世紀英語才出現 "傘" 這個詞。以前只有陽傘，到 1733 年代，巴黎人用油布做傘面，才製成雨傘。

降落傘

西元前 2 世紀中國人發明了降落傘。西方人利諾曼德於 1783 年，多次從樹頂或房頂跳下去結果很成功，他把這叫降落傘；這比中國人發明晚了一千九百多年。

降落傘的由來:中國古代皇帝舜降落傘的史記記載－為了了解降落傘的由來，在台灣科大網站上查詢到關於古代皇帝舜降落傘史記的故事，西元前約九十年在司馬遷所寫的史記中記述一個有關皇帝舜降落傘的故事。舜的父親瞽叟想要殺他，最後瞽叟在一倉樓頂上要放火燒死舜，但舜仍然順利逃出，史記記載舜是利用大圓錐草帽繫在一起而跳下。八世紀的史記評註人司馬貞似乎了解降落傘之原理，稱草帽之作用就好像鳥的翅膀，可使其身體變輕而能安全落地。

降落傘的命名：東方降落傘科技西傳的記載－

另外還有第二個具體證明，可知降落傘發明確曾一度由東方向西方傳播。法國路易十四駐暹羅大使（今天泰國）叫龍伯爾，在西元 1687 年至 1688 年駐節暹羅，著有「歷史關係」一書中，書中提到中國及暹羅的特技:「自拱門跳下，利用兩傘支承，傘柄緊緊地繫於褲帶；有時候風力將人帶落至地面，但有時候落至樹上、屋頂，甚至河中。而使得暹羅國王很高興，給他們很多的賞賜。」西方人利諾曼（Lenormand）讀到此段記載，就在西元 1783 年親身實地試驗，由樹及屋頂跳下頗為成功，利諾曼並予命名，就是近代沿用之「降落傘」parachute。

國內理科書傘降相關理論一些些簡易的整理:

（1）空氣阻力：降落傘向上的力就是空氣阻力；降落傘設計的目的，在於緩衝物體落地所需要的時間，越大的傘面積下降時能產生越大的空氣阻力，也就是有更大的空氣浮力。

（2）萬有引力:考量降落傘，就牽涉萬有引力－越重的物體墜落下降速度越快的原理；可以知道減輕降落傘的重量，便能使降落傘的墜落速度減慢，於是降落傘的材料應採用質量輕的東西。

（3）傘面形狀：根據流體力學上說，傘面製成半球形可能可以產生比較大的空氣阻力，所以製作技術上，都希望能作出類似半球狀的降落傘。

（4）『柏努力』定律：傳統圓形降落傘的外觀，像是一個倒碗公，由一片片傘布連接而成，下緣地方進氣，上升氣流由下方口進傘體內部後，藉由傘形隔間（傘肋）來撐開降落傘。當空氣由下方進入傘體隔間後，傘衣會鼓起形成一個半圓體，空氣通過時，傘肋的外層距離長，下層距離短；『柏努力』定律『流速與壓力成反比』，所以空氣的流速傘外層較快，傘內層慢，也就是上層空氣流速快，所以空氣壓力小，反之下層因為空氣流速慢，壓力比較大，因此造成一股由下往上推擠的「昇力」，圓形傘單層傘衣設計，外層距離與內層距離相差不大，使下降力量大於昇力許多，所以柏努力定律表現在傳統圓形降落傘並不明顯。

鍊鋼術

鑄鐵成鋼，用生鐵鍊鋼法，西元前 120 年，中國人發明了用生鐵鍊鋼法，也稱"百鍊法"。

而西方到 1856 年才開始用生鐵鍊鋼，比中國晚了二千年左右。

"西門子式"鍊鋼法：大約在西元 5 世紀，中國人發明了"西門子式"鍊鋼法，當時叫"共熔"鍊鋼法。這就是 1863 年馬丁一西門了平爐鍊鋼法。中國比西方早一千四百年左右。

數　學

春秋戰國時期，中國的人民已有簡單的數學概念。在殷墟出土的甲骨文卜辭中有很多記數的文字。從一到十、百、千、萬是專用的記數文字，共有十三個獨立符號，記數用合文書寫，其中有十進位制的記數法，出現最大的數字為三萬。

之後中國出現了簡單的運算工具-算籌。籌算直到十五世紀元朝末年才逐漸為珠算所取代，中國古代數學就是在籌算的基礎上取得其輝煌成就的。

在幾何學方面《史記．夏本記》中說夏禹治水時已使用了規、矩、准、繩等作圖和測量工具，並早已發現「勾三股四弦五」這個勾股定理的特例。戰國時期，齊國人著的《考工記》匯總了當時手工業技術的規範，包含了一些測量

的內容，並涉及到一些幾何知識，例如角的概念。

戰國時期的百家爭鳴也促進了數學的發展，一些學派還總結和概括出與數學有關的許多抽象概念。著名的有《墨經》中關於某些幾何名詞的定義和命題，例如：「圓，一中同長也」、「平，同高也」等等。墨家還給出有窮和無窮的定義。《莊子》記載了惠施等人的名家學說和桓團、公孫龍等辯者提出的論題，強調抽象的數學思想，例如「至大無外謂之大一，至小無內謂之小一」、「一尺之棰，日取其半，萬世不竭」等。這些許多幾何概念的定義、極限思想和其他數學命題是相當可貴的數學思想，但這種重視抽象性和邏輯嚴密性的新思想未能得到很好的繼承和發展。

此外，講述陰陽八卦，預言吉凶的《易經》已有了組合數學的萌芽，並反映出二進制的思想。

秦漢是中國古代數學體系的形成時期。為使不斷豐富的數學知識系統化、理論化，數學方面的專書陸續出現。

西漢末年〔公元前一世紀〕編纂的天文學著作《周髀算經》在數學方面主要有兩項成就：

（一）提出勾股定理的特例及普遍形式；

（二）測太陽高、遠的陳子測日法，為後來重差術的先驅。此外，還有較複雜的開方問題和分數運算等。

（三）《九章算術》是一部幾代人整理、刪補和修訂而成的古代數學經典著作，約成書於東漢初年〔公元前一世紀〕。全書採用問題集的形式編寫，共收集了二四六個問題及其解法，分屬於方田、粟米、衰分、少廣、商功、均輸、盈不足、方程和勾股九章。主要內容包括分數四則和比例算法、各種面積和體積的計算、關於勾股測量的計算等。在代數方面，《方程》章中所引入的負數概念及正負數加減法法則，在世界數學史上都是最早的記載；書中關於線性方程組的解法和現在中學講授的方法基本相同。就《九章算術》的特點來說，它注重應用，注重理論聯系實際，形成了以籌算為中心的數學體系，對中國古算影響深遠。

魏晉時期中國數學在理論上有了較大的發展。其中趙爽和劉徽的工作被認為是中國古代數學理論體系的開端。趙爽是中國古代對數學定理和公式進行證明的最早的數學家之一，對《周髀算經》做了詳盡的注釋。劉徽注釋《九章算術》，不僅對原書的方法、公式和定理進行一般的解釋和推導，且在論述過程中多有創新，更撰寫《海島算經》，應用重差術解決有關測量的問題。劉徽創立割圓術，為圓周率的研究工作奠定理論基礎和提供了科學的算法。

祖沖之父子的工作在這一時期最具代表性，他們在《九章算術》劉徽注的基礎上，將傳統數學大大向前推進了一步，成為重視數學思維和數學推理的典範。他們同時在天文學上也有突出的貢獻。

隋朝大興土木，客觀上促進了數學的發展。唐初王孝通撰《緝古算經》，主要是討論土木工程中計算土方、工程的分工與驗收以及倉庫和地窖的計算問題。

　　唐朝在數學教育方面有長足的發展。六五六年國子監設立算學館，設有算學博士和助教，由太史令李淳風等人編纂注釋《算經十書》，作為算學館學生用的課本。對保存古代數學經典起了重要的作用。

　　此外，隋唐時期由於曆法需要，創立出二次內插法，為宋元時期的高次內插法奠定了基礎。而唐朝後期的計算技術有了進一步的改進和普及，出現很多種實用算術書，對於乘除算法力求簡捷。

　　唐朝亡後，五代十國仍是軍閥混戰的繼續，直到北宋王朝統一了中國，農業、手工業、商業迅速繁榮，科學技術突飛猛進。籌算數學達到極盛，是中國古代數學空前繁榮。這一時期出現了一批著名的數學家和數學著作，列舉如下：賈憲的《黃帝九章算法細草》，劉益的《議古根源》，秦九韶的《數書九章》，李冶的《測圓海鏡》和《益古演段》，楊輝的《詳解九章算法》、《日用算法》和《楊輝算法》，朱世杰的《算學啟蒙》和《四元玉鑒》等等。

　　宋元數學在很多領域都達到了中國古代數學，甚至是當時世界數學的巔峰。

算盤（珠算）

　　西元前550年中國人發明算盤，12世紀逐漸被現代阿拉伯數字所取代。20世紀前蘇聯和遠東地區仍然使用算盤。

　　中國算盤的發明由籌算演變而來，早在漢代《數術記遺》書中，就記載了十四種上古算法，其中有一種便是，"珠算"。大約到了宋元的時候，珠算盤開始流行起來。當時算籌並沒有廢除，籌算和珠算同時並用。流行最久的珠算書是1593年明代程大位《算法統宗》。算盤的出現被稱為人類歷史上計算器的重大改革。

　　算盤是一種計算工具，快速進行加減乘除等算術運算。大約五千多年前，人已開始使用算盤了。元末清初開始盛行。

　　孔子是春秋魯國人，魯國國君要選拔一個為朝廷理財的人，有人推薦孔子，誰知孔子理財並不得心應手。其實賬目不過是加加減減的問題，孔子夫人建議他用一根細繩子，穿上幾顆珠子，收入的就加上幾顆珠子，用去的就拿走，因而成功結算了魯國國君賬目。一段時間後，魯國君不知孔子帳目算得如何？派子貢去查帳，子貢看見孔子在撥弄珠子，回報說「孔丘（孔子的名）沒算賬，只在撥弄珠子作樂。」魯國君大怒，命孔子把帳目拿來一看，帳目清清楚楚，條理分明，十分驚異，便問孔子是怎麼算的。孔子便把用珠子算的事說了一篇。國君聽後，大為稱讚，子貢也當場拜孔子為師。以後，有人根據這個道理發明了算盤，把孔子當作發明算盤的祖師。

　　中國之有算盤，不知始於何時，明初陶宗儀著之輟耕錄中，曾語及算盤，足證中國至遲在元代已有算盤，中國算盤僅供商用，古代文人大多輕視商賈財利之事，在著作中尤恥於言及。算盤之用，古代的計算工具此時期的特色：

1. 利用石頭來計算。
2. 發明紙張便於記錄及計算。
3. 算盤的發明（七珠-十六進制；五珠-十進制）。

　　古時，人們利用石頭來計算，而後用草紙記錄及計算；算盤的出現是這個時期最重要的發明。算盤分為七珠及十六珠。因為當時的計算方式是一斤十六兩，也就是代表十六進制，故算盤的設計為七珠算盤；後來因為世界各地都採十進制計算，所以我們的算盤也發展出五珠算盤。

　　明代最大的成是珠算的普及，由於珠算流行，籌算幾乎絕跡，在籌算基礎上的古代數學也逐漸失傳，數學長期停滯，而中國數學領導世界的地位亦告一段落。

空位表零法

　　中國人在西元四世紀以前就開始用空位表示零，中國的算盤就是這樣表示的。按照西方的傳統說法，用符號"0"來表示零，是印度人在西元九世紀發明的，它出現在西元 870 年瓜摩爾的碑文中。但是，實際上，符號"0"的出現要比這早得多。在西元 683 年柬埔寨和蘇門答臘的碑文中，以及在西元 686 年蘇門答臘附近的邦加島上的碑文中，均出現這一符號。一些專家認為，這些國家出現的零的符號，是由中國傳過去的，而他們又將這符號傳到印度。零非常重要，如果忽視了零，那麼現代技術就會瓦解。當然用空位表示零這是中國人的一項發明，然而我們並不是說使用"0"符號的絕對優先權屬於我國，因為直到 1247 年"0"符號才第一次在我國印刷品中出現，儘管我們確信至少在一個世紀以前就已經使用這個符號了，但沒有人知道，這個表示零的符號中國人在何時、何地首先使用的，這是需要進一步考證的。

二進位制

　　相傳在西元前 3000 年中國人發明了二進位制

　　二進制是逢 2 進位的進位制。0、1 是基本算符。現代的電子計算機技術全部採用的是二進制，因為它只使用 0、1 兩個數字符號，非常簡單方便，易於用電子方式實現。

　　二進制是計算技術中廣泛採用的一種數制。二進制數據是用 0 和 1 兩個數碼來表示的數。它的基數為 2，進位規則是「逢二進一」，借位規則是「借一當二」，由 18 世紀德國數理哲學大師萊布尼茲發現。當前的計算機系統使用的基本上是二進制系統，數據在計算機中主要是以補碼的形式存儲的。計算機中的二進制則是一個非常微小的開關，用「開」來表示 1，「關」來表示 0。

四則運算

加法：00＋00＝00，00＋01＝01，01＋00＝01，01＋01＝10

減法：0－0＝0，1－0＝1，1－1＝0，10－1＝1

乘法：0×0＝0，0×1＝0，1×0＝0，1×1＝1

除法：0÷1＝0，1÷1＝1

拈加法

二進制的有一種特殊的演算法，稱為拈加法。進行拈加法時，與進行加法無異，只是不需進行進位，在博弈論中被廣泛利用。

十進數轉成二進數

整數部分，把十進制轉成二進制一直分解至商數為 0。從最底左邊數字開始讀，之後讀右邊的數字，從下讀到上。小數部分，則用其乘 2，取其整數部分的結果，再用計算後的小數部分依此重複計算，算到小數部分全為 0 為止，之後讀所有計算後整數部分的數字，從上讀到下。

將 59.25 轉成二進制：

整數部分：

$59÷2=29...12$　　　$9÷2=14...1$　　　$14÷2=7...0$

$7÷2=3...1$　　　$3÷2=1...1$　　　$1÷2=0...1$

小數部分：

$0.25×2=0.5$　$0.5×2=1.0$

$$59.25_{(10)} = 111011.01_{(2)}$$ 也可以公式來計算

$59.25_{10}=101*1010^1+1001*1010^0+10*1010^{-1}+101*1010^{-10}$

$\qquad=101*1010+1001+10/1010+101/1010/1010$

$\qquad=110010+1001+（10+0.1）/1010$

$\qquad=111011+0.01$

$\qquad=111011.01$

十進計算制

十進計數制：中國人于西元前 14 世紀，發明了十進計數制。中國在西元第十四世紀就會了，世界各國〔十進位小數〕要晚 2,300 年。十進位制是指用不多於 10 個號碼，代表一切數值，不論多大，以進 1 位表示 10 倍，進二位代表 100 倍，依此類推的十進制數字系統。十進位制起源於中國，中國數學家郭書春寫道：現在世界各地通行的記數法是十進位制記數法，它最早是由中國人創立的；中國科學院院士吳文俊寫道：完美的十進位制的計數法是中國的獨特創造，是世界其他古民族都沒有的。這一創造對世界文化貢獻之大，……可以與火藥，指南針，印刷一類發明相比美的。國際數學史學會頒發的凱尼斯·梅獎獲得者新加波學者藍麗蓉也持同樣觀點：十進位制，正如同印刷術、火藥和指南針，是中國對世界文明的最重要貢獻。

九九乘法表

遠在公元前的春秋戰國時代，九九歌就已經被人們廣泛使用。在當時的很多著作中，都有關於九九歌的記載。

古代的乘法口訣是從「九九八十一」起到「二二如四」止。因口訣的開始兩個字是「九九」，故古人就用「九九」作為乘法口訣簡稱。

據漢時燕人韓嬰所撰《韓詩外傳》可見，標志著乘法運算成熟的「九九歌」在春秋時已相當普及。最初的九九歌是從"九九八十一"起到"二二如四"止，共 36 句。因為是從"九九八十一"開始，所以取名九九歌。

大約在公元五至十世紀間，九九歌才擴充到"一一如一"。大約在公元十三、十四世紀，九九歌的順序才變成和現在所用的一樣，從"一一如一"起到"九九八十一"止。

現在我國使用的乘法口訣有兩種，一種是 45 句的，通常稱為"小九九"；還有一種是 81 句的，通常稱為"大九九"。

九九表就是九九乘法表，從「九九八十一」起頭而得名。與元代朱世傑《算學啟蒙》從「一一如一」起頭是不同的。九九乘法表誕生於什麼時候，亦不可考。

《管子》云：「處戲作，造六，以迎陰陽。作九九之數，以合天道。」劉徽《九章算術注》說庖犧「作九九之術，以合六爻之變」。處（註）戲、庖犧就是伏羲。伏羲是神話人物，這些記載說明「九九」的起源相當早。《韓詩外傳》等典籍記載了一個齊桓公以「九九」招賢的故事。是說桓公設庭燎招賢，一年沒人應招。東野鄙人以「九九」求見，桓公使人戲之。鄙人曰：「夫'九九'，薄能耳，而猶禮之，況賢於'九九者乎！」桓公遂禮之。不到一月，「四方之士相導而至矣」。《管子》等典籍中有大量九九歌訣的片段，《老子》說「善數不用籌策」，都表明在春秋時代，九九乘法表已經是比較普及的知識，而精通數學的人借助九九乘法表的心算能力相當強了。後來，「九九」成為數學的代名詞。元代李冶不滿於理學家鄙視實學，說：「夫文史尚矣，猶之為不足貴，況九九賤技能乎！」

古代機器人

西元前 770 年至西元前 256 年東周時期，中國人就已發明瞭古代機器人。當今世間，只要談及機器人，言必歐美、東洋；然而可曾知道世界上最早制出古代機器人的，是中國人。古代中國制出的機器人不僅精巧，而且用途也很廣泛，有各式各樣的機器人。會跳舞的機器人、會唱歌吹笙的機器人和會捉魚的

機器人……等，應有盡有。

　　會跳舞的機器人。我國唐朝的段安希説：西漢時期，漢武帝在平城、被匈奴單于冒頓圍困。漢軍陳平得知冒頓妻子關氏所統的兵將，是國中最為精銳驃悍的隊伍，但關氏具有妒忌別人的性格。於是陳平就命令工匠製作了一個精巧的木機器人。給木機器人穿上漂亮的衣服，打扮得花枝招展，並把它的臉上擦上彩涂上胭脂，顯得更加俊俏。然後把它放在女墙（城墙上的短墙）上，發動機關（機械的發動部分），這個機器人就婀娜起舞，舞姿優美，招人喜愛。關氏在城外對此情景看得十分真切，誤把這個會跳舞的機器人為真的人間美女，怕破城以後冒頓專寵這個中原美姬而冷落自己，因此關氏就率領她的部隊棄城而去了。平城這才化險為夷。

　　會唱歌吹笙的機器人。唐代的機器人更為精巧神奇，唐朝人張鷟在《朝野全載》中説：洛州的殷文亮曾經當過縣令（相當於"縣長"），性格聰巧，喜好飲酒。他刻製了一個木機器人並且給它穿上用綾羅綢緞做成的衣服；讓這個機器人當女招待。這個"女招待"酌酒行觴，總是彬彬有禮。

　　會賺錢的機器人。唐朝時，我國杭州有一個叫楊務廉的工匠，研製了一個僧人模樣的機器人，它手端化緣銅缽，能學和尚化緣，等到缽中錢滿，就自動收起錢。並且它還會向施主躬身行禮。杭州城中市民爭著向此缽中投錢，來觀看這種奇妙的表演。每日它竟能為主人撈到數千錢，真可稱為別出心裁，生財有道。

　　會捉魚的機器人。唐代的機器人還用於生產實踐。唐朝的柳州史王據，研製了一個類似水獺的機器人。它能沉在河湖的水中，捉到魚以後，它的腦袋就露出水面。它為什麼能捉魚呢？如果在這個機器人的口中放上魚餌，並安有發動的部件，用石頭繮著它就能沉入水中了。當魚吃了魚餌之後，這個部件就發動了，石頭就從它的口中掉到水中，當它的口合起來時，它銜在口中的魚就跑不了，它就從水中浮到水面。這是世界上最早用於生產的機器人。此外，在《拾遺錄》等書，還記載了古代機器人登臺演戲、執燈伴瞎等機巧神妙。

風　箏

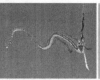

　　西元前 1000 年，中國人最先放風箏。早在信史之前，傳説中國人已會放風箏。相傳西元前四世紀，中國著名工匠魯班（即公輸班）做了一隻風箏，升空三日而不墜。還有一個故事説一名將軍包圍了王宮，利用風箏測量宮牆與己方軍隊的距離。西元 1600 年，東方的風箏（菱形）由荷蘭人傳到了歐洲。風箏飛上天空為飛機飛上天空提供了原理和靈感。

鼓

　　西元前 2 世紀，中國人發明定音鼓。最早的鼓是出現於西元前六千元的兩河文明。考古資料，中國最早的鼓是馬家窯文化出土的「土鼓」。

　　民間的鼓，南北有所不同，俗稱「南有銅鼓，北有皮鼓」可知鼓是依材料和地區而產生相當不同的特色。

　　鼓是打擊樂器，也是一種傳達信息通訊工具，中國古代軍隊用以發號施令。

　　鼓為圓桶狀，一面或雙面蒙上拉緊的膜，用手或鼓杵（槌）敲擊出聲。有的樂隊完全由以鼓為主的打擊樂器組成。

　　不同類型的鼓，如定音鼓等，均被調校至特定的音調中。更常見的是將不同類型的鼓或打擊樂器互相組合，以構成常於流行音樂出現的爵士鼓。

　　鼓的演奏一般是用手敲擊鼓面，或是用一二隻鼓棒或鼓錘敲擊。由於鼓的觸覺特性及其易於使用，在音樂治療中常用到鼓，特別是手鼓。

　　鼓有其象徵的意義，也常用在宗教儀式中。像在蒲隆地的卡央達鼓（Karyenda）是王權的象徵，卡央達鼓也出現在 1962 至 1966 年間的蒲隆地國旗中。

　　在流行音樂或爵士樂中，鼓常常是指由一組鼓及銅鈸（Splash_cymbal）組成的爵士鼓，演奏者稱為鼓手。

　　鼓，半都是圓柱體，定音鼓的鼓身則是碗形，有些鼓身是截角圓錐（邦哥鼓、阿希可鼓（Ashiko）或是二個接合的截角圓錐（talkingdrum）。

　　西周時，鼓分為數十種。

　　依材料分：圖鼓、濤鼓、猷鼓、與鼓、是鼓、弍鼓、同鼓等。

　　依形狀大小：大鼓，月鼓，打鼓，四鼓，篇鼓等。

　　依特殊命名：羯鼓，太平鼓，堂鼓，花盆鼓，排鼓，套鼓，八角鼓，花鼓、腰鼓、抓鼓等。其中抓鼓是中國最小的鼓，僅用手指夾住就可敲打。

　　日本有太鼓，朝鮮及韓國有朝鮮鼓。太鼓，可能是源自中國佛教的法器，經韓國流傳到日本。西洋的鼓，有定音鼓、康加鼓、邦哥鼓、爵士鼓等。

鑼

鑼在中國公元六世紀前期即有，擊體鳴樂器，古代濮族人和壯族先民駱越部族最早使用的樂器之一。歷史悠久，種類繁多，音響洪亮，各具特色，流行全國各地。鑼在中國的民族樂隊中占有非常重要的地位，而且應用範圍廣泛，在民族樂隊、民間器樂合奏、各種戲曲、曲藝以及歌舞伴奏中使用，而且也是慶祝集會、賽龍舟、舞獅子、歡慶豐收和勞動競賽中不可缺少的樂器。

鑼屬於打擊樂器，以黃銅制成，可以分爲大鑼、小鑼、雲鑼、十面鑼等。大鑼的聲音宏亮、強烈、力度變化幅充大；小鑼的聲音清脆有詼諧色彩；雲鑼是有節律的打擊樂器；十面鑼是由十幾面大小不等，音色、音高各不相同的鑼懸於木架上，由一人獨奏。

《舊唐書·音樂志》（卷 29）在"銅拔"條目中曰："銅拔，亦謂之銅盤，出自西戎及南蠻。"這條記載中所說的銅盤是關於"鑼"的最早記載。

秦漢以後，隨着民間的交往，銅鑼逐漸向内地流傳。古代鑼曾稱爲"金"，並用於戰爭，兩軍交戰，常以鑼來指揮，有鳴"金"收兵之說。

據唐杜佑《通典》記載：後魏就開始有了銅鑼出現，當時稱"打沙鑼"。南北朝時期流行的鑼可能是由西北少數民族或外國人傳入。

到了元代，民間的迎賽神社常常鳴鑼外，它還是雜劇的主要伴奏樂器。它除在宮廷"宴樂"使用外，也在民間流行，當時鑼的制造和演奏已具有一定水平。

隨着戲曲藝術的發展，鑼在明、清的昆曲伴奏中已占有重要地位。1791 年，我國的大鑼西傳歐洲，法國將大鑼用於管弦樂作品中，是交響樂隊中唯一的中國樂器。

鑼是金屬體鳴樂器，因用"響銅"制造，也有"響器"之稱。

鑼的結構簡單，鑼身呈一圓形弧面，四周以本身邊框固定，用捶敲擊中央部分振動發音。鑼的中央部分略高，稱爲光、臍或堂，是發音的主要部分，光的大小、厚薄與鑼的面積比例決定音調的高低，也有中央部分突起成爲半圓的球狀。

鑼光與鑼邊之間稱爲鑼面、"二位"或"内、外八字"，在鑼邊的一側鑽有兩個鑼眼，以穿系鑼繩，便於提奏。長期以來，由於應用的地區和場合的不同，形成了各具異彩的鑼，約有 30 種，小的直徑僅有幾釐米，大的直徑達一米以上。各個造型音色和效果也不盡相同。

一、大鑼：目前較常用的鑼，可簡單地分爲大鑼、小鑼、掌鑼和雲鑼四類。

大鑼鑼面較大，通常直徑爲一尺左右。鑼邊鑽孔系繩，左手提起或掛於架上，右手用布纏的軟槌擊奏，大鑼種類較多，各地流行的形制不盡相同，如雙光鑼、光鑼、虎音鑼、中堂鑼、訪蘇鑼、奉鑼、大篩鑼、抄鑼、深波和铓鑼等。大鑼聲音宏亮、粗獷，可用來瀉染樂曲氣氛和增強節奏，多用於器樂合奏或戲曲伴奏，由於餘音長，不宜演奏密集的音型。

二、小鑼：小鑼發音高或較高，鑼面是斜形，直徑約六寸半。中央有個稱“心”的小平面，鑼光分大、中、小三種，有高音、中音和低音之分，鑼邊無孔，不系鑼繩，以左手食指關節處提鑼內緣，右手執鑼板擊奏，俗稱手鑼，民間稱之爲鏜鑼，京劇中奏者稱京小鑼。名稱雖異，奏法相同，隻是大小尺寸和重量有別。小鑼是色彩性樂器，音色柔和、清亮，常圍繞着大鑼的重音，作各種裝飾性的演奏。在戲劇伴奏中，常以各種打法來配合演員的動作，以烘托氣氛。

三、掌鑼：掌鑼小似口杯，是鑼類中最小的一種，又叫鏇子，鑼面平而無臍、形如盤狀，鑼邊系繩，置於左手掌中，右手執鑼板擊奏，如春鑼和月鑼等。

四、雲鑼：雲鑼，古稱“雲璈”，民間稱“九音鑼”，它可以演奏鏇律。

元代時，雲鑼就用於宮廷宴樂，在民間也很流行，曆代雲鑼所用的小鑼數量並不一致，常見編制爲十個一組，元代的史籍和壁畫中也有 13、14 音雲鑼，清代時還發展到 24 個一組的大型雲鑼。傳統雲鑼是由大小相同，而厚度，音高有別的若幹銅制小鑼組成。鑼面平坦，邊緣固定，鑽有鑼孔，每一個小鑼都由 3 根繩弔在木架的方框中，並按音階次序進行排列。木架分爲三部分，插在一個木柄上，可手持木柄，用鑼捶敲擊而發音。

地　毯

西元前五百年，中國即有地毯，已知最早的地毯起源於西元前五世紀的中國和伊朗。地毯是我國著名的傳統手工藝品。中國地毯，已有二千多年的曆史，以手工地毯著名，有文字記載的可追溯到 300 多年以前；有實物可考的，也有地毯採用優質的純羊毛，再經過選毛、洗毛、梳毛、染色、織毯、剪片、水洗等工序加工而成。它具有毛質優良、技藝獨特、圖案典雅的特點，在國際上獨樹一幟，是我國的主要出口工藝品。

地毯是用棉、毛、絲、麻、椰棕或化學纖維等原料加工而成的地面覆蓋物。包括手工栽絨地毯、機制地毯和手工氈毯。廣義上還包括鋪墊、座墊、壁挂、帳幕、鞍褥、門簾、台毯等。新石器時代人們用獸毛撚紡成線，編織成粗厚的毛織品，用以鋪地。中國東漢墓出土的地毯殘片為典型的手工栽絨地毯。漢代

以後絲綢之路促進中原地區地毯生產。元代由于蒙古族人民以遊牧生活為主，所以地毯生產比較發達，宮廷下設地毯作坊。明清時期新疆、西藏、甘肅、甯夏、內蒙古等地區的地毯生產有了發展，在繼承傳統地毯工藝的基礎上，結合織錦、刺繡藝術的特點，創造出獨特的寓意吉祥的地毯圖案，並且一直流傳。20世紀，北京、天津建立了生產出口地毯的企業，成為中國地毯的重點產區。世界手工栽絨地毯的傳統產區集中在東亞、中亞以及歐洲和亞洲交界處的各個國家。自1720年英國首創布魯塞爾地毯織機，機制地毯應運而生，發展至今機制地毯已占世界消費總量的99%，手工地毯僅占1%。地毯分類方法很多，按製造工藝分有手工栽絨地毯、手工編織平紋地毯、手工簇絨地毯、手工氈毯、機制地毯；按用途分有地毯、炕毯、壁毯、祈禱毯等；按原料分有羊毛地毯、絲毯、黃麻地毯、化學纖維地毯等。

地毯又名地衣，鋪于地面的編織品。中國西部的新疆生產地毯，能織出各式的圖案。後來織地毯的工藝傳入中原地區，適用面便越來越廣。唐代大詩人白居易在《紅線毯》詩中有"地不只寒人要暖，少奪人衣作地衣"的名句。根據文獻記載，在唐宋到明清，地毯的品種越來越多。所制的地毯，常以棉、毛、麻和紙繩等作原料編制而成。中國所生產的編織地毯，使用強度極高的面紗股繩作經紗和地緯紗，而在經紗上根據圖案紮入彩色的粗毛緯紗構成毛絨，然後經過剪毛、刷絨等工藝過程而織成。其正面密布聳立的毛絨，質地堅實，彈性又好。尤其以新疆和田地區所生產的地毯更為名貴，有"東方地毯"的美譽。

繩　索

西元前2800年，中國人已經創造麻繩的技術。上古時用結繩作為記事標記。繩（或稱繩子或繩索），是通過扭或編等方式加強後，連成一定長度的纖維。其拉伸強度很好但沒有壓縮強度，可用來做連接、牽引的工具。

傳統的制繩採用天然纖維作材料，包括：棉、麻、亞麻、黃麻、劍麻、馬尼拉麻、稻草、絲、羊毛和其他毛髮。現代可以用來制繩的合成纖維則有聚丙烯、尼龍、聚酯、聚乙烯、人造絲等。結構和功能與繩類似，但較為細弱的還有紗線、線、線繩。

扭繩：纖維經過整理、紡織成紗線。多根紗線扭在一起成一股，多股再扭合後成繩。其中單根紗線和單股，單股和繩子的扭結方向都是兩兩相反，以便結合緊密。扭繩的兩端必須分別固定，否則原來的扭結會散掉。為了保護扭結，扭繩擺放的時候一般是盤起來。

編繩：這類繩子的原料一般是聚丙烯、尼龍或聚乙烯。

漆

中國人最遲在西元前 13 世紀已經發明使用了漆。

漆，又名大漆、木漆、土漆、國漆、山漆等，是一種從漆樹皮層採集的乳白色黏稠性汁液，是一種天然塗料，主要由漆酚、漆酶、樹膠質和水分等組成。具有黏接、加固、調合顏料、塗飾、硬化成膜、防護保護等功能。

生漆的主要成分是漆酚，容易引起皮膚過敏，但放置乾燥後就變得無毒。將半凝固的生漆塗抹在器物表面，可使其防水防腐，長久不壞。

漆液因為黏著性強，不僅有黏連、加固功能，並能在空氣中在漆酶的催化作用下乾固成薄膜，質地堅硬、能耐酸、不易剝離，因而能保護器物不破壞。漆液產生的薄膜光滑細膩，可在漆中加入各種色料，用來在器物表面作圖示或繪畫紋飾，以美化器物。自古以來漆液一直是人類日常生活中，廣泛被使用來接著材料及塗料。

商周時期，人們已開始種植漆樹，漆器製作多以木頭和竹子為「胎」，將乾燥竹木加工成合適形狀，再刷上多層生漆。漆液剛流出時呈乳白色，凝固後變為棕紅，久放會氧化變黑，「漆黑」一詞就來源於此。再添入硃砂，就成了紅漆。

莊子在《人世間》中有語「漆可用，故割之」是中國最早關於采割生漆的記載。

銅　鏡

約西元前 12 世紀中國人發明了銅鏡。中國人于西元 5 世紀還發明瞭魔鏡；銅鏡就是古代用銅做的鏡子。在古代，銅鏡與人們的日常生活有著密切關係，是人們不可缺少的生活用具。銅鏡又是精美的工藝品。它製作精良，形態美觀，圖紋華麗，銘文豐富，是我國古代文化遺產中的瑰寶。

上古的鏡，就是大盆的意思，它的名字叫監。《說文》中說：“監可取水于明月，因見其可以照行，故用以為鏡。”在三代之初，監都是用瓦製成的，所以古代的監字是沒有金字旁的。到商代初年的時候，開始鑄造銅鑒，後來鑒字也有了金字偏旁。商周時期，雖然有銅鑒，但是瓦鑒依然通行。到秦朝時期，才開始鑄造銅鏡，因為鏡的適用優於鑒的方面很多，所以到秦以後，再不用水作鑒了。秦漢以後，鏡的使用更加廣泛，鏡的製作也更加精良。它的質料包括金、銀、銅、鐵等，以銅最為多，也有鍍金銀的、背麵包金銀的、或鑲嵌金銀絲的。隋唐以來，還有帶柄的、四方的，各種花紋應有盡有。直到明代末期，開始有以玻璃為鏡子的。清代乾隆以後，玻璃開始大興於民間。直至民國初年，

少數邊遠地區還有以銅為鏡子的。

鏡以秦為最古，然而秦鏡流傳到今天的，都是出土之物，傳世的都不可得到。因為古代，死人用鏡贈于殯者，即用鏡殉葬，取其炤幽冥的意思，時代沿襲成為風氣。因此古代的名鏡大多入土。可是古鏡銅質好的，入土多年，都不會失去其良美的質地。因此幾千年後，仍可以看到古人的偉器。

鏡雖然開始於秦朝。但是真正的秦鏡實際上卻難以得到。因為秦朝短促，產物也有限，而且，殉葬的風氣也不比後朝，所以現在所得到的最古的鏡大多是漢朝的產物。漢鏡的製作極為精巧，且多有嵌鑲珠寶的。銘文大多為十二辰，大概是取其自我勉勵的意思。尚方的禦鏡尤其多，所以出土的古鏡，澤漆光明、花紋明麗、勻淨無疵、字劃清晰、筆勢縱橫。漢代的銅鏡都有銘文，其銘文都是吉祥語句，如家勢富昌、宜子孫、大富貴、大吉祥等。鏡的名稱則有日月鏡、十二生辰鏡、尚方禦鏡、辟邪鏡、仙人鏡、神人鏡、宜官鏡等，不可盡數。大概都用銘文或者作者為其取的名字。只有唐代時制有透光鏡，鏡背的字迎著太陽或燈光時，都可以明顯地映射于墙壁之上。

綜觀中國古代銅鏡發展的歷史，從四千年前我國出現銅鏡以後，各個時期的銅鏡反映了它的早期（齊家文化與商周銅鏡），流行（春秋戰國銅鏡），鼎盛（漢代銅鏡），中衰（三國、晉、魏、南北朝銅鏡），繁榮（隋唐銅鏡），衰落（五代、十國、宋、金、元銅鏡）等幾個階段。從其流行程度、鑄造技術、藝術風格和其成就等幾個方面來看，戰國、兩漢、唐代是三個最重要的發展時期。

商代銅鏡均為圓形。鏡面近平或微凸，鏡身較薄，背面中央有一拱起的弓形（或稱橋形）鈕。西周銅鏡也都是圓形的，鏡面平直或微凸，鏡身較薄，鏡鈕有弓形、半環形、長方形多種。又可分為素鏡、重環鏡、鳥獸紋鏡三類。這時以素鏡為主，到西周中期出現了有紋飾的銅鏡，到晚期鏡背的紋飾發生了變化，出現了動物紋飾，打破了傳統的風格。

素鏡：指鏡的背面沒有紋飾。

重環紋鏡：鏡面微凸，背面有弓形鈕，飾重環紋。

鳥獸紋鏡：鏡身平直，背面有兩個平行弓形鈕。在鈕的上方用鹿紋，在下方有展開雙翅的鳥紋。

春秋戰國時期在中國古代銅鏡發展史中是一個成熟和大發展的時期，是中國古代銅鏡由稚樸走向成熟的過渡階段；也是銅鏡的鑄造中心由北開始向南遷移的重要時期。

春秋戰國時期銅鏡在三代（夏、商、周）的基礎上，有了突飛猛進的全面發展。無論是銅鏡的鑄造工藝，還是鑄造的數量，都大大超過了以前。

齊家文化和商周時期，銅鏡以光素無紋飾者居多，有紋飾者也以幾何紋為主。到了春秋戰國，紋飾已達15個大類，並且出現了各種特殊工藝裝飾藝術，如塗朱繪彩圖案、金銀錯圖案、透空雕圖案等。初起時期簡陋、粗糙的銅鏡，經過春秋戰國時期的創造和修飾已臻美輪美奐的境地。

春秋銅鏡的風格，既繼承了西周銅鏡的傳統，如仍以素鏡為主，鈕制沒有

定型，還是多元化的形式。而同時，春秋銅鏡又有了許多重要的發展。它打破了銅鏡僅有圓形的格式，出現了方形鏡；並一改早期銅鏡紋飾僅用陽線勾勒，構圖簡樸的手法，鑄出了透雕繁縟的圖紋；從紋飾的表現形式上看，春秋銅鏡已趕上了青銅器的發展步伐，紋飾內容更具時代特色。這給戰國銅鏡的大發展奠定了基礎。

春秋中晚期至戰國早期。這一時期出現和流行的鏡類有：素鏡（全素鏡、單圈、雙圈凸弦素鏡）、純地紋鏡（方形的很少，圖案都有地紋，但沒有銘文）、花葉鏡、四山鏡、多鈕鏡等。鏡多數為圓形，同時也出現了方形鏡。一般鏡身材料薄，多有邊沿。整個造型規矩，給人以輕巧、典雅之感。鏡鈕主要為弓形鈕，但鈕頂部多飾有 1 至 3 道凸弦紋，所以又稱“弦紋鈕”。鏡背面光素無紋飾者，除早期外已消失。紋飾刻畫纖細，並多有地紋。

戰國中期，銅鏡的種類繁多。銅鏡的紋飾也有所變化，如花葉鏡中的葉紋鏡從簡單的三葉、四葉到八葉，還出現了雲雷紋地花瓣鏡、花葉鏡。四山鏡的山字由粗短變得瘦削，在山字間配有花瓣紋、長葉紋、繩紋，相當繁縟。還出現了五山鏡、六山鏡。這時出現的鏡類有菱紋鏡、禽獸紋鏡、蟠螭紋鏡、連弧紋鏡、金銀錯紋鏡、彩繪鏡等。

戰國晚期至秦末出現了四葉蟠螭鏡、蟠螭菱鏡，有三層花紋的雲雷紋地蟠螭連弧紋鏡。

漢代銅鏡，繼續沿用戰國鏡外，最流行的銅鏡有：蟠螭紋鏡、蟠虺紋鏡、章草紋鏡、星雲鏡、雲雷連弧紋鏡、鳥獸紋規矩鏡、重列式神獸鏡、連弧紋銘文鏡、重圈銘文鏡、四乳禽獸紋鏡、多乳禽獸紋鏡、變形四葉鏡、神獸鏡、畫像鏡、龍虎紋鏡、日光連弧鏡、四乳神鏡、七乳四神禽獸紋鏡等。

漢代是我國銅鏡發展的重要時期。漢鏡出土的數量最多，使用普遍，漢鏡不僅在數量上比戰國時期多，而且在製作形式和藝術表現手法上也有了很大發展。從其發展趨勢，可以分為三個大的階段，重要的變化出現在漢武帝時期、西漢末年王莽時期、東漢中期。

西漢前期是戰國鏡與漢鏡的交替時期。直到西漢中期漢武帝前後，一些新的鏡類流行起來了。這些新的鏡類對後世銅鏡的發展，起著承上啟下的作用。

三國兩晉南北朝，根據考古發掘出土銅鏡資料來看，這一時期的銅鏡的類型有以下幾種比較流行：

神獸鏡類：重列式神獸鏡、環繞式神獸鏡、畫文帶佛獸鏡。

變形四葉紋鏡類：變形四葉駕鳳鏡，變形四葉佛像鳥鳳鏡、變形四葉獸首鏡、雙菱紋鏡、瑞獸鏡。

這時以青龍、白虎、朱雀、玄武與神獸組合成紋飾主題內容。這時的銘文由於文字難十辨認。雖發現一些銘文鏡，但能辨認清楚的很少。

吳鏡中發現紀年銘文最多，有黃龍亦鳥、建興、五鳳、太平、水安、甘露、鳳凰等孫吳年號，三國、兩晉、南北朝出現新的鏡型不多，主要沿襲漢鏡的樣式。這時銅鏡的種類不多，類型集中，創新極少。這時神獸鏡流傳最廣。變形

四葉紋鏡中以變形四葉八鳳鏡居多。從銅鏡的發展歷史來看，這個時期處於停滯衰落時期。

隋唐銅鏡，較前代又有了新的發展。在銅質的合金中加大了錫的成份，在銅鏡的質地上就顯得銀亮，既美觀又適用。在銅鏡的造型上，除了繼續沿用前代的圓形、方形之外，又創造了菱花式及較厚的鳥獸葡萄紋鏡。並且把反映人民生活和人們對理想的追求、吉祥、快樂的畫面應用到鏡上，如月宮、仙人、山水等。並出現了題材新穎，紋飾華美，精工細緻的金銀平脫鏡、螺鈿鏡。這是盛唐高度藝術水準的產物，充分顯示出唐代銅鏡的特點。

隋代和唐初年間，銅鏡的主題紋飾以瑞獸為主，瑞獸鏡比較盛行、瑞獸鏡是隋唐發展過程中的重要類型。它除了繼承中國古代銅鏡的傳統，又有了新的創新。瑞獸葡萄鏡是唐鏡引人注目的鏡類，它揭開了唐代鏡主題紋飾的序幕。

唐高宗至唐德宗時期，銅鏡裝飾上出現的新形式、新題材、新風格，使銅鏡進入富麗絢爛的時代。

唐德宗至晚唐、五代時期，主要流行對鳥鏡、瑞花鏡、盤龍鏡。

唐代鏡最大特點之一是藝術樣式或藝術手法的多樣化。銅鏡藝術也呈現出濃郁“盛唐氣象”。

中國銅鏡在唐代以前，以圓形為主，極少有方形的。到宋代後除繼承過去的圓形、方形、葵花形、菱花形外，葵花形、菱花形鏡以六葵花為最普遍。它們的棱邊與唐代有所不同，有的較直，形成六邊形鏡。此外還有帶柄鏡、長方形、雞心形、盾形、鐘形鼎形等多種樣式。並出現了很多花草、鳥獸、山水、小橋、樓臺和人物故事裝飾題材的銅鏡，還有素面鏡，窄邊小鈕無紋飾鏡，這些題材都具有濃厚的生活氣息。此外，還有一些神仙、人物故事鏡和八卦鏡等。

金代銅鏡從近幾十年考古發掘出土的金代銅鏡來看，其主體、紋飾也是十分豐富的。雖有不少是模倣漢、唐、宋各代的銅鏡做工，但也有一些別開生面的圖紋。常見的有雙前鏡、歷史人物故事鏡、盤龍鏡、瑞獸鏡、瑞花鏡等。金代銅鏡紋飾，一是倣造漢、唐、宋三代銅鏡的圖案；二是吸收了前者的紋樣，又創造出一些新式圖樣。以雙魚鏡、人物故事鏡較為多見，特別是雙魚鏡、童子攀枝鏡最為流行。

元代銅鏡，多采用六菱花形或六葵花形式，但紋飾已漸粗略簡陋。這時銅鏡有纏枝牡丹紋鏡、神仙鏡、人物故事鏡、雙龍鏡、“壽山福海”銘文鏡，素鏡、至元四年龍紋鏡。明代有洪武年款的龍紋鏡及大明宣德年制銘文鏡（銘文在鈕上），還有明末起義首領李自成時創制的大順三年鏡（銘文在鈕上）。到明代以後，銅鏡就逐漸被玻璃鏡取而代之了。

元明以後，銅鏡製作更見衰勢，除傳統式樣外，雙魚紋、雙龍紋、人物故事如柳毅傳書等是較新穎的式樣。但這時的銅鏡製作粗糙，較多的只有紀年銘文而無紋飾。在這一時期，特別是明代，倣造漢鏡和唐鏡的風氣很盛，所倣銅鏡多數是漢代的六博紋鏡和唐代的瑞獸葡萄鏡，仿製銅鏡一般形體較小，紋飾模糊不清，已無漢、唐銅鏡的昔日風采。英國結晶學家威廉・布萊格到　1932

年，闡明瞭魔鏡的理論，比中國晚了一千五百年左右。

長明燈

約在西元前 589 年，中國人發明了長明燈。燈蕊為石棉；燈油為海豹油或鯨油。

長明燈，又名續明燈、無盡燈、常夜燈、長命燈，是各國傳說中長久不滅的油燈或蠟燭，多數是古墓燈，或是廟寺光明燈。

《史記》記載，秦始皇陵有以人魚膏製成的長明燈，有人認為是鯨魚腦油製成的蠟燭，但懷疑能量長久供應的可能性，永久不滅嚴重違背能量守恆定律，因此這種不熄的燈應該不存在。《隋唐嘉話》所載，江寧縣某寺有一長明燈，歷歲久遠，火色純青而不熱，自晉至唐，凡五百餘年，長明不滅。現在是指使用電力的神明燈。

硝　石

中國人在西元前 3 世紀以前發現了硝。發現硝石為後來發明火藥奠定了基礎。

硝石和硫黃都是礦物質，成天然分布狀態。硝石多產於甘肅、青海、四川、山西、河北、內蒙等省區。硫黃多產於湖南、山西、河南等省。據《太平御覽》卷 987 記載，大約在公元前 6 世紀，就有人知道它們的部分產地。對它們特性和用途的探索，始於醫學和藥物學。古代的醫學家和藥物學家為了採集標本和給人治病，到處探尋各種藥物，並有人託名「神農」，在中國最早的藥物典籍《神農本草經》中，記載了硝石和硫黃的醫藥性味、功用和主治。唐代的名醫孫思邈被尊為藥王。《史記‧扁鵲倉公列傳》更記載了秦漢時期臨淄醫生倉公，用硝石治好王美人婦科病的佳話。東漢的煉丹家魏伯陽在煉丹過程中，發現硫黃同水銀化合能生成紅色汞，又有人發現硝石著火後會產生焰火。南北朝的醫學家陶弘景創造了用焰色鑑別法區別鉀鹽和鈉鹽。對硝石和硫黃上述特性的探索，於火藥的發明都具有重要的意義

世界上第一條運河

西元前 219 年即開闢有運河，西方比中國晚了一千六百年左右。

運河是指人工開鑿的規模比較大的，可以使水流流過的通道。運河通常連接湖泊、河流和海洋，或橫貫半島、地峽而造。中國的胥河是現有記載的最早的運河，也是世界上開鑿最早的運河，開鑿於公元前 506 年。中國京杭大運河

是歷史上最長的運河，長約 1700 公里，但今日只有少部份河段可供航運。目前世界上最長的運河是土庫曼南部的卡拉庫姆運河，全長約 1375 公里，大部份河段都可航行。

運河用途：調節水利，灌溉農田，如中國靈渠、鄭國渠；二是船隻行運輸貨物。

在工業革命之後，由於建造成本和運輸時間的緣故，內陸運河逐漸被鐵路取代。許多運河目前都只剩下觀光用途，如威尼斯的運河。

世界上第一條運河係靈渠，坐落中國的桂林市。

靈渠，又名湘桂運河、興安運河，位於廣西興安縣境內，是世界上最古老的運河，也是中國古代著名的水利工程。它開鑿於秦代，溝通長江水系的湘江和珠江水系的灕江，自古以來是嶺南與中原地區之間的水路交通要道。

秦始皇滅六國後，為運送征服嶺南所需的軍隊和物資，便命史祿開鑿河渠以溝通湘漓二水。運河在秦始皇二十年（前 219 年）至二十三年（前 215 年）修成，初名秦鑿渠，後因灕江的上游為零水，故又稱零渠、澪渠。唐代以後，方改名為靈渠，但也俗稱為陡河。它自貫通後，二千多年來就一直是嶺南與中原地區之間的水路交通要道。歷史上各朝代都對靈渠進行過修葺，有記載且規模較大的便有 23 次。近代以來，隨著粵漢鐵路和湘桂鐵路的通車，靈渠內的航運逐漸停止，此後渠道也因年久失修而淤塞，兩側堤岸多處崩塌。

立體地圖

中國人在西元前 3 世紀發明瞭立體地圖。司馬遷寫的《史記》中，記載過一張西元前 210 年繪製的秦始皇墓地圖。書上寫道"以水銀為百川江河大海，機相灌輸，上具天文，下具地理。"1985 年 6 月《每日電訊》的一篇報導說：秦始皇墓地雖然還沒有打開，但是可能已經發現了。據說是墓入口處的地方發現了微量的水銀。考古學家猜測這可能就是上述立體地圖上所示的水銀。

早在西元前 3 世紀，中國有名的蓬萊仙山的地圖就出現在罐子和香爐上。這對以後立體地圖繪製技巧的發展有著十分重大的影響。西元 32 年將軍馬援講到的軍事立體地圖，河谷山脈的模型是用糯米製作的。此外，還出現了木刻的立體地形圖，大科學家沈括在《夢溪筆談》中曾記述了這種地圖。1130 年黃裳也製作了一張木刻立體地圖。此圖後來引了哲學家朱熹的興趣，他千方百計地收集木刻地形圖，以便進行研究。他自己也有時用粘土，有時用木刻製作立體地形圖。黃裳在一部《鶴林玉露》裏，還講述了朱熹製作的一幅地形圖的情況："（朱熹）嘗欲以木作華夷圖，刻山水凹凸之勢。合木八片為之。以雌雄榫鑲入，可以折。度一人之力可以負之。每出則以自隨，後竟未能成。"

很可能立體地形圖的製作由中國傳到阿拉伯，後又傳到了歐洲。1510 年，保羅·多克斯製作了歐洲最早的地形圖，繪出了奧地利的庫夫施泰因的鄰近地區。阿拉伯人伊貝·巴蒂塔（西元 1304－1377 年）敘述了他在直布羅陀看到一張立體地形圖。中國以外的國家有關立體地形圖的記載沒有比這更早了。

墨　水

　　西元前二世紀中國人發明了墨水。墨水是一種含有色素或染料的液體，墨水被用於書寫或繪畫。人們想到墨水一般首先想到鋼筆或毛筆、原子筆的墨水，但實際上用得最多的是印刷用的墨水，通常是由顏料、連結料、溶劑、助劑等組成的混合物，外觀為具有一定的流動性的膠漿狀物質。

　　最早的墨水有使用金屬、胡桃殼或種子製作的染料或使用墨鬥魚、章魚等海生動物的墨汁。中國的墨使用的是碳製成的墨。

　　用色素製造的墨水一般參有其它物質來防止色素被擦掉。這樣的墨水一般不滲入紙內，因此在印刷時使用的墨水可以降低印刷的成本。

　　用染料製造的墨水更強烈，但這樣的墨水一般是溶在水中的，它們滲入紙內，並可能滲到紙的背部，因此它們在印刷中有一定的技術障礙。因此這樣的墨水一般使用乾得非常快的溶液或在印刷時設法加速墨水的乾燥。其它的技術有使用比較硬的紙或使用特別的紙。

耬

　　西元前 2 世紀，中國人發明了耬，而西方到 1566 年才製成條播機，比中國晚了一千八百年左右。耬，又稱耬車，是中國傳統一種畜力的多管條播機，使開溝、播種、施肥、覆土、鎮壓等作業一次完成，大大提高功效。

　　根據東漢崔寔《政論》記載，耬車由三隻耬腳組成，下有三個開溝器。播種時，用一頭牛拉著耬車，可一次性開出三條溝來，在平整好的土地上開溝播種，同時進行覆蓋和鎮壓，行距、株距始終如一，還能經過改進用來施肥，稱為下冀耬種。下冀耬種，是在原來播種用的耬車上加上鬥，鬥中裝有篩過的細冀，或拌過的蠶沙，播種時隨種而下，將冀覆蓋在種子上，取到施肥的作用。

　　元代時出現的耬鋤，同耬車非常相似，只是前者沒有耬鬥，取而代之的是耬鋤。使用時用一驢挽之，效率非常高。鋤頭的入土深度達 2 至 3 寸，超過手鋤的 3 倍，而且速度快，每天所鋤的地達 20 畝之多。

風車（旋轉式揚谷扇車）

　　西元前 2 世紀，中國人發明了旋轉式揚谷扇車。到 18 世紀初，西方才有了揚谷扇車，比中國晚了二千年左右。扇車，又稱風車、風扇車、颺車、穀風機、揚谷機、旋轉式風扇車，是一種源自中國的用氣流的傳統農業機械，發明於漢

朝。通過產生的風力來達到脫粒成穀、脫殼成米的目的。流傳至世界各地。

在很早的時候人們就會在有風的時候通過將穀物拋至空中對穀物進行篩選，但這種方法受制於天氣情況。在公元前 2 世紀左右，[2]人們發明了風扇車。

最早記載見於西漢揚雄的《急就篇》，漢墓中也有陶風車的出土。扇車以後被廣泛使用，成為穀物加工中最重要的工具。

王禎《農書》和宋應星《天工開物》繪有用於去除稻麥殼的風扇車。《天工開物》則繪有閉合式的風扇車，機械內部扇葉裝於輪軸，輪軸上亦裝曲柄連桿，在裝有輪軸、扇葉板和曲柄搖手的右邊，是一個特製的圓形風腔。曲柄搖手的周圍圓形空洞為進風口，左邊有長方形風道為出風口。人以腳踏連桿或手搖使輪軸轉動，可產生強氣流，旋轉鼓風四面流動，使來自漏斗的稻穀通過斗閥穿過風道，飽滿結實的穀粒落入出糧口，而糠雜物則沿風道隨風一起飄出風口。這種閉合式的風車，一直沿用至今日的偏僻農村之中。台灣農村依然可見到。

李約瑟博士認為，中國旋轉式風扇車的一個驚人特點，是進氣口總是位於風腔中央，因而它是所有離心式壓縮機的祖先。

這種技術在 1700 年至 1720 年間通過各種方式傳播到了歐洲，並有歐洲的工程師對原來的風扇車做出了一些改進，對歐洲的篩穀方法產生了一定的影響。

豆 腐

西元前 125 年，中國人劉安發明了豆腐。同年中國人還發明了激素結晶體提取法，這比歐洲人領先了二千二百年。又說豆腐是西元前 164 年，由中國漢高祖劉邦之孫—淮南王劉安所發明。劉安在八公山上燒藥煉丹的時候，偶然以鹵水點豆汁，從而發明豆腐。目前關於豆腐發明人的記載，最早見於五代謝綽的《宋拾遺錄》「豆腐之術，三代前後未聞此物，至漢淮南王亦始其術於世。」宋代朱熹則作詩說：「種豆豆苗稀，力竭心已腐。早知淮南術，安坐獲帛布。」自註：「世傳豆腐本為淮南王術」。南宋詩人陸遊記載蘇東坡喜歡吃蜜餞、豆腐和麵筋；吳自牧《夢粱錄》記載，京城臨安的酒鋪賣豆腐腦和煎豆腐。

豆腐製作方法，明李時珍記載傳統豆腐生產過程。《本草綱目》谷部卷 25 豆腐」：「凡黑豆、黃豆及白豆、泥豆、豌豆、綠豆之類，皆可為之。水浸，磑碎。濾去渣，煎成。以鹵汁或山礬葉或酸漿醋淀，就釜收之。」其生產過程是：選豆→浸豆→磨豆→濾漿→煮漿→點漿→成型，這也就是傳統豆腐生產的基本過程。生豆漿有毒，必須煮沸（「煎成」）使蛋白質變性才能消去其毒性而可食用。《本草綱目》中亦說：「豆腐之法，始於前漢劉安」。

1960 年在河南密縣打虎亭東漢墓發現的石刻豆腐壁畫，描寫製造豆腐的過

程。認為漢代發明的豆腐未曾將豆漿加熱，乃是原始豆腐，其凝固性和口感都不如現在的豆腐。

1968 年河北滿城中山靖王劉勝墓中發現花崗岩豆腐水磨。《漢書》記載劉勝死於漢武帝元鼎四年（前 113），比劉安晚 10 多年。

日本認為唐代鑒真和尚在公元 757 年東渡日本時把製作豆腐的技術傳入日本，日視鑒真為祖師。「唐腐」「唐布」「豆腐」名詞，遲至 1489 年才在日出現。天明二年（1782 年）《豆腐百珍》食譜，介紹了 100 多種豆腐的烹飪方法。

豆腐在宋朝時傳入朝鮮，19 世紀初才傳入歐洲、非洲和北美。如今豆腐在越南、泰國、韓國、日本等國家已成為主要食物之一。

明代李時珍《本草綱目》詳細記述了製造豆腐的工藝。

豆腐的原料是黃豆、綠豆、白豆、豌豆等。先把豆去殼篩淨，洗淨後放入水中，浸泡適當時間，再加一定比例的水磨成生豆漿。接著用特製的布袋將磨出的漿液裝好，收好袋口，用力擠壓，將豆漿榨出布袋。一般榨漿可以榨兩次，在榨完第一次後將袋口打開，放入清水，收好袋口後再榨一次。

生豆漿榨好後，放入鍋內煮沸，邊煮邊撇去面上浮著的泡沫。煮的溫度保持在 90~110 攝氏度之間，需要注意煮的時間。煮好的豆漿需要進行點鹵以凝固。點鹵的方法可分為鹽鹵、石膏兩種。鹽鹵的主要成分是氯化鎂，石膏的主要成分是硫酸鈣。用石膏點鹵的話先要將石膏焙燒至剛剛過心為止，然後碾成粉末加水調成石膏漿，沖入剛從鍋內舀出的豆漿裡，並用勺子輕輕攪勻。不久之後，豆漿就會凝結成豆腐花。

豆腐花製成豆腐，則在豆腐花凝結的約 15 分鐘內，用勺子輕輕舀進已鋪好包布的木托盆或其它容器裡。盛滿後，用包布將豆腐花包起，蓋上木板，壓 10至 20 分鐘，即成水豆腐。若要制豆腐乾，則須將豆腐花舀進木托盆裡，用布包好，蓋上木板。在板上堆上石頭，壓盡水分，即成豆腐乾。

豆腐含有多種營養物質，動物性食物缺乏的不飽和脂肪酸、卵磷脂，並含有鐵、鈣、磷、鎂醣類、大豆異黃酮、植物油和豐富的優質蛋白，多種微量元素，有「植物肉」美稱。有助於神經、血管、大腦的發育生長。

瓷　器

中國西元 1 世紀發明瓷器。西方到 18 世紀才有瓷器，比中國晚了一千七百年。瓷器是一種由瓷石、高嶺土組成，外表施有釉或彩繪的物器。在窯內經過高溫（約 1280℃–1400℃）燒制，最早出現於商代中晚期。

瓷器表面的釉色會因為溫度的不同從而發生各種化學變化。燒結的瓷器胎一般僅含 3%不到的鐵元素,不透水。原料純淨度高的瓷器,擁有遠高於一般瓷器的製作工藝難度。

製作瓷器的流程:

練泥:將瓷胎的原料 —— 高嶺土、瓷石經過磨洗、除雜揉勻後,調和成用於製作瓷器的瓷泥。

制坯:經過模具將瓷泥製成所需要的瓷器外形,將坯胎涼至半乾,置於車盤,用刀旋削表面,使瓷器外表光潔。依照需要,按材質不同(鐵、骨、木等材料)的雕花刀在外表刻出花紋。瓷器分為「釉下彩」和「釉上彩」兩種不同的種類。

上釉:依照瓷器的幾何外形,有不同的上釉方式。圓口瓷器(指通過拉坯方法成型的口徑較圓的器皿種類)將瓷胎浸泡在釉漿中。大一些的瓷器或者形狀不規則的瓷器,採用吹釉的方式上釉。務使釉漿的均勻分散,是重要的一點。

釉下彩:將顏料直接塗在未上釉的瓷胎上,再進行上釉。由於顏料被包裹在釉之下,使得色彩能夠長期保存,不易被磨損。由於施加釉下彩將使顏料經過約1天的高溫灼燒,會導致部分瓷器顏色變化,因而釉下彩的瓷器顏色變化較多。

釉上彩:將未上色的瓷胎塗釉後放入窯內燒結為素瓷,待冷卻後再進行上色,放入相對低溫(約 700℃-900℃)的窯爐中進行二次燒結。能夠保證釉彩的花紋和顏色豐富多彩,但長期暴晒或使用會導致表面磨損,導致顏色脫落。

瓷器與陶器的關係密不可分。當部分摻有高嶺土(或長石、石英、石灰等天然釉料)以及其他含有氧化銅、氧化鐵、氧化亞鉛等天然色彩成份的原料,在燒結陶器時,會自然在陶器表面結成一層薄釉(日本信樂燒最早就是這樣出現的。)

在中國歷史上,明代前中國瓷器以素瓷(沒有裝飾花紋,以色彩純淨度的高低為優劣標準)為主。明代以後以彩繪瓷為主要瓷器。

走馬燈

西元前 121 年中國發明走馬燈。西方人中國晚了一千七百多年。南宋時即己流行於市。走馬燈,古稱蟠螭燈(秦漢)、仙音燭(唐)、轉鷺燈(唐)、馬騎燈(宋),西方稱魔燈,中國傳統玩具,燈籠的一種,常見於元夕、元宵、中秋

等節日。

中國古代在《西京雜記》《清異錄》《雲仙雜記》《武林舊事·卷二·燈品》《燕京歲時記·走馬燈》中都有提到走馬燈。

南宋·周密《武林舊事·卷二·燈品》：若沙戲影燈，馬騎人物，旋轉如飛。

清·富察敦崇《燕京歲時記·走馬燈》：走馬燈者，剪紙為輪，以燭噓之，則車馳馬驟，團團不休，燭滅則頓止矣。

詩詞：南宋·范成大：映光魚隱現，轉影騎縱橫。

南宋·辛棄疾《青玉桉·元夕》：玉壺光轉（另一說指寫月光）

南宋·姜夔《感賦詩》：紛紛鐵馬小迴旋，幻出曹公大戰年。

走馬燈又稱跑馬燈，現代人將火炭燒起來作氣流動力改為電風扇帶動馬燈運轉。

流動字幕顯示屏：橫向或直向不斷移動的字幕，常用於電視新聞鏡面，如新聞跑馬燈。新聞跑馬燈（簡稱「跑馬燈」）是在電視新聞畫面上的一個小空間，通常是用來顯示頭條新聞或是新聞報道中較小的細節。跑馬燈有時也指在某些建築物、網站或室內空間用來表現訊息的顯示版。

走馬燈風俗：

正月15元宵節，民間風俗要掛花燈，走馬燈為其中一種。外形多為宮燈狀，內以剪紙粘一輪，將即繪好的圖案粘貼其上。燃燈以後熱氣上熏，紙輪輻轉，燈屏上即出現人馬追逐、物換景移的影像。宋時已有走馬燈，當時稱「馬騎燈」。元代謝宗可詠走馬燈詩云：「飆輪擁騎駕炎精，飛繞間不夜城，風鬣追星來有影，霜蹄逐電去無聲。秦軍夜潰咸陽火，吳炬霄馳赤壁兵；更憶雕鞍年少日，章台踏碎月華明。」多為六面，頂部有紙制扇葉，蠟燭燃燒時熱空氣上升，鼓動扇葉使燈轉動。因多在燈各個面上繪製古代武將騎馬的圖畫，而燈轉動時看起來好像幾個人你追我趕一樣，故名走馬燈。

走馬燈又叫跑馬燈、串馬燈。製作好的馬燈竹為骨、紙為肉、發為脈、火為氣。

對聯走馬燈：上聯是：走馬燈，燈走馬，燈熄馬停步。下聯是：飛虎旗，旗飛虎，旗卷虎藏身。此出自《王安石撿聯獲妻》的典故。

走馬燈原理：

走馬燈上有平放的葉輪，下有燃燭或燈，熱氣上升帶動葉輪旋轉，這正是現代燃氣渦輪工作原理的原始應用。燈內點上蠟燭，燭產生的熱力造成氣流，令輪軸轉動。輪軸上有剪紙，燭光將剪紙的影投射在屏上，圖像便不斷走動。

加熱空氣，造成氣流，以氣流推動輪軸轉動，按此原理造成的玩具就是走馬燈。在一個或方或圓的紙燈籠中，插一鐵絲作立軸，軸上方裝一葉輪，其軸中央裝兩根交叉細鐵絲，在鐵絲每一端黏上人、馬之類的剪紙。當燈籠內燈燭點燃後，熱氣上升，形成氣流，從而推動葉輪旋轉，於是剪紙隨輪軸轉動。它們的影子投射到燈籠紙罩上。從外面看，便成為清末《燕京歲時記》一書中所述「車馳馬驟、團團不休」之景況。走馬燈與近代燃氣輪機原理，如出一轍。

火　柴

　　中國人于西元 577 年發明火，比歐洲人早 1000 年！火柴是一種取火工具，它利用某些物質的劇烈氧化還原反應，產生高溫而發火燃燒。火柴由火柴頭（引火介質）和火柴梗（燃燒介質）兩部分組成，配合磷皮（發火介質）摩擦點火。現代火柴頭含氯酸鉀和硫磺，磷皮則使用了紅磷，輔料包括石蠟、二氧化錳、粘合劑、玻璃粉、炭黑、穩定劑，部分火柴還加有硫化銻、磷酸二氫銨和澱粉。

　　在一小根細木棍或其他相當結實的易燃材料的一端粘附上易燃混合物，經摩擦引發火點燃。典型的火柴是由木質短棒或者紙質短棒的一端附著磷而成，附著磷的一端叫做火柴頭，摩擦表面生熱使燃點低的磷著火，進而點燃短棒。

　　火柴有兩種：安全火柴和萬能火柴。安全火柴將磷移至火柴盒表面，只有當火柴頭摩擦磷皮時才會著火；而萬能火柴可以在任意粗糙表面摩擦點火。

　　南北朝時期，將硫磺沾在小木棒上，藉助於火種或火刀火石，能很方便地把陰火引發為陽火。這可視為最原始的火柴。陶宗儀《輟耕錄》「杭人削松木為小片，其薄如紙，鎔磺塗木片頂分許，名曰發燭，又曰焠兒。蓋以發火及代燭也」。

　　發明火柴前，人們通常使用末端塗有諸如硫磺等易燃物的特製木片，將火焰從一燃燒源傳到另一燃燒源。1805 年，讓·尚塞爾在巴黎發現，將末端蘸有氯酸鉀、糖和樹膠的木片浸入硫酸中便可點燃。後來這方法不斷改進，1816 年，法國巴黎的弗朗索瓦·德魯森製成了**黃磷火柴**，他使用末端塗硫磺的火柴在內壁塗磷的管子內刮擦點燃。但限於技術而性能不佳。最後倫敦人 S.瓊斯於 1828 年製成普羅米修斯火柴，並獲得專利。普羅米修斯火柴是一個含酸的小玻璃泡，外面塗裹引火物。用一把小鉗子或甚至用牙齒將玻璃泡弄碎後，外面裹的紙張即起火燃燒。其他既不方便又不安全的早期火柴都是使用含磷或其他物質的玻璃瓶。這些早期的火柴極難點燃，常常迸發成一片火星。氣味還特別難聞。

　　火柴的發明淘汰了早先的火鐮/火石。現代社會，由於技術的發展，很多人使用打火機而不再使用火柴，不再需要火柴亦可以生火。

化學武器

利用毒氣進行化學戰的歷史，在中國至少可以追溯到西元前四世紀早期。在墨家早期著作中，就有關於利用風箱把在爐子內燃燒的芥末釋放出來的氣體，打入圍城敵軍隧道的記載。這比第一次世界大戰中德國利用塹壕芥子氣早2300年。中國人化學武器有下列幾種：“冀彈”，這是毒氣彈的雛形。“飛砂彈”，它是將一管火藥放在陶罐裏，火藥的成份是生石灰、松香、有毒植物的乙醇提取之。把這種武器從城牆上放下去，隨即炸開，致命毒物四散。“催淚彈”，西元二世紀中國人便使用催淚彈，它所產生的煙霧很快地使人淚如泉涌。海脈油、四川漆和海星等毒汁會使敵人聲音嘶啞。我國有的毒物能使敵人肌肉腐爛直至露出白骨。火矛包含著砒霜和一般的毒物。1540年貝林古西奧所著的《煙火藥學》一書中說，火矛被燃後，就吐出“熾熱地火舌，有兩三步遠，使人毛骨悚然”。在歐洲，直到1580年，砷才作為一種深受歡迎的東西，但在17世紀它被汞煙球所代替，這是當時中國奉獻給世界的禮物之一。

大　炮

1280年中國發明大炮，製成首批信而有徵的銅鐵大炮（徵是驗證的意思）。

砲（Artillery）或礟、礮，是利用機械能、化學能（火藥）、電磁能來發射彈體，其射程超過單兵武器射程的武器。英語「Artillery」的定義也包含射箭機、投石機等大型非火藥武器在內。

漢字「砲」原指投石機與其彈，唐後也指由投石機發射的燃燒物，宋後也指由投石機發射的縱火物與爆裂物，明後也指大型管身火器。宋代之前「砲」與「炮」不同義，「炮」只有「燒烤」的意思，宋代之後「炮」逐漸有「砲」的意思。就連「火砲」一詞最初也是指發射燃燒物或爆裂物投石機與其砲彈，明後才指大型管身火器。

火砲在現代指口徑不小於20毫米（0.78英寸）的管身射擊武器。口徑小於20毫米的管身射擊武器稱為槍械。火炮通常由炮身和炮架兩大部分組成。炮身包括身管、炮尾、炮閂等。身管用來賦予彈丸初速和飛行方向；炮尾用來裝填炮彈；炮閂用以關閉炮膛，擊發炮彈。炮架由反後坐裝置、方向機、高低機、瞄準裝置、大架和運動體等組成。反後坐裝置用以保證火炮發射炮彈後的複位；方向機和高低機用來操縱炮身變換方向和高低；瞄準裝置由瞄準具和瞄準鏡組成，用以裝定火炮射擊數據，實施瞄準射擊；大架和運動體用於射擊時支撐火炮，行軍時作為炮車。

公元8世紀後中國發明火藥後，逐漸開始用投石機發射火藥彈，唐哀帝時

鄭璠攻打豫章，曾「發機飛火燒龍沙門」，這種「發機飛火」並非指管形的火砲與砲彈，而是一種稱作砲的投石機投出的火藥球。[3]1163年宋魏勝駐守海州時，製造出火石砲，這也是指投石機與其扔出的砲彈，而非今日的管形火砲。

目前所知管形火砲的起源應是南宋的突火槍與元朝時的火銃，這兩者又稱火筒。據李約瑟指出世界上最早的金屬火銃出土於中國黑龍江，製造時間為元大德二年（1298年），目前藏於黑龍江省博物館。明代碗口銃，最早出現於元代。

元明時火銃分別朝向單兵化與大型化發展，元代著名的大型火銃為碗口銃，大型化的火銃出現後也繼承了火砲與砲的名稱。

元末於（1332年）曾在部隊中裝備了金屬身管火炮－青銅火銃（口徑105毫米，滑膛前膛火炮），是現今火炮的鼻祖之一。

眼　鏡

中國人于西元1300年發明了眼鏡，這時義大利也開始使用眼鏡了。

古代直升飛機

中國於西元17世紀發明了直升飛機。國蘇州巧匠徐正明，整天琢磨小孩玩的竹蜻蜓，想製造一個類似蜻蜓的直升飛機，並且想把人也帶上天空。經過十多年的鑽研，他造出一架像竹蜻蜓一樣螺旋槳直升飛機。，架駛座像一把圈椅，依靠腳踏板通過轉動機構來帶動螺旋槳轉動，試飛時候，飛離地面一尺多高，還飛過一一條小河溝，然後落下來。

象　棋

象棋是中國二人對弈棋遊戲，中國象棋與西洋棋有別。西元6世紀中國發明國際象棋。而西方到西元7世紀才有國際象棋比中國晚了一百年左右。

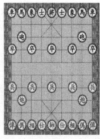

象棋、象戲，在中文有多種含意：從古到今可指六博、彈棋、圍棋、雙陸、象徵的遊戲、中國象棋簡稱、各種象棋類遊戲。

象棋一詞在宋朝前是種泛稱，最早出現在戰國，指象牙作的棋子，亦可指象徵

猛禽獵魚之戲的六博。《楚辭·招魂》「菎蔽象棋，有六博些。」王逸註「以菎蔽作箸，象牙為棋。」、《說苑·善說》：「燕則鬥象棋而舞鄭女。」、長沙馬王堆 3 號西漢墓遣策「博一具；博局一；象棋十二；象直食其廿；象筭？三十；象割刀一；象削一；象□□□□。」可用於彈棋、圍棋、雙陸等用有用象牙作棋子的棋類。

象戲最早出現在北周，類似樗蒲、打馬的北周象戲，最早的意思是象徵的遊戲。後周武帝創作的北周象戲、編制《象經》，有日月星辰之象，象戲名稱由此而來。

唐宋以降，象戲可指象徵戰爭的象棋類遊戲，如寶應象戲、大象戲。北宋晁補之《廣象戲格·序》「象戲，兵戲也，黃帝之戰驅猛獸以為陣；象，獸之雄也，故戲兵以象戲名之。」

宋後，象棋一詞才開始用在中國象棋。北宋也有人將雙陸當作象棋。象戲成為中國象棋的雅稱、古稱。

唐代寶應象棋至宋朝時逐漸演變現在的中國象棋。

北宋末至南宋時，已成為現在象棋的形式，將帥待在九宮底，棋子有用陶瓷或銅質，後者稱為象棋錢，為花錢的一種，有圖有文，錢文寫將、士、象、馬、砲、車、卒，並無帥、仕、相、炮、傌、俥等異體字區分，下棋時可能是一方執字面，一方執圖面；若兩面全字的棋錢可能以塗硃砂等方式從顏色上區分。

明朝方以智《通雅》「象棋始於唐，周武之《象經》，非今之象戲也。」

拱　橋

西元 610 年，中國李春發明建造弓形拱橋，又名趙州橋或大石橋，比西方於 1345 年建造的維奇奧拱橋，早七百年。歷史上著名的拱橋建於隋朝的趙州橋。

拱橋是指以拱作為主要承重結構的橋樑，最早出現的拱橋是石拱橋，藉著類似梯形石頭的小單位，將橋本身的重量和加諸其上的載重，水平傳遞到兩端的橋墩。各個小單位互相推擠時，同時也增加橋體本身的強度。現存最早的石拱橋是約西元前 1300 年前的邁錫尼文明的 Arkadikobridge；最早並還在使用的石拱橋則是前 850 年的卡雷凡橋。

水力風箱

西元 31 年中國人發明水力風箱。利用水利的創舉是現代社會以前能源供給中最有意義的突破之一。水力風箱又稱水排、水力鼓風機、鼓風水排。《後漢書》

記載南陽太守杜詩發明以水為動力、用於鑄造鐵製農具的水力風箱（鼓風水排）的事情。並精闢評價說：它「用力少而建功多，百姓便之。

骨水車

西元 80 年，中國發明龍骨水車；歐洲第一架方形板葉的龍骨水車制於 16 世紀，是直接以中國的設計為模式而製作的，比中國晚了一千五百年左右。龍骨水車是約 1800 年前，三國時期（約公元 200 多年）魏國（今陝西）馬鈞發明的。當時，在馬鈞的房子旁邊。有一塊比較高的荒坡地沒有開墾。馬鈞想利用這塊荒坡種點蔬菜，可是很難把水引到坡地上去澆灌。馬鈞仔細研究了附近的水源，設計了一種新的提水工具，這就是翻車，也就是後來說的龍骨水車。

這種水車是在更早以前畢嵐所發明的"括車"的原理上，加以改進製成的。馬鈞設計的翻車採用木鏈條，能夠連續不斷將水提上來。（翻車之後分為手拉與腳踏兩種）。翻車也叫踏車、水車。結構是以木板為槽，尾部浸入水流中；置一小輪軸。而其前端有一大輪軸，固定於堤岸的木架上。用時轉動拐木，使前輪軸轉動，帶動槽內的串聯帶狀板葉（木鏈條）刮水而上，不斷抽水到地勢較高的田地，因木鏈的形狀似龍骨，故後來又稱為龍骨水車。

帆　船

中國于西元二世紀發明平衡四角帆、船中水密艙.帆船的「帆」是用特種布料製成來操縱風力使船航行，就叫做帆船（風帆）。

風帆通常是相當柔軟的材質，當有風正對著風帆時，造成了受風面與背風面氣壓的落差，因此產生強大的推力，風帆會被拉扯向低壓的那一邊，當帆船需要轉向時，可以透過船骨和船舷來控制側面的力量，讓船身稍微傾斜來控制方向。帆船是奧運的比賽項目之一。船舵是在船尾方水中的可移動板，操控它以改變船身方向，船身方向改變，與風的方位也會改變，而帆也會改變角度，可能會從船身右方轉到左方，駕駛者得低下頭閃過帆桿，換邊坐，帆一定要在

人頭前面。

依風向改變帆的角度，船面對風有三種風，順風、逆風、橫風。順風是風從船尾後方來，此時帆與船身角度大概 90 度角。逆風是風從船頭前方來，帆會變 0 度角，此時船會無法航行而定住，要操控船舵改橫風航行。

橫風是風從船側邊來，此時船要之字航行，船身與帆角度 45 度角。

帆轉向有順風轉和逆風轉、橫風轉，順風轉是因為順風而使帆轉向，逆風轉是因為逆風而使帆轉向，橫風轉是因為橫風而轉向，是為了改變航行方向而做的。

七根桅杆船

西元 260 年中國人發明了七根桅杆船。桅杆，船上懸掛帆和旗幟、裝設天線、支撐觀測台的高的柱杆，木質的長圓竿或金屬柱，從船的龍骨或中板上垂直豎起，可以支撐橫桁帆下桁、吊杆或斜桁。輪船上的桅杆用處很多。比如用它裝信號燈，掛旗幟、架電報天線等。此外，它還能支撐吊貨杆，吊裝和卸運貨物。

桅杆，拼音 wéigān，解釋有兩種。1：船上掛帆的杆子。2：輪船上懸掛信號、裝設天線、支撐觀測台的高杆。

艦船桅杆源於帆船時代，在掛帆揚航時，承擔著艦船"耳目"的作用，正道是："刁鬥三更，風急旌旗亂""站得高、望得遠"。於是，此後桅杆結構形式的變換便與雷達技術的進步息息相關，由細而粗，由柱而塔，桅杆既成為艦船"列艦聳層樓"的標誌性結構，也在不知不覺間完成了螺旋上升的變遷軌跡。

連珠火銃

火銃是中國古代的筒型火器，較早的型式於出現在宋代，為粗毛竹中裝入火藥，稱為火筒或突火鎗，後來由銅、鐵等金屬制作，故使用了金部的火銃之名。現存的元文宗至順三年（公元 1332 年）所制、安放在架上發射的盞口銃，元惠宗至正十一年（公元 1351 年）研制的手銃，分別是當時所制大型火銃和手銃的代表性制品，火銃以火藥發射石彈、鉛彈和鐵彈。此外還有其他一些出土實物。它們在構造上基本相同，都由前膛、藥室和尾銎構成，是元時期軍隊的

重要裝備。同火鎗相比，火銃的使用壽命長，發射威力大。

元朝火銃問世後，發展很快，在元末朱元璋建立明朝的戰爭中，發揮了重要作用。明王朝建立後，由軍器局和兵仗局專造碗口銃和手銃。銃身都刻有銘文，主要內容有造銃地點、單位、監造官員的職務和姓名、造銃的軍匠和民匠的姓名、用銃衛所的名稱、使用火銃的教師和習學軍人的姓名、火銃的重量和造銃年月等，基本上反映了火銃制造和使用的情況。

建明之初，朱元璋不斷采取各種有效的措施，發展兵器制造，把元代創制的初級火銃，加以規範統一，根據實戰的需要，發展成包括大中小三種類型在內的洪武系列火銃。從明成祖永樂年間起，火銃得到了長足的發展。明成祖朱棣通過發達的手工業、礦冶業所提供的技術和原材料等有利條件，大力推動火銃制造業的發展。火器研制者也根據當時的需要和可能，把研究的重點放在火銃結構的改進、質量的提高、品種的增加、性能的改良、威力的增強等方面，從而使火銃得到長足的發展，成爲明軍的制式裝備。直至嘉靖以後，逐漸被鳥銃和火炮所取代。

火銃的制作和應用原理，是將火藥裝填在管形金屬器具內，利用火藥點燃後產生的氣體爆炸力射擊彈丸。它具有比以往任何兵器大得多的殺傷力，實際上正是後代鎗械的最初形態。中國的火銃創制於元代，元在統一全國的戰爭中，先後穫得了金和南宋有關火藥兵器工藝技術，立國後即集中各地工匠到元大都研制新兵器，特別是改進了管形火器的結構和性能，使之成爲射程更遠，殺傷力更大，且更便於攜帶使用的新式火器，即火銃。

連珠銃，爲明末清初發明家戴梓所發明的一種連發式火器，被人稱爲「世界上第一種機關槍」類似於近代的手動式步槍，具有彈匣和彈頭火藥一體化的子彈觀念，射速應可達到現代的手動式槍械。但是戴梓並沒有將「連珠銃」獻給軍營，而是「藏器於家」。

戴梓出生在官吏之家。在父親的影響下，戴梓喜歡上機械製造，曾自己製造出多種火器，其中的一種能擊中百步以外的目標。

1674 年，耿精忠自福建起兵進犯浙江，響應吳三桂叛亂。康熙帝派遣康親王傑書爲奉命大將軍，率清軍赴閩浙征討耿精忠。戴梓隨軍出征。由於戴梓對軍事形勢條分縷析，因此與康親王深爲契合，很受尊敬。回朝後，受到康熙帝的器重。授其翰林院侍講官職，入南書房，並命他參預纂修《律呂正義》。

戴梓不僅在研製火器方面做出很大的貢獻，而且在文學上也有一定的造詣，曾著《耕煙草堂詩鈔》。他還總結前人的治水經驗，寫了一本《治河十策》的著作。後人評價他「磨劍半生虛售世，著書千載枉驚人。」

《清史稿》記載，戴梓曾經向康親王貢獻連珠火銃。但是戴梓並沒有將「連珠銃」獻給軍營，而是「藏器於家」。

1686 年，荷蘭政府派遣使者來到中國，並且進貢「蟠腸鳥槍」，戴梓奉命仿造了 10 枝槍，康熙將仿造的槍回贈了荷蘭使者。不久，他又奉命仿造佛朗機炮，只用了 5 天就完成。第二年康熙帝指令戴梓監造子母炮，8 天即造成。炮

長二尺一寸（約 0.672 米），重約 300 斤（約 180 千克），便於攜帶。鑄造炮彈外形如瓜狀，每枚重 20 至 30 斤，內裝「子彈」，此炮發射時，「子在母腹，母送子出，從天而降，片片碎裂，銳不可當」。

連珠火銃的銃背是彈匣，可以貯存 28 發火藥鉛丸。銃機有兩個，相互銜接，扣動一機，彈藥自落於筒中，同時解脫另一機而擊發。連珠火銃的形狀很像琵琶，能夠連續射擊 28 發子彈。這種武器解決了舊式火銃用火繩點火，容易遭受到風雨潮濕影響的難題，也吸收了西方火器能夠連續射擊的優點，使用方便，能夠提高戰鬥力，比歐洲人發明使用機關槍早 200 多年，威力和優越性超過當時世界強國的同類火器。但是戴梓並沒有將「連珠銃」獻給軍營，而是「藏器於家」。

比利時傳教士南懷仁曾向康熙炫耀西洋「衝天炮」（又稱「子母炮」）並誇口說，「衝天炮」只有比利時人能造，結果花費一年的時間都沒有造出來，而戴梓只用了 8 天時間就造成了。「衝天炮」造好後，康熙率眾臣親臨現場觀看試射，大加讚賞，為此炮賜名為「威遠大將軍」，並下令把製造者的姓名鑄刻在炮身上以示紀念。戴梓卻因此得罪了南懷仁。南懷仁懷恨在心，與張獻忠養子之子陳宏勛同在康熙面前奏戴梓「私通東洋」，結果康熙輕信讒言，將戴梓流放到了盛京（今瀋陽）。在瀋陽戴梓被迫靠賣字畫度日，艱難地生活了 30 多年，「常冬夜擁敗絮臥冷炕，凌晨蹋冰入山拾榛子以療飢」，1704 年獲赦回鄉，但貧病交加，在旅途中辭世。1890 年，李恆編撰《國朝耆獻類證初編》時，便在卷 120 中說戴梓向康親王進獻了「連珠火銃法」，《清史稿》記載此事。

赤道式天文儀

西元前 2400 年，中國人發明了赤道式天文儀。

中國古代對宇宙的看法，戰國時期的荀子在【天論】的起頭就說：「天行有常，不為堯存，不為桀亡。」，也就是說自然界是按其本身規律運行不斷的，不論是仁君堯還是暴君桀都影響不了它，天文現象和政治無關。另外，管子【宙合】篇說：「宙合之意，上通於天之上，下泉於地之下，外出於四海之外，合絡天地以為一裹。」「是大之無外，小之無內。」，白話來說是：「宇宙是時間和空間的統稱，它向上直到天的外，向下直到地的裡面，向外越出四海之外，好像一個包裹把我們看得到的物質世界包在其中，但是它的本質在宏觀和微觀方面都是無限的。」除了這兩位先賢的想法外，中國古代對天地的基本看法，主要的有「蓋天說」、「渾天說」和「宣夜說」三種。限於篇幅，以下僅就「渾天說」予以闡述。

回快速尋找

在古代，『渾』字有圓球的含意。古人認為天是圓的，形狀像蛋殼，出現在天上的星星是鑲崁在蛋殼上的彈丸，而我們的地球則是蛋黃，人們是在這個蛋黃上測量日月星辰的位置。因此，把這種想法稱為「渾天說」，而觀測天體的儀器叫做「渾儀」。許多人相信渾儀發明於戰國時代（公元前四世紀），而

在漢武帝時（公元前 104 年）有洛下閎造渾儀的記載。渾儀基本結構只有三環（子午環、赤道環和赤經環）和一窺管組成，可看出當時天文觀測知識與技術已相當可觀，不但已略知日月星辰東升西落的變化情形（地球斜傾角度），並已會運用「經度」和「緯度」的座標概念。

回快速尋找

公元前 70~50 年間耿壽昌有「渾象」的創製，它是一種教學、表演天體視運動的儀器；它是將日、月、二十八星宿等天體以及赤道、黃道都繪製在一個圓球面上，能使人們不受日夜時間、陰雨天候的限制，隨時瞭解當時的天象。渾象不但位置精準不差，補足肉眼無法觀測的空白，況且能幫人們直覺地、抽象地理解日月星辰的運動規律。公元 132 年，張衡用水的力量發動齒輪系統，穩定帶動渾象轉動，創製「水運渾天儀（象）」。

回快速尋找

元代郭守敬對於在使用傳統的渾儀觀測時，感到渾儀的環圈過於繁複，相互遮擋了不少天區且妨礙觀測等缺失，因而產的生了要簡化渾儀的想法。於至元十三年（公元 1276 年）郭守敬分析研究了渾儀上每一道環的作用和相互之間的關係，毅然進行革命性改革，去掉那些不必要的和作支架用的圓環，取消了渾儀中的白、黃道環；並把保留的圓環從層層套圈中分離出來，使渾儀用來測量不同座標的圓環分開，而後組成為兩個互相獨立、結構簡單的赤道裝置（赤道經緯儀）和地平裝置，另增加立運儀而創構成「簡儀」。曾用它進行了多種天文觀測工作，大大提高了觀測準確度、和方便性。簡儀上最小的分格可到三十六分之一度，用它測出的二十八星宿距位置，在中國古代是最準確的。簡儀的創製，是我國儀器製造史上的一次創舉；不但是世界科學發展史上的珍貴例證，也是現代天文望遠鏡的先驅（歐洲在十六世紀末 1598 年，丹麥才使用天文望遠鏡）。它獨立之赤道裝置，是近代許多測量儀器構造的鼻祖；正是現代天文學主要進步之一的「赤道儀」。

人工孵化養魚

西元前-2500 年，中國人已經懂得養魚。那時我國人民即可用人工孵化魚卵，把它養大食用。1960－1970 年代，歐美才用人工養殖蛙魚等魚類。

目前生產上常用的孵化工具有孵化桶（缸）、孵化環道及孵化槽等。孵化桶（缸）的大小一般以容水量 250 公斤左右為宜。放卵密度約為每 50 公斤水放卵 5～10 萬粒。孵化桶（缸）的操作管理主要是調節水流速度和經常洗刷紗窗或缸罩上粘附的汙物。一般把水流調節到使魚卵或剛孵出魚苗衝到水麵中心為度，不要過大或過小。

當魚苗剛出膜時，應加強管理，防止因卵膜貼附紗窗或缸罩引起溢水逃苗事故。魚苗出膜後，水流應適當加大，防止魚苗下沉而窒息死亡。魚苗全部孵出 1 天以後，水流可適當減小，避免水流過大，消耗魚苗體力。魚苗數量與運輸成活率是影響發塘的原因之一。有些育苗單位為貪圖利益，故意克扣魚苗數

量，也有的是抽樣估計數量不足，很少有達到 100%，有的還不到 70%，所以這種本來數量不準的魚苗即使其它措施十分完善，也難以滿足下塘數而影響發塘率。另外，由於魚苗經長途運輸，而不注意途中換水等措施，造成下塘後魚苗發塘率下降。

放養方法不當是影響發塘率的關鍵。魚苗長途運輸大多采用尼龍袋衝氧和汽車運輸，而尼龍袋裏的水環境會隨著密封後時間的逐漸延長而變化。首先是溫度，密封裝箱後外界的幹擾很小，而袋裏的溫度因魚類的代謝物分解和魚類呼吸，溫度不但沒有下降反而有少許增高。這種情況一般在運輸途中不會引起死亡，但是到達目的地後，當地漁塘裏的水環境與魚苗運輸用水的水質有很大差別，因此如放養不當就易因水環境突變使魚下塘成活率下降，甚至大批死亡，死亡時又因魚苗個體較小很難當時發現。放養時未試水，池水毒性未消失也是造成發塘率低下的原因，另外遇大風天氣，放養地點不當，如在漁池下風處放養，魚苗易被風浪聚在堤岸邊水麵，體質稍差的魚苗很難頂水遊泳，有許多魚苗因風浪太大而擱淺死亡。

音樂記譜法

西元前-221 年以前，中國人已發明了記譜法。音樂記譜法（樂譜）是一種以印刷或手寫製作，用符號來記錄音樂的方法。不同的文化和地區發展了不同的記譜方法。記譜法可以分為記錄音高和記錄指法的兩大類。五線譜和簡譜都屬於記錄音高的樂譜。吉他的六線譜和古琴的減字譜都屬於記錄指法的樂譜。傳統的樂譜主要以紙張抄寫，現在亦有電腦程式可以製作樂譜。

中國留傳下來最早的樂譜是南北朝時代的古琴譜《碣石調·幽蘭》。早期的樂譜為文字譜，將指法詳細地以文字敍述。後來為了簡化記錄方法，唐朝後期出現了減字譜，記錄指法動作、弦序和徽位。敦煌的莫高窟收藏了不少唐宋以來的樂譜，其中包括不少琵琶樂譜。宋代的姜白石道人歌曲出現了記錄音高的俗字譜，證明當時的宋詞是可以歌唱的。明清兩代的戲曲，包括崑劇、京劇、粵劇以及當時不少器樂曲都應用了工尺譜。潮州音樂有其獨特的二四譜。

民國年間，受到西方以及日本的影響，中國的學堂樂歌開始應用簡譜以及五線譜。直至今天，在流行歌曲中，以簡譜和五線譜居多。在戲曲，工尺譜也依然有人使用。在瑤琴領域減字譜仍在繼續使用（一般是與簡譜或者五線譜同時使用）。在南音中仍然在使用傳統的工尺譜。傳統音樂的一些樂器也使用簡譜或者五線譜。

簡譜、五線譜由於一些根本性的缺陷，無法在傳統音樂中代替減字譜、工尺譜。在瑤琴領域，使用簡譜（五線譜）記錄的某些曲子，只代表這個記錄者的彈奏方法，其它的琴人仍然可以按照古譜作出自己的彈法。之所以出現這種現象，是因為減字譜本身比較模糊，允許實際演奏者做一些自己的發揮，自由度比較大。南音中工尺譜也有類型情形。

指法譜（Tablature 或者 Tab）

根據樂器本身的特點標出如何在該樂器奏出每個音（有些包括指法）的記譜法。音符標記並不代表音高。這種記譜法多用在有琴桁（也叫品）的弦樂樂器上。目前最為廣泛使用的，是吉他六線譜。六根線代表吉他的六根琴弦。線上的數字代表用右手撥響該琴弦時左手需要按住該琴弦的第幾品。

郝氏譜（Hao Staff）

一種採用鋼琴鍵盤黑白鍵的排列規律的樂譜。樂譜的譜條既代表音高，又與鋼琴黑白鍵形象對應。音符與其他標記都沿用五線譜的傳統，但無需使用升號、降號、調號、還原符號等。這種樂譜特別適用與各種鍵盤樂器，包括鋼琴、電子琴、手風琴、風琴等。該樂譜由郝佳（Jeff Hao）發明，并在一些國家獲頒發專利。

常用的五線譜電腦製作程式有 Muse Score、Sibelius、Finale、Lilypond、Encore、Overture 等等。亦有專門製作吉他樂譜的程式 Guitar-pro。簡譜製作有兩種常用的方法，一種是以一般文書處理程式製作，如 Microsoft Word，配上簡譜字體（e.g.彩虹簡譜字庫，亦有一些專門製作簡譜的程式，如中國開發的作曲大師。

焰 火

西元前 2 世紀，中國人發明了焰火。

"焰火"，煙火劑燃放時所發出的各種顏色的火花，有時即指煙火劑本身。有平地小煙火和空中大煙火兩類。

一般系包紮品，內裝藥劑。點燃後煙火噴射，呈各種顏色，並幻成各種景象。

始于宋代。今又稱"禮花"，為節日所常用。

煙火：yānhuǒ

①炊煙。借指住戶人家：狗吠雞鳴，煙火稠密。

②猶烽火。邊境有入侵：北邊又起煙火。

③指熟食：不食人間煙火。

④指後代繼承者：四時祭掃，煙火不絕。

⑤也作"焰火"。煙火劑燃放時所發出的各種顏色

的火花，有時即指煙火劑本身。有平地小煙火和空中大煙火兩類。

一般系包紮品，內裝藥劑。點燃後煙火噴射，呈各種顏色，並幻成各種景象。始于宋代。今又稱"禮花"，為節日所常用，也用於婚喪嫁娶等。

熨 斗

西元 800 年代，中國人發明了熨斗，並開始使用了它。

熨斗，熨燙衣料用具，古稱"熨斗"，亦稱"火斗"、"金斗"。現今使用的多是電熨斗，作為平整衣服和布料的工具，功率一般在 300-1000W 之間。

熨斗最早的歷史可溯至商代，它是作為刑具而發明的，專門用于熨燙人的肌膚，這使人聯想到殘暴的商紂王炮烙忠臣的故事。熨斗到漢代始用于熨燙衣服并流行于明清。據考古學家考證，中國古代的熨斗比外國發明的熨斗早了 1600 多年，是世界上第一個發明并使用熨斗的國家。

燙衣服的熨斗，在漢代時已是家庭的用具。漢魏時期的熨斗，用青銅鑄成，外型呈圓腹、寬口沿，有長柄。有的熨斗上，還鏤有"熨斗直衣"的銘文。熨斗這個名稱的來歷，一是取象征北斗之意，二是熨斗的外形如同古代一種烹調用具"熨斗"。熨斗像一只沒有腳的平底鍋，熨衣前，把燒紅的木炭放在熨斗裡，待底部熱得燙手了再使用，所以，又叫"火斗"。也有把熨斗叫做"北斗"、"金斗"的。"金斗"則是采用鎏金工藝精制的熨斗，那不是一般的民間用品。

熨燙衣料用具。古稱"熨斗"，亦稱"火斗"、"金斗"。古代銅熨斗，有的有"熨斗直衣"的銘文，說明它是熨燙衣服的用具。熨斗，在我國漢代時已是家庭的用具。漢魏時期的熨斗，用青銅鑄成，外型呈圓腹、寬口沿，有長柄。有的熨斗上，還鏤有"熨斗直衣"的銘文。熨斗這個名稱的來歷，一是取象征北斗之意，二是熨斗的外形如同古代一種烹調用具"熨斗"，熨斗像一只沒有腳的平底鍋，熨衣前，把燒紅的木炭放在熨斗裡，待底部熱得燙手了再使用，所以，又叫"火斗"。也有把熨斗叫做"北斗"、"金斗"的。"金斗"則是采用鎏金工藝精制的熨斗，那不是一般的民間用品。約 16 世紀，荷蘭裁縫使用空心的盒型大熨斗，把燒紅的鐵板從背后的門放入熨斗加熱。18 世紀最常用的是鐵鑄的實心熨斗，人們往往交替使用兩個熨斗：一個熨衣服，一個放在炭火上加熱。電熨斗源于美國，查德森把電能轉為熱能，研制成電熨斗。1932年，出現了可調溫的電熨斗。1953 年，噴霧蒸汽式電熨斗問世。

古稱熨斗為鈷鉧。柳宗元的《永州八記》裡有兩篇《鈷鉧潭記》、《鈷鉧潭西小丘記》，地名裡面還可以看到熨斗陂、熨斗鎮、熨斗臺、西熨斗街，都是因為熨斗使用得早、用得廣泛所致。晉代的《杜預集》上寫道："藥杵臼、澡盤、熨斗……皆民間之急用也。"晉人關于熨斗還有《晉書·韓康伯傳》載："母方為大绔，令康伯捉熨斗，康伯曰：熨在斗中，兩柄尚熱。"梁·簡文帝《和徐錄事見內人作臥具》中記錄的那只"熨斗金涂色，簪管白牙纏"也不錯；或者《淮南王》裡傳說"炮烙始于斗"的那一只，該書又注："斗，熨斗也。紂王見熨斗爛人手，遂作炮烙之刑。"宋高承《事物紀原·舟車帷幄部·熨斗》也引證皇甫謐（又是晉人，晉代大概是最注重穿衣的朝代了，從繁復到裸體兩個極端都有）的《帝王世紀》"紂欲作重刑，乃先作大熨斗，以火熨之，使之舉手輕

爛，與妲己為戲笑。"看樣子真有這樣變態的東西存在，雖然不是用來熨燙衣服，但熨人皮的更少見，"今人以伸帛者"不過是紂王"其遺意也。"猶見珍貴。馬王堆的辛追夫人，她的苧麻織品則的的確確是用"漢熨斗……伸帛之器"燙熨過的，假不了。

《隋書》記有李穆讓自己的兒子李渾入京，拿了熨斗作為信物給隋文帝，說："愿執威柄以熨安天下也。"表示自己不會叛變，猜想這只熨斗也有刻度，那些不準確的刻度表示為尺，可以丈量天下的意思，算是一種權杖。拿著這么個玩意，高祖大悅。時至今日，熨斗的發展日新月異。現代熨斗基本不采用原始炭火加熱的方法，代之以電加熱、蒸汽加熱。故又稱電熨斗和蒸汽熨斗等。款式也是五花八門

平衡環

西元前 140 年，中國人房風發明平衡環，比西方領先 700 年左右。

平衡環，或稱平衡陀，是現代陀螺儀的基礎。在歐洲又稱為卡丹環，以義大利數學家吉羅拉姆·卡丹（Girolamo Cardano 或 Jerome Cardan，1501-1576）的名字命名。但是卡丹既沒有發明過也沒有聲稱他發明過這種裝置，並說明平衡環裝置只是在他的名著《精妙事物》（De Subtilitate，西元 1550 年）中描述過，這種裝置早在西元 9 世紀便在歐洲出現。其實它早在西元前 2 世紀就已經在中國發明了。西元前-140 年，中國人房風發明了平衡環，西元 189 年中國人丁緩又改進了平衡環，後來傳到了歐洲。到西元 9 世紀，著名科學家羅伯特·胡克等人應用該裝置的原理造出了萬向接頭，又稱萬向節、萬向支架、常平支架。就是這項發明使汽車的自動能量傳輸成為可能。中國人發明的平衡環比西方領先 700 年左右。

平衡環裝置是現代陀螺儀的基礎。古代的陀螺，當處於回轉運動中的陀螺顯傾斜狀態時，其重力分量（p）會使它的中心軸線更加傾斜，但回轉效應又使其中心軸線向垂直方向（v）偏轉。因此，一旦陀螺旋轉之後就不會倒下，而是沿一錐面運動，稱為進動。它的運動特性使孩童們感到極大興趣，因此，它在中國作為一種玩具，一代代地傳了下來。

現代平衡環成為航空、航海必不可少的儀器，即陀螺儀表，或稱回轉儀（gyroscope）。陀螺儀使航海成為可能，而且在現代飛機中是"自動領航"所必不可少的。現代的飛機、導彈和輪船不論怎樣急速在空中或海上運動，都能辨認方向，這是由於安裝了陀螺儀的緣故。任何有幸進入西元 19 世紀吉普賽人大篷

車的人，都會注意到掛在壁上內裝有燈的黃銅平衡環，不管大篷車在路上怎樣顛簸，平衡環始終保持直立。這些聯鎖著的黃銅環可隨意轉動，但吊在其中的燈總不會翻轉過來，這就是平衡環的基本原理。

　　一套環子內每環都在兩個相對點上與另一環聯結，使它們可自由轉動。這樣，如果一個重物如燈直立放於環的中心，它將保持直立。不管燈周圍的各環發生什麼運動，吊著燈的環保持燈不運動。西元 18 世紀時，中國航海家利用這種平衡環裝配羅盤。用這種方式在船上裝的羅盤，可免除波浪顛簸的影響。

　　最早的關於平衡環結構的文字記載見於西元前 140 年司馬相如寫的《美人賦》。賦中描繪了一個迷人的場景："金屬環內含有燃燒著的香"（原文"金鉔薰笪，黼帳低垂"）。

　　平衡環的發明者被認為是房風，雖然他本人身份不明。300 多年以後，大約在西元 189 年，一個聰明的機匠丁緩被認為再次發明了平衡環。

　　平衡環便出現於古代文獻中。西元 692 年，有人向女皇武則天獻上"木制暖爐，雖然其中裝有發熱的燃料，但怎樣轉動也不會翻倒"（原文"木火通，鐵盞盛火，輾轉不翻。"見張族《朝野僉載》）。乾隆《杭州西湖志》（西元 1734 年）提到，裝上"聯鎖軸"，其中有紙燈寵，不管在街上怎樣踢，怎樣滾動，裡面的燈火也不會熄滅，因此稱為滾燈。幾個世紀以來，各種各樣的平衡裝置名目繁多，諸如香球、球燈、銀袋、滾球和香籃等等。而他們作為日月的象徵定期用於每年舞龍隊伍中，放在翻動的龍之前。

紙　幣

　　中國人于西元 8 世紀發明紙幣，發行機構是政府。1661 年瑞典斯德哥爾摩銀行首先推出了鈔票，比中國晚了七百多年。

　　紙幣，又稱為鈔票，是指以柔軟的物料（通常是特殊的紙張）印製成的特殊貨幣憑證，通常由國家發行並強制使用的一種貨幣符號。紙幣本身不具價值，雖然作為一種貨幣符號，但其不能直接行使價值尺度職能，而是由國家對其面值進行定義。相比起硬幣，紙幣的面值通常較高。

　　當今世界各國普遍使用的貨幣形式紙幣，唐代飛錢是迄今為止已知最早紙幣的雛形，作為類似今日匯票的功能，是紙幣的前身。到了宋代，官方紙幣作為地方貨幣在中國四川省出現，宋朝的交子、會子由於最初由民間素質不一的交子鋪（類似銀行前身）自行印發、兌銀產生很大亂象和訴訟，益州知州於是

整頓，限定特許 16 戶富豪才能經營交子鋪，信用官府背書，成為世界官方紙幣首例。

　　而正式發行廣泛流通的紙幣是在元朝，被稱為鈔，但在元末至正年間，由於印紙鈔過量，造成嚴重的通貨膨脹（其實在南宋末年，便曾出現濫發交子而造成交子嚴重貶值的現象）。明代發行大明寶鈔。清 1853 年發行了兩種紙幣，一種大清寶鈔，一種叫戶部官票，合起來就叫「鈔票」。鈔票名稱就是從那時候叫起來的。

　　現時的鈔票是要有足夠的儲備才可以發行，香港的鈔票便使用了外匯儲備來支持它的幣值。由於外匯儲備有一個固定數目，所以鈔票發行量亦受控制，最佳方法便用一個編號去計算鈔票的發行量。故此鈔票上會有鈔票編號。若發行量太多而外匯儲備不足夠支持，這個地方的貨幣便會貶值。另外，鈔票持有人只須將鈔票拿到發鈔銀行，發鈔銀行便有責任給持有人「憑票即付」等值的外匯，所以鈔票編號亦是一個統計和防偽的資料。

　　由於紙幣是由紙張製作而成的貨幣，在不斷的流通使用後，會發生汙損或破損，因此紙鈔一般的平均壽命只有兩年。各國的貨幣發行機構均會與金融、銀行業者合作回收這些紙幣，以 1:1 等值兌換的方式，以全新的連號紙幣換回這些紙幣去銷毀。

　　新臺幣，簡稱臺幣，中華民國在中央政府遷至臺灣後使用至今的法定貨幣，1949 年 6 月 15 日起開始發行流通。中華民國中央銀行採行 ISO4217 貨幣代碼 TWD，符號為 NT$[1]或 NTD，並使用 NT$100、NTD100 之類方法表示（中間無空格）。

　　其基本單位為圓（簡作元），在閩南台灣話的口語中常以箍（khoo）代圓、以毛代角、以毫代分（現在少有這種說法）。

　　1981 年起」新發行的硬幣單位包括：0.5 圓（五角）、1 圓、5 圓、10 圓、20 圓及 50 圓。而紙鈔單位則有：100 圓、200 圓、500 圓、1000 圓與 2000 圓。換算方式為：1 圓＝10 角＝100 分。今 5 角硬幣實際上已幾乎不使用。日常生活只有郵票或汽油等在計算單價時會用到角，實際上的價金交付會四捨五入至 1 圓。例如：3.5 圓的郵票四捨五入賣 4 圓（但是兩張只賣 7 圓）。存款利息，是四捨五入至 1 圓。

　　人民幣，指中國人民銀行成立後於 1948 年 12 月 1 日首次發行的貨幣，中華人民共和國建國後定為法定貨幣，中國人民銀行是中華人民共和國管理人民幣的主管機關，負責人民幣的設計、印製和發行。至 1999 年 10 月 1 日啟用新版為止共發行五套，形成了包括紙幣與金屬幣、普通紀念幣與貴金屬紀念幣等多品種、多系列的貨幣體系。人民幣在 ISO 4217 簡稱為 CNY（「CN」一般用於表示中華人民共和國，「Y」即拼音 Yuan 的首字母，是「Chinese Yuan」的縮寫），離岸人民幣簡稱為 CNH，不過更常用的縮寫是 RMB（Ren Min Bi）；在數字前一般加上「¥」（取「YUAN」的首字母「Y」，上面加一個「＝」號）表示人民幣的金額。人民幣無論紙幣、硬幣均等價流通。

錢幣（硬幣）

根據中國的歷史文獻和大量的考古資料證明，早在新石器時代晚期，由於原始農業的產生和發展，開始出現了「物物交換」的現象。在漫長的交換過程中，於諸多的交換物中間逐步篩選出與交換相適應的貨幣形態。

【大紀元訊】中國古代錢幣歷史悠久，源遠流長，品種紛繁，多姿多采，是中華民族傳統文化中的瑰寶。幾千年來中國的貨幣文化，凝聚著中華民族的智慧與才能，創造出自成體系、光彩奪目、獨具特色的東方貨幣文化。

到夏、商時代，出現了中國最早的貨幣 —— 貝，為以後的貨幣文化開創了先河。

中國最古早的錢幣

骨貝：貝幣是夏、商和西周三代重要的物品交換幣制。原貝是最原始的交易媒體，其後為求方便，海貝採取不易，乃雕骨仿製，而有骨貝。本品原是香港一位年越古稀的收藏者所有，輾轉進入本室，其真確性應是無疑的，據稱從河南殷墟出土。錢幣長：26mm，闊：17mm　重量：3.76 克

玉貝：夏、商至西周時期形狀類似貨貝的原始交易媒體，今所見的除了玉製貝形外，還有天然海貝殼、石質、骨質、木質、蚌、銅、鉛、銀或金等質地，玉貝的腹部中間磨有縱溝，端部有小孔，幣面無文，通常長：1.3--3.5cm。

注:本藏品真偽未明，仍待進一步鑑定。錢幣長：20mm，闊：13mm 重量：3.17 克銅貝：人類歷史上最原始的錢幣，可稱為中國銅鑄幣之鼻祖。出現於約公元前 14-11 世紀，商代時已有記載，但未廣泛使用，相信到了西周及春秋時期，仍普遍流通，考證認為它應隸屬商代之物。錢幣長：22mm，闊：14mm 重量：1.12 克。

在殷商文化遺址中出土的甲骨文、青銅器銘文中都有記載，特別是出土大量銅仿貝、包金貝，證明中國在殷商時期已進入金屬鑄幣階段。

春秋戰國時期，是中國古代社會經濟急劇變化的時代，同時也是中國貨幣經濟訊速發展的時代。北方的周、鄭、晉、衛以農業為主並產生由農具鏟劃演變而來的布幣區，濱海的以漁牧業為主並由漁獵工具削演變而來的刀幣區；南方以楚國為主沿襲貝幣形制的蟻鼻錢區；此後，手工業的發展，並由手工業的工具紡輪演變而來的圜錢體繫在周、韓、魏、趙、秦、齊、燕廣大地區鑄造和流通。

由於商業的進一步發展，各地區的商品交換逐步擴大，原來不同形制的貨

幣流通範圍亦逐步被突破，燕、趙則成為刀、布並行區。圓錢分東方系和西方系，東方系圓錢的特徵為圓錢方孔，以「化」為貨幣單位；西方系圓錢的特徵是由圓錢圓孔到圓錢方孔，以釿、兩為貨幣單位。

秦始皇兼併六國後，悉刻六國貨幣，將圓錢方孔的「半兩」錢推行全國，成為全國統一的法定鑄幣形式。此後兩千多年的中國貨幣，基本上皆沿襲此種形制。

漢承秦制，仍鑄行「半兩」錢，呂後鑄八銖半兩，繼而更鑄「五分錢」，由於減重現象愈演愈烈，文帝時鑄行四銖半兩錢，直到武帝元狩五年（公元前118年）更鑄五銖錢。由於五銖錢更能適應商品交換的需要，成為中國鑄行時間最長的貨幣，歷經西漢、江漢、三國、魏、晉、南北朝、隋諸朝代，直至唐武德四年（621年），才由銖、兩貨幣改為按數計算的通寶制，五銖錢先後行用了700多年之久。

隋、唐始，鑄造技術由模鑄法改進為母錢翻砂鑄法，此後宋、遼、金、元、明、清皆沿襲此法。

由於中國幅員遼闊，各地經濟、文化發展不平衡，加之歷史上幾次大的社會動亂，政權幾經更迭，各自為政，私鑄、盜鑄錢屢禁不止，致使中國錢幣從形制、版別、大小、數量及幣材等方面形成了多樣化和貨幣流通範圍的區域性特點。

由於中國貨幣文化歷史悠久，對東方貨幣文化亦有較大的影響，尤其鄰近的國家和地區，諸如朝鮮、越南、日本、琉球、爪哇及東南亞地區，不僅鑄造自己的漢文錢，還仿鑄中國歷史的某些年號錢，並且從形制、幣材等方面亦與中國錢幣雷同。這樣就形成了具有自己特色的東方貨幣文化體系。

中國古代貨幣形制十分複雜，僅用作貨幣的幣材就不下幾十種，如銅、鉛、鐵、金、銀、玉、龜、貝、牲畜、皮革、谷帛、紙張等。但沿襲幾千年的基本形態是方孔圓形銅錢，其標準式樣是西漢元狩五銖、上林三官錢及唐初開元通寶，輕重適中，重約4克，肉好皆有周郭。此外也有圓形圓孔、圓形無孔、鏟形、刀形、長方形（錢牌）、不規則橢圓形等形式。同一錢形，又有大小、輕重、成分、質料、版別、錢面文字、錢背符號、有郭或無郭、重輪、重好、四出、決文、傳形等區別，有合背、合面、剪邊、磨邊、對讀、旋讀、覆文等不同情況，按錢幣性質分，又有記重錢、記值錢、年號錢、國號錢、記號錢、紀年錢、鎮庫錢、紀數錢、厭勝錢、廟宇錢、撒帳錢、羅漢錢、對錢、母錢、祖錢、開爐錢、樣錢等，這些情況又時有兩種以上並存現象，名目繁多，不勝枚舉。至於錢幣鑑定和文物考古方面所定的專門分類，那就更多了。

銅錢最普通的形制是小平錢，即一文小錢，又稱平錢，它是使用銅錢時代的最小貨幣單位，其直徑約2.4-2.5釐米，重約3-4克，又有折二、折三、折五、當十、當二十、當三十、當四十、當五十甚至當百、當千大錢。

特殊的錢幣，出於私鑄。諸如佩錢，洗兒錢，撒帳錢，供養錢，祖錢、雕祖，母錢，鐵范銅，鐵母，樣錢，對錢，品錢，和合錢，剪輪錢，綖環錢，傳

形錢，合背錢……

麻 將

麻將春秋戰國代就有，也有人認為是明朝萬曆年間出現，它是是中國的國粹。

麻將原稱「麻雀」，從廣東的十三張，演變成台灣的十六張玩法。台灣麻將在規則、佈局、台數計算方面，獨樹一格，與廣東麻雀略為不同，因此，在玩麻將之前，要相互訂定遊戲規則，取得共識，避免比賽中或比賽後不必要的爭執。

麻將能表現中國人的智慧的一種娛樂，一種高深莫測的學問，比起橋牌，十三張，十八啦，要有趣得多，只是被不肖之徒拿來當成斂財工具，則失去玩麻將的意義。要切記，小賭可以爽心養神，大賭會傾家蕩產，切勿留連方城之戰，忽略消遣的初衷，才是明智之舉。

麻將以 108 張為基數，分別隱喻 108 條好漢。如牌中九條喻為「九條龍」史進，二條喻為「雙鞭」呼延灼，一餅喻為「黑旋風」李逵。之所以分為萬、餅、條三類，是取其本人姓名的諧音。每類從一到九各有四張牌，剛好 108 張。108 條又是從四面八方彙聚梁山，所以加上東、西、南、北、中午個方為各捺四張牌計 20 張。這些好漢有富貴貧窮各階層，所以再加上「發」「白」隱喻富有及窮白，加上八張牌，整副牌共計 136 張。

後來又加上各種花牌，整副牌共計 144 張。另有一種民間趣話，打麻將用四方桌既是東西南北四個方位，也是指春夏秋冬四季，每人十三張牌，因為一季有 13 個星期。四季合 52 周，共 364 天，加上贏了時的那一張，代表一年最後一天共 365 天，恰好一年。

麻將演變到今天，其玩法術語等都與捕捉麻雀有關。譬如筒、索、萬。筒的圖案是火槍的象形符號（截面圖）。幾筒表示幾具火槍。索即束，是細束捆串起來的鳥雀，所以一索圖案的是鳥，二索上像竹節，表示鳥雀的腳，官吏驗收時以鳥足計數，兵丁將鳥雀集合成「束」。萬，即賞錢。另外，東、西、南、北為風向，土槍無力，發射時要考慮風。中，即打中，故塗紅色。白，即白板，打空槍之謂。發，即得賞發財。「碰」，即「砰」，槍聲。成牌之「胡」，實為「鶻」；屬鷹的一種，有高強的捕鳥本領，有了鶻就不愁抓不到麻雀，故

每局牌勝皆曰「鶻」。除此，麻將中的「吃」，「杠」等術語幾乎都要與捕捉麻雀聯繫起來。

麻雀牌又叫「麻將牌」，太倉方言的「鳥雀」就叫作「麻將」「打鳥」或者「打麻雀」統稱「打麻將」，故麻雀牌也叫「麻將牌」。

我國最早有關麻將的記載，是宋朝楊大年著的「麻將經」。其中的內容和現今的麻將差不多。麻將發展到清朝，沒有「一鳥」（一索），並且七個字是「公」「侯」「將」「相」「文」「武」「百」，清廷懷疑這七字和反清複明有關，下令禁止打麻將。到了道光年間，秀才陳實門坐船四處遊歷，船上的船員無聊聚賭，陳實門日日觀之，於是起了改進賭具的念頭，船行時風向時常改變，於是他把公侯將相改成〔東南西北風〕，當時船在各處交易的貨幣制度是，十筒相當於一索，十索相當於一萬。其中「筒」即是中間有洞的銅幣，索就是把一堆銅幣串起。於是他將這些用在麻將上，但一索和二索極易混淆，某日他看到了船上養的鳥，靈機一動將一索改成「鳥」。麻將至此已大致成形，但文武百這三字要改成什麼呢？陳實門爲此傷透了腦筋。有一次船員在下棋時用炮將軍對方，說道「吾炮百發百中也」。陳實門聽了就將文武百取百發百中之中發百改爲〔中發白〕替之，這就是我們今日的麻將了。

麻將的起源，可分爲“湖說”、“鄭和說”、“太倉鶻說”、“寧波說”等。“湖說”派以清代文學家戴名世和歷史學家瞿兌之爲代表，認爲“麻將當爲馬將之訛，馬將又源于馬吊。”馬吊中多天罡地煞的梁山好漢形象，宋江是萬貫的最大牌，成牌曰“湖”，這“湖”即指梁山泊。“鄭和說”則根據麻將中的一些叫法如北風、索，以及東非沿岸有人會打麻將的事實，推斷出是鄭和七下西洋時的發明。說水手常年在海上漂泊，閒暇之餘漸漸玩出了這種風靡世界的遊戲；而且成牌時曰“和”（音胡），恰好和三寶大人的名對上了號。前幾年風靡一時的“太倉鶻派”則斷定麻將的發源地在江蘇太倉，理由是該地曾是皇家糧倉，作儲米之用，因患雀災，遂有打麻雀之遊戲，其中有索筒餅等，先在兵丁中流行，後慢慢傳入民間，成牌時曰“鶻”（音胡）。鶻是老鷹的一種，想那麻雀見了老鷹當然就玩完，因此當某人叫出“鶻”字成牌後，其他幾家就只能乖乖俯首就擒。

“麻雀亦葉子之一，以之爲博，曰‘又麻雀’。凡 136，曰‘筒’‘索’‘萬’，曰〔東、南、西、北〕，曰‘籠、得鳳、白’，亦作‘中、發、白’。

始於浙江寧波，其後不脛而走，遂遍南北。三副加一對牌者為“和”。後來，人們覺得牌太少，便將兩副牌合成 120 張來打，又有了吃、碰、順的組合。清末紙牌又增加了東、南、西、北四色風牌和中、發、白三主牌。後來人們覺得拿完牌還做不成牌，頗感失望，於是又添了聽用，可以替代任何牌。最初聽用只有兩張，後增了更多張。因為紙牌數量一多，打起來很不方便，於是變更成骨制，麻將牌也就由此產生了。

麻將，也稱之為“麻雀”或“雀牌”，至今已有一千多年的歷史，是正宗的國粹。打麻將是我國國粹中最普及的一種文娛活動。麻將的起源可追溯到唐

朝。相傳，唐代魏州昌樂（今河南省昌樂縣）有個叫張遂的人，自幼聰明過人，後來出家當了和尚，取法名叫一行。一行是我國著名的科學家，在天文、數學等方面有過傑出貢獻。公元 722 年前後，一行和尚曾編制一套供人娛樂用的紙牌。"紙牌"規格為：寬 3.5cm，長 15cm，上印有萬、索、筒的圖樣。後來又增加了類似東、南、西、北、中、發、白的七種牌。

麻將萬、索、筒，本身是古代貨幣量的概念，筒即是銅錢（外形圓中間一個四方孔的銅質材料所制），一百銅錢串成一索、一萬即一萬枚銅錢，即一百索之總和。由於紙牌拿在手中不方便，且難以理順。在娛樂過程中對看來講更是個障礙，故如何克服其缺陷成了當務之急。

實際經驗給予人們以啟發，應以硬質的東西來代替紙牌。於是，紙牌的圖案被刻在竹片或骨料之上，新的硬質牌出現了，從此"紙牌"這一稱謂便銷聲匿跡了。隨著社會的前進與發展，制牌材料逐漸由原來的竹片、骨料，直到發展成為今天的硬塑料與有機玻璃。

打麻將，須〔眼觀四方，耳聽八方〕，守已顧彼，靈活機動。個人聚在一起，交流感情，悠閑自得地玩玩麻將，對身心健康是有好處的。

撲克牌

西元 9 世紀，中國人發明了撲克牌，西方到西元 1377 年，德國和西班牙也出現了撲克牌，比中國晚了五百年左右。

運河閘門

堯舜時代因洪水氾濫成災，大禹針對水情，採用科學方法疏通水患，花了十幾年的光陰將自己無私的投入治水工程中，不僅解決了民生問題，其處事態度更成為現代人的精神借鏡。『大禹防水閘門』承襲其競業精神，致力於水患的防範，並加入本公司對鋁合金的了解運用，設計研發出一套『組合式鋁合金防水閘門』，經過無數次的改良測試與風災的歷練，成功降低災害的損失，讓每逢颱風來臨必有水患的台灣民眾不需再為突如其來的水災感到恐懼與害怕，更不須承受淹水的損失，進而避免災後生活的不便。

西元 984 年中國人喬維岳發明運河船閘，從而提高了河運能力。到 1375 年歐洲也建成了第一個船閘，這比中國已晚 389 年。

船閘（navigation lock），使船舶通過航道中有集中水位落差河段的一種通航建築物。船閘由閘室（lock chamber）、閘首（lock head）、輸水系統、引航道

等組成。在閘首上設有工作閘門、檢修閘門、船閘閥門、啟閉機械及信號、通訊等設備。引航道內設有導航建築物和靠船建築物等。

船閘的閘室是固定在一個位置，用注入或排除水來控制閘室內的水位高度；這不同於直接運載船隻升降的活動沉箱（caisson lock），垂直升船機（boat lift）、傾斜升船機（canal inclined plane）。如三峽大壩垂直升船機就是在一個 3 萬多噸的大水箱內承載船舶，整個水箱被垂直升降。

船閘用來使河流更易航行，或使運河貫通水平面有落差的航線。氣閘（英語：Airlock）的設計理念和船閘類似。

按照船閘的縱向排列的閘室數目可分為單級船閘和多級船閘。按照船閘的橫向平行排列的閘室數目可分為單線船閘、雙線船閘和多線船閘。

公元前 219 年，靈渠上設置陡門，構成了「單門船閘」（又稱「半船閘」flash lock）。公元 423 年，在揚子津（今揚州市揚子橋）附近河段上建造了兩座斗門，順序啟閉兩座斗門，船舶就能克服集中水位落差而上下行。北宋喬維岳於公元 984 年在西河（今淮安與淮陰間）上修建了西河閘，設有上下兩個閘門，閘室長 76 米，閘門上有輸水裝置。

在歐洲，1375 年在荷蘭出現了半船閘。1481 年在義大利出現了船閘。

如果河流有一段用作航行的河道要通過急流、堰、水壩等障礙物，因為水位在障礙物前後有大的落差，該河道須安裝船閘。

在河流的大型航道改進工程中，堰、船閘會一同用上。堰會增加淺灘河道的水深，船閘則會建在堰體的缺口或人口開挖航道的下游處（以繞過堰體或者淺灘河道）。經過這樣的改進工程後，該河道就成為正式的「航道」了（例如考爾德和海伯航道（英語：Calder and Hebble Navigation））。航道最底部的船閘分隔開有潮汐和沒有潮汐的航道。有時一條河為了完全不受潮汐影響，直接在河口建「海閘」（防潮閘）。愈先進的航道，愈需要更多船閘。

為繞過迂迴曲折河道的較長的人工開挖航道，上游入口處通常會加裝防洪閘。

人工開挖河道越長，河道開始端至結尾間的水位落差越大。所以需要更多附加的船閘。這種河道的作用就像運河一樣了。

初期的運河橫跨鄉下地方的小屋，要環繞不少小山丘，甚至繞道而行。當工程師愈來愈雄心壯志地想克服這種困難，船閘更變得重要。因為船閘能使運河無需繞道，只需調校水面面即可使船隻航行，既省時也省建築費。後來，建築技術提升，建築師更樂於使用這類附加建築物以方便航行，例如隧道、溝渠、堤壩等；甚至更技術複雜的小船升降機、運河斜面。不過，船閘的建造依然繼續以作為此等解決方法的補充，在當今航道中仍有重要地位。

種痘免疫法

中國人在西元 10 世紀發明了種痘免疫法。1700 年，作為預防天花的措施，輕型天花接種開始廣泛在歐洲採用，由中國傳去的這種接種方法，後來發展成為接種牛痘的免疫學。

　　牛痘（vaccinia, cowpox）是發生在牛身上的一種傳染病，它的症狀通常是在母牛的乳房部位出現局部潰瘍。牛痘由牛痘病毒引發，而該病毒是天花病毒的近親。如果擠奶工的皮膚上有傷口，該病會透過與牛隻的接觸而傳染給人類，患者皮膚上出現丘疹，這些丘疹慢慢發展成水皰、膿皰，還會出現一些其他的症狀，比如發熱，出現淋巴結炎、淋巴管炎。通常，人感染牛痘大約經過 3 至 4 周就可以痊癒。

　　18 世紀後，牛痘用作免疫接種以預防高傳染性的天花，也是免疫接種的首度成功案例。

　　該病多發生在歐洲，尤以英國為最多。而該病毒可在牛隻、貓隻以及田鼠等身上找到。人類患病的個案極少，潛伏期為 9-10 日，但對患有免疫系統缺陷的病人來說，感染牛痘病毒足以致命。

　　人體的免疫系統一般是藉著識別病毒表膜的抗原，針對病毒抗原的結構，製造「抗體」，「標記」病毒以及受感染的細胞，以誘導人體的免疫機制對其進行攻擊。

　　由於牛痘病毒具有與天花病毒相似的抗原，曾經感染牛痘病毒的人類，其免疫系統因而產生的抗體不僅可針對牛痘病毒，也能有效對抗天花病毒。有效接種者一旦感染天花，免疫系統就可迅速製造針對天花病毒的抗體，以阻止天花病毒進一步入侵身體。不過現時用作天花疫苗的牛痘病毒，和在野外找到的牛痘病毒，其實已經是兩個不同的病毒品種。

　　天花病毒是一種非常複雜的病毒，它的 DNA 攜帶 187 個基因，186000 對 DNA 鹼基，其中 100 個基因成為科學家研究人類免疫系統的鑰匙，以尋求天花病毒極其致命的線索。當時的人誤以為種過牛痘疫苗的人們會長出牛角、牛毛，詹姆斯・吉爾雷於西元 1802 年繪。

　　1796 年，英國醫生愛德華・詹納在自己的病人當中，偶然的機會下發現擠牛奶的女工似乎沒有感染天花的病例，經過研究之後，發現是這些牛隻感染牛痘病毒後，擠牛奶的女工透過擠壓受感染牛隻的乳房而感染牛痘，而這些女工們在痊癒後便終生對牛痘免疫，不會再患同樣的疾病，同時對天花也能終身免疫。所以他認為牛痘病毒與天花病毒有一定關係，得過牛痘的女工們也剛好能對天花病毒終生免疫。透過把含有牛痘的溶液塗在健康人的傷口上，他們便會對天花產生免疫力。於是愛德華・詹納便致力研發牛痘疫苗接種。

　　「牛痘接種術」未被推廣前，一般民眾都以「人痘接種術」作為預防天花的手段，辦法是把天花病患者身上的痘痂制漿（膿），以小刀拭在受種者的皮膚之下，使之產生免疫力，以預防天花。

　　另一個方法，就是讓受種者穿上天花患者的衣服，稱為「痘衣法」。由於受種者不是透過空氣在肺部染病，因此多數只會出現輕微的天花症狀。但這種方法有嚴重缺點：因為受接種的人是得到了真正的天花，故此有很大機會死亡，危險性甚高。而且受種者對天花完全產生抵抗力之前，會把天花傳染給身邊的家人，因此對天花未有抵抗力的家人必須被隔離。

　　愛德華·詹納以種牛痘預防天花的方法，比傳統「人痘接種術」更安全，因而廣泛被各國採用。1980 年 5 月 8 日，世界衛生組織正式宣佈「地球上的人類已免於天花疾病」，天花已在地球上被滅絕。

機械鐘

　　西元 11 世紀，中國發明機械鐘。西方到 13 世紀才制出機械鐘比中國晚二百年機械鐘是人類智慧的結晶。早在北宋時期就出現了以齒輪運轉模仿日月星辰周期的機械鐘。歐洲的機械鐘誕生於 13 世紀，有個叫維克的德國人，給當時的法國皇帝做了一個鍾，歷時八年，極為精美，可謂鬼斧神工。最早傳入中國的歐洲機械鐘是在明朝萬曆年間，是用來專門獻給萬曆皇帝的，萬曆皇帝收到此禮物后，極為欣賞，幾乎日日觀賞，夜夜撫摸。於是，馬上發布召令，成立專門製作機械鐘的宮廷造辦作坊，專供他和皇親國戚及心腹大臣使用。

水　雷

　　中國人于西元 1374 年發明了水雷，很早就使用水雷，1549 年明《武編》記載：「水底雷，以大將軍為之。埋伏於各港口，遇賊船相近，則動其機，銃發於水底，使賊船莫測，舟楫破，而賊無所逃矣。用大木箱，油灰沾縫，內宿火，上用繩絆，下用三鐵錨墜之。」火龍經也有數種水雷的記載。

　　西方水雷的設想，出現在伊麗莎白女王時代。真正能投入實際使用水雷則在 18 世紀美國獨立戰爭時期才會出現。水雷指放置於水中的針對艦艇或潛艇的爆炸裝置。與深水炸彈不同，水雷是預先施放，一般漂浮於水面，由艦艇靠近或接觸而引發的，這一點類似於地雷。和魚雷不同，它沒有推進力。水雷在進攻中可以封鎖敵方港口或航道，限制敵方艦艇的行動；在防禦中則可以保護本

方航道和艦艇，為其開闢安全區。

水雷的施放方式多種多樣，可以由專門的佈雷艇施放，也可以由飛機、潛艇等施放，甚至可以在本方控制的港口內手工施放。其造價可以十分便宜，但現在也有造價達到上百萬美元的水雷，這種水雷多裝備有複雜的感測器，其戰鬥部往往是小型飛彈或魚雷。

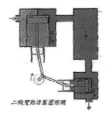

二級電動活塞壓縮機

水雷的低造價和易於鋪設，使得其成為非對稱戰爭中經常使用的一種武器，一般來說，清除水雷的成本是鋪設其的 10 倍到 200 倍。時至今日，一些二戰時鋪設的水雷由於成本原因仍未被清除。國際法規定，當戰鬥的一方鋪設水雷時，必須明確宣告其範圍，以便民用船隻避開，但實際上這條規定很難實行，在二戰中，英國就只籠統宣稱其在英吉利海峽、北海和法國沿海鋪設了水雷。

水雷佈置的型態可以分成下列數種：

繫留雷：簡稱「錨雷」。繫留雷是在水雷下方加上長索與重物，施放之後長索與躺在海底的重物保持連接，讓水雷能夠保持一定的深度與位置，不會受到潮流的變化而移動。這也是早期最常見的一種。

漂浮雷：簡稱「漂雷」。漂浮雷是一種浮在水面上，沒有任何繫流的水雷，施放之後漂浮雷會隨著潮流而移動，不受到人為的控制。由於部署地區無法保持一定，也無法有效的辨識敵我目標，對敵我雙方的目標具有相同的殺傷力，因此使用時必須注意誤傷的可能性。

沉底雷：直接放躺在水底，依水雷重量與地面的接觸來維持部署的位置。自從非接觸性引信運用到水雷設計上之後，沉底雷成為運用相當廣泛的水雷。

回音壁

西元 1530 年中國人發明了回音壁；同時還發明了三音石和圓丘。回音壁即皇穹圍牆，呈圓形，周長 19.32 米，高 3.7 米，厚 0.9 米，一堵磨磚對縫的圍牆，若兩人面壁分別站在東西牆根，一人對牆低聲說說話，兩側牆面平整光潔，聲音可沿內弧傳遞，聲波沿牆壁連續反射前進，另一個可以清晰聽見。如北京天壇回音壁、黃山回音壁。

人造金

中國人葛洪于西元 3 世紀發明了人造金。它是利用超高速電子（electron）去撞擊鉛的原子（atom）結構，改變其結構令它和真正的黃金原子結構相同，成功造出「人造金」。

雙動式活塞風箱

中國人于西元前 5 世紀發明了雙動式活塞風箱。西方於 16 世紀才用雙動式

活塞風箱。比中國晚了二千一百年左右。中國在鼓風技術方面最重要的發明，是活塞式風箱。活塞式風箱可能出現於唐代或宋代。公元 1280 年印製的《演禽斗數三世相書》中，刊載有一幅世界上最古老的雙動式活塞風箱圖，相傳該書是唐初袁天罡所撰著的，宋代初次刊行。明代《天工開物》中所載的活塞式風箱，與此類似。活塞式風箱正逆行程都作有用功，每行程中一端排氣鼓風，一端同時吸取等量空氣，因而能提供連續風流，提高鼓風效率，是鼓風技術上的重大進步。歐洲直至公元 1716 年方發明了類似的雙動往複式水泵，為後來的活塞式機械打開了道路。

在金屬冶鍊中，為了使燃料充分燃燒，以提高爐溫，一般都裝設有鼓風機械。最早的鼓風器稱為橐，是一種皮囊。把多個橐排在一起稱排橐，用馬力、人力、水力推動就稱馬排、人排、水排。水排是東漢時南陽太守杜詩於公元 31 年發明的，用於鼓鑄農器，收到了「用力少，見功多，百姓便之」的效果。三國時韓暨在魏國官營冶鐵作坊進行推廣，以代替馬排、人排。由於鼓風器何時由皮囊發展為風扇，現尚不清楚，故杜詩、韓暨的水排是用皮囊或風扇，結構如何，不得而知。但至遲在北宋時，木風扇已取代皮囊。北宋的《武經總要》中的行爐，元代王禎《農書》中的水排，都用的是水風扇。書中的水排圖，有立輪式和臥輪式兩種，是用水作動力推動輪子旋轉，進而拉推風扇以鼓風，應用的是通過輪軸、拉杆，或者傳動帶，把圓周運動改變為直線往複運動的機械原理。

催淚彈

西元 2 世紀，中國人發明催淚彈。催淚彈（Lachrymatory Bomb）亦稱催淚瓦斯或催淚煙（Tear Smoke），一種以催淚性毒劑為有效載荷的彈藥，屬於非致命性武器，現被各國軍隊及警察廣泛應用於防暴用途，一般將其分為爆炸式（Explosive Type Tear Bomb）及燃燒式（Combustion Type Tear Bomb）兩種。前者常利用榴彈發射器或配備相應附件的槍械發射，通過炸藥爆炸將毒劑迅速釋放到目標區域，易對人體造成嚴重傷害；後者則能夠產生足夠氣化毒劑的高溫，起效速度不如前者亦較為安全，常透過手擲使用，容易被目標人員躲避甚至再次投擲。目前常用的催淚劑主要有 CS、CR 及辣椒素等，而 DM、CN 等傳統毒劑因副作用過大等缺陷已逐步被淘汰。刺激性毒劑一般只稱作刺激劑，其主要作用是刺激眼、鼻（類似切洋蔥）、喉及皮膚感覺神經末梢，能夠使人迅速出現流淚、流涕、眼痛、噴嚏、咳嗽、噁心、嘔吐、胸痛、頭痛以及皮膚灼痛等症狀，失去正常行為能力從而妨礙其行動。

催淚瓦斯於第一次世界大戰前後開始被廣泛應用於實戰。1912 年，法國警方已經將溴乙酸乙酯（Ethyl bromoacetate）作為催淚劑用在勤務中。一戰爆發後，在西部戰線伊珀爾（Ypres）防守的法軍將裝有溴乙酸乙酯的手榴彈用來對抗德軍。德軍隨後對催淚劑進行了積極研究並將其作為制式武器在戰場上發揚光大。簽署於 1925 年的日內瓦協議（Geneva Protocol）已明令禁止將催淚瓦斯用於戰爭的行為。

催淚瓦斯主要與所有非致命性或低致命性武器相同，使用催淚彈有導致永久性傷害或死亡的風險，被催淚彈彈體擊中，會造成嚴重的瘀傷、失明、顱骨骨折、嚴重血管損傷，伴有神經損傷（44%）和較高截肢率（17%），年輕人頭部受傷。

毒劑本身通常限於輕微的皮膚炎症，例如裸露的皮膚接觸到 CS 可能會引起化學灼傷或誘發過敏性接觸性皮炎。延遲並發症也是可能的：如果患有呼吸系統疾病，如哮喘，尤其危險，可能需要就醫和可有時需要住院治療，甚至通氣支持。當無防護人員在近距離被催淚彈命中、直接暴露於高濃度毒劑或長時間暴露於低濃度毒劑中時，可能將因角膜受損而永久失去視覺能力。

催淚彈屬於非致命性武器，然而亦發生過使用催淚彈而致命的罕有個案，曾有示威者被催淚彈彈殼擊中頭部而導致其死亡。

鏈式傳動裝置

  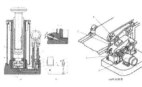

中國人于 976 年發明了鏈式傳動裝置 —— 鏈式傳動帶；歐洲人到 1770 年才開始使用鏈式傳動帶，比中國晚了八百年左右。

傳動裝置是指把動力源的運動和動力傳遞給執行機構的裝置，介於動力源和執行機構之間，可以改變運動速度，運動方式和力或轉矩的大小。

任何一部完整的機器都由動力部分、傳動裝置和工作機構組成，能量從動力部分經過傳動裝置傳遞到工作機構。根據工作介質的不同，傳動裝置可分為四大類：機械傳動、電力傳動、氣體傳動和液體傳動。

（1）機械傳動　（2）電力傳動　（3）氣體傳動　（4）液體傳動

以液體為工作介質，傳遞能量和進行控制的叫液體傳動，它包括液力傳動、液黏傳動和液壓傳動。　1）液力傳動 2）液黏傳動 3）液壓傳動

凸　輪

中國人于西元 983 年發明凸輪，並應用於借水力提升的重型鏈。凸輪是一個具

有曲線輪廓或凹槽的構件。一般可分為三類：
　　1.盤形凸輪：凸輪為繞固定軸線轉動且有變化直徑的盤形構件；
　　2.移動凸輪：凸輪相對機架作直線移動；
　　3.圓柱凸輪：凸輪是圓柱體，是將移動凸輪捲成一圓柱體。
　　凸輪機構一般是由凸輪，從動件和機架三個構件組成的高副機構。凸輪通常作連續等速轉動，從動件根據使用要求設計使它獲得一定規律的運動。凸輪機構能實現複雜的運動要求，廣泛用於各種自動化和半自動化機械裝置中。

自動控制機

　　中國人于西元前3世紀發明自動控制機，現今是利用電腦快速計算功能來對特定數據資料來設計與製造的技術，由於不同領域透過電腦來輔助設計與製造，其目的與結果亦不同，對機械工程來說例如一般看到的曲面設計、CNC工具機、無人般運車、機器人、自動裝配系統、模具設計與熱分析、結構分析……等等，都叫電腦輔助設計與製造CAD/CAM。

傳動帶

　　西元前15世紀，中國人發明傳動帶。歐洲人用傳動帶是1430年，比中國晚了一千四百多年。機器傳動輸送是利用皮帶與轉輪接觸裝置輸送物料。傳動輸送帶的轉軸、齒輪、帶輪、飛輪等為埋頭型或設置護罩。輸送帶運轉時，加潤滑油宜加裝自動潤滑裝置。

船尾舵

　　西元1世紀，中國發明船尾舵，西方到西元1180年才在教堂的雕刻上出現了舵，比中國晚了一千一百年左右。中世紀時代，歐洲人的造船技術分為南北兩種風格。中世紀前期，以北歐人的造船術最富特色。

直升飛機水準旋翼和螺旋槳

　　西元4世紀，葛洪已談到關於直升飛機旋翼。那時中國有一種兒童玩具竹蜻蜓已如直升飛機的旋翼。有一根軸，上面繞著一條線，軸上裝著幾個葉片，定好角度，一拉線，旋翼就向空中飛升上去。這種玩具對歐洲航空先驅者影響甚大。

划槳輪船

中國人于西元 418 年發明槳輪船。

唐代李皋，他受到船上劃槳和田野中抗旱的水車所啓示，創造了一種車輪船。這種車輪船的兩舷裝著會轉動的槳輪。槳輪外周裝上葉片，下半部分浸在水中，上半部分露出水面。當人力踩動車輪時，葉片撥水，推進船舶。因爲這種槳輪露出水平，所以又叫明輪。所以，車輪船也可叫明輪船。明輪船的特點是把槳楫間歇推進改爲槳輪連續運轉，可提高航行的速度。

南宋初年，農民起義風起雲湧。湖南洞庭湖畔楊麽率領的農民起義軍，爲了抗擊南宋官軍侵犯，創造了一種作戰用的車輪船，稱爲楊麽車船。楊麽車船不僅船的左右兩側裝有能轉動的槳輪，船尾也裝有槳輪。槳輪的數目有 2 個到 8 個，最多的有 24 個，每個槳輪上裝有 8 個葉片。槳輪與轉軸相連。船上水手齊力踩踏槳輪，輪周上的葉片，好象許多把劃槳，接連不斷地劃水，使船前進。

要使船後退，只要向相近方向踩踏就可以了。爲了保護槳輪不愛損傷，槳輪外面設有保護板，這樣可以避免槳輪碰壞。還由於轉軸裝在船艙底部，水手又在艙裏踩踏，所以車輪戰船上的士兵不易被敵人兵器所傷害。

西元 1135 年，嶽飛鎮壓了太湖起義軍，隨後宋軍按照俘獲的車船式樣進行擴建和履行，成爲宋水軍中的重要戰艦之一。所造車船的輪數，有 4 輪、6 輪、8 輪、22 輪、24 輪、32 輪等多種。

1179 年，江西還現一種叫做"馬船"的新型車船，船上安裝女牆、輪槳，可以拆卸。平時作爲渡船使用，運送軍馬，戰時經過改裝就用來作戰。

西元 1183 年，宋將陳字造了多達 90 輪的車船，受到宋教宗趙的獎賞。有的車船還在船尾裝了一個大槳輪，以增大航速。大型車船一般長二三十丈，吃水一丈左右，可以載六七百名士兵。最大的車船能載一千多人，長 36 丈，寬 4.1 丈，高 7.25。車船的上層建築中設置有弓弩、拋石機、撞午、灰彈、毒水等武器，具有強大的戰鬥力，在後來的抗金戰鬥中發揮了巨大的作用。

1543 年，歐洲才出現能使用的明輪船，它類似于楊麽的車船，比楊麽車船要晚 400 多年，比李皋的車輪船要晚 800 年。這一比較充分顯示我國古代船舶的技術水平。

水力磨面機

西元 530 年，中國人發明並製造出了水力磨面機。西元 13 世紀，歐洲人才使用這項技術，比中國晚了七百年左右。

海灘航行

西元 500 年中國人發明了海灘航行。

指標式標度盤裝置

中國人趙達于西元 570 年發明了指標式標度盤裝置。

曲　柄

　　大約西元前 100 年中國人發明了曲柄。

曲柄搖手

　　西元前 2 世紀，中國人發明曲柄搖手；西方於西元 9 世紀才使用曲柄搖手，比中國晚了七百年左右。

麥卡托投影

　　西元 940 年，中國人發明了麥卡托投影；西元 1568 年英國才有人用麥卡托投影，比中國晚了六百年左右。

水涌缽

　　西元前 5 世紀，中國人發明瞭水涌缽。

馬胸帶換具

　　大約在西元前 4 世紀中國人發明馬胸帶換具。

馬肩套輓具

　　西元前四世紀至西元前一世紀，中國人發明了馬肩套換具。

馬　蹬

　　西元 3 世紀中國人發明馬蹬。西方到西元 5 世紀才制出馬蹬，比中國晚二百年。

石油照明法

　　大約于西元前 4 世紀，中國人發明了石油照明法和天然氣照明法。

大定音鐘

　　中國西元前 6 世紀發明大定音鐘，歐洲西元 1000 年才有，晚中國一千六百年多。

分行栽培與精細耕地法

　　西元前 6 世紀，中國人發明瞭分行栽培與精細耕地法；歐洲人到 1731 年才

使用。

密封實驗室

西元前 1 世紀，中國人發明並建造了密封實驗室。

滑動測繪儀

中國人于西元 5 年發明了滑動測繪儀。而西方到 1638 年才使用滑動測繪儀，比中國晚了一千六百多年。

定量製圖法

張衡在西元 2 世紀發明了定量製圖法，然而西方直到 15 世紀才出現有相當價值的地圖，這比張衡發明定量製圖法晚了一千三百年左右。

純硫提煉法

中國 2 世紀發明純硫提煉法，營養缺乏症治療法比西方領先一千七百年左右。

車前橫木

西元 3 世紀中國人發明了車前橫木。

初級砷提煉法

西元 3 世紀葛洪發明初級砷提煉法。砷是製造火藥的原料之一，西方晚幾百年。

捲線釣魚器

中國人于西元 3 世紀發明了卷線釣魚器，當時它叫做"釣車。而西方到 1651 年，才開始在魚杆上使用卷線輪，比中國晚了一千三百年左右。

古代科技人才

李冰　生卒不詳

李冰，戰國時著名的水利工程專家。中國人李冰于西元前3世紀在四川省灌縣修建了安藍橋（吊橋），這是世界最早修建的竹纜鏈橋。

約前-256年，左右任蜀郡守。他和其子設計建造成都北部的都江堰，由魚嘴（分水工程）、飛沙堰（溢流排沙工程）、和寶瓶口（引水工程）三大主體工程組成。都江堰發揮引水、防沙、排洪等綜合作用。泄岷江洪水且用之於灌溉，為奠定成都開發利用重要的基礎。

「都江堰」位於四川省都江堰市，為世界上歷史最長的無壩引水工程，從此川西平原「水旱從人，不知饑饉」，四川成為「天府之國」。是歷史上最悠久的無壩引水工程。唐代導江縣（今都江堰市）建李冰祠。北宋開始流傳所謂李冰之子李二郎協助治水等神話。

1974年，在都江堰市岷江（外江）發掘出東漢建寧元年（168年）雕刻的李冰石像。都江堰之外，李冰還鑿平青衣江溷（夾江縣境），治導什邡的洛水，疏通邛崍蜀地南安江、文井江、洛水，又穿廣都（雙流縣）鹽井陂池，造福歷代百姓。

王　景

原籍瑯邪不其（山東即墨西南），出生於樂浪郡謅邯（朝鮮平壤西北）

王景，字仲通，東漢水利家，父王閎。曾任盧江太守。漢明帝時，黃河決口，在汴渠一帶泛濫了六十多年，兗（山東金鄉東北）豫（安徽亳州）多被水患。69年，漢明帝召見王景，派他治理黃河、汴渠。臨行前，明帝贈送他《山海經》、《河渠書》、《禹貢圖》。

王景與助手王吳治理黃河，排除任水自流的思想，反對恢復禹河故道，度地勢，開鑿山阜，「修渠築堤，自滎陽東至千乘海口千餘里」，改善汴口水門工程，使「河汴分流」。

70年，工程完成收到防洪、航運和穩定河道的巨大效益。

72年，王景隨明帝東巡，行至無鹽（今山東東平東南），明帝嘉獎他的治河功績，拜為河堤謁者。

王景談治河之策『河為汴害之源汴為河害之表河、汴分流則運道無患河、汴兼治則益無窮』主要內容「築堤、理渠、絕水、立水門、河、汴分流、復其

舊跡」、「鑿山阜、破砥磧、直截溝澗、防遏沖要、疏決壅積」和「絕水、立門」、採取「十里立一水門令更相回注」等工作.西元 70 年完工.

高超　北宋人

高超，北宋水利專家，為黃河水工。慶曆八年（1048 年），黃河在澶州商胡決口，改道由海河口入海。宋仁宗派郭申錫治河，堵口多次阻塞不能合龍。高超建議採用合龍門簰三節下埽沉壓法，郭申錫不採納。後來郭申錫離任，河北安撫使賈昌朝採納高超的意見，堵口終告合龍。

潘季馴　1521.4.23.~1595.4.12.　湖州吳興環渚街道常溪村

潘季馴，字時良，號印川，明朝政治人物，水利專家。曾四次治理黃河。父潘夔，母閔氏，為刑部尚書閔珪之女。潘季馴有三個兄長潘伯驤、潘仲驂、潘叔駿。季馴自幼聰慧，七歲能寫文章，補博士弟子。為歸安縣學貢生。

1550 年，中進士，授九江推官、御史，巡按廣東，行均平里甲法，斥抑豪強。

1565 年，由大理寺左少卿進右僉都御史，總理河道，開始治黃生涯。

1566 年，以接浚留城舊河成功，加右副都御史，因丁憂去職。

1570 年，河決邳州、睢寧，起故官，再任總河，塞決口。次年報河工成，尋以運輸船隻漂沒事故，遭勘河給事中雒遵劾，罷去。

1577 年，夏再起官，巡撫江西。次年召為刑部右侍郎。

1579 年，以右都御史兼工部左侍郎總理河漕，九月興兩河大工。

1580 年，工竣，黃河下游數年無恙。加太子太保，工部尚書，兵部尚書。

1584 年，改刑部尚書。

張居正身後被抄家，長子張敬修自縊死，全家餓死十餘口。潘季馴上疏明神宗說「治居正獄太急」，「至於奄奄待斃之老母，煢煢無倚之諸孤，行道之人皆為憐憫。」皇帝不高興。後被御史李植劾以黨庇張居正，落職為民。

1585 年，天遇大旱，御史蔡系周上疏謂：「古者朝有權臣，獄有冤囚則旱。今李植以至尊脅廷臣，專權之漸也。且御下欲雪枉，而刑部尚書之枉先不得雪。今日之旱，實由於此。」在家鄉築有潘公橋。

1588 年，黃河大患，以給事中梅國樓等薦，復官右都御史，總督河道，

1591 年，加太子太保、工部尚書兼右都御史。

1592 年，以病辭休。歸後三年卒，葬今湖州八里店鎮三墩村曹家墩。

潘季馴四次治河，他主張綜合治理黃河下游。認為黃河運河相通，治理黃河也就保護了運河，黃河淮河相匯，治淮也就是治黃，既不能離開治黃談保運，也不能拋開治淮談治黃。他指出，黃河下游善徙的主要原因，在於水漫沙壅。因此治理上應築堤束水，借水刷沙。由於黃河挾帶大量泥沙，有「急則沙隨水

流，緩則水漫沙停」的特點，因此要使水流湍急，必須束水歸漕。他主持修築的堤防，包括「束水歸漕」的縷堤，縷堤外的遙堤，以及二堤之間的格堤（橫堤），三堤構成攔阻洪水的三道防線。隆萬之際，黃河和淮河，經他治理後，「兩河歸正，沙刷水深，海口大辟」，使黃、淮、運河保持了多年的穩定。著作有《宸斷大工錄》《兩河管見》《河防一覽》《留餘堂集》等。

魯班　前-507.6.13.~-444　春秋時魯國人

魯班，姓公輸名般，般與班同音，故稱魯班。魯班（真實姓名古籍記載有公輸班、公輸盤及公輸般等，亦有尊稱公輸子。）春秋末葉著名建築工匠，據傳曾設計出攻城雲梯刨、鑽等土木工具，尊稱為「祖師」。被後世尊為中國工匠師祖。據說魯班出生於魯國的一個世代大家族 —— 公輸族，由於他是魯國人，又被稱為魯班或者魯般，後來，魯班此姓名被流傳得最為廣泛，成為通稱。隱居於歷山（今濟南市東南，又名千佛山）。

由於在中國流傳著許多他對建築及木工等行業貢獻的傳說，被認為是他設計的工具及建造法則，被沿用至今，是以魯班被後世奉為工匠祖師，為中國上架行、中架行及下架行（合稱三行）工匠均敬奉的先師，戲班亦奉魯班為師。此外，魯班被神化，道他出生時群鶴雲集，滿室異香，乃是天上宿星投胎，傳說眾多，奉為神仙。因此魯班又有魯班仙師、公輸先師、巧聖先師、魯班爺、魯班公、魯班聖祖、魯班先師及魯班祖師等稱呼。中國各地都建有魯班殿或者是魯班廟。

魯班的發明

一、木工使用很多的木工器械都是他發明的。像曲尺叫魯班尺。墨鬥、傘、鋸子、刨子、鑽子等，傳說均是魯班發明的。

二、魯班鎖，機關設在裡面，外面不露痕蹟，必須借助配合好的鑰匙才能打開。

三、《墨子》一書中有記載："公輸子削竹木以爲鵲，成而飛之，三日不下。"

四、魯班木鳥，能乘風力飛上高空，三天不降落。

五、魯班木車馬，裝有機關，由木人駕御，能夠自動行走。

六、他發明雲梯攻城，但未派往戰場採用，而被墨子於模擬戰打敗。傳說他又發明滑翔機，使人可以在空中掠過城牆。

七、魯班發明鋸子、墨斗、鉤強、曲尺（彎尺）。

八、古代大門扇上用來裝飾及敲門鋪首也是魯班發明的。

現存明末萬曆版《魯班經匠家鏡》，在北京故宮博物院。

魯班有個徒弟，姓名不詳，腳上有傷口，以荷葉包紮。因其技藝高超，人爭相師法，卻投火爐化青煙而去，人稱「荷葉先師」。

每年的農曆六月十三是「魯班師傅誕」，木匠行業多有慶祝。雲南省通海縣興蒙鄉的蒙古族在每年農曆四月初二過魯班節。四川省德陽市的四川建築職業技術學院每年 5 月開展魯班建築文化節活動。

滕文公

滕文公，戰國時滕國君，滕定公之子，為世子時，路過宋國，會見孟軻。定公死後，他又派然友到鄒見孟軻，孟軻教以行「三年之喪」；繼派畢戰問井田制，孟軻答以自己理想中的井田制，製造反對封建土地所有制的輿。

耿壽昌　生卒年不詳

耿壽昌，字昌，西漢理財家，**歷算家**。善於計算，宣帝時，任大司農中丞，五鳳元年，設置「常平倉」，「令邊郡皆築倉，以谷賤時增其價而糴」，以抑制糧價上漲，平常則可以供軍用。賜關內侯。著有《日月帛圖》232 卷，《月行圖》2 卷，今皆不存。又曾與張蒼整理《九章算術》。

耿壽昌設立的"常平倉"作為調節糧價，儲糧備荒以供應官需民食而設置的糧倉，調劑糧食供應，穩定糧價值。不僅使朝廷儲藏糧食的大穀倉一太倉和甘泉倉都充滿了糧食，而且邊郡地方也，倉廩充盈。在市場糧價高的時候，適當降低價格進行出售。避免"穀賤傷農"又防止"穀貴傷民"，對平抑糧食市場和鞏固封建政權起到了積極作用，還對邊疆的糧食儲備產生有反映了農民的利益和願望。

馬鈞　（？－？）三國曹魏扶風（陝西興平縣）人

馬鈞，字德衡，機械製造家。家貧，煩於三餐，不思進取，後為博士，生活貧閒，於是改善綾機。三國魏時擔任給事中，散騎常侍高堂隆、驍騎將軍秦朗認為天下沒有指南車，馬鈞認為有，魏明帝要馬鈞製造，不久果然成功。

馬鈞是中國歷史上著名的發明家，因為在傳動機械方面造詣很深，有天下之名巧的美譽。善於發明機械、武器。曾奉命監督崇華殿的建造。

一、當時的絲綾機構造複雜、效率低，五十綜者五十躡，六十綜者六十躡，他改進織機一律為十二躡，效率提高四、五倍。

二、發明龍骨水車：可灌溉用提水機具翻車，連續提水，提效率。

三、改進諸葛弩，提高效率五倍。

四、曾試製轉輪式發石機作為攻城器具，能連續發射磚石，遠至數百步。

五、製造指南車和「水轉百戲」，指南車上有一小人，手指的方向即為南方。

六、水轉百戲。

丁緩 （？－？）西漢長安

丁緩，西漢長安的機械製造家。《西京雜記》記載：「長安巧工。為常滿燈，七龍五鳳，難以芙蓉蓮藕之奇，又作臥褥香爐，一名被中香爐，本出房風，其法後絕，至緩始更為之。設機環轉，運四周而爐體常平，可置之被褥中，故以為名。又作九層博山香爐，鏤為奇禽怪獸，窮諸靈異，皆自然運動，又作七輪扇，七輪大皆徑尺，遞相連續，一人運之，滿堂寒顫。」

他發明：常滿燈、臥褥香爐、九層博山香爐、七輪扇。

黃道婆　約 1245~上海華涇鎮人

黃道婆，原名：黃巧兒生年無紀錄，一說是 1245 年，南宋末期。由於家庭貧苦，十多歲時被賣為童養媳，婚後不堪家庭虐待，十七歲時，潛逃到黃浦江的海船上，隨船到海南島。在崖州隨黎族人學習紡織「黎錦」（即崖州被、龍被）。約 1295 年，回到松江烏泥涇，以紡織一生技藝，教導當地婦女，製成一套扦、彈、紡、織工具（如攪車、椎弓、三錠腳踏紡車等），提高紡紗效率。

織造方面，她用錯紗、配色、綜線、挈花工藝技術，織制出有名的烏泥涇被，在寬幅布匹上織出羣眾喜聞樂見的吉祥圖案或裝飾花紋，色彩豔麗，美如繪畫，效果達到了“粲然若寫”的境地。手腦靈巧的烏泥涇鎮婦女，都學會這種新的織布法，世人稱之為“烏泥涇織”“斜紋布”採用“經直緯錯”的織法，具立體感，史書記載此布“望之如絨”。

烏泥涇人感念她教導紡紗織布手藝，建黃道祠廟。

民謠：〔黃婆婆，黃婆婆，教我紗，教我布，兩隻筒子兩匹布。〕

郭守敬　1231~1316　生於邢州境內的邢台

郭守敬，字若思，邢台人，元朝天文學家、數學家和水利學家。王恂、郭守敬等同一位尼泊爾建築師阿尼哥合作，在元大都興建了一座新天文台，台上就安置著郭守敬所創製的天文儀器。它是當時世界上設備最完善的天文台之一。

郭守敬曾擔任都水監，負責修治元大都至通州的運河。1276 年修訂新曆法，經 4 年時間制訂出《授時曆》通行 360 多年。理黃道和赤道的坐標換算，在計算太陽、月亮和行星原形位置時創造運用了「招差法」，也就是三次差內插法。並設計製作了多種天像觀測儀器，包括簡儀和高表。組織了大量的天像觀測工作，包括測定恆星位置，測定冬至點、近地點以及黃道和白道交點位置，編制月亮運動表，測定全國 27 個觀測點的緯度。確定了一個月為 29.530593 日，一年為 365.2425 日。正式廢除以前曆法積累的時差，以實際觀測為准。確定以一年的 1/24 作為一個節氣，以沒有中氣的月份為閏月，此原則一直採用至今。

張衡　78-139 河南省南陽縣石橋鎮人

張衡，字平子，中國東漢天文學家、數學家、發明家、地理學家、製圖學家、詩人、發明候風地動儀。祖父張堪是地方官吏，曾支持光武帝光復漢朝。

其父在張衡十歲時逝世，留下張衡給他的母親和奶奶照顧。

95年時他離開家鄉，前往首都長安和洛陽繼續鑽研文學。前往洛陽時途徑一處溫泉，張為此創作最早的賦《溫泉賦》，這處溫泉就是後來的華清池，楊貴妃曾於此地靜養。在洛陽太學，精通古文，並結識眾多名人雅士，諸如數學家和書法家崔元、官員兼哲學家馬融和王福。

在南陽做小官，後來成為天文學家，並在朝廷做官。他對歷史和曆法有所爭議，漢順帝時與宦官對抗，他隱歸回南陽老家，138年重被召回，139年去世。

張衡發明世界第一個水力**渾天儀**，通過增加了另外一個缸改進了水鐘，他還改進計算圓周率的方法。除了在星表中記錄了2500個星星，他還研究了月亮和太陽的關係。他討論了月球的球形、它反射陽光的亮的一面和黑暗的一面，以及日食和月食的原一些學者認為是通才，將他的工作和托勒密（86-161）相提並論。1802號小行星以他的名字命名。

張衡從小好學不倦，「如川之逝，不舍晝夜」（《全後漢文‧卷四十五》）。青年時代遊學長安、洛陽，在並進入當時著名學府太學學習。張衡用了至少十年來研習文學。

東漢永元十四年（102年）張衡二十四歲，曾當南陽郡守的幕僚（南陽郡主簿）。

東漢永初元年（107年），張衡29歲，寫成著名的《東京賦》和《西京賦》，總稱《二京賦》。

永初五年（111年），張衡三十四歲，出仕京官郎中。元初三年（116年）張衡三十八歲，升為東漢曆法機構最高官職；太史令。建光二年（122年），張衡出任公車司馬令。永建三年至永和元年（128年-136年）張衡復任太史令，最後出任尚書。

三十歲後，張衡開始研習天文。對天文歷算有深刻研究，著有《靈憲》、《靈憲圖》、《渾天儀圖注》、《算罔論》。

公元117年，張衡改進了渾象，設計製造的利用水利推動自動運轉的大型天文儀器水運混象（即渾天儀）在洛陽完工。張衡所著的《渾天儀圖注》是渾天說的代表作。

在《靈憲》中，「月光生於日之所照，魄生於日之所蔽；當日則光盈，就日則光盡也。」指出月亮本身並不會發光，月光是反射的太陽光。「當日之沖，光常不合者，蔽於地也，是謂暗虛，在星則星微，遇月則月食。」第一次正確解釋了月食成因。在《靈憲》中，張衡估計了日、月的視直徑，記錄了洛陽觀察到的星有2500顆。

132年，他製成世界上第一個地動儀——候風地動儀，地震儀可以準確測出五百公里的地震方位，並令史官記錄地震方向地點，積累了許多可貴資料。

張衡在數學上發明作為圓周率值

$$\sqrt{10} = 3.162 \quad \frac{730}{232} = 3.14655$$

　　張衡識力學同齒輪，發明「候風地動儀」「漏水轉渾天儀」精銅鑄成，上面刻有 28 宿，中外星官及黃道、赤道、南極、北極、24 節氣、恆顯圈、恆隱圈等。他利用齒輪將渾象和漏壺相連，用漏壺滴出的水作為動力，渾像在帶動下繞軸轉動，這樣渾象便週而復始地自轉。通過選擇適當齒輪個數和齒數，使渾像一晝夜，與地球自轉速度一致，以演示星空的運動，如恆星的出沒和中天等。對其監測可以知道日月星辰和節氣的各種變化，知道農曆日期，月亮圓缺的變化。

　　132 年發明候風地動儀，加多個缸，就變水鐘。地動儀，可探測到 500 公里外地震。另外，他又改良圓周率計法。在星表上，記載 2500 粒星星，重研究埋月光同太陽關係。深究月光，認月係球形、光一面係太陽反光，而暗一面係無光反，探求日食同月食原理。

　　我國古時候對宇宙的構造，有三種不同的學說：

　　1.天是空洞洞的，日月星辰是飄浮在空洞洞的天上。

　　2.天如同一個笠帽、地如同棋盤，笠帽蓋在棋盤上，日月星辰固定在笠帽。笠帽不停的轉動，所以日月星辰固定在笠帽。笠帽不停的轉動，所以日月星辰也不停的運行。

　　3.天像一個蛋殼，地包在殼裏像蛋黃，日月星辰都生長在殼上，天殼不停地轉動，日月星辰也跟著不停的運行。

　　張衡認為三種說法都不正確。他不斷的觀察天象，依日月星辰運行的規律，自創一套理論。在他的天文學說中，已經提到赤道、黃道、南北極等的名詞。並且找出了太陽的運行規律，因此能夠解釋為甚麼夏天會日長夜短，冬天日短夜的原因。同時，他觀察研究出月亮不會發光，是太陽照射到它而反射出來的光。

　　古時人們認為月蝕是天狗吃月亮，他認為這種說法不對。他認為是太陽走到月亮的前面把月亮擋住了。

　　雖然他的這種理論不對，但他在一千八百多年前，既無望遠鏡也無其他能幫助觀察天文的儀器，他僅靠肉眼長久細心的觀察，而創出這種理論，已是難能可貴了。

　　張衡是科學家，也是文學家，又是畫家，被選為東漢時候的六位名畫家之一。他將漢賦的堆砌文字，轉變為抒發心靈的短小篇章。他的作品「二京賦」和「南都賦」《定情賦》等作品在文學史上都很著名。張衡可算是歷史上一位學識廣博的能人了。

蘇頌　1020~1101　福建廈門市同安區

蘇頌，字子容，北宋天文學家、藥物學家。其祖先在唐末隨王潮入閩，世代為閩南望族，其父蘇紳中過進士。書香門第，聰敏好學，受了嚴格的家庭教育。

1042年，23歲進士，江蘇江寧縣令。宋史稱他精通「經史、九流百家之說，至於圖緯、律呂、興修、算法、山經、本草，無所不通，尤明典故。」

蘇頌在集賢院校理任上，與同時代的藥物學家掌禹錫、林億等編輯補註了《嘉佑補註本草》一書，校正出版了《急備千金方》和《神農本草》，獨力編著了《本草圖經》。

蘇頌一生最大的貢獻還在於複製水運儀象台。「水運儀象台」是東漢張衡所創製的天文儀器，可惜已失傳。唐代天文學家僧一行、梁令瓚複製，後又失傳。

1088年，蘇頌應用自己豐富的天文、數學、機械學知識，組織科學家韓公廉、周日嚴等，着手進行複製。

1090年成功。分報時、刻、更，其「渾象」一晝夜自動均勻旋轉一圈，具天文鐘的雛型。

1094年蘇頌《新儀象法要》介紹水運儀象設計及使用方法星圖記錄恆星1434顆。

梁令瓚　生卒年不詳　唐開元時蜀（今四川）

梁令瓚是唐代著名的天文儀器制造專家、畫家。由於中國古代史籍對科學技術的忽視，對梁令瓚的記載相當簡略。從新、舊《唐書》的《玄宗本紀》和《曆法志》中可以知道，身爲蜀人的梁令瓚大約是與僧一行（俗名張遂，公元683-727年）同時代的人，他在天文科技上作出了相當的貢獻，盡管記載相當簡略，卻絲毫無損於梁令瓚的科技成果在科學技術史上大放光彩。因爲他創制的黃道游儀，爲唐代先進曆法《大衍曆》的編修提供了先決條件；他同僧一行合制的水運渾天儀自動報時裝置，開創了中國獨特的天文鐘先例，在世界天文史上也有劃時代的意義。

梁令瓚，唐朝畫家、工篆書，擅畫人物。

721年，唐玄宗命僧一行改造新曆（大衍曆），而無黃道游儀測候，創制游儀木樣。一行稱其所造能契合自然，對推步大有幫助。後又與一行創制渾天

銅儀，發明了自動報時裝置，它是全世界最早的機械鐘。任率府兵曹參軍。

　　723 年，改制成鑄銅，名爲黃道游儀。

　　梁令瓚工篆書，擅畫人物。前畫五星，後畫二十八宿。五星，亦稱五緯，謂金木水火土五行星；二十八宿，中國古時天文學家將周天的恒星分爲三垣二十八宿，而附以諸星座。

　　二十八宿最初是古人爲比較日、月、五星的的運動而選擇的二十八個星官，作爲觀測時的標志。現僅存五星和十二宿圖。推測此圖當爲原作之上卷。每星、宿一圖，或作女像，或作老人，或作少年，或獸首人身。

　　據明清人著錄記載，宜和殿寶和雙龍璽，藏於宋宣和内府，清中期爲安岐所藏，清末歸完顏景賢，後流入日本。《圖繪寶鑒》《平生壯觀》《大觀錄》《墨緣匯觀》著錄。

　　725 年一行創製渾天銅儀。上裝有兩個木人，隨渾天儀轉動，能自行各報時刻。又工篆刻、繪畫，擅長人物。存世作品有《五星及二十宿神形圖》一卷，北宋李公麟稱其畫風似吳道子。

沈括　1031~1095　浙江杭州晚年定居江蘇鎮江夢溪園

　　沈括，字存中。生於官宦之家，14 歲就讀完家中藏書。

　　精通天文、數學、物理學、化學、生物學、地理學、農學和醫學、卓越的工程師、出色的軍事家、外交家和政治家。博學善文，對方志律曆、音樂、醫藥等無所不精。

　　他提出太陽不均勻運動引起時差現象，精通天文曆算、改製渾儀、浮漏和景表等天文儀器，撰《渾儀議》《浮漏議》《景表議》；觀測天象，繪製測定北極星位置的圖二百多張；並曾在幾年内堅持觀測表影和漏壺的運行，提出因太陽

運動不均勻而引起的時差現象，世界最早記錄地磁偏角。

晚年提出「十二氣曆」可以與公元（陽曆）媲美。他創立二階等差級數的求和方法「隙積術」和利用弦長與矢長計算弧長的「會圓術」，是平面幾何學和天文計算的先驅。

寫有《夢溪筆談》包括考古、語言、史學、文學、音樂、繪畫以及財政、經濟等，從自然科學到社會科學，應有盡有，是「中國科學史上的座標」。為了紀念沈括的功績，人們將小行星 2027 命名為「沈括小行星」。

沈括觀察太行山山崖結構，推斷河北平原生成的原因。沈括利用「水浮法、縷懸法、磁偏角」原理試驗發明「指南針」。

綦母懷文　東魏北齊時人

綦母懷文是中國南北朝時期的著名冶金家，對古代煉鋼方法 ── 灌鋼法予以改進，同時在制刀和熱處理方面也有獨特創造，爲中國冶金技術的發展作出了劃時代貢獻。

官至信州刺史。他用生鐵溶液，灌注到未經鍛鍊的熟鐵中，使煉成品質較好的鋼。並以熟鐵爲刀背，使富於彈性，用牲畜溺和脂來浴淬，使刀鋒鋼利，稱爲「宿鐵刀」。這種煉鋼法，後世稱爲「灌鋼」或「團鋼」，爲我國煉鋼技術上獨特的創造。

據《北史》和《北齊書》記載，他曾使用"灌鋼法"冶煉鋼刀及利用兩種淬火介質進行淬火以制作刀具。

中國是世界上最早使用鐵的國家之一，古代使用冶鐵方法稱之爲"塊煉法"，煉出的鐵稱之爲"塊煉鐵"。綦母懷文改良鋼鐵冶煉技術"塊煉滲碳鋼"。不斷地反複加熱，鐵吸收木炭中的炭份，提高了合碳量，減少夾雜物就成爲鋼。這種鋼組織緊密、碳分均勻，適用於制作兵器和刀具。這項技術的發明是煉鋼技術的重大突破。

東漢末年，出現"灌鋼"法，綦母懷進行改進，使這種新的煉鋼方法趨於穩定，操作更加方便、實用。灌鋼法同百煉法、炒鋼法等煉鋼方法相比有明顯優點。在高溫下，液態生鐵中的碳分及硅、錳等與熟鐵中的氧化物夾雜發生劇烈氧化綦母懷文改進灌鋼以來，民間已用它制作刀、鐮等；到明朝時，灌鋼技術更進一步發展，出現"蘇鋼"，爲中國煉鋼技術和生產的發展起了巨大的推動作用，在坩鍋煉鋼法發明之前，它一直是一種先進的主要煉鋼方法。而綦母懷文對灌鋼工藝的發展作出了巨大貢獻。

僧一行（張遂）　683~727 河南南樂縣人

一行禪師，俗名張遂，法號敬賢，號大慧禪師，唐代僧人。爲唐代著名的天文學家，被稱爲沙門一行、一行阿闍梨，也被唐人呼爲「一公」。年少聰敏，

學行過人，博覽經史。尤精于天文、曆象、陰陽五行之學。曾祖父是唐太宗的大臣張公謹，在初唐是極顯赫的世族。其祖父張大素官至門下省東台舍人，後被貶為懷州長史，家道中落。父親名叫張懍，任武功縣令。

704 年，21 歲時因父母雙亡，隨荊州的弘景禪師出家，剃度為僧，因為深入「一行三昧」，故法名一行。隱於嵩山、玉泉寺，依悟真習梵律，學習佛教經典和天文數學。長於風水研究，為國內外人士所景仰，篇有《滅蠻經》。

《宋高僧傳》記載。一行曾長途跋涉三千里。至天臺山國清寺向一個隱名大德研習數術，造詣更深，名聲更震。一行為密教高僧，人稱一行阿闍梨，為密宗傳持八祖之一，被尊稱為天師。一行品行高邁，剛正不阿。時武則天之侄武三思炙手可熱，慕其學行，為贏得"禮賢下士"的美名就有意拉攏他，張遂不願為之所用，又怕因此而遭到迫害，於是逃到河南嵩嶽寺剃度出家，取法名為"一行"。

705 年，武則天退位後，李唐王朝多次召他回京，均被拒絕。

717 年，唐玄宗李隆基派專人將他接回長安，參與善無畏大師的譯經，協助翻譯《大日經》。

719 年，印度高僧金剛智入京，一行追隨其後，並施弟子之禮。又受金剛經訣，協助譯經。

721 年，經張說推薦，唐玄宗命一行主持修編新曆法《大衍曆》。同年，他和梁令瓚一起，設計製造了黃道游儀、渾儀、復矩等天文測量儀器。他利用新製成的黃道游儀測量恆星的赤道坐標，推翻了「日影千里差一寸」的傳統說法。可以計算出地球子午線的長度，《大衍曆》定稿之年，一行病逝。

723 年，為測定星體位置的需要，一行與率府兵曹參軍梁令瓚等人製成了黃道游儀、"水運渾天儀"。

724 年，一行根據修改舊曆的需要，又組織領導了我國古代第一次天文大地測量，也是一次史無前例、世界罕見的全國天文大地測量工作。

725 年，善無畏來長安弘教，一行受胎藏法，在洛陽的大福先寺助善無畏共同翻譯《大日經》七卷等，並著《大日經疏》二十卷，成為解釋密宗理論的重要著作。又彙編經、律、論要文為《攝調伏藏》十卷（已佚）。一行與玄宗過從甚密，談經論道，出入宮廷，同登寺閣。在京城的近十年中，一行一直在兩京從事科學研究和宗教傳播活動。

727 年九月，禪師臥病不起。十月八日在長安華嚴寺圓寂，行年 45 歲，僧壽 24。葬于銅人原。其過早謝世，玄宗痛悼，歎曰："禪師舍朕！"追賜其諡號為"大慧禪師"，並親自為禪師撰寫碑文《禦制大慧禪師一行碑銘》："長無暇日，日誦萬文。深道極陰陽之妙，屬辭盡春秋之美。"

《舊唐書・一行傳》記玄宗"為一行制碑文，親書于石，出內庫錢五十萬，為起塔於銅人之原。明年，幸溫湯，過其塔前，又駐騎徘徊，令品官就塔以告

其出豫之意,更賜絹五十匹,以蒔塔前松柏焉"。可見朝野上下對一行非常敬仰。一行無傳法弟子,法脈遂絕

劉徽注

263 年,魏國數學劉徽注「九章算術」,漢代的數學經典著作,匯集先秦至東漢初年數學的精華優點,包括平面面積、糧食交易等九類問題的解法,是我國古代「算經十書」的第一部書。提出小數概念,對割圓術計算圓周率、開方不盡、楔形體積求解,提出很多獨特的見解,運用了「齊同術」、「今有術」、「圓驗法」、「棋驗法」等多種計算方法,又利用平面圖形的分割和重新組合,成功地證明畢氏定理、勾股弦、以及和、差的互相推算問題,與開平方的方法步驟等。

高　宣

南宋造船家,曾任都水都料匠。1131 年程昌寓征討楊么時,受打造八車戰船,用人力踏車行駛,極為便捷。又造 20 車、13 車大船,能載兵二、三百人,後為楊么軍所俘,為之打造 24 車、32 車大樓船,有大小「德山船」混江龍等名稱。船分兩三層,大者可載千餘人,上設「拍竿」,可以擊碎敵船。

徐　福

前？~210 出生江蘇省連雲港市贛榆縣金山鎮徐福村(原名叫徐阜村)

徐福，即徐市，字君房，為一方士，曾任秦始皇的御醫。徐福的事蹟，《史記》「秦始皇本紀」和「淮南衡山列傳」（在秦始皇本紀中稱「徐」，在淮南衡山列傳中稱「徐福」）都略有記載。

《史記》「秦始皇本紀」西元前 219 年秦始皇求長生不老藥，派徐福領童男童女數千人、三年糧食、衣履、藥品和耕具，往蓬萊、方丈、瀛洲仙居求方無著。前 210 年，秦始皇東巡至琅岈，射殺大魚，徐福率眾再度出海攜帶穀種，百工隨行，來到「平原廣澤」（可能是日本九州，也可能在琵琶湖一帶），他感到當地氣候溫暖、風光明媚、人民友善，便「止王不來」，停下來自立為王，教當地人農耕、捕魚、捕鯨和瀝紙的方法，不回來了。

關於徐福所要尋訪的蓬萊、方丈、瀛洲三座仙山，《史記》「封禪書」只是說在渤海中，即海州灣以北的海，並不能確定具體位置。而平原廣澤在何處，更是不能考證，但連雲港市自明清以來南大門就有一條瀛洲路，以及在贛榆縣前海州灣之中有一座小島 —— 秦山島。《三國志》「吳書·吳主權傳」《後漢書》「東夷列傳」也有提及徐福東渡之事。

五代的後周時，濟州開元寺僧人義楚在《義楚六帖》（又稱《釋氏六帖》）的卷二十一「國城州市部」的「城廓·日本」中，首次明確提到徐福最終到達的是日本（也叫倭國），今日的日本秦氏（日本古代渡來豪族）為其後代，仍自稱秦人。並說徐福到達後，將富士山稱為蓬萊。此為目前所知最早明確指出徐福滯留不歸之地是日本的中國文獻。

日本最早出現的徐福東渡到日本的記錄是 1339 年日本南朝大臣北畠親房所著《神皇正統記》。日本人認為徐福在日本的紀州熊野的新宮（今和歌山縣新宮市）登陸，目前當地還有徐福墓和徐福神社，每年 11 月 28 日是祭祀徐福的日子。在日本徐福的傳說中，日本人認為徐福帶來童男童女、百工、穀種、農具、藥物及捕鯨技術和醫術，對日本發展起了重要作用，尊徐福為「司農耕神」和「司藥神」。和歌山有一熊野速玉大社與徐福有關。佐賀也有一座金立神社以他為主神。

徐福渡海說法：

（一）徐福來到日本，是為日本歷史上第一位天皇神武天皇，在考古研究中，結合「欠史八代」的疑點，在證明這九代天皇存在之前，這種說法不失為一種看來合理的說法。日本現有徐福墓，但成立年代頗晚，當是後世徐福來日日本所建。徐福墓數量過多，徒增疑點。歷史上率先提出日本開國神武天皇為中國人的是中國清代同治年間（公元 1862～1875 年）駐日公使館一等書記官黃遵憲。他在所著《日本國志》一書中指出：「至徐福之事⋯今引伊國有徐福祠，熊野山有徐福墓，其明證也。日本傳國重器三，曰劍、曰鏡、曰璽，皆秦制也。君曰尊，臣曰命，曰大夫、曰將軍，又周秦語也。自稱神國，

　　立教首重敬神；國之大事，莫先於祭；有罪則誦襖詞以自洗濯，又
　　方士之術也。崇神立國，始有規模，計徐福東渡已及百年矣，當時
　　主政者，非其子孫殆其黨徒歟？至日本稱神武開國基，蓋當周末，
　　然考神武至崇神，中更九代，無事足記，或者神武亦追王之辭乎？」
　　（三笠宮崇仁親王也同意）

（二）成為日本人的祖先。日本早於徐福來到前早已有人居住，已有其文
　　化。徐福與童男童女到來充其量只是與當地人通婚再產生後代而
　　已。日本學者飯野氣峰說齋藤氏是齊人後裔。

（三）據『日本國史略』提到「孝靈天皇七十二年，秦人徐福來。（或云，
　　徐福率童男女三千人，齎三墳五典來聘。徐福求藥不得，遂留而不
　　歸。或云，止富士山。或云，熊野山，有徐福祠。）」說徐福帶童男
　　童女來日本修好，貢上三墳五典而尋求仙藥，然而不得仙藥，只等
　　定居下來。在『富士文書』中則提道徐福來到日本，協助當地農民
　　耕種，帶來一些新的技術。

（四）到達日本後，徐福再沒有返回中國，沒有得到長生不老藥，擔心秦
　　始皇追殺，要求同行男女各自改姓成「秦」、「佃」、「福田」、「羽田」、
　　「福台」、「福山」等姓氏。巧合的是，連雲港市現有雲台山脈，姓
　　氏都與山有奇特淵源。現在日本和歌山縣新宮市都有姓秦的日本
　　人，有些家門口樓上還仍然刻著「秦」字。

（五）前暨南大學及輔仁大學教授衛聚賢認為徐福去了美洲，考證：《外國
　　圖》得出亶洲是美洲而不是日本，現在美國檀香山還有中國篆書刻
　　字的方形岩石，舊金山還有中國篆文的古箭。

（六）到了琉球群島。

（七）只是到了渤海灣中的一個小島。

（八）於大海上遇到風暴失蹤。

　　日本官方為紀念徐福之偉績，曾在很長一段時間舉行相關祭祀活動，從宇
多天皇到龜山天皇由天皇主祭徐福達 80 多次，直到明治維新才停止。和歌山新
宮市每年 11 月 28 日也慶祝徐福東渡。

　　1980 年，日本慶祝徐福來日 2200 年。金立每 50 年有一次徐福大祭。

支　謙

　　支謙，字恭明，又名越，祖先為大月氏人，漢獻末年，支謙從洛陽避難到
建業（今江蘇南京），支謙自幼學習中國書典，後跟隨著名佛經翻譯家支讖的弟
子支亮（字紀明）學習佛教，因而博覽經籍，深通佛學，他通曉六國語言，多
才多藝。孫權授予他博士之職，並請他做太子的老師。太子登死後，支謙隱居
穹隆山中。吳

　　223 年，支謙開始翻澤佛經，

　　253 年，歷時 30 年，共譯佛經 49 部，主要有：「維摩詰經」、「大明度無極

經」、「首楞嚴經」等，並制「贊菩薩連句梵唄」三契。支謙所譯佛經文麗簡略，文顯意明，又較符合漢人習慣，他還開創了佛經翻譯的「會譯」之法，在譯經時把一些名詞、概念，譯成老莊哲學中相應的詞語，開了兩晉南朝佛教玄學化的先河。

何稠新

隋。何稠新創製**玻璃法**，西漢絲綢之路開通以後，大月氏國商人將玻璃器皿和燒製方法帶中原，但燒製方法到隋朝失傳，後何稠發明吹製玻璃法，奠定今日玻璃製造方法的基礎。

章生一　生歿不詳處州（治今浙江麗水）

南宋陶瓷家，與弟生在龍泉琉田市各主一窰，分名為哥窰、弟窰，又稱龍泉窰，產品以青瓷為主，銷行國內外各地，遠至日本、東南亞、印度、西亞各國、埃及、歐洲等地。

舒翁　生歿不詳江西吉州廬陵永和鎮人

舒翁，南宋陶瓷家，唐宋時永和鎮以生產瓷器聞名。舒翁擅長燒制玩具，他的女兒舒嬌擅長燒制爐瓷，產品多為黑色白色，在當時的永和五窯最是有名。後代稱吉州窯。

奚鼐　唐朝時人生歿不詳河北道易州（今河北省易縣）人

奚鼐，造墨名家。他製造的墨有光氣，有奚鼐墨、庚申印文。傳至兒子奚超，遷居歙州（今安徽歙縣），南唐賜姓李。李超之子李廷珪，製墨尤享盛名，成為製墨專家家。

李廷珪　五代時人生歿不詳河北易水人

李廷珪，原姓奚，中國五代時南唐制墨名家，本姓奚。祖父奚鼐為唐朝後期制墨名家，得祖敏之法，以松樹之煙為墨，稱奚鼐墨而聞名。唐末戰亂，奚氏避亂，遷居歙州，因當地多松，仍以製墨為生，成為歙墨的開創者。後廷珪為南唐後主李煜賞識，賜姓李，改名李廷珪。

李廷珪所制之墨堅如玉，且有犀紋，時稱「廷珪墨」。與「澄心堂紙」、「龍尾硯」並稱三寶，為南唐和北宋御用之墨。其弟李廷璋、子文用皆襲其業。

趙士楨　1553－1611 溫州樂清（今杭州）人

趙士楨，字常吉，號後湖，明代傑出的火器研製專家。研製改進了多種火器。

自幼生於海濱，少時經倭患深受其苦，因此留心軍事與火器，晉升為中書舍人之後雖無軍職卻用心於火器研發，到了「千金作散而不顧」、「以蒲柳孱弱之軀，備及勞苦，孜孜矻矻，恆窮年而罔恤」的地步，曾多次向胡宗憲、戚繼光部屬請教，歸結出「倭之長技在銃，鋒刀未艾，心膽已怯」，認識到火器在戰爭中的重要作用。與林芳聲、楊鑑、葉子高等人講究印證，研製出迅雷銃、掣電銃等多種特色的火器，並將其研究成果寫成《神器譜》、《續神器譜》、《神器譜或問》、《倭情屯田議》等著作。

戴梓　1635～1704　杭州人

戴梓，字文開，號耕煙，他曾製作連珠銃（世上最早的機關槍）和子母炮（類似榴彈炮），並在康熙征準噶爾時發揮重要作用。戴梓出生在官吏之家。在父親的影響下，戴梓喜歡上機械製造，曾自己製造出多種火器，其中的一種能擊中百步以外的目標。

1674年（清康熙十三年），耿精忠自福建起兵進犯浙江，響應吳三桂叛亂。康熙帝派遣康親王傑書為奉命大將軍，率清軍赴閩浙征討耿精忠。戴梓隨軍出征。由於戴梓對軍事形勢條分縷析，因此與康親王深為契合，很受尊敬。回朝後，受到康熙帝的器重。授其翰林院侍講官職，入南書房，並命他參預纂修《律呂正義》。戴梓不僅在研製火器方面做出很大的貢獻，而且在文學上也有一定的造詣，曾著《耕煙草堂詩鈔》。他還總結前人的治水經驗，寫了一本《治河十策》的著作。後人評價他「磨劍半生虛售世，著書千載枉驚人。」

戴梓具兵器才華，根據《清史稿》記載，戴梓曾經向康親王貢獻連珠火銃。但是戴梓並沒有將「連珠銃」獻給軍營，而是「藏銃於家」。原因據說是被一個夢給嚇怕了。有一天晚上睡覺的時候，戴梓做了一個奇怪的夢，夢中人斥責他說，上天有好生之德，你如果將此器獻上使其「流布人間」，你的子孫後代將沒有活人了。1686年，荷蘭政府派遣使者來到中國，並且進貢「蟠腸鳥槍」，戴梓奉命仿造了10枝槍，康熙將仿造的槍回贈了荷蘭使者。不久，他又奉命仿造佛朗機炮，只用了5天就完成。第二年康熙帝指令戴梓監造子母炮，8天即造成。炮長二尺一寸（約0.672米），重約300斤（約180千克），便於攜帶。鑄造炮彈外形如瓜狀，每枚重20至30斤，內裝「子彈」，此炮發射時，「子在母腹，母送子出，從天而降，片片碎裂，銳不可當」。

李畋

唐武德四年（621.4.18.～691）生於醴陵、萍鄉、瀏陽三地交界的麻石街

李畋，中國花炮祖師，據傳，當時災害連年，瘟疫流行，李畋以小竹筒裝硝，導引點燃，以硝煙驅散山嵐瘴氣，減少了瘟疫的流行，爆竹因而很快推廣開來。李畋因此被煙花爆竹業奉為祖師。現在花炮主要產地為湖南瀏陽、醴陵，江西的上栗、萬載均對其進行祭祀緬懷。

李畋，天資聰慧，隨父練就一身武藝，曾被多處聘為武術教習。父母去世後，他搬至獅形山半嶺上，與采藥人仲叟為伴。一天，兩人上山采藥、狩獵，偶遇風雨，回家後，仲叟一病不起。鄉人言稱為山魈邪氣作怪（實為瘴氣），將危害一方。李畋十分焦急，突想到父親曾說燃竹可壯氣驅邪，隨即試驗，頗具聲色，爆力不足，他便大膽地在竹節上鑽一小孔，將硝藥填入，用松油封口引爆，效果極佳。鄉鄰仿之，一時山中爆聲四起，清香撲鼻，瘴氣消散，仲叟病癒。

但這種竹爆攜帶不便，且不安全，李畋又以紙代竹，經反復試驗，其聲如雷，光氣四射。後來，這種爆竹除用於驅除瘴氣，還用於婚喪喜慶。李畋為恤民富鄉做下這一事業，受到各方好評，但因缺少資金等原因，爆竹生產一時未能發展起來，直到宋代，始建作坊、爆莊。

為製作爆竹，李畋歷盡艱辛，手足多次傷損，住屋亦毀於硝火，且未能按時婚娶，直到中年才與一唐姓貧女結為夫妻。此後，他繼續從事爆竹製作和硝藥提煉，終因積勞成疾病逝，享年 70 歲。

為紀念李畋研製爆竹，其鄉鄰好友特集資在半嶺上建李畋廟一座，還將每年農曆四月十八日（李畋生日）定為爆竹節。宋時，爆竹業得到較大發展，又在縣城田家巷建李畋廟一座（後被元兵所毀），並將李畋故居改為李畋閣，將他的墓由東峰界遷至閣後重葬。清初，在縣城畀沖觀側重建李畋廟。

文史記載傳說李畋曾師從孫思邈采藥煉丹，用火藥做成了花炮，在煉丹時引爆了。他將此方傳授給當地花炮工人。並逐步改進爆竹，由竹筒改為紙筒，火藥由黑藥而為白藥，並由單一爆竹產品發展為各種煙花禮炮。推動了煙花爆竹業的發展，每到四月十八日，李畋誕辰，香火甚旺。

在這個世界上，凡是有華人居住的地方，遇到喜慶之事，像兒女婚嫁、蓋房上樑、喬遷新居、經營的店鋪開業，都要燃放鞭炮，以示喜慶吉利。特別是農曆的除夕、新年的元旦、正月十五等，鞭炮聲充滿寰宇，帶有普天同慶的味道。宋代詩人王安石《元日》寫道："爆竹聲中一歲除，春風送暖入屠蘇。千門萬戶瞳瞳日，總把新桃換舊符。"生動地描繪了新年貼對聯、放鞭炮的熱鬧情景。

燃放鞭炮，在我國有著悠久的歷史，包含著深厚的文化底蘊。那麼，燃放鞭炮從何時開始，鞭炮又是由誰發明的呢？

爆竹，又名爆仗、炮仗，稱鞭炮是宋以後的事。從《詩經。小雅。庭燎》中，我們可讀到這樣的詩句："庭燎晰晰，君子至止。"庭燎，是古人將竹子、草或麻杆，捆綁在一起燃放使夜晚耀如白晝，有照明與驅邪的作用。這可能是中國燃放爆竹的雛型，距今已兩千多年以前了。古書《周禮》有歲終驅疫鬼即"驅儺"的活動。漢代，燃放爆竹，也為了驅鬼辟邪，時間在正月初一。漢東

方朔的《神異經。西荒經》說，深山中有山臊（後人稱山魈），人接觸到它，往往染寒熱病。它好偷人食鹽來吃蝦蟹，遇見它"人嘗以竹著火中爆州（形容聲音）而出，臊皆驚憚。"南朝梁的宗懍在《荊楚歲時記》也說：正月初一"雞鳴即起，先於庭前爆竹，以避山臊惡鬼。"山魈怕爆竹，民間便將山魈演變成一個叫"年"的怪物，年年從海裡爬上岸來害人，後來它被一個穿紅衣的小孩燃放爆竹嚇跑了。這樣除夕或正月初一燃爆竹驅邪，就漸成一種習俗。

開初的爆竹只是用火燒竹子，使之燃火發聲。隨著紙的發明與廣泛使用，加上煉丹家逐漸發現硝、硫磺與炭是易燃物質。到唐代，爆竹的燃放發展為人們將一支長竹竿點燃，或將一串串竹節掛在長竹竿上燃爆，當時被稱作"爆竿"。唐詩人來鵠在《早春》中寫道："新曆才將半紙開，小庭猶聚爆竿灰"。"藥王"孫思邈（西元 581～682 年）最早記敘了把硝石、硫磺、含炭物質混合在一起創造火藥的"硫磺伏火法"。火藥用於爆竹也就逐漸開始，最初是將火藥裝入竹筒裡燃放，後改進為用卷紙裹火藥來燃放，爆竹也改名為"爆張"或"爆仗"。到宋代，不僅紙制爆仗興盛，而且煙花成為節日必需之物。孟元老《東京夢華錄》說："是夜禁中爆竹山呼，聲聞於外。"南宋宋孝宗時，元宵節夜晚在宮中一次要放煙火百餘架。到明代，藩王、權貴之家，節日也以放煙火來爭奇鬥勝，促使爆竹煙花規模、花樣不斷翻新。清李聲振《爆竹》說：聲爆竹除殘臘，換盡桃符逐祟回。且緩屠蘇守歲飲，聽他萬戶鎮天雷。

趙　過

趙過，西漢**農學家**，在古代對中國的農業有著巨大的貢獻。

漢武帝末年，趙過被任命為搜粟都尉。他發明了代田法，又研發出新的農具：耦犁和耬車。

推行代田法意思是在一畝地里作三條溝、三條壟，溝和壟的位置每年互換，這樣可使土地輪番得到休耕，在肥料不足的情況下，自然恢復起地力。趙過的推行「代田法」，也可以是科技下鄉的前驅。他先在小範圍進行試驗，證實確比「旁田」增收，然後再對縣令長、鄉村中的「三老」、「力田」和有經驗的老農進行技術訓練，最後全面推廣。

「諾貝爾」得獎人

中國國籍：伍連德，李遠哲，達賴喇嘛，劉曉波，莫言。
外籍華人：李政道，楊振寧，丁肇中，朱棣文，崔琦，高行健，高錕。

伍連德　1879.3.10.～1960.1.21.祖籍廣東台山，出生於馬來西亞檳榔嶼

伍連德，字星聯，中國醫學家、檢疫與防疫事業的先驅。20 世紀初為中國的現代醫學建設與醫學教育、公共衛生和傳染病學作出了開創性的貢獻。1935 年以其「在肺鼠疫方面的工作，尤其是發現了土撥鼠在其傳播中的作用」而獲得諾貝爾生理學或醫學獎的提名[1]。諾貝爾獎候選人的保密期為 50 年，此消息 2007 年才在諾貝爾基金會網站上披露。伍連德是華人世界的第一個諾貝爾獎候選人。

1899 年他從檳榔嶼赴英國學醫，專業研究傳染病和細菌學。1903 年獲得劍橋大學醫學博士學位並回馬來亞開診所。1907 年，清朝政府聘請他為北洋陸軍醫學堂副監督。1910 年到哈爾濱對抗導致 6 萬人死亡的中國東北大鼠疫，在三個月內控制住了病情。1912 年受中華民國聘請為大總統侍從醫官。1913 年和 1919 年他又兩次在東北抵抗鼠疫和霍亂的爆發。先後獲得上海聖約翰大學、香港大學和日本東京醫科大學的榮譽博士學位。他與顏福慶等於 1915 年 2 月在上海發起建立中華醫學會，並創刊《中華醫學雜誌》。他倡議建設中國自己的醫院北京中央醫院，除財政部撥款外，大部經費由募集得來。院址位於阜成市場（位於白塔寺東側），1918 年 1 月 27 日開院，伍連德任第一任院長。該院院址現為北京大學人民醫院分院。從 1926 年 9 月 9 日開始，任濱江醫學專科學校校長。

1931 年九一八事變爆發後他辭職赴北京任全國海港檢疫總監。1937 年日本攻佔上海後赴香港，1946 年回到馬來亞，創辦吉隆坡醫學研究中心。1960 年 1 月 21 日逝世於馬來亞。

楊振寧　1922.9.22.　安徽省合肥

楊振寧（英文名：Chen-Ning Franklin Yang）配偶杜致禮（1950~2003）、翁帆他與李政道提出了宇稱不守恆理論，共同獲得 1957 年諾貝爾物理學獎，是最早的兩位美籍華人諾貝爾獎得主。

父親楊武之是芝加哥大學的數學博士，回國後曾任清華大學與西南聯合大學數學系主任多年。當時他父親正在懷寧一所中學教書，故給長子取名「振寧」。

楊振寧 4 歲認字 3000 多個，5 歲會背《龍文鞭影》，少年時代就讀廈門市

演武小學，北京教會學校崇德中學等。1942 年楊振寧畢業於昆明的西南聯合大學。

1944 年清華大學生畢業，他受教於王竹溪、吳大猷等物理學家。

1945 年公費留學赴美，就讀芝加哥大學，

1948 年取得博士學位，論文導師是愛德華·泰勒。

1949 年，進入普林斯頓高等研究院進行博士後研究工作，開始同李政道進行長達十多年合作。

1954 年，楊振寧與羅伯特·米爾斯一道提出了楊-米爾斯理論，即非阿貝爾規範理論，楊-米爾斯理論對基礎物理學產生了深遠的影響，是粒子物理學的標準模型的基礎；1970 年代他與吳大峻合作研究規範理論的整體性質，亦即規範理論與數學上纖維叢的密切聯繫，楊-米爾斯理論的數學性質也是近三十多年來數學研究的重要課題。

1956 年楊振寧和李政道合作，深入研究了當時令人困惑的 θ-τ 之謎 —— 即後來所謂的 K 介子有兩種不同的衰變方式。楊振寧和李政道通過分析認識到，很可能在弱相互作用中宇稱不守恆。他們仔細檢查了過去的所有實驗，確認這些實驗並未證明弱相互作用中宇稱守恆。在此基礎上他們進一步提出了幾種檢驗弱相互作用中宇稱不守恆的實驗途徑。次年，這一理論預見得到吳健雄小組的實驗證實。因此，楊振寧和李政道的工作迅速得到了學術界的承認。

1957 年獲諾貝爾物理學獎（Nobel Prize Physics）

1964 年楊振寧加入美國國籍，

1966 年以後，長期執教於紐約州立大學石溪分校，主持該校的理論物理研究所『於 1999 年更名為楊振寧理論物理研究所（英語：C. N. Yang Institute for Theoretical Physics）』。他也是中央研究院院士（1958 年當選）、美國科學院院士（1965 年當選）、英國皇家學會會員（1993 年當選）、中國科學院外籍院士、香港中文大學博文講座教授。

1967 年楊振寧首先發現的 Yang-Baxter 方程為可積模型的研究開闢了全新的方向，對物理和數學都有廣泛的影響；他還提出了非對角長程序的概念。

1971 年楊振寧重回中國訪問，是中美關係開始解凍後最早回到中國訪問的美籍華人學者之一。

1977 年楊振寧和梁恩佐等人在波士頓創辦了「全美華人協會」促進中美關係。

此後楊振寧為提高中國的物理研究水平作了許多工作，多次回國講學，為被政治運動所破壞的中共國物理學界帶來了當時國際物理研究的前沿知識。

1980 年代楊振寧推動成立了南開數學所理論物理研究室，他還促成了億利達青少年發明獎等獎項的設立以促進中共國在更廣泛的科教領域的發展。

1997 年楊振寧推動創辦了北京清華大學高等研究中心，吸引高水平的中青年學者從事前沿研究，聘請圖靈獎獲得者姚期智到清華工作。

1997 年紫金山天文台將其發現的一顆國際編號為 3421 號的小行星命名為「楊振寧星」。

楊振寧的物理研究領域十分廣泛，他在統計物理，粒子物理理論和量子場理論等方面都取得了傑出成就，特別是他和李政道合作期間成果豐碩。

在統計物理方面，他與李政道合作關於相變的一系列研究已經成為經典文獻。

1980 年獲拉姆福德獎（英語：Rumford Prize）（Rumford Prize）

1986 年獲美國國家科學獎章（U.S. National Medal of Science）

1993 年獲班傑明.富蘭克林獎章（Benjamin Franklin Medal）

1994 年獲鮑爾獎（Bower Award）

1995 年獲 愛因斯坦獎章 (Albert Einstein Medal)

1996 年獲玻戈留玻夫獎（N. Bogoliubov Prize）

1999 年獲昂薩格獎（Lars Onsager Prize）

2001 年獲費薩爾國王國際獎（King Faisal International Prize）

2003 年楊振寧的結髮妻子是原中華民國陸軍中將杜聿明的女兒杜致禮，2003 年 10 月因病過世，他們育有兩個兒子一個女兒。

2004 年底至 2005 年初，82 歲高齡的楊振寧與 28 歲的廣東外語外貿大學翻譯系碩士班學生翁帆再一次步入婚姻殿堂。

與李政道決裂

楊振寧從 1949 年與李政道初次合作，到 1957 年因「宇稱不守恆」理論的貢獻獲得諾貝爾物理學獎，1962 年楊振寧和李政道決裂，科學上不再合作，友誼也一筆勾銷，學術界也充滿了傳言；包括諾貝爾名聲到太太的因素。關於他們個人關係分裂的原因，楊李雙方偶有公開敘述，然而各有說辭，令外界對真實原因依然不得而知。楊振寧表示李政道是自己最成功的合作者，與李政道的決裂是他今生最大遺憾。

1982 年，楊振寧在《論文選及註釋》裡把宇稱不守恆理論的功勞更多地攬到自己身上，同時貶低李政道。李政道則在 1986 年打破沉默，發表了《破缺的宇稱》和《往事回憶》給予反駁。2002 年，江才健撰寫的《楊振寧傳》出版，該書再次詆譭李政道。李政道則通過與《科學時報》記者楊虛傑的問答，對書中的言論進行了一一駁斥，稱「楊振寧的說法實在太荒謬」。

楊振寧政治立場上支持中華人民共和國，亦被官方禮遇。2011 年 6 月 7 日，邵逸夫獎評審委員會上，被問及民主與科學的關係時，楊振寧說，蘇聯雖然不民主，但科學仍然蓬勃發展。他認為，民主並非科學發展的元素，但民主有助發掘新的人才。他又說，如果中國由一黨專政變成另一種制度，社會需要十年時間整頓，不利科學發展。又認為中國近代科學在新中國成立之後，才得以發展，他認為目前落後於西方是自然的事。

李政道　1926.11.24.　生於上海市祖籍江蘇蘇州

李政道，配偶秦惠莙，兄李崇道，子李中清、李中漢。華人物理學家，主要的物理學貢獻有李模型、高能重離子物理、量子場論的非拓撲性孤立子和孤立子星以及破解粒子物理中的 θ-τ 之謎。1957 年，31 歲時與楊振寧一起因弱作用下宇稱不守恆的發現獲得諾貝爾物理學獎，理論由吳健雄的實驗証實。李政道和楊振寧是首兩位中華民國國籍的華人諾貝爾獎得主。

李政道父親李駿康是金陵大學農化系首屆畢業生，祖父李仲覃為蘇州聖約翰堂的首任華人主任牧師（教區長）。李政道曾在蘇州東吳大學附屬中學，江西聯合中學等校就讀。因抗日戰爭，中學未畢業。1943 年在貴陽以同等學歷考入遷至貴州的浙江大學物理系，走上物理學之路，師從束星北及王淦昌等人。1944 年，日軍進入貴州，浙江大學停學。1945 年轉學到在昆明的西南聯合大學為二年級生，師從吳大猷及葉企孫等人。

1946 年赴美進入芝加哥大學，師從費米教授。1950 年獲得博士學位之後，與合作者一起從事統計物理的相變以及凝聚態物理的極化子的研究。1953 年，他任哥倫比亞大學助理教授，主要研究工作是在粒子物理和場論領域。三年後，在他 29 歲時，成為哥倫比亞大學二百多年的歷史上最年輕的正教授。

李政道開闢了弱作用中的對稱破缺、高能中微子物理以及相對論性重離子對撞物理等領域。他一直是哥倫比亞大學活躍的教授，1984 年獲得全校級教授這一最高級職稱。至今他仍活躍在物理研究的第一線，不斷發表科學論文。現在，他的興趣轉向高溫超導玻色子特性，中微子映射矩陣，以及解薛丁格方程的新途徑。著作有場論與粒子物理學，統計力學-李政道講義。

李政道於 1962 年加入美國國籍。自從 1970 年代初，他和夫人秦惠莙開始回中國大陸訪問，他為中國大陸的科學和教育事業做了很多貢獻。他向有關方面建議重視科技人才的培養、重視基礎科學研究：促成中美高能物理的合作，建議和協助建立北京正負電子對撞機；建議成立自然科學基金；於 1980 年代設立 CUSPEA 考試，對優秀本科畢業生提供獎學金赴美攻讀物理學博士；建議建立博士後制度；成立中國高等科學技術中心，北京大學和浙江大學的近代物理中心等學術機構。

1974 年，年輕的李政道回到中國並受到了毛澤東的接見。在會面當中李政道建議毛澤東參考中國體育對運動員從小培養的模式成立大學少年班，對中國的少年天才進行科學培養。這一建議受到了毛澤東的點頭同意，不久之後在中國科學技術大學成立了中國第一個大學少年班。

1996 年 11 月 29 日李政道的夫人秦惠莙因患肺癌離開人世。為紀念夫人，1997 年李政道及其親友捐贈 30 萬美元「秦惠莙與李政道中國大學生見習進修基金」，簡稱莙政基金。莙政基金現支持北京大學、復旦大學、蘇州大學、蘭州

大學與國立清華大學等五所大學的優秀大學生進行基礎科學研究工作，入選的學生則命名為箸政學者。

1950 年代李政道在台灣的母親張明璋女士和二哥李崇道（李崇道畢業於廣西大學農學院，曾任國立中興大學校長、行政院農業委員會主委）、二嫂許淑英，因在家裡留宿一位舊時廣西大學同學，而受掩護匪諜罪名入獄。

李政道的曾祖父李子義是江蘇東吳大學（即現在的蘇州大學）的前身蘇州博習書院創建人之一。李的伯祖父曾任東吳大學教務長達數十年，伯父也在博習醫院和東吳大學任職數十年。

在李政道結束回國旅程離開時，他在飛機上收到了毛澤東贈送的一套第一版《科學大綱》。

李政道與楊振寧於 1940 年代末開始親密而富有成果的合作，兩人合作發表 32 篇論文，但兩人合作在 1960 年代終止，從此分道揚鑣，成為華人學術界的憾事。

1957 年，諾貝爾物理獎。

1957 年，愛因斯坦科學獎。

1969 年，法國國家學院 G. Bude 獎章。

1977 年，法國國家學院 G. Bude 獎章。

1979 年，伽利略獎章。

1986 年，義大利最高騎士勳章。

1994 年，和平科學獎。

1995 年，中華人民共和國國際科學技術合作獎。

1997 年，命名 3443 小行星為李政道星。

1997 年，紐約市科學獎。

1999 年，教宗保羅獎章。

1999 年，義大利政府內政部獎章。

2000 年，紐約科學院獎。

2007 年，日本旭日重光章。

丁肇中

1936.1.27.　山東省日照市出生在美國密歇根州安娜堡華裔美國人

丁肇中，物理學家，他誕生在父母訪問美國的時候，因而丁肇中具有美國公民身分。兩個月後，丁肇中隨父母回國。12 歲，考入了台北市成功中學，一年後轉學建國中學。

1955 年，進台南臺灣省立工學院（國立成功大學）機械工程系。1956 年，由於其中一個科目被當，心有不滿的他前往美國密西根大學修習工程學、數學和物理學。

1959 年，獲得數學和物理學學士學位。

1962 年，獲得物理博士學位。

1974 年，丁肇中與美國加州史丹福大學教授伯頓·里克特幾乎同時各自發現新的基本粒子－J/ψ 基本粒子。

1976 年，兩位教授因此獲得諾貝爾物理學獎、及美國政府的勞倫斯獎（Ernest Orlando Lawrence Award）。他是首次用中文在頒獎典禮發表演講的科學家。他在演講中強調實驗和理論工作同樣重要。

曾經流傳一種說法，因為他自己中文姓氏「丁」和英文字母「J」類似，所以命名為 J 粒子，其實這是一個美麗的誤會。

真正的意思「J」在量子力學上代表電流、光，而 J 粒子和光、電有密切的關係，所以就命名為 J 粒子。

丁肇中的父親丁觀海，畢業於交通大學，後擔任國立臺灣大學工程學教授。母親王雋英是心理學教授。他是家中長子，有一弟一妹，分別取名為丁肇華及丁肇民。「丁肇中」名字是為紀念中華民國起義而殉國的外祖父（肇始中華民國）。

丁肇中和他的第一位妻子凱伊·庫尼（Kay Kuhne）於 1960 年結婚，育有二個女兒：珍妮（Jeanne）和艾美（Amy）。1985 年他與蘇珊·卡洛·馬克思（Susan Carol Marks）博士結婚，1986 年生下兒子克里斯多福（Christopher）。

丁肇中在台灣的故居（臺北市大安區泰順街 33 巷 4 號）已依《文化資產保護法》被臺北市政府指定為歷史建築，名稱為「國立臺灣大學日式宿舍－丁觀海、丁肇中寓所」。

朱棣文　1948.2.28.　祖籍江蘇太倉，出生美國的密蘇里州聖路易斯

朱棣文（Steven Chu），美國華裔物理學家，生於美國聖路易斯；因「發展了用雷射冷卻和捕獲原子的方法」而獲得 1997 年諾貝爾物理學獎。現任美國能源部部長。

1970 年於羅切斯特大學獲學士學位。

1976 年加州大學伯克利分校物理學博士學位　2011 年，獲得紐約大學理工學院工學榮譽博士學位

他的母親主攻經濟學。外祖父在康奈爾大學獲得高級土木工程師學位，他母親的叔叔，著名的物理學家李書華，在回中國之前，在索邦神學院學習物理學。他的哥哥朱築文（Gilbert Chu）是史丹福大學一名生物化學及藥學教授。

他的弟弟朱欽文（Morgan Chu）是 Irell Manella LLP 法律公司的股東之一併且曾擔任過事務所聯合經營合伙人。至於其他家人，他的兩個弟弟以及四個侄子獲得三個醫學博士學位，四個哲學博士學位，以及一個 J.D.。1997 年，他與 Jean Fetter 結婚，他太太是一位英國裔的美國人，並且是一位畢業於牛津大學的物理學家。他有兩個兒子，Geoffrey 和 Michael，為他的前妻 Lisa Chu-Thielbar 所生。

1993 年獲選為美國國家科學院院士，

1997 年以關於原子和粒子的雷射冷卻的研究，獲得當年的諾貝爾物理學獎，成為繼楊振寧、李政道、丁肇中後，第四位榮獲諾貝爾物理學獎的華人，時年四十九歲。

2008 年 12 月 15 日，美國當選總統巴拉克・歐巴馬提名朱棣文出任能源部部長。

2009 年 1 月 21 日，朱棣文宣誓就任能源部部長，他是繼前勞工部部長趙小蘭後，第二位出任美國內閣首長的華人，更是首位擔任美國內閣首長的諾貝爾獎得主。

父親朱汝瑾（Ju Chin Chu），1940 年畢業於國立清華大學化學工程系，1943 年到美國就讀麻省理工學院，1946 年獲博士學位後定居美國。

母親李靜貞（Ching Chen Li），1945 年畢業於國立清華大學經濟學系，麻省理工學院工商管理博士。著名水利學家李書田之女。

哥哥朱築文（Gilbert Chu），史丹福大學醫學院教授。

弟弟朱欽文（Morgan Chu），律師事務所合夥人。

妻子簡・朱（Jean Fetter），英國物理學家，生於英國威爾斯，任史丹福大學助理校長兼招生辦主任。

與前妻（Lisa Chu-Thielbar）育有兩子。

朱棣文支持更多的研究可替代能源與核能，認為必須用其替代現有的化石燃料來對抗全球變暖。在「2009 國家科學杯」競賽中，他強調了理工科學生未來對環境規劃和全球倡議的重要性。

1997 年，江澤民以中國國家主席身份訪美時，曾與朱棣文見面。

李遠哲　1936.11.19.　臺灣新竹

李遠哲，1986 年，因首先以分子角度來研究化學反應的動力學與達德利・赫施巴赫及約翰・波拉尼共獲諾貝爾化學獎，是第一位獲得諾貝爾獎的臺灣人。

1994 年 1 月 15 日，返國出任中央研究院院長至 2006 年 10 月 19 日卸任。現為國際科學理事會會長。

李遠哲在中學患肺病在床上休養了一個月，這段期間閱讀了居里夫人的傳記，進入台灣大學化學工程系，去物理系修了電磁學。1959 年入國立清華大學（新竹）原子科學研究所放射化學組碩士班，論文由浜口博（H. Hamaguchi）教授指導，研究溫泉沉積物礦質北投石（Hukutolite）含有的天然放射性同位素。1962 年赴美國加州大學柏克萊分校就讀化學系博士班，論文由馬漢（Bruce

Mahan）教授指導，研究電子激發的鹼金屬原子的化學離化過程（chemiionization processes of electronically excited alkali atoms）。在此期間，李遠哲逐漸對離子-分子間作用以及分子散射的動力學（ion-molecule reactions and the dynamics of molecular scattering），尤其是利用交叉分子束研究反應動力學（crossed molecular beam studies of reaction dynamics），產生興趣。1967 年，李遠哲去哈佛大學在赫施巴赫的指導下進行博士後研究。赫施巴赫讓兩位研究生跟隨李遠哲精巧的構想與設計工作，在短短不到兩年的期間，不眠不休的工作，終於組裝完成了世界上第一部交叉分子儀。拓展了交叉分子束法的應用範圍，同時也在物理化學領域上，開拓了一個全新的研究領域。赫施巴赫後來還因此多次誇稱李遠哲為「物理化學界的莫札特」。

1968 年李遠哲離開哈佛大學，應聘至芝加哥大學。

1974 年應聘至加州大學柏克萊分校與勞倫斯柏克萊國家實驗室（Lawrence Berkeley National Laboratory，簡稱 LBNL）。

1984 年返台協助中央研究院籌辦原子與分子科學研究所。

1986 年以美國籍台灣人的身份獲得諾貝爾化學獎。

1994 年放棄美國國籍，返國擔任中央研究院院長。

1982 年 7 月，甫當上中央研究院院士的李遠哲，成立一所能夠整合分子物理與物理化學研究的研究機構。他的構想隨即得到吳大猷、吳健雄及海外華人科學家，如沈元壤（Yuen-Ron Shen）、蒲大邦及林聖賢等人的支持。於是，很快地，在當年 9 月，中央研究院原子與分子科學研究所（簡稱「原分所」）籌備處便先行成立，由李遠哲的好友張昭鼎博士擔任籌備處主任。

研究所設立在台灣大學的校園內。成立之初，主要的研究方向是圍繞在化學動態學與光譜、尖端材料與表面科學、生物物理與分析技術、原子物理與光學等四個領域。並且，在張昭鼎的主持之下，原分所還擁有最先進的機械、電子與玻璃加工廠，得以承造精密度極高的科研儀器。

2006 年 10 月 19 日中央研究院長任期屆滿辭職。

高行健　　1940.1.4.

祖籍江蘇省泰州市，江西贛州出生，中國內戰結束後，全家搬回江蘇
高行健，小說家、畫家、導演，翻譯家。
父親江蘇人，母親浙江人。
1952 年，就讀南京市第十中學
1957 年，高中畢業，考入了北京外國語大學。
1962 年，從法語系畢業後。
1970 年，被下放到農村勞動。
1975 年，返回北京，任《中國建設》雜誌社法文組組長。
1977 年，在中國作協對外聯絡委員會工作。
1979 年 5 月陪同巴金等中國作家訪問巴黎回國發表《巴金在巴黎》。

1980 年，任北京人民藝術劇院編劇。

1982 年，與劉會遠共同創作的劇作《絕對信號》。

1983 年，《車站》，在北京人民藝術劇院首演，很快被禁演。

1985 年，在北京與雕塑家尹光中舉辦泥塑繪畫展。

1986 年《彼岸》被禁演。

1987 年，高行健應邀赴德國從事繪畫創作。

1988 年開始，在巴黎定居。

1989 年，成為法國「具像批評派沙龍」成員，參加該沙龍年展。

1992 年，榮獲法國政府頒發的「藝術與文學騎士勳章」。

1997 年，高行健加入法國國籍。

1999 年，參加羅浮宮第十九屆國際古董與藝術雙年展。

2000 年，《靈山》、《一個人的聖經》等著作，獲得諾貝爾文學獎。

2001 年，獲國立中山大學名譽文學博士。

2002 年 2 月 25 日，時任法國總統席哈克親自為高行健頒發「榮譽軍團騎士勳章」。

崔琦　1939.2.28.　河南省寶豐

崔琦（Daniel Chee Tsui）美籍華人物理學家，諾貝爾物理學獎獲得者。1951 年隻身遠赴香港，在香港培正中學、金文泰中學修讀，考入香港大學，選擇了教會的獎學金，赴美留學。

1958 年，美國伊利諾州奧古斯塔納學院數學系，畢業後考進芝加哥大學物理系。

1967 年，獲得博士學位。

1968~1982 年在麻省理工學院與美國貝爾實驗室擔任研究員從事固態物理研究。

1982 年，轉任普林斯頓大學電機工程系教授至今。

1984 年，獲得巴克萊獎（Buckley Prize），

1992 年，當選中華民國中央研究院第 19 屆院士。

1998 年，與羅伯特·勞夫林及霍斯特·施特默獲得諾貝爾物理獎，以「分數量子霍爾效應」研究成果獲獎。列入《美國科學名人錄》。

劉曉波　1955.2.28.　吉林省長春市

劉曉波，著名作家、文學評論家、人權活動家，曾任北京師範大學中文系講師、獨立中文筆會第二屆及第三屆會長、《民主中國》網刊主編。曾經參與八九民運，並在 2008 年參與發起《零八憲章》。六四之後著書立說呼籲政治改革，長期以來以非暴力方式爭取中國基本人權，多次被捕監禁。

2008 年 12 月 8 日，被控「煽動顛覆國家政權罪」，判處

有期徒刑 11 年，剝奪政治權利 2 年，關押在遼寧省錦州監獄。

2010 年挪威諾貝爾和平獎委員會將諾貝爾和平獎授予劉曉波，以表彰他長期以來以非暴力方式在中國爭取基本人權。劉曉波因此成為第一位獲得諾貝爾獎的中華人民共和國公民。第一位無人代替領獎的得主（有人認為奧西茨基是第一位，但事實上他的律師代領獎並竊取了大部分獎金）。

莫言　1955.2.17.　山東高密縣

莫言，原名管謨業，中國大陸作家，中國共產黨黨員，中國作家協會副主席，香港公開大學榮譽文學博士，青島科技大學客座教授，汕頭大學兼職教授。1985 年起，莫言受到魔幻現實主義影響，創作出了一批帶有先鋒色彩的獨特作品，以大膽新奇的寫作風格著稱。2011 年 8 月，莫言創作的長篇小說《蛙》獲得第 8 屆茅盾文學獎。歷年有人類靈魂的實驗室、紅高粱家族業、酒國、豐乳肥臀、生死疲勞等著作，

2012 年 10 月 11 日，莫言因為其「用魔幻現實主義將民間故事、歷史和現代融為一體」而獲得諾貝爾文學獎，為首位獲得該獎的中國籍作家。

高錕　1933.11.4.　生於上海金山張堰（當時屬於江蘇省）金山

高錕爵士，大紫荊勳賢，KBE（Sir Charles Kuen Kao），物理學家，能說粵語、吳語、普通話、英語、法語。

1949 年移居香港，中學畢業赴英國留學，擁有英國、美國國籍，並有香港居民身份。

高錕為光纖通訊、電機工程專家，譽為「光纖通訊之父」（Father of Fiber Optic Communications），曾任香港中文大學校長。

2009 年，獲諾貝爾物理學獎。

祖父是清末民初時期南社著名文人高吹萬，父親高君湘是留美歸國的執業律師，堂叔父高君平為近代著名天文學家，弟弟高鋙為美國天主教大學終身教授，家住在法租界一棟三層高的房子。

1948 年家族移居台灣，後高錕父親攜家眷再遷往香港。

1949 年高錕進入香港聖若瑟書院就讀中學四年級，高中畢業後雖已考上香港大學，但因立志攻讀電機工程，而當時港大工程學院尚未為電機工程的教學作好準備，於是他輾轉就讀了當時位於倫敦東部的伍利奇理工學院（現為格林威治大學）

1957 年取得英國倫敦大學學院電子工程理學學士學位，進入國際電話電報公司（ITT）任標準電話與電纜公司任工程師。

1959 年高錕與夫人黃美芸在倫敦結婚，夫人是當地華裔，祖籍江蘇南京，能操吳語、粵語、普通話、英語。育有長子明漳、次女明淇，現時皆在美國矽谷生活和工作。

1960 年，進入 ITT 英國的歐洲中央研究機構，升至研究經理，取得倫敦大學學院的電機工程哲學博士學位。

1965 年，任職國際電話電報公司時取得倫敦大學學院電機工程哲學博士學位。

1966 年發表的《光頻率介質纖維表面波導》論文，指出：用石英　基玻璃纖維進行長距離信息傳遞，將帶來一場通訊事業的革命，並提出當玻璃纖維衰減率（Attenuation）下降到每公里 20 分貝時，光纖通訊即可成功。他的研究為人類進入光導新紀元打開了大門。

1970 年應香港中文大學邀請籌辦電子系（現稱電子工程學系，擔任香港中文大學電子系教授及講座教授，任職四年。1974 年又返回 ITT 公司，在位於美國弗吉尼亞州勞諾克的光電產品部擔任主任科學家，後擢升為工程主任。1982 年，因卓越的研究與管理才能而獲任命為首位「ITT 執行科學家」，在康涅狄格州的先進技術中心工作。

1987 年，出任香港中文大學第三任校長。

1989 年，創立訊息工程學系，直至 2009 年正式退休，當選為中國科學院院士。

1996 年，中國科學院紫金山天文台宣佈命名一顆新發現的小行星為「高錕星」（國際編號 3463）以表揚他在科學上的傑出貢獻。

1997 年返港成立「高科橋公司」生產光纖，2003 年易主更名。

2003 年初，高錕證實罹患早期阿茲海默病，接受治療。

2009 年，獲諾貝爾物理學獎以及愛迪生電信獎、馬可尼國際獎、貝爾獎、巴倫坦獎章、利布曼獎等。

2010 年 9 月 21 日，高錕及夫人黃美芸成立高錕慈善基金，退休後常於香港和美國加州山景城兩地居住。

高錕是舉世公認用纖維材料傳遞光束訊號以建置通信的第一人。

第十四世達賴喇嘛　1935.7.6.　青海同仁縣

第十四世達賴喇嘛丹增嘉措，藏傳佛教格魯派最有影響力人物。父親名祁卻才仁，母親名德吉才仁。拉莫頓珠是十六個孩子中的第五個，最大的孩子是他的姐姐次仁卓瑪，比拉莫頓珠大 18 歲。他最大的哥哥名土登晉美諾布，已被認定為當彩活佛。他其他的兄長包括二哥嘉樂頓珠、三哥洛桑三旦，均為「承願轉世者」。

1950 年，西藏解放。

1959 年，西藏爆發騷亂，達賴流亡印度，在印度達蘭薩拉建立西藏流亡政府。

1989 年，因為他為西藏自由與維護西藏人民的歷史文化遺產所做和平非暴力的努力，走遍全世界各國，弘揚佛法，謀求世界和平，呼籲世人共同關心民主自由與生存尊嚴，獲得 1989 年諾貝爾和平獎。

1991 年，被認定為第十三世達賴喇嘛的轉世靈童，繼任第十四世達賴喇嘛。先後由五世熱振呼圖克圖、達札活佛攝政。

2011 年，宣佈將一切政治權力移交由流亡藏人投票產生的噶倫赤巴洛桑森格。

太空科學

中國原子彈

1964.10.16.中共第一個原子彈爆炸成功。

1967.6.17.中共成功爆炸氫彈。

附註：第一顆原子彈是在第二次世界大戰 1945 年 8 月 6 日，美國用 B-29 型轟炸機運載「小男孩」2 萬噸當量原子彈 8 點 15 分 43 秒投擲廣島市中心。12 平方公里內建築物全部被毀，日本官方統計，死亡和失蹤人數達 71379 人，受傷近 10 萬人。

1945.8.9.10：58，「胖子」原子彈投擲在日本長崎。

太空人「astronaut」

世界上第一名太空人是尤里加林，1961 年 4 月 12 日乘坐東方一號（Восток-1）進入太空。第一位女性太空人是瓦蓮京娜·捷列什科娃，1963 年 6 月乘坐東方 6 號（Восток-6）進入太空。

在 1961 年 5 月上太空的艾倫·謝潑德則成為美國首位太空人。

王贛駿是第一位登上太空的華人，1985 年 4 月 29 日至 5 月 6 日乘坐挑戰者號太空飛機（使命代號：STS-51-B）進行了為期 7 天的太空飛行。

2003 年 10 月 15 日楊利偉乘坐神舟五號升空成為中國首名太空人。

其他曾經進入過太空的美籍華裔包括盧傑、焦立中、張福林。

最年輕的太空人是戈爾曼·季托夫，他乘坐東方 2 號升空時只有 26 歲。

最老的是約翰·格倫，他乘坐 STS-95 升空時已經 77 歲了。

在太空中逗留時間最長的是瓦列里·波利亞科夫（共 438 天）。

2003 年，個人上太空次數最多的 7 次該項紀錄由傑里·L·羅斯和張福林兩人保持。

太空人離地球最遠的距離是 401,056 公里，發生在阿波羅 13 號緊急事件中。

首個自製太空船升空的太空人是邁克·梅爾維爾，乘坐的是宇宙飛船一號（Space Ship One Flight 15P）。

在美國，被選為候選太空人將獲得銀質獎章。他們進入太空後，將收到金質太空人獎章。美國空軍也授予飛越海拔 80 公里的飛行員太空人獎章。

女性太空人

截至 2013 年 6 月，全世界已經有 57 名女太空人上天，美國 46 名，前蘇聯和俄羅斯 3 名，加拿大、日本、中國各 2 名，英國、法國、韓國各 1 名。人類歷史上第一位進入太空的女性太空人是瓦蓮京娜·捷列什科娃，瓦蓮京娜·捷列什科娃於 1963 年 6 月 16 日單獨乘坐東方六號宇宙飛船進入太空。

中國人造衛星

名稱	發射時間	發射地點	著陸時間	著陸地點	太空人	備註
神舟一號	1999.11.20. 06:30:03	酒泉衛星發射中心	1999.11.21. 15:41	四子王旗著陸場	（無人）	首次測試飛行，成功實現天地往返。
神舟二號	2001.1.10. 01:00:03.561	酒泉衛星發射中心	2001.1.16. 19:22	四子王旗著陸場	（無人）	第一艘無人太空船試驗目的，乃對工程各系統從發射到運行、返回、留軌全部過程進行考核，檢驗各種技術優缺點。取得載人飛行有關的科學數據和實驗數據。
神舟三號	2002.3.25. 22:15.	酒泉衛星發射中心	2002.4.1. 16:51	四子王旗著陸場	（無人）	第二艘無人太空船，是考核火箭逃逸功能、控制系統冗餘、急救、自主返回、人工控制等功能有模擬太空人。
神舟四號	2002.12.30. 00:40:03.543	酒泉衛星發射中心	2003.1.5. 19:16	四子王旗著陸場	（無人）	第三艘正樣無人太空船，目的確保太空人絕對安全，進一步完善和考核火箭、太空船、測控系統的可靠性。
神舟五號	2003.10.15. 09:00:03.497	酒泉衛星發射中心	2003.10.16. 06:22:48	四子王旗著陸場	楊利偉	首次載人飛行成功圍繞地球十四圈，中國成為繼蘇聯、美國之後的第三個擁有載人太空發射技術的國家。
神舟六號	2005.10.12. 09:00:03.583	酒泉衛星發射中心	2005.10.17. 04:33	四子王旗著陸場	費俊龍 聶海勝	首次搭載二人，進行多人多天的太空飛行。
神舟七號	2008.9.25. 21:10:04.988	酒泉衛星發射中心	2008.9.28. 17:38	四子王旗著陸場	翟志剛 劉伯明 景海鵬	首次搭載三人成功完成出艙活動（又稱太空漫步）。
神舟八號	2011.11.1. 05:58:10.430	酒泉衛星發射中心	2011.11.17. 19:32:30秒	四子王旗著陸場	（無人）	第五艘無人太空船，11月3日及11月14日兩次自動與天宮一號交會對接，組成「空間實驗室」，為建立中國太空站做準備。
神舟九號	2012.6.16 18:37:24.558	酒泉衛星發射中心	2012.6.29. 10:03	四子王旗著陸場	景海鵬 劉旺 劉洋	搭載三人，首次搭載女太空人，手動與天宮一號交會對接，進駐進行空間實驗。
神舟十號	2013.6.11. 17:38:07	酒泉衛星發射中心	2013.6.26.	四子王旗著陸場	聶海勝 張曉光 王亞平	搭載三人第二次搭載女太空人會對接進駐進行空間實驗。

太空人

王贛駿

　　王贛駿，台灣出生，1975 年入美國國籍，1985 年執行 STS-51-B 任務，其母親尚居住在台灣。

張福林　　張福林，美籍華人

焦立中　焦立中，美籍華人

盧傑　盧傑，美籍華人

楊利偉　1965.6.21.　生遼寧綏中縣

　　楊利偉，中華人民共和國第一位進入太空的太空人，中國人民解放軍空軍大校軍銜。

　　2003.10.15.北京時間 9 時，楊利偉乘由長征二號 F 火箭運載的神舟五號飛船首次進入太空。他和技術專家的創舉使得中國成為第三個掌握載人太空技術的國家。

　　環繞地球軌道十四周，航行超過六十萬千米後，神舟五號於北京時間 2003 年 10 月 16 日 06:30 在內蒙古主著陸場成功著陸，實際著陸點與理論著陸點相差 4.8 千米，返回艙完好無損。楊利偉降落十五分鐘後離開太空艙，中共溫家寶總理在現場祝賀。

　　2003.10.31.楊利偉訪問香港六天。11 月 5 日又訪問澳門。11 月 7 日，中央軍委主席的江澤民頒發楊利偉「太空英雄」稱號，還在人民大會堂獲得獎章和證書。

　　2004.12.9.楊利偉獲頒香港中文大學榮譽理學博士學位。

　　小行星 21064 是以楊利偉來命名的。

劉伯明　1966.9.　黑龍江省齊齊哈爾市依安縣人

　　劉伯明，神舟七號升空太空人之一，正師職大校，特級太空員。大學本科學歷，雙學士，原屬中國軍飛行團中隊長。1998 年 1 月起入職太空員並從空軍改隸屬總裝備部，改為陸軍，2005 年曾經為神舟六號候任太空員。

　　在 2008 年 9 月 25 日神七升空任務中，劉伯明（任務代號 02）的隊友還有翟志剛、景海鵬兩位。9 月 27 日在翟志剛出艙活動中，劉伯明在軌道艙協助，頭部、手部部分出艙，也符合美國和俄羅斯對太空漫步的兩種定義。因此，劉伯明是太空漫步的第二位中國人，不過中國官方報導中，並未將其稱為出艙活動。

　　劉伯明已婚，妻子是張瑤，育有一個女兒。

翟志剛　1966.10.10.出生　黑龍江省齊齊哈爾市龍江縣

　　阿媽係賣農作物嘅小販，有三個家姐同兩個大佬。翟志剛妻張淑靜。

　　2008.9.25.在甘肅酒泉隨神七發射升空。他擔任務嘅隊

長，隊友有劉伯明、景海鵬。

　　2008 年 9 月 27 號，翟志剛嚮太空浮出太空船揪五星紅旗，
係第一個中國人太空漫步。

景海鵬

　　1966.10.24.生　　山西運城市東楊家卓村人，解放軍大校擁有雙學士

1985.6.月加入中國人民解放軍空軍，為一級飛行員。

1987.9 月加入中國共產黨。

1998.1 月成為中國首批太空員並改隸總裝改為陸軍。

　　2005.6 月入選神舟六號飛行乘組梯隊但未能搭乘飛船
升空。

　　2008.9.25.搭乘神舟七號飛船升空。

　　2012.6.16.與太空員劉旺、劉洋共同搭乘神舟九號飛船
升空，景海鵬擔任指令長，成為中國第一個兩次執行載人太空任務的太空員。
曾擔任神舟七、九號太空人。

劉旺　　1969.3.25.生，男，山西省平遙縣人

畢業於空軍飛行學院。

　　1998 年成為神舟計劃第一批太空員 14 人中年齡最小的一
員。現為中國人民解放軍太空員大校軍銜。

　　2012.6.16.，劉旺搭乘神舟九號飛船飛天執行任務。

　　於 6 月 24 日完成中國首次手控交會對接任務。

劉　洋

　　1978.10.6.生，女，河南省鄭州市人，祖籍安陽林州市五龍鎮澤下村

首位女太空人，解放軍空軍少校，空軍長春飛行學院學士。

　　2012 年，安全飛行記錄為 1,680 小時。

　　2012.6.16.劉洋搭乘在升空的神舟九號飛船執行空間任
務，三位太空人景海鵬、劉旺、劉洋，順利完成與「天空一號」
手控交會對接技術。經過 13 天有史以來來最長飛行時間於 6
月 29 日 10：00 準時降落，中國首位進入太空的女性航天員。

聶海勝　1964.10.13.生，湖北襄陽人，解放軍少將

1980 年父親病逝。

1984 年進空軍飛行學院。

1989.6.12.首次駕戰鬥機單獨飛行，機械故障，他拚死挽救飛機，在最後關頭才跳傘逃生，獲記三等功。

2005 年 6 月，入選神舟六號載人太空飛行乘組梯隊成員。

2005 年 10 月 12 日和費俊龍搭乘神舟六號飛船進入太空，成為中國第二批進入太空的太空人。

2013 年 6 月 11 日他參與神舟十號載人太空任務，成為繼景海鵬之後的第二位中國再飛太空員，與「天宮一號」太空實驗室演練對接。

聶海勝的妻子聶捷琳，一個女兒。

張繼光

大校，參加 2013 年 6 月 11 日神舟十號太空船飛行。與「天宮一號」太空實驗室演練對接。

王亞平　1980~

少校，女性，最年輕的太空人，參加 2013 年 6 月 11 日神舟十號太空船飛行。與「天宮一號」太空實，從事太空教學實驗。

五、上古名臣良將

周 公

周公，姬姓，周氏，名旦，謚文，又稱周公旦、叔旦、周旦、周文公。周文王第四子，周武王胞弟。西周初年政治家，第一代周公。武則天天授元年（690年）追封為「褒德王」，宋真宗大中祥符元年（1008年）追封為「文憲王」，後世多稱其為「元聖」。

據說周公曾輔助武王克殷，分商都畿地區為邶、鄘、衛三國，設三監督察治理。武王逝世，由周公旦和召公奭、太公望輔佐其子周成王。

「周公東征」建造周雒邑「東都」，便管制殷朝頑軍。

《尚書大傳》稱「周公攝政；一年救亂，二年克殷，三年踐奄，四年建侯衛行書，五年營成周，六年制禮作樂，七年致政成王。」

周公「敬德保民」，制禮作樂，建立典章制度。孔子推崇周公，儒家尊為聖人。周公思想對儒家頗有啟發作用，漢代儒家將周公、孔子並稱「周孔」。

周公死後葬於畢。2004年在陝西省岐山縣內的周公廟地區，發現疑似周公墓群。

周公是否在周武王之後攝政稱王，看法不一，眾說紛紜，未有定論：

一、認同周公曾經攝政稱王者有：荀子、屍子、韓非、翦伯贊、金景芳、宮長為、郭偉川持這種觀點。

二、認為周公並未稱王，僅代行王權，司馬遷、廖平、王國維、錢穆同意此說。

三、認為周公攝政，在遇到大事的時候則稱王，鄭玄持此說。

四、認為周公和周成王並行稱王，顧頡剛持此說；

五、認為周公既沒有攝政，也沒有稱王，王慎行、馬承源持此說；

六、認為周公有攝政，但沒有稱王，楊向奎、王冠英、夏含夷、趙儷迎、楊朝明持此說。梁啟超則陷入自我矛盾，莫衷一是。

周公旦第75代孫東野沛然，於1684年奉旨授為翰林院五經博士，世代襲封。

周公旦第77代孫，姬肇勛，於乾隆43年奉旨授為翰林院五經博士，世代襲封。於至1914年，民國改為元聖奉祀官。

周公旦第 81 代孫，姬立法，1914 年襲封元聖奉祀官。

華 督

西元前八世紀前-710 年宋大夫華督見司馬孔嘉妻美，攻殺孔嘉，娶其妻。國君殤公子子與夷怒，華督遂殺子與夷，立穆公子和子子馮君，是為莊公。子馮任華督為相，中國以「相」（宰相）主政，自此開始。

姜子牙　殷商末年東海上（今山東省莒縣東呂鄉）人

姜子牙，又名姜尚、呂尚、「太公望」、「呂望」、「尚父」、「師尚父」，也稱「姜太公」。本姓姜，從其先祖封於呂，故名呂尚，字子牙，炎帝一脈。

呂尚善於用兵，而主祀之為戰神或兵主，不過後來多改奉漢壽亭侯關羽。

呂尚，周文王拜姜尚為師。周文王曾對呂尚說：「自吾先君太公曰『當有聖人適周，周以興』。子真是邪？吾太公望子久矣。」，故後人尊稱呂尚為**姜太公、太公望**。周文王死後，周武王仍以呂尚為師，在公元前 1046 年率兵大敗商軍於牧野。《詩經·大雅·大明》中贊此事：「牧野洋洋，檀車煌煌，駟騵彭彭。維師尚父，時維鷹揚。涼彼武王，肆伐大商。會朝清明。」因輔佐武王克殷有功，同時為了討伐東夷，呂尚被分封於齊（現今山東），是齊國的始祖。十六國時期，呂光以姜尚為祖先，加上廟號始祖。

民間故事，〔姜太公釣魚，願者上鉤〕姜太公呂尚在不得殷商諸侯所賞，至渭水釣魚，希望能遇見明主。姜子牙用直線無彎折的金屬絲釣魚。三個月後，周文王出巡至渭水邊時發現姜子牙。

周文王見呂尚的魚鉤是直的，好奇問之：「漁人所用之鉤是曲，奈何公之鉤為直？」呂尚對曰：「吾之鉤，願者上鉤爾兮！」太公又呼曰：「願者來，不願者去焉爾！」周文王大驚，心想：「莫不是指吾乎？吾正是為求才而至此。」，又云：「吾輩有眼無珠，實為失禮。」呂尚說：「無妨。」周文王又問曰：「紂王無道，民不聊生，願公擔任吾之師，可否？」呂尚應允。周文王請呂尚上車，屏退拉車手，親自將呂尚請回都城，路程約八百步，呂尚便推算出周之國祚約八百年，竟也成真。

姜太公口才伶俐精幹，抱經天緯地之才，大器晚成，幫助周武王伐殷有功，被封為國師，後被分封齊國為王，渭河釣魚，絲不設餌，釣不曲鉤，三日晝夜無魚上鉤，有「姜太公釣魚願者上鉤」之語.言稱不釣魚鱉，獨釣王侯。他是陰

謀權術家，明智王侯，活了 109 歲，死後殊榮葬國都鎬京。

姜太公著的《六韜》一書中說："**天下非一人之天下，乃天下人之天下也。**"
他主張國君要行仁修德，不可為己而害民，如此人民才能與國君同舟共濟，國
家才會越來越強盛。姜太公不僅為周朝建立了完整、嚴密的政治體系，也為齊
桓公和管仲的"九合諸侯，一匡天下"的霸業奠定了堅實基礎。他的軍事思想，
在《六韜》、《陰符經》、《太公兵法》、《太公金匱》等著作中都有論述。歷代著
名的軍事家如孫武、鬼穀子、黃石公、諸葛亮等，都吸收了《六韜》等著作的
精華，並予以發揚光大，故皆能在中國的歷史上名垂不朽。

管仲　前-725~-645 年　安徽潁上縣人

管仲，姬姓，名夷吾，字敬仲，諡敬，為管子、管夷吾、管敬仲，周穆王
的後代。父親管莊齊國大夫。年輕時家境貧困，鮑叔牙發現管仲才能勝過自己，
與之交友，經常和管仲往來，一直都善待管仲，史稱「管鮑之交」。

管仲輔佐齊國公子糾，鮑叔牙輔佐其弟公子小白。管仲才華出眾，傑出政
治家，奇才謀略超人，得鮑叔牙賞識而入仕途。「生我者父母，知我者鮑叔牙。」
齊國名臣，「尊王攘夷」王霸天下，愛惜百姓，減賦稅「相地而徵」、開發農耕
山林商業，「北杏會盟」「寧丟土地不失信」「宋幽會盟，奠定齊國霸王基礎」「葵
丘之盟，幫齊桓公立新天子達到霸業頂峯」死前推薦鮑叔位，桓公未用，而
用易牙、開方、豎刁，齊政益亂，管仲嗜奢華為其缺點。

管仲大興改革，重視商業，開創國營娼妓制度，被中國性服務業供奉為保
護神。

前-686 年，齊襄公逝世，他的堂弟公孫無知篡位。

前-685 年春，齊大夫雍廩殺了公孫無知，公子小白即位，立為齊桓公，魯
國卻支持其兄公子糾，齊國和魯國發生戰爭，管仲射箭中了齊桓公的帶鉤，齊
桓公裝死，騙過管仲。後來齊國戰勝，鮑叔牙向魯莊公要求處決公子糾，並把
管仲交給齊國。在鮑叔牙強烈推薦下，齊桓公不計前嫌，拜管仲為相，尊為「仲
父」。管仲在齊國倡「尊王攘夷」終於幫助齊桓公成就了霸業。

管仲病危時，齊桓公找管仲商量，讓誰做下任丞相，提出要將相位傳與鮑
叔牙。管仲堅決反對，認為鮑雖是君子，為人近乎完美，過於清白而容不得一
絲醜惡，不適合做丞相；管仲推薦隰朋。易牙知道覺得這很不公平，而鮑叔牙
卻笑著回答他：「我之所以要推薦管仲，就是因為他忠於國家，對朋友也沒有私

心。至於我鮑叔牙，要是讓我做司寇，捉拿壞人，還綽綽有餘。要是讓我掌管國政，像你們這樣的人怎麼可能有容身之地？」

管仲變法，廢除井田制，建立土地私有化、稅收，土地買賣，建立常備軍。

鮑叔牙　?~前-644 年潁上（今屬安徽）人

姒姓，鮑氏，亦稱「鮑叔」、「鮑子」，春秋時代齊國大夫，父鮑敬叔。

鮑叔牙乃是管仲的好友，早期管仲貧困，鮑叔牙時常接濟他，刻意讓管仲佔便宜。後來管仲侍奉齊襄公的兒子公子糾，鮑叔牙侍奉公子糾的弟弟公子小白。齊國內亂，管仲則隨公子糾出奔魯，鮑叔牙隨公子小白出奔莒，小白返國繼位之後，公子糾被殺，管仲被囚車運送回國。由於深知管仲的才能，鮑叔牙建議小白勿將其定罪，甚至推薦管仲當上了國家宰相，被時人譽為「管鮑之交」、「鮑子遺風」。太史公司馬遷在史記〈管晏列傳〉中說：「天下不多管仲之賢，而稱鮑叔能知人也。」

弦高　春秋時鄭國商人

魯僖公三十二年（前 627 年）弦高往成周經商，在滑國遇見將襲擊鄭國的秦軍。於是他冒充鄭國的代表，以四張熟牛皮和十二頭肥牛犒勞秦軍，慰問秦軍孟明視、西乞術、白乙丙三位將領，以示鄭國已預知秦軍來襲。同時，他又急忙派人回國向鄭穆公稟告，鄭穆公派人去招待秦國駐軍休息，秦軍發現鄭國「則束載、厲兵、秣馬矣」。秦軍知難而退，滅了滑國，往回撤兵。

公孫杵臼　?~前 597 春秋時期晉國人

公孫杵臼，名杵臼，趙朔的門客，為救「趙氏孤兒」趙武而獻出了生命。

前-597 年，晉國司寇屠岸賈以趙盾參與殺害晉靈公為由，不請示晉景公，便與將領在下宮攻襲趙氏，殺死趙朔、趙同、趙括、趙嬰齊，滅絕了趙氏全族。

趙朔的妻子趙莊姬是晉成公的姐姐，懷有趙朔的遺腹子，她逃到晉景公宮裡躲藏起來。公孫杵臼對趙朔的朋友程嬰說：「你為什麼不死？」程嬰答道：「趙朔的妻子懷著孩子，如果有幸生下男孩，我就奉養他；如果生下女孩，我再慢

慢去死。」過了不久，趙莊姬生下了男孩。屠岸賈聽到消息後，到宮中去搜查，沒搜到嬰兒。

暫時脫離危險以後，程嬰對公孫杵臼說：「今天這一次搜查沒有找到，以後一定還會再來搜，該怎麼辦？」公孫杵臼問程嬰：「扶立遺孤和死哪件事更難？」程嬰說：「死容易，扶立遺孤很難。」公孫杵臼便說：「趙氏先君待您不薄，您就勉力去做那件難事；我去做那件容易的，讓我先死吧！」程嬰和公孫杵臼便想辦法得到別人家的嬰兒，包上漂亮的小花被，背著他藏匿到山中。程嬰從山裡出來，假裝去告密，對將軍們說：「我程嬰沒出息，不能扶立趙氏孤兒，誰能給我千金，我就告訴他趙氏孤兒的藏身之處。」諸位將軍都很高興，答應了程嬰，派兵跟著他去攻殺公孫杵臼。公孫杵臼假裝憤怒的說：「程嬰小人！當初下宮之難你不能去死，與我謀劃隱藏趙氏孤兒，如今你卻出賣了我。即使你不能扶立遺孤，怎麼可以忍心出賣他！」公孫杵臼抱著嬰兒大聲呼喊：「天啊天啊！趙氏孤兒有什麼罪？請讓他活下來，只殺我公孫杵臼吧。」諸位將軍不答應，殺了公孫杵臼和孤兒。將軍以為趙氏孤兒確實已死，都很高興，程嬰則與真的趙氏孤兒一起藏匿到山裡 15 年。

前-583 年，晉景公生病占卜，占卜的結果說是大業的子孫後代不順利，因而做怪。晉景公向韓厥詢問，韓厥就將趙氏孤兒的情況上報。在晉景公和韓厥的幫助下，程嬰和趙武進攻屠岸賈，誅殺了他的家族，趙氏得以復立。

趙武成年冠禮，程嬰就拜別了各位大夫，然後對趙武說：「當初下宮之難的時候，人人都能死難。我並不是不能去死，我是想扶立趙氏的後代繼承家業。如今趙武已經承襲祖業，長大成人，恢復了原來的爵位，我要到地下去報告趙盾和公孫杵臼。」趙武哭泣著叩頭，堅持請求說：「我寧可使自己筋骨受苦，也要一直報答您到您去世之時，難道您忍心離開我去死嗎？」程嬰說：「不行。公孫杵臼認為我能完成大事，所以比我先死；如果現在我不去復命，他會以為我的事情沒有成功。」程嬰隨後便就自殺了。

程嬰和公孫杵臼的墓地有四說，陝西同州、山西忻州、山西平陽、直隸廣平。唐代河東趙氏立祠祭祀先祖時，還要另建一祠祭祀程嬰和公孫杵臼。

宋神宗元豐四年（1081）5 月於絳州太平縣趙村立祚德廟封公孫杵臼為忠智侯。

宋高宗紹興 16 年（1146）於臨安府修建祚德廟，6 月進封公孫杵臼為通勇忠智侯。

宋高宗紹興 22 年（1152）7 月，進封公孫杵臼為英略公，祭祀升為中祀。

宋理宗淳佑 2 年（1242），進封公孫杵臼為忠佑王

程嬰 生歿不詳春秋時期晉國人

「程嬰捨子，公孫杵臼捨命。」藏匿並撫養趙氏孤兒趙武的著名義士。

前-597年，晉國司寇屠岸賈，排除異己，以趙盾參與殺害晉靈公為由，殺死趙朔、趙同、趙括、趙嬰齊，滅絕趙氏全族。

趙朔妻子趙莊姬是晉成公的姐姐，懷有趙朔遺腹子，有幸生下男孩，屠岸賈聽到消息，立即派人到宮中去搜查，但沒搜到嬰兒。

公孫杵臼問程嬰「扶立遺孤和死哪件事更難？」程嬰說「死容易，扶立遺孤難。」

程嬰苦思以自己骨肉嬰兒，來換取〔趙氏孤兒〕性命，假裝告密，對屠岸賈搜捕人員說：「我程嬰沒出息，不能扶立趙氏孤兒，誰能給我千金，我就告訴他趙氏孤兒的藏身之處。」屠岸賈人員很高興答應程嬰要求，派兵跟他去攻殺公孫杵臼。公孫杵臼假裝憤怒的說：「程嬰小人！當初下宮之難你不能去死，與我謀劃隱藏趙氏孤兒，如今你卻出賣了我。即使你不能扶立遺孤，怎麼可以忍心出賣他！」公孫杵臼抱著嬰兒大聲呼喊「天啊天啊！趙氏孤兒有什麼罪？請讓他活下來，只殺我公孫杵臼吧。」屠岸賈人員不許，立將公孫杵臼和孤兒殺死，回報屠岸賈以為趙氏孤兒真死，程嬰則將趙氏真骨肉孤兒藏匿山中15年。

前-583年，晉景公生病占卜，說是大業的子孫後代不順，因而做怪。韓厥告訴晉景公趙氏就是大業的後代，屠岸賈滅了趙氏宗族，晉國人悲哀，占卜上顯示出來，韓厥就把實情完全告訴了晉景公。

晉景公與韓厥商量立趙氏孤兒趙武繼承家業，先把趙武藏在宮中，徐引薦趙武與臣屬將軍見面，囑要立趙氏的後代。晉景公立孤之意，正是群臣的心願。晉景公便讓趙武、程嬰拜謝諸位將軍，將軍們反過來與程嬰、趙武進攻屠岸賈，誅滅他的家族，晉景公把原本屬於趙氏的封地重新賜給趙武。

趙武行冠禮成年，程嬰對趙武說：「當初下宮之難的時候，人人都能死難。我並不是不能去死，我是想扶立趙氏的後代繼承家業。如今趙武已經承襲祖業，長大成人，恢復原來的爵位，我要到地下去報告趙盾和公孫杵臼。」

趙武哭泣叩頭，堅請「我寧可使自己筋骨受苦，也要報答您到您去世之時，難道您忍心離開我去死嗎？」程嬰說：「不行。公孫杵臼為趙氏先業先我而死，我不能偷生，須去復命，大業已成。」程嬰就自殺了，趙武為他守孝三年，替他安排祭祀用的封邑，春秋兩季祭祀，世世代代不絕。

程嬰和公孫杵臼的墓地所在有四說，分別是陝西同州、山西忻州、山西平陽、直隸廣平。鄭德坤稱之為「傳說跟著人民而遷移」。

唐代河東趙氏立祠祭祀先祖時，還要另建一祠祭祀程嬰和公孫杵臼。

宋神宗元豐 4 年（1081 年）5 月於絳州太平縣趙村立祚德廟，封程嬰為成信侯。

宋高宗紹興 16 年（1146 年）於臨安府修建祚德廟，6 月進封程嬰為忠節成信侯。

宋高宗紹興二十二年（1152 年）7 月，進封程嬰為強濟公，祭祀升為中祀。

宋理宗淳佑二年（1242 年），進封程嬰為忠濟王

閔損　前-536~-487 春秋末期魯國人

閔損字子騫，春秋末期魯國人。孔子弟子中，孔門十哲之一，以德行修養而著稱，在這方面和顏淵齊名。

二十四孝之單衣順母講的就是閔損的故事。

閔子騫為人極孝。少年喪母，父親娶了繼母。繼母偏愛自己親生二子，虐待閔子騫，子騫卻並不告知父親，避免影響父母間關係。冬天，繼母用棉絮給自己的孩子做棉衣，而給他的棉衣填的是蘆花。一日閔子騫駕馬車送父親外出，因寒冷飢餓無法馭車，馬車滑入路旁溝內。他被父親喝斥鞭打，結果抽破衣服露出了蘆花。父親醒悟，想休掉妻子。子騫長跪於父親面，為繼母求情：「母在一子寒，母去三子單。」父親便不再休妻，繼母也痛改前非。

孔子贊曰：「孝哉！閔子騫，人不間於其父母昆弟之間。」後人根據這一段故事，改編齣戲劇《鞭打蘆花》，並作為《二十四孝》中單衣順母的主角。

此外，閔子騫為寡言穩重，一旦開口語出中肯。孔子評價：「夫人不言，言必有中。」歷代帝王因閔子騫的德行高尚，對其屢有追封：唐朝開元二十七年追封費侯，北宋大中祥符元年封琅琊公，南宋度宗咸淳三年又稱費公。

今山東省濟南市百花公園內有閔子騫衣冠冢，附近有閔子騫路。另外，在沂水縣亦有閔公山，相傳是閔子騫當年登高避禍的所在。

范蠡　前-517~ 河南南陽淅川縣大石橋鄉寺灣鎮人

范蠡，字少伯，又名鴟夷子皮、或陶朱公，人稱范伯。才藝兼備，事越勾踐，與文種獻計，協助勾踐滅吳王夫差，勾踐得霸業，難以共富貴，大名之下難久居，巧計抽身，乘舟浮海出齊，變姓名為鴟夷子皮，離開營商，耕於海畔，成為億萬富翁，改名「陶朱公」。范蠡重情義，輕富貴，齊人聞其賢以為相，被視為順陽范氏之先祖。

范蠡是歷史上著名的政治家、軍事家、和經濟學家。出身貧寒，但聰敏睿智、胸藏韜略，有聖人之資，卻不為世人所識。范蠡之著作今已散佚，計有《兵法》《養魚經》《陶朱公生意經》等。

前496年，吳國和越國發生檇李之戰（今浙江嘉興），吳王闔閭陣亡，因此兩國結怨，連年戰亂不休，

前494年，闔閭之子夫差為報父仇與越國在夫椒（今江蘇太湖中洞庭山）決戰，越王勾踐大敗，逃入會稽山。范蠡遂於勾踐窮途末路之際投奔越國，「人待期時，忍其辱，乘其敗……」「持滿而不溢，則天與同道，上天會佑之；地能萬物，人應該節用，這樣則獲地之賜；扶危定傾，謙卑事之，則與人同道，人可動之。」他向勾踐慨述「越必興、吳必敗」之斷言，進諫：「屈身以事吳王，徐圖轉機。」被拜為上大夫後，他陪同勾踐夫婦在吳國為奴三年，「忍以持志，因而礪堅，君後勿悲，臣與共勉！」

歸國後，范蠡與文種擬定興越滅吳九術，是越國「十年生聚，十年教訓」的策劃者和組織者。為了實施滅吳戰略，也是九術之一的「美人計」，范蠡親自跋山涉水，終於在苧蘿山浣紗河訪到德才貌兼備的巾幗奇女西施，西施深明大義獻身吳王，裡應外合興越滅吳。范蠡事越王勾踐二十餘年，苦身戮力，卒於滅吳，成就越王霸業，被尊為上將軍。

范蠡認為在有功於越王之下，難以久居，「飛鳥盡，良弓藏；狡兔死，走狗烹」。深知勾踐其人「長頸鳥喙」，可與共患難，難與同安樂，遂與西施一起泛舟齊國，變姓埋名為鴟夷子皮，帶領兒子和門徒在海邊結廬而居。

戮力墾荒耕作，兼營副業並經商，沒幾年，就積累數千萬家產。他仗義疏財，施善鄉梓，范蠡的賢明能幹被齊人賞識，齊王把他請進國都臨淄，拜為主持政務的相國。他喟然感嘆：「居官致於卿相，治家能致千金；對於一個白手起家的布衣來講，已經到了極點。久受尊名，恐怕不是吉祥的徵兆。」於是，才三年，他再次急流勇退，向齊王歸還了相印，散盡家財給知交和老鄉。

一身布衣，范蠡第三次遷徙至陶（今山東定陶西北），在這個居於「天下之中」（陶地東鄰齊、魯；西接秦、鄭；北通晉、燕；南連楚、越。）的最佳經商

之地，操計然之術，人棄我取、人取我與，順其自然、待機而動。辛勤治產，沒出幾年，經商積資又成巨富，遂自號陶朱公，當地民眾皆尊陶朱公為財神，乃中國道德經商商人鼻祖。史學家司馬遷稱「范蠡三遷皆有榮名。」；史書概括其平生「與時逐而不責於人」；世人譽之「忠以為國，智以保身，商以致富，成名天下」。

范蠡的軍事宗旨：強則戒驕逸，處安有備；弱則暗圖強，待機而動；用兵善乘虛蹈隙，出奇制勝。為後世稱道並沿用。范蠡著名的經濟思想：「勸農桑，務積穀」「農末兼營」「務完物、無息幣」「平糶各物，關市不乏，治國之道也。」、「夏則資皮、冬則資絺、旱則資舟、水則資車，以待乏也。」對現代的經濟建設也有積極的現實意義。

文種　？~前-472 湖北省江陵北人

文種，名會，字子禽（有云少禽），在荆平王時曾任縣令。春秋著名的謀略家。

西元前 494 年，越被吳擊敗，困守會稽（今浙江紹興），他獻計越王勾踐，到吳賄賂太宰嚭，為勾踐滅吳制定了稱為「伐吳七術」的七種方案，和范蠡一起為勾踐復國，立下赫赫功勞。

前 472 年，滅吳後，自覺功高，不聽從范蠡勸告，繼續留下為臣。范蠡不忍，自齊國致信文種：「飛（蜚）鳥盡，良弓藏；狡兔死，走狗烹。」「越王為人長頸鳥喙，可與共患難，不可與共樂。子何不去？」。文種讀畢便稱病不朝，但卻為人誣陷有謀反之心，勾踐便賜劍給文種說「子教寡人伐吳七術，寡人用其三而敗吳，其四在子，子為我從先王試之。」文種自知為勾踐所不容，自刎而死。現浙江省紹興市府山公園越王殿中有刻石像，府山望海亭東側有文種墓。

晏嬰（晏子）？~前-500 山東省萊州市平里店鎮

晏嬰，字仲，諡平，多稱平仲，常稱晏子。春秋期外交家、思想家。

晏嬰身材不高，其貌不揚。但頭腦機敏，能言善辯。生活節儉，謙恭下士。內輔國政，屢諫齊侯。對外他既富有靈活性，出使不受辱，捍衛了齊國的國格和國威，使齊國名揚諸侯。

前-556 年，晏弱病死，晏嬰出任上大夫。歷任靈公莊公景公三朝，輔政 40 餘年。

前-548 年，妻子與莊公通姦的大夫崔杼，為了復仇，以妻為誘餌將莊公謀殺掉。

有一次，晏嬰出使楚國。楚人因他身材矮小，看不起他，就在大門旁另開一道小門，請他從小門進去。晏嬰不肯進去，說：「使狗國者，從狗門入，今臣使楚，不當從此門入。」接待的官員聽了，只好請他從大門進去。晏嬰見到楚

靈王。楚王問：「齊無人耶？使子為使？」晏嬰答道：「齊之臨淄三百閭，張袂成陰，揮汗成雨，比肩繼踵而在，何為無人？」楚王又問：「然則何為使子？」晏嬰回答：「齊命使，各有所主。其賢者使使賢主；不賢者使使不肖主，嬰最不肖，故宜使楚矣。」

前-516 年，東北方出現彗星。晏嬰說：「君高臺深池，賦斂如弗得，刑罰恐弗勝，茀星將出，彗星何懼乎？」景公說：「可禳否？」晏嬰說：「使神可祝而來，亦可禳而去也。百姓苦怨以萬數，而君令一人禳之，安能勝眾口乎？」當時景公大造宮室，養狗馬，奢侈無度，稅重刑酷，晏子借機諫止。

「晏子能明其所欲，景公能行其所善也。」

前-500 年，晏嬰病重，在柱子上鑿洞，把一封信放在裡面，對他的妻子說：「楹語也，子壯而示之。」不久，晏嬰病逝。

兒子長大後，打開信，上寫「布帛不可窮，窮不可飾，牛馬不可窮」。

晏嬰墓在山東淄博齊都鎮永順村東南約 350 米。

伍子胥　?~西元前-484 年

名員，楚大夫伍奢次子，春秋時吳國大夫。

伍子胥先祖伍舉，以正直進諫楚莊王而得名聲，因此其後代於楚國亦有名聲。

伍子胥的父親伍奢是楚國太子太傅，負責教導太子建，太子被奸人費無忌所誣陷，伍奢也受到了牽連。伍奢被監禁時，楚平王召伍子胥與其兄長伍尚，否則便殺了他們的父親。伍子胥料到楚平王欲殺其父子，勸其兄伍尚勿往，留有用之身為父報仇，但伍尚不忍見父親被害而不救，還是前去相救。

前-523 年，伍奢被殺，他經歷宋國入吳。後幫助闔閭刺殺吳僚，奪得王位，整軍經武，國勢日強。不久攻破楚國，以功封於申，又稱申胥。吳王夫差時，勸王拒絕越國求和，並停止伐齊，吳王不滿，漸被疏離。後吳王賜劍命他自殺。

此時伍子胥欲逃往吳國，奈何路途遙遠，只好作罷。之後他因太子建在宋國，遂投靠之，但宋國內亂，只好與太子一起奔鄭。在鄭國，太子建和晉國大夫中行寅合作，聯合推翻鄭定公，被定公知曉而被殺，最後子胥只好偕太子建的兒子公子勝一起投奔吳國。途中過陳國欲出昭關到吳國，昭關守衛正在到處抓拿他們，兩人只好徒步逃走。

伍子胥出了昭關，怕有追兵趕來，急忙往前奔跑，但遇到一條大江攔住了去路。正著急時，江上有個老漁夫划著小船過來，把他渡了過去。過了大江後，伍子胥感激萬分，摘下身邊的寶劍，交給老漁夫說：「這把寶劍是楚王賜給我祖父的，值一百兩金子。送給你，聊表我的心意。」老漁夫回答說：「楚王為了追捕你，出了五萬石的米糧作為賞金，還答應封告發者為大夫的爵位。我不貪圖賞金、爵位，怎麼還會貪圖你的寶劍呢？」

伍子胥逃出楚國後，白天躲藏，晚上趕路，不久就生病了，此時盤纏用盡，

只好拖著病軀，沿路乞討。

在吳國，伍子胥結交專諸與要離，並使專諸刺殺吳王僚，協助公子光成為吳王闔閭；其後又令要離刺殺吳王僚之子慶忌。

闔閭重用伍子胥，並用伍子胥發掘的孫武為元帥，發兵擊敗楚國，破楚首都郢；子胥掘楚平王墓，鞭屍三百，報父兄之仇。

前-496年，闔閭與越王勾踐大戰，中箭，闔閭傷腳拇趾，傷重不治，死前囑子夫差，勿忘殺父之仇。並託伍氏輔佐少君，封他最高爵位，稱相國公。

夫差繼位後，打敗了越國，越王勾踐投降，伍子胥認為應一舉消滅越國，但是夫差為伯嚭所讒，不聽「聯齊抗越」的主張。

前484年，便賜死伍子胥，贈劍令他自盡。子胥在憤恨之餘，留下遺言，要家人於他死後把他的眼睛挖出，掛在東城門上，親眼看著越國軍隊滅掉吳國。

吳王夫差極怒，五月初五把伍子胥的屍首用鴟夷革裹著拋棄於錢塘江中。後來吳國果然被越王勾踐所滅，夫差羞於在陰間見到伍子胥，用白布蒙住雙眼後才舉劍自盡。伍子胥有一子被託付於齊國的鮑氏，後來別為王孫氏。

吳起　前-440~-381年衛國左氏（今山東省定陶縣一說山東省曹縣東北）

吳起，戰國時軍事家、政治家、改革家，兵家。歷侍魯、魏、楚三國，通曉兵家、法家、儒家三家思想，有極高成就。

吳起著有《吳子兵法》，被稱為武廟十哲。宋徽宗時追尊吳起為廣宗伯。

吳起帶兵，跟士兵穿著衣服、三餐伙食，完全一樣。睡覺不鋪墊褥，行軍不乘車騎馬，和士兵們同甘共苦。有個士兵生了惡性毒瘡，吳起替他吸吮膿液。

前412年，吳起改革魏國兵制，成為精銳之師。修築吳城，民富國強。

吳起擔任西河郡守，威信極高。「吳起為人有骨氣，重名響聲望，但遭人嫉妬，王錯讒言，使魏武侯不再信任他，吳起流淚離開魏國，投奔楚國。

楚悼王仰慕吳起才能，任命吳起為宛城太守，後任令尹。吳起在楚國進行改革：

1.制定法律並將其公佈於眾，使官民都明白知曉。

2.凡封君的貴族，已傳三代的取消爵祿；停止對疏遠貴族的按例供給，將國內貴族充實到地廣人稀的偏遠之處。

3.淘汰並裁減無關緊要的官員，削減官吏俸祿，將節約的財富用於強兵。

4.糾正楚國官場損公肥私、讒害忠良的不良風氣，使楚國群臣不顧個人榮辱一心為國家效力。

5.統一楚國風俗，禁止私人請託。

6.改「兩版垣」為四版築城法，建設楚國國都郢（今湖北省江陵市西北）。

經過吳起變法，楚國國力強大，但招致楚國貴族怨恨，埋下殺身之禍。

前 381 年，楚悼王去世，吳起遭貴族射殺，誅滅三族後，楚國的變法宣告失敗。

司馬穰苴　　生卒年代不清

司馬穰苴，媯姓，田氏，為田完後裔，又稱田穰苴。春秋時代齊國的將軍、大夫、軍事家、軍事理論家。

齊景公相國晏嬰推薦穰苴，齊景公命穰苴為將軍，派穰苴收復晉燕兩國侵佔的國土。穰苴為樹立威信，請景公派大臣為監軍，景公派了寵臣莊賈，穰苴與莊賈約曰：「第二天中午，在軍營正門見面。」莊賈一向驕橫，和親戚飲酒相送，閱兵時遲到，穰苴依軍法斬殺了莊賈。

但莊賈被捕時，秘密派人至宮中求救，不久，景公派特使駕車奔馳，前來向穰苴傳達了景公特赦庄賈的命令，穰苴回答：「將領領導部隊時，有時可以不接受君主的命令。」穰苴問軍正：「在部隊中奔馳，該當何罪？」軍正回答「當斬」，來使大懼，懇求饒命。穰苴說：「他是君主的欽差，不可以殺他。」遂釋放了特使，斬殺了車夫，又命令武士拆車，把馬砍死，以示三軍。司馬穰苴執法嚴明，使軍心大震，同時穰苴對士兵的生活起居，如營舍住宿和食物、藥品等事都非常關切，樣樣親自查訪探問，並將自己的俸祿分給士兵，自己只喫全部隊最低標準的食物。於是士兵勇敢，紛紛效死，擊敗晉燕軍隊，收回失去的國土，回國官拜大司馬，由此被稱為司馬穰苴，田氏勢力越發膨脹。

鮑氏、高氏、國氏等貴族將穰苴視為眼中釘，不斷的在齊景公面前誹謗穰苴，於是齊景公將穰苴罷黜，不久後穰苴病死。田氏門閥領袖田乞與族人田豹因此痛恨三氏。日後田乞的兒子田常將鮑氏、高氏、國氏族滅。田常的曾孫齊威王田因齊將司馬穰苴的兵法附於古兵法之後，稱為「司馬法」。

根據《戰國策》及相關史籍，司馬穰苴應該生活在齊湣王時代。見《戰國策・齊策六、趙策二》。因為史書沒有記載齊景公齊國與燕國戰爭的事情，而齊湣王五年（前 296 年）有齊伐燕之戰。

商鞅　　前-390~前-338 年

商鞅，本名公孫鞅，又名衛鞅，衛國國君的後裔，姬姓，故稱為衛鞅，又稱公孫鞅。商鞅早年學習法家、兵家、雜家思想，後侍奉魏國國相公叔痤任中庶子，秦孝公在秦國國內頒布求賢令後由魏入秦，通過變法改革將秦國改造成

富裕強大之國，史稱商鞅變法。

　　前 359 年，商鞅在秦國頒布《墾草令》，刺激農業生產、抑制商業、重塑社會價值觀提高農業認知、削弱貴族官吏特權加入農業生產、統一稅租制度、其他戶口登記，禁止擅自遷居。山川湖澤等自然資源收歸國有。

　　第一次變法《墾草令》

　　一、改革戶籍制度實行什伍連坐法。二、明令軍法獎勵軍功。三、廢除世卿世祿制度。四、建立二十等軍功爵制。五、嚴懲私鬥。六、獎勵耕織重農抑商。七、改法為律制定秦律。八、推行小家庭制度。

　　商鞅欲取信於民「徙木立信」。新法實行十年後，百姓高興，路不拾遺，山中無賊，家家富裕充足。人民勇於為國家打仗，怯於私鬥，鄉村、城鎮秩序安定。結束秦國長期不與中原諸侯會盟的局面。

　　第二次變法

　　一、開阡陌封疆，廢井田，制轅田，允許土地私有及買賣。二、推行縣制。三、初為人頭賦。四、統一度量衡。五、燔詩書明法令，塞私鬥，禁遊宦之民。六、執行分戶令，廢除大家庭制，禁止百姓父子兄弟同居一室。

　　第二次變法，秦國國力更為強大，顯示商鞅的軍事、政治、及外交才能。

　　前-338 年，秦孝公病危，秦孝公想傳位於商鞅，商鞅推辭不受。秦孝公去世，其子秦惠文君繼位。「大臣功高蓋主」商鞅不容於秦惠文君，派人捉拿商鞅。

　　商鞅逃至邊關，晚上想住宿旅店怕新法連坐而不敢留宿。商鞅感嘆到：「作法自斃」。商鞅逃亡至魏國，被逐返回秦國，秦惠王親自下令行「車裂」之刑，商鞅被五馬分屍，車裂示眾，誅滅商鞅全族。

　　商鞅雖死，而「秦法未敗」，他所推行的新法影響秦國變成富強，統一六國。

屈原　　前-340~-278　出生於楚國丹陽（今湖北秭歸）湖北秭縣樂平里人

　　屈原，名平，字原，以字行；又在《離騷》中自云：「名余曰正則兮，字余曰靈均」。楚武王熊通之子屈瑕後代，楚國公室。

　　屈原早年受楚懷王信任，先後任三閭大夫、左徒，常與懷王商議國事，參與法律的製定。同時主持外交事務。主張楚國與齊國聯合，共同抗衡秦國。在屈原努力下，楚國國力有所增強。但由於自身性格耿直驕傲，加之他人讒言與排擠，屈原逐漸被楚懷王疏遠。

　　前305年，屈原反對楚懷王與秦國訂立黃棘之盟，但是楚國還是徹底投入了秦的懷抱。屈原憤而辭官自疏，離開郢都，流落到漢北。屈原流放期間，創作了大量文學作品，在作品中洋溢著對楚地楚風的眷戀和為民報國的熱情。其作品文字華麗，想像奇特，比喻新奇，內涵深刻，成為中國文學的起源之一。

　　前-299年，楚大夫屈原屢次向國王羋蘭進諫「離騷」「天問」「招魂」「哀郢」。

　　前-296年，剛愎自用的楚懷王死在秦國的囚禁中。他是子蘭硬勸到秦國去的，楚懷王的死，與子蘭有直接關聯。繼位的頃襄王及執政的子蘭嫉妒屈原的才能，將他逐出郢都，放逐江南。

　　前-278年，秦國攻破郢都，頃襄王倉惶出逃，時62歲的屈原，眼見亡國在即，不願做亡國臣民，於五月初五日在絕望和悲憤之下，懷大石投汨羅江而死。

　　當地百姓投下粽子餵魚，以此防止屈原遺體被魚所食，以後形成習俗，每年農曆五月初五為端午節，吃粽子、劃龍舟，用以紀念這位偉大的愛國詩人。

　　2009年9月30日，在聯合國教科文組織保護非物質文化遺產政府間委員會《人類非物質文化遺產代表作名錄》，將中國「端午節」名列其中。

　　唐代詩人李白讚頌屈原「屈平詞賦懸日月，楚王台榭空山丘。」屈原愛國，悲哀結束一生。

離騷經

　　　　帝高陽之苗裔兮，朕皇考曰伯庸。
　　　　攝提貞於孟陬兮，惟庚寅吾以降。
　　　　皇覽揆餘初度兮，肇錫餘以嘉名。
　　　　名餘曰正則兮，字餘曰靈均。
　　　　紛吾既有此內美兮，又重之以脩能。
　　　　扈江離與闢芷兮，紉秋蘭以為佩。
　　　　汨餘若將不及兮，恐年歲之不吾與。
　　　　朝搴阰之木蘭兮，夕攬洲之宿莽。
　　　　日月忽其不淹兮，春與秋其代序。
　　　　惟草木之零落兮，恐美人之遲暮。
　　　　不撫壯而棄穢兮，何不改乎此度也？

張儀　前-310年，魏國人

張儀，戰國時著名的縱橫家。提倡連橫，比公孫衍的合縱更加有效。

張儀是魏國公族支庶子弟，和蘇秦同為鬼谷子的徒弟。張儀學成之後遊說諸侯，秦惠文王更元三年（周顯王四十七年，前322年），張儀相魏。公孫衍取得韓國的支持，代張儀為魏相。張儀不為魏惠王所用，後投奔楚國，任楚國相國昭陽的門下客。曾經同楚國的相國共飲。後來楚相丟了一塊璧（相傳為和氏璧），楚相下人認為張儀「儀貧無行」，必是張儀所為，打了他數百下。張儀不服，楚相放了他。

後來秦國重用張儀，勸說各國幫助秦國進攻其它的弱國，史稱「連橫」，這時公孫衍離開秦國而入魏國，向魏王推銷「合縱」。

前-318年，公孫衍發起魏、趙、韓、燕、楚「五國伐秦」之舉，以楚懷王為縱長，又遊說義渠攻打秦國，大敗秦軍於李伯。但在函谷關一戰失利，五國紛紛退兵。

前-311年），秦惠王卒，其子秦武王即位。武王素與張儀有隙。

前-310年），張儀離開秦國，前往魏國，是年五月卒於魏。孟子的弟子景春稱：「公孫衍、張儀，豈不誠大丈夫哉！一怒而諸侯懼，安居而天下熄。」《漢書.藝文志》縱橫家類有《張子》十篇。

1973年，在湖南長沙馬王堆漢墓出土的《戰國縱橫家書》中所載，張儀死於公元前-310年，張儀在秦國當宰相時，蘇秦還沒踏入政壇。不同於《史記》與《資治通鑑》所言。

魯仲連　約前-305~-245年齊國茌平人（山東省茌平縣王老鄉望魯店村）

魯仲連，簡稱魯連，遊說名士。就學於稷下學宮，不願出任官職。由於他的遊說技巧卓越，有著名的「義不帝秦」辯論。成為現代「和事佬」的代名詞。

趙國在長平之戰慘敗後，魯仲連告訴辛垣衍，只要秦王稱帝，從此必定干涉諸侯國內政，對諸侯任意擺佈，大家都不得安寧。秦軍聞知此事，退兵五十里。信陵君率魏軍擊秦，秦軍便撤圍而去。平原君欲封賞魯仲連，魯仲連不肯接受。

　　燕國樂毅率領六國聯兵在濟西之戰攻克齊國七十餘城。十餘年後，齊國田單反攻聊城，兩年來久攻不下，死傷慘重。魯仲連致書燕國守將，勸他棄城，保存兵力回歸燕，或者乾脆降齊。守將看了信非常猶豫，未能作出抉擇，自殺而死，聊城便被齊軍佔領。魯仲連不願接受齊國的封賞，又逃隱起來。

　　魯仲連是李白的政治偶像。魯仲連既是說客，又是策士。既是平地一聲雷而參與政治，又沒有殺身之禍，最後優哉游哉。其歸宿，頗似求仙，神出鬼沒，有如真龍。在性格上，李白引為同調。"齊有倜儻生，魯連特高妙。吾亦澹蕩人，拂衣可同調。"有所謀劃時，想到魯仲連"恨無左軍略，多愧魯連生"他的蔑視金錢，李白尤為上心。"魯連逃千金，系組豈可酬""魯連賣談笑，豈是顧千金"可以說，李白的從政史，就是他學魯仲連史。

蘇秦　?－前 284 年　東周雒邑（今河南洛陽東）乘軒里人

　　蘇秦，字季子，戰國時代東周人。戰國時期著名縱橫家，提倡合縱，為一超級國際諮詢顧問。

　　蘇秦最輝煌政績，為勸說六國燕、趙、韓、魏、齊、楚六國國君聯合，堪稱辭令之精彩者。於是身佩六國相印，進軍秦國，可是由於六國內部紛爭，輕而易舉就被秦國擊潰。

　　蘇秦從鬼谷子學成之後，出遊數載，一無所成，「妻不下織，嫂不為炊，父母不與言。」蘇秦感歎說：「妻不以我為夫，嫂不以我為叔，父母不以我為子，是皆秦之罪也！」乃閉室不出，出其書遍觀之。

　　蘇秦苦讀太公《陰符》之時，每逢睏乏欲睡，便用錐自刺其股。這是「懸梁刺股」中之「刺股」的由來。

　　秦孝公病卒，他支持商鞅變法，秦惠文王斬了商鞅，憎恨外國人材，故蘇秦沒有在秦國得到職位。

　　燕：蘇秦對燕文侯說，燕國受到趙國的威脅要大於秦國的，要聯合齊國來保全燕國，於是蘇秦得燕國器重。

　　趙：蘇秦對趙肅侯說，趙國處於關鍵的地方，對於六國有所偏移，則最終對自己不利，而聯合六國，可以有效地制衡秦國，成就霸業。於是趙王也給蘇秦錢財，器重與他，讓他去聯合其他的國家。

　　韓：蘇秦激怒韓宣王，使其專心合縱。

　　魏：同樣以人臣自私來勸說魏襄王專心合縱。

　　齊：曉之以秦國不可能越過趙魏攻打齊國，而齊國居然臣服於秦國，令人蒙羞。

　　楚：蘇秦對楚威王說，六國中其他各國已經聯合楚國不參與，必然為秦國所攻。

　　經過一番遊說，蘇秦成為縱約長，披六國相印衣錦還鄉，父母郊迎三十里，

嫂蛇行匍伏,妻側目不敢看他,「前倨而後恭」讓他又感嘆說「貧窮則父母不子」。

蘇秦既約六國從親,趙肅侯封為武安君,給秦國下了《縱約書》,秦國 15 年不敢出函谷關。

六國合縱,是從各自的利益出發,根基不深。秦國派犀首出使齊國,魏國,一起征伐趙國,以此來破壞六國合縱,蘇秦離開趙國,合縱瓦解了。

齊國乘燕國新立易王,佔領了十座城池,燕王讓蘇秦討還。蘇秦遊說齊王:燕王是秦國女婿,您奪取燕國領土,就是引來秦國精兵麼!所以齊王歸還了燕國這些城池。

燕文侯死,易王立,蘇秦與文侯夫人有染,被易王發現,蘇秦畏懼被誅,遂離開燕國到齊國去,受到齊宣王重用。其後,宣王死,湣王立,多有與蘇秦爭齊王寵信的大夫刺殺蘇秦,蘇秦傷重。齊王捉拿賊人,但不得。蘇秦將死時,要求齊王以蘇秦作亂為名,在他死後車裂他於市中,使賊人出現。齊王用其計,果得賊人,誅殺了賊人。後來,蘇秦為間諜在齊為燕做事洩露,齊國憎恨且憤怒燕國

李斯 ?~前 280 年 今河南省上蔡縣西南方人

李斯從荀子學習帝王之術,年輕時,在楚國上蔡郡擔任刀筆吏,掌管鄉中的文書資料。他深察時局,認為楚王無能,六國衰弱,決定西入秦國。他辭別荀子說「詬莫大於卑賤,而悲莫甚於窮困。久處卑賤之位,困苦之地,非世而惡利,自托於無為,此非士之情也。故斯將西說秦王矣。」

轉入秦國,投靠呂不韋門下擔任食客,受到呂不韋的賞識,有機會向秦王政分析局勢、提供計劃。秦王對他連橫策略極為欣賞,任用其為長史,採用策略,重金收買天下名士,不願結交者,採用刺客謀殺手段。後來升任為客卿。

前-243 年,爆發韓國籍水工鄭氏名國者案,秦王下令驅逐六國籍官員。

前-237 年,宗室貴族排斥法家,建議逐客;李斯上陳《諫逐客書》給秦王,「有容乃大」,國家才能富強。「泰山不讓土壤,故能成其大;河海不擇細流,故能就其深;王者不卻眾庶,故能明其德;是以地無四方,民無異國,四時充美,鬼神降福,此五帝、三王之所以無敵也。」

秦王政因而取消逐客令,重用李斯為掌司法的廷尉,並加強對各國進攻。

前-233 年,協助秦王政統一六國,任丞相,廢除封建,推行郡縣制,「書同文,車同軌」,統一全國貨幣制,整理文字。

前-213 年，建議始皇銷毀民間所藏《詩》、《書》等百家之學，史稱「**焚書**」。

前 210 年 7 月，秦始皇於沙丘平臺（今河北廣宗）病重，當時太子扶蘇正在上郡擔任蒙恬部隊的監軍，始皇把傳位於扶蘇的詔書交給趙高，不久駕崩。李斯和趙高合謀矯詔，立胡亥為太子，賜死太子扶蘇，是為沙丘之變。事情成功之後，到咸陽時，才公開秦始皇的死訊，胡亥登基稱帝，是為秦二世。

前 209 年 7 月，陳勝、吳廣大澤起義。趙高誣陷李斯想割地稱王，也誣陷李斯兒子參川太守李由通敵。李斯上書申冤，但被趙高扣下，送入獄中。後來李斯忍受不住刑罰，被迫認罪，處死。

前 208 年 7 月，李斯被腰斬於咸陽，臨死前對另一個兒子說：「我想跟你牽著黃狗，一起出上蔡城的東門獵兔，難道還能嗎？」父子相泣，夷三族。

范增

前-277~前-204 安徽省巢湖市亞父街道人

范增，西楚霸王項羽謀臣。項梁反秦起義時，范增曾勸項梁立楚懷王後裔為王，後在項羽身邊任軍師。最終因陳平的離間計而失去項羽的信任，離開楚軍。

前-207 年，秦軍章邯令王離、涉間圍攻鉅鹿（今河北省平鄉縣），章邯率軍攻鉅南，楚懷王命宋義、項羽救趙，范增為末將，救趙。范增後為項羽謀士，為其所倚重，被尊為「亞父」。

前-206 年，范增隨項羽入關中，勸其消滅劉邦勢力，未被採納，鴻門宴上令項莊舞劍，意欲藉機行刺劉邦，卻因為項伯從中干擾以及項羽的優柔寡斷，放走了劉邦。范增氣憤地說：「唉！豎子不足與謀。奪項王天下者，必沛公也。吾屬今為之虜矣。」

前-204 年初，楚軍切斷漢軍糧道，劉邦被困滎陽（今河南省滎陽市），向項羽請和。項羽欲同意，范增說：「漢易與耳，今釋弗取，後必悔之。」於是項羽與范增急攻滎陽。劉邦手下謀士陳平施離間計，令項羽誤以為范增勾結漢軍，從而削去范增之兵權。范增因而大怒告老回鄉，項羽同意了。「范增大怒，曰：『天下大事大定矣，君王自為之。願賜骸骨歸卒伍。』」范增在回鄉途中還沒到彭城（今江蘇省徐州市），就因背疽發作而死在路上。傳云他沒死，乘著石船來到今屬浙江省天台縣的九遮山，隱姓埋名居住山洞中，為民治病，造橋鋪路方便行人。他依然關心國事，當項羽自刎烏江消息傳來，他大哭：「豎子不聽吾言，終有今日！」於是人們知道他就是范增，他卻說「范增早死彭城，哪裡會到這裡來！」不久人去洞空，不知所終。

蕭何　前-257~-193年，沛縣豐邑（今中國江蘇省豐縣）人

蕭何，諡號「文終侯」，漢初三傑之一。時識務，知人善用，卓越管理長才。

前-206年，協助劉邦攻入咸陽，輔助漢高祖劉邦建立漢政權。搜羅典藉文物，前-203年，協助劉邦擊敗項羽，

前-196年幫助呂后設計捕殺韓信，

前-195年，劉邦病逝，年輕太子劉盈繼位為惠帝，蕭何又重新擔任丞相，制定漢代律法，輔佐幼帝行政。

前-193年蕭何臨死，推薦曹參擔任丞相，蕭何無戰功，但立國功勞排第一。

劉邦攻克咸陽，諸將爭相搶奪金銀財寶，蕭何卻獨尋找秦國各種內政資料，接收秦丞相、御史府所藏的律令、圖書，掌握全國的山川險要、郡縣戶口。對天下的關塞險要、戶口多寡、強弱形勢、風俗民情等等都能瞭若指掌。

蕭何極力推薦韓信為大將軍，還定三秦。楚漢戰爭，對劉邦戰勝項羽，建立漢代，頗具功績。

漢代建立後，蕭何功高封侯，位次第一，食邑八千戶，功臣多有不悅。劉邦說：「蕭何全家親族為我効命，我不能忘記他的功勞。」楚漢滎陽相爭，面臨缺糧危機，蕭何用關中的漕運，使得都有兵糧可吃。雖然蕭何沒有隨軍，卻守軍關中支援，應是萬世之功。乃賜蕭何錦帶，可以配劍，穿鞋上殿，入朝拜見漢王不用行趨禮。

蕭何採擷秦六法，重定律令，作為《九章律》（《盜律》《賊律》《囚律》《捕律》《雜律》《具律》，增加《戶律》《興律》《廄律》）。

前-196年，淮陰侯韓信關中謀反，呂后用蕭何計謀誅殺韓信，劉邦得知韓信已死，拜蕭何為相國。後世名言「成也蕭何，敗也蕭何」。韓信的成、敗，都是蕭何一手造成。

　　蕭何為了避免高祖猜忌，避開被殺危機，請命朝廷將閒置的土地，給貧苦百姓耕種，高祖懷疑他是收買民心，憤而回絕，並以勾結富商、謀盜國土的罪名將蕭何予以囚禁，所幸獲得其他官員直諫才得以釋放。

　　前-193 年七月辛未，逝世。

韓信　前-230~-196 年淮陰（江蘇淮安）人

　　韓信，布衣且貧，常從下邳鄉亭長寄食，後為西漢開國名將，漢初三傑之一，「軍事家、戰略家、戰術家、統帥和軍事理論家」「王侯將相」韓信一人全任。「國士無雙」「功高無二，略不出世」。韓信為西漢立下汗馬功勞，歷任齊王、楚王、淮陰侯等，卻也因其軍事才能引起猜忌。劉邦戰勝主要對手項羽後，韓信的勢力被一再削弱；最後韓信被呂雉（即呂后）及蕭何騙入宮內，處死於長樂宮鐘室。

　　前-208 年，項梁死後韓信為項羽部下，數次獻策，項羽沒有採納。

　　前-206 年，漢王劉邦進入漢中時，項羽逃離楚營，投奔漢王劉邦。

　　韓信與蕭何談話，感到不受重用，預備離開漢營另投明主。蕭何聞訊，認為韓信將才難得，不能輕易失去，策馬月下追韓信，終於勸得韓信歸營。劉邦質問蕭何「這麼多人逃回東方，你都不追，為何卻追韓信？」蕭何向劉邦說「諸將易得耳，至如韓信者，國士無雙。」

　　劉邦接納建言封韓信為大將。韓信拜將後，立刻向劉邦獻策戰略。劉邦同意。

　　前-206 年 8 月，劉邦攻關中韓信領軍「暗渡陳倉」漢軍大勝，大部份歸順劉邦。

　　前-205 年，劉邦領聯軍攻佔項羽首都彭城。項羽領兵三萬回師彭城，劉邦這時沉迷享樂，在彭城之戰慘敗退至滎陽。韓信急奔滎陽，救援劉邦。

　　前-204 年，韓信擊敗齊軍，在濰水以水計擊敗田廣和楚將龍且聯軍。

　　前-203 年，張良和陳平勸諫，劉邦封韓信為齊王。

　　項羽自知形勢不妙，派武涉遊說韓信叛漢，韓信以漢對他有恩為由拒絕。蒯通認為劉邦日後必對韓信不利，多次慫恿韓信把握時機，脫離漢王自立，形成鼎足之勢。而韓信自認勞苦功高，「漢終不奪我齊」；蒯通則以「勇略震主者身危，而功蓋天下者不賞」相勸。但韓信始終抱著「漢終不負我」的幻想，而不忍叛漢。

　　劉邦與項羽議和，韓信以四面楚歌之計大破楚軍，最後迫使項羽撤退到垓下，項羽突圍到烏江，自覺無顏見江東父老，不肯渡江遂自刎而亡。項羽死後，劉邦迅速奪取韓信兵權，並改齊王為楚王，移都下邳。

　　前-201 年，有人告發楚王謀反，劉邦採用陳平計策，以出遊為由偷襲韓信。韓信有意發兵抵抗，自陳無罪，但又怕事情鬧大，鍾離眛則自刎。韓信帶著人頭於陳（今河南淮陽）向劉邦說明原委，劉邦令人將其擒拿，韓信大喊「果若人言：狡兔死，良狗烹；高鳥盡，良弓藏；敵國破，謀臣亡。天下已定，我固當烹！」劉邦赦免韓信，降為淮陰侯。韓信自己功高震主，常稱病不出。

　　漢高祖十年，陳豨起兵造反，呂后與蕭何密謀，偽報陳豨已死，在韓信前來祝賀時趁機擒獲，以聲稱他與陳豨共謀，將韓信處以五刑，打死於長樂宮鐘室，並誅連三族，後世人稱：「成敗一蕭何，生死兩婦人」。

　　劉邦曾允諾，只要韓信「頂天立地於漢土，絕不加兵刃於身。」故韓信被殺時，呂后吊之於長樂宮大鐘之內，頭為大鐘所罩，不見天日；腳懸空於地面：所以無法頂天立地。呂后也使用竹刀（削尖的竹子），或說是用桃木劍，而非以兵刃，將其殺死，以不違背當年的「承諾」。

彭越　前 2 世紀~前-196 山東省巨野縣人

　　彭越，字仲，西漢開國功臣，封梁王。彭越原本以打漁為生，曾聚眾對抗官府。秦末陳勝吳廣起義後，彭越被鄉里推舉起兵。起初不願，後來只好約定次日清晨某時集結。次日人群零零星星前來，最後一個直到中午才到，彭越說：「大家公推我領事，必須建立紀律。今天聚集起兵都遲到，依照軍法無法處置這麼多人，只好斬最後一個到的。」於是中午才到者當場斬首，建立軍威起義。

　　前-205 年，被漢王劉邦手下收買，投靠漢國，成為劉邦手下大將。

　　前-202 年，彭越攻佔昌邑周圍 20 餘城，得穀 10 餘萬斛，以供應漢軍糧餉；繼率部南下，與韓信等會師，參加垓下之戰（今安徽靈璧南），彭越立大功，除齊王韓信以外，是功勞最大的一位，於是劉邦西漢建立時被封為梁王，轄魏國。

　　前 196 年，陽夏侯陳豨造反，劉邦討伐，要彭越出兵援助，彭越稱病不往，只派手下帶兵前往，彭越稱病不往，劉邦大怒，屢輒勸彭越造反，彭越不聽。

　　劉邦滅陳豨後，劉邦下令將彭越掩捕，囚之雒陽，廢為庶人，流放蜀地（今四川）青衣縣。途中恰逢呂后從長安東，道見越，自言亡罪，彭越遇到呂后，泣涕向她求情，希望發配回故鄉昌邑。呂后假裝應允，將彭越帶回洛陽，呂後白上曰：「彭王壯士，今徙之蜀，此自遺患，不如遂誅之。妾謹與俱來。」隨即將其處斬，屍體被處以醢刑（剁成肉醬），誅滅彭越宗族。

　　彭越墓位於河北省保定市清苑縣城西南 21 公里，北王力村北 15 公里處，唐河南岸。規模很大，墓前有石馬、石人、石碑、牌坊，南北向有神道，兩側有石像生。現存彭越墓封土長 8 米，寬 28 米，高 0.8 米，佔地面積 22.4 平方米。墓前石人、石馬已沉入地下，「文化大革命」期間曾挖出石人，後又埋入地下。

　　1982 年，彭越墓列為河北省文物保護單位。

張良　前 3 世紀？~前-185 年潁川城父人

　　張良，字子房，出生名門世家。為留侯，諡號文成。胸懷大志，為謀略之士。祖父張開地、父親張平，都擔任過韓昭侯、韓宣惠王、韓襄哀王的相國，韓國宰相，與蕭何、韓信同為漢初三傑。以三舌為帝者師，封萬戶，位列侯。

　　-230 年，韓國被秦滅後，張良一心想報仇，以家財求得一力士鐵椎重百二十斤。

　　-218 年，博浪沙（今河南省原陽縣）狙擊刺殺秦始皇未遂，誤中副車大事不成。

　　張良易姓改名亡匿下邳（今江蘇邳縣）。恰遇衣褐老翁黃石公故墮履於圯下，張良「圯橋三敬履」納履，黃石公孺教授〔**太公兵法**〕。

　　-208 年，秦末，聚眾歸劉邦，任韓司徒。

　　-206 年，助劉邦攻入咸陽，楚漢交戰，張良獻策，平定項羽。漢高祖分封韓信齊王、彭越梁王。張良無賞。劉邦謂張良「運籌策帷幄之中，決勝千里之

外，吾不如子房。」但無功績未得封，授予齊國三萬戶領地，任可擇地而居。

-201 年正月，漢朝建立，封為留侯。大局底定劉邦剷除功臣，韓信被殺，張良知「卸磨殺驢」，託病遠離。

-186 年，病逝長安。死後謚為文成侯（也稱謚號文成），世人尊稱他為謀聖。

孟嘗君　前 245.4.~3 世紀人

孟嘗君，又名田文、其父靖郭君，田嬰死後，田文繼位於薛城（今山東滕州東南），稱薛公，號孟嘗君，以廣招賓客，食客三千聞名，人稱薛公，權傾一時。

出生時，齊國風俗，這天出生的小孩若身高高度至門楣，會剋死父母，其父靖郭君於是命令把他拋棄了；但孟嘗君的母親不忍心，於是暗中養他成人，還安排他認父。

秦昭襄王聽說田文賢能，把他請到秦國，本想讓他做相，但又擔心他優先為齊國考慮，於是想殺他。田文找秦昭襄王寵妾求情，寵妾要他的白狐毛皮袍子，但這件袍子已送了給秦昭王，幸好門客中有人到秦王處把袍子偷了出來，於是寵妾向秦昭王求情，把田文放了。不久，秦昭王後悔，派兵去追，田文去到關口，關口規定要日出才開門，由於時辰未到不肯開關。幸好門客中有人會裝雞鳴，帶領其他雞一起叫了起來。守關人以為天將亮，於是打開關口，田文一行人便乘機出關。到了趙國，趙國人取笑他矮小，田文大怒，殺了一縣的人才離去。回到齊國，成為齊相。後來齊湣王滅了宋國，十分驕橫，要殺田文，於是田文逃到魏國為相，聯合燕國、趙國、魏國、楚國、秦國幾乎滅了齊國。

田文在齊，食客三千，其中一客馮驩。對孟嘗君說：「兔子狡猾而有三窟，現在只是逃過死路而已。現在君已經有一窟，臣懇請君再讓臣為君鑿另外二窟。」

孟嘗君給了馮驩車五十輛乘，青銅五百斤，向西去魏國，魏國使者來求孟嘗君入國數次，孟嘗君都推辭不入魏。齊國朝臣聽見消息，朝野震撼，齊湣王寫了一封密函，派太傅攜帶佩劍和紋車二乘，前往謝罪，並請孟嘗君回來再當宰相。於是孟嘗君風風光光的回朝就任宰相。

馮驩再對孟嘗君說：「請君求王將齊國宗廟設立於薛，這樣可以保證君的官位，君便可以高枕無憂。」於是齊湣王將宗廟立於薛地（立宗廟於薛）。

孟嘗君在齊擔任相國數十年，沒有任何大小災禍，都是出自馮驩的計策和謀略。

平原君　?~前-251

平原君，嬴姓，趙氏，名勝，趙武靈王之子，趙惠文王之弟，東周戰國時趙國大臣、宰相，善於養士而聞名。和齊國孟嘗君田文、魏國信陵君魏無忌、楚國春申君黃歇，合稱戰國四公子。

前-98 年，封於東武城，號平原君。

前-257 年，秦圍趙國都城邯鄲，魏安釐王令晉鄙前往救援，晉鄙按兵不動。信陵君依侯嬴之議，殺晉鄙奪其兵符，發兵救趙。

　　前-260 年，秦國攻邯鄲，平原君將家財犒賞軍隊，募得死士三千人，秦軍退卻三十里，楚、魏援軍趕來，解邯鄲圍困。

　　秦進逼趙國邯鄲，平原君準備找二十說客去楚國，想遊說楚王合縱抗秦。餘下一個找不到，毛遂自行薦才湊成二十人。

　　前-262 年，長平之戰，「毛遂」直言「楚國人多勢眾，天下無敵，但十步之內，大王的性命在我手裏。合縱目的是為了楚國，不是趙國。」毛遂一罵，趙國成功和楚國結盟。

　　前-264 年，曾割濟東地與齊，求田單為將，將田單留相趙國。

　　前-265 年，秦昭襄王以范雎為相，范雎在魏國時曾受魏齊之辱，威脅魏國要殺魏齊。魏齊得知自刎身亡；趙王取魏齊頭送到秦國，平原君才得以回國。

　　前-262 年，秦國攻取野王，郡守靳黈不降秦，馮亭亦不願降秦，反而獻上黨郡七十邑予趙國，欲引趙國抗秦。孝成王大喜，但平陽君趙豹以為不可接受。孝成王召平原君與趙禹商議，皆認可接受。平原君領軍受地、廉頗領軍至長平。

　　平原君向鄒衍請教公孫龍「白馬非馬」論題。鄒衍認為公孫龍是「煩文以相假，飾辭以相惇，巧譬以相移」有害於大道。從此平原君便絀遠了公孫龍。

　　前-285 年，樂毅攻齊，惠文王曾以相國印授之；

　　前-298 年，平原君拜相，曾「三去相、三復位」。

信陵君　?~前-243

　　信陵君，魏無忌，魏昭王的么子，魏安釐王的異母弟，才華出眾，極富名望，仁愛寬厚，禮賢下士，求取賢士。常低姿訪求隱士侯嬴，在魏國贏得禮賢下士好美名。爭相歸附，食客三千，很多歸附，美名遠揚，各諸侯國都不敢侵犯。

　　前-277 年，魏無忌父親魏昭王去世，魏無忌哥哥魏圉繼承王位，是為魏安釐王。

　　前-276 年，魏無忌封於信陵（今河南寧陵），因而稱為信陵君。

　　前-260 年，趙孝成王在和秦國的長平之戰中，中了秦國的反間計，用只懂「紙上談兵」的趙括取代老將廉頗，結果導致趙國的大敗，40 多萬兵士被秦國坑殺。前 257 年，秦國的軍隊包圍了趙國的都城邯鄲，趙國的形勢非常危急。趙國丞相平原君的妻子是魏無忌的姐姐，平原君趙勝多次向魏安釐王和魏無忌送信，請求魏國救援，魏安釐王派將軍晉鄙領兵十萬前去救趙。秦昭王得到消息後，派使者威脅魏安釐王，魏安釐王懼怕，就派人通知晉鄙停止進軍，留在鄴紮營駐防，名義上為救趙，實際在觀望形勢的發展。

　　前-257 年，聯合趙、魏、韓、楚、燕五國攻打秦國，魏無忌路過夷門時拜見侯嬴，侯嬴勸阻魏無忌說，這樣如同把肥肉扔給飢餓的老虎，獻策找魏安釐王的寵妃如姬，竊出晉鄙的虎符，因得兵符，解救了鄆鄲危機。

　　前-247 年，秦國大舉進攻魏國，魏安釐王請魏無忌回國，任命為上將軍，魏無忌率領五個諸侯國的聯軍在黃河以南大敗秦軍，大敗秦國蒙驁落荒而逃。魏無忌的聲威大震，各諸侯都進獻兵法，魏無忌編寫成書《魏公子兵法》。

秦莊襄王深感魏無忌，散播謠言魏無忌想自立為王。魏無忌知道被謠言抵毀，便託辭有病不再上朝了。

前-243年，魏無忌因飲酒過度而死。同年，魏安釐王亦去世。

信陵君身後，受到許多人民的敬仰，被奉之為神，在大梁有信陵君祠，後改為大相國寺。因信陵君是王族之後，有的後人便改姓王，後人有京兆王氏等。

春申君（黃歇）　?~前-238

春申君，即黃歇，博學多才，口才伶俐，頃襄王時任左徒，考烈王即位，任為令尹。封給淮北地12縣。

前-272年，出使秦國，到秦國侍奉做人質的太子完。

前-263年，回國爭奪王位，翌年太子完即位。

前-260年，趙國經歷「長平之戰」被秦國坑殺40萬大軍。

前-242年，領導合縱國軍隊攻伐秦國，最後為秦國所敗。

前-248年，改封於吳（今江蘇蘇州），號春申君。門下食客三千。

考烈王無子，李園把胞妹介紹給春申君等其妹懷了春申君的孩子後，他勸春申君把妹轉嫁給考烈王，還誘惑春申君說：這樣一來你的兒子，將成為楚王，李園之妹當了王后，生了個兒子，春申君的親生骨肉，確實成了太子，從此考烈王郤信任李園，春申君沒有發覺李園的狡詐，不久，考烈死後，李園埋伏宮中誅殺春申君，將頭顱扔到荒郊野外。

藺相如

藺相如，戰國時趙國大臣。趙惠文王時，秦強索趙"和氏璧"。他受命攜璧入秦，當廷陳詞力爭，終完璧歸趙。趙惠文王二十年（前279年）隨趙王赴澠池（今河南澠池西）與秦王相會。因善於應對，使趙王免遭屈辱，擢為上卿。對趙相廉頗能一再容忍謙讓，使其感悟，成為知交。根據《史記·廉頗藺相如列傳》所載，他的生平最重要的事蹟有完璧歸趙、澠池之會這兩個。

藺相如，戰國時期趙國上卿，相傳為山西安澤、古縣北寶豐村人，其墓在村之附近。

時勢造英雄，藺相如原本是趙國宦官頭目繆賢家中的一名舍人，他為秦趙之爭，提供良好計謀，脫穎而出。

戰國後期，秦併六國，趙惠文王（前307-前251年）後期，秦的攻勢加劇，秦、趙之間的外交、軍事鬥爭日趨複雜起來。

　　前 283 年，秦向趙提出以 15 城易趙之"和氏璧"，這是強國對弱國的政治訛詐。一塊璧玉，無論多麼寶貴，也不能與 15 座城池相抵質，秦不過借機試探趙之虛實而已。趙君臣明知訛詐，卻無如之何。顯然"秦城恐不可得"，要拱手送璧。

　　藺相如獻計，採取"寧許以負秦曲"策略，自報"願奉璧往使"，保證"城入趙而璧留秦，城不入，臣請完璧歸趙。"

　　秦為"虎狼之國"，秦王便殿接見，待慢趙使，接玉後無意償城。藺相如智索國寶，嚴辭揭穿騙局，氣勢凌雲。秦人欲以武力奪回璧玉，藺相如"怒髮沖冠"，"舉璧睨柱"，表示與國寶共存亡，以生命維護了趙國尊嚴，終於"完璧歸趙"。

　　前-279 年，秦趙"澠池會"，秦約趙王赴會時，趙王"欲毋行"。藺相如認為；"王不行，示趙弱膽怯也。"願奉陪趙王赴會。在會談中，以其機敏和雄辯，阻止了秦的欺侮，挫敗秦的脅迫，再次穫得外交鬥爭的勝利。

　　廉頗為趙良將，屢立戰功，威震諸侯，拜為上卿。藺相如的兩次外交鬥爭勝利，與廉頗的統軍鎮守密不可分，秦僅以外交活動試探虛實，也正是憚於廉頗的武力。對此，藺相如有清醒的認識，而居功自傲的廉頗卻不識大體，在相如因功大拜為上卿，且位在自己之上時，極為氣憤，公然宣言："吾見相如，必辱之。"拉開了較量的架式。

　　針對廉頗的挑戰，藺相如對策：每遇上朝，常稱病不去，不與廉頗爭位次；道遇廉頗，多引車避匿，以免發生衝突。當門人認為受到侮辱，紛紛要求離去時，藺相如向他們表白了心蹟："強秦之所以不敢加兵於趙者，徒以吾兩人在也。今兩虎相鬥，其勢不俱生，吾所以為此者，先國家之急而後私仇也。"

　　這顧全大局、感人肺腑的剖白，不僅使門客恍然大悟，深受感動，就是蓄意摺辱相如的廉頗聽後，也頓覺無地自容。他悔恨交加，立即負荊請罪，於是二人成刎頸之交。將相之和，保證了趙國在爾後 15 年內，團結一致，共同抗秦。

　　趙惠文王死後，趙孝成王繼位，年少，太後用事，趙國的另一上卿趙奢已去世，藺相如病重。

　　前-262 年，秦大軍攻趙，廉頗屯兵固壁不戰，相持 3 年之久，秦以離間法，促使趙王起用庸弱毫無經驗的趙括代替持重穩健的廉頗，藺相如慧眼，帶病勸說趙王："王以名使括，若膠柱而鼓瑟耳。括徒能讀其父書傳，不知合變也。"但趙王不聽，終於導致了長平慘敗，損兵 45 萬，元氣大傷，從此趙國每況愈下，於代王嘉六年（前 222 年）為秦國所滅。

　　藺相如一生，維護國家尊，保衛趙國政權，有深厚政治素養和卓越見識的政治家，他與廉頗"將相和"，後人歌功頌德。

樂　毅 （生卒年不詳）

　　戰國時著名軍事家，魏國名將樂羊後代。賢德才能，善兵法，甚為趙人器重。在燕被任命為亞卿。建議燕昭王聯絡趙、楚、魏等國共同對付強齊，遂被

派往諸國行合縱之事。前-284 年，樂毅統率趙、秦、韓、魏、燕五國之兵伐齊，輔佐燕昭王，大敗齊軍於濟西之戰，樂毅取得齊國寶財物、祭器運往燕國。燕昭王大喜，封樂毅為昌國君。燕惠王立，田單反間計，使燕騎劫樂毅。樂毅畏誅，以「善作者不必善成，善始者不必善終」亡命入趙，被封於觀津，號曰望諸君。

燕惠王在軍隊敗北之後，復召樂毅，表示不忘其功，樂毅回應《報遺燕惠王書》「君子交絕，不出惡聲；忠臣去國，不潔其名。」被燕趙任命為客卿閑居。

卒於趙。樂毅子樂間為趙將。孫樂卿號華成君，後人有樂瑕公、樂臣公等。

廉頗　前-327-約前-243 年　山西太原（一說山西運城）人

廉頗，嬴姓，廉氏，名頗，封信平君，戰國末期趙國的名將，與白起、王翦、李牧並稱「戰國四大名將」。在趙惠文王（前 298～前 266）、趙孝成王（前 266～前 245）、趙悼襄王（前 245～前 236 年）時期工作。

長平之戰前期，他以固守的方式成功抵禦了秦國軍隊。長平之戰後，又擊退了燕國的入侵，斬殺燕國的栗腹，並令對方割五城求和。晚年時，因不得志，他先後投奔魏國大梁和楚國。他和趙國上卿藺相如之間曾發生過「**負荊請罪**」的故事，傳為美談。

史書記載廉頗食量驚人，年老時每頓飯還能吃兩斗米、三十斤肉，並在飯前披甲跨馬馳騁校場。其晚年趙王曾想重用廉頗，派使者請其出山，廉頗為顯示自己年輕，當著使者面吃下五斗米、二十斤肉並披甲跨馬到處奔跑。但遭郭開排擠，使者謊稱廉頗「一飯三遺矢」（吃一頓飯的時間內，上了多次廁所）。

趙王遂以廉頗老而無用，不復再用。楚國暗中派人勸說廉頗，廉頗遂前往楚國為將，但並無功績。南宋大詞人辛棄疾說「廉頗老矣，尚能飯否？」以抒有志而不被賞識的感慨。

《史記·廉頗藺相如列傳》）流露出對祖國鄉親的眷戀之情。但趙國終究未能重新啟用他，致使這位爲趙國做出過重大貢獻的一代名將，抑鬱不樂，最終死在楚國的壽春（今安徽省壽縣），年約 85 歲。

廉頗的陵墓在今安徽省壽縣城北 7 公里的八公山之放牛山西南坡上，俗稱"頗古堆"墓面西，周長 30 米，西臨淮河，南北東三面環山，一代風流領山川之勝，英風浩氣激盪千秋。

田單　山東臨淄人

齊國軍事家，初為市吏，以「火牛陣」破燕軍和收復七十城而聞名。

前-284 年，齊湣王內被人民所怨，外被秦國仇視，五國發軍攻齊，大破齊軍，斬殺韓聶，燕國將領樂毅出兵佔齊都臨淄（今山東淄博東北），滅了齊國。

田單率族人以鐵皮護車軸逃至即墨，由田單率領抵抗，雙方交戰五年。樂毅強攻不克，改採包圍策略。

前-279 年，燕昭王逝，燕惠王繼位，田單用反間計，樂毅被廢，被迫出奔

趙國。

　　田單佯裝神來助齊，以振奮城中軍民人心，果然激發人心。

　　其後，田單佯裝軍力虛弱送金、降表出城，要求破城不要擄掠騎劫第三次中計。

　　此時田單趁機收集牛隻，聚得千餘隻，畫上五花彩紋、披上土黃色綢緞、牛角紮了刀和牛尾綁了用油浸過的葦草。田單鑿開城牆十餘口，於夜間布置好，準備五千士兵，放牛出城，在牛尾巴點火，牛隻疼痛，猛力往前衝，突襲燕營，齊壯士五千隨後衝殺。燕軍以為神兵天降，田單並聚集婦孺齊敲銅器戰鼓，音震天地，嚇得燕軍將士潰不成軍，騎劫亦死於亂軍之中，田單率兵乘勝追擊，收復齊國七十餘座城，打敗了燕軍，齊襄王封田單為相國，為安平君，又益封夜邑（今山東掖縣）萬戶，死後葬於安平城內。

項羽　前-232~-202 秦末下相（今蘇宿遷西）人

　　項羽，名籍，字羽，以字行。勇猛善戰的軍事家。祖父項燕是楚國名將，祖先多是楚國將領。據載項羽眼睛重瞳，雙眼各有兩個相疊瞳孔，傳說認為聖人異相，舜帝就重瞳。「漢書」項羽身高 8 尺 2 寸，力能扛鼎，才氣過人。

　　《史記‧項羽本紀》「少時，學書不成，去學劍，又不成。」叔父項梁因此不滿，羽說「書足以記名姓而已。劍一人敵，不足學，學萬人敵。」改教他兵法。

　　項梁因故殺人，躲避仇家，攜項羽逃亡到吳（烏程今浙江湖州）。秦始皇巡遊會稽郡吳中時，項羽觀皇帝出巡，說「彼可取而代之」，嚇得項梁急掩其口。

　　前-209 年 7 月，陳勝吳廣起兵，項梁和項羽殺殷通，項梁任會稽守，項羽裨將。

　　楚懷王遷都彭城，任宋義為上將軍，項羽為次將、長安侯、魯公。項羽矯詔殺宋義，懷王被迫任項羽為上將軍。

　　前-208 年，劉邦投奔項梁，向項羽借兵成一統合義軍。

前-207 年，項羽進兵鉅鹿，率軍渡河，命令渡河後砸碎鍋子，鑿船沈沒，表明自絕退路，後世稱之為「破釜沉舟」。項羽九戰九勝，大破秦軍，成為「諸侯上將軍」統帥。

前-206 年 6 月，秦將章邯率所部向項羽投降。

鉅鹿之戰後，項羽繼續向關中進軍，但劉邦已經搶先佔領秦都咸陽，並派軍在函谷關阻止楚軍入關，楚軍以英布為先鋒破關直入。劉邦大懼，退出咸陽，紮營灞上。范增遊說項羽鏟除劉邦未允，項羽在鴻門宴請劉邦，席間項莊舞劍欲刺殺劉邦，計敗，劉邦平安地離去，後世稱為「鴻門宴」。

項羽進入咸陽，殺秦降王子嬰，焚燒秦宮，大肆掠殺，殺楚懷王、秦王子嬰嬴氏皇族、大掘秦始皇陵。

這時韓生勸項羽留駐關中，可成霸業，項羽不從，說「富貴不歸故鄉，如衣繡夜行，誰知之者。」韓生批評項羽「人言楚人沐猴而冠耳，果然。」項羽聽說後烹殺了他。之後項羽尊懷王為楚義帝，自立為「西楚霸王」，統治梁楚九郡，定都彭城。

前-205 年，漢軍聯合五國諸侯軍隊進攻楚國，佔領彭城，項羽聞訊自齊地率精兵回救，在彭城大敗漢軍，劉邦被楚將丁公放走，僥倖逃脫。

前-204 年，滎陽危急，漢將紀信扮成劉邦出城投降，掩飾劉邦趁機西逃，項羽知道，燒死紀信，佔領滎陽後，捕獲城守周苛，勸降不成，遭項羽下令烹殺。

項羽所向披靡，百戰百勝，戰術上算得上勝利；戰略上，劉邦採納袁公建議「疲楚」之計。對楚包圍。項羽始終無法有固定的後方補給，糧草殆盡。

前-203 年，楚、漢訂《鴻溝和約》，以鴻溝為界，西歸漢，東歸楚。是為楚河漢界，止干戈，罷紛爭。和約訂立後，項羽率軍東歸。劉邦則接受張良、陳平獻策，背信毀約，出兵攻楚。劉邦與韓信、彭越合擊項羽，韓彭二人卻按兵不動，劉邦被項羽打得大敗。劉邦以封王利誘韓信及彭越出兵，終於會合。

前-202 年，漢軍劉邦、韓信、彭越三軍，在垓下與糧食不足的楚軍展開決戰，包圍楚軍，士兵以楚地方言唱歌，讓楚軍誤以為漢軍已渡江佔領了他們的家鄉，楚國已亡。這「四面楚歌」心理戰術，使項羽的軍心渙散。項羽不禁英雄氣短，感慨萬分，複雜的心情下，作出一曲悲壯的《垓下歌》

力拔山兮氣蓋世，時不利兮騅不逝，騅不逝兮可奈何，虞兮虞兮奈若何！

他的愛妾虞姬也拔劍起舞，唱道：「漢兵已略地，四面楚歌聲，大王意氣盛，賤妾奈何？」隨即拔劍自刎。英雄摯愛，美人殉節，悲壯淒艷。

項羽趁夜色昏暗，帶著八百子弟兵，騎上愛駒烏騅馬，一馬當衝出重圍，漢將灌嬰緊追不捨。在陰陵迷路，向路邊農夫問路，農夫謊報路徑，使項羽軍迷失在大澤當中，被漢軍騎兵追至。退至烏江，騎兵只剩廿六人，烏江亭長停船等待，然項羽說：「當初起兵時，率江東八千子弟渡河西進，如今，只有我一人生還，無顏見江東父老！」天意不祐，拒絕渡江。看到故將呂馬童說：「聽說劉邦用千金價格、萬戶侯地位懸賞我的人頭，我就做個人情給你罷！」然後自刎於烏江，時年 31 歲。項羽死後，漢王劉邦在穀城（今山東省

濟南平陰縣）以魯公禮安葬項羽，並親為發哀，哭之而去。

荊軻 ?~前-227 戰國末年衛國人

荊軻，又稱慶卿、荊卿、慶軻。齊國慶氏的後裔，秦滅衛後逃亡到燕，改姓荊。

燕國處士田光也結識荊軻，認為他不是平常人。時陰謀暗殺秦王政（即秦始皇），田光把荊軻推薦給太子丹。

荊軻說「太子丹的意思我知道了，但一定要有信物，否則秦王不會相信。從秦國逃來的樊於期將軍，秦王懸賞金千斤邑萬家來要他的首級。如果用樊將軍的首級和燕國督亢的地圖獻給秦王，秦王一定會接見我，這是我就可以報答您了。」太子丹說「樊將軍在窮途末路的時候來投奔我，我不忍心殺他，請您另想辦法。」

樊於期得知其事，毅然自刎。太子聽說，急忙趕來，伏屍痛哭。

荊軻用匣子把樊於期的頭盛了直奔秦國。出發時，太子丹和賓客都穿白衣在易水邊送荊軻。荊軻悲歌

「風蕭蕭兮易水寒，壯士一去兮不復還」，繼又唱道「探虎穴兮入蛟宮，仰天呼氣兮成白虹。太子丹被徹底地感動了，跪在地上向荊軻敬了一杯酒。」

秦王得知「燕王非常懼怕大王，謹派使者帶樊於期的頭和燕國督亢的地圖獻上。」秦王大喜，就穿朝服，設九賓，來接見燕國的使者。荊軻手捧裝樊於期的頭的匣子，秦舞陽手捧地圖跟在後面。

到了殿上，荊軻把地圖奉上，秦王打開地圖，圖窮而匕顯。荊軻左手抓住秦王袖子，右手用匕首刺秦王。秦王大驚，站了起來，掙斷衣袖。想要拔劍，卻劍身太長，拔不出來。荊軻追秦王，秦王繞著柱子逃跑。這時，侍醫夏無且把一個藥囊向荊軻扔去，荊軻伸手擋了一下，秦王趁這時把劍轉到背後拔出，回頭砍斷荊軻的左腿。荊軻倒地，將匕首扔向秦王，不中，中銅柱。秦王向荊軻連砍八劍，荊軻自知失敗，靠在柱上笑著對秦王說：「我之所以沒有成功，是因為想生擒你，迫使你把諸侯的土地歸還。」武士衝上殿來，殺掉荊軻。

蒙恬 ?~前-210 齊國人

蒙恬，秦朝名將，祖父蒙驁和父親蒙武皆為秦國名將。

前-224 年，作為李信的副手，李信攻破鄢（今河南鄢陵），被楚軍擊破。秦始皇復用王翦為將，蒙恬父蒙武為裨將軍帶兵六十萬攻楚。

前-221 年，因為出身將門被秦始皇起用為將軍，攻齊國大勝，後任內史。

前-214 年，率領 30 萬秦軍征伐匈奴，

前-213 年，收復內蒙古河套一帶，擊退匈奴 700 餘里，沿黃河至陰山構築城塞，修筑北起九原、南至雲陽直道防禦線。蒙恬守北防十餘年，匈奴不敢再犯。

當時蒙恬之弟蒙毅也作上卿。蒙毅曾判處趙高死刑，被赦免，從此蒙氏兄弟和趙高結怨。趙高和秦始皇幼子胡亥關係密切，頗受胡亥重用。

秦始皇長子扶蘇因數諫皇帝，失帝愛，貶至上郡，成為蒙恬的監軍。

前-210 年，秦始皇病故。趙高勾結李斯，矯詔擁立胡亥繼位，敕令賜死扶蘇，史稱沙丘之變。蒙恬與扶蘇關係密切，賜死蒙恬。接到命令後，蒙恬覺得可疑，「蒙恬止扶蘇曰：陛下居外，未立太子，使臣將三十萬眾守邊，公子為監，此天下重任也。」但扶蘇最後自殺，蒙恬拒絕自殺，被解除兵權關押在上郡的陽周，部軍隊交由裨將王離指揮。

扶蘇死，二世皇帝胡亥想釋放蒙恬，趙高不肯，於是蒙恬、蒙毅兄弟被處決，葬於綏德縣城西的馬鞍山下。

傳說蒙恬曾改良使用「毛筆」。

陳勝　?~-208 秦末陽城（今河南登封東南）人

陳勝，字涉，早年窮困，僱農出身，胸有大志，「王侯將相寧有種呼」，因說「苟富貴，無相忘」而遭嘲笑，自嘆：「燕雀安知鴻鵠之志哉！」秦末趙篡權，賦役繁重，刑政暴。。

前-209 年 7 月，陳勝和吳廣在蘄縣大澤鄉（安徽宿州東南的劉村集）起義，殺秦縣尉，「斬木為兵，揭竿為旗」。佔領陳縣（今河南淮陽）建立政權「張楚」。

陳勝以吳廣率重兵進攻滎陽（今河南滎陽東北古滎鎮），又以周文為將軍，率部擊秦，破函谷關，兵抵關中戲地（今陝西臨潼境），逼近咸陽。少府章邯率驪山修墓的刑徒，迎擊周文軍。周文因為孤軍深入戰敗，等待救援三個月，退到澠池，周文自殺。滎陽城池堅固，久攻不下，吳廣與部下田臧起爭執，吳廣被殺，軍心渙散。秦大將章邯率軍攻來，田臧兵敗亦被殺。

前 209 年 12 月，章邯率軍進攻陳地（今河南淮陽），陳勝敗退至下城父（今安徽渦陽東南），叛徒車夫莊賈殺害陳勝，投降秦軍。陳勝部將呂臣復殺莊賈，葬陳勝於芒碭山。追諡「隱王」。

吳廣　?~前 208 陳郡陽夏（今河南省太康縣）人

吳廣，字叔，前-209 年，與陳勝被徵屯戍漁陽（今北京附近）守邊。行軍途中，卻因為天雨耽擱日程，因秦朝法律規定，軍人誤期者死。為了避免死刑，陳勝、吳廣領導九百名戍卒，在蘄縣大澤鄉（安徽宿縣西寺坡鄉劉村集）殺秦尉起義，建立張楚政權，吳廣立為假王。

前 208 年吳廣率田臧、李歸等圍攻滎陽（今河南滎陽東北古滎鎮），久攻不下。吳廣與田臧意見不合，田臧假借陳勝之命殺害吳廣。吳廣死後，秦將章邯率軍進攻，田臧兵敗被殺。

田橫　?~前-202 秦末狄縣（今山東高青東南）人

田橫，出身田齊宗室，秦末戰爭時，曾為齊國宰相，一度自立為齊王，兵敗逃海島（今田橫島）。劉邦逼降，不屈，自刎而死，其門客五百人皆自盡殉主。

秦末陳勝吳廣起義，天下大亂，田儋、田榮、田橫兄弟抗秦自立，儋為齊王。

前-208 年 6 月，田儋被秦將章邯所殺，立弟田假為齊王，田假後逐走，改立田儋子田市為王。田假逃往項梁，項梁拒絕交出田假，自此齊楚兩軍交惡。

前-206 年，項羽大封諸侯，田榮、田橫兄弟卻沒有封爵。田榮不服自立為齊王。

前-205 年正月，項羽伐齊，田榮被殺，劉邦暗渡陳倉攻下關中，偷襲楚都彭城，項羽退兵，田榮弟田橫趁機收復失地，三月立榮子田廣為王，自為相。

前-203 年，劉邦派韓信攻打項羽。劉邦派使者酈食其赴齊連和，說服田廣與田橫，劉邦得知和議達成後，下令韓信撤兵，田橫解除戰備，設宴大事慶賀。

韓信爭功好勝，引兵東進，攻入齊國。田橫、田廣憤怒，認為劉邦背信棄義，烹殺了酈食其。齊師大敗，田廣逃亡中被殺，田橫自立為王，先投奔魏國彭越；彭越倒戈向漢，田橫害怕被殺，與其徒屬五百人入海，居島中（即今田橫島）。

劉邦以齊人賢者皆降，而只留田橫等人居於海中會讓釀成禍患，於是派人赦免田橫並召見之，橫遂與門客到洛陽觀見。

將到洛陽的時候，使者不讓田橫前進，說：「作為臣子，見天子前要先沐洗」田橫暗地裏與門客說：「開始與劉邦同樣稱王，成為天子，我就是亡國之虜，而今皇上要我的首級，於是自刎，讓門客帶著他的頭顱與使者乘快馬面報劉邦。劉邦感歎，遂以王者禮葬之。

田橫葬禮完成後，隨行的兩個門客在田橫墓旁挖了個洞，然後自刎，倒在洞裡，要在地下追隨田橫。劉邦聞之大驚，由此概嘆田橫門客都是賢者，派使者召其餘門客五百人於海島上。門客從使者處得知聞田橫的死訊後，亦皆自殺。

樊噲　前 3 世紀？~前-189

漢開國功臣，封武陽侯。早年以屠狗為業，最有名之事跡為曾在鴻門宴時出面營救漢高祖劉邦，為楚漢相爭時期的風雲人物。

樊噲與劉邦皆出生於沛縣，早年以屠狗為業，在沛縣為市井小民。其妻呂嬃是劉邦之妻呂雉的親妹妹，因此與劉邦有姻親關係。跟從劉邦在豐縣附近起義。

劉邦在沛縣城外起義，被推為沛公後，封在側的樊噲為舍人。一同攻擊胡陵、方與，展現強大的武力和膂力，受封一國之大夫。

劉邦出征皆與樊噲一同，率先登入濮陽城。攻擊武關時，武勇無可匹敵，至霸上斬秦朝都尉一人，秦軍二千九百人向樊噲投降。

滅秦後，項羽謀士范增擬在鴻門宴上謀殺劉邦，他衝入營內發言，使項羽啞口樊噲參與三秦戰役，官位升封郎中騎將。漢王賜給他食邑樊鄉，合流攻擊

項羽。

項羽死後，各地諸侯有許多仍不臣服漢朝勢力，樊噲追隨漢帝的劉邦攻擊反對的燕王臧荼，並俘虜臧荼，平定燕地。

劉邦就國至漢後，蕭何建議封韓信為大將軍，造成樊噲的不滿，抗議此事論罪當處斬；但由於其功勳剽悍，以及與劉邦從起義跟隨至今，故以「冊封為大喜之日」為理由，饒恕樊噲的抗議罪過而免除一死。

劉邦晚年病情危急時，呂后擅政，而樊噲與呂后有意翦除戚夫人、及趙王劉如意的所有黨羽。劉邦大怒，派遣陳平與絳侯周勃領軍，立即至軍中斬殺樊噲。陳平畏懼呂后，因此下令綁縛樊噲到長安再治罪。沒想到抵達長安時，劉邦崩逝，呂后釋放樊噲，恢復舞陽侯爵位食邑。樊噲前189年病死諡號武侯。

陳平　?~前-178　漢初陽武（河南原陽）人

陳平，少小父母雙亡，由兄撫養長大，娶了個五嫁賢淑富有寡婦。

前-207年，投靠項羽，任護軍中尉。用反間計，使項羽除去謀士范增。

前-204年，後轉投靠劉邦，用金蟬脫殼計救了劉邦。

前-202年，建議毀約垓下擊敗項羽.

前-200年，劉邦在白登被匈奴包圍用計脫困.

前-195年，劉邦命陳平殺樊噲，漢惠帝劉盈70歲，死後呂后攬權陳平任丞相。

前-180年，陳平與周勃捕殺呂氏族人，擁立劉邦長子劉恆為帝，亦即漢文帝。

前-178年，陳平去世。

周勃　?~前-169　沛縣（今江蘇豐縣）人

周勃，諡「武」，祖先從卷縣（河南原陽）遷到沛郡豐邑，頗為貧寒，曾經靠織簾子和演奏喪樂為生，後投入公家，在軍中做基層軍官。為拉弓射箭好手，腦筋靈活，先擔任劉邦侍衛、「威武侯」，楚漢戰爭，作為周勃的駙馬兒子周勝之封地被取消，另一個兒子周亞夫，繼承了他的爵位。

漢太祖劉邦認為周勃「厚重少文」，可以託付大事，以軍功高，封為絳侯。漢文帝時，拜右丞相。

前-209年，隨劉邦起事反秦，周勃以侍從官的身份跟隨劉邦進攻胡陵，擊敗方與。方與反叛，周勃打退了敵軍。之後進攻豐邑、碭郡之秦軍，勝利後軍隊回到留縣和蕭縣。再次進攻碭郡，破了下邑，周勃最先登城。劉邦賜給他五大夫的爵位。再進攻蒙、虞二城，都攻下了。襲擊章邯車騎部隊，立下大功。又再攻擊魏地爰戚、東緡栗、齧桑等城池。一路追擊秦軍至濮陽，攻下甄城、都關、定陶，宛朐，單父。又發動夜襲攻下臨濟，在雍丘城下擊敗李由軍。再攻打開封、潁陽、緱氏，斷黃河渡口水道通路。擊敗趙賁軍，破武關、嶢關。一路追擊秦軍到藍田，最後揮軍咸陽，滅秦。以軍功拜為將軍。

劉邦漢中稱王，周勃被封為武威侯。漢王把懷德賜給周勃作食邑。

　　隨劉邦由漢中進取關中時，在咸陽攻擊趙賁和內史保，向北進攻漆縣。攻打章平、姚卬的軍隊，又回軍打下了湄縣、頻陽。在廢丘包圍了章邯軍隊，圍章邯，屢建戰功。擊敗三秦後攻打項羽時，周勃由進攻曲逆開始，立上等功。回師鎮守敖倉，追擊項羽。項羽死後，趁機向東平定楚泗水和東海兩郡，共佔領二十二縣。回師守衛洛陽及櫟陽，劉邦把鍾離賜給周勃與灌嬰做為二人共有的食邑。

　　楚漢成皋之戰中周勃先留鎮嶢關（今陝西商州西北）重地，後率軍投入成皋（今河南滎陽汜水鎮）作戰，與項羽正面對峙。先後攻取曲逆（今河北完縣東南）等地，佔領泗水、東海兩郡（今皖北、蘇北一帶），凡得 22 縣。

　　燕王臧荼叛變，周勃出兵平定。

　　前-201 年，劉邦賜周勃爵位，與其他諸侯剖符相誓約，世世不能斷絕樊噲後嗣爵位，賜絳縣八千一百八十戶做為食邑，被封為絳侯。

　　後又平定韓王信叛亂。周勃出兵，在晉陽城下，攻擊韓王信的胡人騎兵，擊敗了他們，攻下了晉陽。升為太尉。又攻打叛將陳豨，在馬邑縣屠城。他率領的士卒斬殺了陳豨的將軍乘馬。周勃共平定雁門郡十七個縣，雲中郡十二個縣。趁勢又在靈丘攻打陳豨，斬殺了陳豨，俘獲了陳豨的丞相程縱、將軍陳武、都尉高肆。

　　燕王盧綰亦反叛，周勃以相國的職位，與樊噲領兵，攻下薊縣，俘獲了盧綰的大將抵、丞相偃、郡守陘、太尉弱以及御史大夫施等人，屠渾都城。在上蘭、沮陽打敗了盧綰的叛軍，追擊到長城，平定上谷郡十二縣，右北平郡十六縣，遼西、遼東二十九縣，漁陽郡二十二縣。

　　隨從劉邦出征，總計共俘獲相國一人，丞相二人，將這和年俸二千石的官各三人，另外還打敗了兩支軍隊，攻下了三座城，平定五個郡、七十九個縣，俘虜丞相、大將各一人。

　　前-195 年，劉邦去世，漢惠帝即位，周勃繼續任太尉。

　　前-180 年，漢高后呂雉死後，諸呂作亂。周勃與丞相陳平、朱虛侯劉章等人合作，智奪呂祿軍權，控制了北軍。平定了呂產的宮廷叛亂。誅殺諸呂後，周勃等人迎立當時為代王的劉恆即位，這就是漢文帝。

　　漢文帝即位，任命周勃為右丞相。在別人提醒下，為了避免功高蓋主的嫌疑，他主動辭職。後陳平逝世，又被任命為丞相。不久漢文帝要求所有列侯回封地，周勃為做表率，辭去丞相職務，回到封地絳。絳侯周勃自己害怕被殺害，經常披掛鎧甲，命令家人手持武器會見郡守和郡尉。後來有人告發周勃謀反，被捕關押於長安，周勃驚懼不能辯護，受到獄卒的虐待。後獄卒終於暗示周勃花千金買通獄卒，獄卒指點他向兒媳，即漢文帝的公主求救（周勃的長子周勝之娶其為妻），走薄太后的門路。終於獲釋回到絳。出獄後周勃感慨地說：「吾嘗將百萬軍，安知獄吏之貴乎！」

　　前-169 年，周勃逝世，諡「武侯」。

霍去病　前-140～-117年，河東郡平陽縣（今山西臨汾西南）人

霍去病，衛子夫、衛青的外甥，霍去病父親霍仲孺是平陽縣的衙役，與平陽公主的奴婢衛少兒有染，生下了霍去病。

霍去病的姨母衛子夫，被漢武帝看中入宮，數年後生皇長子劉據而被立為皇后，加上衛青征匈奴功勛卓著，衛氏家族從此平步青雲。霍去病16、17歲時負責保衛皇帝安全的侍中官，18歲時隨舅衛青出征。

霍去病初次征戰，年方18，把匈奴兵殺得四散逃竄，且俘虜單于的叔父羅姑比，病因此開始展露鋒芒，獲得授予驃姚校尉，「勇冠三軍」之意而受封予冠軍侯。

前-121年。兩次大敗匈奴，控制河西地區，打通往西域道路。

前-119年，霍去病大敗左賢王，幾乎全軍覆沒。霍去病和舅舅衛青同時獲加封大司馬、驃騎將軍。漢武帝欲為他建府第，他婉拒說「匈奴未滅，何以家為？」

前-117年，霍去病因病去世，年僅23歲。武帝很悲傷，給霍去病修墳墓，外形象祈連山的樣子，追諡為景桓侯。霍去病的墓至今仍然矗立在茂陵東北。

衛青　？～前-106年，河東平陽（山西臨汾）

字仲卿，衛皇后弟，平陽侯府中奴僕衛媼與平陽縣吏鄭季的私生子，幼年被送至生父家寄養，被前妻所生兒子歧視，後來便獨自離開父家回到母親身邊一起生活，並改隨娘家姓衛。

前-139年，三姐衛子夫被借霸上掃墓之機做客，平陽府的漢武帝相中後帶入宮中，衛青相隨入宮「給事建章營（當差）」。衛子夫懷孕，導致陳皇后妒忌，陳皇后之母館陶長公主便派人綁架衛青企圖殺害，被衛青朋友公孫敖救出。漢武帝得知後十分震怒，當著陳皇后和館陶長公主面，提拔衛青為建章監（禁衛隊長）、侍中，封其姐衛子夫為夫人，其兄衛長君為侍中，並大肆封賞公孫敖等人，數日間給衛青的賞賜便達到千金之多。

衛青育有三子（衛伉、衛不疑、衛登），平陽公主與衛青結伴終生，死後與他同葬，沒有為他生兒育女。

前-129年，初出茅廬的衛青為車騎將軍，驍勇善戰，直搗龍城（匈奴人祭掃祖先的地方），殺敵七百後得勝而回。漢武帝賞識有加，封為關內侯。

前-127年春，衛青出征雲中（今呼和浩特西南），圍殲匈奴白羊王、樓煩王兩部，斬首並俘虜匈奴數千、牛羊百萬計，收復河套地區，衛青被封為長平侯，加封三千八百戶侯。身為大司馬大將軍，位極人臣，衛青卻從不養士。

前-117年，大司馬有太尉權，大將軍為皇帝以下最高軍政首腦，位在丞相之上。

衛青的一生七次率兵出擊匈奴，無一敗績。治軍嚴明，能與士卒同甘共苦，作戰驍勇，深受將士愛戴。衛青儘管功勛卓著，為人謙遜低調，從不仗勢跋扈，仁善退讓，和柔自媚於上。

前-106年，衛青去世，諡號烈侯，取《諡法》「有功安民曰烈。以武立功。秉德尊業曰烈」之意。漢武帝為衛青修建了一座『陰山』形狀（匈奴境內的一座山）的墓冢，以象徵衛青一生的赫赫戰功。

竇嬰　？～前-131年

竇嬰，漢文帝皇后竇氏堂兄之子，以軍功封魏其侯，後因與武安侯田蚡不和，被以「偽造詔書罪」斬首。文帝時，竇嬰曾任吳王劉濞的丞相，後因病去職。

前-154年，七國之亂爆發，竇嬰以大將軍職守滎陽，叛亂平定後被封為魏其侯。前-153年，栗姬所生的皇長子劉榮被立為太子，竇嬰出任太子太傅。

前-150年，太子被廢，竇嬰由是稱病數月不出，後來經人勸說才重新上朝。

竇嬰雖為竇家最賢能之人，卻不受竇太后喜愛。孝景三年，梁王劉武入朝，景帝設宴款待，並於酒後表示身後要把皇位傳予梁王。梁王是竇太后的小兒子，故而太后聽到後也非常高興。這時竇嬰挺身而出，陳說漢室天下父死子繼的祖制，打消了景帝的念頭。竇太后由此非常討厭竇嬰，並革除了竇嬰的門籍。後來竇太后的態度有所緩和，但因為竇嬰喜好儒家學說，而太后則鍾情於黃老之學，故而關係始終不夠融洽。

武帝初即位，大力推崇儒家思想，任竇嬰為丞相，王太后同母異父弟田蚡為太尉，提拔了一大批倡導儒家思想的官員，如御史大夫趙綰、郎中令王臧等。

前-139年，趙綰、王臧建議不必向太皇太后竇氏請示朝政。太皇太后大怒，將兩人下獄，竇嬰和田蚡也因此被免官。從此以後竇嬰在政治上便走下坡。

前-135年，太皇太后竇氏駕崩，竇嬰失去靠山。王太后則獲更多機會影響朝政，與之相應田蚡則如日上中天，出任丞相。很多士人逐漸疏遠竇嬰而親附田蚡。

前-131年，竇嬰至交灌夫，在酒席中對田蚡出言不遜，被田蚡逮捕下獄，判處死刑。竇嬰傾全力搭救灌夫，並在朝會上就此事與田蚡辯論。但由於王太后的壓力，灌夫仍被判為族誅。竇嬰乃以曾受景帝遺詔「事有不便，以便宜論上」為名，請求武帝再度召見。但尚書很快就發現竇嬰所受遺詔在宮中並無副本，於是以「矯詔」之名彈劾竇嬰。十月，灌夫被處斬，竇嬰得知，怒發病倒，絕食欲死。後聽聞皇帝無意處死自己，於是恢復飲食。田蚡散布謠言，使武帝聽到，於是在十二月末竇嬰在渭城被殺，陳屍棄市。

竇嬰死後次年春天，武安侯田蚡病倒，病中喃喃口呼謝罪，家人請來能視陰陽鬼事人，得知是魏其侯和灌夫兩鬼守住田蚡，鞭笞索命，群醫束手，只能眼睜睜看著田蚡不治。

灌夫　　?～-前131年漢朝潁川郡潁陰（今河南省許昌市）人

灌夫，字仲孺。曾任淮陽太守、燕國宰相，因得罪武安侯田蚡，被斬首。
本姓張，因父親張孟曾為潁陰侯灌嬰家臣，賜姓灌。

吳楚七國之亂，灌夫率領一千人跟隨父親灌孟從軍，立下軍功被封為中郎
將。父親戰死，灌夫不肯返鄉葬父，繼續戰鬥，以勇猛聞名。後來，漢景帝任命
灌夫為代國宰相。漢武帝即位，認為淮陽是天下軍事要地，故改命為淮陽太守。

前-140年，入京，擔任太僕。

前141年，灌夫與長樂宮衛尉竇甫飲酒，酒後毆打竇甫。竇甫是竇太后的
兄弟，皇帝怕太后斬殺灌夫，改任他為燕國宰相。

幾年後，犯法免官，以百姓身份在長安居住。灌夫尚遊俠，家產數千萬，
食客每日數十百人，橫暴潁川郡。他交好魏其侯竇嬰，後來在丞相田蚡的婚宴
上，因田蚡、程不識和灌嬰本家的灌賢看不起他與竇嬰，灌夫痛罵，因此論不
敬之罪，被斬殺，更因族人橫暴被滅族。竇嬰也被牽連，最後也被滅族。

田蚡　　?～前-131年西漢內史長陵（今陝西咸陽市東北）人

田蚡，漢武帝的舅舅、大臣，封武安侯，最終被魏其侯竇嬰和灌夫兩鬼的
靈魂殺害，其爵位亦於他死後的四年被廢除。

田蚡相貌醜陋，巧於文辭。魏其侯竇嬰掌權時，田蚡還是個郎官，往來於
竇嬰家，陪竇嬰飲酒，時跪時起，對竇嬰的恭敬就好像是竇嬰家的晚輩一樣。

其同母異父的姐姐王氏，後成為景帝的第二任皇后，外甥劉徹又被立為太
子。前-140年，劉徹登基，為漢武帝。田蚡被封為武安侯，拜太尉，後遷丞相，
受到趙綰、王臧的牽連被免職。

前-135年，太皇太后竇氏去世，田蚡再次登上宰相位，好儒術，立五經博
士。獨斷專橫，「由此滋驕，治宅甲諸第」。

前-132年，黃河改道南流，十六郡遭嚴重水災，他因封邑鄃（今山東平原）
在舊河道以北，沒有受到水災，力阻治理，使治河工作停止二十年之久。

田蚡得志，與竇嬰許多糾葛，包括相約遲到，與索求土地不遂等；田蚡娶
燕王女為夫人，辦婚宴，王太后命令大臣都得去喜酒場上祝賀，灌夫不願去，
魏其侯竇嬰卻強迫灌夫一起參與，田蚡在酒席中受到眾人推崇，而竇嬰卻遭到
冷落，灌夫很生氣。恰好灌夫的結誼親戚臨汝侯灌賢（灌嬰的後代）與衛尉程
不識耳語。灌夫為人剛直，大罵灌賢「你平時說程不識不值一錢，今天長輩敬
你酒，你卻像是女孩子一樣跟程不識說悄悄話咧！」田蚡出來勸解，灌夫就直
接羞辱田蚡，田蚡則大毀灌夫平素橫行不法。田蚡向武帝「劾灌夫罵座不敬」，
將灌夫處死。竇嬰怒而揭露田蚡與淮南王來往，田蚡心生怨恨。

後來竇嬰以「偽造聖旨罪」被滅族。竇嬰死後次年春天，武安侯田蚡病倒，
病中喃喃口呼謝罪，家人請來能視陰陽鬼事之人，得知是魏其侯竇嬰和灌夫兩
鬼守住田蚡，鞭笞索命，群醫束手，只能眼睜睜看著田蚡不治。田蚡死後，其

子田恬繼承侯爵才四年，就因罪被廢除爵位。

黃霸　前-130～-51 淮陽陽夏（今河南太康）人

黃霸，字次公，漢宣帝時，任揚州刺史、潁川太守，為政外寬內明。歷任御史大夫、丞相，封建成侯，史家宣稱他「外寬內明」。他與龔遂並稱為「龔黃」。前-51 年，黃霸去世，諡號定侯。

張騫　?~前 114 西漢漢中郡成固（今陝西省城固縣）

張騫，字子文，旅行家，外交家、探險家，開拓漢朝通往西域的南北道路，並從西域諸國引進了汗血馬、葡萄、苜蓿、石榴、胡桃、胡麻等等。

前-139 年，出使大月氏，從隴西（今甘肅）往媯水（前蘇聯烏茲別克共和國）出發，中途遭匈奴俘虜，把張騫囚禁起來，還讓他娶了匈奴女生子。

前-129 年，張騫逃出匈奴，取道車師國等地到達月氏人所在地，月氏人無意聯合對付匈奴。張騫在大夏國看到「邛竹杖」「蜀布」人稱來自"身毒"（印度）。

前 128 年張騫啟程回國，搜集了絲綢之路腹地的大量資料，包括大宛、大夏（巴克特里亞）、康居（索格狄亞納）等。回程又被匈奴擒獲。

前-126 年，匈奴單于死去，張騫乘機帶着堂邑父以及妻子逃脫，回到中國。漢武帝封張騫為太中大夫，堂邑父為奉使君。這是絲綢之路中線，在天山南麓。

前 124 年，漢武帝派張騫自蜀至夜郎（貴州遵義府桐梓縣東），謀通身毒，但為昆明夷所阻，不能通，因昆明夷欲壟斷中印商務。

前 123 年，張騫隨衛青攻打匈奴得勝，封為博望侯。

前-121 年，張騫與李廣攻打匈奴誤期失鈇，原本要被處決，他用博望侯的爵位贖罪，最後被貶為庶人；李廣也因此役而功過相抵。

前-119 年，漢武帝命張騫為中郎將，再度出使西域，執行聯合烏孫以「斷匈奴右臂」，張騫平安抵達烏孫國，但沒有得到烏孫王允諾。此後，張騫派遣副使，對烏孫周邊大宛、康居、大月氏、安息、身毒、于闐、扜彌作外交活動。

前-115 年，張騫帶着數十匹烏孫良馬回國，被封為"大行"，位列九卿。

前-114 年，張騫去世，漢武帝紀念他，將日後派往西域的使節都改稱為博望侯。

李廣　前 2 世紀？～前-119 年，隴西成紀人

李廣先祖，是秦朝名將李信，將門世家，匈奴人畏其英勇，稱之為「飛將軍」。

才氣橫溢，身高過人，驍勇略戰，猿臂善射，累建奇功，愛惜士卒，深得士兵的愛戴。李廣為人廉潔，《史記》記載「得賞賜輒分其麾下，飲食與士共之。終廣之身，為二千石四十餘年，家無餘財」。

李廣深得漢景帝、漢武帝賞識。

前-129 年，率軍分別從雁門、雲中、代郡、上谷出擊匈奴軍，李廣全軍覆

沒被俘，後來奪弓掠馬逃出。

漢武帝用李廣鎮守右北平，匈奴人敬畏李廣的威名，幾年內遼西平靜。

前-120 年，李廣配合張騫作戰，遭遇匈奴精銳包圍，彈盡糧絕損失慘重，後來張騫帶領一萬騎兵趕到，方逼走匈奴解圍。

前-119 年，漢武帝發動漠北之戰，李廣沙漠中迷路，延誤戰機，受到衛青責問，李廣不願受軍法審判，憤而自殺，享年六十餘歲。全軍皆哭，百姓垂涕。

李廣死時，他長子李當戶、次子李椒都已經過世，僅留下幼子李敢。李敢當時是霍去病的部下，因立有戰功被封為關內侯，聽說父親死訊，認為是衛青陷害李廣，因此鬧事打傷衛青。衛青本人並不追問李敢，但衛青的外甥霍去病卻不能接受部屬毆打自己舅舅，後來借甘泉宮狩獵的機會射殺了李敢。

李廣孫子李陵，受到漢武帝賞識，自薦出擊匈奴，但是身陷重圍兵敗投降，遭漢武帝滅李家，李氏從此衰敗，隴西人士皆以李氏為恥。

周亞夫　前 2 世紀～前-143 年

漢朝軍事家，在七國之亂中，他統帥漢軍，三個月平定了叛軍。後來因為得罪漢景帝，絕食後吐血而死於獄中。周亞夫是周勃的兒子，年輕的時候曾經做過河內郡太守，後兄長周勝之因為犯法，被剝奪了爵位。漢文帝封周亞夫做條侯（《史記.絳侯周勃世家》：「文帝擇絳侯勃子賢者河內守亞夫，封為條侯，續絳侯後。」），繼承周勃的爵位。文帝後六年（前 158 年），匈奴犯邊，周亞夫被任命為將軍，駐紮在細柳（今陝西咸陽附近）。漢文帝曾經到營地視察，周亞夫戎裝相見，並下令皇帝的馬車不得疾馳。漢文帝認為他治軍有方，史載：「嗟乎，此真將軍矣！曩者霸上、棘門軍，若兒戲耳，其將固可襲而虜也。至於亞夫，可得而犯邪！」任命他為中尉（負責首都禁衛軍的軍事首長）。文帝臨死時，告戒太子說：「如果有甚麼緊急之事的話，周亞夫可以率領部隊。」

文帝駕崩以後，漢景帝即位，周亞夫升任車騎將軍。景帝三年（前 154 年），以吳、楚為首的諸侯七國之亂爆發。周亞夫被任命為太尉，領軍東進與叛軍作戰。出發前向景帝提出用梁王劉武軍隊拖住吳、楚主力，尋找時機切斷對方糧道的戰略，得到景帝的認可。後實際作戰中，梁軍受到吳楚軍壓迫，不停向周亞夫求救，但周亞夫按兵不動，用輕騎兵截斷了吳楚軍的糧食供給。缺糧的叛軍反撲未果，終於崩潰。叛亂歷時三個月即被平息。但周亞夫也因此同梁王劉武關係惡化。

七國之亂平定後，周亞夫繼續擔任太尉，後又被任命為丞相。後因太子劉榮廢立和皇后兄王信封侯問題上與景帝意見不一致，加上梁王在竇太后面前不斷的攻擊，逐漸失寵，「因謝病」，被免相。不久，漢景帝召周亞夫入宮賜宴。席上放了一大塊沒有切開的肉，又沒有放餐具。周亞夫不以為然，就叫人去取餐具。景帝說：「你還不滿足嗎？」周亞夫急向景帝謝罪。漢景帝說：「起來罷。」周亞夫快步出宮，不告而別。漢景帝於是說：「這個快快不樂的人，不能當我這種少年君主的臣子啊！」

　　後周亞夫之子為其準備後事，私自購買五百具盔甲準備陪葬用，因苛待僱工，未給工錢被告發。因按漢朝法律，買賣兵器按謀反罪論處，此事遂牽連到周亞夫本人。漢景帝譴使詢問，周亞夫卻拒絕回答。於是景帝命令廷尉以謀反罪審理此案。周亞夫申辯：臣買的軍器，是陪葬用的器具，怎麼是造反呢？廷尉回道：「您縱使在地上不造反，在地下亦必然造反！」於是更加威逼。周亞夫絕食五天，吐血而死。其妻得知後於家中自殺。封國也被廢除。

　　一年後，景帝命周亞夫少子周堅襲爵，改封平曲侯。19 年後，周堅死，謚共侯，子周建德襲爵，官至太子太傅，漢武帝於前-112 年因酎金獲罪封國，再被廢除。

卜式　<small>生歿不詳河南洛陽</small>

　　卜式，西漢大臣，以牧羊為業，經營致富。漢武帝時，因見匈奴入侵，他向朝廷表示，願捐出一半家財防衛邊關。漢武帝欲授以官職，卜式以「自小牧羊，不習仕宦」為理由不接受。他又曾捐出二十萬錢救濟家鄉的貧民。朝廷得悉其善舉，以重金賞賜，並任他為中郎。卜式卻把賞金全數資助官庫；雖然身居官職，仍然親身於山中為為皇家牧羊。武帝封他為緱氏令，試驗他的管理羊群的方法，卜式指出「非獨羊也，治民亦猶是矣。以時起居，惡者輒去，毋令敗群。」後又賜爵為關內侯。元鼎（前 116～前 111 年）中期，卜式出任御史大夫。後因反對官營鹽及鐵，且不擅長於文章，結果被貶為太子太傅。曾著有《養豬羊法》，後失傳。

蘇武　?~前-60　杜陵（今陝西西安東南）人

　　蘇武，字子卿，西漢郎中、栘中廄監、中郎將、典屬國、右曹典屬國。年輕時，憑著父蘇建的庇蔭，與兄蘇嘉、弟蘇賢皆為郎中，升為栘中廄監。

　　西元前-100 年，且鞮侯單于即位，深恐漢朝攻擊，說：「漢朝天子是我的長輩。」送還了之前扣押的漢使路充國等。武帝贊許，遣蘇武以中郎將身份，持節護送扣留在漢的匈奴使者回國，並贈送單于禮物，以答謝單于。

　　前-81 年，單于出外打獵，漢使趁夜逃跑，單于大怒，召蘇武訊問。蘇武對常惠說：「屈節辱命，即使活著，有什麼面目歸漢！」說著拔刀自刺，衛律大驚，抱住蘇武，快馬找醫生。醫生在地挖一個坑，在坑中點火，把蘇武放在坑上，敲他的背讓淤血流出。蘇武本已氣絕，過了半天才恢復氣息。

單于派衞律勸降蘇武,「漢使張勝謀殺單于親近的大臣,應當是死罪,但是單于招募願意投降的人,赦免其罪。」蘇武罵衞律:你為人臣,不顧恩義,背叛君主和父母,投降蠻夷做俘虜,你想挑起兩個君主的矛盾,自己坐觀成敗。

單于知蘇武不可脅迫,囚禁蘇武置於大地窖內,不給他吃喝。天下雪,蘇武臥著嚼雪,同氈毛一起吞下,幾日不死。匈奴以為他是神人,將蘇武遷至北海,讓他放公羊,說等公羊生小羊才可歸漢。

蘇武在北海五、六年,單于弟弟於軒王到北海打獵。蘇武會編獵網,矯正弓弩,於軒王器重他,供給他衣服、食物。三年多後,於軒王大病,賜蘇武馬匹、牲畜、服匿、穹廬。

前-99 年,李陵投降匈奴,單于派李陵去北海設宴款待蘇武,說「單于知我和子卿交情深厚,要我來勸你能成服匈奴。你母親已去世,我送葬至陽陵。你妻子年少,已經改嫁。現只有兩個妹妹,兩個女兒和一個兒子。你離家十幾年,人生如朝露,爲什麼要讓自己受這麼久的苦呢!

蘇武說:「我們蘇家父子無功,陛下列為將帥,獲爵封侯,兄弟為近臣,我一直都想報答他的恩情。現在能夠殺身報恩,即使是也覺得快樂。

李陵見蘇武如此真誠,喟然長歎道:真是義士!說著流淚,浸濕衣襟,訣決別蘇武而去。後來李陵又到北海對蘇武說:皇帝駕崩。蘇武聽了大哭嘔血,哭弔數月。

前-87 年,昭帝即位,幾年後,匈奴和漢朝和議。漢使對單于說:漢天子在上林苑中狩獵,射得大雁,腳上繫著帛書,上說蘇武等人尚在北海。

單于驚訝,向漢使道歉。李陵設宴向蘇武祝賀,李陵起舞唱道:「徑萬里兮度沙幕,為君將兮奮匈奴。路窮絕兮矢刃摧,士眾滅兮名已隤。老母已死,雖欲報恩將安歸!」李陵淚下縱橫,與蘇武絕別,隨蘇武歸國者有九人。

前-81 年春,蘇武回到長安。昭帝下令蘇武祭拜武帝園廟。官拜典屬國,俸祿中二千石;賜錢二百萬,官田二頃,住宅一處。

前-80 年,蘇武之子蘇元因參與陰謀謀反,被處死。蘇武與上官桀、桑弘羊有舊,廷尉上書請求逮捕蘇武。霍光把奏章擱置,只將蘇武免官。

-前 74 年,宣帝即位,賜爵蘇武關內侯,食邑三百戶。拜右曹典屬國,蘇武是德高望重老臣,令他每月的初一和十五日入朝,尊稱為「祭酒」。

蘇武將賞賜,全部施送給鄉,不留一物,朝中丞相魏相、大夫,都敬重蘇武。

前-60 年,蘇武活到八十餘歲,去世。

梁統　?~西元 1 世紀甘肅平涼

字仲寧,東漢四大家族之一,西元 24 年擔任太守,29 年投奔劉秀,封為「宣德將軍」,32 年「成義侯」,36 年到京城,封為「高山侯」。

梁統有四子:長子梁松,娶了劉秀女兒舞陰,公主做了虎賁中郎,另一子梁竦,頗有文采,很受人推崇,他女兒成了蕭帝貴人,生子為後來和帝,但梁竦被誣陷殺死,梁竦孫子梁商,在舜帝時權傾一時,梁商兒子梁翼專橫,漢質

帝形容他是「跋扈將軍」奢侈極致，強占土地，強民為奴，漢桓帝惱怒，於159年將梁氏家族剷滅，梁冀自殺。

霍光　?~-68　東平陽（今山西汾西南）人

霍光，字子孟，霍去病異母弟，父霍中孺，與侍女生下霍去病，後來妹妹成為漢武帝的皇后，霍去病受到漢武帝寵幸，攻打匈奴有功，成為名將。霍中孺另娶生下霍光，他膽大心細，作事有方，抓住上官桀、桑弘羊弊病，推行不少改革。實行鹽鐵官營制度，擢用賢良之士，為秦車都尉。

霍光展現才能魄力，漢昭帝年幼即位，霍光與桑弘羊同受武帝遺詔輔政，任大司馬將軍，封博陸侯。昭帝崩，膝下無子，迎立昌邑王劉賀為帝，然荒淫無道，霍光廢劉賀，而立漢武帝曾孫宣帝嗣位。宣帝立許平君為后，然霍光妻想讓自己女兒做皇后，毒死許平君，霍光知道後震怒，但仍然為妻掩飾，霍光死後，宣帝獲知，霍家便被滅門抄斬。

劉盆子　10~?　泰山式縣（今山東泰安附近）人

劉盆子，漢高祖劉邦之孫、城陽景王劉章之後。曾祖父為城陽荒王劉順，祖父式節侯劉憲，父式侯劉萌，王莽篡位，國除，為式人。

17年，綠林赤眉起義，劉盆子、劉恭、劉茂被擄，初為軍中牧牛，號為「牛吏」。

24年，赤眉軍大盛，赤眉軍多為齊人，盛行巫祝，求神降示，是因為劉章發怒之故。城陽景王劉章，是西漢中期至漢末為齊地人士廣泛信仰之鄉土神，於是赤眉軍尋劉章後裔，劉茂、劉盆子、劉孝數人與劉章的血緣最近，選定了劉盆子。

劉盆子居長樂宮，劉盆子之兄劉恭亦在朝中，見赤眉亂，知其必不長久，為求自保，密教劉盆子封璽綬，習辭讓之禮，以使兄弟免禍。

25年，赤眉軍攻陷長安，劉玄政權滅亡，立年僅15歲劉盆子為皇帝，原因是劉盆子是西漢開國皇帝劉邦的後裔。

27年，赤眉軍與劉秀華陰縣決戰，糧盡無援大敗，樊崇和劉盆子投降。被解送到洛陽。

劉秀任命劉盆子為劉秀叔父趙王劉良的郎中。後來劉盆子因病雙目失明，劉秀又下令用滎陽的官田租稅，來奉養劉盆子終身。

竇固　?~88　東漢風平陵（今陝西咸陽西北）人

竇固，字孟孫，竇融弟竇友之子，娶光武帝女涅陽公主。好讀書，喜兵法。少任黃門侍郎。56年，嗣爵顯親侯。

72年，竇固被封為奉車都尉，與騎都尉耿忠等屯兵涼州。

73年，奉旨分兵四路征伐匈奴，出酒泉，以班超為假司馬，出擊北匈奴，大敗呼衍王。竇固又派班超出使西域，勸說鄯善歸附。

74 年，竇固率軍再出玉門，擊敗北車師匈奴。漢章帝時歷任大鴻臚、光祿勛、衛尉等要職，尊顯用事，本性謙儉，愛人好施。

88 年，卒，賜諡號文侯。

竇憲 ?~92 東漢風平陵（今陝西咸陽西北）人

竇憲，字伯度，竇融之曾孫。東漢外戚、權臣、著名將領。

77 年，漢章帝立竇憲之妹為皇后。竇憲、竇篤兄弟親倖，「賞賜累積，寵貴日盛，自王、主及陰、馬諸家，莫不畏憚」。

89 年，竇憲派遣刺客刺殺太后倖臣劉暢，嫁禍蔡倫，事洩獲罪，被囚於宮內。竇憲恐懼，請求出擊北匈奴以贖死。

拜竇憲為車騎將軍，大破北匈奴於稽落山（今外蒙古額布根山），北單于逃走。竇憲乘勝追擊，深入瀚海沙漠，出雞鹿塞，稠陽塞（今固陽），大敗北匈奴於稽洛山，至達和渠北醍海。後登燕然山（今外蒙古杭愛山）。

在燕然山刻石記功，命班固撰其辭曰：「鑠王師兮徵荒裔，勦兇虐兮截海外，夐其邈兮亙地界，封神丘兮建隆嵑，熙帝載兮振萬世。」史稱燕然勒石。朝廷拜憲為大將軍，位高三公。燕然山大捷，使竇憲堅定了消滅北匈奴的決心。

91 年，竇憲再次出擊，進攻金微山（今阿爾泰山），大破北匈奴單于主力，斬名王以下五千餘人，俘虜北單于皇太后，北單于倉皇逃竄不知所終。

竇憲破匈奴，權震朝廷，陰圖篡漢。漢和帝得知，與中常侍鄭眾計殺竇憲。

92 年，和帝命令逮捕其黨羽，沒收大將軍印綬，改封為冠軍侯，後將竇憲賜死。

當時正在編撰《漢書》的史家班固亦受竇憲牽連，死於獄中。

竇武 ?~168 東漢扶風平陵（今陝西咸陽西北）人

竇武，字游平，東漢末大臣。竇融的玄孫。

165 年，他的長女被立為皇后，遂從郎中遷越騎校尉，封槐里侯。

166 年，又拜城門校尉。

167 年，因黨錮為司隸校尉李膺、太僕杜密上書，李杜幸得赦免。同年冬，桓帝崩，竇武拜大將軍，封聞喜侯。與大傅陳蕃共同管理朝政，用尹勛為尚書令，劉瑜為侍中，馮述為屯騎校尉。後又用李膺、杜密、劉猛等黨人，並借太后詔誅中常侍管霸、蘇康等人。

168 年，竇武與陳蕃謀除宦官，計劃泄露，兵敗自殺，梟首示眾，又被夷九族，只有妻子免死，流放比景。

竇武的孫子竇輔，時年才二歲，被竇武府掾桂陽胡騰及令史南陽張敞（太尉張溫弟）帶到零陵界，詐稱已死。胡騰養竇輔為己子，為其婚娶。竇輔後舉桂陽孝廉，建安中被荊州牧劉表闢為從事，恢復竇姓。劉表死後，荊州為曹操所得，竇輔和宗人遷於鄴城。後隨曹操征馬超，被流矢射殺。

班超　32-102 扶風安陵（今陝西咸陽）人

班超，字仲升，父史學家班彪，兄班固，妹班昭，家貧為庸，少懷大志，為人孝順嚴謹，口才出眾。兄長班固被召入洛陽為官，班超與母親遷居京城。當時家裡比較貧困，班超為官府抄寫書籍，賺取微薄的薪水以貼補家用。

73 年，班超投筆從戎出使西域 30 年，平匈奴，漢明帝命他為蘭台令史。漢明帝駕崩，焉耆（今新疆焉耆回族自治縣一帶）乘機向漢進攻，龜茲等也攻打疏勒。漢章帝即位，擔心班超孤立無援，下詔將他召回。疏勒、于闐等國為此十分憂慮，班超擊破疏勒叛降於龜茲的兩座城池，疏勒復安。

78 年，班超率疏勒等國攻破姑墨石城（今新疆溫宿縣城西北）。之後上書請兵，意圖趁機平定西域，得到章帝的支持。

83 年，拜班超為將兵長史，龜茲上書聲稱西域的收復不可能成功，詆毀班超「安樂外國，無內顧心」，但章帝相信班超的忠誠。

84 年，班超打通南方的通道，降服莎車、月氏、龜茲、姑墨和溫宿（今新疆烏什縣），繼而被任命為都護，西域諸國已多半歸降漢朝。

94 年，班超討平焉耆、危須（新疆焉耆回族自治縣東北）和尉犁（今新疆庫爾勒市城南）至此西域五十餘國都歸附於漢。

95 年，班超被封為定遠侯。

100 年，班超年老思鄉，上書請求漢和帝「臣不敢望到酒泉郡，但願生入玉門關」。班超的妹妹班昭也上書為他央求，和帝感動，召班超回京。

102 年，回洛陽官射聲校尉。一個月後因為胸脅疾病逝世。長子班雄嗣位。

班勇　扶風安陵（今陝西咸陽）人

班勇，字宜僚，班超之子，生長於西域。

101 年，班超遣班勇隨安息使者入朝。

107 年，西域叛亂，以班勇為軍司馬，出敦煌，迎都護及西域甲卒而還。

119 年，北匈奴亂告急，和熹鄧皇后召班勇到朝堂與公卿會議對策。

123 年，班勇為西域長史，率兵出屯。三年班勇開導龜茲、姑墨等國，使之降附。隨後班勇擊走北匈奴，並屯田柳中。四年班勇大破車師後部，斬其王軍。

126 年，班勇出擊北匈奴呼衍王，呼衍王遠逃，車師前後部由此得到安定。二年，班勇與敦煌太守張朗共討焉耆，約定同時到達的日期，張朗想獨自邀功，先期趕到焉耆，焉耆降。班勇反以後期獲罪，被征下獄，免官，後卒於家。東

漢時，班勇以長史重平西域，自此遂不復絕。勇在安帝末撰述西域事甚詳，《後漢書·西域傳》的《西域記》是我國最早專門記述西域各族和中亞各國情況的重要文獻。

經過班超30多年的努力，東漢終於確立了對西域的統治，但這種局面沒有維持多久，班超回朝後，繼任的都護任尚失和于西域諸國，受到諸國的攻擊。後任尚雖被調回治罪，但東漢政府已控制不住西域局勢。

107年，東漢政府派班超之子班勇率兵西出，接回了都護段禧及屯田卒，東漢與西域的交通重又中斷。不久北匈奴勢力又乘機進入西域地區，再度將西域諸國置於其控制之下，並掠擾河西。

123年，東漢政府決定重新奪回西域，派班勇為西域長史，率兵500餘人出屯柳中。次年正月，班勇先至鄯善，招降了鄯善，隨後龜茲、姑墨、溫宿皆歸降。於是班勇調集各國步騎兵1萬余人，進攻車師前王國，擊敗了盤踞在此的匈奴伊蠡王，收降車師前部5000余人，重新打通了北道的咽喉。

125年，班勇調集敦煌、張掖、酒泉等郡騎兵6000人及鄯善、疏勒、車師前部諸國兵，進攻車師後王部，大獲全勝，斬俘8000餘人，獲牲畜5萬餘頭，殺後王軍就及匈奴使者。漢順帝永建元年（西元126年），班勇立前王子加特奴為車師後王，並派兵誅殺且彌王，另立新王，這樣車師一帶全部被平定。是年冬，班勇擊敗了北匈奴，迫其呼衍王徙居枯梧河，自此，車師諸國再無匈奴蹤跡。

127年，班勇上書請求增兵，進攻北道中唯一未降的焉耆。東漢政府派敦煌太守張朗率河西4郡兵3000人來配合班勇。班勇又調集西域諸國兵4萬餘人，分為兩路，班勇率兵走南道，張朗走北道，約定時間到焉耆會合。但張朗曾犯過罪，為贖罪，他揮軍兼程急進，提前到達焉耆，不等班勇到達即猛攻焉耆爵離關，斬俘2000餘人，焉耆王元孟恐兵敗身亡，遂投降張朗。結果張朗立功免罪而班勇卻被以未能按期到達之罪下獄，後雖赦免，但不久班勇悒鬱而死。

班勇之後，東漢與匈奴在西域數次交戰，互有勝負，西域諸國也時降時叛，但東漢基本維持了對西域的統治，一直到漢獻帝建安年間，中原大亂，與西域的聯繫才中斷。

班勇繼承父業，再通西域，使東漢維持了在這裏的統治，父子二人立下了不朽的功勳。

東漢統一西域地區戰爭的勝利，不僅擴大了疆域，鞏固了統一的多民族封建國家的統治，而且保證了絲綢之路的暢通，促進了中西方經濟文化的交流。

黃香　68~122 江夏雲夢人（今湖北省孝感市雲夢縣）

黃香，字文彊，東漢時期著名大臣，歷任尚書郎、左丞、尚書令，官至魏郡太守，後被免官。為《二十四孝》中扇枕溫衾的主角。

黃香九歲時，母親便病逝，黃香思親、悲哀，整日十分憔悴，喪事甚至辦得有過禮節，鄉里都稱他孝順至極。而黃家家

貧，黃香辛勤工作，盡心盡力照顧父親。當時夏天暑熱，黃香用扇煽涼父親的枕席；到冬天寒冷，黃香便以身體的溫度暖和被席。父親患病，黃香更加無微不至。

80 年，12 歲，當地太守劉護聽到他的孝行便召募他為門下孝子，對他甚為愛敬。黃香便能學到多部經典，研究、精於道術，能書寫文章，京師有號為「天下無雙，江夏黃香」後來除去郎中。

84 年，漢章帝詔黃香到東觀，閱覽一些未見過的書籍。後來黃香回京，遇上千乘貞王劉伉加冠，漢章帝在中山府邸殿下面見黃香，對各王侯說：「此『天下無雙，江夏黃香』者也。左右都對黃香改變看法。

後召為詣安福殿討論政事，拜尚書郎，數次陳情得失，賞賜日漸增加。常一個人在辦公臺上睡著，日日夜夜都不離開省府，漢章帝知道後大加欣賞。

92 年，拜為左丞，本來功績已滿，應該遷離，但漢和帝挽留，增其俸祿。

94 年，再遷尚書令。後和帝想讓黃香轉任東郡太守，但黃香上疏推辭，和帝亦珍惜黃香的才能，便留任為尚書令，再增俸祿二千石，賜三十萬錢。

100 年，東平清河上奏妖言告卿仲遼等人，連及千人受罰。黃香分別提出證據上奏，存活許多人。每當郡國疑似有罪時，總是務求減輕罪行等級，愛惜人命，每次都有憂心、濟助。又曉得邊防事務，軍、政平衡，都能掌握。

和帝道他精練、勤力，數次加倍賜、獎賞，遇上疾病定必問候，賜與醫藥。在位時多有上薦賢達，寵遇甚濃，有人甚至譏諷他的寵信太過。

122 年，遷為魏郡太守。當地郡中有一塊舊的園田，常與別人分開耕種，有數千斛的收穀。黃香說：「田令『商者不農』，王制『仕者不耕』，伐冰食祿之人，不與百姓爭利。（田令有說『為商的人不農耕』，王制亦有說『為官的人不耕作』，卿大夫、食俸祿的人，不可與百姓爭奪利益。）」便將田地交給百姓耕種。當時大水暴漲，引起飢荒，黃香便分俸祿及之前得到的賞賜救濟窮人，於是儲起大量糧食的人家都捐出義穀，幫助官府借貸給百姓，令飢荒的人民渡過難關。不過，後來因一次大水泛暴漲而被免官，數月後在家逝世。著有賦、牋、奏、書、令五篇。黃香為人極盡孝義。勤於政務，愛惜人命，以救人為要，以百姓為首，親自捐出錢財救濟百姓，全民感戴。

皇甫嵩　？～195 年東漢涼州安定朝那（今甘肅鎮原東南）人

皇甫嵩，字義真，東漢末期將領。少懷大志，好《詩》《書》，習弓馬。

靈帝時，任北地太守。黃巾亂起，「州郡失據，長吏多逃亡。旬日之間，天下響應，京師震動」，朝廷派遣北中郎將盧植討張角，左中郎將皇甫嵩、右中郎將朱儁各領一軍，共討潁川黃巾。當時官任騎都尉的曹操適時領援軍到，與皇甫嵩、朱儁合兵一處廝殺，大破敵軍。皇甫嵩、朱儁乘勝進兵平定了汝南、陳國一帶的黃巾軍。他上表朝廷奏捷，將功勞歸給朱儁。後盧植得罪小人，論罪幾死，皇甫嵩又表奏盧植有功無罪，朝廷復盧植原官。

皇甫嵩戰略名言：「百戰百勝，不如不戰而屈人之兵」。

百姓歌頌皇甫嵩「天下大亂兮市為墟，母不保子兮妻失夫，賴得皇甫兮復安居。」張讓表奏皇甫嵩連戰無功，所費者多。朝廷收回皇甫嵩左將軍印綬，削戶六千。

185 年，涼州王國起兵圍陳倉。朝廷再度起用皇甫嵩，其後皇甫嵩平定「王國叛亂」。董卓掌權後，皇甫嵩入京為城門校尉。董卓死後，皇甫嵩滅他一族，升太尉，195 年病逝。

劉表　142~208 兗州山陽郡高平縣（今山東省濟寧市魚台縣東北）人

劉表，字景升，西漢魯恭王劉餘之後。身長八尺餘（約 1.86 米），姿貌溫厚偉壯，個性優柔寡斷，受儒家教育，有儒者風範，參加過太學生運動，有崇高的名望。

176 年，與同郡張儉等受到訕議，問罪風聲逃亡。

184 年，黨禁解除以後，大將軍何進推薦劉表入朝，後轉任北軍中侯。

190 年，劉表任荊州刺史，取得豪族蒯良、蒯越、蔡瑁等支持共謀大略。

劉表問蒯良：「賊甚盛，而眾不附，袁術因之，禍今至矣！吾欲徵兵，恐不集，其策安出？」

蒯良回道：「眾不附者，仁不足也，附而不治者，義不足也；苟仁義之道行，百姓歸之如水之趣下，何患所至之不從而問興兵與策乎？」

蒯越又道：「治平者先仁義，治亂者先權謀。兵不在多，在得人也。袁術勇而無斷，蘇代、貝羽皆武人，不足慮。宗賊帥多貪暴，為下所患。越有所素養者，使示之以利，必以眾來。君誅其無道，撫而用之。一州之人，有樂存之心，聞君盛德，必繈負而至矣。兵集眾附，南據江陵，北守襄陽，荊州八郡可傳檄而定。術等雖至，無能為也。」

192 年，董卓被殺，李傕、郭汜挾持天子，劉表遣使入朝朝貢，李、郭二封劉表為「鎮南將軍、荊州牧，封成武侯，假節」。

193 年，劉表斷掉袁術的糧道，唆促袁術、曹操匡亭之戰，鞏固自己統治地盤。

196 年，漢獻帝被曹操迎於許都，劉表再次遣使奉貢，與袁紹保持關係。

198 年，長沙太守張羨率領長沙、零陵、桂陽三郡叛劉表，劉表攻伐，張羨病死，子張懌嗣主，劉表克張懌，成為「南收零（陵）桂（陽）北據漢川，地方數千里，帶甲十餘萬的大軍閥。

199 年，交州牧張津與劉表不合，對劉表用兵，數年徒勞無功。

200 年，劉表與張繡合擊曹操，曹操與袁紹相持於官渡，張繡投降曹操，劉表失去南陽郡影響力。袁紹遣人求助於劉表，劉表向來使許諾，卻派軍助戰，亦不肯協援曹操，只希望自保，以觀天下之變。

203 年，劉表在荊州，治理有方，威懷兼洽，群民悅服，開立學官，博求儒士，命綦毋闓、宋忠等撰寫《五經章句》，愛民養士，從容自保。

韓嵩、劉先向劉表說：曹操善於用兵，賢俊多歸之，其勢必舉袁紹，然後

移兵以向江漢，恐將軍不能禦也。今之勝計，莫若舉荊州以附曹操，操必重德將軍，長享福祚，垂之後嗣，此萬全之策也。」大將蒯越亦如此勸劉表。

劉表狐疑不決，派遣韓嵩前往晉見曹操，以探其虛實。

韓嵩到了許都後，果如所言，被天子拜為侍中，遷零陵太守，他回來以後，大為稱頌朝廷和曹操的威德，又勸劉表派遣質子入朝侍奉。劉表認為韓嵩懷有二心，手持符節想要殺他，還說：「嵩敢懷貳邪！」韓嵩不為所動，向劉表說「將軍負嵩，嵩不負將軍。」劉表妻蔡氏知道韓嵩賢良，進諫說：「韓嵩，楚國之望也；且其言直，誅之無辭。」劉表烤問韓嵩隨行的手下，得知韓嵩並無他意，方作罷斬殺他念頭，但仍然將其囚禁。

201 年，劉備在汝南為曹軍所破，投奔荊州。劉表雖然厚禮相待，卻沒有重用劉備，只安排他駐紮新野，成為自己的北藩。

207 年，曹操遠征柳城，劉備勸說劉表起兵襲許都，劉表不納。至曹操還軍中原，劉表才對劉備說：「不用君言，失此難逢之機。」劉備說「今天下分裂，日尋干戈，事會之來，豈有終極乎？若能應之於後者，則此未足為恨也。」

劉表在晚年，未能妥善處後嗣事宜。兩個兒子劉琦、與劉琮爭相嗣位。後來劉琦依從諸葛亮建議，向劉表請纓出任江夏太守，以求自安。

208 年初，曹操南征荊州。同年 8 月間，劉表背疽發作，病重身亡，享壽 67。劉表死後，荊州群臣擁立其次子劉琮為繼承人。劉琮在繼位一個月內，群臣大多主張降曹，九月向曹操請降，結束劉氏父子在荊州的 19 年統治。

孫堅　155~191 吳郡富春縣（今浙江省杭州市富陽縣）人

孫堅，字文臺，史書「容貌不凡，性闊達，好奇節」，孫氏家族在江東是寒族庶民，孫堅在江西發跡，招募士卒為淮泗精兵，隨父乘船去錢塘，途中碰上海盜胡玉等人搶掠商人財物，在岸上分贓。商旅行人，都止步不前，過往船隻，也向前行駛。孫堅見狀對父親說「此賊可擊，請討之。」父親說「非爾所圖也」。

172 年，會稽許昌，自稱陽明皇帝，煽動諸縣。孫堅召精勇討破許昌。刺史臧旻列上功狀，詔孫堅真除鹽瀆丞，數歲徙盱眙丞，徙下邳丞。果然容貌不凡。

184 年，撲滅黃巾，朱儁上表請孫堅為佐軍司馬。孫堅募諸商旅及淮、泗精兵，與朱儁並力奮擊，所向無前，走保宛城。孫堅大破黃巾。封孫堅為別部司馬。

185 年，涼州邊章與韓遂兵變，朝廷派遣中郎將董卓征討，不利。後再派張溫出任「車騎將軍」，張溫邀請孫堅一起前往，任參軍，屯軍長安。

187 年，長沙賊區星自稱將軍，孫堅克破區星，郡中震服，三郡整肅。漢朝錄堅前後功，封其為烏程侯。

190 年，關東諸侯起兵討伐董卓，孫堅在長沙起兵會盟。

後孫堅率軍到到魯陽，盟於袁術。孫堅破虜將軍，領豫州刺史。孫堅又稱「孫破虜」。董卓軍見孫軍整齊，不敢攻勢而歸還。

191 年，孫堅屯兵陽人，大敗董卓軍，有人向袁術讒言「孫堅若得雒，不

可複制，此為除狼而得虎也。」袁術心疑，不運軍糧給孫堅。孫堅便連夜趕回魯陽，嚴辭切責袁術，且說上為報國討賊下為報袁公路族人之仇，袁術聽完，心理漸愧，覺得孫堅說得也對，因為袁術的族人袁隗曾經在長安遭殺害，立即調度孫堅軍的糧草及軍械，孫堅亦回到陽人。

袁紹、袁術雖為兄弟，可互相爾虞我詐，勾心鬥角。袁術不贊同袁紹擁立新帝劉虞，兄弟鬩牆。袁術想奪取孫堅地盤，孫堅得息，十分感慨：「我們同舉義兵，目的是為了挽救江山社稷。如今逆賊將被掃滅，內部卻如此爭鬥起來，我跟誰戮力同心，回天轉日呢？」。天下之勢已經由諸侯對抗董卓轉為各自割據勢力，結束了董卓討伐戰。

191 年 4 月，袁術命令孫堅征伐劉表的荊州，黃祖敗走，逃到峴山之中，孫堅追擊。黃祖伏兵從竹林間發射飛矢，孫堅中箭，腦漿逆流身亡，享年 37 歲。安葬於曲阿，長子孫策當襲父親爵位（烏程侯）但孫策讓於四子孫匡承襲。

198 年，孫策成功平定江東，建立起江東政權。

199 年，孫策率軍討伐黃祖，迫使黃祖隻身逃走。孫策死後，次弟孫權繼業。

203 年，孫權率軍戰黃祖爆發了夏口之戰，但無功而返，失利損兵折將凌操。

208 年，孫權征伐黃祖江夏之戰，呂蒙打敗黃祖水軍，孫權大獲全勝。

同年赤壁之戰，周瑜、程普大敗曹操於赤壁烏林，奠定三國鼎立局面。

229 年，孫權建國，號稱吳帝，都建業。追諡父孫堅為「武烈皇帝」、母吳夫為「武烈皇后」、兄孫策為「長沙桓王」、冊封長子孫登皇太子，孫策子孫紹為吳侯。

袁紹　　? ～202 東漢末汝南汝陽（今河南商水西北）人

袁紹，字本初，出身於世家大族汝南袁氏，高祖袁安官至司空、司徒，袁安的兒子袁京為司空，袁京的兒子袁湯為司空、司徒太尉，袁湯的兒子袁逢亦至司空，袁逢的弟弟袁隗亦至司徒、太傅，號稱「四世三公」。

袁山松書記載，袁紹為袁逢的庶子，因袁逢的兄長五官中郎將袁成早逝，袁逢將袁紹過繼給袁成。袁逢另有一子袁術，在血緣上，袁紹及袁術是同父異母的親兄弟，由宗法繼承權關係來看，也可視為堂兄弟。

袁紹的母親僅是個婢女，袁紹地位低微。

188 年，袁紹為中軍校尉成為漢靈帝新建立的西園軍的副領袖。

曹操知道袁紹計謀，笑其不智。靈帝死時，袁紹已是大將軍，後為司隸校尉。

董卓趁朝廷大亂，收編了何進、何苗，又收呂布、施計並執金吾丁原之眾，召袁紹與之謀廢少帝劉辯，改立陳留王劉協。

由於董卓廢少帝有逆人臣之倫，袁紹因此在渤海起兵，自號車騎將軍

190 年正月，關東諸侯共推袁紹為盟主，討伐董卓，奪取韓馥的冀州，在華北擴張勢力，擁有廿萬大軍，是當時全中國最強的軍閥。

獻帝逃出被李傕和郭汜控制的長安逃到洛陽時，袁紹鄙視由董卓所擁立的獻帝，密謀推舉幽州牧劉虞為帝。曹操搶先將獻帝迎到許都，奉戴為天子。

200 年，袁紹率軍攻曹操官渡之戰，謀士建議持久戰略，許攸建議派兵奇襲，均未被接受，許攸因家屬犯罪被袁紹處刑，對袁紹懷恨在心，棄投奔曹操。

許攸向曹操建議，襲擊袁紹軍糧所在地烏巢，燒掉了袁紹軍所有的軍糧草石並斬殺淳于瓊。袁紹軍士氣大挫，導致官渡之戰敗退。爾後，袁紹與曹操倉亭之戰，又遭失敗。慚憤，發病嘔血。

202 年 5 月，袁紹病逝。死時「河北士女莫不傷怨，市巷揮淚，如或喪親。」其子袁譚、袁尚互相攻擊，先後為曹操所滅。

袁術　155～199 東漢末汝南汝陽（今河南商水西北）人

袁術，字公路，袁紹之弟，亂世稱帝，得不到支持，屢次兵敗，最終吐血而死。

袁術出身東漢世家，號稱四世三公的汝南袁氏，為司空袁逢之嫡長子。由於袁術的庶兄袁紹是過繼予其伯父袁成的養子，因此史書普稱袁術為袁紹的堂弟，其實兩人是同父異母的親兄弟。但是袁紹的母親僅是個婢女，因此袁紹是庶子並非嫡子，而袁術是嫡子，袁紹早年在家中的地位頗見低微。

《典略》載瓚表紹罪狀曰：「紹母親為婢使，紹實微賤，不可以為人後，以義不宜，乃據豐隆之重任，忝污王爵，損辱袁宗，紹罪九也。」

袁術「舉孝廉，除郎中，歷職內外後為折衝校尉、虎賁中郎將」。「少以俠氣聞，數與諸公子飛鷹走狗，後頗折節。舉孝廉，累遷至河南尹，虎賁中郎將。」董卓入洛陽，欲廢漢帝，袁術懼禍逃往南陽。劉表薦袁術為南陽太守，他不修法度，以鈔掠為資，奢姿無厭，百姓患之。

袁紹想立劉虞為帝，袁術託辭公義不贊同袁紹的提議。兄弟兩人因此積怨翻臉，袁術轉而與幽州公孫瓚以及陶謙結盟，袁術為首，與袁紹相互爭霸。但是群雄大多依附袁紹，袁術怒罵追隨自己「家奴」說袁紹不是袁氏子孫。

191 年，孫堅征討劉表戰死，袁術與曹操戰於匡亭，大敗。袁術退保雍丘，南回壽春，守將陳瑀不讓其入城，袁術退守陰陵，集合軍隊攻擊陳瑀，陳瑀逃回下邳。

196 年，袁術攻劉備以爭徐州打敗劉備，佔領徐州廣陵等地。吳景為廣陵太守。

195 年，曹操軍臨武平，袁術所置陳相袁嗣降。曹操外出時遇袁術部曲追殺，幾乎被殺死。

袁術認為神秘讖緯預言「代漢者當塗高。」說的就是自己。《資治通鑑·漢紀 54》記載袁術奪取孫堅在洛陽所拾獲的傳國玉璽，作為稱帝的憑據。

197 年，袁術壽春稱帝，等於否定漢朝皇帝，成為眾矢之的，孫策、呂布、曹操三方攻擊，袁術勢力受挫。

袁術欲將歸帝號於紹曰：「漢之失天下久矣，天子提挈，政在家門，豪雄角逐，分裂疆宇，此與周之末年七國分勢無異，卒強者兼之耳。加袁氏受命當王，符瑞炳然。今君擁有四州，民戶百萬，以強則無與比大，論德則無與比高。曹

操欲扶衰拯弱,安能續絕命救已滅乎?」

199年,投奔袁紹長子,時任青州刺史的袁譚時,在路上為劉備軍所擋下,術不得過,復走壽春,問廚下,尚有麥屑三十斛。時盛暑,欲得蜜漿,又無蜜。坐櫺牀上,歎息良久,乃大宛曰:「袁術至於此乎!」因頓伏牀下。

六月,嘔血斗餘憤怒病死。袁術袁胤畏曹操,不敢居壽春,率其部曲奉術柩及妻子奔廬江太守劉勳於皖城。孫策破劉勳,得袁術百工及鼓吹部曲三萬餘人,俘獲袁術、劉勳妻子。後來袁術女兒被納入孫權後宮,兒子袁燿仕吳為郎中。燿女又配於權子奮。

呂布　?~198.2.7.東漢末并州五原九原(蒙古包頭西南)人

呂布,字奉先,驍勇善戰,被并州刺史丁原任為主簿,大見親待。

董卓挾天子遷都長安,知己凶暴殘惡,常要呂布作侍衛及守中閣;不過,董卓性格多疑,曾因小事向呂布擲出手戟,另呂布與董卓的婢女有染,恐怕事被董卓發覺,心中十分不安。

王允、士孫瑞、楊瓚等密謀暗殺董卓,拉攏呂布,成功刺殺董卓,任職奮威、奮武將軍,假節,儀比三司,進封溫侯,與王允同掌朝政。

董卓死後,舊部李傕、郭汜等遇賈詡獻計,攻入京城,呂布戰敗後倉皇出逃。

曹操與呂布數次征戰,最終呂布不敵,東投劉備,劉備讓他屯兵小沛。

劉備與袁術相爭,呂布乘機奪取徐州,自稱徐州州牧。劉備只好投靠呂布,呂布反讓他屯兵小沛。

袁術攻打劉備,呂布出面相助,以轅門射戟解決,紀靈大讚曰「將軍天威也」。

呂布與袁術斷盟,陳珪之子陳登與曹操密謀討伐呂布。袁術發兵攻打徐州,呂布大敗袁術。劉備在小沛再次聚集兵力,搶走呂布的馬,呂布很生氣,再聯合袁術,出兵攻打劉備,劉備只好放棄小沛投曹操,決定聯手對付呂布。

198年,曹操聯合劉備攻打呂布根據地下邳,呂布大敗被擒,呂布死前說:「大耳兒(劉備)最不能相信。」呂布被縊殺身亡梟首,送至許昌厚葬。

呂布臂力過人、善弓馬騎射且驍勇善戰,被認為堪比西漢名將李廣,同樣有「飛將」的美譽。該時民間有「人中有呂布,馬中有赤兔」。不過呂布為人勢利多變,多番易主弒主,有勇無謀,對高順陳宮等的忠言明計不信不用之餘,甚至納部下妻妾為己有,故其勇武雖為人所忌,性格品行卻並不為人所喜。

因此陳壽在三國志中亦寫下「呂布有虓虎之勇,而無英奇之略,輕狡反覆,唯利是視。自古及今,未有若此不夷滅也」的評語。

張昭　156~236彭城人(今江蘇徐州)

張昭字子布,是著名才子,擅長書法隸書,博學多才,三國時孫策請他擔任長史、撫軍中郎將,管理大小軍政、內政.孫策臨死將弟孫權託付給張昭,張昭盡心盡力輔佐孫權.穩定江東民心.赤壁之戰,張昭主和,與孫權意見相左,

兩人意見常相僵持.孫權稱帝,張昭告老還鄉,潛心著作「春秋左氏傳解」和「論語注」,享壽81歲,孫權素服主持喪禮,贈諡號「文侯」

徐庶　三國穎川（今河南禹縣）人

徐庶,字元直,原名福,出身寒門,東漢至三國時期人物。徐庶幼年愛擊劍,行俠仗義,常以仁俠自居。

188年,他替人鳴不平,將人殺死後逃跑,後被官兵捕穫,但他閉口不說姓名,後多方營救脫險,改名單福外逃。從此棄刀劍,遍尋名師,經過刻苦學習,學業大進,終於成爲一代名士。

徐庶客居荆州時,荆州牧劉表多次禮聘徐庶出仕。但徐庶觀劉表其人,以爲此公雖號稱皇室宗冑,頗有禮賢下士之名,但骨子里卻優柔寡斷,知善不能舉,知惡不能去,隻不過是徒有虛名而已,徐庶堅辭不就。

201年,在中原地區戰敗的劉備來投靠劉表,劉表對他心懷疑懼,讓他屯兵新野抵擋曹操。徐庶通過觀察,發現劉備胸懷大志,才略過人,並能夠善待部屬,素有人望。於是就前往新野拜見劉備。劉備正刻意結交荆襄一帶的有識之士,對頗有名氣的徐庶前來投靠,喜不自勝。劉備非常重徐庶的才幹和人品,當即把他留在營中並委以重任,讓他參與整頓軍事,訓練士卒。

204年,劉備乘曹操出兵河北攻鄴城之機,出兵掠地,北至葉縣附近。留守許昌的曹魏大將夏侯惇帶於禁、李典等出兵抵禦。因劉表拒絕出兵相助,劉備兵弱將少難擋曹軍。在這危機關頭,徐庶建議放火燒寨,佯裝退兵,然後派關羽、張飛、趙雲等領兵埋伏以待曹軍追兵。夏侯惇不知其中有詐,不顧李典的勸阻,同於禁率輕騎追擊劉備。劉備埋伏的軍隊同時發起進攻,將曹軍團團圍困,曹軍傷亡慘重。劉備反敗爲勝,有驚無險,這才從容收兵,返回新野。

徐庶卓越的軍事才能,令劉備大喜過望,盛讚他有王佐之才。徐庶極力謙讓,稱自己的才學遠遠無法同諸葛亮相比,向劉備推薦了諸葛亮。過去劉備在荆州曾拜訪過陽翟的“水鏡先生”司馬徽,司馬徽也向劉備推薦過諸葛亮。如

今見徐庶又極力推薦諸葛亮，當即就產生了招募延攬之心。他想委托徐庶代表自己，禮聘諸葛亮出山。徐庶婉辭，他指出諸葛亮有經天緯地之才，治國安邦之能，人稱“臥龍”先生，得其能安天下。對這位蓋世奇才，不是貿然能請得來的，建議劉備親自前往。劉備為圖霸業，求才若渴，他不惜降尊紆貴，三顧茅廬，諸葛亮感他知遇之恩，出山輔佐劉備。劉備稱讚諸葛亮有王佐之才，備受上賓禮待，並命為軍師，共謀天下大業。

208 年，曹操率大軍南征荊州。劉備寡不敵眾，大敗而逃，輜重全失。徐庶的母親也不幸被曹軍擄穫，並被曹操派人偽造其母書信召其去許都，徐庶得知此訊，痛不欲生，含淚向劉備辭別。他用手指著自己的胸口說：“本打算與將軍共圖王霸大業，耿耿此心，唯天可表。不幸老母被擄，方寸已亂，即使我留在將軍身邊也無濟於事，請將軍允許我辭別，北上侍養老母！”劉備雖然捨不得讓徐庶離開自己，但他知道徐庶是出了名的孝子，不忍看其母子分離，更怕萬一徐母被害，自己會落下離人骨肉的罪名，隻好同徐庶揮淚而別。

徐庶北上歸曹以後，心中仍十分依戀故主劉備和好友諸葛亮。盡管他有出眾的謀略和才華，但不願為曹操出謀劃策，與劉備、諸葛亮為敵。因此，徐庶在曹魏曆時數十年，卻從未在政治軍事上有所作為，幾乎湮沒無聞。這就是人們常說的“徐庶進曹營，一言不發”。魏文帝黃初年間（220～226 年），徐庶官至右中郎將，御史中丞。魏明帝太和三年（229 年），諸葛亮三出祁山，北伐中原。他聽到徐庶歸曹入魏後的經歷，不禁為自己好友的一生而歎息不已。

徐庶病逝。

徐庶病逝，徐庶一生雖然命運多舛，人生道路坎坷不平，最終沒有做出什麼驚天動地的大業。但他忠直坦誠、孝敬親尊、力薦英才的人格品德將永傳後世。

關羽　162~220　司隸河東解縣（山西運城）人

關羽，字雲長，本字長生，早年因罪亡命奔涿郡。投奔劉備。後與劉備、張飛結義兄弟，成為桃園三結義。

184 年，劉備、關羽、張飛涿組織義勇軍參與撲滅黃巾軍戰爭，三人情同兄弟，常一起同床而睡，劉備坐臥，關、張二人更不辭辛勞隨身守護。

196 年，劉備領徐州，被袁術、呂布夾攻，關羽便跟隨劉備一起投奔曹操。

198 年，劉備與曹操同在下邳圍攻呂布，劉備趁機襲殺車冑，命關羽守下邳、領徐州，劉備返回小沛。

200 年，劉備為曹操所敗，關羽被擒，曹操待以厚禮，命為偏將軍，封漢

壽亭侯。曹操欲留用關羽，關羽嘆息道：「我知曹公對我厚愛，但我受劉備將軍厚恩，發誓共死，不可背棄」。但為曹公立下功勞。曹操知關羽離去，反而重加賞賜，想要留住他，但關羽盡拒賞賜，留書告別回到劉備身邊。

208 年，劉備取得荊南，關羽被推為元勛，受封襄陽太守、盪寇將軍。劉備平定蜀後，以關羽董督荊州事。

214 年，關羽鎮守荊州。

215 年，孫權得悉劉備奪得益州，希望取回荊州。劉備卻說：「當得到涼州時，便會把荊州交還。」劉備、孫權惡化。

219 年，劉備稱漢中王，封關羽為前將軍，假節鉞。關羽進攻荊州北部樊城，時大雨，關羽乘勢坐大船進行攻擊，史稱「水淹七軍」。龐德被關羽俘虜，不降而被關羽處斬，當時關羽威震華夏。

10 月，徐晃擊敗圍困樊城的關羽軍隊，關羽軍退至麥城。

12 月，關羽遇馬忠埋伏被擒，和關平於臨沮被斬殺。孫權將關羽首級送給曹操，曹操以諸侯之禮安葬於當陽，即關陵當陽大王冢。民間稱關羽「頭枕洛陽，身臥當陽，『魂歸故里』『魂歸山西』。

221 年，蜀漢先主劉備以為關羽報仇之名東征東吳，專程到大王冢祭拜關羽，並在玉泉山建關羽祠。

260 年 9 月，蜀漢後主劉禪在追諡關羽為「壯繆侯」。

關羽出戰，左臂為毒箭流矢所中，毒液入骨，醫師云須破臂刮骨，毒患方除。關羽飲酒伸臂令劈刮，臂血盈盤，關羽割炙飲酒，談笑自若，宿疾終癒。

關羽常驕矜，不甘屈居人之下。當時孫權欲為自己的兒子迎娶關羽的女兒，關羽不但不贊成，幸得諸葛亮和費詩解說，關羽才接受。

長子關平，跟隨關羽征戰，與關羽一同被斬於臨沮。

次子關興，少年即著名聲，深得諸葛亮器重，弱冠後擔任侍中、中監軍。

關索，據傳是關羽之子，正史並無記載。關羽孫輩，關統，關興之子，娶公主。官至虎賁中郎將，無子而終。關彝，關興庶子，在關統死後承襲其位。

張飛　?～221 末涿郡（河北保定市涿州市）人

張飛，字益德（翼德）三國蜀漢名將。

184年，與關羽在涿郡跟隨劉備起兵，不避艱險。關羽、張飛、劉備三人，寢則同床，恩若兄弟。

194年，劉備領徐州牧，以張飛為司馬。

196年，張飛殺曹豹，引起丹楊兵叛變。

198年，曹操東征，消滅呂布，表薦劉備為左將軍，關羽、張飛為中郎將。

199年，劉備徐州截擊袁術，袁術病死，劉備殺死徐州刺史車冑，留關羽守下邳，身還小沛。

200年，曹操東征，劉備戰敗，北投袁紹，關羽被俘，後逃歸劉備。曹操隨後在官渡之戰中大敗袁紹，劉備南投荊州牧劉表。

208年，諸葛亮勸劉備襲取襄陽，劉備拒絕。曹操聽說劉備已經南下，率五千精騎追擊，在當陽長坂坡追上劉備，劉備和諸葛亮、張飛、趙雲等逃亡。張飛奉命斷後，趙雲則保護甘夫人和阿斗慢行。張飛據水斷橋，瞋目橫矛，大叫：「身是張益德也，可來共決死！」追兵無人敢近，劉備等人得以順利撤退至漢津，與關羽船隊會合，然後抵達夏口。

210年，周瑜病死，江陵轉讓劉備，張飛轉任南郡太守。

211年，劉備受益州牧劉璋之邀入蜀，北駐葭萌。

212年，劉備與劉璋反目，諸葛亮、張飛夾攻益州。張飛溯流西上，所向披靡，擒嚴顏欲殺，嚴顏「斫頭便斫頭，何為怒邪？」張飛欽佩，釋放待為上賓。

214年，劉璋投降，益州平定。劉備賜諸葛亮、法正、關羽、張飛每人黃金五百斤、銀千斤、錢五千萬、錦緞千匹。

215年，孫權索要長沙、零陵、桂陽三郡，劉備不許。張飛從小道進攻張郃，山道狹窄，首尾不能相救，張郃大敗，僅帶十餘人棄馬爬山逃回漢中。

217年，劉備進攻漢中，張飛取武都。

219年，劉備在定軍山，陣斬夏侯淵。劉備在漢中自稱大司馬漢中王，以關羽為前將軍，假節鉞；馬超為左將軍、張飛為右將軍。

關羽北伐曹操，孫權偷襲南郡，關羽撤軍，所部潰散，在臨沮被孫權擒獲，獻首曹操。

221年，劉備稱帝，改元章武。諸葛亮為丞相，張飛為車騎將軍，領司隸校尉，進封西鄉侯。劉備伐孫權，命張飛自閬中至江州會合。臨行張飛被部將張達、范彊殺害，帶其首級東奔孫權。劉備知張飛已死，嘆說：「噫！飛死矣。」

260年，追諡關羽「壯繆侯」，張飛「桓侯」，馬超「威侯」，黃忠「剛侯」；1340年，元順帝加封張飛為「武義忠顯英烈靈惠助順王」。

張飛妻夏侯氏，夏侯淵姪女，夏侯霸堂妹，女為劉禪皇后。據魚豢《魏略》記載，夏侯氏在十三四歲時出外砍柴，被張飛擄走，張飛認為她是良家婦女，遂納為妻室。生有兩女，有兩子，但不知是否為其所出。

張苞：張飛長子，早夭。張遵：張苞之子，官至尚書。隨都護、衛將軍諸葛瞻與征西將軍鄧艾戰於綿竹，臨陣歿。

張紹：張飛次子，官至侍中、尚書僕射。

敬哀皇后：張飛長女，221年納為太子妃，223年立為皇后，237年薨。

安樂公夫人：敬哀皇后之妹，237年入為貴人，238年立為皇后。蜀漢滅亡後，隨劉禪東遷洛陽。

趙雲 （趙子龍）？～229年常山真定（河北正定）

趙雲，字子龍，身高八尺，姿顏雄偉，蜀漢將領。

191年，率義軍投奔公孫瓚。趙雲說：「天下大亂，未知誰是明主，民有倒懸之危，鄙州議論，要投奔仁政之所在，因此我不投袁紹而投將軍。」趙雲自此隨公孫瓚四處征討。劉備被賊兵襲擊，失去駐地，亦來依附公孫瓚。

200年，趙雲在鄴城和劉備相認，劉備和趙雲同床眠臥，趙雲從此便追隨劉備，後來並隨他至荊州。

202年，曹操攻劉備，戰於博望，劉備計破曹軍，生擒敵將夏侯蘭，而趙雲與夏侯蘭是同鄉，自小相知，為他向劉備請命，並推薦讓他成為軍正。

208年，曹操再次南攻，劉備措手不及，向南逃往江陵，曹操輕騎快馬，在當陽長阪坡追上劉備，劉備情況危急無奈，丟下妻兒南逃。趙雲懷抱劉備幼子劉禪，保護劉備妻甘夫人，到劉備身邊。之後，劉備便任命趙雲為牙門將軍。

赤壁之戰，趙雲跟隨劉備平定荊州江南之地。劉備任趙雲為偏將軍，兼任桂陽（今湖南郴縣）太守。

209年，劉備成為荊州牧，聲勢漸大，孫權聽說劉備西征益州，派舟船欲接孫夫人回去，並叫她帶劉禪一起歸吳。幸得趙雲與張飛一起帶兵在長江截住東吳船隊，奪回劉禪，亦即著名的「趙雲截江奪阿斗」。

212年，劉備任命趙雲為翊軍將軍。

218年，劉備與曹操爭奪漢中，曹操大軍殺到，閉門拒守。趙雲進入主營，下令大開柵門，令蜀軍偃旗息鼓。曹軍見此情況，懷疑趙雲設有伏兵，便向後退卻。此時趙雲下令猛擊戰鼓，鼓聲震天，又令蜀軍以弩箭射向曹軍，曹軍驚駭，自相蹂踐，墜入漢水中淹死者甚多。劉備來到趙雲兵營察看戰場，讚歎說：「子龍一身都是膽也！」軍中號趙雲為「虎威將軍」。

221 年，劉備稱帝，欲進攻東吳，以報孫權伐取荊州之仇，趙雲諫阻，劉備不聽諫言，執意東征，留趙雲都督江州。

222 年，劉備東征爆發猇亭之戰，劉備大敗，趙雲乃進軍至永安以保衛先主，吳軍退卻。

223 年，後主劉禪繼位，任趙雲為中護軍，征南將軍遷鎮東將軍，永昌亭侯。

227 年，蜀和東吳結盟，諸葛亮率軍進駐漢中準備北伐，趙雲轉駐漢中。

228 年，諸葛亮北伐，軍攻祁山，兵弱敵強，箕谷失利，趙雲親自斷後，燒燬棧道阻止曹軍的追擊，因此軍資和人員的損失輕微。

北伐失敗，諸葛亮引疚上表自貶三級，趙雲亦貶為鎮軍將軍。

蜀軍退兵時，諸葛亮驚訝「街亭敗退時，我軍皆混亂成一團，箕谷退兵，編制整齊一如出軍之時，何故？」鄧芝回答「趙將軍親自斷後，因此軍資沒有遺失，人員編制整齊。」當時趙雲軍中有多餘的絹布，諸葛亮下令分給將士。趙雲說：「我軍軍事失利，為何要賞賜呢？請將其物全部入赤府府庫，在十月的時候再給眾人做冬衣。」諸葛亮因此大為稱讚。

229 年，趙雲病逝，後主於景耀四年（261 年）追諡他為順平侯。

劉禪時，關羽、張飛、馬超、黃忠、龐統被追諡，時為景耀三年秋九月。

後主劉禪念及曾受趙雲保護，又於隔年春三月追諡趙雲。

趙雲有兩個兒子：

長子趙統，趙雲死後繼其爵位，官至虎賁中郎，並任領軍的職務。

次子趙廣，官至牙門將軍，在沓中追隨姜維時戰死沙場。

荀彧 163 年～212 潁川郡潁陰縣（今河南許昌）人

荀彧，字文若，東漢末年曹操帳下的政戰兩略謀臣，著名的戰略家和政治家，被曹操稱讚「吾之子房」。因其任尚書令，居中持重達十數年，被人敬稱他為「荀令君」；官至漢侍中，守尚書令，追贈為太尉，諡曰敬侯。

荀彧出身潁川荀氏，孫卿之後。其祖父荀淑知名當世，號為神君。其叔父荀爽領袖士人，97 日做到三公高位。荀彧「少有才名」，南陽名士何顒曾經讚其為「王佐之才」。

189 年，荀彧獻策，曹操擊敗呂布，呂布東逃。

195 年，太祖駐軍乘氏縣，大饑荒，人吃人。曹操向駐軍巨野的呂布部將蔣蘭、李封發動攻擊，呂布親自援救，被曹操擊敗，撤退而走。荀彧勸應該抓緊戰機，收割熟麥，儲存糧秣，積蓄實力，這樣可以殲滅呂布。曹操採納荀彧的意見，大敗呂布，攻取定陶城，收復兗州各縣，兗州遂平。

196 年 8 月，荀彧時 34，提出迎漢獻帝到許昌，不久就任侍中，守尚書令，參與軍國大事，多次出謀畫策，也舉薦了荀攸、鍾繇、郭嘉、陳群、杜襲、司馬懿、戲志才等謀士，建立一個陣容強大的智囊團，成為曹操集團中首席謀士。205 年，河東叛亂，曹操讓荀彧舉薦賢才，荀彧曰：「西平太守京兆杜畿，勇足以當難，智足以應變」。曹操遂讓杜畿為河東太守。杜畿到任後，平定叛亂，廣

施仁政，在位 16 年，政績獲譽天下第一。

其間勸阻曹操北伐袁紹，認為應先討伐呂布，曹操遵從。官渡之戰前，孔融曾對荀彧表示擔心袁紹勢強，但荀彧都分析袁紹君臣之錯，後來正如他所預料。200 年，在曹、袁對峙於官渡，曹操因缺糧而想撤退，但荀彧說：「雖糧少，但未及楚、漢在滎陽、成皋的時候。當時劉邦與項羽不肯先退，先退的人必被動。主公僅對方十分之一的兵力，就地堅守，扼對方咽喉不能進已經半年了。見敵勢的銳氣力竭，必將有變化之數，不能失去機會。」曹操看後下定決心，果然敵軍有變數，最終擊敗袁紹。被封為萬歲亭侯，食邑 1 千戶。其間勸止曹操南征劉表、復置九州之事。

208 年，曹操準備討伐劉表，問計於荀彧，荀彧說：今華夏已平，南土知困矣。可顯出宛、葉而間行輕進，以掩其不意」。曹操南征，8 月，劉表病死，曹操遂得荊州。

207 年，荀彧食邑千戶，前後共計 2 千戶，授以三公，荀彧使荀攸推辭才作罷。

212 年，董昭等人推舉曹操進爵「魏公」，但荀彧認為曹操「本興義兵以匡朝寧國，秉忠貞之誠，守退讓之實；君子愛人以德，不宜如此」，表示反對。曹操雖然口頭答應不作魏公，但心頭不忿，亦因此曹操對荀彧不悅。不久之後，曹操軍至濡須，正好曹操南征孫權，派荀彧到譙犒軍，任為侍中、光祿大夫，持節，參丞相軍事，荀彧因病留在壽春（今安徽壽縣），憂鬱而死（一說服毒自殺），終年 50 歲。

荀彧的死，史書有說：當時曹操贈送食物給荀彧，荀彧打開食器，見器中空無一物，意會曹操叫他不要說話，因此自己服毒自盡。荀彧忠於漢室，與曹操理念背離。《後漢書》將荀彧、鄭泰、孔融，視其為漢臣。

魯肅　172～217 臨淮東城（今安徽定遠東南）人

字子敬，戰略家、政治家、外交家，為東吳策劃天下大勢，周瑜去世後接掌前線軍事，力主與劉備勢力聯合對抗曹操。魯肅出身於富豪家族，他出生不久，父親就去世了，由祖母撫養長大。董卓之亂時，賣掉土地，以財賑濟宗族鄉親和結交朋友。

198 年，魯肅仕職袁術，後投奔孫策。魯肅對孫權榻上獻策，和諸葛亮的隆中對（三分天下之計）在許多觀點上相吻合。

208 年，劉表病故，政權內部分裂。魯肅請求前往為劉表的兒子弔唁，並勸劉備同心抗曹操，結識謀士諸葛亮，也主張孫劉聯盟，遂二人同去柴桑（今江西九江）會見孫權，孫權想「擁軍在柴桑，坐觀成敗」，對抗曹操缺乏信心。魯肅堅決反對降曹下，孫權終於下了決心。這樣才有了後來的「赤壁之戰」。赤壁大捷後，孫劉聯軍攻佔荊州，東吳勢力已西達三峽。

210 年 12 月，周瑜病逝，享年 36 歲。魯肅認為如果把南郡借給劉備，確

認他分得荊南四郡，全權管轄荊州，等於為曹操樹立一個敵人。他說服了孫權。孫權任命魯肅為漢昌太守、橫江將軍、屯陸口，接管原屬周瑜的軍隊。

215 年，劉備佔據益州後拒絕歸還荊州。關羽南下被魯肅堵住。魯肅以大局為重，說服關羽維持聯盟，會談時，雙方各把兵馬安排在百步以外，與會者包括關羽與魯肅，都只佩掛了一把單刀「單刀赴會」。

217 年，魯肅病逝，享年 46 歲。孫權為其主持喪事，諸葛亮也為之發喪。

周瑜　175~210 廬江舒人，今安徽省廬江縣東南人

周瑜，字公瑾，人稱「美周郎」。祖父周景，父周異。軍事家、政治家，足智多謀，名遍江東。少與孫策為友，孫策（娶大喬），周瑜（娶小喬），兩人連襟。精音樂，有「曲有誤，周郎顧」之語。周瑜好大喜功，謙虛寬容，相貌堂堂，深得孫策、孫權禮遇器重，可惜智不及諸葛亮，而有「既生瑜，何生亮！」之喻。

200 年，孫策被刺死，周瑜與張昭一同輔佐孫權，擔任大都督，執掌軍政大權。

208 年，周瑜連合劉備火燒赤壁，以黃蓋書狀傳曹操假圖降服，於戰艦後有預船，繫於大船之後，將到岸時，曹操指著說「黃蓋降服來了」。黃蓋船隻靠近岸後，將船放掉，同時在艦船上點火，藉風火熖充天，曹操兵營都焰入火海，人馬燒死，或溺死者不計其數，曹操敗退，劉備與周瑜聯軍追擊，曹操留下曹仁鎮守江陵，自己逃命離營，「赤壁之戰」成為千古名役。

210 年，被曹仁伏兵射箭中傷，病死巴丘，享年 36 歲。

孫策　175~200.5.5.吳郡富春縣（浙江杭州富陽縣）人

字伯符，孫堅嫡長子，吳大帝孫權長兄，有「小霸王」美譽，

190 年，孫堅討伐董卓時，為減少後顧之憂，將家眷移到廬江舒城，結識周瑜，兩人同年 175 年出生，倍感投緣。

191 年，孫策的父親孫堅被黃祖的伏擊身亡，孫策繼承父業與襲爵（烏程侯）。

194 年，孫策率領父親舊部投靠袁術，奏表孫策為殄寇將軍，官職為懷義校尉。假為幫助舅父，實為奪取江東，脫離袁術。

　　195 年，孫策渡江，削平割據勢力，據吳、會稽、廬江等郡。在江東建孫氏政權。孫策繼而自領會稽太守，意求為父報仇。

　　197 年，袁術僭越稱帝，孫策勸喻不可，袁術不聽，孫策與袁術斷絕不再往來。

　　198 年，孫策迎周瑜，任命其為建威中郎將，發二千人為周瑜部曲，賜軍馬五十匹，為其建屋，贈賜莫人能比。並下令「周公瑾英雋異才，與孤有總角之好，骨肉之分。」兩人將當地喬公兩位女兒沈魚落雁之容、閉月羞花之貌姐妹，同時嫁給孫、周兩位英雄，孫、周是兄弟摯友還是連襟。

　　孫策因袁術否認漢獻帝正統地位，曹操詔書孫策討伐袁術，乃與曹操、呂布、劉備四軍為漢室除賊。袁術兵敗自責，吐血身亡。

　　曹操因孫策討伐袁術有功，上奏東漢朝廷封孫策為吳侯，拜討逆將軍。

　　199 年，孫策大敗宿敵黃祖，報了殺父之仇。

　　200 年，曹操與袁紹相拒於官渡，孫策求職大司馬，曹操不許，孫策恨之。

　　200 年 4 月，孫策在丹徒狩獵，突然從草叢中躍出三人，彎弓搭箭向他射來，孫策面頰中箭，血流滿面，創痛甚劇。自知不久於人世，便請來張昭等人，托以後事。孫權稱帝後，追諡孫策為長沙桓王，為孫策立廟於建業朱雀橋南。

呂蒙　178～220 汝南富陂（今安徽阜南東南）人

　　呂蒙，字子明，東漢末年名將。出身貧苦，依姊夫鄧當，數討山越，母叱責不能止，呂蒙回稟：貧賤難可居，脫誤有功，富貴可致，且不探虎穴，安得虎子。

　　呂蒙受到孫策的賞識，從此踏上軍人路途，屢立戰功，思慮細密，身望日高。他少不脩書傳，每陳大事，常口占為牋疏。作戰勇武且有謀，如降郝普，擒關羽，有國士之量，孫權讚償其『鷙鳥累百不如一鶚』。

　　呂蒙獻策計擒關羽，兵至尋陽，藏於船隻中，佯裝商人，混入關羽據地江陵，關羽不察兵敗，走麥城，西至漳鄉，被斷徑路，父子被擒。

　　呂蒙累官南郡太守，受封為孱陵侯，死時年 42 歲。平生受賞金寶財物，均藏於官署倉庫中，遺囑死後均皆上還，孫權得悉，益為痛惜悲感，淚沾襟衫。

龐統　179~214 襄陽（今屬湖北襄陽市襄州區）人

　　龐統，字士元，名士龐德公稱其為「鳳雛」，與「臥龍」諸葛亮漢末齊名。初事周瑜作郡功曹，後成為劉備重臣謀士。周瑜病卒，龐統仍前往江東弔喪。

　　劉備督管荊州，用龐統為耒陽令，因不稱職，被免官。諸葛亮進言，劉備才再啟用他任治中從事。謀略與諸葛亮齊名，同升為軍師中郎將。

　　龐統跟隨劉備入蜀，提出奪戰略，劉備不從。劉備後來與劉璋決裂，龐統再提出上、中、下三策取蜀：

　　上策：「秘密挑選精兵，晝夜不停趕路，突擊成都；劉璋不懂軍事，平時又

沒有準備，大軍突至，一舉可定，這就是上策。」

中策：「楊懷、高沛是劉璋手下名將，各持強兵，據守關口、山頭，聽聞他們曾數次上書勸諫劉璋，發遣將軍還荊州。將軍你派人到他們處問候，說荊州有緊急軍務，要還軍救助，並假裝收拾，裝作要離開；此二人既服於你的英名，又為你的離去而高興，我推想他們必定乘輕騎來求見，你藉以捉拿他們，奪取他們的士兵，向成都進攻，這就是中策。」

下策：「退還白帝城，與荊州兵聯合，慢慢消滅他們，這是下策。」

龐統更認為：「若是還沈吟不行動，將失去時機，不可再等。」劉備採取中策而行。先斬楊懷、高沛，再攻成都，所向披靡。

214 年，劉備進攻雒縣時，龐統率軍攻城時，被守軍的流矢所射中而亡，年僅 36 歲。劉備為之痛惜、流淚，諸葛亮也親自前往拜祭，升其父為諫議大夫。後追賜關內侯，260 年 9 月，追諡為靖侯。

黃忠　　?~220 三國荊州南陽（今屬河南）人

黃忠，字漢升，三國著名將領。本為東漢末年群雄劉表部下中郎將，長沙太守韓玄部下將領，後成為劉備部將，歷任討虜將軍、征西將軍，官至威武後將軍，去世後諡號剛侯。

黃忠原初在荊州刺史劉表麾下任職中郎將，與劉表從子劉磐共守長沙攸縣。及後曹操南侵荊州，仍擔故任，假行裨將軍，統屬於長沙太守韓玄。

赤壁之戰後，劉備上征荊南四郡。武陵太守金旋、長沙太守韓玄、桂陽太守趙範及零陵太守劉度投降，黃忠亦隨韓玄投降，並隨劉備軍隊入蜀。後劉備與劉璋決裂，黃忠於葭萌關受任進攻成都，作戰時身先士卒、勇冠三軍。益州定後，被封為討虜將軍。

219 年，劉備攻漢中，黃忠在定軍山戰中，乘著高勢、擂鼓吶喊進攻敵人，斬殺曹操大將夏侯淵、趙昂，被升為征西將軍。同年，劉備稱漢中王，改封黃忠為後將軍，賜關內侯，諸葛亮認為「忠之名望，素非關、馬之倫也。而今便今同列。馬、張在近，親見其功，尚可喻指；關遙聞之，恐必不悅，得無不可乎！但劉備仍決意實行，派費詩前往勸解關羽，黃忠便與張飛、馬超、關羽同級。

220 年，黃忠病逝。260 年 9 月，黃忠被追諡為剛侯。

諸葛瑾　　174~241 三琅邪陽都（今山東沂南）人

諸葛瑾，字子瑜，政治家、武將，諸葛瑾是諸葛亮的胞兄，因避戰亂而遷往江東，孫權大姊夫弘咨向孫權推薦，受孫權器重。後分別升為長史、中司馬。

215 年，諸葛瑾奉命出使蜀漢要求劉備歸還荊州，最後以分界結束。

219 年，跟隨討伐關羽，封宣城侯、綏南將軍，代呂蒙領南郡太守。

221 年，劉備伐吳，諸葛瑾給劉備上書「陛下老遠來至白帝，就是因為吳王侵取荊州，危害關羽，怨深禍大。不肯講和，此小人之心。試為陛下論其輕重，及其大小。陛下若抑威損忿，計可立決，不復諮之於諸將也。陛下以關羽

之親何如先帝？荊州大小孰與海內？俱應仇疾，誰當先後？若審此數，易於反掌。」時或言瑾遣親人與備相聞，權曰：「孤與子瑜有死生不易之誓，子瑜之不負孤，猶孤之不負子瑜也。」

222 年，孫權封諸葛瑾左將軍、督公安，假節，封宛陵侯。同年曹真、夏侯尚等圍朱然於江陵，諸葛瑾派兵救援，渡江時被夏侯尚火燒船隻，潘璋未知前來救援，而魏兵日渡不絕，並說：「魏勢始盛，江水又淺，未可與戰。」便將所領，到魏上流五十裡，伐葦數百萬束，縛作大筏，欲順流放火，燒敗浮橋。作筏適畢，伺水長當下，尚便引退。

238 年，弄政大臣呂壹遭處死。孫權派遣中書郎袁禮斥責，指自己與四人恩猶骨肉，榮福喜戚，相與共之，自己出錯，理應上奏勸告，不應置身事外。

226 年，孫權得知魏文帝去世後，於八月出兵攻魏。命諸葛瑾部兵分兩路進攻襄陽，親自率軍進攻江夏郡。孫權一路為魏軍所敗，遂撤兵而走。而諸葛瑾則被司馬懿擊敗，並斬殺吳將張霸，斬首千餘級。十二月，升任驃騎將軍。

236 年，孫權北征，派諸葛瑾攻襄陽。諸葛瑾坐鎮舟船，陸遜率領全部兵馬向襄陽進發。敵人素懼陸遜，立即退回城中。諸葛瑾便引船而出，敵人不知究竟，反而不敢追擊，於是陸遜全軍安然退出。

241 年四月，吳帝孫權攻魏，威北將軍諸葛恪攻六安，大將軍諸葛瑾攻祖中。諸葛瑾步騭侵掠租中，司馬懿自請出兵往討。同年，諸葛瑾病故，死時 68 歲，死前命人葬禮應該簡單進行。

諸葛恪　203～253 三琅邪陽都（今山東沂南）人

諸葛恪，字元遜，諸葛瑾之子，少有才思，辯論應機，莫與為對。及長，英才卓越，超逾倫匹。令孫權大為欣賞。

222 年，諸葛恪弱冠成年後即被拜為騎都尉，後來，諸葛恪轉任左輔都尉。

諸葛恪曾多次要求自己領兵平定居於丹陽山上的山越人，諸葛瑾「諸葛恪若不能令我家大為興盛，便會讓我家血流遍地。」

234 年，提拔諸葛恪為撫越將軍，領丹陽太守。諸葛恪上任後實行堅壁清野政策，成功逼山越人向朝廷投降；孫權為嘉狀諸葛恪平定山越的功績，拜諸葛恪為威北將軍，封都鄉候。

243 年，魏司馬懿欲攻諸葛恪，孫權想發兵接應，可望氣者說不利於出兵，於是讓諸葛恪移守柴桑（今江西九江市）。

245 年，諸葛恪得知丞相陸遜猜疑自己，便寫信給他。不久，陸遜去世，諸葛恪升為大將軍，假節，駐武昌，並代替陸遜領荊州事。

後來孫權不適，見太子孫亮年幼，便命令諸葛恪兼任太子太傅，中書令孫弘兼任太子少傅。

252 年，孫權病危，眾人議論託孤。孫峻認為諸葛恪大器可以輔政，作大事，最後選擇諸葛恪。第二天，孫權去世。孫弘平時與諸葛恪不和，害怕以後受制於他，封鎖孫權去世消息，想矯詔除掉他。諸葛恪聞知，誅殺孫弘，發佈

孫權死訊，為之治喪。孫亮即位後，拜諸葛恪為太傅。諸葛恪為收取民心，廣施德政，取消監視官民情事的制度，罷免耳目之官，免掉拖欠的賦稅，取消關稅。每一舉措，都儘量給百姓以德澤實惠，民眾無不高興。諸葛恪每次外出，都有很多人引頸相望，想一睹其風采。

10 月，曹魏大將軍司馬師因孫權病亡乘機攻吳。諸葛恪命人修築大派王昶、毌丘儉誘敵，並各攻打攻南郡、武昌，胡遵、諸葛誕率步騎七萬，架浮橋攻東興，欲毀壞大堤。諸葛恪親率領四萬援軍到東興。諸葛恪取得東興勝利，繳獲大批物資。諸葛恪因功封臨都侯，加揚、荊州二州州牧，督中外諸軍事。

253 年，再次出兵攻打魏國，眾大臣認為士兵剛戰爭不久而身體勞損，一起勸諫諸葛恪，他不聽勸諫。諸葛恪撰寫論諭對各大臣説：天下沒有兩個太陽，地上也沒有兩個皇帝。諸葛恪違背眾人的意願出兵，百姓騷動，漸失民心。

孫峻見諸葛恪民心漸失，向皇帝孫亮中傷諸葛恪，聲稱諸葛恪欲發動政變。孫亮與孫峻設下酒宴宴請諸葛恪，埋下伏兵。諸葛恪帶劍入席，席間命令伏兵入殿，當場殺死諸葛恪，誅滅其三族，51 歲。童謠「諸葛恪，蘆葦單衣篾鈎落，於何相求成子閣。」諸葛恪果然被葦席裹身，竹篾當鈎鈎在腰間，拋屍在石子岡。臨淮人臧均上表收葬諸葛恪，孫亮、孫峻聽從，並吩咐下屬找諸葛恪屍體安葬。

司馬懿　179～251 司州河內郡溫縣孝敬里舞陽村（河南溫縣招賢鎮）人

司馬懿，字仲達，高祖司馬鈞，漢安帝時為征西將軍；曾祖司馬量為豫章太守；祖父司馬儁為潁川太守；父司馬防為京兆尹。其子司馬昭稱王後，追尊為晉王；其孫司馬炎稱帝後，追尊為高祖宣皇帝，故也稱晉高祖、晉宣帝。

179 年，自幼聰明多大略，博學洽聞。

199 年，楊俊說他絕非尋常之子，做事果斷，英姿不凡。

201 年，河內郡推舉出仕擔任上計掾，但司馬懿隱忍待時，韜光養晦，以裝病推遲曹操所授的官職並索性告辭上計掾，回家養病。

208 年，官職由文學掾、黃門侍郎、議郎、丞相府東曹屬，升到丞相府主簿。

216 年，曹操晉爵魏王。

217 年，曹操冊立司馬懿升太子中庶子，常謀國事，不久轉為丞相軍司馬。

220 年，曹操病死，司馬懿協助曹丕完成漢魏禪讓。

226 年，曹丕病逝，司馬懿輔政曹叡即位，封為舞陽侯。十二月升任驃騎將軍。

228 年，擒斬孟達。

230 年，任大將軍、加大都督、假黃鉞，與大司馬曹真一起伐蜀，遇雨回師。

231 年、234 年，兩次成功對抗諸葛亮蜀軍北伐，蜀軍撤走。

235 年，升任太尉。

238 年，率牛金、胡遵等步騎四萬征公孫淵，破襄平。

238 年，曹叡病逝，遺命曹爽、司馬懿輔政曹芳即位。

241 年，孫權攻魏，六月司馬懿統軍增援，吳軍退。

243 年，司馬懿在率軍征吳，諸葛恪焚燒積聚，棄城而走。

247 年，曹爽與司馬懿矛盾激化，而將其改任太傅，司馬懿託病不與朝政。

249 年，司馬懿父子發動政變，奪曹爽軍權。進爵安平郡公，繼為相國。

251 年，討伐王凌，誅其三族。司馬懿病逝，享年 73 歲。承其遺願，辭讓郡公和殊禮，不樹不墳，不設明器，葬於首陽山。諡文貞，後改文宣。

265 年，司馬懿孫司馬炎稱帝，建立西晉。追尊司馬懿為高祖宣帝。

司馬師　208～255 三國司州河內溫縣（今河南溫縣招賢鎮）人

司馬師，字子元，官至大將軍。西晉開國君主晉武帝司馬炎的伯父，司馬懿與張春華的長子，司馬昭的兄長。繼承父權後，內部肅清及平定內亂；打敗諸葛恪，均削弱他國及控制魏國政權。

249 年，高平陵之變，推翻僭越亂政的宗室曹爽有功，封長平鄉侯，食邑千戶，加封衛將軍。

251 年，司馬懿死後，司馬師成為撫軍大將軍，執掌魏國軍政大權。

252 年，升為大將軍，攻取東吳新建的堤壩。十二月，攻打東興失敗，司馬師把戰敗歸咎自己，並說到：「我不聽公休，以至於此。此我過也，諸將何罪？」

253 年，吳國太傅諸葛恪包圍合肥新城，司馬師說「諸葛恪軍隊輕裝深入，投兵於絕境。」相持數月，諸葛恪兵衰力竭，死傷過半。司馬師切斷諸葛恪的退路，諸葛恪懼怕遁逃大敗。

254 年，曹芳打算發動政變，司馬師殺中書令李豐、太常夏侯玄、光祿大夫張緝等人。司馬師對曹芳有所猜疑，同年廢曹芳，立曹髦為帝。

255 年，鎮東將軍毌丘儉及揚州刺史文欽起兵反司馬師大敗。毌丘儉在項縣城城慌忙棄城而走，躲在河旁的草叢裡被老百姓射死。毌丘氏與文氏兩家人，凡是留在魏國的，都一齊被殺。春二月，文欽之子文鴦帶兵襲營，司馬師驚嚇過度，再加上本來眼睛上就有瘤疾，經常流膿，致使眼睛震出眼眶，死於許昌。

曹髦素服臨弔，諡忠武。後來司馬昭受封晉王，追尊司馬師為晉景王。司馬炎稱帝後，尊司馬師為晉景帝，陵曰峻平，廟號世宗。

李密　224～287 西晉犍為武陽（今四川彭山東）人

李密，字令伯，一名虔。少仕蜀為郎。晉初徵為太子洗馬，以父早亡，母再嫁，與祖母劉氏相依為命，因上「陳情表」固辭。劉氏死，方至京師洛陽，曾任洗馬、溫令、漢中太守等官。

李密　582~619.1.20. 長安人，祖籍遼東襄平（今遼寧遼陽）

李密，字玄邃，一字法主，曾祖父為西魏八柱國將軍之一的李弼。祖父李曜，為北周的邢國公。父親李寬為隋朝的上柱國，封蒲山郡公，李密承襲父親

爵位。

613 年，參與楊玄感起兵叛隋，成為楊玄感心腹謀士，失敗被捕押解途中逃脫。

616 年，投奔瓦崗軍翟讓，計襲興洛倉，開倉放糧，以「就倉吃米」號召群眾，游說翟讓在滎陽大海寺殺隋將張須陀，翟讓非常器重李密，凡事言聽計從。

617 年，李密建立「蒲山公營」瓦崗軍日益壯大，李密威信越來越高。翟讓自覺才能不若李密，推舉李密為「魏公」，改元永平。瓦崗軍《為李密檄洛州文》歷數隋煬帝十大罪狀，天下震動，各地豪傑紛紛建議李密登基稱帝，但李密拒絕了。李密的軍功越來越大，地位如日中天，翟讓說他不把自己放在眼裡，房彥藻告知李密：「翟讓剛愎貪婪，有無君之心，應早圖之」。李密藉口置酒招待翟讓飲宴，席間殺了翟讓兄弟及其親信。

618 年，宇文化及在江都殺死隋煬帝，另立秦王楊浩，自封為大丞相。李密遣使入朝隋洛陽的越王楊侗，受封官爵。

李密驕傲自滿，不再體恤將士，瓦崗軍將領離心離德。（唐高祖李淵、唐武德元年）王世充乘勢襲擊瓦崗軍，大破李密，李密走長安，投降唐主李淵。李淵大喜，拜李密為光祿卿，封邢國公，還將表妹獨孤氏嫁給了李密，稱呼李密為弟。

同年底，李淵派李密去黎陽安撫昔日的部眾，李密率部東行至稠桑驛的時候，李淵突然反悔將其召回，李密大為恐懼，決定叛亂。率部襲破桃林縣（今河南三門峽市西南），掠奪畜產向南進入熊耳山，前往襄城（今河南省汝州市）投奔舊將張善相。

619 年 1 月 20 日，李密被盛彥師殺死，傳首長安。安葬黎陽山西南五里處，墳高七仞。李密留存詩一首：淮陽感懷：

　　金風盪初節，玉露凋晚林。　　此夕窮塗士，鬱陶傷寸心。
　　野平葭葦合，村荒藜藿深。　　眺聽良多感，徙倚獨沾襟。
　　沾襟何所為，悵然懷古意。　　秦俗猶未平，漢道將何冀。
　　樊噲市井徒，蕭何刀筆吏。　　一朝時運會，千古傳名諡。
　　寄言世上雄，虛生真可愧。

1974 年，河南省浚縣出土，當時衛河清淤，在浚縣城關鄉羅庄附近衛河河床內被挖出。墓志銘長 80 厘米，寬 60 厘米，墓蓋書《唐上柱國邢國公李君之墓志銘》，字體結構疏朗，樸實道健。行文 39 行，滿 38 行，行 31 字，共 1202 字。字為正書，書寫秀健端雅，字距排列適宜，文體為四六駢文。與《全唐文》魏徵所撰的《李密墓志銘》，相差不大。

賈充　217～282 平陽郡襄陵縣

賈充文思敏捷，精明心細，善體人心，尤長揣摩上司心地，仕途順暢，他領兵滅吳，大獲全勝，被封爵位，先後輔佐司馬師、司馬昭、司馬炎，司馬氏三代掌權，魏帝曹髦成了傀儡，遲早要篡位，賈充放出風聲「司馬昭之心路人

皆知」終於 260 年，司馬昭殺死魏帝曹髦，賈充因而極受司馬昭的倚重。

268 年，主持修訂「晉律」。

271 年，將女兒賈南風嫁給太子。

279 年，率軍伐吳。

280 年，滅吳，後助篡魏建立晉朝，為開國元勳。

282 年，賈充病逝享壽 65 歲。

祖逖　266～321 東晉范陽遒縣（今河北淶水北）人

祖逖，字士稚，北州舊姓，人們著稱的「聞雞起舞」就是他和劉琨的故事。曾一度收復黃河以南大片土地，但及後因朝廷內亂，在他死後北伐功敗垂成。祖逖性格豁蕩，不修儀檢，為人輕財好俠，慷慨而有志節，每到田舍都以兄長們的名義分穀帛救濟貧困的人，鄉里宗族因而看重他。祖逖博覽書籍，涉獵古今，往來洛陽時人人都他有贊世才具。僑居在陽平時曾獲舉孝廉和秀才，但都不應命。後任司州主簿。後曾先後擔任大司馬齊王冏和驃騎將軍長沙王乂的屬官，最終升任太子中舍人、豫章王司馬熾的從事中郎。

304 年，隨晉惠帝北征鄴城，兵敗後逃回洛陽。

311 年，匈奴劉曜率漢軍攻陷洛陽，晉懷帝被俘，中原大亂，祖逖率親鄰幾百家避難南下，他富有謀略，被推為首領—行主。上書司馬睿，力請北伐。

313 年，司馬睿以祖逖為奮威將軍、豫州刺史，但不予充足兵源武備。但祖逖仍北渡長江，「中流擊楫」「祖逖不能清中原而復濟者，有如大江！」因得李頭和王含派桓宣支援，擊敗並勸降樊雅，進據譙城，又擊敗前來討伐石虎。

319 年，祖逖率軍討伐石勒，石勒遣石虎領兵救援，祖逖因連番失利退回淮南。

320 年，祖逖巧計令胡兵以為晉軍兵糧充足，派兵奪去石勒給桃豹的軍糧，因而盡得二臺，並派韓潛進佔封丘壓逼桃豹，自己進屯雍丘（今河南杞縣）。

祖逖多次邀截石勒軍被祖逖擊破，石勒部將向祖逖歸降。祖逖厚待拘捕濮陽人，而獲鄉里歸降，祖逖成功收復黃河以南中原地區的大部分土地。

祖逖軍紀嚴明，自奉儉約，不畜資產，勸督農桑，子弟帶頭發展生產，又收葬枯骨並祭祀他，於是深得百姓愛戴。黃河北岸塢壁群眾亦感激和愛戴祖逖，於是向祖逖密報石勒的活動。東晉於是升祖逖為鎮西將軍。

石勒見祖逖兵強勢強盛，不敢擅動，替祖逖修建母親及祖父、父親的墳墓，遣書請求通商。祖逖沒回信，任憑通商貿易，坐收營利十倍。祖逖卻營繕虎牢（今河南滎陽汜水鎮）秣馬厲兵，積蓄力量，準備向北岸推進。

321 年，晉元帝司馬睿生疑，派戴淵監督祖逖，甚為不快，激憤患病，但仍然用心修繕虎牢城，同時修築營壘以防後趙進侵。營壘未建成，祖逖就於雍丘病死，享年 56 歲，東晉追贈車騎將軍。

322 年，王敦之亂，原本已收復的土地，又被石勒攻佔。

王導 276～339 琅琊郡臨沂

王導，字茂弘，小名阿龍，出身世族，與皇室司馬睿交好。

307年，隨司馬睿南渡，出謀獻策，有「江南仲父」之稱。

318年，司馬睿稱帝，王導為丞相，「王與馬共天下」

322年，鎮壓從兄王敦叛亂。

323年，輔佐晉成帝。

325年，司馬紹也病死，幼主晉成帝馬衍繼位，王導與外戚庾亮共同輔政。

328年，平定蘇峻之亂，旋任太傅、宰相，掌軍政權。

339年，王導病逝，享壽64歲，一生清廉、仁愛、寬厚，輔佐元、明、成三朝，穩定東晉局勢，功不可沒.

謝安 320～385.8.23.浙江紹興人，祖籍陳郡陽夏（今河南太康）

字安石，號幼度，少穎悟，為叔父安所器重，有經國才略，為一謀略才華出眾名相。世稱謝太傅、謝安石、謝相、謝公。

處世不卑躬屈膝，卻能拒權臣而扶社稷；當政時，處處以大局為重，不結黨營私，不僅調和了東晉內部矛盾，還於淝水之戰擊敗前秦並北伐奪回了大片領土。他功業成名非凡之時，激流勇退，不戀權位；被後世人視為良相的代表，「高潔」典範。

353年，參加蘭亭會。

360年，入桓溫幕府為司馬，謝萬去世，謝安以服喪為由辭職，丞相司馬昱挽留推薦為吳興太守，後為侍中。

372年，化解桓軍危機，諫阻簡文帝病重欲將政權讓給桓溫。爾後桓溫病重，期盼朝廷給他加封九錫，謝安故意拖延，不久桓溫病故，加封九錫之事未成。

374年，謝安拜相，任尚書僕射兼中書令。做到「荊揚相衡，則天下平」，共謀對付符堅。

376年，孝武帝司馬曜親政，謝安總攬朝政。

377年，謝安舉不避親，薦舉侄子謝玄出任兗州刺史，負責長江下游江北防守。自己則都督揚州、豫州、徐州、兗州、青州五州軍事，軍護長江下游。

378年，前秦苻丕進攻襄陽，謝安分三路合圍襄陽，秦軍敗退。

379年，謝安建康布防，令謝玄自廣陵起兵應敵，四戰皆捷，秦軍全軍覆

滅。謝安因功晉封建昌縣公，謝玄晉封東興縣侯。

383 年 5 月「淝水之戰」，符堅八十萬大軍兵臨城下，謝安以謝石為前線大都督先鋒，精兵奇襲，洛澗大捷，符堅大敗陣前斬符融，損兵折將。謝安之「圍棋賭墅」「小兒大破賊」心理戰術，指揮若定，大敗秦軍，功不可沒。司馬曜追封謝安為廬陵郡公。

384 年 8 月，謝安北伐，謝玄自廣陵北上，收復兗州青州司州豫州，桓氏出兵攻克魯陽和洛陽，收復梁州和益州。至此淝水之戰，前秦晉以淮河－漢水－長江一線為界，改成以黃河為界，整個黃河以南地區重新歸入了晉朝的版圖。

北伐節節勝利，司馬氏及部分朝臣對謝安非常猜忌，懷疑謝安會像王莽篡位奪權。謝安得悉「素退為業」，主動交出手上權力。

385 年 8 月 22 日，病逝建康，享年 66 歲，諡號曰文靖。

謝安葬禮同霍光、王導以及桓溫等人同一規格，有「九旒鸞輅，黃屋左纛，緼輬車，輓歌二部，羽葆鼓吹，武賁班劍百人」，為皇帝級別的葬禮。後謝安妻劉氏去世，也用同等葬儀。

陶侃　259~334　江西鄱陽人

陶侃，字士行，晉朝名將，出身寒門，少時家貧，父陶丹早亡，全靠母親湛氏紡織維生，東吳滅亡後，全家遷到尋陽，早年曾任尋陽的「魚梁吏」，後任郡督郵，領樅陽縣令，及後因被稱能幹而升任廬江太守，張夔的主簿，張夔察陶侃為孝廉，到洛陽後獲張華接見並賞識，任郎中。後又曾任伏波將軍孫秀舍人，武岡縣令和廬江郡小中正。

他行事小心謹慎，細緻縝密謹慎，他打破「上品無寒門，下品無世族」的藩籬，逐漸進入東晉王朝政治核心，當了華軼參軍、龍驤將軍、武昌太守，當上炙手可熱的荊州刺史，成為一代名紂，擠身上流社會為東晉開國元勳，官至大司馬，封長沙郡，位極人臣。陶侃不單對東晉的建立與維持在軍事上作出貢獻，本身亦甚有治跡，治下荊州太平安定，路不拾遺，亦深受人民愛戴.曾建杉庵讀書於嶽麓山。

史載陶侃「性聰敏，勤於吏職，恭而近禮，愛好人倫。」又「雄毅有權，明悟善決斷」任廣州刺史時雖然事務繁多，但都不會遺漏。同時所有書信文件都親自答覆，而且下筆如流，未嘗有停滯。陶侃無論客人是否相熟都會接待，不會待慢他們在門前久候。有一次外出，看見一人手持一束未成熟的稻穗。便問：「用此何為？」那人回答：「行道所見，聊取之耳！」他聽了大怒：「汝

既不佃，而戲踐人稻。」便抓起來痛打一頓。

　　公家造船，留下許多竹根、竹梢和鋸末粉屑，陶侃叫人把它收藏起來。時人怪異之，恰逢雪後天晴，道路泥濘，陶侃叫人把木屑鋪在地上，以免行人滑倒。又有一次，因軍事造船，陶侃便拿出收藏的竹根、竹梢，作為造船的竹釘子，這是「竹頭木屑」的典故。一生名言：運甓以砥，木屑竹頭，皆可綜理，石頭可攻，白石可倚。

　　陶侃辭官離開前，軍資、器仗、牛馬和舟船都全部作了記錄，並將倉庫封印，自加管鑰，全交給繼任的王愆期，然後才離開。陶侃的行動於當時朝野為一時美談。

　　296 年，到洛陽，認識識多有識之士上流人物。

　　300 年，任武岡縣令，303 年為南蠻長史，大破張昌起義軍，

　　314 年，滅杜弢義軍失敗被免職，旋復職，

　　325 年，任荊州刺史，

　　328 年，為各晉軍盟主，討伐蘇峻，

　　329 年 12 月，郭默假稱詔命殺江州刺史劉胤，王導因郭默驍勇難制而容忍，更讓他任江州刺史。但陶侃則動軍，並上書朝廷請求討伐。

　　330 年，郭默與陶侃部隊作戰，但不利，唯有入尋陽城固守，及後陶侃大軍齊集，對峙兩個月後郭默部將宋侯縛送郭默父子五人和張丑來降，陶侃於是將郭默斬首，傳首京師，平定事件。陶侃戰後加都督江州，領刺史，並加置屬官。

　　332 年，陶侃又派兒子陶斌和南中郎將桓宣擊敗在樊城的後趙將領郭敬；派陶臻和竟陵太守李陽攻破新野，再奪襄陽。陶侃因功進為大將軍，劍履上殿，入朝不趨，贊拜不名，陶侃辭讓。陶侃晚年都不與朝權，更多次上書求退，都因部下苦求而留下。

　　334 年，陶侃因病重，上表告老歸國，將後事都交給右司馬王愆期，然後登舟赴長沙，途中病逝於樊溪舟中，享年 76 歲，諡桓公。

王猛　325～375 北海劇人

　　王猛，字景略，出身寒微，以鬻畚為業，郤潔身自愛，隱居苦讀詩書，四處遊學。偶遇異老，拜之為師，博覽兵書，懷佐世之志。顯露才華，外修兵革，內崇儒學，勸課農桑，教以廉恥，致使兵強國富，垂及昇平。

　　354 年，荊州與桓溫會談。

　　356 年，見符堅，31 歲出仕。

　　357 年，符堅稱帝，王猛被任命中書侍郎。

　　361 年，中連升五級。

　　366 年，攻東晉、伐羌族、戰前涼，均獲勝。

　　369 年，擊敗前燕。

　　372 年，獲任丞相、中書監、尚書令、太子傅、司隸校尉，掌軍國大權。

　　375 年，病亡。

符堅　338~385.10.16.　略陽臨渭（今甘肅秦安東南）人

符堅，字永固，又名文玉，符雄之子，符洪之孫，符健之侄。

345 年，聰敏善良，循規蹈矩，妥貼侍奉祖父符洪，深得符洪疼愛。

346 年，祖父符洪請老師到家教學。

354 年，符雄去世，符堅承襲父爵東海王，獲授龍驤將軍。

357 年，前秦皇帝符生，凶殘好殺，符堅卻聲譽很好，梁平等將勸符堅奪取帝位。符堅、符法得知符生有意加害，符堅先發制人入宮罷黜符生，不久殺害。

357 年，符堅即位，整飭官職，恢復宗祀，上禮神祇，鼓勵農業，擴墾耕地，設學校，扶持鰥寡孤獨和年老無依者，一時國內欣榮，倉庫充實，人民溫飽。

358 年，符堅減省膳食和暫停奏樂，將金玉錦繡等貴重物品散發給軍士，命後宮省儉服飾。更開發山澤，所得資源不限官府，連平民也可用。

364 年，符堅重用漢人王猛，令氐族豪族及元勳十分不滿，殺反抗的樊世。

365 年，符騰謀反被殺，當時王猛以符生諸弟尚有五人，建議符堅除去五人，否則終會為患，符堅不聽。

366 年，符幼、符雙作亂，符堅以二人為伯父符健愛子，及同母弟弟而不問罪。

367 年，各據州治起兵反叛，符堅勸其罷兵，答應一切如故，不作追究。

368 年，鎮壓符雙和符武的叛軍，王鑒、呂光及王猛等平定，並斬殺四公。

369 年，前燕吳王慕容垂降秦，符堅親自出郊迎接，對其極為禮遇，不顧王猛要他提防慕容垂的諫言。

371 年，符堅樹立威信，以德懷民，盡釋前俘獲的前涼將領陰據及所統兵士。

373 年，符堅攻劍門（今四川劍閣東北），大舉進攻，攻下東晉梁、益二州。

374 年，益州發生叛亂，符堅命鄧羌入蜀鎮壓，擊敗寧州刺史姚萇，固守蜀地。

375 年，符堅先解決國內鮮卑和羌族等其他少數民族對前秦政權的暗藏問題。不過，符堅在統一北方後仍未聽從王猛之言，著力解決國內民族問題，

376 年，符堅滅前涼，隨滅前燕，前秦成功統一北方，只剩下江南地區的東晉。

378 年，符堅派符丕等人攻克襄陽（今湖北襄陽市）。

379 年，彭城被前秦攻下，但晉水軍乘潮北上，焚毀秦軍淮河上的橋，大敗給晉軍。符堅大怒意捕殺彭超，嚇得彭超自殺，俱難貶為庶民。

380 年，符堅命符重為鎮北大將軍，符洛為征南大將軍。符洛叛，符堅勸降，符洛拒絕聲言「還王咸陽，以承高祖之業」，符堅討伐，生擒符洛斬殺符重。

382 年，符堅提出征東晉，統一全國計劃。符堅弟符融，以天象不利反對

哭諫，重提王猛死前的話，也未能說服苻堅，只慕容垂表示支持。

383 年 5 月，苻堅淝水之戰大敗，傷亡慘重，苻堅中流矢受傷，單騎逃到淮北。

384 年，苻堅討慕容泓，苻叡兵敗戰死，姚萇遣使謝罪，苻堅却殺其使者，煽動羌族豪帥共五萬餘家歸附，自稱秦王，建立後秦。

385 年，前秦與西燕軍來攻，苻堅大懼，留太子苻宏留守長安，自己率數百騎及張夫人、苻詵和苻寶、苻寶兩名女兒，出奔五將山。

後秦將領吳忠亦來圍攻。苻堅神色自若，坐著安然等待逮捕。吳忠將苻堅解送新平幽禁。姚萇向苻堅索要傳國玉璽，苻堅答玉璽已送到晉朝那裏了！姚萇提出苻堅禪讓位給他，苻堅亦說：「禪代，是聖賢的事，姚萇你是叛賊，有甚麼資格做這事！」苻堅自認平生都待姚萇不薄，現在反叛，責罵姚萇只求一死，八月辛丑日（10 月 16 日），姚萇將苻堅絞死於新平佛寺（今彬縣南靜光寺）年48 歲。張夫人及苻詵隨之自殺。

苻堅死後就地埋葬，當地人稱「長角塚」。許多人民尊其為苻王爺奉祀。

姚萇被苻堅冤魂作祟，終至發狂，武士欲去救援，竟然打傷自己陰部，大出血而死。萇死前還一直跪地叩首，請求苻堅原諒他。

朱異　483~549

朱異與梁武帝喜歡佛法和下棋喜好相投，平步青雲，扶搖直上至高位。

503 年，20 歲，見尚書令沈約。

504 年，為揚州議曹從事史。

525 年，得寵掌權。

540 年，在儀賢堂為梁武帝講解「老子義」傳為盛事，

546 年，侯景在壽陽造反叛亂。

548 年，侯景以「清君側」，稱朱異奸佞驕貪，蔽主弄權，得而誅之，口誅筆伐。

549 年，朱異羞憤憂鬱而死。

楊素　544～606 年，弘農華陰人

楊素，字處道，北周、隋朝軍事家、詩人。爵封越國公，諡景武。其祖楊暄在北魏是中等官員（輔國將軍、諫議大夫），父楊敷是北周開國功臣（汾州刺史）。

577 年，平北齊，封成安縣公。滅陳朝戰中，作戰長江中游，以功領荊州（今湖北江陵）總管，進爵郢國公（後改越國公），轉官納言、內史令。

598 年，大敗西突厥。

602 年，率兵大敗東突厥執失思力俟斤於雲內（今山西大同）。

605 年，為尚書令，與西京大興城建築總設計人宇文愷等奉詔營建東都洛陽城。606 年，進位司徒，改封楚國公，因功高震主受楊廣所忌，同年病死。

其子楊玄氣憤，後來反叛隋朝。

陳，樂昌公主因隋攻擊，與夫婿徐德言失散。兩人各有半面銅鏡，作為信物，後樂昌公主淪入楊素家為妾，頗受寵愛，樂昌公主暗中命人在街上販售破銅鏡，意圖尋夫，終於找到徐德言。楊素得知此事，竟然將樂昌公主放回徐家，又贈巨額金錢給徐德言。人稱楊素有雅量，後人稱之「破鏡重圓」。

楊素愛喫「碎金飯」，即是當今〔蛋炒飯〕的元祖。

李靖　571～649.7.2.雍州三原（今陝西三原東北）人

李靖，字藥師，唐朝文武兼備的軍事家。後封衛國公，世稱李衛公。他的舅舅韓擒虎也是隋朝名將。李靖是東晉東莞太守李雍長子李倫的後代。善於用兵，長於謀略，著有數種兵書，惟多亡佚。曾祖父李懽，北魏河秦二州刺史、杜縣開國公；祖父李崇義在北魏時期擔任過殷州刺史，北周時封永康縣公。

父李詮，隋趙郡太守、臨汾襄公。

兄李正明，唐左驍衛、右屯衛、左衛將軍、蘭夔原靈四州都督、金紫光祿大夫、上柱國，襲永康公，贈秦渭等四州諸軍事、秦州都督；兄李端，字藥王，隋將。

弟李客師，唐左領軍大將軍、幽州都督、丹陽郡公。

隋煬帝時代，李靖 16 歲就擔任長安功曹（掌管人事，相當於縣府人事主任），科舉考試考中及第，被任命為汲縣、安陽、三原三縣縣令，考績連續被評為最優，深獲尚書左僕射（左相）楊素，吏部尚書牛弘的賞識。大業末年，李靖被派往北方前線，調任馬邑郡丞，在李淵帳下和突厥作戰。與李淵相處後，李靖發現他有「四方之志」，即擁兵自立的意思。於是李靖把自己偽裝成囚徒，前往江都，準備向隋煬帝密告。結果走到長安的時候，因兵荒馬亂不能前行，滯留在那裏。李淵自太原起兵後，迅速攻下長安，李靖被俘。臨斬前，李靖大叫：「您興起義兵，本是為了天下，除去暴亂，怎麼不欲完成大事，而以私人恩怨斬殺壯士呢？」李世民勸父親赦免李靖。被李世民召入幕府，充做三衛。

621 年，李靖向唐高祖獻策滅蕭銑，唐高祖任命李孝恭為夔州總管，李靖為行軍總管，大造戰艦，訓練水軍。大破文士弘軍，獲舟船 400 餘艘，李靖將舟船散棄江中，任其飄流，以惑援蕭之眾。21 日蕭銑聽從了中書侍郎岑文本的勸告，投降唐軍。李孝恭接受李靖和岑文本的建議，嚴明軍紀，對蕭銑的降將家眷予以保護，叛將紛紛來降，李靖因功封永康縣公。李淵又命李靖為嶺南道撫慰大使，招撫了嶺南 96 州，長江中游及嶺南地區盡為唐有。

627 年，官拜刑部尚書，賜封四百戶。

628 年，同時兼任檢校中書令。

629 年，轉任兵部尚書。東突厥為最大邊害。以李靖為總指揮「定襄道行軍大總管」，分六路進攻突厥，次年寒冒雪抵達朔州。

630 年正月，李靖率三千精騎趁黑夜攻下頡利可汗的牙帳所在地定襄，頡利北撤鐵山，斬義成公主，俘虜頡利可汗，東突厥自此平定。太宗說：「昔李陵提步卒五千，不免身降匈奴，尚得名書竹帛。封李靖為代國公。

634 年，西北吐谷渾王慕容伏允犯境，太宗即任命李靖為「西海道行軍大總管」，由北道切斷其通往祁連山的退路，迂迴至其首府伏俟城（今青海湖西），李道宗等部由南道追截南逃的吐谷渾軍。入烏海（今青海苦海）大破伏允部。

635 年，李靖在積石山（今青海阿尼瑪卿山）追至且末（今屬新疆），大敗吐谷渾軍，伏允部下不堪唐軍追擊，殺伏允，伏允之子大寧王慕容順斬天柱王，率部降唐，其國土遂盡歸唐朝。

637 年，改封為衛國公。

647 年，李靖應唐太宗召，商議討伐高句麗，自請率兵，太宗以其年老而未許。

649 年，卒，享壽 79 歲，諡號為景武，陪葬昭陵。李靖墓「制如衛（青）、霍（去病）故事，起冢象鐵山、積石山，以旌奇功。」遠看作三丘，中間為圓錐形，兩旁平面作長方形，東斷西連，與李勣墓三丘平面作倒「品」字形不同。

房玄齡　579～648.8.18.齊州臨淄（今山東濟南淄博）人

房玄齡，名喬，字玄齡。唐代齊州臨淄，房彥謙之子。

唐朝名相。18 歲時本州舉進士，授羽騎尉。房玄齡在渭北投秦王李世民後，為秦王參謀劃策，典管書記，是秦王得力的謀士之一。

626 年，玄武門之變，與杜如晦、長孫無忌、尉遲敬德、侯君集五人並功第一。

627 年，唐太宗李世民即位後，房玄齡為中書令。

629 年，為尚書左僕射，監修國史，重撰「晉書」。

642 年，進位司空，仍綜理朝政。

648 年 8 月 18 日，病逝，諡文昭。

652 年，房玄齡次子遺愛與其妻高陽公主被指謀反，遺愛被處死，公主賜自盡，諸子被發配流放到嶺表。玄齡嗣子遺直也被連累，被貶為銅陵尉。

656 年，封梁國公。

　　房玄齡善謀，但優柔寡斷，杜如晦則處事果斷，不善謀略，人稱「房謀杜斷」。《新唐書》評價「玄齡當國，夙夜勤強，任公竭節，不欲一物失所。無媢忌，聞人善，若己有之。明達吏治，而緣飾以文雅，議法處令，務為寬平。不以己長望人，取人不求備，雖卑賤皆得盡所能。或以事被讓，必稽顙請罪，畏惕，視若無所容」。

杜如晦　585～630.5.6.　京兆杜陵（陝西西安長安區）人

　　杜如晦，字克明，京兆杜陵人，祖父杜果官至隋朝工部尚書，父杜吒為隋朝昌州長史。杜如晦自少聰悟，好談文史，是個典型的彬彬書生。

　　秦王李世民平定京城時，引為秦王府兵曹參軍。當時的太子李建成對杜如晦非常忌晦，他對齊王李元吉說：「秦王府中可憚之人，惟杜如晦與房玄齡耳。」被外調出秦王府。

　　杜如晦是李世民奪取政權、貞觀之治謀臣，深受李世民重用，累官至尚書右僕射唐太宗時宰相。

　　628 年 1 月至 629 年 2 月，為侍中，三年二月至十二月為尚書右僕射。

　　玄武門之變，被拜為兵部尚書，進封蔡國公。與房玄齡共掌朝政，史有「房謀杜斷」之稱。

　　630 年 5 月 6 日病重而死，年 46 歲。贈司空，徙封萊國公，諡曰成。

尉遲恭　585 年～658.12.26.朔州善陽（今山西朔州市朔城區）人

　　尉遲恭，名恭，字敬德，唐朝大將，凌煙閣二十四功臣之一，贈司徒兼并州都督，諡忠武，賜陪葬昭陵。年少時以打鐵為業，隋煬帝大業末，尉遲敬德從軍於高陽，以武勇稱，累授朝散大夫。

　　613 年，尉遲敬德妻鄂國夫人蘇斌，卒於馬邑郡平城鄉京畿里家中，時年 25 歲。生子尉遲寶琳，孫尉遲循毓，潞王府倉曹參軍。

617 年，劉武周起，收羅尉遲敬德為偏將，與宋金剛南侵，陷晉、滄二州。尉遲敬德破永安王孝基，俘虜獨孤懷恩、唐儉等。

620 年，世民征劉武周，劉武周令尉遲敬德與宋金剛在介休抵禦。太宗遣任城王道宗、宇文士前往勸降。尉遲敬德與尋相舉城投降。世民大悅，賜以曲宴，引為右一府統軍。

626.7.2.玄武門之變，尉遲恭出力甚多，尤以為救李世民，射殺世民四弟元吉與入宮上船為唐高祖守衛，並請立世民為太子等為最，列凌煙閣 24 功臣之一。

尉遲恭工作酬勞，必散發士卒。頗以功自負，與朝廷宰相不和，後出為襄州都督，遷同州刺史。史載：嘗侍宴慶善宮，有班其上者，敬德曰：「爾何功，坐我上？」任城王道宗解喻之，敬德勃然大怒，一拳揮出，差點把道宗眼睛打瞎。太宗很不高興，罷，召讓曰：「朕觀漢史，嘗怪高祖（劉邦）時功臣少全者。今視卿所為，乃知韓彭（韓信、彭越）夷戮，非高祖之過。國之大事，賞與罰，橫恩不可數得，勉自修飭，悔可及乎！」敬德頓首謝。後改封都督。晚年杜謝賓客，「穿築池台，崇飾羅綺，嘗奏清商樂以自奉養」。

又餌雲母粉，飛煉金石，為方士術延年，凡十六年。

658 年，卒，唐高宗廢朝三日，詔京官五品以上及朝集使赴第臨吊，冊贈司徒、并州都督，諡曰忠武，陪葬昭陵。

魏徵　580～6432.11.　唐巨鹿（河北巨鹿縣，又說晉州市或館陶縣）人

魏徵，字玄成。家貧出家為道士。隋末投瓦崗軍，兵敗降唐。被竇建德所俘，念其才能而收容。建德兵敗，復歸唐，事太子李建成，唐太宗以其耿直，升諫議大夫，犯顏直諫太宗二百餘次。長孫皇后派人告訴魏徵：「聞公正直，今才得實。願公常守此志，勿少變更。」一次，李世民「得佳鷂，自臂之，望見徵來，匿懷中；徵奏事固久不已，鷂竟死懷中。」

617 年，加入瓦崗軍。

618 年，隨密歸降唐朝，勸說李勣降唐有功，唐高祖太子李建成器重，做了太子洗馬。玄武之變後，魏徵為諫議大夫，生性耿直，得到唐太宗信任倚重。

632 年，李世民一次罷朝後回宮，怒不可遏：「會須殺此田舍翁。」長孫皇后、及魏徵好言勸慰，太宗才免除這次災難。

633 年，升為尚書左丞，提出「兼聽則明，偏信則暗」「君舟也，民水也，水能載舟，亦能覆舟。」等先進觀點。

636 年，主編梁、陳、齊、周、隋史編纂工作，寫有「諫太宗十思疏」起了良好監察匡正作用。封鄭國公。

643.1.23.魏徵 64 歲病逝。太宗悲慟之極，謂侍臣曰：「以銅為鏡，可以正衣冠，以古為鏡，可以見興替，以人為鏡，可以知得失。魏徵歿，朕亡一鏡矣！」。

唐太宗原將女兒衡山公主許給魏徵的長子魏叔玉為妻。魏徵死後，太宗親賦詩一首，且為之樹碑。魏徵著有「隋書」「梁書」「陳書」「齊書」「群書治要」。唐太宗發現魏徵生前每有諫書，必留副本於家中並且曾經出示給史官褚遂良，太宗疑此舉有留為自賞及博取清名之用，大怒之下，下令推倒他親自書寫的魏徵墓的墓碑。太宗亦下旨解除婚約，衡山公主不再嫁往魏家。

644 年，唐太宗親征高麗受挫，發出「魏徵若在，不使我有是行也」的感慨，於是又下令將毀壞的魏徵墓碑重新樹立起來，並慰問魏徵遺屬。

程咬金　589～665.2.26.濟州東阿斑鳩店人（今屬山東省東平縣）人

程知節，本名程咬金，字義貞，唐朝凌煙閣 24 功臣之 19。民間故事程咬金是福將，其三板斧相當厲害，實際上，一生並無以板斧為武器，而用槊。

曾祖父程興，北齊兗州司馬。祖父程哲，北齊晉州司馬。父親程婁，濟州大中正，後追贈使持節瀛州諸軍事、瀛州刺史。程知節是猛將，善於騎馬用槊擊刺。

610 年，盜賊蜂起，武裝護衛鄉里。後來投奔李密，得重用，為內軍驃騎之一。

618 年，王世充與李密決戰。李密派遣程知節及裴行儼增援。戰鬥中，裴行儼中流矢墜馬，程知節連斬數人，抱起裴行儼向後撤退。追兵用槊刺他，程知節將槊折斷，殺了追兵才逃脫。李密戰敗，王世充俘獲程知節，任他為將軍。

619 年，因鄙夷王世充為人奸詐，程知節與秦叔寶一起投唐，被任命為秦王府左三統軍，追隨李世民，屢立戰功，被封為宿國公。

626 年 6 月 4 日玄武門之變，程知節亦參與其中。歷任瀘州都督、左領軍大將軍。與長孫無忌等代襲刺史，改封盧國公，授普州刺史。

643 年，拜左屯衛大將軍，檢校北門屯兵，加封鎮軍大將軍。太宗命人於凌煙閣繪製功臣 24 人畫像，程知節位列 19。

655年，遷左衛大將軍。唐高宗顯慶年間（655～657），程知節以蔥山道行軍總管領兵出征西突厥阿史那賀魯，為唐朝與西突厥第二次戰役。由於在恆篤

城進行大屠殺,以及錯失戰機,返回後被免職。沒多久,授岐州刺史,持節岐州諸軍事。後上書請求辭官養老,高宗允之。

665 年 2 月 26 日,程知節在懷德里第去世,年 77 歲,追贈驃騎大將軍、益州大都督,諡號襄,贈絹布一千匹、米粟一千石,陪葬昭陵。

李建成　589～626.7.2.隴西成紀(今甘肅秦安西北)人

李建成,字毘沙門,唐高祖李淵長子。本為唐高祖太子,為爭奪太子,弟李世民發動玄武門之變,以箭射死李建成及其弟與子嗣,均被李世民殘忍全數處決。

617 年,李淵起兵,密召李建成與李元吉至太原。

618 年,李淵即位,立長子李建成為太子,但其弟李世民,自以功高遠超李建成,覬覦儲君之位,兄弟矛盾衝突加劇。

624 年陰曆 6 月,楊文干舉兵謀反,當時李建成正在京城留守,從長安和戍地趕赴唐高祖所住離宮。李建成拒絕部屬勸他奪取帝位,而前往行宮請求皇帝寬恕,被高祖囚禁在帳內以麥充飢,唐高祖因而改立李世民為太子。

626 年 6 月 3 日,李世民向唐高祖告密,說李建成、李元吉與尹德妃、張婕妤通姦偷情,淫亂後宮。次日,張婕妤把李世民對他們的控告通知李建成和李元吉,他們因此打馬直奔皇宮,想為自己辯護,在玄武門遇到李世民埋伏,李建成被李世民本人引弓射殺,李元吉也被尉遲恭射死,史稱玄武門之變。

李世民隨後掌握了宮中的禁軍,唐高祖李淵無力回天,李世民於十月初一丙辰日即位。

626 年 10 月 26 日下詔,追封李建成為「息王」並以親王禮儀規格下葬,追封息王,諡隱,並以己子李福為李建成後嗣,

642 年六月庚寅(7 月 8 日),又追封為隱太子,但李建成之女李婉順等仍為縣主,未依太子女例進封為郡主。

2013 年李建成墓碑被盜,碑文:「大唐故息隱王墓誌。王諱建成。武德九年六月四日薨於京師。粵於貞觀二年歲次戊子正月己酉朔十三日辛酉。葬於雍州長安縣之高陽原。」

李勣　594～669 山東東明人

李勣,本姓徐,名世績,字懋功,唐高祖賜姓李,本來的徐世績就變成了李世績。高宗永徽年間,避太宗李世民的「世」字名諱,改成名「績」所以徐世績、李世績、李勣,都是同一個人。行文通稱李勣,家庭豪強富有,樂善好施。

616 年,17 歲加入瓦崗軍。

619 年,降唐。

627 年,李世民登基,任并州總管,坐鎮北方。

630 年,大敗突厥。

641 年,任兵部尚書,大敗薛延陀。

650年，任宰相。

高熲　?～607

高熲字昭玄，又名敏，有過人才華，文武雙全，精明能幹，為當時作北周宰相，為隨文帝楊堅延攬，成為楊堅得力助手。楊堅稱帝。高熲任尚書左僕射兼納言。

581年，楊堅稱帝，成為實際上的宰相，人稱「真宰相」，輔佐隨文帝，提出「輸籍法」增加國家稅收。

589年，作元帥長史滅陳，統一南北，隨文帝極為倚重，還把太子楊勇的女兒嫁給高熲的兒子。但隨文帝性好猜忌，君臣矛盾。

599年，被免去宰相職位，又廢為庶民，隨文帝死後，楊廣即位。

604年，又起用高熲，但高熲因攻陳時殺死美女張麗華，且不主張立楊勇為太子，與之結怨。

607年，楊廣羅織罪名被殺，高熲文武雙全，忠心耿耿，以天下為己任，做了二十年宰相，朝野無不臣服，其被酖殺，人稱「砍頭臣相」，無不惋惜。

薛　禮

614年～683年，絳州龍門（今山西河津）人，
是北魏將領薛安都的六世孫，出身於河東薛氏世族。

薛禮，字仁貴，薛仁貴，少時貧賤，以種田謀生。曾祖父薛榮，官至北魏新野、武關二郡太守、都督，封澄城縣公。祖父薛衍，北周御伯中大夫。父薛軌，隨朝襄城郡贊治，早喪。仁貴年少貧賤，以耕為業，妻柳氏（民間稱柳金花、柳銀環、柳英環或柳迎春，可能是河東柳氏出身）。

645年，唐太宗征高句麗，薛仁貴應募從軍。劉君昂為敵軍圍困，薛仁貴救援，斬敵將首級，繫在馬鞍上，震懾敵軍。擊敗高句麗莫離支淵蓋蘇文手下將領高延壽的20萬大軍。得到太宗賞識，升為游擊將軍，賜馬二匹，絹40匹。

658年，薛仁貴在貴端城（位於今遼寧渾河一帶）攻破高句麗，後來又與辛文陵在黑山擊敗契丹，被封為左武衛將軍。

662年，薛仁貴西征回紇九姓，有三箭定天山的說法。後鐵勒被征服。

666年，唐高宗派龐同善、高侃前去高句麗慰納，卻被襲擊。反擊高句麗後，被授為右威衛大將軍。

670年，唐朝征吐蕃和光復吐谷渾，薛仁貴為行軍大總管，在青海湖南面的大非川之戰中，唐軍覆沒，薛仁貴被除名。之後，薛仁貴為雞林道總管，協助百濟殘餘，同新羅作戰，戰後貶為象州刺史。

681年，出任瓜州長史。不久，授右領軍衛將軍，檢校代州都督。

682年，在雲州擊退突厥阿史德元珍入侵，斬首萬級，獲生口三萬，牛馬無數。

683年，病逝，享年七十歲。身故後，朝廷贈「左驍衛大將軍、幽州都督」，

還特別製造靈輿。護送遺體歸還故里。

薛仁貴　614～683 絳州龍門（今山西河津西）

　　薛仁貴，名禮，唐高宗唐太宗時名將。北魏將領薛安都的六世孫，出身河東薛氏世族。曾祖父薛榮，官至北魏新野、武關二郡太守、都督，封澄城縣公。祖父薛衍，北周御伯中大夫。父薛軌，隋朝襄城郡贊治。家貧賤，耕躬為業，妻柳氏（民間稱柳金花、柳銀環、柳英環或柳迎春，可能是河東柳氏出身）。

　　645 年，唐太宗招兵遠征高句麗，薛仁貴聽妻言，應募從軍。

　　薛仁貴救援劉君昂，斬敵將，震懾敵軍，所向披靡。得到唐太宗賞識，升為游擊將軍、賜馬二匹，絹 40 匹。稱讚薛仁貴道「朕舊將皆老，欲擢驍勇付閫外事，莫如卿者。朕不喜得遼東，喜得皦將。」遷右領軍中郎將鎮守玄武門。

　　654 年閏五月初三夜，天降大雨，山洪暴發，冒死登門框向皇宮大呼，警示內宮，高宗因此得以避過災難。不久大水淹沒高宗寢宮，高宗感恩道：「賴得卿呼，方免淪溺，始知有忠臣也。」賜給薛仁貴一匹御馬。

　　657 年，蘇定方征討反叛的阿史那賀魯。薛仁貴上疏道：「臣聞兵出無名，事故不成，明其為賊，敵乃可伏。今泥熟仗素干，不伏賀魯，為賊所破，虜其妻子。漢兵有於賀魯諸部落得泥熟等家口，將充賤者，宜括取送還，仍加賜賚。即是矜其枉破，使百姓知賀魯是賊，知陛下德澤廣及也。」高宗贊同他的觀點，釋放泥熟家人，泥熟等感恩，願意跟隨唐軍效命。

　　658 年，在貴端城（位於今遼寧渾河一帶）攻破高句麗，斬首三千餘。

　　659 年，因功升任左武衛將軍，封河東縣男。

　　661 年，高宗大宴群臣，對薛仁貴說「古善射有穿七札者，卿試以五甲射焉。」於是薛仁貴拉弓射箭，一箭就射穿五甲，高宗大為驚嘆，償賜其堅固的鎧甲。

　　662 年，鐵勒挑戰，薛仁貴應聲連發三箭，射死三人，震懾敵軍，「將軍三箭定天山，壯士長歌入漢關。」鐵勒畏懼唐軍，請求歸降。鄭仁泰不接受歸降，

　　666 年，高句麗莫離支泉蓋蘇文死，長子泉男生繼任莫離支，與弟泉男建、泉男產不和。泉男生向唐求援。高宗又以薛仁貴統兵作為後援。

　　668 年，薛仁貴軍與高句麗軍相遇，薛仁貴率兵奮擊，大破敵軍，斬殺俘獲萬餘人，攻克扶余城。扶余城大捷後，高句麗舉國震驚，「扶余川四十餘城，乘風震懾，一時送款」。高句麗歸降，薛仁貴以功授右威衛大將軍，封平陽郡公，兼檢校安東都護。

　　670 年，唐朝打擊吐蕃和光復吐谷渾，薛仁貴擊破吐蕃軍，斬獲略盡，收穫其牛羊等萬餘頭，回軍至烏海城，以待後援。吐蕃派出四十餘萬大軍進攻唐軍，唐軍不敵，大敗。薛仁貴被廢為平民。之後，高句麗餘眾反叛，薛仁貴再度被起用，為雞林道總管，經略高句麗故地。上元年間，薛仁貴因為某事被貶，發配象州，遇到大赦，得以回歸。

　　681 年，高宗念及薛仁貴舊功，以薛仁貴為瓜州長史，又授右領軍衛將軍，

檢校代州都督。

682年，突厥入侵雲州，薛仁貴奉命征討。突厥人見到薛仁貴，相顧失色，「下馬羅拜，稍稍遁去」。薛仁貴乘機大破突厥軍，斬首萬級，取得雲州大捷。

683年，病逝，享年70歲。追贈「左驍衛大將軍、幽州都督」，還特別製造靈輿，護送遺體歸還故里。

薛平貴　生於武家坡

民間傳說中唐朝時期人物，出身貧寒，宰相王允三女兒王寶釧拋繡球選其為婿，其後，薛平貴從軍遠赴西涼征戰，輾轉成為西涼國王，回到中原與王寶釧相聚。

一、老輩藝人講述，薛平貴是山西一富戶為母慶壽，邀請堂會，演出《汾河灣》。其母得知薛王二人以悲劇結局，抑鬱成疾。富子懸賞徵求不違反歷史，杜撰"薛平貴"，劇名《王寶釧》，迎合富母的心態，改成大團圓結局。

二、另一種說法，薛平貴即是後晉石敬瑭（見於清代崇彝的《道咸以來朝野雜記》）：石敬瑭為後唐李氏婿，又為契丹所立，國號晉，其岳父丞相王允，實指長樂老馮道，故薛平貴實乃石敬瑭之化名。

三、有人認為：薛平貴故事不見於元曲，然而可能在元代以前就存在而只流傳在西北一帶。薛平貴的故事可能是唐宋間西北邊疆的產物。

狄仁傑　630～700 山西太原人

狄仁傑，字懷英，出生官僚家庭，祖父狄孝緒曾任唐太宗貞觀尚書左丞，父親狄知遜夔州長史，狄仁少年參加明經科考試及第，進入仕途，676年任大理丞（大法官），文武全才，鎮守邊疆，擊退契丹，691年成為宰相，武則天對他十分器重，692年被來俊臣誣陷下獄，697年重新起用為宰相，700年病故。

姚崇　650～721

姚崇，原名元崇，為了避免「開元」年號之諱，改為單名崇字。文才出眾，由科舉進仕途，武則天時做了夏官郎中，相當兵部司長。

713年，唐玄宗任命為宰相，對唐玄宗提出「十誡」。

716年，治理山東蝗災，連續當了三朝宰相，死時72歲。

宋璟　663~737 河北

宋璟，出生宦官世家，歷任武則天、中宗、睿宗、玄宗四朝臣民。

700年，中舉人。

710年，吏部尚書。

716年，刑部尚書，不久代姚崇為宰相，享壽75歲。

張九齡　678～740　嶺南韶州

張九齡字子壽，聰穎過人，二十多歲科舉即進入仕途，賢明剛正，直言監諫，多有建樹。是唐代名詩人，文壇聲著。

690 年，13 歲，上書給廣州刺史，即受到讚賞。

702 年，25 歲，中進士。

716 年，修建大庾嶺，促進嶺南經濟發展。

720 年，為司勳員外郎。

733 年，任宰相。

734 年，中書令，兼修國史。

737 年，唐玄宗罷張九齡宰相。張九齡勸殺安祿山，以絕後患。唐玄宗回道「不要誤害忠良」放虎歸山。

755 年，安祿山叛國，唐玄宗倉惶逃往四川，終於想起張九齡的忠直，老淚從橫，寫下懺悔「蜀道鈴聲，此際念公真晚矣，曲江風度，他年卜相孰如之。」

郭子儀　697～781，華州鄭縣（今陝西華縣）人，祖籍山西汾陽

郭子儀，出身官宦之家，父親郭敬之。唐代政治家、軍事家，平安史之亂有功，歷事玄、肅、代、德四帝，封汾陽王，世稱郭令公。

755 年，安史之亂時，封為朔方節度使，奉詔討伐，擊敗史思明，收復河北。郭子儀建議，北取范陽，直搗叛軍虎穴，以減輕潼關之圍，玄宗不允。種下日後晚唐藩鎮割據局面，亦成為唐朝滅亡之遠因。

756 年，平定河曲，收復河東、馮翊進攻潼關，大敗崔乾祐。安祿山為其子安慶緒所殺。唐肅宗即位後，拜郭子儀為兵部尚書、同中書門下平章事。

757 年，收復長安，郭子儀以功加司徒，封代國公。

鄴城之戰失敗，歸忌郭子儀，被召還長安，解除兵權，處於閑官。

762 年，太原、絳州軍兵叛亂，朝廷恐懼，封子儀為汾陽王，出鎮絳州。

又遭宦官程元振離間，解除兵權。

763 年，吐蕃直逼長安，朝廷再度啟用郭子儀，郭以智取勝，長安光復。

12 月，代宗回長安，郭子儀到滻水迎接，代宗羞愧說「用卿不早，故及於此。」

764 年，回紇、吐蕃攻關中，子儀埋伏於乾陵，知其有備不戰而退。

765 年 10 月，吐蕃、回紇內侵，郭子儀在涇陽（今屬陝西）被圍，郭子儀以威名，親自說服回紇與唐結盟，反將吐蕃擊潰，穩住關中，長安之危遂解。

766 年，吐蕃強攻涇、邠（今彬縣）郭子儀首戰失利，再兵分三路反擊吐蕃敗退。

780 年，唐德宗李適繼位，郭子儀被尊為「尚父」，進位太尉、中書令。

781 年 5 月，郭子儀去世。「薨，時年 85，德宗聞之，震悼，廢朝五日陪葬建陵，舊令一品墳高丈八，而詔特加十尺。」墓前有清代畢沅書的郭子儀墓石碑「為唐代開元初年武舉高等（狀元）的郭子儀，一生歷仕玄宗、肅宗、代宗、德宗四朝，曾兩度擔任宰相。同時，也是歷代武狀元中軍功最為顯著者。」

高力士　684～762　廣東高州人

高力士，原名馮元一，名臣。

694 年，因牽連謀反案全家被抄閹割入宮，後被宦官高延福收養子，改姓高。

708 年，與當時的臨淄王李隆基相遇，成為心腹，患難之交。

710 年，助李隆基滅皇后、安樂公主。

712 年，助李隆基殺太平公主。

742 年，被封為冠軍大將軍、右監門衛大將軍、渤海郡公。

755 年，安祿山、史思明叛亂，第二年高力士在馬嵬坡勸玄宗殺楊貴妃。

760 年，高力士發配到湖南黔陽縣。後被赦免返回長安途中死在路上，享壽 73 歲。

張巡　709~757 祖籍今山西永濟市生於河南省鄧州彭橋鎮寺北張）人

張巡從小博覽群書，曉通兵法，志氣遠大，不拘小節，結交的都是理想遠大者或寬厚長者。張巡文才出眾，聰悟過人，寫文章從不打稿，年紀輕輕就進士及第，與他兄長張曉當時都是以「文行知名」。為人仗義、重氣節，扶弱濟貧。

741 年，中進士，之後以太子通事舍人出任清河縣令。治績優越，召回長安，調到真源縣再當縣令。

755 年，安史之亂爆發，安祿山就攻陷東都洛陽，稱帝，國號為「大燕」。一些州縣的太守、縣令早被嚇得手足無措，望風而降。張巡奉命抵抗安史之亂。

756 年，燕軍攻陷宋、曹等州，太守楊萬石投降燕軍，逼張巡為長史接應燕軍。張巡氣憤，率吏民大哭於真源玄元皇帝祠，起兵對抗燕軍，響應的有千餘人。

張巡攻入雍丘。吳王李祗舉薦張巡為委巡院經略。

長安失守，唐玄宗逃往四川。軍心勢必動搖，感於國破家亡，悲憤企圖投降，張巡責其不忠不義，擾亂軍心，當即推出斬首，堅定軍心。

張巡智盜敵糧，令狐潮大怒，下令全力進攻。張巡令士兵們把事先準備好的稻草人穿上黑衣，用繩子綁好，從城上慢慢放下。燕軍隱隱約約看見有成百上千個穿著黑衣服的士兵，沿著繩索爬下牆來，報知令狐潮。令狐潮以為張巡偷襲，下令向城頭放箭射殺唐軍。直到天色發白天亮，張巡得敵箭數十萬隻，解決了軍中缺箭的問題。

之後幾天，城牆夜間出現草人，令狐潮嘲笑張巡故伎重演，貪得無厭，不再防備。張巡挑選了五百勇士，並在夜裡把他們放下城去。燕軍士兵以為這次城上吊下來的仍是草人，沒有防備。五百勇士乘其不備，突然殺向令狐潮的大營。燕軍頓時大亂，自相衝撞踐踏，倉皇中不及抵抗，被殺得四散走避。不久，令狐潮又糾合兵馬，加緊圍城。

期間一日，張巡讓郎將雷萬春在城頭上與令狐潮對話，燕軍乘機用弩機射雷萬春，雷萬春臉上被射中了六處，仍舊巍然挺立不動。令狐潮懷疑是木頭人，就派兵去偵察，得知確實是雷萬春，十分驚異，遠遠地對張巡說：「向見雷將軍，方知足下軍令矣，然其如天道何！

這時，由於被圍日久，雍丘城中木材已經用盡，水源也十分枯竭。於是，張巡故意裝出棄城的樣子，對令狐潮放話道：「欲引眾走，請退軍二舍，使我逸。」令狐潮久攻不下，不知是計，便答應了。張巡見令狐潮軍一退，便率領所有城中軍隊一起把城外三十里範圍內的燕軍營房完全拆掉，將木材帶回城，以作為護城的工具。令狐潮大怒，立刻下令重新包圍雍丘。

757 年，安慶緒殺其父安祿山，接掌大權。安慶緒又命尹子奇為河南節度使進攻睢陽，妄圖向江、淮方向發展，奪取富庶的江淮財賦重地。

正月二十五日，尹子奇率領媯州、檀州及同羅、突厥、奚族等兵，與楊朝宗部會合，共十幾萬大軍向睢陽進攻。睢陽太守許遠探知後，忙向在寧陵的張巡告急。睢陽地處進入江淮的要衝，萬一失守，江淮一帶便不保。於是，張巡聞訊後，決定放棄寧陵，率兵與許遠合兵，共守睢陽。張巡僅有三千餘士兵，到睢陽與許遠合兵後，共有六千八百兵。

守城期間，城中大將田秀榮與燕軍私通，張巡將田秀榮召至城上，斬首示眾。

張巡軍中名神箭手，箭射敵軍大將尹子奇，以解睢陽之圍。

他守城多出奇計：鑿洞阻雲梯，鐵鉤雲梯，鐵籠焚火，焚燒雲梯，縱火焚台階，戰壕阻敵等，使燕軍喪膽。

　　援軍無望，抱頭痛哭。將士疲病不能戰鬥。張巡向西面拜了兩拜，道：「力竭矣，不能全城，生既無以報陛下，死當為厲鬼以殺敵！」睢陽終於被燕軍攻破。

　　張巡、許遠都被俘虜，部下見到張巡，無不慟哭，張巡說：「安之，勿怖，死乃命也。」尹子奇見到張巡後，問道：「聞公督戰，大呼輒眥裂血面，嚼齒皆碎，何至是？」張巡不肯降服，大將三十六人，全遭殺害。張巡臨刑前，神色

　　睢陽之戰，張巡在內無糧草，外無援兵之下，面臨強敵，臨敵應變，屢屢制勝。

　　張巡死後，唐肅宗下詔，追贈張巡為揚州大都督，許遠荊州大都督，封其為鄧國公，史稱張中丞；贈張巡妻為申國夫人，賜帛百；又寵張巡子孫，拜張巡兒子張亞夫為金吾大將軍；又免除雍丘、睢陽徭役、兵役兩年。大中年間，更將張巡的畫像置於凌煙閣上。此後，歷代仍有對張巡加封。

　　張巡身高七尺，須髯長得如同神像一般，每當發怒會須髯盡張。他記憶力超群，閱讀書籍不超過三遍，便牢牢記住，終身不忘；與人見一面，問過姓名，過目不忘。

彭構雲（彭雲）　715.1.15.~767.11.29.江西廬陵人

　　彭構雲，諱雲，號廷鑑，別號夢鯉，學者稱介亭夫子。世居瀛州河間，後遷江西廬陵，彭氏江西始祖，後人稱構雲公，唐中宗禮部侍郎景直公之子。

　　公通經史，曉易義，通天文，隱釣震山石巖不仕。公生性沈靜，不求名利，喜讀書，湛深易學。凡陰陽圖書諸說，皆能精究，注有通元經解，所居在仰山秀水之間，秉節蹈義，自號宜春郡山人。

　　735 年，進士第，任禮部侍郎。

　　737 年，官江西袁州刺史，唐開元廿八年庚辰致仕，愛袁州風俗淳美，物產豐富饒，遂居宜春縣地名合浦避天寶之難。公自幼力學，著通元經，述陰陽圖緯，不求聞達，清風高節，隱釣於袁州城東震山，一名馬鞍山，其下巖壑幽深，公嘗隱釣於此，守嘉其行誼，名其巖曰詔君釣台。

742 年，改袁州為宜春郡，大守李璟知公德，學奏聞于朝，

743 年，袁州刺史李景宜春縣令，劉燽奏聞於朝上，遣中使齊延邱，以蒲輪禮徵三次始行，命官大學博士不就，上遣中使房嘉送歸，御賜金帛副衣，誥封紫光祿大夫，加廬陵郡，贈號徵君敕賜所居，鄉曰徵君鄉。

754 年，留京師十三載，上欲處以官爵，公以玄宗侈心已萌，而憂勤求治之意已衰，懇辭不受，乞歸故里養病，復遣中使房嘉送歸宜春，加賜玉帛副衣。上所居之鄉，號其鄉曰「招君鄉，又名徵君鄉」，公復徙江西廬陵袁州（今江西省轄宜春分宜萍鄉萬載四縣）合埔（宜春縣合埔鄉東埔里上村嶺）是也。其所還鄉謝恩表，後人傳誦。公既歸常，釣游呼罔之下，呼罔者，在郡東五里，一名馬鞍山者也。其下有岩，幽深僻，廬狀元子發改名震山崖，時河南房琯守袁州，嘉其行誼，因號其鄉，曰詔君鄉崖，曰徵君釣台故人，皆呼曰彭徵君公。公應聘時年卅一，知朝廷奢欲，天下將亂。

754 年，懇辭歸越，

767 年春秋，五十有三而逝，葬江西宜春東原上村嶺子山午向。

配歐陽氏（711.3.3.~803.2.16.），壽 93，誥封一品夫人，合葬東原（今東埔里）。

五子：東里（涇、僑）、南華（治、南容、括）、西華（江、郝）、北叟（海、錡、奇）、中理（滋、茲、世臣）。四女俱適官宦

史可法壽彭雲

> 傳經伏氏齒相當，系出錢鏗世更長。
>
> 嶺外政成垂雨露，淮南書就挾風霜。
>
> 生同文佛初臨日，居是回仙四至鄉。
>
> 教得梨園歌舞豔，坐看人代變滄桑。

【血緣】少典－勗其－炎居－節並－戲器－祝庸－共工－勾龍－噎鳴－啟昆－黃帝－昌意－顓頊－稱－卷章－吳回－陸終－老彭－鍾－伯壽－振禧－俶康－養廉－獻－寧帆－夢熊－秉－可愛－積古－頌新－團－竭忠－奇瑞－道琮－繼崧－景敷－愈崗－伯－欽保－度章－爾賢－榮施－端肅－列－東侯－才華－佐商－音－輝彩－圭－咸－祖壽－寶雲－士懷－治－類超－為達－自昭－程－昶－觀凝－丁－寅－能運－貴山－和美－友焌－略－大郎－榮－忽－仲爽－建夏－俊宜－西林－名－宏載－益開－元果－訓彝－敖－萬－嗣慎－時梁－君實－更－金和－紹更－宜吾－文台－令昭－珅－越－綬榮－斐然－佑奎－世瓊－維－懋勳－宣－聖－閔－脩－寶－端鑑－淮－極文－仕恭－永昌－鬱－隆簡－沿－進－抗－赴－茬－樂－龍韜－君用－履真－坤元－明遠－景直－構雲－東里（涇）、南華（治）、西華（江）、北叟（海）、茲公（中理）－

李泌 722～789 京兆（治今陝西西安）人；亦說遼東遼陽人

李泌，字長源，年僅七歲有異於常人天才。

728 年，唐玄宗召見，許為神童，名臣器重和寵愛，長大後，果然不負眾望。

756 年，成為肅宗、代宗、德宗三朝宰相，封鄴侯。

763 年，平定安史之亂後，歸隱。

768 年，代宗召為翰林，再次為官。

787 年，唐德宗任命為宰相。

789 年，病逝享壽 68 歲。好神仙道術，子李繁撰「鄴侯家傳」。

李德裕　787～849　河北趙縣人

李德裕，字文饒，祖父李棲筠，父李吉甫，都是唐代大臣，官宦之家，李德裕先後在唐憲宗、穆宗、敬宗、文宗、武宗、宣宗六朝任官，832 年文宗時擔任兵部尚書，第二年任宰相。

834 年，被排擠出朝廷，出任鎮海節度使，「牛李黨爭」中李黨的領袖人物。幫助武宗討平澤潞五州解決回鶻叛亂，消除官擅權。

849 年宣宗時限制佛教，被貶到海南島，死在該島。

趙普　922~992　洛陽人

趙普，字則平，北宋大臣，據「宋史」中的「太祖本紀」、「趙普傳」記載，趙普幼時與趙匡胤是同學，關係匪淺的幼時同伴，趙匡胤酷愛舞槍弄棒，趙普則「少習吏事」，兩人關係堅固，智謀經驗相輔結合。

參與策劃陳橋兵變，奪取後周政權，初為樞密使。

964 年，任宰相，建議太祖收地方兵權、財權，分割事權，加強中央集權，免除藩鎮割據威脅，對遼主張採居防禦政策。

970 年，太祖親探病中趙普。

976 年，貪污事發，逐漸失去太祖信任。

981 年，重新拜相。

983 年，罷相。

987 年，封山南東道節度使，封許國公。

992 年，因病辭職，封魏國公，是年病逝。

潘美　925~991　大名（今屬河北）人

潘美，字仲詢，北宋名將，統帥，官至客省使。

潘美與宋太祖趙匡胤素厚，受到重用。

970 年，行營諸軍都部署、朗州團練使，平南漢，潘美大破南漢軍，擒斬伍彥柔。連克昭、桂、連三州，進逼韶州。再敗李承渥，取韶州，南漢後主出降。拜山南東道節度使。

972 年，兼嶺南道轉運使。土豪周思瓊聚眾負海為亂，美討平之，嶺表遂安。

975 年，任昇州（今江蘇南京）西南面行營馬步軍戰櫂都監，助都部署曹彬伐南唐。南唐平，加檢校太傅、宣徽北院使。太平興國初，改宣徽南院使。三年，加開府儀同三司（文散官，從一品）。四年正月，任北路都招討制置使，

判太原行府事，隨太宗伐北漢。北漢降，又被任為知幽州行府事，隨太宗北伐遼，兵敗而回。太平興國四年八月，任河東三交口都部署，駐守西北邊防，以捍遼朝。以雁門觀之捷封代國公（爵，從一品），八年，改忠武軍節度使（階官，從二品），進封韓國公。

986年，攻契丹，指揮失當，戰敗。潘美與王侁等逼迫楊業冒險迎敵，而又見死不救，致使陳家谷（今山西寧武）兵敗，楊業全軍覆沒，被俘，絕食而死。潘美被削秩三等，降為檢校太保。次年，又復舊官。

991年，加同平章事，數月後死，年67歲。贈中書令，諡武惠。

999年，配饗太宗廟庭。孫女在宋真宗為皇子的時候嫁為原配（章懷皇后潘氏），因此潘美在宋真宗時代又追封為王。

楊繼業　?～986 并州太原（今山西太原），又云麟州（今陝西神木）人

楊家將：

楊繼業－後名楊業　　余太君－楊業妻

楊延平－長子　　　　楊延定－次子　　　楊延安－三郎　　　楊延輝－四郎

楊延德－五郎　　　　楊延昭－六郎　　　楊延嗣－七郎　　　楊延順－義子

柴郡主－六郎妻　　　楊宗保－六郎之子　穆桂英－楊宗保妻

楊繼業，北宋名將。原名重貴，因為雁門關役，遼兵看到「楊」字旗嚇得不敢作戰，外號楊無敵。官至雲州觀察使、判代州，贈太尉、大同軍節度使。

後漢檢校太師、安州節度使楊信之子。後漢被後周所滅，後漢河東節度使劉崇建立北漢，楊業官至建雄軍節度使。宋太宗北征，素聞楊業之名。北漢投降之後，派使者召見楊業，即授右領軍衛大將軍。班師回朝後，又授鄭州刺史。不久，又以楊業為代州刺史兼三交駐泊兵馬都部署。

980年3月，遼景宗發兵攻雁門，楊業奇兵繞到雁門關以北突襲遼軍，與潘美前後夾擊，大敗遼兵，楊業因此提升為雲州觀察使。楊業在遼軍中聲威大震。

986年，宋太宗決定北伐遼國。潘美、楊業為西路軍主將。途中由於曹彬於歧溝關戰敗，田重進、潘美蔚州戰敗，導致遼軍大軍來追，楊業主張避其鋒

芒，遭到王侁的譏諷，並詆毀他懷有二心。楊業身為前朝歸降的武將，最忌諱他人猜測。於是不顧前途凶險，毅然要求帶兵出征。結果在狼牙村中伏大敗，又無支援，被包圍於陳家谷（今山西寧武），楊業無援，拊膺大慟，全軍覆沒。最終被俘，其子楊延玉也在陳家谷戰役中戰死，楊業無限悲憤，為表白忠心，絕食三日而死。

楊業死後，宋太宗削潘美三級，把王侁除名流金州，劉文裕除名流登州。

妻：折氏。子：楊延玉、楊延昭、楊延浦、楊延訓、楊延瓌、楊延貴、楊延彬

楊業妻，姓折。據清光緒年間續修《岢嵐州志》卷九《人物·節婦》條記載：「楊業『娶折德扆女』，『折性敏慧，嘗佐業立戰功，號楊無敵』」。

北宋中期名將楊文廣是延昭之子。

楊延輝 籍麟州（今陝西神木）人

楊延輝「延朗」，又名楊貴，原金刀老令公楊業的第四子，故稱「楊四郎」。早年隨太君與三郎北伐抗遼，常在陣前立功，封明威將軍、代州團練使。

七子中楊延輝外貌較為俊朗，擅長菊花點金槍，生性樂觀，金沙灘一役被俘，忍辱負重投降，在遼國擔當保駕先鋒。

「金沙灘之戰」遼國急攻邠陽城宋太宗和大郎延平，楊業馳兵救援，楊大郎延平代宋太宗詐降，在相見之際，射殺天慶王。激怒了遼將韓延壽，楊大郎被一槍挑死，二郎被亂馬踐踏至死，三郎在蘆葦叢裡被殺。楊延輝知道其兄傷亡，慌忙殺出重圍，因四處圍繞，楊延輝不能突破，被遼兵捕獲，捉去見蕭太后，楊四郎不屈大罵蕭太后。楊四郎沒有表明身份，蕭太后十分喜歡楊延輝，於是招降。四郎為了報仇，將楊字分開，化名為「木」「易」投降，太后很開心，便將瓊娥公主許配給延輝，招為駙馬。

遼國大將蕭天佐在九龍飛虎谷擺下天門陣，木易聽到六郎等宋臣被困，並向蕭太後自薦護駕，蕭太后很高興，封木易為保駕先鋒，統兵攻北宋。木易夜晚在軍營中，剛出營巧遇孟良，即派孟良送書給八賢王。其後，六郎延昭殺張猛，木易趕來與六郎相認，建議延昭調兵救谷中朝臣，等我回去作內應，這樣大局可定。六郎聽後放木易過關，然後帶孟良，焦贊，宗保，八娘，九妹等部進攻蕭太后，蕭太后部眾不敵，逃歸幽州。六郎次妻重陽女向夫君建議，自己假降蕭太後在作為內應，六郎應許。於是重陽女投靠蕭太后，木易知道重陽女是假降，導出重陽女投降的目的，表明自己是六郎的四哥延輝。延輝向重陽女提出：「明日出兵，我率領上萬戶、下萬戶、樂義、樂信四人到陣前，引斬四人，

遂引宋兵殺入，這樣可取此城。」

次日，延輝率領上萬戶與岳勝單挑，其後下萬戶、樂義、樂信三人從左右衝出。岳勝不敵，拍馬而走，四人乘勝追擊。重陽女此時對他們說要緩走，然後將樂信斬死。樂義大驚，岳勝回馬一斬，把樂義斬開兩邊。孟良，焦贊率眾而來，上萬戶被孟良所殺，下萬戶被亂騎所踏而亡。蕭太后聽到後，不屈被俘和失敗，自縊而亡。

木易進入禁宮，瓊娥公主慌忙跟木易說要快走，宋兵來了。木易把自己是楊家的四郎楊延輝，化名木易的身份說給瓊娥公主知道，並希望瓊娥公主跟他回宋，瓊娥公主任由夫君處置。延輝執拾行李財務時，耶律學古進入皇宮，延輝看到後把他斬之。次日，四郎和六郎回朝受封，延輝希望蕭太后王禮埋葬，在遼時得到她的知遇之恩。

賞封完畢，延輝和延昭回到自己的楊府見佘太君。延輝與母親十八年不見，佘太君歡喜不已，並把瓊娥公主引見給母親拜會。佘太君見瓊娥公主，感覺與兒子十分相襯。四郎、五郎、六郎等回來，楊府設下筵席慶祝。楊延輝以取幽州功，授泰州鎮撫節度副使。父親楊業報夢給六郎延昭：蕭太后擅自用我的遺骨保護遼國，現在遼國已破，要取回遺骨。延昭詢問延輝，是否父親的遺骨在遼國，延輝回答確有此事：「當初父親被梟首，蕭太后怕被南人搶奪，把假遺骨放在洪羊洞，真的在望鄉台。」其後派孟良盜回。

楊延昭　958～1014 山西太原人

楊延昭，本名延朗，契丹把他看作是天上的六郎星宿「將星」下凡，故稱亦稱楊六郎。楊延昭是名將楊繼業第六子，為一驍勇善戰的大將。

楊宗保為求取龍木而結識穆桂英，兩人結為連理，穆桂英為突出的猛將，連同八妹，排風等再顯威風，大破天門陣……

976～983 年間，楊延昭多次往「寧武關」沿線駐防，每到一處，總是修城築寨，加強邊防。滿懷收復失地激情，與遼軍鏖戰，不幸流矢貫臂，血染征袍，他卻毫不在意，越戰越勇，殺傷遼兵無數，立下不少汗馬功勞。

北伐失敗，父親捐軀疆場，楊延昭悲痛之餘，更堅定抵抗契丹、收復失地。楊延昭後以崇儀副使，「知景州」、江、淮南都巡檢使，改崇儀使（寄祿官，諸司使副，正七品），「知定遠軍」（差遣）。

999 年 7 月，遼兵南下，楊延昭任保州緣邊都巡檢使，10 月遼猛攻，包圍宋軍，時值嚴冬，楊延昭命軍民汲水澆到城牆外皮，遂城變為冰城，滑溜無法

攀登，遼軍無奈，只好撤退。楊廷昭乘機追殺，大勝遼軍，因升莫州刺史。

1000 年，楊延昭在羊山生擒遼軍將領，擄獲大批戰馬武器。楊延昭晉升為莫州團練使（寄祿官，遙郡團練使，從五品）。

1003 年，宋真宗詔命靜戎、順安、威虜界並置方田，鑿河以遏敵騎。

1004 年，楊延昭駐防靜戎之東，阻擋契丹入侵。遼聖宗公其母后親征，被楊延昭打敗。遼軍繞道乘虛直達黃河北岸的澶州（河南濮陽），宋廷震駭。遼提出條件議和訂立「澶淵之盟」。契丹（遼國）把他看成天上的六郎星宿（將星）下凡，故稱之為楊六郎。

遼撤軍時，楊延昭率軍「抵遼境，破古城，俘馘甚眾」，對皇帝表示抗議，宋真宗知楊延昭之忠心，沒有追究楊延昭破壞朝廷與遼國和議的責任。

1005 年，楊延昭知保州兼緣邊都巡檢使、為莫州防禦使、高陽關副都部署。

1014 年正月七日，楊延昭死於高陽關副都部署任所，終年 57 歲。

楊文廣 　?~1074 山西太原人

楊文廣，字仲容，北宋名將。楊家將第三代人物，楊延昭的第三子，楊業之孫。改任中書監、錄尚書事。

《宋史》記載，宋遼「澶淵之盟」後，兩國原先緊張的關係基本上得到緩和，並穩定下來。

1032 年，李元昊在今天的寧夏、甘肅一帶建立西夏，秦中以西從此多事。

1034 年，李元昊稱帝，建都於興慶。

1040 年，夏國侵宋朝至 1044 年，宋夏長期交戰未果，和議。宋封李元昊為夏王。

1068 至 1085 年，宋夏曾有兩次征戰。

1099 年，宋夏再次協議，兩國未再交兵。而楊文廣是在西夏崛起的時代揚名的。

1049 年，嶺南廣源州的土豪儂智高造反。皇祐四年，智高陷邕州、圍廣州，楊文廣隨狄青征討儂智高。

1053 年，平定智高，楊文廣因功被知「德順軍」署理宜、邕二州，晉升為「左藏庫使（階官，諸司正使，從七品）、帶御器械（官名，武臣榮銜）」。

1064～1067 年，皇帝認為「文廣，名將後，且有功」，提拔他為成州團練使（官階，正任團練使，從五品）、龍神衛四廂指揮使（軍職，從五品），升遷為興州防禦使（官階，正任防禦使，從五品）。

　　1074年，宋在山西與遼國邊境修築工事，遼派人到宋施壓，逼迫拆除工事，並且要修訂疆界。楊文廣知道後，他就向朝廷進獻與遼作戰圖和收復幽燕的軍略，結果方略還未即上報，年已約75歲的楊文廣病死在屯所（河北定州），贈同州觀察使（階官，正任觀察使，正五品）。

寇準　961～1023.10.24.華州下邽（今陝西渭南東北）人

　　寇準，字平仲，北宋名相、政治家。其父相，後晉開運中，魏王府記室參軍。準年少豪爽嗜酒，性格大方，喜歡在家裡大擺筵席。

　　太平興國年間進士，授大理評事，知歸州巴東。召試學士院，授右正言、直史館，為三司度支推官，轉鹽鐵判官。會詔百官言事，寇準極陳利害，帝益器重。擢尚書虞部郎中、樞密院直學士，判吏部東銓。嘗奏事殿中，語不合，帝怒起，準輒引帝衣，令帝復坐，事決乃退。上由是嘉之，曰：「朕得寇準，猶文皇之得魏徵也。」。

　　991年，寇準與知樞密院事張遜數爭政事。準引仲舒為證，遜令賓獨奏，其辭頗厲，互斥其短。帝怒，謫遜，準亦罷知青州。帝顧準厚，既行，念之，常不樂。語左右曰「寇準在青州樂乎？」對曰「準得善藩，當不苦也」數日，輒復問。左右揣帝意且復召用準，因對曰「陛下思準不少忘，聞準日縱酒，未知亦念陛下乎？」帝默然。

　　995年，召拜參知政事，加給事中。真宗即位先後任工部侍郎，刑部侍郎，兵部侍郎，三司使。

　　1004年，出任宰相，力主真宗親征，反對投降王欽若南遷。真宗抵達澶州（今河南濮陽），寇準力促宋真宗登上澶州北城門樓以示督戰，「諸軍皆呼萬歲，聲聞數十里，氣勢百倍」，訂「澶淵之盟」。

　　1005年，寇準生活奢侈，「尤好夜宴劇飲，雖寢室亦燃燭達旦。」帝亦待寇準極厚，王欽若嫉妒，乘機挑撥離間，讒言中傷。

　　1006年，受王欽若等人排擠，辭去相位。

　　1017年，拜中書侍郎兼吏部尚書、同中書門下平章事、景靈宮使。

　　1019年，宮廷權力鬥爭，被丁謂等人排擠，罷為太子太傅，封萊國公。復貶為太常卿、知相州事，徙安州，貶道州司馬。

　　1022年，再貶雷州司戶參軍。

　　1023年，寇準病死雷州（今廣東海康），靈柩運回洛陽安葬，至湖北公安

時無錢暫厝，老百姓感懷寇準功德，以竹子插地，掛物祭祀，該竹幡嗣後生筍成林，民以為顯神，為他立祠，視其竹為「相公竹」。

1034年，真宗之子仁宗為寇準昭雪，歸葬下邽。寇準剛直機敏，升貶起落無常，風雲數變。老子說「至剛則易折」，歐陽修則說「寇公之禍，以不知止耳」。

1041年，恢復太子太傅官職，贈中書令、萊國公，後又賜諡曰忠愍。

1052年，仁宗詔命孫抃撰神道碑，帝為篆其首曰「旌忠」。留有《寇萊公集》。

范仲淹

989.10.1.～1052.6.19.先世邠州（今陝西省邠縣／彬縣），
後遷居江南，為蘇州吳縣人（今江蘇省蘇州市）

范仲淹，字希文，諡文正。北宋政治家、文學家、軍事家、教育家。力除時弊，政治革新，作「岳陽樓記」。

990年，父親范墉逝世，母親謝氏改嫁山東淄州長山縣朱姓，范仲淹改名朱說。范仲淹知道自己身世後，辭別母親。

1011年，至睢陽應天府書院（在今河南商丘）讀書。

1015年，登進士第，恢復范姓，受命為廣德軍的司理參軍，掌管訟獄，此時迎回母親贍養，母喪回應天府守喪三年。

1029年，仁宗行郊祀大禮，范仲淹守喪期滿返朝任秘閣校理，上書反對，被宰執壓下，貶為河中府判官。

1036年，貶群臣越職官事。

1038年，西夏叛亂，任陝西經略安撫招討副使，採取「屯田久守」平定叛亂。

1040年，經略陝西，范仲淹戒曰：「先天下之憂而憂，後天下之樂而樂。」

1041年，好水川之戰宋軍大敗，韓琦、范仲淹受罰被貶。

1042年，為環慶路緣邊招討使。

1043年7月，升為樞密副使，參知政事，與富弼、韓琦等人參與改革。提

出「明黜陟、抑僥倖、精貢舉、擇官長、均公田、厚農桑、修武備、減徭役、推恩信、重命令」等十項改革，史上著名的《答手詔條陳十事》，是當時所謂「慶曆之治」的推動者之一，歷時僅一年。後因為遭到嫉恨朋黨的夏竦的反對，被貶為地方官，輾轉於鄧州、杭州、青州，晚年知杭州期間，設立義莊。

　　1052年，病逝於徐州，諡文正。遺著「范文正公集」。

　　有子范純佑、次子范純仁、三子范純禮、四子范純粹。

包拯　999.4.11.～1062.5.24.北宋廬州合肥（今安徽合肥肥東）

　　包拯，字希仁，天聖進士，清廉公正、不攀附權貴，有「包青天」及「包公」之名。黑面形象，亦被稱為「包黑子」「包黑炭」。

　　1027年，進士任建昌天長知縣，調知端州（廣東肇慶），回京任監察御史。

　　1044年，為懲治貪官，向宋仁宗上疏《乞不用贓吏》，七次上書彈奏江西轉運使王逵「心同蛇蠍」，殘害百姓，嚴厲批評宋廷的任官制度。

　　1050～1053年，包拯知諫院，三次彈劾外戚張堯佐，「真清朝之穢污，白晝之魑魅。」又審清妖人冷青冒充皇子的詐騙案，震動朝野。

　　1057年3月至1058年6月，任開封府尹。包拯公正廉明，鐵面無私受人敬仰。

　　1062年5月24日病歿開封，宋仁宗加封為東海郡開國侯，追封禮部尚書，

還根據包公『少有孝行，聞於鄉里；晚有直節，著於朝廷。』追諡包公為孝肅，妻子董氏把包拯生前奏議由張田輯錄成《孝肅包公奏議》即《包拯集》傳世。

1063 年，歸葬合肥市東郊大興集，墓誌銘由吳奎撰寫、楊南仲手書，現存安徽省博物館。據出土於 1973 年包公墓的包公墓銘記載：包拯先後有三妻，分別為張氏、董氏、和媵孫氏（媵指隨嫁之侍婢，或可指妾侍）。

1199 年，包公墓曾由淮西路官員重修。

1950 年文革時期，包公遺址文物受到嚴重破壞，塑像被毀，包公畫像和《包氏宗譜》付之一炬。

1973 年 3 月，包公墓及宗族墓群被強行「遷墳」，挖掘清理時，掘出包公遺骨及新發現的兩塊墓銘石《宋樞密副使贈禮部尚書孝肅包公墓銘》《宋故永康郡夫人董氏墓志銘》，並發現包公墓實為包公和董氏（第二任妻子）、長子包紹夫婦、次子包綬夫、孫子包永年墳墓。僅留下曾送往北京鑑定 34 塊包公遺骨，現存於新建的包公墓園。

狄青　1008～1057 年，北宋汾州西河（即今山西汾陽）人

狄青，字漢臣。面有刺字，善騎射。出身貧寒。

1038 年，宋夏戰爭中，屢立戰功，范仲淹曰「此良將材也。」仁宗召見，帝命除去面敕青傅藥字，未從。擢樞密副使，討平儂智高亂，任命為宣徽南院使。

1053.1.25.，斬殺作戰不力陳曙「兵將股慄，咸思用命」，崑崙關役大勝。

1053.2.9.宋仁宗對宰相說：「速議賞，緩則不足以勸矣！」升任為樞密使。

宋朝重文輕武，朝廷對他猜忌疑慮加深。

1056.8 八月，僅作了 4 年樞密使，被排擠終於被罷官，最後在「驚疑終日」中發病去世，年僅 49 歲，仁宗發哀，贈中書令，諡武襄。

1068 年，神宗考次近世將帥，以狄青起行伍而名動夷夏，深沈有智略，能以畏慎保全終始，慨然思之，命取青畫像入禁中，御製祭文，遣使齎中牢祠其家。

韓琦　1008～1075 相州安陽（今屬河南）人

韓琦，字稚圭，自號贛叟。世宦之家，3 歲父母去世，由諸兄扶養，及長，能自立，胸懷大志，端重寡言，不好嬉弄。性純無邪，學問過人。北宋大臣.

1027 年，進士第。

1034 年，開封府推官。1035 年，遷度支判官，授太常博士。1036 年，拜右司諫。

1040 年，任陝西安撫使，攻西夏，敗於六盤山、下好水川，損失萬餘人。

1042 年，與范仲淹抗西夏，時稱「韓范」鎮守邊疆，名重一時。

1043 年，任樞密副使。贊成范仲淹、富弼等人推行慶曆新政。

1057 年，蘇轍進士及第，寫信給韓琦希望提攜，為後來著名《上樞密韓太尉書》。

1058 年，任宰相。英宗即位，封魏國公。神宗即位，出判相州。他反對王

安石變法，與司馬光、富弼等同為保守派。宋神宗有所感悟「琦真忠臣，朕始謂可以利民，不意害民如此。且坊郭安得青苗？而使者亦強與之。」

1075年，病死，年67歲。贈尚書令，諡忠獻，配享英宗廟庭。遺作《安陽集》。

富弼　　1004~1083 河南洛陽人

富弼，字彥國，政治家，為官清正，頗有廉聲。

1042年，出使契丹，以增加歲幣為條件，拒絕割地要求。

1043年，任樞密副使，與范仲淹等推行慶曆新政，條上所擬河北守禦十二策。

1045年，被排擠，出知鄆州、青州。時河北大水，難民四處流亡。富弼動員救災，以地為食，募數萬飢民為兵。

1055年，與文彥博同為宰相，母喪罷相。宋英宗即位，召為樞密使，又因足疾解職，進封「鄭國公」。

1068年，多次出使遼國，撬開遼夏同盟，使宋遼、夏三足鼎立，局勢逐漸穩定。

1069，再度復相，因反對王安石變法，拒不執行新政青苗法，求廢止「新法」。

1083年，病死，死前上書神宗割地於西夏，已達到修兵息民。卒諡「文忠」。

蔡襄　　1012～1067 福建仙游縣

蔡襄，字君謨，號莆陽居士，逝號忠惠，政治家、書法家、和茶學專家。蔡襄的父親蔡琇初為仙游縣楓亭驛農民，曾擔任泉州吏員。蔡襄母親盧氏為惠安縣德普里（今泉港區後龍鎮）圭峰村名士盧仁之女。

1030年，中進士，擔任過北宋朝廷的諫官和史官，出任開封府、杭州、泉州和福州等地的知府。蔡襄為官剛直敢諫，范仲淹、歐陽修、余靖、尹洙發表朝政腐敗言論被貶黜，蔡襄作《四賢一不肖詩》聲援。

1067年八月，蔡襄逝世。贈吏部侍郎，葬于楓亭蔡嶺。乾道年中，贈諡忠惠。

蔡襄在擔任權知泉州事時，蔡襄主持建造萬安橋（後來改稱洛陽橋），從1053至1059年，歷時七年久，耗銀1,400萬兩。橋長360丈，寬1丈5尺，武士造像分立兩旁。

蔡襄後又在橋上增建了佛塔9座、亭7座，刻有藝術石雕，橋的欄桿上端還刻有披髮昂首的石獅子，獅子口含有玲瓏滾動的石球，被稱之為「獅子含珠」。

蔡襄擅長書法，主要學習王羲之、顏真卿、和柳公權，當時即被歐陽修、蘇軾等人推為「本朝第一」。著有《端明集》四十卷、《茶錄》、《荔枝譜》，記載荔枝 32 個品種，和荔枝樹的栽培和荔枝果的加工儲藏方法。

王安石　1021.12.18.~1086.5.21.　撫州臨川（江西臨川）東鄉縣上池村人

王安石，字介甫，號半山，諡文，封荊國公。世人又稱王荊公。北宋政治家、文學家、思想家、改革家，身後爭議極大。

北宋宰相、新黨領袖。歐陽修稱讚王安石「翰林風月三千首，吏部文章二百年。老去自憐心尚在，後來誰與子爭先。」有《王臨川集》《臨川集拾遺》等存世。其亦擅長詩詞，流傳最著名的莫過於《泊船瓜洲》裡「春風又綠江南岸，明月何時照我還。」

王安石父親，為都官員外郎王益。王安石少好讀書，一過目終身不忘，寫文章時動筆如飛，看到的人皆佩服其精妙。19 歲前的王安石隨父四處遊歷，接觸社會現實，深深了解民間疾苦。

1042 年，進士第四名，簽書淮南判官，去鄞縣當知縣。「起隄堰，決陂塘，為水陸之利」。進士第四名及第授簽書淮南判官，累遷提點江東刑獄.

1047 年，興條水利、實行農業改革，興辦學校，勸民入學。

1051 年，任命為舒州（安徽中部）通判

1057 年，任常州（今江蘇省常州市）知州，得與周敦頤相知，聲譽日隆。

1058 年，被召回京師。

1058 年，王安石上萬言書「言事書」針砭時弊，極言當世之務，提出變法主張。

1060 年，上仁宗皇帝言事書，三司度支判官。「聞者莫不喜悅」。宋神宗久慕其名。王安石提出「天變不足畏，祖宗不足法，人言不足恤」，是為三不足之說。

1061 年，知制誥。

1067 年，正月英宗逝世，王安石知江寧府後為翰林學士。

1068 召，為翰林學士兼侍講。

1069 年，拜參知政事（副宰相），議行新法。

1070 年，任宰相，推行變法。

1072 年，變法遭官僚地主強烈抵制，司馬光去信，希望王安石停止變法。王安石回信「人習於苟且非一日，士大夫多以不恤國事，同俗自媚於眾為善。」

1074 年，詔權罷新法，王安石求去，貶為江寧（江蘇南京）知府。至 1076 年兩次被罷免職務。宋神宗死後，原反對派首領司馬光在兩太皇太后支持下任

宰相，廢除了所有新法，新舊黨爭端不斷。變法失敗王安石退居江寧（今江蘇南京）。

1075年，王安石復任宰相，任觀文殿大學士。王安石撰三經新義頒於學官。

1076年，王安石本以「天命不足畏，人言不足恤，祖宗不足法」，銳行變法，但因性格、運氣、舊黨及富豪反對和用人不當，導致司馬光、韓琦、富弼、文彥博、歐陽修、范純仁等舊黨強烈反對，而辭去六年宰相，鎮南軍節度使。

1080年，宋封王安石為荊國公

1086年，變法失敗，司馬光對他打擊很大，抑鬱寡歡，在江寧府的半山園去世，宋哲宗趙煦追贈王安石為太傅，命蘇軾撰寫《王安石贈太傅》的「制詞」。其人亦被舊黨標上「變亂祖宗法度，禍國殃民」，所促成的黨爭更加速了北宋亡國。

韓世忠　　1089～1151　　延安府（今陝西省延安市）人

韓世忠，字良臣，出身貧寒，嗜酒無賴。不識字，解職後開始自學文化，豪氣十足，他的著名詩句是《臨江仙》和《南鄉子》。

1105年，從軍，時年十七，擅長騎射，勇冠三軍。

1121年，從征方臘，以生擒方臘之功授承節郎（武階第五十一階，從九品）。1122年，從討山東、河北盜賊，積功升為武節郎

1126年，金兵攻陷濬州，韓世忠力戰突圍，以功升為左武大夫、果州團練使。王淵被圍，韓世忠夜襲敵營，金兵解圍而去，又升嘉州防禦使，遷前軍統制。

【上圖《中興四將岳飛、張俊、韓世忠、劉光世》韓世忠為右起第四人】

1127年，韓世忠為光州觀察使、帶御器械，又以所部為御營左軍統制。

1128年，升定國軍承宣使，高宗手書賜「忠勇」二字，授檢校少保、武勝、昭慶軍節度使。

1129年，趙構侍將苗傅、劉正彥叛變，逼趙構退位。韓世忠有救駕之功，得到高宗保全，使得秦檜將目標轉移至岳飛，遂有岳飛的冤案。

1130年3月，黃天盪設伏邀擊金兵，其妻梁紅玉親自擂鼓，傳為千古佳話。

1132年，韓世忠用雲梯、火炮攻建州城（今福建建甌）這是用火炮的最早記載。

1133年，韓世忠受封太尉。

1134年，再次擊敗南侵的金兵。

1135年，升任少保。

1140年，率軍擊敗南下的金兵，進位太保，回朝任樞密使。秦檜陷害，岳

飛下獄，韓世忠直闖秦檜府，駁斥「莫須有三字何以服天下？」奔波救岳飛。

1141年，韓世忠為太傅、橫海、武寧、安化軍節度使、醴泉觀使，自請解職。閉門謝客，絕口不言兵。

1151年，卒。後宋孝宗追封其為蘄王，因此後世也稱其為「韓蘄王」。

岳飛

1103.3.24.-1142.1.27.河南安陽市湯陰縣永和鄉孝悌里人

岳飛，字鵬舉，有氣節，家貧力學，能詩詞書法，文武全才，智勇兼備。未冠，神力驚人，能挽弓三百斤，左右開弓，箭術超人。拜師弓術名家周同。宣撫劉韐招募敢死士，岳飛應募抗金，歷建奇功。

1122年，19歲投軍，任小隊長，因父奔喪，退伍守喪。

1124年，再次投軍，翌年駐地淪陷金軍戰敗還鄉。

1126年，第三次投軍母姚氏在他背上刺上「精忠報國」。

1127年，以越職上書言事，被奪官。

1127年，岳飛投奔河北西路招撫使張所，受到賞識，充中軍統制（軍職）。

9月，岳飛擊敗金軍，被升為統領，不久又升為統制。

1128年，擢升武功郎、武經大夫、武略大夫、英州刺史、武德大夫。

1129年，杜充撤往建康府，岳飛苦諫不從，開封失守，宋高宗倉惶逃竄

1130年，宋高宗從海上返回越州，岳飛已成為抗金名將，彪炳史冊。

4月，岳飛在清水亭首戰告捷。

5月，在建康城西北十五里擊敗完顏宗弼，收復建康。

6月，岳飛隨張俊討伐戚方，戚方投降。

張俊「盛稱岳飛可用」轉任武功大夫、昌州防禦使、通州鎮撫使兼知泰州。

9月，未能解楚州之圍，楚州失陷，岳飛無險可恃，撤軍而還。

10月，岳飛升轉親衛大夫、建州觀察使。

12月，岳飛的「神武右副軍」改名為「神武副軍」，並升遷為都統制。

1132年1月，岳飛被任知州、兼荊湖東路安撫使、都總管，統率軍馬前往潭州。

2月，討伐盜匪曹成，曹成悍將楊再興驍勇異常，將韓砍折一臂而死，又殺死岳飛的胞弟岳翻。但楊再興終被俘虜，收服成為岳家軍著名悍將。閏6月岳飛升任三官為中衛大夫、武安軍承宣使。

1133年9月，岳飛覲見宋高宗趙構，高宗親筆書寫「**精忠岳飛**」，繡成戰旗，命岳飛行師時作為大纛。岳家軍號也由「神武副軍」升為「神武後軍」，但岳飛的官銜卻由都統制改回統制，反而降職。

1134 年 5~7 月，岳飛大敗偽齊劉豫的部將李成等人，成功地收復以前轄地。宋高宗確定岳飛改駐鄂州（今湖北武昌）自此岳家軍的大本營就定在了鄂州。

1134 年封為節度使，為抗金中流砥柱.

9 月，劉豫之子劉麟指揮偽齊軍攻南宋，岳飛趕到擊敗。金太宗病危撤兵。

1135 年，岳家軍維持十萬左右這個數量直到岳飛被宋高宗和秦檜所害[25]。

1136 年，宋軍整編岳飛為「行營後護軍」，得到行營右護軍名號，被列入正規軍。岳家軍前後更改「神武右副軍」「神武副軍」「神武後軍」和「行營後護軍」四個軍號。升任湖北、京西宣撫副使，成為「中興四將」之一.

1137 岳飛入朝，宋高宗趙構曰：「有臣如此，朕復何憂，進止之機，朕不中制」「中興之事，悉以委卿」。四月岳飛乞終母喪遂還廬山，六月奉召還鄂。

1139 年，王貴、張憲、徐慶、牛皋、董先是岳家軍中堅人物。岳飛作「滿江紅」

1140 年岳飛母喪，金軍兵臨城下，危在旦夕，朱仙鎮大捷，保住半壁江山。

秦檜計謀宋高宗趙構命岳飛班師回朝，岳飛在收到十二道金牌班師回朝，道曰「十年之力，廢於一旦」岳飛回到京城，向高宗請辭。高宗沒有答應。

1141 年 4 月，岳飛拜樞密副使（從一品），岳飛請求拿回兵權，未允。

8 月辭職，岳飛父子被秦檜以謀反罪名逮捕審訊，「莫須有」定罪子岳雲年僅 23 歲，及張憲則於 11 月 27 日遭到處斬，葬杭州西湖湖畔。

1142 年 1 月 27 日（農曆 12 月 29 日）除夕，被絞死於大理寺獄中風波亭，年 39 歲。岳飛臨終曰「文臣不愛錢，武臣不惜死，天下平矣。」岳飛題青泥市蕭寺壁「雄氣堂堂貫斗牛，誓將直節報君讎；斬頑惡還車馬，不問登壇萬戶侯。」

1162 年，宋孝宗下詔平反岳飛，諡武穆，以禮改葬，鄂州建廟。

1179 年，宋孝宗追諡岳飛為岳武穆，寧宗時又追封為鄂王。

明朝常熟周木參用鐵鑄造秦檜夫婦跪像，放在杭州西湖畔棲霞嶺下的岳飛墓前。

1204 年宋寧宗追封鄂王，改諡忠武，改葬在西湖棲霞嶺，即杭州西湖畔「宋岳鄂王墓」，並立廟祀於湖北武昌，額名忠烈，修宋史列誌傳記。

1211 年，進位鄂王。杜甫詩「爾曹身與名俱裂，不廢江河萬古流。」

【滿江紅】怒髮衝冠，憑欄處、瀟瀟雨歇。抬望眼、仰天長嘯，壯懷激烈。三十功名塵與土，八千里路雲和月。莫等閒、白了少年頭，空悲切。靖康恥，猶未雪。臣子恨，何時滅。駕長車踏破、賀蘭山缺。壯志飢餐胡虜肉，笑談渴飲匈奴血。待從頭、收拾舊山河，朝天闕。

耶律楚材　1190~1244 契丹族人

耶律楚材字晉卿，號湛然居士，先在金朝為官，燕京被破後跟隨成吉思汗，因為善長占卜卦術、通曉天文，獲得成吉思汗信任，如「六月夏天下雪，有水氣，是克敵制勝好兆頭」「收集藥材救治士兵」。

1215 年，為左右員外郎，蒙古十八項法規等多項制度多出自他手筆，窩闊台時期仍受重用。

1234 年，滅了金朝，建議不要屠城，保全金朝首都 147 萬條人民性命。窩闊台去世，馬真后掌權，多變耶律楚材窮於應付，55 歲死去。

拔都 1208~1255

拔都（巴禿），西里爾字母 BAT，鐵木真長子朮赤的次子，是弘吉剌部按陳那顏的女兒兀乞旭真可敦的兒子。允文允武，蒙古金帳汗國的開創者。蒙古人因他對部下寬大，稱他撒因汗。

1225 年，朮赤去世，拔都受諸兄弟推戴繼承父位。

1235 年，窩闊台召集庫里爾台大會，聽從二哥察合台建議，決定由各系宗王居長者統兵遠征欽察人、基輔羅斯、波蘭王國等國，是為蒙古第二次西征。

拔都為諸王之長，遂領銜統率全軍西出，因此又稱為「長子西征」。

1236-1241 年，拔都分四路大軍由基輔出發，進攻歐亞各國，大破欽察人、伏爾加保加利亞、基輔羅斯、加利西亞、摩爾達維亞、立陶宛大公國、波蘭王國、匈牙利王國、保加利亞第二帝國、波西米亞與捷克、摩拉維亞與斯洛伐克、拉什卡、威尼斯共和國等國，先後擊敗波蘭西里西亞公爵亨利二世所率領的日耳曼波蘭聯軍（神聖羅馬帝國、波蘭、波西米亞）以及匈牙利國王貝拉四世所率領的匈牙利軍，席捲東歐與中歐，使基輔、布達佩斯等三十個城鎮遭受摧毀與屠殺。

拔都割下亨利的頭，來威赫其他不降服歐洲諸侯，並將歐洲聯軍戰場傷亡的士兵 27 隻耳朵割下來，帶回作戰勝紀念品。在企圖繼續進軍威尼斯共和國的達爾馬提亞時，突聞窩闊台汗死訊，拔都才停止進兵，引軍東撤。歐洲人稱之為「黃禍」和「上帝的鞭子」。拔都透過俄羅斯大公的輔佐管理東俄。

1242 年，拔都建國，都於伏爾加下遊河畔的欽察的薩萊，史稱金帳汗國。當時為蒙古「朮赤汗國」（UlusofJochi，Ulus）又稱「欽察汗國」。國土包括歐洲大半俄羅斯、高加索山、亞速海、黑海、多瑙河下游等土地。比祖父、父親時統治時疆域，要大三四倍。

1242 年，弗拉基米爾大公雅羅斯拉夫二世覲見拔都，領取封詔，這是管理東俄的方法，後來也成為定製；至於西俄，拔都命令加里西亞的大公丹尼爾把政權交結給一位蒙古將軍，將之納入蒙古轄地。

拔都身故後，先傳位其子撒里答；撒里答死，蒙哥提名幼王烏剌黑赤代替他，並由拔都遺孀博剌克斤監國（她是阿勒赤塔塔兒人）。

1257 年，由弟弟別兒哥繼承金帳汗國的可汗之位。

文天祥 1236.6.6.-1283.1.9.吉州廬陵（江西吉安）人

　　文天祥，初名雲孫，字宋瑞，號文山，名雲孫，別號履善。中貢士，換名天祥。中狀元後再改字宋瑞，後因住文山，而號文山。

　　1255 年，19 歲獲廬陵鄉校考試第一名；

　　1256 年，20 歲中進士，任海軍節度判官入白鷺洲書院，中吉州貢士，隨父往臨安應試。在殿試他作「禦試策」切中時弊，提出改革方案，表述政治抱負，宋理宗親拔為第一，王應麟奏曰：「是卷古誼若龜鑒，忠肝如鐵石，臣敢為得人賀。」四天後父親病故，文天祥歸家守喪三年。

　　1259 年，任刑部郎官、右丞相、兼樞密使等職。蒙古攻鄂州，宦官董宋臣主張遷都；他上疏請斬董宋臣，建議禦敵之計，未被採納；後歷任節度判官、刑部郎官、江西提刑、尚書左司郎官、湖南提刑、知贛州職等。

　　1270 年，得罪奸臣被罷斥.

　　1271 年，蒙古軍忽必烈改國號為元，大舉進攻南宋。

　　1275 年，元兵渡江，文天祥組織義軍，入衛臨安（今浙江杭州），抗爭失敗。

　　1276 年，任右丞相兼樞密使，赴元營談判被扣留，押送到鎮江，得當地義士相救脫險。元軍攻入福建，端宗被擁逃海上，在廣東一帶乘船漂泊。

　　1277 年，文天祥攻江西。在雩都（今江西南部）大敗元軍。好景不長，元軍主力進攻文天祥興國大營，文天祥寡不敵眾，率軍北撤，敗退到廬陵、河州（今福建長汀），廣東海豐，至五坡嶺，損失慘重，妻兒被元軍擄走。

　　1278 年 12 月，文天祥在五坡嶺（廣東海豐北）被張弘範所俘，囚禁北京會同舘，張弘範禮遇勸降，「人生自古誰無死，留取丹心照汗青」，忽必烈五次

勸降無果，己被俘宋恭帝趙顯亦來勸降均不成。忽必烈大怒，將文天祥捆綁，每日予以「水氣、土氣、日氣、火氣、人氣、穢氣」破敗陳腐，但文天祥「以一氣敵七氣」。

1279 年，宋亡，文天祥給妹妹信「收柳女信，痛割腸胃。人誰無妻兒骨肉之情？但今日事到這裡，於義當死，乃是命也。奈何？奈何！可令柳女、環女，淚下哽咽哽咽。」獄中作《指南後錄》、《正氣歌》。

1283 年 1 月 8 日，元世祖召見文天祥，親自勸降。文天祥堅貞不屈，答曰：「一死之外，無可為者。」

1 月 9 日，押赴刑場（柴市口，今北京東城區交道口），從容就義，年 47 歲。文天祥妻子歐陽氏收屍時，在其衣帶中發現絕筆自贊：「孔曰成仁，孟曰取義，惟其義盡，所以仁至。讀聖賢書所學何事，而今而後庶幾無愧。」

文天祥【正氣歌】

天地有正氣	雜然賦流形	下則為河岳	上則為日星	于人曰浩然
沛乎塞蒼冥	皇路當清夷	含和吐明庭	時窮節及現	一一垂丹青
在齊太史簡	在晉董狐筆	在秦張良錐	在漢蘇武節	為嚴將軍頭
為稽侍中血	為張睢陽齒	為顏常山舌	或為遼東帽	清操厲冰雪
或為出師表	鬼神泣狀烈	或為度江輯	慷慨吞胡羯	或為擊賊笏
逆豎頭破裂	是氣所旁薄	凜烈萬古存	當其貫日月	生死安足論
地維賴以立	天柱賴以尊	三綱實絲命	道義為之根	嗟余遘陽九
錄也實不力	楚囚纓其冠	傳車送窮北	鼎鑊甘如飴	求之不可得
陰房闃鬼火	春院閟天黑	牛驥同一皂	鷄棲鳳凰食	一朝蒙霧露
分作溝中瘠	如此再寒暑	百沴自辟易	哀哉沮洳場	為我安樂國
豈有他繆巧	陰陽不能賊	顧此耿耿存	仰視浮雲白	悠悠我心悲
蒼天曷有極	哲人日已遠	典型在夙昔	風檐展書讀	古道照顏色

辛苦遭逢起一經，干戈寥落四周星。山河破碎風飄絮，身世浮沉雨打萍。惶恐灘頭說惶恐，零丁洋裡嘆零丁。人生自古誰無死，留取丹心照汗青。

陸秀夫　1236~1279 楚州鹽城（今江蘇鹽城）遷居江南京口（今江蘇鎮江）

陸秀夫，字君實，自幼聰明超群，常為塾師稱道：「這百餘蒙童之中，獨有秀夫為非凡兒。」7 歲能詩文 19 歲考取進士。禮聘到幕府有「小朝廷」之稱任職。

1256 年，與文天同中進士。陸秀夫在府中地位越來越高，一直到主管機宜文字。

1275 年，元朝大舉攻南宋，此時宋局惡化。雙方交戰，宋無還擊之力，潰不成軍。宋軍主力喪失殆盡。宋恭宗趙顯，憂心如焚。詔諭：「大宋得天下三百餘年，對讀書智慧的士大夫向來優禮厚愛。如今我與幼帝遭難，文武百官競熱視無睹，沒有一人出一智一謀救國。」

太皇太后，商定走議和乞降的路。請求元朝罷兵議和。「奉表稱臣」，每年進貢銀 25 萬兩，絹 25 萬匹，幻想換取南宋朝廷殘存一隅。伯顏反對，太皇太

后任命文天祥，與伯顏議和。文天祥被伯顏扣留。太皇太后無奈，用小皇帝趙㬎的名義向元「百拜奉表」，自動削去帝號，改稱「國主」，派楊應奎帶宋朝傳國玉璽三去伯顏營中，拱手送上尚存的全部河山。宣告南宋結束。

臨安淪陷後，陸秀夫來到溫州。隨後，張世傑也揚帆趕到。這時，已經成為伯顏階下囚的太皇太后，委派兩名宦官帶領百餘兵丁前來溫州，準備迎接二王回歸臨安降元。陸秀夫等人不願歸還，扶持二王出海來到福州。

1276 年 5 月初一，益王在福州正式登極稱帝，改元景炎，是為端宗。組成以陳宜中、張世傑、陸秀夫為首的行朝內閣，重整旗鼓，中興朝政。

11 月，元軍進攻福州，張世傑護送端宗及衛王登舟入海，駛向泉州。當時，泉州權勢最大的是阿刺伯籍富商蒲壽庚。此人寄居中國多年，還取得了宋朝市舶使（掌管檢查出入港口的外商船舶，徵收關稅，收購朝廷專賣品和管理外商等項事務）官職，他控制大量海船，獨霸當地海上貿易，欺行霸市，大發橫財。端宗一行人馬在泉州停泊後，張世傑急於擴充皇室實力，下令強取蒲壽庚的海船和資產，激怒了蓄謀降元的蒲壽庚，使其加快反宋。因為行朝無力與之糾纏，只好離開泉州，取道潮州去惠州的甲子門（今廣東海豐東海口處）。

1277 年 9 月，又轉移到淺灣（今廣東饒平南海中島嶼）。

元世祖忽必烈得知南宋「海上朝廷」未被剿滅，率舟師入海，南剿行朝。

11 月，劉深攻淺灣，張世傑迎戰不利，遂與陸秀夫護衛端宗去井澳（今廣東中山南海中島嶼）。

1278 年 3 月，11 歲的端宗突然在四月病死。陸秀夫與群臣商量立衛王為帝，由楊太后垂簾聽政，5 月改元祥興。陸秀夫任左丞相，與張世傑力挽狂瀾，6 兵敗崖山。張世傑、陸秀夫派人進山伐木，在島上造行宮三十間，軍屋三千間，供君臣將校棲身。餘下的二十萬士卒，繼續留在船上生活。為了迎接意料中的殊死搏鬥，又令隨軍匠人修造艦船，趕鍘兵器，建立「海上朝廷」。

1279 年正月，張弘范率舟師攻崖山，宋軍依山面海，將千艘戰船用粗大繩纜連結成一字長蛇陣，又在四周高築樓櫓，宛如城堞，將幼帝趙昺的座船安置在中間，詔示將士與艦船共存亡。

2 月初六拂曉，元軍發動總攻，宋軍倉促迎戰。張世傑見旗倒兵散，大勢已去，負帝投海，壯烈殉節。陸秀夫無法護衛幼帝走脫，決心以身殉國。他盛裝朝服，先是手執利劍，催促自己結髮的妻子投海；繼而又勸說趙昺，「國事至今一敗塗地，陛下當為國死，萬勿重蹈德祐皇帝的覆轍。德祐皇帝遠在大都受辱不堪，陛下不可再受他人凌辱。」說罷，他背起九歲的趙昺，用素白的綢帶與自己的身軀緊緊束在一起，一步一步地走向船弦，踏上了從臨安到崖山的最後里程、水天一色的茫茫大海。楊太后聽說帝昺死去，悲痛欲絕，隨即也跳海而死。

張世傑久候不見接迎趙昺的輕舟歸來，便知凶多吉少，焚香禱告上天說：「國事發展如此，難道這是天意！」張世傑突然墮身入海，結束了一代英傑。崖山之戰終於以宋軍的徹底失敗而告終，宣告了歷時 320 年的宋朝最後滅亡。

張世傑　?~1279 涿州范陽（今河北涿縣）人

　　1234 年金朝滅亡後為元朝將領張柔的部下，戍守河南杞縣，後因犯罪逃奔南宋，成為南宋抗元大將。張世傑與陸秀夫和文天祥被並稱為「宋末三傑」。

　　1213 年，蒙古軍隊攻克涿州，

　　1215 年，攻克金中都，元太宗六年正月十日（1234 年 2 月 9 日），金朝滅亡。

　　1239 年，元朝將領張柔奉命鎮守河南三十餘城，1241 年～1254 年期間，張柔率軍駐於杞縣（今河南杞縣之南）。

　　張世傑年輕時跟隨元朝將領張柔戍守杞縣（今河南杞縣之南），後來犯了罪，不想被罰，於是逃到南宋。

　　1275 年，元兵南下，他率部入衛臨安，收復浙西諸城，在焦山（今江蘇鎮江）江中大戰失利。元軍迫近臨安，他和文天祥主張背城決戰，為丞相陳宜中所阻。

　　1276 年 2 月 4 日，元軍俘獲五歲的宋恭帝趙㬎和謝太后、全太后、眾官僚和太學生，押送到大都，趙㬎被元世祖忽必烈封為瀛國公。

　　張世傑與陸秀夫帶著宋朝二王（益王趙昰、衛王趙昺）出逃。與文天祥、陸秀夫等立剛滿 7 歲趙昰即位為皇帝，是為宋端宗，定年號「景炎」。端宗即位後對張世傑甚是重用；張世傑沒有辜負端宗皇帝的希望，多次聯合陳吊眼、許夫人等少數民族部隊抵禦元朝軍隊的猛攻。

　　1278 年，10 歲端宗溺水而死，他的弟弟衛王趙昺登基做皇帝，改元「祥興」，趙昺下詔讓張世傑做少傅、樞密副使。張世傑奉命死守帝都崖山，另外還為太后、皇帝修建行宮，還利用打仗空餘的機會教趙昺識字。趙昺也很聽話，張世傑說什麼他就做什麼。

　　1279 年，元軍大舉進攻趙昺小朝廷，張世傑率軍抵抗，元軍將領張弘范任命張世傑的外甥為官，派他為使者三次前往招降張世傑，張世傑歷數古忠臣，並說：「吾知降，生且富貴，但為主死不移耳。」

　　1279 年 3 月 19 日，南宋軍隊在崖山海戰大敗。眼看國家就要滅亡，他準備接回趙昺組織突圍。不料丞相陸秀夫早已背負 8 歲的幼帝趙昺跳海而死。張世傑知道後哭曰：「我為趙氏，亦已至矣，一君亡，復立一君，今又亡。我未死者，庶幾敵兵退，別立趙氏以存祀耳。今若此，豈天意耶！」不久，因颶風毀船，溺死平章山下。

兀朮　？~1148.11.19.

完顏宗弼，女真名完顏兀朮，一作完顏烏珠，漢姓王，名宗弼（民間常稱為金兀朮）。金太祖完顏阿骨打第四子。善騎射，累官太師，都元帥、領行臺尚書事，江南呼為四太子，屢侵南宋。

1129年，完顏兀朮率金軍再次南侵。

1130年，為韓世忠所敗，十萬金兵困在黃天蕩中48日，宋軍奸細的告密，最後脫逃。岳飛在牛頭山設伏，大破完顏兀朮。

1139年，宋高宗和秦檜與金議和，南宋向金稱臣納貢。

1140年，完顏兀朮撕毀和約，再次大舉南侵。岳飛奉命出兵反擊。相繼收復鄭州、洛陽等地，乘勝進佔朱仙鎮。完顏兀朮被迫退守開封。

1141年8月，高宗和秦檜派人向金求和，完顏兀朮要求「必先殺岳飛，方可議和」。高宗奪韓世忠、岳飛兵權，解散其軍隊。秦檜誣岳飛謀反，將其下獄。11月，金朝派使者到臨安，談判議和條件，南宋向金朝稱臣。

1142年，完顏兀朮還朝，獨掌軍政大權。

1148年11月19日，完顏兀朮在上京會寧府病亡，諡忠烈。葬於燕京九龍峰下（今日北京市房山區周口店鎮龍門口村北的九龍山主峰下）。子完顏亨。

察合台　？~1242

察合台（蒙古語，鮑培轉寫：Čayatai，西里爾字母：Цагадай；又作察阿歹、察哈台、察合帶、茶合帶、察干岱等。察合台汗國的建立者；成吉思汗第二子。

蒙古初興時，他曾參加圍攻訛答剌與玉龍傑赤之戰。

1219年，反對長兄兀赤為汗位繼承人，請以弟窩闊台為嗣；太宗窩闊台即位時，他為諸王之長；太宗每遇軍國大事，都和他商議。

封地包括今日的中亞河中地區及新疆西部版圖，後稱察合台汗國，蒙古人在突厥文化領土的國家，成吉思汗命他管理札薩（成吉思汗法典），他大部分時間生活在阿力麻里附近的虎牙思。

劉秉忠　1216~1274　河北刑台人

劉秉忠字仲晦，原名劉侃，號藏春散人，宦官家庭，家族曾先後為遼、金、蒙古為官。劉秉忠初期隱居天寧寺出家當和尚，在雲中陪同海雲禪師拜忽必烈，留在藩王府內，步入仕途。成吉思汗去世，蒙哥繼承汗位，指出「在馬背上打天下，不能在馬背上治天下」。

1253年，勸忽必烈制軍隊莫要屠城。

1259年，戒屠城，引來南宋眾多投降將領，忽必烈封劉秉忠為光祿大夫，擔任太保，參領中書省政事（相當總理、首相），同時把大學士之女許配給他，

賞賜祂豪宅奴僕。

1256 年，建造開平府（今日北京城），死時 59 歲，忽必烈痛心不已。

伯顏　1236~1294　蒙古八鄰部人

伯顏父親名叫曉古台，跟隨忽必烈征討歐洲，為元代蒙古軍事家，他最大的功績是滅掉南宋。

1253 年，跟隨旭烈兀西征。

1264 年，拜見忽必烈，成為大臣。

1267 年，任中書右丞，全力主伐未的軍政大事。

1273 年，忽必烈汗任命他為伐宋最高統帥。

1274 年，率 20 萬大軍向南宋進軍。

1276 年，攻破臨安（杭州）俘謝太后、宋恭帝。

1294 年，忽必烈汗逝世，扶持成宗即位。

劉伯溫　1311.7.1.~1375.5.16.　浙江青田（今文成縣）人

劉伯溫，又名劉基，人稱「人間半仙」出身名門，自幼性情奇邁，神智過人。由父親啟蒙識字，十分好學。據說能速讀，可以「七行俱下」。有「神童」美譽。通經史、曉天文、精兵法。12 歲中秀才。

1324 年，劉基遵照父親的決定，離開了家鄉，來到處州府城括城，進入郡庠接受正式的學校教育，研讀《春秋經》。

1327 年，當時著名的理學家鄭復初到距離青田縣七十里的石門洞講學，在一次拜訪中對劉基的父親贊揚說：「您的祖先積德深厚，庇陰了後代子孫；這個孩子如此出眾，將來一定能光大你家的門楣。」後來，鄭複初的預言，在劉基二十一歲時初步應驗了。

1333 年，22 歲，劉基到京城大都參加會試，高中明經科進士。

1336 年，劉基擔任江西行省瑞州府高安縣的縣丞。在任官的五年內，處理地方事務的原則是「嚴而有惠愛」，能體恤民情，但不寬宥違法的行為；對於摘奸發伏，更是不避強權。因此受到當地百姓的愛戴，但地方豪強對他恨之入骨，總想找事端陷害他，幸得長官及部屬信任他的為人，才免於禍患。

辭官後，劉基返回青田。

1343 年，朝廷徵召他出任江浙儒學副提舉兼行省考試官。後來因檢舉監察御史職，得不到朝中大臣的支持，還給他許多責難，他只好上書辭職，任期約一年。

　　1346 年，劉基接受好友歐陽蘇的邀請，與歐陽蘇一同來到丹徒，在距歐陽蘇家附近的蛟溪書屋住下，過了一段半隱居的生活。以教授村中子弟讀書來維持生活，偶爾和月忽難、陶凱等好友時相往還。

　　1348 年，劉基結束半隱居生活，再度投入人群。他來到杭州居住，他的夫人為他生下一個兒子，即劉璉。在杭州的四年當中，他和竹川上人、照玄上人等方外之士時相往來，也和劉顯仁、鄭士亭、熊文彥、月忽難等文士詩文相

　　1352 年七月，劉基帶著家人回到故鄉。

　　1356 年十月，朝廷起用他為江浙行省元帥府都事，命平定浙東一帶方國珍等盜賊。招撫方國珍後，劉基被抑，改授總管府判，於是再度棄官歸隱青田。

　　1360 年，應朱元之邀入帳作謀士，為軍事謀略家，為當時名。

　　1367 年，制定朱元璋的滅元方略，並得以實現。共參與軍機八年，籌劃全局。

　　1368 助朱元璋建立明朝.

　　1370 年，為嘉勉劉基的功榮，授命劉基為弘文館學士。十一月朱元璋大封功臣，又授命為他開國翊運守正文臣、資善大夫、上護軍，並封為誠意伯。

　　1375 年，劉基不良於行。

　　正月下旬，劉基感染風寒，朱元璋得悉，派胡惟庸引帶御醫探望開藥方。

　　二月中，劉基抱病覲見朱元璋，稟告胡惟庸帶著御醫探病，朱元璋聽了，輕描淡要他寬心養病安慰的話，使劉基相當心寒。三月下旬，劉伯溫已經無法自由行動，由劉璉陪伴，自京師動身返鄉。回家後，拒絕親人鄉里奉獻藥石，只維持正常的飲食。幾天之後，劉基自知來日無多，向兩個兒子交代後事，要劉璉從書房拿來〔天文書〕對他說：「我死後你要立刻將這本書呈給皇上，從此以後，不要讓劉家子孫學習這門學問。」又對次子劉璟說：「為政要領在寬柔與剛猛循環相濟。於今白講，等胡惟庸衰敗，皇上必定會想起我，會向你們詢問我臨終的遺言，那時你們再將我這番話向皇上密奏吧！」

　　四月十六日，病故故里，享年 65 歲。六月，葬於鄉中夏中之原。

　　1513 年，朝廷贈他為太師，諡號**文成**。

　　1531 年，因刑部郎中李瑜的建言，朝廷再度討論劉基的功績，並決議劉伯溫應該和徐達等開國功臣一樣，配享太廟

胡惟庸　?~1380　安徽定遠人

　　1355 年，和州投朱元璋，授元帥府奏差。歷任寧國主簿、知縣、吉安通判、湖廣僉事等。吳元年，召為太常少卿，進本寺卿。

　　1367 年，太常寺少卿、中書省參知政事。

　　1370 年，拜中書省參知政事，朱元璋讓胡惟庸當丞相，目的在壓制李善長。

　　1373 年，李善長病退，胡拜右丞相，後晉左丞相，汪廣洋為右相。

　　由於胡惟庸的性格一向積極、勇於任事，權力慾極大，又好猜忌、急躁難安的明太祖產生政見與取賢上的分歧，所以不被劉基等人看好。但太祖不介意，認為劉基多慮、有偏見，仍晉用胡惟庸為左丞相。

胡惟庸拜相後期，胡惟庸任久政令熟練之後，開始與太祖產生歧見衝突。

1380年，兩者的恩怨日積月累，太祖在盛怒之下，以謀逆罪，處死胡惟庸，同時藉辭窮追其友好，國第一功臣韓國公李善長等大批元勳宿將皆受株連，牽連致死者三萬餘人，史稱胡惟庸案。

明太祖對文武功臣、官員展開殺戒，為免去君權被丞相架空，廢除了中書省和相職，造成日後明朝君主的權力達到顛峰，造成「斷頭政治」。

常遇春　1330年～1369年　南直隸懷遠（今屬安徽）人

常遇春，字伯仁，號燕衡。善射箭，有勇力，明朝開國軍事大將。本封鄂國公，追封開平王，諡忠武。常遇春英勇善戰、善射、統軍有方，

1355年，加入起義軍，同年六月，隨朱元璋渡江南下，參加采石（今馬鞍山市之南）戰役，遇春乘小船率先登岸，元軍大敗，一戰成名，升等為元帥。

1363年，全殲陳友諒軍隊。

1366年八月，經過十個月的攻堅戰，突破平江城（今蘇州），俘虜張士誠及其部下25萬人，為之前獨身大戰萬人而死的丁德興報仇，封鄂國公。

1367年十月，隨徐達北伐。

1368年，與徐達攻破大都（今北京市），元順帝北逃。

1369年，率軍攻佔元上都（今內蒙古自治區正藍旗東北），元順帝逃奔和林（今蒙古國哈爾和林）。勝利而歸，途中行至柳河川（今河北龍關縣西），以「卸甲風」病暴卒。朱元璋聞訊寫詩痛悼：「忽聞昨日常公薨，淚灑乾坤草木濕」，陪葬孝陵，葬於金陵太平門外。史載常遇春「愛撫士卒」，「每與敵戰，出則當先，退則殿後，未嘗敗北，士卒樂為之用」。追封開平王，諡號忠武。

李文忠　1339年～1384年，盱眙（今屬江蘇）人

李文忠，字思本，小字保兒，朱元璋外甥（母親曹國公主朱佛女），一度姓朱。母去世，父李貞帶李文忠投奔朱元璋，留在左右。

1357年，19歲領軍，驍勇善戰，平定浙江、福建，戰功卓著。史稱「器量沉宏，人莫測其際。臨陣踔厲風發，遇大敵益壯。」師事金華范祖乾、胡翰，通曉經義，「恂恂若儒者，帝雅愛重之」，治軍嚴整，下令擅入民居者死，「一卒借民釜，斬以徇，城中帖然。」授浙東行省左丞。

1369年，俘獲元順帝孫及后妃公主，繳獲宋，元、玉璽、金寶、珊、鎖圭等。封曹國公。

1370年正月初三日，隨征虜大將軍徐達遠征漠北，攻克興和，兵至察罕腦兒，五月，攻克應昌（今內蒙古自治區克什克騰旗），生擒元帝之子買的里八

1372年，明太祖第二次分三路北征，李文忠掌東路軍，在阿魯渾河（今蒙古烏蘭巴托西北）破元將哈剌章後，率師追至稱海（今蒙古哈臘烏斯湖南，哈臘湖西），後因糧草不足班師而還。

1374年，再攻克大寧、高州（今赤峰市東南部地區），斬故元宗王朵朵失

里等,至氈帽山斬魯王,獲其妃蒙哥禿,八月,率軍至豐州,生擒元大臣 12 人。李文忠為人忠直,嘗「命軍中收養道上棄兒,所全活無算。」又勸朱元璋少殺人,「家故多客,嘗以客言,勸帝少誅戮,又諫帝征日本,及言宦者過盛,非天子不近刑人之義。以是積忤旨,不免譴責。」

1383 年冬,得疾,帝親臨視,以淮安侯華中(華雲龍子)負責李文忠醫療藥物。

1384 年三月,卒,疑遭下毒,追封岐陽王,諡武靖,肖像功臣廟,位列第三。賜葬鐘山之陰。子李景隆嗣曹國公爵位。

方孝孺　1357~1402

方孝儒字希直,又字希古,儒學世家,小有名氣才子。

1371 年,隨父親到濟南參觀孔廟。

1376 年,父親因「空印案」被殺,方家日漸窘迫。

1382 年,參加朱元璋廷試。

1398 年,建文皇帝即位,被召入朝,受到重用,因書生氣,堅持道義,被朱棣血腥殺害,釀成悲劇。

鄭和　1371~1434 雲南昆陽(今晉寧)寶山鄉知代村回族人

鄭和,原姓馬,名和,曾祖父拜顏(Bayan),曾祖母馬氏,祖父哈只,祖母溫氏,父馬哈只,母亦為溫氏。小名:因排行老三,故名三寶(或三保,一說三寶為其穆斯林教名簡稱「三寶奴」)。民間稱他三保太監下西洋。

1382 年,明攻雲南。馬和被擄入明營,被閹割成太監,之後進入燕王府。在靖難之變中因有戰功,明成祖賜姓鄭,任為內官監太監。

1405 年 7 月 11 日明成祖命鄭和率領 240 多海船、27,400 名船員船隊遠航,訪問 30 多個在西太平洋和印度洋的國家,加深中國同東南亞、東非友好關係。

1433 年,鄭和第七次下南洋,勞累過度,在印度西海岸古里(今印度的卡利卡特)船上病逝。船隊由太監王景弘率領,於 1433 年 7 月 22 日回到南京。

次　別	起　航	回　國	路　　　　　　線	人數
第一次	1405.07.11.	1407.10.02.	南京龍江港啟航經太倉東濟河鎮出海	27,000
二	1407.10.13.	1409.		27,000
三	1409.10.	1411.07.06.	從太倉劉家港啟航	
四	1413.11.	1415.08.12.		27,670
五	1417.06.	1419.08.08.		
六	1421.03.03.	1422.09.02.		
七	1432.01.	1433.07.22.	龍灣起航勞累過度返航途中去世葬身異域	27,550

　　鄭和航海船：長44丈4尺，寬18丈（長151.18米，寬61.6米）。船有四層，9個桅，可掛12張帆，錨重數千斤，要動用二百人一起才能啟航，可容納有千人。

　　鄭和到達過爪哇、蘇門答臘、蘇祿、彭亨、真蠟、古裏、暹羅、阿丹、天方、左法爾、忽魯謨斯、木骨都束等三十多個國家，遠達非洲東岸，紅海、麥加，到過澳大利亞，招諭番國，擴大中國領域。去時帶了大量中國瓷器銅器鐵器金銀絲綢羅紗絲織品，回程帶回胡椒象牙寶石染料藥材硫磺香料椰子獅子野獸。

　　鄭和返航途中死亡，葬身爪哇島三寶壟市，今在馬六甲、印尼、爪哇、泰國、斯里蘭卡等地，都仍保留著三寶城、三寶井、三寶塔等古蹟，表明對他的敬仰。明朝在南京牛首山麓修建有冠塚，撫慰這位航海家的英靈。

王驥　1378年～1460年，明朝北直隸束鹿呂村里（今辛集市位伯鎮西呂村）

　　王驥，字尚德。

　　1406年，中進士，剛毅有膽，曉暢戎機，任山西兵科給事中、兵部右侍郎。

　　1434年，升任兵部尚書。

　　1437年，王驥受明英宗之命，整飭甘肅一帶邊備。

　　1438年，王任督軍，率任禮、蔣貴等軍出擊韃靼，擊潰朵兒只伯，任兵部尚書。

　　1441年，王被任命為總督軍務，率蔣貴、楊寧在麓川之戰火攻擊敗麓川（今雲南省瑞麗）首領思任發，凱旋後被封為靖遠伯。

　　1443年，再攻麓川後還任兵部，奉命巡視延綏（今陝西榆林）寧夏甘肅諸邊。

　　1448年，率宮聚三征麓川，兵鋒遠至緬甸境內的孟養，回師途中奉命率軍平定湘西和貴州一帶的苗族起事。土木堡之變後，明英宗被瓦剌俘獲，明景帝即位，王受王振之案牽連，被閒置於南京總督機務。

　　1458年，王被去職，後奉命在南內監視被放還的明英宗。

　　1457年，王參與發動奪門之變，擁明英宗複位，仍任兵部尚書，不久以老告退。三年後病逝。贈靖遠侯，諡忠毅。

于謙　1398～1457 浙江杭州人

于謙，字廷益，號節庵，諡忠肅，蘭古春面相：「日後能夠挽救時局的宰相」。

于謙進士出身，官至少保，晚年被誣陷下獄冤死。成化年間獲得平反，現北京市、杭州西湖旁均有紀念于謙的祠堂、故居。

1421年，登辛丑科進士。

1426年，言談博雅流暢，宣宗為之傾聽。朱高煦謀反時，于謙跟隨宣宗親征樂安，朱高煦出城投降，宣宗命于謙列數朱高煦罪狀，嚴詞正氣膚切，厲聲威嚴，朱高煦趴在地上發抖，稱罪該萬死。宣宗對此十分滿意。

1440年，于謙修築堤壩，強將邊疆官員私墾田地化為官屯，資助邊防之用。

1448年，為兵部左侍郎，英宗極為器重。李錫、王振彈劾于謙擅自舉薦他人作為己用，被判死罪，官員百姓數千上疏請求留用，入獄三月。王振自知失誤，得以釋放，貶官為大理寺少卿，再任巡撫。山東、陝西災難，于謙請發積蓄的粟米賑災，上奏安民給予土地耕牛、穀種，深得民心。于謙作《石灰吟》千錘萬擊出深山，烈火焚燒若等閒。粉身碎骨全不怕，要留清白在人間。

1448年，明朝邊防吃緊，于謙被召入京師，擔任兵部左侍郎。

1449年秋，土木堡之變，英宗被俘，于謙請發檄文，籌劃部署，人心稍安，于謙當即升任兵部尚書。

英宗被俘、明朝無主、太子又年幼，明朝大臣紛紛請皇太后立郕王朱祁鈺為國君。同年九月，朱祁鈺即位，是為明景帝。

10.11.京師保衛戰，于謙計謀誘敵。英宗由良鄉向西而去。

1450年3月，于謙足智多謀，擒拿喜寧誅殺，並殺死間諜小田兒。

8月，朱祁鎮被俘近一年，群臣請求明朝迎接太上皇。已為天子朱祁鈺不願，稱「朕本來就不想登天子之位，當時被推舉，實在是出於你們的意思。」于謙聽後委婉地稱：「天位已經確定，難道還會有其他事情發生？只是從道義上應當馬上迎接罷了。萬一對方果真心懷欺騙，我們就有口實了。」景帝聽後隨即改變臉色，「聽你的，聽你的。」於是先後派遣李實、楊善前去，終於迎接英宗回朝，于謙功勞冠鼎。

1456年，于謙節儉，性剛直，所居房屋只能遮蔽風雨。景帝在西華門賜大宅給他，他懇辭「國家危難，身為臣子怎敢使自己安樂？」常自歎息「一腔熱血，到底灑在何方！」

1457年1月，「奪門之變」景帝病重，石亨、曹吉祥、徐有貞等，聯合發兵擁立英宗復位。石亨、曹吉祥等誣陷于謙造謠，要另立太子，唆使科道官上奏，于謙與大學士王文犯「謀逆罪」下獄處死。其子于冕充軍，其妻張氏發戍山海關。及後萬曆年間神宗諡忠肅，憲宗為其平反，建「旌功祠」。

翟鑾　1477～1546 祖籍諸城，北直隸京師錦衣衛人

字仲鳴，號石門。明朝內閣首輔。曾祖父錦衣衛校尉，翟鑾遂居順天府。

1505 年，登進士，授庶吉士，改翰林院編修，繼為刑部主事，進為侍讀[1]。嘉靖年間，累升至禮部右侍郎，嘉靖六年，因連續舉薦進入內閣。楊一清認為其名望尚淺，請用吳一鵬、羅欽順，而嘉靖帝不批准，仍命其為吏部左侍郎，兼文淵閣大學士，賜銀章「清謹學士」。以兵部尚書入閣辦事。

1542 年，夏言被罷免翟鑾升為內閣首輔，進少傅、謹身殿大學士，與嚴嵩不和。

嘉靖二十三年（1544 年），因子中舉，被嚴嵩彈劾而得罪削籍，嚴嵩繼為首輔。明穆宗繼位後，恢復官職，並諡文懿。

王景弘　福建人

王景弘，航海家，隨鄭和、馬歡等人率船隊下西洋。

1405 年 6 月，偕同鄭和等人第一次下西洋，返國後升任總兵正使。

1407 年，第二次下西洋。

1425 年，王景弘和鄭和同被任命為南京守備。

1430 年 6 月，第六次下西洋。

1431 年，鄭和、王景弘等人撰鐫《婁東瀏家港天妃宮石刻通番事蹟碑》，立於天妃行宮的牆壁中。

1433 年，第七次下西洋，鄭和病逝於印度的古里（Calicut）。王景弘率隊歸返，宣德八年七月初六（1433 年 7 月 22 日）返回南京。

1434 年，又出使蘇門答臘，後死於爪哇，葬在三寶。

俞大猷　1504~1580 福建泉州府北郊濠市（今福建省泉州市洛江區河市鄉）濠格頭村人，原籍鳳陽府霍邱縣（今安徽霍邱）

俞大猷，字志輔，號虛江，與戚繼光齊名的抗倭名將，亦是武術名家。

1535 年，參加武科會試，中武進士第五名，授千戶，守衛金門。

1555 年，俞於浙江嘉興斬倭寇約二千人。

1556 年，接任浙江總兵，先後平定浙西倭患，以及盤踞舟山的倭寇巢穴。

1562 年，俞從山西被調任福建總兵。次年，會同戚繼光等人攻克福建莆田東南平海衛，再度給予倭寇強烈打擊，並收復興化城（今莆田）。經過俞大猷的努力，至嘉靖四十五年，基本消除倭寇對東南沿海的侵擾與禍害。

為官清廉正直，不知逢迎贈予東廠，遭構陷入錦衣衛詔獄數月，為戚繼光、胡宗憲救出，俞因此鬱鬱以終。卒後，贈左都督，諡武襄。

遺著有《劍經》《兵法發微》《續武經總要》。

海瑞　1514.1.23.～1587.11.13.廣東省瓊州府瓊山縣（今海南省海口市）人

　　海瑞，字汝賢，號剛峰。1549 年，舉人，會試時上書《平黎策》，欲開道置縣，以靖鄉土。授南平教諭（無品級），升淳安知縣（正七品）。常穿布袍，命老僕栽種蔬菜，作為佐飯之用。都御史鄢懋卿巡視諸縣，海瑞接待時規格很差，且說「邑小不足容車馬」（即招待不起）。鄢懋卿大怒，但並未當場發作，指使巡鹽御史袁淳彈劾。海瑞本已升為嘉興通判（正六品）因此貶為興國州判官（從七品）。

　　1566 年，時任戶部主事（正六品）的海瑞上《治安疏》，嚴厲批評明世宗妄想長生，無父子、君臣、夫婦之情，稱「天下人不直陛下久矣」，又稱如皇帝「一旦翻然悔悟，日御正朝，與宰相、侍從、言官講求天下利害，洗數十年之積誤，置身於堯、舜、禹、湯、文、武之間」，「天下何憂不治，萬事何憂不理，此在陛下一振作間而已」。明世宗大怒，命左右「趣執之，無使得遁」，司禮監掌印太監黃錦在旁說：「此人素有痴名。聞其上疏時，自知觸忤當死，市一棺，訣妻子，待罪於朝，僮僕亦奔散無留者，是不遁也。」明世宗默然，留中不發數月，言「此人可方比干，第朕非紂耳。」

　　明世宗有疾，煩懣不樂，召內閣首輔徐階商議傳位裕王，因此說：「海瑞言俱是。朕今病久，安能視事。」又說：「朕不自謹惜，致此疾困。使朕能出御便殿，豈受此人詬詈耶？」遂下海瑞詔獄，追究有無主使之人。又將此案轉給刑部，刑部論罪為死刑。刑部上報後，仍留中不發。戶部司務何以尚者，揣測明世宗無殺海瑞之意，上書請釋放海瑞。明世宗大怒，命錦衣衛廷杖百下，囚禁詔獄，晝夜刑訊。二月後，明世宗駕崩，裕王即位，是為明穆宗，兩人並獲釋。

　　提牢主事聽說此事，認為海瑞即將被明穆宗任用，就設酒食款待。海瑞以為將要赴刑場問斬，就大吃一頓，也不與其說話。主事悄悄耳語告訴他：「宮車適晏駕，先生今即出大用矣。」海瑞說：「信然乎？」然後大哭不止，所吃飲食

全部嘔出，昏倒於地，終夜哭不絕聲。既釋，復故官。俄改兵部。擢尚寶丞，調大理。

1569 年，海瑞受到首輔徐階提拔，官至右僉都御史巡撫應天十府，時江南土地兼併嚴重，於是海瑞懲貪抑霸，整頓吏治，修浚吳淞江與白茆河，清濬大量良田可安置 13 萬災民。海瑞當上江南巡撫時，首輔徐階家族世代共佔田二十四萬畝，百姓向海瑞投牒訟冤者日以千計，海瑞要求徐階退田，徐階退了一些，海瑞並不滿意，弄得徐階很難堪，最後退了一半的田地，其子徐璠、徐琨被判充軍，徐階之弟侍郎徐陟被逮治罪。此時海瑞被譽為「海青天」亦稱「包公再世」。

1570 年，吏科給事中戴鳳翔劾瑞「庇護刁民，魚肉鄉紳，沽名亂政」，被迫離職，「民聞訊，號泣載道，家繪像祀之。」張居正給海瑞寫信，稱「存老（徐階）之體面，玄翁（高拱）之美意」，但沒有提拔他的意思，閑居家鄉十餘年。一生節儉勤勞，為母親謝氏祝壽，只買了兩斤肉，震驚全國。

1585 年，被任南京右僉都御史、南京吏部右侍郎、南京右都御史，但都是虛銜。

1587 年 10 月 13 日，卒於任上。

去世前幾天海瑞退掉兵部送來六錢銀子。南京都察院僉都御史王用汲到海瑞家收集遺物，僅餘葛幃舊衣，無以為殮，不禁潸然淚下，幸賴同僚捐治葬具。

萬曆帝贈太子太保，諡號忠介。發喪之日「市民送者夾岸，酹酒而哭者百里不絕」後被認為是「平反冤獄」「為民請命」的「清官」，著有「海剛峯集」

1966 年，文化大革命，海瑞墓地被毀，遺骨被遊街焚燒。

1982 年，海瑞墳墓重近修葺。

楊繼盛　1516～1555 北直隸容城縣人

楊繼盛，字仲芳，號椒山，追諡忠愍。明代後期官員。著有《楊忠愍文集》。因彈劾嚴嵩而死，被奉為北京城的城隍。

1547 年，丁未科進士。他生性鯁直，剛正不阿。任兵部員外郎時，韃靼首領俺答數次入寇，咸寧侯仇鸞請開馬市以和之，楊繼盛上書《請罷馬市疏》，力言仇鸞之舉有「十不可五謬」，嚴嵩庇護仇鸞，繼盛坐貶今甘肅臨洮縣典史。

楊繼盛在狄道開辦學校，選了一百多名孩子上學，其妻張貞變賣珠寶首飾，作學校的經費。一年後，俺答依然擾邊，馬市全遭破壞。明世宗知繼盛有先見之明，再度起用楊繼盛，調為山東諸城縣令，改任南京戶部主事、刑部員外郎、兵部武選司，連遷四職。

1553 年，楊繼盛以《請誅賊臣疏》彈劾嚴嵩，歷數嚴嵩「五奸十大罪」，嚴嵩反冠以「詐稱親王令旨」的罪名下錦衣衛獄，廷杖一百，有人送與蚺蛇膽

一具，說是可解血毒，楊繼盛拒絕，曰：「椒山自有膽，何蚰蛇為？」後楊繼盛於獄中自行割下爛肉三劦，斷筋二條，受盡三年折磨。

1555年十月初一，嚴嵩授意刑部尚書何鰲，將繼盛與閩浙總督張經、浙江巡撫李天寵、蘇松副總兵湯克寬等九人處決，棄屍於市，臨刑有詩曰：「浩氣還太虛，丹心照千古。生平未報國，留作忠魂補。」，繼盛妻殉夫自縊。

燕京士民敬而憫之，以繼盛故宅，改廟以奉，尊為城隍，並以其妻配祀。死後十二年，穆宗立，追諡忠愍。「楊椒山祠」位於北京市西城區達智橋胡同12號，為楊繼盛故居。祠內有諫草堂，堂內石碑上刻楊兩次批評朝政的諫言草稿。

戚繼光 1528.11.12.～1588.1.5.山東登州蓬萊，又云定遠人，生於山東濟寧

戚繼光，字元敬，號南塘，晚號孟諸，卒諡武毅，幼年其父戚景通管教甚嚴，抗倭名將。

1548年，兵部主事計士元，推薦戚繼光「留心韜略，奮跡武闈。管屯而俗弊悉除，奉職而操持不苟。」，更獲得張居正信任。戚繼光從浙江義烏募集礦工和農民，編練戚家軍。

1544年，襲父戚景通職為登州衛（山東蓬萊縣）指揮僉事。

1549年，參加武舉鄉試並中舉。

1550年，赴北京會試，時蒙古入侵，戚氏上陳守禦方略，受任總旗牌，督防京城九門。

1555年，改調浙江都司僉書，任參將，鎮守寧、紹、台（今臨海）三府。鑒於明軍紀律鬆弛，素質不良，戰鬥力低，至義烏招募農民礦工4000餘名，組訓成水軍戚家軍』，成為抗倭主力。

1556年，任參將，負責寧波、紹興、豪州、金華等地防務，置身抗倭工作。

1559 年，新軍紀律嚴明，成為「戚家軍」平倭名將。

1560 年，戚繼光創「鴛鴦陣」，適合山林、道路、田埂等狹窄地形。

1561 年，倭犯台州，戚家軍大破倭寇於浙江臨海，九戰九捷因功升署都督僉事。

1563 年，平海衛大捷，從此倭患終被蕩平。

1567 年 12 月，戚繼光上疏《請兵破虜四事疏》，提出邊防策略，被任命為禁軍神機營副將，鎮守薊州 16 年。

1568 年，以都督同知總理薊門，昌平，保定三鎮練兵。

1574 年，升左都督、太子太保、少保。加固長城，築建燉臺，整頓屯田，訓練軍隊，制訂車、步、騎配合作戰，形成牆、臺、塹防禦體係，多次擊退強敵，軍威大振。時人譽為「足稱振古之名將，無愧萬裏之長城」。

1583 年，張居正死後，被楊四畏排斥，被調廣東任鎮守，鬱鬱以終。晚年家徒四壁、醫藥不備，且被妻子遺棄。元配不育，娶妾三人，生子五人。

1588 年 12 月 8 日，逝世於蓬萊故里。

1635 年，為襃揚戚繼光，於蓬萊閣府前街東側建戚繼光祠堂，賜額「表功祠」。

為紀念戚繼光抗倭功德，浙江麗水、金華、義烏、台灣台中等地都有繼光街。福建福清、馬祖列島有繼光餅。戚繼光將日本倭寇的武士刀，根據中國特色改裝而成，民國後改稱苗刀。

熊廷弼　1569～1625 湖北武昌府江夏縣（今屬湖北省武漢市江夏區）人

熊廷弼，字飛百，號芝岡，明朝政治、軍事人物。《明史》稱其「有膽知兵，善左右射」，「性剛負氣，好謾罵，不為人下，物情以故不甚附。」

1598 年，進士，授直隸保定府推官、監察御史、兵部尚書，巡按遼東。

1619 年 3 月，為大理寺丞兼河南道監察御史，到遼東逮捕逃跑的李尚皓、劉遇節等，楊鎬下獄，李如柏自殺。熊廷弼屯兵築城，將遼東局勢扭轉。

1620 年 8 月，明神宗死，光宗即位。努爾哈赤攻瀋陽，熊廷弼督陣擊退後金。

9 月，明光宗死，熹宗即位。楊淵、馮三元、顧慥、姚宗文等上疏彈劾熊廷弼，明熹宗詔熊廷弼革職下獄，由袁應泰接替指揮。

1621 年 3 月，瀋陽、遼陽淪陷。袁應泰城破之後，自殺殉國。明熹宗再度起用熊廷弼，提出「三方布置策」。

1622 年，努爾哈赤攻佔西平堡，明魏忠賢陷害將王化貞、熊廷弼判處死刑。楊漣、左光斗等上書冤之，反被誣以受賂，東林黨人皆入大獄。

1624 年 6 月，東林黨楊漣上疏彈劾魏忠賢罪狀，魏忠賢大興黨獄，編造偽書《遼東傳》陷害熊廷弼，來打擊東林黨。

1625 年 8 月 28 日五更，熊廷弼被冤殺，傳首九邊。長子熊兆珪自殺，其女熊瑚吐血身亡。熊廷弼歸葬故里，諡**襄愍**。有《熊襄愍公集》。

楊漣　1572～1625 湖北廣水人

楊漣，字文孺，號大洪，諡忠烈。

1607 年，進士。東林黨人，以敢言著稱。楊漣一開始在東林黨人中可以說是不起眼的人物，官位也不高，到明神宗駕崩時不過是兵部右給事中，但他卻可說是明末東林黨人士能夠掌權的關鍵人物之一，在移宮案中出力頗多，並在明熹宗即位之後升任左副都御史，但由於東林黨人士大量排除異己，也為他日後的慘死埋下了禍根。

天啟年間，明熹宗荒於朝政，朝廷權柄逐漸被宦官魏忠賢掌握。楊漣見魏忠賢竊權納柄，閹黨當道誤國，

天啟四年六月上疏劾魏忠賢二十四大罪，指出「宮中府中大事小事，無一不是魏忠賢專擅，即章奏之上，反覺皇上為名，忠賢為實」，認為「寸磔忠賢，不足盡其辜」但是熹宗未採信，批覆「是欲屏逐左右，使朕孤立」。魏忠賢恨甚之，於是妄興汪文言獄，以「黨同伐異，招權納賄」等罪名，逮捕楊漣等人入獄。七月，楊漣與左光斗遭酷法拷訊，五日後，竟慘死獄中，死前書《獄中絕命辭》。左光斗、魏大中被打死後均體無完膚。楊漣被閹黨錦衣衛都指揮僉事許顯純以鐵釘穿腦，當場斃命，死狀最為慘烈。當其遺體被家屬領出時，全身已經潰爛。

明思宗即位之後，誅滅魏忠賢等閹黨，並為楊漣等人平反冤案。楊漣贈太子太保、兵部尚書，諡為忠烈，其子楊之易並得以進入國子監。

溫體仁　1573～1638 浙江烏程（今湖州）南潯輯里村

溫體仁，字長卿，政治家，科舉出身，權謀克制，不貪污，明崇禎帝最長閣輔。

1597 年，舉人，時年二四，補博士弟子員。

1598 年，中進士。

1600 年。授翰林院編修。

1616 年，升少詹事，掌南京翰林院印。

1622 年，升禮部右侍郎，協理詹事，次年回部任左侍部。

1627 年，晉南京禮部尚書。

1628 年，便與周延儒入閣並出任禮部尚書東閣大學士。後出任閣輔。

1630 年，任禮部尚書兼東閣大學士，加太子太保，進文淵閣。

1632 年，加少保兼太子太保，戶部尚書，進武英殿。史載「體仁輔政數年，念朝士多與為怨，不敢恣肆，用廉謹自結於上，苟且不入門。」

1637 年，劉宗周等人上奏指出溫體仁十二大罪狀，曹化淳向明思宗告密，指稱溫體仁自有黨羽，思宗大驚說「體仁有黨」，免除溫體仁的閣輔之職。

1638 年，溫體仁病故烏程家中。

溫體仁死後，明思宗贈為太傅，諡文忠。福王朱由崧即位於南京後便削其

諡號。

溫體仁，在苛刻的崇禎皇閣府中，左右逢源，呼風喚雨，打擊異己，凡與他作對者，他都將功臣謀士致死，如毛文龍、袁崇煥，「明史」將其列入奸臣傳。

袁崇煥　1584.6.6.～1630.9.22.廣東東莞人

袁崇煥，號自如（或又字自如），為人慷慨，有膽略，好與人徹夜長談論軍事，又好旅遊，足跡遍天下。

1619 年，中式三甲第四十名進士，任福建邵武知縣。

1622 年，御史侯恂舉薦，任兵部職方司主事。任兵備僉事時守山海關，派五千人鎮守寧遠，袁對內安撫軍民，對外加強邊防戰備，成績顯著。

1623 年，袁崇煥領兵遼東，在寧遠修築城牆修築，士氣高昂，商旅昌盛。此時，袁崇煥父喪，請求回家守喪被朝廷拒絕，命其在職守制。

1624 年，袁崇煥因功升為兵備副使，再升右參政。

1925 年，收復遼河以西的舊地，後金大汗努爾哈赤亦將京城南移至遼寧瀋陽，雙方擺出進攻姿態，劍拔弩張，局勢一觸即發。

此時魏忠賢等閹黨大肆屠殺東林黨人，其中楊漣、左光斗、魏大中、袁化中等大臣被誅殺，無理要求袁崇煥將遼東部隊全部撤入山海關，軍民氣憤，物資盡後金所得，明軍損失慘重。十二月袁崇煥晉陞按察使，依然守衛遼東。

1626 年，努爾哈赤率領後金部攻寧遠，袁崇煥使用紅衣大炮，重創後金兵。努爾哈赤兵敗耿耿於懷。

寧遠之戰後，明朝急於修建防禦工事，後金則急需軍需補給，鞏固統治。

1626 年八月，努爾哈赤病逝，袁崇煥派遣使者去悼念，窺視其虛實。後金皇太極派遣使者到袁崇煥處，要求議和，皇太極甚至自降身份稱臣。

1927 年，袁崇煥與皇太極議和，奏報明熹宗，初讚許其方，後改變看法認為並非良策，於是頻繁下旨禁止。袁崇煥則因為要修築防禦工事而堅持己見。當時朝鮮與毛文龍部隊被後金進攻，朝廷中言官認為是因議和所招致的。同年四月，袁崇煥上書道：「關外四城有四十里地，有屯兵六萬，商民數十萬，現在地少人多。必須修築錦州、中左、大凌三城，才能轉移商民、大量屯田。如果

城牆在修筑前敵兵入侵，屆時勢必撤退，那麼此前的努力都失敗了。現在趁後金進攻朝鮮，於是用緩兵計為上。當敵方得知消息後，城防已成，於是關外四百里地則可固若金湯了。」之後明熹宗得報後嘉獎。

明朝內部為閹黨魏忠賢控制朝廷，魏忠賢以袁不救錦州為由，彈劾袁崇煥。袁崇煥則請求辭職告老還鄉獲准。

熹宗去世，思宗即位，建立東林黨內閣，魏忠賢被誅，朝臣紛請召袁崇煥還朝。1628 年，任命袁崇煥為兵部尚書兼右副都御史，督師薊、遼，兼督登、萊、天津軍務。七月，思宗召見袁崇煥，袁崇煥慷慨陳詞，計劃以五年復遼，並疏陳方略。袁崇煥表示其在邊關立功，唯恐朝廷人士妒功中傷。思宗請袁無須疑慮，其自有主持。皇帝再加獎勉，賜他蟒袍、玉帶與銀幣。袁崇煥以未立功勛，不敢受蟒袍玉帶之賜，上疏辭謝。

1629 年，明思宗加封其為太子太保，並賞賜蟒衣、銀幣。

蒙古與女真發生嚴重飢荒，請求袁崇煥開耀互市，後崇禎嚴令只准按口換糧。翰林院編修陳仁錫出使遼東，認為這是偷襲女真最佳時機，袁崇煥沒採取行動。

皇太極破長城喜峰口而入，袁崇煥率軍大戰於廣渠門，後金軍傷亡數百退去。

當時謠言，說崇煥縱敵擁兵，朝廷大臣因為從前和議事，稱其引敵脅和，將為城下之盟。此外，清軍設反間計，傳聞袁崇煥與清軍定有密約，並縱放捉獲的宦官聽聞後遣返回明廷去。其宦官告訴明思宗，加重了明思宗的疑心。

十二月，明思宗召回袁崇煥、滿桂、祖大壽入殿質證，崇煥不能對證，明思宗下詔逮捕袁崇煥入錦衣獄。

1630 年，經過半年多的審判，袁崇煥以「通虜謀叛」「擅主和議」「專戮大帥」罪名被判凌遲，在北京西巾被磔殺五馬分屍，死於北京甘石橋，併流放其妻妾、子女及兄弟等人兩千里。袁崇煥行刑前，給後世子孫留下遺訓：一不許再回廣東老家，要世世代代為其守墓，二不許做官，三不許不讀書。並題詩：

一生事業總成空，半世功名在夢中。死後不愁無將勇，忠魂依舊保遼東。

崇煥伏刑慘情，令人毛骨悚然。袁崇煥死後，佘氏義僕為其收斂骸骨，葬於北京廣渠門內廣東義園，並從此世代為袁守墓。袁崇煥處死當晚，一佘姓義士冒死將朝廷打算「傳視九邊」的袁首級偷葬於家中，被稱為「冒死葬忠魂」，自此，佘家後人秘密守護，直到乾隆年間，守墓才轉為公開。

袁崇煥死後，其遺腹子袁文弼被編入寧古塔漢軍正白旗，改姓「袁佳氏」。其後清末著名的富明阿、壽山等俱是袁崇煥後裔。

1772 年，清高宗下詔為袁崇煥平反。

范文程 1597～1666

范文程字憲斗，號輝岳，為范仲淹第 17 代孫，曾祖范鏓曾是明朝兵部尚書，祖父則縣級小官吏。

1618 年，投靠努爾哈赤。

1629 年，入皇太極王朝內閣「文舘」制定建立滿清多項制度。

1652 年，順治皇帝授之以議政大臣。

1654 年，加封為少保兼太子太保。

滿清入關，攝政王多爾袞掌軍務，范文程掌行政.范權勢大，多爾袞嫉妒欲殺范文程，但無藉口.迨多爾袞逝去，順治帝繼位，更器重范文程，清重滿輕漢愚民政策，長久不變，范文程稱病退休，保全君臣和諧，死去.康熙帝為他寫了「元輔高風」獎賞。

史可法 1601.2.4.～1645.5.20.河南開封府祥符縣人（河南開封）祖籍北京

史可法，字憲之，又字道鄰，南明諡忠靖，一說忠烈。乾隆時改諡忠正。

師承左光斗，義子史德威。明末南京兵部尚書、東閣大學士，民族英雄。因為抗清被俘，不屈而死。後人收其著作，編為《史忠正公集》。

1635 年，隨盧象昇鎮壓各地民變。

1637 年，任都御史，巡撫安慶，廬州，太平，池州及河南江西湖廣諸府縣。

1641 年，總督漕運。

1643 年七月，拜南京兵部尚書，參贊機務。

1644 年三月，李自成陷北京，崇禎帝自殺身亡，李自成自稱大順皇帝。

四月，吳三桂引清軍入關，佔領北京。史可法時任兵部尚書，崇禎皇帝駕崩。

五月，馬士英、劉澤清、劉良佐、高傑、黃得功等人擁立福王朱由崧監國於南京稱帝改年號為弘光。馬士英等策立有功，取代了史可法朝中首席大臣。

史可法採取的策略是「聯虜平寇」。然而朝中黨爭不斷，互相勾心鬥角，種下弘光朝敗亡的原因。四鎮尾大不掉、各自為政。

1645 年 4 月，督師揚州，

4 月 18 日清軍圍城，史可法內無糧草，外無救兵，血疏告急，清廷置若罔聞。24 日清炮轟城內。25 日史可法拔劍自刎為屬勸阻，清勸降被拒，將其殺害.屠城十日，死難數十萬，是為「揚州十日」

　　5 月，清豫親王多鐸兵圍揚州，史可法傳檄諸鎮發兵援救，劉澤清逃，北遁淮安。僅劉肇基等少數兵至，防守見絀。

　　此時多爾袞勸降，史可法致《復多爾袞書》拒絕投降。《復多爾袞書》：「今逆賊未服天誅，謀知捲上西秦，方圖報復。此不獨本朝不共戴天之恨，抑亦貴國除惡未盡之憂。伏乞堅同仇之誼，全始終之德；合師進討，問罪秦中；共梟逆賊之頭，以洩敷天之憤。則貴國義聞，炤耀千秋，本朝圖報，惟力是視。」不卑不亢，流傳萬世。副將史德威隨可法有年，可法納德威為義子，託以後事；二十日清軍以紅衣大炮攻城。入夜，揚州城破，史可法自刎不死，眾人擁下城樓，大呼曰：「我史督師也！」被俘。多鐸勸降他：「前以書謁請，而先生不從。今忠義既成，當畀重任，為我收拾江南。」但史可法表示：「城亡與亡，我意已決，即碎屍萬段，甘之如飴，但揚城百萬生靈不可殺戮！」後壯烈就義，終年45 歲。總兵劉肇基、驍將馬應魁、幕僚何剛、炮隊專家陳於階等皆遇難。

　　多鐸因清軍攻打揚州傷亡甚大，攻陷揚州後惱羞成怒下令屠城。

　　史可法死後十二日，遺體不知下落。

　　1646 年，史德威將其衣冠葬於揚州城天甯門外梅花嶺。後來全祖望曾寫《梅花嶺記》描述此事。

左懋第　　1601～1645 山東萊陽（萊陽市）人

　　左懋第，字仲及，號蘿石，南明赴清談和使者，後被清扣押，寧死不降，後人稱「明末文天祥」。

　　1630 年，左懋第鄉試中山東第二名舉人。

　　1631 年，中進士。懋第任陝西韓城令。

　　1639 年，官至戶部給事中，上書提出時局四弊：民窮、兵弱、臣工推諉、國計虛耗。十四年，督催漕運，道中馳疏言：「臣自靜海抵臨清，見人民飢死者三，疫死者三，為盜者四。米石銀二十四兩，人死取以食。惟聖明垂念。」崇禎十六年（1643 年）秋，出巡長江防務，不久明朝滅亡，其母陳氏絕食而死。堂兄弟左懋泰投降清人。

　　入仕南明，為官清廉。清兵入關，左懋第被任為兵部右侍郎兼右僉都御史，又以陳洪範、馬紹愉為副使，前往北京，通好議和。

　　1644 年，揖二副使及隨從百餘人至北京張家灣，住進鴻臚寺。懋第在鴻臚寺陳設太牢，率隨員北面哭祭三日。十月二十七日多爾袞釋放左懋第南歸。左等走出永定門，馮詮（另有一說陳洪範）勸多爾袞不要「放虎歸山」，十一月十四日多爾袞遣百騎在滄州追回，被扣留在北京太醫院，牆上遍布荊棘，自言：「生為明臣，死為明鬼，我志也。」。

　　1645 年閏六月十五日，頒布剃髮令，隨員艾大選遵旨薙髮，懋第將其亂棍打死，清廷前來責問，懋第曰：「吾自行我法，殺我人，與若何預？」。清廷設「太平宴」宴請，懋第拒去。又遣洪承疇前來說降，左懋第說：「此鬼也。洪督師在松山死節，先帝賜祭九壇，今日安得更生？」洪承疇慚愧而退。李建泰又

來勸降，左懋第怒斥說：「老奴尚在？先帝寵餞，勒兵剿賊，既不殉國，又失身焉，何面目見我？」左懋第又責問勸降的堂兄弟左懋泰：「此非吾弟也？」隨之將其叱離。多爾袞大怒，親自提審懋第，懋第直立不跪。當問道：「你為何不肯剃頭？」左懋第回答：「頭可斷，髮不可斷！」金之俊勸他：「先生何不知興廢！」左懋第針鋒相對答道：「汝何不知羞恥！」多爾袞知其不可降，閏六月十九日，命左右推出宣武門外菜市口處死。

臨刑時，左懋第南向再拜說：「臣等事大明之心盡矣。」，有絕命詩：「漠漠黃沙少雁過，片雲南下竟如何；丹忱碧血消難盡，盪作寒煙總不磨。」隨員陳用極、王一斌、張良佐、王廷佐、劉統等人皆不屈而死。

尚可喜　1604.8.25.～1676.12.4.遼寧遼東人，祖籍山西洪洞，後至河北衡水

尚可喜，字元吉，號震陽，祖父尚繼官，隨父尚學禮從軍戍守邊關。尚可喜從軍，效命於東江總兵毛文龍帳下，官至廣鹿島副將。

1629 年，袁崇煥斬毛文龍，皮島總兵沈世奎接任，排擠原毛文龍舊部。

1634 年，沈世奎意圖謀害尚可喜，事為尚可喜部屬許爾顯等人偵知，尚可喜遂有去意。遣許爾顯、班志富諸部下前往瀋陽與後金接洽。皇太極聞之大呼「天助我也」，並賜尚可喜部名「天助兵」。尚可喜乃攜麾下諸將歸降。皇太極出城 30 里相迎，賞賜珍寶無數，封總兵官。

1636 年，皇太極改國號為清，加封尚可喜智順王，並將海州賜尚可喜為封地。

松錦之戰中，尚可喜立下戰功，後隨多爾袞征討朝鮮，簽訂城下之盟。

1644 年，隨清豫親王多鐸入關南下，兵至湖北鄂州（今武昌），後回師海州。

1649 年，封「平南王」，賜金印、金冊。沿海州、山海關、天津、登州、武昌、岳陽、南韶、肇慶，最後直至廣州。

1650 年，尚可喜在廣州建立王府，放縱部屬為害當地人民。

1660 年，尚可喜專鎮廣東。

1676 年 10 月 29 日，尚可喜在廣州薨逝，享年 73 歲。康熙皇帝給諡曰「敬」。棺槨暫厝於廣州大佛寺，

1681 年，歸葬海城鳳翔山，後又遷葬海城市八里鎮大新村文安山。康熙皇帝派遣親王于歸葬道路三次拜祭，親自撰寫御賜功德碑文，並置兩個四品佐領為平南王守陵。

張煌言　1620～1664 鄞縣（今浙江寧波）人

　　張煌言，字玄著，號蒼水，南明大臣，文學家，被清兵所俘，殉國。父張圭章。

　　1644年，舉人，官至刑部員外郎。母趙氏早逝。張煌言少有大志，「慷慨好論兵事」。崇禎年間舉人。

　　1645年，清軍南下，與錢肅樂、沈宸荃等人起兵抗清，奉魯王朱以海監國於紹興，授翰林修撰。後清兵破錢塘，隨魯王逃至浙閩沿海，入據舟山。

　　1651年，清軍攻破舟山，張煌言、張名振等人退避海上，為了保護魯王安全，最後只得前往投靠閩南鄭成功；鄭成功軍隊尊唐王朱聿鍵為正朔，一向與魯王不合，但為了顧全抗清大局，於是仍將魯王安置於金門。之後，張煌言回到浙東組織抗清力量，與鄭成功、張名振等勢力多次北伐南京。

　　1654年，張煌言會同張名振北伐，入長江，師抵南京燕子磯。隔年，張煌言、張名振再次攻至燕子磯但仍因兵力薄弱以失敗告終。張名振於兵敗不久後病逝（一說遭到鄭成功毒害），由鄭成功部將陳六御接收其軍隊。

　　1658年，張煌言與鄭成功自廈門出兵北伐，克復樂清、寧海等地；卻於羊山海面遭遇颱風襲擊，兩軍損失船艦百餘，士卒傷亡以千計，不得已撤軍回到廈門。

　　1659年，張煌言奉南明永曆帝朱由榔命，以兵部尚書職，與鄭成功會師北伐，張煌言部收復太平、寧國、池州、徽州等四府、三州、二十四縣；另一方面，鄭成功軍隊沿長江西上，克鎮江、圍南京，反清復明大業一時大好。後因鄭成功中清軍緩兵之計，兵敗南京城，鄭軍乃退離長江出海南下；張煌言軍隊孤立無援，益遭清廷援軍攻擊，一路敗退、突圍，撤回浙東。

　　隔年清廷實施遷界令，斷絕抗清各勢力的聯繫與生計。鄭成功於中國東南沿海多年征戰也始終未有進一步發展，乃決定東進台灣，以為據點；對此張煌言曾修書勸阻鄭成功，他認為如果鄭軍進入台灣，則金、廈將不保，而復興大業與人心亦將斷絕。但最後鄭成功仍一意孤行，將目標轉為台灣。

　　後永曆朝覆亡，鄭成功入台後亦無力回師閩南；張煌言只得糾集民間各反對力量，繼續於浙東沿海一帶進行抗清行動。及至永曆十七年，魯王朱以海病死於金門，張煌言終於認為復明無望，將軍隊解散，躲避至浙江象山附近的小島隱居，之後仍為清軍偵知逮捕。張煌言被捕後，神色自若，拒絕清廷的招降，在省城杭州被處斬決，臨刑前，賦《絕命詩》一首：「我年適五九，偏逢九月七。大廈已不支，成仁萬事畢。」「坐而受刃」，同死者還有羅綸等人。其妻與長子押解至鎮江處斬。

　　張煌言死後由鄞縣人萬斯大等葬於杭州西湖南屏山。生前友人葉振名登越王嶺遙祭忠魂，撰祭文將張煌言與羅綸二人並稱為「張司馬二客」。

清國史館為其立傳，《明史》亦有傳。著有《張蒼水集》《奇零草》《北征錄》《探微吟》。

1776 年，清乾隆追諡忠烈，入祀忠義祠，收入《欽定勝朝殉節諸臣錄》。現今南屏山荔枝峰下建有張蒼水祠，與章太炎紀念館為鄰。與岳飛、于謙並稱「西湖三傑」，寧波市區也有蒼水街以示紀念。

耿精忠　?～1682 耿家先世為山東人後遷遼東蓋州衛

耿精忠，耿仲明之孫、耿繼茂長子。耿仲明前為毛文龍參將，毛文龍為袁崇煥所殺，轉投孫元化，孫元化為明廷所殺，再轉降努爾哈赤。

1649 年，封靖南王。耿仲明死後，子耿繼茂襲爵。

1671 年，耿繼茂卒，耿精忠襲靖南王爵，與肅親王豪格女成婚，封和碩額附。繼位後，有「天子分身火耳」之謠，耿精忠便部署待變。

1673 年，尚可喜撤藩歸遼東，耿精忠與吳三桂試探度並具疏請撤，康熙帝允許。

1674 年，響應吳三桂起兵，耿精忠自稱總統兵馬大將軍，與吳三桂合兵入江西，並邀台灣鄭經聲援，一時兵勢甚盛。鄭經以耿精忠未遵守約定，逕取漳州、泉州二州，納其降將。耿精忠見大勢已去，遂降清。

1680 年，鄭經敗回臺灣，耿精忠請入覲，康熙令三法司按治囚禁。

1681 年，雲南平定後，次年耿精忠被磔於市，范承謨子范時崇分割其肉祭墓。耿精忠為三藩之亂的參與者之一。

夏完淳　1631～1647 祖籍浙江會稽，生於松江

夏完淳，乳名端哥，別名復，字存古，號小隱，又號靈首。明朝末年詩人，為夏允彝之子，師從陳子龍。完淳自幼聰明，有神童之譽，「五歲知五經，七歲能詩文」，14 歲隨父抗清。父殉後，他和陳子龍繼續抗清，兵敗被俘，不屈而死，年僅十七。以殉國前消遣洪承疇一事，稱名於世。有《獄中上母書》。

身後留有妻子錢秦篆、女兒以及遺腹子，出世後不幸夭折，一代忠良絕嗣。夏允彝、夏完淳父子合葬墓今存於松江區小崑山鎮盪灣村，華夏公墓旁，地處偏僻，香火冷落。

著有《玉樊堂集》《內史集》《南冠草》《續倖存錄》等等，其中夏完淳向嫡母與生母訣別的《獄中上母書》被選為台灣的高中國文教科書。

夏完淳抗清失敗被俘，洪承疇親自訊問並勸降：「童子何知，豈能稱兵叛逆？誤墮賊中耳！歸順當不失官。」夏完淳佯為不知審訊大員就是洪承疇，高聲答

道：「我聞亨九先生本朝人傑，松山、杏山之戰，血濺章渠。先皇帝震悼褒恤，感動華夷。吾常慕其忠烈，年雖少，殺身報國，豈可以讓之！」當左右差役告訴他堂上人就是洪承疇時，夏完淳更聲色俱厲地說：「亨九先生死王事已久，天下莫不聞之，曾經御祭七壇，天子親臨，淚滿龍顏，群臣嗚咽。汝何等逆徒，敢偽托其名，以污忠魄！」洪承疇色沮氣奪，無辭以對。夏完淳遂就義於金陵西市，年僅十七。[1]行刑時，傲然挺立，拒不下跪。葬於松江城西。其叔父夏之旭在當地孔廟痛哭，上吊自盡殉國。

靳輔　1633～1692 遼陽人

靳輔，字紫垣。隸漢軍鑲黃旗，祖先原是山東濟南人在遼陽落戶。

1649 年，出仕，1652 年，由官學生考授國史編修。

1662 年，升任郎中，康熙七年，升通政使司右通政。

1671 年，授安徽巡撫，加兵部尚書。

1671 年，靳輔任安徽巡撫，在任共六年。

1677 年，靳輔從安徽巡撫升遷為河道總督。調查黃河、淮河形勢，連上八疏，以為「治河之道，必當審其全局，將河道運道為一體，徹首尾而合治之，而後可無弊也」。靳輔治水大致遵奉明代潘季馴「束水沖沙」之法。治河十幾年所取得的成果，與陳潢的協助密不可分。

靳輔出任河道總督時，正值黃河、淮河氾濫嚴重，使得江南的漕糧不能順利運往北京，靳輔首先在淮陰以東當時黃河的兩岸建造堅固的河堤，一直延伸到距離海岸線二十里的地方，又在淮陰以西地區，加湝沿淮河與洪澤湖的一線的若干河堤、水壩，使之不再潰堤。如此一來，河水單純向前流動，增大了沖刷河底淤的力量，使黃河自我除沙的功能大為加強。

靳輔知道運河關係國家漕運，為了不讓黃河改道奪路而使其中斷，於是在黃河北岸開闢一條長達一百八十里，為了防止改道運河的黃河之水潰決大堤，靳輔在淮陰至江都治運河各縣興築若干「減水壩」。不但防止運河氾濫或缺口，又可以使用在運河周圍的農田灌溉。

1685 年，靳輔與安徽按察使于成龍（小于成龍）不合，于成龍主張開挖下遊河道、疏通海口。

1688 年，兩人多次激辯，于成龍攻擊靳輔黨附明珠。御史郭琇告靳輔治河九年無功，被免職，陳潢病死獄中。

1692 年，復職，是年即病逝。卒諡文襄。著有《治河方略》八卷、《治河奏續書》四卷、《靳文襄奏疏》八卷。

周遇吉　?～1644 遼東錦州衛人

周遇吉，字萃菴，明朝將領，少有神力，勇武善射，早年入軍，功至京營游擊。京營將多勛戚中官子弟，見遇吉質魯，皆輕鄙之，遇吉曰：「公等皆紈褲弟子，豈足當大敵。何不於無事時練膽勇，為異日用，而徒糜廩祿為！」寧武

關之戰，力抗闖軍，戰死。追贈太保，諡忠武。遇吉追隨張鳳翼、孫應元、楊嗣昌等人征流寇於河南、湖廣等地。封為太子少保、左都督。

1642 年，山西總兵許定國被處死，遇吉除山西總兵。

1643 年，入關清兵遍及河北、山東。是日北返，取道天津。明總兵周遇吉以 500 名騎兵在楊柳青伏擊，鏖戰一天，清兵北去。清兵將官言：自去歲入關，「往來數千里，如入無人之境，惟見此一戰耳」。

1644 年，平陽守將陳尚智投降李自成，派部將熊通向遇吉勸降，遇吉怒斬之。

3 月 24 日，李自成陷忻州（今山西省忻州市），官民迎降，遇吉於代州憑城固守，雙方大戰十餘日，遇吉因兵少食盡，退守寧武關（今山西寧武境）。

因遇吉堅守，李自成一度欲棄取寧武關，最後以火炮而擊，破關而入。遇吉火藥用盡，力戰被俘，全身矢集如蝟毛。闖軍又將遇吉懸於高竿之上，亂箭射死，並肢解其屍。遇吉妻劉氏率婦女二十餘人登屋而射，全被燒死。

弘光帝追遇吉為太保，諡忠武。福王在南京即位之後，追封周遇吉為太保，諡號忠武，列祀旌忠祠。

林則徐 1785~1850　福建福州

林則徐，字元撫，別號少穆。晚號俟村老人。父親是秀才。

1804 年，中舉人。

1811 年，戌進士選翰林院庶吉士散館授編修入仕途。

1820 年，在浙江、江蘇、陝西、湖南、湖北等省，辦理軍政、漕務、鹽政、河工、水利等事。

1837 年，擔任湖廣總督，開始禁烟運動。

1838 年 12 月 26 日，命為欽差大臣往廣查禁鴉片。

1839 年，限令所有外國人在三天之內，將存在躉船上的鴉片全部交出，並書面保證，今後不再夾帶鴉片，如違「貨盡沒官，人即正法」。

林則徐收繳鴉片，共計二十多萬箱，重 237 萬餘斤，於六月三日在「虎門銷煙」。

9 月 3 日林則徐《十無益格言》

1.存心不善，風水無益。2.父母不孝，奉神無益。3.兄弟不和，交友無益。4.行止不端，讀書無益。5.作事乖張，聰明無益。6.心高氣傲，博學無益。

7.為富不仁，積聚無益。8.劫取人財，布施無益。9.不惜元氣，服藥無益。10.淫逸驕奢，仕途無益。

1840 年，英國發動鴉片戰爭。

1841 年，林則徐奉命赴浙江和河南開封堵黃河決口。

1842 年，流放新疆三年，開墾屯田三萬多頃，興修水利，建設成績斐然。曾作詩「白頭到此同休戚，青史憑誰定是非？」。

1845 年，被任命為陝甘總督、陝西巡撫、雲貴總督。

1849 年，因病退職，聯合士紳上書，抗議英國在福州建房。

1950 年，受封為欽差大臣，赴廣西鎮壓農民起義，11 月在廣東潮州普寧縣逝世。享壽 65 歲。林則徐請魏源翻譯世界地理大全、四洲志、海國圖志等書。

曾國藩　1811.11.26.～1872.3.12.湖南湘鄉（湖南婁底市雙峰縣荷葉鎮天子坪

　　曾國藩，乳名寬一，初名子城，譜名傳豫，字伯涵，號滌生；宗聖曾子 70 世孫。政治家、軍事家、理學家、文學家。

　　曾國藩與李鴻章、左宗棠、張之洞並稱「晚清四大名臣」。官至武英殿大學士、兩江總督。同治年間封一等毅勇侯，又授世襲罔替，諡文正。父親曾麟書是塾師，屢試不第，年近五十方才進學，成為生員（秀才）。麟書自忖功名僅能及此，從此在家鄉一心一意栽培長子曾國藩科考。

　　1816 年，5 歲啟蒙。

　　1817 年，入家塾「利見齋」。

　　1826 年，春應長沙府童子試，名列第七名。

　　1828 年，28 歲中進士。

　　1830 年，前往衡陽唐氏宗祠讀書，一年後轉入湘鄉漣濱書院。

　　1833 年，應湘鄉縣試，考取秀才。

　　1834 年，入長沙嶽麓書院，同年參加湖南鄉試中舉人，入燕京準備來年的會試。

　　1835 年，會試未中，次年恩科會試再次落第，於是返回長沙。

　　1838 年，參加會試及第，同進士，成為林則徐政敵、主張「鴉片上稅免禁」的軍機大臣穆彰阿的得意門生。道光帝親拔為第二，選為翰林院庶吉士。

　　1839 年，開始寫日記，至死不輟，為當今難得史料。

　　1840 年，散館考試，名列二等十九名，授翰林院檢討。

　　1843 年，升侍講。同年，出任四川鄉試正考官。年底，充文淵閣校理。

　　1845 年，134 歲官禮部侍郎，升侍講學士。不久，同榜進士李文安之子李鴻章入京會試，投其門下受業，住他北京家至少一年。

　　1847 年，升任內閣學士，加禮部侍郎銜。

　　1848 年，兒子曾紀鴻出生，10 月撰編「曾氏家訓」分為修身、齊家、治國三個大綱，32 個小目。

　　1849 年，授禮部右侍郎。不久署兵部右侍郎。

　　1851 年 1 月，洪秀全在廣西發動金田起義，太平天國運動爆發。四月，曾國藩上《敬陳聖德三端預防流弊疏》，咸豐帝將奏摺怒擲於地。

　　1852 年，又上《備陳民間疾苦疏》。母喪，丁憂回籍。清廷令曾辦團練，編營楚勇、湘勇。設審案局，專辦匪類。大開殺戒，半年時間在長沙殺匪 173 人，人稱曾國藩為「曾剃頭」。

　　1853 年，曾國藩以湖南為主，建立地方團練，稱為湘軍（湘勇）。籌建水師。

　　1854 年，陸軍水師，會集湘潭誓師出征，敗於太平軍，「屢敗屢戰」。曾國藩發佈《討粵匪檄》，人稱一紙檄文，可抵十萬雄兵，百工諸業響應，重整旗鼓，攻佔岳州、武昌。咸豐帝大喜，令曾國藩署理湖北巡撫。然大學士祁寯藻進言，稱「曾國藩以侍郎在籍，猶匹夫耳，匹夫居閭里，一呼，蹶起從之者萬餘人，恐非國家福也。」咸豐帝收回成命，僅賞曾國藩兵部侍郎頭銜。

　　1856 年，坐困南昌。9 月 2 日，洪楊內訌，史稱天京事變，南昌解圍。

1858 年，湘軍攻佔九江，氣勢頗盛。

1860 年，曾國藩授命為兩江總督和欽差大臣。包圍安慶，「扎硬寨，打呆仗」。

1861 年，咸豐帝崩於熱河，同治即位。慈禧政變垂簾聽政。曾國藩被兩宮太后授權為協辦大學士，調四省督辦，成為滿清立國兩百年來，權勢最高人。

1862 年，湘軍前鋒曾國荃進抵天京，發動對太平天國大猛攻。

1863 年，南京被湘軍包圍。

1864 年，湘軍攻破南京，曾國藩入南京，湘軍大肆焚掠，「⋯⋯分段搜殺，三日之間斃賊共十餘萬人，秦淮長河，屍首如麻。」其慘毒實較『賊』又有過之無不及。南京人咸恨湘軍，稱曾國藩、曾國荃兄弟為「曾剃頭」、「曾屠戶」。

7 月，朝廷加曾國藩太子太保、一等侯爵。曾國荃賞太子少保、一等伯爵，曾與平定太平天國戰功居次之湖廣總督官文雙方形成集團政爭白熱化。

8 月，奏准裁撤湘軍 25,000 人。

攻陷天京後，曾國藩上書「偽宮賊館，一炬成灰，並無所謂賦庫者，然克復老巢而全無貨物，實出微臣意計之外，亦為從來罕見之事」。

曾國藩就地處死太平軍降將李秀成，原因可能是李秀成想效法姜維詐降。

1865 年，曾國藩為欽差大臣，進駐江蘇徐州，分設四鎮，直隸山東、河南軍務勦捻，曾國藩為兩江總督與李鴻章辦江南製造局。

僧格林沁被捻軍擊斃，清朝廷令曾國藩剿捻。曾國藩採取「以有定之兵，制無定之寇，專事近剿，不事尾追」的方針，在河南周家口、山東濟寧、江蘇徐州、安徽臨淮關分置四鎮，駐淮軍和湘軍八萬，將捻包圍在蘇、豫、皖邊區。又在淮北捻軍的根據地修築墟寨，清查戶口，實行保甲連坐法。但捻軍突破湘軍、淮軍的包圍，進入湖北。又突破開封、朱仙鎮間的賈魯河防線，東走山東。曾國藩被撤欽差大臣，李鴻章繼任。

曾國藩自剿捻以來，屢受清廷的指責，成為晚年的一大心病，事實上，這時湘軍大部份裁撤，曾國藩只能用李鴻章的淮軍，不如湘軍容易差遣。各部協調不力，被張宗禹率捻軍在賈魯河一帶突破，進入山東。

1867 年，發生「天津教案」。

1868 年，曾國藩改任直隸總督。

1870 年，法國領事被殺於天津教案，處死涉案 20 餘人，賠償教堂 40 多萬兩白銀損失，還派崇厚到法國道歉，曾國藩受到詬病，失去直隸總督職銜。

1871 年，兩江總督馬新貽被平民張汶祥刺殺，朝廷命曾國藩再任兩江總督。

曾國藩用人惟才，晚清一些名臣如左宗棠、李鴻章都與他有密切關係。李鴻章等稱呼他為老師。曾國藩曾說「李少荃拚命作官，俞蔭甫拚命著書」。

曾國藩一生奉行程朱理學，但對於程朱之學並未盲目崇拜，事實上，他對於宋明儒學其他支派的思想亦多所汲取。宋明理學實際上分為氣學、理學和心學三個學術派別。

曾國藩在政治實踐和軍事鬥爭中也漸漸地看到了程朱理學「指示之語，或

失於陋」、或「病於瑣」、或「偏於靜」的局限。在這種情形下，曾國藩對心學表現出了寬容的學術姿態。對於程朱理學與陸王心學之學術爭辯，他認為對於兩家之爭應取其同，避其異，揚其長，兼收並蓄，揚長避短，推進儒學的發展。

曾國藩還以氣學在生成論方面的資源來彌補理學之局限，謂「張子之《正蒙》，醇厚正大，邈焉寡儔」。依著氣學的思路，曾國藩認為，天地萬物均因稟氣而生，氣是構成天地萬物的最終基元。在稟氣而生意義上，天地萬物是「同體」的。

不過，曾國藩同時認為，雖太和絪縕之氣流行不止，天地萬物最初所得之氣「均耳」，但人與物、聖人與常人實所稟有之氣並不相同。就人與物相對而言，人得氣之全，物卻僅得氣之偏；故人有知性，而物僅得物性。就人類而言，聖人所稟之氣清且厚，常人所稟之氣卻濁而薄。

「自其初而言之，太和絪縕流行而不息，人也，物也，聖人也，常人也，始所得者均耳。人得其全，物得其偏，聖人者，既得其全，而其氣質又最清且厚……」。

文學曾國藩繼承桐城派方苞、姚鼐而自立風格，創立晚清古文的「湘鄉派」。

國藩論古文，講求聲調鏗鏘，以包蘊不盡為能事；所為古文，深宏駿邁，能運以漢賦氣象，故有一種雄奇瑰瑋的意境，能一振桐城派枯淡之弊，為後世所稱。曾氏宗法桐城，但有所變化、發展，又選編了一部《經史百家雜鈔》以作為文的典範，非桐城所可囿，世稱為湘鄉派。

清末及民初嚴復、林紓，以至譚嗣同、梁啟超等均受其文風影響。

1872 年，兩江總督任內，在書房裡靜坐時去世（1811.10.11-1872.2.4.），享壽 62 歲。

左宗棠　1812.10.7.～1885 湖南湘陰人

左宗棠，字季高，又字樸存，號湘上農人。祖父、父親是通秀才，襁褓飢荒，母親喂奶，靠吃米湯長大。家境貧困，靠老婆過活，他曾作對聯「身無半畝，心憂天下；讀破萬卷，神交古人。」左宗棠才華橫溢，常以諸葛亮自居，頗為自負，只是脾氣不好，惹出許多大禍。

1820 年，考秀才。

1831 年，19 歲進入長沙城南書院。

1832 年，20 歲中舉人，娶周詒端為妻。

1836 年，納妾張氏。

1844 年，自湘潭遷往湘陰柳家沖居住，自號「湘上農人」。

1860 年，曾國藩延曾國荃入幕府，幫辦軍務。

1861 年，曾國藩推薦任浙江巡撫。

1862 年，組建中法混合軍，收復金華、紹興等地，升任閩浙總督。

1864 年，在杭州任洋匠仿造小輪船，在西湖試航。

1866 年，在福建福州馬尾設立「輪船製造局」船政局、建立福建海軍、海軍學校，平定俄英支持的阿古，收復新疆，擢升浙江巡撫。左宗棠奏准「台灣設郡，調兵，三年一換，額兵一萬四千，存者不及三分之一，水師向有船 96 號，今無一存」。其地舊例禁止內地民人偷渡，台民私入番地者治罪，日本侵台後，沈葆楨奏准廢除前禁，漢人始得自由入台者眾多。

1867 年，率軍入陝西，鎮壓陝西甘回民亂，任陝甘總督。

1869 年，左宗棠回陝西，採取「先撫後勦」平息西北回民起義。

1875 年，堅持「塞防」奉命督辦新疆軍務。

1876 年，出兵西征，打敗阿古柏，收復新疆大幅土。

1877 年，收復伊犁地區外的新疆領土。

1878 平，新疆（1864-1878）之亂悉定，天山南路復歸中國，晉左宗為二等侯。

1880 年，啟行入關，傾注水利興修。

1881 年，擔任軍機大臣，管理兵部事務。

1882 年，奏復淮鹽海岸、修築范堤、減利國煤礦稅。

1883 年，疏請籌辦海防，創立漁團，組成「恪靖定邊軍」。

1884 年，再次入新疆，建立行省，實行政治管理，任欽差大臣，督辦福建軍務。

1885 年 4 月 27 日，中法戰爭，左宗棠派馮子材打敗法軍，而清廷反求和賠款，簽訂「越南條約」左宗棠捶首頓足，因請開鐵礦，造大炮，鞏固國防。

6 月把軍隊和軍火運送台灣。7 月 27 日（農曆 9 月初五日）病逝福州。

1886 年 12 月 10 日，葬於湖南善化八都楊梅河柏竹塘（今長沙石門鄉柏竹村）。

胡林翼 1812.7.14.～1861.9.30.湖南長沙府益陽（今益陽市赫山區）人

胡林翼，字潤之，晚清中興名臣之一，進士出身，湘軍首領，官至湖北巡撫。

祖父胡顯韶，為諸生；父親胡達源，任翰林院侍講。胡林翼少時風流無賴，然天資聰穎，「篤嗜《史記》、《漢書》、《左氏傳》、《司馬通鑑》既中外輿圖地誌，山川危塞、兵政機要，探討尤力。」

1831 年，在桃花江陶氏別墅娶兩江總督陶澍之女陶靜娟，婚後仍流連於秦淮河畔，陶澍說：「潤之之才，他

日勤勞將十倍於我，後此將無暇行樂，此時姑縱之。」

1836 年，中進士，選庶吉士，散館授翰林院編修。先後充任會試同考官、江南鄉試副考官，因事降一級調用。父喪丁憂去職，服闋後，捐納內閣中書。

1846 年，以知府分發貴州，歷任安順、鎮遠、黎平知府及貴東道，「勵志政事，軍興而後益以名節厲世，頗似信國少保」。在任強化團練、保甲，鎮壓黃平、台拱、清江、天柱等地苗族起義和湖南李沅發起義，後總結戰爭經驗編成了《胡氏兵法》。

1854 年，擢貴東道。出黔抗擊太平軍；7 月，升四川按察使，仍駐防岳州；9 月調湖北按察使，赴援九江。

1855 年 3 月，升湖北布政使，率大軍回援武昌；4 月，武昌失守，奉詔署湖北巡撫，負責南岸軍事，與曾國藩策劃圍攻武昌。次年 12 月，破武昌城，授湖北巡撫。咸豐七年（1857 年），擊潰陳玉成部，次年五月攻佔九江，不久合圍安慶；十一月，主力李續賓部在「三河鎮之戰」全軍覆沒，其勢遂受挫。

1859 年，與曾國藩分兵四路進攻安徽。

1861 年春，太平軍攻入湖北，胡林翼率部回援，八月曾國荃攻陷安慶，八月二十六日亥時，胡林翼在武昌病卒。胡與正房陶靜娟生有一女胡端儀。

1853 五月，胡端儀嫁監察御史周開銘。

據言胡林翼一日在安慶長江沿岸策馬登山，瞻眺形勢。他以勝券在握的口氣道：胡林翼雖早歿，但生平推功讓能、調和諸將之力甚強。1856 年，胡林翼升為湖北巡撫，極力籠絡時任湖廣總督的滿洲權貴官文，其母收官文之妾為義女，又處處讓利給官文，故胡林翼所言，官文無不言聽計從，為平定太平天國奠定良好基礎，史載「林翼威望日起，官文自知不及，思假以為重，林翼益推誠相結納，於是吏治、財政、軍事悉聽林翼主持，官文畫諾而已。不數年，足食足兵，東南大局，隱然以湖北為之樞。」。曾國藩說：「林翼堅持之力，調和諸將之功，綜覈之才，皆臣所不逮，而尤服其進德之猛。」他與曾國藩、左宗棠、李鴻章並稱為「清末四大中興名臣」，賜諡號文忠。

彭玉麟 1816～1890 湖南衡陽祖籍江西泰和生於安徽安慶

1425 年遷居湖南衡陽渣江與曾國藩出生地接近，道光十二年（1832 年）隨父回籍。彭玉麟，字雪琴。

1756 旗蒙大淵覆嘉上潯對太平軍作戰，次年於湘潭之戰擊敗太平軍，任知縣。後隨軍攻陷岳州，升同知（正五品）。在武漢、田家鎮連敗太平軍水師。

1853 年，隨曾國藩創辦湘軍水師，平定太平天國有功，任水師提督，兩江總督，兵部尚書。

1855 年 2 月在江西湖口為石達開所敗。於是整頓水師，配合陸師 1856 年敗太平軍於樟樹鎮、臨江等地，升廣東惠潮嘉道。

1857 年，同楊載福等攻湖口，繼奪九江、安慶，升安徽巡撫（正二品）力辭，改任為水師提督（次一品）復授兵部左侍郎。

1862 年，率水師策應曾國荃陸師沿江東下，堵截天京護城河口。

1863 年，與楊載福等破江浦、九洑洲、浦口，斷絕天京糧道。攻陷天京，獲賞一等輕車都尉世職，加太子少保。

1865 辭官 1868 年，會同曾國藩奏定長江水師營制。次年春回籍。

1872 年，奉命巡閱沿江水師。

彭玉麟會同彭氏族人在湖南長沙三泰街建【彭氏宗親試館】

1881 年，署兩江總督，再疏力辭，仍留督江防、海防。

1883 年，擢兵部尚書（次一品）。

1884 年，中法戰爭爆發，奉旨赴廣東辦理防務。

1885 年，法軍進犯諒山，窺伺廣西，率老將馮子材抗擊法軍。在鎮南關、諒山一戰，大獲全勝，多次上疏主戰，反對和議，疏中有「五可戰，五不可和」之語。未幾，和議已成，停戰撤兵。

1888 年，扶病巡閱長江水師，至安慶後以衰病開缺回籍。彭玉麟隨父母由安徽安慶回湖南衡陽衡陽彭玉麟撰書星沙彭氏宗祠試記。祠堂位於湖南省長沙市三泰街。1938.11.12（戊寅 9 月 21 日子時）抗日戰爭時，，遭日軍飛機炸燬。

彭玉麐公餘閒暇，常繪畫作詩，以畫梅名世。他的詩題名《彭剛直詩集》。

1855~1862，彭玉麐應得養廉銀二萬一千五百餘兩，全數上交國庫充作軍餉。

1868 年 6 月，彭玉麟是有名的清官，在奏摺「臣素無聲色之好、室家之樂，性尤不耽安逸，治軍十餘年，未嘗營一瓦之覆、一畝之殖，以庇妻子。身受重傷，積勞多疾，未嘗請一日之假回籍調治。終年風濤矢石之中，雖甚病未嘗一日移居岸上。」

彭玉麐晚年巡視長江，曾先後彈劾官吏百餘人，安慶候補副將胡開泰召娼殺妻，彭玉麟殺之。湖北總兵衡副將譚祖綸誘奸張清勝之妻劉氏殺人滅口彭玉麟斬之。

1890 年 3 月，病卒於衡州湘江東岸退省庵。賜太子太保，諡剛直，享壽 75 歲。

「彭玉麟與梅姑」：梅姑本是彭玉麐外祖母的養女，以輩分而言，可以說是彭玉麐的長輩（阿姨），較彭玉麐年長幾歲，人稱梅姑，據說彭玉麐稱她「姑姑」，兩人年紀相約，青梅竹馬，情愫漸生，至私許終身。後來，兩人始終未有結合，原因表面上是八字不合，真正的理由卻是輩分。後來梅姑另嫁他人，難產至死。彭玉麐痛不欲生，在梅姑墓前立誓，畫梅萬幅，以紀念兩人之情。

馮子才　1818～1903 廣東欽州（今屬廣西）

馮子才，或名馮子材，累官至太子少保，又稱馮宮保，字南干，號萃亭。

自幼父母雙亡，流落街頭，跑過牛幫，早年參加過廣東天地會。

1851 年，為江北大營名將、總兵官，隨廣西提督向榮力抗太平天國，於一破江南大營時防守建功。

1852 年，馮子材改隸屬張國樑麾下，張國樑曾撫其背，稱讚說：「子勇，余愧弗如。」張國梁在丹陽南門外落水溺死，馮子材收聚殘軍，再度建立江南大營。

1864 年，收復常熟，領軍駐防揚州，平定太平天國。

1862 年，由甘肅西寧鎮總兵官升任廣西提督。

1882 年，乞病家居，以疾退休。

1883 年 7 月 22 日病免。貴州代提督江忠義、丁憂副將蕭榮芳先後代職。

1884 年，法軍進犯滇桂邊境時，兩廣總督張之洞奏請起用馮子才，稱馮「老成宿將，熟習邊境軍務，威望遠播」。

1884 年，馮子材率抵達廣西龍州。

1885 年，任廣西提督領導海外義勇兵團黑旗軍在越南，廣西一帶於法軍作戰，馮部配備新式兵器，且帶領兩個兒子上陣戰鬥，「短衣草履，佩刀督隊」，並親自手挺長矛與法軍東非黑人兵進行肉搏戰，殲法軍數十人，取得鎮南關大戰勝利，連克越南文淵、諒山；後到海南島撫黎，以開山為先，發動黎族青壯年開山修路，設義學館。

1887 年，在海南島中部五指山馮還書寫「手壁南荒」巨形山壁古刻；後任過雲南、貴州提督，累官至太子少保，86 歲卒于軍旅。

馮子才逝後葬於欽州，朝廷詔予於欽州城東南隅（今市糧食局周圍）建「馮勇毅公專祠」紀念，稱「宮保祠」。其故居目前為愛國主義教育基地。著有《軍牘集要》。

翁同和（翁同龢）1830.5.19.～1904，江蘇常熟人

翁同和，清代大臣，光緒帝師傅。字聲甫，號叔平、瓶笙、井眉居士，晚號松禪。生於封建官僚家庭。祖父咸封，宮海州學正。父翁心存，咸豐朝曆宮至體仁閣大學士，後為同治帝師。母許氏通，長兄翁同書、三元同爵均官至巡撫。翁同龢的妻子為湯夫人，妾陸氏。

1836年，6歲，入塾時，"四書"、"五經"朗朗成誦。

1851年，21歲選為拔貢。

1853年，23歲中舉人。

1856年，中狀元，授翰林院修撰。曆官署刑部右侍郎、戶部右侍郎、都察院左都禦史，刑部、工部、戶部尚書、協辦大學士，軍機大臣兼總理各國事務大臣，光緒帝師傅。前後充鄉試考官、會試總裁，參與主持科舉考試達40年。

1857年，27歲以一甲一名進士及第，官翰林院修撰。

1865年，翁同和接替父業，入值弘德殿，為同治師傅，前後教讀九年。同治病逝後，光緒繼位，慈禧又命同和入值毓慶宮，為光緒師傅。

從光緒啟蒙識字到翁同和因支持維新變法削籍歸裏，師生相處達24年。在學習上，翁同和是光緒的師傅，在生活上是監護人，在政治上，他又是光緒最寵信的大臣。曾歷任刑部、工部、戶部尚書，協辦大學士，兩度入軍機，兼任總理各國事務大臣，會典館正總裁、國史館副總裁等。他為官廉正，提攜後進，在對內對外一些重大問題上的主張充分體現了他的愛國主義思想，與李鴻藻、潘祖蔭等大臣同屬清廷中的清流派。

1873年10月，「楊乃武與小白菜」案，是翁同龢發現諸多疑竇，慈禧太后下令重審，其中涉及「兩湖派」與「江浙派」的權力鬥爭。

1894年，中日甲午戰爭時，他極力主戰。次年馬關議和，反對割地，力爭修改約稿。《馬關條約》簽訂後，因憤于割地求和，遂"有變法之心"，欲輔佐光緒帝籌謀新政。支持北京強學會，但反對維新派提倡的民權平等學說。

1898年初，參與總理各國事務衙門王大臣對康有為的問話，隨即向光緒帝密薦康有為。6月11日，光緒帝頒佈定"國是"詔，開始變法維新。翁同和為慈禧太后及後黨所忌恨，15日即被開缺回籍。同年12月，又被革職，永不敘用，交地方官嚴加管束。他居家懼禍，所存疏稿，焚毀強半，日記亦有刪改。

1904年，病卒。

1909年，宣統市詔復原官，追諡文恭。著有《瓶廬詩稿》（另詞一卷）、《翁文恭公日記》、《翁文恭公軍機處日記》。其書法縱橫跌宕，為世所重，有手劄、墨蹟等多種影印或石印出版。

1873 年，翁同和平反浙江余杭縣楊乃武案，余杭縣劉錫彤刑道事畢氏，捏供楊乃武因奸謀殺葛品連。此案經杭州知府、浙江巡撫、刑部侍郎三審具結，草率奏報，使楊乃武、葛畢氏枉坐重罪。此時，恰值翁同和擢升刑部右侍郎，直接負責秋審處重大案件的審辦，執掌最高審判權。到任後，他細閱全部案卷，發現供詞與訴狀的疑點和漏洞甚多。於是，他又詢閱了楊乃武姊姊的京控呈詞和浙江紳士的聯名呈詞，走訪了浙江籍的京宮，聽取了刑部經辦人員的各種意見。在經過一番深入調查研究後，翁同和對此案提出了駁議，並在蹲親王和慈禧的同意下，由刑部對全案作復查，直至最後查明真相，全案得到平反。

1860 年，壽州苗變，清政府令翁同和之弟翁同書妥善解決，翁同書知道張學醇和苗沛霖很熟悉，讓他前去勸降。卻不料苗沛霖借刀殺人，並無投降的心思。

曾國藩忍無可忍，上書彈劾。可翁家乃名門望族，翁父翁心存亦帝師，僅憑一紙彈劾恐怕難以辦到。但那劾詞措詞激烈，使皇帝和太后也無法為之說情。其中說：“臣職分所在，理應糾參，不敢因翁同書之門第鼎盛，瞻顧遷就。”而這一鋒芒內斂、暗藏殺機的彈章，正是出於李鴻章之手。無奈，朝廷只好判了翁同書斬刑。翁父聽到後氣急身亡。鑒於此狀，皇帝和太后以眷念師傅的名義，改翁同書的斬刑為充軍新疆。父死兄徙，對於翁同和來說，一個好好的家卻因李鴻章的一紙彈劾而弄的如此淒涼，此仇怎能不報？李鴻章也許沒有想到以後自己的不幸遭遇與它緊密相關。

1894 年，朝鮮東學黨起義爆發，李鴻章卻無心應戰，雖然有北洋水師這支王牌，但他從一開始就沒有取勝的把握，而這一切又與翁同和有密切關係。

十年前，中國的北洋水師在他的慘澹經營之下，比日本水師強多了。但明治維新以後，日本以舉國之力，奮起直追，很快就趕上了中國。十年前那李鴻章一時興奮竟命令他的北洋艦隊在日本海上搖戈，並受日本邀請，停泊在日本海岸。伊藤博文登上中國艦艇，臉色蒼白，黯然不語。而十年後呢？

翁同和刁難北洋水師，其不過是同李鴻章過不去。對整個國家和民族產生了深遠的影響。

甲午戰敗，李鴻章簽訂《馬關條約》，人人恨之。“七十老翁，蒙漢奸之惡名，幾有求生不得，求死不能之勢。”李方有太后的干預，變著法子為其作保。而此時，以翁同和為首的一夥人卻然然不斷地挑他的毛病。

1896 年間，李鴻章出使歐美回來，翁同和以其“私遊頤和園，張大其詞，使皇上明發上諭，斥辱甫息征驂之老臣。”翁同和度量之狹窄，見識之淺顯。

1898 年 6 月 15 日，翁被免去一切職務，逐回原籍，永不敘用。

翁氏故居，位於江蘇省常熟市城內翁家巷 2 號。翁同龢從 8 歲到 20 歲期間居住在此。古宅為保存完好的大型官宦宅第，坐北朝南，佔地約 4620 平方米，今存大小房屋 90 餘間。第三進正廳額綵衣堂為明代遺構，畫梁雕棟，氣勢宏偉。

1833 年，翁心存從仲氏處購得，作為奉養母親之所。「綵衣堂」寓「綵衣娛親」之意。翁同龢玄孫、美籍華人翁興慶將翁氏故居捐獻給國家。

1991 年，闢為翁同龢紀念館。

1996 年，為全國重點文物保護單位。

虞山西麓鵓鴿峰下有瓶隱廬紀念館，瓶影廬系翁同龢晚年失勢後居住直至去世之所，位於常熟虞山西麓鵓鴿峰下謝家浜的尚湖之濱，「登樓攬翠，開軒面湖，具有山林勝致」。「瓶影廬」取「守口如瓶」之意。

陳寶箴 　1831～1900.7.22.江西義寧客家人

陳寶箴，字右銘，譜名觀善，晚清維新派政治家。系出福建汀州（今上杭縣），六世祖陳騰遠遷至江西義寧州定居，騰遠生子陳克繩，克繩生子陳偉琳，號「韶亭先生」，儒學醫道傳家，創辦有「義寧書院」。太平軍事起，組織鄉人防守義寧達數年之久。寶箴為偉琳第三子，性格英毅。

1851 年，鄉試中舉人，隨父辦鄉團抵禦太平軍。偉琳猝死，他練兵名噪一時。

1860 年，進京參加會試落榜，與易佩紳、羅享奎交好，時「三君子」之稱。

時值鴉片戰爭，咸豐帝遠避熱河，寶箴條陳防守六事，協助樞府解決糧運問題。

1860 年 10 月 18 日，聯軍火燒圓明園，寶箴滿腔悲憤不已，拍桌慟哭。

1861 年，南歸探望母親，投入易佩紳和羅享奎的「果健營」，防守太平軍。

1862 年，慕名拜謁曾國藩，曾氏欲延攬入幕府，婉拒。返江西加入席寶田軍。1864 年，湘軍攻陷南京城，太平天國破，幼主洪天貴福出逃，寶箴獻策席寶田，派兵埋伏在廣昌、石城之間，果然擒獲天國幼主與重要人物十餘人。

1868 年，曾國藩調任直隸總督，寶箴才「以家貧養親，不得已而就末職」任湖南知府，平定貴州苗亂。最初，寶箴想將貴州平定的苗地充公，推行屯田制，以開拓邊地，大興實利，最後因與貴州官吏不合而作罷。

1875 年，署理湖南辰沅永靖兵備道，治鳳凰廳，管理有方，致使當地民氣為之一變。隔年母親去世，寶箴掛冠服喪。

1880 年，再授河北道，期間創辦「致用精舍」，延攬名師通儒，栽培當地人才。

1882 年，拔擢為浙江按察使，不久因「王樹汶案」遭彈劾罷官。吏部議處降調。稱病放浪於山水之間三年。

1886 年，陳寶箴任職廣東緝捕局，管理治安。

1887 年，鄭州黃河大決口，李鴻藻召寶箴前往襄助謀劃，李氏一見，大為傾倒。

1889 年，湖南巡撫王文韶上疏力薦「陳寶箴可大用」。

1890 年，調湖北任湖北按察使與布政使，因功賞加頭品頂戴。

1894 年，中日朝鮮衝突，甲午戰爭一觸即發，寶箴具軍事才能，授直隸布

政使，召入京城陛見，商討兵略，他提「固畿輔」、「擇軍將」、「嚴津防」、「簡軍實」、「籌急款」等《兵事十六條》。

1895 年，《馬關條約》割地賠款，寶箴痛哭「殆不國矣（無以為國）」，上疏痛心疾首指陳利害得失。榮祿舉薦陳寶箴受兵部尚書，詔授湖南巡撫，在湖南任官多年，熟知地方民情，功績名聲昭赫鄉里，百姓愛戴縉紳嚮慕，曾對人說：「我想為湖南服務的心，就像以前廉頗想為趙國服務一樣。」當時湖南正逢大旱，赤地千里，其中又以瀏陽、醴陵、衡山最為嚴重。寶箴火速趕往長沙，請求各省援助，得黃金五六十萬兩賑災，使得百數十萬人逃脫死亡的命運。

陳寶箴初到湖南時，綱紀廢弛，上下相賊，致使庫藏耗竭，百廢待理。寶箴「變士習，開民智，救軍政，公官權」。設立「課吏局」有系統地培訓全省各級官吏，湖南得以一改往日官員朋比為奸的混亂局面。

戊戌變法，當時曾在湖南參與變法活動的人有黃遵憲、江標、徐仁鑄、歐陽中鵠、熊希齡、梁啟超、唐才常、譚嗣同、皮錫瑞及其子陳三立等。陳寶箴的行動引起湖南守舊黨派不滿，守舊黨彈劾他，幸得楊深秀為他剖辨；楊深秀更奉旨獎勵陳寶箴，而嚴責舊黨，令在湖南的議論稍為平息，陳寶箴的阻礙減少。陳寶箴積極參與維新，他命湖南各州縣訂購《湘學報》宣揚變法。

1897 年，又贊助長沙的時務學堂。

1898 年，陳寶箴在壓力下，燒毀康有為《孔子改制考》，並禁止再版。

戊戌政變，因推薦劉光第、楊銳，「招引姦邪」罪革職移居江西南昌西山晴廬。

1900 年，去世。另說被慈禧太后密旨賜自盡，自縊而死。

奕訢　1833～1898

奕訢，姓愛新羅，道光皇第六子，咸豐帝異母弟，清朝大臣恭親王，咸豐年間，他代表皇帝與英國簽訂〔北京條約〕，同治年間，他和慈禧太后聯手發動辛酉政變，把慈禧太后推上垂簾聽政位置，後來發起洋務運動，弔進西方兵器、戰艦，但他名聲不好，人稱〔鬼子六〕

丁汝昌　1836.11.18.～1895.2.12.安徽廬江北鄉石頭嘴村丁家坎

丁汝昌，名丁先達，字禹廷、雨亭、號次章。家境貧寒，自幼出外打過活，十二歲父母相繼去世。

1853 年，太平天國參軍。

1861 年，太平軍失利，編入湘軍。

1874 年，奔北洋大軍李鴻章。

1880 年，受命赴英國接船，次年授天津鎮總兵。

1888 年，北洋海正式成軍，丁汝昌統領大小艦船廷四十多艘。

1894 年，參加黃海等戰役受傷。

1895 年，甲午戰役失利，2 月 12 日自盡殉國。

張之洞 1837.9.2.～1909.10.4.直隸南皮（河北南皮），生於貴州

張之洞，字孝達，號香濤、香岩，又號壹公、無競居士，晚年自號抱冰。名字出自《莊子·至樂》中「張之洞庭之野。」

1852 年，16 歲，中順天府解元，

1863 年，27 歲，中進士第三名探花，授翰林院編修。

早年是清流派健將，後成為洋務派的主要代表人物，大力倡導「中學為體，西學為用」。曾創辦漢陽鐵廠、大冶礦礦、湖北槍砲廠等。

1884 年，中法戰爭時，由山西巡撫升任兩廣總督，起用退休老將馮子才，在廣西邊境擊敗法軍。又設廣東水陸師學堂，立廣雅書院，武備文事並舉。

1889～1907 年，任湖廣總督。在英國、德國支持下，成為後起的洋務派首領。督鄂期間，著力扶持民族工業，先後開辦漢陽鐵廠、湖北兵工廠、馬鞍山煤礦、湖北織布局、湖北繅絲局等重輕工業企業，並籌辦蘆漢鐵路。他主持修築的武昌南北長堤和漢口後湖長堤排除水患，劃定了 20 世紀初的武漢三鎮與今天的武漢市相近的城市規模，同時支持民族企業家操辦水電等現代化市政建設，為武漢自近代以來的繁榮奠定了基礎。

1890 年，創建兩湖書院。

1893 年，奏請清政府創辦自強學堂（武漢大學前身）。

1894 年，署理兩江總督。上疏阻和議，要求變通陳法，力除積弊。邀請外國教官訓練江南自強軍。

1896 年，回武昌任湖廣總督，實行新式陸軍，創辦湖北武備學堂。

1896 年，請奏創辦江南陸師學堂。

1898 年，發表《勸學篇》，「舊學為體，新學為用」，以維護中國傳統倫理綱常，與戊戌變法的激進主張保持距離。

1900 年，力主鎮壓義和團運動，與劉坤一、李鴻章實行東南互保。鎮壓唐才常自立軍起義。

1901 年，上奏提出「興學育才」《奏定學堂章程》），邀請日本教官訓練新軍。

1902 年，繼劉坤一，再度署理兩江總督，

1903 年 2 月，上奏《創辦三江師範學堂折》，「先辦一大師範學堂，以為學務全局之綱領」，並委任繆荃孫負責籌建，為近代東南大學之開端。

1903 年，回武昌，任湖廣總督。

1906 年，湖北新軍經清政府中央練兵處統一編為陸軍第八鎮和第二十一混成協。

1907 年，授大學士，9 月 4 日與袁世凱同日授軍機大臣，兼管學部。

1908 年，督辦粵漢鐵路，晉太子太保。力勸攝政王載灃不殺袁世凱。

1909 年 10 月 5 日，在北京白米斜街寓所去世，諡文襄。

張之洞是慈禧太后扶植抗衡湘軍和淮軍重要人物，試圖實現中國近代國家蛻變。

他對西方政治、經濟、科學技術，與康有為、梁啟超激進派，有不同的主張。對革命派採鎮壓態度，與袁世凱、岑春煊並稱「清末三屠」。

張之洞為官清廉，家有薄田，死後不增一畝。但樹敵頗多，死後毀譽不一。

張之洞有 13 個兒子。

長子：張權。幼子張仁蠡（排行十三）。

孫女：張遵顏、張遵領。

張厚粲，北京師範大學心理系教授、博士生導師。

孫子：張厚城；孫子：張厚琊，北京自來水集團工程師；

張厚玫，計算機工程師，在美國多年。

曾孫：張法鶴，目前在台灣。

鄧世昌　1849~1894　廣東番禺（今廣州市珠海）

鄧世昌，原名永昌，字正卿。

1867 年，考入福州船政學堂。

1871 年，管建威號兵船，

1874 年，以五品軍功充運船大副。

1875 年，炮籃管帶，並代理揚武快船管駕，荐保守備，加司銜。

1879 年，北洋差遣，任飛霆炮艦、鎮南艦管帶。

1882 年，給勃勇巴圖魯勇號。

1887 年，赴英德接船，指揮船行。

1888 年，北洋海軍成軍以副將補用，加總兵銜。

1889 年，中營副將。

1891 年，李鴻章奏准賞噶爾薩巴圖魯勇號。

1894.9.17.甲午戰爭赴朝鮮海戰，不幸船艦中敵魚雷，鍋爐爆炸，艦身傾覆，很快沉沒，全艦犧牲，時年 45 歲。

楊深秀　1849.4.24.～1898.9.28.山西絳州聞喜縣人

楊深秀，初名毓秀，同治十三年甲戌改名深秀，字漪邨（會試硃卷作衣純），又用里名自號儀村，號香專子，行一，大行二，民籍，以廩生中式同治九年庚午科本省鄉試舉人第三名，以員外郎分刑部學習，會試中式第 266 名貢士，著有《晉中國都考》《山西星度譜》《聞喜縣志疑存文鈔》《雪虛聲堂詩鈔》他是「戊

戌變法」六君子的重要人物。

12 歲為縣學附生。

1882 年，張之洞聘為令德堂（經史考據詞章義理學）院長。

1889 年，中進士，殿試名列三甲末次，同年 5 月任刑部候補員外郎，累遷郎中。

1897 年 12 月，升都察院山東道監察御史。

1898 年正月，因俄羅斯要求中國割讓旅順及大連灣，上疏請聯合英國、日本拒俄。楊深秀在上奏中說道：「頃聞日人患俄人鐵路之逼，重念脣齒輔車之依，頗悔割台，相煎太急。大開東方協助之會，願智吾人士，助吾自立，招我遊學，供我經費，以著親好之實，以弭夙昔之嫌。經其駐使矢野文雄函告譯署。我與日人隔一衣帶水，若吾能自強復仇，無施不可；今我既弱未能立，亟宜因其悔心，受其情意。」

時人均知楊深秀國學根底深厚，卻不知他也明瞭世界局勢，均感驚服。

戊戌變法開始，與徐致靖先後上疏請更改文體，不採用八股文。被盈廷、禮部尚書許應騤多番阻撓。又上書建議設立譯書局、派皇室遊歷各國、派遣留學生，均被採納。面試京朝官，每日見 20 人，試用當中人才，罷免老庸愚不通時務的人，引起不滿。同時，他積極幫助、讚揚實行新政者，為他們上書或辯白，如湖南巡撫陳寶箴被守舊黨彈劾，為楊深秀即為其剖辨。

戊戌政變的前一日，八月初五（9 月 20 日），楊深秀上奏奏請「與英、美、日合邦」。固結英、美、日本三國，勿嫌合邦之名之不美，誠天下蒼生之福矣。」慈禧太后在八月初四（9 月 19 日）自頤和園返回紫禁城後，發現這一計畫，才當機立斷發動政變，阻止「合邦」的計畫。

八月初六（9 月 21 日）慈禧太后歸政，楊深秀詰問皇上被廢原因，要慈禧撤簾。八月初九（9 月 24 日），在宣武門外聞喜會館被捕。八月十三日（9 月 28 日），與譚嗣同、楊銳、林旭、劉光第、康廣仁同被問斬，合稱「戊戌六君子」。

嚴復　1854.1.8.～1921.10.27.福建福州倉山區蓋山鎮陽岐村

嚴復，乳名體乾，初名傳初，改名宗光，字又陵，後名復，字幾道，晚號壄老人。就讀福州船政學堂，歐洲旅遊英國二年支持李鴻章推行「洋務」。

1866 年，嚴復父親病逝，學館中輟，嚴復放棄走科舉「正途」。

1867 年，入福州船政學堂學習駕駛，改名宗光，字又陵。

1871 年，福州船政學堂畢業，先後在「建威」、「揚武」兩艦實習 5 年。

1872 年，取得選用道員資格，改名復，字幾道。

1877 年，赴英國學習海軍，與出使英國大臣郭嵩燾結為忘年交。

1879 年，畢業於倫敦格林威治的皇家海軍學院（RoyalNavalCollege），回國後，被聘為福州船政學堂後學堂教習。

1880 年，到天津任北洋水師學堂所屬駕駛學堂「洋文正教習」學生中有後來因辛亥革命而出名的黎元洪。

1889 年，升為北洋水師學堂總辦，因與李鴻章不合，退出海軍界，另謀發展。

1891 年，嚴復獲得候選道的官銜。

1895 年，中日甲午戰爭後在天津《直報》，主張變法維新、武裝抗擊外來侵略。

1896 年，創辦俄文館，中國最早的俄語學校；幫助張元濟在北京創辦通藝學堂；9 月 24 日捐款 100 元資助梁啟超與汪康年在上海創辦的《時務報》。

1897 年，和王修植、夏曾佑等在天津創辦《國聞報》和《國聞彙編》，宣傳變法維新；將《天演論》在《國聞報》報上連續發表。

1898 年，光緒帝命嚴復來京覲見，闡述變法主張；改捐同知；撰《上光緒皇帝萬言書》。9 月《國聞報》因報導戊戌政變的詳情，被清政府勒令停辦。

1900 年，義和團運動爆發，嚴復離開天津，避居上海；參加汪康年、唐才常發起的「中國議會」，被選為副會長；創辦名學會，講演名學。

1901 年，應開平礦務局總辦張翼邀請赴天津主開平礦務局事，後任該局總辦。

1902 年，赴北京任京師大學堂附設譯書局總辦。

1904 年，辭去京師大學堂附設譯書局總辦一職，回到上海。是年冬發生開平礦務局訴訟事件，被邀前往英國倫敦進行交涉。

1905 年，孫中山由美洲到達英國，特意去拜訪嚴復，二人進行了長時間的會談。

1906 年，任復旦公學校長，安徽巡撫恩銘聘去任安慶任安徽師範學堂監督。

1907 年，恩銘被刺，嚴復離開安徽師範學堂。

1908 年，在北京任學部審定名詞館總纂。

1909 年 5 月，被派充為憲政編查館二等咨議官、福建省顧問官

1910 年，清廷賜予文科進士出身。海軍部授為協都統，後任資政院議員。

1912 年，京師大學堂更名為北京大學校，任首任校長；11 月辭去校長職務。

1913 年，總統府外交法律顧問。發起組織孔教會，並以任為首領。

1914 年，被舉為約法會議議員；被任為參政院參政。憲法起草委員。

1915 年，袁世凱聘為憲法起草員。8 月 23 日籌安會宣布成立，嚴復為籌安會發起人，支持袁世凱復辟帝制。

1916 年，袁世凱死後，國會要求懲辦禍首及籌安會六君子，嚴復避禍於天津。

1917 年，對張勳復辟表示同情。

1919 年，五四運動認為支持學生運動的蔡元培不識時務。

1920 年，哮喘病久治無效，回到福州養病。

1921 年 10 月 27 日，在福州郎官巷住宅與世長辭年 69 歲。

楊銳　1855 年～1898.9.28. 四川省綿竹縣人

楊銳字退之，易字叔嶠，又字鈍叔，號蟬隱，戊戌政變六君子之一。

為人機警，弘治中，代父官羽林，肄業於尊經書院。

張之洞督兩廣，楊銳跟隨赴粵。

1896 年，舉順天鄉試，考取內閣中書。

1898 年，戊戌變法期間，經陳寶箴推薦，與譚嗣同、林旭、劉光第並加四品卿，充軍機章京，參新政。

9 月 24 日凌晨，戊戌政變事發，在繩匠胡同寓所被捕，與譚嗣同等（總稱戊戌六君子）同時被害。臨刑前，臨刑前，楊銳勸劉光第跪下聽旨，並多次質問自己的罪名，被監斬官剛毅拒絕。就刑時，血噴湧丈余。楊銳就刑後，縫合屍體費銀 750 兩，由四川同鄉李徵庸出資。靈柩寄居清字庵（又稱清慈寺），前來祭奠者多人。

劉光第　1859～1898，祖籍福建省武平縣客家人，四川省敘州府富順縣人

1883 年，癸未科殿試二甲第 88 名進士，5 月，著以主事分部學習，任刑部主事。

1898 年，入保國會。因參與維新變法，被慈禧太后處斬。

劉光第於變法前夕從天津經水路到福建，回武平湖杭村故里拜望劉氏宗親，歷時一年左右，系四川與福建劉氏在兩百年之後互通往來第一次。其後從福建返京，參與變法，慷慨就義。京城四川父老收其屍，運回富順縣，埋葬於富順縣山中，後轉葬於富順縣烈士陵園（位於富順西湖旁五虎山上），有塑像。趙化鎮現存光第中學，紀念客家英雄。

王士珍　1861.8.19.～1930.7.1.直隸省正定府正定縣牛家莊人

王士珍，字聘卿，號冠喬、冠儒，政治家。

祖父王履安是秀才，除精通醫術外還尚武術，有「戎馬書生」的稱號。從小即被過繼給長房伯父如松。但伯父如松與父親如柏皆早逝。與母親相依為命。因家庭貧窮，他早年習練弓馬。

1878 年，入學正定鎮標學兵隊。此後，他隨葉志超調赴山海關。

1885 年，入學天津武備學堂，3 年後以優秀成績畢業。此後他回山海關督辦隨營砲隊學堂。

　　1894 年，王士珍隨直隸提督葉志超赴朝鮮。甲午戰爭中，王士珍處在平壤防衛戰最前線。王士珍在奮勇殺敵的同時，向葉志超獻策並請求救援，遭到葉的全面否決。葉志超喪失鬥志逃跑，平壤落在日軍手中。王士珍在戰鬥中受傷，被炸掉一個手指。戰後隨敗軍撤退。回國後，王士珍仍統領榆台炮隊，駐防山海關。馬關條約簽訂後，王士珍隨新任直隸提督聶士成移駐蘆台。

　　1895 年，袁世凱開始在天津小站編練新軍。王士珍任督操營務處會辦兼講武堂總教習，並兼任工程營管帶、工兵德文堂監督。王士珍指導訓練的能力強，受到袁的信任。袁世凱任山東巡撫後，王士珍參謀全省軍務。他還曾赴日本考察軍事訓練。

　　1900 年，王士珍參與鎮壓義和團之亂。同年，山東省內的黃河決口，他率工兵隊築坝，減輕了災情。

　　1902 年，北洋軍政司始設於保定，王士珍任總參議。北洋常備軍編成，王士珍任左翼翼長。此後，他歷任軍學司正使、軍政司正使、北洋軍第 2 鎮統制官、第 6 鎮統制官。其間，他為北洋常備軍的訓練和正規化整備貢獻了力量。1906 年（光緒 32 年）冬，王士珍被任命為新設的陸軍部右侍郎。翌年，他任江北提督兼鹽漕事務。

　　1911 年 10 月，武昌起義爆發。袁世凱東山再起任內閣總理，王士珍任陸軍大臣。王士珍對清朝的忠誠心強，清朝滅亡王士珍隨即退職。

　　1914 年，被授與陸軍上將銜，參加北平政府。5 月他任陸海軍大元帥統率辦事處辦事員（坐辦）、模範團籌備處處長。

　　1915 年，他繼段祺瑞之後任陸軍總長。

　　1916 年。任參謀部總長，6 月 6 日袁世凱死後他留任。

　　府院之爭中，王士珍支持黎元洪，反對對德國宣戰。

　　1917 年 5 月，黎罷免段祺瑞國務總理職務，王士珍被任命為京畿警備總司令。李經羲內閣成立後，他任陸軍總長兼參謀部總長。

　　7 月，張勳實行復辟，王士珍參與，任內閣議政大臣、參謀部大臣。復辟失敗後，王士珍回到故鄉隱居。後來以維持北京秩序有功為理由，他重回北京，任段祺瑞的參謀部總長。

　　段祺瑞的皖系和馮國璋的直系就針對南方政府（護法軍政府）究竟實行「武力統一」（皖系主張）還是「和平統一」（直系主張）起了紛爭。11 月 15 日段辭任國務總理，在馮國璋的支持下，30 日王士珍署理內閣總理。此後，皖系結合奉系卷土重來，王士珍內閣被打倒。

　　1918 年 2 月 20 日，王稱病辭任。

　　1920 年 12 月，王士珍任蘇皖贛三省巡閱使，翌年 1 月初辭任。

　　1922 年，被將軍府授予「德威將軍」。

　　1925 年，他任善後會議議員、軍事整理委員會委員長。

　　晚年王士珍從軍政前臺退居幕後。他曾以京師治安維持會會長的身分調停北方各派軍閥，維護北京治安，推進慈善事業。

1930 年 7 月 1 日，他在北平去世。享年 70 歲（滿 68 歲）。

譚嗣同　1865.3.10.~1898.9.28.湖南瀏陽，生於甘肅武威

譚嗣同，字復生，號壯飛，清末巡撫譚繼洵之子，出身世家，與陳三立、譚延闓並稱「湖湘三公子」。清末百日維新殉道。善文章，好任俠，長於劍術。得力於母教，鑽研儒家典籍，廣泛涉獵文史百科，對國學造詣深博，喜好文經學，好結交名士，有俠義之風。

1870 年，5 歲，啟蒙入學。

1875 年，13 歲，回到瀏陽「大夫第」老屋，幽深庭院，三更燈火讀書，聞雞起舞擊劍。

1880 年，15 歲，能詩賦文。

1885 年，20 歲，旅遊黃河大江南北，隨身攜帶「七星劍」，旅途中意外得到文天祥的寶物「鳳矩劍」「蕉雨琴」。

1894 年，甲午戰爭，清政府腐敗妥協退讓，簽訂《馬關條約》。

1895 年 5 月 2 日，康有為等舉人上書清政府，要求拒和、遷都、變法。譚嗣同義憤填膺，感到「大化之所趨，風氣之所溺，非守文因舊所能挽回者，必須驅除腐朽封建專制制度，實行改革，才能救亡圖存。」

1897 年，撰寫《仁學》，抨擊封建君主專制「慘禍烈毒」和三綱五常人性的摧殘壓抑，「黑暗否塞、無複人理」，「昏君暴主，人人得而戮之」。

1898 年，創辦《湘報》，推動維新運動。

3 月，與唐才常等人創建「南學會」。譚以「新政人才」而聞名。光緒《明定國是詔》後得知，光緒帝召見。

8 月 21 日，譚嗣同應召抵北京。

9 月 5 日，光緒下詔授給譚嗣同、林旭、劉光弟、楊銳四品卿銜，參預新政。

9 月 6 日，光緒再召見譚嗣同，對其說：願意變法。只是太后和守舊大臣阻撓無可奈何。並說：「汝等所欲變者，俱可隨意奏來，我必依從。即我有過失，

汝等可當面責我，我必速改。」惜變法之舉，走漏風聲。

9月18日，譚嗣同夜訪袁世凱，請袁帶兵入京，除掉頑固派。袁世凱假惺惺地表示先回天津除掉榮祿，然後率兵入京。

9月20日，袁世凱趕回天津，向榮祿告密，榮祿密報西太后。

9月21日，慈禧太后囚禁光緒皇帝，大肆搜捕維新派人物。

譚嗣同籌謀營救光緒皇帝，宣告失敗。他忙把自己的書信文稿交給梁啟超，要他東渡日本避難，慷慨地說「不有行者，無以圖將來，不有死者，無以召後起。」

日本使館表示可提供譚嗣同「保護」，但譚嗣同毅然回絕「各國變法無不從流血而成，今日中國未聞有因變法而流血者，此國之所以不昌也。有之，請自嗣同始。」

9月24日，譚嗣同在瀏陽會館被捕，意態從容，鎮定自若，寫詩「望門投止思張儉，忍死須臾待杜根。我自橫刀向天笑，去留肝膽兩昆侖」。

豪壯說出：「救天下亟待之大病者，用天下猛峻之大藥也；拯天下垂絕之大危者，斥天下沉痼之大操也。」

9月28日，譚嗣同與其他5位志士，在北京宣武門外菜市口英勇就義。行刑前譚嗣同寫下絕命詩「望門投止思張儉，忍死須臾待杜根。我自橫刀向天笑，去留肝膽兩昆侖！」刑場被殺時，周邊上萬人圍觀。他不改神色，大聲喊道：「有心殺賊，無力回天，死得其所，快哉快哉！」

譚嗣同被殺害後，遺體是瀏陽會館的老長班〔管理員〕劉鳳池收殮的。劉鳳池自始至終隱躲刑場，譚嗣同被殺後，他午夜趁著黑暗無人，用蘆葦把譚嗣同的遺體蓋上，扛回到位於北京宣武區北半截胡同41號的瀏陽會館，又花60兩紋銀購買棺木，收殮譚嗣同遺體。

1952年，發現譚嗣同遺物「七星劍」「崩霆琴」。琴上有他肝膽相照的摯友唐才常挽聯「忍不攜二十年刎頸交同赴泉台，漫贏將士楚孤臣簫聲嗚咽；甘永拋四百兆為奴種長埋地獄，只留得扶桑三傑劍氣摩空。」

1989年，譚嗣同遺骨運回老家，安葬在湖南瀏陽城外石山下。遺著《譚嗣同全集》為他變法維新驚世之作，感情真摯，志趣豪邁，境界恢弘，筆力遒勁。

湖南瀏陽縣城有「譚嗣同烈士祠」，內有譚嗣同的「七星劍」「崩霆琴」的照片，琴身烏黑錚亮，楷書「崩霆」清晰可見。祠中還有梁啟超手書的「民國先覺」橫匾、及譚嗣同照片，左手叉腰，右手持劍，濃眉峻目，閃閃似電，一派立山嶽傲死神凜然正氣。

譚嗣同故居在宣武區北半截胡同41號，譚嗣同生前住西房北套間，自題為「莽蒼蒼齋」。他許多詩文、信箚在這裏寫成。原有一副譚嗣同自做的門聯：上聯是「家無儋石」，下聯是「氣雄萬夫」。後來更改上聯為「視爾夢夢，天胡此醉」，下聯為「于時處處，人亦有言」。會館裏還有維新志士開會的裏院北屋。1898年9月24日譚嗣同在此被捕。

1986年譚嗣同故居被列為宣武區文物保護單位。

譚嗣同的墳墓在湖南瀏陽郊區半山坡上，造型上下兩段圓弧狀的石板組成

眼睛狀的圍欄，拱衛著烈士的屍骨。墓面積不大，表面用指頭大小的卵石一顆顆地鑲嵌而成。中間的主碑寫「清故中憲大夫譚公復生之墓」。立碑人「兼祧子譚煒立」。墓上對聯「亙古不磨，片石蒼茫立天地；一巒挺秀，群山奔赴若波濤。」

譚嗣同年幼未婚無嗣，譚家讓他的侄子譚煒充當其「兼祧子」嗣繼，承啟香火。

【戊戌政變】（4.23~8.6）百日維新宣告失敗，史稱「戊戌六君子」。

主持此事的慶親王奕劻與鐵良、陳夔龍商議，主張對六人分別審訊，認為楊銳、劉光第品行、學問均好，羅織一廷，殊非公道。在刑部各官員準備審訊楊銳等人時，忽然奉命將六人直接從監獄提出，押赴刑場，時任軍機大臣的廖壽恆，想通過王文韶，與剛毅、裕祿商議挽回，但未成功，他認為楊銳、林旭、劉光第均系被冤殺。

康廣仁　1867～1898 廣東南海人

康廣仁為康有胞弟，曾在浙江任小吏，因不滿官場腐敗而棄職。後協助康有為從事變法維新活動。

1897 年 2 月，在澳門主持《知新報》。不久又在上海辦大同譯書局，印行康有為《孔子改制考》《俄皇大彼得變政考》等書；並發起不纏足會，創辦女學堂。戊戌變法期間，在北京協助康有為草擬新政壽奏稿，並擔任聯絡工作。

1898 年 9 月 21 日政變發生後，被捕下獄，與譚嗣同等同時被害。臨刑猶言："中國自強之機在此矣！"戊戌六君子之一。

林旭　1875 年～1898 年，福建侯官（今福州）人

林旭，字暾谷，清朝維新派人士。出身舉人。康有為的弟子，戊戌六君子之一。

1895 年，曾任內閣中書。

1898 年 3 月，倡立閩學會，與粵、蜀、浙、陝各學會相呼應，推動維新運動。又是保國會倡始董事之一。

同年 9 月 5 日，百日維新後期，授四品卿銜軍機章京，此後十日間，上書言事甚多，不少上諭出其手筆。

戊戌變法失敗被捕，與譚嗣同等同時被殺害。妻子是晚清名臣沈葆楨的孫女，才女沈鵲應，在林旭就義後，服毒自盡。

林旭在獄中題絕命詩，感懷身世：

青袍飲泣知何報？慷慨難酬國事恩；我為君歌千里草，本初健者莫輕言！

六、巾幗名人

（一）巾幗女傑

嫘　祖

嫘祖是中國上古人物，一作累祖，傳為西陵氏之女，帝之妻。古文獻中養蠶治絲方法，傳為她所創造，北周以後被祀為「先蠶」（蠶神）。

《史記》提到黃帝娶西陵氏之女嫘祖為妻，她發明養蠶，為「嫘祖始蠶」。嫘祖是傳說中的北方部落首領黃帝軒轅氏的元妃。她生玄囂、昌意二子。昌意娶蜀山氏女為妻，生高陽，繼承天下，這就是五帝中的「顓頊帝」。

《隋書·禮儀志》記載，北周尊嫘祖為「先蠶」（即始蠶之神）。

《通鑒外紀》記載「西陵氏之女嫘祖為帝之妃，始教民育蠶，治絲蘿以供衣服。」

簡　狄

殷契，母曰簡狄，有氏之女，為帝嚳次妃，相傳她偶出行浴，吞鳦卵而孕生契。「鳦」是「燕」的古寫，即玄鳥。契長而佐禹治水有功。

商族為東夷分支，所謂玄鳥生商，當由夷族鳥圖騰推衍而來。

封于商，賜姓子氏。又據《呂氏春秋·音初》記載：「有氏有二佚女，為之九成之台，飲食必以鼓，帝令燕往視之，鳴若隘隘，二媛而爭搏之，複以玉筐，少選，發而視之，燕遺二卵，北飛，遂不返。」東漢高誘注曰：「帝，天也。天命降卵於有氏，吞而生契。」契，傳說中為商的始祖，帝嚳之子。母親叫簡狄。居於商（今河南商丘南），一說居於蕃（今山東騰縣）。傳說商族與玄鳥有血緣關係，應與商族崇拜玄鳥圖騰有密切關係。

簡狄，傳說中商朝始祖契之母，一作簡易、簡邊。因是有娀氏（在今山西永濟西）女，又稱娀簡

嫦　娥

碧海青天最有情，玉釵明月共悽清；
他生若化奇男子，飛入仙宮永伴卿。

嫦娥，原稱恒嫦、姮娥、常娥是中國神話人物，美貌

非凡，溫柔賢慧，風流仙子，為后羿之妻。神話中為了保持年輕美貌偷食后羿自西王母處所盜得的不死藥而奔月。中國上古神話四大美女（女媧、西王母、素女、嫦娥）之一。

《淮南子‧覽冥訓》說：「羿請不死藥於西王母，姮娥竊以奔月，悵然有喪，無以續之。」又《太平御覽》卷四引張衡《靈憲》記載：「嫦娥，羿妻也，竊西王母不死藥服之，奔月。……，嫦娥遂託身於月，是為蟾蜍。」或說嫦娥奔月後居住於十四中，有玉兔和吳剛相伴。

一說嫦娥或由常儀演變而來；常儀相傳為帝嚳妃，以善於占月之晦、朔、弦、望著名（因古代「儀」與「娥」同聲，所以有此說法）。李商隱有詩：「雲母屏風燭影深，長河漸落曉星沉。嫦娥應悔偷靈藥，碧海青天夜夜心。」清代畢沅在音韻學上的考據，嫦娥的前身，正是「生月十有二」的常羲。顧頡剛寫有《嫦娥故事的演變》。

在道教中，嫦娥為月神，又稱太陰星君，道教以月為陰之精，尊稱為月宮黃華素曜元精聖后太陰元君，或稱月宮太陰皇君孝道明王，作女神像。

吳承恩所著作的《西遊記》中，嫦娥均有登場。天蓬元帥在蟠桃會上見到了翩翩起舞的嫦娥，對她一見傾心。在宴會過後，「酒醉意昏沉，東倒西歪亂撒潑。逞雄撞入廣寒宮，風流仙子（嫦娥）來相接。」藉著醉酒之勢調戲了嫦娥，後被糾察靈官奏玉皇，隨後天蓬元帥被玉帝貶到凡間，卻錯投成了豬胎。嫦娥下凡收走從廣寒宮出逃的玉兔的情節也出現在《西遊記》中。

常　儀

常儀，又稱常羲、尚儀，相傳為娵訾氏女，帝嚳妃，為月御（為月亮駕車的神），與羲和（日御）同為帝俊之妻。善於占月之晦、朔、弦、望著名。古代「氒（儀）」、與「娥」同聲通用，後人有謂嫦娥奔月神話故事，或即由常儀演變而來。

《山海經‧大荒四經》記：「帝俊妻常羲，生月十有二，此始浴之。」意思是常羲生了十二個月亮，即為一年十二個月。

清代畢沅在音韻學上的考據，認為嫦娥的前身，正是「生月十有二」的常羲。

織　女

織女，別名七星娘娘、七星娘、七星媽、七仙姑、天仙娘娘、七娘媽、七姊，是織女星的女神，中國神話中的天帝孫女（或女兒），排行第七，工作是編織雲彩，是紡織業者、情侶、婦女、兒童的守護神，著名的牛郎織女故事女主角。

詩經小雅「跂彼織女，終日七襄」「睆彼牽牛，不以服箱」。

織女下凡，與人間的牛郎譜出戀曲，卻又因故分離。牛郎為愛情設法抵達天界與織女團聚，被西王母發現後，王母用髮簪一劃，變出一條天河（即銀河）將兩人分開，悽艷感人。後西王母被兩人真情感動，律定每年舊曆七月七日七夕兩人可以在鵲橋（喜鵲搭建的橋）於天河上相會。

閩南、臺灣常尊稱織女為「七娘媽」，認為她是婦女、兒童的保護神，故在閩南人、臺灣人 16 歲當年的七夕之日，會集合眾多滿十六歲者，為七星娘娘舉辦大型祭典，感謝「七娘媽」十六年來的庇佑，稱作「作十六歲」，如今臺灣臺南以開隆宮為首，仍盛此俗。廣東、港澳則暱稱織女為七姐、七姊姊。

姜 嫄

姜嫄，一作姜原，有邰氏之女。周族始祖后稷之母，根據《史記‧五帝本紀》記載，姜嫄是帝嚳高辛氏的正妃（次妃是簡狄，第三妃是慶都，四妃是常宜）。傳說她是踩到上帝的腳印後，懷孕生下后稷。一說是帝嚳之妻。后稷就是周朝的祖先。《詩經、大雅、生民》的開端說：「厥初生民，時維姜嫄。生民如何，克禋克祀，以弗無子。履帝武敏歆，攸介攸止，載震載夙，載生載育，時維后稷。」《詩經‧魯頌‧閟宮》說：「赫赫姜嫄，其德不回，上帝是依。」

素 女

素女，為古代傳說中的神女，她與黃帝同時代。素女的身份說法不一，有說是黃帝的侍女，也有說是黃帝的性學老師。極有可能是二者合一：性學老師也可以是侍女。對她的記載：

一說她擅長音樂。《史記‧封禪書》太帝使素女鼓五十弦瑟。《古文苑》四引楊雄《太玄賦》聽素女之清兮觀宓妃之妙曲。

一說她知陰陽天道。《吳越春秋勾踐伐吳外傳》越王還於吳，當歸，而問於范蠡曰：何子言之，其合於天？范蠡曰：此素女之道，一言即合天下事。

一說素女精通房中術。曾與九天玄女一道為黃帝之師，傳授房中術。後世把房中術稱為玄素或素女之道，古籍名為《素女經》，論述房中術，或言其知陰陽天道。

此外，還有說素女為天河神女的。如陶潛《搜神後記》卷五稱：晉謝端於邑下得-大螺。取歸貯甕中畜之。一日早出潛歸，於離外偷窺，見一少女從甕中出。問從何來，答曰：我天漢中白水素女。

《論衡‧命義》：「素女對黃帝陳五女法，非徒傷父母之心，乃又賊男女之性。」張衡《樂府》素女為我師，天老教軒宣。又《玉台新詠》卷一載張衡《同

聲歌》：

> 衣解金粉禦 列圖陳枕張 素女為我師 儀態盈萬方 眾夫所希見 元老教軒皇

《雲笈七籤‧軒轅本紀》記載：（黃帝）于玄女素女受房中之術，能禦三百女。《抱樸子內篇‧極言》黃帝論道養性，則資玄素二女。後世有託名素女所傳的《素女經》為專講房中養生的著作。葛洪《抱樸子內篇‧遐覽》載有《素女經》書名。《隋書‧經籍志》著錄《素女秘道經》《素女方》《素女養生要方》等，但均失傳。

清光緒（1875-1909年）年間，長沙葉德輝從日人丹波康賴所撰《醫心方》一書中，把零散的內容輯成《素女經》等房中術專著，共收入《雙梅景窨叢書》中。

傳說她性感嫵媚、儀態萬方，深諳陰陽采合之術，因而始終如少女一般嬌嫩美麗。她曾與九天玄女一起與黃帝探討男女生活的課題，將她自己親身總結出來的一套系統理論傳授給黃帝。東漢王充《論衡‧命義》中有「素女對黃帝陳五女之法」的說法。張衡有《同聲歌》一首，描述男女新婚之夜的交歡，其詩曰：

> 邂逅承際會，得充君後房。情好新交接，　恐若探湯。
> 不才勉自竭，賤妾職所當。綢繆主中饋，奉禮助蒸嘗。
> 思為苑席　，在下蔽匡床。願為羅衾幬，在上衛風霜。
> 灑掃清枕席，芬以狄香　。重戶結金扃，高下華燈光。
> 衣解巾粉禦，列圖陳枕張。素女為我師，儀態盈萬方。
> 眾夫所希見，天老教軒皇。樂莫斯夜樂，沒齒焉可忘。

《素女經》有其科學的一面。如該書強調性學知識的重要性，認為性交是一種順應自然的行為，壓抑性欲、杜絕性生活都是有害的。性生活只要掌握節度，就可使「男致不衰，女除百病」；如不得法的蠻幹則會「漸以衰損」，傷身害體。

花木蘭　生歿不詳北魏人

據說隋朝女將花木蘭是北魏人，北方人喜歡練武。花木蘭的父親以前是一位軍人，從小就把木蘭當男孩來培養。木蘭十來歲時，他就常帶木蘭到村外小河邊練武，騎馬、射箭、舞刀、使棒。空餘時間，木蘭還喜歡看父親的舊兵書。

北魏經過孝文帝，為防北方柔然族騷擾，北魏政權規定每家有一名男子參軍。木蘭父親年邁，傢裏弟弟年幼，於是木蘭隱瞞身份，決定代父從軍長達 12 年，勝利還家。皇帝因為她功勞，想請她做大官，被花木蘭拒絕。

《河南通志》：「隋木蘭，宋州人，姓魏氏。恭帝時發兵禦戍，木蘭有智勇，代父出征，有功而還。……鄉人為之立廟」。侯有造《孝烈將軍祠像辨正記》說：「將軍魏氏，本處子，名木蘭。……歷年以紀，交鋒十有八戰，策勛十二轉。朝覲，天子喜其功勇，授以尚書。隆寵不赴，懇奏省視。擁兵還譙，造父室，釋戎服，復閨裝，舉皆驚駭。咸謂自有生民以來，蓋未見也。衛兵振旅還，以異事聞於朝。召復赴闕，欲納宮中，將軍曰：臣無媲君禮制。以死誓拒之。勢力加迫，遂自盡。所以追贈有孝烈之謚也……」明人劉惟德著《韓木蘭（娥）傳》載：「少女木蘭，姓韓，原名娥，四川閬中人。」

歷史民間對花木蘭相關的記載，有兩種主要說法：

第一種說法是：

北魏太武帝年間，花木蘭替父從軍，參加瞭北魏破柔然之戰，木蘭多次參與瞭北魏出擊大漠兵伐柔然的戰爭，表現突出，卻無人發現她是女子。戰爭結束後，朝廷欲授予她尚書郎，被她婉言拒絕。

第二種說法是：

隋恭帝義寧年間，突厥犯邊，木蘭女扮男裝，代父從軍，征戰疆場多載，屢建功勛。花木蘭的事跡傳至今，主要應歸功於《木蘭辭》這一方北朝民歌的絕唱，這是一篇由宋代郭茂倩編的長篇敘事詩歌，歌頌瞭花木蘭女扮男裝替父從軍的傳奇故事。《木蘭辭》是公認的北朝民歌，和隋朝缺乏密切的關系，這種隋朝末年的說法卻與全文多處有沖突，但是不知道為何會流傳這種說法。

花木蘭的姓氏

有人說是姓朱，有人說是復姓木蘭，有人說是姓魏，明代的徐渭在《四聲猿傳奇》中說她是姓花，名木蘭，父親花弧是一個後備役軍官，大姐花木蓮，幼弟花雄，母親姓袁，一家五口，這是至今仍為大家所接受的一種說法。

花木蘭出生年代。姚瑩《康輶紀行》中說她是北魏孝文帝至宣武帝時人；宋翔鳳《過庭祿》中則說她是隋恭帝時人，程大冒的《演繁露》中則說她是唐初人，比北魏時人的說法比較可靠。

《木蘭辭》歌頌瞭花木蘭女扮男裝替父從軍的傳奇故事，流傳深遠。

『唧唧復唧唧，木蘭當戶織。不聞機杼聲，唯聞女嘆息。問女何所思，問女何所憶。女亦無所思，女亦無所憶。昨夜見軍帖，可汗大點兵。軍書十二卷，卷卷有爺名。阿爺無大兒，木蘭無長兄。願為市鞍馬，從此替爺征。東市買駿馬，西市買鞍韉。南市買轡頭，北市買長鞭。旦辭爺娘去，暮宿黃河邊。不聞爺娘喚女聲，但聞黃河流水鳴濺濺。旦辭黃河去，暮至黑山頭。不聞爺娘喚女聲，但聞燕山胡騎鳴啾啾。萬裏赴戎機，關山度若飛。朔氣傳金柝，寒光照鐵衣。將軍百戰死，壯士十年歸。歸來見天子，天子坐明堂。策勳十二轉，賞賜百千強。可汗問所欲，木蘭不用尚書郎。願馳千裏足，送兒還故鄉。爺娘聞女來，出郭相扶將；阿姊聞妹來，當戶理紅妝；小弟聞姊來，磨刀霍霍向豬羊。開我東閣門，坐我西閣床，脫我戰時袍，著我舊時裳，當窗理雲鬢，對鏡帖花黃。出門看火伴，火伴皆驚忙。同行十二年，不知木蘭是女郎。雄兔腳撲朔，雌兔眼迷離；雙兔傍地走，安能辨我是雄雌？』詩歌原文載郭茂倩《樂府詩集》

《河南通志》「隋木蘭，宋州人，姓魏氏。恭帝時發兵禦戎，木蘭有智勇，代父出征，有功而還。鄉人為之立廟」。

侯有造《孝烈將軍祠像辨正記》將軍魏氏，本處子，名木蘭。歷年以紀，交鋒十有八戰，策勳十二轉。朝覲，天子喜其功勇，授以尚書。隆寵不赴，懇奏省視。擁兵還譙，造父室，釋戎服，復閨裝，舉皆驚駭。咸謂自有生民以來，蓋未見也。衛兵振旅還，以異事聞於朝。召復赴闕，欲納宮中，將軍曰：臣無媲君禮制。以死誓拒之。勢力加迫，遂自盡。所以追贈有孝烈之謚也⋯⋯"

明人劉惟德著《韓木蘭（娥）傳》「少女木蘭，姓韓，原名娥，四川閬中人。」

創作花木蘭背景

最早在南陳時，有個和尚叫智匠編《古今樂錄》，有"歌辭有《木蘭》一曲"劉宋朝郭茂倩編《樂府詩集》，在《木蘭詩》的注解中稱「不知起於何代」。《木蘭詩》是什麼時代的產物？花木蘭為什麼姓花？她的家鄉究竟在哪裏？

根據北朝民歌《木蘭辭》（又作《木蘭詩》）（約作於北魏遷都洛陽以後，中經隋唐文人潤色）的描述，花木蘭的歷史年代問題，目前有兩種主要的民間說法是：

第一種說法是：

北魏太武帝年間，花木蘭替父從軍，參加瞭北魏破柔然之戰，木蘭多次參與瞭北魏出擊大漠兵伐柔然的戰爭，且表現突出，但卻無人發現她是女子。戰爭結束後，朝廷欲授予她尚書郎，被她婉言拒絕。

第二種說法是：

隋恭帝義寧年間，突厥犯邊，木蘭女扮男裝，代父從軍，征戰疆場多載，屢建功勳。花木蘭的事跡傳至今，主要應歸功於《木蘭辭》這一方北朝民歌的絕唱，這是一篇由宋代郭茂倩編的長篇敘事詩歌，歌頌瞭花木蘭女扮男裝替父從軍的傳奇故事。（《木蘭辭》是公認的北朝民歌，和隋朝缺乏密切的關系，這種隋朝末年的說法卻與全文多處有沖突，但是不知道為何會流傳這種說法）。

據明人焦竑在其《焦氏筆乘》中說："木蘭，朱氏女子，代父從征。今黃

州黃陂縣北七十里，即隋木蘭縣。有木蘭山、將軍塚、忠烈廟，足以補《樂府題解》之缺。"；清代《康熙黃陂縣志》載："木蘭，本縣朱氏女……假男子代父西征……至今其傢猶在木蘭山下。"可見，木蘭本姓朱，西漢人，出生於今武漢市黃陂區姚集鎮大城潭村。黃陂朱木蘭，有關文獻、實物、傳記三重證據。

花木蘭姓氏、籍貫：

史書無確切記載，最早言及木蘭籍貫的是東晉末、南北朝初的何承天，他在《姓苑》一書中言木蘭任城人。他認為木蘭姓木，乃孔子的弟子端木賜（子貢）之後。端木氏曾因避仇而改姓木。子貢原籍魯國，即今曲阜一帶，東晉南北朝時，曲阜曾屬任城郡，所以何承天稱木蘭是任城人，不過此說學術界並不認可。當前爭議最激烈的有安徽亳州、河南虞城、湖北黃陂、陝西延安四個地方。虞城由娘娘廟改為木蘭廟，再附會為木蘭傢鄉；黃陂由木蘭樹稱木蘭山，建木蘭廟，再附會為木蘭故裏；延安在黃河西邊百餘裏，也可『朝辭爺娘去，暮宿黃河邊』，那裏有座萬花山，也被附會為木蘭故裏。姚瑩認為她是涼州人，河北省《完縣志》說她是完縣人，《大清一統志》說她是穎州譙郡東魏村人，還有人說她是宋州人或黃州人，河南省《商丘縣志》則說她是丘花宋村人，似以《商丘縣志》的說法比較合理。

有三地都認為木蘭是隋朝或唐朝人。

（一）河南商丘市虞城縣營郭鎮是木蘭故裏，有花木蘭祠為證。在京九鐵路線上，有個虞城木蘭站，不遠處即為花木蘭祠，是隋朝木蘭故居所在地。祠始建於唐代，占地面積 72000 平方米，自南而北依次有大門、大殿、獻殿、後樓和各院落，共有百餘間。大門過道內，塑有花木蘭的高大戰馬；大殿內，塑有花木蘭戎裝出征像和兩側侍衛；後樓塑有花木蘭少女像、全傢合歡像；祠殿內外，有歷代官吏、名人贊美花木蘭的撰文、題詩、書畫等碑刻十餘通。如唐代杜牧詩："彎弓征戰作男兒，夢裏曾經與畫眉。幾度思歸還把酒，佛雲堆上祝明妃"。可惜，原祠毀於 1943 年一場戰火，近年重修，尚有元代、清代祠碑保存完好。

木蘭葬於延安，聖地有勝跡。木蘭傢住延安城南萬花鄉花塬頭村，為花姓，北魏人。死後葬於村旁山上，稱「花傢陵」。皇帝還派人送葬，墓下有石階，兩旁分列石人、石馬、石獅、石羊。

（二）安徽亳州市也有史書文物建築證明自己是花木蘭故裏。亳州說認為花木蘭是漢朝人，早於北朝的木蘭辭，符合邏輯。城郊有陵，並有多塊石碑。木蘭亳州人之說主要有下列根據：

（1）明代，由皇帝禦批的《大明一統志》載「木蘭姓魏，亳州人。嘗代父成完（縣），唐封孝烈將軍」。

（2）清代，《大清一統志》引《大明一統志》：「木蘭姓魏，亳州人。漢文帝時，匈奴寇北邊，發內郡戍之。木蘭代父為戍卒，以功為小校，所戍是完縣，故完人祀之。孝烈將軍，唐所封也。」

（3）明清以來的《鳳陽府志》《穎州府志》《保定府志》異口同聲，均言「木

蘭姓魏，亳州人。」《歸德府志》「木蘭，亳之譙人也。」

（4）古代《亳州志》《完縣志》均言：「木蘭姓魏，亳州人」。

（5）清代由皇帝欽定的大型圖書《古今圖書集成》內言「木蘭姓魏，亳州人」。

（6）明代巡按禦史（皇傢史官，自稱柱下史）何出光《木蘭祠賽神曲》12首，他在序文中說：「木蘭，亳人，魏氏女」。

（7）完縣（今名順平縣）木蘭祠元代碑刻《漢孝烈將軍記》言「神姓魏，字木蘭，亳州人。」

（8）木蘭戍邊燕山，《燕山叢錄》對木蘭的記載較為詳細「完縣東門外有孝烈廟，榜曰孝烈將軍。」《大清一統志》引《大明一統志》「縣東或雲即木蘭女嘗代父戍此。唐封孝烈將軍。」有古碑稱曰：「木蘭姓魏，亳州人。」

（9）歷代學者，如元代學者達世安、明代學者朱國楨、明代詩人吳姚奎等，均在自己的著作中明白無誤地稱：木蘭姓魏，亳州人。

（10）木蘭傢鄉亳州及木蘭戍邊之地燕山一帶均有很多傳說，不約而同地認為：木蘭是漢代女子，從軍的背景也是匈奴犯境。

（三）湖北黃陂縣一些史料記載，黃陂縣城北 20 裏為木蘭故鄉古時曾置木蘭縣。

在《湖北通志》、《黃陂縣志》因黃陂有木蘭廟、木蘭將軍塚。《木蘭古傳》曰："木蘭將軍黃郡西陵人也。"清《忠孝勇烈奇女傳》稱："木蘭朱姓，為湖廣黃州府西陵縣雙龍鎮人。"史傳明示則成為湖北黃陂人"與木蘭同籍"的最大理由。黃陂雙龍鎮有座"木蘭山"，山的北坡有一大土塚，塚前墓碑銘刻"敕建木蘭將軍墓碑序"。木蘭山上尚存"唐木蘭將軍坊"，上鐫"忠孝勇節"。

宣太后　　? ～前-265 楚國人

秦昭王之母，羋姓，名羋八子。秦昭王年幼即位，由其聽政，掌握政權，號宣太后。任用其異大弟魏冉為相，封穰侯，又封弟羋戎為華陽君，二子為涇陽君和高陵君。秦昭王 41 年（前-266 年），昭王任用范雎為相，驅逐魏冉等人。

呂雉　　前-241～前-180.8.18.山東省單縣人

呂雉，字娥姁，通稱呂后、漢高后、呂太后等等。漢高祖劉邦的皇后，高祖死後，被尊為皇太后，中國歷史上首位皇后、皇太后、和太皇太后。

呂雉父親呂公看到劉邦後的面相後大吃一驚，他將來定是個不凡人物，將呂雉嫁給亭長的劉邦。呂后為劉邦生下一兒一女，後來的漢惠帝劉盈、和魯元長公主，都是呂后所生。

呂雉協助劉邦建立西漢王朝，被封為皇后，後積極幫助劉邦剷除異己。高祖駕崩後，惠帝繼位。被尊為皇太后。命令惠帝以魯元公主之女張氏為皇后。其妹呂嬃是漢高祖大將樊噲的妻子。

前-207 年，劉邦被項羽封為漢王。

前-206年，劉邦令將軍王吸、薛歐出武關，因南陽王陵軍欲迎劉太公與呂后等劉邦家屬。楚發兵進駐陽夏，漢軍不得前。

前-205年，漢軍乘項羽陷入齊地不能自拔之際，一舉攻下楚都彭城。而項羽率騎兵迅速回防，與漢軍戰於睢水，漢軍大敗，呂后等一幫眾劉邦家為楚軍所俘。前-203年，楚漢議和方被放回歸漢。呂后歸漢，成為漢決策集團重要人物。

前-202年，劉邦滅項羽，成為西漢皇帝，呂雉成為皇后。

前-196年，呂后排除異己，誣韓信與陳豨同謀造反，將韓信誘殺。對梁王彭越，亦以謀反罪逮捕，流放蜀地，屠殺剁成肉醬分賜諸侯王，身死族滅。

前-195年，劉邦病危，呂后問「陛下百歲後，蕭相國既死，誰令代之？」劉邦回答：「曹參可」；呂后又接著問曹參之後人選，劉邦說：「王陵可。然少憨，陳平可以助之。陳平智有餘，然難獨任。周勃重少文，然安劉氏者必勃也，可令為太尉。」。

前-194年，孝惠帝和兩少帝時期，呂后掌控大權，惠帝去世後，又臨朝稱制。少帝對呂后頗有怨言，被呂后廢掉另立劉弘為帝。

劉邦去世後，呂后對於原劉邦所寵幸之妃嬪，進行處理，有子者，與其子就國為諸侯王太后。

獨有戚夫人，因其曾幾欲奪孝惠帝劉盈太子之位，呂后堅決不放過。先罰戚夫人作苦工，戚夫人私下唱歌嘆息，「兒子為王，母親為奴僕，終日舂米到薄暮，常常與死亡為伍！母子相離三千里，要找誰來告訴你？」呂后因而大怒，將她斬去手腳，薰聾雙耳，挖掉雙目，又以啞藥將她毒啞，這才拋入茅廁之中，稱為「人彘」（zhì，ㄓˋ），意為人中之豬。呂后竟然又叫惠帝來看，惠帝痛哭失聲，命人向呂后說：「這種事不是人做得出來的。兒臣是太后的兒子，終究沒有辦法治理天下。」認為母親如此慘無人道，已經違背常理，驚駭非常，而不願處理政事。

漢惠帝在位七年，自元年起即因「人彘」事件不再聽政；呂后連立兩任少年天子，垂簾聽政，掌握政治權柄，主政15年。

前-180年，呂后病死，劉邦昔日老臣陳平、周勃，將呂氏一門滅族，迎劉邦另一個兒子劉恒為帝，即為後來人稱一代明君漢文帝。

竇太后（一）

第一位竇太后，西漢文帝皇后。（？~前135或129年）：

漢景帝生母，出身清河郡觀津（今河北清河縣）。呂后時為代王文帝姬。代王為皇帝，被立為后。景帝繼位，尊皇太后。好黃老之學，武帝即位時，她曾罷逐大臣竇嬰、田蚡、趙綰、王臧、和儒生轅固生等人，以打擊儒家思想。唐代司馬貞撰寫的《史記索隱》中，提到西晉皇甫謐稱竇皇后的名字為「猗房」。

呂雉為皇太后時（前195~前180年），竇氏以家人子的身份被選入宮服侍呂太后。呂太后遣送宮女送出宮，賜予諸侯王，竇氏來到代國，得到代王劉恆寵幸。竇氏先生一女劉嫖，後生兩子劉啟（生於前188年）和劉武。

代王尚未入朝為帝時，代王王后早已亡故。代王繼位為漢文帝後，代王王后所生的四子也相繼逝世。前179年，劉啟以庶長子身分被冊立為皇太子。同年三月，群臣請立皇后。文帝之母薄太后說：「諸侯皆同姓，立太子母為皇后。」竇氏因而被冊立為皇后，女兒劉嫖封為館陶公主。180年，幼子劉武被立為代王，不久改遷梁國，改封為梁王。

第二位竇太后，東漢章帝皇后，（？~97）：扶風平陵（今陝西咸陽西北人）

和帝10歲即位，臨朝執政，其和竇憲等掌握大權，她廢除鹽鐵官賣，藉取得地方人士支持。及後和帝與宦官鄭眾合謀，誅滅竇氏，她被迫還政。

第三位竇太后，東漢桓帝皇后，（？~172）：名竇妙，扶風平陵人。

靈帝即位，臨朝執政，任其父竇武為大將軍。168年竇武謀誅宦官未成自殺，她被迫歸政。

衛皇后　　?～前-91

衛皇后，名衛子夫，漢武帝皇后，為平陽公主家歌妓，後被選入官。前-128年，生戾太子，被立為皇后。其弟青官至大司馬大將軍，姊子霍去病亦官至大司馬驃騎將軍，皆封侯。巫蠱禍起，戾太子舉兵誅江充，兵敗自殺，她為武廢，亦自殺。

陳寶光妻（姓名不詳）生歿不詳西漢巨鹿（今屬河北）人

善織綾羅綢緞，創製「提花機」，每一經線有一腳踏的躡，共120個躡。昭帝時，曾為霍光大將軍織散花綾25匹，60日才成一匹，精美奪目。見（西京雜記）。

陰麗華　　5～64南陽新野（今河南新野南）人

陰麗華，東漢光武帝劉秀皇后，父為宣恩哀侯陰陸，母鄧氏。相傳是管仲後裔。

《後漢書·陰識傳》載「其先出自管仲，管仲七世孫修，自齊適楚，為陰大夫，因而氏焉。秦、漢之際，始家新野」。因即陰氏家族是名震古今的春秋名相管仲之後。到了第七代子孫管修，從齊國遷居楚國，被封為陰大夫，以後便以「陰」氏為姓。秦末漢初，陰家舉族遷到新野。

陰麗華出身顯赫，家族還是富甲一方豪門大戶，《後漢書·陰識傳》「（陰家）田有七百餘頃，輿馬仆隸，比於邦君」「邦君」就是分封的諸侯王。光武帝劉秀同皇后陰麗華，有一句流傳千古名言「仕宦當作執金吾，娶妻當得陰麗華」。

23年，陰麗華與劉秀結為夫妻，時年19。三個月後，劉秀受更始帝所遣去洛陽。

24年，在劉秀準備進攻邯鄲時，河北三王中擁兵十餘萬、實力最強的真定王劉揚一直在觀望。劉秀迎娶真定王劉揚的外甥女郭聖通，聯姻促成兩家聯合。

25 年，劉秀稱帝後接回陰麗華，封為貴人。陰郭兩位貴人中，劉秀以陰麗華雅興寬仁欲封其為皇后，但陰麗華認為不足以擔大位，堅決推辭。

28 年，郭聖通被冊封為皇后，其長子劉疆為皇太子。

37 年，陰麗華在元氏生下長子劉陽，後來的漢明帝劉庄。郭聖通逐漸失勢，被皇帝疏遠，到了建武十四年以後更是屢屢心懷怨言。

41 年，劉秀以「懷勢怨懟，數違教令，不能撫循他子，訓長異室」廢去郭氏皇后位，冊立陰麗華為皇后。

57 年，漢明帝劉莊即位，尊陰麗華為皇太后。

64 年，在位 24 年久的陰麗華駕崩，與光武帝劉秀合葬原陵，諡號為「光烈」。

班昭　60~103 廣東人

班昭，一名姬，字惠班，東漢文學家，中國第一個女歷史學家。班昭是班彪之女，班固與班超之妹，曹世叔之妻，為難得一見的絕代美人，出嫁不久，丈夫曹世叔即死，成為年輕寡婦，留下兒子曹成，後因母親榮顯獲得封侯。她的父親班彪，是著名的史學家，仿司馬遷「史記」而著「漢書」，沒有寫成便死了，由班固繼續行其志。

班昭之「為兄上書」情篤辭樸，打動漢和帝，救了哥哥。班昭名字亙古響亮。

漢和帝知她文章好，召她入宮，兄長班固編纂《漢書》未竟而卒，班昭承其遺志，獨立完成了第七表〈百官公卿表〉與第六志〈天文志〉，《漢書》遂成。另外班昭還著有《女誡》。金星上的班昭隕石坑是以她的名字命名。

班昭少年時，是一錦心蕙質的名門閨秀，中年生活在宮中，受大漢皇帝無比的尊敬，和帝崩後，鄧皇后臨朝，班昭佐助功高，人尊稱她為大姑。

鄧后（和熹皇后）81~121 南陽新野人今河南新野縣）

鄧后，名鄧綏，東漢和帝第二位皇后名和熹皇后，東漢女政治家。

鄧綏是鄧禹的孫女，鄧禹為南陽豪族，隨光武帝起事，為東漢初的大功臣；其父鄧訓，曾為護羌校尉，撫邊有功。

鄧綏自小孝順慈愛、喜好讀書。

87年，六歲即讀史書，十二歲通《詩》《論語》，常和諸兄互相討論。她不喜歡學做家事，因此屢次被其母親責罵，母親以傳統男女有別的看法，認為女孩子唯有習女工最重要，於是她在白天學女工之外，晚上仍讀經書，她父親則對她讀書較為支持，認為她的才能勝過他其他幾個兒子。

95年，因容貌嬌豔，被選入宮，

96年，即昇為貴人。她對待皇后陰氏甚謙謹，如在在宴會之時，嬪妃們多打扮豔麗，只有她素服不裝飾，看起來清麗脫俗，而且平時衣服不敢與陰后同色。此外，她晉見皇上時不敢與陰后並坐立，走路也表現謙卑的姿態，說話也不敢先於陰后；陰后被疏遠之時，就常託病不受皇上召見。她敬慎曲從，益受到皇帝的喜愛。她雖身為貴人且深受寵愛，但仍只是皇帝的妾，其地位與皇后相差甚多，因此必須自謙以防遭到妒忌。但她受寵日盛，仍使得陰后大為擔憂妒忌，屢想加害她，如一度皇帝重病，陰后已經開始預想得權之後要殺鄧家，幸而其後和帝病癒，鄧氏才能逃過一劫。

102年，陰后因行巫蠱之事為皇帝所廢。和帝因寵幸鄧氏且認為她有德行，因此立她為皇后。鄧綏成為皇后之後，因其具學識和才能，已逐漸參與政事。

105年，漢和帝去世，鄧皇后得進入政治權力的中心。和帝之後所生數子則多祕養於民間，這雖是為劉家的繼嗣著想，但也為鄧氏提供了之後擁立新帝並掌權的機會。和帝去世，鄧后雖無子，但迎回了養於民間、甫生百日的和帝幼子殤帝即位，鄧后被尊為皇太后，因殤帝年幼，故她臨朝聽政。她屢次以皇太后的名義下詔書，並自稱為朕；因此雖然她在詔書中自稱「權佐助聽政」，但事實上她已成為國家實質上的領袖。

106年，殤帝亦死，鄧太后與兄長車騎將軍鄧騭以和帝長子平原王劉勝有箇疾為由，先以年十三歲的章帝之孫劉祜為和帝之後嗣，再立他為帝，是為安帝。安帝即位後，鄧太后繼續臨朝，一直到她死為止，共攝政達十六年之久。

鄧太后雖為一婦女，但自小修習經史，又在後宮時曾受經書於班昭，其後亦常誦讀，因此頗熟習於治術，她的統治在許多方面甚為成功。在後宮，她一反陰后對其他妃子的忌視，對於和帝的其他貴人甚為優遇。在宮中用度上力行儉約，她罷不合禮之祠官、免遣不少宮人，並減少衣食宴樂上的各種花費。在刑獄上精明體察，常能破除冤情；在學術上，鄧太后除本身甚為好學外，亦努力獎掖學術，曾召集學者於東觀校對傳記；在用人上，太后及鄧騭皆引用許多名士如楊震等人。其攝政期間時值羌亂大起，且天災不斷，造成盜賊四起，民不聊生，每有災，鄧太后多自行節儉以救災。

在統治方法上，雖然她本身具有政治能力，但她以一個女性的身分，不便隨時拋頭露面，故常身在後宮，必須用一些私近的人為助。她大量任用其兄弟，先以其兄鄧騭為車騎將軍輔政，後又為晉昇大將軍，常留禁中，有大事常與之商量，其他的兄弟如鄧悝、鄧弘、鄧閶等亦居官封侯，成為鄧太后統治上的助手。

鄧太后雖重用外戚，卻了解到必須要管理使他們守法守分。她曾詔告京師一帶各長官，對鄧氏犯錯不要寬假。其後，鄧太后也下詔讓皇族與鄧氏族人一同開設學校，教經書，並親自督導，希望能防止其子弟們生活過於驕逸。而鄧騭等外戚亦多恭順節儉，力謀為國，因此外戚並未成為禍患。

除了外戚之外，鄧太后也重用了不少宦官如蔡倫等人為助，以他們來傳達內外消息，而較少直接見公卿大臣，當時雖尚未有宦宮亂政的情形出現，卻也造成他們的權力逐漸增加，為東漢後來的政治帶來不好的影響。

儘管鄧太后具有統治的能力，且鄧氏亦多安分守己，但按中國的傳統來說，她是屬於「牝雞司晨」的婦女，且又多重用私近之人，再加上安帝年紀漸長，早已成年，而鄧太后卻遲遲不肯還政於皇帝，這不僅使得一些大臣之中有人不滿，連鄧氏之中也有人感到畏懼不安。

如當時諸多天災，不少人以災異比附人事，認為是太后攝政所致；又如杜根、成翊世均曾上書希望已年長的安帝親政，太后不僅不聽，杜根因此被撲殺於殿中，幸被救未死，而成翊世也因此而獲罪；而鄧太后堂兄長鄧康憂懼鄧太后久臨朝政，先是上勸鄧太后崇公室、損私權，鄧太后不悅而免鄧康官。

由朝臣及甚至自家人對於鄧太后秉政的不滿和憂懼，可見在當時，不論攝政太后的能力如何，太后攝政仍是頗受爭議的。而即使實行，也被認為只能是一個因皇帝年幼無法聽政的權宜之計。因此當安帝已成年可親政，而權力卻仍操於鄧太后之手時，會產生如此多的不滿。

也由於累積如此多的反感。

121 年，鄧太后死後，安帝終於獲得親政時，不久鄧家即被誣告，鄧騭兄弟等人自殺。而安帝打倒外戚之後，信用宦官及乳母王聖等一干人等，東漢的政治也開始日漸衰敗。

梁太后　中國歷史上，有多位梁姓女子曾被封為太后

漢沖帝、漢質帝、漢桓帝的太后梁妠。

西夏惠宗的梁太后。

西夏崇宗的梁太后。

宋高宗趙構時人梁國夫人。

梁太后（東漢順帝梁太后）106～50 安定馬氏（今甘肅平涼西北）人

梁太后，即梁妠，東漢順帝皇后，順帝時，父梁商任大將軍，總管朝政。梁商死，由其兄梁冀繼任。順帝死後，她迎立沖、質、桓三帝，她均朝執政。梁氏一門前後七個侯，三個皇后，六個貴人，兩個大將軍，兼用外戚、宦官，

重用官僚，表揚儒學，招太學生三萬餘人，藉以鞏政權。

梁太后（西夏惠宗梁太后）？～1085

　　梁太后，西夏惠宗秉常生母。由於夏惠宗年幼，由其母梁太后掌握大權，形成了以梁太后與梁乙埋為首的母黨專權。

　　西夏毅宗李諒祚死，秉常年7歲嗣位，梁太后攝政。任弟梁乙埋為國相。

　　1076年，惠宗親政。漢人李清建議聯宋，以削弱梁氏勢力。梁太后與□臣罔萌訛等定計殺李清，因禁惠宗於興慶府（今寧夏銀川）西皇陵所在的水砦。擁帝勢力擁兵自衛。西夏統治集團面臨分裂。宋神宗趙頊發兵來攻，五路並進，梁氏家族梁乙埋、梁永能、梁格嵬、梁訖多埋等領兵抵禦，盡皆潰敗，形勢危急。梁太后改行堅壁清野，引敵深入，抄絕餉道，聚兵殲滅的戰略，擊退宋軍。

　　1077年，西夏又出兵攻陷了宋朝新築的永樂城（今陝西米脂西），造成宋兵員物資的巨大損失；但西夏亦因連年戰爭陷於疲弊，內部日益不和。

　　1080年，梁太后命夏惠宗複帝位，但仍掌握實權。夏惠宗最後在皇族嵬名氏的協助下得以親政。大安十一年，病死。

梁太后（西夏崇宗梁太后）

　　1086年夏惠宗在憂憤之下去世，由3歲兒子李乾順即位，即夏崇宗。

　　此時西夏政權又落入小梁太后及梁乞逋手中。宋朝宋哲宗時期，知渭州章楶建議對西夏採取經濟制裁與碉堡作戰，其後為了實踐這套戰術。

　　1096年，於西邊的渭川修建平夏城與靈平砦，並且多次擊退夏軍。隔年宋軍攻入東邊的洪州、鹽州。

　　1098年，小梁太后偕同夏崇宗猛攻平夏城而敗，大將嵬名阿埋與妹勒都逋均被擒，史稱平夏城之戰。宋軍隨後興建西安州與天都寨，打通涇原路與熙河路，秦州變成內地。宋朝控制橫山地區後，西夏處境日益艱困。

　　1099年，西夏母黨專權的十年，梁乞逋依仗「梁氏一門二后」的威勢，連連發動宋遼戰爭，使西夏蒙受嚴重損失。環慶之戰時，梁乞逋被小梁太后制止出征而懷恨在心。他意圖叛變，但是事機敗露。小梁太后命嵬名阿吳、仁多宗保與撒辰率兵逮捕處死。小梁太后親自專權。夏崇宗親政在即，但「梁氏專恣，不許主國事」。遼朝遼道宗派使至西夏，用毒藥毒死小梁太后。至此長期的太后專政終止，西夏皇帝得以親政

梁國夫人　　宋高宗趙構時人

　　英烈夫人者，韓蘄王妾梁氏也。梁氏祖池州，父祖皆行伍。梁氏多力通技擊，能開強弓，射二百步無不中的。以父罪連坐沒入教坊，梁氏曰：「恨身不為男兒，乃至於此。」流寓京口為伎，有俠氣，以角觝技聞。

　　宣和初，童貫破方臘，歸至京口設宴。世忠以承節郎列席，梁氏進酒。時世忠廁於諸公，英姿勃發，佼佼不與眾人同也。梁氏異之，詢左右，知是獨擒

方臘之韓校尉也。梁氏乃自贖以妾之。

靖康間，二帝北狩，河北全失，世忠以團練使興兵勤王。梁氏居中贊劃，數敗金軍，軍中皆稱「女團練」。

1129 年（建炎三年），苗傅、劉正彥反，囚高宗，改元明受。時世忠在秀州，以兵少不得進，乃修器械，以疑叛逆。傅等恐懼。梁氏與子亮時在臨安，為傅所質，防守嚴密。太后用平章事朱勝非計欲召四方勤王。勝非謂傅曰：「秀州方疑懼不前，為未得明詔，無封賞故。今白太后，遣梁氏慰撫世忠，則平江諸人益安矣。」於是太后召梁氏入，封安國夫人，速其勤王。即領命，梁氏疾驅一日夜會世忠於秀州。面陳臨安虛實利害，固言必勤王者三。未幾，明受詔至，世忠曰：「吾知有建炎，不知有明受。」斬其使，取詔焚之，揮軍急進，擒苗劉寸磔死，亂乃平。高宗復辟，梁氏以殊勛進護國夫人。

三年秋，兀朮入侵，帝有移蹕之意，召諸將問。梁氏白世忠曰：「國家已失河北，山東，若又棄江、淮，更有何地？」世忠以此言進，帝悅之，於是以世忠為浙西制置使，守鎮江。

既而兀朮分道渡江，諸屯皆敗，帝如浙東。世忠亦自鎮江退保江陰。梁氏白世忠曰：「兀朮孤軍深入。即破臨安，已強弩之末。必擄掠而北歸，不如半途擊之，可操必勝。」世忠於是覲帝於行在，奏曰：「方留江上截金人歸師，盡死一戰。」帝謂輔臣曰：「呂頤浩在會稽，嘗建此策，世忠不謀而同。」許之。

兀朮飽掠歸至鎮江，世忠軍已先屯焦山寺，金將李選已降，兀朮不得渡，乃與世忠約日大戰。兩軍初合，金軍矢密如雨，世忠軍稍卻。梁氏去鐵鎧，擲兜鍪，鋒矢不避，親執枹鼓，於是士氣大振，金兵終不得渡。敗至黃天盪死港。世忠兵少，與兀朮相持黃天盪者四十八日，敵乃得絕江遁去。

是役也，兀朮兵號十萬，世忠僅八千餘人。梁氏以兀朮遁去，上書劾世忠「失機縱敵」。高宗深為撫慰，褒獎甚寵。又封梁氏為楊國夫人，五軍都督，以唐平陽公主前例，立幕府，自領一軍。梁氏領軍數敗金人，威震四海。金人聞「娘子軍」之名，無不喪膽。

紹興五年，帝欲復楚州，以世忠為武寧安化軍節度使、京東淮東路宣撫處置使，置司楚州。梁氏隨征，披荊棘以立軍府，與士卒同力役，親織薄以為屋。撫集流散，通商惠工，山陽遂為重鎮。

梁氏數戰金軍于山陽，宿遷，皆勝。於是意少懈。八月丁卯，率輕騎襲金人糧道，遇伏。金以精兵鐵浮圖十倍圍之。梁氏身被數創，腰腹為敵刃割裂，腸流三尺，忍痛納回，以汗巾裹腹。知不免，乃顧左右曰：「今日報國」。語畢再突敵陣。敵矢如雨，蝟集甲上。梁氏血透重甲，入敵陣復斬十數人，力盡落馬而死。金人相蹂踐爭其首級，裂其五體，後得首者進兩階，得四肢者進一階。

梁氏既死，金人曝其胴於淮市三日，函其首以報北國，金帝命懸於都門。兀朮聞之，感其忠勇，斂梁氏遺體，遺世忠。拼合之際，驗梁氏全屍，創傷數十，致命者七，皆在身前也。世忠大慟。朝廷聞訊大加弔唁，詔賜銀帛五百匹兩，追封「英烈楊國夫人」。立祠。

梁氏，娼優異數也。以卑賤待罪之軀，而得慧眼識人之明。更縱橫天下，
爭鋒江淮，收豪傑，攬英雄，內平叛逆，外御強仇，挽狂瀾於既倒，扶大廈於
將傾，古今女子，唯此一人也。惜乎天不假年，死於非命。然青史斑斑，名節
永垂。

去揚州西北三十里有得勝山，故韓蘄王諱世忠破金兵處也，有英烈夫人祠，
土人謂之異娼廟。內供英烈夫人戎裝像，旌旗，劍印，其位曰「英烈楊國夫人
五軍都督梁」。

賈后（賈南風）257～300 平陽郡襄陵縣（今山西襄汾縣）人

賈后，小名峕，字南風。西晉的開國元勛賈充的三女（亦是其後妻郭槐生
的長女），西晉晉惠帝的皇后，又稱惠賈皇后、賈后。賈南風在皇后位置十年，
其間因惠帝懦弱無能而得以專權，直至在政變中被廢殺。其專權與失勢是引發八
王之亂並最終導致戰亂升級的導火索之一，對西晉和之後的歷史產生深遠影響。

泰始七年（271 年），賈充被任命到長安鎮守，令賈充十分憂慮，荀勖於是
建議賈充嫁女兒給尚未娶太子妃的太子司馬衷，藉婚事而令到出鎮計劃被擱
置。起初司馬炎以賈南風姿色一般，悍妒潑辣，不適合當太子妃，但經過皇后
楊艷及荀勖等力推薦之下，晉武帝司馬炎最終同意讓司馬衷娶賈南風。泰始
八年（272 年），賈南風正式被冊立為太子妃。其實賈充一開始想把小女兒嫁給
司馬衷，由於小女兒年齡小，個子太矮，臨時決定由賈南風代替妹妹出嫁。

司馬炎認為太子司馬衷並不聰明，不宜作儲君，而大臣和嶠等亦曾這樣說
過，於是司馬炎特意試驗他，召集所有東宮屬官參加宴會，同時寫了問題給司
馬衷作答。賈南風見問題後，知道司馬衷必不懂作答，於是十分害怕，但東宮
屬官都參加了宴會，於是找來外面的人代答，答案大多都引據古義。給使張泓
看後說：「太子不讀書，但答題卻引經據典，一定會被識破是代答的，倒不如按
意思直接作答吧。」賈南風同意，並讓張泓代答，而由司馬衷抄寫。司馬炎看
後十分高興，更將司馬衷的答卷給太子少傅衛瓘觀看。

另外，因為司馬衷畏懼賈南風的嫉妒和詭詐，所以其他妃嬪都很少獲寵幸。
同時賈南風亦曾殺人，看見其他妃嬪有孕，竟然以戟打她們的腹部，令他們流
產。司馬炎知道後大怒，恰好金鏞城落成，於是打算廢掉賈南風，將她囚禁在
金鏞城。但充華趙粲、皇后楊芷和大臣楊珧都為賈南風求情，荀勖等人更是四
處奔走去保著賈南風太子妃的地位，故此最終都沒有成事。

永熙元年（290 年），惠帝繼位，賈南風被封為皇后。賈后在早年被廢的危
機之中，受到皇后楊芷的多次勸誡，卻不知楊芷曾盡力營救她，反倒以為是她
向司馬炎中傷她，因而對楊芷極為怨恨。惠帝繼位後賈后都不對楊芷尊敬禮待，
反而更打算參與政事，卻被身為外戚的太傅楊駿阻撓。次年，賈南風因楊駿的
阻礙而勾結殿中中郎孟觀、李肇和寺人監董猛等密謀誅除楊駿和廢掉太后楊
芷。賈南風又派李肇聯絡汝南王司馬亮和楚王司馬瑋，要求他們領兵討伐楊駿，
其中司馬瑋同意，於是請求入朝，楊駿不敢阻止。司馬瑋入朝後，孟觀、李肇

等又指使司馬衷下詔，誣告楊駿謀反，又派東安公司馬繇領四百人討伐楊駿，司馬瑋駐屯司馬門。楊駿最先在府第中被殺，後又收捕衛將軍楊珧、太子太保楊濟等，皆夷三族。賈南風後又因楊芷曾在布帛中寫「救太傅者有賞」而稱太后一同謀反，矯詔廢皇太后楊氏為庶人，徙於自己亦曾被囚禁之金墉城，第二年被活活餓死。

誅殺外戚楊氏集團後，賈南風徵召司馬亮為太宰，與太保衛瓘錄尚書事，一同輔政，又任命司馬瑋為衛將軍，司馬繇為尚書左僕射。賈南風則與族兄賈模、從舅郭彰、妹妹賈午之子賈謐、司馬瑋和司馬繇一同干預國事。此時，因賈南風愈來愈暴戾，令司馬繇打算廢掉她，但因司馬亮指控司馬繇意圖專擅朝政而將他免官，並將他流放到帶方郡，危機才得以解決。後賈南風又看準了司馬瑋和司馬亮不和，要司馬衷罷免二人，後又矯詔命司馬瑋誅除司馬亮和衛瓘兩名輔政大臣。司馬瑋誅殺二人後，太子少傅張華派董猛勸賈南風順道誅殺司馬瑋，賈南風聽從並稱司馬瑋矯詔殺害司馬亮和衛瓘，從而令司馬瑋部下四散，司馬瑋被捕誅殺。司馬亮、衛瓘和司馬瑋被殺後，賈南風得以專權，她任命賈模為散騎常侍，加侍中，任命德高望重的張華為侍中、中書監，又用另一名士裴頠為侍中。朝中政事主要由賈模和張、裴三人負責。賈南風對張華相當倚重，在她和張華聯合執政的十年時間裡，國家的局勢總體而言比較穩定。

賈南風母親郭槐見賈南風無子，常常勸他疼愛太子司馬遹，直至臨死亦懇切要求賈南風要愛護太子。但賈南風不聽，與充華趙粲和妹妹賈午一同謀害太子。元康九年（299年），賈南風假稱當年在武帝喪期間曾有孕生子，因事情隱密沒有對外宣布，並拿來妹夫韓壽之子韓慰祖充當親生兒子，要廢掉司馬遹，以韓慰祖作為太子，於是強行灌醉司馬遹，讓他在酒醉迷糊之中寫下「陛下宜自了，不自了，吾當入了之。中宮又宜速自了，不自了，吾當手了之。並與謝妃共要，刻期兩發，勿疑猶豫，以致後患。茹毛飲血於三辰之下，皇天許當掃除患害，立道文為王，蔣氏為內主。願成，當以三牲祠北君。」的字句。因酒醉而有一半的字不成字型，賈南風又修改了，最終將字句交給司馬衷和各宗室，稱司馬遹謀反，最終廢掉了他的太子地位，與三個年幼的兒子都囚禁在金墉城，又殺司馬遹生母謝玖和司馬虨生母蔣俊。司馬遹的岳父王衍急忙奏請離婚，司馬遹的妻子王惠風只好痛哭而去。

300年，因甚有名望的太子被廢，很多人都十分憤怒，右衛督司馬雅、常從督許超、殿中郎士猗等更圖謀廢掉賈南風，重新立司馬遹為太子，並向趙王司馬倫的親信孫秀遊說。孫秀聽後同意，並報告司馬倫，更圖謀為司馬倫奪取權力。孫秀後即施行反間計，稱宮中有人打算廢掉賈南風而讓司馬遹復位，配合民間怨恨之聲，令賈南風大為驚懼；司馬倫和孫秀於是勸賈謐殺死司馬遹以絕民眾之心。賈南風於是命太醫令程據帶毒藥，矯詔命黃門孫慮前去毒殺司馬遹，但司馬遹不肯服食，孫慮最終以藥杵將司馬遹殺害。這個舉動成了趙王司馬倫討伐賈南風的藉口。

下月，趙王司馬倫假造詔書，以謀害太子的罪名要廢掉賈南風，入宮後殺

掉賈謐，又派齊王司馬冏收捕賈南風並押她到金墉城，廢她為庶人，後又收捕賈南風的黨羽如趙粲、賈午、程據等。同時，司馬倫將一些有聲望的大臣如司空張華、尚書僕射裴頠等收捕並處死，方便專權。司馬倫在誅殺賈后黨羽和張華等人後自領相國位，獨攬大權，不久即以金屑酒毒殺賈南風，賈南風死時只有四十五歲。

荀灌　303~？潁川郡臨潁（今河南省臨潁）人

　　荀灌，荀崧的女兒，荀彧的五世孫女，公正無私，為官清廉，深受老百姓愛戴。315 年，反晉的杜曾不滿，率領兵馬圍攻宛城（今河南南陽），城中幾乎糧盡，荀崧心急如焚，打算派人到襄陽求援，敵人重重包圍，無一人敢自告奮勇突圍搬救兵，荀崧乃決定自己突圍求援。情勢更危急，眾將士不讓太守去，個個苦苦相勸。這時，12 歲的小女兒荀灌推開眾人，走上前來說：「父親重任在身，正帶領襄陽軍民戰鬥。你是頭兒，怎可隨便離開？還是讓女兒突圍求援吧！」父親知道女兒從小跟著他習武，早就練出了一身好功夫，刀槍劍戟也很嫻熟，但是擔心她人小力單，難當大任。荀灌急了懇求說：「襄陽危在旦夕，難道我們都情願等死不成？灌兒雖然年幼，卻有破敵妙法。」

　　荀崧不以為然，荀灌說：「叛軍攻城太急，幾天以來已經疲勞不堪。我已經觀察到了，他們白天組織還算嚴密，到了夜間，防守便鬆弛了。我只要帶領少數武藝高強的軍士，乘其不備，深夜突圍，又有何難？」荀崧終於答應了她的請求，下令選拔精悍驍勇的軍士，隨荀灌突圍。深夜，荀灌手執利劍和十幾個武士騎馬衝出城外。

　　叛軍斯時都在睡大覺，等巡哨的現時，荀灌已衝出包圍。荀灌一行急馳而去，很快到了平南將軍駐地。石覽與周撫共同舉兵，飛馳襄陽合力出擊，杜曾兩面受敵，傷亡慘重。見勢不妙，倉皇撤兵而去。襄陽軍民得救。荀灌親自到城外迎接平南將軍石覽和周撫，感謝他們的援救。石覽將軍拉著荀灌的手，對荀崧說：「您有這樣一個智勇雙全的好女兒，真是令人羨慕。」周撫也說：「襄陽解圍，百姓得救，小荀灌應該是第一個有功之臣，可敬可敬！」

蘇蕙　351~394 陝西扶風美陽鎮人

　　蘇蕙，字若蘭。蘇道質第三女，美而多才，善屬文，清辭麗句，出身詩書世家。十六歲時嫁於秦州（今甘肅省天水）刺史竇滔。前秦苻堅時女詩人，她亙古創作迴文詩《璇璣圖》文學獨有技巧，諷刺丈夫無情寡義，悱惻哀怨，一往情深。

馮太后　442～490長樂信都（今河北冀縣）人

馮太后，北魏文成帝皇后、文成文明太后。父朗，秦、雍二州刺史、西城郡公，母樂浪王氏。后生于長安，有神光之異。朗坐事誅，后遂入宮。世祖左昭儀，后之姑也，雅有母德，撫養教訓。年14，高宗踐極，以選為貴人，后立為皇后。高宗崩，國有大喪，三日之后，御服器物一以燒焚，百官及中宮皆號泣而臨之。后悲叫自投火中，左右救之，良久乃蘇。

465年，獻文帝即位，尊為皇太后。太后執政，定策誅殺丞相乙渾。獻文帝非太后所生，聽政后誅除太后內寵。

471年，獻文帝禪位于5歲的太子拓跋宏，自己仍過問大政。

476年，馮太后毒死獻文帝，再度臨朝稱制。馮太后在文成帝死后兩度攝政，推行三長法、均田法、班祿法建立了農業大國的雛型，革除朝政亂象。

自太后臨朝專政，高祖雅性孝謹，不欲參決，事無巨細，一稟于太后。太后多智略，猜忍，能行大事，生殺賞罰，決之俄頃，多有不關高祖者。后性嚴明，假有寵待，亦無所縱。左右纖介之愆，動加捶楚，多至百余，少亦數十。然性不宿憾，尋亦待之如初，或因此更加富貴。是以人人懷于利欲，至死而不思退。

14年，崩于太和殿，時年49。其日，有雄雉集于太華殿。高祖酌飲不入口五日，毀慕過禮。謚曰文明太皇太后。

胡太后　?～528北魏安定臨涇（今甘肅鎮原南）人

北魏宣武帝妃，孝明帝即位後，尊為皇太后，臨朝聽政，信奉佛教，大興佛寺、塔、石窟。預徵年租調，弄得民窮財盡，民不聊生。

523年，六鎮暴亂。

528年，孝明帝崩，立三歲元釗為帝。爾朱榮引兵入洛，沉太后和少主於黃河，謚靈太后。

胡太后　北齊安定郡（今寧夏固原）人

文宣帝高洋剛剛登基，就把模樣俊俏的胡姑娘封為「長廣王妃」。

515-528年間，北魏孝明帝母，臨朝稱制。司徒胡國珍之女，入宮為宣武帝嬪妃。

515年，因數孝明帝即位，尊為皇太妃（後為皇太后），以孝明帝年幼而臨朝攝政。胡太后專權，好佛鬥富，造成國家衰敗。

520年，宗室元叉與宦官劉騰，共幽禁胡太后于北宮，元叉與劉騰遂共執朝政，劉騰死後胡太后複出臨朝。

528年，胡太后濫施淫威，竟然毒死孝明帝，更立幼主。不久，爾朱榮稱兵渡河，拘送太后及幼主于河陰，並沉於河。

561年，武成皇帝高湛繼承了北齊的皇位，胡氏又被冊立為皇后。隋朝初

年，胡太后病死在長安。

冼夫人　生歿不詳高涼（今廣東陽江西）人

南朝、隋初嶺南少數民族女首領，擁眾十餘萬家。足智多謀，善用兵。嫁梁高涼太守馮寶，寶死後，積極助陳統一嶺南。

558 年，遣其子率少數民族首領見陳武帝，擊敗反陳的廣州刺史歐陽乾，封石龍太夫人。

589 年，迎隋將韋洸入廣州，又擊平王仲宣叛亂，隋文帝封她為譙國夫人。

千金公主（隋朝）

隋千金公主，以高貴的身份，嬌艷的姿色，靈敏的外交手腕，週旋於異族複雜環之中，對朝廷有很大貢獻。她遠嫁異族突厥，可惜幾個何汗都相繼死亡，依胡人習俗，先後嫁給突厥的沙缽略可汗、業護可汗、都藍可汗。

隋楊欽謬稱劉昶與宇文氏謀反，令千金公主發兵，楊欽喪命，隋文帝猜忌千金公主。不久，隋文帝以陳叔寶的屏風送給千金公主，公主對不免有興亡之感，賦詩纏綿悱惻，表達她的身世之感，家國之悲。最後為國犧牲。

千金公主（唐朝）

千金公主，唐朝唐高祖之女，起初封千金公主。武周時期為武則天收養為義女，賜姓武，改封安定公主。千金公主雖然是唐朝宗室，輩分上還是武則天的親生女兒太平公主的姑祖母，但她極力討好武則天，為她搜羅男寵。她以進獻薛懷義而討武則天歡心，得她收養為義女。在武則天義女的名號庇佑下，她安然度過了武周朝殺戮唐宗室的多次風波，沒有死於非命。從這點上看來，她又是一個擅長自保的人物。

安義公主

千金公主死後，安義公隨即北嫁，達到分化突厥的後果，安義公主南遷不久，也死了。另一位義成公主又接著下嫁突厥。

義成公主

義成公主，隋文帝時，約 590 年間，她身負國家和親使命，遠嫁給突厥啓民可汗的，嫁去約十年，啓民可汗死，她從胡俗轉嫁啓民可汗之子始畢可汗，越三年始畢可汗又死，又從俗轉嫁其弟處羅可汗為妻，不一年處羅死，又嫁其弟頡利可汗，過十年頡利被唐李斯擒俘，義成公主在這一戰役中犧牲。

在義成公主三十年生命中，遭受人生最大的痛苦不下十餘次，是中國有史以來和親政策下，下嫁番邦的公主或妃子中，犧牲最慘烈的一個美人。千金、安義、義成三公主，犧牲自己，保全隋唐，完成和親使命，功在國家，歷史上留名。

交河公主

　　交河公主，唐朝和親公主，姓阿史那氏，生卒不詳。她是西突厥十姓可汗阿史那懷道的女兒。722 年十二月初三，唐玄宗將她封為交河公主，將她嫁給了突騎施的蘇祿可汗。726 年，杜暹任安西都護，交河公主派牙官趕著一千多匹馬到安西去賣，又派使者向杜暹宣讀交河公主的命令，杜暹大怒：「阿史那懷道的女兒，有什麼資格向我宣讀命令！」命令杖打使者，然後將使者和馬匹扣留；經過一場大雪，馬匹全部被凍死。蘇祿大怒，派軍隊進犯安西四鎮。

何仙姑

農曆辛巳（681）八月初八日~丁未（707）三月初七日廣州增城鳳凰台

　　何仙姑，原名何瓊。八仙（鍾離權、張果老、李鐵鑼、呂洞賓、曹國舅、韓湘子、藍采和、何仙姑）中惟一女性，容貌非凡，經常手持荷花。身世有多種說法，傳十三歲時入山採茶，巧遇呂洞賓收為弟子，賜仙桃或仙棗，食之成仙。傳說，何仙姑兼具仙女、道姑、和女巫三重身份。

　　《仙佛奇蹤》何仙姑是廣州增城中何泰的女兒，十六歲時夢見仙人教自己吃雲母粉，可以長生不死。她照仙人的指示，吃雲母粉，發誓不嫁，經常來往山谷之中，健步如飛，後逐漸不吃五穀。武則天曾遣使召她進宮面聖，入京途中她卻忽然失蹤，據稱白日升仙。唐朝天寶九年，出現在麻姑壇內，站立在五朵雲中；其後，又在廣州的小石樓裏出現。

　　道家《呂祖志》中呂洞賓所度乃趙仙姑，因她手持荷花，諧音為「何」。《古今圖書集成》有「吾道成以來，所度者何仙姑、郭上灶」。

　　766~775 年，道人蔡乙為她建了一座會仙觀，左有何仙姑廟，附近有一古井，相傳何仙姑昇天日，不料一隻弓鞋墜落地上，變成一口井，井欄形狀像弓鞋的邊緣，後來變成圓形。井水清涼，帶女兒仙香味。其他有小樓何仙姑家廟、正果何屋何仙姑祠、鳳凰山仙姑廟。

　　何仙姑又是一位詩人，有題鳳凰台詩「鳳鳳雲母似天花，鍊作芙蓉白雪芽，笑煞狂徒勾漏令，更從何處覓丹砂？」又題麻姑峯云「麻姑笑我戀塵囂，一隔仙凡道路遙，去去滄州弄明月，倒騎黃鶴聽吹簫！」又有寄家人詩三首；

　　（一）鐵橋風景勝天台，千樹萬樹桃花開，玉簫吹過黃龍洞，勿引長庚跨鶴來。

　　（二）寄語童童與阿瓊，休將塵事鬧閒情，蓬萊弱水今清淺，滿地花陰護

月明。

（三）已趁神仙入紫薇，水鄉回首尚遲遲，千年留取井邊履，說與草堂仙子知。

長孫皇后　601～636.7.28.

長孫皇后，唐太宗李世民的皇后。父親長孫晟是隋右驍衛將軍、著名外交家，平突厥之功臣。生母高氏，為北齊皇族後裔，是清河王高岳之孫女，樂安王高敬德之女，高士廉的妹妹。

609 年，長孫晟去世，長孫無忌兄妹與高氏被異母兄長長孫安業趕出家門，得舅父高士廉收容。

613 年，時年 13，嫁給唐國公次子李世民為妻。唐朝建立後，李世民被立為秦王，長孫氏則為秦王妃。

626 年，玄武門之變，李世民登基為帝，長孫氏被立為皇后。

長孫皇后深明大義，生活節儉，非常賢惠的皇后。與唐太宗感情極好。唐太宗的第一個兒子（太子承乾）和最後一個女兒（新城公主）都是她所生。她佐唐太宗獻策有功，常進言唐太宗親君子，遠小人，納忠諫，摒讒言，勤政止遊。

她死後，李世民未再立皇后，親自撫養她所生的晉王李治和晉陽公主李明達。李世民常與長孫皇后討論國家大事，為李世民出謀劃策。

長孫皇后為李世民貞觀之治，居功甚偉。多次為朝臣、宮人化解危機，平息李世民的怒火。

她去世後，諡號為「文德皇后」。晉陽公主曾短暫獻策，但隨著晉陽公主的夭折，朝中宮中很難有人再對李世民有足夠的影響以調解周旋他和臣子的關係。

長孫皇后死後與唐太宗合葬於昭陵。著有《女則》一書。

長孫皇后在位期間，積極履行皇后職務，曾兩次行先蠶禮。

一、皇太子李承乾 619~645.1.5.【武德 2 年 —— 貞觀 19 年】

二、魏王李泰 620~652【武德 3 年 —— 永徽 3 年】

三、高宗李治 628.7.19.~683.12.27.【貞觀 2 年 6 月 13 日 —— 弘道 1 年 12 月 4 日】

長孫皇后生女

一、長樂公主，李麗質 621~643.8.10.【武德 4 年 —— 貞觀 17 年 8 月 10 日】

二、城陽公主約 630~671【貞觀 4 年 —— 咸亨 2 二年】

三、晉陽公主，李明達 633~644【貞觀 7 年 —— 貞觀 18 年】）

四、新城公主 634~663【貞觀八年 —— 龍朔三年】

五、豫章公主約 621~642 年【約武德 4 年 —— 約貞觀 16 年】）

弘化公主　623～698

弘化公主，吐谷渾可汗諾曷缽妻子，唐朝宗室淮陽王李道明（唐高祖五叔李繪之孫，李道玄之弟）之女，唐朝第一個和親公主。

623 年，吐谷渾諾曷鉢歸附於唐。武則天賜姓武，改封西平大長公主。

639 年，唐太宗將宗室女弘化公主嫁給吐谷渾可汗諾曷鉢。

641 年，將文成公主嫁給了吐蕃贊普松贊干布。

652 年，弘化公主和諾曷鉢來長安朝見，唐高宗封為駙馬都尉，將宗室女金城縣主嫁給諾曷鉢的長子慕容蘇度摸末。慕容蘇度摸末死後，弘化公主又為次子右武衛大將軍、梁漢王慕容闥盧摸末請婚，唐高宗將金明縣主給了他。

663 年，弘化公主和諾曷鉢帶領數千帳吐谷渾百姓逃至唐朝的涼州，請求救援。

唐高宗去世，新帝繼位，晉封為弘化大長公主，其子慕容忠繼承諾曷鉢爵位。

698 年，公主病逝於靈州東衙之私第，享年 76 歲；於次年初遷葬於涼州。

文成公主　629～635.11.1.

文成公主，唐朝和親公主，唐朝皇室遠支宗室女。

634 年，松贊干布派人到唐朝提出要娶唐朝公主，沒被允許，松贊干布大怒。

638 年，松贊干布出兵入侵唐朝今四川松潘，被唐軍擊退，松贊干布遣使謝罪，再次請婚，「獻金五千兩，自余寶玩數百事」。

640 年，唐太宗始允和親，將文成公主、金城公主遠嫁吐蕃。布達拉宮即為迎娶文成公主所建。

641 年，文成公主入吐蕃，以釋迦牟尼像、珍寶、經書、經典 360 卷等作為嫁妝。帶至西藏的佛像，松贊干布建造寺廟供奉。吐蕃受到公主影響，「漸慕華風」，遣貴族子弟赴長安學習詩書。

680 年，文成公主在邏些城病逝，吐蕃舉行隆重的葬禮，唐遣使臣赴吐蕃祭奠。

上官婉兒　664～710.7.21.陝州陝縣人（河南三門峽）祖籍隴甘肅天水

上官婉兒，又稱上官昭容，女官、女詩人，唐中宗妃嬪，唐高宗時期宰相上官儀的孫女。上官儀獲罪遭誅後，上官婉兒隨母親被發配入內庭為奴，十四歲時，因聰慧善文得武則天重用，掌管宮中制誥多年，有「巾幗宰相」之名。中宗年間，封為昭容，執掌朝綱，權勢日盛，左右朝政，期間大設修文館學士，代朝廷品評天下詩文，一時詞臣多集其門。唐隆之變時，被李隆基下令處死。

664 年，祖父上官儀因「離間二聖、無人臣禮」的罪名被殺，連累全族獲罪，其子上官庭芝也被誅殺，兒媳鄭氏帶著剛剛出生的上官婉兒配入掖廷為奴。鄭氏本是太常少卿鄭休遠之姊，有一定的文學修養，婉兒在母親的教導下熟讀詩書，不僅能吟詩著文，而且明達吏事，聰敏異常。有觀點認為上官婉兒在宮廷內接受過系統、嚴格的教育。

677 年，武后召見上官婉兒，當場出題考較。婉兒對答如流，文章須臾而成，武后甚是喜歡，免去奴婢身份，令其掌管宮中詔命。墓誌載其十三歲為才人，可能是武則天免去其奴婢身份而給予的名份。

　　武后稱帝之後，詔敕多出其手者，時稱「內舍人」，期間曾因違逆旨意被處以黥刑，但此事並未影響武則天對她的信任。

　　696 年，上官婉兒受命處理百司奏表，參決政務，權勢日隆。

　　705 年，張柬之等擁護李唐宗室的大臣發動神龍革命，武則天被迫退位。

　　神龍革命後，唐中宗復辟，上官婉兒進拜為九嬪之一的昭容，代中宗掌詔命。她與韋后、安樂公主亦多往來，並把自己的情夫武三思引薦給韋后，在韋后和上官婉兒的支持下，武三思成為司空，位列三公，武氏家族再次專權於朝堂。婉兒還向中宗、韋后進言，修改服役制度，減短服役時間，為「出母」服孝三年等，此後又給中宗加尊號為「應天」，給韋氏加尊號為「順天」，帝后同朝理政。隨著韋、武勢力的坐大，太子李重俊的處境非常不利。

　　707 年，李重俊聯合魏元忠、李多祚等發動重俊之變，殺武三思、武崇訓父子，並要攻入宮中索拿婉兒等人。中宗、韋后等人皆驚慌不已，婉兒十分鎮定，她對中宗言「觀太子之意，是先殺上官婉兒，然後再依次捕弒皇后和陛下」，並請求中宗登上玄武門，佔據有利地形閉門自守，等待援兵，李重俊終兵敗被殺。上官婉兒親近武氏、韋后，這讓她的表弟王昱十分擔憂，他向婉兒母親鄭氏進言，這樣下去必將給上官一族帶來災禍。起初婉兒並不在意，但在李重俊兵變未遂後，她開始轉向李唐宗室。

　　上官婉兒深得中宗信任，專秉內政，祖父一案也被平反，上官儀追贈中書令、秦州都督、楚國公，上官庭芝追贈黃門侍郎、岐州刺史、天水郡公，母親鄭氏封為沛國夫人。她建議中宗擴大書館，增設學士，廣召當朝詞學之臣，多次賜宴遊樂，賦詩唱和。上官婉兒每次都同時代替中宗、韋後和安樂公主，數首並作，詩句優美，時人大多傳誦唱和。對大臣所作之詩，中宗又令上官婉兒進行評定，名列第一者，常賞賜金爵，貴重無比。朝廷內外，吟詩作賦，靡然成風。母親鄭氏去世後追諡為節義夫人，婉兒上表將自己的品級降為婕妤以示哀悼，不久之後恢復。她還在宮外置辦府第，穿池築岩，修建庭院，窮極雕飾。亭台閣宇、園樹廊廡，風雅盛極一時，常引大臣宴樂其中，並與崔湜淫亂，為其謀取官職。上官婉兒酷愛藏書，曾藏書萬餘卷，所藏之書均以香薰之。百年之後，其書流落民間，依然芳香撲鼻且無蟲蛀。

　　其墓誌銘記載，婉兒曾四次向中宗進諫，反對立安樂公主為皇太女，從檢舉揭發，到辭官不做，再到削髮為尼，都沒有得到唐中宗准許，最終以死相諫。喝毒藥後，太醫緊急救治，才得以保命。

　　710 年，中宗突然駕崩，韋后將台閣政職、內外兵馬大權以及中央禁軍等全部安排了自己的黨羽和族人，朝政大權盡落韋氏之手。上官婉兒與太平公主起草了一份遺詔，立李重茂為皇太子，李旦輔政，韋后為皇太后攝政，以平衡各方勢力，然而宰相宗楚客、韋溫更改詔書，勸韋后效仿武則天。得到消息的臨淄王李隆基與太平公主商議，決定先下手為強，7 月 21 日李隆基發動唐隆之變，以禁軍官兵攻入宮中，殺死韋后、安樂公主及所有韋后一黨，擁立其父李旦。上官婉兒執燭率宮人迎接，並把她與太平公主所擬遺詔拿給劉幽求觀看，

以證明自己是和李唐宗室站在一起的，劉幽求拿著遺詔求李隆基開恩，但李隆基執意殺之。死時年僅46歲。

710年，由睿宗下詔恢復昭容的稱號，依禮制安葬於雍州咸陽縣茂道鄉洪瀆原，太平公主非常哀傷，派人去弔祭，並出錢五百匹絹。

711年，追諡「惠文」。太平公主還上表請求為上官婉兒編集文集，文集20卷，張說作序，今軼。《全唐詩》收其遺詩32首。

上官婉兒在詩歌方面繼承和發展了祖父上官儀的文風，重視詩的形式技巧，對聲辭之美較為看重，擅長體現事物圖貌的細膩、精巧。中宗年間，因其政治地位的影響，「綺錯婉媚」的詩風逐漸影響了宮廷詩人乃至其他士人的創作方向，「上官體」也成為了上流社會的創作主流。

上官婉兒設立修文館，廣召當朝詞學之臣，大力開展文化活動。婉兒在這期間主持風雅，與學士爭務華藻，寫詩賽詩，對文人提拔獎掖。近代文藝理論家謝無量稱「婉兒承其祖，與諸學士爭務華藻，沈、宋應制之作多經婉兒評定，當時以此相慕，遂成風俗，故律詩之成，上官祖孫功尤多也」。

上官婉兒還在開拓唐代園林山水詩的題材方面多有貢獻，如《游長寧公主流杯池》，突破了以往寫景狀物的宮廷詩歌形式，寓情於景，卻更具有自然山水味。清代文人陸昶在《歷朝名媛詩詞》中稱讚道「昭容才思鮮艷，筆氣舒爽，有名士之風」。

平陽公主　?～623

唐高祖李淵之女，柴紹妻，大業13年（617年）迪紹往太原，隨李淵起兵反隋，她在鄠縣（今西戶縣）散家財招募軍隊響應，發展至七萬人，時稱娘子軍。後親率軍與李世民軍會師渭北。

平陽（陽信）公主　前2世紀～?名、生卒不詳

「與唐平陽公主同名待考」平陽公主，漢景帝劉啟與皇后王氏女，漢武帝劉徹之姐。劉啟為太子時（前180~157年）出生。時生母王氏僅是太子妾室，公主是她與劉啟生第一個孩子。

前-157年，父親劉啟登基為帝，女孩得正式的封號—陽信公主。陽信公主因嫁給曹參的曾孫平陽侯曹時（又稱曹壽），被稱為平陽公主。

前-154年，曹時繼承平陽侯爵位，有子曹襄，是否為平陽公主所生，不可考。

弟劉徹即位，皇后陳氏無出。平陽公主在家中安排良家子女十餘人。

前-139年，武帝路過平陽公主家，家中的謳者衛子夫被武帝看中所幸。公主獲賜金千斤。衛子夫上車入宮時公主拊其背說「行矣彊飯勉之！即貴，無相忘。」

前-131年，曹時逝世。

前-115年，夏侯頗因與父親的御婢通姦有罪而自殺。同年，曹襄逝世。

寡居的公主選婿，衛青與平陽公主成婚。曹襄生前所娶的衛長公主就是漢

武帝和衛子夫之女。

前-111 年，李延年擅長音樂，為武帝獻歌，歌曰「北方有佳人，絕世而獨立，一顧傾人城，再顧傾人國。寧不知傾城與傾國，佳人難再得！」武帝聽後嘆息道「善！世豈有此人乎？」。平陽公主於是推薦了李延年的妹妹，就是後來受到武帝寵愛的李夫人。

前-106 年，衛青逝世，與公主合葬。

安樂公主　684~710.7.21

唐中宗么女，韋皇后所生，小名裹兒，武繼植生母，庶母上官婉兒，有唐朝第一美人之稱，生平極受父母的寵愛，權傾一時。先嫁武三思之子武崇訓，後嫁武承嗣之子武延秀。中宗時，開府設官，賂賣官爵，宰相以下，多出其門。曾自請為皇太女。強佔民田、民房，大興工役，奢華無度。在李隆基（唐玄宗）發動宮廷變中被殺。

684 年，中宗被廢，貶黜至均州，韋氏生下安樂公主，命名為裹兒，十三歲姿色美豔，聰明伶俐，中宗與韋氏寵愛無比，養成驕傲任性、蠻橫霸道脾氣。

698 年，武則天重立中宗為皇太子，見李裹兒姿色嬌美，聰穎機靈，格外喜愛。

701 年，安樂公主和武崇訓私通懷孕產子取名武繼植。又與武延秀淫亂。

705 年，中宗復位，封為安樂公主，食邑兩千五百戶。

707 年，武崇訓死，唐中宗命其嫁武延秀，生下一個男孩，韋皇后見武延秀翩翩少年，也不禁惹起慾火，竟令武延秀侍寢。政變殺死武三思、武崇訓父子。

710 年，唐中宗被安樂公主與韋后毒殺，又發動宮廷政變，李隆基與太平公主旋即起兵，韋皇后被殺，安樂公主逃奔，被追兵當場將她斬首，享年二十五歲，政變勝利後，李隆基與太平公主逼迫李重茂退位，擁立相王李旦為皇帝，是為唐睿宗，讓太平公主參與朝政。

太平公主　665~713.8.1

為唐高宗李治與武則天的小女兒，唐中宗和唐睿宗的妹妹，也是安定思公主的妹妹，初嫁薛紹，後嫁武則天侄武攸暨。唐朝的女性政治家，生平極受父母兄長尤其是其母武則天的寵愛，權傾一時。

710 年，參與李隆基（唐玄宗）宮廷政變，殺韋后和安樂公主，擁立睿宗。她開府置官屬。把持朝政，宰相多出其門下。唐玄宗即位後。

712 年，睿宗李旦內禪，太子李隆基即位，是為唐玄宗，改元先天。同年，太平公主的丈夫武攸暨去世。

713 年，太平公主圖謀兵變奪權。李隆基先發制人，先殺了常元楷、李慈，又擒獲了散騎常侍賈膺福及中書舍人李猷，接著殺了宰相岑羲、蕭至忠；尚書右僕射竇懷貞亂中自裁而死。太平公主見黨羽被誅殺殆盡，不得不逃入佛寺，

三日後返回。上皇李旦出面請玄宗恕其死罪，被玄宗拒絕，太平公主最終被賜死家中，其夫武攸暨墳墓也被剷平。太平公主自殺後「籍其家，財貨山積，珍奇寶物，侔於御府，馬牧羊牧、田園、質庫、數年征斂不盡。」太平公主死後，唐玄宗的政權宣告穩定，開啟了開元之治，也結束了從 626 年玄武門之變九十年以來，首都多次兵變的現象。

韋后　?～710.7.21.京兆萬年（今陝西西安）人

　　唐中宗第二任皇后。李顯父韋玄貞，母崔氏，邵王李重潤、永泰公主、永壽公主、長寧公主、安樂公主生母，譙王李重福、節愍太子李重俊、新都公主、定安公主後母，唐殤帝李重茂嫡母。

　　李顯為太子時，韋氏因姿色美豔，被立為太子妃。

　　683 年，韋氏生下一個兒子，取名李重潤，之後韋氏又生下四個女兒，即永泰、永壽、長寧、安樂四位公主。

　　684 年，中宗登基，韋妃立為皇后。其年，中宗被武則天罷黜，改為廬陵王，韋氏跟隨他到了房州，途中韋氏生下一個女兒，取名為裹兒，為日後的安樂公主。十數年間兩人同過艱險，情義甚篤。

　　698 年，武則天將中宗召還東都。

　　699 年，武則天將中宗重新立為太子。

　　701 年，韋妃的兒子李重潤和女兒李仙蕙、女婿武延基一起議論張易之、張昌宗兄弟。隨後在九月初三，李重潤和武延基被武則天賜死。九月初四，女兒李仙蕙亦死去。

　　705 年，鳳閣侍郎張柬之、鸞台侍郎崔玄暐等五人，發動兵變，逼迫武后禪讓，中宗復辟，史稱神龍革命。韋皇后聯合武三思等專擅朝政，以其從兄韋溫掌握實權。縱容女兒安樂公主賣官鬻爵，又大肆修建封寺廟道觀，而身為繼母的韋皇后又將中宗的長子李重福貶至均州，嚴加看守。

　　707 年，太子李重俊率左羽林大將軍李多祚等，發動重俊之變，殺韋后親信武三思、武崇訓父子於其門第，李重俊本欲殺韋后，卻在玄武門受阻，士兵倒戈，事敗。不久，重俊為左右所殺。

　　710 年，韋皇后涉嫌毒死中宗，立溫王李重茂為帝，臨朝稱制。不久臨淄王李隆基與姑母太平公主聯合，發動唐隆之變，擁其父相王李旦復辟。韋皇后被殺於宮中，並被追貶為庶人，葬以一品之禮。掃蕩了韋氏勢力之後，太平公主與李隆基發生權力之爭，

　　712 年，睿宗禪讓於太子李隆基，太平公主本欲發動政變，被李隆基反制，太平公主被賜死於家中，其黨羽或殺或逐，結束了武則天以來女人參政的局面

虢國夫人　?～756

　　虢國夫人，楊貴妃之姊，嫁裴氏。748 年封虢國夫人，其姊封韓國夫人、妹封秦國夫人，並得唐玄宗寵遇，廣收賄賂，窮奢華侈，15 年後，安祿山攻長

安，隨唐玄宗、楊貴妃西走，行至馬嵬驛，楊貴妃被殺，她逃至陳倉，自殺。

奈太君　934～1010

第一代	楊令公楊業　楊令婆佘太君		
第二代	七子八郎：楊大郎楊延平、楊二郎楊延定、楊三郎楊延安 　　　　楊四郎楊延輝、楊五郎楊延德、楊六郎楊延昭 　　　　楊七郎楊延嗣、楊八郎楊延順 二女：　楊八姐楊延琪、楊九妹楊延瑛 兒媳：　楊大娘花解語、楊大娘周雲鏡、楊二娘耿金花 　　　　楊二娘鄒蘭秀、楊三娘董月娥、楊四娘孟金榜 　　　　四郎妻耶律瓊娥、楊五娘馬賽英、六郎妻柴郡主 　　　　楊六娘王蘭英、楊七娘呼延赤金、楊七娘杜金娥 　　　　楊八娘蔡繡英、八郎妻耶律催雲		
第三代	大郎子楊宗顯　　　二郎子楊宗魁　　　三郎子楊宗憲 四郎長子楊宗豐　　四郎次子楊宗源　　五郎子楊宗槐 六郎長子楊宗保（妻穆桂英）、六郎次子楊宗勉（妻焦月娘） 七郎子楊宗英　　　八郎長子楊宗連　　八郎次子楊宗土		
第四代	楊宗保子楊文廣　　　楊文廣妻百花女　　楊宗保女楊金花		

　　佘太君，名賽花，封號太君，宋永安軍節度使鎮府州折德辰女，949 年與楊繼業成婚。折性機敏，佐助櫊業屢立戰功，號稱楊無敵。曾祖父曾任後唐麟州（今陝西神木縣北十裏）刺史，祖父折從遠，西元 930 年後唐明宗授府州（陝西府谷縣）刺史；父折德辰，後漢隱帝特任府州團練使。

　　北宋邊疆戰禍連年，楊家將長鎮守邊關，金沙灘一役楊家男兒七子均戰死沙場，留下滿門孤寡（楊大娘周雲鏡、楊二娘耿金花、楊三娘董月娥、楊四娘孟金榜、楊五娘馬賽英、楊六娘呼延赤金、楊八姐楊延琪、楊九妹楊延瑛），佘太君率領楊家女將遠戍邊塞，直搗「金沙灘」，楊四郎延輝回營探母！

　　「楊家將」在民間家喻戶曉，浴血沙場，滿門英烈。楊家的三代女將們更是巾幗不讓鬚眉，屢建奇功。朝廷御筆欽賜「楊門忠烈」金匾，讓楊門忠勇精神浩氣長存、永昭日月。後因案欲拆除無佞牌樓，佘太君全家老幼誓與無佞樓共存亡。八閑王和寇準等大臣將士同護金匾，逼使宋真宗收回旨意。

　　佘太君墓在地山西保德縣折窩村。

穆桂英

　　原爲穆柯寨木羽之女，武藝超群、機智勇敢，具神箭飛刀之術。曾生擒楊宗保，並招之成親，成爲楊家將之一員，屢建戰功。大破天門陣。之後，佘太君（佘賽花）奉命出征西夏，百歲掛帥率 12 位寡婦西征，50 歲尤掛先鋒印，深入險境，力戰番將，在虎狼峽（今古浪峽）遭到西夏的阻擊。爲了探測敵情，穆桂英帶兩名女將，沿一條小道爬過山頭，向峽口瞭望，只見峽口處密密麻麻到處都是西夏的兵馬。穆桂英正看得出神，突然一陣密集的冷箭射來，穆桂英等三名女將當場中箭身亡。留守在崖下的其他幾名女將見穆桂英中了埋伏，便趕緊前來救援，但是懸崖實在太陡峭，隻有九名楊門功夫最好的女將爬了上去。由於寡不敵眾，女將們最後全部犧牲在崖頂。穆桂英死後她和其他幾位女將的首級被西夏人割去號令，無頭屍體則拋到滴淚崖下。後來楊家從另一路進攻的女將楊滿堂率領援兵趕來將穆桂英等人的無頭屍體收殮安葬，這就是楊家將墳。佘太君聞訊趕來祭奠，追悼亡靈，悲慟而哭，聲震山嶽，感動了鷹嘴山崖，山神流淚不止，淚滴化作山崖石子沿崖滾下。後來，此崖就被人們叫做“滴淚崖”。現在當地還有滴淚崖、楊家將墳等等古蹟。

方百花　　生歿不詳歙縣七賢村人

　　宋代起義方臘軍領袖，方臘之妹。方百花少年英姿，自幼習武。方臘起義以後，方百花任義軍元帥，在戰鬥中殲滅宋將領蔡遵、顏旦五千人馬，佔領了青溪，和方臘一道，縱橫吳越，先後攻下了徽州、杭州等六州五十二縣，控制了江南、浙江大部分地區。方百花在杭州鳳山門饅頭山點將，英姿颯爽，威振三軍，受到義軍士兵愛戴。後來方臘起義軍被宋軍鎮壓，方百花被俘，在開封英勇就義。

沈雲英 生歿不詳明朝浙江蕭山人

沈雲英是永道守備沈至緒之女。張獻忠率賊攻道州，沈至緒將軍出戰木壘，歿於軍。雲英年方17歲，解鬐珥，率一城百姓持木杖，直前擊賊。賊駭亂，出不意，皆自相蹂藉以奔；遂解道州圍。獲父屍，城中人皆縞素助雲英成喪。時賊所過城，率不戰下，而以死全道州城者，雲英父子也。郡守上功，詔贈沈至緒為副總兵，加雲英游擊將軍，坐父署，守道州。夏之蓉謂：雲英事不載《明史》，余故傳之云。後來，她的丈夫賈萬策在荊州被反明民變軍殺死，她辭官回鄉。

楊妙真 生歿不詳益都（今屬山東）人

楊妙真，號四娘子，益都人。金末紅襖軍領袖、武術家。紅襖軍首領楊安兒之妹，人稱「楊姑姑」，善使梨花槍。楊安兒死後，率部與李全會合，與李全結為夫妻，轉戰淮、莒一帶，繼續抗金。嘉定十一年，隨李全投降宋朝，李全死後，又降蒙古。《宋史·叛臣傳下·李全下》：「楊氏諭鄭衍德等曰：二十年梨花槍，天下無敵手。今事勢已去，撐拄不行。」

戚繼光《紀效新書·長槍總說》「長槍之法始於楊氏，謂之曰梨花，天下咸尚之。」

唐賽兒 生歿不詳明初山東人

蒲台人林三之妻，自稱佛母，以白蓮教為號召聚集群眾。1402年以益都的卸石棚寨為根據地起兵，賓鴻、董彥臬等攻破莒、即墨等地，焚毀官衙倉庫，明成祖派兵征討，圍攻山寨，招降兩次不成。唐賽兒突圍脫險，明軍大肆屠殺，明成祖為了搜捕她，大捕尼姑、女道士，仍無法找到她的縱跡。

蕭太后 （蕭綽）953～1009

蕭太后（蕭綽），遼景宗后，小字燕燕，原姓拔里氏，拔里氏被耶律阿保機賜姓蕭氏。遼朝皇后，政治家，遼景宗耶律賢的皇后。在民間戲曲中被稱為蕭太后。

父親是遼朝北府宰相及駙馬蕭思溫，母親是燕國大長公主也是遼穆宗的姊姊。兩個姊姊，蕭綽聰慧、美麗。

遼景宗繼位後，因為蕭思溫擁戴有功，將蕭綽選為貴妃，

969年，被冊封為皇后。當年或次年生下景宗長女觀音女，

971年，生景宗長子隆緒即遼聖宗，又生兩子兩女，分別為耶律隆慶、耶律隆祐，兩女分別為耶律長壽女、耶律延壽女，詳見於《遼史》「皇子表」、「公主表」。另據《續資治通鑒長編》，早夭的耶律鄭哥可能為蕭綽所生第四子。

遼景宗體弱多病，有時無法上朝，軍國大事大多由皇后蕭綽代理。保寧八年975年，遼景宗諭史館學士：「在書寫皇后言論時也應稱『朕』或『予』。」

這表明蕭綽可代皇帝行使職權，遼景宗的許多政績都有蕭綽的功勞。

982 年，遼景宗崩，遼聖宗繼位，尊蕭綽為皇太后，攝政。時年 30 歲，無外戚可靠。她哭著說「母寡子弱，族屬雄強，邊防未靖，怎麼辦啊？」，韓德讓總管宿衛事，保障聖宗母子安全，聖宗和蕭綽的地位才穩定下來。

983 年，聖宗率群臣給蕭綽上尊號承天皇太后。

蕭綽幼時曾許配韓德讓，未履行婚約就嫁給聖宗。蕭綽治國有方，賞罰分明。她把以前契丹人和漢人發生糾紛時重責漢人，改為同罪同罰，調整兩族關係。

986 年，宋太宗認為遼聖宗年幼而由母后攝政，大舉北伐，俘宋將楊業，不降絕食而死。

1004 年，蕭綽大舉伐宋，勢如破竹，至宋澶淵。宋真宗御駕親征，宋軍士氣大振。遼大將蕭撻凜被射死，遼軍士氣受挫，宋軍襲擊其後路，遼軍敗局已定。

1005 年，蕭綽以宋真宗急於求和的心態，與宋達成澶淵之盟。宋朝每年向遼繳納白銀十萬兩、帛二十萬匹。

1006 年，遼聖宗率群臣給蕭綽上尊號睿德神略應運啟化法道洪仁聖武開統承天皇太后。

1009 年，蕭綽歸政於遼聖宗，不再攝政。十二月，病逝於行宮，享年 57 歲。次年，葬乾陵。

高太后　1032~1093 毫州蒙城（今屬安徽）人

宣仁聖烈皇后，姓高氏，乳名為滔滔，宋英宗皇后，宋神宗母親，宋仁宗皇后曹氏是她的姨母。

高氏一向反對王安石的新法，信任保守派舊黨的大官司馬光。

1085 年，其子神宗病故，新登基的皇帝哲宗趙煦只有十歲，她奉神宗遺詔輔佐年幼的皇上，垂簾聽政。高太皇太后一執政，就開始任用司馬光為宰相，將王安石的新法全部廢止。

高太皇太后有十分優秀的執政才能。執政期間，勤儉廉政，勵精圖治，因此這期間政治比較清明，經濟也十分繁榮。因而，宋哲宗時期是北宋最後一個經濟繁榮、天下小康、政治清明、國勢較強的時期。這與高太皇太后的賢德是分不開的。高太皇太后也被後人譽為「女中堯舜」。

但由於高太皇太后長期干政，讓小皇帝哲宗心生不滿。元祐八年八月，高太皇太后臨死前告誡范純仁和呂大防等人：「老身歿後，必多有調戲官家者，宜勿聽之，公等宜早求退，令官家別用一番人。」

1093 年 9 月，高太皇太后病逝，終年 62 歲。諡號為宣仁聖烈皇后，與宋神宗同葬永裕陵（今河南鞏縣）。病死後，宋哲宗才親政。

梁紅玉　1102～1135 年　東京人

梁紅玉，名將韓世忠繼室，父亡母在，占籍教坊。宋朝抗金女英雄。

1120 年，因與方臘作戰不利，梁紅玉父親兄長均獲罪被殺，本人亦被貶為京口（今江蘇鎮江）營妓。後結識韓世忠，梁氏感其恩義，以身相許。韓贖其

爲妾，原配白氏死後成爲韓的正妻。

1129年3月，平定了苗、劉之亂，維護了南宋的政權「餘杭之難。」韓世忠因救駕有功，高宗親賜「忠勇」二字予韓並擢升爲檢校少保、武勝昭慶軍節度使；稱梁氏「智略之優無愧前史，給內中俸以示報正」，給予功臣之妻俸祿，梁氏爲第一人。

1130年3月，韓世忠和梁紅玉奉命鎮守京口，恰逢金兵來犯，梁紅玉身先士卒，登上十幾丈高的樓櫓，冒著流矢，金兀朮從江上逃跑。高宗深爲撫慰，褒獎韓世忠加官進爵，封梁紅玉爲「楊國夫人」。

1135年3月，任淮東宣撫使的韓世忠移屯楚州，經過戰亂的浩劫，楚州已滿目瘡痍，軍民糧食匱乏，居無屋。「世忠披荊棘，立軍府，與士同力役，其夫人梁氏親織薄爲屋」，現流傳之梁紅玉在挖蒲兒菜充饑應指此事。

8月，丁卯條有一句：「淮東宣撫使韓世忠妻秦國夫人梁氏卒，詔賜銀帛五百疋兩」。關於梁氏的結局，《淮陰市志》及其他資料顯示：梁紅玉和韓世忠鎮守楚州十餘年，後來因岳飛蒙受莫須有之冤，遂辭去軍職歸隱蘇州。

1153年，梁紅玉卒，比韓世忠還晚兩年。此說法可能是源於《雙烈記》。

謝太后　1210~1283（又有云1206~1279）天台（今屬浙江）人

謝太后，名道清，南宋理宗皇后，度宗時尊爲皇太后。

1274年，恭帝即位，又尊爲太皇太后，主持國政。

1276年，元軍攻佔臨安，她投遞表，並下詔令堅守揚州李庭芝降元，被拒絕。元封她爲壽春郡夫人。

陳碧娘　?~1279 南宋雲霄（今屬福建）人

碧一作璧，宋都統張達之妻，張達在廣西抗元，參加厓山之戰，夜襲元軍張弘範水軍。陳碧娘兩個弟陳格、陳植，他從軍厓山，格戰死，植敗隱居不出。陳碧娘作「平原曲」，辭氣慷慨。相傳張達從帝昺自南澳島錢澳到甲子門時，她送夫至錢澳，因此有辭郎洲的地名。宋朝滅亡，夫妻同殉國難。

蛇節　?~1303 貴州彝族人

元成宗時，貴州彝族土司之妻。1301年元在四川、雲南強迫彝民當兵，強徵軍糧，群情憤怒，蛇節與雲南土官宋濟反對「供輸煩勞」起兵反抗，紛起響應。相繼有武定、威遠、普安等地民族反抗，大德7年蛇節等失敗被殺。

秦良玉　1574~1648 明四川忠州（今忠縣）人

秦良玉，字貞素，明末名女將。父秦葵，明朝貢生出身，習陣法。

1595 年，嫁土司、石砫宣撫使馬千乘為妻，「饒膽智，善騎射，兼通詞翰，儀度嫻雅。」

1599 年，至播州（治所在今貴州遵義），平定楊應龍叛亂，連破金築等七寨。

1613 年 8 月，馬千乘因開礦事得罪太監邱乘雲，死獄中，秦良玉襲任石砫宣撫使，所部號白桿兵。

1620 年，秦良玉之兄秦邦屏，於渾河之戰中戰死。

1623 年，奢安之亂末，平定全川。

1624 年正月，兄秦民屏被安邦彥追擊，戰死。

1630 年，後金軍入塞，入北京德勝門，秦良玉自蜀中入援京師。

1634 年，張獻忠入川，秦良玉與子馬祥麟前後夾擊敗之，張獻忠退走湖廣。

1640 年，在巫山和夔州重創羅汝才軍。

崇禎時，以功加太子太保，封忠貞侯

1648 年 5 月 21 日，薨於大都督府玉音樓，葬於石砫東龍河北岸的回龍山（今石柱縣大河鄉鴨椿村）。諡號「忠貞」。有子馬祥麟。

秦良玉是歷史上唯一一位被《二十五史》載入將相列傳的女性。

劉玉娘　　生歿不詳　魏州成安縣人

劉玉娘，後唐莊宗李存勗皇后，父親劉叟（自號劉山人），李繼岌生母。自幼生活艱困隨父乞討，以拍鼓賣唱維生。晉王李存勗的將領袁建豐，在後梁的戰亂中將劉玉娘擄走，因她姿色豔美，獻給晉王，成為晉王母曹夫人的侍女，成長後變為晉王李存勗之妾，生子李繼岌，相貌酷似李存勗，深得李存勗歡心。

劉玉娘自己出身微賤，介意而不認父，不顧父女情義將父親劉山人處以笞刑。

李存勗即位後冊立劉玉娘為皇后，和莊宗一起聚斂錢財，玉娘佔有國庫，劉玉娘心狠手辣，為了掌握朝政，殘害忠良，勾結伶官，聚財斂民。

莊宗平定李嗣源的叛變，準備御駕親征汴州，帶兵共二萬五千人，眾兵將對皇后劉玉娘作為士兵大感失望，向敵軍投誠者多，戰亂中莊宗被敵流箭射中，劉玉娘知大勢已去，非但不去看望莊宗一眼，反而叫宦官送去一碗酪漿給他喝，莊宗剛喝下一碗，便倒臥在絳霄殿廊下不久死去。

莊宗駕崩後，劉玉娘命人焚毀嘉慶殿，帶著大量的金銀錢財，和莊宗之弟李存渥出逃宮城，出奔太原，準備造築尼寺出家，。李存渥見劉玉娘風韻猶存，頗有姿色，兩人通姦，私通醜事被李嗣源發現，兩人逃至晉陽，李存渥被殺，劉玉娘削髮為尼，但仍被李嗣源賜死。後晉天福五年（940 年），劉玉娘被追諡號為神閔敬皇后。

烏三娘　？～1774 山東兗州人

清水教（白蓮教支派）領袖王倫義女，原為江湖藝人，善使雙刀，騎馬突擊。1774 年，從王倫在壽張（今陽谷）起兵，英勇善戰，當充先鋒。在臨清舊城巷戰時，她躍登屋頂，指揮作戰，中槍而死，年僅約 20 歲。

王聰兒　1777～1798 湖北襄陽人

王聰兒即齊王氏，江湖藝人，襄陽白蓮首領齊林妻，居黃龍璫。

1796 年齊林被殺，教民憤怒起兵，推她為領袖，有眾四五萬人，進逼漢陽，北上屢敗清軍，經河南入陝西。

1797 年在川東與四川各路軍會師，被推為總領袖。繼與姚之富同為襄陽黃號軍領袖，轉戰四川、湖北、陝西等省，王士奇攻西安。

1798 年她被清軍包圍於鄖西卸花坡，英勇不屈，跳崖而死。襄陽黃號軍改由李全、高均德率領繼續抗清。

李張氏　？～1814 江蘇常州人

李張氏，李文成之妻，驍勇善戰，1813 年攻佔滑縣後，清軍反樸圍攻，李張氏指揮夜襲清營，燒燬炮台，殲滅大量清兵，堅守滑縣三個月。1814 年滑縣被清軍攻破，李張氏以「城亡與亡，不死者非英雄」，血戰力竭，全家自縊而死。

沈壽　1874.8.12～1921.6.8.（農曆五月初三日）江蘇吳縣人

沈壽，女，原名雲芝，字雪君，晚署雪宦，別號天香閣主人，清末、民初年間刺繡名家。父親沈椿，曾在浙江任鹽官，酷愛文物，富有收藏。母親宋氏，生有三男二女。沈壽排行第五，從小便隨父親識字讀書，七歲隨姐姐沈立一起學刺繡，八歲即繡成《鸚鵡圖》，十二歲繡成《秋雨月上圖》，作品驚動長輩，不久便以刺繡聞名鄉里。

1893 年，與余覺結婚，盡心刺繡，繡品士大夫們爭相購藏。

1903 年，創造模擬針法。

1904 年，慈禧太后七十壽辰，她以刺繡《無量壽佛》《八仙上壽圖》送到北京，慈禧大悅，特書福、壽兩字分賜夫婦，雪芝得『壽』字，因此改名沈壽。不久，往日本考察刺繡油畫，獨創模擬繡，回國後，張謇協助創辦福壽繡廠。

1911 年，沈壽繡成《義大利皇后愛麗娜像》贈送義大利。義大利皇帝和皇后回贈沈壽一塊金錶，她的刺繡作品在義大利杜林博覽會展出，榮獲世界最高榮譽獎。又以刺繡《英女王維多利亞像》參加世界萬國博覽會，獲得優等獎。

1912 年，實業家張謇擔憂沈壽技藝不能流傳後代。請沈壽創辦自立繡工傳習所。

1914 年，張謇聘沈壽為傳習所所長兼教習，余覺任南通平民工場經理。她勤誨無倦，嬴弱體質繁重工作，數月後便病倒，引發肝病。

1915 年，美國太平洋國際博覽會向中國徵集展品，沈壽刺繡出《聖經》耶穌遇難，創作《耶穌像》，在會上被評為博覽會一等大獎。

1921 年 6 月 8 日，沈壽病重彌留時將《耶穌像》贈送張謇。張謇極度哀傷，撲倒在沈壽的遺體上嚎啕大哭。遵她遺囑安葬在能望見長江和蘇南土地的黃泥山南麓。文化大革命其墓遭到破壞，1981 年修復。沈壽遺著有《雪宧繡譜》。

鄭毓秀　1891.3.20.～1959.12.16.廣東廣州新安縣（今深圳市）人

鄭毓秀，別名蘇梅，女，清末革命家、政治家、法官、律師。中國歷史上第一位女性博士，第一位女性律師，第一位省級女性政務官，第一位地方法院女性院長與審檢兩廳廳長。

1905 年，到日本留學，其間經廖仲愷介紹加入中國同盟會。

1911 年，歸國參加京津同盟會分會，組織人員暗殺袁世凱。

1912 年，暗殺清朝良弼成功，協助汪精衛刺殺清攝政王載灃。到法國勤工儉學。

1917 年，得到巴黎大學法學碩士學位，隨即加入法國法律協會。

1919 年，出席巴黎和會代表，以袖中玫瑰槍頂住陸徵祥說〔你若和約上簽字就殺了你〕終使陸拒絕簽字。

1925 年，獲得巴黎大學法學博士學位，成為中國歷史上第一位女性法學博士，北京政府任命其為駐歐調查委員，同年中歸國。

1926 年，和魏道明在上海合作開設律師事務所，為中國第一位女性律師。

1926 年，當選西山會議派的國民黨第二屆候補中央監察委員。

1927 年，上海臨時法院院長，但未就任。她還兼上海法政大學校長。同年

8月，她和魏道明結婚。

1928年，她任國民政府駐歐特使，特別負責中國和法國的雙邊友好事務。

11月任立法院立法委員。其間她任民法編纂委員，在起草民法草案時特別提出增加多條女性權利保護條文。

龔澎　1914.10.～1970.9.20.安徽合肥人

龔澎，女，原名龔維航，生於日本，中國共產黨及中華人民共和國外交家。父親龔鎮洲是辛亥革命元老，二次革命失敗後，攜家人逃往日本。

1933年，考入燕京大學歷史系。

1935年，參加一二·九運動。

1936年，加入中國共產黨。

1937年，自燕京大學歷史系畢業。盧溝橋事變爆發，任上海聖瑪利亞女校教員。

1938年，成為延安馬列學院第一期學員。「七一」前夕舉辦的一次有外國朋友參加的紀念集會上，龔澎被毛澤東親點擔任翻譯，這是她首次為毛澤東擔任翻譯。」10月，被分配到太行山《新華日報》華北版，結識第十八集團軍副總司令彭德懷。擔任國民革命軍第十八集團軍總司令部秘書。在第十八集團軍總司令部，與自德國留學歸來也在秘書處任職的劉文華相愛並結婚。隨後龔澎被調到八路軍重慶辦事處工作。

1940年，在重慶期間，歷任重慶《新華日報》記者、中共駐重慶代表團秘書。

1942年，劉文華在從晉中返回八路軍總部的途中病逝。

1943年，龔澎和喬冠華在重慶結婚，毛澤東稱讚他們是「天生麗質雙飛燕，千里姻緣革命牽」。

1944年，生子喬宗淮，成為中國共產黨第一位新聞發言人。在各國通訊社交往中，龔澎英語流利、思維縝密、反應機智、外貌美麗，給各國記者留下很深印象。重慶談判期間，龔澎陪同毛澤東會見美國友人傑拉爾德·坦納鮑姆等人。

1946年，龔澎擔任香港《中國文摘》主編、社長。同時她還任中共香港工委外事組副組長、北平軍事調處執行部中共方面新聞群組組長。在中華人民共和國成立前，龔澎是傳播《紅星照耀中國》的第一人，並創辦了中共首份外文期刊。

1949年12月26日，龔澎被任命為中央人民政府外交部情報司。

1954 年，日內瓦會議，龔澎與黃華作為中華人民共和國政府的新聞發言人。

1955 年，邀請外國記者往西藏的考察及採訪。

1957 年，龔澎是中華人民共和國「新聞發言的奠基人」。

1958 年，龔澎在北京周口店工作。

1959 年，復任外交部新聞司司長。

1964 年，任外交部部長助理兼新聞司司長。倡辦《臨時通報》《快報》

1964 年 9 月，龔澎主辦陳毅副總理與 300 餘位中外記者的見面會。

1970 年 9 月 20 日，龔澎因腦溢血在北京逝世，享年 56 歲。

鄭蘋如　1918～1940.2.浙江蘭溪

　　鄭蘋如，中日混血兒，上海名媛。父親鄭鉞，又名鄭英伯，留學日本法政大學時加入同盟會，國民黨元老之一。在日期間，結識日本名門望族木村花子女士。木村花子素仰中華文物，對中國人抱有親切感情，支持孫中山、黃興領導革命，為革命黨人傳遞信息與文件。花子女士改名鄭華君，隨夫到中國定居，追隨孫中山，奔波大江南北。

　　1928 年，鄭英伯棄政從教，在上海復旦大學任教授，還擔任過上海公共租界江蘇高等法院第二分院的首席檢察官等職。育有二子三女，鄭蘋如是次女。

　　1931 年，「九一八」事變，華君夫人雖為日本人，卻對日本軍閥侵華行徑十分不滿多有憤言，子女們受其影響很深。

　　1932 年，「一‧二八」海戰，鄭家全體投入抗日救亡運動，14 歲的鄭蘋如與姐姐一齊跑到浦東鄉間進行抗日宣傳。

　　1937 年，上海淪陷，鄭英伯繼續留居上海，參加地下抗日工作。鄭英伯是中統上海潛伏組負責人陳寶驊的重要助手，鄭蘋如與二哥鄭南陽成為中統上海區的情報員。她憑借著母親日本人的關系和熟練的交際能力，周旋於日本高級官員和偽組織人員中，獲得許多重要情報。

　　1938 年，鄭蘋如探悉汪精衛準備叛逃越南，急電呈報政府，未被重視。

　　1939 年，鄭蘋如的未婚夫王漢勛，幾次信約去香港結婚。鄭蘋如以國難當頭，一再推延，允約勝利後結婚。後鄭蘋如參與暗殺日偽特務頭子丁默村行動，暴露身份被捕。在獄中忍受各種酷刑，拒不招供，汪精衛、周佛海的老婆以世交長輩身份親往勸降，仍不為所動。汪精衛又以老同志的身份勸鄭蘋如父親鄭英伯出任偽職，以換取女兒釋放，鄭英伯說：「我兒女甚多，不在乎少一個」。

日籍母親也深明大義，拒絕日軍誘勸，鼓勵丈夫拒做漢奸。

　　1940 年，鄭蘋如終被漢奸秘密槍殺於滬西中山路旁的一片荒地，年僅 23 歲。

　　1941 年，鄭蘋如犧牲後，父親鄭英伯一病不起，抱恨而終。

　　1944 年 1 月 19 日，弟弟鄭海澄在保衛重慶的空戰中犧牲。

　　1944 年 8 月 7 日，未婚夫上校王漢勛在湖南衡山執行軍事任務時犧牲。

　　1966 年，鄭華君（木村花子的中國名字）女士，八十高齡病逝於臺灣。

　　蔣介石為鄭蘋如母親木村花子題挽聯「教忠有方」現存上海福壽園人文紀念館，政府追認鄭蘋如為烈士。

張明照　生歿不詳河北豐潤縣人

　　張明照，13 歲，隨父母遷居上海，就讀上海女子學校，

　　1932 年，「一二八」淞滬抗日戰爭，參加「學生戰地服務團」擔任女隊長。

　　1937 年，張明照幾年來配合國軍抗日，戰地服務英勇，被譽稱「上海花木蘭」

　　1938 年，參加「忠義救國軍」，曾搶救過美國飛行員

　　1942 年，在重慶參加特種訓練。指派為荒島戰鬥指揮官，為一無名英雄。

（二）巾幗名人

娥　皇

　　娥皇和女英是唐堯的兩位嬌女，娥皇，祁姓，又稱娥肓、倪皇、後育、娥盲、娥媵，中國歷史上最古的美女，娥皇和妹妹女英同時嫁給了虞舜，娥皇為皇后、女英做妃子。娥皇無子。舜父頑，母嚚，弟劣，曾多次欲置舜於死地，娥皇、女英的幫助而脫險。

　　舜死於蒼梧，即九疑山，亦名九嶷山，在今湖南寧遠縣東南，娥皇、女英跳下湘江自盡，娥皇人稱湘君，女英為湘夫人。屈原在《楚辭・九歌》中，即有歌頌「湘君」「湘夫人」，描寫「帝子降兮北渚，目眇眇兮愁予；嫋嫋兮秋風，洞庭波兮木葉下。」二妃留在人間遺蹟是有名的『斑竹』，斑竹亦亦名「湘妃竹」，相傳娥皇、女英因舜喪哭泣，淚灑竹子上，點點斑斑，稱之「斑竹」，是湖南特產。

　　晉朝張華《博物志・史補》記：「堯之二女，舜之二妃，曰湘夫人，舜崩，二妃啼，以淚揮竹，竹盡斑。」群芳譜載「斑竹即吳地稱湘妃竹者，其斑如激痕。世傳二妃將沉湘水，望蒼梧而泣，灑淚成斑。」山海經云「洞庭之山，帝之二女居之。」韓愈的黃陵廟碑「湘君者，堯之二女，舜妃也。」

　　大舜與二妃之間，伉儷情深真摯，舜死二妃血淚斑斑，浸染竹上，成為千古悽艷神話，可想像二妃的美麗。民間景仰，奉之為湘女之神。

女　英

　　女英，祁姓，又稱女瑩、女匽，是上古時部落酋長唐堯的女兒，和姐姐娥皇同時嫁給了虞舜，生一子商均。

　　戰國時期的詩人屈原在《楚辭・九歌》中對她們的描寫是：「帝子降兮北渚，

目眇眇兮愁予；嫋嫋兮秋風，洞庭波兮木葉下。」

　　西漢‧劉向《列女傳‧母儀‧有虞二妃》：有虞二妃者，帝堯之二女也。長娥皇，次女英。舜父頑母嚚。父號瞽叟，弟曰象，敖游於嫚，舜能諧柔之，承事瞽叟以孝。母憎舜而愛象，舜猶內治，靡有姦意。四嶽薦之於堯，堯乃妻以二女以觀厥內。二女承事舜於畎畝之中，不以天子之女故而驕盈怠嫚，猶謙謙恭儉，思盡婦道。瞽叟與象謀殺舜。使塗廩，舜告二女曰：「父母使我塗廩，我其往。」二女曰：「往哉！」舜既治廩，乃捐階，瞽叟焚廩，舜往飛出。象復與父母謀，使舜浚井。舜乃告二女，二女曰：「俞，往哉！」舜往浚井，格其出入，從掩，舜潛出。時既不能殺舜，瞽叟又速舜飲酒，醉將殺之，舜告二女，二女乃與舜藥浴汪，遂往，舜終日飲酒不醉。舜之女弟繫憐之，與二嫂諧。父母欲殺舜，舜猶不怨，怒之不已。舜往于田號泣，日呼旻天，呼父母。惟害若茲，思慕不已。不怨其弟，篤厚不怠。

　　西漢‧劉向《列女傳‧母儀‧有虞二妃》：既納於百揆，賓於四門，選於林木，入於大麓，堯試之百方，每事常謀於二女。舜既嗣位，升為天子，娥皇為後，女英為妃。封象於有庳，事瞽叟猶若初焉。天下稱二妃聰明貞仁。舜陟方，死於蒼梧，號曰重華。二妃死於江湘之間，俗謂之湘君。君子曰：「二妃德純而行篤。《詩》云：「不顯惟德，百辟其刑之。」此之謂也。

妺　喜

　　史書記載：亡夏的有妺喜，亡商的有妲己，亡周的有褒姒，亡吳的有西施，亡漢的有趙飛燕，亡唐的有楊貴妃，亡清的有西太后。

　　妺喜（「妺」讀作ㄇㄛˋ；音：末），有施氏，又作妺嬉、末喜、末嬉；有施氏之女，夏桀攻有施氏，為舉國第一美女。有施把她嫁給桀，夏朝第十七位君主桀姒履癸皇后，淳維後母。為桀所寵愛。商湯滅夏，與桀同奔南方而死。

　　有施氏的公主，生卒年不詳。

　　根據先秦時代記述女子名時所用的全稱和簡稱方式，妺喜應姓喜，即嬉（也作僖）。由於其名字的「妺」字與「妹妹」的「妹」字字形相似，且在《莊子》等作中也有以妺為妹的用法，因此常誤作「妹喜」。

　　歷史評證：妺喜是後世紅顏禍水的第一例證，此後在三代間陸續出現商代妲己、周代褒姒。當越王勾踐差范蠡把西施獻給吳王夫差的時候，伍子胥進言「臣聞：夏亡以妺喜，殷亡以妲己，周亡以褒姒。夫美女者，亡國之物也，王不可受。」

妲己　公元前-1060年前後　冀州（今河北）

　　商王紂寵妃，姓己，有蘇氏之女。紂住攻有蘇氏時，一般稱為蘇妲己；有蘇氏把她進獻給商紂王帝辛，極受寵愛，武王滅商時被殺死，一說自縊而死。史書及小說把妲己刻劃為「蛇蠍美人」「亡國妖孽」，實際上只是一個美麗的女人，和做一個皇帝妻室，因不幸處於亡國的時期，蒙了極大的惡名。

　　根據正史的記載，妲己是有蘇氏諸侯的女兒，在紂王徵伐有蘇氏後，有蘇氏把她嫁給紂王為妃，深得紂王喜愛，立為王后。紂王沉迷於妲己的美色，荒理朝政，對她言聽計從，甚至到了「妲己之所譽貴之，妲己之所憎誅之」的地步。

　　根據正史記載，妲己以美色獲得紂王的專寵，紂王不但投妲己所好，作「新淫之聲、北鄙之舞、靡靡之樂」，還搜括百姓錢財，修建鹿臺，裡面置滿奇珍寶物。同時，「積糟為邱，流酒為池，懸肉為林，使人裸形相逐其閑」，徹夜長飲，歡嬉達旦。因為紂王的另一個兒子武庚並非妲己所生，所以對其逼迫排擠，又誣陷太子殷郊與七十二個宮女狼狽為奸，使紂王即令侍衛錘死殷郊，最後因梅伯勸導，才沒有殺死太子殷郊，而改為流放。

　　酒池肉林乃紂王為博她歡顏而創，每宴飲者多至三千人，令男女裸體追逐其間。九侯有一位女兒姿色應召入宮，深得紂王喜愛，引起妲己的嫉妒。九侯的女兒因看不慣妲己的狠毒及紂王的殘暴被殺，九侯也遭「醢刑」，剁成肉醬分給諸侯。《史記》:「九侯為三公。九侯有好女，入之紂。九侯女不喜淫，紂怒，殺之，而醢九侯。鄂侯爭之強，辨之疾，並脯鄂侯。西伯昌聞之，竊嘆。崇侯虎知之，以告紂，紂囚西伯羑裏。」大臣比干在紂王面前諫曰:『不脩先生之典法，而用婦言，禍至無日。』她慫惠紂王，殘酷將比干剖心而死。紂王殘忍無道、禍國殃民，激起人民的反抗。周武王乘機發動諸侯伐紂，在牧野之戰，一舉滅商，紂王逃到鹿台自焚，妲己也上吊而死。又云:姜子牙的神機妙算，把妲己擒獲，斬首處決。

褒似　生歿不詳西周幽王時期

褒姒，《史記》作褒姒，西周君主周幽王第二任王后，太子伯服生母，周平王宜臼後母。褒姒是個冷酷美人，雖豔如桃李，卻冷若冰霜，雖然當上王后，兒子伯服也被立為太子，但她卻仍不滿足。

相傳周宣王時，宮女盧氏懷孕八年，生一女兒，名褒姒。盧氏認為女嬰不祥，將其丟棄，周宣王王后姜氏得知，將盧氏處死，這個女嬰卻找不到了。

女嬰被扔棄後，被一對以賣桑弓弧、箕箭服為生的夫婦發現，將其抱養。民間童謠「月將昇，日將浸，檿弧箕服，實亡周國。」宣王聽了認為不祥，欲捕殺該夫婦，他夫婦倆便逃到褒國，被褒國人撫養，褒姒長大後，姿色美豔。

前-779年，褒姒十三歲入宮。周幽王見褒姒，驚為天人，尊為貴妃，寵冠後宮，二人恩愛纏綣懷孕，生下兒子伯服，聰明伶俐，活潑可愛，周幽王封褒姒為王后，伯服為太子。

褒姒視太子宜臼為眼中釘，陰謀用猛虎咬死宜臼未能得逞。宜臼知道這是繼母褒姒下的毒手，不得不戒心防患。褒姒一計不成，再生一計，想賜食毒殺宜臼，幸有宮人飛走密報，宜臼又躲過一劫。

宜臼自知難容於昏庸無情的父親周幽王、和惡毒妖媚的後母褒姒，與母親申後逃出都城，投奔申侯，褒姒卻還不善罷干休，唆使周幽王派出虢石父將申後母子及申侯殺死，斬草除根，以絕後患。

前-771年，申后之父申侯聯絡鄶侯（河南方城）、呂（河南南陽西）等國，以及犬戎入寇，大舉進攻鎬京，擄走褒姒，褒姒被擄後，從此下落不明，據說褒姒為了苟且偷生，不斷施展媚術誘惑犬戎王，與其淫亂，不久之後，諸侯聞鎬京被犬戎佔領，趁犬戎王懷抱褒姒這個狐媚多情的妖女淫樂時，殺入鎬京。犬戎王猝不及防，撇下褒姒倉皇西逃，而褒姒自知羞愧，便以三尺白綾上吊自盡，西周因褒姒而滅，故《詩經‧小雅‧正月》云：「赫赫宗周，褒姒滅之。」

2012年，北京清華大學獲贈的戰國竹簡「清華簡」，發現竹簡上的記述與「烽火戲諸侯」相左，這個故事是編造的。

文姜　?前-673 春秋時代齊國人

春秋時期齊國，有兩位歷史上著名人的女人，一個是賢德出名的齊姜，一個是美貌出名的文姜。齊姜是齊釐公的宗女，晉文公的夫人。有見識，有魄力，相夫中興大業，不愧為歷史偉大的女人。

另一個女人是齊國最美麗嬌艷滛蕩的文姜。春秋時代魯桓公夫人，齊僖公之女，齊襄公諸兒之妹（同父異母），與齊襄公亂倫被魯桓公得知，齊襄公令彭生殺魯桓公。文薑是齊國國君齊僖公的次女，有姿色才華。

她曾被許配給鄭國公子忽，鄭國人還為此創作了一首民歌來表達對這位未來的君夫人的期待之情，即《詩經‧鄭風‧有女同車》：

有女同車，顏如舜華，將翱將翔，佩玉瓊琚。彼美孟薑，洵美且都。

有女同行，顏如舜英，將翱將翔，佩玉將將。彼美孟薑，德音不忘。

詩中不僅讚揚了她的容貌象木槿花一樣美麗輕盈，還稱頌了她的德行如玉般溫潤，但鄭忽很快就以「齊大非偶'為由，退掉了這門親事」。

他退親可能知曉了文薑的私情 —— 她的情人，就是她的胞兄「世子諸兒」。

文姜受到刺激，生活淫蕩，與同父異母之兄諸兒私戀。被父僖公發覺，即速配給魯桓公。公元前-709 年出嫁魯國，為魯桓公夫人，生太子同，後又生公子友。出嫁前，文姜即與其兄齊襄公私通，齊僖公死了，嗣立齊襄公。出嫁十五年後，隨魯桓公至齊，慾火重燃，文姜又與齊襄公私通。魯桓公發現後怒責文姜，文姜轉而向兄長齊襄公告狀，諸兒設宴款待魯桓公，同時交待公子彭生在送魯桓公回驛館的路上將其殺死。文姜不好意思返魯。齊襄公則常藉打獵為名，到邊境去和文姜幽會。

襄公死了，文姜才回魯國，文薑在處理政務上展現才能，為一傑出的軍事家：掌握了魯國的政治權柄。時己春暮垂老，仍然艷名遠揚，淫蕩無束，然齊國人卻極力歌頌她的美麗。

黔婁夫人 春秋齊國、魯國時人

黔婁的丈夫黔婁是位賢士，高風亮節，不求仕進，齊、魯國君都請他為相，他不就。齊威王總是徒步拜訪，遠遠就下馬脫靴，徒步進洞。他一貧如洗，但安貧樂道，苦節獨行，感化世人。

黔婁的妻子，本名施良娣，知書達禮，明媚靈巧，秀外慧中，貴族嬌女，仰慕黔婁品德，出嫁黔婁。盡棄鉛華，躬井臼，到田間工作，他人饋贈，全被婉拒。黔婁死時，衾不蔽體。因家貧如洗，蓋體的被子太短不能蓋滿全身，孔子的門人曾參建議將被子斜蓋以蓋住全身，黔婁的妻子說：「斜之有餘，不如正之不足，先生生前不斜，死後斜者，不是先生之意。」曾參認為黔婁夫人說得很有道理，深感慚愧，於是哭得更為悲傷。並問黔婁妻說：「先生之終，何以為謚？」黔婁夫人立即回答："以康為謚。"

曾參大惑不解，問道："先生在時，食不充饑，衣不遮體，死則手足不能覆蓋，棺旁也沒有祭祖酒肉，生不得其美，死不得其深，何樂於此而謚為康乎！"

黔婁夫人正色道："先生生前，魯國國君要任他為相，但他辭而不為；齊國國君欲聘為卿，他同樣辭而不受，這算是有餘貴吧!魯國國君曾賜很多米粟給他，齊國國君也屢次要予以報酬，他都辭而不受，這算是有餘富吧!他願與天地人間共甘苦，寧願做平民百姓；他不戚戚於貧賤，不汲汲于富貴。這些全是為了仁義，以康為謚，誰能說不合適呢！"

曾參聽後，受到極大的感動連聲讚歎說："正因為有黔婁這樣的先生，才有像黔婁妻這樣的好夫人啊！"

慕黔婁高風亮節，後人把他當年隱居的山洞稱為"黔婁洞"（今濟南千佛山），洞中為他塑像，遺體被安葬在他的家鄉齊國都城臨淄的西邊（今臨淄區鳳凰鎮北金召村的東南），至今墓址猶在。黔婁夫人孀居，專心教育，繼承丈夫遺

志，以仁慈勤儉，安貧樂道教育方針，她的賢德，詳載於高士傳、通志、及濟南府志等書。黔婁夫人被稱為中國歷史上最賢慧的妻子。

唐代大詩人元稹以悼念他未發跡時妻子的詩最為有名，共三首，都叫"遣悲懷"，其中的一首：

謝公最小偏憐女，自嫁黔婁百事乖；顧我無衣搜藎篋，泥他沽酒拔金釵。

野蔬充膳甘長藿，落葉添薪仰古槐；今日俸錢過十萬，與他營奠復營齋。

孟母－孟仉　　?～前 317 年戰國時鄒國人

孟仉（zhǎng）氏，孟子的母親，克勤克儉，含辛茹苦，堅守志節，撫育兒子，從慎始、勵志、敦品、勉學以至於約禮、成金，數十年如一日，絲絲入扣，毫不放鬆，成就了孟子，更為後世的母親留下不朽教子標榜，孟母本人也成為名垂千秋，萬世模範的母親，在中國歷史上受到普遍尊崇。孟母教子有方，《三字經》「昔孟母，擇鄰處，子不學，斷機杼」，至今流傳，家喻戶曉。

孟母三遷，為今人樂道。孟軻幼年住在墓地附近。他學埋死人。孟母把家搬到集市附近，孟軻又學商販叫賣。東鄉有人殺豬，孟子不解地問母親："鄰家殺豬幹什麼？"孟母然後又把家搬到學宮附近。這就是孟母三遷。

孟子有所感悟，隨後勤學不止，並拜子思為師，且夕勤學，終於成為我國歷史上的儒學大師。

孟母深知做人要誠實，「言必信，行必果」，「身教重于言傳」，「殺豚不欺子」，教誨孟子"仁、義、禮、智、信"中"信"的品格。

1316 年，追封孟子父孟激為邾國公，追封孟子母親孟仉氏為邾國宣獻夫人。

孟子父母合葬墓地，墓高 9 米有餘，底圓長達二十多米。元明兩代祭祀孟母而立的奠碑及石桌、石鼎、石凳、石瓶等石雕，墓堆的石碑上，鐫刻著十一個醒目大字：「亞聖孟母端范宣獻夫人墓」。

孟母墓地成為孟母林，占地 578 畝，位於曲阜城南 13 公里的凫村。山中遍植檜柏，古木蒼翠、濃蔭蔽地，為世界上最大古柏園林，內有樹木約 1 萬 3 千

株，元明清歷代石碑數通。入林後，神道盡頭為享殿院，以紅色牆垣圍成，享殿四簷三間，長 10 米，寬 6 米。堂後有孟母墓碑，碑與墳分離，碑西 50 米處為孟母墓，坡高 8 米，周圍 15 米，前有供案、石鼎、石瓶。

1333 年，孟母墓碑，碑陰刻"世系之圖"，碑今不存。

孟母的偉大，"精五味，置酒漿，養舅姑，縫衣裳"及"三從之道"，她著重兒子成長過程中，給予不同方式的教育，最為崇高。

息夫人　春秋陳國、楚國時人

息媯（音:Guī），媯姓，叫做息媯、息夫人、息君夫人、文夫人。息媯豔比桃花，又被稱為「桃花夫人」。桃花象徵漂亮女人，也象徵薄命女人。息夫人即其最顯著的一例。杜牧詩：「細腰宮裡露桃新，脈脈無言度幾春，至竟息亡緣底事，可憐金谷墮樓人」息夫人的身世，是令人同情的。

息夫人是春秋時代息侯的夫人，姓媯，亦稱息媯。等於今日稱張王氏、吳楊氏等，代表出嫁婦人的身份。按春秋，陳國為媯姓，陳國之女皆曰媯，可知息夫人為陳國女人。左傳記載，息媯和姐姐蔡媯分別出嫁到息國和蔡國。息媯途經蔡國，蔡哀侯多有輕薄。息侯聽說後，非常生氣，發兵進攻蔡國，大敗蔡軍，並俘獲蔡哀侯。

蔡哀侯被俘感到憤恨，計謀向楚文王稱讚息媯的美貌。楚文王聽後心動，滅掉息國，將美艷的息媯帶回強迫追婚，生了兩個兒子，堵敖和成王。本應該歡喜，但息媯一直悶悶不樂，沉默裝啞三緘其口。楚文王問其原因，她悽楚嚴肅說「吾一婦人，而事二夫，縱弗能死，其又奚言？」按古代中國婦女，以再嫁為奇恥，息夫人被擄迫婚，國破夫離，忍辱偷生，不死已是罪惡，只好悄啞無言沉默地懺悔和抗議。楚文王知道她的感傷，為了取悅息媯的歡心，進攻蔡國，蔡哀侯再次被俘，最終客死楚國。

前 675 年，楚文王打敗黃國，回國途中去世。由息媯所生的長子堵敖繼位。三年後，堵敖為同母弟惲所殺，成為楚成王，朝政為子元所掌握。

前 666 年，子元欲誘姦嬌美寡居的息媯，在她居住的宮殿旁邊跳一種叫做「萬」的舞蹈。息媯聽到哭著說：「先王（指楚文王）要人跳這種舞，是用作習戰爭演練。現如今您不用這種方法來進攻仇敵，卻要用在我這個亡人旁邊，這難道不是件奇怪的事情嗎？」子元知道後，感嘆道「一個婦道人家都知道要打擊仇敵，我反而忘記了。」於是當年秋天率兵攻打鄭國。

前 664 年，子元出征鄭國後，強行和息媯姦宿住在一起，將勸阻他的大臣鬬射師囚禁。這年秋天，子元被申公鬬班殺死，他的父親鬬穀獲得令尹之位。

秋胡妻

「烈女傳」，魯人秋胡在楚國任光祿大夫，娶妻五日後離家赴陳為官，五年始返裏省親。其妻羅敷自秋胡離家，立志堅守，與婆母靠農桑度日。秋胡返家路途遇見美艷採桑婦人，下車謂曰「力田不如豐年，力桑不如見國卿。今吾有

金,願以與夫人。」婦曰「採桑力作,以供衣食,奉二親,不願人之金。」羅氏不識,憤而逃歸。秋胡至家,羅敷始知為己夫,歸污其行,羞憤投河自盡而死。

後人稱之「秋胡戲妻」,哀歌嘆惜!「回窰平貴真多事,化蝶莊周亦太迂;片面貞操封建制,戲妻妻應戲秋胡。」

虞姬　?~前-202.12.　江蘇沭陽縣虞溪村人,生於吳中(今蘇州市)

虞姬,又稱虞美人,系出吳氏,西楚霸王項羽義兵經過烏程,結識虞美人,那時虞美人是一個孤女,項羽把她帶到軍中,成為寵姬,長相伴隨項羽左右。

前-202 年,項羽在垓下之戰中被劉邦、韓信、彭越三方大軍合圍困於垓下(今安徽靈璧縣城南沱河北岸城後村),手下只嬫幾千殘兵,身陷十面埋伏,兵孤糧缺,四面楚歌,楚軍士氣盡失。項羽認為大勢已去,在帳中酌酒與虞姬對飲,項羽茫然吞下一杯酒,對著虞姬唱起悲壯「垓下歌」「力拔山兮氣蓋世,時不利兮騅不逝;騅不逝兮可奈何?虞兮虞兮奈何!」虞姬聽了熱淚直流,唱出杜鵑啼血孤雁哀鳴般的辭句「漢兵已略地,四方楚歌聲。大王意氣盡,賤妾何聊生!」歌罷為免項羽有後顧之憂,在項羽面前,拔劍自刎。項羽搶救不及,撫屍痛哭,時帳外戰鼓搖動,立即把虞姬的頭割下,掛在腰間,跨上他的名駿烏騅,一聲狂叫,殺出重圍,跑到烏江,他謝絕烏江亭長搖船過來的好意,拔劍自刎。楚漢相爭,自此劃止。

虞姬死後,葬於垓下,今安徽靈璧縣城東 15 華里、303 省道南側有虞姬墳。虞姬死後,江南地區為紀念虞姬對愛情的忠貞,對家國的摯愛,將當地生產血紅色的花,命名為虞美人。

李夫人　前 2 世紀~前 100 年河北省定縣

孝武皇后,姓李,名失傳,一般多稱李夫人,精通音律。為漢武帝夫人。兄弟李延年、李廣利。

前-111 年,李氏的哥哥李延年因擅長音樂得到武帝的接見。李延年擅長音律歌舞,故頗得武帝寵幸。一日李延年為武帝獻歌,歌詞稱:「北方有佳人,絕

世而獨立，一顧傾人城，再顧傾人國。寧不知傾城與傾國，佳人難再得！」武帝聞得此曲，極為感慨嘆息：「世間哪有你所唱的那種佳人」。武帝的姊姊平陽公主便告訴武帝，歌中的佳人就是指李延年的妹妹。李氏隨後得武帝召見，武帝見她果然是個姿色美豔的絕色美人，由是深得寵幸。不久李夫人懷孕，生下一個兒子劉髆。其兄李延年也受到漢武帝的寵愛，如同韓嫣一般。

前-104 年，漢武帝為李夫人家族封侯，封長兄李廣利為貳師將軍，攻打大宛國。

前-101 年，李夫人在太初元年到太初四年之間逝世，《史記》稱「蚤卒」，《漢書》記為「少而蚤卒」，她逝世時應當十分年輕。

李夫人重病時，漢武帝親往探問，她卻以臥被蒙頭，以形貌毀壞為由，婉拒與武帝見面。武帝再三勸說，李夫人最後索性不再作聲，於是武帝只好不悅而去。武帝走後，夫人的姊妹都責怪她不讓皇帝見她一面，李夫人則回答：「我之所以不想見皇帝，其實是為了兄弟們的將來。我以容貌之好，所以受帝愛幸。從來以色貌侍人的人，色貌衰老而他人的愛幸就會廢馳，愛幸廢馳則恩寵皆絕。皇上之所以如此顧念著我，是由於我平生的容貌美好。今若見我形貌毀壞，貌不如前，必定畏惡吐棄我，又怎肯再追思我以及照顧我的兄弟呢！」

《漢書》的記載，武帝以皇后之禮為李夫人下葬。但當時皇后衛子夫並未被廢。同時《漢書》中關於李夫人的記載與其它記載多有矛盾。《漢書》又記李夫人死後，漢武帝十分思念她，讓方士齊人少翁為李夫人招魂。而據《史記》的記載，少翁是為在李夫人之前受寵的王夫人招魂。前-118 年就已被誅殺。

李夫人逝世後，李延年兄弟皆被誅殺，滅族。李廣利因在攻伐大宛，未被誅殺。回到漢朝後，漢武帝已將李氏家族滅族，後來可憐其家，於太初四年四月丁巳封李廣利為海西侯。

前-97 年，其子劉髆被封為昌邑王。後李廣利投降匈奴，李氏家族再次被滅。

武帝駕崩後，由於嫡后陳氏被廢，繼后衛子夫因巫蠱案自縊，繼位者漢昭帝的生母趙婕妤也已被漢武帝殺害，一時竟無皇后合葬配饗。大臣霍光便揣度漢武帝生前意旨，為他寵愛的李夫人追上尊號為孝武皇后，配饗武帝。漢昭帝逝世後，其孫劉賀曾當了 27 天的皇帝。

李夫人的墓葬位於漢武帝茂陵西北一裏，稱英陵，亦稱集仙台。

孟姜女 秦朝時人

　　孟姜女，來源於中國民間故事「孟姜女哭長城」。「孟姜」是松江府華亭縣孟家莊孟隆德的長女；才貌雙全，夫妻恩愛情篤。《詩經‧國風‧鄭風‧有女同車章》有句「彼美孟姜」。

　　先秦時期，稱齊國國君之庶長女為孟，姜則是她的姓，《毛傳》「孟姜，齊之長女。」故事核心在唐朝已經成型，從齊國臨淄城移轉到秦始皇時代的長城。

　　一般傳說，孟姜女是秦朝始皇時期名女子，新婚之夜，蘇州丈夫萬杞良被抓去修築長城。他的妻子孟姜女不遠萬里為丈夫送去寒衣，花了很長時間才到長城，然而卻被告知丈夫已經死了，屍體被埋在長城之下。「孟姜女放聲大哭，最終哭倒長城八百里」，以滴血於枯骨堆裡認找到丈夫的屍體，秦始皇因此召見孟姜女，驚為天人，欲納孟姜女為妾，孟姜女要求秦始皇需至秦皇島為萬杞良披麻帶孝，秦始皇答應；在秦始皇祭拜完萬杞良後，孟姜女捧夫屍骨在今孟姜女廟所在，當場投海自盡。

　　《左傳‧襄公二十三年》中的齊國武將杞梁的妻子，無名無姓，稱為杞梁妻。「齊侯歸，遇杞梁之妻於郊，使吊之。辭曰：『殖之有罪，何辱命焉？若免於罪，猶有先人之敝廬在，下妾不得與郊吊。』齊侯吊諸其室。」即杞梁之妻要求齊侯在宗室正式弔唁杞梁。其中既沒有「哭」，也沒有長城或者城牆、更無「城崩」、「投水」等情節。

　　「哭城」情節在《禮記‧檀弓》記曾子提到「杞梁死焉，其妻迎其柩於路，而哭之哀」。劉向《說苑‧善說篇》加上「崩城」的內容「昔華周、杞梁戰而死，其妻悲之，向城而哭，隅為之崩，城為之阤。」

　　劉向《列女傳》加上「投淄水」的情節：「杞梁之妻無子，內外皆無五屬之親。既無所歸，乃就其夫之屍於城下而哭之，內誠動人，道路過者，莫不為之揮涕，十日而城為之崩。」乃枕其夫屍於城下而哭之，內誠感人，道路過者莫不為之揮涕。十日城為之崩。既葬，曰『我何歸矣？…亦死而已，遂赴淄水而死。」。

　　三國時曹植《黃初六年令》中說「杞妻哭梁，山為之崩」。敦煌石窟發現的隋唐樂府中有「送衣之曲」，增加了送寒衣的內容。

　　唐代貫休的詩作《杞梁妻》將故事時間移到秦朝，並將「崩城」變成「崩長城」：「秦之無道兮四海枯，築長城兮遮北胡。築人築土一萬里，杞梁貞婦啼嗚嗚。上無父兮中無夫，下無子兮孤復孤。一號城崩塞色苦，再號杞梁骨出土。疲魂飢魄相逐歸，陌上少年莫相非。」這時的內容和後來的故事已經差不多了。杞梁後來訛化成萬喜良或范喜良，其妻成為孟姜女。南宋鄭樵曰「杞梁之妻，

與經傳所言者，數十言耳，彼則演成萬千言……。」

元代開始孟姜女的故事被搬上舞台。

顧炎武《日知錄》闡述孟姜女的故事演變過程。顧頡剛發表《孟姜女故事研究》對故事演變的過程進行了更為詳盡的闡述。

在今河北省秦皇島市山海關城東附近約 6 公里的望夫石村後山崗上，建有孟姜女廟（又稱貞女祠），塑像面對大海，供人膜拜。

據《山東通志》載「杞梁墓在臨淄縣東三里，齊莊公襲莒杞梁死焉，其妻迎柩而哭，事見《檀弓》」。

1967 年封土因整地夷平，遺址尚存

民間故事悽愴動人是在孟姜女哭長城。從江南過江北上，一程一程的走，來到黃河，波浪滔天，一望無涯，心中不免大驚，如何能過得去？放聲大哭，朝東南八拜後，投河而下，韋神把她救起，帶過黃河，徐行到達萬里長城，不覺觸景生情，悽然淚下。茫茫萬里漫長長城，何處是丈夫埋屍之處？此時，一對引路烏鴉飛來，帶領孟姜女再走二十里路，到達一座涼亭，烏鴉便停飛不動，下意識告訴她，這即是丈夫埋屍之地，孟姜女一時淚如泉湧，哀慟號啕大哭，「高哭了三聲天上三光暗，低哭了三聲地下起悲風，哭得路上行人皆落淚，樹上烏鴉齊哀鳴」。孟姜女傷心奮不顧身，猛然用頭撞蹠城牆，嚇壞駐地土地城隍群神，韋忝在空中使寶杵打，大伙轟隆推倒一段城牆倒塌，萬喜良骸骨出現，孟姜女悠悠氣轉，抬頭見到城牆地丈夫骸骨，不禁又號啕痛哭，死而復生。

王昭君 公元前-52 年湖北秭歸興山昭君村

王昭君，名嬙，字昭君，父王穰老來得女，視為掌上明珠，兄嫂也對其寵愛有加。王昭君天生麗質，聰慧異常，琴棋書畫，無所不精，「娥眉絕世不可尋，能使花羞在上林」。昭君的絕世才貌，順著香溪水傳遍南郡，及至京城。

前-36 年，漢元帝昭示天下，遍選秀女。王昭君為南郡首選。父王穰雲：「小女年紀尚幼，難以應命」，聖命難違。王昭君淚別父母鄉親，登上雕花龍鳳官船順香溪，入長江、逆漢水、過秦嶺，歷時三月，到達京城長安，為掖庭待詔。

王昭君進宮後，自恃貌美，不肯賄賂畫師毛延壽，毛便在她的畫像上點些

破綻。王昭君冷宮 3 年，無緣面君。

前-33 年，北方匈奴首領呼韓邪單來朝，對漢稱臣，請求和親，以結永久之好。漢元帝盡召後宮妃嬪，王昭君挺身而出，慷慨應詔。元帝見之大驚，不知後宮竟有如此美貌之人，意欲留之，而難於失信。便賞給她錦帛二萬八千匹，絮一萬六千斤、及黃金美玉等貴重物品，親自送出長安十餘里。事後，漢元帝大為惱火，怒斬毛延壽，沒收他家財產。

王昭君到達匈奴，呼韓邪單于她為寧胡閼氏，意為匈奴安寧王后。不久生子，取名伊屠智伢師，後為匈奴右日逐王。

前-31 年，呼韓邪單于亡故，依匈奴風俗，「父死，妻其後母」風俗，王昭君嫁給呼韓邪的長子復株累單於雕陶莫皋，又生二女，長女名須卜居次，次女名當於居次。

前-20 年，復株累單於又死，昭君自此寡居。一年後，33 歲的絕代佳人王昭君去世，厚葬於今呼和浩特市南郊，墓依大青山、傍黃河水。後人稱之為「青塚」（現內蒙古呼和浩特城南）。王昭君塚墓高十餘丈，墓碑上書「漢明妃塚」，東邊二碑為彥德耆英詩碣，其詩「閭閻堪垂世，明妃冠漢宮，一身歸朔漢，萬里靖兵戎，若以功名論，幾於衛霍同，人皆悲遠塚，我獨羨遭逢。縱始承恩寵，□能保始終；至今青塚在，絕域賦秋風。」

西施　春秋末年　浙江諸暨薴蘿山人

西施，本名施夷光，中國古代四大美人（西施、王昭君、貂蟬、楊貴妃）。

491 年，吳國打敗越國，越王勾踐忍辱負重，當了吳王夫差奴僕，百般依順博取吳王好感，旋放他回國。勾踐歸來臥薪嘗膽，刻苦自勵，立志報仇。

吳王夫差荒淫好色，文種獻美人計，遍訪美女，藉以迷惑吳王夫差，圖謀報仇復國。范蠡在薴蘿村溪畔發現絕色佳人西施正在浣紗，及另一美女鄭旦。如獲至寶，將二人帶至會稽，命樂師教以歌舞技藝，儀態表情。此時西施和范蠡相互仰慕，互有愛意。

勾踐派范蠡護送西施至吳，三年始達，途中范蠡西施日久生情，私相款曲，

生一子。西施進獻吳王說「東海賊臣勾踐，感大王之恩德，遍搜境內，得善歌舞者，以供灑掃之役。」

吳臣相伍子胥進諫「臣聞：夏亡以妹喜，殷亡以妲己，周亡以褒姒。夫美女者，亡國之物也，王不可受。」吳王不聽勸諫，把西施收留下來，並在姑蘇臺建造春宵宮，在靈岩山上建造館娃宮，還修築大水池，以供西施嬉戲遊玩。

吳王夫差沉迷西施美色，對西施寵愛至極，荒廢朝政。勾踐趁機休養生息，養精蓄銳。

前-475 年，勾踐發奮圖強，國力日盛，舉兵伐吳。

前-473 年，乘虛一舉消滅吳國，吳王自殺身亡。

吳亡後，西施天下揚名，離開吳國返回故里，越國強盛，范蠡不容於越王勾踐，乃帶舊情人西施同汎五湖隱歸，遠離而去。「西子下姑蘇，一舸逐鴟夷」。

今日江蘇無錫太湖邊的里湖，相傳即為他們浮家汎宅之地，諸暨浣妙溪畔，尚留一塊西施浣紗石遺跡。四書上有「西子蒙不潔」「不有西施之美」受人崇拜。

貂蟬　生歿不明山西并州九原縣木耳村人

中國古代四大美女（西施、王昭君、貂蟬、楊貴妃）之一。「貂蟬」並非本名，真實姓名叫任紅昌。

漢獻帝時，司徒王允憤於董卓專權，欺凌天下，利用貂蟬的美色離間董卓和他的義子呂布，連環美人計，使呂布手刃董卓，大快人心。

貂蟬是王允的侍婢，南方人，幼年喪父，隨寡母投奔王允府中作婢女，12歲母死，王允的夫人；憐她孤苦伶仃，視為親生女兒。貂蟬天資國色，聰慧靈敏，深明義理，善體人意。王允與董卓兩虎難容，貂蟬看在眼裡，默默在花園月下，焚香禱告上蒼，希望憐助完成主人心願。王允眼見如此情景，靈機一動，想以利用貂蟬美色，為國除賊。乃和貂蟬密商，得允犧牲自己，許配董卓，再暗許呂布，使他們兩人意亂情迷，鉤心鬥角，兩面手法，使得董、呂之間相互猜忌，最後終於呂布一聰刺死董卓，達成除董願望。

呂布有兩妻一妾，先娶嚴氏，生一女，再娶貂蟬為妾，無出，居小沛時，又娶曹豹之女作次妾，曹氏來歸不久身故。

貂蟬嫁呂布後，紅極一時，鳳儀亭奪貂蟬，何等風光，白門樓與貂蟬困守，又何等悲慘。生活平淡，日趨潦倒。呂布被曹操擒殺後，貂蟬更不知去向，下落不明。

貂蟬事蹟多出現在說書故事當中有：

《三國演義》羅貫中有較完整記述，貂蟬的形象膾炙人口，正史並未有「貂蟬」的記載，只有呂布和董卓侍婢私通的紀錄。

《三國志·呂布傳》「卓常使布守中閣，布與卓侍婢私通，恐事發覺，心不自安」，事件中的侍婢並未明示「貂蟬」之名。

史書記載，秦朝的將軍和謀士頭上有一條貂尾和幾隻附蟬，合稱「貂蟬」。希望能像貂一樣聰明伶俐，蟬一樣品行高潔（蟬站在高枝之上，喝樹汁度日）。漢朝侍中和中常侍頭上有貂蟬。魏晉南北朝，隋唐五代及兩宋，貂蟬是部分高官頭上裝飾。

《開元占經》卷33提到史書《漢書通志》中的「貂蟬」記載。

《漢書通志》記載「曹操未得志，先誘董卓，進貂蟬以惑其君。」然《漢書通志》一書今已佚。

孟繁仁考證：貂蟬，姓任，小字紅昌，15歲被選入宮中，掌管朝臣戴的貂蟬（漢代侍從官員的帽飾）冠，從此更名為貂蟬。漢末宮廷風雲驟起，貂蟬出宮被司徒王允收為義女。再證：貂蟬出生於甘肅省臨洮縣，故狄道府。本和董卓同鄉，故被司徒王允授意，藉機接近董卓。

其實所謂木芝村和木耳村是一個村，是不同時期的叫法。忻州民間有定襄沒好男，忻州沒好女的說法，就是說貂蟬是忻州出的，而定襄是呂布的家鄉，他們兩個人一個勇猛異常，一個貌美如花，占盡了忻州和定襄兩地的風水，是幾千年才出兩個人的重大歷史事件。至今忻州仍有貂蟬的墓在，遊人絡繹不絕，紛紛感嘆這位薄命紅顏。而另外對於貂蟬的家鄉也有臨洮說和米脂說。

孟光　生歿不詳東漢扶風人

孟光，字德曜，梁鴻之妻，以德行見稱。

《後漢書》《續列女傳》載，孟光長得肥胖、貌醜、膚黑，力大無窮，能舉起石臼。年輕時曾經有不少人為她作媒，她都拒絕，父母問她要選怎樣的夫婿，她說：「要德行像梁鴻那麼好的。」梁鴻知道孟光如此仰慕他，又很欣賞孟光的德行，就決定娶已三十歲的她為妻。她和梁鴻訂婚後，就做了一些布衣、麻鞋等樸素廉價的衣服，並編織了一些竹筐等民具。婚禮那天她盛裝打扮，之後七天梁鴻都沒有理睬她，她就跪在床下問：「小女子私下聽聞先生德行高尚，已經拒絕了很多女子，妾身亦拒絕了很多男子，現在被嫌棄，不得不請罪！」梁鴻就說：「我是想找一個能夠和我穿粗衣服過活的人，你現在身穿華麗的衣裳，濃妝豔抹，哪裡是我希望要的人？」孟光就回應：「知道先生的意思，妾身也有隱居的服裝。」於是卸下華衣美服，改梳椎髻、穿樸素的布衣服，做起「織布」等工作。梁鴻看到就說：「這真是我梁鴻的妻子！」並為她取名為光，字德曜。

兩人一起生活了一段時間，有一天孟光問梁鴻：「常常聽到先生說想隱居避難，現在為甚麼沒再提起？難道你想向現實妥協嗎？」梁鴻就說：「是（想歸隱）。」於是夫婦二人就一起到霸陵的深山隱居，以耕織為工作，閒時唸書、彈琴自娛。他們仰慕先世的高士，為四皓以來 24 位高士作頌。有一次梁鴻因事出東關，到京師洛陽，想起普通百姓的辛勞愁苦，悲從中來，作《五噫歌》，觸怒了漢章帝，只好帶著孟光逃亡。他們到了吳郡大戶人家皋伯通家為僕人。雖然他們淪為奴僕，但依然謹守禮節，吃飯前，孟光總會把飯菜連著小桌舉高至眉毛處，皋伯通看到了，就覺得他們應該不是普通的下人，於是以賓客之禮待之。

後世就把「舉案齊眉」這句成語形容夫妻相敬相愛。

趙飛燕　前-32~-7 西漢成帝時長安宮人

趙飛燕，本姓馮，父親為音樂師，父死後，為一姓趙的收養而改姓趙。因貌美，體態輕盈，掠風如燕子，善歌舞，輕如「飛燕」，善應酬，為富平侯張放所寵眷，張放領著漢成帝冶遊。成帝一見趙飛燕，驚為絕色，乃召入宮，連同她妹趙合德都封為婕妤（即妃子），成帝對這隻姊妹，顛倒迷戀。

前-18 年，許氏皇后被廢。

前-16 年，立趙飛燕為皇后，其妹合德封為昭儀，養父趙臨、兄趙欽先後被封為成陽侯和新成侯。兩人色傾後宮，專寵十餘年。好景不常，趙飛燕私戀一侍衛兒子，又偽裝懷孕，被成帝發覺，本欲處斬，其妹哀求，才得赦免，打入冷宮。

趙飛燕失寵，成帝迷戀趙合德，趙合德比她姐組更淫媚。姊妹日夜蠱惑，趙飛燕失寵，妹妹趙合德更顯出勾魂蕩魄本領，使出「渾身解數」，夜夜奉宵。

前-7 年，成帝耗精過度，酒弤侵骨，在趙合德愧懷裡暴亡。

漢成帝死後，漢哀帝劉欣即位，趙飛燕被尊為皇太后。

前-1 年，漢哀帝在位僅六年駕崩，王莽擁劉衍為帝，是為漢平帝。

漢平帝追查趙飛燕姐妹殘滅繼嗣之事，將趙飛燕貶為孝成皇后，遷居北宮，趙飛燕有失婦道，無共養之禮，而有狼虎之毒，廢為庶人。

晚年趙飛燕悽涼，作了王莽篡漢的犧牲品。一隻燕子，春風婀娜時節，雙棲金玉滿堂的玳瑁樑上，舞影翩翩，誰不妒羨？曾幾何時，便隨著斜陽暗淡的餘暉，秋風蕭瑟中，覆巢之下無完卵，自古紅顏多薄命，大多都是悲慘的結局。

緹縈 生歿不詳西漢臨淄（今山東淄博）人

緹縈即淳于緹縈，著名醫學家淳于意（倉公）之女，淳於意（公元前 205 年—前 150 年）臨淄（今山東淄博）人，漢初著名醫學家，因其曾任太倉令（或曰太倉長），故世稱"倉公"。

倉公曾拜公孫光爲師，學習古代的醫學典籍和臨床經驗。公孫光又推薦倉公去向公乘陽慶學醫。公乘陽慶年邁無子，收倉公爲徒後，將己藏的黄帝、扁鵲脈書傳授給他。數年後，倉公苦練得成，成爲名醫。

倉公不喜奉承，不輕易爲王公貴族治病，得罪了不少世家貴冑，"病家多怨之者"，後被顯貴誣告，倉公被判〔肉刑〕罪刑，要到長安受刑。

倉公無子，生有五女，當朝廷詔其進京受刑時，他感傷"生女不生男，緩急無所益"，前-167 年緹縈隨入京城，上書漢文帝，願以己身爲官婢，以贖父罪書請作官婢贖大刑。文章情辭懇切，打動漢文帝，赦免了倉公，並使其廢除殘忍的肉刑。緹縈因此事而聞名，其孝義事蹟「緹縈救父」也成為一個家喻戶曉的故事。其上書全文：「妾父為吏，齊中皆稱其廉平，今坐法當刑。妾傷夫死者不可復生，刑者不可復屬，雖復欲改過自新，其道無由也。妾願沒入為官婢，贖父刑罪，使得自新。」

此後，倉公不吝其道，廣傳醫術，門下出了宋邑、高期、王禹、馮信、杜信、唐安以及齊丞相府的宦者平等人，是秦漢授徒數目相當不少的一位醫學人士。

班固《詠史》贊曰：「百男何憒憒，不如一緹縈。」儒家把她作為孝道榜樣。

孫尚香 生卒不明浙江富陽人

孫尚香，父親孫堅，母親吳太夫人的妹妹吳國太，兄弟姐妹有：孫策、孫權、孫翊、孫匡、孫朗。孫尚香，自幼喜好武藝，常以與人擊劍為樂。容姿甚美，人稱"弓腰姬"，劉備定荊州時，孫權對其十分畏憚，用周瑜"調虎離山"之計，趁劉備喪偶之機，將孫尚香許配給劉備和親。

劉備入吳之後，孫尚香見劉備，倍感欣慰。劉備娶孫尚香之後，劉備每入，心內常覺凜然驚懼。諸葛亮曾說：「主公（劉備）在公安時，北畏曹公之強盛，東憚孫權之進逼，近則懼孫夫人生變於肘腋之下；便有逃離虎穴之心。在孫尚香的幫助下，劉備得以逃離虎穴，表現出孫尚香對感情的執著。劉備更對她的作為銘記於心。夫妻二人平安回到荊州之後恩愛倍至，更促進瞭孫、劉兩傢的和睦。後劉備入益州，使趙雲領留營司馬，留守荊州。此時孫夫人自以孫權之

妹的身份，驕妄豪強，常帶著一群東吳吏兵，在荊州縱橫不法。既爾孫權聞知劉備西征，於是大遣舟船以迎孫夫人，而夫人帶著後主劉禪回吳，幸得趙雲與張飛勒兵截江，方重奪劉禪。孫尚香收到從吳國傳來母親重病的消息。孫尚香趕忙回國，之後，兩國之間干戈四起。彝陵之戰，劉備戰敗，訛言傳入吳中，道劉備已死，孫尚香望西痛哭傷心不已，望西痛哭，投江而死。後人為其立廟，號曰「梟姬廟」。

謝道韞　生卒不詳東晉時人

謝道韞（即謝道蘊），字令姜，宰相謝安姪女，安西將軍謝奕的女兒，是著名書法家王羲之的兒子王凝之妻。有才辯，神情散朗，有林下風，既秀且慧。

《世說新語》謝安在一個雪天和子姪們討論可用何物比喻飛雪。謝安的姪子謝朗說道「撒鹽空中差可擬」，謝道韞則說：「未若柳絮因風起」，因其比喻精妙而受到眾人的稱許。她與漢代班昭、蔡琰等人成為中國古代才女的代表人，而「詠絮之才」也成為後來人稱許有文才的女性的常用的詞語，這段事蹟亦為《三字經》「蔡文姬，能辨琴。謝道韞，能詠吟。」所提及。

謝道韞嫁王凝之為妻，婚姻並不幸福。謝道韞初適凝之，甚不樂。安曰：『王郎，逸少子，不惡，汝何恨也？』答曰：『一門叔父，有阿大（謝尚）、中郎（謝據）；群從兄弟復有『封胡羯末』，不意天壤之中乃有王郎！』」。封是指謝韶，胡是謝朗，羯是謝玄，末是謝川，都是謝家兄弟。謝道韞抱怨說謝家兄弟都這麼有名氣，為什麼單單出了王凝之這個蠢才！

在孫恩之亂時，丈夫王凝之為會稽內史，守備不力，逃出遭抓被殺，謝道韞聽聞敵至，舉措自若，拿刀出門殺敵數人，始被擄抓而去。孫恩因感其節義，故赦免道韞及其族人。王凝之死後，謝道韞在會稽獨居，終生未改嫁。

潘　妃

潘妃，字玉兒，又名玉奴，肌膚雪白如玉，南齊東昏侯蕭寶卷為她迷倒，收為妃子。東昏侯寵愛有佳，出外總是讓潘妃坐轎，自己騎馬，為她建仙華、神仙、玉壽三殿，窮盡奢華，鑿金蓮花地，使潘妃跚跚走在上面，由於東昏侯過份寵愛而有畏懼心。潘妃服御，極選珍寶。為一寵妃，弄得烏天黑地，以致民怨沸，騰國破人亡。時不過兩年，梁武帝入建康，將昏庸的東昏侯殺掉，南齊遂亡。梁武帝寸潘妃賞賜給有功田安啓，潘妃不從，自縊而死。

莫愁　生歿不詳河南洛陽又說湖北鐘祥人

　　莫愁，姓氏無考，只知她夫家姓莫。梁武帝有首「河中水之歌」詠「河中之水向東流，洛陽女兒名莫愁，十五嫁為盧家婦，十六生兒字阿侯」。莫愁是古樂府中所傳說的女子。《樂府詩集》所收《莫愁樂》說「莫愁在何處？莫愁石城西。」南朝陳智匠《古今樂錄》「石城西有女子名莫愁，善歌謠。」

　　李商隱詩「重帷深下莫愁堂，臥後清宵細細長。」沈全期詩「盧家少婦鬱金堂，海燕余栖玳瑁梁」，可知莫愁為一美女，精通音律。

　　南京莫愁湖邊有座「勝棋樓」，樓下鬱金堂有莫愁和徐達的遺像，堂前有一副對聯「江水東流，淘不盡千古英雄兒女；石城西崝，依舊是六朝煙樓台。」

卓文君　生歿不詳四川邛峽人

　　卓文君，四川臨邛巨商卓王孫之女，姿色嬌美，精通音律，善彈琴，有文名。史稱「面目姣好，眉色如望遠山，臉際著芙蓉，肌膚柔滑如脂。」16歲嫁給同邑富人程氏之子，17歲丈夫過世，回娘家寡居。父欲覓地位高人女婿。

　　司馬相如漫遊臨邛，得聞臨邛有一新寡絕世美女，故裝富豪到卓王孫家赴宴，彈奏了一曲《鳳求凰》，傾吐愛慕之情。

　　鳳兮鳳兮歸故鄉，遨遊四海求其凰，時未遇兮無所將，何悟今夕升斯堂。
　　有艷淑女在閨房，室邇人暇毒我腸！何緣交頸為鴛鴦，胡頡頏兮共翱翔？
　　鳳兮鳳兮從我棲，得托孳尾求為妃，交情通體心和諧，中夜相從知者誰？
　　雙翼俱起翻高飛，無感我思使余悲！

　　卓文君喪夫新寡，燦灼芳心，自傷孤寂，在屏後偷顧，聽了藺相如的琴聲，當夜即私奔投入司馬相如懷抱，逃到成都。藺相如，家徒四壁，一貧如洗，只好回臨邛開小酒店為生，卓文君賣酒，藺相如洗碗，生活清苦。卓文君父卓王孫得知，朋友勸諫下資助他們，兩人關了酒店，相偕回到成都。後來司馬相如與卓文君生下一個女兒，司馬氏，喚名琴心。因正月初一生，故皇后賜名元春。

　　漢武帝時，司馬相如獲得賞識，打算納茂陵女子為妾，冷淡卓文君。卓文君傷心寫了《白頭吟》感動司馬相如，打消納妾的念頭。

　　皚如山上雪，皎若雲間月。聞君有兩意，故來相決絕。
　　今日斗酒會，明旦溝水頭。蹀躞御溝上，溝水東西流。
　　淒淒復淒淒，嫁娶不須啼。願得一心人，白頭不相離。
　　竹竿何嫋嫋，魚尾何簁簁。男兒重意氣，何用錢刀為？

同時卓君還給司馬相如寫下兩封書信：
　　春華競芳，五色凌素，琴尚在御，而新聲代故。錦水有鴛，漢宮有水，彼

物而新，嗟世之人兮，瞀於淫而不悟！朱弦斷，明鏡缺，朝露晞，芳時歇；白頭吟，傷別離，努力加餐毋念妾。井水湯湯，與君長訣！

據說當司馬相如在長安，被封為中郎將時，自覺身份不凡，曾經興起休妻念頭，寫了封信給卓君，「一二三四五六七八九十百千萬」，要卓文君立刻回信，信中數字獨欠「億」，卓文君知司馬相如對自己無「憶」，寫《數字詩》示怨情。「一別之後，二地相懸。只說三、四月，誰知五、六年。七絃琴無心彈，八行字無可傳。九連環無故折斷，十里長亭望眼欲穿。百思念，千掛牽，萬般無奈把郎怨。萬語千言說不完，百無聊賴十倚欄。重九登高孤身看孤雁，八月中秋月圓人不圓。七月半燒香秉燭問蒼天，六月間心寒不敢搖蒲扇。五月石榴似火，偏遇冷雨催花瓣；四月枇杷未黃，我欲對鏡心煩亂。急匆匆，三月桃花隨水轉；飄零零，二月風箏線扯斷。噫！郎君兮，盼祇盼，下一世你為女來，我為男！」

司馬相如讀後自慚形穢，打消納妾之念。117 年病死，著「封禪書」上奏皇帝。

蔡琰　177~？陳留圉今河南杞縣人

蔡琰，字昭姬，晉時避司馬昭諱，改字文姬，父蔡邕，博學多才，才華橫溢，通音律，建安時期著名的女詩人。

蔡琰一生遭遇極為不幸，初嫁衛仲道，婚後兩年，夫亡無子，只得回娘家寡居。188 年，董卓之亂，蔡琰為胡騎擄去，流落南匈奴左賢王為妃十二年，生二子。

文姬以琴音作胡笳十八拍之曲，流入國中，哀傷憂怨。

207 年，曹操與蔡邕交情深厚，痛其無嗣，遣使以金璧贖回蔡琰。

蔡琰回漢後，改嫁同郡董祀，寫下「胡笳十八拍」。董祀為屯田都尉，犯法當死，文姬詣曹操請之。時公卿名士及遠方使驛坐者滿堂，操謂賓客曰：「蔡伯喈女在外，今為諸君見之。」及文姬進，蓬首徒行，叩頭請罪，音辭清辯，旨甚酸哀，眾皆為改容。操曰：「誠實相矜，然文狀已去，奈何？」文姬曰：「明公廄馬萬匹，虎士成林，何惜疾足一騎，而不濟垂死之命乎？」操感其言，乃赦免董祀罪。史載「蓬首徒行，叩頭請罪，音辭清辯，旨甚酸哀，眾皆為改容。」

時旦寒，賜以頭巾履襪。曹操問曰：「聞夫人家先多墳籍，猶能憶識之不。」文姬曰：「昔亡父賜書四千許卷，流離塗炭，罔有存者。今所誦憶，裁四百餘篇耳。」操曰：「今當使十吏就夫人寫之。」文姬曰：「妾聞男女之別，禮不親授。乞給紙筆，真草惟命。」於是「繕書送之」，文無遺誤。蔡琰天賦才華，感傷離亂，追懷悲憤，作詩二章。

《古今傳授筆法》曰：「蔡邕得筆法於神人，傳女文姬。」

《法書要錄》亦曰：「邕女琰甚賢明，亦工書。」

《黃山谷集》云：「蔡琰《胡笳》引自《書》十八章，極可觀。」

甄后（文昭甄皇后）183.1.26.~221.8.4.河北省無極縣人

文昭甄皇后，名不詳，稱甄后、甄夫人。魏文帝曹丕的正室，魏明帝曹叡之生母。曹叡即位後追尊甄氏為文昭皇后。歷史上稱為「洛神」美女。

甄氏是上蔡縣令甄逸之女，母為張氏。三歲喪父。建安中期袁紹次子袁熙納之。

199年，袁熙出任幽州刺史，甄氏留在冀州侍奉袁紹的妻子劉氏。

204年，冀州鄴城被曹操攻破，甄氏因有姿色，被曹丕所納。甄氏初有寵於曹丕，生下兒子曹叡和女兒曹氏（即東鄉公主）。甄氏對曹丕妾室中有寵的勸勉她們努力上進，對無寵的安慰開導，並常常建議曹丕為子孫昌盛多娶妻妾。曹丕要驅逐一位姬妾任氏時，甄氏曾「流涕固請」，為其求情。

220年，曹操逝世，其子曹丕繼為魏王。甄氏生一子一女，子曹叡即後來魏明帝。曹丕逼漢獻帝劉協退皇帝位為魏文帝。劉協將兩個女兒獻與魏室為嬪。除獻帝二女外，曹丕在洛陽，後宮愛幸者有三：貴嬪郭女王，位次皇后；李貴人，生有皇子曹協；陰貴人，東漢大族南陽陰氏女。

曹丕初即王位，便進郭女王為夫人，封號等同甄氏。到曹丕稱帝，攜郭女王到洛陽，進封貴嬪，地位僅次於皇后；甄氏被冷落留在鄴城，仍為夫人，不立為皇后。甄氏愈發失意，頗有怨言。

221年，曹丕不顧情義，遣使至鄴城將甄氏毒死，殯葬時披髮覆面，以糠塞口。曹丕曾請術士周宣解夢，周宣答「天下將有貴族女子冤死。」曹丕聞言後悔，派人追回賜死甄氏的使者，但已不及。

222年，曹丕冊立郭女王為皇后，令甄氏之子曹叡奉郭皇后為母。

226年，曹叡繼承帝位，即魏明帝，甄氏才被追封文昭皇后。

相傳甄氏曾創設「靈蛇髻」，對古代婦女髮式頗有研究。

薛靈芸　三國時人　出身常山郡

薛靈芸，魏文帝改其名為薛夜來。為魏文帝曹丕的妃子。「紅淚」典故中主角，傳說為斜紅妝飾的創始人。又因其善女紅而被後是奉為針神。

她能在黑夜中，不點燈，不燃燭，運用纖纖十指，縫紉刺織，桃花繡朵，裁製精美的服飾出來。

「紅淚」指女子的眼淚，「薛靈芸聞別父母，唏噓累日，淚下沾衣，至升車就路之時，以玉唾壺承淚，壺即紅色。既發常山，及至京師，壺中淚凝如血。」陸遊在《釵頭鳳》中「……淚痕紅浥鮫綃透……」的一句有所引用。

魏朝皇帝，都極為敬仰這位「針神」美女，皇帝賜薛靈芸芳名「夜來」。薛靈芸入宮，備受皇帝寵眷，她的縫繡手藝，使得皇帝穿了她手製的衣服外，不再願穿別人所做的衣服。宮中人稱她為「夜來衣」，穿了夜來衣，滿身芬香，人稱叫這種衣叫做「夜來香」。

可惜薛靈芸身體脆弱，入宮不久便病死了。民間稱薛靈芸是天上織女下凡，

她死了是薛靈芸升天。

張泌《妝樓記》「夜來初入魏宮，一夕，文帝在燈下詠，以水晶七尺屏風障之。夜來至，不覺面觸屏上，傷處如曉霞將散，自是宮人俱用胭脂仿畫，名曉霞妝。」夜來即薛靈芸，初入曹魏文帝曹丕後宮，一晚，曹丕正在燈下讀書，四周圍以水晶屏風。由於燈光昏暗，水晶屏風又透明如無物，當薛夜來走向魏文帝時，**鬢邊不慎撞上水晶屏風且血流不止**。待鮮血擦去後，傷處留下如朝霞將散的痕跡，即使痊癒，仍留有如新月般的疤痕。後來宮中女子見薛夜來受寵，便爭相在兩鬢邊學著薛夜來的傷痕，用硃砂、胭脂等紅色膏料畫上面飾，稱曉霞妝。後來演變為斜紅型式。

王嘉《拾遺記》記載，薛靈芸擅長針黹，能作精妙的針線活，即便在昏暗的燭光下也能做出精細的刺繡，因而被後世奉為針神。薛靈芸入宮後，出自其手的針線製品深受魏文帝喜愛，魏文帝甚至到了非薛靈芸裁製的衣物就不穿著的地步。「夜來妙於針工，雖處於深帷之內，不用燈燭之光，裁製立成。非夜來縫制，帝則不服。宮中號為針神也。」

綠珠　?～300 晉白州博白今廣西生雙角山下人

綠珠，西晉石崇寵妾。「美而艷，善吹笛」。西晉太康年間，石崇出任交趾採訪使，路過博白，驚慕綠珠美貌，以三斛明珠聘為妾，並在皇都洛陽建造金谷園，石崇還在南皮（今古皮城遺址處）為綠珠建了梳妝樓。

300 年，趙王司馬倫專權，倫之黨羽孫秀垂涎綠珠，向石崇索要綠珠，石崇拒絕。孫秀圍金谷園，石崇正在大宴賓客，石對綠珠說：「我因你而獲罪」，綠珠泣曰：「妾當效死君前，不令賊人得逞！」綠珠墜樓自盡。孫秀殺石崇全家。

杜牧詩「繁華事散逐香塵，流水無草自春；日暮東風怨啼鳥，落花猶似墜樓人！」

綠珠不僅是一位絕色美人，而且擅長音樂和舞蹈，一位有志氣有骨頭的剛烈女性，她的悲劇獲得千萬世深摯的同情。

祝英臺　318～419　浙江上虞（又說是浙江慈谿縣祝家村人）

　　東晉時，浙江上虞祝家有一女祝英臺（又名：祝九妹），女扮男裝到杭州遊學，途中遇到會稽來的同學梁山伯，兩人便相偕同行。同窗三年，感情深厚，但梁山伯始終不知祝英臺是女兒身。後來祝英臺中斷學業返回家鄉。梁山伯到上虞拜訪祝英臺時，纔知道三年同窗的好友竟是女紅妝，欲向祝家提親，此時祝英臺已許配給馬文才。之後梁山伯在鄞當縣令時，因過度鬱悶而過世，葬於寧波西門外十里邵家渡，至今墳墓尚存。祝英臺出嫁時，經過梁山伯的墳墓，突然狂風大起，阻礙迎親隊伍的前進，祝英臺下花轎到梁山伯的墓前祭拜，梁山伯的墳墓塌陷裂開，祝英臺投入墳中，其後墳中冒出一對彩蝶，雙雙飛去。

　　晉代在浙江鄞縣西高橋鄉建有梁山伯廟，廟門對聯「精忠不貳召千古，大義無雙冠五洲」，祝英台墳立有石碑「義婦英台之塚」，廟內有梁祝並坐神像，樓下右側是祝英台閨房，廟內陳設梁山伯衣冠袍帶，及祝英台花衣繡鞋。

蘇小小　479～502 錢塘江

　　蘇小小，貌美艷麗，聰慧多才。她可能是錢塘渡口旅店或酒館主的女兒，或是女招待。南北朝的南齊時期，錢塘的著名歌妓，「才空士類容絕世」。她曾寫有「我乘油碧車，郎乘青驄馬，何處結同心，西陵松柏下。」「長怨十字街，使郎心四散」「中劈庭前棗，教郎見赤心」「梅花雖傲骨，怎敢敵春寒？若更分紅白，還須青眼看！」的美句，應稱是一有才學的詩妓。

　　歷代文人唐朝的白居易、李賀，明朝的張岱，近代曹聚仁、余秋雨，都寫過關於蘇小小的詩文。白居易有詩「若解多情尋小小，綠楊深處是蘇家。」清代詩人袁枚也對蘇小小非常仰慕，曾隨身攜帶私章一枚，上刻「錢塘蘇小是鄉親」。

　　她為了追求自由，寧願做一個青樓女子，盡情欣賞湖光山色。途經錢塘的觀察使孟浪對她非常痴迷，但卻遭到了蘇小小的拒絕。而後蘇小小慧眼識才，資助窮書生鮑仁進京趕考。蘇小小的結局頗為哀艷淒絕。她因偶得風寒，年紀輕輕就香消玉殞。死後，鮑仁將其隆重下葬，埋於杭州西湖西泠橋畔。

張麗華　559～589

　　張麗華，南朝陳後主叔寶寵妃，皇太子陳深、會稽王陳庄生母，揚州人，出身兵家，父兄皆以織席為生，為中國歷史上有名的美女。「張貴妃髮長七尺，鬢髮如漆，其光可鑒。」十歲選美入宮，充當龔良娣的侍女，深受陳叔寶寵愛，對她言聽計從，不久懷孕，生下兒子陳深，幾年後，又生下兒子陳庄。

　　582 年，陳宣帝陳頊逝世，太子陳叔寶即位，封張麗華為貴妃。張麗華生

性聰慧，舉止嫻雅，能歌善舞，深受陳後主及皇太后柳敬言寵愛，她才辯敏銳、記憶力極強，看過的奏章，熟稔心頭，過目不忘，陳後主不明白時，加以指點，起初只執掌內事，後來干預朝政，逐漸掌控朝政。

陳叔寶廢庶長子，封張麗華兒子陳深為皇太子，並積極準備廢掉皇后沈婺華封張麗華為皇后，因陳亡國才未來得及。

584 年，陳後主為張麗華詩作《玉樹後庭花》「麗宇芳林對高閣，新裝艷質本傾城；映戶凝嬌乍不進，出帷含態笑相迎，妖姬臉似花含露，玉樹流光照後庭；花開花落不長久，落紅滿地歸寂中。」名曲還有《臨春樂》《春江花月夜》等。

隋文帝派楊廣攻陳，捕獲張麗華與陳後主，他們一同躲入宮井中避禍，楊廣一見驚為天人，欲將張麗華納為愛妃。但高潁擔憂曰「武王滅殷，戮妲己。今平陳國，不宜娶麗華，命斬之。」棄屍於青溪中橋，享年 30 歲。張麗華遺言「臣妾死後，乞葬於秦淮，因臣妾來自秦淮，出身下賤，不敢與後主合葬。」終葬於秦淮上游賞心亭井中，後人祀奉為十月芙蓉花神。楊廣聞知變色「昔人云，『無德不報』，我必有以報高公矣！」自是恨之入骨。據傳由於井口太小，三人一起擠上，張麗華脂粉被擦在井口上，將井命名「胭脂井」，也有人不齒叫「恥辱井」。588 年，隋軍南下攻打建康，前線飛書告急陳後主，竟把急件放在張麗華的床頭，忘記啟封。

文成公主 623～680.11.1.

文成公主（藏語拼音 mun chang kung co，威利：mun chang kung co，在吐蕃被尊稱為(威利 rGya Mo bZa，甲木薩)，唐朝和親公主，吐蕃贊普松贊干布的王后。唐朝皇室遠支宗室女，於 640 年奉唐太宗之命和親吐蕃。

634 年，松贊干布派人到唐朝提出要娶一位唐朝公主，沒有被允許。松贊干布的特使回來後告訴松贊干布唐不答應婚約是由於吐谷渾。松贊干布大怒，

638 年，松贊干布遂借口唐朝屬國吐谷渾從中作梗，出兵入侵吐谷渾和唐朝的松州（今四川松潘），雖然唐軍在侯君集、牛進達的率領下擊退了吐蕃軍，吐蕃退出党項、白蘭羌、吐谷渾等，松贊干布遣使謝罪，再次請婚，「遣其相祿東贊致禮，獻金五千兩，自余寶玩數百事」。

敦煌吐蕃歷史文書的記載中，有贊蒙尊稱並且去世後享有祭祀是地位不低於吐蕃王后的人擁有的待遇，文成公主、金城公主都擁有這待遇，松贊干布的女人里僅文成公主擁有這待遇。

文成公主，唐朝宗室女（不是皇帝的親生女兒）。敦煌吐蕃歷史文書記載：「贊蒙文成公主由噶爾·東贊域松迎至吐蕃之地。」

640 年，松贊干布派遣祿東贊以厚禮黃金五千兩及寶物珍玩數百件，到長安向唐太宗請婚，娶了文成公主（宗室女，不是皇帝的親生女兒）。傳說布達拉宮即為松贊干布為迎娶文成公主所建。貞觀十五年（641 年），江夏郡王、禮部尚書李道宗護送文成公主入吐蕃，以釋迦牟尼像、珍寶、經書、經典 360 卷等作為嫁妝。松贊干布從邏些（今西藏拉薩）趕到柏海（柏海在烏海西南，

烏海在青海西南 2000 多里）迎接。唐封他為駙馬都尉、西海郡王。（在之後的松贊干布在位期間，吐蕃與唐沒再發生戰爭。）

文成公主帶至西藏的佛像，松贊干布建造了寺廟，來供奉它。

幾件流傳迄今的故事有：文成公主不喜歡吐蕃人「赭面」（以紅顏料塗面），松贊干布立刻廢除這項習俗。而受到公主影響，松贊干布「漸慕華風」，遣貴族子弟赴長安學習詩書。

680 年，文成公主在邏些城病逝，吐蕃舉行隆重的葬禮，唐遣使臣赴吐蕃祭奠。

683 年，祭祀贊蒙文成公主。」金城公主，唐朝宗室女，雍王李守禮的女兒。敦煌吐蕃歷史文書記載：

710 年，贊蒙金城公主至邏些

739 年，贊蒙金城公主薨逝

741 年，祭祀贊普王子拉本及贊蒙金城公主二人之遺體」。

西藏人尊奉尺尊公主與文成公主，相傳觀世音菩薩因為見到西藏人民的痛苦，流下兩滴眼淚，成為度母，化身為兩位公主，至西藏來解除人民的苦難：其中白度母變身為尺尊公主，而文成公主為綠度母的化身。

梅妃（江采蘋）710～756 福建莆田

江采蘋，唐玄宗早期寵妃，入宮後賜名梅妃，身材苗條，姿色俏麗，生性溫柔，淡妝雅服，清麗脫俗、孤傲高潔。父親江仲遜，家族世代為醫。九歲的時候，便能誦讀《詩經》，十餘歲已長得花容月貌，天姿國色，琴棋書畫無所不通。

726 年，宦官高力士奉命到閩地選美，選中十六歲的江采蘋，帶回長安。唐玄宗見她，姿態明秀，豐神楚楚，秀骨姍姍，以為是仙女下凡，驚羨不已。在其寵妃武惠妃於開元二十五年（737 年）身故之後，繼而寵愛江采蘋。

江采蘋不僅善於詩文，還精通樂器，能歌善舞，江采蘋在梨園，吹奏白玉笛，由於其舞技出眾，尤善跳《驚鴻舞》，如飛鳥展翅，輕飄如仙，深得唐玄宗寵愛。江采蘋酷愛梅花，其寢宮周圍，皆悉植梅樹，每當寒冬臘月之時，梅花開放，她總會以淡妝在花樹下流連，賞花賦詩，怡然自得。她先後作有《梅花》《蕭蘭》《梨園》《鳳笛》《玻杯》《剪刀》及《綺窗》七賦，文筆優美，意境清麗，其中以《謝賜珍珠》、《樓東賦》、《一斛珠》最有名，常自比為謝道韞。唐玄宗對其美貌和才氣深感欣賞，因此封她為梅妃，更戲稱她為「梅精」。

隨著楊太真（楊貴妃）進宮，江梅妃開始由當初備受玄宗寵愛，變得失去寵愛。楊貴妃生性狷苛，很容易嫉妒吃醋。楊貴妃常常暗地指責江梅妃為「梅精」，梅妃同樣也常常暗地稱楊貴妃為「肥婢」，後來為楊貴妃嫉妒而失寵。

唐玄宗雖然極度寵愛楊貴妃，但也偶爾想起江梅妃當初的溫柔，經常暗地裏召幸梅妃。有一次召幸江梅妃東窗事發，被楊貴妃發現，江梅妃和楊貴妃兩者關係因而勢成火水，這也導致江梅妃再沒有機會與玄宗相處。江梅妃就想仿效漢武帝的陳皇后，以千金為高力士祝壽，希望他找一個才比司馬相如的文人寫一篇賦打動玄宗，但高力士當時在奉承楊貴妃，也懼怕楊貴妃的勢力，拒絕了她的要求。梅妃只好自己寫一篇《樓東賦》，玄宗看見後又再想起梅妃，但又怕楊貴妃不高興，就賜梅妃一斛珍珠，梅妃收到珍珠後，寫下《謝賜珍珠》一詩，指玄宗的心已經不在，賜她珍珠以慰寂寥也是枉然。唐玄宗見詩恨惘，賦詞一首，是為後世詞牌《一斛珠》「柳葉雙眉久不描，殘妝和淚污紅綃。長門盡日無梳洗，何必珍珠慰寂寥」。

安史之亂，梅妃被進城的叛軍所殺，享年四十六歲。

楊貴妃

719.6.22.～756.8.15.弘農華陰（靈寶）籍貫山西永濟出生四川都江堰市

楊貴妃，號太真，字玉環，唐玄宗寵妃，身材豐滿，膚如凝脂，古代四大美人之一。隋朝宗室後裔，唐初被殺楊汪之五世孫，河南府士曹參軍楊元璬長女。

729 年，10 歲喪父，被叔父楊玄璬收養。

733 年，16 歲嫁給唐玄宗的兒子壽王李瑁。李瑁的母親武惠妃是玄宗最為寵愛的妃子，在宮中的禮遇等同於皇后。

737 年，武惠妃逝世，玄宗悼惜良久，當時後宮數千，無可意者。有人進言楊氏「姿質天挺，宜充掖廷」，於是唐玄宗將楊氏召入後宮之中。

740 年，以玄宗母親竇太后祈福的名義，敕書楊氏出家為女道士道號「太真」。

745 年，李瑁新娶韋氏，一個月後，楊太真受冊封為貴妃。此時楊氏 21 歲，而唐玄宗已 55 歲了，這時楊氏反成為李瑁的庶母。宮中呼楊氏為「娘子」。

楊貴妃備受寵幸，大姐封為韓國夫人，三姐封為虢國夫人，八姐封為秦國夫人。不成器的堂兄楊國忠，也封官入朝。唐玄宗沉溺酒色，荒廢朝政。755 年，安祿山以清君側，反楊國忠為名起兵叛亂，兵鋒直指長安。

756 年，唐玄宗帶著楊貴妃與楊國忠，奔逃到馬嵬驛（今陝西興平西），禁軍要求處死楊國忠跟楊貴妃，嘩變中楊國忠被殺，唐玄宗為求自保，不得已與貴妃訣別賜死，白綾一條「遂縊死於佛室梨樹下」，時年 38 歲。玄宗在安史之亂後，曾派人去尋找楊貴妃的遺體，但未尋得。

唐玄返長安後，命書工畫楊貴妃像，懸於別殿，朝夕注視，長噓嘆氣。晚年，獨處西苑，心境淒涼，月夜發樓，親吹玉笛，歌揚楊貴妃所制「涼州詞。」寄托相思。

薛濤 768～831 長安（今陝西西安）人

薛濤，字洪度，一作宏度、列女。唐代女詩人，因父親薛鄖，宦遊死於蜀地，母孀居於成都，家貧如洗，二人相依為命，薛濤時十六歲，頗有姿色，通音律，善詩文，迫於生計而淪為樂妓。喜與當時名士元稹、牛僧孺、張籍、白居易、令狐楚、劉禹錫、張祜、段文昌等往來，與元稹交情最篤。咸稱她的詩才和美貌。自古美女中能傾倒一時的才士詩人，如女薛濤者，不可多得。

唐德宗貞元年間，當時的劍南西川節度使韋皋十分喜愛薛濤，多次將其召到帥府侍宴賦詩，還突發奇想授予薛濤「校書」一職，雖然上表朝廷未准奏，但「薛校書」之名，不脛而走，廣為流傳。韋皋死後，武元衡來到成都任職，他聽聞薛校書的名聲，便准許薛濤脫離樂籍。薛濤雖然離籍，但早已艷名遠播，在她的交際圈中有權傾一方的節度使、著名文人、幕府佐僚、貴冑公子和禪師道流，可謂名動一方。此後薛濤和著名詩人元稹情深，但終無果而終，晚年的薛濤，身著女冠服，深居簡出，以制箋為生，孤獨終老，七十五死去後，段文昌為其撰寫墓誌銘，「四川校書薛洪度之墓」。在其住處，成都現存有望江樓公園，內有薛濤紀念館、薛濤井。

薛濤的詩清麗見長，《送友人》《題竹郎廟》《錦江集》《全唐詩》名詩詞如：

> 花開不同賞，花落不同悲，欲問相思處，花開花落時。
> 攬草結同心，將以遺知音，春愁正斷絕，春鳥復哀吟。
> 風花日將老，佳期猶渺渺，不結同心人，空結同心草。

那堪花滿枝，翻作兩相思，玉箸垂朝鏡，春風知不知？

王建寄以詩曰：「萬里橋邊女校書，枇杷花裡寄閒居，掃眉才子知多少？管領春風總不知。」

關盼盼　785～820

關盼盼，唐朝女詩人，兼善歌舞，武寧節度使、徐州守將張愔之妾。同代詩人白居易贊伊「醉嬌勝不得，風嫋牡丹花」。後來，張愔病逝於徐州，張家妻妾均作猢猻散，唯關盼盼為其矢志守節。張府易主後，移居徐州燕子樓。元和十四年，白居易為其所作一首：「黃金不惜買娥眉，揀得如花四五枚；歌舞教成心力盡，一朝身去不相隨」，曾在張愔手下任職的司勛員外郎張仲素，將此詩轉給關盼盼，不料言者無心，聽者有意，關盼盼看畢，認為此詩是勸自己為夫殉情，開始在燕子樓中絕食，而且和了一首白居易一詩「自守空房恨斂眉，形同春後牡丹枝，舍人不會人心意，詩道泉台不去隨」，並留下「兒童不識衝天物，漫把青泥汗雪毫」一句回敬之而死。白居易聞訊後，十分內疚，「我雖不殺伯仁，伯仁由我而死」，難辭內咎，當為護花春陰，勿為催花風雨。自將關盼盼遺體安葬置張愔墓之側，以做補償。並作詩寄懷：

滿窗明月滿簾霜，被冷燈殘拂臥牀，燕子樓中霜月夜，秋來祇為一人長。

鈿暈羅衫色似煙，幾回欲著郤潸然，自從不舞霓□曲，疊在空箱十一年。

今朝有客洛陽回，曾到尚書墓上來，見說白陽堪作柱，爭教紅粉不成灰。

關於關盼盼和燕子樓，後人留下了很多詩詞，以歌詠此事，宋代蘇軾的《永遇樂》「燕子樓空，佳人何在，空鎖樓中燕。古今如夢，何曾夢覺，但有舊歡新怨，異時對，黃樓夜景，為余浩嘆。」

燕子樓在徐州雲龍山麓西首的村莊裡，一灣清流，上有板橋，拖映野樹重揚，景色清幽。樓上有關盼盼的畫像，雲鬟翠柚，風緻雅澹。還有一副對聯「鶯花真草草，燕子故飛飛。」充滿了悱惻的氣氛。

魚玄機　844～868 長安人

魚玄機，字幼薇，一字惠蘭，好詩書，有才思，晚唐女詩人，家道中落，名妓，走上不歸路，因為才藝出眾，在長安平康里妓院集中區，為一有名艷妓，爭相寵幸。巧遇文人令狐絢、詩人溫庭筠，其喜溫庭筠靈敏，厭令狐絢懦弱，溫不願婚，令狐絢又非對象，被鴇母把她賣給一官兒李億為妾，新婚之夜她拒絕同房，但李憶很愛她，李憶太太醋海生波，迫夫休妻，魚玄機便下堂而去，削髮為女道士。可是她沒有放空，反縱慾如火，鍾情一陳姓樂工，不料陳與她的婢女私通，她一怒將婢女打死，殺人者死，被予處決，了郤花樣一生。

其傳記資料散見於元‧辛文房《唐才子傳》、晚唐皇甫枚《三水小牘》、宋孫光憲《北夢瑣言》等書。終逝前名言詩句：「易求無價寶，難得有情郎。」千古傳唱，廣為世人所知。

《全唐詩》小傳錄生平為：「有才思。補闕李億納為妻。愛衰。遂從冠帔

於咸宜觀。後以笞殺女僮綠翹事。為京兆溫璋所戮。今編詩一卷。」其詩作見於《全唐詩》，現存有五十首之多。

晚唐皇甫枚《三水小牘》說魚玄機，字「幼薇」；宋孫光憲《北夢瑣言》說魚玄機，字「蕙蘭」。

根據《唐才子傳》，李億因為夫人對魚玄機的受寵「妒不能容」，遂為李億遺至咸宜觀入道。晚唐道觀因獨立於法外，政治力量無力支配，魚玄機並不是真正在道觀裡研習道教教理。當時某些道士、女冠、和尚、比丘尼，並非純為修行之人，道觀、寺廟甚至成為規避法網及逮捕的場所、暫時棲身之處。魚玄機居於咸宜觀時，多與名士交流，往來酬唱，後因情感糾葛，笞殺女婢綠翹，因而下獄伏法，《三水小牘》就曾記載此事。

花蕊夫人　?～976 青城（今成都都江堰市東南）人

花蕊夫人，後蜀後主孟昶的寵妃姿色美豔，封慧妃，徐氏。

花蕊夫人由其父徐國璋獻給孟昶為貴妃，成為孟昶在原寵妃張太華去世之後最寵愛的妃子，相傳其最愛芙蓉花和牡丹花，於是孟昶命官民在後蜀都城成都大量種植芙蓉、牡丹，並說：「洛陽牡丹甲天下，今後必使成都牡丹甲洛陽」，因此成都又有「芙蓉城」的別稱。「花不足以擬其色」因此號花蕊夫人。又因她非常聰慧，能詩善文，特號慧妃。

孟昶日日飲宴，覺得肴饌都是陳舊之物，端將上來，便生厭惡，不能下箸。花蕊夫人別出心裁，用淨白羊頭，以紅姜煮之，緊緊捲起，用石頭鎮壓，以酒淹之，使酒味入骨，然後切如紙薄，把來進御，風味無窮，號稱「緋羊首」，又叫「酒骨糟」。孟昶遇著月旦，必用素食，且喜薯藥，花蕊夫人便將薯藥切片，蓮粉拌勻，加用五味，清香撲鼻，味酥而脆，又潔白如銀，望之如月，宮中稱為「月一盤」。

孟昶在河池上，建築水晶宮，孟昶與花蕊夫人夜夜在此逍遙。孟昶攜著花蕊夫人白嫩細膩的手，涼風升起，那岸旁的柳絲花影，映在摩河池中，被水波盪著，忽而橫斜，忽而搖曳。孟昶回頭看花蕊夫人，見她穿著一件淡青色蟬翼紗衫，裡面隱約地圍著盤金繡花抹胸，乳峰微微突起，映在紗衫裡面，愈覺得冰肌玉骨，粉面櫻唇，格外嬌豔嫵媚。

孟昶後來沈迷於酒色，以致國事日非，後蜀廣政三十年（965 年）孟昶投降趙宋，花蕊夫人在亡國之後寫下悲憤的詩句：「君王城上豎降旗，妾在深宮哪得知，十四萬人齊解甲，更無一個是男兒。」此詩甚受宋太祖趙匡胤賞識。花蕊夫人後來成為趙匡胤之妃，驚羨花蕊夫人的文武全才，年青貌美，對她十分寵幸，但她無動於衷。她因懷念孟昶，畫孟昶挾弓射獵的畫像，奉祀在室內。趙匡胤見到畫像，問她是誰，花蕊夫人詭稱：「所掛張仙，送子之神，蜀人皆知。」鬱鬱寡歡憂心而死。

江都公主（烏孫公主）　生歿不詳西漢人

江都公主，即是烏孫公主。江都王劉建女，漢武帝以其為公主，遠嫁與烏孫昆莫獵驕靡為右夫人。昆莫老邁龍鍾，言語不通，一顆芳心十分悲苦，她悲身世作了一首名詩「吾家嫁我兮天一方，遠託異國兮烏孫王，穹廬為室兮旃為牆，以肉為食兮酪為漿，居土思兮心內傷，願為黃鵠兮歸故鄉。」

烏孫王年老，要傳給孫子岑陬繼位，從烏孫風俗，應娶江都公主，孫兒娶祖母。江都公主無奈改嫁其孫岑陬軍須靡，生一女，名少夫。後病死於烏孫。

江都公主　生歿不詳明朝人

江都公主，明興宗朱標長女，明朝人。

1394 年（洪武二十七年），嫁給長興侯耿炳文之子耿璿，耿璿累任至前軍都督僉事。當初稱江都郡主，

1399 年（建文元年），升為公主，耿璿為駙馬。當時耿炳文進攻燕王朱棣，耿璿勸其直接攻打北平。當時耿炳文被罷免，耿璿隨其退隱。

1403 年（永樂初年），耿璿稱病不出，後連坐而死。江都公主降至江都郡主，後憂慮而死。

孫夫人（孫權之妹孫仁）三國時人　吳郡富春

孫夫人，名孫仁。三國孫權之妹，左將軍劉備夫人。才智敏捷，性格剛強，有其諸兄之風。東吳君臣孫權、周瑜、張昭、魯肅、孫仁共同商定「美人計」，欲以智取劉備。赤壁之戰後，孫仁嫁給劉備，侍婢持刀護衛。「劉備每與相會，入房只見鎗刀簇滿，侍婢皆佩劍懸刀，嚇得玄德魂不附體，常恐遇不測。」

孫夫人孫仁遠適異地，毫不畏縮，威風凜凜，殺氣騰騰，劉備也不得不屈服閨威之下。建安十七年，劉備入蜀，孫權派人接回孫夫人，孫夫人想將劉禪一併帶走，被牙門將軍趙雲奪回。後孫夫人聽說劉備兵敗身死，哭江投水而死。

《三國演義》描述赤壁之戰後，孫權和劉備雙方表面和心不和，準備以其妹假意嫁於劉備，再乘機殺之，誰知最後孫夫人果真嫁給劉備到荊州去了，由此引出「賠了夫人又折兵」一諺語。她逃回東吳後，得知劉備夷陵之戰戰敗，誤以為劉備戰死，遂投江自殺。

正史《三國志》中並沒有提到孫夫人的真實姓名。而在小說《三國演義》中有提到孫堅之女名曰孫仁，而後文出現的孫夫人則顯然是這位孫仁。不過，裴松之在給《三國志》作注時曾提到孫仁乃是孫堅庶子孫朗的別名，也就是說，孫仁其實是一位男子。顯然，《三國演義》對於這一點是誤記了。

至於「孫尚香」這個名字，據說最早是在戲劇《甘露寺》（又名龍鳳呈祥）和《別宮‧祭江》當中出現的，而這個名字的主人也明顯就是《三國志》和《三國演義》中的孫夫人。而現在為一般人所熟知的名字，也正是這個歷史上並不存在，只在戲劇當中出現的孫尚香。

「孫安」則是出現在戲曲《兩軍師隔江鬥智》中。

二喬（大喬和小喬） 三國時人

二喬是東漢橋公（喬公）的兩個嬌艷女兒，國色天香。孫策、周瑜攻取皖城後，孫策娶了大女兒，即大喬；周瑜娶了小女兒，即小喬。杜牧《赤壁》「東風不與周郎便，銅雀深宮鎖二喬。」後來將姐夫和妹夫之間的連襟兄弟稱之為兩喬。

《三國志》記載「瑜時年二十四，吳中皆呼為周郎。以瑜恩信著於廬江，出備牛渚，後領春谷長。頃之，策欲取荊州，以瑜為中護軍，領江夏太守，從攻皖，拔之。時得喬公兩女，皆國色也。策自納大喬，瑜娶小橋。江表傳曰：策從容戲瑜曰：「橋公二女雖流離，得吾二人作婿，亦足為歡。」

《三國志》只記述了二喬皆國色也，是廬江的喬公之女，且分別嫁給了孫策、周瑜。周瑜納小喬時 24 歲，小喬約 16 歲。周瑜容貌俊秀，精於音律，二人的結合常被後人視為天作之合。北宋的蘇東坡於《念奴嬌。赤壁懷古》中寫道：「遙想公瑾當年，小喬初嫁了，雄姿英發，羽扇綸巾，談笑間，檣櫓灰飛煙滅。」其實在赤壁之戰時，小喬早就已經不是初嫁。

周瑜在準備攻取益州時病死於巴丘，年僅 36 歲，留下二子一女，是為小喬所生。

小喬之美，有云「雀台賦好重江東，車載才人拜下風。更有金閨雙俊眼，齊稱子建是英雄。」曹操欲劫獲二喬，展現無遺，赤壁之戰竟為小喬而起。

紅拂女

紅拂女，肌膚儀狀，杜光庭所著唐人傳奇《虯髯客傳》的女主角，與李靖、虯髯客並稱為「風塵三俠」。本名張出塵，排行第一，楊素府中家妓，因手持紅拂而得名。年輕貌美、機智英敢、風姿颯爽，慧眼視出李靖與虯髯客的不凡，嫁與李靖為妻，與虯髯客義結金蘭。

李靖造訪楊素府，紅拂見李靖儀表非凡，有骨氣，非常佩服，當夜隨即投奔李靖懷抱，「絲蘿非獨生，願托良喬」與李靖共結夫婦。旋即虯髯客登場，側臥窺看紅拂女梳頭，紅拂女先與虯髯客結誼，並引丈夫與兄長相見，二人結為兄弟。最後虯髯客將家產悉數贈予李靖夫婦後，攜家眷離開，十幾年後，終於弒東南扶餘國君自立為王，完成大志，李靖夫婦灑酒遙賀。

《紅樓夢》中，林黛玉曾賦詩讚紅拂女：「長揖雄談態自殊，美人巨眼識窮途；尸居餘氣楊公幕，豈得羈縻女丈夫。」

孫窈娘

唐朝武則天時代，孫窈娘出身於官宦世家，先世曾在隋朝為官，入唐後家道中落，然有詩禮傳家的應家風範。窈娘天賦穎慧，知書達禮，且能歌善舞，擅長女紅。及笄之年，窈娘被她父親的好友左司郎中喬知之看中，收養在府中，

過著類似喬家大小姐的生活。喬知之是當時吏部的左司郎中，屬正五品官員，按照當時的禮制和習慣，家中尚不具備設置歌舞姬的資格，因此，窈娘在喬家多以自家人的身份對外應酬。當時窈娘正值二八妙齡，容貌秀麗、清雅脫俗、歌喉婉轉、舞姿飄逸，被喬知之視為掌上明珠。家中若有貴客佳賓，常讓窈娘出來歌舞助興，常常能芳驚四座，博得滿堂的讚賞。於是，窈娘的豔名不脛而走，傳遍了長安城。除應酬賓客之外，善解人意的窈娘，以真摯的情意，也給喬知之的生活帶來許多意。

命運轉折

喬知之不但把她看成晚輩，更引以為紅顏知己。出於慈愛之心，喬知之原來打算替窈娘擇一佳婿，以托終身幸福；但窈娘感念喬知之的知遇之恩，不願抽身離去，夭長日久，在喬知之真摯的愛護中，她漸漸滋生了一種刻骨銘心的依戀之情，兩人之間的感情不知不覺中，由長幼愛護之情，化為跨越年齡界限的戀情。為了報答喬知之的情意，窈娘曾經多次表示願委身相侍，而喬知之接受了她的心意卻不忍接受她純潔的身體，事情就這樣拖了下來。

「匹夫無罪，懷璧其罪」，武則天的親侄兒武承嗣，深受武則天的賞識，生性好色，恃寵生驕、飛揚跋扈、不可一世，聽說喬家有豔女，生好奇之心，決心要把窈娘攫為己有，於是派人到喬府提親。喬知之心裏痛苦萬分，孫窈娘獨自枯坐燈下，愁思纏綿，了無睡意。這時，窈娘躡手躡腳地出現在喬知之的面前，秀目流轉，眼光中飽含了深情、感恩、憐憫、憂鬱的複雜意念，迸發出以身相許的決心，像是潰堤的洪水一般，猛地撲倒在喬知之的懷裏。夜深更靜，那一剎間成了永恆。孫窈娘心甘情願地把自己貞潔的胴體獻給了深愛已久的喬知之。殘酷的現實，武承嗣強逼，喬知之無可奈何，把窈娘送入武承嗣府中。

「侯門一入深似海，從此蕭郎是路人」喬知之躲過了一劫，但無邊的空虛、寂寥、冷清與傷心，聽不見窈娘柔媚的聲影。孫窈娘也忘不了喬知之，對武承嗣若即若離，巧妙周旋，歌舞之外，不肯輕易失身就範。

喬知之思孫窈娘情切，寫一首情詞哀切的詩，輾轉送達孫窈娘手中，窈娘看了，淚如泉湧，決以死報答，在靜悄的月夜，趁武承未歸，哀淚投井殉情而死。武承嗣怪罪喬知之，以莫須有罪名被殺，喬家全族伏誅，寫下哀艷的悲劇。

公孫大娘　籍貫、身世不詳

公孫大娘是唐代最傑出美貌絕藝超人，又是名歌、名舞蹈家，擅舞「劍器」，舞藝超群，常在民間獻藝，極負盛名。被召入宮表演劍舞技藝，聞名於宮廷的少數著名舞蹈家。

杜甫對公孫大娘劍舞的描寫「昔有佳人公孫氏，一舞劍器動四方。觀者如山色沮喪，天地為之久低昂。燿如羿射九日落，矯如羣帝驂龍翔，來如雷霆收震怒，罷如江海凝清光。絳脣珠袖兩寂寞，晚有弟子傳芬芳。臨潁美人在白帝，妙舞此曲神揚揚，與余問答既有以，感時撫事增惋傷。先帝侍女八千人，公孫劍器初第一，五十年間似反掌，風塵澒洞昏王室。梨園弟子散如煙，女樂餘姿

映寒日。金粟堆南木已拱，瞿塘石城草蕭瑟，玳筵急管曲復終，樂極哀來月東出。老夫不知其所往，足繭荒山轉愁疾。」

崔鶯鶯

崔鶯鶯，是唐代名詩人元稹的表妹，艷麗嬌柔，善工詞。元稹「會真記」鶯鶯父死，隨母歸長安。止於蒲東普救寺，遇張生，以詩贈答，情好甚篤。元代王實甫根據會真記，改編為「西廂記傳奇」，即今日流傳的「西廂記」。考證崔鶯鶯就是元微之的表妹，張生即張君瑞，也就是元稹的化身。

王寶釧

王寶釧是唐懿宗時宰相王允的第三女兒，翰林出身，聲勢煊赫一時。美中不足王允沒有兒子，只有三個女兒，大的寶金，已許兵部侍郎蘇龍為室，次女銀，已許九門提督魏虎為妻，三女便是寶釧，生得沉魚落雁，閉月羞花，而且貞靜幽嫻，德容兼備，王允希望三女兒嫁個乘龍快婿。

王允搭彩樓，由三小姐以拋綉球方式選婿，可是被一個落魄的男子薛平貴接到。王允自然悔婚，但王寶釧不從父命，毅然願作乞丐婦，安貧樂道，跟隨薛平貴住入寒窰，度著艱苦的歲月。時西涼造反，薛平貴苦讀兵書，報名參加唐軍，戰功顯赫，勇猛救了西涼的墜馬春花公主，兩人一見鍾情而成親。

可是王寶釧，則苦守寒窰，受苦挨餓，採薺為活，不依賴娘家，不接受家裡施柴米，苦等十八年。薛平貴終於勝利回國，先試探窰妻貞節，然後入窰認妻，武家坡舊窰團圓。唐宣宗因薛平貴戰功，委以重職。薛平貴身登大寶，王寶釧終於苦盡甘來。

窅娘　生卒不詳

窅娘，生卒不詳，南唐後主李煜嬪妃，出身平民，本為採蓮女，十六歲時，因姿色嬌美，而選美入宮。據說她的眼睛和中原人不太一樣，故名「窅娘」。

窅娘用白帛裹足，身輕如燕，創金蓮舞，擅長《霓裳舞衣曲》。李煜便單獨召見，看她跳採蓮舞，見其雙目深凹而顧盼有情，便為取名「窅娘」。

窅娘善跳金蓮舞，她跳舞好像蓮花凌波，俯仰搖曳之態優美動人，很受李煜的寵愛。有一年元宵，在皇宮正殿中，李後主用黃金鑿成一座蓮花，繞以珍寶瓔珞，光輝奪目。那蓮花的中心，又生出一朵品色瑞蓮來，細樂聲中窅娘在上面翩然起舞，李後主與小周后並肩欣賞，後人有宮城一首詠歎：「紅羅疊間白羅層，簷角河光一曲澄；碧落今宵難得巧，凌波妙舞月新升。」

後來南唐為北宋所滅，金陵城破，李後主被俘離開金陵，黯然無語「揮淚別宮娥」的「倉皇辭廟日」，窅娘隨李煜到了汴京。「窅娘白衣紗帽隨行，後主

宛轉勸留，不聽。」金蓮台，高六米，純金鑄蓮花瓣，再以青銅柱支撐，造型恰倒好處。趙光義為賞金蓮舞，特意將金蓮台自南唐澄心堂運至汴京。

窅娘流落江南，曇花一閃，就此下落不明。纖雲弄巧，飛星傳恨，銀漢迢迢暗渡。七夕已至，皇宮內外燈火輝煌。窅娘一襲輕紗，立於高高的金蓮臺上。她的舞姿如踏浪，如凌波，如夢似幻，如詩如畫，喝彩聲此起彼伏，綿延不絕。一舞之中，她始終背朝御座，面向東南，襝衽再拜。趙光義下令轉過身來，窅娘置之不理，而後，她縱身一躍，跳入了那片清麗的荷池，而身亡。

貞義夫人（趙京娘）

趙京娘，山西永濟人，年方十七，隨父去曲陽燒香還願遭歹人劫持，幸遇趙匡胤相救，千里送其回家，一路上趙匡胤對京娘體貼關懷。途經武安門道川，京娘早上起來，臨淵梳妝，向趙匡胤訴說愛慕之情，卻被婉言回絕。是時，一輪朝陽噴薄欲出，趙匡胤躊躇立志，於石壁上作《詠日》一首：「欲出未出光辣撻，千山萬山如火發。須臾走向天上來，趕卻殘星趕卻月。」

馮夢龍《警世通言》記載：趙匡胤千里送京娘，為了行路方便，二人結為兄妹，京娘願終身相托，然而趙匡胤道：「賢妹，不要怪我頑固做作，我本是為了義氣千里步行送你回家。若我今日因私情和你在一起，與那兩個劫持你的賊人有何區別？之前的一片真心成了虛情假意，只會讓天下豪傑們笑話。」京娘道：「恩兄高見，妾今生雖無法報答兄長的恩德，死後也要銜環結草相報。」京娘返回蒲州家中，家人欲將京娘許配給趙匡胤，趙匡胤拒絕並大怒而去，眾人猜疑他倆之間的關係，為表二人清白，京娘留下絕命詩：「天付紅顏不遇時，受人凌辱被人欺。今宵一死酬公子，彼此清名天地知。」後懸樑自縊而死（另一說是於武安門道川投湖自盡，京娘湖亦由此得名）。趙匡胤當皇帝後追念昔日兄妹之情，遣人至蒲州尋訪京娘，得知她早已以死明志，甚是嗟嘆，追封其為貞義夫人，令小祥村立廟祭祀。

李師師　生卒不詳汴京（今河南省開封市）人

李師師，本姓王，父親王寅，業染匠，母親早逝，四歲，王寅犯罪下獄死，師師被倡藉鴇母李姥收養，遂改姓李。貌美聰慧，十三歲能歌擅舞，「聲名四溢」，「門侵楊柳垂珠箔，窗對櫻桃卷碧紗」，「係馬柳低當戶葉，迎人桃出隔牆花」。「看舞霓裳羽衣曲，聽歌玉樹後庭花」來形容師師的歌舞技藝。

李師師來往的文人中，以周邦彥和賈奕相知最深。

1109 年。宋徽宗在內侍張迪導引下，微服到鎮安坊夜訪李師師院落，一見李師師驚為天人，從此寵眷連綿。將該娼館命名「杏花樓」。

賈交知道皇帝來幸，填詞「南鄉子」「閒步小樓前，滿掬沉檀噴瑞煙，報道早朝歸去晚，回鑾留下絞綃當宿錢。」第二天徽宗來了發現此詞，要嚴辦賈奕，李師師央求，不了了之。

周邦彥一日與李師師偷約，不料徽宗皇上驟然駕臨，嚇得周邦彥急忙躲在

床下，徽宗走了才爬來。周邦彥將所見聞，寫了「少年遊」詞，李師師在徽宗前無意唸唱：「并刀如水，吳鹽勝雪，纖指破新橙。錦帷初溫，獸香不斷，相對坐調笙。低聲問：向誰行宿？城上已三更。馬滑霜濃，不如休去，直是少人行。」徽宗聽了嚴詢，得知為周邦彥手筆。乃革除周邦彥官職，押解出京，李師師暗中庇護，多方求情，才因「蘭陵王」一詞而召回，做了大晟樂正。

1110年，徽宗冊封李師師為「明妃」，將該小巷改名「小御街」，李師師閨房題名為「樊樓」，打通地道，皇城可與樊樓相通。

1126年，禪位給欽宗，金兵南下，徽宗被俘，李師師淪落兵荒馬亂，流亡到湖廣，靠賣唱渡日，下落不明。相傳師師臨死前，還寫了一首絕命詩「輦轂繁華事可傷，師師垂老過湖湘，鍍金檀板今無色，一曲當年動帝王。」《墨庄漫錄》師師「憔悴無復向來之態矣」，《師師令》「不須回扇障清歌，唇一點，小於花蕊。」晏幾道：「看遍潁川花，不及師師好。」朱敦儒有詩「解唱《陽關》別調聲，前朝惟有李夫人」。

蘇小妹

蘇小妹，傳說蘇洵之女、蘇軾與蘇轍之妹、秦少游之妻。從小習讀詩文，精通經理，一代才女，常與其兄蘇軾以作詩與做對聯取樂。十六歲時，上門說親的人很多，小妹不打算過早結婚，於是她要求所有求婚者答三道題，讓求婚者知難而退。

蘇小妹之名最早見於南宋無名氏的《東坡居士佛印禪師語錄問答》，《的對》載「東坡之妹，少游之妻也。」又《坡妹與夫來往歌詩》載「東坡之妹，聰慧過人，博學強記，尤工於文。有欲以秦少游議親者，妹索其所業，視之曰：『秦之文粗以敵吾子由之才。』遂得偕伉儷。」。元朝林坤《誠齋雜記》卷下記載：「子瞻有小妹，善辭賦，敏慧多辯，其額廣而如凸，子瞻嘗戲之曰，『蓮步未離香閣下，梅妝先露畫屏前。』妹即應聲曰『欲扣齒牙無覓處，忽聞毛里有聲傳。』以子瞻多須髯，遂以戲答之。是年十歲，聞者莫不絕倒。」元朝吳昌齡《東坡夢》雜劇亦載：「東坡道：『妹曰子美，嫁秦少游者是也。』」明代馮夢龍之《醒世恆言》記有「蘇小妹三難新郎」等故事。明末清初褚人獲的《堅瓠志》戊集卷四有「蘇黃論詩」條目。

清朝袁枚《隨園詩話》考證「東坡止有二妹；一適柳，一適程也。今俗傳為秦少游之妻，誤矣！」現在據考證蘇小妹僅僅是一位虛構的人物，「蘇小妹三難有野史記載，蘇小妹一次偶然的機會認識了秦觀，兩人對詩鬥智，最終兩人結婚，新婚之夜，蘇小妹出三題考新郎官，解開三題才准進洞房，從而成為了一代佳話。

正史在家譜中並沒有記載蘇軾有個妹妹叫蘇小妹，也沒有民間傳說的關於蘇小妹智斗蘇軾等「佛印」故事。明代馮夢龍的《醒世恆言》中有一些記載，提到是秦觀的夫人。學術界認為，秦觀是蘇軾的學生，亦稱秦少游。而當秦觀

第一次遇見蘇軾，秦觀已經 29 歲，蘇軾 43 歲，秦觀已經有婚約，夫人叫徐文美。可見不是蘇小妹。而從蘇軾蘇轍的書信來往信件的查詢中，亦沒有蘇小妹的任何記載，所以有可能蘇小妹只民間杜撰出來的。也有學者稱，蘇小妹其實就是蘇軾本人。

毛惜惜

　　毛惜惜南宋時揚州名妓。祖居高郵，出身仕宦之家，自幼學書學劍，多才多藝。幼年時金兵南犯，高郵淪落，父母雙亡，與乳母李氏逃至揚州。因惜惜懂得琴棋書畫、歌舞彈唱，很快在揚州城裏有了名氣。後被高郵總兵榮全強行納為小妾。榮全叛亂，毛惜惜宴前斥責榮全，被碎割殺死。亂平後，宋理宗封毛惜惜為英烈夫人。《宋史》有毛惜惜傳。墓在高郵城南，俗稱"毛惜惜姑娘墳"。

　　毛惜惜原有情人秦漢光，為當地士家子弟，英武有為，經惜惜多方激勵，毅然從軍報國，受任高郵團練使，糾集愛國青年。與惜惜同隸李虎麾下。惜惜不幸一戰役中殉難後，李虎軍進攻高郵，秦漢光身先士卒，生擒榮全、王安，就地正法，將其頭顱懸掛旗桿上示眾。同時將惜惜英勇死難經過奏報朝廷，端平三年（1236），宋理宗追封惜惜為"英烈夫人"。秦漢光以"麗園"修墓建祠供奉永祀。

　　以一妓女在正史上有正傳的，首推毛惜惜。宋史首述「毛惜惜者，高郵妓也」，略敘惜惜對榮全斥責「初載太尉降，為太尉更生賀，今閉門不納使者，縱酒不法，乃畔（同叛）逆耳。妾雖賤妓，不能事畔臣！」何等義正辭嚴，為後人欽仰。

潘金蓮

　　潘金蓮是歷史人物，天生麗質，善良賢惠，勤勞仁義。後世的文學作品對其進行歪曲，污衊其為不守婦道，美豔放蕩的淫婦，從而塑造成一個既聰明機

變、美麗風流，又是一個心狠手辣、寡廉鮮恥、搬弄是非、淫慾無度，成為陰險、妖豔、淫蕩、狠毒的典型，有欠公允。

潘金蓮為明朝永樂年間清河縣武家那村（古稱孔宋庄）人，貝州潘知州的貴族千金小姐，一位大家閨秀，美豔動人。知書達理，溫柔善良，和武大郎鰜鰈情深，恩恩愛愛，白頭偕老，之後潘金蓮生下四個兒子。

《水滸傳》北宋年間有一戶潘姓人家。潘員外為人開明慷慨，生有一女起名金蓮，本也是一戶小康之家。不想一場大火把潘家燒的乾乾淨淨，潘氏夫婦當場遇難。小金蓮那日外出踏青正好躲過此劫。可憐金蓮那年才十四歲，家中慘遭不幸，是哭地死去活來，不得已為了葬父埋母，賣身于鄰縣王財主家為俾，被主人所汙，嫁予武植為妻。武大貌醜家貧；其弟武松卻天生神勇，醉打白額虎，更被委為都頭之職。金蓮私心仰慕，竟對武松百般挑逗，武松則憤怒遠走東京。時西門慶看上蓮美色，買通淫媒王婆與金蓮相好。為絕後患，慶毒殺武大。松回家得知武大死訊，大悲，後查出武大是被慶毒殺，憤而為兄報仇，于獅子樓擊殺西門慶；更在武大靈前手刃金蓮。

潘金蓮，在「水滸」和「金瓶梅」兩書中同時出現。近代作家南宮搏亦著有「潘金蓮」，各述論點評價互異。

林黛玉　祖籍姑蘇生於揚州

林黛玉父親林如海，母賈敏，取名黛玉。有一弟，早夭。她從小體弱多病，每吃飯便開始吃藥，生性聰慧，從小跟隨先生讀書認字，過目不忘，一目十行。她極工詩詞，所作之詩皆文筆與意趣俱佳，故有才女之稱。

林黛玉是《紅樓夢》中的女主角之一。老太君賈母的外孫女，字顰顰（本無字，寶黛初見時賈寶玉以其眉尖若蹙為靈感所贈），海棠詩社別號瀟湘妃子。瀟湘妃子此名稱據了解是指古代傳說中娥皇女英，兩弱女子都是哭夫而自投湘水而死的，由於林黛玉經常以淚洗臉，因而得名，而代表花卉為芙蓉花，情榜評為『情情』，在大觀園中是住在瀟湘館，館前竹林密佈。黛玉原是太虛幻境中的絳珠仙草，受神瑛侍者滴水之恩，陪其下人間還他一世的眼淚，轉作人世。

林黛玉和薛寶釵是對立面，因為林黛玉屬木，而薛寶釵屬金。寶黛有木石前盟，而薛與賈乃金玉良緣。而她也蔑視功名權貴，當賈寶玉送給她北靜王所贈的一串名貴念珠時，反應極大，說了一句「甚麼臭男人拿過的，我不要它！」

林黛玉性格多愁善感，才思敏捷，注重靈性生活，也造成她由著性子生活

的人生哲學，和薛寶釵的藏愚守拙，壓抑情感成為強烈對比，和寶釵的情感壓抑不同，黛玉想哭時且哭，想惱時且惱，喜怒哀樂皆無造作，絲毫不掩飾鋒芒，相對於寶釵奉傳統價值禮教為圭臬，黛玉展露對詩書的熱情及才華，不順從時代的價值觀框限。黛玉父母雙亡，造就了她敏感多愁，且不安憂慮的心理，更因此縱使和寶玉兩情相悅，卻終無結果。

朝罷誰攜兩袖煙，琴邊衾里兩無緣。曉籌不用雞人報，五夜無煩侍女添。焦首朝朝還暮暮，煎心日日復年年。光陰荏苒須當惜，風雨陰晴任變遷。

紅樓夢第三回中曾描述林黛玉的外貌：『兩彎似蹙非蹙罥煙眉，一雙似喜非喜含情目。態生兩靨之愁，嬌襲一身之病。淚光點點，嬌喘微微。閑靜時如姣花照水，行動處似弱柳扶風。心較比干多一竅，病如西子勝三分。』

而寶玉則有「神仙似的」又有「秉絕代之姿容，具稀世之俊美」「顰兒才貌應世稀」等等之誇讚。

概括言之，林黛玉纖弱多病，閒靜如嬌花照月，行動如弱柳扶風，多愁善感，「儂今葬花人笑癡，他年葬儂知是空？」走上殘花失落的命運，癡情悲切，最後空留餘恨！

經近年紅學家考證，林黛玉的原型為康熙年間任蘇州織造李煦的孫女，名叫李香玉，其父是任兩淮鹽課的李鼎。李家，曹家以及孫家之間互有姻親，故曹雪芹和李香玉從小耳鬢斯磨也不足為奇。然而按紅學家周汝昌在《紅樓夢新證》中的說法，李香玉更有可能是史湘雲的原型，故尚未有定論。

紅娘子

紅娘子，姓名不詳，明末清初民變中起義軍的女將，出身江湖藝人，明史稱她為「繩伎」。清人以她為蛇蠍女人，形容她妖艷毒辣，驍健淫蕩。這是因為她反清激烈，清人誣辱她之故。她有走鋼索、三上吊的技藝，由於他長得秀麗美艷，技藝精湛，因之紅遍江湖。

河南杞縣賣藝時，恰逢飢荒，當地舉人李巖散盡家財賑災，不敷災民食用，商請縣令開放縣倉，遭官府反對，緝拿李巖下獄治罪處死，引起民眾激憤，紅娘子得知，勇劫將李巖營救出來。而與李巖落草為寇，兩人結婚成親。

李岩後來投靠李自成，勸李反清，李自成聽信讒言，反把李巖害死。紅娘子幸未遇難，為夫報仇，反清又抗李自成，兩面作戰，把自己部隊夥入南明巡撫何騰蛟麾下，轉進湖北，結果李自成敗亡，南明燼火餘光難支大局，紅娘子失落音訊，不知去向。

無名氏的《檮杌近志》和吳梅村的《鹿樵紀聞》中，都有李巖與紅娘子的記載。谷應泰的《明史紀事本末》、彭孫貽的《平寇志》、計六奇的《明季北略》則未提及紅娘子。

蘇三 生歿不詳明代山西大同府周家莊人

蘇三，原名周玉潔，五歲時父母雙亡，被人拐賣北京蘇淮妓院，改姓蘇，其時妓院已有兩妓女，她排行第三，遂改名為蘇三，「玉堂春」是她的花名，蘇三天生麗質，聰慧好學，琴棋書畫樣樣精通。

官宦子弟王景隆相遇蘇三，一見鍾情，過往甚密，並立下山盟海誓。在那裏不到一年，王景隆床頭金盡，被老鴇趕了出門。

蘇三要王景隆發奮上進，誓言不再從人。王景隆發奮讀書，二次進京應試，考中第八名進士。老鴇偷偷以1,200兩銀子為身價把蘇三賣給山西馬販子沈洪為妾。沈洪就準備帶蘇三返回故里。沈洪長期經商在外，其妻皮氏與鄰里趙昂私通，與趙昂合謀毒死沈洪，誣陷蘇三所為。並以一千兩銀子行賄，知縣貪贓枉法，對蘇三嚴刑逼供，蘇三受刑不過，屈打成招，忍痛畫押，因而被判死刑，囚於死牢之中。

適值王景隆出任山西巡按，得知蘇三已犯死罪，便密訪洪洞縣，探知蘇三冤情，即令火速押解蘇三案全部人員到太原。王景隆為避嫌疑，遂托劉推官等三人，三堂代為審理。劉氏公正判決，蘇三奇冤得以昭雪，真正主要罪犯伏法，貪官知縣被撤職查辦，蘇三和王景隆終成眷屬。

王朝雲 1062～1095 北宋錢塘人

王朝雲家境清寒，自幼淪落歌舞班，她天生麗質，聰穎靈慧，能歌善舞，雖混跡煙塵之中，卻獨具清新潔雅的氣質。

1071年，蘇東坡因反對王安石新法被貶為杭州通判，一日，他與幾位文友同游西湖，宴飲時招來王朝雲歌舞班助興，悠揚絲竹聲中，數名舞女濃妝豔抹，輕盈曼舞，王朝雲以豔麗的姿色和高超的舞技，特別引人注目。舞罷，眾舞女入座侍酒，王朝雲到蘇東坡身邊時，已換了另一種裝束：洗淨濃裝，黛眉輕掃，

朱唇微點，一身素淨衣裙，仿佛一股空谷幽蘭的清香，沁入蘇東坡因世事變遷而黯淡的心。此後蘇東坡對王朝雲備極寵愛，娶她為妾。

　　蘇東坡在杭州四年，王朝雲始終緊緊相隨，無怨無悔。生活十分清苦。王朝雲甘願與蘇東坡共度患難，布衣荊釵，悉心為蘇東坡調理生活起居，她用黃州廉價的肥豬肉，微火慢嫩，烘出香糯滑軟，肥而不膩的肉塊，作為蘇東坡常食的佐餐妙品，這就是後來聞名遐邇的「東坡肉」。

　　1083 年，王朝雲為蘇東坡生下一子，取名遂禮。宋神宗駕崩後，宋哲宗繼位，任用司馬光為宰相，全部廢除了王安石的新法；反對新法的蘇東坡又被召回京城升任龍圖閣學士，兼任小皇帝的侍讀，十分受宣仁皇太后和年僅十二歲的小皇帝的賞識，政治上春風得意。此後十年中，蘇東坡先後出任潁州和揚州知府，續娶的王夫人已逝。這時他已經年近花甲了。眼看運勢轉下，難得再有起復之望，身邊眾多的侍兒姬妾都陸續散去，只有王朝雲始終如一，追隨著蘇東坡長途跋涉，翻山越嶺到了惠州。王朝雲在惠州又為蘇東坡生下一子，取名遁兒，產後失調，身體十分虛弱，終日與藥為伍，總難恢復，於是皈依佛門，拜比丘尼義沖為師，天天誦經求佛。不久依依不捨與無奈溘然長逝，年僅 34 歲。臨終前她執著東坡的手意蘊深長地說：「世上一切都為命定，人生就象夢幻泡影，又象露水和閃電，一瞬即逝，不必太在意。」這番話寓藏著她對蘇東坡無盡的關切和牽掛，生前如此，臨終亦如此。」

　　1095 年，王朝雲病死惠州，蘇東坡將她葬在惠州西湖孤山南麓棲禪寺大聖塔下的松林之中，西湖東坡紀念館下有王朝雲墓，墓上築六如亭以紀念她。

　　王朝雲是蘇東坡的姬妾，儘管王朝雲與他同甘共苦、為他生下兒女，她仍然沒有成為他正式的妻子，她死後，蘇東坡仍然在她的墓碑上寫著「姬人」二字。王朝雲出身卑賤，因為以妾為妻是當時社會大忌。這個聰慧的女子便只能一生無聞。雖然她通曉經史、臨終大悟，也無力改變人生。

　　蘇軾《東坡自述》中的《朝雲詩引》和《悼朝雲詩引》均有提到她。

馬皇后之（一）（漢明帝劉莊明德皇后）？～79

　　明德皇后馬氏，漢明帝劉莊唯一的皇后，伏波將軍馬援的三女兒。閨名已經失傳，諡號為明德皇后。十三歲被選入太子宮。馬氏品行高尚，孝順溫和，獲得太子劉莊的專寵。但馬氏始終沒有生育，她只好另找年輕侍女給太子侍寢。她沒有嫉妒，反而對那些女子噓寒問暖，照顧備至。

光武帝劉秀崩逝，太子劉莊即位，為漢明帝，20 歲的馬氏被封為貴人，在後宮地位僅次於皇后。賈貴人（馬氏的外甥女）生下皇子劉炟，馬貴人無子，明帝就把劉炟交給馬貴人撫養。馬貴人盡心撫育，對養子寬愛慈和，劉炟雖非她親生，但猶如親子。

60 年，皇太后陰麗華下旨，說馬貴人德冠後宮，宜立為後，於是馬貴人成為正宮皇后，養子劉炟成為皇太子。馬皇后性格節儉，美德，明帝十分敬重。

75 年，明帝崩，太子劉炟即位，是為漢章帝，養母馬皇后被尊為皇太后，而生母賈貴人毫未尊封。章帝僅僅只對馬氏家族封以侯爵，對賈氏家族毫無封賞。

公元 79 年，41 歲的馬太后病逝於長樂宮，諡曰明德皇后。同年七月壬戌，她與明帝合葬於顯節陵。

馬皇后之（二）（馬玉環為明朝朱元璋后）1332~1382 安徽宿州人

明孝慈高皇后馬氏，明太祖朱元璋結髮之妻。《大明英烈》稱為馬玉環，野史與地方戲曲稱為馬秀英，但《明史》上未見記載。

父母生前與郭子興是莫逆之交，自幼郭子興府內養育，認郭子興為義父。朱元璋因貧窮流離，投奔郭子興帳下，立有功，郭子興便把自己的養女馬氏嫁給朱元章為妻。

馬氏隨朱元璋征戰數十年，夫妻共患難，感情深厚。

1368 年，朱元璋稱帝，同一天冊封這位結髮之妻為皇后，同時封她所生的嫡長子朱標為皇太子。

1369 年，追封岳父馬公為徐王，岳母鄭氏為徐王夫人，建祠祭祀。

朱元璋糧荒，馬氏常偷竊炊餅，藏於懷中送給朱元璋吃，朱元璋得以溫飽，馬氏自己卻不得宿飽。朱元璋將之比作「蕪蔞豆粥」「滹沱麥飯」，每每對群臣稱述皇后賢慧，可比唐太宗時的長孫皇后。馬皇后卻說：「妾聞夫婦相保易，君臣相保難。陛下不忘妾同貧賤，願無忘群臣同艱難。且妾何敢比長孫皇后也！」

朱元璋嗜殺多疑，馬皇后仁慈善良，常諫勸，挽救不少大臣的性命。

1382 年，馬皇后病危向朱元璋說「死生，命也，禱祀何益！且醫何能活人！使服藥不效，得毋以妾故而罪諸醫乎？」「願陛下求賢納諫，慎終如始，子孫皆賢，臣民得所而已。」馬皇后崩逝，得年 51，入葬孝陵，諡號孝慈皇后。

1398 年，明惠帝朱允炆追尊祖母為孝慈昭憲至仁文德承天順聖高皇后。

1538 年，明世宗朱厚熜再次追尊馬皇后為孝慈貞化哲順仁徽成天育聖至德高皇后，後世簡稱孝慈高皇后

馬皇后之（三）（明惠帝朱允炆皇后）1378~1402.6.13.

馬氏，明惠帝朱**馬皇后**，允炆嫡妻，光祿少卿馬全之女。

1395年，明太祖朱元璋親冊為皇太孫妃，惠帝即位，

1399年，冊立為皇后。生二子，和簡太子朱文奎，潤懷王朱文圭。

1402年6月13日，燕王朱棣從金川門攻入京師應天府，惠帝在宮中舉火，馬皇后自焚。

孝莊文皇后　　?~1687

孝莊文皇后，名布木布泰。

1625年，十三歲嫁給努爾哈赤第八子皇太極。皇太極此時已娶她姑姑哲哲。

1626年，皇太極繼承汗位，年號天聰。

1629年，布木布泰生長女雅圖，即固倫雍穆公主。六年生次女阿圖，固倫淑慧公主，七年生三女，即固倫端獻公主。

1634年，她的姐姐海蘭珠再嫁皇太極，形成姑侄三人同嫁一夫的婚姻。

1636年，皇太極稱帝，布木布泰受封為永福宮莊妃。

1638年，生下皇九子福臨。

1643年，皇太極逝世，生前未指定太子。多爾袞擁立布木布泰之子福臨即位，年號順治。尊布木布泰為皇太后。二月上尊號為昭聖慈壽皇太后。八月加上尊號昭聖慈壽恭簡皇太后。

1654年，追封皇太后的父親寨桑為和碩忠親王，母親為賢妃。

1656年，加尊號為昭聖慈壽恭簡安懿章慶皇太后。

1661年，順治死後，第三子玄燁即位（年號康熙），尊為太皇太后。

1662年，加上尊號為昭聖慈壽恭簡安懿章慶敦惠太皇太后。

1665年，為昭聖慈壽恭簡安懿章慶敦惠溫莊太皇太后。

1667年，為昭聖慈壽恭簡安懿章慶敦惠溫莊康和太皇太后。

1676年，為昭聖慈壽恭簡安懿章慶敦惠溫莊康和仁宣太皇太后。

1681年，為昭聖慈壽恭簡安懿章慶敦惠溫莊康和仁宣弘靖太皇太后。

1687年，布木布泰病危時，康熙親侍左右「35晝夜衣不解帶，目不交睫」，祖母昏睡時，康熙便「隔幔靜候，席地危坐，一聞太皇太后聲息，即趨至榻前，手奉以進。」並步壇泣不成聲祝，請減己壽以益皇太后，陪祝諸王大臣，無不

感動涕泣。12 月莊文皇后與世長辭，享年 75 歲。病危彌留時，布木布泰對康熙帝說：「太宗奉安久，不可為我輕動。況我心戀汝父子，當於孝陵近地安厝，我心始無憾。」

康熙帝將布木布泰靈柩暫安於父親順治帝葬所孝陵附近。

1688 年，上諡號為孝莊仁宣誠憲恭懿翊天啟聖文皇后。

1723 年，為孝莊仁宣誠憲恭懿至德翊天啟聖文皇后。

1725 年，雍正帝在布木布泰靈柩暫安之處就地起陵，是為「昭西陵」。

1736 年，上諡號為孝莊仁宣誠憲恭懿至德純徽翊天啟聖文皇后

孝莊文皇后一生經歷三朝政局，輔佐順治、康熙兩個幼主皇帝，晚年又協助康熙統一大業，寡婦孤兒，撐起一片江山，清朝一位舉足輕重的開國元勳。

柳如是　1618～1664.6.28.浙江嘉興人

柳如是，本名楊愛，後改名柳隱，因讀宋朝辛棄疾《賀新郎》「我見青山多嫵媚，料青山見我應如是」，故自號如是；後又稱河東君、蘼蕪君。她天生麗質，書畫雙絕，美豔絕倫，才氣過人，容貌為「秦淮八豔」之首。因被輾轉販賣，真實姓氏無從得知。

「秦淮八豔」為馬湘蘭、卞玉京、李香君、柳如是、董小宛、顧橫波、寇白門、陳圓圓。同時期其他名妓有：李貞麗、王月、楊宛、王微。

1628 年，柳如是 10 歲，為江南名妓徐佛收養。柳如是並不迷醉其中。沈虯《河東君傳》說她「知書善詩律，分題步韻，傾刻立就；使事諧對，老宿不如。」柳如是與李待問、宋徵輿、陳子龍等都曾發展過一段戀情，但迫於封建禮教所阻。尤其是與陳子龍的一段情愫，雙方情切意篤，長居松江南樓，賦詩作對，互相唱和。陳子龍和柳如是都是真國士及名姝。

1638 年，20 歲，柳如是不施粉黛結識原朝廷禮部侍郎探花的錢謙益。

1640 年，柳以男妝相，柳儒士之名與錢再相遇，錢並在其居住之半野堂之處以「如是我聞」之名另築一「我聞室」以呼應柳如是之名。並帶著柳如是徜徉於湖光山水，詩酒作伴。柳如是感其深情，願嫁此時早已年過半百的錢謙益。

1641 年，錢謙益迎娶柳如是，驚世駭俗，非議四起，婚禮中船被扔進許多瓦石[後錢謙益任南明朱由崧弘光朝廷禮部尚書不久，柳如是生下一個女兒。

甲申之變，清軍兵臨南明首府南京城下時，柳如是勸錢與其一起投水殉國，錢沉思無語，最後說「水太冷，不能下」。柳如是「奮身欲沉池水中」卻給錢謙益拉住。後錢謙益降清，在柳如是影響下辭官回鄉。兩人從事秘密反清活動。

1647 年，因黃毓祺反清案錢謙益被捕入獄，

　　1648 年，柳如是四處奔走，救出錢謙益。錢對此感慨萬千：「慟哭臨江無孝子，從行赴難有賢妻」。

　　1664 年五月二十四日錢謙益病故，柳如是不堪錢氏族人錢朝鼎為家產之事與她糾纏不休，六月二十八日，柳如是自縊身亡，年僅 46 歲。葬於虞山。雖錢謙益和柳如是為乾隆帝銷毀和禁刊任何著作，幸有《湖上草》、《戊寅草》等詩集傳世。清嘉慶時常熟知縣陳文述曾經重修墓墩。柳墓於抗戰初期和中華人民共和國建國初期兩遭盜掘，至今尚存。

顧橫波　1619~1664 應天府上元縣（今江蘇省南京市）人

　　顧橫波，原名媚，又名眉，字眉生，別字後生，號橫波。「秦淮八艷」中，顧橫波是地位最顯赫的一位，受誥封為「一品夫人」。據清余懷《板橋雜記》記載，顧橫波「庄妍靚雅，風度超群。鬢髮如雲，桃花滿面；弓彎纖小，腰支輕亞」，工於詩畫，尤善畫蘭，個性豪爽不羈，與柳如是較像，時人呼之「眉兄」，柳如是自稱為「弟」。龔鼎孳年方二十四，來到眉樓，一見顧橫波，為之傾倒不已。龔鼎孳為顧畫成「佳人倚欄圖」，題一首詩：「腰妒垂楊發妒雲，斷魂鶯語夜深聞；秦樓應被東風誤，未遣羅敷嫁使君。」崇禎十四年嫁龔鼎孳，洗盡鉛華，改名換姓「徐善持」。

　　1644 年，李自成攻下京城，龔鼎孳仕途亨通，三朝之臣，做到了禮部尚書，顧橫波也堂皇受誥封為「一品夫人」。冬，顧橫波一病不起，病卒於北京鐵獅子胡同，龔鼎孳在北京長椿寺建妙香閣紀念。

　　顧媚善詩詞，作有《海月樓夜坐》《花深深·閨坐》、虞美人·答遠山夫人寄夢》《千秋歲·送遠山夫人南歸》等詩詞，收入所著《柳花閣集》。

董小宛　1623～1651，明末清初蘇州人

　　董小宛，名白，一字青蓮，別號青蓮女史，名字因仰慕李白而起。

　　聰明靈秀，明末「金陵八艷」之一。崇禎十一年，董小宛十六歲，冒辟疆認識董小宛。又兩年，冒辟疆原屬意陳圓圓，稱其「令人慾仙欲死」，反疏遠了小宛。隔年，陳圓圓被李自成虜走，冒辟疆正式納十九歲的董小宛為妾，從此小宛「卻管弦，洗盡鉛華，精學女紅」。江南名妓知書，多傾慕東林黨人，如李香君與侯方域、柳如是與錢謙益、卞玉京與吳偉業、顧眉生與龔鼎孳等。

　　1645 年，清豫親王多鐸率軍渡江，攻破南京。冒辟疆在逃難中數度患病，

董小宛辛苦侍疾，無微不至。

1651 年，董小宛 28 歲，病死冒府。

許多人都將順治帝眷戀的董鄂妃說成是董小宛，說順治出家是為了董小宛，這是沒有根據的。《影梅庵憶語》對董、冒二人從相識、完婚，到小宛病死，都有詳盡的記載。陳寅恪《柳如是別傳》亦云：「小宛之非董鄂妃，自不待言。」

董小宛死時 28 歲，順治才 14 歲，小宛與冒襄崇尚氣節，誓死不肯降清。小宛厭惡宮廷的奢侈生活，何況滿漢不通婚，小宛無入宮邀寵之理。順治所鍾愛的是董鄂妃即董鄂妃，是滿洲武臣鄂碩之女。

李香君　1624～蘇州閶門楓橋吳宅

李香君，又名李香，有兩位哥哥。父親是一位武官，因係東林黨，被魏忠賢治罪，家道敗落，飄泊異鄉。

1631 年，李香君八歲，被秦淮名伎李貞麗收養為養女，即隨養母改吳姓為李，名李香，號香君，綽號「香扇墜兒」。秣陵教坊名妓，秦淮河畔媚香樓裏八艷之一，她詩書琴畫歌舞樣樣精通。因為養母李貞麗仗義豪爽又知風雅，所以媚香樓的客人多半是些文人雅士和正直忠耿之臣。

1639 年，李香君十六歲，與侯方域相識，後以身相許，誓死白頭偕老。侯方域送宮扇作為定情信物。

1644 年，明朝崇禎皇帝吊死在煤山，清兵大舉入關，明王朝覆滅。原來閹黨的一幫餘孽阮大鋮之流又重新執政，大肆對東林黨、複社人士進行報復，下令緝捕侯方域和其父侯恂，侯方域在宜興亳村陳貞慧家被捕，押送至南京大牢，侯恂逃亡到安徽徽州朋友處避難。李香君在南京受盡苦難，後躲進棲霞山葆真庵，與昔日秦淮姐妹卞玉京相伴為尼。

1645 年，侯方域在棲霞山尋到李香君，二人攜手渡江北上，前往老家商丘。星餐夜宿，歷盡艱辛，回到商丘侯府。李香君隱瞞歌伎身份，以吳氏女子、侯方域妾的身份住進西園翡翠樓，兩人魚水情深，琴瑟和諧。

1645 年，生活平安、舒適，可說一生中最為幸福美滿的時期。

1653 年，李香君在打雞園生下一子，因為自己是下九流，身份低賤，孩子不能隨侯方域姓侯，只能隨自己姓李。孩子生下不到幾個月，李香君便在鬱悶絕望中含恨離開了人間，終年三十歲。墳墓埋在村東頭。侯方域為香君立一石

碑，上書「李香君之墓」五個大字，下有「卿含恨而死，夫慚愧終生」小字。

　　1654 年，37 歲的侯方域，憂悶中走完了滿惆悵悔恨的人生之路。李香君生下的那個兒子，原先一直住在打雞園，後來搬遷到離侯府南園一裏路的侯宅──雪苑村（侯方域號雪苑）居住。現在南京秦淮景區建有李香君故居紀念館。

陳圓圓　1624～1681 常州武進（今江蘇境內）人

　　陳圓圓，字畹芬，原姓邢名沅。父親以農耕捕魚為生，母親早故，因家貧無力撫養，寄養姨父家，改姓陳。姨父世業貨郎，日夜謳歌不輟。聰明俏麗的陳圓圓，貌美姿玲，傾國傾城，從小耳濡目染，操琴度曲，舞扇歌裙，令客座傾倒，惜姨父陳貨郎家業散盡，無力再行供養陳圓圓，將她賣至蘇州娼寮。

　　陳圓圓初至蘇州賣唱，因其歌舞色藝冠時，成為「江南八艷」之一。崇禎時外戚周奎欲給皇帝尋求美女，以解上憂，遂派遣田貴妃的父親田戚畹下江南選美。田戚畹將名妓陳圓圓、楊宛、顧秦等獻給崇禎皇帝。其時戰亂頻仍，崇禎無心逸樂，遣散宮女。陳圓圓被田貴妃之父田弘搶入田府，田戚畹佔為私有。一日吳三桂在田府宴蓆。酒席間，陳圓圓淡妝歌舞，一見傾心，吳三桂納圓圓為妾。

　　1644 年，李自成逼近京師，崇禎帝急召吳三桂鎮山海關。吳三桂在其督理禦營的父親勸說下，將圓圓留在京城，「為君別唱吳宮曲，漢水東南日夜流」

　　李自成打進北京後，陳圓圓被李之部下所掠。吳三桂沖冠大怒，「大丈夫不能自保其室何生為？」遂投降清軍，「慟哭六軍俱縞素，沖冠一怒為紅顏」。

　　李自成戰敗，將吳三桂之父及傢中 38 口全部殺死，棄京出走。吳三桂找到陳圓圓，帶她由秦入蜀，獨占雲南。

　　吳三桂進爵雲南王，欲將圓圓立為正妃，圓圓托故辭退，吳三桂別娶。然正妃悍妒，對吳的愛姬多加陷害冤殺，圓圓獨居別院。圓圓失寵後對吳漸漸離心，吳曾陰謀殺她，圓圓得悉後，遂乞削發為尼，從此在五華山華國寺長齋繡佛。

　　1681 年，昆明城破，吳三桂死，陳圓圓自沉於寺外蓮花池，死後葬於池側。

1934 年。建**陳圓圓墓**，傳云雲南有衣冠塚外、上海、蘇州墓塚，均缺乏憑據。位於貴州岑鞏縣水尾鎮馬傢寨，曾經隱藏瞭 300 餘年的明末名姬陳圓圓的墓葬經。後發現陳圓圓墓地歷史真相，吳三桂後人隱居貴州數百年，諱談陳圓圓。

吳三桂，如今吳氏已有後裔 1000 多口。為保護陳圓圓墓，雍正年間立碑之後未進行重修。據吳氏相傳，陳圓圓晚年住天安寺（又名平西庵）留有皇傘、禦字簿、大刀、金銀等物。同時，馬傢寨還有《七顆針的壽鞋》《吳啟華藏身達木洞》《襄子傢屋場》和《馬寶護送陳圓圓》等傳說故事。

客氏　?～1627 明保定興（今屬河北）人

侯二妻，入宮為熹宗乳母，熹宗立，封奉聖夫人，與宦官魏忠賢勾結作惡，稱為「客魏」，崇禎帝即位後被殺。

香妃　1734.10.11.～1788.5.24.

容妃，霍卓氏（又作和卓氏），維吾爾族人。傳說中的香妃原型。生於雍正十三年九月十五日，阿裏和卓女。

1734 年九月十五日香妃誕生在新疆和卓族的一個家庭。

她一誕生，身體肌膚內分泌關係，即發出一種馥郁的香味，長得美麗絕倫。

長大後，據說為回民首領集占的妻子，乾隆帝聽聞有這樣一個奇女子，即想佔有，出兵想劫持回來。霍集占被射死，找到香妃把她送到北京，她思念家鄉而憂鬱悲憤。香妃愛清潔，每天要入浴，乾隆聞其香味，闖入香妃閨臥室，想一親芳澤，但被拒絕。癡情皇帝幾次闖入，都不得其逞。皇太后知道，欲將香妃趕出宮去，乾隆聽到央求暫留宮中。後來八關聯軍進攻北京，皇室欲避禍遠逃，臨時逼香妃跳井自殺，香妃因而香消玉殞，乾隆含恨終身。

香妃的故事歷來非常迷人。傳說她「玉容未近，芳香襲人，即不是花香也不是粉香，別有一種奇芳異馥，沁人心脾」。是新疆回部酋長霍集占的王妃，回部叛亂，霍集占被清廷誅殺，將軍兆惠將香妃生擒送與乾隆。但香妃心懷「國破家亡，情願一死」之志，始終不從乾隆，最後被太后賜死。死後，將其運回家鄉安葬，故新疆喀什有香妃墓。

然而傳說再引人入勝，也與歷史事實相去甚遠。

1788 年，香妃逝世，乾隆老淚縱橫，欲將香妃的遺體送回喀什安葬，但悖

於大清祖傳皇規。滿清的後妃只能葬於皇家的東陵後妃園寢中，絕不准移送原籍。為應兩全，他命令雕工匠仿照香妃生前的體型相貌加工了一個與真香妃一模一樣的「香妃」。全身裹以白布，只留出面部以便香妃家人現瞻弔唁。居然蒙過香妃家族。此時被冊封為輔國公的香妃的哥哥圖爾迪亦已去世，乾隆便傳旨將其兄妹倆一真一假的遺體同時遷葬喀什，由香妃的家人護送靈柩回新疆。

香妃的親人們查看了香妃和她哥哥的遺體面容，確認無誤後即刻下葬入穴。香妃的遺體早已隱秘地葬在了清東陵，而那個檀香木雕制的假香妃，卻登堂入室地埋進了祖先阿帕霍加的墓之內。

「香妃」名字早在清朝末年間著述就已出現了。據迄今為止的考證得知，最早出現香妃之名的當屬光緒十八年（1892）蕭雄寫的《西疆雜述詩》卷四「香娘娘廟」，其中有「紛紛女伴謁香娘」語句。他在附錄中進一步寫到：「香娘娘廟」，乾隆年間喀什噶爾人，降生不凡，體有香氣，性真篤，因戀母，歸沒於家。

1904 年，《王湘綺先生全集》記有回妃被拐入宮，不順從皇帝，最後被皇太后絞殺的情節。"香妃"之名的廣泛流傳是在清王朝滅亡以後。1914 年，故宮古物陳列所從瀋陽故宮和承德避暑山莊調來一批文物搞展覽，其中有一幅年輕女子的戎妝像。在該畫像下面的說明文字中，明確指出："香妃者，回部王妃也。美姿色，生而體有異香，不假熏沐，國人號之曰香妃。"從此以後，香妃之名大震。

資訊顯示：第一，香妃是回族；第二，香妃之得名與生來就「體有異香」有關。其香味係通過汗腺、皮脂腺，分泌出的一種氣味。

賽金花（曹夢蘭）1872.10.9.～1936.12.4.安徽徽州後移居到蘇州

賽金花，本名曹夢蘭，閨名趙靈飛，乳名趙彩雲，在蘇州河上的花船上為清倌人，改名傅彩雲，下海接客，色藝冠絕一時。

1886 年，前科狀元洪鈞回蘇州守孝，與賽金花初見，後洪鈞為兵部侍郎，以七千金購為侍妾，納為三姨太，改名為洪夢鸞，寵如嫡室。

1887 年，洪鈞奉命出使德、俄、荷、奧歐洲四國。正室夫人不願隨洪鈞前

往，命賽金花隨洪鈞出訪，並借誥命服飾給賽金花。因此，賽金花以公使夫人的名義出使四國。在柏林與威廉后攝像，見者皆為傾到。

出使期間，在柏林居住數年，到過聖彼得堡、日內瓦等地，周旋於上層社會。受到過德皇威廉二世和皇后奧古斯塔·維多利亞的接見。後來與八國聯軍統帥瓦德西相識，儧居儀鸞殿，與同臥起，婉如夫婦。

在柏林居住期間，賽金花與洪鈞生一女，名德官。

1892 年，洪鈞任滿回到上海，仍居於京城邸宅。

1893 年，洪鈞因病去世。賽金花在護送洪鈞棺柩南返蘇州。後離開洪家，留在上海。賽金花在二馬路鼎豐裏旁的彥豐裏租了房子，買了兩個姑娘，掛牌書寓，改名曹夢蘭，花名傅彩雲，大張艷幟。因狀元夫人和公使夫人的招牌而名揚上海灘，被稱為花榜狀元。

1898 年，蘇州狀元陸潤庠串通上海知府，強迫賽金花離開上海。為了躲避禍端，賽金花北上天津，先住在高小妹的班子裏，很多人前來捧場。後來在濱江北道的舊「金花」妓院原址租房，掛牌「賽金花書寓」，並改名賽金花，並組織「金花班」。

1899 年，搬往北京，住在西單石頭胡同，先後在高碑胡同、陝西巷掛牌營業。因與京城名儒、巨商盧玉舫結拜，排行老二，因而人稱賽二爺。後搬回天津。

在這期間，京劇票友孫作舟，字少棠，人稱孫三爺一直與賽金花同居，賽金花的書寓撐腰。而賽金花與孫作舟過分的親密關係，也影響了賽金花的營業。

1903 年，金花班一姑娘鳳鈴不忍賣淫為生服鴉片自殺。賽金花被巡城御史高第枏逮捕，送至刑部被遞解回蘇州，後被釋出獄。賽金花出獄後，花班散了，家財也散盡，返上海與李萃香、林絳雪、花翠琴、林黛玉、陸蘭芳一起掛牌。

1905 年，賽金花解除了和孫作舟的關係。

1911 年，嫁給了滬寧鐵路段稽查曹瑞忠做妾。

1912 年，曹死，再為娼。

1918 年，賽金花與魏斯炅在上海結婚。

1913 年，賽金花與曾任參議院議員、江西民政廳長的魏斯炅相識。

1916 年，兩人一同到北京，住在北京前門外的櫻桃斜街。

1918 年，賽金花與魏斯炅在上海正式結婚，改名魏趙靈飛。

1921 年，魏斯炅去世，賽金花離開魏家，搬入天橋居仁裏的房子。晚年貧困潦倒，接受過很多人的接濟，最後的日子是和她的女僕顧媽（顧蔣氏）一起度過。

1936 年 12 月 4 日，賽金花因病於北京過世，終年 67 歲。

賽金花死後，在好心人的幫助下，葬在陶然亭，「香冢」旁草草下葬。賽金花墓在錦秋墩南坡上，香冢、鸚鵡冢之西。墓為大理石砌成，墓碑為高 1.8 米的花崗岩，據說墓碑是著名書畫家齊白石所題。

陶然亭還有記述賽金花生平的三塊石刻：彩雲圖、前彩雲曲和彩雲後曲。彩雲圖是著名書畫家張大千為賽金花畫的畫像，《前彩雲曲》和《彩雲後曲》

為樊增祥為賽金花作的長詩。

　　賽金花一生充滿了傳奇的色彩，出入豪門，淪落風塵，命中克夫（三次嫁夫，三次孀居），沒有兒子。葬於陶然亭公園。著名畫家張大千為她作肖像畫，齊白石為她題寫墓碑。她親筆題寫的"國家是人人的國家，救國是人人的本分"至今猶存博物館中。賽金花她那愛國之心，比起當時賣國賊、漢奸猶勝千萬倍。「自古風塵出俠女」這是對賽金花一生真實的寫照。

小鳳仙　1900.8.~1954.3.浙江錢塘人

　　小鳳仙，原名朱筱鳳，後改名張鳳雲、張洗非。偏房所生，光緒年間，舉家流寓湖南湘潭，父親因經商失敗，傾家蕩產，被仇人殺害，隨母漂流，展轉被賣為娼，被帶到北京，至北京八大胡同青樓「陝西巷雲吉班」。

　　小鳳仙有幾分姿色，略通翰墨，喜綴歌詞，她不像一般妓女，求媚取寵，一雙慧眼，能辨別狎客才華。對腦滿腸肥的富商巨賈不願接近的嫖客，趨避惟恐不及，卻對潦倒志士或純潔的文人獨垂青眼。

　　1915 年，結識蔡鍔，雖然蔡松坡隱姓易名，慧眼識英雄，變為知己；時袁世凱奢迷稱帝，蔡鍔為卓越軍事人才，為阻撓袁稱帝夢的眼中釘，暗中嚴密監視。蔡松坡欲減少袁對他的注意力，巧計金蟬脫，表面上極其熱絡擁袁，暗中藉沉迷聲色，逛八大胡同，尋歡取樂，與小鳳仙打得火熱，真以為蔡松坡意志消沉，袁世凱走狗密報袁世凱，使得袁漸漸疏予對他防範。時適小鳳仙慧眼識英雄，由醇酒婦人，日漸生情，成了知己，酒酣耳熱之餘，小鳳仙提筆寫下「不信佳人終薄命，從來俠女出風塵」使蔡松坡大為欣賞。

　　11 月，袁世凱令改明年為洪憲元年，蔡松坡認為時間迫切，非走不可，當晚夜宿小鳳仙香閨，翌日清晨，藉小鳳仙掩飾，逃離北京。搭火車到天津，轉船赴日本，再繞道越南回雲南。

　　12 月 25 日即高舉義旗，打倒袁世凱，再造民國。引起各地紛紛響應反袁。

　　1916 年 6 月 6 日袁世凱美麗夢碎，稱帝不成，憂憤而死。

11月8日，蔡鍔倒袁過勞致疾，病逝日本福岡大學醫院。小鳳仙得悉，心情憔悴，悲傷不已，哀怨致贈輓聯：

九萬里南天鵬翼，直上扶搖，憐他憂串餘生，萍水相逢成一夢；

十八載北地胭脂，自悲淪落，贏得英雄知己，桃花顏色亦千秋。

小鳳仙晚年生活，傳聞先結識東北軍一師長，移居瀋陽，後化名張洗非，委身於鍋爐工人李振海，又一說嫁給陳姓廚師，又說她得梅蘭芳之助，到東北人民政府機關學校當保健員。

風塵知己好溫存，滯帶殘脂出國門；

聊借香閨為虎帳，義旗高舉定乾坤。

楊惠敏 1915.3.6.~1992.3.9.上海人祖籍江蘇鎮江

楊惠敏，女童軍、對日抗戰時英雄、教師。早年在中央技藝專科學校暨中山大學體育系求學。

1937年，蘆溝橋事變，中日戰爭，楊惠敏加入上海童子軍戰地服務團。

8月13日八一三松滬戰役，日軍全面大舉進攻上海，日方原本希望能以襲擊的方式迅速佔領上海地區，達成「三月亡華」的目標，卻出乎意料地與國民革命軍爆發陣地戰而成為長期纏鬥。

10月26日爆發四行倉庫保衛戰，當時由第八十八師第524團團長謝晉元中校所率領的該團第1營死守與上海公共租界僅有一條蘇州河之隔的四行倉庫，作為中方軍隊在撤退至上海西部郊區的過程中、對日軍的牽制。

10月28日夜間，楊惠敏將一面12尺長的中華民國國旗，裹在身上所穿著的童軍服底下，冒著戰火危險，自公共租界出發成功泳渡蘇州河，獲得謝晉元團長的接見，將國旗送至四行倉庫（另有一說表示楊惠敏是循陸路靠近倉庫）。

楊惠敏並攜帶了一份四行倉庫守軍人員的名單返回公共租界，當時名單上共有800個人名，因此被稱為「八百壯士」守軍。

楊惠敏所送至的國旗隔天在四行倉庫屋頂升起，大大的鼓舞振奮守軍士氣與隔岸觀戰的民眾，並獲得當時駐紮在租界內的世界各國媒體之讚揚。事後楊惠敏與謝晉元的事蹟被編寫入中華民國各級學校的歷史教科書中，使得他們成為家喻戶曉的人物。

1949年，楊惠敏隨著政府來台灣，後與台灣大學教授朱重明結婚，育有二子朱復圭、與朱復轟。

楊惠敏曾任職於台北女師專（今台北市立教育大學）、金甌商職（今台北

市私立金甌女子高級中學）、文化大學等學校。長年積極參與、宣傳童軍活動及婦女救國運動。

1992 年 3 月 9 日楊惠敏腦溢血臥病，逝於台北榮民總醫院，享壽 78 歲。

據其子回憶，楊惠敏至臺灣後絕口不提往事。其子直到上課時老師提醒，方知課文中的女童軍即為他的母親。

楊惠敏獻旗與四行倉庫守軍的故事，在 1976 年時被拍成電影《八百壯士》，由林青霞飾演楊惠敏。

珞珈三女傑

「珞珈三傑」是指國立武漢大學中文系教授蘇雪林、外文系教授袁昌英、和文學院院長陳源（西瀅）的妻子凌叔華，亦稱「珞珈林山三個文學朋友」（珞珈三傑）。三人在生活中是很好的朋友，同時也都是自「五四」以來的中國文壇上很有名氣的女作家。

蘇雪林　1897.2.24.~1999.4.21.

蘇雪林是文豪蘇轍第 38 代嫡孫，其長篇自傳體小說《棘心》（中國第一部描寫留學生生活的小說）和散文集《綠天》在中國現代文壇上產生過較大影響。她與新文化運動的三位領袖人物李大釗、胡適、陳獨秀都有交往。是李、胡的學生，對陳獨秀還經歷了由憎恨到欽佩的戲劇性變化。

蘇雪林，本名蘇小梅，1919 年秋天，將「小」字省去，改名蘇梅；字雪林，以字行，筆名瑞奴、瑞廬、小妹、綠漪、靈芬、老梅等。生於浙江瑞安，祖籍安徽太平，現代著名作家、學者，乃北宋文豪蘇轍之後。天主教徒。

蘇雪林先後畢業於安徽省立安慶第一女子師範學校、北京高等女子師範學校，受業於胡適門下。五四運動時期，以散文《綠天》與小說《棘心》轟動一時。1921 年，前往法國留學，先進入里昂中法學院，後又進入里昂國立藝術學院，1925 年，以母病輟學歸來。歷任東吳大學、滬江大學、安徽大學、武漢大學教授。在武漢大學任教時期，與凌叔華、袁昌英合稱珞珈三女傑。

1931 年，受聘於國立武漢大學，直至 1949 年赴台。主要講授中國文學史，基本國文和新文學研究。

1936 年，魯迅逝世，蘇雪林阻止蔡元培擔任魯迅治喪委員會成員，左派作家（當時中國文壇的主流勢力）口誅筆伐蘇雪林，蘇雪林「向魯迅挑戰」（與左

派作家打筆戰），**轟**動全中國。大陸易幟，往香港公教真理學會工作。

1937年，她將自己多年積蓄的薪金、版稅和稿費共計51兩金條，全部捐獻給正處危難中的祖國作抗戰之用。她對魯迅的看法從讚頌到反對也是眾人皆知的，「反魯」成了她的半生事業。

1944年，蘇雪林由於自己的文學作品無處刊登（因為「向魯迅挑戰」的緣故），轉而研究屈原，聲稱屈原楚辭作品中的神話故事與奇怪事物是來自域外（詳見《屈賦論叢》），進而也鑽研希臘神話、羅馬神話，以佐證此說。

1952年，任臺灣師範大學、成功大學教授。蘇雪林曾加入中國文藝協會、中國婦女寫作協會。1973年退休。退休後，定居成功大學宿舍。

1991年4月10日傍晚，獲頒成功大學建校以來第一張榮譽教授證書。

1999年4月21日下午3時53分，病逝於成大醫院，享年102歲。同年8月，歸葬安徽黃山母親墳旁。

1998年，曾回安徽黃山黃山區永豐鄉嶺下蘇家村老家。

1999年4月，在台灣台南辭世，她也是中國現代文壇最長壽的作家。

袁昌英

1921年，袁昌英是獲得愛丁堡大學文學碩士學位的第一位中國女性。她以現代主義重新創作的劇作《孔雀東南飛》，散文《游新都後的感想》和《再游新都的感想》開創中國女作家的創作先河。她也是一名外國文學研究家，藝術史家。

1928年，受聘於國立武漢大學，

1930年，袁昌英的丈夫楊端六也受聘於武大。後來由於有越來越多的夫妻留學生要進武大，學校就立了夫妻兩人不能同時在武大教課這麼一項規矩，他倆是唯一的例外。九·一八事變發生後，她帶領學生為馬占山將軍領導的抗日義勇軍奔走募捐，日夜趕製寒衣。抗戰勝利後，曾倡議創辦一所中國女子大學，未能如願。中華人民共和國成立後，她將自己的藏書幾乎全部捐獻給武大圖書館。抗美援朝期間，夫婦倆是所有武大教師中捐錢最多的。

1957年，「反右運動」中袁昌英被劃為右派，文革時又遭迫害，

1973年4月，逝世於湖南醴陵老家。其子楊弘遠亦為武漢大學教授，中國科學院院士，中國被子植物胚胎學的開拓者之一。

凌叔華

凌叔華以短篇小說《酒後》在文學界成名，同時也是畫壇高手。魯迅曾指出凌叔華的小說描寫的是「高門巨族的精魂」。英文師從辜鴻銘，與冰心、林徽因一同被譽為 1930 年代「北方文壇的三位才女」。

1924 年，因北大指派陳西瀅和徐志摩負責接待泰戈爾來華訪問，而同時與兩人相識。凌叔華的大書房也成了中國最早的沙龍，她與徐志摩的關係一度走得很近，徐志摩、沈從文、蘇雪林都曾譽之為「中國的曼殊菲爾」，徐志摩墓前詩碑文「冷月照詩魂」亦由她親筆所書。

1928 年，陳西瀅受聘於國立武漢大學，凌叔華也隨同丈夫前往。陳西瀅因身為文學院院長，怕人閒話，始終未讓她在武大教書。

1935 年，凌叔華結識到武大任教的英國青年詩人、弗吉尼婭·伍爾芙（Virginia Woolf）的侄子朱利安·貝爾（Julian Bell）並發生婚外情。抗戰爆發後，她隨校遷往四川樂山，其間在成都、樂山接連開了幾次畫展，兩年後到燕京大學任教。

1947 年，全家人在英國定居。

1953 年，她在與伍爾芙以前的通信的鼓勵下，用英文寫成的帶有自敘傳色彩的小說《古韻》（*Ancient Melodies*，又譯作《古歌集》）由英國荷蓋斯出版社（The Hogarth Press）出版時，曾經引起英國評論界的重視，成了暢銷書。

1989 年 12 月，她以耄耋之年坐着輪椅落葉歸根。

1990 年 5 月，病逝於北京。

七、歷代奸臣亂賊

慶父　?～前-660

慶父，即共仲、仲慶父，姬姓，諡號共，魯莊公的長弟，三桓之一孟孫氏始祖。

前-662年，魯莊公死前，叔牙想擁立慶父為君，被弟弟季友賜毒酒毒死。魯莊公死後，公子班繼位為魯君子般。慶父勾結私通魯莊公的夫人哀姜，殺死了魯君子般，趕走弟弟季友。立哀姜妹妹與魯莊公的兒子公子啟方繼位，即魯閔公。

前-660年，慶父與哀姜謀殺閔公，想自立為君。季友知道後，從陳國與閔公的弟弟公子申回到邾國，魯人要殺慶父。慶父害怕，逃到莒國。於是季友回國，立公子申為魯僖公。哀姜害怕，逃到邾國。季友賄賂莒國使莒國送回慶父，但不免除其兩度弒君之罪，慶父在回國途中求公子魚代為說情，但沒得到應許，公子魚哭著回去找慶父，慶父聽到哭聲，說：「這是奚斯（公子魚）的聲音啊！」便自縊而死。齊桓公知道侄女哀姜在魯國作亂，殺了她。

在季友請求下，魯僖公封慶父之子公孫敖於成。慶父就是孟孫氏的祖先。後人常把製造內亂的人比之為「慶父」，有典故慶父不死，魯難未已。

劉濞　前-216～前-154 沛縣（今江蘇省）人

劉濞，漢高祖劉邦之侄，劉邦兄長劉仲之長子，被劉邦封為吳王。漢景帝時，發動七國之亂謀反，兵敗，死。

劉濞為人極為剽悍勇猛而有野心，性格與父親劉仲相反，卻與劉邦相似。

前-196年，受封為沛侯，英布反時，劉濞以騎將，隨劉邦破英布。

前-195年，劉邦懼怕江東人士不服皇權，故封劉濞為吳王，都沛（今江蘇沛縣）。

漢文帝時，劉濞的兒子吳國世子劉賢，在京城長安與皇太子劉啟玩六博時發生爭執，劉啟怒以棋盤擊其首級，遂腦漿迸裂而死。漢文帝敕命將吳世子遺體護送回國安葬，到了吳國，劉濞大怒，「天下都是劉家的，死在長安就埋在長安，何必回吳國埋葬！」遂又把遺體送回長安埋葬，以示對朝廷的不滿。

劉濞基於復仇，大量鑄錢、煮鹽，並犒賞部隊、招納工商和「任俠奸人」，以擴張割據勢力，其他郡國司法官要來吳國逮捕罪犯，劉濞都公然拒絕，儼然不臣之藩。這種情形延續多年，但漢文帝自覺太子誤殺吳王世子，朝廷理虧在先，遂不甚追究。

太子登基，是為漢景帝，採晁錯建議，削奪王國封地，劉濞謀劃「**清君側**」，誅晁錯，聯合楚國、趙國等叛亂。

前-154年，帶領七諸侯國軍隊公開叛亂，史稱七國之亂。後來漢景帝雖將晁錯腰斬，但仍未能平息七國之亂與劉濞篡位的野心。最後漢朝派遣周勃之子周亞夫為帥，將之擊敗，劉濞兵敗投奔東甌國，漢廷派密使遊說東甌王貞復殺劉濞以贖窩藏之罪，於是東甌王之弟「夷鳥將軍」乘勞軍之際殺了劉濞，將功折罪。

七國之亂平息後，朝廷保留了楚國，以楚元王子平陸侯劉禮為楚王，是為楚文王。但卻不許德侯為吳王以承高祖兄劉仲之祀，於是封國廢除，吳國至此滅亡。

趙高　　?～前-207

趙高力氣大，書法好，愛好法家，寫「爰曆篇」得秦始皇賞識，封為中車府令，負責掌管秦始皇的馬車，曾任兒子胡亥老師，掌管玉璽，是秦始皇和秦二世寵信的宦官。秦始皇在位期間，趙高於因犯下重罪，被蒙毅判死刑，後得秦皇赦罪，因此與蒙毅結仇，趙高掌權後即把蒙毅殺掉。秦始皇駕崩後，矯詔殺死太子扶蘇，並擁立秦始皇的十八子胡亥為帝，胡亥即為秦二世，李斯亦力諫二世疏遠趙高，趙高得知後陷殺李斯，獨攬大權，欺下瞞上，指鹿為馬，又迫胡亥自殺，滿朝文武官員拒絕趙高稱帝，而擁立秦始皇之弟子嬰繼帝位。後來，子嬰與韓談勾結，子嬰趁趙高晉謁時，指使太監韓談殺趙高，誅三族。一般認為趙高直接導致了秦朝的覆滅。趙高死後三個月，劉邦入咸陽，子嬰投降，被項羽所殺。

梁冀　　?～159年寧夏固原安定人

梁冀，字伯卓，中國東漢時期外戚出身的權臣。出身世家大族，先祖時曾協助漢光武帝劉秀建立東漢，其父親為梁商，有一妹，是漢順帝的皇后。

136年，成為河南尹。漢順帝時因皇后的關係，梁商成為輔政的大將軍，梁氏一族左右國政，

141年，梁冀代父親成為大將軍，順帝死後，2歲的沖帝即位不久就去世，梁太后（即梁冀之妹）立8歲的質帝。因質帝當面稱梁冀為「跋扈將軍」，次年即被他所毒殺，另立十五歲的桓帝。此後他更加專擅朝政，結黨營私，且大封梁氏一門為侯為官。

159年，梁皇后逝世，早對梁冀專權亂政不滿的桓帝，借宦官單超、徐璜、具瑗、左悺、唐衡等五人之力殺死梁冀，其全族都一併被殺。

董卓　　?～192.5.22.涼州隴西臨洮（今甘肅岷縣）人

董卓，字仲穎，東漢末年軍閥和權臣，其種種的暴行使之成為中國歷史上總體評價極其負面的人物之一。

董卓年少時遊歷羌胡聚居地，結交豪帥。後從事耕作，豪帥來訪時以謀生的耕牛宰殺大宴，彼此禮尚往來。後為兵馬掾，巡視塞下。漢桓帝末年，董卓

被徵召為羽林郎，後又為中郎將張奐部下作軍司馬，討伐漢陽羌人。勝利後升為郎中，把賞賜盡分部下。後為戊己校尉，因為犯罪而被革職。先後升為并州刺史，河東太守。

董卓於桓帝末年先後擔任并州刺史，河東太守，利用漢末戰亂和朝廷勢弱佔據京城，廢立挾持漢獻帝，東漢政權從此名存實亡。而且他生性兇殘，犯下諸多罪行，引致全國其它割據軍閥發動董卓討伐戰，後來聯軍發生內鬨，轉而成為了各軍閥互相爭戰的情況，董卓本人則被朝內大臣聯合其部下設計誅殺，死後部下李傕和郭汜兩人為了把持朝政互相火拚，皇帝與朝廷流離失所，各地州牧、刺史、太守、佔據屬地完全脫離中央控制，開啟三國時代。

184 年，漢靈帝封董卓為中郎將，命他討伐黃巾軍，卻失敗，然後被免職，後來韓遂和邊章起兵涼州，董卓再度被任為中郎將，隨破虜將軍張溫討伐。利用敵方因為出現了流星而萌生退意，主動出擊，斬殺數千人。於追擊時為羌人圍困，利用水壩蓄水，表面則作捕魚，實則掩人耳目在水底行軍成功撤退，並且以水壩決堤阻止追兵。在張溫軍中唯一全師而還，封斄鄉（雍州武功）侯，邑千戶。

188 年，韓遂和邊章再度來犯，封董卓為前將軍，與左將軍皇甫嵩大破韓遂等。189 年，先後封為少府、并州牧，因為不願意把兵權交給皇甫嵩，都拒絕領受。心知天下必將大亂，擁兵自重，駐兵河東，靜待時機。

何進欲除宦官，但是為其妹何太后所阻撓，所以請董卓領兵入宮作兵諫，結果何進先被宦官殺掉。董卓見袁術放火燒宮的火光知道亂事已經生起，於是引兵急進，隨即找到被宦官擄出的少帝和陳留王（未來的獻帝）二人。初入洛陽時兵力只有 3 千人，為求營造大軍壓境的場面以震懾鄰近諸侯，每晚令士兵出城，翌日再大張旗鼓入城，令到洛陽全城有大軍源源不絕進軍之虛況。不久令其弟董旻聯合吳匡殺掉上司何苗，又招攬呂布殺掉丁原，很快就併了附近兩大軍閥兵力。隨後董卓廢少帝，立劉協即位（是為漢獻帝），且不久就殺害了少帝及何太后，專斷朝政。

董卓既已掌權，亦思拉攏豪傑賢士，建立名聲。先以威脅手段，強迫荀爽和蔡邕等人赴任朝廷官職；而後袁紹與董卓發生爭執，隻身離開洛陽，董卓本想殺害袁紹，經過手下伍瓊和周珌等勸說，乃改以懷柔手段安撫之，命袁紹為渤海太守，同時也提拔了另一批名士為官，如陳留太守張邈、冀州刺史韓馥和豫州刺史孔伷等人，後來這些人卻全部成為了日後討伐董卓的主力。

190 年，爆發董卓討伐戰（《三國演義》中記述「十八路諸侯共討董卓」，實際上只有 13 路）。以袁紹為主的關東聯軍並未對董卓發兵；190 年 1 月 17 日，董卓遷都長安，曹操起兵追擊，在滎陽汴水遭受徐榮擊敗，隨後關東聯軍發生內鬨，討伐聯軍解散。

董卓在朝野內外都廣佈親信，用上近似天子的服飾及車駕，呼召三台，尚書以下官員自行繞過朝廷到董卓家中議事，董卓與官員言語間略有不合即被當場殺死，引起朝野不滿。司徒王允設反間計，挑撥董卓大將呂布殺死董卓（在

《三國演義》，呂布與董卓關係變得惡劣是因為受到義父王允所命的虛構人物美女貂蟬所挑撥），結果成功。根據史書記載，董卓身軀肥胖，棄屍後，陳屍示眾；守屍的士兵在董卓肚臍眼中插上燈芯，點燃照明，持續了數天。蘇軾以此事寫了詩《郿塢》嘲笑董卓的下場：「衣中甲厚行何懼，塢裡金多退足憑。畢竟英雄誰得似，臍脂自照不須燈。」董卓餘黨李傕和郭汜帶兵進城，殺死王允，並把持朝廷大權。李傕等人把董卓骨灰合斂一棺殯葬，殯葬當天，大風大雨，雷電劈中其棺木，水流入墓穴，漂浮其棺木。

司馬昭　211～265 三國司州河內溫縣（河南溫縣招賢鎮）人

司馬昭，字子上，司馬懿之子，繼其兄司馬師為魏大將軍。專國政，日謀代魏，魏帝曹髦曾說「司馬昭之心，路人皆知也。」

260 年，殺曹髦，立曹奐為帝。

263 年，滅蜀漢，自稱晉公，後為晉王。死後數月，其子司馬炎代魏稱帝，建立晉朝，追尊為文帝。

爾朱榮　493～530 北秀容（山西朔縣西北）人

爾朱榮，字天寶，先世為契胡部酋長，祖先居於爾朱川（今山西西北部保德縣之朱家川），故以爾朱為姓氏，後為北魏權臣。

爾朱榮父親乃爾朱新興，史載「家世豪擅，財貨豐贏」，「朝廷每有征伐，輒獻私馬，兼備資糧，助裨軍用」，因功任命為散騎常侍、平北將軍。爾朱榮有潔白美麗的容貌，愛好射獵，頗曉兵法。娶文成帝弟南安王拓跋楨女北鄉公主。在北魏後期政權中，爾朱榮憑藉鎮壓人民起義，迅速壯大了其軍事力量，擢為遊擊將軍、冠軍將軍、平北將軍、北道都督，後來加升大都督，統領並、肆、汾、廣、恆、雲六州諸軍事。

528 年，他扶植北魏孝莊帝（元子攸）即位，以女兒大爾朱氏為孝莊帝的皇后。發動河陰之變，「沉胡太后及幼主於河」，誘騙王公百官盡殺之。完全掌控朝政，此時「京邑士子，十無一存，率皆逃竄，無敢出者，直衛空虛，官守廢曠。」同年八月，爾朱榮鎮壓了葛榮領導的河北起義。

530 年，孝莊帝伏兵明光殿，聲稱皇后大爾朱氏生太子，爾朱榮入朝恭賀，藉機殺爾朱榮。爾朱榮死後，爾朱榮的侄子爾朱兆由並州出兵洛陽，殺死孝莊帝，立元恭為節閔帝。高歡收納了爾朱榮軍隊二十餘萬人，進佔冀州。

楊素　544～606 弘農華陰人

楊素，字處道。北周、隋朝大臣。北周時平北齊，封成安縣公。父楊敷是北周開國功臣（汾州刺史）。

577 年，時平北齊，封成安縣公。在滅陳朝之戰中，作戰長江中游，以功領荊州（今湖北江陵）總管，進爵郇國公（後改越國公），諡景武。

589 年，入朝納言，後轉內史令。

598 年，大敗西突厥；

602 年，又率兵大敗東突厥執失思力俟斤於雲內（今山西大同）。一般相信楊素曾在楊廣奪位時參與其事。

605 年，為尚書令，與西京大興城建築總設計人宇文愷等奉詔營建東都洛陽。

606 年，次年又進位司徒，改封楚公，因功高震主受楊廣所忌，病死。其子楊玄感後來反叛隋朝。

來俊臣　651~697　河北趙縣陝西西安人

來俊臣，兇惡陰險，為最著名的酷吏，大特務頭子。

690 年，因告密發跡。

691 年，任左台御史中丞，害人無數，編寫「羅織經」酷吏寶典，誣告無辜，陷害異己。

691 年，陷害周興入甕。

697 年，被殺，屍體讓仇家五馬分屍。

李林甫　？～752

李林甫，曾祖父是唐高祖李淵的堂弟李叔良，和玄宗李隆基族兄弟，不學無術。

726 年，由宇文融引薦做了御史中丞，旋作吏部當侍郎。

734 年，被任命為禮部尚書，入閣為副相，成為三位宰相之一。

736 年，扳倒賢相張九齡。

742 牛，仙客為左相，李林甫為右相。

752 年，居相位長達 19 年後病逝。

安祿山　703～757 唐營州柳城（今遼寧朝陽南）胡人

安祿山，本姓康，名軋犖山，母阿史德氏。父為昭武九姓的粟特人，母為突厥巫師，信仰祆教。安祿山是唐代藩鎮割據勢力之一的最初建立者，也是安史之亂的主要發動人之一，並建立燕政權，年號聖武。

安祿山少孤，因母改嫁突厥番官安延偃，遂改姓安姓，改名祿山。通曉六國語言，初為互市馬牙郎（大概是商人交易時的翻譯員）。被節帥張守珪養為假子，後漸升至千盧將軍。

740 年，安祿山為平盧兵馬使，以賄賂交結唐廷派往河北的御史，博得唐玄宗李隆基的稱許與寵信。開元二十九年，官營州都督。

742 年，安祿山權勢日大，手段狡詐，善於諂媚逢迎，取得唐玄宗、楊貴妃等人的寵信和支持，唐玄宗倚為「安邊長城」。

宰相李林甫死後，他在朝中失去了忌憚的對象。安祿山討好玄宗而得罪太子李亨，深感不安提早叛唐行動。叛變前，他精選豢養「曳落河」（胡語，意為壯士），皆驍勇善戰；組成一個以少數民族武人為骨幹、有漢族失意文人和

地方軍人參加的財富力強的武裝集團。

755 年，安祿山在范陽起兵，以討楊國忠，清君側為名，與平盧節度使史思明發動叛亂，挾三鎮兵力，直指東都洛邑。太原驛站得報，疾馳趕到驪山，當時在驪山華清池的唐玄宗不相信安祿山會叛變，但叛變的消息不斷傳來，玄宗仍半信半疑，直到平原郡太守顏真卿派人傳來情報，玄宗大夢初醒。在唐玄宗本人錯誤的戰略下，安祿山的鐵騎軍團攻陷洛城。

756 年，在洛陽，建國大燕，改元聖武，自稱雄武皇帝，以達奚珣為丞相。安祿山大軍壓境，進入京畿一帶，長安陷落。

757 年，安祿山為其子安慶緒所殺，未公佈其死訊，只稱他傳位於安慶緒，尊其為太上皇。史思明殺安慶緒後即大燕帝位，補諡安祿山為光烈皇帝。

安祿山患眼疾，看不見東西，脾氣暴躁，經常打人，手下的嚴庄經常被打，懷恨在心，而安慶緒因懷疑自己不是安祿山的繼承人，就唆使嚴庄挑撥宦官契丹人李豬兒，一日，嚴庄持刀和李豬兒進入帳中，安慶緒在帳外，李豬兒用大刀砍中躺在床上的安祿山的肚子，安祿山摸索床頭的刀而不得，撼幄帳大呼曰：「是我家賊！」腹腸已數斗流在床上，言訖氣絕。

楊國忠　　?～756.6.15.蒲州永樂（今山西芮城）人

楊國忠，唐玄宗時期的權臣。本名楊釗，與楊玉環同曾祖父（另一說同一個祖父）的堂兄。

楊國忠在鄉間，不學無術，酗酒好鬥見稱，為宗族人所鄙視。楊國忠乃因此投身軍旅。

741 年，楊國忠由楊玉環推薦而任官。

750 年，唐玄宗賜名「國忠」，以樗蒱為供奉官。楊國忠最早與李林甫聯手打擊舊世族，玄宗如此信任楊國忠，主要是為了牽制李林甫的專權。

751 年，兩次征討南詔的戰爭陣亡六萬人，結果被打敗，南詔投附吐蕃，

752 年，李林甫死後楊國忠繼任宰相兼文部尚書，並身兼四十餘職；執政期間。

754 年，楊國忠又命令李宓攻打南詔，結果又遭慘敗。兩度出兵折損近 20 萬人。

楊國忠不斷憑藉楊貴妃擴張自己的權力，蒐羅天下奇才，迸拔淹滯，也不斷打擊安祿山，他認為安祿山必反，並剝奪其權力，導致安祿山決定提前叛變。

755 年，安祿山發動叛亂藉口討伐楊國忠，引起安史之亂，太子李亨和宦官李輔國、高力士等，以「今日天下崩離、皇上震盪，難道不是楊國忠侵害……請殺楊家兄弟，楊國忠逃進西門內，被軍士蜂擁而入，將他亂刀砍死。楊國忠的妻子裴柔、兒子楊晞等試圖逃跑，也被斬殺。

黃巢　　835～884 曹州冤句（今山東菏澤西南）人

黃巢，初為鹽幫首領，售私鹽為業，後成農民軍首領，曾自立為帝，尊號

為承天應運啟聖睿文宣武皇帝，國號大齊，史稱黃巢之亂。黃巢退敗時死於部下之手。野史有稱「黃巢殺人八百萬」惡名。

875 年，黃巢在冤句（今山東菏澤西南）與子侄黃揆和黃恩鄴等八人響應王仙芝起事。

877 年，黃巢率軍攻陷鄆州（今山東鄆城），殺節度使薛崇。

878 年，王仙芝在黃梅（今湖北黃梅西北）兵敗被殺，餘部奔亳州（治今安徽亳州）投靠黃巢，推黃巢為黃王，自稱「沖天大將軍」，年號王霸。

879 年，向朝廷討封廣州節度使不成，大怒攻克廣州，控制嶺南，在廣州大肆濫殺無辜，包括阿拉伯、猶太、波斯等穆斯林商人在內被殺者有十二萬，財寶掠奪一空（屠殺穆斯林商人一事不見於中文史籍）。春夏之際，嶺南大疫，黃巢軍兵力損失慘重，「死者十三四」。10 月又北上。

880 年，渡過淮河，年底攻下東都洛陽，「整眾而行，不剽財貨」，群眾達百萬軍，入城後，軍紀嚴明，閭里晏然。年底越潼關天險。唐僖宗逃亡四川

881 年，進入長安，即位於含元殿，建立了大齊政權，年號金統。原朝官員，四品以下留用，餘者罷之。又沒收富家財產，號稱「淘物」；離開退出長安，後又怨恨城中百姓幫助官軍追擊，第二次攻佔長安並屠城，血流成河，謂之「洗城」。

882 年，四川的唐僖宗反攻，大將朱溫叛變降唐，沙陀族李克用又率援軍助唐，率兵一萬餘人南下，黃巢於中和三年四月撤出長安，攻逼蔡州（今河南汝南），守將秦宗權戰敗投降，六月圍攻陳州（今河南淮陽），遭遇頑強抵抗，中和三年轉戰山東。

884 年三月，朱溫大敗黃巢於王滿渡（今河南中牟北），黃巢的手下投降朱溫。黃巢在狼虎谷（今山東萊蕪）為部下林言所殺。

黃巢死後，黃巢從子黃皓率殘部流竄，號「浪蕩軍」。昭宗天復初年，進攻湖南時，為湘陰世族鄧進思所伏殺。不久朱溫篡位，建立大梁，唐朝滅亡，進入五代十國時期。

北宋六賊

北宋六賊六賊指的是：蔡京、王黼、童貫、梁師成、朱勔、李邦彥其中，蔡京和童貫是主要人物，其餘四人屬於嘍羅。蔡京，北宋六大奸臣：蔡京與童貫是北宋末年響噹噹的"六賊"領頭人物，腐敗亂國，搜刮錢財公開賽供皇族高官"花差花差"，把國家搞得烏煙瘴氣。他派朱勔在江南一帶搜刮珍奇異寶、名花古木，朱勔及其爪牙們仗著皇帝的勢力在江南橫行霸道，他們拆牆破屋、敲詐勒索，歙州、睦州人民痛恨官府，在窮苦農民方臘的領導下舉行起義。

1125 年，李彥遭賜死。1126 年，其餘五人先後伏誅：王黼安置永州（今湖南零陵），途中秘密處死；蔡京貶於儋州（今海南儋縣），途中病死；梁師成貶為彰化軍節度副使，途中賜死；童貫貶於吉陽軍（今海南崖縣），途中賜死；朱勔貶於循州（今廣東龍川），不久斬首處死。

六賊令北宋漸漸沒落，不久即發生靖康之變。

蔡京　1047～1126年北宋興化仙遊人

蔡京，字元長。書法家，四次任宰相，掌權共達十七年之久。蔡京是中國歷史上最著名的貪官之一，權力欲強的人物，窮奢極度，間接導致北宋王朝衰敗。

熙寧三年進士及第，調錢塘尉，舒州推官，累遷起居郎（階官，從六品上）。早年任地方官，後任中書舍人（階官，正五品上）。

1086年，改龍圖閣待制（職，從四品），知開封府事（差遣）。司馬光盡廢王安石新法，大臣皆言不可；唯蔡京於五日內在開封府改募役為差役，受到司馬光的稱讚。紹聖元年任戶部尚書（職事官，從二品），又助章惇重行新法。宋徽宗時被彈劾奪職，罷為端明殿（職，正三品）、龍圖閣兩學士，知太原府事，皇太后命帝留京畢史事。逾數月，諫官陳瓘論其交通近侍，瓘坐斥，京亦出知江寧府事，頗怏怏，遷延不之官。禦史陳次升、龔夬、陳師錫交論其惡，奪職，提舉洞霄宮（祠祿官），閑居杭州。後勾結童貫，重新被起用，擢右正言（職事官，從七品），知定州事。崇寧元年，徙大名府，並排擠掉韓忠彥，複用為翰林學士承旨（職事官，正三品），後拜尚書左丞（職事官，正二品），

1087年，進尚書右僕射（宰相，正一品），二年正月，進尚書左僕射（宰相，正一品），累轉司空（加官，三公，正一品），封嘉國公（爵，國公，從一品），五年，進司空、開府儀同三司（文階，第一階，從一品）、安遠軍節度使（階官，從二品），改封魏國公，大觀元年，複拜左僕射。以南丹納土，躐拜太尉（加官，三公，正一品），受八寶，拜太師（加官，三師，正一品）。為相期間大興花石綱，設「西城括田所」，蔡京改革茶法，在荊湖、江、淮、兩浙、福建等七路實行復榷制，

1102年，確立以引榷茶的茶引法。

1103年，鑄當十大錢以及「當二」、「當五」夾錫錢。

1113年，創行鹽引法，以官袋裝鹽，並限定斤重。盡改鹽法和茶法。創「豐亨豫大」之說，工役繁重，當時民怨沸騰。太學生陳東上書，稱蔡京、童貫等人為「六賊」，蔡京更為六賊之首。

1126年，宋欽宗即位後，蔡京被貶嶺南（今廣東），罷為崇信、慶遠軍節度副使（階官，從八品），途中餓死於潭州（今湖南長沙）。

1168年，蔡京後裔把其骸骨遷回仙遊楓亭故里今莆田仙遊縣楓亭鎮溪南村安葬。

童貫　1054～1126開封（今中國河南）人

童貫，字道夫，北宋宦官。出自宦官李憲門下，生性巧媚，「狀魁梧，偉觀視」。在杭州搜刮書畫時，與蔡京勾結。蔡京通過童貫，使其書法作品得到宋徽宗的賞識，得以重返朝政。人稱蔡京為「公相」，稱童貫為「媼相」。童貫後在西北監軍，曾擊破西夏，收復四川、洮州「握兵二十年，權傾一時」。

1108 年，童貫成為北宋有史以來第一位宦官節度使。史家李心傳說：「真廟以來，宦者官雖尊，止於遙郡承宣使而已」。但仍無法阻攔徽宗對童貫的賞識，1111 年，童貫晉升太尉，領樞密院，但因亂權貪污而被時人稱為「六賊」之一。

童貫出使遼國，私下與遼朝南院大臣馬植秘謀收復燕雲十六州。後馬植化名趙良嗣潛入北宋，獻聯金抗遼之策。宋金兩國結成海上之盟，協議金攻遼中京，而宋攻遼燕京。宋廷遣童貫二十萬軍隊北伐燕京，大敗而回，嚴重暴露宋兵的腐化，為後來的靖康之難埋下禍根。

1120 年，徽宗遣童貫以宣撫制置使與王淵、韓世忠率兵 15 萬，鎮壓方臘起義，因功封太師。

1125 年，宋欽宗繼位後，「諫宗、御史與國人議者蜂起」，童貫被貶而在經南雄（廣東南雄市）途中被賜死，監察御史張澂監斬童貫並函首赴闕。

朱勔　1075～1126 江蘇蘇州人

朱勔，北宋徽宗時期大臣，善於堆山造園，號稱「花園子」。父朱沖諂事蔡京而得官。

1105 年，奉迎宋徽宗，主持蘇州應奉局，專門搜求奇花異石，用船從淮河、汴河運入汴京，號稱「花石綱」，

1123 年，取得一巨型太湖石，高達四丈，載以巨艦，以數千名縴夫，歷經數月，運到汴京，徽宗賜名曰「神運昭功石」，封「磐固侯」。一路上毀橋梁、鑿城垣、拆水門，民怨沸騰，前後延續二十多年，最後引起方臘之亂，方臘以誅殺朱勔為號召，最後為韓世忠平定。朱勔更加得志，其時州郡官吏奔走聽命，東南部刺史、郡守多出其門，號稱「東南小朝廷」。與蔡京等人合稱為「六賊」。

宋欽宗即位，削官放歸田裡，清查其土地，田至三十萬畝，又流放到循州（今廣東龍川），不久斬首處死。今日獅子林假山，幾是當年故物。

王黼　1079～1126 河南開封人

王黼，字將明，北宋政治人物，六賊之一。

王黼，原名王甫，後因與東漢宦官王甫同名，賜名黼。風姿俊美，善於逢迎。

1103 年，進士，任相州司理參軍、校書郎、符寶郎、左司諫，

1119 年，從通議大夫到少宰（右宰相），連跳八級，乃宋開國以來第一人。「公然受賄賂，賣官鬻爵，至有定價」，京師謠言：「三百貫，曰通判；五百索，直秘閣。」又以巨款贖回燕京（北京），誇稱大功，升至少傅。陳東稱之為六賊之一。

欽宗即位，貶為崇信軍節度副使，籍沒其家，流放永州（今湖南零陵）。吳敏、李綱請殺王黼，朝廷交付開封尹聶山，聶山與王黼有故隙，遣武士躡及至雍丘縣南的輔固村殺之。

李邦彦　?～1126 懷州（今河南沁陽）人

李邦彥，字士美，北宋末年"靖康之難"投降派奸臣之首，直接造成北宋滅亡。

1108 年，進士。外表俊爽，美風姿，為文敏而工。然生長市井，習慣猥褻卑鄙，應對便捷。善調笑謔罵，能踢蹴鞠，經常以街市俚語為詞曲，人爭相傳唱，自號李浪子。有人彈劾其行為不檢，罷符寶郎，又複為校書郎。不久以吏部員外郎領議禮局，出知河陽，召為起居郎。李邦彥善奉承人，不少人爭薦譽之，累遷中書舍人、翰林學士承旨。

1121 年，拜尚書右丞，兩年後轉左丞。與王黼不和，私下裏勾結蔡攸、梁師成等，攻擊王黼並罷之。第二年，拜少宰，無所建明，惟阿諛諂媚白占個位子，東京開封的人視其為"浪子宰相"。金兵第一次圍攻開封時，白時中罷相，公議稱快，遞遷李邦彥、張邦昌為相。一味實行投降策略，指望以割地賠款加自虐宋軍獲得和平，結果在客觀上幫助金軍。此時只有完顏宗望的金國東路軍參與攻城，而完顏宗翰的金國西路軍在太原被絆住，又拒絕完顏宗望提出的隔斷西軍（宋朝征西夏的邊防軍，是宋當時最精銳部隊）的部署。以至種師道率十萬西軍順利趕到開封，完顏宗望被動後撤到開封西北遠郊紮營寨。姚平仲軍劫完顏宗望營寨被全殲一事，有人指是李邦彥、李梲為逼主戰派李綱、種師道議和而有意無意透露給奸細鄧圭所致。劫寨失敗以後，李綱、種師道被撤銷軍權。金兵複至開封城下，李邦彥又使宋欽宗下令不得得罪金兵，一霹靂炮手發炮後竟被梟首處死。太學生陳東等數百人伏宣德門上書，指責李邦彥及白時中、張邦昌、趙野、王孝迪、蔡懋、李攸之徒為社稷之賊，要求罷免他們。李邦彥退朝時，被群眾指著痛罵，且有人要動手揍他，李邦彥跑得快才沒挨打。宋欽宗乃下令降他的職，以特進、觀文殿大學士為太一宮使。不到十天，又因為與李邦彥頗為知交的吳敏的請求，複起李邦彥為太宰。一時開封民眾大不服，街談巷議非常不滿。宋欽宗不得不讓他出知鄧州，又提舉亳州明道宮。臨走時李邦彥又推薦同是投降派的唐恪繼任宰相，繼續他那一套靠卑躬屈膝來乞求和平的政策。建炎初年，因為投降誤國，責建武軍節度副使，潯州安置。

完顏宗望的金國東路軍第一次圍攻開封不果，臨走前派人入城辭行，並送來一封拜辭信，說是"非不欲詣闕廷展辭，少敘惆悵，以在軍中，不克如願，謹遣某某等充代辭使副，有些少禮物，具於別幅，謹奉書奏辭。"完顏宗望退軍之時，種師道之弟種師中率領的西軍精銳秦鳳軍三萬人開到東京開封，種師道即命他率部尾隨金軍之後，俟其半渡而擊之，完全消滅其尚在南岸的一半，將金國最精銳的東路軍打敗以消後患。李綱也建議用澶淵故事"護送"金軍出境，密告諸將有機會就縱兵追擊。宋欽宗也同意李綱表面上的建議，派軍十萬，緊緊"護送"。但吳敏、唐恪、耿南仲等投降派又最終壓倒了主戰派，派人在黃河邊上樹立大旗，嚴令軍隊不得繞過大旗趕金軍，否則一概處死。以後種師道又提出亡羊補牢的辦法，建議集合大軍駐屯黃河兩岸，防止金軍再次渡河，

預為下次"防秋"之計。宋欽宗准奏施行，不久又被吳敏、唐恪、耿南仲等投降派大臣壓倒，認為萬一金軍不來這筆巨大的軍事費用會被浪費，拒絕採用種師道之言。以後種師道氣憤致疾，以至病死。李綱則被外調河北河東宣撫使，無所作為，最後被逐到江西。

梁師成　?-1126 籍貫不詳

　　梁師成，北宋奸臣"六賊"之一，字守道。政和間為徽宗（趙佶）所寵信，官至檢校太殿。凡禦書號令皆出其手，並找人仿照帝字筆跡偽造聖旨，因之權勢日盛，貪汙受賄，賣官鬻職等無惡不作，甚至連蔡京父子也諂附，故時人稱之為"隱相"。欽宗（趙桓）即位後貶為彰化軍節度副使，在行至途中時被縊殺。梁師成外表愚訥謙卑，看上去老實厚道，不像是能說會道的人，實際上卻內藏奸詐，善察言觀色，處事老道，深得徽宗的寵信。梁師成原本在賈祥的書藝局當役，因為本性慧黠，加之在書藝局耳濡目染，也略習文法、詩書。賈祥死後，他便領睿思殿文字外庫，主管出外傳導禦旨。這可是個肥缺，所有禦書號令都經他手傳出來，頒命天下。天長日久，他也看出些門道，找來幾個擅長書法的小吏模仿宋徽宗的筆跡按照他自己的意願擬聖旨下傳，外廷人不知底細，也不辨真偽。梁師成雖多少懂些詩書，但根本談不上是什麼大手筆，他卻喜歡附庸風雅，自我標榜吹噓，說自己出自於蘇軾之門，還四處宣稱以翰墨為己任，常常對門下的四方俊秀名士指點批評。他還在府宅的外舍放置各種字畫、卷軸，邀請賓客觀賞、評論，題識。如果題識令他滿意的他便加以薦引。所以朝廷的大臣誰也不敢低估他背地裏都稱他為"隱相"。

　　當時被稱為"六賊"之一的王黼，對梁師成更是如子敬父，稱之為"恩府先生"。兩人府第僅一牆之隔，又在牆上設一小門。日夜往來交通。王黼仗著有梁師成撐腰，強佔左鄰門下侍郎許將的房宅，光天化日之下，將許將一家從內眷到僕隸一起掃地出門，路人見狀無不憤惋嘆惜但卻無可奈何。大太監李彥，在宣和三年（西元 1121 年），繼楊戩提舉西城所，置局汝州，搜刮民田為公田。焚民故券，使輸田租，凡有投訴上報的人，一旦被他知道，使嚴加拷打，一時死者千萬。他還徵發財物要求供奉，酷勝朱勔，廉費巨萬，勞民妨農。他對各地地方官也極不尊重，所到之處，便倨坐在大堂上，監司、都守都不敢與之抗禮，一時結怨於西北。有人告到徽宗面前，徽宗尚未發言，一旁的梁師成卻恐有傷同類，厲聲說："皇上身邊的人官職雖微，也列諸侯之上，李彥那樣做，怎麼算是過分呢？"言者懼怕梁師成專權狠毒，當即不敢發怨辭。就連氣焰熏天的蔡京父子也絲毫不敢怠慢梁師成。梁師成利用徽宗的寵倖，將自己名字竄入進士籍中。這樣一個太監出身的傢夥搖身變成了進士出身，於是遷升為晉州觀察使、興德軍留後。後來都監建明堂，明堂建成後，又拜節度使，加中太一官，神宵官宮使，曆護國、鎮東、河殺三節度使，至校檢太傅，再拜太尉，開封府儀同三司，換節淮南。

　　宣和年間，趙良嗣獻計聯金攻遼，朝臣多不同意。唯童貫、王黼等人意願

堅決。最初梁師成也不同意此計，後經王黼的遊說，他才贊同並推薦譚棋作宣撫使。後來王黼等人大肆搜刮，計口出錢，得錢六千餘萬緡，買空城五六座、假稱大捷。梁師成也因"獻策"之功晉升為少保。

梁師成不僅獨斷專行，恃權弄柄，還通納賄賂。有個人向他賄賂了數百萬錢，他便以此人獻頌揚皇上之書有功為名，令其參加廷試。唱第之日，他侍從於帝前，盛氣凌人。徽宗宣和末年，鄆王趙楷恃寵企圖動搖東宮太子趙恒之位，梁師成竭立保護。後來，趙恒即位（即來欽宗）因念舊"恩"，讓徽宗的寵宦都從徽宗東卞，獨留梁師成在身邊。但是，梁師成的奸佞卻引起朝臣和百姓的強烈反感，太學陳東和布衣張炳上疏力詆其罪。說梁師成情定策有功，身懷異志，表裏相應，變恐不測，應正之典型，以謝天下。欽宗雖迫於公議，但還不想下手。梁師成生怕離了欽宗會被人處置，所以寢食都不離欽宗一步。就連欽宗皇帝上廁所，他都恭侍廁外，以防不測。他提心吊膽地過了一段日子，見沒有什麼動靜，心下稍安。

就在這時，鄭望之出使重譬回來。欽宗命梁師成與鄭望之持宣和殿珠玉器玩再次前往，並讓鄭望之先行一步到中書曉諭宰相，如果梁師成去，就扣押定罪。梁師成不知原因，以為警報早除，威風如舊地來到中書，結果被早已守候的兵將擒住，欽宗下詔將其貶為彰化軍節度副使，由開封府支"保護"到任所，行次到八角鎮時，府史縊殺了梁師成，上表說其"暴死"。

張邦昌　1081～1127.11.1.永靜軍東光張家灣人（今河北東光縣大龍灣）

張邦昌，字子能，北宋末大臣。進士出身，徽宗、欽宗朝時，歷任尚書右丞、左丞、中書侍郎、少宰、太宰兼門下侍郎等職務。

金兵圍開封時，他力主議和，與康王趙構作為人質前往金國，請求割地賠款以議和。歸宋後，任河北路割地使。

1127年，金兵擄走徽欽二帝及皇族470多人、文武百官等15000多人北歸，立邦昌為大楚皇帝，二月向邦昌宣讀冊文：「太宰張邦昌，天毓疏通，神姿睿哲，處位著忠良之譽，居家聞孝友之名，實天命之有歸，乃人情之所係，擇其賢者，非子而誰？是用冊命爾為皇帝，國號大楚，都於金陵（今南京市）。自黃河以外，除西夏封圻，疆場仍舊。世輔王室，永作藩臣。」三月初一邦昌前往尚書省，金人警告他，到了初七，再不登基就殺大臣，縱兵血洗汴梁城。於是邦昌做了32天的皇帝。史稱「靖康之變」。

金國退兵之後，邦昌脫下帝袍，去除帝號，他不在正殿辦公，不自稱朕，可謂行規步矩，小心謹慎之至，最後迎元祐皇后孟氏入居延福宮，封郡王。後來南下應天府（今河南商丘）見康王，「伏地慟哭請死」，謂「所以勉循金人推戴者，欲權宜一時以紓國難也，敢有他乎？」。

宋高宗趙構在應天府（今河南商丘）即位，改年號建炎，封邦昌為太保、奉國軍節度使、同安郡王，又擢為太傅。有人告發邦昌在皇宮玷污宮人，宰相李綱力主嚴懲。

　　1127 年 7 月，被貶至潭州「安置」，「令監司守臣常切覺察」，飲食起居都要向尚書省報告。不久金兵又以邦昌被廢來犯。同年九月下詔將邦昌賜死，並誅王時雍，殿中侍御史馬伸前來長沙執行。

　　據稱邦昌讀罷詔書，「徘徊退避，不忍自盡」，執行官逼他就死，最後登上潭州城內天寧寺的平楚樓，仰天長歎數聲，自縊身亡。不久，書寫張邦昌三字以示大臣的宋齊愈被腰斬，王時雍被斬首。

秦檜　1091.1.23.～1155.11.18.江寧（江蘇南京）

　　秦檜，字會之，曾任太學學正。北宋末年任御史中丞。南歸後，任禮部尚書，兩任宰相，執政十九年，因力主對金求和與陷害岳飛而惡名昭著，與賈似道堪稱「南宋兩大奸臣」。妻王氏，熙寧年間宰相王珪的孫女，也是童貫的乾女兒。

　　1115 年，秦檜進士。

　　1127 年，「靖康事變」北宋滅亡，被劫持到金國.

　　1130 年，自稱殺了看監守金兵，乘舟逃回南宋。

　　1131 年，做宰相，後遭罷免。

　　1138 年，重新拜相 19 年，擅弄權術，隻手遮天，罪大惡極。岳飛抗金戰功彪炳，秦檜與宋帝趙構惟恐功高震主，虛掩捷報，殺岳飛，與金議和。

　　1155 年，秦檜賣國，陷害忠良，貪污腐敗，無與類比，史冊中奸臣榜首。宋孝宗認岳飛抗金有功平反，秦檜為使岳飛死罪魁禍首，奪王爵，改諡繆丑。宋高宗趙構本人在秦檜的生前和死後，多次把對金議和的首功歸於秦檜。

　　宋孝宗即帝位後，立即為岳飛平反，趙構卻沒發表任何意見，既不支持，也不阻撓。岳飛的命運，可以說是因為趙構和秦檜一心要達成的《紹興和議》的產生而毀滅，又因為《紹興和議》的毀滅而昭雪。

賈似道　1213～1275 南宋，台州（現今浙江臨海）人

　　賈似道，字師憲，南宋人，台州（現今浙江臨海）人。戰時私自與蒙古議和，以及在宋元戰爭時指揮不力導致宋朝覆滅。

父賈涉，母胡氏，為涉之出妾。賈涉死時，賈似道年僅 11 歲。

1238 年，登進士第，其姊賈氏已是宋理宗的貴妃，遂擢太常丞以及軍器監。尹史岩之言其材可大用，遂升知澧州。

1241 年，改湖廣統領，始領軍事。三年，加戶部侍郎。五年，以寶章閣直學士為沿江制置副使，知江州兼江南西路安撫使，再遷京湖制置使兼知江陵府。九年，加寶文閣學士、京湖安撫制置大使。十年，以端明殿學士移鎮兩淮。

1254 年，加同知樞密院事、臨海郡開國公。四年，加參知政事。五年，加知樞密院事。六年，改兩淮宣撫大使。理宗死，宋度宗即位，

1267 年，進太師，平章軍國重事。

1275 年，似道親出督師。二月，至安慶魯港，與元兵相遇，大將夏貴先已決計降元，至是不戰而去，且揚言前鋒已敗，搖動軍心，致全軍潰散。事聞，似道罷官、貶逐。八月，為監送官鄭虎臣擅殺於漳州。未久，宋亡。賈似道入主朝政前，尚有作為。其後，專擅朝政達 17 年，主政之初，雖有改革弊政的舉措，但既夾帶私貨，也不得要領，難挽狂瀾於既倒；其後更是「專功而怙勢，忌才而好名」，剛愎自用，排除異己，怠忽朝政，縱情享樂，置國家命運於不顧，在導致南宋土崩瓦解的同時，也使自己身敗名裂。後人評論他「閫才有餘，相才不足」，宋代稱安撫使、制置使為閫帥，也就是說，賈似道在這一方面是個人才；至於做宰相，則做得一塌糊塗，恐怕主要是不具備宰相之器，才不足倒還在其次。

1233 年，蒙古向南宋政府提倡「聯蒙滅金」的條文，與蒙古結成盟友。

1234 年，宋蒙聯軍滅金，但蒙古卻違背之前定下來的條文，把宋應得的土地削減，宋出兵強行要回土地，但無濟於事，慘敗而歸。

1258 年，蒙以「違約」名義入侵。

南宋慘敗後，與蒙古軍私下議和，賈似道誇大戰功，連奉「捷報」，卻不報蒙古軍撤退的真正原因，向理宗報導：「諸路大捷，鄂圍始解，匯漢肅清。宗社危而復安，實萬世無疆之福。」

賈似道與同黨編輯《福華編》，用以「歌頌」他於對抗蒙古軍時的「英勇事跡」。

1261 年賈似道以鐵腕手段，強硬阻止富人囤積穀物，隨後提倡公田法。要求地主義務將稻穀賣給國家，賈似道廢除和糴，減少紙幣的流通以穩定物價，將公田的收入去償付軍需。這個計畫遭到大地主階層的強力反對，但賈似道極力推行，使公田法實施到他下野，由 1263 至 1275 年，共計 12 年

1267 年-1273 年，襄陽被元軍圍攻之時，賈似道玩樂為首、國事其次之，一律不上朝廷。度宗離世後，元軍已攻佔了鄂州，提議賈似道親征出戰，但他不思抗擊，一味求和。他給元朝丞相伯顏請求割地賠款，但伯顏責他不守信義，拒絕議和。

1275 年，拋棄其統領的十三萬精兵，乘小船逃走（丁家洲之戰）。朝廷要求處死賈似道。謝太皇太后無奈，只得把他流放到偏遠的廣東循州一帶。

會稽縣尉鄭虎臣父親被賈似道所殺，為了報仇，鄭主動要求押解賈似道去循州。在押解的路上，鄭多次命其自盡，到了福建漳州龍溪縣木棉庵時，賈似道服冰片自殺失敗，為鄭虎臣殺於廁中，屍首則下落不明。

明朝抗倭名將俞大猷在木棉庵前的石亭中立下石碑，並親書「宋鄭虎臣誅賈似道於此」。

阿合馬　?～1282 出生於費納喀忒（今烏茲別克境內）

阿合馬（阿拉伯語：أحــــــدفناكتي、*AhmadFanākatī*），元朝色目人，他是察必皇后的父親按陳那顏的陪嫁奴隸。忽必烈近臣之一，官至宰相。

1261 年，阿合馬出任上都同知，三年領中書左右部，兼都轉運使。

1264 年，升至中書平章政事，主政十多年。掌理財政，他以清理戶口、推行專賣制度、發行鈔票（時稱交鈔）等方式來增加收入，元征服南宋之後，他又在江南實行發鈔和藥材限制專賣政策，使元初的財政收入大為增加。但他種種財政措施引起其他大臣不滿，武官王著聯絡僧人高和尚，趁世祖北往上都（今內蒙古境內）時，假傳太子之命召喚留守大都的阿合馬，然後設計將阿合馬刺殺。

二人事後被捕殺，眾大臣紛紛上書，力言阿合馬所為多不法，經忽必烈調查後亦數阿合馬之罪，不但沒收其家產，殺其黨羽，還剖開阿合馬之棺槨車裂其屍。

劉瑾　1452～1510　陝西興平人

劉瑾，本姓淡，景泰年間自宮，由劉姓太監引入宮，成化年間入宮。故改姓劉。

初期入宮為太監，運氣不順，進入東宮服侍太子，未來的武宗，

弘治年間執掌茂陵司香，其後調往東宮。由於經常在太子面前演戲，深得太子所寵愛。但亦有小說家稱傳聞劉瑾在弘治年間在宮內已有實權，並設有豹房，把不聽話的太子關在豹房內恐嚇。由於明武宗在劉瑾死後的生活荒淫無道，與其父明孝宗大為不同，不少小說家穿鑿附會，並借用劉瑾這豹房的傳言，藉以編造故事，並指他其實並非真正的太監，及經常淫亂宮庭云云。

1505 年，明孝宗駕崩，太子朱厚照即位，是為明武宗，劉瑾得到重用。劉瑾和馬永成、高鳳、羅祥、魏彬、丘聚、谷大用、張永被稱為「八虎」。正德初年設立內行廠。

1506 年，劉瑾處理朝政，很有政治才能，也從未將國事當做兒戲。史載，劉瑾將奏章帶回私第後，都與他的妹婿禮部司務孫聰及華亭人張文冕商量參決，再由大學士焦芳潤色，內閣李東陽審核之後頒發，還是頗為慎重的。用事期間，他針對時弊，對政治制度作了不少改動，推行過一些新法。即所謂「劉瑾變法」。一說劉瑾於正德三年八月創罰米法，「自是忤瑾者，悉誣以舊事，入之罰米例中，中外文武無寧日矣」

1507 年，有名揭發劉瑾罰跪弊端，

　　1510 年，安化王朱寘鐇以討伐劉瑾為名，在寧夏起兵叛亂，明武宗用楊一清平亂。楊一清到燕京獻俘，趁機拉攏太監張永，密奏劉瑾謀反。武宗派禁軍抄劉瑾家，僅抄出的金銀計：黃金 1205.78 萬兩（折合 37 萬公斤），白銀 25958.36 萬兩（折合 805 萬公斤）。

　　2001 年，《亞洲華爾街日報》據此將劉瑾列入過去 1000 年來，全球最富有的 50 人名單。另據清趙翼《二十二史箚記》所載，劉瑾有黃金 250 萬兩，白銀 5000 餘萬兩。劉瑾被判凌遲 3357 刀處死。據野史記載，劉瑾的肉之後還被一文錢一兩被賤賣，而坊間亦大肆搶購，足以證明當時黎民百姓對劉瑾的怨恨。鄧之誠《骨董續記》卷二「寸磔」條云：「世俗言明代寸磔之刑，劉瑾四千二百刀，鄭鄤三千六百刀。

嚴嵩　1480～1567　江西分宜人

　　嚴嵩惟中，號介溪，歷史上最黑暗的大奸臣。

　　1500 年，20 歲中進士留在翰林院，稱為「庶吉士」

　　1506 年，辭職回家隱居.

　　1516 年，重新出仕

　　1538 年，支持嘉靖皇帝祭祀生父，雖違反禮法，卻獲嘉靖歡心，封為太子太保。

　　1542 年，任武英殿大學士，參預機務，兼禮部尚書，專政 20 年官至太子太傅。似子世蕃和趙文華等為爪牙，操縱國事，吞沒軍餉，廢弛軍備。

　　1545 年，任內閣首輔，升任首相，人稱「青詞宰相」權傾朝野，凡文武官吏與他合的，如主張收復河套大臣夏言、將領曾銑、抗倭有功的總督張經、指斥他罪行的諫官楊繼盛等，都遭殺害。

　　1562 年，被罷職，被遣送原籍，沒收家產，嚴嵩老年落魄，被活活餓死。

魏忠賢 1568～1627.12.11.北直隸肅寧（今河北滄州肅寧縣）人

魏忠賢，別稱魏閹，原名魏四，入宮改名李進忠。由才人王氏復姓，出任秉筆太監後，改名忠賢，表字完吾。少時家境貧窮，混跡街頭，不識字，但懂得射箭騎馬，好賭博，迷戀酒色，後為賭債所逼，自閹入宮做宦官，傳他未淨全身，仍留有一粒睪丸。他結識皇長孫朱由校奶媽客氏，對其極盡諂媚，甚得其歡心。

1620年，朱由校即位，是為熹宗。魏升為司禮監秉筆太監。熹宗喜好木工，親自在庭院中模仿乾清宮，製造一小宮殿，高不過三四尺，卻曲折微妙，巧奪天工。魏忠賢總是乘熹宗做木工做得全神貫注之時，拿重要的奏章去請他批閱，熹宗隨口說：「朕已悉矣！汝輩好為之」。魏忠賢逐漸專擅朝政。

1624年，魏忠賢遭到楊漣的彈劾，但逃過一劫，懷恨在心，大規模迫害鎮壓東林黨，蒐集東林黨名錄，製作《點將錄》《天鑒錄》。

1625年，東林黨的左光斗、楊漣、周起元、周順昌、繆昌期等人因熊廷弼事件一案遭到彈劾，魏忠賢趁機大肆搜捕東林黨人。但也有人認為，這是出於熹宗的授意，而非魏忠賢矯旨。

1625年，賜魏忠賢「顧命元臣」印。魏廣微、顧秉謙、劉志選、曹欽程、王紹徽、霍維華、閻鳴泰、賈繼春、田爾耕、許顯純等大臣，將政權拱手相讓，甘心淪為幫兇，道德與氣節淪喪，時人譏為「門生宰相」「魏家閣老」。

1626年，魏忠賢又殺害了高攀龍、周宗建、黃尊素、李應升等人，東林書院被全部拆毀，講學亦告中止。1626年，袁崇煥疏頌魏忠賢。

魏忠賢與皇帝乳母客氏沆瀣一氣、狼狽為奸，極受寵信，人稱「九千歲」在民間養了不少義子，如五虎、五彪、十狗、十孩兒、四十孫等。自內閣、六部至四方總督、巡撫，遍置死黨，在其全盛時期，各地官吏阿諛奉承，紛紛為他設立生祠。

1627年，魏忠賢60大壽，袁崇煥、潘汝禎請立生祠。「天下督撫、總鎮競投密獻、異寶、諛詞。廷臣自三公、九卿稱觴者，衣紫拖金，填街塞戶。金卮玉斝，鐫姓雕名，錦屏繡障，稱功頌德」。

思宗朱由檢登基，錢嘉徵彈劾魏忠賢十大罪狀：一並帝；二蔑后；三弄兵；四無二祖列宗；五剋削藩封；六無聖；七濫爵；八掩邊功；九傷民財；十通關節。崇禎召魏忠賢至殿上，命一宦官當眾宣讀錢嘉徵奏疏，忠賢面如土色，以重金托徐應元求情。徐勸他辭職，於是忠賢請辭獲准。

　　11 月 1 日，崇禎帝詔忠賢至鳳陽看墳，魏忠賢在鳳陽途中，豢養亡命之徒，崇禎聞悉大怒，命逮捕押回京師審判。魏忠賢自知難逃一死，在阜城南關尤氏旅店與同夥李朝欽痛飲，最後上吊自殺。情婦客氏、姪魏良卿俱被殺。

　　魏忠賢死後屍體被挖出，人千刀萬剮。思宗下令清查「閹黨逆案」，首逆同謀共計 315 人。

　　李自成攻進北京前夕，崇禎帝想起魏功勞政績，在太監曹化淳建議下，收葬魏忠賢遺骸於香山碧雲寺。1701 年，被搗毀

李自成　1606.9.22.～1645 陝西米脂李繼遷寨人

　　李自成，原名鴻基。人稱闖王、李闖，喜好槍馬棍棒，父親死後去傳遞朝廷公文的驛卒，負責照看馬匹。

　　1628 年，李自成因丟失公文被裁撤，失業回家，欠了債，被縣令將他「械而遊於市，將置至死」，經人救出，殺死債主，接著妻子與人通姦，殺了妻子。

　　1629 年 2 月，逃避殺人罪而投軍，任甘州總兵、參將、把總。同年因欠餉殺死參將王國和當地縣令，發動兵變，轉戰漢中，大將袁崇煥被皇帝凌遲處死。

　　1630 年，王佐掛被朝廷招降，李轉投奔張存孟（不沾泥），為隊長。

　　1631 年，洪承疇正式接任三邊總督，逐漸剿滅陝西境內農民軍。

　　1633 年，李自成渡黃河，在山西投奔了他的舅父「闖王」高迎祥，稱「闖將」。

　　1634 年，總督陳奇瑜圍剿漢南農民軍。

　　1635 年，洪承疇圍剿農民軍，李自成「分兵定向、四路攻戰」攻下南直隸鳳陽，掘明皇室祖墳，焚毀朱元璋出家的「皇覺寺」，殺斬中都守將朱國相。因爭奪鳳陽皇宮鼓吹樂器，李自成與張獻忠結怨，李自成分軍西走甘肅。

　　1636 年，高迎祥投奔李自成，李便被推為「闖王」。

　　1637 年，楊嗣昌提出「四正六隅，十面張網」策略，限制農民軍的流動性，各個擊破，最後殲滅。張獻忠兵敗降明，李自成在渭南潼關南原遭遇洪承疇。

　　1638 年，楊嗣昌為貫徹其「安內方可攘外」的戰略，李自成駐紮在富水關南的生龍寨，並娶妻生子。

1639 年，張獻忠再次反叛，李自成從商洛山中率數千人馬殺出。

1640 年，河南大旱，李自成大賑饑民，提出「均田免賦」口號，民歌「迎闖王，不納糧」。張獻忠所部逃出四川，偷襲襄陽，殺死襄王朱翊銘，楊嗣昌去世。

1641 年 2 月 27 日，攻克洛陽，殺福王朱常洵烹煮「福祿宴」，「發藩邸及巨室米數萬石、金錢數十萬賑飢民」。稱「奉天倡義文武大元帥」。

李自成意圖攻下河南省城開封，被箭射傷左目撤兵。

1642，李自成第三次包圍開封，開封形成孤城。九月十五日黃河決口，十六日洪水首先沖開曹門，然後四門皆被沖開，城中平民遇難者甚眾。

1643 年，李自成在襄陽稱「新順王」，招撫流亡的貧苦農民，「給牛種，賑貧困，畜孳生，務農桑」，又「募民墾田，收其籽粒以餉軍」。5 月張獻忠克武昌，稱「大西」王。10 月，李自成攻破潼關，殺死督師孫傳庭，佔領陝西全省。

1644 年 1 月李自成在西安稱帝建國號「大順」。11 月張獻忠在成都稱大西皇帝。

渡黃河開進宣府，「舉城嘩然皆喜，結綵焚香以迎」崇禎帝急調吳三桂、王永吉、唐通、劉澤清入衛京城，並號召在京勛戚官僚捐助餉銀。

崇禎景山自縊，史稱甲申之變。李自成「禮葬」田貴妃墓中。

李自成入住紫禁城，封宮女竇美儀為妃。下令「敢有傷人及掠人財物婦女者殺無赦！」京城秩序尚好，營業如常。

吳三桂、多爾袞兩軍擊潰李自成，李自成逃到京城，怒殺吳三桂家 34 口。

6 月 3 日，李自成在北京武英殿稱帝，李繼遷為太祖，立妻高氏為皇后，逃往西安，走武關。原投降李自成明朝將領復投南明或清朝，人心離散。四處流竄。

1645 年，李自成在湖北通山縣通城南九宮山，被民兵殺死。

另說李自成兵敗後脫逃，在湖南省石門縣夾山寺削髮為僧，名奉天玉和尚。1674 年，圓寂於該寺。又說李自成隱居到甘肅蘭州青城。

今湖北省咸寧市通山縣九宮山牛跡嶺的一處墓葬，被認為是李自成墓，列為全國第三批重點文物保護單位。同屬咸寧市的通城縣亦有一處李自成墓。

張獻忠　1606.9.18.～1647.1.2.延安柳樹澗（今陝西定邊東）人

　　張獻忠，字秉吾，號敬軒，明末民變首領。出身貧苦，初從軍籍，擔任過捕快、下級軍吏，後因犯法被判死刑，雖然被陳洪範請求特赦，但也被免職處分。

　　1630 年，追隨王嘉胤起事，自號八大王，因身長而黃，人稱黃虎。初屬王自用，後自成一軍，王死後改投高迎祥。高迎祥稱闖王，張獻忠、李自成號闖將。

　　1631 年，王嘉胤被明軍殺害，就撫於洪承疇，

　　1632 年，張作戰勇敢，「臨戰輒先登，於是眾服其勇」，足智多謀。

　　1635 年，參與滎陽之會，與高迎祥等共攻略東方，攻破鳳陽，焚明皇陵。不久張獻忠與李自成因故分裂，率部攻長江流域，李自成攻黃河流域。

　　1637 年，張獻忠進入湖廣，向襄陽進攻，秦翼明兵寡不能禦。明廷急調左良玉、馬爌、劉良佐等阻截，張獻忠嚴重受損，本人也受傷。退守湖北房、竹一帶。

　　1638 年，張獻忠在湖北谷城受兵部尚書熊文燦招安，授予副將。駐地王家河，易名太平鎮，以示休兵。

　　1639 年，楊嗣昌與熊文燦「出師關洛，趨會郧襄」，張獻忠「殺知縣阮之鈿，隳穀城」，重舉反明的大旗。轉戰四川境。

　　1641 年，殺襄王朱翊銘，「發銀五十萬以賑飢民」。

　　1643 年，據武昌，稱大西王，將楚定王朱華奎溺死。

　　1644 年，大西軍「陷夔州，至萬縣，水漲，留屯三月，破涪州」

　　6 月，佔重慶，明瑞王朱常浩、巡撫陳士奇、重慶知府王行儉等被處死。

　　8 月 9 日，破成都，張獻忠稱秦王，8 月 16 日登基成為大西皇帝，改元大順。

　　1646 年，清兵南下，張獻忠於西充鳳凰山多寶寺太陽河畔被殺身亡。死後，四個義子李定國、孫可望、劉文秀、艾能奇率餘眾聯明抗清，轉戰貴州、雲南。

　　1648 年，四川復反，清軍圍剿「民賊相混，玉石難分，屠全城，屠男而留女」。

　　1652 年，陝西、山西起義，清廷派吳三桂擊敗南明蜀藩劉文秀，四川人口流失。

　　1659 年，清軍攻陷渝城。有觀點認為這些自相矛盾的記載有可能證明屠蜀的真正主謀是滿清軍，而非在公元 1646 年已經被殺的張獻忠。

鰲拜　1610～1669 滿州鑲黃旗人

　　鰲拜，瓜爾佳氏，滿洲鑲黃旗人，清朝三代元勛，康熙帝早年輔政大臣之一。鰲拜前半生軍功赫赫，號稱「滿洲第一巴圖魯」（漢語即勇士），後半生則操握權柄、結黨營私，被擒入獄，老死牢中，為影響清初政局的重要人物。

　　鰲拜的伯父費英東早年追隨努爾哈赤起兵，是清朝的開國元勛之一，二哥卓布泰是清初軍功卓著的戰將。鰲拜本人亦隨皇太極征討各地，戰功赫赫，不但是一員驍勇戰將，而且也是皇太極的心腹。

1637 年，追隨皇太極當護衛官，進攻明軍重要基地皮島（今朝鮮椴島），鰲拜第一個登島。皮島被攻克後，鰲拜以首功晉爵三等男，賜號「巴圖魯」（勇士）。

1644 年，清軍入關，鰲拜率軍攻闖王、定北京，征湖廣，馳騁疆場，衝鋒陷陣，為清王朝征服中國立下汗馬功勞。

1646 年，擊敗並陣前斬首張獻忠，鰲拜出征四川張獻忠大西軍，在南充大破大西軍軍營，斬張獻忠於陣，因此以首功被順治帝超升為二等公，授議政大臣、領侍衛內在（皇帝禁衛軍司令），自此，鰲拜參議清廷大政。

1661 年，順治帝駕崩，玄燁（康熙，即清聖祖）八歲即帝位，順治帝遺詔，由索尼、遏必隆、蘇克薩哈、鰲拜四大臣輔政。鰲拜結黨營私，日益驕橫，不顧康熙意旨，先後殺死政敵，引起朝野驚恐，康熙震怒，最後康熙終設計，在宮內練習「布庫」（即摔跤，滿族的一種角力遊戲），鰲拜不以為意。

1668 年，鰲拜入宮時，「布庫」少年擒獲鰲拜。康熙宣布鰲拜三十條罪狀，廷議當斬，康熙念鰲拜歷事三朝，效力有年，不忍加誅，僅命革職，籍沒拘禁，鰲拜死於禁所，其子納穆福後獲釋。

1669 年，鰲拜忠貞不二，但氣勢凌人，嚴重傷害康熙帝尊嚴，因而抓捕鰲拜定三十大罪，康熙開始親政。

1713 年，清聖祖（康熙帝）因為鰲拜的功績，將他平反。清世宗（雍正帝）將他追封一等公，賜號超武。

1780 年，高宗（乾隆帝）宣諭群臣，追覈鰲拜功罪，命停襲公爵，仍襲一等男；並命當時為鰲拜誣害諸臣有被奪世職者，各旗察奏，錄其子孫。

吳三桂

1612.6.8.~1678.10.2.祖籍高郵（今江蘇高郵）遼東（今遼寧遼陽）籍

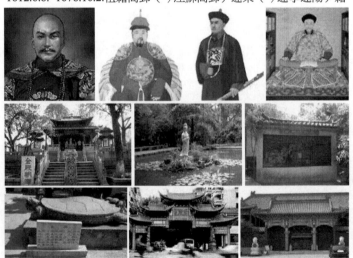

吳三桂，字長伯，一字月所，錦州總兵吳襄之子，祖大壽外甥。

1631 年，吳三桂治軍嚴謹，擁有戰力鐵騎部隊。皇太極讚賞「吳三桂果是漢子！

得此人歸降，天下唾手可得矣。」

1644 年，李自成入北京，崇禎自縊景山（煤山）；吳三桂向多爾袞求救，引清軍入關，多爾袞封吳三桂為平西王。南明永曆帝逃入緬甸，吳三桂追回處死。

1660 年，朝廷以賦稅不足，令吳三桂裁減兵員，汰弱存強，留下全是精銳之師

1661 年，殺南明永曆帝，

1662 年，詔進親王，兼轄貴州。康熙元年四月以弓弦殺朱由榔及其子。

1673 年，康熙帝撤藩，吳三桂以反清復明為號召，自稱周王，史稱三藩之亂。

1674 年，攻陷湖南，其後在岳州一帶為清軍所阻，形勢逐漸不利。

1678 年，吳三桂在湖南衡陽稱帝，國號為周，建元昭武，立妻子張氏為皇后。同年在長沙病逝，廟號太祖，謚號高皇帝。

1681 年，清廷最終攻陷雲貴，其孫吳世璠自殺，歷時八年的三藩之亂結束。

吳三桂「衝冠一怒為紅顏」，世人歸咎於其愛妾陳圓圓被擄，英雄無奈是多情。

全家白骨成灰土，一代紅妝照汗青！

年羹堯　1679～1726 安徽懷遠

年羹堯，字亮功、雙峯，號雙峰，進士出身。高祖父年富明朝戶部尚書，父親年遐齡官至湖廣巡撫，妹年氏被選為雍親王側福晉。

1700 年，年羹堯登進士，改庶吉士，升任翰林院侍講學士、廣東鄉試正考官。

1709 年，以禮部侍郎銜任內閣學士。任鑲白旗旗主，被任命為四川巡撫。

1717 年，襲擊西藏，並殺死拉藏汗，赴四川助剿叛軍。

1718 年，在邊陲多立戰功，成為擁立雍正的重要將領。

1724 年，平叛民亂，防止寺廟勢力發展，限制寺廟僧侶人數之議。

1725 年，年羹堯章奏「朝乾夕惕」寫作「夕惕朝乾」，且字跡潦草，遭革職。

請求為其保留川陝總督之職，又上奏「臣不敢久居陝西，亦不敢遽赴浙江，今於儀徵水陸交通之處候旨。」

雍正怒斥年羹堯「遷延觀望，不知何心」。一時眾官交章劾奏，直隸總督李維鈞連奏三本，痛斥年羹堯「挾威勢而作威福，招權納賄，排異黨同，冒濫軍功，侵吞國帑，殺戮無辜，殘害良民。」同年九月，因年羹堯查拏郃陽私鹽致使無辜冤死者七百餘人，雍正帝大怒，命全部削除年羹堯在身官職，逮捕入京。

1726 年，以 92 條大罪被賜死，父年遐齡被赦免妻發還娘家。

和珅 　1750.7.1.～1799.2.22.　京城西城驢肉胡同福建副都統常保家

和珅（滿語：穆麟德：Hešen，鈕祜祿氏），字致齋，原名善保，自號嘉樂堂、十笏園、綠野亭主人，滿洲正紅旗人。三歲母親難產去世，產下弟弟和琳，和珅 9 歲父親亦病世。

和珅初為官時，精明強幹，為政清廉。乾隆帝對其寵信有加，將幼女嫁給和珅長子豐紳殷德，和珅成為皇親國戚。權勢日長，私慾日益膨脹，利用職務，結黨營私，聚斂錢財，打擊政敵。自營事業，當舖 75 間，銀號三百多間，為「貪官之王」。

1776 年，授戶部右侍郎、軍機大臣、兼鑲黃旗滿洲副都統、總管內務府大臣、掌三旗官兵事務，充國史館副總裁。

1784 年，操縱地下集團，逼良為娼，良家婦女受污辱，拐賣兒童做苦力以此賺錢。他壟斷掌握了生活所需柴、米、油、鹽、酒等。

1784 年 1 月 21 日，乾隆帝南巡，和珅隨行，和珅下令各府進獻資金。

1778 年，福康安貪贓枉法，利用漕船私運貨物，和珅暗中搜集證據，待機敲榨。

1787 年，和珅向乾隆帝纔言，台灣林爽文發動林爽文事件。

1799 年正月初三日，乾隆帝駕崩，嘉慶帝下旨將和珅革職下獄抄家，搜出資產二至三千萬兩白銀、併吞千百萬頃土地、數百處房產。所斂財富，約值 8 至 11 億兩白銀，黃金、白銀、古玩、珍寶。

初四，削奪和珅首輔大學士、領班軍機大臣、步軍統領、九門提督等職。

初五，王念孫等官員上疏，彈劾和珅弄權舞弊。

初六，嘉慶下令徹查。

初八，嘉慶宣布將和珅革職，逮捕入獄。

初九，公布乾隆遺詔同時，將和珅、福長安的職務革除，下刑部大獄。

初十，嘉慶御批「實力查辦以副委任」，清查和珅一案。

十一，嘉慶帝下旨抄家。

十二，劉墉用反間計，將和珅犯罪集團收為己用。

十三，公布和珅的 20 條大罪，抄得白銀 8~11 億兩。

十四，嘉慶說「朕若不除和珅，天下人只知有和珅而不知有朕」判和珅死刑。

十八，嘉慶帝賜和珅一條白綾自盡。

十九，嘉慶帝發佈上諭「朕所以重治和珅之罪者，實為其貽誤軍國重務。」

和珅下獄時，作了一首絕命詩：

> 夜色月如水，嗟而困不伸。百年原是夢，卅載枉費神。
> 暗室難換算，牆高不見春。星辰環冷月，縲絏泣孤臣。
> 對景傷前事，懷才誤此身。餘生料無幾，空負九重仁。

王欽若　962～1025 臨江軍新喻（今江西省新餘縣東門王家）人

王欽若，字定國，諡文穆，北宋初期的政治家。宋真宗時期宰相，主和派，主張國都南遷，與主戰寇準對立。他主導編纂《冊府元龜》而知名。是北宋開國以來第一位江南宰相。

景德元年（1004 年）遼聖宗親征南下攻宋，訂「澶淵之盟」。王欽若挑撥宋真宗：「澶淵之役，陛下不以為恥，而謂準有社稷功，何也？寇準罷相。1008 年（大中祥符元年）偽造「天書」，封禪泰山，王曾對仁宗曰：「欽若與丁謂、林特、陳彭年、劉承珪，時謂之『五鬼』。姦邪險偽，誠如聖諭」。與楊億、陳彭年等奉命編纂《冊府元龜》，全書一千卷。

天禧三年（1019 年）任皇太子（即其後的宋仁宗）之師，但失勢於丁謂。天聖元年（1023 年）再任宰相，天聖三年（1025 年）冬十月，兼譯經使，病逝於前往傳法院途中，贈太師、中書令，諡文穆，親事及所親信共二十餘人恩蔭作官，「國朝以來宰相榮恩，未有欽若比者」。

田令孜　?～893　四川蜀人

田令孜，本姓陳，字仲則。唐懿宗時，侍候僖宗，共同起臥。唐僖宗即位，擢令孜為左神策軍中尉。僖宗稱他「阿父」，僖宗愛鬥鵝，常到兄弟們的王府中戲耍，政務都交給令孜。令孜賣官鬻爵，逕直矯旨。

廣明元年（880 年）黃巢之亂軍入長安，令孜挾持僖宗奔四川。令孜有保駕之功，為左金吾衛上將軍，又封晉國公。光啟元年（885 年），僖宗回長安，以令孜為左右神策十軍使，更加專恣自肆。當時國庫空虛，軍費不足，令孜奏

請收安邑、解縣兩鹽池之利全歸神策軍。田令孜派義子匡祐到河中，引起河中（今山西永濟西）軍士不滿，王重榮上表陳訴令孜十罪。令孜縱火焚燒坊市和宮室，挾僖宗逃亡。諸鎮節度使上表請殺田令孜，二年後王建以田令孜圖謀作亂為名將其縊殺。

仇士良　　781～843 循州興寧（今廣東興寧北）人

仇士良，字匡美，唐文宗時宦官。唐順宗時進宮，侍太子東宮。唐憲宗時，任內給事，出為平盧、鳳翔監軍，復入為五坊使。文宗大和九年（835 年）為神策左軍中尉。

文宗與李訓、鄭注等謀誅宦官，仇士良發現，立刻劫持天子而走，發兵殺害李訓、鄭注等朝臣、宰相，史稱甘露之變。從此宦官專橫，開成五年（840年），文宗鬱鬱而死。仇士良擁立唐武宗時又殺二王（唐敬宗子陳王李成美和唐文宗弟安王李溶）一妃（唐文宗楊賢妃）。

唐武宗時，李德裕為宰相，會昌三年（843 年）六月，士良卒。次年被檢舉家藏武器，下詔削官爵，籍沒其家。長子仇從廣，次子仇亢宗，可能是養子。

元載　　8 世紀？～777 鳳翔府岐山縣（今陝西省鳳翔縣）人

元載，字公輔，生父不詳，母親攜元載改嫁景昇。繼父景昇為唐太宗子曹王李明王妃元氏收田租得力，景昇向元妃請求後冒姓元，改稱元昇。

「性惠敏，博覽子史，尤學道書」，考上進士，任新平尉。在肅宗時，與掌權宦官李輔國之妻元氏同族而受到重用，管理漕運。

先後助代宗殺李輔國、魚朝恩兩個掌權宦官，更加受到皇帝信任，「志氣驕溢，每眾中大言，自謂有文武才略，古今莫及，弄權舞智，政以賄成，僭侈無度。」營私產，大興土木，排除異己，最後因為貪賄被殺抄家，有贓物胡椒八百石，鍾乳五百兩，史載：「下詔賜載自盡，妻王（王韞秀，王忠嗣女，或作王縉女[2]）及子揚州兵曹參軍伯和、祠部員外郎仲武、校書郎季能並賜死，發其祖、父冢，斷棺棄屍，毀私廟主及大寧、安仁里二第，以賜百官署舍，披東都第助治禁苑」「及死，行路無嗟惜者」女兒資敬寺尼真一，被沒入掖庭。宋代羅大經在《鶴林玉露》一書中感嘆：「臭襪終須來塞口，枉收八百斛胡椒」。其著作有全集十卷，《全唐詩》收有一詩《別妻王韞秀》。

唐德宗繼位後，追念元載幫助其成為皇太子，於 784 年追復元載官爵，改葬。下屬許初、楊皎、紀悋出資改葬元載。元載初諡荒，後改為貶義稍弱的成縱。

盧杞　　生年不詳～785 滑州靈昌（今河南滑縣西南）人

盧杞，字子良，祖父盧懷慎是開元初年丞相。父盧奕是御史中丞，升御史大夫、門下侍郎、同中書門下平章事。盧杞有口才，「貌陋而色如藍，人皆鬼視之」，為人狡詐，郭子儀見過盧杞後，說：「此人得志，吾子孫無遺類矣！」。盧杞忌能妒賢，曾陷害張鎰、楊炎、顏真卿、李懷光等。

　　建中四年（783年），涇原兵變，朔方節度使李懷光彈劾其罪，十二月貶新州（今廣東新興）司馬，授澧州刺史，不久給事中袁高認為盧杞姦邪敗政，貶官尚不足，貞元元年（785年）又徙澧州（今湖南澧縣）別駕，途中，病死於船上。葬於嘉魚王家灣。

魚朝恩　721～770 瀘州瀘川（今屬四川）人

　　魚朝恩，精通儒學，能講授《五經》，亦善佛法、禪學。曾為觀軍容宣慰處置等使，監軍九節度，權傾朝野，後被唐代宗賜死。

　　為唐肅宗所寵信，派為李光進的監軍。進讒郭子儀，朝廷削其軍權，以魚朝恩為觀軍容宣慰處置等使，監李光弼等九節度使軍。

　　廣德元年（763年），吐蕃進犯長安，唐代宗出逃陝西（今河南三門峽西），侍衛離散，史載「朝恩悉軍奉迎華陰，乘輿六師乃振」，後被封為天下觀軍容宣慰處置使，並統率京師神策軍。領國子監事（國立大學校長），兼鴻臚（司禮機關，負責朝會和宴饗）等職，掌握大權，權傾朝野。

　　魚朝恩驕橫，自以為天下非他莫屬，朝廷政事稍不如意，就發怒道「天下事還能有離得了我的嘛！」代宗聽後不悅。

　　大曆五年（770年），宰相元載密奏請殺魚朝恩，並以重金賄賂魚朝恩親信周皓、皇甫溫二人。三月寒食節，皇宮舉行宴會，宴後，魚朝恩回家之際，代宗叫他留下來論事，魚朝恩一到，代宗責難他圖謀不軌，魚朝恩辯護，在場周皓與左右將之擒獲，將他絞死，年四十九歲。為防不測，代宗詐言魚朝恩受詔而自縊，傳出風聲後，才將他的屍體送回家，賜錢六百萬作安葬費。

程元振　？～764

　　程元振，唐肅宗、代宗時宦官。與李輔國擁立太子李豫，是為代宗，官至驃騎將軍。寶應元年（762年）程元振掌握了部分禁軍，謀奪輔國權，代宗遂罷免輔國所有官職，以元振代判元帥府行軍司馬，不久遣人將輔國刺死。

　　廣德元年（763年），安史之亂，程元振知情不報，僕固懷恩勾引吐蕃、回紇入侵，同年十月，吐蕃攻到奉天，逼長安。賴郭子儀處理平定亂事。後因策劃政變，御史大夫王升發現上告朝廷，流放溱州（四川省綦江縣東南），在江陵（湖北省江陵縣）被仇家殺死。

李輔國　704～762

　　李輔國，本名靜忠，賜名護國，又改為輔國，唐肅宗時當權宦官。少時為宦官高力士的僕役，相貌醜陋，粗通文字，四十歲後開始掌閑廄，後入侍太子李亨。

　　安史之亂，唐玄宗逃往蜀地，李靜忠隨太子李亨至馬嵬驛（今陝西興平西），諫太子殺楊國忠，又諫麾兵北至朔方，以謀復興。太子至靈武（今寧夏靈武西南）後即位，是為肅宗，遙尊行在天子為太上皇。李靜忠因功加封為元帥府行

軍司馬,改名輔國,開始掌握兵權。

李輔國隨肅宗回到長安,封郕國公,設「察事廳子」。太上皇玄宗返回京師後,輔國疑太上皇左右有復辟的陰謀,迫遷居西內太極宮,而玄宗親信高力士等人則被貶謫或罷官。

寶應元年(762年),玄宗憂鬱而死。此時肅宗病危,張皇后欲謀殺太子李豫而立越王李係,發宦官數百人,控制宮闈。李輔國獲知此事,命宦官程元振先取太子同行,並發動禁軍攻入宮內,捕殺張皇后、越王,會肅宗駕崩,立太子李豫為帝(即唐代宗)。

自此輔國日益驕橫,代宗不快,決意將輔國翦滅,表面尊之為「尚父」,封司空兼中書令,私下通聯宦官程元振,以藥子昂代元帥府行軍司馬,掌握禁軍,奪兵權。罷輔國官職,進封為博陸郡王。不久,又派人將其刺殺,割下頭顱扔到溷廁中。遂刻木代其首級以葬,贈太傅,諡丑。妻子元氏與大臣元載同族。

武三思　7世紀～707 唐朝并州文水人

武三思,為武則天姪子,武元慶之子,初封梁王,死於重俊之變。

獲武則天起用,由右衛將軍累進至兵部、禮部尚書,並監修國史。天授元年(690年),武則天稱帝,大封武姓宗族為王。武三思為梁王,賜實封一千戶。

武三思性格跋扈,善於阿諛奉承,為武則天稱帝,盡殺其黨羽。

武后曾欲立武三思為太子,為狄仁傑所駁,但三思仍受武后所信任。神龍元年(705年)神龍革命,唐中宗復辟,三思進位司空、同中書門下三品,降封德靜王。武則天駕崩後,武三思更為專權,構陷忠良。與韋皇后、上官婉兒潛通,成了上官婉兒的情夫,而兒子武崇訓跟媳婦安樂公主密謀廢節愍太子李重俊,讓安樂公主當皇太女。

景龍元年(707年),太子李重俊發動景龍之變,把武三思、武崇訓殺死。中宗追封武三思為梁王,諡宣,並以李重俊首級祭祀之。

周興　?～691 長安人

周興,武則天武時代酷吏,初不得志,李敬業叛亂,武則天鼓勵告密。時周興擔任尚書省的尚書都事,積極參與告密行動,被提拔為秋官侍郎。據說有數千人因周興的告密而死。

688年,僕人誣告郝象賢謀反,反對武則天攝政。周興審理郝象賢全家滅門。

武則天清洗李唐宗室,派周興指控太宗的弟弟韓王李元嘉、魯王李靈夔,李元嘉的兒子黃國公李譔,太宗的妹妹常樂公主和她的丈夫趙瓌謀反,於洛陽處死。

689年,指控魏玄同是宰相裴炎的朋黨,裴炎被處死,魏玄同自殺。周興指控燕國公黑齒常之叛國,並被絞死。

690年,武則天同意周興建議剝奪李姓宗室的皇族身份,誣告宰相韋方質,流放時被殺。武則天侄子武承嗣,誣告高宗的庶出的兒子澤王李上金、許王李

素節謀反，李素節被絞死，李上金自殺，皆周興所陰謀。

唐睿宗讓位給武太后，武則天成為武周王朝的女皇帝。

691 年，丘神勣被處死，有人指控周興與丘神勣有牽連，武則天讓來俊臣用請君入甕之計制服，武則天將他流放，途中被仇家所殺。

索元禮　?～691 胡人

索元禮，唐朝和武周時代的酷吏，告密者。他以殘酷的手段對待武則天懷疑反對她的人，在他被大多數人仇視的時候，他又被武則天處死，平息民憤。

684 年，武則天為皇太后稱制，唐睿宗無權，英國公李敬業造反之後，武則天開始鼓勵秘密檢舉心懷不軌者。索元禮秘密檢舉，被武則天召見，封為游擊將軍，為推使。洛州牧院為制獄，作鐵籠箍住囚犯的頭，敲入楔子，至腦裂而死。又用橫木夾住手足旋轉，號稱「曬翅」。或者把囚犯綁到樑上，頭上系著石頭垂下。審訊一囚，窮根問底，官員因此恐懼。

武則天每次接見都重重賞賜，他殺人最多。當時來俊臣、周興接踵而起，天下稱之為「來索」。薛懷義剛剛顯貴的時候，索元禮養他為義子，更為武則天信任。691 年，因為他苛猛收受賄賂，武則天為平息民憤、爭取人心，將他下獄，審案吏員說：「把索元禮箍頭的鐵籠取來！」索元禮只好服罪，死在獄中。

李義府　614～666 瀛州饒陽（今河北饒陽縣）人

李義府，父李德盛，隋西城郡守，唐魏州刺史。自小聰慧，劉洎、馬周等極力薦舉，唐太宗召見，以「烏」題詩，李義府吟道：「日里颺朝彩，琴中聞夜啼。上林如許樹，不借一枝棲。」唐太宗說：「我當全林借汝，豈獨一枝耶？」預撰《晉書》。高宗李治時兩度為相，「貌狀溫恭，與人語必嬉怡微笑」，但笑裡藏刀，人號「李貓」。「有洛州婦人淳于氏，坐奸系於大理，義府聞其姿色，囑大理丞畢正義求為別宅婦，特為雪其罪。」後來事機敗露，畢正義自殺，御史王義方上書彈劾，「原義府罪不問」反而把王義方貶逐出京。升任中書令，進封河間郡公，晚年信陰陽師杜元紀，有人告發「窺覘災眚，陰懷異圖」，司刑太常伯（即刑部尚書）劉祥道等人負責審理，長流嶲州（今四川西昌）。唐高宗乾封元年（666 年），大赦天下，李義府寫《在嶲州遙敘封禪》獻上，但限於赦令規定：長流人不許還，未果。義府憂憤而死。

許敬宗　592～672.9.20.祖籍高陽郡新城縣

許敬宗，字延族。官至中書令（宰相）。父許善心，為隋禮部侍郎。敬宗性輕傲，善屬文，少有文名。江都之變，許善心為宇文化及所殺。

與李義府等支持武則天皇后，逐殺褚遂良，長孫無忌、上官儀。代李義府為中書令。顯慶四年（659 年），洛陽人李奉節狀告太子洗馬韋季方和監察御使李巢朋比為奸，唐高宗派許敬宗審理此案。

龍朔二年（662 年）任右相，加光祿大夫。三年（663 年），拜太子少師。

卒於唐高宗咸亨三年（672年），享年八十一歲，諡曰恭。著《文館詞林》。

宇文化及　6世紀？～619年匈奴人

隋末武將，割據勢力之一。弒隋煬帝自立，後為竇建德所殺。祖上匈奴人，姓破野頭，後歸化鮮卑宇文部，改姓宇文。其父宇文述為北周官員，青年時就備受寵信，惟品德不端，曾經涉及收取賄款而被罷免官職。煬帝即位後，獲任太僕少卿；後宇文述臨終前託孤於煬帝，煬帝於是授化及為右屯衛將軍。

隋末天下大亂，煬帝留在江都行宮不願北返。大業十四年（618年）三月，宇文化及與其弟宇文智及煽動兵變，弒逆煬帝，打算擁立被軟禁的煬帝弟廢蜀王楊秀為皇帝，眾人以為不行，又殺楊秀及其七子；又殺煬帝子齊王楊暕及其二子、煬帝孫燕王楊倓、煬帝侄楊顥，隋朝的宗室、外戚、忠心的大臣一律被殺死。最後擁立秦王楊浩（煬帝之姪），自稱大丞相，並且領兵西歸。行至徐州，船不通，奪取民車，鎮壓司馬德戡叛亂，北行佔據東郡，欲占黎陽倉。越王楊侗在「七貴」（段達、王世充、元文都、韋津、皇甫無逸、盧楚、郭文懿和趙長文）的擁立下繼帝位於洛陽，招瓦崗軍領袖李密為太尉，討伐化及，雙方戰於黎陽（今河南浚縣北），化及屢敗，引兵北走，以河北魏縣（今河北大名西南）為根據地，將士屢叛歸李密。化及嘆曰：「人生固當死，豈不一日為帝乎！」九月宇文化及廢黜楊浩，自立為帝，國號「許」，年號天壽，不久毒弒秦王楊浩，並殺其弟濟北侯楊湛。

唐武德二年（619年），唐部將李神通攻討宇文化及，化及被迫東走聊城，二月，為夏王竇建德所擒，以檻車押解化及，與其子承基、承趾至襄國郡（今河北省邢台市），一併斬殺。

裴蘊　（？～618年），河東郡聞喜縣（今山西省聞喜縣）人

隋煬帝的重臣，後在宇文化及之亂中被殺。世代為南朝高官，曾祖父之弟為南梁侍中、左衛將軍裴邃、祖父是右衛將軍（《梁書》《南史》）裴之平。裴蘊的父親裴忌是南陳都官尚書，吳明徹在呂梁與北周作戰失敗，裴忌被北朝囚禁，賜爵江夏郡公。裴蘊繼續在陳為官，有才幹，歷任直閣將軍、興寧縣令。裴蘊因父在北朝，送密信給隋文帝，願為內應。隋滅陳，文帝在投降的南朝人士中，稱讚裴蘊自動歸順，授儀同三司、許開府。歷任洋州、直州、棣州刺史，在地方有能幹的名聲。

隋煬帝繼位聽聞裴蘊的名聲，召他任太常少卿。裴蘊上奏煬帝，建議召集北周、北齊、梁、陳的樂士子弟和民間有歌舞音曲才能者歸屬太常，宮中樂人從此增加至3萬人以上。煬帝大喜，任命他為民部侍郎。當時，天下雖然統一，但戶籍遺漏嚴重，民眾中很多隱瞞年齡，來取得租稅、賦役的免除。609年，裴蘊上奏請將虛造戶籍的負連帶責任，獎勵密告，於是全國成人男子的戶數大幅上升。煬帝讚賞裴蘊，更加親任。裴蘊作為御史大夫，與蘇威、宇文述、裴矩、虞世基共掌朝政，人稱五貴。

　　裴蘊很能體察煬帝心中的意向，煬帝討厭的人，他枉法治其罪；煬帝喜歡的人，他枉法加以赦免。以得煬帝歡心。以後刑罰無論大小都由他經手，刑部、大理不敢違逆。薛道衡批判煬帝誅殺高熲，而被陷害而死。蘇威進言中止高句麗遠征，而被剝奪官位，都有裴蘊讒言的作用。楊玄感之亂後，煬帝受意裴蘊，將參加反亂者數萬人處死。

　　618 年，在揚州宇文化及、司馬德戡策劃對煬帝的宮廷政變，江陽縣長張惠紹報告裴蘊。裴蘊便假造詔勅命來護兒率兵，在城外捕宇文化及同黨。同時，計劃派遣范富婁，閉宮門，以救煬帝。裴蘊將這個計劃報告虞世基，虞世基不信宇文化及會反亂，裴蘊計劃不得實行。宇文化及作亂，裴蘊與煬帝、虞世基同時被殺害。

虞世基　　? ～618 會稽餘姚人

　　虞世基，字懋世，中國隋朝時期人物，虞世南的哥哥。父虞荔，曾任陳國太子中庶子。虞世基幼沉靜，喜慍不形於色，博學有高才，兼善草隸。陳滅之後效勞於大隋，任內史省低級文員，貧無產業，後升任內史舍人。煬帝即位，經禮書監柳顧言推薦，升任內史侍郎，得到煬帝重用，專典機密，與納言蘇威、左翊衛大將軍宇文述、黃門侍郎裴矩、御史大夫裴蘊等參掌朝政，人稱五貴。

　　遼東之役，進位金紫光祿大夫。615 年跟隨煬帝北巡雁門，為突厥所圍。世基勸帝重為賞格，親自撫循，又下詔停遼東之事。帝從之，師乃復振。但是圍解之後，煬帝又下伐遼之詔。自此朝野離心。616 年，煬帝南巡江都，行至鞏縣，世基以盜賊日盛，請發兵屯洛口倉，以備不患。煬帝不從，說他：「卿是書生，定猶恇怯。」於時天下大亂，世基知帝不可諫止，又聯想起高熲、張衡被殺的往事，懼禍及己，唯諾取容，不敢忤意。後來地方許多匪情急報，均被他扣押不報。太僕楊義臣捕盜於河北，降賊數十萬，列狀上聞。煬帝驚嘆道：「我初不聞賊頓如此，義臣降賊何多也！」世基說：「鼠竊雖多，未足為慮。義臣克之，擁兵不少，久在閫外，此最非宜。」煬帝調回楊義臣，放其兵散。越王楊侗遣太常丞元善達穿越農民起義區，來江都奏事，稱李密有眾百萬，圍逼京都，賊據洛口倉，城內無食，若陛下速還，烏合必散，不然者，東都決沒。邊彙報邊大哭，煬帝為之動容。世基見帝色憂，進曰：「越王年小，此輩誑之。若如所言，善達何緣來至？」帝乃勃然怒曰：「善達小人，敢廷辱我！」元善達在回程路上被起義軍所殺。此後沒有人敢向煬帝奏聞起義軍事。

　　世基妻徐氏，繼室孫氏。孫氏攜前夫之子夏侯儼入世基家，性驕淫，為其聚斂，鬻官賣獄，賄賂公行，其門如市，金寶盈積。

　　大業十四年（618 年）宇文化及弒殺煬帝，虞世基等也被誅殺，虞世南欲代兄死而不得。子虞遜，簡州刺史。虞遜女嫁銀青光祿大夫、和州刺史、上柱國、琅琊縣開國伯顏謀道。

宇文護　513～572 代郡武川（今内蒙古武川西）人，鮮卑族

宇文護，小字薩保，宇文泰長兄宇文顥的兒子，母閻姬，北周權臣。曾經跟隨宇文泰與東魏交戰，屢立戰功。宇文泰以宇文護為都督，從破侯莫陳悅。後以迎西魏皇帝的功勞，封水池縣伯。大統十三年（547 年），進封中山公。十五年（549 年），遷大將軍，後拜司空。

宇文泰在 556 年死後，宇文泰的各個兒子年幼，遺命宇文護掌管國家大政。宇文護以宇文泰嗣子宇文覺幼弱為理由，乘宇文泰的權勢和影響尚存的時候，及早奪取政權，迫使西魏恭帝禪位於周。翌年，宇文覺稱為周天王，建立北周。宇文護成為大司馬，被封為晉國公。北周保定五年（565 年）十月，金州（今陝西省安康）刺史賀若敦因口出怨言，為晉王宇文護所不容，逼令自殺。

後來，大將軍趙貴、獨孤信對宇文護不服。雖然宇文覺也不滿他專權，但未能成功誅殺宇文護，反而被先發制人。趙貴被殺，獨孤信被逼自殺。宇文覺也被廢黜而死。宇文覺死後，宇文護改立宇文泰的另一個兒子宇文毓。武成二年（560 年），宇文毓又被他毒死，立宇文泰四子宇文邕，是為周武帝。

周武帝表面上曲從宇文護，宇文護放鬆對他的戒心。宇文護的兒子生性貪婪，下屬則肆意放縱，亂政害民。天和七年（572 年）三月十四，宇文護從同州（今陝西大荔）回長安，武帝和宇文護一起去見太后，武帝說太后最近經常喝酒，希望宇文護能讀《酒誥》給太后聽，請她戒酒。宇文護不知是計，向太后朗讀《酒誥》，讀到一半的時候，宇文邕猛然用玉珽打宇文護的後背，把他打倒，武帝忙令宦官何泉用刀砍殺宇文護，何泉惶懼，斫不能傷，這時宇文直匿於戶內，殺死宇文護.

高阿那肱　?～580 善無（今山西朔州右玉縣）人

才能平平，沒有讀過文史，其見識遠在和士開之下，但奸巧算計卻不比和士開差。既得世祖愛寵，又今在東宮服侍後主，所以大受寵遇。南北朝北齊時期將領，北齊後主高緯的幸臣，曾任大丞相。後降北周，最終在蜀中隨從王謙起兵，被誅殺。父親叫高市貴，跟從北齊神武皇帝（高歡）以軍功封為常山郡公，做到晉州刺史。贈為太尉公。後因高阿那肱受寵而贈成皋王。隨從北齊神武帝征戰，以功勳擢為武衛將軍。

高阿那肱善於騎馬射箭，諂媚會事奉人，每宴遊之後，極得世祖尊愛。又迎奉和士開，兩人特相親狎，和士開常在皇帝面前為他說好話，因而更受親待。後主即位，累遷並省尚書左僕射，封淮陰王，再除並省尚書令、領軍大將軍、並州刺史，後為大丞相。

北齊後主來攻，高阿那肱帶著數千人投奔濟州關投降。高阿那肱入長安，得大將軍職，封公，任隆州刺史，大象末年，在蜀中隨從王謙起兵，被誅殺。

和士開　524～571.8.30.清都郡臨漳縣人，鮮卑族

和士開，字彥通，北齊權臣。先世是西域胡人，姓素和氏，改為和氏。其父和安善於觀察，官到中書舍人、儀州刺史。和士開自幼聰慧出眾，解悟捷疾，但稟性庸鄙，不窺書傳，發言吐論，唯以諂媚自資。

最早投靠高湛，甚得高湛之寵。天保年初，高湛被封長廣王（今山東平度），和士開任開府行參軍，奉承高湛曰：「殿下非天人也，是天帝也。」高湛回曰：「卿非世人也，是世神也。」文宣帝高洋得知，怒其輕薄，將和士開流放馬城。及孝昭帝高演即位，高湛為之求情，和士開被赦回。

太寧元年（561年），武成帝高湛即位，和士開任給事黃門侍郎。太寧四年，升為尚書右僕射。因善使琵琶、鐵槊，與胡長粲、高阿那肱等人號稱「八貴」。又與胡太后（高湛的皇后）有姦情。封淮陽王。

武平二年，民間流傳童謠：「和士開，七月三十日，將你向南台。」琅琊王高儼聯合太后妹夫馮子琮，武平二年（571年）七月三十日伏兵50人於神獸門外，將和士開殺害。死訊傳出，洛陽全城歡騰。李百藥說：「和士開淫亂，多曆數年，一朝被剷除，朝野上下都大快人心。」

孔范　生卒不詳，會稽山陰人

約隋文帝開皇十五年前後在世。少好學，博涉書史。陳太建中，位宣惠江夏王長史。後主即位，為都官尚書。與江總等並為狎客，容止都雅，文章贍麗。後主惡聞過失，范必曲為文飾，稱揚讚美。時孔貴人絕愛幸，范與孔氏結為兄妹，寵遇優渥，舉朝莫及。陳亡，隋文帝以其奸諂，流之遠裔。

沈客卿　589~吳興武康（今浙江德清武康鎮）人

南朝陳官吏，博涉群書，由施文慶引薦於陳後主，任尚書儀曹郎。至德初，為中書舍人，兼步兵校尉，掌管財政稅收。陳後主大修宮室，恣意揮霍，致使國庫空虛。他巧立名目，向百姓斂以苛捐雜稅，使每年斂取之賦稅，超過常稅之十倍，以供後主使用。因功加授散騎常侍、左衛將軍。禎明三年（589年），與中書舍人施文慶共掌國家機要。隋軍攻入建康（今江蘇南京）時他與施文慶俱被殺。

子沈澄。沈澄生國子博士沈子山。沈子山生澧州司馬沈虯之。沈虯之生太子通事舍人沈迪。沈迪生大理正沈竦。沈竦生承奉郎守大理司直沈中黃。

施文慶　?～589 吳興烏程（今浙江湖州）人

施文慶，南朝陳官吏，初事太子陳叔寶，陳後主即位，提拔為中書舍人。與沈客卿等肆意搜刮百姓，以供後主揮霍，甚得後主寵信。禎明三年（589年），授予其都督，代晉熙王陳叔文為湘州刺史。隋軍攻入建康（今江蘇南京）時被殺。

侯景　　503～552 朔方人（或說是雁門人）鮮卑化羯人

侯景，父親侯標，祖父乙羽周。北魏王朝政治極度腐朽黑暗，民變越發激烈，此起彼伏。侯景是葛榮起義軍的將領。

經過河陰之變，爾朱榮掌握了政權，他開始對各地的反抗力量進行爭剿。此時侯景率領自己的部隊投靠了爾朱榮，被爾朱榮任命為先鋒。公元 528 年 8 月，爾朱榮與葛榮在滏口展開大戰，侯景俘虜葛榮，起義被鎮壓。侯景因功升為定州刺史。

侯景是天生長短腳（右腳稍短），並不擅長武藝，但很有謀略。侯景對待士兵非常嚴苛殘酷，立下不少戰功。高歡看出侯景的為人，臨終前特別囑咐兒子高澄要小心侯景。高澄上台後，侯景立刻叛變。

侯景一開始想獲得宇文泰的支持，但宇文泰對他心懷戒備。不得已，梁武帝太清元年（547 年）他率部投降梁。由於梁武帝希望借侯景的力量北伐成功，所以接受了他的投降，給他很高待遇（河南王、大將軍、持節）。高澄派大將慕容紹宗進攻侯景，梁派貞陽侯蕭淵明支援，結果大敗，蕭淵明被俘。

正在此時，東魏提出和解。侯景感到恐慌。梁武帝卻沒有意識到這一點，他繼續與東魏進行談判。侯景假冒高澄寫了一封信，提出以蕭淵明交換侯景，梁武帝接受。侯景大怒，他意識到唯一的一條路就是叛變[5]。於是，侯景立宗室蕭正德為梁帝，改元正平。梁太清三年（549 年）攻破建康（南京），梁武帝蕭衍被困餓死，侯景又立太子蕭綱為皇帝，侯景自封為大都督，迫使美貌的溧陽公主嫁給他為妻；後又自封（逼皇帝封其）為「宇宙大將軍」。台城在久圍之下，糧食斷絕，疫疾大起，死者十之八九。侯景進入建康後，「悉驅城市文武，傑身而出」，「交兵殺之，死者三千人」，又「縱兵殺掠，交屍塞路」（《南史‧侯景傳》）。侯景其後陸續派軍在三吳地區大肆燒殺搶掠。551 年，廢蕭綱，再立豫章王蕭棟為帝，改元天正。同年，再命蕭棟禪讓，侯景登極為帝，國號漢，改元太始。追尊漢司徒侯霸為始祖，晉徵士侯瑾為七世祖。於是追尊其祖周為大丞相，父標為元皇帝。

552 年，侯景被陳霸先、王僧辯所擊敗。侯景企圖逃亡，被部下羊鯤所殺。王僧辯將他的雙手截下交給高洋，頭顱送至江陵，屍體在建康街頭暴露。當地百姓將屍體分食殆盡，連其妻溧陽公主也吃他的肉，屍骨燒成灰後有人將其骨灰摻酒喝下。梁元帝蕭繹下令將他的腦袋懸掛在江陵鬧市上示眾，然後又把頭顱煮了，塗上漆，交付武庫收藏，與篡奪西漢的王莽有著相同待遇。

他的叛亂給長江下游地區造成巨大破壞，使南朝士族遭到毀滅性打擊。

阮佃夫　　427～477 諸暨人

阮佃夫出身小吏，湘東王劉彧出就藩封，選為主衣，後請為世子師，頗受信任。

前廢帝猜忌宗親，景和（465）末，入朝，被拘禁于殿內秘書省，將有大禍，

惶恐憂懼。佃夫與人密謀，殺前廢帝於後堂。

前廢帝死，即位，為明帝。論功行賞，封佃夫為建城縣侯，食邑八百戶，遷南台侍御史。佃夫與密謀諸人共掌朝廷大權，乘機大受賄賂，凡事非重賂不行。有人送絹200匹，佃夫嫌少，竟不答書。家中珠玉錦繡，富於宮廷，住宅園林，超過王府。蓄養女伎數十人，才貌冠絕當時。從宅中向東開河，長達10裡，佃夫泛舟河上，命女伎彈奏作樂。廚房中水陸珍羞齊備，臨時宴客數十人，轉瞬辦就。生活驕淫豪奢，凡制一新衣，造一器物，京城中紛紛仿效。時官爵氾濫，佃夫手握予奪之權，僕從皆為高官，拉車人為虎賁中郎，馬旁隨從為員外郎。朝士無論貴賤，無不奉承巴結，而佃夫高傲自大，能入其室者，僅一二人而已。？

明帝去世，後廢帝劉昱即位，佃夫兼中書通事舍人，加給事中、輔國將軍，職權更重，驕橫愈甚。元徽三年（475），遷黃門侍郎，領右衛將軍。明年，改領驍騎將軍。其年遷使持節、督南豫州諸軍事、冠軍將軍、南豫州刺史、曆陽太守，仍管朝廷政事。後廢帝荒唐不守法度，愛出宮漫遊，往往單騎出入田野裡巷。佃夫與人密謀，擬乘帝出遊廢立。事未成，被人告發，於是賜死。

黃皓　?～264 三國時期人

黃皓，蜀漢後主劉禪時的宦官。董允死後，在侍中陳祗推薦下，黃皓先成為中常侍並得到後主寵幸，官至奉車都尉，總攬朝政並排擠位在北伐前線的大將軍姜維，導致蜀漢朝政敗壞，「操弄權柄，終至覆國」，最終為魏國所滅。史載「及鄧艾至蜀，聞皓奸險，收閉，將殺之，而皓厚賂艾左右，得免。」《三國演義》中，蜀亡後他被帶回洛陽，司馬昭說他會導致國家滅亡，被賜死。

張讓　135～189

張讓七歲進宮，十三歲時漢桓帝即位，兩人年紀相約，加上桓帝並非宮中長大，生性放蕩，兩人因此有斷袖之交，後來被梁太后發現，梁太后及梁冀則利用張讓監視桓帝。159年，桓帝與宦官合謀誅殺外戚梁冀，張讓發覺並打算報告梁太后，後來卻被其他宦官勸服，出賣梁太后，因此被封為都鄉侯。桓帝奪回權力後，封鄧猛女為皇后，鄧皇后不滿張讓與桓帝的關係，貶張讓為關中侯，至桓帝死時才回宮。桓帝死漢靈帝即位，竇武等外戚專權，宦官迫靈帝殺竇武，竇武死後宦官獨大。及後黃巾之亂爆發，郎中令張鈞指十常侍作惡所致，張讓卻以花言巧語瞞騙靈帝。靈帝死後，中軍校袁紹及大將軍何進合謀誅殺宦官，事件敗露後，張讓與趙忠殺何進，袁紹則率入宮，張讓與段珪脅持少帝到小平津，尚書盧植追到，張讓自殺。

侯覽　?～172 山陽防東人（今山東單縣）

侯覽，東漢時的宦官。左悺於漢桓帝初期只是任中常侍，後來參與桓帝與單超打擊外戚梁冀勢力的鬥爭，封鄉侯。得勢後，四處搜括民脂民肥膏，又侵

佔他人祖墳房屋。後來督郵張儉多次上書告發，相關文件皆被侯覽扣押，侯覽更誣蔑張儉結黨營私，張儉被判死刑，除張儉外，他還迫害長樂少府李膺及太僕杜密等人。172年，朝廷檢舉侯覽的罪行，侯覽因此畏罪自殺。

石顯　?～前33 濟南人

石顯，字君房，濟南人，為漢宣帝及漢元帝時的宦官。先後出任中黃門、中書僕射、中書令及長信中太僕等職位。元帝沉溺聲色，疏於政事，朝中由石顯把持，他先後迫害蕭望之、張猛、京房、陳咸等人。元帝死後漢成帝繼位，石顯被人上書揭發惡行，被貶回原籍，病死途中。

八、中華民國開國元勳

孫中山　1866.11.12～1925.3.12 廣東香山縣翠亨村人

　　孫中山，幼名帝象，字德明，號日新，字孫文，號中山，1886 年改名逸仙。妻孫眉、盧慕貞、陳粹芬、宋慶齡。

　　1872 年，進私塾讀舊學經書、

　　1878 年，隨長兄孫眉、母親楊太夫人乘輪船赴夏威夷檀香山尋找哥哥孫德彰。相繼在英國「意奧蘭尼書院」（Iolani School）、「奧阿厚學院」（Punahou School）、檀香山意奧蘭尼書院（Iolani School）、意奧蘭尼書院（Oahu College）畢業。

　　1883 年，毀壞神像觸怒鄉人，離開家鄉。

　　1888 年 3 月 24 日國父的父親達成公逝世，享年 76 歲。

　　1890 年，清廷將陳少白、尤列、楊鶴齡、孫中山列為「四大寇」

　　1891 年，國父長子孫科（哲生）出生。

　　1892 年，香港英國醫師康德黎（James Cantlie）創辦的西醫學院畢業，在澳門、廣州等地行醫。

　　1893 年，遭澳門葡籍醫師的妒忌，行醫困難，將藥局移到廣州改名東西藥局。

　　1894 年，上書李鴻章，與陸皓東到天津 11 月 24 日組織興中會

　　1895 年，籌備「香港興中會總會」。採用陸皓東所設計之青天白日旗為義軍旗，重陽節（10 月 26 日）廣州首次起義事洩失敗。11 月 7 日陸皓東等殉難。

　　1896 年 10 月 11 日，在英國倫敦被清政府使館誘捕，經康德黎營救脫險。10 月 23 日獲釋，史稱「倫敦蒙難」。

　　1897 年，到日本，準備再次發動起義。

　　1899 年，於香港創辦「中國日報」另立「興漢會」推舉國父為會長。

　　1900 年，到廣東州發動惠州起義失敗。

1903 年，在日本青山開辦革命軍事學校

1904 年，孫中山在檀香山加入洪門，成為致公堂洪棍。在亞歐美進行革命活動。

1905 年，在日本東京積極推動興中會以及華興會。

1906 年，在新加坡設同盟會分會。

1907 年 2 月 1 日命黃明堂於鎮南關起義.

5 月 22 日起義於潮州黃岡，歷六日而敗，是為第三次起義。

6 月 2 日命鄧子瑜起義於惠州七女湖起義，是為第四次起義。

7 月 6 日徐錫麟於安慶起義失敗殉難。

7 月孫中山赴廣西主持鎮南關起義，再告失敗。

13 日秋瑾在紹興起義，事敗被捕，兩天後遇害。

9 月 1 日王和順於廣東欽州起義失敗，這是為第五次起義。

1908 年 2 月，第六次起義欽州起義。

3 月 27 日，黃興第七次起義由安南率革命軍進攻欽州。

4 月 29 日黃明堂第八次起義於雲南河口。

1910 年 2 月 12 日，倪映典新軍第九次起義於廣州失敗。

1911 年 4 月 27 日（農曆 3 月 29 日）黃興率同志於廣州的黃花岡起義，死難者 86 人葬於黃花岡，有名可考 72 人是為第十次起義。

10 月 10 日（農曆 8 月 19 日）的武昌起義成功.11 日黃興將「武昌革命成功」消息，電傳遠在美國洛山磯下的拉多州丹佛（Denver）孫中山，孫未隨身攜帶「譯電本」翌日清晨用早點時看到報紙大字標題「革命黨人占領武昌」才獲悉，頓時驚喜訝異不已。

12 月 25 日，孫中山返抵上海，29 日在南京舉行 17 省代表同盟會會議上，以 16 票對 1 票推選孫中山為臨時大總統。

1912 年 1 月 1 日（辛亥 11 月 13 日），孫中山就任中華民國臨時大總統，建立中華民國臨時政府，公布《中華民國臨時約法》。

2 月 12 日清朝皇帝接受袁世凱的條件，下旨《退位詔書》遜位，中華民國完全取代過去的帝國體制。

15 日孫中山做了 45 天總統，讓位與袁世凱。史學家評論「國民黨革命成功，只是曇花一現」「民國徒有虛名，百廢仍猶待舉。」

3 月 8 日袁世凱在北京就職。

4 月 1 日孫中山親自去參議院宣布正式解除臨時大總統一職。

27 日袁世凱違法向五國銀行團簽約大借款準備發動內戰，消滅南方革命力量。孫中山發動二次革命失敗，被迫逃亡日本。

11 月 4 日袁世凱下令解散國民黨，宋教仁遇刺。

1916 年 3 月 22 日袁世凱被迫撤銷帝制。23 日頒令廢止「洪憲」年號。

18 日袁世凱遣人在上海刺殺陳其美。]2 月 6 日袁世凱憂憤而卒。

1917 年 7 月 1 日張勳擁清廢帝溥儀復辟，段祺瑞立即於馬廠誓師討逆。

1919 年 5 月 4 日北京大學等校學生為爭取山東主權，舉行「五四運動」遊行。

1921 年 5 月 5 日，孫中山在廣州就任非常大總統，成立正式政府。

中國共產黨成立。孫中山接受共產黨和蘇俄代表建議聯俄容共。

1922 年 6 月 1 日，陳炯明在炮擊在廣州永豐艦的孫中山，孫離粵退居上海。29 日蔣中正聞訊自浙赴難抵粵。7 月 10 日率永豐艦猛攻叛軍進駐白鵝潭。8 月 15 日發表宣言討伐陳炯明。

1923 年 11 月 26 日中國國民黨決定設立「國民軍軍官學校」。

1924 年 1 月 20 日國民黨第一次全國代表大會，通過党綱、党章，創辦黃埔軍官學校。制定三民主義綱領，孫中山提出「聯俄、容共、扶助農工」三大主張。

5 月 2 日任命蔣中正為陸軍軍官學校校長兼粵軍參謀長。

6 月 16 日「黃埔軍官學校」舉行開學典禮。12 月 4 日抵天津受到盛大歡迎；因勞累並受風寒身體感覺不適。28 日決定去北京醫院就醫。31 日扶病至北京，發表「入京宣言」，及對歡迎民眾之書面談話。

1925 年 1 月 26 日進行手術，孫中山罹患肝癌末期，安置住在顧維鈞鐵獅子胡同宅邸，雖然病重，他仍扶病北上共商國事，終因積勞病劇病倒。

26 日入北京協和醫院再行接受手術治療。

27 日協和醫院正式宣佈先生的病症為肝癌。

2 月 18 日自協和醫院移居鐵獅子胡同行轅。

24 日在宋慶齡、孫科、宋子文、孔祥熙等人環繞下，汪精衛完成孫中山遺囑草稿。

3 月 11 日孫中山由宋慶齡攙扶，署名見證宋子文、邵元俊、戴恩賽、孫科、吳敬恆、何香凝、孔祥熙、戴季陶、鄒魯，在汪精衛草擬的遺囑上簽名：

「余致力國民革命，凡四十年，其目的在求中國之自由平等.積四十年之經驗，深知欲達到此目的，必須喚起民眾及聯合世界上以平等待我之民族，共同奮鬥.現在革命尚未成功，凡我同志，務須依照余所著建國方略，建國大綱，三民主義及第一次全國代表大會宣言，繼續努力，以求貫徹.最近主張國民會議，及廢除不平條約，尤須於最短期間，促其實現，是所至囑」。

除了這份「國事遺囑」，另還有一份「家事遺囑」第三份遺囑則係由陳友仁草擬的「致蘇聯遺書」。

12 日 9 時 30 分孫中山在北平協和醫院逝世。

15 日大殮 19 日.移靈於北京中央公園社稷壇。24 日發喪致祭。

4 月 2 日暫厝北京市郊西山松林間的碧雲寺。

4 月 16 日廣東省政府將香山縣改稱中山縣。

5 月 16 日中國國民黨一屆三中全會決議接受先生遺囑。

1929 年 6 月 1 日安葬於南京紫金山中山陵，衣冠葬在北京香山碧雲寺。

1940 年，改稱孫中山「總理」奉稱為「國父」。

黃興

1874.10.25.寅時～1916.10.31.湖南長沙善化縣黃興鎮涼塘居長沙皇倉街

黃興，原名軫，字紀園，1904 年長沙起義失敗，改名黃興，字克強，一字廑午，號慶午、競武。

父親黃筱村，晚清秀才，母親羅氏出生名門，養育了 2 男（黃叔霞、黃興）4 女。

1888 年，入長沙嶽麓書院。

1892 年，與廖淡如結婚生四子（一歐、一中、一寰、四子夭亡）二女（振華、德華）。

1893 年，長沙府所屬各縣縣考，獲中。

1896 年，中秀才，喜愛武術，曾拜拳師李永球，學習巫家拳。妻子：徐宗漢。

1898 年，湖廣總督張之洞推薦入武昌兩湖書院，同情維新運動、認同變法主張。

1902 年，官費赴日本留學，入東京弘文學院。抵達日本不久，即和楊篤生等創辦《遊學譯編》組織「湖南編輯社」介紹西方科學與文化。

1903 年，帝俄掠華加劇，引發留日學生掀起拒俄運動。黃興義憤之下組織拒俄義勇隊和軍國民教育會。

5.11.學生軍改組為軍國民教育會。黃興於弘文學院畢業。

6.4.由日本回到上海，途經武昌時，黃興返回母校兩湖書院發表演說，武昌府知府兼院長梁鼎芬奉上令，將黃興驅逐出湖北省境。黃興於是將隨身所攜帶的《革命軍》和《猛回頭》分發給軍學各界，然後登輪返湘。旋即在長沙明德學堂創辦了「東文講習所」的日語學校，並翻印了鄒容的《革命軍》、陳天華的《猛回頭》《警世鐘》等大量革命人士的書籍。

11.4.華興會在長沙成立，黃興賣掉自家 36 畝土地，邀集劉揆一、章士釗、宋教仁、周震鱗、胡瑛、張繼等十二人，在長沙坡子街附近的保甲巷彭淵恂宅集會，以興辦礦業為名成立華興公司，口號是：「同心撲滿，當面算清」

1904.2.15.華興會在長沙龍璋的西園寓所成立，公推他為會長，以「驅逐韃虜，復興中華」為革命口號。大力招募會員，並在外地設立分會，同時聯絡其他同性質組織，議定於農曆十月十日慈禧太后 70 歲生日大宴時，在長沙起義。不久，黃興變賣長沙的祖屋、田產多處，籌集革命資金，並在長沙小吳門正街，創辦東文講習所作為活動據點。

9 月派劉揆一等至湖南瀏陽普蹟市，主持授與馬福益少將儀式。

10.24.由於起義的風聲走漏，官府派兵查封了華興會，起義未發動即失敗。黃興從長沙脫險經鄂赴上海，再逃往日本。

11.7.黃興邀集上海同志在英租界新馬路餘慶里 8 號，共謀再舉。

11.19.萬福華在上海四馬路谷香西菜館謀刺前廣西巡撫王之春未遂被捕。

1905.1.月陳天華欲北上向清政府請願實行立憲政治，黃興力阻其行。

4.3.鄒容蘇報案起，與章炳麟同入獄，鄒容固羸弱，悲憤成疾，病死獄中。

4.20.馬福益被湘撫端方殺害。

黃興再次回國策劃起義，失敗後再次折回日本。

5.7.湖南同鄉會公舉黃興為總理，未就。

7.19 黃興在日本橫濱與孫中山初識會晤，孫中山、黃興、程家檉、陳天華、宋教仁籌組中國同盟會。

8.20.中國同盟會在東京成立，孫中山被推為總理，黃興任同盟會行政庶務組長兼任副會長，成為同盟會孫、黃領袖。

10.1.黃興主盟閻錫山、張瑜、喬煦、溫壽泉等加入同盟會。

11.17.「民報」在東京創刊。

12.8.留日學生反對日本頒佈之「取締規則」，限制中國留學生政治活動，陳天華憤投海自殺。

1906.11.25.黃興主持訂定「湖南分會會議自治章程」。

12.3.譚人鳳（石屏）加入同盟會。

4 日湖南會黨在萍鄉、瀏陽、醴陵地區起事。

31 日劉道一在長沙響應起事，為清軍撫標右游擊熊得壽捕獲遇害。

在討論中華民國國旗時，孫中山主張用「青天白日旗」，黃興則主張用「井字旗」，以示中國歷史井田制社會意義，認為青天白日旗旗的形式不美，並認為與日本國旗與軍旗相近，有日本併華之嫌。孫中山嫌井字旗太過復古，沒有革命的意義。雙方爭執不下，孫中山堅持己見，黃興力爭不得，甚至大怒，誓言要脫離同盟會籍。章太炎、劉揆一則從中調解，暫時擱置議案。這是辛亥革命以前孫、黃最大的一次分歧，後來黃興「為黨與大局，勉強從先生意見」，放棄自己主張，孫文也改造了青天白日旗為「青天白日紅旗」。

1907.1.5.去香港策劃革命。

5 月，由日本經香港到越南河內，與孫中山一起策劃在南方起義。

9.1.黃興先後發動欽州、防州起義不成。

12.11.黃明堂率革命軍攻佔鎮南關起義。

　　光復會的章太炎、陶成章等人以潮州起義失敗為由，要求罷免孫中山的總
理職務，另舉黃興擔任，黃興推辭，最終光復會退出中國同盟會。

　　1908.3.27.黃興組織「中華國民軍南路軍」等人由安南再次進入廣西欽州、
廉州、上思起義，所向無敵，大破清軍，後來彈盡糧絕，以四人而御六百敵軍，
機智從容退回河內。之後，又發動雲南河口等起義，都不幸失敗。

　　5.11.黃興在老街為法警截留，逮解出境，河口之役，因而敗績。

　　27日清廷上海「神州日報」公佈清吏懸賞緝拏黃興等六黨人。

　　10.19.日本查封民報，黃興謀移往美國出版，未果。

　　11.19.安慶馬砲營隊官熊成基起義，翌日失敗。

　　1909年，黃興受孫中山之託，在香港成立同盟會南方支部，策劃次年春在
廣州新軍中發動起義，起義再次失敗。

　　5.15.于右任在上海發刊民呼報。10.3.以民呼報被封，續刊民吁報於上海。

　　陶成章等起草《孫文罪狀》，再次對孫中山發難，要求改選同盟會總理，黃
興極力抵制。黃興在給孫中山的信中，表達了「陶等雖悍，弟當以身力拒之」態
度。爾後陶成章被孫中山與陳其美遣人在上海廣慈醫院被刺殺，殺手為蔣介石。

　　辛亥革命以前幾次「倒孫」風波中，黃興素以「成事不必在我」的信念，
堅定地拒絕名利誘惑，大公無私和忍讓顧全的態度，贏得多數民國元老乃至於
後世人的敬重。

　　1910.1.30.熊成基在哈爾檳刺清貝勒載洵，不成，被捕遇難。

　　2.12.廣州新軍起義失敗，倪映典殉難。

　　4.16.汪兆銘、黃復生在北京謀炸清攝王載灃，失風，被捕監禁。

　　8.19.在舊金山創刊「少年中國晨報」。

　　10.11.于右任在上海創辦「民立報」

　　11.3.黃興與孫中山等在南洋檳榔嶼（馬來西亞）集會，決定在廣州再舉行
起義，與清軍決一死戰。

　　1911.4.23.同盟會組織發動第三次廣州起義，趙聲為總指揮，黃興為副總指
揮。他首先發難，連發三彈，率敢死隊百餘人，攻入兩廣總督轅門，發現總督
張堅白已逃跑。此次起義多人犧牲，事後收斂殉難者遺體，有八十餘具，經查
實身分七十二具，史稱「黃花崗七十二烈士」。

　　黃興指揮隊伍，戰至最終只剩他一人，右手受傷，斷一指，逃到廣州河南
女同志徐宗漢家，由她護送至香港就醫。到了香港，入雅麗氏醫院做手術，按
醫院的要求，做手術需要家屬簽名同意，

　　5.1.徐宗漢以黃興夫人的名義簽字，護送黃興脫險抵香港。

　　7.31.在上海成立「中國同盟會中部總會」

　　10.10.武昌起義爆發。

　　10.28.黃興由上海到達漢口，任軍政府戰時總司令，指揮民軍同清軍的戰
鬥，苦戰20餘日，民軍退至武昌，黃興認為應轉攻南京，當地革命黨人反對，
乃辭職去上海。

11.4.黃興在漢陽西門外昭忠祠組織總司令部

9 日袁世凱劉承恩接洽和談，黃興函袁勸其歸誠革命。

12 月黃興趕往南京指揮戰事。

2 日一舉攻下南京城。

4 日宋教仁、陳其美等推舉黎元洪為大元帥、黃興為副元帥，黃興一再推讓。

27 日改選黎元洪為大元帥，黃興為副元帥代行大元帥職權，先生堅辭。

29 日代表會選舉孫中山為中華民國臨時大總統。

30 日南北議和開第四次會議。

1912 年 1 月 1 日，中華民國南京臨時政府成立，孫中山就任臨時大總統，黃興任陸軍總長兼任參謀總長，授大元帥軍銜。

9 日陸軍部正式成立，孫大總統任命黃興為參謀總長。

13 日孫大總統向參議院辭職。

14 日參議院選舉袁世凱為第二任臨大總統。

3.3.同盟會選舉孫中山為總理，黃興為協理。

13 日袁世凱任命唐紹儀為國務總理。

23 日中華民族大同會，在南京門帘橋事務所成立，公舉黃興為總理。

6.15.袁世凱槍殺武昌首義同志張振武、方維。

25 日國民黨正成立，黃興被推為理事。

9.12.黃興上書辭謝陸軍上將。

1913.2.20.宋教仁在上海滬寧車站被暗殺，22 日病逝。

9 月討袁運動失敗，黃興逃往日本。

11.4.袁世凱下令解散國民黨，並撤銷國民黨籍之國會議員資格。

1914.7 月，孫中山在日本計劃將國民黨改組為中華革命黨。

黃興不贊成重新組黨，與孫中山意見不合，並且拒絕加入。

7.8.乘船離日本赴美國考察，宣傳反袁思想。

1915.5.9.袁世凱承認日本廿一條喪權辱國條款。

12.15.袁世凱洪憲稱帝，黃興促雲南護國軍起義討伐在美洲為蔡鍔籌措軍餉。

　　25 日雲南組織護國軍，誓師討袁。

1916.5 月黃興由美國到日本，再回上海，與孫先生商談國事，兩人無絲毫芥蒂。

18 日陳其美（英士）在上海被刺殞命。

6.6.袁世凱憤患而卒。　　　　.

7.4.黃興長期為革命事業奔波，積勞成疾，食道與胃靜脈屈張破裂吐血。

10.10.黃興胃出血入院，胃血管破裂，吐血數盂，暈絕。

31 日在上海溘然長逝年 43 歲。孫中山聞訊悲痛欲絕，單獨署名發布，通令全國全黨以示哀舉。

11.23.黃興靈柩發引，歸葬湖南嶽麓山雲麓峰下小月亮坪。

1917.4.15.舉行國葬，大總統黎元洪特派段廷珪、唐才質代表致祭。

蔣中正（蔣介石）　1887.10.31.～1975.4.5.祖籍江蘇宜興生於浙江奉化

蔣中正，字介石，幼時名瑞元、譜名周泰、志清、中正、介石。「（豫卦）六二，介於石，不終日，貞吉。《象》曰：『不終日貞吉』，以中正也。」

父親蔣肇聰，母親王采玉，孀居寡婦，後改嫁蔣肇聰。祖父蔣斯千開始經營鹽業，家境富裕。

1892年，5歲延師啟蒙，6歲入私塾讀四書五經。

1896年，9歲父親蔣肇聰逝。

1901年，經媒妁之言，娶同村毛福海（1882年~1939年）為妻。

1902年，到奉化縣縣城（今浙江寧波奉化市）應童子試，未考取。

1903年，入鳳麓學堂，習英文、算術等西學。

1904年，轉龍津學堂，再轉寧波箭金學堂，復返龍津學堂。

1906年，東渡日本，因非清政府官方保送，不能入學軍事學校。

1907年，入河北的保定陸軍速成學校，不守校規被開除，後官費留日，進入日本陸軍士官學校的預備學校東京振武學校就讀。

1908年，陳其美介紹加入同盟會。

1909年，入日軍陸軍第十三師團第十九聯隊實習，軍階二等兵。

1911年，武昌起義，潛回上海參加辛亥革命，陳其美任命蔣為滬軍第五團團長，隸屬黃郛的第二師。

1912年，在陳其美命令下，刺殺光復會領導人陶成章。

1913 年，加入中華革命黨，第一次單獨覲見孫中山，期間孫令蔣主持滬寧討袁軍事兼任第一路司令，主攻滬西。

1914 年，奉命赴哈爾濱考察東三省，述說歐戰趨勢及倒袁計劃，事機不密遭追緝，奉陳其美之召往日本，時聞東北軍傾向革命，遂派蔣由日本赴東三省。

1915.12.15.袁世凱推翻共和稱帝，年號洪憲，興起反袁運動。陳其美回任淞滬司令長官，召蔣回國襄助。

1916 年，陳其美遭袁世凱遣人刺殺身亡，蔣險地為之發喪。

1917 年，蔣撰寫《對北軍作戰計劃及滇粵兩軍對於閩浙單獨作戰計劃》頗受孫中山讚許，奉孫中山之命留上海主持黨務軍事。

1918 年，東遊日本，不久後返國。

1919 年，「中華革命黨」改革成立『中國國民黨』，蔣同時加入。

1920 年，蔣回鄉侍母，隨後到上海股票交易所當營業員。

1921.6.14.蔣母王太夫人逝世，享年 58 歲。孫中山書「蔣母之墓」。

1922 年，陳炯明與孫中山交惡阻礙北伐，蔣兩難之下，辭去職務。6 月陳炯明炮擊廣州總統府，孫中山倉惶避難永豐艦，蔣奉孫「事緊急，盼速來」電召，星夜自滬馳赴廣東，在永豐艦上協同指揮作戰 56 天，8 月 9 日孫中山方脫險。

1923 年，孫中山實行「聯俄容共」政策，並派蔣率團赴蘇俄考察蘇維埃體制的政治及軍事系統。

1924 年，創立國民革命軍，孫中山任命蔣為陸軍軍官學校（黃埔軍校）籌備委員會委員長、校長、兼粵軍總司令部參謀長。

蔣回廣州，面陳孫中山對「國共合作」意見，惟孫中山認為他對於中俄將來的關係顧慮過甚，不適於當時革命現實環境，蔣因而力辭陸軍官校長職，並將籌備處交予廖仲愷，然後離粵返鄉。

同年 4 月，孫中山催促蔣復出，蔣乃重受黃埔軍校長任命。

1925.3.12.孫中山在燕京逝世，蔣獲悉在軍中發哀告全軍將士書。7 月，軍事委員會成立，蔣任委員，建議六大革命計劃。

8 月，廖仲愷遇害，黨軍改為國民革命軍第一軍，蔣任軍長。10 月，蔣指揮東征軍第二次東征，首戰惠州，連戰皆捷。

1926 年 3 月「黃埔軍校」改稱「中央軍事政治學校」蔣任校長。國民黨聯席會議決議，中國共產黨應送交加入國民黨之黨員名冊，俾消減猜疑，共同努力完成革命，但為共產黨所拒。7 月 1 日蔣中正任國民革命軍總司令，誓師北伐。

1927 年，蘇聯顧問鮑羅廷與中共「迎汪復職，與蔣分權」，攻擊蔣為「新軍閥」。

4 月 12 日在上海發動〔四‧一二事件〕解散上海總工會等組織，抓捕處決一批共產黨員，蔣自此與共產黨決裂。

4 月 17 日國民黨中央撤銷蔣的革命軍總司令職務並開除黨籍。

18 日蔣在南京另成立國民黨中央政府，發表《告民眾書》。

21 日軍委會自粵遷南京辦公，蔣發表《告全體將士書》。

7 月國民黨中央政治會議，蔣中正下令「清黨」

8 月蔣中正下野。

9 月，蔣出國考察日本政府對華政策。

12 月 1 日與宋美齡於上海結婚。

1928.1.4.蔣中正復職，任北伐全軍總司令職。

6 月，張作霖出燕京過山海關在皇姑屯被日本關東軍預謀炸死。

8 月，開始訓政，推蔣任國民政府主席及軍事委員會委員長。

10 月 10 日研究廢止不平等條約步驟，宣告關稅自主。

11 月，制定國璽，實施禁煙。美國首先承認關稅自主。

12 月，張學良宣布改升青天白日旗，東北易幟，全國統一。

與宋美齡結婚

　　1929 年，蔣中正召開編遣會議裁軍，引起馮玉祥、閻錫山、陳濟棠、與桂系李宗仁等不滿自己軍隊被削弱，聯軍擁汪兆銘為首，於燕京另立中央。

　　1930 年，馮、閻、與桂系聯軍，與蔣爆發中原大戰，張學良支持蔣中正，率奉軍入山海關攻進燕京，聯軍慘敗反蔣同盟即告瓦解。

　　同年，蔣正式受洗禮，皈依基督新教。

　　1931 年，國民會議在金陵集會，宣佈訓政臨時約法發表《廢除不平等條約宣言》。

　　4 月，粵方即國民黨四個監察院監察委員鄧澤如、林森、蕭佛成、古應芬發表通電，以蔣非法扣留胡漢民，公開彈劾蔣，並列舉蔣種種獨裁事實。此時中共在湘贛等省「武裝起義」。

　　5 月 12 日蔣向國民會議提出《剿滅赤匪報告案》表示中國當時最大的禍患，就是共產黨。

　　5 月 27 日反蔣的胡漢民派、汪精衛派、孫科派、西山會議派和兩廣軍人陳濟棠、李宗仁等會集一堂，聯合成立「廣州國民政府」，與蔣的南京政府相對峙，形成**寧粵分裂**局面。

　　7 月 23 日蔣發表《告全國同胞一致安內攘外》以「攘外亦須安內」為旨，表明以外交折衝，先延緩日本的武力攻勢，並具文表達抗日決心，指出「不先滅赤匪，恢復民族之元氣，則不能禦侮；不先削平專逆，完成國家之統一，乃不能攘外。」

　　1931.9.18.九一八事件，日軍突犯瀋陽，侵佔東三省，正在南方剿共的蔣中正聞訊，旋即電令張學良「瀋陽日軍行動，可作為地方事件，望力避衝突，以免事態擴大。一切對日交涉，聽候中央處理可也。蔣中正。」張學良下達不抵抗命令，導致東北淪陷，滿洲國傀儡政權建立，張學良率領東北軍約 20 萬人撤入關內陝西。

　　10 月 14 日蔣在張靜江陪同下見胡漢民，蔣說「過去一切，我都錯了，請胡先生原諒，以後遇事，還請胡先生指教」。這一天下午，胡到了上海，結束了軟禁。

11 月 18 日胡漢民、孫科在廣州召開另一個國民黨四大，要求「蔣必須下野」，否則不去南京參加會議。

12 月 15 日國民黨中央常委會在南京中央黨部舉行臨時會議，蔣中正向全國發表辭職通電。自蔣下野後，各地中委紛紛入京。

22 日，國民黨四屆一中全會召開。至此，蔣、胡、汪三派表面上實現了統一。蔣出席開幕式後啟程返鄉。

1932 年 1 月蔣發表「獨立外交」演講，痛切指陳宣戰之弊害。

1 月 28 日「一二八戰事」日軍侵入淞滬，蔣以辭職在野之身，密令何應欽指揮第十九路軍作戰，及令張治中率第八十七與第八十八兩師加入淞滬抗戰。

1 月 29 日國民黨召開臨時中常會，在國民政府下設軍事委員會，推蔣中正、馮玉祥、張學良、閻錫山、李宗仁等 11 人為委員，蔣再重返政壇。

當時的國民政府面臨「北有日軍、南有共軍，交相呼應，同時進逼」的危局。各地軍人亦各自為政，不聽中央調遣，山東韓復榘與劉珍年、陝西楊虎城與馬青苑、四川劉湘與劉文輝，各起衝突，蔣費盡心機，居中調停。

3 月，四屆二中全會在洛陽開會，決議再任蔣為軍事委員會委員長，重新負責中國政事。

1933 年 1 月日軍攻破榆關，中共則在江西擴張。蔣籌劃應付日軍、共軍呼應夾擊之策，決定「對外積極準備，對內加緊剿共」。2 月，日軍對熱河開始進攻，國聯決議不承認滿洲國。蔣一面派兵北上防日，一面加緊剿共，並密籌對日宣戰與封鎖之準備。

3 月，承德失守，長城戰起，蔣保定督戰，第二、第二十五軍於對日作戰中獲勝。蔣制定攻擊古北口計劃定華北作戰方略。

4 月，日軍謀與「滿洲國」聯合進攻多倫，爆發察省危機。

同一時期，江西新淦為共軍所攻陷。

蔣赴贛主持國軍剿共軍事會議，表明長期抗戰方略與決心。

為此，蔣發表《告各將領先清內匪再言抗日電》，申明「外寇不足慮，內匪實為心腹之患，如不先清內匪，則無以禦外侮」。

6 月，「塘沽協定」簽字，指示停戰後應注意善後之點。這一天，蔣在日記中寫到：「我屈則國伸，我伸則國屈。忍辱負重，自強不息，但求於中國有益，於心無愧而已。」

同月，蔣密令購備裝甲車、坦克車等武器。

7 月，廬山軍官團訓練開始，蔣親赴牯嶺主持訓練事宜。

8 月，籌劃對日開戰時國府遷都西北之準備。

9 月，令中學以上畢業生實施軍事訓練。趕築西北公路。

籌備洛陽航空分校。

10 月，蔣在南昌召集軍事將領會議。杭江鐵路建築完成。

八省糧食會議開會。規劃建築江防海防各要塞。

11 月，召集蒙古青年受訓，妥籌移民辦法，切實整理田賦。

12 月，李濟琛、陳銘樞、蔣光鼐、蔡廷鍇等人在福建組中華共和國「人民革命政府」，中共中央特派潘漢年為代表，簽妥兩國雙邊協議，未料中華共和國迅速被平定，中共未能及時派兵，事後還指責福建政府是「非人民的，仍是不革命的」，此事件上的怯懦也影響了毛澤東職務被拔除。

1934 年，蔣親自指揮對「中央蘇區」清剿，擁有優勢兵力且得到德國軍事顧問相助的國軍採取步步爲營戰法，加上中共內部出現了軍事路線錯誤，導致紅軍主力被擊潰，使之放棄江西「中央蘇區」和其他南方根據地，向北撤至接近蘇聯的中國西北地區，即所謂長征。

中央軍借追擊紅軍機會，進入了處於半獨立狀態的西南各省軍閥地盤，國民政府勢力自此進入雲貴及四川，蔣恩威並施，開始施力使西南各軍閥難以再與中央相抗，西南平定。至此，蔣形式上統一了中國本部。

1 月，閩變落幕後，蔣在病中口述《敵乎？友乎？》一文，囑陳布雷捉刀潤筆，以徐道鄰名義發表，警告「日本今日之冥行不顧，有類於狂夫之趨井」，同時曉諭國人「中國則應堂堂正正，秉持正義，救人兼以救己。如其形勢可能，且當為日本開覺悟之路，不必存投石下井之心。」日本察覺此文最低限度是蔣介石所授意，和平談判的空氣一時大濃。

12 月，蔣提出對日決策之基準「和平未到絕望時期，決不放棄和平；犧牲未到最後關頭，決不輕言犧牲。」。

1935.8.21.蔣在日記中對日本侵華最終失敗走勢做超前預判七點：

　　一、對中國思不戰而屈。

　　二、對華只能威脅分化，製造土匪漢奸，使之擾亂，而不能真用武力，以征服中國。

　　三、最後用兵進攻。

　　四、中國抵抗。

　　五、受國際干涉引起世界大戰。

　　六、倭國內亂革命。

　　七、倭寇失敗當在十年之內。」

1936 年 1 月，蔣派員赴歐洲接洽經濟合作，以利國防建設。

同月，宣佈國難時期教育宗旨。

接見日大使有吉明及其武官磯谷，直接商談中日交涉。

2 月，令速加強全國鐵路與公路建設。

3 月，清剿晉共，加強綏遠防務。

同月日本破壞海關緝私，並增兵華北，國府一再提出抗議。

6 月，廣東陳濟棠、廣西李宗仁謀打抗日旗號組「國民革命抗日救國軍」

起事入湘。蔣命國軍星夜出動，阻叛軍於衡陽以南。同月，創辦所得稅，籌設農本局，計劃鐵路與公路聯絡辦法。

7月，廣東空軍在蔣利誘收買下投奔國民政府，粵將余漢謀等通電擁護統一，反對陳濟棠、李宗仁武力割據。

是月，國民黨二中全會，蔣講演統一救國之必要，並提《組織國防會議案》。陳濟棠辭職下野，粵局平定。

同月，蔣佈置綏遠攻勢防禦。

8月，調整滇省軍事，改組黔省政府。

蔣蒞臨廣州處理粵省軍事政治善後，勸導桂省服從中央，嚴戒國軍不得與桂省啟釁，又命國軍退後五十里，以示誠意。桂系李宗仁接受中央新任命，桂局大定。

同月粵漢鐵路通車。

日本對華提出五條件，蔣回京師商決對策，電戒各行省作對日交涉破裂之準備，令各省編練壯丁。政府對日反提五條件，表示抗日決心。

12月，蔣中正赴秦，召集各將領在西安會談，並嚴督張學良、楊虎城加緊進剿陝北中共紅軍，希冀完成「安內」。

蔣雖從情報中獲知中共主力在到達陝北後，與當地東北軍和西北軍有所交往，但蔣中正並不疑張學良的忠誠。

12日，張學良和楊虎城在西安發動「兵諫」，提出停止剿共，改組政府，聯合抗日等要求，史稱西安事變。

25日，蔣中正安全獲得釋放，剿共工作功虧一簣，導致日本對蔣凝聚了中國的團結而意識到須加快侵略，影響日後歷史發展極深，讓蔣惱恨不已。

東北軍在事變後改編，國府對西北的控制也得以加強。

中共與國民政府達成協議，中共宣佈解散中華蘇維埃共和國政府，改為「邊區政府」，停止「土地革命」，將紅軍編入國民革命軍序列「八路軍」和「新四軍」。國府通過「根絕赤禍案」，停止軍事剿共，為改編後的中共軍隊撥發軍餉（中共黨史所稱的「國共第二次合作」至此開始）。

1937年，蔣中正在盧山發表「最後關頭」演說象徵對日長期抗戰

7月7日盧溝橋事變發生，蔣於九日才獲知，採取「不屈服不擴大方針」並密電駐守的宋哲元向石家莊、保定增兵，鞏固北平城防。

13日電宋哲元謂「中央已決心運用全力抗戰，寧為玉碎不為瓦全，以保持我國家人格」。

16日，日本海軍第三艦隊司令長谷川清向海軍軍令部報告「為制支那於死命，須以控制上海南京為要著」

17 日，蔣在廬山發表「最後關頭」演說「如果放棄尺寸土地與主權，便是中華民族的千古罪人！「臨到最後關頭，便只有拼全民族的生命，以救國家生存。最後關頭一到，我們只有犧牲到底，抗戰到底」「地無分南北，年不分老幼，皆有守土抗戰之責！」

26 日，蔣接見美駐華大使，告以「東亞局勢已至最後關頭，望告其政府，作轉危為安之計」。

28 日，北平淪陷。

8 月 8 日蔣發表《告抗戰全軍將士書》指出此次日軍大舉入寇攻取平津，「此誠為我民族莫大之奇恥，亦中國歷史未有之巨變」要求全軍將士「要確立最後勝利之自信」。

9 日，日本軍人以汽車沖入上海虹橋機場，與中國保安隊戰鬥戰死。蔣調遣五十萬精銳部隊上海防守。

14 日京滬警備司令張治中下令對日軍發動總攻擊，大規模對日抗戰遂於淞滬全面爆發（淞滬會戰）。

20 日，陳誠向蔣中正提出，華北戰事擴大已無可避免，不如擴大滬事牽制。

23 日，日軍在軍艦密集炮火掩護下，於長江南岸強行登陸，上海戰場日軍參戰兵力超過華北達 9 個師團 20 萬人以上。

11 月 7 日，蔣日記「保持戰鬥力以圖持久抗戰，與消失戰鬥力以維持一時體面相較，則當以前者為重。」同日蔣下令自上海蘇州河南岸撤退

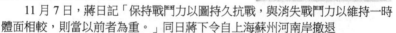

11 日，國軍撤離上海，一潰千里，蔣決計遷都長期抗戰。

日本全面進攻，宣告三個月滅亡中國，而淞滬戰便打了三個月。

唐生智自動請纓，負責守衛南京。

27 日，蔣巡視南京城防工事，嘆惜道「南京孤城不能守，然不能不守也。」

12 月 1 日，蔣下令將沿海工廠、企業等陸續遷入內地復工。

13 日，南京淪陷，日軍進慘無人道南京大屠殺三十萬人。

17 日，發表《告全國國民書》「中國持久戰，其最後決勝之中心，不但不在南京，抑且不在各大都市，而實寄於全國之鄉村，與廣大強國之民心...人人敵愾，步步設防，則四千萬方里之國土之內國處皆可造成有形無形之堅強壁壘，以致敵於死命。…最後勝利必屬於我。」

日本提出和談條件，要求中國「放棄抗戰，承認滿洲國，設立非武裝區，對日賠款」。

蔣強調日本所提出的和談條件「等於滅亡與征服，我國自無考慮餘地...與其屈服而亡，不如戰敗而亡。」蔣介石寫道「敵人（日本）以共產主義為第一對象，希望以本黨本人為劊子手，希望國內自相殘殺，使中國成為第二個西班牙，我要嚴防。...（以後）對共產黨要放寬，使盡其所能事（打擊日本侵略）」

1938 年，日本發表「爾後不以國民政府為交涉對手」聲明，大量增兵進攻中國。

3 月 29 日，發布「抗戰建國綱領」明示一面抗戰一面建國的主張，組織「三民主義青年團」，號召全中國青年為建設三民主義新中國而努力，並通過設置「國民參政會」，作為戰時最高民意機構。

4 月，李宗仁在台兒莊大敗日軍，史稱「台兒莊大捷」。

5 月，國軍撤出徐州，

6 月，蔣下令炸毀花園口使黃河決堤，企圖阻撓日軍進攻，但造成幾百里黃泛區，使得無辜百姓喪身洪澇。

10 月 25 日，國軍撤離武漢。

12 月，主張與日本媾和的汪精衛自重慶出走河內，蔣發電報給香港《大公報》的張季鸞，希望輿論對汪寬留餘地。

29 日，汪精衛發出「艷電」提倡「中日友好」蔣正式予以譴責。

1939 年，蔣由國民黨總裁出任委員長

3 月，於重慶青木關創「中央訓練團」

5 月，日軍發動空襲，總計對西南大後方投彈 60,0174 枚，重慶受創最烈，5 月 3~4 日，落彈上萬枚，傷亡慘重。蔣在日記寫道「觀我民眾，遭此慘痛，仍無一句怨言及反戰之語，更增余之樂觀與勇氣矣！中華民族之志氣...殘忍暴行豈能脅制！」

1940 年，汪精衛在南京建立傀儡政權與日本簽訂密約，政府嚴正駁斥明令通緝。

毛澤東展開頑軍攻擊，發動黃橋戰役，在「皖南事變（又稱新四軍事件）」中，蔣以新四軍偷襲政府軍為由，包圍攻擊新四軍軍部，宣布新四軍為「叛軍」，停發八路軍和新四軍軍餉，國共關係不斷惡化。

1941.12.7.日軍突擊美國珍珠港，太平洋戰爭爆發，中國與美英同時對日正式宣戰，中國成為同盟國成員之一。

1942.1.1.中美英蘇等 26 國在美國華盛頓簽訂反侵略共同宣言，蔣受推舉為同盟國「中國戰區最高統帥」指揮中、泰、越等地區的同盟國軍隊作戰。

4 日，抗日戰爭「長沙大捷」，日軍傷亡五萬七千餘人。

2 月，蔣與夫人宋美齡訪問印度，與甘地會談戰時合作，戰後獨立事宜。嗣後赴緬甸視察中國派出的遠征軍。

4 月，英軍七千餘人在緬甸仁安羌遭日軍圍困，中國軍隊前往救援脫險。後因撤退問題，蔣與美司令約瑟夫史迪威產生間隙。

6 月，蘇俄在新疆勒兵脅迫盛世才，企圖完全控制新疆，盛世才電告蔣，

願意歸於中央政府。

8月，蔣中正親自巡視中國西北。

10月初，敦促美國率先自動放棄「對華不平等條約」。

9日，美英兩國通知蔣，願與中國談判締結新約。

11月，蔣夫人宋美齡應美國總統羅斯福夫婦之邀前往訪問，在美國國會參眾兩院演講，受到熱烈歡迎。此時中國抵禦日本的戰果獲得英美蘇正視與欽佩，國際地位大幅提升。

1943年1月11日中美、中英簽訂「平等新約」隨後各國陸續與中國重定新約，危害中國百年的不平等條約自此廢除陶希聖著《中國之命運》並以蔣名義發表，敘述不平等條約由來、國民革命奮鬥過程、與今後國民努力方向。

8月，國民政府主席林森逝世，蔣繼任主席。

10月，與美英蘇聯合發表「四強宣言」共同擔負戰後國際和平安全責任。

11月18日，蔣偕同夫人前往埃及參與開羅會議，主張「所有日本竊奪之中國一切土地，如滿洲、台灣、澎湖，均應由中華民國恢復之」「日本之國體待戰後由日本人民自行決定」及「扶助朝鮮與安南獨立」，並對美國總統羅斯福表明：「中國對泰國、緬甸、越南等，沒有領土野心」「戰後中國不派兵佔領日本本土，而由美國獨自佔領」以排除蘇俄派兵日本本土。會後中美英三國共同發表「開羅宣言」。

1944年春，日軍秘密與蘇俄妥協，自東北調動五十萬兵力，發動「一號作戰」趁國軍精銳部隊調往緬甸作戰之際展開猛烈進攻，蔣中正發起「一寸山河一寸血，十萬青年十萬軍」，號召全國知識青年從軍，兩個月內逾十五萬人。

12月初，日軍攻陷貴州獨山，四川岌岌可危，國軍於數日後即收復獨山，局勢再度穩定。

1945年2月，在中國代表未獲邀請參加的情況下，英、美、蘇三國領袖秘密簽署雅爾達協定，部分內容涉及外蒙古問題。因此中國被迫與蘇聯在1945年8月14日簽署中蘇友好同盟條約，在蘇聯不支持中國共產黨的前提下接受外蒙古投票決定是否獨立；條約亦約束，蘇聯在戰後須依約僅承認和支持國府。

在外蒙古實行公民投票表決後，中華民國政府於1946年1月5日正式承認外蒙古獨立。（1949年10月國共內戰失利的中華民國政府退居台灣後，蔣介石以蘇聯違約去支持中國共產黨，及承認中華人民共和國，向聯大提出控蘇案，並宣布中蘇友好同盟條約失效）；在台灣出版的中華民國地圖上，外蒙古重新被「劃歸」到中華民國。

7月26日蔣與美駐華參謀長約瑟夫·史迪威將軍在戰爭戰略與戰術乃至性格皆不相合，兩人關係日漸惡化。美國羅斯福總統權衡利弊，將史迪威召回美國，由魏德邁將軍接替其職。不過，蔣和美政府之間因此產生間隙。

8 月 24 日，蔣中正代表中華民國政府簽署《聯合國憲章》

8 月，日本廣島、長崎連續遭到美國原子彈轟炸。

14 日，日本天皇宣布無條件投降。

15 日，蔣於發表抗戰勝利廣播《抗戰勝利告全國軍民及全世界人士書》，決定不對日本採取報復性賠償，並勸勉國人不念舊惡，與人為善。

9 月 2 日，日本正式向中、美、英、蘇等陳上降書。

4 日，蔣發表《抗戰勝利告全國同胞書》宣示「建立三民主義新中國、推行民主憲政還政於民、實施軍隊國家化」三點建國方針。

10 月，抗戰結束，國共和談，『政治民主化，軍隊國家化』，雙方簽定《國共雙方代表會談紀要》俗稱《雙十協定》。

日後蔣日記寫道「共黨不僅無信義，且無人格，誠禽獸之不若也」。固然國、共兩黨的意識形態不可調和，但國府與蘇聯達成「友好協議」，政治孤立中共的成果似乎近在眼前，然而 1947 年國府在東北戰略的失誤牽一髮而動全身，致戰事失控，最後宣佈「動員戡亂」（抗共護國戰爭）中共所稱之解放戰爭全面爆發，士農工商大失所望，國府國內外布局已面臨全面瓦解。

1946 年 5 月 5 日，國民政府還都南京，蔣中正回南京主持政事。

10 月 21 日，蔣偕同夫人飛抵台北，參加台北中山堂舉行台灣光復一週年紀念大會。

11 月 15 日，在共產黨缺席、國大代表總數達法定人數情況下制憲國民大會在首都南京召開。

28 日，國府主席蔣中正向大會提出《中華民國憲法草案》，由大會主席團主席胡適接受。

12 月 25 日，三讀通過於當天閉幕式中由大會主席遞交蔣中正

1947 年元旦，頒布《中華民國憲法》。

2 月 28 日，台灣發生二二八事件，蔣中正依時任台灣省行政長官陳儀請求，派遣整編第二十一師劉雨卿部隊前往台灣，進行武力鎮壓，同時也派遣監察院監察使楊亮功前往調查真相，

3 月 13 日，電告陳儀「請兄負責嚴禁軍政人員施行報復，否則以抗命論罪」，後派白崇禧前往安撫。

派兵之舉造成大量無辜平民傷亡（至 2004 年 10 月 6 日總計收到補償申請 2756 件，截至第 110 次董事會已審 2710 件;其中成立 2247 件，死亡 681 件，失蹤 177，羈押 1389，不成立 463 件），台灣行政院官方調查報告，則是死 1 萬 8000 人至 2 萬 8000 人。

12 月 25 日，憲法正式施行，中華民國進入憲政時期。

1948.3.29.蔣中正經第一屆國民大會以 2430 票的高票選為中華民國行憲後第一任總統，5 月 20 日就任。

4 月 18 日，國民大會通過動員戡亂時期臨時條款。

5 月 10 日施行。

8月，大陸地區改革幣制失敗；

9月，濟南戰役失利，軍事、政治、經濟及外交等情勢逆轉，在遼西會戰、徐蚌會戰、平津戰役中，國軍精銳盡失。握有重兵的桂系將領李宗仁、白崇禧等要求蔣下台。

1949.1.10.蔣中正派蔣經國前往上海會見中央銀行總裁俞鴻鈞，將中央銀行所存之美金與黃金移往台灣。

1月11日，蔣致電陳誠，指示治台方針六點：實施三七五減租，發布戒嚴令。

21日，蔣發佈「引退文告」，由副總統李宗仁任代理總統。蔣下野後，返回故里奉化溪口，省思失敗原因，謀求補救方針，包括從黨務革新下手、以台灣為新軍事基地、對外爭取奧援、遷移中央政府到台灣。

李宗仁等曾多次要求蔣出國，蔣予以拒絕。

李宗仁議和失敗後，國府拒絕了共產黨提出的投降條件。

4月，共軍渡過長江，蔣以國民黨總裁身份前往上海、舟山群島等地督戰。

8月，美國政府發表《對華關係白皮書》為其對華政策失敗辯護嚴詞批評蔣。

3日，蔣訪問韓國，與韓國總統李承晚發表聯合聲明，組織「反共聯盟」。

蔣在台北近郊的草山（今陽明山）成立總裁辦公室，隨後成立革命實踐研究院，訓練幹部，將中華民國中央政府要員、國大代表、學者專家及國軍各部陸續撤往台灣。

12月5日，代總統李宗仁託病自英屬香港遠走美國。蔣協助中央政府機構遷移台灣後，飛往重慶、成都指揮最後抵抗。

10日，解放軍逼進成都，蔣中正與蔣經國父子乘軍機飛往台灣，自此而後，蔣未再踏足中國大陸一步。

1950年，中華民國政府多次電請在美國之代總統李宗仁回台主持政務，李宗仁覆電以「醫囑不宜遠行」為由，滯留美國。

3月1日，在國大代表及各界人士勸進下，蔣中正在台北復行視事，履行中華民國總統職權。

5月16日蔣中正發表《告台灣同胞書》提出「一年準備，兩年反攻；三年掃盪，五年成功」。

1952.4.28.中華民國與日本簽訂中日和約。

12月2日與美國簽訂〔中美共同防禦條約〕為台灣建立軍事安全保障，隨後展開各項改革、建設台灣的措施，包括：義務役、土地改革、實行「三七五減租」「公地放領」「耕者有其田」、地方自治、九年國民教育、擴展高等教育，建立技職教育體系。發展各項經濟建設，擴大社會福利建設：興建國民住宅，辦理低利貸款，鼓勵貿易、私人投資。維護與發揚傳統中華文化，整理保存文化遺產，矢言建設台灣為「三民主義模範省」和「反共復國的自由基地」。

1960.6.18.美國總統艾森豪訪問臺灣，兩國總統發表聯合公報，穩固邦誼，譴責中共對金門隔日砲擊之惡行，依《中美共同防禦條約》繼續保衛台澎金馬。

1969.9.16.蔣中正在陽明山遭遇車禍[1]，身體狀況自此大為衰退。

1971 年，蔣中正堅持「漢賊不兩立」的意識型態，長期不接受美國提出的「雙重代表」建議，即由中華民國和中華人民共和國一同在聯合國代表整個中國。於是在聯合國通過第 2758 號決議案（中華民國政府稱為「排我納匪案」）之前一刻，由代表團宣布中華民國退出聯合國，他並發表《中華民國退出聯合國告全國同胞書》詳申其緒。

1975 年蔣中正病中手書「以國家興亡為己任，置個人生死於度外」

4 月 5 日清明節午夜十一時五十分，蔣中正因突發性心臟病在台北士林官邸逝世。其遺體隨即於子夜奉移台北榮民總醫院，並於稍後移靈至台北國父紀念館供民眾瞻仰。

16 日十二時五十分，蔣中正遺體奉厝於慈湖行館正廳。

遺囑由秦孝儀代筆，直至蔣中正過世後，五院院長才簽名以為旁證。

自余束髮以來，即追隨總理革命，無時不以耶穌基督與總理信徒自居，無日不為掃除三民主義之障礙，建設民主憲政之國家，堅苦奮鬥。近二十餘年來，自由基地，日益精實壯大，並不斷對大陸共產邪惡，展開政治作戰，反共復國大業，方期日新月盛，全國軍民，全黨同志，絕不可因余之不起，而懷憂喪志！務望一致精誠團結，服膺本黨與政府領導，奉主義為無形之總理，以復國為共同之目標。而中正之精神，自必與我同志同胞，長相左右。實踐三民主義，光復大陸國土，復興民族文化，堅守民主陣容，為余畢生之志事，實亦即海內外軍民同胞一致的革命職志與戰鬥決心。惟願愈益堅此百忍，奮勵自強，非達成國民革命之責任，絕不中止！矢勤矢勇，毋怠毋忽。

中華民國六十四年三月二十九日

蔣中正的遺體目前置於銅棺中，靈櫬暫厝桃園縣大溪鎮慈湖，其子蔣經國的靈櫬則暫厝桃園縣大溪鎮頭寮賓館，「以待來日再奉安於南京紫金山」。

台灣〔去蔣化〕活動：

2007 年，民進黨發動 —— 連串政治活動，認為蔣為屠殺臺灣人的二二八事件幕後元兇，認為應該去蔣化，要求軍方移除營區的蔣氏銅像，揚言拆除臺北市中正紀念堂的圍牆，提議將蔣氏屍體入土，而非繼續展示。高雄市政府決定將高雄市中正文化中心易名為高雄市文化中心，館內巨型的蔣氏銅像遭到拆除。

隨著政治的民主化，以及社會自由主義和個人主義的盛行，一般人大多厭惡或反感個人崇拜，多次發生破壞蔣中正銅像的事件。

中正紀念堂一度被改稱〔台灣民主紀念館〕，大門牌匾上「大中至正」四個字改為「自由廣場」。

蔣介石婚姻：

　　毛福海（1882~1939）：1882 年生於浙江奉化巖頭村人。1901 年蔣介石 14 歲時與其結婚。1903 年進入奉化作新女校讀過半年書，1910 年生蔣經國，1927 年離婚（又云 1939 年離婚）。

　　姚冶誠：原是上海妓館中娘姨，蘇州人，丈夫從事殯葬業，腳力為生，不久離異。1912 年與蔣結合，1927 年協議離異，由蔣負擔生活費用，姚冶誠撫養蔣緯國居蘇州。

　　蔣在日本期間與戴季陶是結拜好友，戴有一日本護士女友重松金子，重松與蔣、戴二人均「過從甚密」，重松為戴生下一子，便過繼給蔣，由姚冶誠撫養，即為蔣緯國。

　　陳潔如（1905~1971）：原名潞，浙江鎮晦人，父親陳鶴峰，在上海當「棧師傅（倉庫保管員）」1918 年愛國女學讀書，經張靜江及孫中山的介紹，蔣與陳潔如在 1921 年 12 月 5 日在上海永安大樓大東旅館結婚。

　　蔣中正與陳潔如（又名陳璐）婚事：1921 年蔣中正與陳潔如在上海結婚，未有生育，收養陳瑤光為養女。依據蔣中正 1921.12.5.日記，蔣母逝世居喪不可能結婚。1927 年為成全蔣北伐計劃，方與蔣中正離婚。1962 年移居香港。1971 年病逝。

　　宋美齡（1897~2003）：1927.12.1.在上海中華全國基督教協進會大禮堂結婚，蔣錫侯、宋子文代表男女兩主婚，蔡元培宣讀證書，邵力子司儀，證婚人有蔡元培、譚延闓、王正廷、何香凝、李德全等人。

岑春煊　1861～1933.4.17.廣西西林壯族人

　　岑春煊，名春澤，字雲階，晚號炯堂老人，政治家。出身官宦世家，其父岑毓英曾任雲貴總督。少年時放蕩不羈，與瑞澄、勞子喬並稱「京城三惡少」。

　　1875 年，始入居京師，以國學生加捐官主事，分工部學習行走，兼習學業。

　　1881 年，以疾乞假回籍。

　　1885 年，中舉人，任候任郎中。

　　1889 年，報効海軍經費。旋值光緒大婚，以應升之缺升用。6 月父卒，赴滇奔喪，扶柩回籍守制。

　　1891 年，服滿回京，補授光祿寺少卿，旋遷太僕少卿、署大理寺正卿。

　　1894 年，中日戰爭清軍平壤敗北，海軍熸於大東構，岑春煊請纓，馬關修約訂立，岑憤請開缺回籍。

　　1898，岑春煊對策稱旨，光緒破格提升為正兩品的廣東布政使，但岑歷官不及三月，便與兩廣總督譚鍾麟發生矛盾，改任甘肅按察使。

　　1900 年，八國聯軍攻佔北京，慈禧與光緒出逃，岑春煊首先率部勤王，因此獲得慈禧的好感，因功授陝西巡撫，後調任山西巡撫，期間與李提摩太等人籌建山西大學堂。

1902 年，調任廣東，未及上任，四川總督奎俊因鎮壓四川義和團不力而去職，岑春煊遂赴川署理總督。在任期間，他嚴肅吏制，建立警察制度，一舉彈劾四十餘名官員，人送綽號「官屠」，與「錢屠」張之洞、「士屠」袁世凱並稱「清末三屠」。旋又命其改撫山西，結束教案，使聯軍無所借口。

1903 年，岑調任兩廣總督，督廣西軍務。肅清匪患。拔識龍濟光、陸榮廷。

1904 年，他上書請求立憲，慈禧特命岑兼任戶部監督，國庫稅收大增。

1905 年，又同袁世凱、張之洞等人上書請求廢止科舉。

1906 年，他又支持張謇等人在上海組織預備立憲公會，並派幕僚鄭孝胥出任會長，一時儼然成為立憲運動的領袖。

岑因有慈禧支持，在各地為官期間不懼權貴，彈劾並處罰了一大批買官而來的官員，尤其是逼令荷蘭引渡裴景福和查辦廣州海關書辦、駐比利時公使周榮曜兩案尤其引人注目，但也因此開罪了這些官員的後台慶親王奕劻，自此岑便聯合軍機大臣瞿鴻禨與慶親王及其黨袁世凱展開黨爭。

1906 年，奕劻以雲南片馬民亂需要處理為由，將岑調任雲貴總督，驅離權力中樞。岑遂稱病拒不就任，停留上海，觀望政局。不久，袁世凱在朝政傾軋中失利，自請開去本職以外一應兼差。岑認為時機已到，不再稱病，

1907 光緒三十三年 5 月 3 日（農曆三月廿一），突然從漢口上京晉見慈禧，獲授郵傳部尚書，得以留京。一時岑、瞿聲勢大盛，隱然有獨攬朝政之意。但旋即奕劻策劃陷害岑，密使人偽造岑與梁啟超等人的合影，稱其意圖為戊戌變法翻案。形勢自此一轉即下，岑於四月二次被放為兩廣總督。途經上海時，岑重施故伎，稱病不就職，不料慈禧旋即下旨，將其開缺。至此，黨爭以奕劻、袁世凱完全勝利告終。

1911 年 9 月 15 日，清廷發布緊急上諭，以「開缺兩廣總督」在滬上蟄居了四年的岑春煊「會同趙爾豐辦理剿撫事宜」，「著由上海乘輪，即刻起程，毋稍遲延」。岑致電內閣，敦請朝廷下「罪己詔」，岑稱，「總之不短少路股一錢，不妄戮無辜一人，必須雙方並進，並於諭旨中稍加引咎之語，則群議自平；而給還全股，出自朝廷特恩，各路人民，必歡欣鼓舞」。岑議一出，朝野轟動，清廷中「剿撫」兩派都大為震怒。這完全與在野的立憲派黨人立場一致。9 月下旬，岑春煊抵達武昌，與瑞澂言川事，知朝中大臣與之意見全然相左，遂向清廷電請辭職。10 月初朝廷下旨同意。10 月 9 日，岑春煊還在武昌夜宿。是夜城中槍聲大作，岑春煊「安臥如故」。次日晨，岑春煊遣人買舟渡江，再乘輪返回上海，「沿途閱報，知民軍已舉黎元洪出任都督，革命由此告成矣」。

1913 年，「二次革命」初起，岑春煊在上海聯名致電袁世凱，要求「和平解決南北衝突」，為袁所拒絕。7 月 17 日，他被革命黨人推為大元帥。「二次革命」失敗後，遭袁通緝，逃亡南洋。

1915 年，袁世凱稱帝，護國戰爭。革命黨人李根源派代表去南洋請岑春煊回國。

1916 年，回上海，與梁啟超共同商議如何反袁。寫信勸舊部陸榮廷宣布廣

西獨立，也勸舊部龍濟光宣布廣東獨立。4 月 19 日到廣東肇慶，與梁啟超、陸榮廷等人參與護國軍政府之成立。護國軍都司令部成立，被推為都司令，梁啟超為都參謀。岑在就職宣言中說：「天下之督責，不負兩廣之委託者，惟有兩言：袁世凱生，我必死；袁世凱死，我則生耳！」

6 月 6 日袁世凱以人心已去，武力不靈，內部意見離異，被迫撤銷帝制，於六月六日憂慚而死。此為岑春煊倒袁一大成功。

1918 年，任廣東護法軍政府七總裁（孫中山、岑春煊、陸榮廷、唐繼堯、唐紹儀、伍延芳、林葆懌）之主席總裁。

1920 年，岑週旋於南方軍閥與政客之間，一無所成，不得已，宣佈軍政府解散，通電辭職，隱居上海。

1933 年 4 月 27 日逝世。著有《樂齋漫筆》。

馬福益　1865～1905.4.20.湖南醴陵，生於湘潭

馬福益，原名福一，一名乾，會黨首領。

早年加入哥老會。

1891 年，創立回侖山（回龍山），為首領，勢力遍於醴陵、湘潭、瀏陽各地。

1904 年，黃興派劉道一等與其聯絡反清，與之合作組織「同仇會」，同黃興等共謀長沙起義，以所屬會眾為義軍，省城外分五路同時響應。事泄，走避廣西。

1905 年，回湖南，準備於洪江再次發動起義，4 月 13 日因接應會黨失去聯繫，在萍鄉站被捕。

1905 年 4 月 20 日，他在長沙被殺。

唐才常　1867～1900　湖南瀏陽人

唐才常，字伯平，號絨丞，又字佛塵，與譚嗣同同鄉湖南瀏陽人，同師於歐陽中鵠，並稱為「瀏陽二傑」。早年就讀於長沙校經書院、嶽麓書院、及武昌兩湖書院。

1897 年，與熊希齡、譚嗣同、蔣德鈞、陳三立創湖南時務學堂，

1898 年正月，與譚嗣同等發起創立湖南學會，擔任議事會友。八月應譚嗣同電召赴京，行至漢口，聞政變發生，譚嗣同等就義。遂南返，旋往上海，歷游香港、新加坡、日本等地。

1899 年 2 月，回到上海，主編《亞東時報》。秋，再赴香港、南洋、日本，與康有為、梁啟超、孫中山等人，圖謀武裝擒王。

1900 年，義和團事起，唐在上海與沈藎、畢永年等組織「正氣會」，對外託名「東文譯社」後改名為「自立會」自任總司令；

7 月 1 日在上海張園邀集維新人物，召開「中國國會」（又名中國議會），

由葉浩吾主席，宣布「不認通匪矯詔之偽政府」「保全中國自主」等事項；並由容閎以英文起草對外宣言，謂「決定不認滿洲政府有統治清國之權」。會中推舉容閎、嚴復為正副會長，唐才常任總幹事，參加者八十餘人，孫寶瑄、汪康年、章太炎、畢永年等與焉。

7月15日，決定自立軍分七路大舉，在漢口、漢陽、安徽、江西、湖南等地同時起事。因保皇會匯款不至，擬延於2月19日發難。自立軍前軍統領秦力山在安徽淮南大通，未得情報，仍按期起事，迅遭失敗。

清政府聞聲，沿長江戒嚴。湖廣總督張之洞對於唐才常的活動早有所聞。唐肄業於兩湖書院，算是他的門生。後有剃頭匠向都司密告，張之洞派兵搜索。7月27日晚，漢口總機關被破獲，唐與林圭、傅慈祥、田邦璿等12人被捕。張之洞特派鄭孝胥去審問，唐才常說「此才常所為，勤王事，酬死友，今請速殺！」並於獄中題詩「臠好頭顱酬故友，無損面目見群魔」。

7月28日夜二更，於武昌大朝街滋陽湖畔處死刑，臨刑前有詩「七尺微軀酬故友，一腔熱血濺荒丘。」在漢陽門懸掛唐才常首級。

陸皓東　1868.9..30.～1895.11.7.上海出生廣東香山（中山人）

陸中桂，字獻香，號皓東，清末革命家，年曾一直隨孫中山從事革命活動，1883兩人毀壞翠亨村寺廟神像，1894與孫中山重逢，長相左右，1895設計「青天白日」革命旗徽，與其一起組建香港興中會，同年10月，籌劃在廣州發動起義，因消息泄露而於10月26日在廣州雙門底（今北京路白沙巷口）聖教書樓後禮堂起義指揮機關被捕，後被押南海縣署受審，11月7日就義，遭譚鍾麟下令處死。同時被處決的還有朱貴全、邱四等人。

原本陸皓東已撤離，但是又隻身返回聖教書樓焚燒起義文件和花名冊，被趕來的清軍逮捕。

陸皓東被孫中山稱為「中國有史以來為民主革命而犧牲的第一人」。他在策劃廣州起義時，親手繪製的「青天白日旗」成為日後中華革命黨的黨旗，衍生成中華民國國旗。

陸皓東是基督徒，到香港後，陸皓東進入香港西式學校就讀，以補村塾舊式教育之不足。每逢主日，到香港綱紀慎會教會做禮拜。該教會是美國宣教士喜嘉理（Charles Hager）所創，是應美國華僑基督徒的要求而設立的。1883年底，孫中山和陸皓東皆在香港綱紀慎會教會正式受洗成為基督徒。在受洗名冊上，孫中山的名字是孫日新，而陸皓東的名字則是陸中桂。

陳少白　1869-7.20.~1934.12.23.廣東新會海南華里人

　　陳少白，原名聞紹，後更名白，字少白，以字行，在日本期間曾用名陳璧、服部次郎，廣東新會外海南華里人。

　　右圖為四大寇（1890年攝於香港）前排左起：楊鶴齡、孫中山、**陳少白**、尤列。後立者為關景良不是四大寇。

　　1869年7月20日，陳少白生於一個基督教牧師家庭。6歲時，他入私塾。

　　1888年，他入讀廣州格致書院（即嶺南大學的前身）在讀書期間，其三叔陳麥南常帶給他許多西文著作的譯本，後來他曾對人說「革命思想，多得於季父。」

　　1889年，認識孫中山、尤列、和楊鶴齡，被稱為「四大寇」。

　　1890年，入香港西醫書院，和孫中山結拜兄弟。

　　1892年，輟學，幫孫中山在澳門、廣州設醫局，參加革命活動。

　　1895年，陳少白參與香港興中會，並籌劃廣州起義。起義事敗後，他和孫中山、鄭士良一起逃到日本，成立興中會橫濱分會。

　　1897年，赴台灣設立興中會台北分會。

　　1900年，奉孫中山之命回香港辦《中國日報》，宣傳革命。辦報期間，還在協助下加入哥老會，被推舉為「龍頭之龍頭」。其間，他合併三合會、哥老會、興中會三派勢力，成立忠和堂興漢會，推孫中山任總會長，以興中會綱領為總會綱領。為了宣傳革命，他還成立「采南歌」「振天聲」「振天聲白話劇」等劇社。陳少白在香港策應惠州起義。

　　1905年，中國同盟會成立，他任中國同盟會香港分會會長。

　　1906年，他支持香港商人陳席儒、楊西岩等人反對清政府收回粵漢鐵路實行官辦，並任粵路股東維持路權會顧問。

　　1910年，任香港工商局顧問及四邑輪船公司經理。

　　1911年，辛亥革命成功，他任廣東軍政府外交司司長，不久辭職，創立了粵航公司並任總司理。

　　1915年，他和李煜堂創立上海保險公司，他任主席。

　　1921年，孫中山任非常大總統，陳少白任總統府顧問大本營參議。

　　1922年，任國立中華國民銀行監督。六一六事變後，他辭職回家鄉。

　　1934年12月23日，在北平病逝。

徐錫麟　1873～1907.7.7.浙江紹興山陰東浦鎮

徐錫麟，字伯蓀，別號光漢子，山陰縣吏徐鳳鳴之子。

1893 年，中秀才。

1901 年，被聘為紹興府學堂經學兼算學教習。

1903 年，赴日本參觀大阪博覽會，結識陶成章、龔寶銓。

1904 年，在上海加入光復會。

1905 年，在紹興辦大通學堂，倡體育講武事，以積蓄力量。

1906 年，赴安徽任武備學校副總辦、警察處會辦；

1907 年，改名為陸軍小學監督、巡警學堂監督。

1907.7.6.發動安慶起義，借巡警學堂畢業典禮之際，槍殺安徽巡撫恩銘，與清軍激戰 4 小時，終因孤軍無援、寡不敵眾而被捕。受審時陳詞「蓄志排滿已十餘年矣，今日始達目的」。翌日晨受刑，結果凌遲處死，睪丸被砸碎，遭剖腹挖心，心肝被士兵所吃，當時稱「吃烈士」。遺體則與陳伯平、馬宗漢一同葬於杭州西湖邊孤山南麓，為「三烈士墓」。

徐錫麟，為光復會員「徐錫麟、郭嵩燾、陳甬、帥遠鐸」稱為「丁未四君子」。

徐錫麟的兒子徐學文娶德國女孩徐曼麗，生孫女徐乃錦，嫁蔣經國長子蔣孝文為妻。

秋瑾　1875.11.8.～1907.7.15.浙江紹興福建廈門

　　秋瑾，初名閨瑾，乳名玉姑，字璿卿，號旦吾，留學日本後改名瑾，字（或作別號）競雄，自稱鑒湖女俠，筆名鞦韆、漢俠女兒，曾用筆名白萍。

　　1881.9 月，秋瑾祖父秋嘉禾，離雲宵赴「鹿港廳同知」。

　　1885 年，父秋壽南在福建提督門幕府任內，以功績保知縣，分發台灣。赴台北府卻被人捷足先得，改除台灣撫院文案。

　　1886 年，秋壽南在台灣，秋瑾隨母兄妹道經上海搭糧船抵台北。三月返回廈門。

　　1894 年，秋壽南（信候）任湖南省湘鄉縣督銷總辦時，將秋瑾許配給湘潭縣荷葉鄉王廷鈞為妻。

　　1896 年，隨父居留湖南，奉父命嫁給王廷鈞，兩人在湘潭開設「義源當舖」。

　　1897 年，生子元德（沅德，名元深，字仲瀛，號艾潭，亦號重民）。

　　1901 年，生女桂芬（字燦芝），11 月 26 日其父卒於湖南桂陽知州任上。

　　1902 年，錢莊倒閉，其夫捐官任戶部主事，秋瑾攜子隨夫遷居北京。

　　1903 年，秋瑾與吳芝瑛結拜，中秋，秋瑾身着男裝到戲院看戲，轟動一時。

　　1904 年，秋瑾變賣首飾籌集資金，於 5 月東渡至日本，改名竟雄，又號鑑湖女俠。先後入日語講習所、青山實踐女校。參加留日學生的革命活動，與陳擷芬發起共愛會，和劉道一等組織十人會，加入馮自由和梁慕光受孫中山委派在橫濱成立的三合會，並受封為「白紙扇」（即軍師）。

　　1905 年，回國省親，徐錫麟介紹加入光復會。7 月 15 日再次東渡日本，8月經馮自由介紹在黃興寓所，加入中國同盟會。

　　1906.2 月抗議日本頒發的《清國留日學生取締規則》而回國，9 月在上海組織銳峻學社。

　　1907.1 月在上海創辦《中國女報》。兼具中國同盟會浙江主盟人和光復會首領，以大通學校為掩護，準備於 7 月金華起義，呼應徐錫麟在安慶起義。

　　7.1~4 日，武義、金華、永康等地先後發生光復軍起義，均告失敗。

　　6 日，徐錫麟在安慶刺殺安徽巡撫恩銘不遂，徐錫麟弟徐偉供詞牽連秋瑾，秋瑾拒絕離開紹興，認為「革命要流血才會成功」。

　　13 日秋瑾給徐小淑信「雖死猶生，犧牲盡我責任，即此永別，風潮取彼頭顱。」絕命詞。

　　14 日，有人告密革命黨人以紹興大通學校糾眾起事，浙江巡撫李鍾嶽以盤查倉庫為名，帶兵到大通學校查抄。清軍一湧到，秋瑾與學生一齊舉槍開火，清兵猝不及防，有 120 人死亡。寡不敵眾，秋瑾被捕，關在臥龍山（即府山）監獄。貴福、李鍾嶽、李瑞年三堂會審，秋瑾遭受酷刑烤問，皮焦肉爛，秋瑾

僅寫下「秋風秋雨愁煞人」。逼供不成，李鍾嶽作假報告，說秋瑾對造反之罪，業已供認不諱。

15日（農曆六月初六日）凌晨三時，秋瑾被五花大綁，押赴浙江省紹興古軒亭口處以斬刑，時年32歲。屍體由大通學堂洗衣婦王安、義姐吳芝瑛等人裹殮，同善堂收殮，草葬於臥龍山麓，。

1908年，被懷疑出賣秋瑾的胡道南，被光復會暗殺。

1912年，秋瑾遺骨經湘、浙兩省協商遷回浙江杭州西湖西泠橋畔原墓地。

12.10.孫中山親至秋瑾墓地祭悼，並輓：

「江戶矢丹忱，重君首贊同盟會；軒亭灑碧血，愧我今招俠女魂。」

「先知先覺起風潮，慷慨捐軀帝制消；毓秀湖山埋俠骨，英靈萬古不孤寥。」

1936年，秋瑾之弟秋宗章曾說：「先姊在家，獨居一小樓，所有與先烈來往信件，均藏其中。六月初四（農曆）大通來查抄時，全家急於逃難，未及掩藏。

1965.1.28.夜，杭州市園林管理局西北管理處，將鋼筋混凝土砌成的秋瑾墓炸開，取出秋瑾遺骨以及陪葬遺物，裝入陶罐埋到龍井路雙峰村邊的吉慶山馬坡嶺腳土穴中。文革時，秋瑾被視為牛鬼蛇神。

1981年，秋瑾墓，在西泠橋重建，塑漢白玉全身，鐫刻孫中山手跡「巾幗英雄」。

楊度　1875～1931.9.17.湖南湘潭姜畬石塘村

楊度，原名承瓚，字皙子，後改名度，別號虎公、虎禪，又號虎禪師、虎頭陀、釋虎。近代史上奇人，先後投身截然對立的政治派別，頗具爭議。

祖先世代務農，祖父楊禮堂參加李續賓部湘軍，父親楊懿生，在家務農，兼作吹鼓手，楊度是其長子，16歲方改名為楊度。

1892年，考取秀才。

1893年，順天府鄉試舉人，甲午科、乙未科會試均落第。

公車上書，他亦有附和，因而認識梁啟超、袁世凱、徐世昌等。還鄉衡陽東洲船山書院，師從名儒王闓運。

1896年，21歲。王闓運親自到楊家招其為學生。楊度醉心於王氏帝王之術，他曾與友人說：「余誠不足為帝王師，然有王者起，必來取法，道或然與？」

1898年，湖南新政，譚嗣同、熊希齡、唐才常、梁啟超在長沙辦時務學堂，蔡艮寅、劉揆一、楊度同在一起聽課、討論國事。

1902年，自費留學日本，入東京弘文學院師範速成班，與黃克強同學。

1903年，參加經濟特科進士考試得第一名。戊戌變法，受到牽連通緝，避居家鄉，娶同鄉中路鋪黃華（號仲瀛）為妻。不久，再赴東京，入弘文學院。

1904年，轉入日本法政大學，與汪精衛同學。在中國留日學生中頗具聲望。

蔡鍔在留日期間「與楊度頗有交情」，休假日必到楊度家吃飯。

1905 年，楊度被選為留日學生總會幹事長，後又被推舉為留美、日學生維護粵漢鐵路代表團總代表，圓滿完成任務，聲望大增。

他在東京和孫中山就中國革命問題辯論數次，他不贊成孫的革命思想，但他將黃興介紹給孫中山，促成孫黃合作。

1905 年，日本文部省頒布的《取締清韓留日學生規則》，湘人陳天華憤然蹈海。作為總幹事長的楊度被人指責辦事不力。

1906 年，清政府派出五大臣出洋考察憲政，請楊度起草《中國憲政大綱應吸收東西各國之所長》和《實行憲政程序》，梁啟超寫《東西各國憲政之比較》)。

1907 年，在東京創立《中國新報》任總編撰，「不談革命，只言憲政」，認為「今日中國之事實，但能為君主立憲，而不能為民主立憲」。

1911 年，成立的「皇族內閣」中，楊度是統計局局長。與汪精衛發起「國事共濟會」，作為袁世凱的代表之一，負責南北調停。

1912 年，黃興邀請他加入國民黨，他沒有答應。後來胡瑛等又請他入黨，他提出除非國民黨放棄政黨內閣的主張，他才可以考慮。

1914 年，袁世凱解散國會後，楊任參政院參政。

1915 年，楊度呈送《君憲救國論》，深得袁世凱讚許，稱之為「至理名言」。組織籌安會，任理事長。主張君主立憲，為袁世凱稱帝鼓吹，袁世凱對其恩寵有加，並親自賜匾題字，稱他為「曠代逸才」。洪憲帝制一出，全國上下同聲唾罵聲討，被罵為漢奸，梁啟超稱其為「下賤無恥、蠕蠕而動的變人」。

1916 年，袁世凱卒，臨死前大呼「他誤了我！」人疑袁所言「他」即指楊度或袁克定。楊度寫下挽袁聯：

共和誤中國，中國不誤共和；千載而還，再評此獄。

明公負洪憲，洪憲不負明公；九原可作，三複斯言。

1917 年，君憲主義無望，楊度傷心絕望，披髮入山，學佛參禪，不聞世事。提出「無我主義」的「新佛教論」。

1918 年，被特赦返京。

1922 年，加入中國國民黨。孫中山稱「楊度此次來歸，志堅金石幸勿以往見疑」。

1928 年，寓居上海，杜月笙門下「清客」，為共產黨提供過不少情報。

1929 年，楊度正式加入中國共產黨，由潘漢年介紹，伍豪（周恩來）批准，秘密入黨，與周單線聯繫。

1931 年 9 月 17 日，在上海租界去世。周恩來、潘漢年前往弔唁。

楊度病中自題輓聯帝道真知，如今都成過去事；醫民救國，繼起自有後來人。

葬上海外國公墓，夏壽田書墓碑「湘潭楊皙子先生之墓」。日軍佔領上海後，在江灣修建飛機場，遷往上海西郊華漕鄉寅春廟附近，文化大革命後被毀毀。

1971 年，楊度黨員身份鮮有人知，直到四十多年後周恩來病危時，特別提到楊度晚年參加共產黨一事：「他晚年參加了黨，是我領導的，直到他死。」

劉揆一

1878～950 祖籍湖南衡山縣，生於湘潭縣白石鋪楊柳沖

華興會人
1905 年攝於日本東京
前排左起：1 黃興，2 未知，
3 胡瑛，4 宋教仁，5 柳揚谷；
後排左起：1 章士釗，2 未知，
3 程家檉，4 劉揆一

　　劉揆一，字霖生，中國民主革命家，中華民國政治人物。先祖劉漢宗落籍湘潭，父親是湘軍的鄉勇。劉揆一早年在長沙嶽麓書院就讀。

　　1903 年，到日本留學，入弘文學院速成師範科。此後和黃興結交，參加了「拒俄義勇隊」。同年末，回到長沙，和黃興等設立華興會，他任副會長。

　　1904 年，華興會策劃長沙起義，被清朝當局事前破獲，流亡日本。

　　1905 年，孫文（孫中山）在東京組織中國同盟會，黃興參加。劉揆一存有異議，當時拒絕參加。

　　1907 年，劉加入同盟會，任東京本部庶務幹事。後來，陶成章、李燮和企圖排斥孫文，劉和黃興驅逐他們從同盟會。

　　1911 年，辛亥革命爆發，劉歸國參加湖北軍政府，和清軍對峙。中華民國成立後，劉揆一接近袁世凱。

　　1912 年，8 月任陸徵祥內閣工商總長。發表了脫離中國同盟會宣言。

　　9 月加入趙秉鈞內閣，並加入宋教仁領導的國民黨。

　　1913 年 3 月，宋教仁遭暗殺，劉揆一參加反袁派。但是，孫文、黃興對其立場反復表示嫌惡，事實上拒絕他參加反袁。為此，劉留在北京支持袁世凱。此後，工商部私借外債遭披露。7 月，劉為承擔責任而辭去工商總長。

　　袁世凱企圖稱帝，劉揆一反對。護國戰爭爆發後，他支持護國軍。此後他繼續政治活動，但在南北雙方均未得到重要地位，國民政府成立後他完全從政界引退。此後在野期間，他出版了《黃興傳記》，並任中國國民黨黨史編纂委員會纂修。

　　1933 年，蔣介石任命其為行政院顧問。因劉揆一所呈的聯共言論遭到蔣的嫌惡。

1934 年，被罷免。

1949 年，中華人民共和國成立後，劉揆一留在大陸。

1950 年 11 月 1 日，他在故鄉湘潭病逝，享年 73 歲。

史堅如　　1879 年～1900 年廣東番禺人

史堅如，原名文緯，字經如，後改堅如，史古愚之弟，出身官僚富家。

1899 年加入興中會，往長江聯絡會黨。

1900 年中國北方爆發義和團運動，導致八國聯軍入侵，鄭士良把握良機發動惠州起義，史堅如在廣州響應，初購炸藥二十五箱，被安勇搜去，再購炸藥兩百磅。以朋友宋少東名義租賃廣東巡撫德壽後花園附近的宅院，掘一地道。

10.26.晚，引爆炸藥，但引線失靈。

28 日，史堅如謀炸清廣東巡撫兼兩廣總督德壽，他獨自引燃兩百磅炸藥，因藥量不足，有數位平民被炸死，德壽只是自床上震落受驚。史最初躲在華人傳教士兼興中會會員毛文明家中。

31 日，史堅如赴香港半路被清兵查獲，在南海縣衙中被拔光指甲，嚴刑逼供。

11.9.，在珠江碼頭被處死。孫中山稱：「浩氣英風，實足為後死者之模範」。

趙聲　　1881.3.16.～1911.5.18.江蘇省鎮江市丹徒縣大港鎮人

趙聲父親趙蓉曾，夫人嚴承志，弟趙念伯、趙光，妹趙芬。少時入鎮江第一樓街鮑氏書塾就讀。

1898 年，中秀才。

1900 年，以第一名入江南陸師學堂。後入學江南水師學堂。

1903 年 2 月，東渡日本考詢軍政。

1903 年，擔任三江師範學堂（現南京大學前身）教習。同年作《保國歌》。

1906 年，在南京入新軍，任陸軍第九鎮 33 標標統。加入中國同盟會。在陸軍第九鎮中發展革命組織。被推舉為長江流域同盟會盟主，在長江流域暗中積蓄革命武裝力量。

1910 年，庚戌年起義，擔任總指揮，倪映典為副總指揮，領導廣州起義，史稱「庚戌廣州新軍之役」。失敗後赴南洋籌募革命經費，並任香港同盟會會長。

1911 年，辛亥年起義，擔任總指揮，黃興為副總指揮，領導革命黨人士第三次廣州起義「黃花崗之役」。

1911 年 5 月 18 日，由於廣州兩次起義均失敗，憂憤成疾，在香港病逝。

1912 年，被南京臨時政府追贈為陸軍上將。

宋教仁　1882.4.5.～1913.3.22.　湖南桃園上坊村湘沖

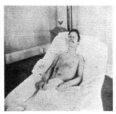

宋教仁，字遯初（鈍初），號漁父，
1888 年，6 歲讀私塾 17 歲升入桃源漳江書院。
1902 年，考入武昌普通中學堂。
1903 年，在學校與吳祿貞等人組織武昌花園山聚會，走上了反清革命之道。
是年 8 月，黃興到武昌，兩人結識成為摯友。
1904 年，在長沙成立華興會，黃興任會長，宋教仁任副會長。
1905 年，宋教仁在日本多次與孫中山會晤，促進同盟會成立。被推為司法
部長。
1908 年，宋教仁說「像孫逸仙那樣的野心家做領導人，中國革命要達目的，
無論如何是不可能的。」只有議會政黨責任內閣才是救治「不良政府」「醫生」。
1910 年，宋教仁返回上海，任《民立報》主筆以「漁父」筆名撰寫革命文章。
1911 年，與譚人鳳、陳其美等在上海組同盟會中部總會促進革命勢力發展
1913 年 2 月 1 日，中華民國國會大選，國民黨大獲全勝。
3 月 20 日 22 時 45 分，於上海火車站被人槍殺，子彈從後背射入體內，射
中其右肋，斜入腹部，凶手逃逸。當時在火車站送行的黃興、于右任、廖仲愷
等將宋教仁送往滬寧鐵路醫院急救。在醫院中向于右任留下遺囑：
　　一、所有在南京、北京及東京寄存之書籍，悉捐入南京圖書館；
　　二、我本寒家，老母尚在，如我死後，請克強與公及諸故人為我照料；
　　三、諸公皆當勉力進行，勿以我為念而放棄責任心。我為調和南北事費
　　　　盡心力，一班人民不知原委，每多誤解，我受痛苦也是應當，死亦
　　　　何悔？
2 月 24 日凌晨 4 時 48 分，在滬寧鐵路醫院不治身死，年僅 32 歲。安葬上
海市閘北公園。事後在應桂馨住宅搜獲洪述祖與應密電及密碼本多物，兇手為
武士英、青幫大佬應桂馨、內務府秘書洪述祖、內閣總理趙秉鈞、與幕後主謀
袁世凱等，鐵證如山，武士英被捕暴死上海獄中，猜測有人下毒，趙秉鈞被迫
辭去總理。
1914 年 1 月，應桂馨出獄後，北上向袁世凱索酬，被人往天津的火車上刺
殺。洪述祖被抓獲，被判處絞刑。

于右任為宋教仁墓題詞：「先生之死，天下惜之。先生之行，天下知之。吾
又何記？為直筆乎？直筆人戮。為曲筆乎？曲筆天誅。於乎！九泉之淚，天下
之血。老友之筆，賊人之鐵。勒之空山，期之良史。銘諸心肝，質諸天地。」
湯化龍輓「倘許我作憤激語，謂神州將與先生毅魄俱訖，號哭范巨卿，白馬素
車無地赴；便降格就利害觀，何國人忍把萬里長城自壞，從容來君叔，抽刀移
筆向誰言。」

蔡鍔（蔡松坡）　1882.12.18.~1916.11.8.湖南省寶慶邵陽

　　蔡鍔，原名艮寅，字松坡，父親蔡正陵，農民兼做裁縫，母親王氏。

　　1895 年，13 歲考中秀才，

　　1897 年，15 歲入長沙時務學堂，

　　1899 年，就讀日本東京大同高等學校、橫濱東亞商業學校。

　　1900 年，隨唐才常回國參加自立軍起義失敗改名鍔，復去日本，先入東京
成城學校，後入日本陸軍士官學校，在學校與蔣百里、張孝准並稱「中國三傑」。

　　1904 年畢業回國，先後在湖南、廣西、雲南等省教練新軍。

　　1910 年，蔡鍔在廣西教練新軍，

　　1911 年，擔任雲南陸軍第十九鎮 37 協統，訓練新式軍隊。10 月 30 日與革
命黨人李根源響應辛亥革命，為臨時革命總司令、雲南都督。

　　1913 年，二次革命，蔡鍔奉袁世凱之命，鎮壓四川重慶熊克武發動的反袁
起義。10 月，袁世凱認為蔡有才氣、有膽識，在南方很得人心，將蔡鍔調北京，
等於調虎離山。蔡鍔離滇前，推薦貴州都督唐繼堯調為雲南都督。

　　1914 年，獲授將軍府昭威將軍。

　　1915 年，蔡反對袁世凱稱帝，表面擁護，假裝迷戀藝妓小鳳仙，麻痺袁世
凱，嗣機潛逃出京，取道越南回到雲南。12 月 25 日與唐繼堯等人宣布雲南獨
立，組織護國軍，發動護國戰爭，蔡鍔任護國軍第一軍總司令。

　　1916 年，率部在四川納溪、瀘州一帶擊敗優勢北京袁軍，迫使袁世凱取消帝制。6 月 6 日，袁世凱憂憤病死，蔡任四川督軍兼省長。

　　9 月蔡鍔因患喉頭結核赴日本就醫，其時黃興逝世，蔡鍔萬分悲傷寫下輓聯：以勇健開國，而寧靜持身，貫徹實行，是能創作一生者；

　　曾送我海上，忽哭君天涯，驚起揮淚，難為臥病九州人。

　　同年 11 月 8 日蔡鍔亦病逝於福岡日本九州帝國大學醫科附屬病院。

　　1917 年 4 月 12 日，孫中山輓蔡鍔聯「平生慷慨班都護，萬裡間關馬伏波。」

　　蔡鍔與蔣百里同庚，且為莫逆之交。也與其學生朱德十分交好（朱德當時考入雲南講武堂，蔡鍔為校長，對朱德多次提拔）。

　　蔡鍔逝世，朱德輓聯「勳業震寰區，痛者番，向滄海招魂，滿地魑魅跡蹤，收拾山河誰與問；精靈隨日月，倘此去，查幽冥宋案，全民心情盼釋，分清功罪大難言。」朱德晚年在回憶錄中寫到「蔡鍔先生影響我整個前半生，而毛澤東影響了我的後半生」。

　　小鳳仙挽蔡鍔聯：

　　其一「不幸周郎竟短命，早知李靖是英雄」；

　　其二「九萬里南天鵬翼，直上扶搖，憐他憂患餘生，萍水相逢成一夢；十八載北地胭脂，自悲淪落，贏得英雄知己，桃花顏色亦千秋。」

劉道一

1884～1906.12.31.祖籍湖南衡山，生於湖南湘潭

　　劉道一，字炳生，中國同盟會會員，晚清革命志士。

　　少年時隨其兄劉揆一從事反清革命活動。

　　1904 年，加入華興會，赴日本留學，和秋瑾、黃人漳等組成革命團體「十人會」。

　　1905 年，加入中國同盟會。

　　1906 年，萍瀏醴起義爆發，劉道一在由衡陽返長沙途中被捕。

　　1906 年 12 月 31 日，在長沙被殺害，年僅 22 歲。

胡瑛

1884～1933.11.湖南桃源縣上鄉下白石村人祖籍是浙江省紹興府

　　胡瑛，字經武，號萱庵，中國民主革命家、清末民初政治家、軍人。

　　1900 年，長沙經正學校畢業，黃興曾經是他的教師。

　　1904 年，參加黃興組織的華興會，任華興會湖北支部總理。

　　7 月，在武昌創建科學補習所，革命起義失敗被查封。冬，他刺殺鐵良失敗，流亡日本，初入陸軍士官學校，後轉早稻田大學政治經濟學部。同盟會在東京成立，選評議員。

1906 年，接受孫文的指示歸國，在湖北省從事革命活動。

1907 年，因「日知會案」被清朝政府逮捕入獄。

1909 年，被清廷判「永遠監禁」。在獄中和革命派秘密取得聯絡。

1911 年，武昌起義革命派救出，任湖北軍政府外交部部長。

1912 年，任命為山東都督，3 月 19 日辭職。3 月 25 日袁世凱免胡瑛都督職。

1913 年，宋教仁被暗殺，參加二次革命討伐袁世凱失敗，和黃興流亡日本。

1914 年，和黃興、李根源等人組織歐事研究會。冬歸國，袁世凱邀請為其幕僚。

1915 年，胡瑛、楊度、孫毓筠、嚴復、劉師培、李燮和組織籌安會，支持袁世凱即皇帝位。

1916 年，袁世凱稱帝失敗，6 月袁死去，胡瑛隱居。

1917 年，護法運動，胡瑛南下參加，復歸孫文陣營。冬，任湘西招撫使。

1918 年，任靖國軍第 3 軍軍長。

1924 年，受命擔任聯絡馮玉祥的工作。曾參與馮玉祥的北京政變。

1926 年，任山西閻錫山駐南京代表。閻錫山反蔣，胡任第 10 路總指揮，胡瑛被通緝，逃入漢口租界。九一八事變，胡瑛通緝令取消，復歸南京國民政府。

1933 年（民國 22 年）11 月，他在南京病逝。享年 50 歲。

鄒容　1885～1905.4.3.四川巴縣今重慶市

鄒容，原名紹陶，又名桂文，字蔚丹，留學日本時改名鄒容。

1902 年，自費赴日本留學，就讀東京同文書院，參加革命運動。

1903 年，與同學張繼、陳獨秀等人一同剪去清政府留學生監督姚文甫的髮辮，被迫回國。至上海，與革命志士章炳麟、章士釗等人結為摯友，積極參加拒俄運動與愛國學社的革命活動。

出版《革命軍》，暢銷一百餘萬冊。主張排滿反清，號召人民起來革命，誅殺清帝及滿人，建立獨立自由的「中華共和國」。

不久蘇報案發，鄒容與章炳麟一同被清政府要求上海公共租界當局通緝。鄒容主動投案，希望能在公開審判中與清政府正面辯論。

1905 年，鄒容身體贏弱，悲憤疾，病死於獄中，年僅二十歲。

1912.3.29.中華民國臨時大總統孫中山追贈鄒容為陸軍大將軍。

1943 年 12 月，重慶市政府將城內的新生路改名為鄒容路。

1946 年 6 月，在市區南區公園建立鄒容烈士紀念碑。

林覺民　1887～1911.5.27.福建省福州市人鼓樓楊橋東路 17 號

林懷民，字意洞，號抖飛，又號天外生。黃花崗七十二烈士之一。

1902 年考入福州全閩大學堂文科；

1907 年畢業，考入日本慶應義塾大學文科攻讀哲學；後參加同盟會；

1911 年的得到黃興、趙聲通知，回國參加同盟會黃花崗起義，4 月 27 日與方聲洞等領先襲擊總督轅門，受傷被捕，從容就義。遺體後被安葬在廣州黃花崗，為黃花崗七十二烈士之一。

參加起義之前，給妻子陳意映寫下《與妻訣別書》情深意濃，詞句淒切，今人感傷，概嘆其為國捐軀之忠勇。

意映卿卿如晤：

吾今以此書與汝永別矣！吾作此書，淚珠和筆墨齊下，不能竟書，而欲擱筆！又恐汝不察吾衷，謂吾忍舍汝而死，謂吾不知汝之不欲吾死也，故遂忍悲為汝言之。

吾至愛汝，即此愛汝一念，使吾勇於就死也。吾自遇汝以來，常願天下有情人都成眷屬；然遍地腥羶，滿街狼犬，稱心快意，幾家能夠？語云：「仁者老吾老以及人之老，幼吾幼以及人之幼。」吾充吾愛汝之心，助天下人愛其所愛，所以敢先汝而死，不顧汝也。汝體吾此心，於啼泣之餘，亦以天下人為念，當亦樂犧牲吾身與汝身之福利，為天下人謀永福也。汝其勿悲！

汝憶否？四、五年前某夕，吾嘗語曰：「與其使我先死也，無寧汝先吾而死。」汝初聞言而怒；後經吾婉解，雖不謂吾言為是，而亦無辭相答。吾之意，蓋謂以汝之弱，必不能禁失吾之悲。吾先死，留苦與汝，吾心不忍，故寧請汝先死，吾擔悲也。嗟夫！誰知吾卒先汝而死乎！

吾真真不能忘汝也。回憶後街之屋，入門穿廊，過前後廳，又三、四折，有小廳，廳旁一室，為吾與汝雙棲之所。初婚三、四月，適冬之望日前後，窗外疏梅篩月影，依稀掩映。吾與汝並肩攜手，低低切切，何事不語？何情不訴？及今思之，空餘淚痕。又回憶六、七年前，吾之逃家復歸也，汝泣告我：「望

今後有遠行，必以具告，我願隨君行。」吾亦既許汝矣。前十餘日回家，即欲乘便以此行之事語汝；及與汝對，又不能啟口。且以汝之有身也，更恐不勝悲，故惟日日呼酒買醉。嗟夫！當時余心之悲，蓋不能以寸管形容之。

吾誠願與汝相守以死。第以今日時勢觀之，天災可以死，盜賊可以死，瓜分之日可以死，奸官污吏虐民可以死，吾輩處今日之中國，無時無地不可以死，到那時使吾眼睜睜看汝死，或使汝眼睜睜看我死，吾能之乎？抑汝能之乎？即可不死，而離散不相見，徒使兩地眼成穿而骨化石；試問古來幾曾見破鏡重圓？則較死尤苦也。將奈之何！今日吾與汝幸雙健，天下之人，不當死而死，與不願離而離者，不可數計；鍾情如我輩者，能忍之乎？此吾所以敢率性就死，不顧汝也。

吾今日死無餘憾，國事成不成，自有同志者在。依新已五歲，轉眼成人，汝其善撫之，使之肖我。汝腹中之物，吾疑其女也；女必像汝，吾心甚慰；或又是男，則亦教其以父志為志，則我死後，尚有兩意洞在也。甚幸！甚幸！

吾家日後當甚貧；貧無所苦，清靜過日而已。吾今與汝無言矣。吾居九泉之下，遙聞汝哭聲，當哭相和也。吾平日不信有鬼，今則又望其真有；今人又言心電感應有道，吾亦望其言是實；則吾之死，吾靈尚依依汝旁也，汝不必以無侶悲！

吾愛汝至。汝幸而偶我，又何不幸而生今日之中國！吾幸而得汝，又何不幸而生今日之中國！卒不忍獨善其身。嗟乎！紙短情長，所未盡者尚有幾萬千，汝可以模擬得之。吾今不能見汝矣。汝不能舍我，其時時於夢中得我乎！一慟！

陳天華　1875-1905.12.8.湖南省新化縣人

陳天華，名顯宿，字星台，亦過庭，別號思黃，革命烈士。

早年就學長沙嶽麓書院。

1903 年留學日本拒俄義勇隊和國民教育會從事反清活動。

1904 年，與黃興、宋教仁等在長沙創立華興會，策劃武裝起義，事泄逃亡日本。

1905 年，加入同盟會，任《民報》編輯，著《警世鐘》《猛回頭》《獅子吼》等文，宣傳革命思想，影響「較之章太炎《駁康有為政見書》及鄒容《革命軍》，有過之，無不及」（馮自由《革命逸史》）。

10 月在東京參加反對日本文部省公布的《取締清韓留日學生規則》的活動。這個規則有很多內容，主要有三條，第一是中國留學生一定要在清朝政府駐日公使和日本學堂登記，留學生的活動、到哪裡去都得要登記；第二通信要登記，給國內給朋友寫信都必須登記；第三不准住到別的地方去，只能住在留學生學校的宿舍。這個規則一推出，就引起廣大留日學生的抗議，但是在該如何具體應對的方式上，留學生們出現了嚴重分歧。一派以秋瑾和宋教仁為代表，

主張全體同學罷學回國；一派以汪兆銘和胡漢民為代表，主張忍辱負重留在日本繼續求學，兩派發生了激烈爭吵。當時的《朝日新聞》攻擊中國人缺乏團結力，說中國留學生是「放縱卑劣」的一群。陳天華留下《絕命書》五千言；並致留日學生總會一信。

12月8日晨，陳天華在東京大森海灣投海自盡，以示用自己的死讓中國人在羞憤中意識到族人的缺陷與陋習，督促、勸戒、警醒國人務必正視這些缺陷與陋習並加以改變。

12月25日，黃興為《絕命書》作跋，孫中山稱讚其為「熱心血性的革命黨」。

1906年春天，當陳天華的靈柩運回上海，中國公學為他和另一位投黃浦江自盡的同盟會員姚宏業舉行了一次公葬會議，到會千餘人，會上宣讀了姚宏業的遺書和陳天華的絕命辭。會議決定將陳姚靈柩一起送回家鄉湖南，舉行公葬。葬於長沙嶽麓山。其作品經後人收集、整理，有《陳天華集》。

譚人鳳　1860.9.20.～1920.4.24.湖南隆回縣鴨田鎮人

譚人鳳，字有府，號石屏，晚年自號雪髯，人稱譚鬍子，清末政治軍事人物。早年加入洪門，曾中秀才。

1890年，以教書為業，同時在鄉中開設山堂「臥龍山」。

1904年，因支持華興會開展反清活動，被迫流亡日本東京，後在黃興介紹下加入中國同盟會，先後參加鎮南關起義、黃花崗起義等武裝活動。

1911年7月，與宋教仁等發起成立中國同盟會中部總會，被推舉為總務幹事、總務會議議長。

武昌起義爆發後，譚前往武昌協助軍政府工作，年底，北洋軍兵臨武昌城下，軍政府領導人黎元洪和黃興先後逃離武昌，譚於12月6日被推舉為戰時總司令，率軍堅守武昌。黃興讚譽他「能爭漢上為先著，此復神州第一功。」

1912年10月10日中華民國成立，譚反對與袁世凱議和，策劃北伐。南北議和後，譚反對袁世凱出任中華民國總統，也反對宋教仁改組同盟會為國民黨走議會道路，出任長江巡閱使閒職。

1913年，宋教仁被暗殺，譚返回湖南策動譚延闓參加二次革命失敗流亡日本。

1915年，回國參與護國戰爭。

1917年，追隨孫中山發起護法戰爭。

1920年，病逝於上海，歸葬家鄉譚家山。

禹之謨　1866～1907.2.6.湖南湘鄉（今雙峰縣青樹坪鎮）人

禹之謨，字稽亭，晚清革命家，出生一個世代經商之家。

1886年，在南京加入清軍。

1894 年，曾隨湘軍參加中日甲午戰爭。後參與唐才常的自立軍活動，失敗後赴日本留學。

1904 年，加入華興會。次年被推為長沙商會會長和教育會長。同年加入同盟會任湖南分會會長。

1906 年，革命烈士陳天華和姚宏業公葬長沙時，受到當地官僚和豪紳的阻撓。禹之謨發動千餘學生舉行遊行送葬。同年被捕。

1907 年農曆正月初五（國曆 2 月 6 日）被絞殺於靖州（今湖南靖縣）東門，終年 39 歲。

1912 年 10 月，遺體遷葬長沙河西嶽麓山，孫中山追贈禹之謨為「陸軍左將軍」。

程家檉　1874～1914.9.23.安徽休寧人

程家檉，字韻蓀，一字下齋。民主革命家。張繼稱：「中山（孫中山）提倡革命者也，克強（黃興）實行革命者也，韻蓀（程家檉）組織革命者也。」

1897 年，他考入武昌兩湖書院。

1899 年，官費出國留學日本東京帝國大學。結識孫中山，加入了興中會。

1902 年，程家檉和張繼、秦毓鎏等 20 餘人在東京發起成立青年會，鼓吹革命。他還介紹了鈕永建、吳稚暉等一大批中國留日學生結識了孫中山。

1903 年，俄國拒不遵約撤走東北軍隊，程家檉和秦毓鎏、葉瀾等召開中國留日學生大會，組織義勇隊和俄國作戰，有黃興、劉揆一等二百餘人報名。

1905 年，宋教仁、程家檉、田桐等創辦《二十世紀之支那》刊載《日本政客之經營中國談》一文，遭日本警察封禁和沒收，程家檉幸免牢獄之災。7 月 28 日，程家檉邀集黃興、陳天華、宋教仁、白逾桓、田桐、張繼、但燾、吳暘谷等人和孫中山見面，這是黃興和孫中山第一次見面。

1906 年，回國任教京師大學堂，12 月萍瀏醴起義，胡瑛、劉靜庵、朱子龍等被捕，被判斬刑。程家檉冒用善耆的名義致電張之洞說情，而改判十年監禁。

1907 年，革命黨欲暗殺軍機大臣鐵良。鐵良得知以萬金托程家檉消弭災難。程將此款交同盟會，使《民報》繼續印行。劉師培誤以為程家檉降清，「欲以十萬金而饗孫文之首」。程家檉佯裝同意，事後告知同盟會骨幹劉揆一、宋教仁等人，孫中山得免遇刺。劉師培得知計劃泄露，圍毆程家檉。幸警察趕到，程受重傷送醫院。但遭留日學生斥責，辱為「通敵叛黨」的「無恥漢奸」。

傷愈出院，程家檉仍繼續遊走清朝權貴，解救孫毓筠、權道涵、張繼、孫元等人危難。清吏汪榮寶向袁世凱告密，程家檉被逮捕，被太保世續營救出獄。袁世凱連續追捕，程得日本駐華公使館武官井上一雄幫助，逃到日本。袁

世凱先後派劉麟等人到日本行刺，均未得逞。

　　1910年，汪精衛、黃復生、羅世勛等謀炸攝政王載灃而被捕。程家檉通過善耆向載灃說情免於死刑。汪精衛、黃復生被終身監禁，羅世勛十年監禁。

　　1911年，武昌起義後，他和吳祿貞、張紹曾、藍天蔚等秘密策劃暗殺袁世凱。

　　1912年，日人須佐橘治懸賞一萬五千金刺殺程家檉，被程奪下兇器。

　　1912年，任安徽軍政府高等顧問。袁世凱任中華民國臨時大總統後他返回家鄉。

　　1913年，二次革命，奉黃興之命到安徽、江西，協助柏文蔚、李烈鈞討袁。

　　1914年，他和熊世貞等人組織「鐵血團」，企圖暗殺袁世凱，後來事機敗露，他遭到逮捕。9月23日，他在北京被殺害。時年40歲。

廖仲愷

1877.4.23.~1925.8.20.廣東惠州惠陽區陳江鎮幸福村生於美國舊金山

　　廖仲愷，原名恩煦、又名夷白，中國國民黨革命元勳之一，國民黨左派人物。

　　1877年，廖仲愷生於美國加州舊金山旅美華工家庭。

　　1893年，回中國。

　　1897年，與同為左派的何香凝結婚。

　　1902年，廖仲愷留學日本，先入讀早稻田大學預科，後在日本中央大學政治經濟學畢業。

　　1905年，加入同盟會，任執行部外務科負責人。

　　1911年，辛亥革命後，到廣東任都督總參議。

　　1913年，隨孫中山亡命日本。

　　1914年，任中華革命黨財政部副部長，之後隨孫中山反對袁世凱，參加護法運動；並在國民黨刊物內發表文章，贊揚十月革命。

　　1921年，孫中山到廣州任非常大總統，廖為財政部次長。之後在第一次國共合作期間，任國民黨中央執行委員，財政部長，工人部長，農民部長，黃埔

軍校黨代表等職。

　　1925 年 8 月 20 日，設於惠州會館的國民黨中央黨部（今越秀南路 89 號中華全國總工會舊址，立有紀念碑）被暴徒刺殺，經調查後相信暗殺是國民黨右派所為，當中胡漢民被認為有重大嫌疑。

　　遺體先是暫厝廣州馳馬崗朱執信墓旁。

　　1935 年，遷葬金陵中山陵側。與妻何香凝墓，位於南京紫金山南麓天堡城下。

　　廖仲愷夫人為同屬國民黨左派的何香凝。

　　廖夢醒為廖仲愷之女。

　　廖承志為廖仲愷之子。

　　廖暉為其孫，二人皆為中共負責統戰工作。廖仲愷去世時。左起：廖承志、何香凝、廖仲愷、廖夢醒。

焦易堂　1880.3.20.～1950.10.28.陝西省咸陽武功縣人

　　焦易堂，名希孟，字易堂，以字行，清末畢業於自治研究所任武功縣勸學總董兼教育會自治會長。參加同盟會。

　　1911 年，辛亥革命爆發，陝西省響應，參加革命，任陝西都督府參謀。

　　1912 年，當選陝西省議會議員，同年 11 月當選第一屆國會參議院議員。

　　1914 年，國會遭到袁世凱解散，焦易堂入私立中國公學，並於 1916 年（民國 5 年）畢業。

　　1916 年，第一屆國會恢復活動，他繼續任參議院議員。

　　1917 年，孫文（孫中山）領導的護法運動開始，焦易堂赴廣州，任大元帥府參事、護法國會議員。

　　1918 年，任陝西勞軍使，被派往陝西護國軍。

　　1921 年 12 月，任大本營參議。

　　1923 年，任華北軍事特派員，宣傳反對曹錕賄選。

　　1924 年 10 月，就任大元帥府軍事委員。

　　孫文死後的 1926 年，焦易堂隨蔣介石北伐，任宣慰使，負責鼓勵各地響應國民革命軍。同年 4 月，中國國民黨右派西山會議派在上海單獨召開中國國民黨第二次全國代表大會，焦易堂參加大會，並任中央執行委員。

　　1928 年 11 月，焦易堂任國民政府立法院立法委員兼法政委員會委員長。當時，他還同王用賓合作在南京設立了首都女子法政講習所。

　　1929 年 3 月，當選中國國民黨第三屆候補中央執行委員（後來連任第四屆候補中央執行委員）。

　　1931 年，任中央政治會議委員，併兼任國醫館館長。此外，他還歷任考選委員會委員、禁煙委員會委員。

　　1935 年 7 月，接替居正就任命為最高法院院長，9 月 11 月，當選中國國民黨第五屆中央執行委員（第六屆連任）。

　　1947 年，當選行憲國民大會代表。第二次國共內戰末期，他經海口去往台

灣，任總統府國策顧問。

1950 年 10 月 28 日，焦易堂在台北病逝。享年 71 歲（滿 70 歲）。

趙聲　1881.3.16.~1911.5.18.江蘇省鎮江市丹徒大港鎮人

趙聲，原名毓聲，字伯先。中國革命先驅。少時入鎮江第一樓街鮑氏書塾就讀，與同學馬貢芳、柳翼謀成摯友。

1898 年，中秀才。

1900 年，以第一名入江南陸師學堂。後入學江南水師學堂。

1903 年 2 月，東渡日本考詢軍政。

1903 年，擔任三江師範學堂（後改為兩江師範學堂，現南京大學前身）教習。同年作《歌保國》。

1906 年，在南京入新軍，任陸軍第九鎮 33 標標統。加入中國同盟會。在陸軍第九鎮中發展革命組織。被推舉為長江流域同盟會盟主，在長江流域暗中積蓄革命武裝力量。

1910 年，庚戌年起義，擔任總指揮，倪映典為副總指揮，領導廣州起義，史稱「庚戌廣州新軍之役」。失敗後赴南洋籌募革命經費，並任香港同盟會會長。

1911 年，辛亥年起義，擔任總指揮，黃興為副總指揮，領導革命黨人士第三次廣州起義「黃花崗之役」。

1911 年 5 月 18 日，由於廣州兩次起義均失敗，憂憤成疾，在香港病逝。民國元年（1912）被南京臨時政府追贈為陸軍上將。

李烈鈞　1882.2.23.～1946.2.20. 江西省南昌府武寧縣羅溪

1902 年，入江西武備學堂。

1904 年，赴日本留學，入東京振武學校。

1907 年，入陸軍士官學校學習砲術。同期的留學生有閻錫山、李根源、唐繼堯、程潛等人。在日本留學期間，加入中國同盟會，又參加了北洋系的武學社。

1908 年，自陸軍士官學校畢業歸國後，任江西新軍第二十七混成協第 54 標第 1 營管帶。曾因宣傳反清思想而一度遭拘禁。

1909 年，任雲南陸軍講武堂教官，並擔任陸軍小學堂總辦，兼兵備道提調。

1911 年 10 月 17 日，呼應武昌起義，回到江西。23 日，舉為九江海陸軍總司令。

1912 年 1 月，李烈鈞應黎元洪請求援助。李烈鈞救援黎元洪成功，被任命為五省聯軍總司令兼中央軍總司令。

江西省議會選舉李烈鈞為江西都督。李烈鈞在江西任都督期間曾被江西各商會以違法殃民恣睢暴戾等罪名控訴，又被臨時參議院咨送議員郭同等以專制殘毒等罪兩次質問，又華南師範大學和湖南師範大學的論文稱李烈鈞在江西一帶實行政治和經濟改革，整頓財政、選派留學生出國、並捉捕了彭木香等匪徒。

1913 年 6 月 9 日，袁世凱下令將其免職。民國 2 年（1913 年），李烈鈞同孫文策劃發動二次革命。同年 5 月，李烈鈞同湖南都督譚延闓、安徽都督柏文蔚、廣東都督胡漢民聯名致電袁世凱，反對善後大借款。6 月上旬，袁世凱免去了李烈鈞、柏文蔚、胡漢民 3 位都督的職務，並派軍隊南進，南北兩軍開始交戰。李烈鈞雖然全力以赴，但數量佔優的北軍逐漸取得優勢。8 月李烈鈞敗局已定。9 月，李烈鈞逃往日本。其後，李烈鈞赴歐洲和亞洲各國遊歷。

1915 年，李烈鈞加入中華革命黨。同年 12 月，奉孫文的指示赴雲南省開始爭取西南各省都督的活動，乃經越南赴雲南。當時，雲南將軍唐繼堯以及前雲南都督蔡鍔策劃發動反袁世凱的護國戰爭，李烈鈞參與籌劃。12 月 25 日，李烈鈞任護國軍第 2 軍總司令（第 1 軍總司令為蔡鍔，第 3 軍總司令為唐繼堯），進軍廣西省。

1916 年 3 月 15 日，廣西將軍陸榮廷發表獨立宣言，倒向護國軍方面。此後，李烈鈞協助其進攻廣東省。5 月李烈鈞任軍務院撫軍。廣東將軍龍濟光遭到李烈鈞和陸榮廷夾擊，於 8 月敗北，逃往海南島。6 月袁世凱死後，李烈鈞軍的存在意義消失。討伐完龍濟光後，李烈鈞隻身赴香港、上海隱退。

1917 年 8 月至 9 月，孫文在廣州成立中華民國軍政府，李烈鈞任大元帥府總參謀長。10 月，護法戰爭開始。

1919 年 10 月，孫文在上海將中華革命黨改組為中國國民黨，李烈鈞被任命為代理大元帥，負責管理廣州的事務。

1920 年 12 月，孫文為北伐而設立大本營，李烈鈞任大本營總參謀長。[1]1922 年 2 月 3 日，孫中山在桂林以大元帥的名義發出北伐動員令，任命李烈鈞為北伐軍第一路總司令，兼取鄂東；任命許崇智為北伐軍第二路總司令，率粵軍並聯合湘軍自桂林出發，經岳州進攻武漢。

1924 年 11 月，孫中山（坐者）與李烈鈞（後排右一）、孫科（後排左一）、戴季陶（後排中間）在「上海丸」輪船上的合影。

1924 年 1 月，中國國民黨第一次全國代表大會，當選中央執行委員。

1925 年，孫文逝世。應馮玉祥之邀，李烈鈞任國民軍總參議，指導國民軍同奉軍作戰。後來，李烈鈞對謝持、鄒魯等西山會議派的反共路線表示支持。

1927 年 4 月，蔣中正在南京成立國民政府，李烈鈞支持並參加，任國民政府常務委員兼軍事委員會常務委員。同年 8 月，蔣中正一度下野，北京政府方面的孫傳芳趁機偷襲南京，李烈鈞坐鎮南京，聯絡指揮國民政府方面的諸軍擊敗了孫傳芳。李烈鈞還參加了寧漢戰爭。

　　1927 年 9 月，寧漢合流，中國國民黨寧、漢、滬各方在一致贊同清黨反共的基礎上取得統一，組織了中央特別委員會，由三方各派六人參加，李烈鈞是寧方代表之一。

　　1928 年 11 月，李烈鈞回武寧探家，籌建東大路（武寧縣城到修水縣塗家埠）、西大路（武寧縣城至修水縣城），因沿修江北上，故通稱「修江路」，是武寧歷史上的第一條公路。李烈鈞親任東路策路分會主任，黃山亭擔任西路策路分會主任。1934 年，該公路全線修通。

　　1928 年，李烈鈞離開南京，在上海養病。

　　1931 年九一八事變爆發後，正寓居上海的李烈鈞同反蔣人士如馮玉祥、徐謙、熊克武、程潛、柏文蔚、張之江、方振武、張知本、陳嘉佑等人來往密切。1931 年 10 月 19 日，他在《與徐謙等向京粵和平會議的提案》中提出，應當「貫徹對日經濟絕交」，「尊重國聯條約與《凱洛格非戰公約》」。但隨後日軍進攻錦州，李烈鈞放棄了單純依靠國聯的想法，轉而主張對日抵抗。

　　1932 年 9 月 30 日，日本政府承認滿洲國，李烈鈞、程潛、柏文蔚、熊克武等致電國民黨中央等，批評甚至懷疑國民政府。1932 年 12 月 15 日，李烈鈞致電蔣中正，建議蔣中正實現全民政治。

　　1932 年 12 月 25 日，國民黨四屆三中全會閉幕，由於蔣中正在大會上對反蔣人士作出一定讓步，李烈鈞在大會閉幕後致信蔣中正稱，「京滬盛傳雅度，影響所及，昔之以公為非者，已不似前此之甚；而昔之以公為是者，更增其崇仰矣。」1932 年底至 1933 年初，熱河抗戰及長城抗戰先後爆發。1933 年，他數次致電蔣中正，支持蔣領導抗日戰爭。他的立場由反蔣抗日變為支持蔣介石領導抗日。

　　1937 年（民國 26 年）2 月的國民黨五屆三中全會上，李烈鈞同宋慶齡、馮玉祥聯名提出同中國共產黨合作，共同打擊日本。

　　西安事變後，李烈鈞被委派為審判張學良的高等軍事法庭審判長。[1]1937 年七七事變爆發，李烈鈞將身邊達到服役年齡的五個兒子都送入軍隊，其中兩個正在大學讀書的兒子是中斷學業參軍。

　　1940 年李烈鈞贈送郝鴻昌的照片。

　　1946 年 2 月 20 日，李烈鈞在重慶逝世。享年 65 歲（滿 63 歲）。[1]國民政府給予國葬。中共中央發來唁電，並派周恩來、董必武親往弔唁。[

張繼　1882.8～1947.12.15.河北滄縣東南孫清屯

　　張繼。原名溥，字溥泉。西山會議成員之一。

　　1889 年，7 歲，入私塾讀書，

　　1898 年，16 歲，父親張以南任保定蓮池書院齋長，張繼在書院認識一位日本漢學家中島裁之，隨其留學日本早稻田大學，結識章太炎、黃興、孫中山等。後因和鄒容一起剪掉清朝在日監學姚文甫的辮子而被驅逐回國。回國後任章太炎主辦的

《蘇報》參議，後又參與改辦《國民日日報》。不久因廣西巡撫王之春遇刺未遂案牽連被捕。出獄後重赴日本。

1905 年，加入同盟會任同盟會機關報《民報》編輯兼發行人。

1908 年，參與無政府主義活動離開日本轉赴法，在當地同李石曾創辦《新世紀》。

辛亥革命爆發後張繼回國，參與創建改組國民黨，張繼被選為交際部主任，負責黨內聯絡及吸收黨員等工作。

1913 年，張繼在國會上被選為第一任參議院議長。不久因宋教仁遇刺事件，國民黨人為袁世凱驅逐。張繼赴九江討袁，失敗後追隨孫中山流亡赴日本，參與建立中華革命黨。

袁世凱死後國會重建，國民黨議員多以張繼在北京的寓所活動。孫中山發動護法運動，張繼任廣州軍政府駐日代表，後又赴歐美爭取華僑支持。

1920 年，繼回國後，先後任任廣東軍政府顧問、國民黨北方部主持人、國民黨廣州特設辦事處幹事長。

1922 年 8 月下旬，由孫中山宅盟、張繼介紹李大釗等中共黨員正式加入國民黨。張繼曾支持孫中山的聯俄容共，後改反對。

1924 年 6 月。他和謝持、鄧澤如聯名提出《彈劾共產黨案》，為此受到孫中山斥責，乃避走上海。孫中山去世後，鄒魯、謝持等在北京西山召開「國民黨一屆四中全會」，張繼因病未參加，但簽名表示支持。為此張繼受到警告。後張繼又出席了西山會議派的國民黨第二次全國代表大會，直到寧漢復合，新桂系主導的特別委員會成立，西山會議派活動才告一段落。

北伐結束後，任司法院副院長兼北平政治分會主席。

九一八事件爆發後，參與調停當時國民黨的寧粵分裂。同年底張繼被任為立法院院長，但未就職。

1939 年，西安事變後，國共重新合作，張繼訪問延安。

1946 年，出任國史館館長。

1947 年，在南京病逝。

彭楚藩　　1884～1911.10.10.湖北鄂城人

彭楚藩，原名家棟，又名澤藩，字青雲，武昌起義前夜被清政府捕殺的三烈士之一。少時就讀於私塾，後在私塾當教師。

1905 年，與劉靜庵等組織日知會，

1906 年，投湖北新軍炮兵。不久日知會參與的萍瀏醴起義失敗，彭改考入湖北憲兵營學堂，畢業後任憲兵什長。

1909 年，參與建立共進會，負責聯絡糾察；

1911 年 9 月，湖北革命軍總指揮部成立，彭楚藩任軍事籌備員之一。

10 月 9 日，孫武炸彈事故後，當晚彭楚藩和劉復基、在總指揮部開會，被聞

訊趕來的清軍抓捕。蔣翊武逃脫。參與審訊的參議官鐵忠，見彭楚藩著憲兵服，不想牽連自己當憲兵管帶的妹夫而欲為之開脫。但彭楚藩承認自己是革命黨，願以自己的死來喚醒民眾。次日晨與劉復基、楊宏勝被斬首。當晚武昌起義發動。

彭楚藩墓位於湖北鄂州市西山古靈泉寺後山坡。

武昌有以三人姓命名的彭劉楊路。1931 年在他們被處死的東轅門舊址，現東大門內建立了「三烈士亭」，亭中立石碑一塊，上書「彭劉楊三烈士就義處」。1991 年武昌首義 80 周年，在武昌樹起了彭劉楊三烈士的塑像。

劉復基　1885.1.20.～1911.10.10.湖南常德武陵武陵區人

劉復基，字堯澂（或瑤臣），一名汝夔。中國同盟會員，武昌起義的策劃者之一，武昌起義前夕被清政府捕殺三烈士之一。

劉復基生於農民家庭，受顧炎武王夫之書籍影響，富華夷思想。

1904 年，肄業於武陵縣高等小學堂，在湖南哥老會活動。黃興、宋教仁與哥老會湖南首領馬福益商議舉事反清，劉復基與其結交，受委在湘西、常德經營。起義事泄後藏匿在常德柳葉湖。

1905 年 4 月，劉馬謀在洪江舉事再次失敗，馬福益被捕殺。劉復基避難日本，8 月在東京加入同盟會。

1906 年，回國經武漢，加入劉靜庵等組織的日知會。回長沙後負責當地的《民報》和《中西報》發行。同年夏與禹之謨等組織公葬陳天華和姚宏業，一時湖南革命情緒高漲。旋禹之謨被捕

，劉復基走避常德，聯絡蔣翊武招納有志者，表現出領導才幹。一度在常德祇園寺設立了湘西革命機關，不久被清吏廖世英偵破，劉復基偕蔣翊武走避上海，協助同盟會員楊卓霖辦《競業旬報》，並介紹蔣翊武入同盟會。

1907 年，楊卓霖因謀刺兩江總督端方而被捕，《競業旬報》停刊。劉復基和蔣翊武各自潛回故里。

1909 年，劉兄劉星澂召劉、蔣到漢口辦《商務報》，劉復基任會計兼發行人。他和蔣翊武、詹大悲利用報刊為基地結納有志，與當地革命團體群志學社建立了關係。1910 年因試圖懲治立憲派楊度未成，劉本人被英國巡捕房羈押了八個小時，《商務報》也因宣傳被迫停刊。後劉復基鑒於群志學社多為新軍將士，

1910 年，自己投軍在第二十一混成協四十一標當兵，以開展革命工作。不久因誤判形勢，群志學社受到官府注意，9 月 18 日劉復基等將其改名為「振武學社」，以楊王鵬為社長。實際上社務活動由劉復基主持，大小事都要先過問他。瑞澂任湖廣總督後嚴加防範革命黨人，楊王鵬、李六如等被檢舉離職離鄂，劉復基和蔣翊武繼續領導社務。

1911 年 1 月，又改組為文學社，劉復基任評議部長。劉復基在文學社中招

攬有志，經營宣傳。同時推進和共進會的聯合，積累了個人威望。9 月，文學社和共進會同組湖北革命軍總指揮部，劉復基幹旋最力。他被舉為參議和常駐總指揮部的三名軍事籌備員之首，擬定了起義總行動計劃，而武昌起義基本按其實行。起義原定 10 月 6 日，後因湖南等地籌措不及而延遲。10 月 9 日，孫武炸彈事故後，劉復基晚與蔣翊武等在小朝街總指揮部開會主張當晚舉事，被聞訊趕來的清軍抓捕。蔣翊武逃脫。劉復基、彭楚藩、楊宏勝次日晨被斬首，臨刑時高呼口號。當晚武昌起義即行發動。

朱執信　1885-1920　廣東廣州番禺，祖籍浙江蕭山越秀區豪賢路

朱執信，名大符，字執信，以字行。父親朱埭詫做過張之洞等人的幕僚。光緒二十八年（1902 年）他入廣州教忠學堂學習，在校組織群智社。

1904 年，官費留學日本，入東京法政大學速成科讀經濟。在日本結識孫中山。1905 年，在日本加入中國同盟會，參與同立憲派大論戰，駁斥立憲派保皇論調。

1906 年，寫《德意志社會革命家小傳》介紹馬克思、恩格斯和《共產黨宣言》《資本論》成為最早把馬克思階級鬥爭和剩餘價值等理論介紹給中國讀者作品。

1907 年，回國，先後在廣東高等學堂、政治學堂及兩廣方言學堂任教。

1908 年，和趙聲、鄒魯等策劃發動廣州新軍起義，但因事泄而流產。

1910 年，參加廣州新軍起義。

1911 年，參加廣州黃花崗起義「選鋒」（敢死隊），武昌起義成功，任廣陽軍務處督辦和廣東核計院院長，遣散民軍，整飭財政。

1913 年，他參加二次革命，失敗後與廖仲愷逃到日本。

1914 年 9 月，奉命返回廣東，幫助鄧鏗主持廣東討袁的軍事指揮，並且受鄧鏗委派到新加坡、馬來亞等地籌款，後來又主持了驅逐袁世凱手下的廣東都督龍濟光的軍事活動，但遭到失敗。

1915 年，他到日本加入孫中山中華革命黨，12 月任中華革命軍廣東司令長官。

1917 年，爆發護法運動，隨孫中山率北洋政府起義海軍南下護法。

1918 年，護法運動失敗，孫中山辭去大元帥職務，隨孫中山從廣州到上海，

協助孫中山撰寫《建國方略》，並參加編輯。

1920 年，被派往漳州，督促駐紮漳州的粵軍西進討伐桂系。9 月 21 日，朱執信到虎門調停桂軍與東莞民軍衝突，不幸被亂槍擊中身亡，時年 35 歲。

12 月 15 日，朱執信靈柩由寶璧艦運回廣州。

1921 年 1 月 16 日，下葬於東沙馬路駟馬崗（即今先烈路）。

蔣翊武　　1885～1913 湖南省澧縣城關鎮人

蔣翊武，字伯夔，中國民主革命家。

1891 年，發矇於澧州澧蘭書屋、

1903 年，畢業於澧州高等小學、繼而考入常德西路師範。

1904 年，華興會副會長宋教仁來常德策劃革命，蔣翊武與其結識後，積極配合策劃。是年秋，長沙起義事泄，因涉嫌而被校方除名。

1906 年，就讀於上海中國公學，加入同盟會。

1909 年，蔣翊武偕同劉堯澂在漢口與詹大悲等籌辦《商務報》，組織革命活。

1911 年，「振武學社」改組為「文學社」，蔣翊武被推選為社長。

4 月，廣州黃花崗起義失敗，蔣翊武、劉堯澂乃派居正、楊玉如赴上海與宋教仁等謀劃武漢大舉。

9 月 24 日，文學社與共進會在武昌召開由雙方負責人和新軍代表 60 餘人參加的聯席會議，會上組建了起義的領導機構 — 起義總指揮部。文學社負責人蔣翊武被推舉為起義臨時總司令，共進會負責人孫武被推舉為參謀長。

10 月 9 日事泄，引起清軍大搜捕，蔣翊武決定當夜發動起義，但指揮部被清軍破獲，彭楚藩、劉復基、楊宏勝被捕，10 月 10 日晨被斬首。蔣翊武出逃。當天晚上，共進會員新軍第八鎮工程營士兵熊秉坤、金兆龍、程定國打響第一槍。各標營奮起響應，奪取楚望台軍械庫後，進攻督署和第八鎮司令部，武昌全被佔領，漢口、漢陽起義一舉成功。

後眾人舉蔣翊武參與機要，任職都督府顧問，兼任軍務部副部長等職。

1913 年，蔣翊武在廣西進行反對袁世凱的活動時，被親袁的廣西軍閥陸榮廷逮捕並處決於桂林榕湖畔。該處現有孫文題字之蔣翊武就義處紀念碑，碑邊道路取名翊武路。

1916 年 9 月，自桂林遷葬於湖南長沙嶽麓山，墓葬現為湖南省文物保護單位。

楊宏勝　　1886~1911.10.10.湖北襄陽谷城人

楊宏勝，或洪勝，字益三，武昌起義前夜被清政府捕殺的三烈士之一。

幼年務農，後投武昌綠營軍。不久轉為湖北新軍，在第三十標任正目。此間他結識孫武、彭楚藩等，退伍開小店作為反清革命據點。

1911 年 3 月，參加文學社，9 月湖北革命軍臨時總指揮部成立後負責交通運輸軍火。10 月 9 日晚運軍火過程中不利，臉部炸傷被清軍警抓捕。次日清晨和劉復基、彭楚藩一同被斬。當晚武昌起義發動。

1931 年，在他們被處死的湖廣總督府東轅門舊址，現武昌造船廠東大門內建立了「三烈士亭」，亭中立石碑一塊，上書「彭劉楊三烈士就義處」。

1991 年，武昌首義 80 周年首義文化節，在武昌閱馬場樹起彭劉楊三烈士塑像。

何鍵　1887.4.10.～1956.4.25.　湖南醴陵人

何鍵，字芸樵，別署容園。出自普通農家，1906 年，入學長沙嶽麓山崇古學堂、湖南法政學堂、武昌陸軍中學、保定官校畢業。

1916 年，在湘軍任排長。

1918 年，回家鄉醴陵收散兵游勇組成游擊隊，與張敬堯之北洋軍作戰，湘軍總司令程潛任其為瀏醴游擊隊長。

1919 年，唐生智收編游擊隊，何鍵任營長，後隨唐生智升任至旅長。

1926 年，加入國民黨，參加北伐，任第八軍第一師師長，升任第三十五軍軍長。

1927 年 4 月，寧漢分裂「南京政府」與「武漢政府」分庭抗禮。

5 月 21 日馬日事變，三十五軍駐長沙的第 33 團許克祥部，在何鍵的暗中指示下進行清黨，封鎖共產黨各機關，解除共產黨武裝、逮捕處決共產黨人。

1928 年，湖南清鄉署負責湖南清鄉工作，任為湘贛剿匪總指揮部代總指揮，進攻井岡山紅軍根據地，迫使紅軍主力離開至江西中央蘇區。

1929 年，何鍵被任湖南省主席。逮捕處決朱德的夫人伍若蘭，頭掛在城門示眾。

1930 年，參加對江西中央蘇區的一、二次圍剿。10 月，逮捕毛澤東夫人楊開慧，因為她拒絕退黨或聲明與毛澤東脫離關係，被何鍵處決。

1933 年，第五次圍剿時任西路軍總司令。

1934 年，紅軍從江西突圍，何鍵任追剿軍總司令追擊至貴州邊境。

1937 年，抗日戰爭爆發後，國民政府改以張治中任湖南省主席，何鍵調任內務部長，實際上被奪去湖南軍政權。

1939 年，改任軍事委員會撫恤主任委員。

1949 年，移居香港，次年到台灣，任總統府國策顧問。

1956 年 4 月 25 日病逝台北，安葬於六張犁極樂公墓。

陶成章　?～1912.1.14.

1907 年，光復會領袖，與部份同盟會人員，反孫中山最為極烈。

　　1909 年，陶成章聯絡李燮、柳聘農、陳方度、胡國梁等人，以東京南分駐英、各屬辦事七省同志名義起草「孫文罪狀」指責孫中山有「殘賊同志」、「蒙蔽同志」、「敗壞全體名譽」等罪狀 12 條，要求開除其總理一職，通告海內外。「罪狀」指孫中山貪污公款，在香港、上海存款二十萬云云。並赴東京要求同盟會開會討論。陳其美批許其「不顧大體」，欲破壞同盟會團體，以浙江之光復會為革命之正統抹煞孫中山、黃興功績。

　　1910 年，在東京重建光復會，以章太炎為會長，正式與同盟會分家。

　　1911 年，組織「銳進學社」7.26.陳其美、陶成章在沈緩雲宅開會討論合作問題，二人發生爭執，陳其美一怒之下，以槍相向。幾天之後，陶成章匆匆離滬赴南洋。馬君武為文指陶成章「挾小嫌宿怨以肆誣謗」、「大肆旗鼓，扇惑軍隊」的人，陶成章不滿陳其美在滬軍都督作為，又陳其美在上海籌辦中華銀行要求湯壽潛「協餉」，陶成章從中作梗不成，兩人恩怨愈深。

　　1912.1.14.陶成章在上海廣慈醫院被刺身亡。蔣介石在「中正自述事略」「自白」中，坦承為了革命正義，為其所為。陶案發生後，輿論譁然，蔣介石避走日本，刺陶的另一兇手祝卿，則逃往浙江嘉興，被當地人殺死。

喻培倫　1887～1911.4.27.四川內江人

　　喻培倫，黃花崗七十二烈士之一。父親喻學菴，母親姓邱，弟弟喻培棣。六歲就學，先後從張敏聞、徐星北、祝明欽、魏楚珊課讀，對國家興亡、民族盛衰史事有興趣，少年時喜歡研究鐘錶機械[1]。

　　1905 年 10 月，偕弟培棣赴日留學，先後入警監學校，經緯學校，大阪高等工業預備學校學習。

　　1908 年，加入中國同盟會，7 月，入千葉專門醫校藥科研製炸藥，著有《安全炸彈製造法》。

　　1909 年，歸國，同黃復生、但懋辛等在漢口刺殺清朝大臣端方，未果。

　　1910 年，擬同黃復生、汪精衛等人在北京密謀炸攝政王載灃，事敗；返日，造手擲炸彈成功，革命黨人尊為「炸彈大王」。

　　1911 年 1 月，黃興函約培倫起義於廣州。培倫經月余製成半磅、一磅、二磅炸彈 300 餘枚。

　　1911 年 4 月 27 日廣州起義，傍晚五時，培倫胸前掛一大筐炸彈，率眾直奔總督衙門，炸裂後牆，將其攻佔。後起義失敗，培倫受傷被俘，臨刑前高呼：「學術是殺不了的，革命黨人尤其是殺不了！」；「黨人可殺，學理不可滅！頭可斷，學說不可絕！」英勇就義，年僅 24 歲，與七十二烈士同葬於廣州黃花崗。

　　1912 年，臨時大總統孫中山追封喻培倫為大將軍，章太炎為之立傳。

　　1930 年，於內江縣城南街建喻大將軍祠。

葉覺邁

『左圖：時務學堂總理及教習合影，左至右：葉覺邁、譚嗣同、王史、歐榘甲、熊希齡、韓文舉、唐才常、李維格。』

時務學堂，是晚清維新運動期間，湖南所創辦的第一所新式學堂。它標誌著湖南教育由舊式書院制度向新式學堂制自度的轉變，也是湖南近代化教育的開始。

1895 年，湖南巡撫陳寶箴，以「變法開新」，推作新政，取得明顯成效。

1896 年，湘紳蔣德鈞、熊希齡、王先謙、黃自元、張祖同、陳程初等創辦寶善成機器製造公司，蔣德鈞「嫌其跡近謀利，乃創為添設時務學堂之議」，

光緒二十三年一月嶽麓書院山長王先謙、王先謙、張祖同、朱昌琳、湯聘珍、蔣德鈞、熊希齡共同具名，正式呈報巡撫陳寶箴批准立案，旋由熊希齡等請兩江總督劉坤一撥鹽厘加價銀 7000 兩為經費，遂建於小東街。此後上述六位紳董議定，輪船、製造、學堂各認一事專辦，自此學堂由熊希齡負其專責。

1897 年，《湖南時務學堂緣起》，設學校、培養維新人才，湖南巡撫陳寶箴又發布《時務學堂招考示》，「本年議定暫租衡清試館開辦，延聘中西學教習，擇期開學，先行招考六十名入堂肄業」陳寶箴委派黃遵憲、熊希齡負責學堂籌備事宜。又任命熊希齡為提調（即校長），聘請梁啟超為中文總教習，李維格為西文總教習。第一次招考學生四十名。九月正式開學。

1898 年，戊戌變法失敗，湖南巡撫陳寶箴等人被革職，時務學堂被迫停辦。

1899 年，湖南巡撫俞廉三改時務學堂為求實書院。

1902 年，求實書院更名為湖南省城大學堂。

1903 年，湖南省城大學堂與嶽麓書院合併為湖南高等學堂，為湖南大學的前身。

李卓峰　廣東南海縣九江鎮大正坊西社（現下北鄉建中）人

李卓峰，原是旅越南堤岸華僑。辛亥革命前，孫中山前往越南活動時，他變賣家產，並廣泛發動僑胞募捐支持革命。

1912 年，民國建立後，任廣東省建設廳長。

1926 年，李卓峰奉命回九江，籌備成立九江市政府，任籌備處主任委員。同時宣佈禁煙禁賭，改革弊政，為地方惡勢力所恨。同年遇刺身亡。當局為悼念其一生辦公，光榮殉職，葬于忠良山。

黃花崗七十二烈士

1911 年 4 月 27 日下午 5 時 30 分，黃興率 120 餘名敢死隊員直撲兩廣總督署，發動同盟會的第十次武裝起義（廣州起義）。經 3 個月的籌畫準備，黃興於 8 日在香港召開統籌部發難會議，將在廣州舉事，時間定在 13 日，分 10 路進攻。由於溫生才行刺孚琦，清廷廣東加強戒備，加之部分款項、槍械未到，原定計劃被迫延期。23 日，黃興潛入廣州，成立起義指揮部。廣東當局已風聞起義，大肆搜捕革命黨人，形勢變得越來越不利。26 日晚，黃興召集會議倉促間決定起事。敢死隊突入總督署，總督張鳴岐逃走，起義軍焚毀總督署後，在東轅門外與水師提督李准的大隊親隨短兵相接。起義軍浴血奮戰，東奔西突，終因兵力嚴重不足而潰敗。起義失敗後，黃興負傷逃回香港，喻培倫、方聲洞，林覺民等被捕殺，死難的同盟會員有名可考者 86 人，其中 72 人遺骸由潘達微等出面收葬，埋于廣州東郊紅花崗，改名為黃花崗，今日追思的〔黃花崗 72 烈士〕。

1918 年，滇軍師長方聲濤募款整修黃花崗烈士墓。

1921 年，黃花崗墓亭相繼落成，又查出 72 烈士之外，尚有 14 名烈士死於黃花崗之役，共計 86 人。

廣東：徐佩旒，徐禮明，徐日培，徐廣滔，徐臨端，徐茂燎，徐松根，徐滿凌，徐昭良，徐培添，徐保生，徐廉輝，徐容九，徐進照，徐褶成，徐應安，李炳輝，李晚，李文楷，李文甫，李雁南，陳春，陳潮，陳文褒，羅仲霍，羅坤，龐雄，周華，游壽，江繼復，郭繼枚，勞培，杜鳳書，余東雄，馬侶，黃鶴鳴，饒輔廷，張學銓，周增，林修明。

福建：方聲洞，馮超驤，羅乃琳，卓秋元，黃忠炳，王燦登，胡應升，林覺民，林西惠，林尹民，林文，林時爽，劉六符，劉元棟，魏金龍，陳可鈞，陳更新，陳與焱，陳清疇，陳發炎。

廣西：韋樹模，韋榮初，韋統淮，韋統鈐，李德山，林盛初。

四川：秦炳，喻培倫，饒國梁。

安徽：程良，宋玉琳，石德寬。華僑：黃花崗諸位烈士，有近卅人是新加坡、馬來西亞華僑。其中，羅仲霍、周華、李雁南和陳文褒來自馬來西亞檳城。李炳輝、郭繼枚、余東雄來自馬來西亞霹靂州。

補書辛亥 3 月 29 日廣州革命烈士碑（13 人）：徐國泰，華金元，阮德三，陳甫仁，嚴確廷，韋雲卿，羅進，羅幹，羅聯，羅遇坤，張朝，陳才，陳福。

以上兩碑之外（1 人）尚有李祖恩。

九、中國民初軍閥

張勳　1854.12.14.～1923.9.11.江西奉新人

　　張勳，原名張和，字少軒，號松壽老人，諡號忠武，綽號辮帥，父母早亡。

　　1884 年，與長沙軍隊參加中法戰爭。晚清初隸廣西提督蘇元春部，為參將。甲午戰爭，隨四川提督宋慶調駐奉天。

　　1895 年，投靠袁世凱，任營管帶、山東鎮壓義和團。

　　1899 年，升至總兵。

　　1901 年，調北京，宿衛端門御前護衛，擔任慈禧太后、光緒帝的扈從。

　　1909 年，溥儀即位後，歷任江南提督，率巡防營駐南京。

　　1911 年，武昌起義後，奉令鎮守南京，對抗革命軍。清授為江蘇巡撫兼署兩江總督、南洋大臣。為表示忠於清廷，留髮辮，人稱「辮帥」「辮子軍」。

　　1913 年，袁世凱就任大總統，所部改稱武衛前軍，表示仍效忠清室。

　　二次革命奉袁世凱命，往南京鎮壓討袁軍，縱兵搶掠，屠殺民眾數千人。

　　袁世凱授與定武上將軍，任江蘇督軍，旋轉任長江巡閱使，移駐徐州。

　　袁世凱稱帝後，授為一等公，一心仍維護清廷。

　　1916 年，袁死後，北洋七省同盟任安徽督軍，擴充至 13 省同盟策劃清室復辟。

　　1917 年，黎元洪、段祺瑞「府院之爭」，張勳趁機聯合康有為等保皇黨人，率兵入京，趕走黎元洪，解散國會。7 月 1 日，與康有為等擁溥儀復辟，重建皇政，溥儀任其為議政大臣兼直隸總督、北洋大臣，史稱「張勳復辟」。

　　12 日，張勳為段祺瑞的「討逆軍」擊敗，逃入荷蘭駐華公使館。

　　溥儀退位，張勳被通緝，逃到天津德租界。

　　1918 年，北洋政府以「時事多艱，人才難得」為由，對洪憲禍首均一律特赦。張勳獲得自由，蟄居天津德租界 6 號（今河西區浦口道 6 號）寓所。

1923 年 9 月 12 日，病逝，終年 69 歲，溥儀賜諡「忠武」。

袁世凱　1859.9.16.~1916.6.6.　河南項城人

　　袁世凱，字慰庭（慰廷、慰亭），號容庵。官宦家族，祖父袁守中巨紳，剿辦捻匪期間籌辦團務，平匪有力，叔祖父袁甲三，曾署理漕運總督，具有功勳名將。袁世凱出生的那天，袁甲三正好寄信回家，與捻軍作戰得勝。他父親因此將他取名為「凱」，按照家族族譜字輩「保世克家啟文紹武」，給他命名「世凱」。

　　祖父袁澍三乃地方名紳，曾任陳留訓導，父袁保中官至候補同知。叔父袁保慶曾在袁甲三的軍中帶兵，袁世凱自幼過繼給袁保慶為嗣子，少年時隨嗣父先後到濟南、金陵等地讀書。袁保慶病故後，復隨堂叔袁保恆至燕京念書。

　　1876 年，參加鄉試不中，年底與沈丘于氏結婚。

　　1878 年，袁保恆去世，回項城移住陳州，與徐世昌結交，拜為金蘭。

　　1879 年，再次鄉試仍不中，遂棄文就武。

　　1880 年，投入吳長慶軍

　　1881 年，任「慶軍」營務處會辦。

　　1882 年，朝鮮壬午軍亂，袁世凱跟隨吳長慶的部隊東征朝鮮半島。以「通商大臣」身份駐朝鮮，協助朝鮮訓練新式陸軍、並控制稅務。

1884年，朝鮮政治紛爭，袁世凱指揮軍隊擊退日本軍。

1885年，袁世凱為「清朝駐紮朝鮮總理交涉通商事宜」全權代表，維繫清廷在朝鮮的宗主權及其他特權。

1887年，袁世凱上書李鴻章，「乘朝鮮內敝，而日本尚不敢鯨吞朝鮮，列強亦尚未深入，我政府應立即徹底收拾朝鮮，建為一個行省」或「門戶開放，免得與日俄正面衝突，索性約同英美德法俄日意各國，共同保護朝鮮」。清政府飽受列強欺凌已是焦頭爛額，對袁世凱的建議擱置不問。

1894年，朝鮮東學黨起義，朝鮮向清廷借兵，李鴻章同意出兵。

6月4日清軍開赴朝鮮。根據《中日天津條約》相關條款，

6月7日清廷將出兵事宜知照日本，同日，日本駐北京公使小村壽太郎照會清廷稱日本也已出兵。

6月11日，日本公使大鳥圭介率軍到達朝鮮京城。獲悉清廷出兵後，起義軍與朝鮮政府簽訂《全州和約》。

6月12日大鳥圭介主動與袁世凱會晤，商談共同撤兵，日本拒絕撤兵。

7月25日，中日甲午戰爭，清軍海陸皆敗，袁世凱奉命隨軍撤退天津。

1895年，李鴻章舉薦袁世凱督練新軍，史稱〔**小站練兵**〕。袁世凱普魯士風格曲調的《大帥練兵歌》後來演變為中國人民解放軍的《三大紀律八項注意》。

1898年6月11日，慈禧就為發動政變做準備，孤立監視光緒皇帝的行為。

9月18日（八月初三）譚嗣同攜光緒密詔夜訪法華寺袁世凱，面勸兵變，出兵慈禧太后所居之頤和園，控制燕京政局。

20日（八月初五）袁世凱回天津將譚嗣同想法告知榮祿，榮祿連夜趕赴北京稟訴慈禧太后，光緒帝立即遭到軟禁

21日（八月初六）慈禧太后立即回宮，詔書廢黜光緒皇帝，全面掌握政權。袁世凱以告密有功，升任山東巡撫。

1901年，李鴻章去世，袁世凱接任直隸總督、北洋大臣，大力襄贊新政，廢除科舉、興辦學校（山東大學堂、北洋大學、軍醫學校）、督辦新軍、發展實業、獎設工商等。在保定編練北洋陸軍，總兵額達7萬人。

1905年10月，袁世凱舉行河間秋操，中國歷史上首次大規模現代化野戰演習。

1906年，又舉行彰德秋操，中外矚目。

1907年，袁世凱任軍機大臣。

1908年，光緒皇帝及慈禧太后相繼去世，溥儀繼位，醇親王載灃攝政，解除袁所有職務，袁知時勢不祥，稱疾返回河南，隱居於輝縣，後轉至彰德府洹上村（今河南省安陽市）。

1911年10月10日，清新軍陸軍第八鎮兵變，引爆武昌起義，成立以黎元洪為都督的中華民國軍政府，起用袁世凱。

1911年12月2日《漢口會議》確定「虛位臨時總統之席以待袁世凱反正來歸」。

12 月 4 日的《上海會議》《南京會議》組建中央臨時政府陷入僵局。

12 月 18 日，袁世凱想選民國首任總統。

12 月 29 日，同盟會召集代表開會選出孫中山為中華民國第一任臨時大總統。

1912 年 2 月 12 日頒降懿旨，幼帝溥儀退位，清朝統治宣告終止。《宣統帝退位詔書》中說：……今全國人民心理，傾向共和。南中各省，既倡義於前；北方將領，亦主張於後。人心所向，天命可知。……是用外觀大勢，內審輿情，特率皇帝將統治權公諸全國，定為立憲共和國體……即由袁世凱以全權組織臨時共和政府，與民軍協商統一辦法……

13 日，袁世凱通電共和，孫中山提出辭職咨文，準備將總統讓位給袁世凱，

14 日，南京臨時參議院批准。

15 日，南京參議院正式選舉袁世凱為中華民國臨時大總統。

18 日，袁在北京外交部迎賓館就職臨時大總統

29 日，北京兵變，袁世凱決定在北京就職，控制北洋政府。

1913 年 3 月 20 日宋教仁在上海被暗殺，兇手武士英離奇死亡，為袁世凱主使。

6 日，國會選袁世凱為民國第一任大總統。

14 日，《中華民國臨時約法》，對大總統的權限仍然有眾多限制。

11 月 4 日，袁世凱發佈《解散國民黨通令》，取消國民黨籍議員的資格。

1914 年 1 月，袁世凱解散國會。

3 月 31 日，袁世凱頒布《平政院編製令》。

5 月，公布《中華民國約法》，改責任內閣制為總統制。

8 月 23 日，以英日同盟（協約國）佔領山東膠州灣和膠濟鐵路沿線地帶。

11 月 18 日和 1915 年 1 月 7 日袁世凱兩次要求日本政府從中國撤軍。

12 月 29 日，公布《修正大總統選舉法》規定總統任期十年，可以連選連任。

1915 年 2 月 2 日，日本向袁世凱提出五號共計二十一個條款（簡稱《二十一條》）

5 月 25 日，在北京簽署《關於山東省之條約》《關於南滿洲及東部內蒙古之條約》及 13 件換文，總稱《中日民四條約》與《二十一條》。

12 月 12 日，袁世凱稱帝。23 日蔡鍔起義討袁，各省響應。

1916 年 1 月 1 日，袁世凱登極 83 天「中華皇帝」廢除「洪憲」年號。

6 月 6 日上午 10 時 15 分逝世，袁世凱皇帝夢碎，狼狽憂憤而死。

馮國璋　　1859.1.7.～1919.12.28.　河北省河間縣人

馮國璋,字華甫,直系領袖,副總統代理大總統。

1890 年,北洋武備學堂畢業。曾任蒙古正白旗副都統察哈爾都統禁衛軍總統。

1896 年,投奔袁世凱任督練營務處總辦。

1901 年,袁世凱在保定設軍政司,馮國璋任教練處總辦。

1903 年,任順天府成練兵處軍學司司長。

1906 年,署正黃旗蒙古副都統兼陸軍貴冑學堂總辦。

1907 年,任軍諮使。

1911 年,武昌起義後,馮國璋任第一軍總統,因功被清廷封為二等男爵。

1912 年,中華民國成立,袁世凱任臨時大總統,馮國璋任總統府軍事處處長。

1913 年,奉袁世凱命率軍鎮壓「二次革命」,攻克南京。出任江蘇都督。

1914 年,獲授將軍府宣武上將軍。

1915 年,袁世凱稱帝,任為參謀總長,他不滿袁世凱稱帝病未上任。

1916 年 3 月 19 日,馮國璋聯絡張勳、李純、靳雲鵬、朱瑞,聯名密電(五將軍密電)各省,徵求撤銷帝制意見。

6 月 6 日袁世凱死,黎元洪繼任大總統,馮國璋當選副總統,北洋軍分裂為皖、直兩系,馮成為直系首領。

1917 年 7 月,大總統府院之爭,引發張勳復辟,黎元洪辭職,馮國璋代理大總統,段祺瑞復任國務總理。

右圖為馮國璋(右)同段祺瑞(左)合影

1918 年 8 月 12 日,新國會(安福國會)迫段馮辭職。選舉徐世昌為新任大總統。

1919 年,回河間縣老家,投資開灤煤礦、中華匯業銀行等。

12 月 28 日,病逝北京東城區帽兒胡同 13 號,享年 62 歲。臨終前曾遺言徐世昌「和平統一,身未及見,死有遺憾,希望總統一力主持,早日完成。」

馮還遺電全國各省「願內外同心,化除畛域,和平統一,務底於成。」

馮國璋逝世,全國下半旗哀悼三天。徐世昌和段祺瑞曾親赴馮宅弔喪。

國務院咨請眾議院同意,為馮國璋舉行國葬禮。

1920 年 2 月 2 日,移靈歸葬河間縣詩經村原籍。3 月 20 日,靈柩大殯入土。

陸榮廷   1859.9.9.～1928.11.6.廣西壯族自治區南寧市武鳴縣壯族人

陸榮廷,原名亞宋,字幹卿,舊桂系軍閥首領。

陸榮廷出身貧農,少年時代為生計而當盜賊並成為會黨成員。1882 年(光緒 8 年),陸榮廷投降水口關的清軍,並參加當地會黨「三點會」。1884 年(光緒 10 年),中法戰爭爆發,陸榮廷加入清朝正規軍參戰。戰爭結束後,陸榮廷被正規軍裁撤,乃復歸盜賊生活。陸榮廷主要

襲擾法軍，獲得當地民眾愛戴。

1894 年（光緒 20 年），陸榮廷被廣西提督蘇元春招撫，獲授管帶。此後，陸榮廷成為清朝正規軍。1903 年（光緒 29 年）至 1905 年（光緒 31 年），陸榮廷參與鎮壓廣西省發生的大規模會黨起義。1904 年（光緒 30 年）冬，兩廣總督岑春煊任命其為廣西邊防軍「榮字營」統領，手下由約 4 千人的部隊。這成為日後桂軍的核心部隊。

1907 年（光緒 33 年）12 月，陸榮廷和龍濟光鎮壓孫文發動的鎮南關起義。陸榮廷因軍功而獲賞給「捷勇巴圖魯」名號，後升任右江鎮總兵（後調任左江鎮總兵）。1909 年（宣統元年），升任廣西邊防督辦。

1911 年，廣西提督龍濟光調往廣東任職，陸榮廷接任廣西提督，確立桂軍地位。

1912 年，袁世凱正式任命陸榮廷擔任廣西都督。

1913 年，二次革命，陸榮廷支持袁世凱，鎮壓廣西省內起義的革命派。

1914 年，獲授將軍府寧武將軍，

1915 年，獲授耀武上將軍。護國戰爭，陸榮廷秘密參與反袁世凱運動。

1916 年，陸榮廷發表廣西省獨立宣言，參加護國軍，陸榮廷進入廣州，就任廣東督軍。

1917 年，陸榮廷赴北京訪問，獲黎元洪任命為兩廣巡閱使，確認對兩廣管轄權。

1917 年，孫文發動護法戰爭，在廣州組織護法軍政府，並任大元帥，陸榮廷和唐繼堯當選元帥。但是陸榮廷、唐繼堯不甘屈居孫文之下，拒絕就任。

1918 年，軍政府改組，孫、陸、唐等 7 人出任總裁，實行集體領導，陸、唐就任總裁。陸榮廷擁岑春煊任主席總裁，陸榮廷掌握了護法軍政府的主導權。

1920 年，陳炯明率粵軍討伐岑春煊和陸榮廷，第一次粵桂戰爭爆發。10 月岑春煊被迫下野，11 月桂軍被逐出廣東，撤回廣西。陸榮廷喪失對廣東的支配。

1921 年，陳炯明接受孫文的「援桂」指示，率粵軍進攻廣西省，第二次粵桂戰爭爆發。陸榮廷的心腹沈鴻英宣布投向孫文陣營。陸榮廷喪失龍州據點，宣言下野，逃往上海。

1923 年，陸榮廷被北京政府任命為廣西全省善後督辦，再度成為廣西省的統治者。但沈鴻英、李宗仁、白崇禧、黃紹竑領導的新桂系同陸榮廷對抗。

1924 年，陸榮廷遭到新桂系攻擊放棄桂林，又喪失全州，被逐出廣西省，逃往湖南省永州。陸榮廷發表下野宣言，脫離政界。

1928 年 11 月 6 日，陸榮廷在上海逝世。享年 70 歲（滿 69 歲）。

王占元　1861.2.20.～1934.9.14.山東省館陶縣（今河北省）南館陶鎮人

王占元，字子春，直系軍閥，湖北的統治者，與李純、陳光遠稱「長江三督」。早年成為淮軍劉銘傳部隊的士兵，開始了其軍事生涯。

1886 年，入天津武備學堂第 1 期學習。

1890 年，加入宋慶的毅軍，參加甲午戰爭。

1895 年，加入天津小站袁世凱的新建陸軍，工程營隊官。

1902 年，任北洋常備軍步兵隊第 7 營管帶。翌年，升任步兵隊第 1 標統帶。

1904 年，袁世凱、鐵良編製北洋陸軍 6 個鎮，王占元任陸軍第二鎮步兵隊第 3 協統領。此後，他逐步昇進。

1911 年，獲授陸軍協都統位。武昌起義爆發，在馮國璋的指揮下參與鎮壓革命，從革命軍手中奪回漢陽，立下軍功，升任陸軍第二鎮統制，獲授副都統銜。

1912 年，中華民國成立，各鎮改為各師，王占元率陸軍第二師駐紮保定。

1913 年，二次革命爆發，奉命鎮壓革命派。因立下軍功，獲授陸軍上將銜。

1914 年，兼任豫南剿匪總司令，參與討伐白朗。4 月，任湖北軍務幫辦。

1915 年，支持袁世凱稱帝，獲授壯威將軍、封一等侯。護國戰爭爆發，王占元被任命為襄武將軍督理湖北軍務。

1916 年，袁世凱逝世，被任為湖北督軍兼民政長。府院之爭，王占元支持段祺瑞，給大總統黎元洪帶來壓力。馮國璋的直系同段祺瑞的皖系發生矛盾，段祺瑞提倡「武力統一」，馮國璋則主張「和平統一」，王占元站在馮一邊。

1919 年，馮國璋病逝，曹錕成為直系領袖。王占元繼續成為曹錕的有力支持者。

1920 年，王占元被任命為兩湖巡閱使。直皖戰爭爆發，王占元逮捕皖系吳光新，勢力擴大。他統治苛酷，普遍不滿，又拖欠軍餉頻發兵變，湖北社會陷入混亂。湘軍趙恆惕聯合湖北省的李書城開始倒王運動。

1921 年，王占元下野，逃往天津。

1926 年，應五省聯軍司令孫傳芳邀請，王占元出任訓練總監，阻止國民黨北伐。

1928 年，張作霖任命王占元為陸軍檢閱使。北京政府被北伐軍打倒。王占元轉入實業界，投資不動產、各種工廠、銀號，獲得巨大商業利益。

1934 年 9 月 14 日，王占元在天津逝世。享年 74 歲（滿 73 歲）。

曹錕 1862.12.12.～1938.5.17.清末直隸省天津府天津縣大沽口人

　　曹錕，字仲珊，出生於一個貧窮的排船工（即造船工）家庭。年輕時，曹錕曾當布販，四處販布。

　　1882 年，投淮軍當兵。

　　1885 年，入天津武備學堂。

　　1890 年，畢業後，任宋慶所部毅軍的哨官。

　　1895 年，轉入天津小站投奔袁世凱，任營幫帶。袁世凱任直隸總督後，

　　1902 年，曹錕被任為直隸常備軍右翼步隊第十一營管帶。

　　1903 年，任京旗常備軍（後改為陸軍第一鎮）第一協統領。

　　1907 年，升任陸軍第三鎮統制。

　　1911 年，曹錕授副都統。武昌起義，時任清陸軍第三鎮統進攻山西革命軍。

　　1912 年 1 月，調防北京。2 月，曹錕改稱陸軍第三師師長，縱兵發動北京兵變，使袁世凱拒絕赴南京就任臨時大總統有了借口。

　　1914 年 4 月，曹錕任長江上游警備司令。

　　1915 年，曹錕上書請改國體，擁袁稱帝。袁世凱稱帝後，曹錕獲封一等伯。

　　1916 年，率部赴四川鎮壓護國軍。9 月任直隸督軍。

　　1917 年，參與張勳復辟旋又討伐張勳，任西路討逆軍總司令，直隸督軍兼省長。

　　1918 年，奉命南下同護法軍作戰。

　　1919 年 12 月，馮國璋逝世後，曹錕成為直系的首領。

　　1920 年 7 月，在直皖戰中擊敗皖系，同奉系共同掌握北京政府任直魯豫巡閱使。

　　1922 年，曹錕首先逼退大總統徐世昌，迎原任大總統黎元洪復職，使黎元洪成為其傀儡，隨著直系內部吳佩孚的崛起，吳佩孚不贊成曹錕出任大總統。但曹錕處於優勢地位，其出任大總統的計劃獲得美國支持。

　　1923 年 6 月，美國總統沃倫·蓋瑪利爾·哈定發表支持中國統一聲明。

　　曹錕迫使黎元洪交出大總統印並簽署辭職書。曹錕當選為中華民國大總統，被譏為「豬仔總統」「賄選總統」。賄選國會通過《中華民國憲法》，人稱「曹錕憲法」「賄選憲法」。

　　1924 年，馮玉祥發動北京政變將曹錕軟禁中南海延慶樓，政權由直系改歸奉系。

　　1926 年 4 月 9 日，馮玉祥的部下鹿鍾麟發動兵變包圍了臨時執政府，段祺瑞逃走，釋放了被軟禁的曹錕。

　　1926 年，獲得釋放後，曹錕到河南投奔吳佩孚。

　　1927 年後，寓居天津租界。

　　1937 年，盧溝橋事變，日軍佔領天津，企圖曹錕出面組織親日政府，但遭拒絕。

　　1938 年 5 月 17 日，曹錕在天津因肺炎而病逝。6 月 14 日，因其保持民族氣節，國民政府主席林森追贈曹錕為陸軍一級上將，並發布褒揚令。

張懷芝　1862～1934 山東東阿縣皋上村人

　　張懷芝，字子真，出身貧寒，少時讀書僅 4 年輟學，務農和討飯，後入天津為人養馬 7 年。

　　1890 年，入北洋武備學堂，畢業後分配到榮祿武衛中軍炮兵營擔任領官，曾參加圍攻東交民巷，命令炮兵故意偏離目標，放五六百炮，未傷洋人一人。後任陸軍第一鎮第一協協統、陸軍第五鎮代理統制、天津總兵、幫辦直隸防務大臣。

　　1911 年，辛亥革命爆發，袁世凱復出，張辭職，閒居濟南，在濟南名勝萬竹園舊址上營建私宅。

　　1912 年，任幫辦山東防務大臣，後改任安徽巡撫。

　　1915 年，任察哈爾都統，12 月袁世凱稱帝時他獲封一等男爵。

　　1916 年，他獲封將軍府「濟武將軍」署理山東軍務。6 月袁世凱去世，7 月他任山東督軍。此後他為皖系軍閥，曾列名督軍團。

　　1917 年，在南北戰爭中任北軍第二軍總司令、湘贛陸軍檢閱使。1918 年被護理山東督軍張樹元排擠出山東。

　　1918 年，任湘贛檢閱使，出征湖南省，後敗退。

　　1919 年，任參謀本部總長。

　　1920 年，直皖戰爭，奉徐世昌之命與直系的薑桂題進行調停，但未成功。皖系敗北後，他改投直系軍閥，

　　1922 年，他捐資重修家鄉靜覺寺，和建村小學名為「張氏小學」計 4 棟 28 間。

　　1924 年，任曹錕北洋政府參謀總長兼前敵總執法處處長。第二次直奉戰爭直系戰敗後，下野在天津閒居。

　　1934 年 10 月，在天津病逝。

楊增新　1864.3.6.（農曆正月廿八日）～1928.7.7.雲南蒙自人

楊增新，字鼎臣，進士。歷任新疆都督、督軍、主席17年。

1888年，中舉人。

1889年，中進士，5月，交吏部掣籤，分發各省以知縣即用。1907年，調任新疆陸軍學堂總辦。

1911年，升任鎮迪道兼提法，任新疆省長。平定哈密、阿克蘇的動亂，鎮壓哥老會與農民起事，掌握新疆實權。

1918年，裁撤阿爾泰辦事大臣，設立阿山道，以周務學作道尹，將該區併入新疆省，免於落入蘇俄和外蒙古獨立勢力手。

1928年6月，楊增通電服從南京國民政府，改懸青天白日滿地紅旗，任新疆省主席。7月7日楊增新在一學校畢業生慶賀宴上，被人刺殺。政變不久後，金樹仁出兵討伐樊耀南成功，成為新疆統治者。遺體經蘇聯運至北京。

1929年，安葬於昌平南沙河一帶。

1950年，楊增新墓被拆毀，石料用於整修河道。現僅存墓碑一塊，立於南沙河北岸，為昌平區文物保護單位。

楊增新在生，是新疆的實際統治者，調整新疆的政制，集中權力，解決了清末以來新疆巡撫、伊犁將軍、各處參贊大臣事權不統一的問題。

在內政方面，推行老子的「無為而治」信奉「渾噩長為太古民」。在政治、財政上有所改革，獎勵墾荒，使財政收入大為增加，並實行裁軍，維持了較長的安定和平。

在民族和宗教的政策上，楊採用了懷柔牽制的政策以防止了動亂。用宗教來協助社會秩序的維持，並防止外來的宗教力量進入影響。

楊增新在位時，多次向俄、英兩國爭取權利，包括保護俄境華僑。

黎元洪 1864.10.19.－1928.6.3.湖北省武漢黃陂人

黎元洪，字宋卿，謹厚，勤學，曾任北洋政府大總統。

1883年，考入天津北洋水師學堂，在廣東水師任廣甲號二管輪。甲午戰爭時被日艦擊沉，飄海遇救。後投靠張之洞，被派督練新軍，多次赴日本學習軍事。

1906年，任新軍第21混成協協統，駐守湖北武昌。

1911年，辛亥革命，出任湖北軍政府都督，各省都督府代表聯合會成立，推為中央軍政府大都督、大元帥。

1912年，中華民國臨時政府成立，被選為臨時副總統。

1913年10月正式當選副總統。12月被段祺瑞脅迫進京。

1915年，袁世凱稱帝後，被封為武義親王。但黎極為反感，固辭，申令不許。

1916年，袁世凱死，黎元洪接續未完任期為第一任大總統。

1917年，與國務總理段祺瑞發生「府院之爭」，黎免去段的職務，擁段的11省督軍在各地宣佈獨立。黎元洪急召張勳入京調解，被迫解散國會。

7月1日，張勳擁立十二歲的溥儀復辟。黎逃入日本使館，電請副總統馮國璋代行大總統職權，任段祺瑞為總理。復辟事件失敗，張勳逃入荷蘭大使館。

7月14日，黎去職，馮國璋任代大總統，以段祺瑞為國務總理。

1922年，直奉戰爭第二任大總統徐世昌被驅逐。黎元洪復任大總統。

1923年，黎元洪被曹錕驅逐，曹錕賄選，當選第三任大總統。

1928年，黎元洪病逝於天津英租界寓所。

1935年，國民政府為黎元洪舉行國葬（墓在武昌洪山區華中師範大學校園內）。

段祺瑞　1865.3.6.～1936.11.2.　安徽合肥肥西縣人

段祺瑞，原名啟瑞，字芝泉，祖父及叔父皆為淮軍將領。

皖系軍閥首領。

1885年，天津北洋武備學堂炮兵科畢業。

1889年，獲派德國留學，回國加入袁世凱幕府，小站練兵，成為袁的親信，與馮國璋、王士珍並稱為「北洋三傑」（被稱為龍、虎、狗；王為龍，段為虎，馮為狗）。

1905年，任新軍陸軍第四鎮統制，駐軍天津馬廠。

1909年，袁世凱被「着即開缺，回籍養疴」，臨走前將北京私宅贈與段祺瑞。段祺瑞仍留軍中，任陸軍第六鎮統制。

1910年5月25日，清廷以段祺瑞督辦北洋陸軍學務有功，賞頭品頂戴。

12月18日，加侍郎銜，外放江北提督，駐江蘇淮安清江浦，負責本地治安。

1911年，武昌起義，任清軍第二軍軍統，湖廣總督。

1912年，奉袁世凱旨意領銜北洋將領四十六人通電，迫使清帝退位。中華民國建立，段祺瑞出任陸軍總長。

1913年，代理國務總理，鎮壓二次革命，又署理湖北都督兼領河南都督。

1914年，日軍佔領青島，段主張對日本決一死戰。

1915年5月，「二十一條」簽訂，段辭職赴西山養病。袁世凱洪憲帝段不擁護。

1916 年 3 月，袁世凱被迫取消帝制，改為共和，邀段出山任國務總理。

1917 年，與大總統黎元洪之間府院之爭，引發由張勳領導的溥儀復辟。復辟歷時 12 日，即被段誓師鎮壓。與馮發生第二次府院之爭，11 月 22 日辭職。

1918 年 3 月 22 日，復職。同年 10 月，馮國璋總統任期滿，安福國會選舉徐世昌為大總統。段、馮約定共同下野。

1920 年 7 月，在直皖戰爭中失敗，退隱天津。

1924 年 10 月 23 日，馮玉祥發動北京政變，推翻大總統曹錕，請段臨時執政。

1925 年 4 月 24 日，段下令，廢除中華民國第一屆國會，由臨時參政院替代之。

1926 年 3 月 18 日，鎮壓北京學生運動的三‧一八慘案，同年 4 月 9 日被馮玉祥驅逐下台，退居天津日租界當寓公，潛心佛學，自號「正道居士」。

1931 年，九一八事變後，拒絕與日本人往來，頗有操守。

1933 年 2 月，段祺瑞移居上海。

1935 年，被任命為國民政府委員，但沒有就職。

1936 年 11 月 2 日，在上海病逝，葬於萬安公墓，享年 72 歲（滿 71 歲）。

臨終遺言有「八勿」，即：「勿因我見而輕起政爭，勿尚空談而不顧實踐，勿興不急之務而浪用民財，勿信過激言行之說而自搖邦本。講外交者，勿忘鞏固國防；司教育者，勿忘保存國粹；治家者，勿棄國有之禮教；求學者，勿鶩時尚之紛華。」

盧永祥　1867～1933 山東省濟南府濟陽縣人

盧永祥，原名振河，字子嘉，畢業於天津武備學堂，後投入李鴻章的淮軍，開始軍事生涯。曾任武衛右軍各營管帶、山東武衛右軍先鋒隊右營幫帶等職。

後來歷任協統領、協統。因鎮壓革命派有功，升任總兵、提督、副都督。

1912 年，任第 24 師師長，獲中將位。

1914 年，任第 10 師長，駐上海。後任淞滬軍副使、護軍使、江蘇軍務、浙江督軍。

1915 年，袁世凱封為一等男。袁世凱死後，盧永祥加入皖系。

1920 年，直皖戰爭皖系敗北，他為了生存靠攏奉系。

1921 年，他發出聯省自治的通電。

1922 年，他任浙江軍務善後督辦。

1924 年，直系的江蘇督軍齊燮元和他開始第二次直奉戰爭，後來齊燮元受到福建督軍孫傳芳的支援，盧遂敗北，流亡日本。

段祺瑞執政，盧永祥任蘇皖宣撫使兼江蘇督軍，受到奉系的壓力下野。

1933 年，在天津病逝。享年 67 歲。

龍濟光　1867～1925.3.12.哈尼族雲南元陽縣逢春嶺納更土司

龍濟光，字子誠（亦作紫丞、子澄），成年後，接任土司職務，在昆明任官。1889 年，回到家鄉組織團練。

1904 年，廣西省發生大規模會黨起義。為鎮壓起義，龍濟光在兩廣總督岑春煊的動員下入廣西。此後龍濟光和陸榮廷鎮壓會黨立下軍功，

1905 年，龍濟光被任命署理廣西右江道。

1907 年，孫文在廣西鎮南關起義，龍濟光和陸榮廷奉命鎮壓。因立下軍功，龍濟光署理廣西提督。

1911 年，為鎮壓革命派，龍濟光被調往廣東。廣東革命派宣布獨立，龍濟光拒絕獨立。胡漢民、陳炯明起義。中華民國成立後，龍濟光被任綏靖處副經略。

1913 年，陳炯明發動二次革命。龍濟光被袁世凱任命為廣東鎮撫使，龍濟光乃驅逐炯明，取得了廣東省的統治權。同年 8 月，龍濟光被北京政府任命為廣東都督兼署民政長。

1914 年，任振武上將軍督理廣東軍務。

1915 年，龍濟光支持袁世凱稱帝。8 月 27 日，鍾明光前往廣州積厚坊刺殺龍濟光，未果被捕，次日遭殺害。12 月 25 日護國戰爭，龍濟光積極討伐護國軍。

1916 年，袁世凱封龍濟光為「郡王」。

1916 年，廣西省的陸榮廷發表獨立宣言，一週後的 3 月 22 日，袁世凱宣布取消帝制。此後，龍濟光在南方處於孤立地位。在護國軍的李烈鈞及陸榮廷的威脅下，4 月 6 日龍濟光發表廣東獨立宣言。

4 月 12 日，龍濟光在廣州海珠島水上警署邀請各界代表，召開廣東獨立善後問題會議，會議中，當談及軍隊改編問題時，發生嚴重爭執，龍的警衛軍統領顏啟漢突然開槍，將護國軍代表湯覺頓、譚學夔等當場擊斃。是為「海珠慘案」。龍濟光將事件起因稱為雙方「言語衝突，開槍互擊」。

6 月 6 日袁世凱病死，龍濟光取消獨立，宣布忠於北京政府。此後李烈鈞、陸榮廷繼續進攻龍濟光。同年 10 月，陸榮廷軍攻入廣州，龍濟光逃往海南島。

1917 年，龍濟光任兩廣巡閱使，反對孫文的護法運動，攻擊廣州的陸榮廷。

1918 年，龍濟光遭到李烈鈞討伐，同年 5 月龍濟光被驅逐出廣東。此後他逃往北京。此後，在皖系段祺瑞的庇護下，龍濟光在天津組織振武軍。

1920 年 7 月，的直皖戰爭中被消滅。自此龍濟光的政治及軍事影響力完全

喪失。

　　1925 年 3 月 12 日，龍濟光在北京逝世。享年 59 歲。

倪嗣沖　1868～1924.7.12.安徽阜陽倪新寨（今屬阜南縣）人

　　倪嗣沖，原名毓桂，字丹忱。清末民初仍為皖系軍閥。

　　1893 年，中秀才，後屢試不第，參加淮軍。

　　1895 年，參加袁世凱手下的新建陸軍。

　　1907 年，他花錢捐得候補知府。東三省總督徐世昌任命他為奉天提法使、黑龍江民政使兼巡防軍翼長。

　　1909 年，錫良接替了徐世昌，倪被以瀆職的理由罷免。

　　1911 年，任河南布政使幫辦河南軍務，後調任安徽布政使。

　　1912 年，任武衛右軍翼長、督辦皖魯豫蘇四省交界事宜。

　　1913 年，任安徽清鄉督辦、皖北鎮守使、安徽護軍使、安徽都督兼民政長。

　　1914 年，被授予「安武將軍」，督理安徽軍務。

　　1915 年，袁世凱準備稱帝，倪和其他 14 名北洋系軍人擁戴，封他為一等公。

　　1916 年，任長江巡閱副使兼署安徽省長。護國戰爭爆發，袁世凱被迫取消帝制，

　　6 月 6 日袁世凱死去，倪嗣沖成爲段祺瑞爲首的皖系軍閥的中心人物之一，

　　7 月就任安徽省長。9 月倪策劃皖系督軍組織「十三省聯合會」（即督軍團）。

　　1917 年，張勳復辟，他秘密支援。段祺瑞討伐張勳後，倪態度突變，任南路討逆軍總司令，參加討伐張勳。復辟失敗，倪任長江巡閱使兼安徽督軍，

　　1920 年，直皖戰爭皖系敗北，他被罷免，轉赴天津租界隱居。投資銀行、紗廠、麵粉廠、油漆公司等，還在英、日租界廣置房地產。

　　1924 年 7 月 12 日，病逝於天津。享年 57 歲

馬麒　1869.9.23.～1931.8.5.回族，甘肅河州人

　　馬麒，字閣臣，回族，甘肅河州人，馬家軍軍閥主要人物之一。和當武官的父親馬海宴（《清史稿》作「馬海彥」）同樣，馬麒也從武，是武科生員。

　　1894 年，隨父加入董福祥領導的甘軍。義和團之亂中，馬麒隨甘軍參戰，其後駐留北京，負責慈禧太后的警衛。1911 年，辛亥革命爆發，馬麒加入馬安良領導的「精銳西軍」任幫統，

討伐陝西革命軍。途中，寧夏（今銀川市）革命軍起義，馬麒奉派討伐寧夏軍政府，將其消滅。

1912 年，馬安良、馬麒駐紮蘭州，馬麒被北京政府任命為西寧鎮總兵，後升任青海蒙番宣慰使。

1914 年，四川與青海兩地的歸屬產生糾紛，北京政府派人勘定界線，結果兩地歸屬青海，川軍撤退。由此，馬麒在青海西、南部形成勢力範圍，被任命為玉樹駐防司令。

1915 年，馬麒為令政敵、青海辦事長官廉興失勢，向北京政府進讒言，稱廉興企圖叛亂，廉興遂被罷免。同年 10 月，青海辦事長官、西寧鎮總兵的職位廢止，取而代之的是甘邊寧海鎮守使，馬麒出任該職。

1912 年，馬麒組織「寧海軍」，起用弟弟馬麟、子馬步青、馬步芳、侄子馬步元、同族的馬仲英，形成家族型軍隊，並聘用黎丹等人為幕僚。寧海軍利用毛皮、製藥原料、金、鹽等特產來謀求增強軍事力量。1916 年（民國 5 年），鎮壓宗社黨的叛亂。

1921 年，降伏果洛的藏族人。

1923 年，壓制了夏河。另一方面，馬麒統治地區民政辦理較好，努力禁止種植鴉片，開墾、道路建設、水利等方面事業取得進展。

1927 年，將勢力範圍伸向中國西北部的馮玉祥組織了國民革命軍第二集團軍，馬麒任暫編第 26 師師長。

1928 年，高樹勳率國民革命軍第二集團軍進軍西寧。馬麒未能抵抗，統治權被高樹勳奪走。派遣朱繡、周希武等人組成青海代表團，前往蘭州與劉郁芬商談擁馮玉祥入青事宜，但前去途中朱、周兩人就被謀殺。

1929 年，青海省政府成立，馬麒被任命為青海省政府委員。首任青海省政府主席孫連仲邀請馬麒就任建設廳長，馬麒將該職務讓與弟弟馬麟。孫連仲改任甘肅省政府主席後，高樹勳代理青海省政府主席。其後，馮玉祥命馬麒代理青海省政府主席。後來，馬麒轉而支持蔣介石，蔣介石繼續讓他代理青海省政府主席。

1931 年 8 月 5 日，馬麒在西寧逝世。享年 63 歲。

劉顯世　　1870.5.8.～1927.10.14.貴州省興義縣人

劉顯世，字如周，號經碩，黔軍興義系軍閥首領。父親劉官禮是團練統領，

父子推進興義縣教育成為政治人脈。

　　1911 年，貴州新軍響應武昌起義反清，成立貴州軍政府，劉顯世舊軍支持清朝，與立憲派任可澄立場不同，後來聯合，與革命派貴州都督楊藎誠，雙方對立。

　　1912 年，唐繼堯滇軍入貴陽，將對立勢力驅逐肅清。唐就任貴州都督，劉任貴州國民軍總司令。

　　1913 年，二次革命劉顯世支持袁世凱。

　　1915 年，蔡鍔和唐繼堯為阻止袁世凱稱帝發動護國戰爭。劉顯世起初支持袁世凱稱帝，後來，護國軍支持黔軍第 1 團團長王文華（劉顯世的外甥）和貴州民政長戴戡反袁，這對劉顯世有顯著的壓力。

　　1916 年，劉顯世轉而支持護國軍，發表貴州獨立宣言，袁世凱死去，黎元洪任命劉為貴州督軍兼省長。

　　1920 年，「民九事變」新派殺舊派骨幹，劉不得已下野。可是王文華亦被部下袁祖銘暗殺。

　　1923 年，劉顯世獲唐繼虞滇軍的支援，驅走袁祖銘，重歸貴陽。

　　1925 年，袁祖銘同唐繼堯和解，重返貴陽，劉顯世與唐繼虞共同撤退到昆明。

　　1927 年 10 月 14 日，在昆明病逝。享年 58 歲（滿 57 歲）。

　　劉顯世「興義系」衰敗，被周西成領導的桐梓系取代。

趙倜　1871～1933 河南平輿人

　　趙倜，原名金生，字周人，有志向學，家貧無法從願。

　　1890 年，趙倜決定從軍，投入濟南毅軍馬玉昆部擔任文書。

　　1894 年，升任騎兵管帶。甲午戰爭，隨軍赴韓國同日本作戰。

　　1898 年，毅軍改組為武衛左軍，駐紮山海關，趙倜隨軍駐紮。

　　1900 年，趙倜升任統領。

　　1908 年，馬玉昆逝世，薑桂題接任，升任武衛左軍全軍翼長。辛亥革命，趙倜同山西省閻錫山陝西省張鳳翽等革命派交戰。

　　1911 年，中華民國成立，趙倜成為袁世凱的屬下。

　　1914 年，任豫南剿匪督辦，討伐陝西省、河南省活動的白朗。同年白朗戰死，趙倜因功獲授宏威將軍、德武將軍兼督理河南軍務，統治河南。

　　1915 年，袁世凱稱帝，趙倜支持，獲封一等侯。

　　1916 年，袁世凱死去，趙倜改任河南督軍，兼任省長。皖系段祺瑞為了將河南納入自己的勢力圈，企圖罷免趙倜，趙倜乃同直系對抗。

　　1920 年，直皖戰爭，趙倜站在直系一邊，最終皖系倒台，吳佩孚掌握河南大政。

1921 年，吳佩孚部屬馮玉祥奉命趕走趙倜。趙倜獲得張作霖的支援，頂住壓力。

1922 年，直奉戰爭，趙倜站在奉系一邊同直系作戰，奉系敗北，趙倜被馮玉祥擊敗。趙倜的河南督軍職務被罷免。趙倜成為張作霖及張學良的高級顧問。

1933 年，趙倜在北平德國醫院病逝。享年 63 歲。

白朗　　1873～1914.8.3.河南寶豐人

白朗，字明心，幼名六兒，因本名諧音，綽號白狼。反對袁世凱之民變領袖。清末曾在陸軍第六鎮統制吳祿貞手下充當參謀軍官，

1911 年，辛亥革命爆發，白朗在河南寶豐起兵，很快招募眾多團練，

1912 年，在河南西部一帶游擊，鼓勵窮人造反，自稱為中原扶漢軍大都督。

1913 年，二次革命，白朗趁機響應，發動農民起義，反對袁世凱政權，威脅京漢鐵路安全。民國初年，河南連年飢荒，貧民、飢民常鋌而走險做盜匪，響應白朗起義，袁世凱調兵對白朗圍剿，袁軍陝西王生歧陣前起義，參加白朗軍，使白朗軍的軍力大增，白朗遂自稱「中華民國扶漢討袁司令大都督」。

1914 年，白朗突破袁軍包圍進入安徽。袁世凱命段祺瑞追擊，並派出 4 架飛機偵察，白朗迫於壓力，離皖入鄂，佔領老河口，全軍發展到 2 萬餘人。

在老河口，白朗軍打死基督教挪威傳教士費蘭德醫生，打傷沙麻牧師，釀成「老河口案」，引起西方國家對袁世凱的強烈抗議。

此後，白朗經天水、岷縣等地進入甘肅藏族地區。但無法在當地立足，糧食與彈藥無處補充，只得率軍返回河南，途中損失慘重，只得分散進行游擊戰，不久被袁軍各個擊破。白朗也於 8 月 3 日的寶豐戰鬥陣亡。死後被劉鎮華斬下首級，函首燕京。

陳光遠　　1873.10.8.～1939.直隸省武清縣崔黃口（今屬天津市）人

直系軍閥馮國璋嫡系陳光遠、李純、王占元稱「長江三督」。

1892 年，入天津武備學堂。畢業後出任武衛右軍隊官。

1902 年，任北洋常備軍軍政司總務處總辦。後來調任北洋第 4 鎮第 8 協統領

1911 年，武昌起義爆發，陳光遠作為馮國璋的部下隨馮國璋討伐革命派，升任第 4 鎮統制。然而，由於第 4 鎮一部發生兵變，陳光遠被罷免。

1912 年，陳光遠任陸軍中將兼總統府諮議官。

1913 年，改任熱河巡防營統領兼赤峰鎮守使。

1914 年，袁世凱直接統率的軍事模範團成立，陳光遠被任命為團副。後來陳光遠就任新編陸軍第 12 師師長兼模範團督練。

1915 年，袁世凱稱帝，陳光遠獲封一等子爵。

1916 年，袁世凱死去，陳光遠加入直系。

1917 年，被任命為京津警備副司令，張勳實行復辟時，任命陳光遠為北京九門提督，隨後陳光遠參加直系討伐張勳行動。

馮國璋就任代理大總統後，任命陳光遠為江西督軍。段祺瑞企圖派兵赴湖南省討伐南方政府時，陳光遠同江蘇督軍李純、湖北督軍王占元共同阻止，使段祺瑞未能達到目的。

1921 年，江西省內各階層發動反對陳光遠統治的運動，陳光遠被迫下野。此後，陳光遠未能復歸軍事、政治舞台，晚年在天津經商。

1939 年，陳光遠逝世。享年 67 歲。

吳佩孚　1874.4.22～1939.12.4.　山東蓬萊

吳佩孚，字子玉，晚清秀才，北洋軍閥直系首領。

1898 年，投效天津淮軍聶士成部隊，入北洋武備學堂開平班學習步兵科。

1902 年，入保定陸軍速成學堂測繪科

1904 年，日俄戰爭，吳化裝成小販前往「觀摩」被曹錕賞識。

1906 年，任北洋陸軍第三鎮曹錕部炮兵第三標第一營管帶。

1916 年，隨曹錕入川與西南護國軍作戰，升任旅長。

1917 年 7 月，任討逆軍西路先鋒，參加討伐張勳復辟。

1918 年，護法戰爭，任北軍第三師師長，隨曹錕入湖南作戰。

1919 年，通電擁護五四運動，高談「勞工神聖」。

1920 年 5 月，擊敗皖系勢力，控制北京政府。進駐洛陽，任直魯豫巡閱副使。

1921 年，兩湖巡閱使兼湖北督軍王占元被川湘聯軍驅逐，吳佩孚被北京政府任命為兩湖巡閱使，命蕭耀南部佔領湖北。允許共產主義人士在其控制範圍內的京漢鐵路、隴海鐵路等鐵路沿線組織工會。

1922 年 4 月，在直奉戰爭中擁曹錕，將奉系軍閥擊退山海關關外，成為北洋軍閥中的首要人物，軍事實力最強。

6 月，恢復約法，恢復舊國會，倡議南北議和統一。

8 月，蘇聯派出駐華全權代表越飛抵達北京，首先致函吳佩孚，希望建立合作關係，但是吳佩孚拒絕了蘇聯的遊說。於是越飛轉而聯絡孫中山。

1923 年 2 月，殘酷鎮壓京漢鐵路大罷工，史稱「二七慘案」。

4 月，在洛陽舉行五十大壽，康有為送副壽聯，曰：「牧野鷹揚，百歲功名

才半世；洛陽虎踞，八方風雨會中州。」吳大喜，賞給大洋一千元。

1924 年 9 月，在中南海四照堂點將，發動第二次直奉戰爭，曹錕任命吳擔任「討逆軍總司令」。10 月馮玉祥接受張學良賄賂，臨陣倒戈，發動北京政變囚禁曹錕，吳為奉軍及馮叛軍所敗。赴岳州託庇於湖南軍閥趙恆惕。

1925 年 10 月，浙江督辦孫傳芳發動反奉戰爭，擁吳出征。

1926 年 4 月，馮玉祥國民軍被奉軍逼出北京，固守南口，直奉再度聯合，擊敗馮軍。吳的反蘇立場使得蘇聯支持的國民黨廣州國民政府，把吳列為北伐的首要目標。同年夏天吳被北伐軍擊潰主力。北伐軍攻佔武漢三鎮後，吳率殘部撤退到河南，不久又被張作霖排擠，遁入四川依靠楊森，從此一蹶不振。

1927 年，勢力全無，退出軍旅與政治生涯。

1931 年，九一八事變居北平。批評滿州國為日本附庸，但吳也曾任偽京津衛戍司令齊燮元的聘請，為其的「特高顧問」，每月領「車馬費」數千元。

1937 年，抗日戰爭，拒絕日本政府邀請合作。土肥原賢二親自出馬，前來拜會吳佩孚。勸吳佩孚出山、被吳佩孚拒絕。

1939 年 12 月，吳佩孚北平吃羊肉餃子引發牙痛，由一日籍牙醫師替其拔牙引發感染，12 月 4 日逝世。坊間傳聞吳佩孚是因為拒絕與日本人合作而被謀殺。

12 月 9 日，國民政府主席林森追贈其陸軍一級上將銜，並明令褒揚。

張作霖　1875.3.19.～1928.6.4.遼寧盤錦大窪縣東風鎮葉家村「張家窩堡」

張作霖，年少時入私塾，後改學獸醫。

1889 年，父張有財亡，兄妹 4 人隨母前往廣寧縣二道溝鄉（今黑山縣繞陽河鎮）生活。賣過包子，當過貨郎、學過木匠，後隨繼父學過獸醫、相馬。

1892 年，在營口高坎鎮一帶謀生。

1894 年，中日甲午戰爭，張作霖在營口應募投清朝宋慶毅軍。當過宋慶的衛兵。

1895 年 3 月，甲午戰爭清軍敗，離部隊回家鄉。與廣寧縣北鎮市高山子鎮趙家村農戶趙占元次女（張學良生母）結婚。後到廣寧北鎮市，不久又返回趙家廟村，糾集數十名青壯年，建立一支聯村保險隊（保安隊），投身綠林。

1901 年除夕，張作霖遭匪首金壽山勾結俄軍馬隊偷襲，損失慘重，率殘部 8 人，逃到台安縣桑林子村，後到八角台（台安縣）投靠張景惠，當上八角台團練長。

4 月 17 日，其長子張學良出生於台安縣張家窩堡村。

被盛京將軍增祺收編，任游擊馬隊管帶，遂升擢而為奉天巡防營前路統領。

1902 年 11 月 9 日，張作霖率 200 餘人被東邊兵備道張錫鑾和新置新民府知府曾韞招安收編，編為新民府巡警營馬隊幫帶（相當於副營職）。

1906 年，張作霖升統帶，清廷硃批「予都司張作霖等五員獎敘」賞銀 5000 兩。

1907 年，張作霖晉陞奉天巡防營前路統領（相當於旅職）。

1908 年，張作霖追剿蒙匪，晉陞為洮南鎮守使。

1911 年 10 月 10 日，辛亥革命，張作霖受到清廷破格升賞，出任「關外練兵大臣」，賞頂戴花翎。後升為「奉天巡防營務處總辦」。

1912 年，袁世凱就任臨時大總統，任命張作霖為 27 師中將師長鎮壓反袁份子。

1915 年，張作霖支持袁世凱洪憲稱帝，打擊前清皇族與日本人勾結復辟活動。袁世凱封為二等子爵、盛武將軍督理奉天軍務兼奉天巡按使。

1916 年 4 月 22 日，袁世凱任命廿七師師長張作霖為盛京將軍，督理奉天軍務。袁世凱死後，張作霖被北京任命為東三省巡閱使領奉天督軍，兼省長，控制了奉天、吉林、黑龍江三省，成為奉系首領。此後，張作霖的勢力範圍在東北三省，奉系轄區更擴至熱河，察哈爾，綏遠，直隸及山東。

1918 年，張作霖任東三省巡閱使。

1920 年，直皖戰爭爆發中支持直系獲勝，勢力擴展到山海關關內。

1922 年 4 月，直奉戰爭，奉軍戰敗，張作霖挾「東三省議會」推舉自己為東三省保安總司令並宣布東北自治。

1924 年，第二次直奉戰爭。奉軍勝，張作霖控制北洋政府。

1925 年 11 月，反奉戰爭，次年 4 月反奉戰爭失敗。

1926 年 4 月，擊敗馮玉祥，直接全面控制北洋政府。

6 月入燕京，與吳佩孚會面。旋即出京師，往返於天津與奉天之間。

11 月張作霖在天津被孫傳芳、吳俊陞、張宗昌、閻錫山、寇英傑、劉鎮華等 16 人，推戴為「安國軍總司令」，統一指揮對革命軍作戰。

12月，合謀孫傳芳、閻錫山等人就任安國軍總司令。

1927年4月，殺害李大釗等20名國共人士。6月18日，張作霖在北京就任北洋軍政府陸海軍大元帥。

1928年4月，蔣介石為首，馮玉祥、閻錫山、李宗仁的四大集團軍攻擊下，奉軍失利。張作霖5月30日宣布奉軍撤退。

6月3日夜，張作霖見大勢已去，自知形勢不敵，自北京乘火車，由北京返回奉天瀋陽，6月4日凌晨5點，在皇姑屯車站，東北軍控制的京奉鐵路與南滿鐵路的交界處，被日本預埋炸藥炸死，史稱〔皇姑屯事件〕。

張作霖子張學良，隨即就任東北保安司令，統領東北軍隊。不久宣布「東北易幟」，放棄北洋政府五色旗，升起青天白日滿地紅國旗，宣稱擁護中央國民政府，實現中華民國統一。

鄧本殷　1879.8.27.~？廣東防城縣茅嶺鄉大陶村（今屬廣西）

鄧本殷，字品泉，粵軍軍閥。從小隨父母務農、織席。

1899年，往城縣衙參軍，初為伙夫，後升士兵、巡防營管帶，受廣東陸路提督龍濟光統轄。中華民國成立，巡防營縮編，鄧本殷去職，轉赴福建漳泉鎮守使黃培松。

1913年，返回廣東參加濟軍，任警衛營長。

1915年，袁世凱稱帝，龍濟光擁護，遭雲南、廣西的護國軍及各地民軍的進攻。

1916年，鄧本殷升任幫統，部屬改編為廣東省長朱慶瀾親軍，因其不屬桂系嫡系部隊，遭到舊桂系排斥。

1918年，陳炯明任援閩粵軍總司令，將鄧殷部2個營編入第四支隊，鄧任司令。後又改編為援閩粵軍第六支隊，駐安溪，鄧本殷兼任安溪清鄉督辦。

1920年，鄧本殷部同羅紹雄支隊、熊略支隊編為中路軍，在參謀處長葉舉指揮下，自平和進攻饒平，連克豐順、紫金，並策應左、右路軍。

1921年，鄧本殷攻瓊崖，扣留舊桂系瓊崖的團長何福昌，整軍收復瓊崖。孫中山重組廣東軍，整編援閩粵軍，鄧本殷升任旅長，併兼瓊崖善後處處長。因布置妥當，鄧本殷受到陳炯明嘉獎。

1922年，陳炯明發動六一六事變，粵軍分成擁護陳炯明、孫中山的兩支力量。鄧本殷和其他擁陳派粵軍將領聯名發出通電，要孫中山下野。

1923年，在廣東省內同廣州政府、東江陳炯明部三足鼎立。

1924年，北京政府任命鄧本殷為瓊崖護軍使，鄧本殷政治上保持中立，稱「既不幫孫中山，也不助陳炯明」，然而暗中卻同陳炯明聯繫密切。孫中山乃用林俊廷為「廣東欽廉高雷瓊崖羅陽八屬軍務督辦」，命永豐艦駛往北海幫助林俊廷進攻鄧本殷。

5 月，林俊廷未敢攻襲鄧本殷，永豐艦乃撤離，鄧本殷當即會同張瑞貴旅突襲擊潰林俊廷，林俊廷率殘部逃回南寧。

鄧本殷統一廣東南路八屬，將嫡系部隊擴編為 6 個師，任命陳鳳起、鄧承蓁、馮銘鍇等任師長。為籌集軍費，鄧本殷加重賦稅和勞役、濫發銀幣、開放賭博及鴉片，開放瓊崖礦產開採權，修路建港口等權益，向美國政府貸款 3000 萬美元。

1925 年，鄧本殷在海口創辦粵南實業銀行，發行八屬銀毫 3000 萬元，省港大罷工期間，電請美國派 6 艘軍艦駐瓊崖，並接受香港政府 80 萬元捐款，為香港供應食品。鄧本殷獲將軍府授「植威將軍」陸軍中將。段祺瑞另外派出軍艦幫助鄧本殷守衛瓊崖。

8 月，廖仲愷遇刺身亡。蔣介石驅逐許崇智，鄧本殷乘機進攻廣州國民政府。

9 月，鄧本殷進攻江門，並電請北京政府援助。北京政府封鄧本殷陸軍上將銜，支持鄧本殷進攻廣州，並派出軍艦協助鄧本殷進攻。

10 月 22 日，鄧本殷下達《本軍對省方作戰綱要》。

10 月 24 日，八屬聯軍攻佔羅定進逼江門，迫使陳銘樞部撤往開平縣單水口。

10 月 31 日，廣州國民政府任命朱培德為總指揮，李濟深接任南征軍總指揮，率陳濟棠、張發奎加入戰鬥，逼近雷州，鄧本殷率殘部撤往瓊崖。

1926 年，國民革命軍攻瓊崖，鄧軍紛紛投降，鄧本殷則化裝坐日本船逃往越南。

鄧本殷戰敗，稱病住到上海寶隆醫院，不久對外宣稱病逝，並找替身交親信運回老家防城茅嶺下葬。有史料記錄鄧本殷 1926 年 3 月病逝。

1938 年，鄧本殷在無錫梅村地區成立江浙游擊軍，抗擊日軍。

1939 年，鄧本殷組游擊隊自武進返回錫東，途遇日軍。鄧本殷隨機伏擊，擊毀日軍軍車，幾十名日軍傷亡。鄧本殷的侄兒鄧元貞犧牲。葬在無錫鴻山。

八路軍，派大量幹部到鄧本殷游擊軍任職，對鄧本殷部開展政治工作，建立中共黨支部，任鄧政治部副主任，協助共幹楊進開展工作。

鄧本殷部擊敗偽軍黃文彩部、蔡國祺部，收編無錫濱湖地區顧復興部、東南鄉強學曾部抗日游擊隊，江浙游擊軍擴為 3 個縱隊共一千餘人。

八路軍將鄧本殷的江浙游擊軍轉交給新四軍領導。合編為江南抗日義勇軍獨立二支隊，鄧本殷升任江南抗日義勇軍副司令，後辭職離開部隊。

1945 年，抗日戰爭勝利，鄧本殷遷居上海，組織地下軍，參與上海民革組織。

1949 年，中華人民共和國成立前夕，他遷居香港，此後生平不詳。

金樹仁　1879～1941.9.12.漢族，甘肅臨夏回族自治州永靖縣人

　　金樹仁，字德庵，父金聲清，一生亦農亦商；母魯氏，生五男二女，金樹仁為其長子。家族世代無有顯者，金樹仁幼年聰慧。

　　1892 年，十二歲中秀才，四年後，雲南人楊增新任河州知州，金受其器重。

　　1901 年，楊調任甘肅學政兼高等學堂監督，金樹仁追隨楊增新到省城，入甘肅文高等學堂，又入法政學堂。先後任龍泉書院、鳳林書院院長。

　　1909 年，金樹仁參加科考，舉為孝廉方正，同年又應己酉科試，考取拔貢。

　　1911 年，辛亥革命，全國議會選舉，金樹仁當選議會議員、眾議院議員。

　　1915 年，到楊任下任書記官兼科員。

　　1916 年，參加全省縣長考試，以甲等成績分發任阿克蘇縣縣長。其後十餘年，金樹仁皆在新疆基層歷練。

　　1926 年，因政績顯著，升任新疆省公署政務廳廳長。

　　1928 年，楊增新遭軍務廳長樊耀南刺殺身亡，金樹仁隨即出兵討伐樊耀南並逮捕殺之，同年 11 月 17 日，國民政府正式任命金樹仁為新疆省主席。

　　金樹仁管理新疆期間，政府官員多用漢人及其親信，施政及管理上也一反楊增新的懷柔作風，處處對百姓實施壓迫與剝削，尤其是開徵屠畜稅以及禁止麥加朝覲，最受穆斯林的強烈反抗。

　　此外，金樹仁實施改土歸流，廢止哈密自清朝以來即施行的土司制度，終於引起穆斯林的反抗。

　　1931 年，哈密地區的穆斯林首先起兵反抗，推舉和加尼牙孜為領導，史稱哈密暴動。同時在馬仲英的介入下，吐魯番與和闐也相繼發生穆斯林的反抗活動。

　　在接連不斷的戰亂烽火中，反對金樹仁的人越來越多。

　　1933 年，新疆參謀處長陳中、迪化城防指揮官白受、航空學校校長李笑天、迪化縣長陶明樾等人，聯合東北抗日義勇軍殘部、蘇聯流亡來的白俄歸化軍、發動軍事政變，佔領首府迪化，並推教育廳長劉文龍為臨時省主席。

　　金樹仁試圖舉兵反攻，因盛世才的叛變，加上伊犁屯墾使張培元坐觀成敗，而敗走塔城。4 月 24 日，金樹仁宣布下野逃往蘇聯。

　　1935 年，金樹仁至南昌晉謁蔣介石，行政院秘書長褚民誼唆使他人控告金樹仁，以金擅自與蘇聯訂立通商協定判罪。甘肅、寧夏、青海等地的軍政要員及官紳民眾，得悉金樹仁被羈，表示聲援。10 月 10 日，國民政府主席林森宣布「金樹仁與蘇聯政府訂立臨時通商協定，是為維護地方，因以獲罪，應予特赦。」返回甘肅蘭州。

　　1941 年 9 月 12 日去世。歸葬於永靖縣。

趙恆惕　1880～1971 湖南衡山人

趙恆惕，字夷午、彝五，號炎午。

1920～1926 年為湖南軍政首領。二次革命和國民黨內反孫中山派系的代表人物之一得直系軍閥吳佩孚支持。

1904 年，武昌方言學堂畢業，赴日本留學，入武昌方言學堂、東京振武學校、日本陸軍士官學校第六期炮科。

1905 年，加入同盟會和黃興的鐵血丈夫團。

1908 年，畢業於日本陸軍士官學校第六期炮科，同期同學中有唐繼堯、閻錫山、程潛、李烈鈞等人。

1909 年回國，隨蔡鍔主辦廣西陸軍小學堂，歷任廣西常備軍協統、廣西督練公所會辦。

辛亥革命爆發，率新軍擁廣西巡撫沈秉堃（湖南同鄉）宣布獨立。旋隨沈秉堃率部北上，馳援武漢，黎元洪任命為左翼軍總司令，駐孝感，與南下之清軍對峙。

1912 年，中華民國成立後任南京第 8 師第 16 旅旅長，受黃興之命率兵返湘協助湖南都督譚延闓遣散湖南民軍。

1913 年，參加二次革命攻鄂，旋被袁世凱派遣的湯薌銘俘獲，判刑 10 年。

1915 年，經黎元洪、蔡鍔等具保，獲釋出獄。

1916 年，回湖南，任湘軍第一師師長，嗣後代督軍。

1917 年，消極參加護法戰爭

1920 年，趕走張敬堯。廣州軍政府任命為湘軍總司令。在長沙捕殺平江兵變首領李仲麟，控制湖南局勢。召開湖南省議會積極倡議聯省自治，創製省憲。

1921 年，被湖南省議會選為省長。夏，發動援鄂戰爭，導致湖北王占元下台。

1922 年，發布《湖南省憲法》推動聯省自治。鎮壓工農運動破壞農會，殺害工運領袖黃愛龐人銓。反對孫中山借道經湘北伐。

1923 年，下令通緝毛澤東。

1925 年，在長沙逮捕劉少奇，後釋放。

1926 年，被唐生智兵變趕走，退居上海。

1937 年，抗日戰爭爆發後任軍事委員會軍事參議官。

1939 年，任湖南省臨時參議會議長。

1945 年，抗戰勝利後為省參議會主席。

1947 年，在原籍湖南省衡山縣當選為第一屆國民大會代表。

1949 年，去香港，後去台灣。

1951 年，在台灣任總統府資政。晚年信佛。

1971 年，逝於台北。

楊藎誠　1880～1922.7.土家族，四川秀川人

楊藎誠，又名光准，字柏舟，遠祖為秀山的土司官。

1889 年，9 歲喪父，家境貧寒，性格沉毅寡言。

1902 年，入貴州武備學堂，學習軍事技術，受到日本總教習高山公通等人

讚許。

　　1905 年，以最優越成績選送日本官費留學，入東京振武學校、日本陸軍士官學校。留學期間加入中國同盟會，並與留學生尹昌衡、唐繼堯等從事反清活動。

　　1910 年，歸國，任貴州新軍第一標教練官（如副標統）。

　　1911 年，兼任貴州陸軍小學總辦。武昌起義爆發，楊藎誠與趙德全率領貴州陸軍小學生、新軍士兵在貴陽響應發動起義。

　　1912 年，唐繼堯入貴陽，駐常德楊藎誠無法回貴州，被迫把軍隊交給唐。

　　1915 年，護國戰爭爆發，由北京潛往上海，會見孫中山協議發動起義。

　　1917 年，張勳復辟事件，楊勸說劉存厚參加討伐。張勳失敗後，楊被任為四川駐京代表重返北京。

　　1921 年，楊藎誠因為返回秀山家鄉靜養。

　　1922 年 7 月，病逝，年 42 歲。

張宗昌　1881.2.13.～1932.9.3.山東省萊州市府掖縣人

　　張宗昌，字效坤，奉系軍閥。青少年時期是個無賴漢，曾當土匪。

　　1911 年，辛亥革命，率綠林兄弟投靠山東民軍都督胡瑛，後隨軍轉到上海，成為滬軍都督府都督陳其美手下的光復軍團長。

　　1913 年，任江蘇陸軍第三師師長。同年，二次革命時，張宗昌奉命赴徐州抵禦袁世凱北洋軍的進攻，在陣前倒戈，成為北洋軍馮國璋手下。1916 年（民國 5 年）春，陳其美在上海起義，張宗昌派手下營長暗殺了陳其美。因此功績，張宗昌獲馮國璋提拔。同年 11 月，馮國璋就任副總統，張宗昌被任命為侍從武官長。

　　1918 年，張宗昌被任命為蘇軍（江蘇軍）第 6 混成旅旅長，隨張懷芝赴湖南參加同南方政府軍的作戰，大敗而歸。

　　1921 年，張宗昌所部在江西吉安被江西督軍陳光遠解散。張宗昌隻身逃回北方。此後，直系領導人曹錕希望任用張宗昌，但因吳佩孚的反對而失敗。張宗昌遂投靠奉系的張作霖。

　　1922 年，張宗昌擊敗張作霖，將殘部收攏成為自己的軍隊。張宗昌又收容從俄國逃到中國國內的俄國白軍。

　　1922 年，張宗昌任綏寧鎮守使，吉林省防軍第三旅旅長。

　　1924 年，直奉戰爭中，段祺瑞任張為宣撫軍長，駐紮上海。

　　1925 年，張宗昌被任命為蘇皖魯三省剿匪總司令，駐紮徐　州。在張作霖的支持下，張宗昌被任命為山東軍務督辦。張宗昌在山東苛酷殘忍，民眾呼為「狗肉將軍」。

　　5 月，張宗昌鎮壓了青島的日本紗廠工人大罷工，釀成了「青島慘案」。在統治山東省期間，張宗昌積聚了大量私財，存入大連的日資銀行內。10 月孫傳芳、馮玉祥合作挑戰奉系，張宗昌迎擊。張宗昌自任直魯聯軍總司令，開始攻擊北京國民軍。

　　1926 年，張宗昌攻奪北京。因為少學，命令華北各學校恢復孔子教育。

　　1926 年，北伐吳佩孚及孫傳芳軍被擊敗，張宗昌獲授將軍府義威上將軍。張宗昌同孫傳芳擁張作霖就任安國軍總司令。自任副總司令兼直魯聯軍總司令。

　　1927 年，張宗昌率直魯聯軍，援助孫傳芳。但是北伐軍在安徽省及上海等地接連獲勝。張宗昌率殘部逃回山東省。

　　1928 年，再度北伐，張宗昌遭到國民革命軍攻擊，雖然受到日軍支援，但也無濟於事。張宗昌率部逃出濟南，撤往德州、天津，來到冀東。6 月 4 日皇姑屯事件，張宗昌希望從山東省逃回山海關外，未獲得張學良的許可。9 月張宗昌部遭到白崇禧軍追擊，全軍覆滅，張宗昌隻身逃往大連，求日本的保護。

　　1929 年，在日本的支援下，張宗昌率魯東余部在煙台登陸，失敗後逃往日本。

　　1932 年，張宗昌標榜「抗日」回到山東省，企圖再起。當時的山東省政府主席韓復榘對其不放心。9 月 3 日，被張宗昌殺害的國民軍軍長鄭金聲的侄子鄭繼成根據韓復榘的指示，在濟南站刺殺了張宗昌。享年 52 歲（滿 51 歲）。

張敬堯　1881～1933.5.7.安徽省潁州府霍丘縣人

　　張敬堯，字勳臣，父親是縣裡的下級官吏。張敬堯年輕時極盡放蕩。後當盜賊成為殺人犯，逃往京津地區。

　　1896 年，參加袁世凱新建陸軍，在隨營學堂學習。其後，從保定軍官學堂畢業。1911 年，任陸軍第六鎮第 11 協第 22 標標統。

　　1912 年，任命為陸軍第 6 師第 11 旅第 22 團團長。

　　1913 年，二次革命時，張敬堯在江西擊敗革命派軍隊，升旅長兼南昌衛戍司令。

　　1914 年，任第 3 混成旅旅長，駐紮河南省。因討伐白朗有功，升任第 7 師

師長。1915 年，護國戰爭爆發。

1916 年，袁世凱任命為第 2 路總司令，赴四川省討伐護國軍，獲袁世凱授予勳三位、陸軍上將位。反袁世凱輿論高漲，張敬堯被護國軍擊敗。

1918 年，奉段祺瑞之命，進軍湖南省討伐南方政府（護法軍政府）。當時，直系的吳佩孚和馮玉祥正佔據長沙，十分活躍。段祺瑞任命張為湖南督軍兼省長，遭到吳佩孚和馮玉祥的反感。張支配範圍僅限於長沙及岳陽一帶。

1920 年，南方政府軍欲奪回湖南省，張敬堯逃往湖北省。遭到段祺瑞罷免，逃往上海。7 月直皖戰爭，皖系敗北，張敬堯轉投奉系的張作霖，成為座上賓。

1922 年，第一次直奉戰爭中，奉系敗北，張敬堯投奔吳佩孚。

1924 年，北京政變爆發，張敬堯被馮玉祥逮捕，隨後被釋放。

1925 年，張敬堯投山東省的張宗昌，被任命為直魯聯軍第 2 軍軍長。

1926 年，任安國軍第 2 方面軍副司令，同中國國民黨的北伐軍作戰。

1928 年，張宗昌敗北，張敬堯隨之下野，逃往大連。

1932 年，張敬堯投靠滿洲國。

1933 年，被任命為平津第 2 集團軍總司令，在華北從事各種軍事及謀略活動。作為這些活動的一環，張敬堯秘密赴北平，組織舊部呼應日軍。

1933 年 5 月 7 日，張敬堯在北平東交民巷六國飯店被軍統的刺客襲擊而身亡。享年 54 歲。

馮玉祥　1882.9.26.～1948.9.1.出生於河北青縣興隆鎮後居安徽巢縣

馮玉祥，字煥章，譜名基善，父親馮有茂，家庭赤貧，父親做泥瓦匠，太平天國時，馮玉祥父親外出逃荒做傭工，陪著地主家少爺學武學，馮玉祥父親考中武庠，投身淮軍將領劉銘傳，升哨長和哨官，後隨左宗棠進軍新疆，調防山東濟寧。馮有茂在濟寧與當地婦女游氏結婚。生下馮玉祥。

馮玉祥，北洋陸軍武衛右軍隨營學堂畢業。

歷任前清新軍哨長，投袁世凱武衛軍任管帶，參與灤州起義，

1912 年，中華民國成立，在陸建章提攜下，任營、團、旅長。

1915 年參與討袁護國軍，暗中與蔡鍔聯絡，

1917 年 7 月率舊部響應段祺瑞的討伐張勳復辟。

1918 年 2 月率部南下攻打孫中山的護法軍。

1921 年，任第 11 師長，受到蘇聯支持，稱為「西北軍」。

1922 年，直奉戰爭擊敗河南督軍趙倜，任河南督軍檢閱使。

1924 年直奉戰爭張學良給 50 萬銀元，囚禁總統曹錕，推翻北洋政府，脫離北洋軍系，編入「國民革命軍」。

1926 年，五原誓師，任集團軍司令，加入國民黨。

1927 年 7 月，寧漢分裂，與蔣中正合作清除內部共產黨人，他採取「禮送共產黨人出境」，將共產黨員「送」出他的部隊。

1930 年，聯同閻錫山李宗仁與蔣中正對抗，兵敗後隱居泰山。

1933 年 5 月 26 日，任察哈爾民眾抗日同盟軍總司令。

1937 年，任第三戰區和第六戰區司令長官但宋哲元不聽指揮。

1946 年，獲頒青天白日勳章，赴美國考察抨擊蔣內戰、獨裁。

1948 年 7 月 31 日，馮玉祥夫婦及子女八人，搭乘蘇聯輪船「勝利」號回國，輪船失火，被煙熏窒息，死於黑海，遺體在莫斯科火化，享年 65 歲，安葬泰山。

馮玉祥有「倒戈將軍」和「植樹將軍」之稱。謀害政敵，張建功、郭堅、馬廷勷、徐樹錚等人，皆為其暗殺死掉。

閻錫山　188310.8.-1960.5.23.山西定襄縣河邊村

閻錫山，字百川、伯川，號龍池，生於半商半農家庭，清末舉人。6 歲喪母、9 歲入私塾讀書、16 歲協助其父閻書堂（字子明）經商。

1901 年，入山西武備學堂，

1902 年，入山西武備學堂，

1904 年，赴日本入東京振武學校，清廷派赴日木振武學校，繼入日本士官學校。

1905 年，加入同盟會。

1909 年，回國，出任山西陸軍小學教官、監督。不久應清朝行省鄉試，中舉人。任山西陸軍第二標教官，後任標統。

辛亥革命，閻為石家莊第五鎮統制（師長），新軍有新思想軍官黃國梁、閻錫山、張瑜、溫壽泉、喬煦、南桂馨等集會決定利用開拔命令領取武器彈藥，夜裡發難，一夜功夫，太原全城就被起義軍佔領，山西巡撫陸鍾琦、協統譚振德被擊斃，滿城亦降。辛亥革命成功後，閻錫山任山西都督。袁世凱洪憲稱帝時，閻表示積極支持，獲封一等侯。

1914 年，督理山西軍務。

1916 年，督軍。

1917 年，任山西省長推出「六政三事」（「六政」水利、種樹、蠶桑、禁煙、

斷辮、天足;「三事」:種棉、造林、牲畜發展農業。設立太原兵工廠和火藥廠。

1926 年。北伐戰爭,協助蔣委員長北伐。北伐結束後,閻錫山與蔣介石就「國軍編遣事件」意見相左。

1927 年,與蔣介石合作,任國民革命軍北路總司令,6 月閻錫山通電擁護三民主義,除五色旗,改懸青天白日紅旗,被任命為國民革命軍第三集團軍司令,對張作霖作戰。

1929 年,任陸海空軍副總司令。

1930 年 3 月 14 日,原第二、三、四集團軍將領 57 人,通電擁閻為陸海空軍總司令,馮玉祥、李宗仁、張學良為副總司令,出兵討蔣,引發中原大戰。

7 月,國民黨反蔣各派在北平成立「中國國民黨部擴大會議」,決定另組「國民政府」,閻任「國民政府」主席。9 月,奉系領袖張學良通電支持蔣介石,並派兵攻入山海關關內,隨即掌握北平。馮、閻大敗。閻錫山於 10 月 15 日宣布下野,12 月赴大連,研究哲學。

1931 年,閻錫山乘飛機潛回大同。一個月之後九一八事變爆發,蔣介石為了抗日和昔日反對勢力和解。

1932 年,被任命為太原綏靖主任。閻錫山利用全面抗戰前的幾年和平時期大力發展經濟,同時積極「防共保鄉」。

1936 年,日軍進入與山西相鄰的綏遠,閻錫山政策也改為聯共抗日,與共產黨薄一波、徐向前等人合作。9 月成立「山西犧牲救國同盟會」,自任會長。11 月命令晉綏軍傅作義、趙承綬等部對依日的蒙疆聯合自治政府偽軍進行反擊,在百靈廟戰役中獲勝。

1937 年,蘆溝橋事變全面抗日,任第二戰區司令長官,指揮了太原會戰。

1939 年,閻錫山命部屬共產黨潛伏份子薄一波組成「晉犧盟」,後來薄一波率領全部人員投入共產黨。薄熙來即薄一波之子。

1940 年 2 月 2 日「蔣公日記」閻錫山的思想不堅定,游離於三民主義與馬克斯主義之間,企圖利用共產黨結果反為共黨所乘,薄一波帶領「晉犧盟」投共。

1944 年 2 月「蔣公日記」,閻錫山要降共叛國,無一非與革命主義背道而馳。

1945 年,時任國民革命軍第二戰區司令長官的閻錫山,進攻晉西南共軍,第 7 集團軍副總司令彭毓斌陣亡,第 19 軍軍長史澤波被俘。最後閻錫山部只掌控著太原及大同兩座孤城。

6 月 19 日「蔣公日記」從山西向內蒙推進,本為捷徑,但閻錫山部戰力弱,擋不住共軍。

1946 年,國共雙方達成停戰協議。隨著國共內戰全面爆發,閻錫山部在山西各地向共軍發起進攻。第二戰區撤銷後,閻錫山擔任太原綏靖公署主任兼山西省政府主席,繼續掌握山西軍政大權。

1949 年 2 月 17 日閻錫山到溪口同蔣介石「談其今後黨、政、軍等改造的意見」。閻接到時任代總統李宗仁的邀請電後,3 月 29 日乘機飛往南京。4 月24 日,共軍攻克太原,結束閻錫在山西的 38 年統治。南京失守,行政院遷廣州。

　　5 月 31 日，出任行政院長兼任國防部長。11 月 14 日，閻錫山在重慶向蔣介石提議進行土地改革，遭到陳立夫怒斥反對。11 月 20 日李宗仁以養病為由，宣佈中樞軍政交由閻錫山負責。12 月 8 日閻錫山飛臺灣，編查「太原五百完人」名單，宣傳以梁化之為首的「太原五百完人」事跡，並短暫代理中華民國政府在台軍政。

　　1950 年 3 月，蔣介石「復行視事」續任中華民國總統，閻錫山隨即辭職，被聘為總統府資政，隱居台北縣金山附近鑿窰洞自居。過著「十年隱居，十年著作」的生活，期間共有近五十名忠心部屬也跟著遷入，打理閻錫山住居生活。

　　1960.5.23.因糖尿病、心臟病引發肺炎不治病逝，安葬於七星區陽明山。

　　閻錫山過世，人員逐漸散去，但故居與墓園仍由張日明、井國治等老侍衛整理、維護，數十年如一日。閻錫山故居與閻錫山墓園分別在 2004 年 10 月 7 日與 2010 年 3 月 16 日被臺北市政府公告為市定古蹟，仍由閻錫山侍衛打理。

　　只不過，隨年齡漸長，在井國治過世後，閻錫山故居十餘年來僅剩張日明一人打理，但如今張日明已八十餘歲，行動日益不便，始決定將故居等市定古蹟捐予市政府做後續維管。

唐繼堯　1883～1927.5.23.雲南會澤人

　　唐繼堯，字蓂賡，滇軍創始人與領導者。

　　1903 年，唐繼堯考上清朝秀才，

　　1904 年，留學日本東京振武學校，然後入日本陸軍士官學校。加入同盟會。

　　1906 年，日本陸軍金澤第九師團炮兵第九聯隊見習為二等兵。

　　1907 年，升入日本陸軍士官學校第六期深造，

　　1908 年，畢業，同期同學有孫傳芳、劉存厚、李根源、羅佩金、李烈鈞、程潛、尹昌衡等人。

　　1909 年，離開日本回國，參加北京的考試，受到軍機大臣召見。返回雲南任督練公所參謀處提調、雲南陸軍講武堂教官、陸軍第十九鎮參謀官。

　　1911 年，辛亥革命，唐繼堯受蔡鍔之命率滇軍援立憲派，被推為貴州都督。

　　1913 年，他支持袁世凱，參與鎮壓孫中山二次革命，攻打四川熊克武率領軍隊。

　　1915 年 12 月 25 日，不滿袁世凱稱帝，與蔡鍔聯合宣佈雲南獨立，發起護國戰爭，自任總司令，任蔡鍔為第一軍司令官、李烈鈞為第二軍司令官。護國

戰爭結束，任雲南督軍兼省長。

1917年，他與孫中山修好，支持孫中山發動的護法運動，

1918年，被推為護法軍總裁之一，並任滇川黔鄂豫陝湘閩八省靖國聯軍總司令。

1921年，駐川靖國滇軍第一軍軍長顧品珍返回昆明，唐被驅逐。

1922年，顧品珍被土匪吳學顯部包圍，突圍不成自殺。唐回滇復職。

1923年，創立東陸大學（雲南大學的前身）。組織民治黨倡導聯省自治並堅持反對共產黨。

1924年，孫中山曾任唐繼堯為廣東大元帥府副元帥，唐未接受。

1925年，孫中山去世後，唐忽而就職，但是國民黨不予承認。唐繼堯命龍雲、胡若愚、唐繼虞、盧漢率滇軍主力7萬人東下，企圖推翻廣州國民政府，並為廣西李宗仁開出「上、中、下」三策：上策與唐合作，聯軍入粵；中策接受700萬銀洋之借道費，為滇軍讓路；下策與唐對抗。李宗仁選擇了「下策」，雙方激戰，滇軍潰退回滇。唐繼堯自此一蹶不振。

1927年，唐繼堯部下龍雲、胡若愚、張汝驥、李選廷四鎮守使發動兵諫，唐被迫交出雲南政權。5月23日病逝於於昆明（有說唐被處死），終年45歲。

劉鎮華　1883～1955.11.18.河南省鞏縣

劉鎮華，字雪亞，鎮嵩軍統領，後入直隸保定府的直隸法政專門學堂的監獄科。畢業任河南法政專門學堂的庶務長。

辛亥革命，他以河南省視學的身分在豫西一帶奔走，參加反清活動，結交幫會遊俠。革命派的陝西軍政府成立後，他帶領民軍參加軍政府。此後他先被任命為大都督府書記官，後來升任參議，負責對外交涉事務。

中華民國成立，劉鎮華部隊改為地方軍，被袁世凱任命為豫西監察使兼鎮嵩軍統領，此後劉在豫西割據，逐漸確立自己的勢力。

1913年，白朗軍在豫西起事，劉剿辦不力，被袁世凱撤職。後來，白朗軍從同劉鎮華部作戰，白朗在魯山戰死，劉鎮華派人掘墓挖出屍體，函首獻給袁世凱，劉鎮華因此恢復原職。二次革命，劉鎮華支持袁世凱。

1916年，袁世凱死去，劉加入皖系。

1917年，參加陝西于右任組織陝西靖國軍護法戰爭，和皖系陳樹藩發生對抗。

1918年，劉率領鎮嵩軍直入西安，3月就任陝西省長。

1920年，直皖戰爭，皖系敗北，劉鎮華協助閻相文掃平陳樹藩。閻相文督

軍自殺，馮玉祥繼任陝西督軍。劉鎮華與馮結拜為義兄弟。

　　1922 年，直奉戰爭中，馮率軍出擊河南省，陝西督軍的地位委讓給劉鎮華。

　　1924 年，馮玉祥發動北京政變（首都革命）直系政府倒台，趕走吳佩孚。劉遂順應形勢轉而支持國民軍。劉鎮華經閻錫山介紹，復歸張作霖吳佩孚的聯盟。

　　1926 年，五原誓師後，馮玉祥進行反擊，劉被國民軍夾擊大敗。劉鎮華見直系與奉系敗意濃厚，便投降馮玉祥參加北伐。因馮玉祥、閻錫山同蔣介石發生對立，劉為避免被捲入紛爭，到日本、德國遊歷。

　　1930 年，歸國，轉而支持蔣介石。劉鎮華被蔣介石任命為豫陝晉邊區綏靖督辦，駐河南新鄉，以防備閻錫山。

　　1932 年，劉鎮華任豫鄂陝邊區綏靖督辦，駐南陽。

　　1933 年，楊永泰推薦，他任安徽省政府主席，兼任豫鄂皖邊區剿匪總司令。

　　1936 年，楊永泰在武漢遇刺身亡，劉鎮華精神失常。他卸任了軍事及政治方面的各種職務，

　　1937 年，他被免去省主席職務。

　　1949 年，他隨其家族遷居台灣。

　　1955 年 11 月 18 日，劉鎮華在台北去世。享年 73 歲。

郭松齡　1883～1925.12.25.瀋陽市深井子鎮漁樵村人祖籍山西省汾陽縣

　　郭松齡，字茂宸，奉系軍閥，曾為張學良之教官。後起兵反奉失敗，被殺。

　　1905 年，入奉天陸軍小學堂。因成績優秀，翌年被保送陸軍速成學堂。

　　1907 年，在北洋陸軍第三鎮實習，被任命為盛京將軍衙門衛隊哨長。

　　1909 年，隨朱慶瀾換防轉赴四川省任衛隊管帶。方聲濤、葉荃介紹加入同盟會。

　　1911 年，四川省的革命派發動起義，局勢混亂，郭松齡乃回到奉天，策劃革命。但是，趙爾巽和張作霖通過執法部門將其逮捕並監禁。經過同期學生的支援，郭松齡終於被釋放。

　　1912 年，入北京將校研究所，郭松齡任奉天都督府少校參謀。

　　1913 年，入北京的中國陸軍大學深造班（研究班）第 3 期。

　　1916 年，畢業，任北京講武堂教官。

　　1917 年，參加孫中山護法戰爭，任韶關講武堂中校教官。

　　1918 年，護法軍失勢，郭松齡因失望返回奉天。經秦華推薦擔任奉天督軍署中校參謀。

　　1919 年，張作霖重建東三省陸軍講武堂，郭松齡任戰術教官。當時，張學

良在該講武堂學習,對郭松齡優秀的能力和見識懷抱敬意。

1920年,張學良從講武堂畢業,任東三省巡閱使署衛隊旅旅長,兼第2團團長。

直皖戰爭爆發。郭松齡任先鋒司令,站在直系一方參戰,在天津小站殲滅皖系的2個旅,逐漸獲得張作霖信任。

1921年,張作霖兼任蒙疆經略使,擴充奉天陸軍為10個混成旅。張學良被任命為第3混成旅旅長,郭松齡升任第8混成旅旅長。

1922年,第一次直奉戰爭爆發後,奉系大敗。張學良、郭松齡善戰,未受損失井然有序地撤退。

1924年,第二次直奉戰爭爆發,郭松齡任鎮威軍副軍長兼師長。為奉系的勝利功勞甚大。張學良和郭松齡分別被任命為京榆駐軍的正副司令。但是,楊宇霆將郭松齡視為最大的政敵,兩者對立加深。而且郭松齡對張作霖方針不滿。因此,在第二次直奉戰爭期間,郭松齡早就同馮玉祥聯絡,企圖打倒張作霖。

1925年,郭松齡訪問日本,得知張作霖的後盾是日本,深為反感。郭松齡回國,被任命為第10軍軍長。

11月,奉軍同馮玉祥發生衝突,張作霖命令郭松齡奉討伐,被郭松齡拒絕。

郭松齡企圖擁立張學良。但是張學良對郭松齡的停止內戰的主張表示贊同,但對實行兵變表示反對。

11月22日,郭松齡要求張作霖下野並發動兵變,張作霖派張學良收拾人心。

11月26日,張學良專程乘鎮海號炮艦目前到達秦皇島,電邀郭松齡面談,被郭松齡拒絕。

11月28日,郭松齡攻下山海關部隊更名「東北國民軍」張作霖考慮下野。

這時,日本方面意識到郭的意圖為驅逐張作霖,東三省捲入戰亂,將蘇聯的勢力招徠入滿洲,誘致日本權益受損。奉天日本的吉田茂總領事和天津的有田八郎向外務省當局報告,指郭松齡如掌握滿洲,會使國民黨出入滿洲更加頻繁,赤化的威脅加劇,認為應當繼續維持張作霖勢力的現狀。日本和張作霖商定《日奉密約》。

12月8日,關東軍向郭松齡發出警告,南滿鐵路附屬地20里以內禁止作戰。藉此張作霖進行了反擊的動員。斯時郭松齡的參謀長鄒作華逼迫郭松齡投降,郭率衛隊突圍,逃至白旗堡附近被奉軍抓捕。被捕的還有夫人韓淑秀。

12月25日,郭松齡、韓淑秀在奉天省遼中縣老達房被槍決。享年43歲。韓淑秀享年35歲。事件後,馮玉祥於1926年1月宣布下野經外蒙古逃往蘇聯。

楊森　1884.2.20.～1977.5.15.四川省廣安縣龍台寺人

楊森,舊名淑澤、伯堅,字子惠,早年有志於學,入順慶府聯合中學堂學習。後來轉而從軍。

1904 年，入四川陸軍速成學堂。

1906 年，加入中國同盟會。

1908 年，自速成學堂畢業，加入四川的新軍第十七鎮（朱慶瀾任該鎮統制）。

1911 年，中華民國成立後，初屬革命派，後被滇軍黃毓成部俘虜，乃加入滇軍。

1915 年，護國戰爭，楊森作為蔡鍔部下趙又新的隨從。

1920 年，響應「川人治川」，他積極參與掃蕩四川境內的滇軍。

1921 年，楊森任川第 2 軍長駐紮重慶。和劉湘合力擊敗熊克武。

1923 年，吳佩孚任命楊森為陸軍第 16 師長，授予陸軍中將。

1924 年 3 月，升陸軍上將，任命為四川督理。駐紮成都成為川軍內最大的勢力。

1925 年 7 月，楊森在吳佩孚的支援下開始四川統一之戰。

1926 年 5 月，吳佩孚任命楊森為四川省長。9 月萬縣事件，楊森同英軍交戰。10 月，楊森宣布加入國民革命軍，被任命為國民革命軍第 20 軍軍長。

1928 年 1 月，楊森因庇護吳佩孚而被免職。即使如此，楊森仍忠於國民政府。

1936 年 2 月，升陸軍中將。抗日戰爭爆發後，任第 6 軍團軍團長，在上海活動。

1938 年 1 月，任第 27 集團軍總司令。

1939 年 10 月，兼任第 9 戰區副司令長官。

1945 年 1 月，楊森被任命為貴州省政府主席。

1948 年 7 月，轉任重慶市長。

1949 年 6 月，兼任西南軍政長官公署副長官。12 月部隊潰敗，楊森潛往台灣。此後，歷任總統府國策顧問、中華體育會理事長、中國奧林匹克委員會主席。

1966 年 8 月 15 日，楊森登上玉山。

1971 年，重陽節，楊森再度登上玉山。

1977 年 5 月 15 日，楊森在台北因胃開刀病逝。享年 94 歲。

楊森一生有原配妻子 1 人、續弦妻 1 人、妾 11 人，兒子 21 個，女兒 22 個。

第一任妻子（元配）：張氏，無子女。

第二任妻子：譚正德，又名譚繼貞，四川廣安人，有長子楊漢忻次子楊漢烈。

第三姨太：劉谷芳，雲南祿豐人，有子女 5 人。

第四姨太：田蘅秋，四川閬中人，有子女 7 人。

第五姨太：蕭邦瓊，四川瀘縣人，有子女 5 人。

第六姨太：陳順容，又名陳鳳英，有子女 5 人。

第七姨太：曾桂枝，貴州畢節人，有兩個女兒。1929 年被楊森殺害。

第八姨太：汪德芬，四川成都人，有子女 4 人。

第九姨太：蔡文娜，四川瀘縣人，有兩個兒子。被楊森殺害。

第十姨太：鄭文如，四川重慶人，有子女 2 人。

第十一姨太：胡潔玉，四川廣安人，後成為美國核物理學教授，有一個女兒。

第十二姨太：張靈鳳，台灣新竹人，17 歲成為 90 歲楊森如夫人生一個女兒。

孫傳芳　1885.4.17.～1935.11.13.山東濟南歷城縣人

孫傳芳，字馨遠，山東歷城人，北洋軍閥，被人刺殺去世，字馨遠，直系。孫傳芳常常面帶笑容，但面善而心狠，故人稱「笑虎將軍」。

1904 年，孫傳芳畢業於北洋陸軍速成學堂，獲官費赴日本學習軍事。

1908 年，自陸軍士官學校第 6 期畢業。

1909 年，接受陸軍部考試，成績優秀。此後，孫傳芳加入王占元所率的北洋陸軍近畿第 2 鎮，任步兵隊第 5 標教官。

1912 年，中華民國時代，第 2 鎮改編為第 2 師，駐紮湖北省。孫傳芳逐漸升至第 3 旅旅長。

1917 年，被任命為第 21 混成旅旅長。

1920 年，直皖戰爭，孫傳芳隨直系的王占元俘虜了皖系的長江上游總司令吳光新，孫傳芳隨後接任長江上游總司令。

1921 年 8 月，王占元在湖北省失勢。孫傳芳接任第 2 師師長，成為兩湖巡閱使吳佩孚的部屬。

1922 年 4 月，第一次直奉戰爭後，孫傳芳成為直系成員，公開要求皖系擁立的大總統徐世昌辭職。結果，6 月徐世昌辭職，黎元洪再度出任大總統。

1923 年 1 月，孫傳芳率軍赴福建省，被任命為福建軍務督理（簡稱「福建督理」）。

1924 年 9 月，第二次直奉戰爭，孫傳芳支援直系的江蘇督軍齊燮元，擊敗皖系的浙江督軍盧永祥。此後，孫傳芳被任命為閩浙巡閱使兼浙江軍務督理。

自此，江蘇、浙江為孫傳芳、齊燮元、盧永祥三人勢力鼎立。第二次直奉戰爭中，直系敗北，段祺瑞建立中華民國臨時政府，奉系的張宗昌為支援盧永祥而南下。

1925 年，和齊燮元結成同盟，組織「江浙聯軍」迎擊。段祺瑞為籠絡孫傳芳而任命其為浙江督辦。孫傳芳遂拋棄齊燮元，齊燮元陷於孤立而發表下野宣言。

孫傳芳秘密同馮玉祥結盟。

1926 年，國民政府開始北伐，吳佩孚遭到攻擊。和張宗昌共同擁立張作霖任安國軍總司令，孫傳芳任副司令兼五省聯軍總司令。

1927 年，孫傳芳的南京失守。蔣介石發動四一二事變，孫傳芳反擊但遭到失敗。

1928 年，孫傳芳軍在山東省被殲滅，逃往北方。此後，一度投張學良麾下，但因感到人身危險而遷居大連。

1931 年，九一八事變爆發後，孫傳芳遷居天津英租界，篤信佛教誦念。

1935 年 11 月 13 日，孫傳芳正在天津佛教居士林誦佛經，施劍翹從背後槍擊孫傳芳死亡。得年 51 歲。葬北京西山臥佛寺東南，現位於北京植物園內。

陳樹藩　1885〜1949.11.2.陝西安康祖籍湖南寧鄉縣

陳樹藩，字柏森（柏生），皖系軍閥，曾任陝西督軍。

1905 年，他入陝西陸軍小學。

1906 年，保送入保定陸軍速成學堂砲兵科學習。

1910 年，畢業回陝西，到陸軍第 39 混成協炮兵營當排長。

1911 年，加入中國同盟會。辛亥革命，參加西安起義。

1912 年，任陝西陸軍第 4 混成旅旅長。

1915 年，他署陝南鎮守使。袁世凱稱帝，他被封為三等男。

1916 年，任陝北鎮守使、陝西護國軍總司令，宣布陝西獨立。袁世凱死後，獲北洋將軍府封為漢武將軍。旋任陝西督軍兼省長（1918 年（民國 7 年）3 月他辭任省長）。

1918 年，胡景翼組織陝西靖國軍，響應護法戰爭，開始和陳樹藩作戰。陳引河南鎮嵩軍統領劉鎮華入陝援助，劉從此留在陝西不走。胡景翼迎來了護法軍政府（南方政府）的于右任，和陳樹藩的戰爭處於膠著狀態。胡景翼接受姜宏模的建議，同陳樹藩展開和談。陳樹藩卻乘機將胡景翼囚禁起來，通過要挾勸誘，企圖使胡景翼屈服。但胡景翼拒絕易幟。

1920 年，直皖戰爭爆發，陳樹藩為了得到省內的人心而釋放了胡景翼。其後，皖系敗北，陳樹藩喪失後盾，勢力大減。

1921 年，直系的閻相文、馮玉祥將陳樹藩從陝西督軍的位子上驅逐下去。

北京政府免去陳樹藩職務，陳樹藩率部逃往漢中。馮玉祥接任陝西督軍攻漢中府，陳樹藩倉皇逃往四川。

此後，陳樹藩成為流浪的軍事集團，被川軍擊敗，逃到天津，在津、滬、杭等地當寓公，一心研究佛教，脫離了軍事、政治舞台。

1937 年，抗日戰爭，他拒絕當漢奸，避走四川。抗日勝利，返回杭州居住。

1946 年，第二次國共內戰時期，反對蔣介石發動內戰。

1949 年（民國 38 年）11 月 2 日，他在杭州去世。享年 65 歲。

郭堅　1887〜1921 陝西省蒲城縣平路廟鄉郭家村人

郭堅，原名振軍，字方剛，家境貧寒。入同州師範學堂，在校期間支持反清革命，和刀客與哥老會眾多有往來。

1911 年，陝西新軍起義，佔領西安。郭堅響應，後任營長。

1915 年，袁世凱稱帝，郭堅等反制，隨護國軍進攻蒲城、陝北，先後任命郭堅為陝西第一游擊統領、陝西警備軍統領。

1917 年，張勳復辟，郭堅率部東征討伐張勳。陳樹藩電告山西督軍閻錫山

稱郭堅叛變，致使郭堅率軍行至猗氏時被晉軍擊敗，被迫放棄軍隊逃歸鳳翔。

1918 年，郭堅、耿直成立靖國軍，討伐陳樹藩，郭堅任總司令，耿直任副司令。7 月于右任在三原任靖國軍總司令，改編靖國軍，郭堅被任命為第一路司令，成為靖國軍各路中實力最雄厚者，廣東軍政府授予郭堅陸軍少將銜。

1919 年，陳樹藩進攻靖國軍，郭堅放棄鳳翔向西撤退。

1920 年，直皖戰爭，奉系同直系合作，郭堅轉投河南鎮嵩軍劉鎮華。

1921 年，郭堅接受直系改編。因郭堅部軍紀敗壞，民眾紛紛控告。直系閻相文想除掉郭堅，給直系第 20 師 16 旅長馮玉祥下達殺郭堅的手諭。馮玉祥乃托宴請之名，於西安西關軍官學校將郭堅誘殺，並在新城將郭堅暴屍示眾。

唐生智　1889～1970.4.6.湖南永州東安縣人

唐生智，字孟瀟，號曼德。保定官校、日本士官學校畢業。

屬於趙恆惕湘系軍閥，信奉佛教，有「佛教將軍」之稱。

1921 年趙恆惕當選湖南省省長提拔唐任湖南省第四師師長。

1926 年，唐發動兵變，將趙恆惕逐出長沙，自領省長。趙部屬葉開鑫求救吳佩孚，唐生智敗走退出長沙。加入國民革命軍，被任第八軍軍長，大舉反攻湖南，6 月中旬重新佔領長沙，再任湖南省主席。

1927 年初，任前敵總指揮，後任第四集團軍總司令。

11 月 12 日寧漢分裂，支持南京蔣政權，並前往日本。

1929 年，曾召集舊部，與石友三聯合反蔣，很快被枚平。

1931 年，九一八事變後重回南京政府，復任南京軍事參議院院長。

1935 年擔任訓練總監部總監 1935 年 4 月被授予上將銜。

1937.11 月日軍進攻南京，他力主死守，出任首都衛戍司令長官。極度危急時，12 月 12 日下達棄城命令，他私自乘汽艇逃跑，守軍失去指揮、發生混亂、自相殘殺，第二天南京陷落，日軍發生南京大屠殺，軍民死亡三十餘萬群眾。

1947 年，唐生智在湖南省東安縣當選為第一屆國民大會代表。

1948 年 11 月去南京、上海，向蔣介石建議與中共停戰和談。

1949 年，在湖南與程潛、陳明仁等參加「和平自救」運動，任「湖南人民自救委員會」主任委員，通電擁護湖南和平解放。

中華人民共和國成立後，他擔任湖南省人民政府副主席等職。

文革受到衝擊，拒不揭發曾經的老部下賀龍（賀龍早年曾在其麾下）受到

關押。

1970 年 4 月 6 日在長沙因腸癌複發，年 81 歲病逝。

鄧錫侯　1889.5.24.～1964.3.30.四川營山縣回龍鄉鄧家花園人

鄧錫侯生於製陶業家庭。有志於學問，後來志願從軍。

1906 年，入成都陸軍小學堂。

1909 年，入南京第四陸軍中學堂。

1910 年，加入川軍第 4 師師長劉存厚的軍隊。

1912 年，中華民國成立，鄧錫侯續在劉存厚部任職。

1915 年，護國戰爭，鄧錫侯作戰勇敢、立下軍功，受到護國軍蔡鍔讚賞。後來，鄧錫侯仍歸劉存厚部。

1917 年，升任旅長。

1918 年，鄧錫侯為第 2 師師長。

1920 年，熊克武將滇軍逐出四川，鄧錫侯被任命為川軍第 1 軍第 3 師師長。

1922 年，熊克武同劉湘（一、二軍之戰）鄧錫侯支持熊克武，劉湘被擊敗。

1923 年，鄧錫侯同熊克武、劉成勳開戰。鄧錫侯和川軍指揮官楊森聯手，並獲得北京政府支援，取得優勢。鄧錫侯佔領成都，劉成勳辭去川軍總司令職務。

1924 年，北京政府任命楊森為四川督理，鄧錫侯被任命為四川省長。

1925 年，鄧錫侯轉任第 30 師師長，駐重慶。隨著楊森的勢力逐漸強大，楊森開始了統一四川的軍事行動。鄧錫侯進行反抗，同劉湘、袁祖銘（黔軍）合力擊敗楊森。隨後鄧錫侯再度同楊森聯合，擊敗了袁祖銘。

1926 年，被任命為第 28 軍軍長。此後在四川混戰中，鄧錫侯的勢力排在劉湘、劉文輝之後占第 3 位，掌握戰局主導權。

1931 年，二劉之戰，鄧錫侯經過曲折，最後支持劉湘，擊敗了劉文輝。

1937 年，抗日戰爭，鄧錫侯率軍赴山西省。歷任第 4、22 集團軍總司令。其間，他同朱德八路軍有過接觸交流，對日後鄧錫侯的政治行動產生了影響。

1938 年，劉湘病死，張群繼任四川省政府主席，但川軍指揮官紛紛反對，張群未能就任。鄧錫侯就任川康綏靖主任，緩和川軍對立情緒。

1940 年，張群就任四川省政府主席。

1946 年，鄧錫侯代理張群任四川省政府主席。

1947 年，鄧錫侯正式就任四川省政府主席。然而，隨著第二次國共內戰的推進，蔣介石要求包括四川在內的後方供應兵員、糧食等。鄧錫侯對戰時四川

的資源消耗不滿，同蔣介石逐漸對立。

1948 年，鄧錫侯辭去四川省政府主席職務。此後，鄧錫侯、劉文輝、潘文華開始聯合反對蔣介石的活動。

1949 年 12 月 9 日，他們發表起義宣言，投向中國共產黨。

1964 年 3 月 30 日，鄧錫侯在成都逝世，享年 75 歲（滿 74 歲）。

袁祖銘　1889.6.9.～1927.1.31.貴州省安龍縣人

袁祖銘，字鼎卿，黔軍軍閥。袁祖銘早年有志於學問。

1907 年，入貴陽陸軍小學堂。

1909 年，畢業後成為興義縣小學堂的體操教員。

1911 年，加入劉顯世的靖邊巡防營。

1913 年，任貴州陸軍第 1 團第 2 營長，不久改任第 1 營營長。

1915 年，護國戰爭中，加入王文華所率的護國軍，同北京政府軍進行戰鬥。

1916 年，獲授陸軍少將銜。

1917 年，升任暫編貴州陸軍第 1 師第 1 旅第 1 團團長。

1918 年，任貴州陸軍第 2 師師長。袁祖銘作為王文華手下勇猛的指揮官日益抬頭。但他和害怕失去實力的王文華日益對立。後來王文華支持南方政府，袁祖銘反而接近北京政府。

1920 年，王文華發動民九事變，迫使貴州督軍劉顯世下台，奪取貴州的統治權。

得到北京政府財政支援的袁祖銘在武昌組織定黔軍，自稱總指揮。

1921 年，袁祖銘派出刺客暗殺了王文華。

1922 年，袁祖銘驅逐南方政府派的黔軍總司令盧燾，佔領了貴陽。此後袁祖銘自稱黔軍總司令。但是，他和雲南的唐繼堯逐漸對立。

1923 年，唐繼虞（唐繼堯的弟弟）率滇軍佔領貴陽。此後，袁祖銘轉戰四川省，同川軍勢力展開爭奪。

1924 年，北京政府任命為川黔邊防督辦兼陸軍第 34 師師長。在此期間，袁祖銘同唐繼堯講和。

1925 年，袁祖銘任貴州督辦。然而袁祖銘此後繼續在四川省內參與內戰，貴州省政則委託部下王天培、彭漢章、周西成料理。同年 6 月，袁祖銘同川軍指揮官劉湘聯合進攻川軍勢力強大的軍事將領楊森並取勝。此後劉湘同楊森和解，雙方聯合進攻袁祖銘。

1926 年，袁祖銘與川軍作戰敗北逃往湖南湘西，率殘部投靠廣州國民政府。任第 12 軍軍長兼左翼軍前敵總指揮，參加北伐。這一任命遭到湘軍唐生智的排斥和猜忌，害怕袁祖銘奪去湖南省的統治權。袁祖銘雖參加國民革命軍，

但立場不堅定。部下趙毓松建議袁祖銘同孫傳芳、吳佩孚締結反共同盟，顛覆容共的武漢國民政府。

1927年，袁祖銘獲唐生智的師長周爛在常德假意設宴款待，席間被突然殺害。這是唐生智獲得蔣介石認可後下令殺害的，享年 39 歲。

韓復榘　1890.1.25.～1938.1.24.河北省霸州市人

韓復榘，字向方，馮玉祥手下十三太保之一。其父韓世澤乃清末秀才，在村中開私塾。韓復榘起初有志於學問，後因貧困輟學。

1910年，離鄉闖關東參軍。馮玉祥灤州起義時，韓復榘追隨。失敗後，韓復榘返鄉。中華民國成立後，韓復榘重歸馮玉祥所部。

1924年，北京政變，國民軍成立，韓復榘任國民軍第 1 軍第 1 師第 1 旅旅長。1925年，升任第 1 師師長。

1926年，南口大戰中，閻錫山晉軍威脅國民軍，韓復榘和石友三乃投閻錫山。

9 月，馮玉祥歸國舉行五原誓師，韓復榘重歸馮玉祥麾下任國民聯軍總指揮。

1927年，任第二集團軍第 6 軍軍長，參加北伐，立下軍功。第二集團軍縮編，任第 20 師師長，馮玉祥推薦，韓復榘任河南省政府主席。失去第 20 師的指揮權，由此，韓復榘和馮玉祥暗生不睦。

1929年，北伐結束，馮玉祥與蔣介石的矛盾激化，衝突不可避免。韓復榘棄馮投蔣，率第 20 師的舊部歸順中央政府。

1930年，中原大戰，韓復榘任第 1 軍團總指揮，同閻錫山晉軍作戰，立下軍功；被任命為山東省政府主席。

韓復榘與日本秘密建立聯繫，暗殺張宗昌。驅逐第 17 軍軍長劉珍年，對國民黨山東省黨部施壓。欲使山東省成為高度自治區域，弱化了國民政府對山東省的統治。

1936年，西安事變發生，韓復榘發電報支持張學良、楊虎城。

1937年，抗日戰爭爆發，出任第 3 集團軍總司令兼第 5 戰區副司令長官。韓復榘自感是蔣介石捨棄的棋子。因此，他不與日軍全面戰鬥，放棄了濟南，向山東省西南部撤退。另一方面，他同四川省政府主席劉湘秘密聯絡，企圖共同發動反蔣運動。

1938 年 1 月 11 日，韓復榘在到開封出席軍事會議時遭到逮捕，隨後被押往漢口收監。24 日，韓復榘被以違反命令擅自撤退罪名，遭到處決。享年 49 歲。

劉湘　1890.7.1.~1938.1.20.四川省大邑縣安仁鎮人

劉湘，又名元勛，字甫澄，法號玉憲。

1908 年，入四川陸軍速成學堂。

1909 年，畢業後，加入四川陸軍。

1916 年，任四川第 1 師第 2 旅旅長。

1918 年，升任四川第 2 師師長。

1919 年，作為川軍指揮官被推戴為川軍總司令。

1920 年，升任四川第 2 軍軍長，驅逐滇軍的戰爭勝利，被任命為重慶鎮守使。

1921 年，為川軍總司令，與熊克武「一二軍之戰」劉湘敗北。

1922 年，下野。

1923 年，受到直系吳佩孚支持的劉湘任四川善後督辦。他同川軍指揮官楊森聯合，擊敗了南方政府派的熊克武。

1924 年，吳佩孚任命楊森為四川督理，劉湘不滿該任命，乃接受段祺瑞的支援。

1925 年，段祺瑞任劉湘為川康邊防督辦。7 月，楊森開企圖統一四川，劉湘同袁祖銘聯合反擊，將楊森驅逐出四川。後來劉湘又和袁祖銘對立，與楊森和解。

1926 年，將袁祖銘驅逐出四川。他討伐了駐紮四川省之外省軍隊。8 月，劉湘同吳佩孚對抗。12 月，國民政府任命劉湘為國民革命軍第 21 軍軍長。

1927 年，在重慶大規模鎮壓中國共產黨（「三・三一慘案」）強化自身權力，其間，劉湘同擔任四川省政府主席的堂叔劉文輝構築雙頭體制，雙方對立逐步加深。

1931 年，發生衝突「二劉之戰」。劉湘受到蔣介石支持，劉文輝則傾向新桂系。

1932 年，蔣介石任命為四川善後督辦。

1933 年，劉湘大敗劉文輝，確保四川省省政的主導權。同時被任命為四川剿匪總司令，迎擊中國共產黨的長征。

1934 年，劉湘到南京訪問蔣介石，任命劉湘為四川省政府主席。劉湘企圖在四川實行關門主義統治，而蔣介石卻企圖滲透入四川，雙方發生對立。

1937 年，抗日戰爭，劉湘抗日，歷任第七戰區司令官、第 23 集團軍總司

令。

　　同年 11 月前後，劉湘突然患病，在漢口住院治療。同山東省政府主席韓復榘秘密聯絡，策劃反蔣活動。

　　1938 年，在漢口醫院逝世。享年 49 歲，死後，獲國民政府追贈一級上將位。

馬鴻逵　1892.3.9.～1970.1.14.回族漢人生於甘肅河州

　　馬鴻逵，寧夏馬家軍領袖，繼承其父馬福祥統率寧夏新軍，人稱「寧夏王」。

　　第二次直奉戰爭中，部隊被編入馮玉祥的國民軍，駐防寧夏。

　　1926 年，馬鴻逵被馮玉祥任命為國民聯軍第四路軍司令官。1927 年，馬鴻逵奉馮玉祥之命，出陝西省潼關，參加北伐。1929 年，馮玉祥同蔣介石的對立，馬鴻逵拋棄了馮玉祥，投向了有美國和英國為後盾的蔣介石。

　　1930 年，中原大戰，任第 64 師團長，因奮勇殺敵之忠誠，在奪取山東省泰安後升任第 15 路軍司令官。

　　1932 年，馬鴻逵任寧夏省主席。

　　1936 年，加上將銜。

　　1937 年，抗日戰爭，陝西、寧夏一帶中國共產黨勢力澎眼，馬鴻逵與兄弟馬鴻賓的部隊合編為第 17 集團軍，馬鴻逵任集團軍總司令及第八戰區副司令長官。

　　1945 年，日本投降，出任西北軍政副長官兼西北行轅副主任。國共內戰，馬鴻逵站在中國國民黨一方同共產黨作戰。

　　1949 年，內戰末期，彭德懷佔領蘭州，馬鴻逵棄銀川赴重慶追隨中華民國政府到台灣，受到國防部次長郭寄嶠及馬步芳父子的指控，要他對西北敗局負責，被監察院彈劾，被撤職察辦。他遂謊稱其四姨太劉慕俠在香港病危，赴港探視。

　　1950 年，在陳納德的幫助下到美國住洛杉磯，辦『普馬拿』牧場，以養馬為業。

　　1951 年，在美國記者招待會上，馬鴻逵呼籲美國政府援助台灣。

　　1970 年 1 月 14 日，在洛杉磯其牧場去世，終身未申請美國公民權。

周西成　1893.4.7.～1929.5.22.貴州遵義府桐梓縣祖籍江西

周西成，名世傑，字西成，以字行，號繼斌，最初入桐梓明德小學堂。

1911 年，加入貴州新軍。辛亥革命，繼續在新軍任職，

1913 年，入貴州陸軍講武學堂。同時加入國民黨。

1922 年，升任旅長、四川討賊軍第 3 師師長。

1923 年，離開四川，赴貴州省北部赤水一帶駐紮，形成自己獨立的勢力圈，袁祖銘任命他為黔軍第 3 師師長。

1925 年，袁祖銘赴四川活動，任命王天培為貴州軍務督辦，彭漢章為貴州省長，周西成為貴州軍務幫辦。

1926 年，王、彭加入國民革命軍參加北伐，周出任貴州督辦兼貴州省長，掌握貴州省的統治權，並擔任黔軍後備軍總司令。

1927 年，周西成正式轉投國民政府，任貴州省政務委員會主席。同時兼任國民革命軍第 25 軍軍長。唐繼堯死後雲南混亂，在滇軍胡若愚的支援下，周西成征討伐龍雲，遭龍雲軍迎擊敗北，12 月周出任國民革命軍第 9 路軍總指揮。

1929 年，黔軍敗於滇軍，周西成於 5 月 22 日在關嶺附近戰死。享年 37 歲。

王家烈　1893.7.10.～1966 貴州桐梓新站區小水鄉人

王家烈，字紹武，民初軍閥

1911 年，桐梓高等小學畢業。

1912 年，去遵義，在縣境教私塾。

1914 年，在遵義入伍。

1915 年，入貴州陸軍模範營和貴州講武學堂，參加護法戰爭入湘作戰。

1920 年，升任周西成營八連連長。

1926 年，任黔軍第二師師長。

1927 年，周西成擁蔣出兵討共，命王率部入湘，駐沅陵，後退駐桐仁。

1928 年，周西成保薦為前敵總指揮，駐綦江、東溪一帶，任援川前敵總指揮。

1929 年，周西成在與李燊作戰中，被流彈擊斃。王家烈率部由銅仁趕赴遵義，協同毛光翔（周西城表弟）穩住陣腳。毛任軍長兼貴州省主席，王任副軍長。

1929 年，蔣介石任命王為「討逆指揮官」，令其開赴黔邊牽制桂系。王尋機向外發展，迅即得到黔東、黔東南廣大地區。

1930 年，蔣命王為「湘黔邊區剿匪司令」率部入湘西會剿紅軍。在年「清剿」張雲逸、李明瑞部紅軍過程中，獲蔣介石獎勵大批槍械。

1932 年，王家烈重兵指向貴陽，蔣介石任命王家烈為二十五軍軍長，毛光翔被迫就範。國民政府於 3 月 30 日正式任命王為貴州省政府主席兼民政廳廳長。

11 月，毛光翔、蔣在珍在遵義起事倒王。正當王部全力進攻遵義時，駐安順的二十五軍第二師猶國材部，

11 月 24 日迅速襲佔貴陽。王部回援不及，敗走榕江。

12 月初，蔣介石令猶國材接任第二十五軍軍長，暫兼代貴州省主席。

1933 年，王家烈反攻奪回貴陽，宣布復任。獲得國民政府承認。

1935 年，積極反共，在貴州力阻中共紅軍，被蔣介石任為湘黔邊區剿總司令。在阻擊中共紅軍入貴州戰爭中，主力盡失，王家烈僅帶 1 個團從遵義逃出。王家烈剿共失敗，薛岳進入貴州，王家烈任中將參議，旋吳忠信為貴州省主席，王家烈親信全部撤換，黔系勢力被瓦解。

1949 年，留居貴陽。

1955 年，任中華人民共和國貴州省政協副主席。

1957 年，被劃為「右派」

1958 年，當選民革貴州省委委員。王家烈關心貴州建設和人民生活，不顧重病和被錯劃為右派的政治壓力，對「大躍進」造成的「遵義事件」進行了中肯的批評，認為把糧食調光農民不能安心搞生產，「才得了浮腫病」，以致最後「造出人禍」。提醒當局「農村太整得惱火了」。惜其善意的批評建議，反受到極左路線下的不公正待遇。同時，他還努力工作，以親身經歷和所知貴州史事，撰寫成大量寶貴史料文章，供給歷史學界研究。

劉文輝　1895.1.10.～1976.6.24.四川省邛州大邑縣安仁鎮人

劉文輝，字自乾，號病虞，軍閥。

1909 年，14 歲時，入成都的四川陸軍小學堂。

1911 年，赴陝西省，入西安陸軍中學堂。辛亥革命爆發後，劉文輝回到家鄉。1912 年，赴北京，入陸軍第一中學。

1914 年，入保定陸軍軍官學校第 2 期砲兵科，

1916 年，畢業回到家鄉後，劉湘經介紹加入川軍。此後，他在川軍內逐漸升職。

1923 年，出任川軍第 9 師師長兼成都衛戍司令。

1925 年，任四川軍務幫辦。

1926 年，轉投國民政府方面，任國民革命軍第 24 軍軍長。

1928 年，出任川康邊防總指揮。11 月升為國民政府的首任四川省政府主席。

1932 年，劉湘、劉文輝實力匹敵逐漸對立，「二劉之戰」劉文輝戰敗逃往西康。

1934 年，劉文輝被任命為西康建省委員會委員長，投身創設西康省的活動。

1937 年，獲授陸軍上將銜，被任命為第 5 軍團軍團長。

1939 年，西康省正式成立，劉文輝為西康省政府主席兼全省保安司令。

1949 年，劉文輝、鄧錫侯、潘文華共同發表宣言，屈辱投共。

1976 年 6 月 24 日，劉文輝在北京市病逝。享年 82 歲（滿 81 歲）。

盛世才　1897.1.8.～1970.7.13.遼寧省開原

盛世才，字晉庸，新疆軍閥，有「新疆王」之稱。

1915 年，畢業於上海吳淞中國公學政治經濟科，後赴講武堂學習。加入奉系軍隊，後由郭松齡保送去日本明治大學和日本陸軍大學深造。

1927 年，擔任國民革命軍總司令部參謀。

1930 年，盛世才自請調新疆，不久升任新疆軍官學校戰術總教官。

1932 年，哈密暴動，盛世才擊潰平定。

1933 年，馬世明犯迪化，仍為盛世才所阻。盛世才得「常勝將軍」稱號。

新疆軍事政變，金樹仁逃亡。盛世才為督辦。史達林派阿布利梭夫（G.A.Apresov）與盛世才訂立協定，允以紅軍五千人及價值二百萬盧布之軍械相助。

1933 年，盛世才以謀反罪槍殺陳中、李笑天、陶明樾，軟禁政府宣慰使黃慕松。

10 月，再槍殺東北軍殘部首領鄭潤成，並解編東北軍；

12 月，盛世才軟禁省主席劉文龍，並指定朱瑞墀為代理主席。

1934 年，盛世才擊敗北疆張培元、南疆馬仲英，時人開始以「新疆王」稱呼盛。

　　3 月，國民政府任命盛世才為新疆省主席，著手進行省政改革，以「實行民族平等、保障信教自由、澄清吏治、改良司法、整理財政、農林救濟、擴充教育、推行自治」為施政八大方針。

　　4 月，宣布「反帝、和平、建設、民族平等、清廉、親蘇」六大政策。

　　1935 年，盛世才與蘇新貿易公司訂立借款合同，總額為五百萬盧布。

　　1938 年，蘇聯侵中國哈密迪化，貸款 500 萬盧布白銀給盛世才誘盛加入共產黨。

　　盛具「新疆王」稱號，統治新疆前期，與蘇聯保持相當良好的關係，邀請中共陳潭秋、毛澤民、林基路等人到新疆工作，同意八路軍在迪化設立辦事處，

　　1939 年，盛世才加入了蘇聯共產黨。蘇聯強行開採新疆獨子山油鑛。

　　1940 年，史達林製造阿爾泰山叛變。蘇聯德國密訂「租借新疆錫礦條約」。

　　1942 年，盛世才四弟盛世騏（新疆機械化旅長）與妻陳秀英遭中共暗殺身亡，省政府多人被殺被捕。4 月 12 日，維吾爾族、歸化族、塔塔爾族和回族發動暴亂；蘇聯領事、顧問、教官與中國共產黨各部工作人員均牽涉其中。

　　參謀總長何應欽擬訂「收復新疆主權方略」，採行一面安撫盛世才，一面遏止蘇聯斷然分裂中國的舉動，設法收復新疆。

　　盛世才懷疑蘇聯企圖推翻新疆省政府，分裂中國，與蘇聯決裂，轉向國民黨靠攏。此後大肆宣揚反蘇反共的理念，公開表明歸順政府，同時驅逐境內蘇聯人員，逮捕新疆的中國共產黨員和親共人

　　1943 年，處死毛澤民、陳潭秋、林基路等中國共產黨領導人。

　　盛世才奉國民政府命令，要求蘇聯撤出新疆駐軍及其機關，遭俄方指為「非法且仇視的行為」。要求蘇聯駐軍與哈密郊外頭屯河飛機裝備場軍隊撤除。

　　1944 年，盛世才有感政府動搖他的權力基礎，大肆逮捕中國國民黨員，打算與蘇聯重修舊好，並致電史達林表示願意歸順蘇聯，但卻遭到史達林的拒絕。隨後國民政府派朱紹良接任新疆省政府主席，將盛世才調為農林部長，結束「新疆王」達 10 年的統治生涯。

　　盛世才多疑，兩度以軍隊鎮壓東突厥斯坦獨立運動起事。在他統治新疆期間，因鎮壓分離主義死傷上萬人。

　　1933 年 12 月至 1941 年，東北抗日義勇軍以及滿洲國起義部隊、東北抗日聯軍部隊轉道來到新疆。分別進駐迪化和伊犁。總人數共為 24894 人。

　　盛世才借口把抗日統軍將領鄭潤成、楊耀鈞、蘇國、應占斌、楊炳森、李志、徐國光等逮捕，1939 年秘密處死。

　　盛世才就任農林部長後，新疆人民控訴盛世才罪行，並發起「討盛運動」。國民政府迫於輿論壓力，將盛世才撤職查辦。盛的岳父邱宗浚在盛世才調離新疆後，自覺失去靠山，舉家自迪化移居蘭州。

　　1949 年 5 月 16 日深夜，岳父一家老小被滅門，稱為邱宅大血案。

　　盛世才隨政府去台灣，聘為總統府國策顧問、國防部上將高級參謀、行政院設計委員等職。他仇家太多，政府指派人員保護，凡送禮品，盛一概不食，

全部轉送鄰居。遺著回憶錄《牧邊瑣記》《新疆十年回憶錄》。

1970 年 7 月 13 日，盛因腦溢血逝世於台北市。

馬步青 1901～1977.2.9.回族甘肅臨夏縣漠泥溝

馬步青，字子云，馬麒長子，馬步芳的哥哥，軍閥世家成員，曾任陸軍中將。

1918 年，17 歲在寧海軍擔任管帶，統領等職。

1920 年，被馬福祥委任為第二路警備司令，後在其父 26 師任騎兵團長、旅長。

1931 年，任暫編騎一師師長。

1932 年，編為中央陸軍騎兵第五師。抗戰爆發，騎五師擴編為騎五軍，任軍長。

1934 年，派人殺害民勤縣長牛載坤。

1936 年，馬步青在寧夏中衛至皋蘭一帶堵截中共紅軍，使紅軍傷亡其眾。

1942 年，騎五軍與 82 軍合編為 40 集團軍，馬步芳任司令，馬步青任副司令。因受馬步芳排擠，無奈喪氣回臨夏老家。

1948 年，臨夏解放前夕，馬步青攜家眷逃往台灣。

1977 年 2 月 9 日，病逝於台北。

馬步芳 1903～1975.7.回族甘肅臨夏市

馬步芳，字子香，經名胡賽尼，軍閥，馬步青是其兄長。

1928 年，馬仲英起事，馬步芳也由青海化隆率部至積石山乩藏鎮約馬全欽起事，共同反對國民軍。馬全欽改擁國民黨軍，勸阻馬步芳返回化隆。

1931 年，青海軍閥馬麒病死，蔣中正扶持馬麒兒子馬步芳作為青海的軍事首腦。

1936 年，馬步芳、馬步青、馬仲英、馬鴻賓、馬鴻逵合作，組成「馬家軍」，殲滅中共工農紅軍西路軍。

1937 年，馬步芳逼其叔父馬麟下台。

1945 年，馬步芳當選為中國國民黨第六屆中央監察委員會委員。

1949 年，代理西北軍政長官公署長官，蘭州被彭德懷佔領蘭州，馬步芳飛重慶，繼而奔廣州，遷香港。

1950 年，馬步芳以朝覲之名，舉家飛抵沙烏地阿拉伯的麥加，轉乘輪船過

紅海至開羅，晉見埃及國王獲准僑居，住在開羅郊外馬爾地 33 號。

1957 年，埃及與中共建交，蔣中正任命馬步芳為中華民國駐沙烏地阿拉伯大使。

1961 年，逼侄女馬月蘭為妾醜聞被免職法辦，馬步芳拒絕入沙烏地阿拉伯國籍。

1975 年 7 月，馬步芳在沙烏地阿拉伯病逝。

馬仲英　約 1912～1937 甘肅臨夏人

馬仲英，回族軍閥，「尕司令」馬仲英，原名馬步英，其父馬寶與馬步芳、馬步青的父親青海省主席馬麒為堂兄弟。後因和馬步芳交惡改名馬仲英。

1928 年，西北軍閥馮玉祥逮捕處決身為馬麒手下的營長馬寶。在青海陸軍軍校學習的馬仲英聞訊後率 6 名好友反叛，襲擊國民軍運輸隊，繳獲大批武器。到達河州後，召集當地兩三萬民眾建立武裝「黑虎吸馮軍」自稱司令，並任命馬廷賢為副司令。

同年夏末，馮玉祥征剿馬仲英，馬仲英兵敗岷州。

1929 年，被馬鴻逵收編，馬仲英去北平，蔣介石接見，試圖推薦他進中央軍校。

1930 年，重回甘肅，攻取張掖，自稱「甘寧青聯軍總司令」佔領酒泉。

1931 年，馬仲英在張掖成立「河西省行政委員會」自任主席，堯樂博斯勸說馬仲英到新疆發展。

馬仲英率領 400 多人，帶著 100 條槍，唱著「馬步芳，操你娘，撐著老子上新疆，白蠟桿子換鋼槍」的歌曲西進新疆。馬仲英在新疆發展震動西北，馬步芳把酒泉等地劃給馬仲英。南京國民政府任命馬仲英為新編第 36 師師長，在甘肅整頓練兵。

1932 年，和加尼牙孜再次請馬仲英入疆。馬進入新疆，攻佔吐魯番和襲擊迪化。

1933 年，馬仲英佔領新疆東部。迪化金樹仁手下反叛，推盛世才為新疆督辦。盛世才以高官厚祿誘使馬德祥殺死馬全祿，收編馬全祿部 2000 餘人。又利用和加尼牙孜和馬仲英的矛盾離間他們，使馬仲英得不到當地人的支持。盛世才在紫泥泉擊敗馬仲英，馬退守吐魯番。

之後盛世才和馬仲英經過短暫的談判，於當年 10 月再次開戰。馬仲英攻打

孚遠，在達坂城戰敗盛世才；馬手下馬赫英攻打塔城。

12 月，盛世才在迪化與蘇聯代表波哥丁簽署了秘密協定。年底，在伊犂張培元表示要和馬仲英合作。

1934 年 1 月 1 日張培元佔領塔城，繳獲大量蘇聯援助盛世才的軍火物資。隨即蘇聯紅軍一個師入疆迅速殲滅了張培元部。

1 月 12 日，馬仲英攻擊迪化，盛世才守城不利。

1 月 18 日，蘇軍派空軍轟炸馬仲英部。1 月底殲滅張培元的蘇軍東進。

1 月 20 日，省軍開進伊寧，史稱蘇聯入侵新疆。

2 月 1 日頭屯河戰役，被馬仲英伏擊，但在之後的戰鬥中擊敗馬軍。馬仲英退到達坂城，展開達坂城之戰。

2 月 6 日馬仲英手下馬占倉、馬福元等佔領喀什，消滅了東土耳其斯坦伊斯蘭共和國。

3 月蘇軍在飛機、大炮的優勢下擊敗馬仲英。馬仲英逃往南疆。

7 月馬仲英、和加尼牙孜的武裝徹底消滅了東突勢力，馬發表聲明，譴責盛世才是蘇聯的代理人，表示效忠南京的國民政府。馬仲英希望得到中亞的英國人的援助，但這個願望沒有實現。8 月，盛世才部隊攻佔喀什。9 月，盛世才的省軍和馬軍新 36 師達成停戰協議。

馬仲英在周圍的共產黨員的影響下帶領 200 多名骨幹到蘇聯學習。馬本人學習飛機駕駛。

1935 年，中共工農紅軍西路軍進入甘肅，馬仲英和蘇聯人準備迎西路軍入疆，因後來西路軍兵敗沒有成功。

馬仲英最後的結局有多種說法：

1.在蘇聯大清洗中被殺；

2.在蘇聯學習飛機駕駛失事；

3.援助西班牙內戰犧牲；

4.在蘇聯衛國戰爭犧牲。

1937 年，新 36 師徹底瓦解，被盛世才收編。

馬仲英在新疆的征戰為後來新疆的發展留下了深遠的影響，盛世才為了抵禦馬仲英而投靠蘇聯，使新疆成了一個親共的地區。但盛世才如此行為全為形勢所迫，後來他就轉向反共。

新疆的部分「疆獨」人士的口號「殺漢滅回」，把同樣信奉伊斯蘭教的回族列為敵人，源自馬仲英的回族武裝和南疆分裂分子的衝突。

黨玉崑　? ～1928 陝西省鳳翔縣人

黨玉崑，軍閥，幼年時曾當過古董店學徒，擅長鑑寶與賭博，驍勇善戰，稱雄一方，曾盜竊鳳翔縣西周青銅器多件，後來被宋哲元擊斃。

十、中華民國元首及五院院長

中華民國元首

中華民國臨時大總統

任次	元首	肖像	黨派	任職時間	備註
1	孫　文		中　國同盟會	1912.1.1.~1912.4.1.	
2	袁世凱		北洋軍閥	1912.3.10.~1913.10.10.	
北洋軍閥時期					
1	袁世凱		北洋軍閥	（1）1913.10.10~1915.12.12.（2）1916.3.22~1919.6.6.	1915 年 12 月 12 日稱帝，改國號為中華帝國，年號洪憲。1916 年 3 月 22 日宣佈取消帝制。
中華民國大總統					
1	袁世凱		北洋軍閥	（1）1913.10.10.~1915.12.12.（2）1916.3.22.~1919.6.6.	
繼任	黎元洪		進步黨	1916.6.7.~1917.7.14.	1916.6.7.以副總統名義繼任大總統職　1917.7.1.張勳復辟黎逃入日本使館，副總統馮國璋代行職權 7 月 14 日黎去職。
代理	馮國璋		直系軍閥	1917.7.6.~1918.10.10.	1917.7.6.在南京就代理總統職，8 月 1 日至北京
2	徐世昌		皖系軍閥	1918.10.10.~1922.6.2.	

任次	元首	肖像	黨派	任職時間	備註
國務院攝行	周自齊		交通系	1922.6.2.~ 1922.6.11.	國務院攝行大總統職權
復任	黎元洪		研究系	1922.6.11.~ 923.6.13	
國務院攝行	高凌霨		無黨籍	1923.6.4.~ 1923.10.10.	國務院攝行大總統職權
3	曹錕		直系軍閥	1923.10.0.~ 1924.11.2.	
國務院攝行	黃郛		無黨籍	1924.11.2.~ 1924.11.24.	國務院攝行大總統職權
中華民國臨時執政					
1	段祺瑞		皖系軍閥	1924.11.24.~1926.4.20.	大總統改為虛位，由國務院攝行
國務院攝行	胡惟德		無黨籍	1926.4.20.~ 1926.5.13.	國務院攝行臨時執政職權
中華民國大總統					
國務院攝行	顏惠慶		無黨籍	1926.5.13.~ 1926.6.22	國務院攝行大總統職權
國務院攝行	杜錫珪		直系軍閥	1926.6.22.~ 1926.10.1.	國務院攝行大總統職權
國務院攝行	顧維鈞		無黨籍	1926.10.1.~ 1927.6.17	國務院攝行大總統職權
中華民國陸海軍大元帥					
1	張作霖		奉系軍閥	1927.6.18.~ 1928.6.3.	
廣州護法軍政府時期					

任次	元首	肖像	黨派	任職時間	備註
1	孫文		中華革命黨	1917.9.10.~ 1918.5.21.	溥儀復辟國會被廢。孫中山號召國會議員另組廣州新政府 8 月 25 成立軍政府 9 月 1 日選孫中山為大元帥展開護法運動。
1	岑春煊		無黨籍	1918.8.21.~ 1920.10.24.	1918 年國會受桂系控制最後以七總裁取代大元帥，孫中山辭職由岑春煊任主席總裁。
中華民國軍政府非常時期大總統					
1	孫文		中國國民黨	1921.5.5.~ 1923.2.21	1921 年 4 月，非常國會開會，取消軍政府組織正式中華民國政府選孫文為非常大總統但軍政權掌握在陳炯明手中。
中華民國陸海軍大本營陸海軍大元帥					
1	孫文			1923.3.2.~ 1925.3.12	1923 年孫中山驅逐陳炯明之後再度成立了陸海軍大元帥大本營。1925 年孫中山北上商討國事，因肝癌病逝北京。
代理	胡漢民			1925.3.12.~ 1925.7.1.	
廣州（武漢）國民政府主席（訓政時期）					
1	汪兆銘			1925.7.1.~ 1926.3.23.	1925.7.1.成立國民政府汪兆銘為主席 1926 年因中山艦事件汪兆銘 3 月 23 日請假 5 月 11 日辭職。
南京（重慶）國民政府主席					
無	無			1927.4.18.~ 1928.2.7.	1927.4.18.南京國民政府成立，當時並未設置主席。
1	譚延闓			1928.2.7.~ 1928.10.1.	國民黨二屆四中全會，決議設置主席職務，並選舉譚延闓為國民政府主席。

任次	元首	肖像	黨派	任職時間	備註
2	蔣中正			1928.10.10.~ 1931.12.5.	辭職後由林森代理
代理	林森			1931.12.15.~ 1932.1.1.	
3	林森			1932.1.1.~ 1943.8.1.	1937.11.21.遷都重慶 1945年此期間又稱重慶國民政府
代理	蔣中正			1943.6.1.~ 1943.10.10.	
4	蔣中正			1943.10.10.~ 1948.5.20.	因行憲而廢止

中華民國總統、副總統

憲政時期

屆次	總統	肖像	副總統	肖像	政黨	任職時間
1	蔣中正		李宗仁			1948.5.20.~ 1949.1.21.
代行職權	李宗仁		無			1949.1.21.~ 1950.3.1.
復行視事	蔣中正		李宗仁 （未就職）			1950.3.1.~ 1954.5.20.
2	蔣中正		陳誠			1954.5.20.~ 1960.5.20
3	蔣中正		陳誠			1960.5.20.~ 1966.5.20.

屆次	總統	肖像	副總統	肖像	政黨	任職時間
4	蔣中正		嚴家淦			1966.5.20.~ 1972.5.20.
5	蔣中正		嚴家淦			1972.5.20.~ 1975.5.20.
繼任	嚴家淦		無			1975.4.6.~ 1978.5.20.
6	蔣經國		謝東閔			1978.5.20.~ 1984.5.20.
7	蔣經國		李登輝			1984.5.20.~ 1988.1.13.
繼任	李登輝		無			1988.1.13.~ 1990.5.20.
8	李登輝		李元簇			1990.5.20.~ 1996.5.20.

直選後總統及副總統

屆次	總統	肖像	副總統	肖像	政黨	任職時間
9	李登輝		連戰		 中國國民黨	1996.5.20.~ 2000.5.20.
10	陳水扁		呂秀蓮		 民主進步黨	2000.5.20.~ 2004.5.20.
11	陳水扁		呂秀蓮			2004.5.20.~ 2008.5.20.
12	馬英九		蕭萬長			2008.5.20.~ 2012.5.20.
13	馬英九		吳敦義			2012.5.20.~
14						

中華民國行政院
行憲前

任次	院長	姓名	任職時間	政黨	備考
1		譚延闓	1928.10.25.~ 1930.9.22.	中國國民黨	
代理		宋子文	1930.9.25.~ 1930.11.24.	中國國民黨	
2		蔣中正	1930.11.24.~ 1931.12.15.	中國國民黨	
代理		陳銘樞	1931.12.15.~ 1932.1.1.	中國國民黨	
3		孫科	1932.1.1.~ 1932.1.29.	中國國民黨	
4		汪兆銘	1932.1.29.~ 1935.12.16.	中國國民黨	
代理		宋子文	1932.8.25.~ 1933.3.30	中國國民黨	
代理		孔祥熙	1935.7.2.~ 1935.8.23.	中國國民黨	
代理		孔祥熙	1935.11.6.~ 1935.12.16.	中國國民黨	
5		蔣中正 （二次）	1935.12.16.~ 1938.1.1.	中國國民黨	
代理		孔祥熙	1936.12.13.~ 1937.4.6.	中國國民黨	

任次	院長	姓名	任職時間	政黨	備考
代理		王寵惠	1937.4.6.~ 1937.5.29.	中國國民黨	
6		孔祥熙	1938.1.1.~ 1939.12.11.	中國國民黨	
7		蔣中正 （三次）	1939.12.11.~ 1945.6.4.	中國國民黨	
代理		宋子文	1944.12.4.~ 1945.6.4.	中國國民黨	
8		宋子文	1945.6.4.~ 1947.3.1.	中國國民黨	
代理		蔣中正	1947.3.1.~ 1947.4.23.	中國國民黨	
9		張群	1947.4.23.~ 1948.5.24.	中國國民黨	

行憲後

任次	院長	姓名	任職時間	政黨	時任總統	備註
1		翁文灝	1948.5.25.~ 1948.12.23.	中國國民黨		
2		孫科 （二次）	1948.12.23.~ 1949.3.24.			
3		何應欽	1949.3.24.~ 1949.6.13.			

任次	院長	姓名	任職時間	政黨	時任總統	備註
4		閻錫山	1949.6.13.~ 1950.3.15.			
5		陳誠	1950.3.15.~ 1954.6.1.			
6		俞鴻鈞	1954.6.1.~ 1958.7.15.			
7		陳誠	1958.7.15.~ 1963.12.16.			
代理		王雲五	1963.7.1.~ 1963.9.16.			
8		嚴家淦	1963.12.16.~ 1972.6.1.			
9		蔣經國	1972.6.1.~ 1975.4.5.			
9		蔣經國	1975.4.5.~ 1978.5.19.			
代理		徐慶鐘	1978.5.19.~ 1978.6.1.			
10		孫運璿	1978.6.1.~ 1984.6.1.			
11		俞國華	1984.6.1.~ 1989.6.1.			
12		李煥	1989.6.1.~ 1990.6.1.			
13		郝柏村	1990.6.1.~ 1993.2.27.			

任次	院長	姓名	任職時間	政黨	時任總統	備註
14		連戰	1993.2.27.~ 1997.9.1.			
15		蕭萬長	1997.9.1.~ 2000.5.20.			
16		唐飛	2000.5.20.~ 2000.10.6.			
17		張俊雄	2000.10.6.~ 2002.2.1.	 民主進步黨		
18		游錫堃	2002.2.1.~ 2005.2.1.			
19		謝長廷	2005.2.1.~ 2006.1.25.			
20		蘇貞昌	2006.1.25.~ 2007.5.21.			
21		張俊雄 （二次）	2007.5.21.~ 2008.5.20.			
22		劉兆玄	2008.5.20.~ 2009.9.10.	 中國國民黨		
23		吳敦義	2009.9.10.~ 2012.2.6.			
24		陳冲	2012.2.6.~ 2013.2.18.			
25		江宜樺	2013.2.18.~			

中華民國參議院

職務	議長	肖像	副議長	任職期間
參議院議長	張繼		王正廷	1913.4.8.~1914.1.10.
參議院議長	梁士詒		李盛鐸 朱啓鈐 田應琪	1918.8.12.~1920.8.30
參議院議長	林森		王正廷	1917.8.25.~ 1922.6.16.
參議院議長	王家襄		王正廷	（1）1916.8.1.~1917.6.12. （2）1922.8.1.~1924.12.13.
眾議院議長	湯化龍		陳國祥	1913.4.8.~1914.1.10.
眾議院議長	王揖唐		劉恩格	1918.8.12.~1920.8.30.
眾議院議長	吳景濂		褚輔成	1917.8.25.~1922.6.16.
眾議院議長	吳景濂		陳國祥 張伯烈	1916.8.1.~1917.6.12. 1922.8.1.~1924.12.13.

中華民國立法院

行憲前立法院

任次	肖像	院長	副院長	任職期間	政黨
1		胡漢民	林森	1928.10.8.~ 1931.3.2.	中國國民黨
2		林森	邵元沖	1931.3.2.~ 1932.1.1.	中國國民黨
署理		邵元沖	署理	1931.3.2.~ 1932.1.1.	中國國民黨
3		張繼	覃振 邵元沖	1932.1.1.~ 1932.1.28.	中國國民黨
署理		覃振	院長署理	1932.1.1.~ 1932.5.14.	中國國民黨
署理		邵元沖		1932.5.14.~ 1933.1.12. （副院長署理）	中國國民黨
4		孫科	邵元沖 葉楚傖	1932.1.29.~ 19331.12.~ 1948.5.17.	中國國民黨

行憲後立法院長

任次	屆次	院長	副院長	任職時期	政黨
1	1	孫科	陳立夫	1948.5.17.~1948.12.23	
2	1	童冠賢	劉健群	1948.12.24.~1949.10.7.	
3	1	劉健群	黃國書	1950.10.7.~1951.10.19.	

任次	屆次	院長	副院長	任職時期	政黨
-	署理	黃國書		1951.10.19.~1952.3.11.	☀
4	1	張道藩	黃國書	1952.3.11.~1961.2.24.	☀
5	1	黃國書	倪文亞	1961.2.24.~1972.2.22.	☀
-	署理	倪文亞	劉闊才	1972.2.22.~1972.4.28.	☀
6	1			1972.5.2.~1988.12.20.	
-	署理	劉闊才	梁肅戎	1988.10.18.~1989.2.24.	☀
7	1			1989.2.24.~1990.2.12.	
-	署理	梁肅戎	劉松藩	1990.2.12.~1990.2.27.	☀
8	1			1990.2.27.~1991.12.31.	
9	1	劉松藩	沈世雄	1992.1.17.~1993.1.31.	☀
	2		王金平	1993.2.1.~1996.1.31.	
	3			1996.2.1.~1999.1.31.	
10	4	王金平	饒穎奇	1999.2.1.~2002.1.31.	☀
	5		江丙坤	2002.2.1.~2005.1.31.	
	6		鍾榮吉	2005.2.1.~2008.1.31.	
	7		曾永權	2008.2.1.~2012.1.31.	
	8		洪秀柱	2012.2.1.~	

中華民國司法院

任次	院長	姓名	在職期間	政黨	副院長	在職時間
行憲前						
1		王寵惠	1928.10.8.~ 1932.1.6.	☀	張繼	1928.11.-1932.11.
2		居覺生	1932.1.7.~ 1948.7.1.	☀	居正 單振 李文範	1932.1.-1932.3 1932.3.-1947.4. 1947.4.1948.7.
行憲後						
1		王寵惠	1948.7.2.~ 1958.3.15.	☀	石志泉 謝冠生	1948.7.-1950.5. 1950.5.-1958.6.

任次	院長	姓名	在職期間	政黨	副院長	在職時間
代理		謝冠生	1958.3.18.~ 1958.6.14.	☀	傅秉常	1958.6.-1965.7.
2		謝冠生	1958.6.14.~ 1971.11.29.	☀	謝瀛洲	1966.7.-1972.4.
3		田炯錦	1971.12.1.~ 1977.3.30.	☀	戴炎輝	1972.7.-1977.4.
4		戴炎輝	1977.4.30.~ 1979.6.30.	☀	韓忠謨	1977.4.1979.7.
5		黃少谷	1979.7.1.~ 1987.4.30.	☀	洪壽南	1979.7.-1987.5.1.
6		林洋港	1987.5.1.~ 1994.8.17.	☀	汪道淵	1987.5.1.-1993.5.1.
7		施啟揚	1994.8.18.~ 1999.1.25.	☀	呂有文	1993.5.1.-1998.8.1.
代理		呂有文	1995.1.14.~ 1999.1.31.	☀		
8		翁岳生	1999.2.1.~ 2007.10.1.	無	城仲模	1999.2.1.-2006.4.7.
9		賴英照	2007.10.1. 2010.7.18.	無	謝在全	2007.10.1.-2010.7.18
代理		謝在全	2010.7.18.~ 2010.10.13.	無	蘇永欽	2010.10.13.-
10		賴浩敏	2010.10.13.~	無		

中華民國考試院

任次	院長肖像	姓名	任職期間	政黨	副院長	考選部長	銓敍部長
			行憲前				
1		戴傳賢	1928.10.25.~ 1948.7.10.		孫科	戴傳賢兼	張難先
			行憲後				
1		張伯苓	1948.7.10.~ 1949.11.25.		賈景德	田炯錦	沈鴻烈
代理		鈕永建（代）	1949.11.25.~ 1952.4.21		鈕永建	馬國琳	皮作瓊
繼任		賈景德	1952.4.21.~ 1954.9.1.		羅家倫	史尚寬	雷法章
2		莫德惠	1954.9.1.~ 1959.9.1.		王雲五 程天放	陳雪屏 黃季陸	雷法章
3		莫德惠	1959.9.1.~ 1966.9.1.		黃季陸 李壽雍	黃季陸 李壽雍	石覺
4		孫科	1966.9.1.~ 1972.9.1.		李壽雍 鍾皎光	李壽雍 鍾皎光	石覺
5		孫科	1972.9.1.~ 1973.9.13.		楊亮功	鍾皎光	石覺
代理		楊亮功	1973.9.14.~ 1973.10.20.		劉季洪	鍾皎光	石覺 韓中謨 鄧傳楷
繼任		楊亮功	1973.10.20.~ 1978.9.1.				
6		劉季洪	1978.9.1.~ 1984.9.1.		張宗良	鍾皎光 唐振楚	鄧傳楷

任次	院長肖像	姓名	任職期間	政黨	副院長	考選部長	銓敘部長
7		孔德成	1984.9.1.~ 1993.4.24.		林金生	瞿韶華 王作榮	陳桂華
8		邱創煥	1993.4.24.~ 1996.9.1.		毛高文	黃雅 榜代	關中 李若 一代
9		許水德	1996.9.1.~ 2002.9.1.		關中 （懸缺）	陳金讓 吳挽瀾 劉初枝	邱進益 吳容明
10		姚嘉文	2002.9.1.~ 2008.9.1.		吳容明	劉初枝 林嘉誠	吳容明 朱武獻 （吳聰 成代）
代理		伍錦霖	2008.9.1.~ 2008.12.1.				
11		關中	2008.12.1.~ 2014.7.31.		伍錦霖 （懸缺）	楊朝祥 賴峰偉 董保城	張哲琛
12		伍錦霖	2014.8.1.~		高永光	董保城	張哲琛

中華民國監察院

院長		副院長	
姓名	任職時間	姓名	任職時間
蔡元培	民國 17/10/08 至 18/08/29	陳果夫	民國 17/10/08 至 20/06/14
趙戴文	民國 18/8/29 至 19/11/18	陳果夫	民國 17/10/08 至 20/06/14
于右任	民國 19/11/18 至 20/6/14	陳果夫	民國 17/10/08 至 20/06/14
于右任	民國 20/06/14 至 20/12/28	陳果夫	民國 20/06/14 至 20/12/28
于右任	民國 20/12/28 至 24/12/07	丁惟芬	民國 20/12/28 至 24/12/07

院長		副院長	
于右任	民國 24/12/07 至 32/09/13	許崇智	民國 24/12/07 至 30/12/27
于右任	民國 24/12/07 至 32/09/13	劉尚青	民國 30/12/27 至 32/09/13
于右任	民國 32/09/13 至 36/04/17	劉尚青	民國 32/09/13 至 36/02/20
于右任	民國 36/04/17 至 37/06/04	黃紹竑	民國 36/06/07 至 36/10/27
于右任	民國 36/04/17 至 37/06/04	劉　哲	民國 36/10/27 至 37/06/04
于右任	民國 37/06/09 至 53/11/10	劉　哲	民國 36/06/12 至 43/01/07
于右任	民國 37/06/09 至 53/11/10	梁上棟	民國 43/08/18 至 46/07/12
于右任	民國 37/06/09 至 53/11/10	李嗣璁	民國 47/04/12 至 54/08/17
李嗣璁（代理）	民國 53/11/10 至 54/08/17	李嗣璁	民國 47/04/12 至 54/08/17
李嗣璁	民國 54/08/17 至 61/05/15	張維翰	民國 54/11/02 至 62/03/19
張維翰（代理）	民國 61/05/15 至 62/03/19	張維翰	民國 54/11/02 至 62/03/19
余俊賢	民國 62/03/19 至 70/03/24	周百鍊	民國 62/03/19 至 70/03/24
余俊賢	民國 70/03/24 至 76/03/12	黃尊秋	民國 70/03/24 至 76/03/12
黃尊秋	民國 76/03/12 至 82/02/01	馬空群	民國 76/03/12 至 80/12/30
黃尊秋	民國 76/03/12 至 82/02/01	林榮三	民國 81/02/20 至 82/02/01
陳履安	民國 82/02/01 至 84/09/23	鄭水枝	民國 82/02/01 至 84/09/23
鄭水枝（代理）	民國 84/09/23 至 85/09/01	鄭水枝	民國 84/09/23 至 85/09/01
王作榮	民國 85/09/01 至 88/02/01	鄭水枝	民國 85/09/01 至 88/02/01
錢　復	民國 88/02/01 至 94/02/01	陳孟鈴	民國 88/02/01 至 94/02/01
王建煊	民國 94/02/01 至 103/02/1	陳進利	民國 94/02/01 至 103/7/31
張博雅	民國 103 年至	孫大川	民國 103/08/01 至

十一、中華民國先賢

林森　1868.3.16.～1943.8.1.福建省閩侯縣尚幹鄉

林森，字子超，號長仁，政治家。

1877 年，入美國教會學校培元學校。

1881 年，考入鶴齡英華書院。

1884 年，電信局工作。

1902 年，到上海海關任職，參加反清活動。

1905 年，加入同盟會。

1911 年，辛亥革命成功，任南京臨時政府參議院議長。

1913 年，當選首屆國會全院委員長。二次革命失敗流亡日本，加入中華革命黨。

1917 年，隨孫中山從上海南下廣州，任護法軍政府外交部長

1921 年，任廣州國會非常會議議長。

1923 年，任大本營建設部長。

1924 年，當選國民黨「第一屆全國黨員代表大會」中央執行委員。

1925 年，寧滬漢合流，任國民政府常務委員、立法院副院長。

1931 年，起任國民政府主席，長達 12 年之久。

1932 年，起接替蔣中正擔任國民政府主席。

1943 年 8 月 1 日，在重慶車禍逝世，享年 76 歲，安葬於重慶林園。

嚴家淦　1905.10.23.～1993.12.24.江蘇吳縣

嚴家淦,乳名兩蓀,初名靜波,號蘭芬,字靜波。詩禮傳家,纘承世德。
1909 年,4 歲即能背誦古詩崑曲,就讀木瀆小學。

1926 年上海聖約翰大學畢業。

1931 年,任京滬杭甬鐵路管理局材料處長。

1939 年,任福建省政府建設廳長、財政廳長,推行"田賦征實"制度名噪一時。

1945 年,出任戰時生產局採辦處長,辦理美國租借法案及中英中加借款案。

1949 年,赴台,就任臺灣行政長官公署交通處長兼交通部特派員。

1946 年,轉任財政處長兼臺灣銀行董事長。

1947 年,出任臺灣省政府財政廳長。

1948 年,籌設行政院美援運用委員會委員,主持幣制改革,發行新臺幣。

1950 年,任經濟部長兼美援會副主任委員,嗣任財政部長,建立財經班底。

1954 年,出任臺灣省主席,主持臺灣省政 3 年。

1956 年,政府為安置沙場出生入死勞苦功高退役軍人,新成立行政院國軍退除役官兵輔導委員會,嚴家淦任主任委員、蔣經國為副主任委員。

1957 年,行政院政務委員、美援會主任委員,經濟安定委員會副主任委員。

1958 年,回任財政部長。

1963 年,行政院改組,陳誠請辭,嚴家淦繼任為行政院長。

1964 年,嚴家淦提名蔣經國為國防部副部長並兼任政務委員。

1966 年,嚴家淦擢為副總統,仍兼行政院長。

1967 年,兼國防研究院副院長,主持臺灣財經事務,訪問美國.

1969 年,行政院改組,嚴家淦兼任院長。

1972 年,再度當選副總統,行政院長改由蔣經國接替。

1975 年 4 月 5 日,蔣中正仙逝,嚴家淦繼任總統職位.

1977 年,致函國民黨中常委,提名蔣經國為國民黨第六任總統候選人。

1978.年,嚴家淦建議,提名蔣經國為第六任總統候選人。

1979 年,擔任「故宮博物院」管理委員會主任委員。

　　1986 年，患腦溢血住院，從政壇隱退。

　　1993 年 12 月 24 日晚上 10 時，心臟衰竭惡化，病逝台北榮總，享壽 88 歲。

蔣經國　1910.4.27～1988.1.13.浙江奉化縣溪口人

　　蔣經國，字建豐，父蔣中正，母毛福海。妻蔣方良、章亞諾；子：蔣孝文、蔣孝武、蔣孝勇、蔣孝嚴、蔣孝慈；女蔣孝章。

　　蔣經國，蘇聯莫斯科中山大學畢業。1925 年，參加五卅運動，10 月前往蘇聯莫斯科中山大學留學，取俄文名「尼古拉·維拉迪米洛維奇·伊利扎洛夫」。與鄧小平同學。同年，加入中國共產主義青年團和俄共青年團，蘇聯共產黨（布爾什維克）成立，亦申請加入。

　　1922 年，到上海唸書，接受新式教育。

　　1925 年，考上上海浦東中學，因轉入革命洪流，參加反帝遊行，被學校開除。由廣州乘船抵莫斯科，進入中山大學。

　　1927 年，莫斯科中山大學畢業，因國共關係惡化，遭到史達林扣留。

　　1931 年，公開會議上批評中共駐共產國際代表王明，被送至莫斯科郊外的石可夫農場勞動。10 月涉及史達林與托洛斯基的黨內鬥爭，被下放至西伯利亞

1932 年，蘇共應王明要求，將蔣經國送到西伯利亞的一座金礦做工。11 月轉到烏拉爾山重型機械廠當技師，後升助理廠長，並做「重工業報」主編。

1933 年，被派到西北利亞礦物公司，再調烏拉重型機械廠任技師，後升副廠長。

1934 年 12 月，蘇俄消息「蔣經國不願回國」感歎「俄寇之詐偽未已」

1935 年 1 月，共產國際將蔣經國召到莫斯科，王明要他寫不實的信遭到蔣經國拒絕。3 月 22 日蔣經國與白俄羅斯人芳娜（Faina 後改名蔣方良）結婚生蔣孝文。

1936 年 11 月，蘇聯鮑格莫洛夫通過張沖向蔣委員長傳達「蔣經國可以回國」。

12 月蔣經國申請成為聯共正黨員，15 日蔣經國被接受為第四金布爾什維克黨員，所謂第四類，是指「人民敵人」的子女。

12 月 25 日，蔣經國到中國駐蘇大使館領取護照，並向蔣廷黻大使辭行。當日下午二時，蔣經國攜帶妻帶子乘第二號西伯利亞快車離開莫斯科回國。

1937 年 3 月 25 日，返抵國門，次年加入中國國民黨

4 月 18 日，蔣經國抵杭州，20 日蔣委員長與蔣經國父子相會.

5 月 12 日，蔣委員長要求蔣經國認真研讀孫中山「孫文學說」等書

1938 年 1 月 1 日晉升陸軍少將，加入中國國民黨，到漢口拜見父親蔣委員長。

1939 年，任江西第四行政區督察專員，兼贛縣縣長。12 月 12 日蔣經國母親毛福海夫人被日軍飛機炸死，蔣悲慟在墓碑刻字「以血洗血」誓言報仇.

1939 年，任江西第四區（贛南）行政督察專員兼區保安司令，有「蔣青天」之譽。

1940 年，創辦「三民主義團江西支團幹部訓練班」

1943 年，參與青年軍〔東南幹部訓練班〕工作。

1944 年，擔任三民主義青年團組訓處處長、青年軍編練總監部政治部中將主任。

1945 年，和宋子文去蘇聯談判，史達林說「我不把你當做一個外交人員來談話，我可以告訴你：條約是靠不住的。中國沒有力量侵略俄國，中國能夠統一，比任何國家的進步都要強盛。

1946 年，晉任陸軍中將軍銜。

1948 年，金圓券改革，蔣經國至上海進行經濟管制，與孔宋集團發生正面衝突。

1949 年，進行中央銀行外匯黃金移存台灣事宜，並任國民黨台灣省黨部主委。

1950 年，任總政戰部主任，兼國家安全局秘書長，國民黨改造委員。

1952 年，主導中國青年救國團成立，出任團主任。

1954 年，設「國家安全局」蔣經國擔任國防會議副祕書長。

1956 年，轉任行政院國軍退除役官兵輔導委員會主任委員

1957 年，任中國國民黨中央常務委員。

1960 年，晉任中華民國陸軍二級上將軍銜。

1964 年，國防部副部長。

1965 年，任國防部長。

1966 年，訪問韓國。

1967 年，訪問日本。

1968 年 8 月 1 日，以中華民國陸軍二級上將軍銜退伍。

1969 年，任行政院副院長兼財經委員會主委。

1970 年，訪美時在紐約遭台獨人士黃文雄、鄭自才企圖刺殺未果。

1972 年，任行政院院長。進行人事革新，撰拔「青年才俊」「台人治台」口號。

1975 年，任國民黨中央委員會主席兼中央常務委員會主席。

1978 年，當選為第六任中華民國總統。

1979 年，美麗島事件，蔣經國指示不處死本案被告，避免製造烈士，逐步實施自由化改革，未鎮壓黨禁、組黨，使台灣政治局勢，出現重大變化。

1980 年，蔣經國民主改革，解除戒嚴、開放黨禁、報禁、開放民眾赴大陸探親。

1981 年，推動自製武器開發案，發起台灣自製新一代超音速戰機的「鷹揚計劃」。

1984 年，續任選為第七任中華民國總統。《蔣經國傳》作者劉宜良，筆名「江南」刺殺斃命。蔣經國下令將江南案竹聯幫陳啟禮、及吳敦逮捕。

1985 年，下令逮捕涉案情報局長汪希苓、副局長胡儀敏、第三處副處長陳虎門。取消「國防部情報局」合併另組「國防部軍事情報局」，由參謀總長負責指揮。局長由盧光義擔任。

《時代雜誌》專訪表示：自己是台灣人，總統依中華民國憲法選舉產生，表示「從沒有考量過由蔣家成員繼任總統」重申「蔣家人既不能也不會主政」。

1986 年，他說「時代在變，環境在變，潮流也在變」推動政治革新。

1987 年 10 月 14 日，宣佈解除台灣長達 38 年的戒嚴令、開放赴中國大陸探親。

1988 年，開放報禁，開啟日後台灣的民主化浪潮。

1988 年 1 月 13 日，蔣經國因糖尿病病逝於台北七海官邸。由副總統李登輝依照憲法宣誓繼任。立遺囑：

經國受全國國民之付託，相與努力於以三民主義統一中國大業，為共同奮鬥之目標。萬一，余為天年所限，務望我政府與民眾堅守反共復國決策，並望始終一貫積極推行民主憲政建設。全國軍民，在國父三民主義與先總統遺訓指引之下，務須團結一致，奮鬥到底，加速光復大陸，完成以三民主義統一中國之大業，是所切囑。

中華民國七十七年元月五日王家驊敬謹記述
李登輝　俞國華　倪文亞　林洋港　孔德成　黃尊秋　蔣孝勇

李登輝　1923.1.15.　台灣新北市三芝人

　　李登輝，生父為日本筱原笠次郎，日據時代日本派駐台北服務之刑警，生母江錦氏為台灣女子，在筱原笠次郎家中幫傭時所生下之私生子，取名岩里正男。筱原笠次郎回日本時，將李登輝帶回日本。抗日戰爭時期，李登輝回來台灣，舉目無親，探詢生父駐台北服務時刑警好友同事李金龍，前往拜謁，時李金龍已退休，住台北州淡水郡三芝庄（今新北市三芝）埔坪村「源興居」李登輝拜為義父，將原名（いわさとまさお、*Iwasato Masao*）改名為李登輝。

　　李金龍來自福建汀州府永定縣客家人，原有二子李登欽、李炳楠，李登輝被收為義子後，按年歲數為次子。

　　李登欽，1943 年為警察學校學生，第二次世界大戰被日軍徵兵至南洋菲律賓戰死；弟弟李炳楠，從事貿易工作。

　　李登輝自稱，在日本皇民改名運動中更名為岩里政男，其兄長李登欽也改名為岩里武則。他曾表示，在他 22 歲之前，日本第二次世界大戰投降後，國民政府 1945 年光復前，仍屬日本籍。

　　1946 年 9 月，李登輝經由吳克泰介紹加入共產黨。

　　1947 年 1 月 9 日，參加沈崇案的遊行，曾經和林如堉、李蒼降、陳炳基、李薰山等人組織「新民主同志會」。

　　1948 年 6 月，由徐懋德單線領導，因討厭工作沒有意義，又不願被人命令決定而退黨。

　　1950 年，李登輝主動自新，受到政治監控。

　　臺北高等學校畢業、日本京都帝國大學農業部農林經濟科肄業、國立臺灣大學農業經濟系畢業。

　　1960 年，被調查局約談，未經判決被拘留四個半月。

　　1965 年，李登輝入美國愛荷華州立大學，取得農業經濟學碩士。

　　1968 年，入康乃爾大學取得農業經濟博士學位，回國後被聘為國立台灣大學教授兼農復會技正、組長、顧問。

　　1971 年，農復會主委沈宗瀚將李登輝以農業問題專家身分介紹給蔣經國，同年 10 月經濟學者王作榮介紹李登輝加入國民黨。

　　1972 年，蔣經國擔任行政院院長，李登輝以政務委員入閣。

　　臺北市市長、臺灣省政府主席。

　　1988 年 1 月 13 日蔣經國逝世，李登輝繼任當上總統。

　　李登輝當上總統之後，召開「國是會議」「老國大代表及立法委員退職」「廢止動員戡亂時期臨時條款」「正副總統直選」。

　　誑言「台灣權力全都是外來政權」「台灣人的國民黨」『海峽兩岸的關係是「特殊的國與國關係」「兩國論」「中國七塊論」「實現了在任內和平轉移政權」。

　　2005 年 5 月 20 日任期屆滿退休，許願當牧師傳教，但背信諾言，不時興風作浪，引起諸多政治爭論。

陳水扁　　1951.2.18.~　臺灣臺南官田鄉人

　　陳水扁，家境貧寒，父親陳松根務農，是個長年佃農與長工，母親李慎為不識字的家庭婦女，陳在家中四個孩子中排行老大。

　　1951.2.18.出生，臺灣省立臺南第一高級中學畢業、國立臺灣大學商學系工商管理組肄業、國立臺灣大學法律學系學士畢業、南韓慶南大學榮譽法學博士、俄羅斯經濟學院經濟學榮譽博士。

　　他曾任華夏海事商務法律事務所負責律師、臺北市議會第四屆市議員、臺北市市長、立法委員、中華民國總統。

　　2008.5.20.卸任總統後，因龍潭購地案、台北 101 董事長陳敏薰案、國務機要費案、機密外交案、二次金改案，判貪污罪有期徒刑 17 年半，若將有期與無期徒刑合併執行為無期徒刑。陳水扁已發監至台北監獄服刑中，囚號 1020。

　　2015.1.5.「保外就醫」回家調養。

馬英九 1950.7.13.~湖南衡山縣

　　馬英九，出生於英屬香港九龍油麻地廣華醫院。是家中五個孩子裡唯一的兒子。在家中排行老四，小名弟弟。

　　1952年，隨家人移民臺灣，先後畢業於臺北女師附小。

　　1956年，臺北市立女師附小。

　　1962年，進大安初中。

　　1965年，考取建國高中。

　　1968年，考上臺灣大學法律系、參加成功嶺大專集訓班，分發到二團十五連。在開訓典禮中代表一萬多位學兵，向主持典禮的國防部長蔣經國宣誓。6月加入國民黨，旋即出任小組長及區委。

　　1972年，日本與中華民國斷交，馬英九與同學至機場對椎名悅三郎示威，用雞蛋砸中其座車。大學畢業服海軍預官役，任職海軍司令部少尉後勤軍官。

　　1974年，考取中山獎學金，赴美國紐約大學攻讀法學碩士。

　　1976年，獲得紐約大學法學碩士（LL.M.）學位，同年與大學同學周美青結婚。

　　進哈佛大學讀博士。留美時期成立反共愛國聯盟，擔任美東區理事。並擔任《波士頓通訊》主編五年，撰文批判台獨、黨外及海外左派，屢次獲中央海工會獎勵，總計寫了十餘萬字。

　　1977年，與在美國大學同學周美青結婚。

　　1980.11月長女馬唯中在美國出生。

　　1981年，獲博士學位。在錢復的推薦下，返回臺灣擔任時任總統蔣經國先生的英文口譯、任總統府第一局副局長。

　　1984年，出任國民黨中央黨部第三副秘書長，負責政黨外交工作。

　　1986年，通過甲等特考甲等特考名列「普通行政人員行政組」榜首。

　　1988年，出任行政院研考會主委兼大陸工作會報執行秘書。

　　1989年，高速公路車禍，右手臂受傷骨折。

　　1990年，任國家統一委員會研究員。

　　1991年，升任陸委會副主委兼發言人，並當選國民黨不分區國民大會代表。進入內閣核心，辯護國民黨政策，反對總統直選、支持委任直選。

　　1993年，出任法務部長。

　　1996年，誓言大力查賄。半年內，在全台883位縣市議員中起訴了341位，裡面的國民黨議員跑去告狀，說馬英九「動搖黨本」。在黨內壓力下，6月10日，被調任為政務委員。馬英九查賄肅貪差點剷掉國民黨基業，最後因此被撤換，李登輝私下斥馬用批評黨來建立個人聲望，「國民黨差點被他搞垮。」

　　1997年，連戰內閣飽受白曉燕命案等政治風雨，政務委員馬英九5月8日提出「辭官退隱」聲明，辭去政務委員，不參選1998年台北市長選舉（1998年12月25日）。辭官後，向政大提出申請教職，政大法學院為此召開臨時院務會議通過受理申請，並將申請截止日期延長到五月底，為此，當時政大法學院陳惠馨和許玉秀兩位教授撰文「特權很難反省」，批評馬先生的特權問題。同年

8 月任政大政治系副教授。

1998 年，馬英九父親馬鶴凌的勸說下，出馬競選，擊敗陳水扁和王建煊，當選台北市長。

2007 年 2 月因市長特別費案遭臺北地檢署以貪污罪起訴。

2.13.因特別機要費辭去國民黨主席

8 月，其部屬余文被判刑有期徒刑二年四個月。

8.17.台北地方法院宣判馬英九無罪。

2008 年 4 月，最高法院判決馬英九無罪確定。

2008.3.22.當選中華民國第十二任總統；

8.12~19.出訪中南美洲巴拉圭與多明尼加等國，會晤美國 31 位參眾議員。

11.4.在台北賓館接見海基、海協（陳雲林）兩會人員。

2012.3.22.國民黨榮譽主席吳伯雄會見中共總書記胡錦濤，提到「一國兩區」，馬英九表示為是「一個中華民國，兩個地區」。

5.20.馬英九就任中華民國總統，對國家定位「反共不反中，反獨不促統」「六四不翻案，統一不可談」兩岸同屬「一中兩區」。兩岸「既非一邊一國，也不是兩個國家」，而是「一國兩區」「一中各表」「台灣是我的國家」。

2014.11.29.台灣九合一選舉，國民黨慘敗，馬英九辭去國民黨主席。

宋美齡　1897.3.5.～2003.10.24.廣東文昌縣（海南），生於虹口東餘杭路

　　美國威斯里安女子學院（Wesleyan College）衛斯理學院畢業。父親宋嘉澍，曾擔任美南監理會（今衛理公會）牧師，後來離開傳教職務經營出版業致富，

母親倪桂珍。

1903 年，6 歲進入上海三一堂女塾就讀。

1908 年，11 歲的宋美齡與二姐宋慶齡同時赴美國留學，先後在紐澤西州薩米特鎮以及喬治亞州梅肯市的皮德蒙特學校、威斯里安女子學院就讀，

1912 年，就讀麻薩諸塞州威爾斯利學院（WellesleyCollege，MA）

1917 年，回國，學習漢語，新融入華人社會。回國前宋美齡已經與哥哥宋子文的好友劉紀文秘密訂婚。

1918 年，上海基督教女青年會當英語教師，上海工部局兒童勞工工作委員會秘書。

1920 年，蔣中正與宋美齡熱戀。倪桂珍強烈地反對，要求蔣中正先行與妻子、侍妾解除婚約，才答應他的追求。

1927 年 4 月，蔣介石作為北伐軍總司令進駐上海。

9 月 24 日，宋美齡接受蔣的求婚，兩天後，兩人正式訂婚。

12 月 1 日，兩人在上海西摩路（今陝西北路）369 號的宋家和靜安寺路戈登路口（今南京西路江寧路口）的大華飯店舉行結婚儀式。首場婚禮在上海西蒙路宋邸，由中華基督教青年會總幹事余日章主持基督儀式。

第二場在大華飯店公開舉行的中國傳統儀式婚禮，約 1,200 多名賓客，家人親友、外交使節團、美軍太平艦隊總司令、杜月笙等。

宋子文在上海法租界為宋美齡買了棟房子作為她的嫁妝，蔣介石為新房子命名為「愛廬」由宋美齡題字，鐫刻在巨石上。

婚後宋美齡表明「她決心保持獨立自主，不是丈夫的附屬品。」

1928 年 8 月 25 日，宋美齡流產。蔣日記寫下「她極端痛苦，難以形容。」

1930 年，在宋美齡的促使下，蔣中正在上海虹口崑山路景林教堂正式接受基督教洗禮，成為基督教徒。

1931 年 10 月 26 日，蔣中正、宋美齡夫婦為時代雜誌美國版封面人物。

1932 年，宋美齡擔任中國航空委員會祕會長，並曾經負責當時中國空軍之組建，日後被空軍譽為「中國空軍之母」。

1935 年在宋美齡的促成下，中國成為美國武器和飛機最大進口國

1937 年蔣中正授權宋美齡掌握空軍；宋美齡聘請陳納德將軍整頓中國空軍。

1934 年，國民政府在蔣中正與宋美齡的主導下開始推行「新生活運動」

1936 年 12 月 12 日凌晨「西安事變」楊虎城與張學良「兵諫」扣押蔣中正，宋美齡大為震驚。聞訊後不顧身體不適，急忙趕回南京同政府有關人員商議營救辦法。主張「和平方法」解決，要求各方面「檢束與忍耐，勿使和平絕望」「推進軍事之前，先盡力救委員長出險」。隨後，宋美齡、宋子文等於 12 月 15 日飛往西安，同張學良、楊虎城、周恩來進行談判，最後達成協議。12 月 25 日下午，蔣中正偕同宋美齡等人飛離西安，西安事變和平落幕。

1937 年，抗日戰爭期間，宋美齡陪蔣委員長各地視察，睡茅草屋、火車站。

1938 年，成立婦女工作隊、戰時學校、救助站，在各地為傷患軍人難民服務。

1943 年 2 月，以蔣中正特使訪問美國，成為美國羅斯福總統的貴賓，在白宮住了 11 天。優美的儀態、高雅的風度、和適度的言談，贏得羅斯福夫婦的敬佩。

2 月 18 日，在美國國會發表演說，轟動一時，成為在美國國會發表演說的中國人，也是第二位女性（第一位是荷蘭女王）她敦促勸說美國將注意力從歐洲戰場轉移到日本對中國的侵略，為中國贏得美國的同情。在美國各地發表演說，所到之處無不引起轟動，一時掀起「宋美齡熱潮」，鼓掌歡呼，慷慨捐款，支援中國抗日戰爭，美國國會更順勢廢除「排華法案」提高美國華人的地位。宋美齡又去加拿大訪問，擴大了中國抗戰的國際影響。

戰時，為國軍縫製軍服，在醫院探望國軍，激起許多中國人民的愛國心。

1943 年 11 月，隨蔣中正委員長出席中、美、英三國首腦開羅會議，穿梭於蔣中正、美國總統羅斯福、英國首相邱吉爾之間，充分顯示外交天才，居中翻譯協調，圓滿熟練。羅斯福說：「我對蔣先生的印象十分模糊，現在想想，我對蔣先生的認識，幾乎全部是透過他的夫人。」事後，邱吉爾對羅斯福說：「這位中國女人可不是弱者」！

1946 年，為調停國共衝突，美國派遣特使馬歇爾來華，接受蔣中正夫婦招待，由於接受西方美國教育，宋美齡與馬歇爾在各方面的交流反應，引起民情不同的中國人及部分美國人批評。

10 月蔣中正夫婦參加台北「台灣光復一周年紀念」活動。

1948 年 11 月 28 日國共內戰，蔣宋美齡夫人再次訪美國尋求援助，美國總統杜魯門冷落淡然置之。並在兩天之後，將美國駐南京大使館開始展開撤館動作。

12.20.蔣夫人發電報給蔣總統：「在艱巨情勢下，我將為你全力以赴，為國努力。」她提出警告：「請多注意，我國情況及我方高級官員的談話，將對美國政府和馬歇爾將軍有極大影響，也會影到我在美國的工作。認為我們如果繼續和中共作戰，美國會幫助我們。」

4.1.蔣夫人在台灣成立「中華婦女反共抗俄聯合會」簡稱（婦聯會）、華興育幼院等，支持「反共復國」活動。

1967 年，擔任在台復校的天主教輔仁大學董事長。

1975 年 4 月 5 日子午時刻交接，風雨大作，雷電交加，草木同悲，蔣公去逝。4 月 16 日蔣公靈柩移靈桃園慈湖「暫厝」9 月宋美齡夫人飛往美國

1979 年，美中（共）美關係正常化後，宋美齡在美國仍堅持反共復國的理想，發表「給廖承志的公開信」、「為勸告鄧穎超信服三民主義統一中國」公開信。

1981 年 5 月 29 日中華民國國母宋美齡二姐宋慶齡過世，華盛頓的中華人民共和國大使館曾函向宋美齡發出訃聞，並希望她能夠回國赴北京祭拜，宋美齡幾經考量後，拒絕了這項請求。

1985 年。回台灣參加 10 月 31 日蔣介石百歲冥誕紀念並往慈湖謁靈

1986 年，發表「我將再起」演說，引起臺北政壇議論。同年參與出席「蔣公百年誕辰」紀念活動，上台發言「我只希望，讓三民主義的光輝，普照大陸」。

1988 年，蔣經國過世，國民黨擬推李登輝代理黨主席之前，宋美齡致函當

時的國民黨祕書長李煥表達異議，認為此事不宜過急。7 月國民黨 13 全大會，通過李登輝總統為黨主席，宋美齡以中評會主席團主席身分發表「老幹與新枝」演說，這是她在台灣公開政治場合最後一次發表演說。

1991 年，離台赴美，從官邸帶走大批行李 100 多箱，之後長居紐約。

1994 年，回台灣探視因癌症即將去世的外甥女孔令偉，短暫停留三、四天，一個星期之後，孔二小姐就過世了。

1995 年，第二次世界大戰結束 50 週年，宋美齡接受美國參議院多數黨領袖杜爾及參議員賽蒙，分別代表共和黨及民主黨的邀請，出席美國國會為她舉行的盛大致敬會，表彰她在二次世界大戰期間，對中美關係所做的貢獻。

1998 年，蔣夫人到美國，不時入住的拉亭孔家物業，賣給地產商分割開發，名稱「山崖」（Hillcrest）的 14.6 公頃土地上有一棟房子，蔣夫人有她自己「套房」。

2000 年，紐約法拉盛中國繪畫展，蔣夫人有五幅山水畫、五幅花鳥畫參展。

2002 年 3 月 25 日，蔣夫人在紐約公寓歡度 105 歲壽誕。

2003 年 10 月 24 日 5 時 17 分於紐約逝世，享壽 106 歲。

11 月 5 日，在美國紐約市最高尚的公園大道聖巴特聖公會教堂（St.Barts Episcopal Church）舉行告別式.蔣夫人畫像放在白花框支架上，由台灣專程去的周華聯牧師用中、英語文主持「舉世同悲這位現代中國傑出女士的凋零…蔣夫人的智慧決心和風範將永遠存於世上」「我們全由上帝創造，但蔣夫人是造物主的傑作」。靈襯安葬在紐約上州芬恩克里夫（Fencliff）墓園的家族墳地.（該墓地同時安葬有宋子文、宋藹齡、孔祥熙靈柩）

宋慶齡　1893.1.27.～1981.5.29.海南文昌上海

宋慶齡，宋嘉樹次女。

1907 年 16 歲赴美留學,就讀新澤西州沙密市（Ssummit）的克拉。

波特文學校（Miss Clara Ootwins School）旋入學美國喬治亞州梅崗市的衛斯理安學院（Wesleyan College）。

1913 年在美國衛斯理安畢業回上海，時國民革命二次失敗，孫中山流亡去日本，她作孫中山的革命助理。

1913 年，發表「近代婦女」認為「中國婦女將同男人一樣享有平等」。

1914.10.25.　在日本律師家與孫中山結婚，相與為國。

1916.4 月兩人潛回中國，化裝匿居上海法國記者家裡閣樓，白天足不出戶，晚上才敢外出。到廣州，建立南方政。

1917.4 月，孫文被桂、滇各降職為七大總裁之一。5 月離開廣州前往日本尋求財力奧援，日本不准他入境，又返回到上海法租界莫里埃 29 號的家.在宋慶齡協助下，從事專心寫作，整理舊日文章編輯成書.1917 年蘇俄列寧革命成功之後，孫中山致函向他示好，既尷尬又振奮。

1923.8 月，孫中山派蔣介石往莫斯科考察軍事。

1925.3.12.孫中山死後，傾信共產主義，認為蔣中正未徹底執行三民主義，大陸政權轉移時留居北京，呼籲中國人民「要建立民主、法治…的社會主義」

1926 年，當選國民黨中央執行委員，自此活躍於政壇。

1932 年，宋慶齡回國，支持中共政治主張，停止內戰，建立抗日民族統一戰線。

1936 年，元旦剛過，宋慶齡約董健吾到莫里愛路（現山路）宋私宅晤面，將一封密信交給他，要他到陝北瓦窯堡，把信當面交給毛澤東。十天後，秦邦憲將毛澤東、周恩來親筆寫的信遞交給董健吾，託他轉交給宋慶齡。

1949 年，政府播遷來台灣，宋慶齡仍留上海。

10.1.中華人民共和國成立，毛澤東提名她為「有職無權」國家副主席。

1966 年，文化大革命，北京街頭貼滿抨擊宋慶齡的大字報，指控她是「來自一個剝削階級的家庭，屬於黑五類份子」。當時周恩來曾要求紅衛兵停止這項行動，說她是「在革命過程中，曾是一位英雄人物」。但仍阻止不了紅衛兵暴行。

1981 年 5 月 29 日，臨終前在她病榻前，舉行隆重的入黨儀式，成為共產黨員。授予她「名譽國家主席」為她舉行國葬，安葬上海虹橋萬國公墓。

張謇　1853.7.1.～1926.7.17.生於常樂鎮落業江蘇海門

張謇，字季直，號嗇庵，清末狀元。實業家、政治家、教育家，主張「實業救國」。

1874 年，投奔原通州（今南通）知州孫雲錦。

1876 年，吳長慶慶軍幕任文書，後袁世凱也來此

1882 年，朝鮮「壬午兵變」，日本軍艦進軍仁川，吳長慶奉命阻止日本擴張，張謇隨赴漢城，為吳長慶起草《條陳朝鮮事宜疏》,《壬午事略》、《善後六策》等政論文件，受到「清流」潘祖蔭、翁同龢等的賞識。

1884 年，回國，駐防金州，袁世凱留朝鮮接統「慶字營」。

1894 年，考中狀元，授翰林院修撰。

1909 年，被推為江蘇咨議局議長。

1910 年，發起國會請願活動。

1912 年，起草退位詔書，並任中華民國臨時政府實業總長。

1913 年，任北洋政府工商總長兼農林總長，在職三年余。

1914 年，兼任全國水利局總裁。

1926 年 7 月 17 日病逝，享年 73 歲。陪葬品是一頂禮帽、一副眼鏡、一把摺扇，還有一對金屬的小盒子，分別裝著一粒牙齒，一束胎髮。

張謇是晚清時期立憲運動領袖，世代務農，家有二十餘畝地，兼營糖坊。一生創辦事業甚多－油廠、紗廠、墾殖、麵粉廠、資生冶廠、通州紗廠、學校圖書館、南通師範學校、南通博物苑、氣象台軍山氣象台、南通大學、三江優級師範學堂、南京高等師範學校、國立東南大學、河海工程專門學校（即現河海大學）、復旦大學、吳淞商船專科學校（現大連海事大學）、江蘇省立水產學校（現上海海洋大學）、東華大學、江蘇農學院（後併入揚州大學）、蘇州醫學院（後併入蘇州大學）、伶工學社、女工傳習所、女子師範等學校、盲啞學校、吳淞商船專科學校、通海五屬公立中學（即今南通中學）、復旦公學（復旦大學前身）、「吳淞水產專科學校」、「吳淞商船專科學校」、河海工程專門學校（河海大學前身）、上海航務學院、東北航海學院、福建航海專科學校（合併成立大連海運學院）（今天的上海航務學院）、上海商科大學、國立東南大學、南通師範學校、南通大學（紡織、農業、醫學、測繪、蠶桑）、東華大學、江蘇農學院。

楊衢雲

1861.12.6.～1901.1.11.廣東東莞出生福建漳州海澄縣三都（廈門）人

楊衢雲，名飛鴻，字肇春，別號衢雲。年幼即隨其父到香港，在香港聖保羅書院接受教育。十四歲在香港進入船廠學習機械，因工業意外失去右手三指，於是改習英文。畢業後任教員，之後轉任招商局總書記，及沙宜洋行副經理。

1890 年，香港創立最早的革命組織輔仁文社。

1894 年 11 月在檀香山設立之興中會與輔仁文社合併，名為興中會，楊衢雲被選為會長（亦稱總辦或伯理璽天德，即 President），孫中山為秘書，在香港成立「乾亨行」商店作掩飾。

1895 年 10 月，興中會在廣州起義，由楊衢雲在香港任總指揮。由於事機不密，為清政府所獲悉。陸皓東等七十多人被捕，楊及孫同被通緝。楊衢雲經

新加坡，前往南非約翰尼斯堡，之後再轉往日本，並輾轉在各地發展興中會。

1900 年 1 月，楊衢雲辭去興中會會長一職，改由孫中山擔任。同年從日本到香港，發動惠州起義。失敗後楊衢雲於年底返回香港，於中環結志街 52 號設私塾輔仁文社教授英文以養妻兒。

1901 年 1 月 10 日，楊衢雲於結志街 52 號 2 樓寓所，被清廷派出之刺客陳林開槍刺殺，於翌日（1 月 11 日）失救逝世，享年 40 歲。安葬香港跑馬地香港墳場，並為楊衢雲設計墓碑，碑上沒署名字，只刻有編號 6348，刻有青天白日圖案，追封楊衢雲的功蹟，並象徵著楊衢雲革命的精神。

2011 年 9 月，香港特別行政區政府在 6348 號墓碑豎立楊衢雲生平說明牌，以肯定為中國革命的貢獻。

沈秉堃　1862～1913 湖南長沙市人

沈秉堃，字幼嵐，監生，清末廣西巡撫，累官成都府知府。

1903 年，和知州汪聲玲應日本駐渝領事的邀請，受署理四川總督岑春煊派，率官、商、工 20 多人，到日本參加大阪國際博覽會參展產品。

並轉由大阪赴東京考察。

1907 年，由成綿龍茂道遷甘肅按察使。

1908 年，授雲南布政使，曾護理雲貴總督。

1910 年，擢廣西巡撫，駐首府桂林。

1911 年，武昌起義，廣西甘德蕃、王芝祥、陸榮廷共同在桂林宣布廣西獨立，被推為廣西都督。在「桂人治桂」風潮壓力下，他與王芝祥（直隸人）先後率部分軍隊北上援鄂，抵達南京，被任命為南京留守府高等顧問及國民捐督辦，其部隊被黃興改編為中央陸軍第三軍（轄第 8 師、第 17 師），駐南京。

1912 年，北上北京，一度被袁世凱提名為陸徵祥內閣工商總長，被臨時參議院於否決。袁世凱任命其為督辦浦口通商事宜。

1913 年 1 月 30 日，在北京逝世。

吳敬恆（吳稚暉）　1865.3.25.～1953.10.30.江蘇武進雪堰橋

吳敬恆，一名朓，字稚暉，以字行，通稱吳稚暉，雖是舉人，但在接觸西方文化後，追求無政府主義，後來參與孫中山主導的國民革命，孫中山信仰太平天國老兵故事即是出自吳敬恆所述。曾在蘇報案中被誤認為是告密者；也是早期國民黨內部極右派西山會議派成員之一。

1898 年，到南洋公學任教。

1901 年，出任南洋公學附屬小學堂（今上海市南洋模範中學）堂長。

1903 年，辦《蘇報》抨擊清廷，痛罵慈禧太后，案發經香港去倫敦。

1905 年，冬參加同盟會。

1906 年，在巴黎參與組織世界社。

1907 年，發行《新世紀》及《世界畫刊》鼓吹無政府主義。

1911 年，從事文化運動。

1913 年，提倡國語注音與國語運動。不過他積極投入的國語注音，說來一開始是為了自己不識字的妻子袁榮慶而發明便於書信交流的「豆芽菜」文字，今稱「注音符號」，仍於台灣及海外老華僑間通行。除了文化運動外，他更為蔣中正之子蔣經國視為老師。

1913 年 6 月，參與創辦《公論》日刊。1913 年二次革命失敗後再赴歐洲。在這一段時間，吳稚暉還創辦里昂中法大學並發起留法勤工儉學運動。呼籲中國青年到海外以半工半讀方式留學。如周恩來、鄧小平等都曾參加。

1924 年，吳稚暉等人在上海創辦「中華粥會」。至今「中華粥會」仍在台灣運作，秉持著每月集會吃粥，以紀念吳稚暉。

1927 年，任國民黨中央監察委員。他認為中共與蘇俄的密切聯繫危害中國未來發展，並有破壞中華文化之嫌，因此力倡清黨。之後，他反對國民黨內一切反對蔣中正的力量，成為蔣的御用心腹智囊；在 1927 年～1950 年間的國共鬥爭中，扮演積極反共的角色，也因此，中國共產黨對其定位與評價十分低劣。

1943 年，國民政府主席林森病逝，蔣介石力邀吳稚暉為新主席，但被其推辭。

1946 年，國民政府宣佈結束訓政階段，在南京召開的制憲國民大會確立了《中華民國憲法》吳稚暉擔任制憲代表主席，將《中華民國憲法》遞交給蔣介石。

1949 年，蔣介石派專機「美齡號」將吳稚暉從廣州接到臺灣臺北。

1953 年，吳敬恆病重住院。10 月 30 日深夜逝世，享壽 89 歲。蔣中正題詞「痛失師表」，12 月 1 日，蔣經國遵從其遺願，將骨灰灑向金門南海。

宋嘉樹　1866～1918.5.3.廣東人海南島出生

宋嘉樹，9 歲和哥哥以學徒隨遠房親戚前往爪哇，旋藏身一艘美國船上偷渡往波士頓，被船長收養。

1882-1885.5 在美國萬德畢爾特大學（Vanderbilt University）畢業，

1886 年，返上海經商，經營印書館，為美國聖經公會印製廉價中文聖經。娶妻倪桂珍，三子：宋子文、宋子良、宋子安。三女：宋藹齡（孔祥熙）、

宋慶齡（孫中山）、宋美齡（蔣中正）

　　1893 年，成為富有企業家.住在虹口.

　　1905.7.月，在東京為孫中山革命募得鉅款。

　　1906 年，把為數可觀的鉅款交給孫中山。

熊希齡

1870.7.23.~1937.12.25.祖籍江西豐城市湖南鳳凰鳳凰鎮竿鎮沱江鎮.

　　熊希齡，字秉三，號明志閣主人、雙清居士。法號妙通。清末民初政治人物、學者、教育家、實業家、慈善家。父親熊兆祥，曾任衡州澄湘水師營管帶。

　　1884 年，14 歲中秀才。

　　1891 年，中舉人。

　　1892 年，會試成為貢士。

　　1894 年，中進士，選翰林院庶吉士。

　　甲午戰爭，熊希齡擔任張之洞下轄的兩湖營務處總辦，他著《軍制篇》，主張軍制改革。贊助長沙明德中學，參與創設南學會，創《湘報》。

　　1897 年，湖南時務學堂創立，熊希齡任總理，招聘梁啓超、譚嗣同、唐才常等任教。湖南省內矛盾激化，在反變法派的壓力下，熊希齡失勢。

　　1898 年，變法派主導的戊戌變法失敗，熊希齡遭革職並交地方官嚴加管束。

　　1902 年，他接受常德知府朱其懿的聘任，擔任常德西路師範學堂副辦。

　　1903 年，湖南巡撫趙爾巽任其為常德西路師範學堂監督。新政挫折轉入實業界。

　　1904 年，到日本考察歸國後，創設實業教育學校的建立，各種學校由此成立。

　　1905 年，清廷派五大臣出洋考察政治，經趙爾巽推薦，熊出任參贊，隨團考察。

　　1906 年，熊希齡開始收集外國憲法相關資料，完成《歐美政治要議》。

　　1909 年，任東三省理財政監理官，擔任財務、實業方面職務，成果名聲鵲起。

　　1911 年，辛亥革命起，熊希齡支持革命派、共和制的電文。

　　1912 年。中華民國成立後，他成為統一黨、共和黨（後統一黨、共和黨和民主黨合併為進步黨）黨員，4 月出任唐紹儀內閣財政總長，後來辭職。

　　1913 年，他任熱河都統。7 月 28 日，他通電痛斥日本密謀利用「二次革命」分裂中國，支持袁世凱。1913 年 7 月 31 日至 1914 年 2 月 12 日期間，他擔任袁世凱政府轄下總理兼財政總長。該屆內閣歷史上被稱為「人才內閣」。

　　1914 年，新聞界重提熱河行宮盜寶案，2 月 7 日熊希齡以涉嫌被迫提出辭職。

　　1920 年，他設香山慈幼院，收養孤兒。他還曾任紅十字中國分會會長。

　　1937 年，淞滬戰爭，他設立傷兵醫院和難民收容所，收容傷兵，救濟難民。京滬淪陷後，熊赴香港為傷兵難民募捐。

12 月 25 日，因腦溢血在香港逝世，享年 68 歲。

西臨原香山慈幼院，位於北京香山煤廠街甲 29 號，佔地約 6 畝，始建於 1919 年。1992 年 5 月 17 日，熊希齡的墳墓才從香港仔華人永遠墳場遷回北京香山熊氏墓園。墓園裡有其父熊兆祥、其母吳太夫人和其子熊泉的墳冢，熊希齡墓的左右兩側，分別為夫人朱其慧、毛彥文的墓塋。

陳英士（陳其美）　1878.1.17.～1916.5.18.浙江吳興人

陳其美，字英士，青幫代表人物，辛亥革命，為黃興、孫文佐助股肱，孫中山讚揚陳英士是「革命首功之臣」，後遭暗殺身亡。弟陳其采，字藹士，兄陳其業，字勤士。陳其業有兩子，陳果夫、陳立夫，二人由陳其美引介給蔣中正。

陳其美少時家貧，13 歲喪父，家道中落，15 歲時輟學，到當地的一家當舖當學徒，供應其長兄及三弟就學之資。

1902 年，陳其美受三弟講述日本富強，受其啟發，決定不事當舖終生。

1903 年，隻身到上海，以任會計為生，同時結識各方人物。

1906 年，赴日本留學，入東京警監學校，認識孫文，加入同盟會；並在當地認識蔣中正，二人後來更結拜為異姓兄弟。

1908 年，陳其美回國，在上海、杭州等地加入青幫，聯絡會黨支持革命。

1911 年，陳其美任同盟會中部總會庶務部長。10 月，武昌起義爆發，陳其美滬軍攻入浙江杭州。時清兵多為革命黨支持者，遂不攻而下，11 月 5 日即控制市區，11 月 6 日抵抗結束。後在上海獲舉為滬軍都督。

1912 年，孫文與光復會首領陶成章爭執，陳其美派蔣中正與王竹卿於 1 月 14 日在上海廣慈醫院刺殺陶成章。3 月，被任命為唐紹儀內閣工商總長，未就任。7 月 31 日辭去都督。

1913 年，二次革命，陳其美任上海討袁軍總司令，宣佈上海獨立，事敗赴日本，支持孫文另組中華革命黨，被推為中華革命黨總務部部長。

1915 年，袁世凱有意稱帝，陳其美回國反袁，12 月 5 日，反袁世凱肇和艦起義失敗。陳其美向孫中山推薦蔣介石做自己接班人。

1916 年 5 月 18 日，陳其美在上海薩坡賽路 14 號日本山田純三郎寓所被人槍殺，一般猜測為袁世凱指使。靈堂設白爾部路新民里蔣中正寓所。

1917 年 5 月 12 日，舉行國葬，上萬人送行。孫中山、唐紹儀、章太炎等主祭。

　　1938 年，蔣中正為紀念陳的功績，組建浙江省立戰時大學，後改名為英士大學。1949 年，因政治原因被分拆到浙江大學、浙江農業大學以及上海復旦大學等校。

　　1966 年，獨立一等功績韓國：總統勳章。

于右任　　1879.4.11.～1964.11.10.陝西三原祖籍涇陽

　　于右任，原名伯循，字誘人，爾後以「誘人」諧音「右任」為名；別署「騷心」「髯翁」，晚年自號「太平老人」。中華民國開國元勛之一。于右任早年系中國同盟會成員，民國成立之後長年在政府擔任高級官員，尤擔任監察院院長長達 34 年。同時也是中國近代知名的書法家。于右任長髯飄飄，是其一大特徵。于右任是清朝光緒年間舉人。

　　1904 年，因刊印《半哭半笑樓詩草》譏諷時政被三原縣令德銳和陝甘總督升允舉發，遭清廷通緝，流亡上海，遂進入震旦公學。同年 4 月到達日本，加入光復會和同盟會。

　　于右任辦三分報紙：《民呼日報》《民吁日報》《民立報》被稱為『豎三民』。

　　1907 年，創辦大型日報《神州日報》，是革命派言論機關。

　　1909 年 5 月 15 日，創辦《民呼日報》，很快遭到被清廷壓迫停刊。停刊兩月後，又在法租界創辦《民吁日報》。由於報導時任日本首相伊藤博文遭朝鮮人安重根刺殺事件，遭到日方抗議，租界 11 月查封《民吁日報》。

　　1910 年，沈縵雲資助下，創辦《民立報》，積極宣傳民主革命。

　　1912 年，中華民國成立後，任臨時政府交通部次長。

　　1913 年，二次革命失敗，于右任逃亡日本，《民立報》停刊。

　　1917 年，響應孫中山護法運動，成立陝西靖國軍，任駐陝總司令。

　　1922 年，創辦上海大學。

　　1924 年，出席國民黨一大。年底陪同孫中山北上赴京。

　　1926 年，赴蘇聯促馮玉祥回國參加北伐。

北伐統一後，歷任審計院、監察院院長，前後共任監察院院長 34 年。

1947 年，當選國民政府監察院院長。

1948 年，曾參選民國副總統。

1949 年，隨政府遷居台灣。寓居台灣 15 年。

1964 年，病逝於台北市，墓位於台灣陽明山國家公園。

于右任一生清廉，即使長期歷任政府高官，去世時空無一物，沒有留下任何財產。他曾書囑蔣經國「計利當計天下利，求名應求萬年名」。

于右任去世後，在玉山主峰樹立 3 公尺高于右任雕像，補足 4,000 公尺高度（玉山當時測量數據為海拔 3,997 米）意指于右任遺願「葬我於高山兮，望我大陸」。

胡漢民　1879～1936.5.12.廣東廣州

胡漢民，字展堂，清朝舉人，留學日本，加入同盟會。

1907 年，赴河內。

1908 年，去新加坡、香港等地為革命募款。

1911.11 月，宣布「廣東獨立」被推為廣東都督，革命失敗，避走日本。

1912.1.，任南京臨時政府總統府秘書長，追隨孫中山參討袁護法。

1917~1924 擔任國民黨中央執行委員。

1924.1.在國民大會被選為中央執行委員，為國民黨右派。

1925.8.月涉嫌暗殺廖仲愷案，而被迫出使蘇聯。

1927 年，南京政府成立，出任主席。

1931 年，立法院長胡漢民，與蔣介石理念分岐遭到軟禁，引起分裂發生衝突。

1936.5.12.腦溢血逝世過世。

羅家倫　1879.12.21.～1969.12.25.0 江西進賢縣

羅家倫，父親羅傅珍，進賢縣知事，九歲喪母。

1914 年，考入上海復旦大學

1917 年，轉入北京大學

1919 年，與傅斯年、康白情、毛準等創辦「新潮」雜誌。

1920 年，入美國普林斯登大學研究歷史與哲學。

1921 年，轉入哥倫比亞大學

1922 年，轉入英國倫敦大學。

1923 年，再轉入德國柏林大學研究院。

1925 年，再又轉入法國巴黎大學，住修歷史與哲學。

1926 年，回國，參加北伐為參議。

1927 年，國民黨中央黨務學校副主任。

1928 年，戰地政務委員，轉任國立清華大學校長。

1930 年，轉往武漢大學任歷史系教授。

1932 年，出任中央大學校長。

1941 年，任滇黔考察團長。

1945 年，出任國民黨中央黨編纂副主任委員。

1947 年，派駐印度特命大使。

1949 年，隨政府來台灣，擔任國民黨黨史主任委員。

1952 年，任考試院副院長，主張簡體字。

1957 年，任國史館長編印「中華民國開國五十年文獻」「國父百年誕辰紀念叢書」

1959 年，中華民國筆會會長。

1969.12.25.腦血管硬化及肺炎併發症去世，時年 73 歲。

譚延闓　1880.1.25.～1930.9.22.（50 歲）湖南茶陵人生於浙江杭州

譚延闓，幼名寶璐，字組庵，或作祖庵、組安、祖安，號無畏、切齋。父親譚鐘麟，進士出身，歷任山西、浙江巡、工部尚書、閩浙總督、福州將軍、兩廣總督。

譚延闓自幼聰穎好學，長於詩法、書法、槍法，綽號「譚三法」，當年與陳三立、譚復生並稱「湖湘三公子」。

1885 年，入私塾，從小就嶄露頭角。

1892 年，好友翁同和稱為「奇才」。

1893 年，中秀才。

1904 年 3 月，開封會試中會試第一名，7 月殿試位列二甲第 35 名。後以進士朝考名列第一（朝元）選庶吉士，散館授翰林院編修。

1907 年，組織「湖南憲政公會」積極推行君主立憲制。

1909 年，湖南咨議局議長，湖南軍政長官、南參議院議長，後三任湖南都督。

1912 年，加入國民黨，任湖南黨支部部長。

1913 年，二次革命中保持中立，被袁世凱免職，判刑 4 年。

1916 年 6 月 6 日，袁世凱羞憤而死，8 月譚復任湖南省長兼督軍。

1917 年，張勳復辟授湖南巡撫。

1918 年，被段祺瑞免職，由傅良佐取代。

1920 年，驅張運動，再任湖南督軍。11 月 7 日程潛之湖南第六區（醴陵）守備司令李仲麟等發動「平江兵變」，以士兵鬧餉為名槍殺譚派軍官蕭昌熾，22 日通電要求譚延闓下台，兵逼長沙，23 日譚延闓辭職，離開湖南赴上海。

1922 年，重新加入國民黨，任全湘討賊軍總司令、國民黨中央常務委員、國民政府主席、行政院長等職。

1923 年，任孫中山大元帥府內政部長、建設部長、湖南省省長兼湘軍總司令。

1925 年，任廣州國民政府常委兼軍委會常委、革命軍第二軍軍長、9 月署理廣州國民政府軍事部部長。

1926 年，代理廣州國民政府主席，4 月任中央政治委員會主席，7 月代理國民中央黨部主席。

1928 年，任任南京國民政府主席，10 月轉任行政院院長。

1930 年 9 月，病逝金陵葬南京鍾山中山陵旁。

譚延闓女兒譚祥，嫁給陳誠，曾任中華民國行政院長、副總統。陳誠與譚祥之子陳履安曾任監察院院長。

賈景德 1880～1960.10.25.山西沁水

賈景德，字煜加，號韜園，山西沁水人，晚清末科進士。中山西鄉試舉人、中甲辰恩科進士、為三甲第四十名、任黑龍江巡撫署民政吏治幕僚長、山西都督府秘書監、任晉北軍政執法處處長、任山西省政府政務廳廳長、任山西省政府警務處處長、任國民革命軍第三集團軍秘書長、任平津衛戍總司令部秘書長、任太原綏公署秘書長、任中國國民黨黨政考核委員會委員、為行政院顧問、任國民政府銓敘部部長、任制憲國民大會代表、第 1 屆國民大會代表、考試院副院長、任行政院副院長、任行政院秘書長、任考試院院長、受聘總統府資政；

1960 年因心臟病於臺北病逝，終年 80 歲。

李烈鈞 1882.2.23.～1946.2.20.江西省南昌府武寧縣羅溪人

李烈鈞，字協和，號俠黃，軍事家、政治家。中國同盟會、中國國民黨成員。1902 年，入江西武備學堂。

1904 年，留學日本東京振武學校。

1907 年，入陸軍士官學校學習砲術。同期留學生有閻錫山、李根源、唐繼堯、程潛等人。在日留學期間，加入中國同盟會，又參加了北洋系的武學社。

1908 年，陸軍士官學校畢業歸國，任江西新軍第二十七混成協第 54 標第 1 營管帶。因宣傳反清思想而一度遭拘禁。

1909 年，赴昆明，任雲南陸軍講武堂教官。此外，他還擔任陸軍小學堂總辦，兼兵備道提調。

1911 年，呼應武昌起義，應江西省的革命派的邀請而回到江西，被推舉為九江軍政分府的總參謀長。李烈鈞派林森、吳鐵城成功勸說北洋海軍主要艦艇宣布起義，李烈鈞被推舉為九江海陸軍總司令，安徽都督。遭到北軍包圍陷入困境的武昌的黎元洪請求援助。李烈鈞救援黎元洪成功，被任命為五省聯軍總司令兼中央軍總司令。

1912 年，江西省議會選舉李烈鈞為江西都督。李烈鈞在江西任都督期間曾被江西各商會以違法殃民恣睢暴戾等罪名控訴，又被臨時參議院咨送議員郭同等以專制殘毒等罪兩次質問，

1913 年，袁世凱下令將其免職。李烈鈞同孫文策劃發動二次革命，李烈鈞同譚延闓、柏文蔚、胡漢民聯名致電袁世凱，反對善後大借款。南北軍交戰，李烈鈞敗北，逃往日本。其後，李烈鈞赴歐洲和亞洲各國遊歷。

1915 年，加入中華革命黨。護國戰爭，李烈鈞參與籌劃。李烈鈞任護國軍第 2 軍總司令（第 1 軍總司令為蔡鍔，第 3 軍總司令為唐繼堯），進軍廣西省。

1916 年，陸榮廷發表廣西獨立宣言，倒向護國軍方面。此後，李烈鈞協助其進攻廣東省。李烈鈞任軍務院撫軍。廣東將軍龍濟光遭到李烈鈞和陸榮廷夾擊，敗北逃往海南島。1916 年 6 月袁世凱死後，李烈鈞赴香港、上海隱退。

1917 年，孫文在廣州成立軍政府，李烈鈞任大元帥府總參謀長。

1919 年，孫文在上海將中華革命黨改組為中國國民黨，李烈鈞被任命為代理大元帥，負責管理廣州的事務。

1920 年，孫文為北伐設立大本營，李烈鈞任大本營總參謀長。

1922 年，孫中山在桂林以大元帥的名義發出北伐動員令，任命李烈鈞為北伐軍第一路總司令。

1924 年，當選中央執行委員。

1925 年，孫文逝世，應馮玉祥邀，任國民軍總參議，李烈鈞對謝持、鄒魯等西山會議派反共路線表示支持 1927 年，蔣中正在南京成立國民政府，李烈鈞支持並參加，任國民政府常務委員兼軍事委員會常務委員。同年 8 月，蔣中正一度下野，北京政府方面的孫傳芳趁機偷襲南京，李烈鈞坐鎮南京，聯絡指揮國民政府方面的諸軍擊敗了孫傳芳。李烈鈞還參加了寧漢戰爭。寧漢合流，組織了中央特別委員會，由三方各派六人參加，李烈鈞是寧方代表之一。

　　1928年，李烈鈞回武寧探家，籌建東大路（武寧縣城到修水縣塗家埠）、西大路（武寧縣城至修水縣城）1934年，該公路全線修通。

　　1928年，李烈鈞離開南京，在上海養病。

　　1931年，九一八事變爆發後，正寓居上海的李烈鈞同反蔣人士如馮玉祥、徐謙、熊克武、程潛、柏文蔚、張之江、方振武、張知本、陳嘉佑等人來往密切。

　　1931年，他在《與徐謙等向京粵和平會議的提案》中提出，應當「貫徹對日經濟絕交」，「尊重國聯條約與《凱洛格非戰公約》」。但隨後日軍進攻錦州，李烈鈞放棄了單純依靠國聯的想法，轉而主張對日抵抗。1932年9月30日，日本政府承認滿洲國，李烈鈞、程潛、柏文蔚、熊克武等致電國民黨中央等，批評甚至懷疑國民政府。

　　1932年，李烈鈞致電蔣中正，建議蔣中正實現全民政治。

　　1932年12月25日，國民黨四屆三中全會閉幕，由於蔣中正在大會上對反蔣人士作出一定讓步，李烈鈞在大會閉幕後致信蔣中正稱，「京滬盛傳雅度，影響所及，昔之以公為非者，已不似前此之甚；而昔之以公為是者，更增其崇仰矣。」1932年底至1933年初，熱河抗戰及長城抗戰先後爆發。

　　1933年，他由反蔣抗日變為支持蔣介石領導抗日。

　　1937年，國民黨五屆三中全會上，李烈鈞同宋慶齡、馮玉祥聯名提出同中國共產黨合作，共同抗擊日本。

　　西安事變後，李烈鈞被委派為審判張學良的高等軍事法庭審判長。

　　1946年2月20日，李烈鈞在重慶逝世。享年65歲。國民政府給予國葬。中共中央發來唁電，並派周恩來、董必武親往弔唁。

吳忠信　1884.3.15.～1959.12.16.安徽合肥

　　吳忠信，字禮卿，一字守堅，別號恕庵。

　　父母為地方望族，幼從塾師讀經典，1900年義和團事起，八國聯軍陷津、京，吳氏感國難日亟，乃負笈南京，入江南將備學堂，後以優異成績畢業，擔任下級軍官，為統制（師長）徐紹楨器重。

　　1906年，加入同盟會。

　　1911年，武昌起義，徐紹楨接受吳氏勸告反正，組織江浙滬聯軍，以徐為總司令，會攻清軍張勳所盤據之南京。

　　1912年，孫文就任中華民國臨時大總統，奠都南京，任吳氏為首都警察總監。不久，孫文辭去臨時大總統職，吳氏改任寧鎮澄淞四路要塞司令，未幾辭去，至滬任民立報經理，襄助社長于右任致力宣傳。

　　1913年，討袁軍興，黃興任南京討袁軍總司令，吳氏應邀再度任南京警察總監，及失敗，亡命日本。

　　1914年，孫文在日本成立中華革命黨，吳氏率先加入。隨孫文組護法軍政府。

　　1922年，以健康故於蘇休養，至國民革命軍北伐方復出擔任要職。北伐後

赴歐美遊歷，藉事考察。後歷任安徽省政府委員、監察院監察委員、軍事委員會南昌行營總參議、貴州省政府委員兼主席、國民黨第5屆中央執行委員等。

1936年，任蒙藏委員會委員長曾入藏主持第十四世達賴喇嘛坐床儀式。

1944年，擔任新疆省主席兼保安司令。

1947年，任國民政府委員。

1948年，任總統府資政及總統府秘書長。

1950年，任國民黨中央評議委員。

1953年，任國民黨中央紀律委員會主任委員。

1959年12月16日病逝，享壽76歲。

方覺慧　1886～1958，湖北省蘄春縣赤東鎮方上灣人

原名方士楷、方學惠，字子樵。幼讀經史，田桐引導。

1895年，19歲時加入中國同盟會。

1906年，在武漢青年組織革命團體。

1907年，設「明德學會」，成立「證人學會」。

1909年，振武學社會員多為士兵，乃吸收青年學生合併組織革命團體，黃侃被推選審定草章，振武學社乃改為文學社。

1911年，成立振武文學社，社長為蔣翊武，方覺慧、黃侃、詹大悲、宛思演、劉堯澄、楊洪勝、彭楚藩、董必武等人都是文學社成員。方覺慧還擔任《大江報》特約編撰。

10月11日武昌起義，詹大悲、何海鳴出獄，成立漢口軍政府，詹大悲任都督，何海鳴任參謀長，吳昆、溫楚珩任秘書，方覺慧、宛思演任顧問。

1912年，中華民國成立，方覺慧籌辦《震旦民報》，報社設在漢口英租界怡園后街，張樾任總經理兼總編輯，方覺慧任副總經理兼副總編輯，籌設兵站，方覺慧負責機要，掌握全部密電本。

1913年2月，中華民國第一屆國會議員選舉，宛思演、方覺慧赴黃州辦理國會選舉，《震旦民報》交吳月波代行。

4月，方覺慧赴上海參與孫中山討袁策劃。方覺慧與拱衛軍策劃炸死袁世凱。

7月2日，田桐、方覺慧面見總理孫中山，

7月9日，方覺慧經南京、武漢乘火車返回北京。

7月12日，李烈鈞宣布江西獨立，檄文討袁世凱。二次革命掀起。

7月20日，稽查長藍劍豪奉王天縱之命，告訴方覺慧警總將在次日清晨突擊搜查，次日，大量軍警到報社搜查未查出證據，乃搗毀印刷機。方覺慧與藍劍豪商議，聘國會議員兼律師石潤金起訴，結果袁世凱政府賠款3000元。

8月3日，王天縱約見方覺慧，告之時局緊張，囑其早日離京。王天縱離開後，方覺慧即與懂日文的朋友赴日本領事館打探消息，得知孫中山反袁軍的南京已遭袁世凱的軍隊攻陷，當晚方覺慧召集同志決定各自潛逃，方覺慧於當晚乘京奉鐵路列車，到營口乘船赴上海。討袁失敗，方覺慧和第一師師長王獻

章逃往日本。

1914 年，方覺慧入早稻田大學，中華革命黨成立，加入該黨。田桐、方覺慧在東京晉見孫中山，商談在長江發動革命。派方覺慧為中華革命黨駐漢特派員。

1915 年，方覺慧學回國，潛回蘄春，將家產抵押，借銀 400 兩，獻與革命。

1917 年，方覺慧隨孫中山赴廣東從軍，赴湘西聯絡常德鎮守使蔡巨猷、梯隊團司令廖湘雲響應護法運動。11 月，任鄂湘招撫特派員。

1918 年，孫中山派方覺慧赴鄂西聯絡軍隊，當時蔡濟民光復利川，柏文蔚光復建始，故電催方覺慧赴恩施。

1920 年，方覺慧在許崇智的軍隊中任職，負責總務。

1921 年，任廣州大本營宣傳處新聞主任。當選為中國國民黨中央宣傳委員。

1922 年，陳炯明六一六事變，方覺慧赴福建收編張清雨的部隊，任宣傳委員。

1925 年，方覺慧任國民革命軍第十一軍黨代表。

1926 年，任軍事委員會總訓練部副主任，參加北伐，後來出任新編十師少將黨代表兼政治部主任。是年夏，赴湘鄂邊境收編夏斗寅部為國民革命軍第一師。

1927 年，任新編十師政治部主任，旋改任夏斗寅革命軍第 27 軍政治部主任。

1928 年，任南京特別市黨部常委，立法委員，軍事委員會總政治部中將主任。

1929 年，出任湖北省農礦廳長，並暫代湖北省政府主席。

1930 年，出席在日內瓦召開的國際勞工大會。

1931 年，中國國民黨中央常委會議推薦方覺慧為四川區視察委員。

1933 年，任地方自治計劃委員會主任委員兼魯豫監察使，憲政會副委員長等職。

1937 年，抗日戰爭，方覺慧請纓參加抗戰，為蔣介石所忌。任華北黨務特派員。

1940 年，方覺慧出任中央黨政委員會黨務組組長。

1941 年，任中央黨政考核委員會陝豫區考核團長。

1944 年，任中國國民黨廣東省黨部主任委員。

1946 年，調任湖北省黨部主任委員，當選第一屆國民大會代表。

1949 年，赴香港九龍居住一年多。生活困難，自己動手蓋房子、種菜。

1953 年，赴台灣，繼續擔任第一屆國民大會代表。

1954 年，參加國民大會會議，當選主席團主席。

1958 年 10 月 10 日，方覺慧在台灣病逝。

王雲五　1888.7.9.～1979.8.14.廣東香山，生於上海

王雲五，原名之瑞，字雲五。自學成材。

1920 年代至 1930 年代，主理商務印書館。

1948 年，出任財政部長期間推出金圓券，引起金融失調。

1949 年，來臺灣主持台灣商務印書館。著有《物理與政治》《中外圖書統一分類法》《四角號碼檢字法》等。

王讀五年私塾後，到五金店當學徒，晚上學習英語。

1905 年，17 歲，同文館學英語，並任助教，在學校圖書館，廣泛閱讀西方著作。

1906 年，18 歲，在上海多所學校授課教英文、史地等。

1907 年，19 歲，購得《大英百科全書》35 巨冊閱覽，後來又修完土木工程及數學、物理、機械等課程。

1908 年，20 至 31 歲間，先後加入兩所美國的函授學校、萬國函授學校，主修土木工程，同時教書，頗孚眾望，他又研習化學，同時在喇沙爾函授學校主修法學專科，取得美國法學士預備資格。

1912 年，24 歲，北平中國大學講授政治學、英美法學概論，又通德、法語，《紐約時報》報導他為「活的百科全書」。

辛亥革命後，任孫中山臨時大總統府秘書、並加入國民黨。

1921 年，任商務印書館編譯所長、總經理。出版多種詞典、百科全書及叢書，中文字檢索、圖書館檢書、四角號碼，出版《王雲五大辭典》《萬有文庫》。

1927 年，退出國民黨，但以參政員身分成為活躍之黨外人士。

1946 年，任國民政府經濟部部長。

1948 年，任行憲後翁文灝內閣之財政部長，推行貨幣改革，發行金圓券，引發金融風暴，王雲五成為眾矢之的，數月後即內閣總辭。

1948 年 11 月 13 日，獲聘為行政院顧問。11 月 26 日，自江寧飛往廣州。

1949 年，到臺灣，任行政院設計委員、考試院副院長、行政院副院長。

1964 年，任臺灣商務印書館董事長。

1972 年 6 月 13 日，創設「台北市雲五圖書館基金會」自任董事長

1979 年 8 月 14 日，逝世。臺北市新生南路三段 19 巷故居現作王雲五紀念館。

吳鐵城　1888 年～1953.11.19.原籍廣東香山出生江西九江

吳鐵城，父親吳玉田，就讀九江同文書院。

1909 年，經林森介紹參加同盟會，辛亥革命時任九江軍政府總參議官。後

被推舉為江西省代表出席南京各省都督府代表會議，參與組織中華民國臨時政府。

　　1913 年，參加二次革命反袁世凱失敗，隨孫中山出走日本，入明治大學攻法律。

　　1914 年，加入中華革命黨。

　　1915 年，孫中山命往檀香山主持黨務，並任華僑《自由新報》主筆，力倡反袁。

　　1917 年，回國，任孫中山軍政府大元帥府參軍。

　　1921 年，孫中山任非常大總統後出任總統府參軍。

　　1922 年，陳炯明叛變，吳鐵城組織地方團警支持孫中山。

　　1923 年，討伐陳炯明東路討賊軍第一路軍司令、廣州市公安局局長兼警務次長。

　　1926 年，任國民革命軍第六軍十七師師長兼廣州衛戍司令。

　　1927 年，任廣東省政府委員兼建設廳廳長，

　　1928 年，成功遊說張學良易幟。

　　1929 年，國民黨中央執委、國民政府立法委員，南京總理陵管理委員會委員。

　　1931 年，任警察總監，僑務委員會委員，仍兼任國府委員。

　　1932 年，任上海市長兼淞滬警備司令。

　　1937 年，調任廣東省政府主席。

　　1938 年，廣州淪陷，省政府移往連縣。戰事失利，李漢魂接任廣東省政府主席。

　　1939 年，開始主持國民黨港澳黨務，翌年任國民黨中央海外部長，

　　1941 年，任國民黨中央秘書長。

　　1947 年，國民大會代表選舉國民黨黨部秘書長吳鐵城。

　　1947 年，任國民政府立法院副院長。

　　1948 年，任行政院副院長兼外交部部長。

　　1949 年，隨中華民國政府撤退至台灣，轉任總統府資政。

　　1953 年，在台北病逝，享年 65 歲。

張群　1889.5.9.~1990.12.14　四川華陽縣今雙流縣人

　　張群，字岳軍，保定陸軍速成學堂，日本振武學堂畢業，與蔣中正為同學，參加辛亥革命、二次革命、護法討袁，畢生奉獻黨國，為蔣中正總統事業左右手。

　　曾做過大元帥府參軍、軍政府副官長、河南全省警務處處長、警察廳廳長、

兵工署長、軍政部政務次長、軍事委員會委員、兵工研究委員會主任委員、上海特別市長、同濟大學校長、故宮博物院（代）理事長、故宮博物院（代）理事長、湖北省主席、外交部長、軍事委員會秘書長、委員、行政院副院長、四川省政府主席、重慶成都行轅主任、行政院院長、革命實踐研究院主任、總統府秘書長、國防會議秘書長、總統府秘書長。

1946 年 12 月 25 日獲頒〔青天白日勳章〕。

1990 年 12 月 14 日因腎功能衰竭病逝世於台北，享壽 101 歲。

翁文灝　1889.~1971.1.27.浙江省鄞縣寧波石塘人

翁文灝，譜名存璋，字詠霓，又字永年，號君達，又號悫士。出身紳商家庭。

1902 年，13 歲時通過鄉試中秀才。後來到上海讀書，在法國天主教會所辦學校學習外文，後到歐洲留學。

1912 年，比利時天主教魯汶大學獲地質學博士，為著名學者，輔仁大學教授，地質學家，對中國地質學教育、礦產開探、地震研究等多方面有傑出貢獻。回到中國在北洋政府農商部任事，並在地質研究所、北京大學、清華大學擔任教授、系主任、代理校長，對中國地質學各方面研究頗有貢獻。他曾任北洋政府礦產股長，國民政府農礦部地質調查所長，研究中國各種礦產分佈。翁文灝首創多個中國第一：第一位地質學博士、第一個撰寫中國礦產志、編成第一張全國地質圖、第一位代表中國出席國際地質會議的地質學者、第一位對中國煤炭按其化學成分進行分類的學者、燕山運動及與之有關的岩漿活動和金屬礦床形成理論的首創者、主導發現及開採中國第一個油田：玉門油田。1920 年甘肅發生 8.5 級地震，翁文灝亦是第一名考察研究的中國學者，事後出版中國地震區分佈圖，是中國首張地震區劃圖。中國第一個現代地震台是在翁的主事下，於 1930 年在北平西山建立。此外翁文灝對構造地質學、歷史地質學都有研究貢獻。河北省宛平縣周口店出土北京猿人，亦是由翁所主導的新生物研究所所發現。翁文灝是中國地質學會的創會會員之一，亦是中國地理學會第一至十屆會長。翁無論在中國內外學術界皆享有聲譽，英國倫敦地質學會授與其榮譽會員，美國、德國、加拿大各地大學及研究機構亦曾分別授與他榮譽學位或職位。

1932 年，出任軍事委員會國防設計委員會秘書長，但委員會內皆是學術界名人。1934 年，翁於考察石油途中遇上嚴重車禍以致昏迷。得蔣中正關護，指令全力搶救，後來渡過危險。事後翁可能是難卻「救命之恩」，正式踏上仕途。1935 年蔣自任行政院長，根據翁文灝日記自述，

1936 年 5 月 23 日任行政院秘書長。

1938 年元月三日，任經濟部長。經蔣介石特別介紹，1938 年 4 月 19 日填入黨申請書，5 月 24 日收到國民黨黨員證書，特字 37254 號。在抗戰期間主管中國的戰時工業生產及經濟建設。

1945 年，當選國民黨中央委員，並任行政院副院長，至 1947 年辭任。

1948 年 6 月，任中華民國行憲後第一任行政院院長。

8 月推出金圓券取代法幣，以行政方法意圖控制物價，結果造成金融失調。11 月翁內閣於總辭。

1949 年，蔣總統下野，翁任代理總統的李宗仁之總統府秘書長。至 5 月，李宗仁主事與中共和談失敗，翁辭去秘書長之職，出國到法國。

1951 年，翁經香港回到中國大陸，在 1948 年被共產黨列為第 12 號戰犯，回到大陸後初期曾因不積極批蔣而受壓。

1954 年，獲任政協委員，文革期中受到特別保護。

1971 年，病逝於北京。

翁文灝有四子。大兒子翁心源是著名石油工程師。

1970 年，在文革中被迫害至死。次子翁心翰為中華民國空軍機師，於抗日戰爭中殉國。中國地球物理學奠基人、中國科學院院士翁文波是翁文灝的堂弟。中國工程院院士翁心植是其侄子。美國鈦合金專家翁心梓亦是其侄子。

谷正倫　1889～1953　貴州安順人

谷正倫，字紀常，被譽為「現代中國憲兵之父」.揭示「不說謊、不作假、守本分、盡職責」為憲兵官兵座右銘.兩位弟弟谷正綱、谷正鼎，皆為中華民國與中國國民黨的重要幹部。

貴州陸軍小學畢業，保送湖北陸軍第三中學堂學習，再保送日本振武學校深造，在日本參加中國同盟會。

1911 年，回國隨黃興參加武昌起義，12 月任漢陽總指揮部少校副官。

1913 年，任南京臨時政府總統府陸軍部少校科員，不久再到日本士官學校學習炮兵。學成歸國後任黔軍炮兵團上校團長，不久傳任步兵團長。隨後的護法戰爭中率部入川，攻克成都、遂寧。

1920 年起旋任旅長、少將教育長、四十軍第一師師長、貴州南路衛戍中將司令、黔軍上將總司令、南京上將戒嚴司令、首都上將衛戍司令、憲兵中將司令、代理南京市市長。憲兵學校中將教育長。

1937 年，抗日戰爭，參加南京保衛戰。南京失陷後，率憲兵司令部至湖南長沙。

1939 年，任鄂湘川黔綏靖主任兼第六戰區副司令長官。

1940 年，調任甘肅省主席兼保安司令。

1941 年，兼西北訓練團副團長，9 月任行政院水利委員。

1942 年，兼甘新公路督辦。任職期間重視建設、民生，發展農林牧，修築天蘭鐵路；整頓行政，改善糧政，除弊便民。

1947 年，調任國民政府行政院政務委員，兼糧食部長。

1948 年，回任貴州省主席兼保安司令，後任貴州綏靖上將主任。

1949 年，解放軍進逼貴陽，經昆明飛香港來台灣。

　1950 年，任中華民國總統府國策顧問。

1953 年 11 月，在台北逝世。

谷正綱　1901.4.30.～1993.12.11 貴州安順縣

　　谷正綱，字叔常，有『反共鐵人』之稱。

　　谷氏三傑（兄谷正倫，弟谷正鼎）同為政壇顯要。一生信奉三民主義，以社會福利推動者自居，與王美修結婚，育有五男二女。座右銘為『寧為史可法，不做洪承疇』。奉命籌組「中國大陸災胞救濟總會」（後簡稱救總）擔任理事長。親往前線撫慰流亡，救助中國大陸來台、逃抵港澳或海外地區之同胞，歷四十餘年之久。處理韓戰反共義士、大陳義胞、北越僑胞、泰北難民、召開世盟大會等，功績卓著，1934 年與王美修結婚。

　　貴陽省立開明中學畢業後，21 歲偕弟正鼎經上海、東京至德國，入柏林工業大學攻讀機械工程，1926 年 3 月赴蘇俄莫斯科中山大學，1926 年 12 月奉調回國。

　　歷任公職甚多，與兄谷正倫，弟谷正鼎，有『一門三中委』美譽。曾任職務：

　　實業部常務次長，軍事委員會第五部副部長，社會部部長。

　　1949 年，隨國軍撤退至台灣，任內政部長，「中國大陸災胞救濟總會」理事長，亞洲反共聯盟中華民國總會任理事長。

　　1961 年，亞盟頒贈榮譽獎章，並尊稱為「亞盟先生」。

　　1962 年，大陸逃亡香港難民之救濟安置。

　　1970 年，被推舉為世界反共聯盟理事會永久榮譽主席。

　　1990 年，總統府資政。

　　1993.12.11.逝世。

谷正鼎　1903～1974　貴州安順人

　　谷正鼎，字銘樞，留學德國與蘇聯莫斯科大學。

　　1921 年，穀正鼎與其兄谷正綱去日本，轉往德國入柏林大學政治系學習。

　　1924 年，加入國民黨，任德國學生總會執行委員，國民黨駐德支部執行委員、常務委員、監委會主席。

　　1925 年，去蘇聯，入莫斯科中山大學學習。

　　1927 年，回國，任革命軍 26 軍政治部主任、黨代表，後任國民黨中央宣傳部秘書、中央委員會設計委員。

　　1927 年，任北平市黨部指導委員兼常務委員，旋即任行政院參事。

1932 年，任鐵道部參事、總務司長、司長、監察院監察委員。

1935 年，當選為國民黨第五屆候補中央執行委員。

1937 年，補選為執行委員。抗日戰爭時期，先後任西北綏靖公署廳長、軍事委員會委員長天水行營政治部主任兼國民黨特別黨部書記長、三青團陝西支團籌備處主任、軍委會西安辦公廳副主席兼四處處長、陝西省黨部委員等職。抗戰勝利後，任中央黨政軍特種會報秘書。

1946 年，任行政院綏靖區政務委員會委員，11 月當選制憲國民大會代表，後調任國民黨中央組織部副部長、部長。

1948 年，當選立法院立法委員。

1949 年，去臺灣。

1952 年，任國民黨中央評議委員會委員。

1974 年 11 月，因病在臺灣逝世。

宋靄齡　1889.7.15.～1973.10.19 海南文昌縣生於上海

父親宋嘉澍原是監理會的傳教士，宋靄齡是宋嘉樹長女，母倪桂珍，妹宋慶齡、宋美齡，宋靄齡，擅長寫作（英語：Eling Soong）夫婿孔祥熙，為中國的財閥。有兩個妹妹：宋慶齡、宋美齡。她是宋氏家族的核心人物。出生在上海。

1904 年 5 月 28 日，即 14 歲時抵達美國，進入喬治亞州梅肯市威斯里安女子學院就讀。

1910 年，回國，擔任孫中山的秘書。

1914 年，和孔祥熙在日本橫濱結婚。

1915 年，回國，在山西經營家業，主持銘賢學校事務。

1937 年，抗日戰爭與宋慶齡、宋美齡組織婦女會，擔任「傷兵之友協會」會長。

1947 年，移往美國定居。1973 年 10 月 20 日，在紐約長老會醫院因癌症病故，享年 84 歲。子女有：孔令儀、孔令侃、孔令俊（又名孔令偉）、孔令傑。

陳布雷　1890.11.15.～1948.11.13.浙江省慈谿

陳布雷，原名陳訓恩，字彥及，筆名布雷，畏壘。名評論家。

1906 年，入寧波中學。

1907 年，考入浙江高等學堂（浙江大學前身）。

1908 年，美國洪培克推介，為蔣中正總統最貼心私人秘書，一生奉獻國家，力竭從公，無怨無悔，蔣公知他最為深切。

1911 年，以第四名畢業。在上海《天鐸報》用筆名「布雷」撰稿，支持辛亥革命，在報界漸露頭角。

1912 年，擔任寧波效實中學校長，兼任《四明日報》撰述，同時為滬杭各

報撰稿。加入同盟會。

1921 年，任上海《商報》編輯主任，撰抨擊軍閥、支持革命軍北伐，享譽一時。

1927 年，與潘公展到南昌見蔣中正，之後加入國民黨。同年 4 月出任浙江省政府秘書長，5 月任國民黨中央黨部秘書處書記長。

1928 年，任《時事周報》總主筆兼辦戊辰通訊社。與戴季陶創辦《新生命月刊》。

1929 年，任浙江省教育廳廳長。

1930 年，任南京國民黨政府教育部次長。

1934 年，任南昌行營設計委員會主任。

1936 年，任政治會議副秘書長、侍從室第二處主任、宣傳部副部長、中央委員。

1946 年，任國府委員。

1946 年，任效實中學校董會主席。

1947 年，任總統府國策顧問，代理國民黨中央政治委員會秘書長。

1948 年 11 月 13 日在南京自殺，終年 59 歲。安葬杭州九溪。

陳佈雷之死因傳聞很多，「突發性心臟病」身亡，「服過量安眠藥」而死。「感激輕生，以死報國」、為垂死的蔣政權「殉葬」、「以死明志」「死諫」等等。有云在於南京寓所寫上書蔣中正，又給妻子、兄弟和友人留下封遺書。然後，服下了過量的安眠藥自盡。

陳布雷有兄弟妹陳訓慈、陳訓悆、陳玲娟、陳訓惠，陳叔同。

夫人楊品仙，子陳遲，女陳璉，孫陳瑾華、陳師孟、陳必泓、陳必大、陳必代。

戴傳賢　1891.1.6.～1949.2.11.四川廣漢浙江吳興

戴季陶，原名良弼，字選堂，號天仇，後改名傳賢、字季陶。中國政治家、中國國民黨元老之一，也是中國馬克思主義最早的研究者之一。

1905 年，到日本讀師範學校。

1907 年，轉讀日本大學法律系。

1909 年，回國。

1911 年，辛亥革命，加入同盟會，屢於報章批評滿清朝廷。

1912 年，擔任孫中山的秘書。

1913 年，逃亡日本、與留學日本的蔣介石為同室好友，義結金蘭，據說戴、蔣兩人，曾同時與一名美貌護士重松金子過從甚密，戴與重松生下一子，過繼給蔣介石為養子，即蔣緯國。

1916 年，回國，在上海創辦《星期評論》周刊。五四運動後曾推廣社會主義。

　　1920 年，參加上海「馬克思主義研究會」，起草「中國共產黨綱領」，是中國共產黨最早的一批黨員之一，後來因孫中山反對而退出共產黨。

　　1924 年，任中央執行委員、常務委員、宣傳部長。黃埔軍校成立任政治部主任。

　　1925 年，孫中山逝世後改名「傳賢」字「季陶」。參加反對共產黨「西山會議」。

　　1926 年任國立中山大學校長。

　　1928.10.～1948.6.擔任考試院長達 20 年。中華民國國旗歌詞作者，著《日本論》。

　　1949 年 2 月 11 日，於廣州服安眠藥自殺，推測與國共內戰崩潰瓦解絕望有關。

　　妻鈕有恆、趙文淑，妾趙令儀。一女二子 —— 戴家祥、戴安國、與蔣緯國（蔣緯國晚年著書證實。蔣緯國與戴安國的關係乃是同父異母的兄弟）。

孫科　1891.10.20.～1973.9.13.廣東中山縣南朗鎮翠亨村人

　　孫科，字哲生，中華民國國父孫中山先生長子，其母是孫中山的元配夫人盧慕貞。1895 年隨祖母移居夏威夷檀香山，檀香山中學畢業，美國加州大學柏克萊分校文學士，哥倫比亞大學碩士，哥倫比亞大學榮譽法學博士。

　　1917 年，返回中國，在廣州擔任大元帥府秘書。

　　1918 年，擔任非常國會參議院秘書兼《廣州時報》編輯。

　　1921 年，任廣州市長兼治河督辦。

　　1922 年，到香港處理討伐陳炯明的籌款工作。

　　1923 年，再任廣州市長。中國國民黨改組為中央執行委員，負責起草黨綱章程。

　　1924 年，主持國民黨廣州特別黨部。

　　1925 年，國民政府在廣州開府，任政府委員。

　　1926 年，任國民黨中央執行委員。5 月第三次就任廣州市長。

　　1927 年，任國民黨常務委員與國民政府常務委員。7 月隨汪兆銘清共。

　　1928 年，與胡漢民、伍朝樞赴英德等國考察，起草《中國國民黨訓政大綱》協助制定《中華民國國民政府組織法》。10 月任鐵道部長與考試院副院長。

　　1931 年，在蔣介石與胡漢民之爭中，孫科支持胡漢民。任廣東國民政府常務委員、南京政府行政院長，但因政府財政拮据而被迫下台。

　　1932 年，任法院長與憲法起草委員會委員長，主張結束黨治，還政於民。

　　1936 年，主持起草《五五憲草》，組織「中蘇文化協會」。簽訂《中蘇互不侵犯條約》《中蘇商務條約》。

　　1946 年，代表國民黨與中國共產黨協商。

　　1947 年，任國民政府副主席。

1948 年，競選第一屆行憲副總統失敗，5 月任立法院長。11 月任為行政院長。

1949 年，局勢不穩，孫科將行政院遷往廣州。3 月辭職，移居香港。

1950 年，遊歷巴黎、西班牙等地，

1952 年，定居美國洛杉磯，以種菜、讀書渡日。

1965 年，由美國回台灣，任總統府資政、考試院院長，

1967 年，出任東吳大學董事長。

1973 年 9 月 13 日，台北逝世，葬於台北市陽明山第一公墓，享年 82 歲。

孫科的元配夫人為陳淑英，二夫人為藍妮（藍業珍，乳名巽宜）。藍妮曾與李定國結婚，生三女和一個兒子李振亞，李振亞後來結婚生下李曚（藍妮的孫女），即駱家輝的夫人。育二子四女：（子）孫治平、孫治強，（女）孫穗英、孫穗華、孫穗芳、和孫穗芬人稱「四朵金花」。

長子孫治平：中華民國遷移至臺灣後，孫治平與比自己小 1 歲的弟弟孫治強長期旅居美國。1965 年，孫治平陪父親孫科到台灣，1980 年起定居香港。2005 年在香港柴灣東區尤德夫人那打素醫院病逝。

次子孫治強：第一次婚姻失敗告終。再婚後，生兩子孫國元、和孫國升。2001 年在美國因肺炎而撒手塵寰，享年 87 歲。

孫治強還有 2 名女兒孫嘉霖和孫嘉瑜，現均旅居美國。

長女：孫穗英，生於 1922 年，生有一子林德傑和一女林淑真。

次女：孫穗華，生於 1925 年，育有一子張孔穎和 2 個女兒張樂文和張樂真。

三女：孫穗芳，

幼女。孫惠芬，生有孫忠仁、孫忠傑、和孫忠偉 3 個兒子。

2011 年 1 月 1 日車禍，1 月 29 日下午病逝臺北新光醫院，享壽 72 歲。

戴愧生　1892~1979 福建南安人

戴愧生，中國同盟會成員，曾任菲律賓支部黨務科長兼評議會議長，國民政府僑務委員會委員等職。早年就讀於廈門同文書院，並在海外結識孫中山。

1911 年，加入中國同盟會，參與創建菲律賓普智閱書報社及同盟會革命機關。

1912 年，與許卓然等在廈門創辦《聲應報》，宣傳三民主義。

1914 年，加入中華革命党，任菲律賓支部黨務科長兼評議會議長。

1916 年，護國戰爭起，奉命回國，策劃在廈門起義，未果。

1917 年，護法運動時期，在菲律賓為革命黨人創辦的航空學校購運飛機、槍械及延聘美籍教師。

1922 年，陳炯明叛變，遂佐東路討賊軍策劃軍需。

1926 年，在菲律賓為國民革命軍北伐籌募鉅款。

1931 年，歸國，任國民政府僑務委員會委員，第四屆候補中央執行委員。

1935 年，改任監察院監察委員、甘（肅）甯（夏）青（海）監察使。連續當選為國民黨第五、六屆中央執行委員。抗日戰爭初期，奉使南洋勸募救國公。

1940 年，再赴南洋開展航空救國運動。同年底任國民黨中央海外部副部長。

不久又兼負責策動南洋華僑抗日工作。

　1945 年，抗日戰爭勝利後，以海外部副部長身分，主持南洋辦事處工作，創辦《中興報》，重修海外革命聖地"晚晴園"。

　1948 年，任國民黨行政院政務委員兼僑務委員會委員長。

　1949 年，去台灣，任華僑協會理事長等職。

1979 年，去世。

陳果夫　1892.10.5.～1951.8..25.浙江烏程縣

　陳果夫，名祖燾，字果夫。浙江吳興人。南京陸軍第四學校，民國時期政治人物，是國民黨內右派。陳果夫及其弟陳立夫與蔣介石關係密切，為蔣所倚重，負責國民黨內組織及黨務，有「二陳」「CC系」之稱。

　陳果夫的叔父陳其美是辛亥革命元勳與蔣介石曾為結拜兄弟。

　陳果夫年輕時於浙江陸軍小學畢業，受陳其美影響，加入同盟會。參加過辛亥革命、二次革命及討袁。1920 年，在上海經營証券物品交易所，股東有蔣介石等國民黨人，曾獲利頗豐。所得利潤部分用作支持孫中山革命。

　1924 年，蔣介石主持黃埔軍校籌建，陳果夫在上海代其處理軍用品採購、人材招攬等工作。1926 年陳到廣州，當選為國民黨第二屆中央監察委員，並任中央組織部代部長。1927 年 4 月初，與國民黨內右派吳敬恆、張靜江等提出彈劾共產黨案，為之後的清黨準備。1928 年，蔣介石復出，陳果夫任國民政府委員，兼監察院副院長。實質負責國民黨內組織，整理黨務及進行清黨。除重新審查登記國民黨員，並開始設立調查組織，即後來專門負責反共之「中統」。1929年任中央執委，中央組織部副部長，成立國民黨中央政治學校。二陳掌管國民黨黨務機構，至使當時有「蔣家天下陳家黨」之稱。

　1931 年陳果夫強力扶持中醫，在南京成立「中央國醫館」並任理事長，各地設分支館，有效地保存了當時勢微的中醫學。

　1932 年，陳果夫為「導淮委員會」副委員長；

　1933 年，兼任江蘇省政府主席，負責整治江蘇及淮河水利。導淮工程後因抗戰而停頓。抗戰勝利後，陳任中央政治學校教育長。陳果夫自辛亥革命時已染有肺結核病，經常咯血住院，抗戰其間多次施手術。戰後開始退出政壇。

　1933 年，陳果夫任江蘇省主席時，患有不治之症肺結核，特請兒時朋友癭君子徐儷江出任全省禁煙局長，他善於治病調養，起居有序、精神鎮靜，就當時醫療條件，陳氏通過養生多活了約 20 年。

　1948 年 12 月，遷居台中休養。

　1951 年 8 月 25 日，因肺病於台北病逝。陳果夫無子嗣，陳立夫過繼其長子陳澤安給陳果夫為嗣。

陳立夫　1900.7.27.~2001.2.8.浙江省吳興縣東林（現湖州市吳興區東林鎮）

陳立夫，名祖燕，字立夫，化名李融清、辜君明。妻孫祿卿，子女陳澤安，陳澤寧，陳澤容，陳澤寵。父陳其業，字勤士，兄陳祖燾，字果夫。二叔陳英士（陳其美）辛亥革命，為孫中山左右股肱，陳其美與蔣中正關係密切，為蔣中正結義兄長，將蔣中正引薦給孫中山，蔣提拔陳果夫、陳立夫兄弟，蔣、陳兩家關係密切。「二陳」或曰 CC 系，為二陳的私人系統。

1911 年，全家去上海，就讀南洋路礦學校。

1917 年，考入天津北洋大學學工礦，畢業後又赴美匹茲堡大學冶礦碩士。

1924 年，獲美國匹茲堡大學採礦學碩士學位。

1925 年，任黃埔軍校校長辦公廳機要秘書、國民黨組織部調查科主任、戰地政務委員會委員、建設委員會委員。

1927 年，任蔣中正的機要秘書，深得信任。

1929 年，升任中央黨部秘書長，主持人事及組織工作。

1931 年，任國民黨中央組織部部長，斯國民黨黨內安全特務機構。

1938 年，任教育部長，時值抗日戰爭，主持北大、清華、南開內遷，改稱「西南聯大」，培育中國不少英才。

1944 年，在英國牛津、倫敦，美國哈佛、耶魯、芝加哥、哥倫比亞，印度加爾各答等十所大學，籌設 50 個名額獎學金，每年每名提供 1500 美金。

1947.5.26.成為《時代》TIME 雜誌的封面人物。

1949 年，國民黨失敗到台灣，不容於陳立夫，陳立夫〔不生氣〕。他去了美國，隱居在新澤西州湖林鎮，埋頭研究起《易經》來。為了維持生計，他找孔祥熙等故人借了近 2 萬美金，買了一個養雞場。

沒有幫手，他自己動手，餵食、撿蛋、買飼料、賣雞蛋、清理雞糞，肩挑背扛。

他自學養殖專業知識，很快就學會了給雞餵藥、打針。養雞不僅讓陳立夫擺脫了經濟上的困窘，還讓他的精神得到了振奮。

更令他高興的是，他因多年伏案工作，背部肌肉勞損，常年背部疼痛，從事體力勞動竟然治好了這個病。

陳立夫還在家中製作皮蛋、鹹蛋、豆腐乳、粽子，為唐人街的中餐館供貨。閑下來的時間，陳立夫和夫人讀書、寫字、繪畫，還擔任了普林斯頓大學的客

座教授，隔幾天就去大學講課，進入了無憂、無辱、常樂的人生境界。

1950.7.26.中央改造委員和中央評議委員，陳果夫得了個評議委員虛銜，陳立夫則完全被排除在黨外。

陳立夫以參加道德重整會議的名義，全家出國離開台灣，定居美國紐澤西州一個小鎮，遠離政治，以經營農場養雞、賣皮蛋、粽子等食品為生。

1951年，陳果夫在臺灣去世。蔣介石給陳立夫一封信，告之已處理陳果夫的喪事，暗示陳立夫不要回臺灣。

1961年，陳立夫第一次獲準來台探望病重的父親，陳立夫因為人氣太旺，回臺灣去機場接他的人爆滿。為了避免猜忌，陳立夫未久留，即回美國。

陳立夫在美養雞，生活非常艱苦，蔣總統多次透過蔣經國希望陳立夫返台但都遭婉拒。陳誠死後，蔣介石再招陳立夫返台，陳才接受，回到台灣定居。

晚年陳立夫擔任中國醫藥學院擔任董事長，成立中國醫藥學院附屬醫院。

陳果夫、陳立夫兄弟掌管國民黨黨務機構，從未以公謀私斂財，公認個人品行修養良好，為中國近代史，有崇高地位。前中共總理周恩來曾讚許陳立夫說：「陳立夫是一位值得被尊敬的敵人。」

陳立夫對兩岸和平共處以及希望兩岸統一也做過許多努力與建議。他在自傳《成敗之鑒》中提到「我與趙耀東同志、連同中央評議委員32人，提案以中國文化建立兩岸共信，並以一百億元與中共共同開始建設國父實業計劃之一部分。藉以建立互信，進而達致兩岸之和平統一，此案經中央評議會議通過，中共趙紫陽主政，亦反應贊成，但此案胎死腹中。

國民黨第十五屆中央評議委員第四次會議上，陳立夫與梁肅戎聯署提交《國共第三次合作，共議和平統一案》，提出三點具體建議：

第一、由連戰率團訪問大陸，與中共中央總書記江澤民進行高峰會議，發表聲明，共同反對臺獨，朝向統一的道路前進；

第二、加強國共兩黨間的合作，組成國家統一委員會，在兩岸互設辦事處，進行政治、經貿、文化、體育等各項交流活動；

第三、在最短期間內積極推動三通，增進兩岸人民感情，減少敵意，為兩岸和平統一奠定基礎。此提議除設置國統會外，其餘未經當時政府採納，但現今中華民國政府都朝著這些方向進行，可見陳立夫的影響力。

2001.2.8.晚8時50分，病世，高壽101歲。

陳立夫一生風風雨雨，卻身體安康長壽，享年101歲，他確有些養生之道。

1990年8月27日晚，陳氏家族在美國紐約慶祝陳立夫和夫人孫祿卿90大壽。蓆中陳立夫以介紹他的養生之道作為答謝致辭。

老健：養身在動，養心在靜；

老伴：愛其所同，敬其所異；

老友：以誠相見，以禮相待；

老本：取之有道，用之有度。

人生活到90歲是一件不簡單的事，尤其夫婦二人都到90。我今天答謝諸

位，老年人四大需要，以及達到四大條件之要點如下：

1、老　健

老而不健康，是不幸福的，所以要保持健康爲最重要。

讓我奉贈你們八個字："養身在動，養心在靜"。古人云："戶樞不蠹，流水不腐"。因爲它常動之故。人體亦然，多動使其血液流通，增進健康，其理易明。人都能瞭解自己身體方面的缺點何在，就得在這方面多做運動。我每天清早 5 時半一起身，就要淋浴，淋浴時當水衝到哪裏，就按摩到哪裏，從頭頂到腳心，每處用兩手按摩 100 下，一共需要 40 分鐘，連洗臉拭牙等約需 1 小時。早飯後，再散步 1000 步。如此做來，已有 28 年，決沒有一天間斷。持之以恆爲最重要，此之所謂"養身在動"。養心在靜。首在不發脾氣，不尋煩惱，知足常樂。我隨蔣公服務 25 年，從未向他做任何要求，故心常快樂。他要我做這事做那事，我盡心竭力去做，做不好，是非所學，非我之罪也。故心常安，所以睡眠甚佳，不厭不遊，此之謂"養心在靜"。

2、老　伴

中國人的夫婦觀念與現代美國不同，是要"白頭偕老"的。所以要慎擇於始而和順至終，惟如何能達到"和順"二字，必須做到下列八字："愛其所同，敬其所異"。須知天地間沒有兩個全同的人，就是親兄弟姊妹，都是個個不同的，強人同我，就是自私，自私是……因爲"老伴"之大敵。所以只要大體相同，不必求對方一定要同我，則得之矣。大同世界，如何達致，亦就靠上述之八個字，國與國、家與家、人與人，相處的原理是一樣的。我與內人結婚已 63 年，從未吵過架，就是靠上面的八個字。夫婦和順，對於下一代有很大的影響，我們的兒孫，似乎亦沒有到有任何問題。這八個字是我創造的，謹供大家參考。

3、老　友

人不能孤陋寡聞，友直、友諒、友多聞，是人人應交的益友。

昔人云"君子之交淡如水"，以友不是酒肉之交，而是道義之交，以文會友，交友輔仁爲目的也。

爲欲維持長久友誼，亦有八個字，供大家作參考："以誠相見，以禮相待。"

4、老　本

老本者，指老而有儲蓄也，亦即經濟方面有獨立能力，而無須求於人（包括兒女在內）也。

於此我亦有八字奉獻如下："取之有道，用之有度。"

陳立夫寫過《我怎麼會活到 100 歲》的長文，〔長命百歲，是人人所期望的，但非人人所能達到的。其原因甚多：有屬於先天所稟賦、有屬於後天的保養、有災難而能逃過、有俗務而能減少。〕他自己獨到的體會：先天的稟賦，人人不同，而最可貴者，則具有四種：

一、能熟睡。二、不發脾氣。三、記憶力強。四、有恒心。

長壽關鍵在於後天的保養，有七點爲要：

一、養身在動，養心在靜。在上海進入中學受學時，各種球類運動均好參與。其他如賽跑、遊泳、滑冰、打拳等等，亦莫不參與。年歲越老越不中斷。養心在靜，要淡泊明志。余誠無志於仕途，對于勾心鬥角不願見其出現。

二、飲食有節，起居有時。他的家既非富有亦非貧乏。因其二叔辛亥革命起義上海，事成而家亦不複窮困。

但不久反袁稱帝，又遭迫害，複歸於貧困。故飲食終歸貧乏之，其能維持學業不輟，則全賴其三叔在銀行服務以協助有以成之也，故飲食有節、起居有時二者勉強做到。

三、多食果菜，少食肉類。家貧其能不斷餐者，因上一代兄弟友善從不分家，故能免於三餐不斷。

四、物熟始食，水沸始飲。吃生牛肉、海鮮等已成爲人類之普通習慣，認爲好吃不問其他。

五、頭部宜涼，足部宜熱，睡前熱水洗腳，非至極寒冷之日，不戴帽子。

六、知足常樂，無求乃安。昔人：〔登天難，求人更難。〕故常以自立自強，好學博學誨人。〔無求于人品自高〕。求人常使其心不安，而受制於人，不可稱爲自主，欲求心之安樂必從知足無求做起。

七、減少俗物，尋求安寧。陳立夫自限〔不爲〕之事如下：不剪綵，不證婚，參加婚禮及壽宴不發言，不任治喪委員會主任委員。後天的保養是長壽的關鍵。

總結陳立夫養生之道「養身在動，養心在靜；飲食有節，起居有時；物熟始食，水沸始飲；多食果菜，少食肉類；頭部宜冷，足部宜暖；知足常樂，無求常安。」

陳立夫與孫祿卿結為夫妻，育三子一女，陳澤安、陳澤寧、陳澤寵、陳澤容。

劉維熾　1892～1955.5.11.廣東台山人

劉維熾，字季生，早年畢業於夏威夷大學，期間加入中國同盟會。後回廣東任職，歷任廣州市政廳總務科科長、廣東省長公署秘書長、廣州市電話局局長、廣州市財政局局長。

1927 年起，歷任財政部鹽務署署長、鐵道部參事、平漢鐵路管理局局長、實業部常務次長、實業部政務次長等職。

1936 年，出任廣東省政府委員、建設廳廳長。

1941 年，任國民黨第五屆中央黨部海外部部長。

1942 年，出任行政院政務委員兼僑務委員會委員長。

1946 年，當選制憲國民大會代表。

1948 年，當選第一屆國民大會代表，後又任工商部部長。

1949 年，去台灣。

1955 年，逝世。

朱家驊　1893.5.30.～1963.1.3.　浙江吳興縣（今湖州）

朱家驊，字騮先，生於湖州富商家庭，有過人天賦。上海同濟醫工學校電機系肄業，自費生隨 Nasauer 納少華博士習德文。1914 年，赴德國柏林大學攻讀採礦工程學系、獲德國柏林大學哲學博士，瑞士伯爾尼大學研究。為中國近代地質學的奠基人，曾任中華民國中央研究院總幹事、代理院長、行政院和考試院副院長、教育部部長、交通部長、浙江省政府主席等職。擔任過國立中山大學、中央大學校長。

1945 年，朱家驊任教育部部長兼中央研究院代理院長。

1946 年，羅宗洛堅決辭職回中央研究院，朱找陸志鴻 8 月接任，

1948 年，請中研院同仁莊長恭 6 月接任。

1948 年，回到中研院，朱請到中研院同仁傅斯年，

1949 年，台灣大學校長陳建功、丁燮林、杜聰明，奠定了台大初步規模。

1949 年，中國共產黨將其列為 43 名戰犯之列。

朱家驊隨中華民國政府遷往臺灣，在台北南港復建中央研究院，（原只有李先聞、李濟、董作賓、王世傑、傅斯年、朱家驊六院士，歷史語言研究所圖書和周法高、屈萬里等部份人員，數學所圖書和周鴻經總幹事在台，總統蔣介石後來從英屬香港聘回王寵惠凌鴻勳二院士；從美國聘回胡適和吳大猷二院士）對台灣後續發展頗有助益。

1957 年，朱家驊在授意辭去中央研究院代理院長，由胡適接任。

1963 年 1 月 3 日逝世。

周雍能　1893～1986 鄱陽縣人

周雍能，幼年入私塾。後入江西南昌陸軍小學。畢業後赴南京，入陸軍中學第五期，後回贛入武備學堂就讀，一年畢業，任江西調訓團第二營營副。

1913 年，"二次革命"爆發，被推為營長，失敗後去香港，未幾回廣州參加討伐龍濟光之役，任攻城炸彈隊隊長，旋受命赴日本。

1915 年，在東京加入中華革命黨。回北京後入匯文大學。

1920 年，任國民黨黨部幹事，後被派往古巴，開創國民黨中美洲總支部。

1923 年，任國民黨中央黨部總理辦公室秘書，廣州大本營機要秘書。又任大本營第一旅旅長，改任湘軍第八路司令，再改派為贛軍警備司令。

1924 年 1 月，派赴香港辦報。

1926 年，任國民革命軍總司令部秘書處文書科長。北伐軍克復江西，奉派為贛北財政處處長兼江西交涉員及九江關監督。

1927 年 1 月，任武漢國民政府英租界臨時管理委員會委員；2 月，任江西省政府會計長、財政廳長。後任南京市財政局局長，7 月任安徽省財政廳廳長，10 月，任上海市政府秘書長。

1928 年 9 月，赴美國考察。歸國後，任西南政務委員會秘書長。

1933 年，赴北平，任行政院駐平政務整理委員會調查處副主任。

1935 年，辭職回上海。

1936 年 3 月，任上海特別市政府參事、秘書長。

1937 年 7 月，赴粵任廣東省政府顧問。

1939 年，被派往澳門主持國民黨黨務工作，並兼廣東僑務處長。後任國民黨中央黨部專門委員會主任委員。

1945 年 11 月，任財政部秘書。

1946 年，當選為制憲國民大會代表。

1947 年 3 月，聘為國民政府憲政實施促進委員會常務委員。7 月，任僑務委員會副委員長。

1948 年，任立法院立法委員。

1949 年，往臺灣繼任立法委員，先後任預算委員會及交通委員會召集人，「國民外交協會」理事長、「華僑協會」常務理事，銘傳女子商業專科學校董事長。

1986 年，逝世。

宋子文　1894.1.27~1971.4　廣東人上海出生

宋子文，父耀如，又名嘉樹（英文名查理），留學美國溫特比提大學，獲神學證書，初為傳教士，再入學哈佛大學，曾任漢冶萍煤鐵礦公司秘書、廣東革命政府財政廳長、廣州中央銀行行長、廣州中央銀行行長、國民政府財部長等職。

1927 寧漢合流後，歷任國民政府財部長、行政院長、中央銀行總裁、中國銀行總裁、外交部、駐特使、廣東省政府主席等職。

1943.8 月馬歇爾召見宋子文，要求鄭重宣誓保密告訴他「中國密碼已被日本人破解，如果他以無線電向重慶呈報此一消息，他就完了。」宋子文想拔除史迪威，因馬歇爾阻擾而未遂。

10.16.史迪威從美國陸軍供應司令索摩維爾將軍口裡聽到「蔣委員長說我必須解職」。

為史迪威事，宋家族大吵，宋美齡姐妹安排史迪威與蔣介石見面，史迪威「保證他今後將更加合作」，因此蔣介石「再給他一次機會」。

宋子文氣壞了，質問蔣介石：「你是非洲部落酋長嗎？怎麼就這樣反覆無

常，改變主意」蔣介石聞言大怒，氣得捶桌子！把盤碗震到地上，依宋仲虎的看法：「宋博士逾越越正常辯論或陳述的分際，變成對國家元首的不敬。」

宋子文的犯上，被迫幽居重慶寓所，一舉一動都受到蔣介石的特務監視。

1943.12.23.蔣總統與宋美齡出席開羅會議回國，收到宋子文致歉信。

兩月以來，文獨居深念，咎戾誠多，痛悔何及。竊文之於鈞座，在義雖為僚屬，而恩實逾骨肉…而抗戰以後，…惟知「埋頭苦幹」秉承枸座指導，「為爭取勝利」竭其棉薄.無奈個性愚戇，「任事勇銳，對於境之配合考慮」任事每欠週詳，甚或夙愛護過深，指事陳情，不免偏執，而流淚切，此誠文之粗謬，必賴鈞座之督教振發，而後始以化其頑鈍，亦即文於奉教之後，所以猛省痛悔，愈感鈞座琢磨之厚也。今文待罪之身，誠不敢妄有任合瀆請，一切進退行藏，均惟鈞命是聽，伏乞俯鑒愚誠，賜以明示，俾能擇善自處，稍解鈞座煩憂，則文此身雖蒙嚴譴，此心轉可略安，而曲予寬容，文無論處何地位，所以效忠圖報鈞座之志，尤必與天白日，同其貞恆，始終不渝。惶悚上陳伏祈垂察.敬叩鈞安。

這封信煞費苦心，言詞懇切，直到次年六月，他仍冷凍，長達九個月.方復出任外交部長，又出任行政院長，他對姊妹們多怨言。

1947.10.3.宋子文就任廣東省主席兼廣州綏靖主任、廣州行轅主任。

1949.1.月辭職開廣州乘輪船去香港.曾來台灣小住再偕妻室張樂怡和三位女兒先往法國，再赴美國定居，1963 年再返台。

1969.3.5.由美國回香港，6 日參加弟宋子安安息禮拜，8 月返回美國。

1971.4.25.在美國舊金山三藩市朋友宴會中，誤吞魚骨，被梗噎死，享壽 77 歲。

李璜　　1895.1.～1991.11.5.四川成都

李璜，別名幼椿，號學鈍，堂號八千，又號伯謙，八歲啟蒙，唸四書五經。

1905 年，10 歲，入英法文官學堂。

1911 年，16 歲，考入震旦大學。

1919 年，赴法國巴黎大學、白里葉大學研讀社會學，獲巴黎大學碩士，在巴黎建立青年黨。回國在武昌大學、北京大學任教。

1949 年，避居香港，任教珠海書院。

1969 年，任中國青年黨主席，定居台北。

1984 年，獲聘總統府資政。

1990 年，受聘國家統一委員會委員。

1991 年 11 月 5 日，逝世，壽 97 歲。

楊亮功　　1895.8.8.～1992.1.8.　安徽巢縣人

楊亮功，字保銘，巢縣高小、合肥盧州中學。

1920 年，北京大學中文系畢業，任天津女子師範教員、

安徽省立一中校長。

1922 年，赴美國留學，兩年後獲斯坦福大學教育學碩士學位。

1927 年，獲紐約大學哲學博士學位。回國後歷任第五中山大學（今河南大學）教授兼文科主任、上海中國公學副校長、安徽大學校長、北京大學教育系主任，並就任監察委員。

1933 年，任監察委員。

1938 年，調任皖贛監察使。任考試院院長。

1948 年，複任安徽大學校長。

1950 年，來台灣，任師大教授兼系主任，

1968 年，國總統府資政，

1992 年 1 月 8 日，逝世，享壽 98 歲。

段錫朋　　1896～1948，江西永新人

段錫朋，字書貽，1916 年，江西省立高等師範學校英文科畢業，考入北京大學商科。

1918 年 5 月，留日學生反對段祺瑞同日本秘密簽訂《中日共同防敵軍事協定》，罷學回國，被曾琦等組織為「留日學生救國團」，總部設於上海。同時，曾琦還到北京發動北京各高校進行聲援。為了支持留日學生。

5 月 21 日，段錫朋組織了 2000 多名學生赴新華門請願，並作為 13 名學生代表之一，會見大總統馮國璋並提出抗議。此後，段錫朋等人組織「學生救國會」，創辦國民雜誌社發行月刊《國民雜誌》，任該雜誌社評議部部長。

1919 年，在北京大學學習期間，逐步成為學生運動領袖。巴黎和會上中國受到不公正對待的消息傳回中國國內，引起輿論嘩然。

5 月 3 日晚，北京大學等高校的學生組建學生聯合團體，段錫朋擔任主席，與傅斯年等被推為天安門大會主席與遊行總指揮。

5 月 4 日，五四運動爆發，段錫朋為「五四運動」領袖、中華民國學生聯合會首任主席。

6 月 3 日，北京學生遭北洋政府逮捕，引起上海等地的支援愛國學生運動，故 6 月起五四運動的中心轉到了上海。

6 月 16 日，中國各省學生代表在上海大東旅社開會，成立中華民國學生聯合會，段錫朋任首任主席。此後，該聯合會一時成為中國學生運動的中心。

6 月，段錫朋畢業後留校任職。五四運動之後，段錫朋任北大學生幹事會總務股主任、北京中等以上學校學生聯合會會長。

1920 年 10 月，獲穆藕初捐助，和北大學生周炳琳、羅家倫、汪敬熙、康白情一同赴美國留學。段錫朋獲哥倫比亞大學文學碩士學位後，正值華盛頓會議召開，乃組織留美中國學生華盛頓會議後援會。此後，他先後在英國倫敦

政治經濟學院、德國柏林大學、法國巴黎大學遊學。

1925 年，段錫朋歸國，任教於國立武昌大學歷史系，後轉任廣東大學（不久更名為中山大學）史學系主任。

廣州國民政府開始北伐後，段錫朋到中國國民黨中央組織部秘書陳果夫處任職，後來任中國國民黨江西省黨務指導委員，並任中國國民黨江西省黨部執行委員。在江西任職期間，

1927 年 1 月，他和程天放、周利生等人成立 AB 團。

大革命結束後，段錫朋任中國國民黨清黨委員會委員，中國國民黨南京特別市黨部整理委員及執行委員，並在中央黨務學校任教。段錫朋在中國國民黨第四次全國代表大會上當選中執會候補委員。後來接替陳布雷任教育部政務次長，在部長朱家驊視事前代理部務。段錫朋還曾代理國立中央大學校長，後因學生反對而未就任。

1938 年 1 月，辭政務次長職務，任中國國民黨中央常務委員。抗日戰爭爆發後，政府遷都重慶，任中國國民黨中央黨部訓練委員會副主任委員、主任委員。抗日戰爭勝利後，段錫朋因病住進南京中央醫院。

1948 年，段錫朋病逝於南京。

謝冠生　1897.11.19.～1971.12.22.浙江嵊縣人

謝冠生，名壽昌，三歲喪父，由母羅氏撫育。祖父謝廷鈞是一名商人，父親謝匡（字蘭碗）是清朝秀才。

1910 年，謝冠生，考入浙江省城杭州的浙江省立第一中學。1912 年，轉入上海耶穌會徐匯中學，畢業後留任該校教員。1915 年，參與商務印書館編輯《辭源》《中國地名大辭典》。

徐匯中學法國籍校長姚纘唐升任震旦大學校長後，邀謝冠生擔任其秘書，並就讀于震旦大學法科。

1922 年，謝冠生畢業，赴法國巴黎大學法學研究所學習。

1924 年，獲該校法學博士學位。歸國歷任震旦大學、復旦大學、中國公學、法政大學等校教授。

1926 年，任武漢國民政府外交部秘書，參與收回漢口英租界、九江英租界事宜。南京國民政府成立，任外交部秘書、條約委員會委員。同時，他還兼任國立中央大學法律系主任、法學院代院長。

1930 年，調任國民政府司法院參事處參事，參與起草《訓政時期約法》。

1934 年，任國民政府司法行政部政務次長。

1936 年，任司法院秘書處秘書長。

1937 年，升任司法行政部部長，一直任至 1948 年 12 月。

1945 年，當選中國國民黨第六屆中央監察委員。

1947 年，兼任行政院政務委員。

1948 年，離任司法行政部部，轉任公務員懲戒委員會委員長兼司法院秘書長。
1949 年，國共內戰，播遷台灣。
1950 年，任命為司法院副院長。1958 年（民國 47 年）6 月，任司法院院長。
1971 年 12 月 22 日，在台北市病逝。享年 75 歲（滿 74 歲）。

張道藩　1897.7.12.～1968.6.12.　貴州盤縣

張道藩，小學畢業後到天津一個族叔家裡。
1915 年，加入中華革命黨。
1916 年考入天津南開中學，南開中學肄業，
1919 年，先後在倫敦大學學院美術部、巴黎法國
美術學院深造。英國倫敦大學學院思乃德（Slade）
學院畢業。
1924 年，法國國立最高美術專科學院畢業。
1926 年，回國加入中國國民黨。為國民政府文化事業與政治宣傳的策劃者。
1942 年，趙友培邀任國民黨文化運動委員會秘書兼《文藝先鋒月刊》主編。
1950 年，來台灣曾任交通部、教育部、內政部常務次長、中廣公司董事長、中
華日報董事長、立法院院長、中山學術文化基金董事會副董事長等要職
1952 年，任第四任立法院院長。
1968 年 6 月 12 日，逝於台北.。

陳誠　1898.1.4.～1965.3.5.　浙江省青田縣高市鄉

陳誠，字辭修，浙江青田人。浙江省立第十一師範學校、浙江省立體育專
科學校肄業、保定官校八期。歷任排、連、營、團、師、「晉陝綏寧四省邊區剿
總總司令」。西安事變時，陳誠與蔣中正同時被扣，抗戰任第六、九戰區司令等
職，參與過的大戰役有淞滬會戰、武漢會戰等戰役。
1946 年 5 月陳誠任參謀總長兼海軍總司令。
1947 年升任一級上將，以參謀總長兼任東北行轅主任，執行人事大搬風引
起將領不滿。陳明仁在湖南投共有很大影響。
1948 年公主屯戰役失敗，5 月被免職。當時東北戰況接連失利，立法委員
羅衡，在立法院上有「殺陳誠以謝國人」之提案。
1949 年接任台灣省主席兼警備司令。1949.5.19.頒佈《戒嚴令》。

　　1950 年後，實行土地改革、三七五減租、改革幣制，發行新臺幣、耕者有其田，「以農業培植工業，以工業發展農業」等政策。

　　1965 年 3 月 5 日陳誠因肝癌去世。安葬於台北縣泰山鄉。

　　1995 年 8 月骨灰遷移到高雄縣大樹鄉的佛光山。

　　陳誠原配妻子吳舜蓮，兩人未生有子女。

　　1932 年元旦，陳誠與譚延闓的女兒譚祥結婚，育有四子：

　　陳履安、陳履慶、陳履碚、陳履潔，二女陳幸、陳平。

　　陳誠長子陳履安於 1971 年在台灣台北縣三峽鎮（今新北市三峽區）創辦一私立高中，命名「辭修中學」。

黃季陸　1899.3.2.～1985.4.24.四川敘永縣

　　黃季陸，名陸，又名學典，成都強國高等小學時，組織小學生保路同志會，擔任會長。

　　1917 年復旦公學畢業後，先後前往日本、美國、加拿大等地留學。復旦公學中學部畢業，日本東京慶應大學肄業，美國威斯靈大學（Ohio Wesleyan University）畢業，進入美國俄亥俄州立大學（Ohio State University），加拿大多倫多大學（University of Toranto）研究，1924 獲美國俄亥俄州立大學政治學碩士學位。早年參加同盟會，曾在廣東大學、成都大學、中山大學、國立政治大學擔任教授、系主任、四川大學校長，並任職青年部長、海外部長、民國日報社長，廣東省政府委員，立法委員，國民大會代表，內政部長、考選部長、教育部長、國策顧問、中華學術院哲士、國史館長、總統府資政。

吳經熊　1899.3.28.～1986 浙江省寧波鄞州區人

　　吳經熊，一名經雄，字德生，。中華民國法學家。早年父母即先後去世。六歲時，開始接受傳統啟蒙教育，讀文識字，背誦四書、五經。九歲時就開始學習英文。後就讀於寧波效實中學。

　　1916 年，考入上海的滬江大學，與徐志摩為同窗好友。後轉學天津的北洋大學（今天津大學）法律科預科。與李友悌（李德蘭）結婚。

　　1917 年，轉學的東吳大學法科，受洗禮入美以美會。

　　1920 年，赴美國讀美國密西根大學法學院（Law School, University of Michigan）。

　　1921 年，獲美國密西根大學法學院法學博士學位。

　　1923 年，在哈佛大學進行比較法哲學的研究。

　　1924 年，回國，出任東吳大學法科教授。

　　1927 年，出任上海特別市法院法官，任東吳大學法學院院長。

1928 年，出任南京國民政府立法院的立法委員。

1929 年，出任上海特別市法院院長。

1929 年，受邀請出國前往美國哈佛大學和西北大學講學。

1930 年，回國。

1933 年，出任立法院憲法草案起草委員會副委員長，任上公布有《中華民國憲法第一草案》，被稱作是《吳氏憲草》。

1935 年，創辦《天下月刊》。

1937 年，皈依天主教。

1940 年，吳經熊和妻子兒女移居義大利羅馬，同時擔任中華民國駐教廷公使。1946 年，出任制憲國民大會代表，

1949 年，任美國夏威夷大學中國哲學之客座教授。

1950 年，出任美國紐澤西州西頓哈爾大學法學教授。

1959 年，原配李友悌在美國病逝後，

1966 年，移居台灣，出任中國文化學院教授。

1967 年，與祝文英結婚。其子吳祖禹曾出任中華民國駐教廷大使。

1986 年 2 月 6 日，逝世於台灣，享年 87 歲。

梁寒操

1899.7.19.～1975.2.26.廣東肇慶府高要縣，生於廣東廣州府三水縣

梁寒操，號君猷、均黙，中華民國政治家、教育家、實業家。

1912 年，入肇慶中學，4 年後畢業。

1915 年，成為新會縣江門賴神會附設的明德小學校教師。

1918 年，入公立廣東高等師範學校，接受興華自立浸信會洗禮。

1923 年，自該校畢業，加入中國國民黨。

1924 年，任廣州市第 4 區黨部書記兼青年部幹事。6 月　任培正中學教師。

1925 年 3 月，在廣州主辦孫文（孫中山）追悼會。6 月，獲汪兆銘（汪精衛）聘，任國民政府秘書處，並擔任中央宣傳員養成所、私立國民大學、公立廣州法政學校、廣東高等警官學校的三民主義講師。

1926 年，隨北伐軍至漢口。

1927 年 4 月，應孫科聘，任武漢國民政府交通部秘書。同年，國共決裂，被任命為中國國民黨中央黨部書記長。

南京、武漢的國民政府合流後，梁寒操歷任財政部秘書、參事，後作為上海的孫文學會成員，刊行雜誌《再造》。

1928 年，歷任鐵道部秘書、參事。

1931 年，升任鐵道部總務司司長。胡漢民遭蔣介石軟禁後，梁寒操參加汪

兆銘、孫科等人成立反蔣的廣州國民政府。

　　1933年，任立法院立法委員，此外還任立法院秘書長，

　　1935年，當選中國國民黨五屆中央執行委員（後來第六屆連任）。

　　1938年，任三民主義青年團臨時幹事會幹事。

　　1939年，任國民政府軍事委員會委員長桂林行營政治部中將主任。

　　1940年，任軍事委員會總政治部中將副部長。同年任中國遠征軍政治部主任。

　　1941年，任中山學會理事，刊行《中山周刊》。三民主義青年團常務幹事。

　　1942年，隨宋美齡、朱紹良訪問新疆省政府主席盛世才。

　　1943年，任國民黨中央宣傳部部長兼三民主義叢書編纂委員會主任委員。

　　1944年，卸任立法委員，翌年任國防最高委員會副秘書長。

　　1945年，抗日戰爭勝利後，任台灣《中華日報》董事、香港新亞書院教官。

　　1946年，當選制憲國民大會代表。

　　1948年，復任立法院立法委員。

　　1949年，赴香港，出任培正中學、新亞書院教官。

　　1954年，梁寒操赴台灣，任中國廣播公司董事長。

　　1957年，當選中國國民黨第八屆中央評議委員（第九屆連任）。他還歷任中美文化經濟教會理事長、革命實踐研究院國父遺教講席、東吳大學教授。

　　1972年，退職，此後任中國廣播公司及中國電視公司常務董事

　　1975年，任總統府國策顧問。

　　1975年（民國64年）2月26日，梁寒操在台北市逝世。享年77歲（滿75歲）。

鄭士良　1863-1901 廣東惠陽人

　　鄭士良，號弼臣，為孫中山革命同志之第一人。

　　1886年，就讀廣州禮賢學校，轉入博濟醫院習醫，在校與孫中山同學。鄭士良是基督徒，為三合會首領。畢業後，在淡水墟開設同生藥房，暗中聯絡會黨，為日後起事作準備。

　　1893年，參加在廣州廣雅書局內南園廣雅抗風軒的會議。

　　1895年，在香港設興中會分部，準備襲取廣州，事機不密，清廷搜捕，陸皓東被捕，從容就義。第一次起義失敗，孫中山偕陳少白流亡至日本。

　　1899年，參與成立興漢會（興中會哥老會三合會聯合組成）推孫中山為會長。

　　1900 年，義和團運動爆發，八國聯軍攻打北京。鄭士良受孫中山委託，於 10 月 8 日募集志士六百餘人，在惠州三洲田（歸善、新安兩縣交界，是三合會會黨嘯聚之區）（今深圳鹽田三洲田村）起義，擊破清軍於鎮隆，擒新安縣丞杜鳳梧，連戰皆捷，佔領新安、大鵬、平山，17 日在永湖與清軍交戰告捷，20 日崩岡墟又告捷，各地會黨群眾紛紛來投，革命軍增至二萬餘人，宿營白沙。後因日本政府之阻撓，孫中山向台灣總督兒玉源太郎接洽，請協助武器彈藥未果，餉械不濟，廣東巡撫德壽對三洲田進行包圍，鄭士良忍痛下令解散義軍，避往香港。其田園廬舍，被清廷沒收。

　　1901 年 8 月 27 日，遭清廷暗算，在香港飲宴後返家途中暴卒。

　　1902 年 8 月 20 日，葬香港薄扶林墳場，墓碑外形為聖十字架，上寫鄭弼臣名。

張厲生 1901.6.17.～1971.4.20.河北樂亭縣

　　張厲生，字少武，原名維新，字興周，又名星舟，法國巴黎大學政治系畢業，1925 年回國。

　　1936 年任中央黨部組織部長，起草國民大會組織大綱。抗戰期間先兼軍事委員會政治部祕書長，後任行政院祕書長兼國家總動員會議祕書長。行憲後首任內政部部長，並擔任全國選舉總事務所主任委員。

　　1948 年，任行政院副院長，

　　1950 年，再任陳誠內閣的行政院副院長。

　　1954 年，任國民黨中央委員會祕書長，

　　1959 年，任駐日大使。

　　1966 年，獲日本政府頒贈旭日大綬勛章。退休後任國策顧問、國民黨評議委員。

　　1971 年，逝世於台北。

黃少谷 1901.7.24.～1996.10.16.湖南南縣麻河口鎮

　　黃少谷，曾任外交部長、政務委員、行政院副院長、司法院長。

　　1921 年長沙妙高峰中學、明德中學畢業，入北京師範大學教育系。

　　1924 年，加入中國國民黨，任《世界日報》編輯、總編輯。

　　1927 年，在李大釗的引薦下，赴西安馮玉祥西北軍任職，曾任國民革命軍第二集團軍總司令部處長、中將秘書長。

　　1931 年，任國民黨中央委員、中央監察委員。

　　1934 年，赴倫敦政治經濟學院研究國際經濟關係。

　　1937 年，參加抗日戰爭，任湖南行政督察專員兼郴縣縣長、監察院監察專員、國防最高委員會處長、軍事委員會政治部設計委員會主任委員、第三廳廳長、副部長、《掃蕩報》社長、國民黨中央宣傳部長、行政院秘書長、立法委員。

1949 年，來台灣，任總裁辦公室秘書主任、行政院秘書長、副院長、外交部長、駐西班牙大使、總統府國策顧問、資政、國家安全會議秘書長、司法院長。

1987 年，退休，寓居台北。

1988 年，任國民黨中央評議委員。

1992 年，在湖南老家捐款人民幣千萬元以上，新建南縣麻河口方谷學校，並設立方谷獎學基金會。方谷是取黃少谷、侯淑方夫婦姓名的最後一個字合成的，方谷學校設有幼兒園、小學、初中、高中一個完備的農村完全中學，一流水平。幾年來，他與兒子黃任中捐助共近 7000 萬元人民幣，改建了南縣三中（命名為方谷學校），修建了方谷大橋和方谷水廠，設立方谷基金會南縣獎助學金會，並把他全部的藏書捐贈家鄉。

1996 年 10 月 16 日，在台北醫院病逝，終年 95 歲。臨終之前，他給兒孫遺囑：「樹高千尺，葉落歸根，希望百年之後，能夠歸葬於父母墳旁，眠於故土。」

黃少谷獨子黃任中，股市聞人，2004 年亡故，行事爭議頗多。黃任中的兒子黃若谷，女兒：夏黃新平，前駐美大使夏功權的妻子，夏黃新平之女婿崔湧，因遠東航空掏空案，在 2009 年 6 月 10 日棄保 9000 萬潛逃出境。

鄭彥棻　1902.2.8.～1990.6.21.廣東省順德縣人

鄭彥棻，6 歲喪父，9 歲入私塾，10 歲入北滘鄉立小學。

1916 年，隨六叔赴香港，在翠英英文學校進修。

1917 年，回廣東，任廣州《採風報》校對，不久擔任記者。

1918 年，任教國立廣東高等師範附屬初級師範學校預科，廣州市第一所平民義學。

1919 年，入國立廣東高等師範學校，獲校長鄒魯賞識。

1923 年，加入中國國民黨。

1924 年 1 月，孫中山在國立廣東高等師範學校講授「三民主義」聽講做筆記。6 月，赴日本考察教育，歸來留任國立廣東大學附屬小學。

1925 年，保送法國里昂中法大學。

1926 年 2 月，自上海乘郵輪赴法國獲准入里昂花園中學特別班學習法語。同時在法國、比利時、英國、荷蘭、德國等國開展反共活動。

1927 年，轉入巴黎大學法學院學習統計學。

1929 年，當選中國國民黨駐法總支部代表，出席國民黨第三次全國代表大會後，返回法國，兼任《中央日報》駐歐特派員。

1930 年，赴日內瓦參觀，任國際聯盟宣傳部任職，任國際聯盟秘書廳秘書。

1931 年 6 月，獲得法國國立巴黎大學統計師學位。

1933 年，回國與南海縣的倫蘊珊在廣州新亞大酒店結婚。

1934 年，偕新婚妻子返回日內瓦。

1935 年，辭去在國際聯盟的工作回廣州，出任中山大學法學院院長。

1936 年 4 月，設立「鄉村服務實驗區」。辭去中山大學法學院院長職務。

1937 年，抗日戰爭，任命為全國經濟委員會專門委員，研究國際情勢國際宣傳。

1938 年，國民政府遷武漢，協助接收民眾團體「國際反侵略運動大會中國分會」。

7 月 9 日，三民主義青年團在武昌成立，任中央臨時幹事會常務幹事。

1939 年，當選參議員，還擔任中國國民黨重慶市黨部文化運動委員會主任委員。

1940 年 8 月，任廣東省政府委員兼秘書長、又兼任統計長。

1944 年 1 月，任三民主義青年團中央幹部學校教員。

1945 年 5 月，調任中國國民黨中央黨部副秘書長。

1946 年 9 月，調回三民主義青年團中央團部任副書記長兼中央幹事會常務幹事。

1947 年，黨團合併，鄭彥棻任中國國民黨中央黨部副秘書長。

1948 年，當選為第一屆立法委員，任議事規則起草委員會委員，升任中國國民黨中央黨部秘書長。

1949 年，赴台灣。

1950 年，鄭彥棻與黃少谷、陳立夫、蔣經國、谷正綱等人商議國民黨改造問題。

1952 年 3 月，出任行政院政務委員兼僑務委員會委員長。成立「華僑聯合救國總會」，通過《華僑反共抗俄公約》。

1954 年 7 月，協助越北撤僑工作，鼓勵華僑學生赴台灣升學。

1960 年，任司法行政部部長。

1964 年 11 月，任中國國民黨第九屆中央常務委員。

1967 年，調任總統府副秘書長。

1972 年，升總統府秘書長。

1978 年 5 月 20 日，蔣經國就任中華民國第六任總統，鄭彥棻改任總統府國策顧問，同時擔任光復大陸設計研究委員會委員。

1979 年，兼任中國文化大學三民主義研究所開設「五權憲法專題研究」教授。

1988 年 3 月 12 日，鄭彥棻的妻子倫蘊珊在台北三軍總醫院病逝，將妻安葬台北金山鄉中華海景墓園。

1990 年 6 月 21 日，腦溢血及腎功能衰竭，在台北三軍總醫院病逝，享年 88 歲。

余俊賢　1902.12.22.～1994.1.21.廣東平遠

余俊賢，讀創化、景賢小學、廣東高等師範學校，加入國民黨。

1926 年，中山大學畢業，赴南組織荷屬印尼總支部兼宣傳部長，任民國日報總編輯.五卅慘案抨擊日軍暴行擊獄八月，押解回國。

1929 年，任國民黨中央組織部幹事，後參與海外黨務作業歷任南洋荷屬（即印尼）總支部委員印尼《民國日報》總編輯，中央黨部組織部總幹事、海外組織科科長、廣州特別市黨部常務委員、廣東省黨部主任委員。

中央五、六屆中央執行委員、僑務委員會教育處長。致力華僑文化教育事業。曾設立南洋研究所。華僑教育總會，華僑通訊社、華僑函授學校僑生回國升學招待所、華僑教育師資訓練所、華僑師範學校等。

1936 年，任廣東省黨部常務委員、主委，制憲國大代表。

1947 年，當選監察院長。

1949 年，赴台，任"監察委員"。

1973 年，當選"監察院長"，並任國民黨中央評議委員會主席團主席。

1987 年，受聘"總統府資政"。後任世界客屬聯誼會會長、客屬領導人。

1994 年 1 月 21 日，逝世，享壽 93 歲。

劉健群　1903～1972 貴州遵義人

劉健群，原名懷珍，字席儒，貴州省立專門學校肄業。早年知遇於何應欽，曾任黔軍軍法處長、軍需處長。

1925 年，任何應欽機要秘書。後投靠蔣中正，被視為心腹親信。歷任武漢行營、南昌行營辦公廳主任、軍事委員會訓政處長兼中央軍官學校政治主任。

1930 年 3 月，劉健群加入復興社，任命為軍委會（總）政訓處處長。1931 年間，劉健群寫《改組國民黨的芻議》，建議「國民黨仿效義大利墨索里尼的黑衫黨的組織，一切惟領袖之命是從，其組成人員，以著藍衣為標誌」。

1931 年 3 月，蔣令賀衷寒、康澤等在南京成立復興社，劉健群的建議是起了促成作用的。非黃埔學生之被指定為核心幹部者，只劉健群一人。接著，劉健群任軍事委員會政訓處處長，主持全國軍隊政工，受命創辦「政治訓練班」，以「一個黨、一個主義、一個領袖、一個敵人」為訓練的綱領，畢業後等於黃埔學生身份，一律吸收為復興社社員，備作軍隊政工的幹部。復興社，就是在這個名義掩護之下來到華北的。

1933 年 3 月，劉健群到北平組織復興社，張學良下野後，何應欽繼任北平軍分會代理委員長，蔣中正以抗日為名，極力準備控制華北地區統治機器，派劉健群到北平，秘密組織復興社。

1948 年，當選立法院副院長，一度代理院長職務。

1950 年，任立法院長。

1951 年，辭職，仍任立委。曾任國民黨中央評議委員。

杭立武　1903.1.26.～1991.2.26.浙江省杭州

　　杭立武，安徽省滁州出生，金陵大學文學院畢業，同年以第一名的成績考取安徽省公費留學名額，赴英國倫敦大學深造，其間赴美國威斯康辛大學擔任名譽研究員，獲碩士學位後返英倫繼續學習。

　　1929 年，獲倫敦大學政治學博士學位。一生歷任教育、文化、外交、社團等各方要職，晚年仍積極不懈地從事國民外交、保障人權和救助難民等工作。

　　歷任國立中央大學、政治大學政治系教授、任系主任、教育部長。籌辦東海大學，中華民國駐泰國、寮國、菲律賓及希臘諸國大使，聯合國教科文組織會議首席代表，發起成立「亞洲與世界社」（AWI），創立中國人權協會。

1991 年 2 月 26 日，逝世於台北市。

吳國楨　1903.10.21.（農曆九月初二）~1984.6.6.　湖北建始縣人

　　吳國楨，字峙之、維周，塑造台灣關鍵人物，以公開與蔣經國激烈爭執而著稱。

　　1914 年，10 歲考入天津南開中學，繼入北京清華學校。

　　1921 年，往美國留學，獲得格林內爾學院經濟學碩士。

　　1926 年，得普林斯頓大學政治學博士。

　　1926 年，回國，擔任漢口市土地局長、財政局長。

　　1928 年，出任湖北省財政廳長。

1932 年，吳國楨任蔣中正機要秘書，漢口市長。

1936 年，長江發生洪水，下令修建了巨大的堤防工程，挽救了這座城市。

1938 年，日軍攻佔漢口，吳國楨全家逃往重慶。

1939 年，吳國楨出任重慶市長。

1942 年，重慶大隧道慘案發生，吳國楨被免職。

1943 年，吳國楨出任外交部政務次長。

1945 年，出任中國國民黨中央宣傳部長。

1946 年 5 月 14 日，出任上海市長。

　　1949 年 4 月，吳國楨目睹京滬杭警備司令湯恩伯「吃空額」、「盜賣軍用汽油」等腐敗行為失去信心，向總裁蔣中正辭職。吳國楨於 4 月 17 日攜家屬至臺灣。

1949.8.1.總裁辦公室內任職，吳國楨對臺灣政治有動作，種下陳誠對吳不滿。

1949.12.7.國民政府遷往臺北。

12 月 15 日，美國建議吳國楨接替台灣省主席兼保安司令、行政院政務委

員，以利「爭取美援」。吳國楨推動台灣人地方自治、農業改革，允許某些地方官員職位由普選產生，並試圖減少濫用警權。與蔣經國政見不合。偕妻上日月潭，聲言非辭職照準，不下山。

1952 年，復活節，在臺中「無錫飯店」用餐，飯畢包姓司機臉色慘白；吳的座車前輪與主軸聯接的地方，疑似螺絲鬆動，幾遭不測。

1953.4 月，吳國楨辭去省主席職，改由俞鴻鈞接替。

5.24.，吳與妻子前往美國，蔣經國、陳誠到機場送行。

1954.2 月，總統府秘書長王世杰被免職，蔣氏父子乘機削除「政學系」勢力。吳國楨和張群、王世杰等人都過從甚密。

1954.1 月，臺灣傳出吳國楨貪污套取巨額外匯的傳聞。

2.9.吳國楨在臺灣大各報刊登啟事駁斥謠言，公開批評政府。

針對吳國楨公開批評執政的國民黨當局，立法院列舉吳國楨十三條罪狀；吳國楨寫了三封信給蔣介石總統，逐條駁斥。

3.17.國民大會要求撤免吳國楨政務委員職務、開除國民黨籍，依法究辦。

「吳國楨事件」落幕後，吳國楨受聘《芝加哥論壇報》擔任遠東問題顧問。

1966 年，吳國楨於美國喬治亞州薩凡納阿姆斯特朗大學（Armstrong Atlantic State University）任東方歷史和哲學教授，直到退休。

1984.6.6.，因心臟病病故於美國喬治亞州薩凡納寓所，終年 81 歲。

查良鑑　1905.6.17.～1994.3.13.浙江海寧人

查良鑑，字方季，天津人，法學家，曾任中華民國司法行政部部長。

查良鑑是查良釗之四弟，金庸（本名「查良鏞」）的堂兄。南開大學政治系畢業後，鑒於中國受列強不平等條約束縛，欲以收回法權解除不平等條約，故前往上海東吳大學法律學系攻讀法律。畢業後負笈美國密西根大學法學研究所，獲法理學博士學位（SJD）後，返國至大學任教，歷任安徽大學法學教授，國立中央大學國際私法教授。曾任江蘇上海第一特區地方法院推事兼書記長。

1936 年，出任上海市法學會常務理事。抗日戰爭時期，出任四川高等法院第一分院檢察官，司法行政部參事。

1943 年，出任重慶地方法院院長。

1945 年，出任上海地方法院院長。

1950 年，國立台灣大學任法學院教授。同年，出任司法行政部政務次長。

1951 年，在「司法行政部政務次長」任內，奉派赴美國起訴負責軍購空軍將領毛邦初吞私軍款案，1954 年 6 月，美國法院判決中華民國政府有權向毛邦初索還 636 萬餘美元。駐美大使顧維鈞在回憶錄中說，經過 6 年在美國、瑞士、墨西哥 3 國法院提起訴訟，陸續追回了約 500 萬美元，最後毛邦初留下 20 萬元

維持生活，與中華民國政府達成和解。

1966 年，出任最高法院院長。

1967 年，出任司法行政部部長。

1969 年，當選第 10 屆中國國民黨中央委員會委員。

1971 年，獲聘為總統府國策顧問。曾任台灣東吳大學法學院院長。1971 年至 1991 年，任私立東海大學董事長。還曾任中美文化經濟協會理事長。

1991 年，出任中國人權協會理事長。

查良鑑篤信基督教，家中懸掛哥林多前書第 13 章：「愛是恆久忍耐，又有恩慈…凡事包容，凡事相信…」的條軸，對人對事懷悲天憫人胸懷。秉持愛心、耐心、公平教導學生，以教育為最高理想。從事司法工作亦以教化為先，反對用「亂世用重典」改善治安，相信「法律的力量終究抵不過教育的力量。」任職期間推動法治教育與人權保障。為人低調不居功，以「渺小」處事。病重期間，手書《渺小的自我》寫道：「把自己想成是這世界上最渺小的生物，那麼生活中既少苦悶，又乏憂傷。因為與世無爭，與人無怨，自然煙散雲散。」

1994 年 3 月 13 日，查良鑑病逝於台北市，享年 90 歲。

倪文亞　1903.3.2.~2006.6.3.浙江樂清

美國哥倫比亞大學教育學碩士，中華民國立法院第一屆立法委員、副院長（1961 年 2 月 28 日—1972 年 4 月 28 日）及院長（1972.5.2.—1988.12.20.）。

其立法院長任內時，通過許多重要的民生法案，包括科學工業園區設置管理條例：帶動台灣科技產業、廣播電視法：促進台灣廣電業蓬勃發展、獎勵投資條例：鼓勵企業界根留台灣、大眾捷運法：為台北興建大眾運輸系統奠定基礎。

其續絃為前財政部長郭婉容，繼女為劉憶如，曾任財政部長。

1980~90 年代的台灣，有國民黨黨內「八大老」之說。指黃少谷、謝東閔、**倪文亞**、李國鼎、蔣彥士、袁守謙、辜振甫等「七大老」，後加上陳立夫，共為「八大老」。李登輝總統曾利用八老勸退林洋港選。

袁守謙　1903.8.～1992.湖南長沙金井區雙江鄉

袁守謙，字企業，父袁潔珊。早年讀太平寺朱氏塾學，又入長沙廣雅學校，後投筆從戎，考入黃埔軍校一期，黃埔畢業，任黃埔二期官佐，第三期上尉副官。

1928 年，任總政治部特務組副組長。

1932 年，發起組織複興社。任豫鄂皖剿匪總部政訓處祕書長兼幹訓班主任。

1934 年，任軍事委員會政治訓練處副處長兼軍事委員會國民黨特別黨部書記長。

1935 年，率領政工人員進駐重慶軍事委員會參謀團政治訓練處，指揮督導。

1937 年，接替賀衷寒出任軍事委員會政訓處處長，並晉升任少將。

1938 年，任軍事委員會政治部第一廳副廳長，與政治部主任周恩來很友善。

1940 年，任軍事委員會第二廳廳長、政治部副部長、《建軍導報》社社長。

1944 年，晉升中將。

1946 年，陳誠蟬聯三青團書記長，袁守謙任副書記長。

1947 年，丁母憂，曾托其妹夫朱禹疇借款葬母。

1948 年，蔣介石當選總統。袁守謙華中"剿總"政務委員兼祕書長。

1949 年，到台灣。

1950 年，任國防部政務次長、代理部長。國民黨改造委員會委員兼組長。

1952 年，任國民黨七屆中央常委兼民運組成組長。

1954 年，任"交通部"部長。

1958 年，任國防會議委員。

1960 年，當選中央委員會常務委員。

1962 年，任交通銀行董事長。

1963 年，任革命實踐研究院主任。

1967 年，兼"國家安全委員會"戰地政務委員會主任委員。

1970 年，任國家安全會議戰地政務委員會主任委員、中興山莊院長。

1979 年，任光複大陸設計委員會副主任委員，總統府資政、黨常委、評議委員。

1986 年，革新小組，袁守謙爲組員。

1988 年，袁守謙任第十三屆評議委員會主席。

1990 年，第八任總統、副總統選舉，袁守謙等人做工作，林、蔣放棄競選。

1992 年 10 月 4 日，袁守謙在台北病逝，終年 89 歲。

孫運璿 1913～2006.2.13 山東蓬萊

　　孫運璿，哈爾濱工業大學畢業後，與母親前往天津與父親相聚，加入江蘇省連雲港電廠建設，參與湘潭湘江電廠的籌備建設。

　　抗日軍興，將湘江電廠鍋爐，從陝西遷移到重慶大後方去。後來他又奉派至青海，蓋了當地第一座的電廠，並擔任廠長。而後由於他在遷廠與建廠方面的表現，1942年，往美國田納西水壩管理局參觀見習，並在美國進修。

　　1945孫運璿奉命抵台擔任臺灣力公司的機電處長，當時臺灣電力在盟軍轟炸下千瘡百孔，在五個月內復原了臺灣80%的供電系統，展現了他於技術專業與工程管理方面的長才。

　　1950年孫運璿升任總工程師，陸續完成了烏來水力發電所、臺灣東西部配電聯絡線、立霧發電所、新竹變電所等設施。升至台電的總經理，又規劃德基水庫，執行"鄉村電氣化"達到99.7%"台電文化"。

　　1964年孫運璿率領國際團隊推動尼日爾河水力發電計畫，尼日利亞的發電量因此增加了88%。因在台母親病重而回國。

　　1967擔任交通部長，從事十大建設，其中六項，北回鐵路、中正機場、台中港、蘇澳港、鐵路電氣化、南北高速公路，均由孫運璿負責規劃。

　　1969年陶聲洋經濟部長過世，孫運璿轉任"經濟部長"。

　　1973年孫運璿力排眾議，以高薪聘請歸國學人，從事產業研發。

　　1974年鋼鐵、造船、中石化，孕育成為臺灣重工業的基礎，取得積體電路

技術。

　1977 年，孫運璿極力協調"國防部"，徵用新竹所在的科學園區。

　1978 年蔣經國當選總統拔擢孫運璿擔任行政院長不過台美 "斷交" 推動美國『臺灣關係法』讓台美依然保持實質關係。

　1984 年二月，孫運璿在行政院長任內操勞過度，腦溢血（中風），失去部分語言及雙手活動能力，造成了下半身無法行動，辭卸行政院長職務，淡出政壇。政壇盛傳他是經國先生屬意之「總統」接班人，而孫運璿卻在任內積勞成疾，打亂了蔣經國的接班計畫。

　2006 年 1 月 30 日孫運璿因呼吸困難送往台大醫院轉到榮總，至 2 月 15 日 0 時 33 分病逝臺北榮民總醫院享年 93 歲。安葬基隆七堵的欣欣墓園。

李元簇　1923.9.24.～湖南平江人

　1936 年，平江縣小學畢業會考，獲第一名。

　1942 年，國立第十一中學高中畢業會考中又名列榜首。後就讀於中央政治學校大學部法政系及政治大學高等科。

　1945 年，司法人員考試最優等第一名，自請分配到台灣，

　1946 年，任蘭州、迪化地方法院、高等法院推事《掃蕩報》《青島日報》記者，

　1949 年，隨政府遷台，任新竹地方法院推事、台灣省保安司令部軍法處處長。

　1950 年，任 "臺灣高等法院" 推事，旋升「司法行政部次長」。

　1951 年，任職軍法處期間，爆發劉自然美軍士官雷諾斯所殺而引發臺北群眾 "五二四" 搗毀美大使館案，李元簇將該案審判改為公開，開放民眾及美方人員到庭旁聽，允許被告延聘律師辯護，層認為不妥，因此李元簇被調為任閒職。

　1958 年，留學西德，獲波恩大學法學博士學位。回台灣後，任《中央日報》主筆，"國防郎" 法規司長，"行政院法規委員會" 及 "訴願委員會" 主任委員。政治大學教授、法律研究所所長。

　1973 年，擢任政大校長。

　1977 年，任教育部長、反共救國團主任、中國童子軍總會理事長。

　1978 年，調任司法行政部長。

　1980 年，法務部改組，續任部長，完成審檢分隸，建立政府賠償制度，主任檢察官制度，確立緊急拘捕權等工作。

1984 年，新竹少年監獄暴動事件而辭職，任總統府國策顧問，回政治大學任教。

1988 年，任總統府秘書長。

1990 年，當選第八任“副總統”。

1996 年 5 月 20 日，卸下副總統職務，悠然隱居於遠離臺北喧囂的苗栗頭份這處山明水秀、言語、習俗都與湖南家拿大同小異的小鎮。

1997 年，李登輝當選為黨主席，連戰、李元簇、俞國華、邱創煥當選副主席。

1998 年，徐曼雲夫人過世後，一人獨居，自己煮飯洗衣，閒居鄉間、淡泊明志。

2000 年，被聘為“總統府”資政。

李元簇：勇於任事，嚴己苛人。先說他勇於任事。推動審檢分隸、「司法行政部」改稱「法務部」、建立起賠償制度、偵查中選任辯護人制度。1982 年新竹少年監獄騷亂，他親自深入獄中與騷亂少年溝通，將騷亂平息。此後，他大力改善監獄設施，致力於獄政現代化。李元簇因任事有成而獲「五等景星勳章」。

他嚴己苛人，政大校長任內，嚴整校風，不准學生留小鬍子和長頭髮，一度還規定政大學生穿制服上學；禁止男女學生在校內牽手；半夜裏，他會帶著校警突襲教員和學生宿舍，捉拿打麻將聚賭人士，也會手執電筒搜索草本花叢裏有無幽會的男女學生。由於要求苛嚴，他在政大任教期間，竟沒有研究生找他當指導教授。他出掌教育部時，要求同仁準時上班、推遲下班，教育部一時變得很有紀律。

李元簇待人不寬，常招惹非議。他在司法行政部、法務部長任內，屬下的首席檢察官到他辦公室，都得站著講話，從不請人坐下。聽到對方講得不妥，他會直斥「狗屁」。他任總統府秘書長期間，為避免提名審查作業受到干擾，對於官場中向來講關係的習性，李元簇明言：提名過程中，我不見這些人！不管李元簇如何「公正、客觀」。李元簇作風不滿的法界人士認為，他自視過高，盛氣凌人，拍桌子、瞪眼、摔公文、叫罵，令人無法消受。1990 年 3 月間，當時的檢察官劉鴻儒即曾公開投書報紙，指李元簇固執不納他人建言，敗壞事功，有損公益。不過維護他的友人及部屬則指出，「他求好心切，每個人都該像他一樣敬業」。

雖然李元簇是李登輝倚賴的重臣，但對李登輝的作為「新走向」不完全支持。李登輝主導「修憲」，將「總統」選舉方式由「委任選舉」急轉為「直接民選」時，李元簇「修憲策劃小組」召集人，並不贊同。堅辭黨內「修憲小組」召集人的職務，拒絕為“凍省”背書，對同鄉的宋楚瑜深表同情。1998 年 8 月，他在國民黨中常會中強烈質疑黨內為何設計「國民黨是外來政權」的問題卷，並對「國民黨兩歲」的說法，深表不滿。李元簇反問怎麼能以「臺灣人」、「中國人」來做為族群分類的選項？李元簇說：「難道臺灣人不是中國人？」他心目中認定的最重要目標，乃是「光復大陸、統一中國」。而對曾宣佈“不再競選連任、要與李副總統一起退休”的李登輝違背前言繼續宣佈參選“總統”，李元簇也

不表支持意見。李元簇卸任副總統後，婉拒出任李登輝安排的「國大議長」和「司法院長」的職位。他說「我控制在我自己手上，我不控制在人家手上」。以有所為、有所不為的態度，為自己最後的從政歷程，寫下了清晰的註腳。

俞國華　1914.1.10.～2000.10.4.浙江省奉化縣人

俞國華，其父俞作屏與蔣中正為中學同學，曾任蔣氏的秘書，陳炯明戰亂殉職。俞國華先後入錦溪中學、舟山定海中學、寧波第四中學高中部、上海光華大學、北平清華大學；1934年畢業於清華大學政治學系，7月任職於國民政府軍事委員會南昌行營，開啟了俞國華在蔣中正身邊服務的日子。

1935年，任職於軍委會武昌行營、重慶行營、軍事委員會委員長侍從室秘書。

1936年，兩廣事變，赴廣州處理相關事宜，西安事變，被禁足兩週被釋放回。

1937年，抗日軍興，俞國華隨統帥部西遷，期間並隨同蔣中正與蔣宋美齡外訪印度甘地、見習開羅會議等事。

1944年，奉派赴美進修；9月入哈佛大學研究院主修國際財政金融；

1946年，轉赴英國倫敦政經學院；

1947年，赴美出任華盛頓國際復興開發銀行副執行董事；

1951年，任國際貨幣基金會副執行董事。

1955年，自美返國，出任中央信託局局長，拓展對外貿易，棉織品、五金等。

1957年，成立開發公司與證券交易所，使民間資金透過證券市場導入生產。

1958年，任中華開發公司主任委員，同年十月赴印度新德里，出席國際復興開發銀行及國際貨幣基金年會；

1960年，赴越南共和國出席中越經濟合作會議。

1961年，任中國銀行董事長兼任中國產物保險公司董事長，積極拓展國際金融。

1964年，赴日本東京出席國際復興開發銀行年會。

1967年，任財政部長。

1969年，當選中國國民黨第十屆中央委員；5月兼任中華民國行政院力行小組召集人，負責對中華人民共和國經濟作戰之策劃。

1970年，俞兼任中國國民黨文化經濟事業管理委員會主任委員。

1972年，訪西德、瑞士、比利時。

1973年，改革稅制，物價穩定，特授於一等景星勳章，出訪哥倫比亞。

1979年1月1日，中美斷交。應馬可仕之邀，出訪菲律賓。

1981年，率團前往史瓦濟蘭和南非，赴美出席兩國經濟協會聯席年會。

1984年，出任行政院長。

1988年，率特使團赴韓國首爾，慶賀盧泰愚總統就職。

1989年，訪問巴哈馬、瓜地馬拉、多明尼加，與巴哈馬總理簽訂建立外交關係。

　　蔣經國逝世後，國民黨黨爭，提出辭呈公佈「辭職三理由」，表示為了黨內團結、為了給李總統重新安排內閣的機會、為了讓年輕人接棒，宣布辭去行政院長職務。總統李登輝特頒一等卿雲勳章，受聘總統府資政。

　　1990 年，率特使團赴哥斯大黎加，參加新任總統卡特隆就職典禮。

　　1991 年，俞擔任中華民國國家統一促進會首任理事長。

　　1993 年，獲倫敦政經學院頒授傑出校友獎狀。

　　1994 年，國立清華大學成立「俞國華講座、俞國華獎學金」獎勵品學兼優學子。

　　1996 年，膺任中國國民黨副主席。

　　2000 年 10 月 4 日心肺衰竭病逝，10 日 13 日陳水扁總統明令褒揚。

蔣彥士　　1915.2.27.～1998.7.2.浙江杭州市

　　蔣彥士，南京金陵大學農學士、美國明尼蘇達大學農學博士、哲學博士，為一位傑出農業專家，又獲得美國聖若望大學榮譽法學博士、韓國高麗大學榮譽法學博士。

　　在中華民國中國農村復興聯合委員會技正、秘書、副執行長、執行長、秘書長、委員任內，頗有建樹。

　　1977 年教育部部長任內，因蘇澳港翻船，造成 32 名大學師生死亡而引咎辭職。

　　1978 年相繼又擔任總統府秘書長、外交部長、中國國民黨中央委員會秘書長、總統府國策顧問、總統府秘書長、總統府資政

　　1998 年 7 月 2 日中午 12 點 21 分，因膽囊癌併淋巴、肝臟、肺臟轉移引發心肺衰竭而病逝。

李煥　　1917.9.24.～2010.12.2.湖北漢口市人

　　李煥，字錫俊，美國哥倫比亞大學研究院碩士、韓國檀國大學榮譽哲學博士、韓國成均館大學榮譽法學博士。

　　1948 年，中央青年部處長。

　　1952 年，中國青年反共救國團主任秘書。

　　1963 年，中國青年反共救國團副主任。

　　1965 年，行政院青年輔導委員會主任委員。

　　1973 年，中國青年反共救國團主任。

1967 年，中國國民黨中央第一組主任。

1968 年，中國國民黨臺灣省黨部主任委員。

1972 年，中國國民黨中央組織工作會主任。

1976 年，革命實踐研究院主任，王幸男國語辭典製作成炸彈郵包炸傷手指。

1977 年，中壢事件，許信良任職黨部時的直屬長官為李煥被迫下台。

1979 年，國立中山大學校長。

1984 年，教育部部長。

1987 年，中央黨部中央委員會秘書長。

1989 年，行政院院長。

1990 年總統府資政。

2007 年 3 月 17 日，李煥不慎摔倒，眉骨、鼻翼、人中多處受傷。

2010 年 12 月 2 日 19 時 37 分，煥因肺炎、呼吸衰竭病逝台北榮民總醫院病。

夫人潘香凝為第一屆國民大會代表，兩人育有兩男兩女。

長子李慶中-曾任環保署副署長職務，因甲等特考作弊而去職。

長女李慶珠-曾任僑委會第二處處長，甲等特考論文為抄襲，遭撤銷資格。

次子李慶華-現任立法委員。

次女李慶安-民意代表，因具美國公民身份又任公職，一審罪名成立。二審改判無罪定讞。

王昭明　　1920.8.5.～2015.2.福建福州

　　王昭明，於抗戰時期考入財政部福建印花菸酒稅局，分發南平分局擔任助理稅務員，首開一生服務公職之端。

　　1947 年，參加考試院舉辦的高級稅務人員特考及格，派任財政部上海貨物稅局。來台後考入立法院議事組。

　　1952 年，東吳大學法律系畢業，兼任中央信託局局長尹仲容先生的速記秘書。

　　1953 年，經濟安定委員會成立，尹先生出任工業委員會召集人，乃邀請先生擔任秘書，時李國鼎先生擔任工業委員會專門委員兼一般工業組組長。先生文思敏捷，揮毫立就，人稱「福州才子」。此後隨李國鼎先生歷任美援會、經合會、經濟部、財政部等單位，深受倚重。

　　三年後轉調台北市政府財稅局局長，與李國鼎先生之共事經歷至此乃暫告中斷。此後歷任財政部關務署署長及常務次長、經濟部政務次長、經濟建設委員會副主任委員、台灣電力公司董事長、行政院秘書長及總統府國策顧問等職，現任資訊工業策進會董事長。

　　1958 年，美援會秘書處秘書。

　　1963 年，經合會秘書處秘書。

　　1965 年，李國鼎先生出任經濟部部長，力邀先生擔任主任秘書。

　　1969 年，入國防研究院，再度受邀轉任財政部主任秘書。

1972 年，台北市政府財政局局長。

1975 年，財政部關務署署長。

1978 年，財政部常務次長。

1981 年，經濟部政務次長。

1983 年，獲韓國東亞大學名譽經濟學博士。

1984 年，行政院經濟建設委員會副主任委員。

1988 年，台灣電力公司董事長。

1989 年，行政院秘書長。

1990 年，行政院政務委員。

1996 年，總統府國策顧問、財團法人資訊工業策進會董事長。

梁肅戎　1920.8.8.～2004.8.27.遼寧省昌圖縣人

　　梁肅戎，日本明治大學法學博士，律師。出生於中華民國東北地區，家中排行第三，於滿州國時期接受教育，後來考上滿州國新京（今吉林省長春）的長春法政大學。

　　1939 年，化名加入中國國民黨。

　　1941 年，大學畢業，考取滿州國司法人員考試，擔任檢察官。

　　1943 年，在新京與孫郁結婚。於滿州國時期，曾以其滿州國檢察官的身份作為掩護，從事地下抗日工作。

　　1944 年，被捕下獄。

　　1945 年，被滿州國法院判刑 12 年入獄服刑。抗戰勝利，梁肅戎被從監獄放出來，在東北進行中國國民黨黨務工作。

　　1948 年，當選遼北省立法委員。

　　1949 年，隨政府撤退到台灣。1989 年出任立法院副院長。

　　1949 年，到台灣，擔任資深立法委員期間利用公餘進修。

　　1976 年，獲明治大學法學博士學位。

1990 年當選立法院長，退休後被聘為總統府資政。

1998 年，「台灣海峽兩岸和平統一促進會」，梁肅戎出任首任會長。

2004 年 8 月 27 日凌晨 2 時 7 分，梁肅戎因心肺衰竭病逝於臺北市國泰醫院。

梁肅戎曾動用警察權抬走民進黨立委盧修一，引發兩黨極大對立，不久即請辭。

梁肅戎與當年臺灣的黨外運動人士有深厚友誼，除了曾擔任雷震的辯護律師，也在解除臺灣省戒嚴令、修改《國家安全法》等議題上擔任與黨外人士溝通的角色，是少數獲得臺灣朝野一致佩服的人士之一。

梁肅戎性情剛烈，在擔任立法院院長期間，遭到時任民進黨籍立法委員張俊雄摑耳光，兩人因而發生肢體衝突。

2007 年 6 月 11 日上午，無黨籍立委李敖質詢時任行政院長的張俊雄：『當年你打梁肅戎一個耳光，破壞了立法院的一些氣氛。為什麼他不對？他幹了 43 年的立法委員，說是代表大陸同胞；我李敖和他同鄉，我在台灣，他還代表我 43 年，當然我不服氣啊！』

秦孝儀　1921.2.11.～2007.1.5.湖南省衡東縣吳集鎮桃嶺村人

秦孝儀，字心波，上海法商學院法律系畢業赴美國俄克拉荷馬大學深造，榮獲人文科學博士學位。

1945 年，國共內戰，鄭彥棻命將國璽由海口護運來台灣。

1949 年，總統府侍從秘書、國民黨副秘書長、文宣組副組長、設計考核委員會委員等職務。

蔣中正總統臨終，負責起草遺囑並作《蔣公紀念歌》詞。

1976 年，秦孝儀精通儒學、經史，博覽群書，獨創「秦體字」。

1983 年，故宮博物院院長、國立台灣大學、中山大學、文化大學教授。

2000 年，以 80 歲高齡退休，主持故宮長達 18 年。

2003 年，蔣宋美齡辭世，秦孝儀、郝柏村、郁慕明等人同往紐約為宋美齡致祭。

2004.9.10.國父紀念館為其舉辦秦孝儀詩文書法文房展。

2007.1.5.午後因心肌梗塞復發休克昏迷，下午 5 時送達振興醫院搶救無效，在晚間 6 時 35 分宣告不治，享壽 87 歲。告別式依佛教儀式進行，靈柩覆蓋中華民國國旗和中國國民黨黨旗，備極哀榮。

鄧傳楷　1912.9.7.~1999.1.3.　江蘇江陰縣

鄧傳楷，江陰征存學院、國立暨南大學、華盛頓大學畢業。

1939 年，遠戍潮安峙溪，後役長沙衡山，又轉進桂林陽朔七星岩、江蘇省黨部執行委員。

1945 年 10 月 10 日，獲頒抗戰勝利勳章。

1946 年，上海市參議員、師資訓練所主任、教育部總務司長。

1949 年，協助安頓全國各大專院校流亡學生來台灣。

1950 年，任青年救國團副主任、臺灣省教育廳廳長。

1955 年，訪問土耳其西班牙參加英國駙馬愛丁堡公爵宴會。任世運會代表團長。

1957 年，任中國奧林匹克委員會主席。

1958 年，楊傳廣打破亞運紀錄蟬聯十項全能運動冠軍金牌。

1959 年，西德慕尼黑國際奧林匹克會「中國奧林匹克委員會」會名讓給大陸。

1960 年，羅馬世運會楊傳廣獲十項全能銀牌，震驚世界體壇。

1961 年 2 月 24 日，楊森繼任「中華奧林匹克委員會」。

1956 年，獲授一等（特種大綬）景星勳章。

1962 年，出席日本東京第 1 屆亞洲區域教育部長會議，日皇及皇后特別召見。

1963 年，任教育部次長、知識青年黨部委員會主任委員。

1966 年，獲頒一等實踐獎章。

1968 年，獲頒景星勳章。

1969 年，赴泰國曼谷接受泰皇贈勳。

1999 年 1 月 3 日 21 時 15 分病逝臺北市中山醫院。安奉南港富德墓園。

沈君山　1932.8.29.～浙江省餘姚市

沈君山，父親為農業專家沈宗瀚，前農復會主委，曾改良一小麥品種，命名「驪英一號」來追念於研究中因故辭世的沈君山之母—沈驪英。由於學經歷出眾、家長對國家社會貢獻良多，沈君山有台灣政壇四公子之一的美稱。

1955 年，在國立臺灣大學取得物理學士學位。

1961 年，取得美國馬里蘭大學物理博士學位。留美期間於普林斯頓大學、美國太空總署（NASA）和普度大學考察觀摩歷練。並結婚。

1973 年，擔任國立清華大學物理學系教授，後接任理學院長。與美國妻子離婚。

1989 年，與曾麗華結婚，生子沈曉津。

1994 年，出任國立清華大學校長至 1997 年止。

1999 年 6 月及 2005 年 8 月，兩度缺血性中風。

2007 年 7 月，第三次中風，經治療後，初於 2008 年 1 月，略有好轉，但仍處於昏迷狀態，尚未清醒。

沈君山為圍棋業餘六段棋士和橋牌的高手，連續三屆榮獲美國本因坊冠軍，也曾獲兩屆世界橋牌大賽百慕達盃亞軍，為著名的旅日圍棋棋士張栩之義父；素與吳清源、木谷實、林海峰、曹薰鉉及聶衛平相識且有交誼。

美麗島事件中，曾有人要將主謀判處死刑。沈君山參與審判過程，面見蔣經國，希望他不要採取極端手段，「不宜流血，第一流血製造烈士；第二流血國際視聽一定不佳；第三我們終究要在這塊土地耽下去，血流入土地，再也收不回。」蔣經國言聽計從，決定寬大方式處理。

《永遠向前—紀政的人生長跑》書中提及，沈君山與田徑運動員紀政 1978 年結識，1979 年，為爭取中華民國會籍問題，當時為「中國會籍危機處理小組」成員之一的沈君山，堅持要紀政、楊傳廣一同出席在名古屋召開的記者會。從名古屋回台後，沈君山與紀政的感情升溫。兩人曾共遊希臘愛琴海邊，第但最後愛情昇華成友情。2005 年沈君山二度在新竹中風，半夜打電話給紀政求救，紀政馬上找來沈君山的管家，趕送新竹馬偕醫院急救，紀政也從台北趕來。台大醫院說沒病床。紀政打電話給台北市副市長葉金川，他是臺灣大學醫學院畢業的校友，才調到病床，救了沈君山

陳履安　1937.6.22.～浙江青田人

陳履安，前中華民國副總統、台灣省主席陳誠之子，麻省理工學院電機工程學系學士、美國紐約大學數學碩士，並獲數學系博士學位，篤信藏傳佛教。

曾任紐約市立大學教授，退出政界後，加入志工行列，於中國大陸從事創投事業；

2009 年，返台出任國華人壽董事長，任期至 7 月 31 日止。

1960 年，返台，任明志科技大學校長、辭修高中校長兼創辦人、名中華語文研習所、國立台灣科技大學校長多項要職。

1970 年，教育部技術及職業教育司司長。

1972 年，國立臺灣工業技術學院院長。

1974 年，教育部常務次長。

1977 年，教育部政務次長。

1978 年，中國國民黨中央組織工作會主任。

1979 年，中國國民黨中央委員會副秘書長、行政院國家科學委員會主任委員。

1984 年，經濟部部長。

1988 年，行政院政務委員、經濟部能源委員會主任委員、經濟部國營事業委員會主任委員、國防部部長。

1990 年，行政院大陸委員會委員、行政院國軍退除役官兵輔導委員會委員、行政院國家科學委員會委員、行政院文化建設委員會委員。

1991 年，監察院（第五任）院長。

1993 年，化育基金會董事長、中央研究院評議員、行政院經委會委員、陳誠文教基金會董事長。

1996 年，英屬維京群島富裕創投基金董事長。

宋楚瑜　1942.3.16.～湖南湘潭縣人

宋楚瑜父親宋達由士兵做到聯勤中將供應司令。母親胡夙容。

1959 年，台北市立成淵中學畢業。

1960 年，考入國立政治大學外交系。

1966 年，赴美國深造。

1967 年，獲加州大學柏克萊分校國際關係碩士學位；之後在加州羅耀拉大學（Loyola Marymount University）進修。

1971 年和 1974 年，先後獲美國天主教大學圖書館系碩士學位，及華盛頓喬治城大學政治系哲學博士。

父親宋達病危，回國侍奉湯藥，時行政院長蔣經國任其為行政院簡任秘書，並作蔣經國的英文翻譯。

1977 年，出任行政院新聞局副局長。

1978 年，任總統府簡任秘書。

1979 年，任為代理新聞局長。

1984 年，任中國國民黨中央黨部副秘書長，在蔣經國逝世後輔助接任總統的李登輝成為中國國民黨主席，後來並接任國民黨秘書長，是李登輝執政前期最重要的左右手之一，兩人關係常被形容為「情同父子」。

宋楚瑜先擔任民選前的最後一任官派臺灣省省主席。

1994 年，競選台灣省長成功，直至台灣省被凍省為止。

1997 年 3 月 25 日，時任臺灣省省長的宋楚瑜在輔仁大學校長室會晤第十四世達賴喇嘛·丹增嘉措。

2000 年，總統選舉前，因為爭取中國國民黨總統候選人提名未果而和李登輝、連戰鬧翻，並脫黨自行參選，成立新台灣人服務團隊，其後與長庚醫學大學校長張昭雄搭檔競選，因「興票案」失敗。

落選後成立親民黨，擔任黨主席。

2001 年 1 月 20 日，北檢偵結興票案，對宋楚瑜、陳萬水夫婦、兒子宋鎮遠、小姨子陳碧雲、機要秘書楊雲黛等五名被告處分不起訴。檢方認為，相關

資金確為用於照顧蔣家遺族與政黨運作，國民黨利益並未受損，且相關爭訟應屬民事範疇非刑責，因此予以不起訴。

2月8日，國民黨對全案放棄再議，全案不起訴處分確定。但李登輝時期國民黨之委任律師莊柏林卻以發現「新事實、新證據」為由，於三月底向最高檢察署聲請再查，全案發交北檢。2001年四月三日北檢就所謂「新證據」，重新分「他」字案調查。2005年1月17日，北檢認為所謂「新事實、新證據」不足做為證據，將此部分予以簽結。

2002年，幫尋求連任的國民黨籍台北市長候選人馬英九助選。

2003年，雖然當時興票案是由中國國民黨主導，但此時國民黨對興票案進行澄清，表示了國民黨認為宋楚瑜是清白的。

2004年，總統選舉，宋楚瑜與國民黨力釋前嫌，並與國民黨主席連戰搭擋參選正副總統，最後以0.228%的票數差距輸給尋求連任的陳水扁。

2005年，在泛藍支持者的反對聲中與陳水扁總統會面，稱為〔扁宋會〕。

5月5日，親民黨主席宋楚瑜訪問中國，成為自1949年後第二位踏上中國的中華民國在野黨最高領導人。

5月13日，結束為期九日八夜的「搭橋之旅」「工作之旅」暨「黨際交流」。

2006年5月起，曾參與推動罷免陳水扁總統。

10月17日宣佈以超黨派獨立參選人身分宣稱這是「封刀之作」「只做一任」。

12月9日，台北市長選舉宋楚瑜慘敗，宣佈從此退出臺灣政壇。

2007年2月16日，宋楚瑜告陳水扁總統誹謗宋陳密會案一審判決宋楚瑜勝訴，陳水扁敗訴，須登報導歉及賠償金錢。

2008年1月13日，宋楚瑜與吳伯雄聯袂前往桃園謁陵，2月13日與中國國民黨總統候選人馬英九會面，答應出任馬英九蕭萬長競選總部榮譽主任委員。

2009年9月10日，馬政府的劉兆玄內閣因88水災民意低落，部分政治人物推薦宋楚瑜就任行政院新任院長，不過最後並未得到採用。

2010年4月，興票案，李登輝出具書面證明以表與宋沒有債權、債務關係，同意宋領回相關款項；宋因此具狀向台北地方法院聲請領回獲准。

8月3日，會晤來台訪問的湖南省委副書記梅克保。談到「大陸撤導彈」議題時，宋楚瑜認為，兩岸問題必須用感情和誠意，而非用軍事來解決。

2011年1月3日，宋楚瑜受邀出席老長官前總統李登輝的90歲壽宴。

9月，宋楚瑜再度參選總統。此次選舉宋楚瑜左批國民黨，右打民進黨，仍舊被邊緣化，最終在大選以2.8%的選舉結果告終。

太太陳萬水因乳癌去世。

劉兆玄　1943.5.10.～湖南衡陽人出生於四川成都市戰後隨雙親移居台灣

劉兆玄，加拿大化學博士。畢業於師大附中、臺灣大學化學系，後赴加拿大，在多倫多大學取得化學博士學位，回國後任教於國立清華大學，後任理學院院長、校長職務，現仍在國立清華大學任講座教授。

1979 年，進入行政院國家科學委員會工作。

1993 年，時以國立清華大學校長身份出任交通部部長。

1996 年，劉轉任學術性較強的國科會主委。

1997 年，蕭萬長組閣時出任行政院副院長。

1998 年，馬英九參選台北市長，劉兆玄義多次力挺協助。

2000 年，辭去行政院副院長一職。

2004 年 8 月，出任東吳大學校長。

2008 年 3 月，接受馬英九總統相邀組閣出任行政院長。

2009 年 8 月 8 日，中度颱風莫拉克襲捲台灣，數萬人家園毀損受害，9 月 6 日晚劉向總統馬英九請辭獲准，由吳敦義接任閣揆。

2010 年 1 月 14 日接任國家文化總會會長。

父：劉國運，湖南人，空軍二級上將（1967 年病逝）。其官舍日後改建為國運新城。母：鍾畹芳，師範畢業。

妻子：錢明賽：新竹女中畢業，台大植物系學士，加拿大多倫多大學生化博士，任職新竹食品工業研究所，擔任檢驗技術研發及服務中心主任。1984 年第十屆十大傑出女青年。

兒女：劉正薇：世新大學畢業，記者，現任職於華視。

劉正芸：現任職於喬治亞理工學院，助理教授。

劉正豪：現於美國德州大學奧斯汀分校攻讀化學博士。

兄：劉兆寧（大哥），台大學士，美國伊利諾大學香檳分校電腦博士，教授。

劉兆華（二哥）：台大學士美國伊利諾大學香檳分校博士，歿。

劉兆漢（三哥）：台大學士，美國布朗大學電機博士，中華民國中央研究院院士，曾任教於美國伊利諾大學香檳分校電機與電腦工程學系 20 餘年，現任中央研究院副院長。

劉兆藜（四哥）：台大地質學士，美國伊利諾大學香檳分校博士，教授。

弟：劉兆凱，台大電機系學士，美國伊利諾大學香檳分校電機與電腦工程博士，現任東元電機董事長。

毛治國　　1948.10.4.～浙江省奉化

　　1982 年-1987 年，毛治國自美國麻省理工學院留學歸國，在國立交通大學執教，後任管理科學系系主任。

　　1987 年 6 月 30 日-1989 年 1 月 1 日，借調至交通部擔任主任秘書。

　　1989 年 1 月 1 日-1991 年 9 月 2 日，出任觀光局局長。

　　1991 年 9 月 2 日-1993 年 3 月 12 日，交通部參事兼任高速鐵路工程籌備處處長。

　　1993 年 3 月 12 日-1995 年 3 月 14 日交通部道路交通安全督導委員會副主任委員。

　　1993 年 3 月 12 日-1995 年 8 月 11 日，交通部法規委員會副主任委員

　　1993 年 5 月 14 日-1994 年 9 月 17，交通部民用航空局局長。

　　1994 年 9 月 17 日-2000 年 5 月 20 日，交通部常務次長。

　　1996 年，促使立法院通過電信三法（電信法修正案、電信總局組織條例修正案、中華電信股份有限公司條例案）。

　　民進黨政府上台後，於 2000 年 8 月 21 日-2003 年 1 月任中華電信公司董事長。

　　2008 年 5 月 20 日，加入劉兆玄內閣，接掌交通部，並於吳敦義內閣及陳冲內閣期間繼續任職，任期近五年，為馬英九政府中任職時間最久的部長。

　　2009 年，兼任莫拉克風災救災基金會的執行長。

　　2013 年 2 月 18 日，江宜樺內閣組成，毛治國改任第 37 任行政院副院長，交通部長職務由政務次長葉匡時接任。

　　2014 年 12 月 8 日，毛治國接任行政院院長。

楊子葆 　1963.8.8.~

　　1989 年，於國立台灣大學土木工程研究所碩士班畢業後，赴法國國立橋路學校攻獲博士，曾任職於巴黎市公共運輸局。返台後於鼎漢國際工程顧問公司擔任總工程師，並兼任台北捷運公司顧問。

　　1999 年，擔任新竹市副市長。

　　2000 年，擔任國際合作發展基金會副秘書長。

　　2002 年，升任秘書長。

　　2003 年，當選中華民國十大傑出青年。

　　2004 年，擔任僑務委員會副委員長。

　　2005 年，擔任中華民國駐法代表。

　　2006 年，擔任外交部政務次長。

　　2008 年，由於原外交部長黃志芳為負責巴紐外交費遭中間人侵吞一案，20 請辭，曾以政務次長身份代理部長職務 14 天。

2008 年，擔任天主教輔仁大學客座教授，淡出政治，出版數本葡萄酒著作，並在台灣與香港報章雜誌上開設相關專欄。

2013 年，任職於中華航空公司。

陳冲　1949.10.13.-

1988 年，擔任農民銀行企劃部經理。

1994 年，林振國出任部長，陳冲升任保險司長，一年內再調升為金融局長。

2000 年，新任財政部長顏慶章拔擢陳冲為政務次長。

2004 年，陳冲轉任合作金庫董事長，任內將合庫推上市，成功民營化，並邀請法國巴黎銀行集團為策略聯盟。

2007 年，擔任中信證（今凱基證）董事長一職。

2008 年，接任永豐金董事長。

2008 年，陳冲出任行政院金管會主委。

2010 年，行政院內閣改組，陳冲升任行政院副院長。

2012 年，因財經與法律專長，被任命為行政院院長。

2013 年，轉任總統府資政。行政院長一職由副院長江宜樺升任。

蔣孝文　1935.12.14.～1989.4.14.浙江省奉化人

蔣孝文，蔣經國及其妻蔣方良所生的長子，蔣介石的長孫。

1937 年，隨父母與妹妹一同回到中國。

1949 年 5 月 13 日，蔣孝文由台灣到舟山。後隨家庭一起來到台灣。

1956 年，進入黃埔軍校第 28 期就讀。

1957 年，因不適應生活，藉口鼻疾自軍校退訓。以公費赴美國加州柏克萊大學。

在美國遇見青梅竹馬一起長大的童年玩伴徐乃錦，兩人在異地相逢。

1960 年，兩人在美國完婚，隔年女兒蔣友梅出生。

　　1964 年,在美國酒後駕車撞壞護欄公物,加州法院判拘留 3 日並驅逐出境。回國後,擔任台灣電力公司桃園區管理處處長、國民黨桃園縣黨部主任委員,在職期間,因其身份特殊,勒令眷村、軍營追繳積欠電費,業績成長達全台之冠,頗獲好評。

　　1970 年,因遺傳糖尿病外加酗酒而突然昏迷,記憶力受損,纏綿病榻達 19 年,徐乃錦一直隨待在側照顧。

　　1988 年,蔣經國逝世,蔣孝文攙扶赴父親靈前跪拜,其對精神打擊極大,徐乃錦回憶「那一段時間,孝文只要看到公公的遺照,都會用手遮住臉,不願意相信這個事實。」身體長年虛弱,加上巨大精神受創,健康急速惡化。

　　1989 年 4 月 14 日,因咽喉癌不治,逝於台北榮民總醫院,享年 54 歲。距離父親蔣經國逝世 15 個月。

蔣孝武　1945.4.25.～1991.7.1.生於重慶,籍貫浙江奉化

　　蔣孝武,蔣經國與妻蔣方良次子。

　　1949 年,隨家人從上海到台灣。及長入鳳山陸軍官校就讀。

　　1967 年,赴德國慕尼黑政治學院唸書,於日內瓦渡假時結識瑞士籍華人汪長詩。

　　1968 年,與汪長詩在美國結婚。婚後生子蔣友松。

　　1972 年,生女蔣友蘭。婚後 7 年,蔣汪兩人因個性不合離婚。

　　1969 年,於德國慕尼黑政治學院畢業。

　　1970 年,回台灣。

　　1974 年,獲中國文化學院中美關係研究所法學碩士學位。

　　1975 年,任榮電董事長。

　　1976 年,任中央廣播電台主任。

　　1977 年,中國廣播電視事業協會理事長、中央黨務顧問、新聞黨部常務委員。

　　1979 年,安排進入國家安全會議。

　　1980 年,任中國廣播公司總經理。

　　1984 年,江南案,《蔣經國傳》作家江南,被竹聯幫殺害。蔣孝武當時主管台灣情報,被認為是主謀,當時國防部軍事情報局長汪希苓下台。

　　1985 年,社會指蔣孝武是幕後主使者(張安樂 2013 年否認)被外放日本和新加坡。

　　1986 年，蔣孝武奉派前往新加坡擔任商務副代表，積極推動中新雙方交流往來。

　　蔣孝武與蔡惠媚在新加坡結婚。

　　1988 年，蔣經國逝世，新加坡總理李光耀親自出席參與告別式，足見雙方關係之密切。因功李登輝總統調升為中華民國駐日代表。

　　1990 年，（野百合學運），蔣孝武特地從日本回到台灣，發表《致中國國民黨諸領導同志的一封信》，呼籲推動國大改選，意圖角逐總統位置，蔣緯國強烈批評。

　　1991 年 6 月 30 日，蔣孝武在台北陶陶酒店接受洗塵，當晚感到身體不適，接受台北榮民總醫院主治醫生劉正義的治療。

　　1991 年 7 月 1 日凌晨，在台北榮民總醫院猝死，享年 46 歲。

蔣孝勇　1948.10.27.～1996.12.22.生於中國上海，祖籍浙江奉化

　　蔣孝勇，蔣經國第三子，蔣方良四子女里的老么。讀聖光幼稚園、女師附小，復興小學。中學畢業後入陸軍官校。安份守紀，刻苦接受軍事訓練，學業多列前茅。訓練跌傷腳踝，趕不上課程而離開軍校，插班進入台灣大學政治系就讀。

　　蔣孝勇結識前交通部高速公路工程局局長方恩緒的么女方智怡，蔣孝勇腳傷住院期間，在醫院照顧蔣孝勇，偶遇探視的蔣介石宋美齡夫婦，得到蔣家接受。

　　1973 年 7 月 23 日，蔣孝勇與方智怡完婚，婚後育有蔣友柏、蔣友常、蔣友青。

　　台大畢業後從商，出任鴻霖公司董事長、中興電工董事長。

　　1980 年，任國民黨中央委員、中華民國全國工業總會常務理事，聲勢日隆。

　　1981 年，擔任中央玻璃纖維總經理和董事長。

　　1985 年，蔣經國健康差，蔣孝武又因江南案受到牽連，蔣孝勇乃棄商至官邸照顧父親。每週二、五，要向蔣經國報告政情家務，蔣孝勇有「地下總統」之稱。

　　1988 年 1 月 13 日，蔣孝勇當選中央委員後，突然請長假出國進修，和家人移民加拿大，並入加拿大國籍，後又轉遷舊金山。

　　1995 年，國民黨總統初選，蔣孝勇投空白票，並寫《辨清狼與羊》「羊被趕出羊群還是羊，披著羊皮的狼還是狼」，公開呼籲支持真正「忠貞愛國」的新

黨，並現身林洋港、郝柏村競選場合站台造勢。

1996 年，罹患食道癌，「到中國大陸治療」，與家人到浙江奉化溪口探親祭祖掃墓，還到過北京，是唯一回過中國大陸之蔣家第三代。

同年 12 月 22 日，在台北榮民總醫院去世，年 48 歲。蔣家淡出台灣政治。

蔣孝嚴　1942.3.1.～浙江奉化，生於廣西桂林

蔣孝嚴，原名章孝嚴，章孝嚴與章孝慈，是蔣經國與部屬章亞若婚外所生的孿生兄弟，抗日戰爭期間在桂林出生。由於蔣經國已經與蔣方良結婚，因此

這兩名非婚生子僅能隨母親姓章，名字由蔣中正定為「孝嚴」「孝慈」，與蔣經國的其他兒女一樣是「孝」字輩。

1942 年 8 月，章亞若被謀殺猝死，兩嬰兒兄弟由章亞若的弟弟章浩若及妻子紀琛撫養。舅舅及舅母登記為兩兄弟的生父母。國共內戰，兩兄弟隨外婆周錦華移居台灣新竹，由外婆、舅舅（章渙、舅母章向鳳妹撫養。

1960 年，18 歲時，兩位兄弟才知道他們祖父是蔣介石，父親為蔣經國。

1974 年，章孝嚴至駐美國華府大使館工作。在此期間於喬治城大學進修，並獲得理學碩士學位，公家高層又逐步拔擢，升至外交部北美司司長。

1996 年，擔任外交部部長。

1999 年，擔任總統府秘書長時，章孝嚴與王筱嬋旅館幽會緋聞，他立刻請辭。

2001 年，分別在台北市南區及北區，先後當選第五及第六屆立法委員。

2006 年，參加中國國民黨台北市長初選，並不順利，於 4 月 26 日退選。

2008 年，當選立委。兼任中國國民黨副主席，2014 年 4 月底卸任。

2011 年，蔣孝嚴退選立法委員，投入輔選。

蔣孝嚴，原稱「章孝嚴」，將姓氏改為蔣姓，但一直等到蔣經國配偶蔣方良去世，正式改稱「蔣孝嚴」，並稱其子女將會跟隨。章孝嚴身份證父親欄寫的是舅父章浩若，母親欄是舅母紀琛。章孝嚴提出經由王昇將軍證實在章孝嚴、章孝慈小的時候，蔣經國提供了兩個孩子的生活費，有撫養的事實。2002 年 7 月，章孝嚴到江西南昌，找到章浩若兩個兒子章修純、章修維，寫下了聲明書。證

明章浩若是他們的父親，非章孝嚴生父，章亞若是他們的三姑，也是章家雙胞胎的生母。2005 年 3 月經由臺北市政府民政局、內政部、法務部等部門一系列複雜的法律程序，將身份証父親欄改為蔣經國。

此後章孝嚴又從桂林醫院取得出生証明，母親欄寫的是舅媽紀琛女士，但她已經遷居美國多年。2003 年章孝嚴到美國訪問舅媽，在中華民國外交部駐洛杉磯辦事處兩位人員的見證下，取得幾根頭髮拿回去做 DNA 化驗，在駐外辦事處見證鋼印下，紀琛和章孝嚴這對「法律母子」的關係劃斷。

其弟章孝慈曾於《那段剝花生充饑的日子》中提過，兩人的外婆周錦華女士曾對他們說過，兩人的父親蔣經國是個正直勇敢能幹的人，一個很好很好的人。

蔣孝嚴與妻子黃美倫育有兩女惠蘭、惠筠及一子萬安。

蔣孝慈　1942.3.1.～1996.2.24.

章孝慈，蔣經國的雙胞胎庶子，法律學者，曾任東吳大學校長。

章孝慈與章孝嚴，是蔣經國外遇章亞若所生的雙胞胎，抗日戰爭在桂林出生。

章亞若生於江西萬安縣的一個名門世家，曾就讀於南昌女中。她秀中慧外，多才多藝。

1939 年，抗戰日軍迫近南昌，章亞若隨家人逃難到贛州，參加當時任贛州行政公署專員蔣經國舉辦的「三青團幹部訓練班」。「青幹班」訓練結束後，章亞若留在贛州行政公署，擔任蔣經國的祕書。不久，蔣經國和章亞若兩情相悅互戀，以「慧風」「慧雲」互稱。

1941 年，戰火蔓延，章亞若身懷六甲。蔣經國安排章亞若到桂林靜養待產，在桂林城西麗獅路寄居。

1942 年農曆正月十七日，章亞若在桂林省立醫院生下一對雙胞胎，取名麗兒、獅兒。蔣經國聞訊欣喜萬分，風塵僕僕從贛州趕到桂林，因為蔣經國已婚，兩個小孩為私生子，只能從母姓章，蔣中正欽定為「孝嚴」「孝慈」，與蔣經國其他兒女一樣是「孝」字輩。

嬰兒未足六個月，一天晚上章亞若赴晚宴回家，半夜腹痛如絞，強熬至天

明到醫院，打針後病情反而轉危，香消玉隕，拋下兩個嬰兒西歸。

章亞若死後，蔣經國沒有能到桂林悼喪，一切事宜由廣西省民政廳廳長邱昌渭辦理，在桂林東郊鳳凰嶺腹地，選定「百鳥朝鳳」之說的墓址。據章亞若義姐桂輝的哥哥桂昌宗老人回憶，下葬前挖出一塊石板，幾乎挖不下去，撬開石板後，下面出現一石穴，大小長短剛好與棺材相符。當時匆忙立碑，「蔣門章夫人諱亞若之墓」，右下方是「麗兒、獅兒敬立」。從此，章亞若孤零一人長眠於鳳凰嶺下荒草野蔓之中。

世人多認章亞若是被謀殺，兩兄弟由章亞若的弟弟章浩若及他的妻子紀琛扶養。章孝慈的舅舅及舅母，官方文件登記為章孝慈的生父母。

1949 年，國共內戰，兩兄弟隨外婆周錦華移居台灣新竹。

兄弟兩人同時在臺北東吳大學就讀，章孝慈在美國南美以美大學（Southern Methodist University）獲政治學碩士，美國杜蘭大學法學博士。

1992 年，任東吳大學校長。

1993 年 9 月 5 日，章孝慈到桂林東郊鳳凰嶺下祭弔生母亡靈，登上母親墓地時，不禁淚如泉湧，痛哭失聲。跪在母親墓前，三炷清香，鮮花、酒、菜、筷子、飯、水果，跪讀自撰祭文「維癸酉年九月五日（農曆七月十九日）孤哀子孝慈謹具鮮花酒醴叩祭於母親大人之靈前，曰：嗚呼！劬勞我母，生于憂危。萬方多難，世局崩離。孿生二子，孝嚴孝慈。撫養六月，駕返瑤池。外婆母舅，父母職司。播遷台島，隱鄉居。饔飧不繼，清貧自持。身世守口，兄弟莫知……」邊讀邊哽咽。在場的人，無不潸然淚下，哀聲嘆惜。

1994 年 11 月 14 日，章孝慈在北京進行學術訪問，因天氣嚴寒，不幸中風陷入昏迷，送醫治療數日，以飛機經香港轉送回台灣治療。

1996 年 2 月 24 日，英年不治逝世。

章孝慈與其夫人趙申德，育有一子章勁松及一女章友菊。

顯示▼
- 舅父：章浩若（1916-1969）
- 舅母：紀琛

胡志強　1948.5.15.～吉林省吉林市生於北京

　　胡志強，省立臺中師範學校附設實驗小學、國立台中二中、國立政治大學外交系學士、英國南安普頓大學政治系國際關係碩士、英國牛津大學國際關係博士。

1991 年，接任新聞局局長。

1996 年，任駐美代表。

1997 年，任命外交部長。

2001 年，參選台中市長成功。

2002 年，為赴美國爭取古根漢博物館來台中設館時發生輕微中風。

2005 年，高票當選連任台中市長。

2006 年，胡志強、邵曉鈴夫婦到高雄為黃俊英輔選，回台中途中車禍，邵曉鈴重傷，左臂截肢。

2010 年，競選台中第三任市長險勝。

2010 年，任國民黨副主席，文化大學董事、逢甲大學與亞洲大學教授。

2014 年，競選台中市長連任失敗。

2015 年，任旺旺中時媒體集團副董事長。

朱立倫　1961.6.7.～浙江義烏生於桃園市八德區

朱立倫，父親朱樟興，曾任國軍軍官、陸光四村發展協會理事長、桃園縣議員、國大代表、立進砂石場股份有限公司負責人。母親林桂是桃園大溪望族梅鶴山莊林家長女。岳祖父高錦德為台灣政壇元老，日本東京帝國大學畢業，曾任臺南縣「財政科長」兼「稅捐稽徵處」處長、並曾代理臺南縣縣長。岳父高育仁曾任臺灣省議會議長、立法委員、及臺南縣縣長等要職。

妻高婉倩。妻弟高思博曾任立法委員、蒙藏委員會委員長。

1998 年，當選立法委員。

2000 年，「國會記者評鑑立委」頗佳。

2001 年，當選桃園縣長。

2009 年，徵召加入吳敦義內閣，擔任行政院副院長。

2010 年，當選由臺北縣改制後直轄市-新北市第一任市長。

2015 年，當選國民黨黨主席。

十二、中華民國英豪

黃埔軍官學校

國父孫中山於民國13年1月任命蔣介石籌備黃埔軍校，委員有：王柏齡、李濟深、沈應時、林振雄、俞飛鵬、宋榮昌、張家瑞等人。

1924年5月3日，孫中山特命蔣介石為黃埔軍校校長，廖仲愷為黨代表，王伯齡為教授部主任，戴季陶為政治部主任，何應欽為總教官，共產黨有周恩來、聶榮臻、惲代英，及蘇俄顧問數十人。黃埔軍校名稱，相繼更改「中國國民黨陸軍軍官學校」、「國民革命軍軍官學校」、「國民革命軍黃埔軍官學校」、「中央陸軍軍官校」

黃埔校歌

（作者林慶培）

怒潮澎湃，黨旗飛舞，這是革命的黃埔；主義須貫澈，紀律莫放鬆，預備做奮鬥的先鋒，打條血路，引導被壓迫的民眾，攜著手，向前行，路不遠，莫要驚，親愛精誠，繼續永守，發揚吾校精神，發揚吾校精神！

青天白日勳章

一、榮獲青天白日勳章人員

方　天、方先覺、王仲廉、王叔銘、毛維壽、白崇禧、田鎮南、牛元峰、何成先、沈鴻烈、余漢謀、李品仙、李福林、宋哲元、林　蔚、何應欽、宋長志、朱紹良、周福成、周至開、周至柔、張廷孟、張　群、張自忠、張省三、張耀明、張雪中、張發奎、張學良、黃　杰、黃維綱、黃鎮球、黃百韜、關麟徵、馮治安、劉　戡、劉汝明、劉峙、劉和謙、劉劍虹、董英斌、徐庭先、徐永昌、徐源泉、謝晉元、湯恩伯、馮安邦、門炳岳、薛　岳、胡　璉、梁天价、閻錫山、俞飛鵬、郭　懺、郭寄嶠、高又新、高魁元、霍揆彰、孫立人、蕭毅肅、廖　鈞、商　震、馬占山、陳　誠、陳慶光、容有略、胡宗南、顧祝同、俞大維、錢大鈞、余濟時、翁照垣、秦德純、蔡名永、彭孟緝、戴安瀾、邱清泉、鄒作華、賴名湯、鄭為元、郝柏村、歐陽漪芬、蔣中正、蔣宋美齡、蔣鼎文、孫元良、何紹周、葛先才、司徒洛、楊瑞符、周慶祥、張漢初、劉嘉樹、鍾　松、何文鼎、陳　良、李　光、王育根、顧兆祥、王治邦、王理寰、王凌雲、王長江、王佑之、

王奇峰、毛邦初、毛芝全、田澤民、何　蕃、安德成、呂　濟、沈　克、
李福和、李曾志、李俊襄、李振唐、左世允、林作禎、林偉儔、孔慶佳、
袁　琳、朱士欽、汪匣峰、吳鵬舉、張文清、楊億源、張金照、張其昌、
張熙光、張廣厚、張維番、張光華、黃樵松、黃中權、劉世榮、錢倫體、
楊正治、楊廷樞、常經武、喻建章、牟中洐、鄧玉琢、趙鎮藩、熊正平、
董升堂、黃心培、邱　立、賈鳳鳴、楊汝雄、徐　堪、譚啟秀、孫連仲、
池峰城、謝夢熊、趙發筆、饒少偉、端木傑、龐松舟、陳林達、劉和謙、
湯曜明、蔣中芩、羅本立、伍世文、湯明耀、李　傑、李天羽、霍守業。

二、獲頒青天白日勳章中途變節投共或被俘人員

于學忠、王樹常、杜聿明、李玉堂、李宗仁、李仙洲、宋希濂、吳奇偉、
胡毓坤、張　炎、張治中、沈光漢、區壽年、黃琪翔、劉多荃、鄧寶珊、
羅廣文、衛立煌、鄭洞國、廖耀湘、董其武、楚溪春、陳明仁、陳紹寬、
孫蔚如、劉　裴、馮玉祥、鹿鍾麟、戴　戟、蔡廷鍇、蔣光鼎、程　潛。

三、榮獲青天白日勳章外籍援華人士

美國馬歇爾、美國陳納德、美國魏德邁、美國史迪威。

七七抗日國軍陣亡將領（1931~1945）

1932 年，滕久壽　關躍洲　韓家麟　孫銘武　孫銘宸
1933 年，徐達三　田　霖　胡澤民　李春潤　白子峰　武止戈
1934 年，童長榮　景振卿　張丈偕　鄧鐵梅
1935 年，朴翰宗　李紅光　孫永勤　何忠國　苗可秀　韓　浩　李松波　楊太和
　　　　劉壯飛　李光林
1936 年，傅顯明　梁錫夫　李敏煥　趙一曼　李學忠　史忠恒　夏雲杰　王德泰
　　　　曹國安
1937 年，宋鐵岩　左子元　陳榮久　王鳳閣　周樹東　李福林　佟麟閣　趙登禹
　　　　郝貴林　黃梅興　蔡炳炎　張本禹　張甲洲　路景榮　李天柱　尉遲鳳崗
　　　　梁鑒堂　姜玉貞　楊　杰　郝梦齡　劉家麒　鄭廷珍　龐漢楨　秦　霖
　　　　官惠民　朱耀華　吳繼光　吳克仁　劉啟文　高志航　夏國璋　饒國華
　　　　李伯蛟　金　根　方全策　易安華　朱　赤　高致嵩　司徒非　李蘭池
　　　　姚中英　羅策群　蕭山令　劉國用　藍運東　張中華　周建華　王仁齋
1938 年，王平陸　理　琪　趙錫章　劉震東　王毓峰　王銘章　趙渭濱　謝升標
　　　　范廷蘭　馬德山　劉桂五　陳鍾書　扈鍾書　周　元　朱家麟　李必麟
　　　　李必藩　黃啟東　鄧佐虞　彭　璋　馬威龍　張相武　關化新　金正國
　　　　周建屏　方叔洪　魏長魁　楊俊恒　劉曙華　張傳福　陳德馨　梅一平
　　　　常有均　陳宇寰　雷　忠　鍾芳峻　范　藎　姜克智　吳景才　李延平
　　　　洪麟閣　馮安邦　朱炎暉　張鏡遠　范□先　徐光海　郁仁治　徐積璋

　　　　　溫健公　王光宇
1939年，林英灿　劉廷仲　雷　炎　鄧永耀　張謌行　李國良　胡發堅　王自衡
　　　　　王禹九　白君實　龍樹林　王克仁　陳安寶　唐聚五　董少白　馬耀南
　　　　　馬秉忠　李文彬　祁致中　侯國忠　魏大光　郭　征
1940年，馬玉仁　丁炳權　馮治綱　黃玉清　楊端宇　鄭作民　彭德大　袁聘之
　　　　　陳文彬　柳萬熙　曹亞范　林蓬洲　楊木貴　鍾　毅　張　敬　張自忠
　　　　　王汝起　張蘭生　趙敬夫　董天知　聞允志　熊德成　高禹民　王　溥
　　　　　郝玉明　陳翰章　朱鴻勛　戴民權
1941年，汪雅臣　蘇精誠　張　鐸　白乙化　陳師洛　魏拯民　韓仁和　謝晉元
　　　　　陳文杞　王　竣　梁希賢　唐淮源　寸性奇　劉克信　孫春林　陳中柱
　　　　　金崇印　陳震寰　郭鐵堅　楊　忠　石作衡　朱實夫　李翰卿　賴傳湘
　　　　　武士敏　羅忠毅　廖海濤　陳　明　劉海濤　劉子超　朱立文　辛俊卿
1942年，馬玉堂　黃春庭　郭國言　趙尚志　范子俠　劉德明　包　森　劉誠光
　　　　　郭陸順　楊宏明　孫毅民　陳元龍　朱世勤　胡義賓　陶淨非　張仨槐
　　　　　謝翰文　左　權　孫開楚　戴安瀾　常德善　石景芳　杜子孚　王遠音
　　　　　張友清　王鳳山　許亨植　張慶澍　竇來庚　魏金三　汪　洋　王泊生
　　　　　孔慶同　夏雲超　陸升勛　于寄吾　于一心
1943年，彭士量　韓185衡　徐尚武　唐克盛　李永安　周　復　張少舫　郭好禮
　　　　　李　忠　楊承德　彭　雄　田守堯　馬良品　夏祖盛　高道先　馬定夫
　　　　　鄧振詢　陳耀元　超義京　李竹林　柴世榮　杜邦憲　朱　程　袁鴻化
　　　　　蕭永智　李忍濤　許國璋　符竹庭　孫明瑾　柴意新　劉志超　王立業
1944年，康俊仁　馬本齋　胡繼亭　呂公良　黃永淮　盧廣偉　李家鈺　陳紹堂
　　　　　周鼎銘　王劍岳　胡乃超　馬曉雲　王甲本　彭雪楓　李恒泉　曾錦雲
　　　　　闞維雍　呂旃蒙　陳濟恒　史蔚馥
1945年，文立征　齊學啟　才　山　白　雲　王舟平　王先臣　林千生

抗日戰爭中共陣亡高級將領

一、八路軍：114名

王平陸、陳錦秀、理　琦、劉禮年、陸省三、葉成煥、王育民、劉連科、
陳宇環、張襄國、洪麟閣、韓明柱、金道松、楊靖遠、宣俠父、那　恕、
楊萬林、溫健公、黃　政、李劍卜、鄧永耀、陳生慶、鮑　輝、高　唏、
蔣洪高、蘇　蘇、馬耀南、黃勝斌、魏大光、郭　徵、王銘森、胡一新、
余化臣、段世曾、董少白、楊鐵成、牟光義、曹志尚、閻祖皋、姜　林、
彭德大、冷赤齋、馬玉堂、聞允志、李　榮、董天知、徐　秋、王　溥、
郝玉明、馬振華、郭建中、蘇精誠、　鐸、賈　源、朱寶琛、杜希齡、
晏顯升、楊　忠、劉海濤、劉　濤、戴克信、王立人、曹有民、劉子超、
張寶龍、熊德成、郭國言、范子俠、包　森、劉德明、楊成德、陸升勛、

劉誠光、劉詩松、郭六順、楊宏明、孫益民、陳元龍、左　權、孫開楚、
彭　光、謝瀚文、肖偉成、常德善、王遠因、袁心純、王炳三、石景芳、
杜子孚、張友清、熊德臣、魏金山、孔慶同、汪　洋、王泊生、賴國清、
于寄吾、于一心、王至發、王東福、唐克威、徐尚武、李　忠、易良品、
趙義京、陳耀元、蕭永智、袁鴻化、楊承德、夏祖盛、朱　程、符竹庭。

二、新四軍陣亡高級將領

田　英、王榮春、蕭國生、胡發堅、王赤江、黃　道、涂正坤、羅梓銘、
吳火昆、時雨江、文明地、曹雲露、王恩九、劉震英、丁宇宸、魯雨亭、
桂逢洲、田　豐、曾昭銘、楊木貴、李宗南、劉樹藩、楊業珍、官楚印、
陳昭禮、蘇　震、顧士多、徐緒奎、徐世奎、王友德、廖　毅、鄒志輝、
王豐慶、李　復、漆承宏、周大燦、糜雲輝、焦　勇

三、東北抗日聯軍陣亡高級將領

李學忠、史忠恒、夏雲傑、王德泰、曹國安、宋鐵岩、陳榮久、周樹東、
李福林、郝貴林、張甲洲、王仁齋、金　根、馬德山、金正國、張相武、
劉曙華、常有均、吳景才、李延平、徐光海、王光宇、雷　炎、王克仁、
侯國忠、李文彬、馮治綱、楊靖宇、曹亞范、王汝起、趙敬夫、張蘭生、
高禹民、陳翰章、汪雅臣、張忠喜、韓仁和、魏拯民、郭鐵堅、趙尚志、
許亨植、陶淨非

中共編列中國國民黨戰犯

蔣介石、李宗仁、陳　誠、白崇禧、何應欽、顧祝同、陳果夫、陳立夫、
孔祥熙、宋子文、張　群、翁文灝、孫　科、吳鐵城、王雲五、戴季陶、
吳鼎昌、熊式輝、張厲生、朱家驊、王世杰、顧維鈞、宋美齡、吳國楨、
劉　峙、程　潛、薛　岳、衛立煌、余漢謀、胡宗南、傅作義、閻錫山、
周至柔、王叔銘、桂永清、桂畫明、湯恩伯、孫立人、馬鴻逵、馬步芳、
陶希聖、曾　琦、張君勱
（合計 43 名）

中華民國國軍上將

姓　　名	授階時間	重　　要　　事　　蹟		
特級五星上將				
蔣中正	1935.4.1	中華民國總統、中國國民黨總裁		
一級上將				
姓　　名	授階時間	重　　要　　事　　蹟		
馮玉祥	1935.4.2.	軍事委員會副委員長、第六戰區司令長官		

姓　　名	授階時間	重　要　事　蹟
朱培德	1935.4.2.	代理參謀總長、軍事委員會常務委員
李宗仁	1935.4.2.	軍事委員會委員會北平行營主任中華民國代總統
何應欽	1935.4.2.	行政院長兼國防部長總統府戰略顧問委員會主任委員
張學良	1935.4.2.	西北「剿總」副總司令代理總司令
陳濟棠	1935.4.2.	廣州綏靖公署主任、總統府戰略顧問
唐生智	1935.4.2.	軍事委員會常務委員、首都衛戍司令長官
閻錫山		太原綏靖公署主任，行政院長兼國防部部長
陳紹寬	1935.9.6.	海軍一級上將：海軍部部長、海軍總司令
劉　湘	1938.2.14.	陸軍一級上將：1938.1.20.病逝於漢口追晉
曹　錕	1938.6.14.	1938.5.17.病逝於天津追贈
程　潛	1939.5.13.	軍事委員會委員長武漢行營主任長沙綏靖公署主任
吳佩孚	1939.12.9.	1939.12.4.病逝於北平追贈
宋哲元	1940.5.18	1940.4.5.病逝四川綿陽時軍事委員會委員追晉
陳調元	1944.2.2.	1943.12.18.在重慶病逝追贈
白崇禧	1945.10.5.	國防部部長、總統府戰略顧問委員會副主任委員晉陞
陳　誠	1947.2.21.	參謀總長兼海軍總司令、中華民國副總統晉陞
周至柔	1951.	台灣省主席兼台灣保安司令、總統府參軍長晉陞
徐永昌	1952	總統府資政。晉陞
薛　岳	1952	總統府戰略顧問。晉陞
顧祝同	1954	總統府戰略顧問委員會副主任委員。
桂永清	1954.6.21.	參謀總長（1954.6.21-1954.8.12
王叔銘	1959.1.	空軍一級上將，國防部參謀總長、總統府戰略顧問
彭孟緝	1959.7.	參謀總長（1959.6-1965.6），總統府參軍長。
鄭介民	1959.12.31.	1959.12.11.病逝於臺北追晉
黃　傑	1960.	國防部部長，總統府戰略顧問
黃鎮球	1961	總統府參軍長，總統戰略顧問委員會副主席
胡宗南	1962.2.15.	澎湖防衛司令部司令官，總統府戰略顧問。追晉
朱紹良	1964	1963 年 12 月 25 日在臺北逝世。追贈
余漢謀	1965.9.	總統府戰略顧問
黎玉璽	1966.12.	海軍一級上將：參謀總長，總統府參軍長。
高魁元	1968.1.	參謀總長、總統府參軍長、國防部部長。
劉玉章	1970.6.25.	台灣警備總司令兼台灣軍管區司令總統府戰略顧問
劉安祺	1970.6.25.	陸軍總司令國防研究院副院長、總統府戰略顧問
賴名湯	1970.6.25.	空軍一級上將，參謀總長、總統府戰略顧問。
胡　璉	1972	總統府戰略顧問
陳大慶	1973	1973 年 8 月 22 日病逝於臺北，時任國防部部長。
宋長志	1976.6.	海軍一級上將，參謀總長、國防部部長、總統府戰略顧

姓　名	授階時間	重　　要　　事　　蹟
		問
郝柏村	1981.11.	參謀總長、國防部部長、行政院長。
陳燊齡	1990.1.1.	空軍一級上將：參謀總長（1989.12-1991.11）。
劉和謙	1992.1.1.	海軍一級上將：參謀總長（1991.11-1995.7）。
羅本立	1995.7.1.	參謀總長（1995.7-1998.2）
唐　飛	1998.3.5.	空軍一級上將：參謀總長，國防部部長
湯耀明	1999.2.1.	參謀總長，國防部部長。
李　傑	2002.2.1.	海軍一級上將參謀總長國防部部長
李天羽	2004.5.20.	空軍一級上將參謀總長
霍守業	2007.2.1.	陸軍一級上將參謀總長總統府戰略顧問

二級（三星）上將

姓名	授階時間	重要事蹟
萬福麟	1935.4.3.	東北「剿匪」總司令部副總司令。
於學忠	1935.4.3.	第五集團軍總司令，軍事參議院副院長。
龍　雲	1935.4.3.	滇黔綏靖公署主任，戰略顧問委員會代主任。
劉　峙	1935.4.3.	徐州「剿匪」總司令總統戰略顧問委員會委員
劉鎮華	1935.4.3.	安徽省政府主席兼安徽省保安司令
何　鍵	1935.4.3.	軍事委員會撫恤委員會主任委員戰略顧問委員會委員
何成濬	1935.4.3.	軍事委員會委員長武漢行營主任軍法執行總監部總監
楊虎城	1935.4.3.	西安綏靖公署主任，西北「剿匪」第三路軍總司令
徐源泉	1935.4.3.	第八戰區副司令長官，軍事參議院參議。
商　震	1935.4.3.	駐美軍事代表團團長，國民政府參軍長。
蔣鼎文	1935.4.3.	福州綏靖公署主任，總統府戰略顧問委員會委員
韓復渠	1935.4.3.	山東省政府主席，第五戰區副司令長官。
傅作義	1935.4.3.	第 12 戰區司令長官華北「剿匪」總司令部總司令
楊愛源	1935.12.10.	第二戰區副司令長官，太原綏靖公署副主任。
李烈鈞	1936.12.31.	軍事法庭審判長。
衛立煌	1939.5.2.	陸軍副總司令，東北「剿匪」總司令部總司令。
孫連仲	1942	首都衛戍總司令，總統府參軍長。
張發奎	1945.10.3.	廣東綏靖公署主任，陸軍總司令
張治中	1945.10.3.	軍事委員會委員長西北行營主任西北軍政長官公署長官
鄧錫侯	1947.2.21.	四川省政府主席，西南軍政長官公署副長官。
陳　儀	1947.2.21.	台灣警備總司令，浙江省政府主席。
熊式輝	1947.2.21.	國民政府戰略顧問委員會委員。
鄒作華	1947.11.18.	國民政府主席東北行轅政治委員會常務委員
孔　庚	1947.11.21.	湖北省省委員兼民政廳廳長。
劉　戡	1948.5.17.	1948.3.1.陝北兵敗自殺任整編第 29 軍軍長追晉

姓　名	授階時間	重　　要　　事　　蹟
羅　奇	1949.9.	陸軍副總司令
劉士毅	1950.3.	總統府參軍長，戰略顧問委員會主任委員。
林　蔚	1950.3.	東南軍政長官公署副長官，總統府戰略顧問。
袁守謙	1950.3.	陸軍二級上將：國防部政務次長，代理部長。
郭寄嶠	1951.2.	國防部部長
孫立人	1951.5.	陸軍總司令兼台灣省保安司令，總統府參軍長。
蕭毅肅	1953.1.	副參謀總長
徐培根	1954.7.	副參謀總長，國防部常務次長，總統府戰略顧問。
黃仁霖	1955	聯勤總司令。（1955-1959.2）
石　覺	1957.7.	國防部作戰參謀次長，聯勤總司令
梁序昭	1957.7.	海軍二級上將：海軍總司令，國防部副部長。
吉星文	1958.9.	1958.8.24.金門炮戰中傷重不治。追晉
趙家驤	1958.9.	1958.8.23.金門炮戰中陣亡。追晉
宋　鍔		國防部參謀次長（1950年3月-?）
陳嘉尚		空軍二級上將空軍副總司令空軍總司令副參謀總長
孫　震	1958.11.	總統府戰略顧問
何世禮	1959	駐聯合國軍事代表團團長
馬紀壯	1959.1.	海軍二級上將國防部副部長副參謀總長兼執行官
羅　列	1959.7.	陸軍總司令，總統府戰略顧問委員會委員
蔣經國	1960.7.	退輔主委國防部部長行政院院長中華民國總統
袁　樸	1961.8.	陸軍副總司令，總統府戰略顧問。
劉國運	1963.1.	空軍二級上將：總統府戰略顧問委員會委員。
唐守治	1963.1.	副參謀總長，總政治作戰部主任。
徐煥昇	1963.1.	空軍二級上將：空軍副總司令，總司令
李運成	1963.12.	憲兵司令陸軍副總司令參謀總部特別行政助理官
余伯泉	1963.12.	國防部聯合作戰研究委員會主任委員三軍參謀大學校長
尹　俊	1964.12.	台灣警備總部總司令兼台灣軍管區司令總統府戰略顧問
劉廣凱	1965.2.	海軍二級上將聯勤總司令總統府戰略顧問。
羅友倫	1965.2.	聯勤總司令（1975.4-1977.4）總統府戰略顧問。
陳有維	1965.7.	空軍二級上將副參謀總長
王多年	1966.12.	副參謀總長兼執行官聯勤總司令三軍大學校長
馮啟聰	1966.12.	海軍二級上將海軍總司令總統府參軍長總統府戰略顧問
雷炎均	1967	空軍二級上將空軍副總司令，副參謀總長。
魏崇良	1967	空軍二級上將副參謀總長。
于豪章	1969.7.	陸軍總司令（1969.6-1975.3），總統府戰略顧問。
張國英	1969.7.	陸軍代總司令，國防部副部長，總統府戰略顧問
鄭為元	1969.7.	聯勤總司令退輔會主委國防部部長。

姓　名	授階時間	重　要　事　蹟
陳衣凡	1970.7.	空軍二級上將空軍總司令總統府戰略顧問。
羅英德	1970.7.	空軍二級上將：參謀總長特別行政助理官。
俞柏生	1970.7.	海軍二級上將：海軍副總司令，副參謀總長。
崔之道	1970.7.	海軍二級上將：國防部常務次長。
馬安瀾	1975.4.	副參謀總長兼執行官總統府參軍長總統府戰略顧問
王　昇	1975.4.	總政治作戰部副主任兼執行官，主任。
司徒福	1975.4.	空軍二級上將：空軍總司令（1975.4-1977.8）
蔣緯國	1975.8.16.	聯勤總司令，國防部聯合作戰訓練部主任。
烏　鉞	1976.6.	空軍二級上將副參謀總長空軍總司令總統府戰略顧問
鄒　堅	1976.6.	海軍二級上將海軍總司令副參謀長總統執行官
汪敬煦	1978.6.	台灣警備總司令國家安全局局長，總統府參軍長
陳守山	1981.12.	台灣警備總司令軍管區司令部司令國防部副部長
郭汝霖	1981.12.	空軍二級上將空軍總司令副參謀總長兼執行官總統府戰略顧問
蔣仲苓	1981.12.	陸軍總司令，總統府參軍長，國防部部長。
陳堅高	1982	副參謀總長，副參謀長總長兼執行官。
許歷農	1983.5.	總政治作戰部主任（1983.5-1987.11）退輔會主委
宋心濂	1983.5.	金門防衛司令部司令，國家安全局局長。
言百謙	1984.8.	總政治作戰部主任，總統府戰略顧問。
溫哈熊	1984.8.	聯勤總司令（1984.7-1989.11）總統府戰略顧問。
葉昌桐	1985.12.24.	海軍二級上將副參謀總長海軍總司令三軍大學校長
趙萬富	1985.12.24.	第十軍團司令，金門防衛部司令，陸軍副總司令
楊亭雲	1987.12.2.	總政治作戰部副主任兼執行官總政治作戰部主任
趙知遠	1987.12.2.	空軍二級上將：副參謀總長，總統府戰略顧問。
郭宗清	1987.12.2.	海軍二級上將：國防部常務次長，國防部副部長
夏　旬	1987.12.2.	海軍二級上將國防部聯合作戰訓練部主任兼計劃參謀次長副參謀總長
黃幸強	1987.12.2.	陸軍總司令副參謀總長兼執行官總統府戰略顧問
羅　張	1988.6.	陸軍預備役二級上將內政部警政署署長。
劉曙晞	1989.10.	海軍二級上將中山科學研究院院長總統府戰略顧問
華錫均	1989.10.	空軍二級上將總統府戰略顧問兼航空技術發展中心主任
果　芸	1989.10.	國防部駐美國軍事採購團團長總統府戰略顧問
林文禮	1989.12.	空軍二級上將：空軍總司令，總統府參軍長。
周仲南	1989.12.	台灣警備總司令、軍管區司令、總統府戰略顧問
汪多志	1991.1.	陸軍二級上將三軍大學校長，國防部副部長。
莊銘耀	1991.7.	海軍二級上將：國防部副部長，海軍總司令
陳廷寵	1991.7.	陸軍總司令（1991.6-1993.7），總統府參軍長。

姓　名	授階時間	重　要　事　蹟
程邦治	1991.7.	副參謀總長，總統府戰略顧問。
王文燮	1992.10.1.	國防部督察部主任國防部副部長總統府戰略顧問
王若愚	1992.10.1.	台灣軍管區司令兼台灣海防巡防司令部司令。
李楨林	1992.10.1.	陸軍總司令，三軍大學校長。
顧崇廉	1992.10.1.	海軍二級上將副參謀總長國防部副部長海軍總司令
殷宗文	1993.8.	國家安全局局長
丁之發	1995.1.1.	陸軍二級上將：國防部督察部主任，聯勤總司令
杜金榮	1995.1.1.	總政治作戰部主任
伍世文	1995.1.1.	海軍二級上將副參謀總長海軍總司令國防部副部長
蔡春輝	1995.1.1.	空軍二級上將副參謀總長。
李建中	1995.7.1.	台灣軍管區司令兼台灣海防巡防司令部司令
黃顯榮	1995.7.1.	空軍二級上將：空軍總司令。
楊德智	1997	副參謀總長兼執行官，聯勤總司令
夏瀛洲	1997	空軍二級上將副參謀總長國防大學校長總統府戰略顧問
曹文生	1998.2.1.	總政治作戰部主任，總統府戰略顧問。
陳鎮湘	1998.2.1.	陸軍二級上將：陸軍總司令，國防大學校長。
陳肇敏	1998.6.1.	空軍二級上將空軍總司令總統府戰略顧問國防部副部長
丁渝洲	1999.2.1.	國家安全局局長
金恩慶	1999.2.1.	台灣軍管區司令兼台灣海防巡防司令部司令。
王漢寧	1999.12.15.	空軍二級上將：副參謀總長兼執行官。
苗永慶	1999.12.15.	海軍二級上將：副參謀總長，海軍總司令
鄧祖琳	1999.12.15.	副參謀總長總政治作戰部主任總政治作戰局局長
謝建東	2000.5.31.	聯勤總司令（2000.6-2003.9）
霍守業	2000.5.31.	副參謀總長，陸軍總司令
陳邦治	2001.11.	軍管區及海防部副司令，國防部後備司令部司令
朱凱生	2002.2.1.	副參謀總長
費鴻波	2002.2.1.	海軍二級上將副參謀總長。
劉貴立	2002.2.1.	空軍二級上將：副參謀總長。
李天羽	2002.2.1.	空軍二級上將：空軍總司令（2002.2-2006.2）。
高華柱	2003.2.1.	國防部後備司令部司令行政院退輔會主任委員
楊雨村	2002.3.1.	軍管區及海防部總司令。
薛石民	2003.8.29.	國防部後備司令部司令
陳體端	2004.4.1.	後備司令部總司令
曾金陵	2004.5.1.	副參謀總長
馮世寬	2004.5.1.	空軍二級上將副參謀總長。
戴伯特	2004.5.1.	聯勤總司令
餘連發	2005.6.1.	後備司令部司令

姓　名	授階時間	重　要　事　蹟
季麟連	2006.2.16.	聯勤總司令
胡鎮埔	2006.2.16.	陸軍司令
林鎮夷	2006.2.16.	海軍二級上將海軍司令。
沈國禎	2006.2.16.	空軍二級上將空軍司令。
吳達澎	2006.2.16.	陸軍二級上將政戰局長。
彭勝竹	2006.2.16.	空軍二級上將副參謀總長。
王立申	2006.2.16.	海軍二級上將副參謀總長。
趙世璋	2007.2.1.	陸軍二級上將陸軍司令。
金乃傑	2007.2.1.	空軍二級上將聯勤總司令。
嚴　明		陸軍二級上將.國防部長
雷玉其		空軍二級上將
高廣圻		海軍二級上將
李翔宙		陸軍二級上將

中華民國陸軍（總）司令

歷任	任期時間	姓　名	軍　階	備　註
一	1944.12.25.~1946.6.1.	何應欽	陸軍一級上將	
二	1946.6.1.~1948.5.13.	顧祝同	陸軍二級上將	
三	1948.5.13.~1949.2.9.	余漢謀	陸軍二級上將	
四	1949.2.9.~1949.6.26	張發奎	陸軍二級上將	
五	1949.6.26.~1949.8.25	顧祝同	陸軍二級上將	
六	1949.8.25.~1949.12.	關麟征	陸軍二級上將	
七	1949.12.~1950.3.	顧祝同	陸軍二級上將	
八	1950.3.~1954.6.	孫立人	陸軍二級上將	
九	1954.6.~1957.7.	黃　杰	陸軍二級上將	
十	1957.7.~1959.6.	彭孟緝	陸軍二級上將	
十一	1959.6.~1961.8.	羅　列	陸軍二級上將	
十二	1961.8.~1965.8.	劉安祺	陸軍二級上將	
十三	1965.8.~1967.6.	高魁元	陸軍二級上將	
十四	1967.7.~1969.6.	陳大慶	陸軍二級上將	
十五	1969.7.~1975.3.	于豪章	陸軍二級上將	
十六	1975.3.~1978.3.	馬安瀾	陸軍二級上將	
十七	1978.3.~1981.11.	郝柏村	陸軍二級上將	
十八	1981.11.~1988.6.	蔣仲苓	陸軍二級上將	
十九	1988.6.~1991.7.	黃幸強	陸軍二級上將	
二十	1991.7.~1993.7.	陳廷寵	陸軍二級上將	

廿一	1993.7.~1996.7.	李禎林	陸軍二級上將	
廿二	1996.7.~1999.1.	湯曜明	陸軍二級上將	
廿三	1999.2.1.~2002.1.31	陳鎮湘	陸軍二級上將	
廿四	2002.2.1.~2004.5.31	霍守業	陸軍二級上將	
廿五	2004.5.20.~2006.2.15	朱凱生	陸軍二級上將	
廿六	2006.2.16.~2007.1.31	胡鎮埔	陸軍二級上將	
廿七	2007.2.1.~2009.2.4.	趙世璋	陸軍二級上將	調國防副部長
廿八	2009.2.5.~2011.8.15	楊天嘯	陸軍二級上將	調任總統府戰略顧問
廿九	2011.8.16.~2014.1.15	李翔宙	陸軍二級上將	2014.1.16.調軍備副部長
三十	2014.1.16.~	嚴德發	陸軍二級上將	

註：1944 年，初稱為中國戰區中國陸軍總司令
　　1946.6.1.起，改為陸軍總司令。2006.2.16.改稱為陸軍司令

中華民國海軍（總）司令

歷任	任期時間	姓　　名	備　　　註
一	1929~1932	楊樹莊上將	海軍部長
二	1932~1945.11.	陳紹寬上將	軍部長（1932~1938）海軍總司令（1938~945）

註：1945 年 12 月 31 日海軍總司令部解散，改設海軍處，處長陳誠兼任。
　　1946 年 7 月海軍處再次擴編為海軍總司令部，仍由陳誠兼任總司令。

歷任	任期時間	姓名	備註
一	1946 年 7 月 1 日－1948 年 8 月 25 日	陳　誠上將	
二	1948 年 8 月 25 日－1952 年 4 月 15 日	桂永清上將	
三	1952 年 4 月 16 日－1954 年 7 月 1 日	馬紀壯上將	
四	1954 年 7 月 1 日－1959 年 2 月 1 日	梁序昭上將	
五	1959 年 2 月 1 日－1965 年 1 月 25 日	黎玉璽上將	
六	1965 年 1 月 25 日－1965 年 8 月 16 日	劉廣凱上將	
七	1965 年 8 月 16 日－1970 年 7 月 1 日	馮啟聰上將	
八	1970 年 7 月 1 日－1976 年 7 月 1 日	宋長志上將	
九	1976 年 7 月 2 日－1983 年 5 月 15 日	鄒　堅上將	
十	1983 年 5 月 16 日－1988 年 6 月 1 日	劉和謙上將	
十一	1988 年 6 月 1 日－1992 年 5 月 1 日	葉昌桐上將	
十二	1992 年 5 月 1 日－1994 年 4 月 16 日	莊銘耀上將	
十三	1994 年 4 月 16 日－1997 年 4 月 16 日	顧崇廉上將	
十四	1997 年 4 月 16 日－1999 年 2 月 1 日	伍世文上將	
十五	1999 年 2 月 1 日－2002 年 2 月 1 日	李　傑上將	

歷任	任期時間		姓名	備註
十六	2002 年 2 月 1 日－2005 年 2 月 1 日		苗永慶上將	
十七	2005 年 2 月 1 日－2006 年 3 月 1 日		陳邦治上將	
十八	2006 年 3 月 1 日－2007 年 5 月 21 日		林鎮夷上將	轉任國防部副部長
十九	2007 年 5 月 21 日－2009 年 5 月 21 日		王立申上將	
二十	2009 年 5 月 21 日－至今		高廣圻上將	

註：陳邦治 2006 年 1 月 1 日起，海軍總司令調整為「海軍司令」

歷任空軍（總）司令

歷任	任期時間	姓名	軍種軍階	備註
一	1946.6.~1952.3.	周至柔	陸軍一級上將	最初名稱為空軍總司令
二	1952.3.~1957.7.	王叔銘	空軍一級上將	
三	1957.7.~1963.7.	陳嘉尚	空軍二級上將	
四	1963.7.~1967.7.	徐煥升	空軍二級上將	
五	1967.7.~1970.7.	賴名湯	空軍一級上將	
六	1970.7.~1975.6.	陳衣凡	空軍二級上將	
七	1975.6.~1977.8.	司徒福	空軍二級上將	
八	1977.8.~1982.1.	烏　鉞	空軍二級上將	
九	1982.1.~1986.7.	郭汝霖	空軍二級上將	
十	1986.7.~1989.11.	陳桑齡	空軍一級上將	
十一	1989.11.~1992.9.	林文禮	空軍二級上將	
十二	1992.9.~1995.6.	唐　飛	空軍一級上將	
十三	1995.6.~1998.6.	黃顯榮	空軍一級上將	
十四	1998.6.~2002.3.	陳肇敏	空軍一級上將	
十五	2002.3.~2004.5.	李天羽	空軍二級上將	
十六	2004.5.~2006.2.	劉貴立	空軍二級上將	
十七	2006.2.~2007.7.15.	沈國禎	空軍二級上將	
十八	2007.7.16.~2009.7.16.	彭勝竹	空軍二級上將	
十九	2009.7.16.~2011.1.6.	雷玉其	空軍二級上將	
二十	2011.1.6.~2013.1.16.	嚴　明	空軍二級上將	2014 年任國防部長
廿一	2013.1.16.~	劉震武	空軍二級上將	

註：2006 年 1 月 1 日起，原名稱空軍總司令調整為空軍司令
　　2006 年 1 月，空軍警衛營移編憲兵司令部

（一）沙場名將

徐樹錚

1880.11.11.～1925.12.30.江蘇徐州府蕭縣（安徽）官橋鎮醴泉村

字又錚、幼錚，號鐵珊，自號則林人稱「小扇子」。

3歲識字，7歲能詩，13歲中秀才，17歲補廩生。

1901年，棄文從武，到濟南上書山東巡撫袁世凱，陳述經武之道，未得賞識，後被推薦為段祺瑞記室。

1905年，段祺瑞保送他到日本陸軍士官學校。

1910年，回國後在段祺瑞的部隊任清朝第六鎮軍事參議。

1911年，任段祺瑞第一軍總參謀。

1912年，先後任軍學司司長、軍馬司司長、事務廳長。

1914年5月，任陸軍部次長，年僅34歲，為次長中最年輕者。袁世凱稱帝時，因其勸段祺瑞抵制，遭袁世凱的罷免，在北京創辦北京私立正志中學。

1916年6月，袁世凱死後，黎元洪繼任總統，段祺瑞為國務院總理，徐樹錚復任陸軍次長兼國務院秘書長。因常對黎元洪蠻橫無理，在府院之爭中被革職。

1917年，徐策動張勳趕走黎元洪的張勳復辟事件。又策劃討伐張勳逆軍行動，後任陸軍總次長，主張武力統一中國。

11月第二次府院之爭，段祺瑞辭職。之後，徐幕後策劃督軍團對馮國璋施加壓力，策動奉天張作霖入關搶奪軍火，迫使馮國璋再度啟用段祺瑞組閣。後段祺瑞復任總理兼陸軍總長，徐樹錚任陸軍次長兼西北籌邊使，升上將。在馮段之爭中，徐為段穿梭奔波，他一方面假借參加第一次世界大戰為名，向日借得巨款，編參戰軍，為段擴兵爭雄；一方面組織安福俱樂部，包辦選舉，成立安福國會，以鞏固段之政權。

1918年6月15日，徐樹錚在天津暗殺馮玉祥的恩師兼老長官陸建章。

1919年，任西北籌邊使兼西北邊防軍總司令。10月，率西北邊防軍第一師進入外蒙古，迫使外蒙古在在11月17日正式取消自治，回歸中國。孫中山電賀其成就可與傅介子、班超相比。

1920年，直皖兩系軍閥鬥爭激烈，徐樹錚被免職，任遠威將軍，留北京代職。直皖兩派最終爆發直皖戰爭，徐任皖系定國軍副總司令兼參謀長。戰敗後，段祺瑞下台，徐被指控為「十大禍首」之最而遭通緝拿辦，借日本使館之助逃到天津，後潛入上海英租界內匿居。

1921年，孫中山計劃聯合段祺瑞、張作霖組成三角同盟，北伐討直。徐代表段祺瑞於次年初赴桂林與孫中山唔談。

1924年9月，江浙戰爭，徐任皖系浙滬聯軍總司令。皖系再次失敗，他在英租界寓所內被支持直系的英國人拘捕，並強迫他乘英輪去歐洲。經香港時，直奉戰爭結束，段祺瑞被推為臨時執政，徐獲得自由，被任命為考察歐美日本

各國政治專使。遂率團赴歐美考察。在法國時，孫中山逝世，徐電致輓聯。

1925 年 12 月 11 日，考察結束回上海，段祺瑞以京津局面混亂電囑其暫緩赴京，但他認為考察回國，理應復命，19 日即動身赴京。29 日晚途經京津間廊坊車站，被馮玉祥部下張之江劫持，於 30 日凌晨殺害復仇，時年 45 歲。

1926 年，歸葬故里。

蔣百里　1882.9.2.～1938.11.4.浙江杭州府海寧州硤石鎮人

蔣方震，字百里，以字行，軍事家，著有《國防論》。

1891 年，9 歲讀經，能三四字對句。10 歲能制詩及制藝。

1893 年，就讀家塾。讀左傳、禮記、周易，隨倪師靈飛經。

1895 年，父病故，奉母歸返故里。翌年母病，延醫罔效，割左臂肉煎湯奉母，細菌感染潰腐，延醫方癒。

1898 年，為秀才，響往康梁變法，赴上海經濟學堂。

1899 年，入浙江求是書院學「實學」。

1901 年，赴日留學。組織浙籍同鄉會，參加留日學生運動。

1905 年，以步兵科第一名畢業，後來又入經理學校。

1906 年，回國在趙爾巽幕府任總參議，為人排擠，同年轉赴德國深造軍事。

1910 年，得日本士官學校同學良弼提拔，就任禁軍管帶。

1911 年，任總參議建立東北第一線國防，不利張作霖，派人追殺，蔣百里逃亡至火車上，內急去洗手間上鎖，得免於難。

1913 年，任保定官校長，校務經費被拒，憤以手槍自戕，幸侍從迅速將槍奪下。

結識日籍看護佐藤屋子結婚，婚後佐藤屋子改名為左梅。生女蔣英是著名音樂家，為中國導彈之父錢學森之妻。

1916 年，袁世凱稱帝，響應蔡鍔興兵討袁。

1917 年，任黎元洪總統府顧問。往後數年間，蔣氏賦閒，著書立說。

1923 年，當選浙江省議員，參加制憲工作。

1925 年，討伐張作霖任吳佩孚總參謀長，吳佩孚聯奉擊馮，蔣辭職轉而投靠孫傳芳，接著孫傳芳向張作霖靠攏，蔣又離開孫傳芳。

1929 年，唐生智討蔣介石，蔣百里與唐生智過從甚密，受牽連入獄 1931 年獲釋。

1933 年，赴日考察，認中日戰爭不可免，提議國民政府備戰，擬多項國防計劃。

1935 年，任軍事委員會顧問，奉命到歐洲考察軍事，游說德、意兩國支持中國。

1936.12 月蔣委員長請蔣百里到西安會晤。事變時，蔣百里調解張學良事件。

1937 年，擔任盧山訓練教官，並任陸軍大學校長。

1938 年，心臟病病逝，就地斂葬。

1947年，陳儀好友協助遷葬，起棺時，竟然屍身不朽。其生前至交竺可楨大哭道「百里，百里，有所待乎？我今告你，我國戰勝矣！」一時眾人泣不成聲。遺骸火化後遷葬西湖。

蔣氏少年得志，「日本大正天皇賜刀」令其名揚海內外，中年受唐生智牽連成為階下囚，退出政壇居閒，編著「國防論」。

晚年，有志難伸，蔣介石以其擅長的羈縻手段為特使赴歐，後任其為陸大代理校長，仕途雖不得志，唯其戰略觸覺益發老練，寫下不少猶如「預言」論文，屢於事後應驗，認定為「軍事戰略家」。

沈鴻烈　1882.10.27.～1969.3.12.，湖北天門人

沈鴻烈，字成章，原本為張作霖與張學良麾下高級將領，二戰期間為國民革命軍上將。

1905年，入日本商船學校、海軍學校，並在日本加入中國同盟會。歸國後在黎元洪部下，在武昌起義中策動長江中的清朝艦隻起義成功。

1910年，在張作霖下擔任奉系海軍將領。

1923年，因戰功升中將海軍司令。受張作霖、張學良命籌劃整頓東北海軍，使東北海軍足與閩系海軍並列。

1928年，皇姑屯事件後，與張學良一起加入國民革命軍。

1929年，同江之役中率部重創蘇聯海軍，而聲名大噪。

1930年，固守東北海防有功，與張學良同受中華民國青天白日勳章。

1936年，西安事變，保持中立，致電張學良釋放蔣介石，一方面致電蔣介石事後冷靜處理，深獲蔣介石委員長信任。

九一八事變後，任上將海軍總司令、青島市市長、山東省主席、浙江省主席、東北軍司令等。在抗日期間在青島海防阻止日軍登陸戰大勝。此後參與了淞滬會戰，炸燬日軍多艘物資戰船，後任抗日蘇魯戰區副司令。在國家政策上，提出「寧匪化，勿赤化；寧亡國與日，勿亡國與共；日可以不抗，共不可不打」。

1950年，隨政府來到台灣，擔任政府要職。

1969年3月12日，病逝臺北榮民總醫院。

鹿鍾麟　1884.3.12..～1966.1.11.河北定州北鹿庄人

鹿鍾麟，字瑞伯，馮玉祥手下的「五虎將」之一（其他四位是張之江、宋哲元、鄭金聲、劉郁芬）

早年考秀才未中，後因日俄戰爭而受到觸動，投筆從戎。

1906年，成為新軍第6鎮第1混成協士兵。

1908年，加入馮玉祥組織的武學研究會。

1910年，他任第6鎮第40協第79標副官。

1911年，隨馮玉祥參加革命灤州起義失敗，受到車震的

保護。

1915 年，伍祥楨的第 39 旅擴編為第 4 混成旅，他留任副營長。

同年，12 月，反對袁世凱稱帝，蔡鍔率護國軍第 1 軍進攻四川。馮玉祥護國軍，鹿鍾麟在其中出謀策劃。

1916 年 5 月，陳宦宣佈四川獨立。馮玉祥部改編為護國軍第 5 師。

1917 年 7 月，張勳實行復辟，鹿鍾麟等迎請馮玉祥回該旅，通電討伐張勳。

1918 年 8 月，任砲兵團團長、教導大隊大隊長。訓練士兵精銳化，培養出張自忠等優秀軍人。

1922 年，鹿任河南全省警務處處長。同年 10 月任馮所率的第 11 師第 22 旅旅長。

1924 年 11 月 5 日，鹿奉黃郛命令，將末代皇帝溥儀驅逐出紫禁城。

1925 年 3 月，孫文在北京去世，鹿曾幫助孫中山靈柩移奉北京西山碧雲寺。

1926 年 1 月，任國民軍前敵總司令（後任東路總司令）。

參加北伐，任總參謀長。今訪問蘇聯，會見史達林，取得蘇聯援助。

1927 年 4 月，歸國後，任河南省民政廳廳長兼代理省政府主席。

1928 年末，鹿任國民政府軍政部常務次長。

馮玉祥同蔣介石的矛盾激化，反蔣戰爭開始，鹿鍾麟參戰。

1930 年，中原大戰反蔣軍敗北，鹿鍾麟通電下野，蟄居天津。

1937 年，馮玉祥任第三戰區司令長官，鹿任該戰區參謀長。馮轉任第六戰區司令長官後，鹿轉任同戰區副司令長官。

1938 年，任河北省主席，主持河北地區的敵後抗戰。

1940 年，國共對立，鹿辭職前往重慶。從事聯共政治活動。

1944 年，任兵役部長。

1946 年 7 月 31 日，陞二級上將，代理河北省主席。退役後，鹿隱居天津。

1949 年，中華人民共和國建國，鹿留在大陸。

1954 年，中共任命其為國防委員會委員，但未赴職。

1966 年 1 月 11 日，他在天津因患癌症病逝。享年 83 歲。

俞飛鵬　　1884～1966 浙江奉化人

俞飛鵬，前清寧波師範、北洋軍需學校、江南水師學堂（即南京海軍軍官學校）畢業。海軍一級上將，歷任縣長、行政院軍需署長、交通部長、二副、大副、艦長艦隊司令官、軍事委員會委員、海軍總司令、海軍部長、兵站總監、後勤部長、招商局長（今陽明海運）董事長、中央銀行副總裁等職.

1966 年，病逝台北。

馬占山　　1885～1950 奉天懷德（今吉林公主嶺）人

馬占山，陸軍上將銜，匪徒出身，精擅騎射，歷任奉軍哨連營團旅師長，黑河警備司令、黑龍江省主席、偽滿州國軍政部總長、東北挺進軍總司令、東

北保安副總司令等職。對日抗戰，是中華十五年抗戰打響抵禦日寇第一槍的國家英雄，九一八事變時，拒絕日軍通牒，毅然決定以武力防嫩江江橋（今黑龍江省泰來縣江橋鎮），公仇私怨，今必回報，一舉揚名天下。平津會戰時，曾勸說傅作義接受和平改編。1950 年肺癌病逝北京，享壽 65 歲。

宋哲元　1885.10.30.～1940.4.5.山東樂陵縣人

宋哲元，字明軒，馮玉祥手下的「五虎將」之一（其他四位是張之江、鹿鍾麟、鄭金聲、劉郁芬），幼年家貧，刻苦讀書。

1907 年，從軍，入北洋陸軍陸建章部，任連長、少校團副。

1917 年，張勳復辟，他擊破張勳的辮子軍有功，升任團長。

1921 年，擊破陝西督軍陳樹藩，河南督軍趙倜有功升旅長。

1924 年 10 月，北京政變（首都革命），任第 11 師師長。

1923 年，任熱河都統，成立蠶蜂學校，振興熱河農業。建軍械廠，仿製德國毛瑟 20 響駁殼槍。撤離承德時，市民含淚夾道相送。

1926 年，任陝西省政府主席。

1928 年，宋哲元參加馮玉祥反蔣戰爭。反蔣軍敗北，宋哲元被任命軍長。

1931 年，九一八事變，發出「抗日通電」，表示「哲元等分屬軍人，責在保國。謹率所部枕戈待命，寧為戰死鬼，不作亡國奴，奮鬥犧牲，誓雪國恥。」

1932 年，宋哲元兼任察哈爾省政府主席。

1933 年 2 月 22 日，抗日長城戰役，宋哲元第 29 軍展開以大刀隊與日軍展開搏鬥，消滅日軍 6000 餘人，喜峰口大捷，震動全國。《大刀進行曲》的歌曲唱遍全中國。

1935 年，宋哲元與日本土肥原賢二締結秦土協定，因之宋被罷免察哈爾省主席。

1937 年 7 月 7 日，七七事變，宋哲元試圖通過在日本軍方面的人脈達到停戰。

1938 年，任第一戰區副司令，不久染上肝病，

1940 年，辭職回到其夫人常淑清的故鄉四川綿陽療養。

1940 年 4 月 5 日，病逝。享年 56 歲。國民政府追授其為一級陸軍上將。

熊克武　1885.12.26.～1970.9.2.湖南懷化麻陽生於四川井研縣鹽井灣

熊克武，字錦帆，出生醫生家庭，早年有志於學問。

1903 年，入四川東文學堂。結識戴季陶，叔父資助，赴日本留學。先入大成尋常中學校，後入東斌學堂學習軍事。在東京期間，熊克武結識孫文。

1905 年，參加同盟會。12 月歸國，和黃興等策劃反清起義。

　　1912 年，重慶成立的蜀軍政府，熊克武擔任該軍總司令，駐紮重慶。

　　1913 年，二次革命爆發，熊克武、楊庶堪等人共同發動反袁世凱起義失敗，流亡日本，後到南洋募集革命資金。

　　1915 年，歸國參加護國戰爭，隨蔡鍔所率護國軍第 1 軍返回四川。

　　1916 年，袁世凱死去，蔡鍔任四川督軍，熊克武任川軍第 5 師長兼重慶鎮守使。

1917 年，護法運動獲得熊克武支持。

1918 年，任四川靖國軍總司令。驅走逐了劉存厚，取得四川統治權。

1920 年，將呂超及滇軍驅逐出四川省。12 月熊克武、劉存厚發表「四川自治」宣言，因內鬥，熊克武被逐出四川省

1921 年，熊克武遭到湖北省的吳佩孚攻擊而敗北。

1924 年，熊克武逃離四川省，奔向湖南省常德。

1925 年，熊克武率軍赴廣東，汪兆銘和蔣介石以熊克武勾結陳炯明陰謀顛覆廣東軍政府的罪名，將熊克武收監，收編其部隊。熊克武退出軍事、政治舞台。

1927 年，熊克武獲釋，作為四川省的名士從事社會活動。

1949 年，中華人民共和國建國，他留在中國大陸。

1970 年 9 月 2 日，熊克武在北京病逝。享年 86 歲（滿 84 歲）。

楊宇霆　1886～1929.1.10.，奉天省法庫縣（今遼寧省法庫縣）人

　　楊宇霆，字凌閣，或作麟閣、麟葛、鄰葛，北洋軍閥執政時期奉系軍閥重要將領。因圖謀不軌，遭到奉系領袖張學良處決。

　　清代生員，留學日本陸軍士官學校第八期炮兵科畢業。歸國後在長春第 23 鎮中任哨官（排長），逐步升遷，嶄露頭角，得到奉系領導人張作霖的信任，歷任奉軍參謀長、東北陸軍訓練總監、東三省兵工廠總辦，奉軍第三、四軍團司令，江蘇軍務督辦。

　　1925 年 10 月，張作霖之子張學良的恩師、曾任奉天講武堂的教官郭松齡叛變，郭素遭楊宇霆排擠，亦為郭叛變之因，郭隨即被奉軍討死，楊宇霆甚喜，張學良從此深恨楊宇霆。

　　1928 年 6 月，大元帥張作霖在皇姑屯事件被刺殺後，楊自命為老臣，時常對少主張學良不稱軍銜，直呼名諱，不假辭色，動輒譏諷，諸將深以為不敬，在東北易幟典禮當天，不給張學良面子，拒不參加集體留影，又甚至隱匿公事自行批閱，張學良隱忍不發，但已認定楊欲奪取東北軍政大權。

　　1929 年 1 月 10 日，楊向張學良提出成立東北鐵路督辦公署，並派黑龍江省省長常蔭槐為督辦，咄咄逼人。張學良託言「晚飯再談」，卻密令警務處長高

紀毅、副官譚海，處決楊宇霆與常蔭槐。晚上楊宇霆與常蔭槐被高紀毅、譚海率領六名武士槍殺於元帥府「老虎廳」，奉系稱此事件為「楊常而去」。

張學良處死楊、常之後，各贈銀元一萬元，並親筆寫信給時在法國留學的楊宇霆長子楊春元，以示安慰。張學良也親題輓聯與楊家：「詎同西蜀偏安，總為幼常揮痛淚；淒絕東山零雨，終憐管叔誤流言。」

徐永昌　1887.12.15.～1959.7.12.，山西省崞縣（原平市）

徐永昌，字次宸，武衛軍隨營學堂、陸軍大學畢業。

曾參與倒袁運動，曾任旅、師長、兼陝西警備司令、參謀長。

1927 年，先後出任綏遠省、河北省政府主席、1931年，任山西省政府主席。

1937 年，任軍事委員會辦公廳主任，七七蘆溝橋事變後任委員長保定行營主任。1938 年，任軍令部部長

1943 年，獲授青天白日勳章。

1945 年，日本投降，代表政府在日本東京灣美艦密蘇里號參加盟軍受降儀式。

1946 年，任陸軍大學校長，1948 年，任國防部部長，

1949 年，率陸軍大學師生隨政府遷往台灣。任資政，晉升為陸軍一級上將。

1959 年，病逝於台北市，享年 72 歲。

商震　1888.9.21.～1978.5.15.祖籍浙江紹興，生於河北保定大城縣

商震，小名大壽，字啟予，保定陸軍速成學堂，因加入同盟會被校方開除，後成為閻錫山部屬。

歷任營、團、旅、師、軍長、兵工廠長、集團軍總司、河北、山西省政府主席、第六戰區司令長官、外事局長、緬甸軍事考察團長、駐美、日軍事代表團團長、並隨蔣中正委員長參加開羅會議。

1949 年，遷居日本，熱心於兩岸統一大業，

1974 年及 1975 年，曾兩度返回大陸。

1978 年 5 月 15 日，病逝東京，6 月 30 日骨灰運回大陸安放北京八寶山革命公墓。

陳紹寬　1889～1969 福建閩侯人

陳紹寬，字厚甫，江南水師學堂航海科畢業。曾任二副、大副、艦長艦隊司令官、軍事委員會委員、海軍總司令、海軍部長、國防委員等職。

1932 年 10 月 10 日獲頒青天白勳章。

抗日戰爭，以軍艦與民用船隻，沉於長江，狙擊日寇優勢海軍，為海戰史上至為罕見奇事。1969 年，病逝福州。

林蔚　1889~1955 浙江黃岩人

林蔚，字蔚文，南京江南水師範學堂、陸軍大學畢業。陸軍二級上將。歷任營長、參謀長、團長、陸海空軍司令部參謀廳長、銓敘廳長、軍令部次長、國防部次長、代參謀總長、東南長官公署副長官、戰略國策顧問等職。為人嚴謹，潔身自愛，不結黨營私，一心盡忠職守，為蔣中正總統效勞，深獲蔣信任。林曾將勤勳章受勳名冊上自己名字劃掉，主持會議或作報告，有完整底稿，一字一句均經慎思斟酌。

1946 年 3 月 7 日，獲頒青天白日勳章。1955 年病逝台北，享壽 66 歲。

賀耀組　1889.5.8～1961.7.16，湖南寧鄉人

賀耀組，號貴嚴，日本士官學校畢業，加入同盟會。

1916 年日本士官學校畢業。曾歷任國民黨政府參軍長、徐州行營主任、國民政府參謀次長、國民黨軍事委員會辦公廳上將主任、蘭州行轅主任兼甘肅省政府主席、國民黨軍事委員會委員長侍從室主任兼軍統局局長，及重慶市市長、國民黨中央監察委員等職。

1938 年任命為駐蘇聯大使，返回陪都述職改任侍從室主任。

1942 年 11 月，蘇聯的一架軍運飛機要求飛往延安，蘇聯駐華大使打電話找賀耀組幫忙。看在老交情上，賀耀組沒有報告蔣介石，即予放行。蔣介石事後得知，大為生氣，於當年底將賀耀組貶出侍從室，改調為重慶市市長。

1945 年 8 月，國共和談，賀耀組身為陪都市長，有一天毛澤東、周恩來抽空與賀耀組晤談，還提出邀他去八路軍辦事處做客。

賀耀組為盡地主之誼，決定設宴招待中共代表團，預先請示蔣介石獲得批准，並請孫科、吳鐵城、張君勱、曾琦等社會知名人士作陪。由於有前車之鑒，他舉行家宴的當天，特意不讓自己的夫人倪斐君到場，以此避嫌。

原來，倪斐君從前是南京醫院的護士，追求進步，熱心公益及婦女事業。來渝後，她積極參加"新運會"所屬婦女指導委員會的工作，深得宋慶齡賞識。通過宋慶齡的介紹，她又時常與周恩來、郭沫若、廖承志等人來往，日益左傾，受到特務注意。

家宴剛結束，蔣介石又召賀耀組去責問："你連老婆也管不住，如何當市長？"賀耀組頗感委屈，思來想去，遂於 1945 年 12 月呈請辭去市長職務，由張篤倫接替。

1949 年 8 月，賀耀組在香港通電擁護中共。隨即返大陸定居。

10 月 1 日中華人民共和國建國，賀耀組先後擔任中南軍政委員會委員兼交通部長，全國政協第二、三屆委員，民革中央常委。

1961 年 7 月 16 日逝世。

陳濟棠　1890.1.23.～1954.11.3.廣東防城（今廣西防城港）

陳濟棠，字伯南，曾主政廣東，有南天王之稱。

1907 年，考入黃埔陸軍小學，加入同盟會。辛亥革命，入廣東陸軍速成學校。任粵排長累升至團長。在護法戰爭、討伐陳炯明，追隨孫中山，任粵軍李濟深部第二旅旅長。

1925 年，陳濟棠是李濟深部下任國民革命軍第四軍 11 師師長。

1927 年，共產黨南昌兵變，陳濟棠率軍阻截。

1929 年，蔣桂戰爭，李濟深因故被蔣介石在南京湯山扣押，陳濟棠支持蔣介石。升第四軍長兼廣東綏靖委員，第八集團軍總司令。

1931 年，胡漢民被蔣介石軟禁，孫科、陳濟棠、汪精衛、唐紹儀等在廣州通電反蔣，成立廣州國民政府，陳任第一集團軍司令。12 月寧粵和談蔣介石下野。

1936 年，內定蔣介石為總統、陳濟棠為副總統，個人因素未果。

6 月，陳與桂系發動「兩廣事變」以「抗日救國軍」名義反蔣，陳手下空軍大隊為蔣介石重金收買，司令黃光銳於 7 月帶領 48 架飛機飛往南昌投奔南京。陳手下其他大將余漢謀等通電表示服從中央，陳被迫出走香港，蔣介石派黃鎮球去安慰他，說將來借重他的地方還多，此後陳濟棠即出國考察。

1937 抗日戰爭，由歐洲回國，任最高國防委員和戰略委員會委員。

1940 年，更任國民政府農林部長。

1949 年，任海南行政長官兼海南警備司令。

1950 年，到台灣，任總統府戰略顧問。

1954 年 11 月 3 日卒於台灣，葬台北市新北投。

何應欽　1890.4.2～1987.10.21.貴州興義

何應欽，字敬之，貴州陸軍小學武昌陸軍中學、日本東京振武學校、日本陸軍士官學校畢業，加入同盟會。

　　1924 年，任黃埔軍校總教官，北伐時任第一軍軍長、兼任潮梅警備司令，廣東潮州梅州攻福建，任東路總指揮入浙。

　　1927 年，寧漢分裂，龍潭大敗孫傳芳，任總司令部總參謀長。

　　1929 年，任海陸空軍總參謀長。

　　1930 年，任軍政部長、軍委會行營主任。九一八事變，與日本交涉華北問題簽署「塘沽協定」及「何梅協定」。此兩協定被認為是「賣國」協定，引起民眾的譴責。

　　1936 年，西安事變，何應欽代總司令，主張以武力討伐張學良。

　　1937 年，中日戰爭，任第四戰區司令長官和軍委會參謀總長等職。

　　1943 年 10 月 10 日，抗戰籌謀有功，獲頒青天白日勳章。

　　1944 年，指揮芷江會戰，大敗日軍，11 月日本投降後，任陸軍總司令、及重慶行轅主任。

　　1945 年 9 月 9 日，在南京接受日軍代表岡村寧次的降書。

　　1946 年 6 月赴美任聯合國安全理事會軍事參謀團中國代表團長。

　　1948 年，接白崇禧任國防部長。

　　1949 年 3 月，於李宗仁行代總統時任行政院長，同年赴台灣。

　　1979 年，90 華誕時獲頒軍人最高榮譽「國光勳章」。

　　1982 年，出任三民主義統一中國大同盟首任會長。

　　1987 年 10 月 21 日，病逝台北。

蔣緯國　1916.10.6.～1997.9.22.浙江奉化人

蔣緯國，幼名建鎬，號念堂。生於日本東京，養父蔣中正，養母姚冶誠，兄蔣經國。生母是日本人重松金子，生父是戴傳賢（戴季陶）。

蔣中正與戴傳賢是結拜好友，兩人在日本同賃一室。戴有一日本護士女友重松金子，重松與蔣、戴二人均「過從甚密」，重松為戴生下一子，過繼給蔣，由蔣的側室姚冶誠撫養，即為蔣緯國。稱蔣介石為「父親」，稱戴季陶為「親爸」。蔣緯國小時候在蔣介石安排下，拜戴傳賢為義父。戴傳賢，字季陶，原籍浙江湖州，祖父一代移居四川廣漢，湖州人稱「義父」為「親伯」，蔣緯國從小除常隨侍蔣介石外，也常依親伯戴傳賢膝前，接受教誨。

蔣緯國第一次獲知生母是日本人，還是他的養母姚冶誠告訴他。蔣緯國為自己身世，不斷盡力向各方打聽親媽身後事物，知道生母名叫金子，日本平民，己已經去世。對日戰爭結束後，歷經浩劫，人事全非，僅知金子媽媽葬在東京郊外青山墓地，惟墳墓被轟炸已毀炸，骸骨下落無人知曉，茫茫無知長大。

據李敖與汪榮祖考證，蔣中正原有一個幼弟蔣瑞青，早年過世，無子，王太夫人不忍蔣瑞青絕後，作主將蔣經國過繼給瑞青，再著蔣介石收養蔣緯國，令介石與瑞青香火皆得以續傳。故戴季陶將蔣緯國過繼給蔣中正。

1921 年，蔣介石在廬山，經常帶著蔣經國與蔣緯國在家附近散步。

1923 年，蔣介石改聘賀舜華撫教蔣緯國，歷時 4 年。

1924 年，蔣緯國在蘇州東吳大學就讀物理系。

1936 年，赴歐洲留學。中德合作（1911 年～1941 年）期間。

1937 年，蔣緯國奉派隨蔣百里到德國考察軍事，擔任少尉副官。旋加入德國國防軍 98 山嶽步兵團，從二等兵幹到實習班長、排長、連長等職。

1938 年，慕尼黑軍官學校受訓。官拜德軍少尉，學新式戰法，夜間以足球自娛。

1939 年，德、日、義組成軸心國。是年蔣緯國畢業，原本分發到德國步兵第八師，因為希特勒入侵波蘭，歐戰爆發，蔣介石命蔣緯國轉赴美國，入美國陸軍航空隊及美國空軍參謀大學正科受訓，又進美國裝甲兵訓中心。

1940 年，學成回國，晉見父親之後，又去見親伯戴傳賢。蔣緯國提起在國外留學時，聽到說他親生父親是戴傳賢。

1941 年，抗日戰爭，在青年軍 201 師直屬部隊任少校連長、營長。

1943 年，蔣緯國與西北音樂院石靜宜相識，石父石鳳翔為西北紡織鉅子。得到蔣介石同意：「石門親事可結合。」

1944 年 12 月 25 日，蔣緯國與石靜宜在西安王曲七分校常寧宮舉行結婚典禮，胡宗南將軍福證，介紹人為陝西籍軍官劉恩蔭。

1946 年，進入裝甲部隊（戰車第一團）。

1948 年，為安定裝甲兵部隊官兵生活，在南京香林寺創設宜寧中學，以解決裝甲兵子女教育問題。12 月 23 日，蔣介石派陸軍裝甲兵司令部參謀長蔣緯國攜帶其親筆信到北平，勸傅作義南撤。12 月 25 日，蔣緯國飛返南京。

1949 年 4 月 28 日，蔣緯國自台灣到上海向蔣經國報告台灣情況。後兼任

宜寧中學董事長。

1953 年 3 月 21 日，石靜宜因難產「病故」，未留下子女。

1957 年，蔣緯國與邱如雪在日本成婚，育一子名蔣孝剛。婚後不久兩人分居，邱定居美國。

1964 年，蔣緯國原部屬趙志華策動〔湖口裝甲兵事件〕，叛變未遂。事件後，蔣緯國從此未被被授與軍權。

1964 年，任三軍大學陸軍指揮參謀學院院長、三軍大學副校長，籌備戰爭學院。

1969 年，創設戰爭學院。

1975 年，蔣緯國、蔣孝剛父子赴台中瞻仰養母姚氏靈厝。蔣介石去世後，嚴家淦繼任總統。蔣緯國晉升陸軍二級上將，並擔任戰爭學院院長兼三軍大學校長。

1980 年，任聯勤總司令。

1983 年 5 月 6 日，蔣經國函電蔣夫人宋美齡：「緯弟在聯勤三年仍需其暫相臂助俾能達成其計劃作為此意緯弟昨已接受並已告知大人慈諭盛德緯弟健康兒定當注意不令過勞尚祈大人釋念」。

1986 年 5 月 6 日，宋美齡函電蔣經國：「緯國新職當允其繼續有所貢獻」蔣緯國自軍中退役，擔任國家安全會議秘書長。

1990 年，總統選舉，國大代表滕傑等人提議林洋港與蔣緯國搭檔參選正、副總統，最後未能如願，李登輝與李元簇當選。

1993 年，受聘為中華民國總統府資政。

1997 年 9 月 22 日，蔣緯國因糖尿病併發症，病逝台北榮民總醫院，安葬台北汐止五指山國軍示範公墓。

蔣緯國平易近人、反應銳敏，機智過人。允文允武、學養俱佳、能力很強，服從長官、盡忠職守、知所進退，諸多優越條件，一個非常傑出難得的人才。

李品仙　1890.4.22.－1987.3.23.，廣西省梧州府蒼梧縣人

李品仙，字鶴齡，新桂系將領，鄉紳家庭。幼學舊學。

1907 年，入蔡鍔創設的廣西陸軍小學堂。

1910 年，升入湖北第三陸軍中學堂第 2 期。

1911 年，武昌起義後，李品仙參加革命派。其後回到家鄉任梧州的軍械局局員。

1913 年，入保定陸軍軍官學校第 1 期，與白崇禧為同學。

1914 年，回鄉，入桂軍，隨軍參加護國戰爭。

1916 年，李品仙隨所屬連的連長轉入湘軍。其後，在保定陸軍軍官學校的同學唐生智手下，參加了護法戰爭，逐步升職。

1924 年，任湘軍第 4 師第 8 旅旅長。

1926 年 6 月，唐生智加入國民革命軍序列，李品仙任國民革命軍第 8 軍第

3 師師長。北伐之際，率部攻取湖南省各地，為在湖北省擊敗吳佩孚軍作出貢

1927 年 2 月，任第 8 軍副軍長；4 月升任軍長，兼任武漢三鎮衛戍總司令、湖北省政府委員。上海四一二政變爆發後，李品仙支持蔣介石肅清中國共產黨。

10 月，在寧漢戰爭中，李品仙追隨唐生智，唐生智遭新桂系李宗仁敗北。

1928 年 2 月，投向新桂系，4 月任國民革命軍第 4 集團軍第 12 路軍總指揮兼第 8 軍長。其後再度北伐，在灤河解除了直魯聯軍 3 萬人的武裝，駐留唐山。

1929 年 3 月，蔣桂戰爭爆發，蔣介石再度起用唐生智。李品仙回到唐生智手下，任第 5 路軍副總指揮兼第 8 軍軍長，同新桂系交戰。

同年末，唐生智再度反對蔣介石，李品仙跟隨唐生智。

1930 年 1 月，唐生智敗北，李品仙下野，逃赴香港。中原大戰爆發後，李品仙應新桂系招聘，任湖南善後督辦。中原大戰新桂系敗北，李品仙回到廣西，任第 4 集團軍總司令部參謀長。以後，歷任南寧軍官學校校長、廣西邊防對汛督辦兼左江區行政監督、龍州區民團指揮官。

1935 年，再度出任第 4 集團軍總司令部參謀長。

1936 年 1 月，升為陸軍中將，7 月任廣西綏靖公署副主任。

1937 年 3 月，獲授陸軍上將銜。

7 月抗日戰爭爆發，12 月李品仙任第 11 集團軍總司令（轄 3 個軍）。李品仙到李宗仁管轄的第五戰區赴任，參加台兒莊戰役、徐州會戰，立下軍功。

1938 年 6 月，參加武漢會戰，任武漢防衛軍第 4 兵團司令。10 月日軍佔領武漢，李品仙善戰，該部往湖北省休養、重編。

1939 年 4 月，參加隨棗會戰，與日軍 4 個師團激戰，阻止日軍攻勢，立下軍功。

11 月，李品仙被任命為安徽省政府主席，升任第 21 集團軍總司令。

1940 年 5 月，第 2 次隨棗會戰（隨宜會戰。日本方面稱為宜昌作戰）及

1941 年 1 月，新四軍軍部在轉移過程中被包圍殲滅，史稱皖南事變。李品仙發生了重要影響，屢立軍功。8 月第 2 次長沙會戰，李品仙建功。

另一方面，李品仙對共產黨也進行了強力彈壓及肅清，與新四軍關係緊張。

1945 年 1 月，李品仙升任第十戰區司令長官，6 月當選中國國民黨第六屆中央執行委員。抗日戰爭結束之際，李品仙負責徐州方面日軍受降事宜。

1946 年（民國 35 年）4 月，李品仙專任安徽省政府主席。同年兼任徐州綏靖公署副主任，參與第二次國共內戰。

1948 年，李宗仁參選中華民國副總統，李品仙給予全面支援。同年，李品仙任華中軍政長官公署副長官（長官白崇禧）。

1949 年 5 月，任桂林綏靖公署主任。但他未能阻止中國人民解放軍的攻勢，於同年 12 月前往台灣。在台灣，李品仙任總統府戰略顧問委員會顧問。

1953 年，退職，此後一直擔任台北市水源里的鄰長。

1987 年 3 月 23 日，李品仙在台北市病逝。享年 98 歲（滿 96 歲）。

朱紹良　1891～1963　福建省福州人

朱紹良，字一民。先後就讀福建陸軍小學堂，南京陸軍第四中學堂，日本振武學校，日本陸軍士官學校。

1910 年，加入中國同盟會，參加過武昌起義、討袁戰爭、北伐、中原大戰、對中共中央蘇區的第一、第二、第三次圍剿等戰役。

1931 年 12 月，兼駐贛綏靖主任。

1933 年，任甘肅省主席兼駐甘綏靖主任。

1935 年，兼任西北剿共軍第 1 路總指揮。

1937 年，七七事變後，參加淞滬會戰，任第八戰區司令長官。抗戰結束後，歷任國民政府軍事委員會副參謀總長、重慶行轅主任、福州綏靖公署主任、新疆省主席。

1949 年 8 月，至臺灣，歷任總統府戰略顧問、國策顧問、國民黨中央黨史委員。

1963 年 12 月 25 日，在台北病逝，

1964 年，被追晉為陸軍一級上將。

張自忠　1891.8.11.（農 7 月 7 日）～1940.5.16.　山東臨縣唐家園村

張自忠，父張樹桂（字冬榮）曾任江蘇省贛榆縣知縣，6 歲入私塾，後隨父至江蘇，由父親教導。父親過世，隨母扶靈柩返回故里臨清。

1908 年，進入臨清高等小學。

1910 年，畢業後進入位於天津市的北洋法政學堂。

1911 年，加入同盟會，轉入濟南法政專門學校。

1914 年，投效陸軍第 20 師 39 旅 87 團（車震團長）軍籍。

1916 年，張自忠投效馮玉祥第 16 旅。

1919 年，入教導團。

1924 年，任團長，參與第二次直奉戰爭。

1926 年，任第 15 混成旅旅長，入山西與晉軍作戰。

1927 年，北伐，張自忠任第 28 師長兼第二集團軍軍官學校校長。

1928 年，任第 25 師師長「夏練三伏，冬練三九」射擊刺殺投彈

1929 年，全國軍風紀考察中列為全國第一。

1930 年，中原大戰爆發任第 6 師師長。

1931 年，張學良節制與改編，張自忠任第 38 師師長。

1933 年，喜峰口之役，殲敵千餘人，日軍累攻，累被擊退。

1934 年，張自忠率第 29 軍營長以上軍官至廬山參加廬山軍官訓練團，張自忠以第一名結訓。仍任第 29 軍第 38 師師長。

1935 年，何梅協定，第 29 軍進駐平津。冀察政務委員會，宋哲元任委員長，張自忠任察哈爾省省主席。7 月 17 日長城抗戰有功，獲頒青天白日勳章。

1936 年，改任天津市長，第 38 師亦移防天津。

1937 年，日本突邀宋哲元訪日，宋命張自忠率團往訪。國內興論認為張為漢奸。

1937 年，七七事變，第 29 軍軍部被日軍攻破，佟麟閣副軍長與趙登禹師長殉國。張自忠逃抵達天津，晉見蔣委員長，以軍政部中將部附身份留在南京。

12 月，張自忠為升任第 59 軍軍長。

1938.10.12.張自忠因功升第卅三集團軍總司令，仍兼第 59 軍軍長。

1939 年，京山一役擊退日軍，國民政府加張自忠為上將銜，並頒四等寶鼎勳章。

1940 年春，張以第 33 集團軍總司令親上前線，5 月 8 日在湖北宜城殉職陣亡，年僅 49 歲。日軍在陳家集徵集一口棺木將他下葬。

第 38 師黃維綱師長獲報，將遺體奪回，以上將禮服重殮，轉送回重慶。28 日，靈柩抵達重慶，蔣中正委員長率軍事委員會高級將領與國民政府五院院長親臨致祭，蔣撫棺痛哭。政府明令褒揚，追贈陸軍二級上將。安葬重慶市梅花山麓，入祀全國忠烈祠。

1944.8 月，將宜城縣改名自忠縣，以資紀念。

1946 年，張自忠獲頒榮字第一號榮哀狀。

張自忠將軍殉國當年 8 月 15 日，中共也在延安為其舉行了悼念大會。1982 年 4 月 16 日中華人民共和國政府民政部追認張自忠為革命烈士。

1947 年 3 月 13 日北平市政府頒令將鐵獅子胡同改為張自忠路。天津市和平區海河西岸有張自忠路，上海和武漢亦有張自忠路以示紀念。

1951 年，蔣中正至阿里山視察，發現該區有一遺留日本式地名「兒玉」為紀念張自忠，下令更名自忠。

2010 年 5 月 16 日，重慶市舉行儀式紀念張自忠將軍殉國 70 週年。

張自忠與夫人李敏慧在 1908 年結婚。育有二子張廉珍、張廉靜和一女張廉雲。張夫人後於上海因癌症過世，國民政府特頒「相成忠傑」匾額以嘉節行。

劉峙　1892.6.30.～1970.1.5.江西吉安

字經扶，農民家庭，父親早逝，由祖父撫養。武昌陸軍中學、保定官校畢業。受私塾教育，東渡日本，被驅逐回國。

曾任黃埔教導團長，1914 年到廣東，先於岑春煊部下任參謀，之後又到雲南滇軍朱培德部下任連長。於護法時期隨軍到廣東，曾與陸榮廷及陳炯明等作戰。

曾在黃埔軍校擔任戰術教官、兼參謀科長。成立教導團時任營長。任第一軍第一師副師長，後升師長，第一軍軍長。北伐成功後國

軍縮編，任為第一師師長。之後發生蔣中正與桂系之爭，劉峙被蔣任為第二路軍總指揮，進攻武漢，成功擊敗桂系。之後中原大戰，劉峙再被蔣任為第二集團軍總指揮，在戰事中取得連場勝利，後被任為河南省主席，陸海空軍總司令。

1932 年至 1934 年，參予對紅軍圍剿，成功擊破紅四方面軍根據地。蔣中正曾以河南新集改名經扶縣以誌其功。

1937 年抗日戰爭爆發後，劉峙被任為第一戰區副司令兼第二集團軍司令，負責守衛平漢路，被日軍擊敗撤職，改任重慶衛戍司令。

1941 年 6 月，日軍重慶大空襲隧道慘案，身兼防空司令的劉峙被撤去防空司令。

1945 年 2 月接任李宗仁為第五戰區司令。日軍投降後任鄭州綏靖公署主任。

1946 年進攻位於中原地區的李先念部共產黨軍隊，共產黨軍隊進行了中原突圍。

1947 年劉伯承、鄧小平突破劉峙封鎖，成功作戰略轉移，進至大別山一帶，威脅南京。劉峙被免去所有職務。

1948 年 6 月，被任為徐州剿總總司令，在徐蚌會戰中戰敗，60 餘萬人被殲，而劉峙單獨竟得以安全脫險離開，蔣總統令將撤職，不准其來台灣。

1949 年，到香港，後轉去印尼，以教中文為生。

1953 年，獲准赴台，任總統府國策顧問、總統戰略顧問。並獲頒青天白日勳章。

1970 年 1 月 15 日病逝於台中，享壽 79 歲。

劉建緒　　1892.10.2.～1978.3.22.湖南醴陵縣北鄉清安鋪逝於巴西 1903 年，就讀湖南省省立師範館附小。

1907 年，轉學新成立的蘭誼小學。

1909 年，考進湖南省長沙府中學堂。

1913 年，進陸軍第二預備學校。

1915 年，進保定軍官學校炮科第三期。畢業後參加一系列戰役。

1923 年，湖南護憲。

1926 年，參加北伐、抗日戰爭。

1942 年，奉命離軍從政，任福建省政府主席。

1948 年，辭福建省省主席職，攜眷回湖南長沙。

1949 年，去香港。

1951 年，舉家移民巴西。

1978 年 3 月病逝於巴西，終年 86 歲。

徐庭瑤　　1892～1974.12.16.，安徽無為人

徐庭瑤，字月祥，父明階公，曾舉於鄉，縣之名儒，為一方人望，母金太

夫人，系出名門，秉性仁惠，樂善好施，澤被貧困，懿行傳於閭里。

　　幼承庭訓，六歲啟蒙，從太翁攻讀詩書，聰慧過人，十歲入縣立書院肄業，十四歲轉入皖江中學，五年畢業。時值民國肇造，目睹時艱，志切報國，毅然入陸軍第二預備學校，兩年畢業，再入保定陸軍軍官學校第三期深造。學成，奉派皖督倪嗣沖所屬第三路第四營為見習官，時軍閥割據，視軍隊為私產，軍校生每受歧視，將軍胸襟磊落，輒忍讓之。見習期滿，值歐戰正酣，我國對德宣戰籌組參戰軍，將軍率先投效，任連長，其團長綽號劉二虎，目不視丁，性情粗暴，所謂參戰軍亦僅虛有其名而已，終非志士報國之所，乃崇赴廣州，參與國民革命行列。

　　歷任第 3 師團長、獨立第 4 師副師長、第 1 師師長、第 4 師師長、第十七軍軍長、第八軍團總指揮、輜重通信兵學校教育長、機械化學校教育長、新編第 11 軍長、第 38 集團軍總司令、國防科學委員會主任委員、裝甲兵司令、東南軍政副長官、光復大陸設計委員、總統府戰略顧問。

　　西安事變，率「討逆東路軍」40 個師進逼張學良。

　　1937 年，獲頒青天白日勳章。

　　1947 年，在原籍安徽省無為縣當選為第一屆國民大會代表。

　　1952 年，退役，移民美國。

　　1974 年，三軍總醫院逝世，享壽 82 歲。

孫震　1892.2.5.～1985.9.9.四川綿竹原籍浙江紹興楊家塆（今齊賢鎮）

　　孫震，譜名定懋，後改名孫楙，再改名孫震，字德操，別號夢僧。孫元良的叔父。

　　1909 年，進入西安陸軍第二中學堂就讀。加入同盟會。

　　1912 年，進入保定陸軍軍官學校第一期步兵科就讀。

　　1913 年，二次革命，學業未完成離校跟隨熊克武參加戰役。

　　1914 年，在四川陸軍第二師任排長，後來升為連長、營長。

　　1917 年，升騎兵旅第一團團長，後來又升旅長、師長、司令。

　　1926 年，任第二十九軍副軍長，參加北伐。

　　1935 年，升第二十九軍軍長。

　　1936 年，授予陸軍中將軍銜，抗日戰爭參加太原會戰。

　　1938 年，升第二十二集團軍總司令，後來奉令轉飭第四十一軍守衛滕縣獲勝，使得之後台兒庄會戰與徐州會戰獲得輝煌戰果。

　　1939 年，被授予陸軍上將軍銜。參與隨棗、棗宜、豫西鄂北會戰。

　　國共內戰期間，孫震曾先後擔任徐州剿匪總司令部副總司令兼徐州剿匪總部鄭州指揮部主任、華中剿匪總司令部副總司令、第五綏靖區司令官兼川鄂邊區綏靖公署主任、西南軍政長官公署副長官等職。

1949 年，隨政府從四川到達台灣。

1952 年，退役任總統府戰略顧問、光復大陸設計委員、憲政委員。

1985 年 9 月 9 日病逝於台北，享年 93 歲。

秦德純　1893～1963 山東沂水人

秦德純，字紹文，保定官校二期，有文學天才，號稱「民國第一文膽」。歷任連、營、團、旅、師、軍長，北平城防總指揮、軍令部次長、國防部次長、山東省主席、青島市長、北平市長、戰略顧問等職。

1935 年，與日本土肥原賢二簽署「秦土協定」。

1963 年，病逝台北，享壽 70 歲。

白崇禧　1893～1966.12.2.　廣西臨桂

白崇禧，字健生，信奉回教，桂林陸軍小學，保定軍校三期，白氏、與李宗仁、黃紹竑三人，號稱「廣西三傑」。

1929 年，「編遣會議」裁軍會議，引起「蔣桂戰爭」白泥戰敗，白、黃二人流亡越南，爾後潛返廣西。

1931 年 2 月蔣中正扣留胡漢民，陳濟棠聯桂系組成反蔣軍，白崇禧任第四集團軍副總司令。蔡元培來粵達成「上海和議」，寧粵分別召開國民黨四全大會。

1932 年，蔣、汪合作，分主軍政.西南與南京對峙，李宗仁長期駐粵。

1933 年 5 月南京派陳濟棠為南路剿總司令，白崇禧為副司令。

1936.9.2.「蔣桂議和」居正、程潛、朱培德攜帶蔣中正親筆信飛往南寧，與李、白等人達成協議，「相見以誠，和衷共濟，共同抗日。」

1937.8.4.蔣中正派專機至桂林接白崇禧接南京，下榻中山陵旁原屬張學良公館。

白崇禧抗日戰爭中有「小諸葛」美譽.倡導「積小勝為大勝，以空間換時間，

以遊擊戰輔助正規戰,與日本夂作長期抗戰.」

1938 年「台兒莊之戰」「崑崙關之役」「長沙會戰」7 月代理第五戰區司令長官 12.3.任桂林行營主任,指揮四個戰區。

1940 年 5 月,任副參謀總長兼軍訓部長。

1943 年 7 月,奉派到蘭州處理甘肅回民暴動善後事宜。

1945 年 11 月,反對裁軍,他對蔣說「民國 17 年,小湯山裁兵會議,殷鑒不遠,一為之甚,其可再乎?」。

1946 年,任白崇禧國防部長,陳誠為參謀長「四平街之戰」共軍大敗,白力主乘勝追擊,徹底肅清,惜未為蔣總統採納,以致林彪坐大反噬,內戰逆轉,反把何應欽調聯合國擔任軍事代表。

1947 年 2 月底奉派至台灣宣慰處理「二二八事件」。

1948.3.29.李宗仁執意當選副總統,五月白崇禧國防部長職務改調華中剿匪總司令,並將華中一分為二「華中」「徐州(劉峙任總司令)」失去「守江必守淮」戰略,白崇禧犯顏直諫「指揮權割裂」「中原大軍分割使用,將來必敗無疑」未蒙採納。

1948.11.6.~1949.1 月「徐蚌會戰」國共內戰最後勝負的決戰,被白崇禧言中,苦嘗歷史上最慘痛的一仗,國軍折損六十萬大軍。

共軍即將渡江,南京不保,白崇禧連續致蔣中正「亥敬、亥全」兩電:「當今之勢,戰既不易,和亦困難,顧念時間迫促,稍縱即逝,鄙意似應迅速將謀和誠意轉告友邦,公之國人,使外力支持和平,民眾擁護和平,對方如果接受,藉此擺脫困境,創造新機,誠一舉兩利也,時不我與,懇請趁早英斷為禱。」

12 月 24 日白崇禧給蔣總統電報,要蔣迅作對外對內和談部署,驅蔣的態勢,咄咄逼人。緊接著湖南長沙綏靖主任程潛、河南省政府主席張軫亦提出,要求「總統毅然下台」。

12 月 30 日白崇禧又發電報,進一步逼蔣接受和談,否則他即採取三措施:

1.把華中所有軍隊全部交由李濟深指揮。(摘自中共地下黨現形記第二輯)

2.1949 年 1 月 1 日起,華中地區停止使用金圓券。

3.凡從重慶東運來的武器彈藥也將在武漢截留。

1949.4.16.李宗仁與白崇禧等飛杭州筧橋空軍軍官校會見蔣中正。

11.20.飛重慶會見見蔣中正總統,報告李宗仁走港消息,商量如何支撐最後殘局。蔣、白話「回顧當年北伐出師,你當了我的參謀長,我們兩人精誠團結,合作無間,所以能夠取得全國統一;其後我們兩人分道揚鑣,以致同室操戈。及『七七』盧溝橋事變,我們兩人又攜手合作並肩作戰,獲致抗戰勝利。這些歷史教訓,使我個人深信今後局勢無論如何困難,只要我們兩人同心同德,徹底合作,則事尚有可為。這番話說得痛切,合乎史實。

11.24.白崇禧飛南寧,桂林已經失守。李宗仁赴美,白崇禧數次勸阻,李發表不當言論,白崇禧夾在蔣、李之間,拖累受倔。

12.2.美國共和黨參議員諾蘭(William Knowland)由香港飛南寧與白崇禧

會晤商討最後一批美援如何處置問題，斯時大陸情況已非常緊急，美援物資無用武之地。3 日諾蘭乘原機返港。4 日白崇禧自大陸飛海口，30 日白自海南島飛台灣。

　　1966 年 12 月 2 日，心臟病逝台北，享壽 73 歲。安葬六張犁回教「白榕蔭堂墓園佩璋亭」。

熊式輝　　1893～1974 年，江西安義人

　　熊式輝，字天翼，保定官學、日本陸軍大學畢業。

　　1920 年，與日女子顧竹筠結婚。

　　歷任高參、師長、淞滬杭警備司令、江浙皖三省剿匪總指揮兼陸海軍總司令部參謀長、江西省主席、南昌行營辦公廳主任、駐美領使代表團團長。

　　向美國提出廢除不平等條約，功在全國。

1945 年，任中央執行委員，東北行轅主任。

1947 年，任國民政府戰略顧問委員會委員。

1949 年，僑居香港、澳門，在曼谷經營紡織廠。

1954 年，去台灣，與幽禁的孫立人時有所接觸，

1974 年，病逝於台中。

顧祝同　　18931.9.～1987.1.17.江蘇省漣水縣人

　　顧祝同，字墨三，江蘇陸軍小學、武昌陸軍第二預備學校、保定官校畢業。陸軍一級上將。

　　歷任參謀、營長、師長、軍長、江蘇省主席、陸軍總司令、鄭州綏靖主任。參謀總長。來台後，兼代國防部長。

　　1954 年，晉升陸軍一級上將。

　　1956 年，任國防會議秘書長。

　　1967 年，戰略顧問委員會副主任。

1987 年，病逝台北，享壽 94 歲。

　　兩子：潮生、福生；八女：開生、惠生、省生、瑞生、錦生、永生、珏生、璉生。

孫連仲　　1893.2.3.～1990.8.14.河北雄縣人

　　孫連仲，字倣魯，商賈家庭，父早亡。年幼讀私塾，北洋陸軍第二鎮學兵，舊制保定學堂畢業。

　　1912 年，入伍，由學兵編入馮玉祥部，馮稱「十三太保」之一，頗得倚重。

　　1926 年，原馮玉祥西北軍改編為國民聯軍，功累升至師長。

1927 年，孫為第九方面軍，北伐與張作霖奉軍作戰屢有勝功。

1928 年，被任青海省主席，後改任甘肅省主席。

1930 年，中原大戰，孫和閻錫山對蔣介石開戰失利，張學良支持蔣介石，孫連仲接受收編，任第 26 路軍總指揮，兼第 26 師長。

1931 年，孫部屬趙博生、董振堂、季振同等人，舉行寧都暴動，宣告投共。

1932 年，孫部縮編為第 27 師，次年擊退紅軍，獲擴為 42 軍。

1934 年，參予江西蘇區第五次圍剿，被選為國民黨中央監察委員。

1937 年，抗日戰爭，孫任第一軍團司令，守保定。

8 月，日軍側翼包圍後撤，保定失守。

9 月，原第二集團軍司令劉峙被免職，由孫連仲接任。

10 月，參加娘子關戰役，太原失守後，孫部退河南整編。

1938 年，台兒莊會戰，阻敵有功，擊退日軍勝利，5 月 10 日獲頒青天白日勳章。

1942 年，任第六戰區副司令長官，長官為陳誠。

1943 年，湖北（石牌戰役）、湖南（常德會戰）、擊敗日軍攻勢。

1944 年，升任第六戰區司令長官。

1945 年，任第 11 戰區司令長官，兼河北省主席。10 月 10 日在北平故宮太和殿接受日軍投降。與八路軍作戰，所屬新 8 軍長高樹勛在河北磁縣馬頭鎮投共。

1947 年，孫辭去各職，改任首都衛戍司令。

1948 年，任總統府參軍長。

1949 年，來台灣，任總統府戰略顧問。

1990 年，在台北病逝，享壽 97 歲。

錢大鈞　　1893.6.14.~1982.7.21.江蘇吳縣人

錢大鈞，字慕尹，保定官校、日本士官學校畢業。陸軍上將。

歷任黃埔軍校參謀處處長、國民革命軍第 1 師參謀長、國民革命軍第 20 師師長、廣州警備司令、新編第 1 師師長、第 32 軍軍長、第 3 師師長、總司令部總參議、中央軍校武漢分校教育長、第 14 師師長、武漢要塞司令、第 89 師師長、第 13 軍軍長、豫鄂皖剿匪總司令部參謀長、軍事委員會委員長侍從室第一處主任、航空委員會秘書長、參謀長、主任、運輸統制局參謀長、秘書長；軍政部政務次長、上海市市長兼淞滬警備司令、重慶綏靖公署副主任、西南軍政副長官、中華民國總統府戰略顧問等職。

1942 年，在上海市長任內卓有大功，獲頒青天白日勳章。

1992 年，病逝台北享壽 89 歲。為蔣委員長高級幕僚。蔣作戰文書多出自他手。

郭懺　1894～1950 浙江諸暨人

　　郭懺，保定軍校六期，陸軍二級上將。歷任排、連、營、旅、師、軍長、武漢行營辦公廳主任、廣州行轅辦公廳長、湖北省防空司令、武漢衛戎代司令、第六戰區副司令長官兼參謀長。

　　1949年，在台灣任東南軍政長官公署副長官、兼舟山最高指揮官，督導舟山防衛司令石覺將軍擊退中共解放軍。

　　1950年，病逝台北，享年50歲。

李仙洲　1894~1988 山東長清人

　　李仙洲，原名守瀛，字仙洲。黃埔一期，陸軍中將。歷任排連營團旅師軍長，集團軍總司令、第二綏靖區副司令長官。曾參加北伐、中原大戰、南口戰役、忻口戰役、徐州會戰、武漢會戰、棗宜會戰、豫中會戰、萊蕪等戰役。

　　1946年3月2日，因晉北、九嶺戰役有功，獲頒青天白日勳章。

　　1947年，指揮六萬大軍欲消滅陳毅共軍，因46軍軍長韓練成是中共地下潛伏黨員，作戰計劃洩漏而大敗，全軍覆滅被俘，進入撫順戰犯管理所，1960年11月獲釋，任中共山東政協委員。1988年病逝濟南，享壽94歲.。

范漢傑　189410.29.～1976.1.16.，廣東大埔人

　　范漢傑，名其迭，字漢傑，幼年就讀梓里公學，廣州理工學堂格致班肄業，廣東陸軍測量學校第一期畢業。任廣東陸軍測量局科員，漳州工務局測量員。廣東鹽務緝私江防兵艦長。

　　1915年，入陳炯明粵軍任排長、連長、少校參謀，援閩粵軍第二支隊營長等。

　　1918年，任援閩粵軍總司令部軍事委員，兵站所長。

　　1920年，任桂軍第三路支隊長、司令。粵軍第二軍第六團副團長，第一師代理團長，粵軍第六路少將司令兼三水縣長。

　　1924年，由鄒魯、劉震寰保薦報考黃埔軍校，同年5月入黃埔學校第一期第四隊，是第一期唯一獲得將軍銜的學員。畢業後返回粵軍。

　　1925年，任粵軍第一師一旅中校參謀、營長。

　　1926年，任國民革命軍第四軍第十師二十九團上校團長。

　　1927年，任第十師少將副師長、浙江省警備師師長。同年秋蔣介石下野，旋辭軍職赴日本留學，後轉赴德國學習和考察軍事，

　　1931年，回國。

　　1932年，任第十九路軍總部參謀處長、副參謀長。

　　1936年1月，授陸軍少將，任第一軍副軍長。

　　1937年，夏任中央軍校教育處長兼高等教育班主任。

　　1938年4月，任軍事委員會政治部第一廳長，9月任27軍中將軍長兼鄭州警備司令。

1942 年 6 月，任第 38 集團軍總司令。當選國民黨第六屆中央監察委員。

1945 年 1 月，陸大將官班畢業，3 月授陸軍中將。任第一戰區副司令長官兼參謀長。

1946 年，任國防部參謀次長，徐州剿總副總司令。

1948 年，任陸軍副總司令、第一兵團司令官、熱河省政府主席、東北剿總副總司令兼錦州指揮所主任。

10 月 4 日，遼瀋戰役的錦州之戰，被林彪、羅榮桓所俘。

1960 年 11 月，特赦獲釋。

1976 年 1 月 16 日，在北京逝世。

蔣鼎文　　1895～1974 年浙江諸暨人

蔣鼎文，大通陸軍中學、浙江陸講武堂畢業，陸軍二級上將。歷任排連營團長、津浦路南段警備司令、長江七省警總局長、西安行營主任、陝西省主席、第 10、1 戰區司令長官、冀察戰區總司令、國策顧問等職。曾參與東征北伐、中原大戰、五次剿共、豫中會戰等戰役。表現出色，驍勇善戰。

1944 年，豫中會戰，日軍使用「一號作戰」，國軍大敗，國軍蒙受慘重損失，引咎辭職。

1949 年，隨政府來台，任戰略顧問賦閑。

1946 年 6 月 8 日，獲頒青天白勳章。

1974 年，病逝台北，享壽 79 歲。

羅卓英　　1896～1961 廣東大埔人

羅卓英，字尤清，保定官校、興陳誠同期同學，陸軍二級上將。

參加東征北伐、上海、南京、武漢諸戰役，曾任師、軍長、集團軍總司令、第九戰區副司令長官、遠征軍司令長官，入緬作戰，主持蘭伽遠征軍訓練。

1943 年，任軍令部次長、青年軍訓練總監。

1945 年，廣東省主席、東北行轅副主任。

1949 年，來台灣後，任戰略顧問、國大代表。

1961 年，在台北病逝，享壽 75 歲。

余漢謀　　1896～1981 廣東高要人

余漢謀，字幄奇，黃埔小學、武昌陸軍預備學校、保定官校畢業。

歷任排連營團軍長、集團軍總司令、廣東綏靖主任、第 4、6 戰區司令長官。

1936 年，陳濟棠反蔣，余漢謀聯合廣東將領擁蔣，支持中央。

1946 年 3 月 7 日，獲頒青天白勳章。

1949 年，任陸軍總司令，試圖力挽狂瀾，時不予我，又廣東及海南被共軍所殲。

1950 年，來台灣，擔任戰略顧問。

1981 年，病逝台北，享壽 85 歲。

張發奎　　1896～1980.3.10.廣東省始興縣人

　　張發奎，字向華，又名逸斌。八歲入讀私塾，廣東陸軍小學，武昌陸軍中學畢業。

　　1915 年，建國粵軍中，曾任孫中山侍衛。總統府警衛團第三營長。

　　1922 年，陳炯明心懷異志，張發奎深感不安。討伐陳炯明任團長。

　　1925 年，粵軍改編為第四軍，任獨立旅旅長，後任第十二師師長。

　　1926 年，北伐，張率部到湖南在汀泗橋、賀勝橋連創吳佩孚；第四軍因而得「鐵軍」之稱，張發奎被稱為「鐵軍英雄」。

　　1927 年 4 月，寧漢分裂，擁護武漢汪精衛，討伐蔣介石。任第二方面軍總指揮。

　　7 月，寧漢合流，張部下不少人為共產黨人，但張未大力反共。

　　7 月 30 日，張發奎在廬山與汪精衛、孫科等宣佈進行分共。

　　8 月 1 日，張的部下共產黨葉挺、賀龍在南昌發動兵變。張前往南昌討伐平定。

　　11 月 17 日，張發奎乘李濟深離粵，與黃琪翔聯合李福林在廣州發動政變，驅趕在廣東的桂系，擁護汪精衛。

　　12 月 11 日，張部下共產黨人葉劍英、張太雷、葉挺等發動廣州暴動。張發奎倉皇離開廣州，因此事件受到輿論壓力，被迫通電下野。

　　1929 年 3 月，蔣桂戰爭。張發奎任第四師師長，聯合桂系反蔣。但被擊敗退回廣西。

　　1930 年，聯合桂系反蔣為陳銘樞敗。張發奎淡出軍政，保留軍事委員會委員職。

　　1931 年，九一八事變後張發奎請纓到東北抗日未果，出國宣傳抗日，

　　1936 年，任「閩浙皖贛邊區清剿總指揮」。

　　1937 年，七七事變，任第八集團軍司令，在上海為右翼軍指揮。

　　1938 年，武漢保衛戰，任第二兵團司令，據守長江南岸。

　　1939 年，任第四戰區司令長官，殲滅日軍坡坦師團，克復南寧。

　　1945 年，日本投降張發奎任廣州、香港、海南地區受降官，接受田中久一投降。

　　1946 年，任廣州行營主任。次年冬去職，轉任戰略顧問委員會委員。

　　1949 年 1 月，張在香港組織不同蔣介石國民黨、共產黨的第三勢力。

　　1972 年，到台灣參加雙十節，與蔣介石及蔣經國會面，定居台北。

　　1980 年，張發奎病逝香港。總統府褒揚令，「安內攘外，屢著勳勞，執節懷

忠，擁護國策」。張的老部下葉劍英亦發出唁電。

薛岳 1896.12.27.～1998.5.3.廣東樂昌

薛岳，原名薛仰岳，字伯陵。黃埔陸軍小學，保定六期。

早期加入同盟會，參加孫中山新建立的援閩粵軍，任司令部上尉參謀。後任孫中山警衛團第一營營長。

1921 年，薛岳、葉挺、張發奎分任孫中山總統府警衛團第一、二、三營營長。

1922 年 6 月 16 日，陳炯明叛變，薛岳曾保護宋慶齡脫險。

1923 年，薛岳率軍征討陳炯明，任第一軍第一師師長。

1927 年，「412」政變，薛岳建議中共「把蔣介石當反革命抓起來」被蔣解除師長職務，參與李濟深麾下反蔣戰爭。

「八一」南昌起義，蔣介石清黨，薛岳參與李濟深第四軍，鎮壓南昌暴動。

1928 年，薛岳不容於蔣介石，離隊回廣東，又不為李濟深所重視，鬱鬱不得志，閒居九龍，不久參加汪精衛、陳公博反蔣活動。

1929 年，聯合李宗仁桂系反蔣，重回第四軍

1930 年，國共戰爭重為蔣介石委員長重用，追剿紅軍，被視為「長征頭號敵人」。

1934 年 11 月「湘江戰役」，薛部與紅軍大戰六天，紅軍原 86,000 兵力，潰敗剩下殘軍 3 萬。任貴陽「綏靖公署」主任，旋調任第一戰區第一兵團總司令。

1939 年，兼任湖南省主席。

1941 年，日本大舉進攻湖南，薛岳指揮若定「長沙三次大捷」

1942 年，因長沙三次大捷有功，獲頒青天白日勳章。

1944 年，美軍引誘地方軍隊，削弱中央力量，以武器為餌，煽動中央部隊，薛岳在長沙會戰衡陽會戰後，局處湘南與贛南邊區，兵力大減，個性桀驁，對中央不滿，為美物資所誘，擅自占領贛州機場，企圖直接接收美援空運武器。

1945 年，日本投降，薛岳任南潯線受降司令官

1946 年 10 月 10 日，榮膺美國總統杜魯門頒授自由勳章。

國共內戰，薛岳指揮山東萊蕪戰役落敗，損失部隊 6 萬餘人

1948 年，被蔣介石撤職，調任廣東省政府主席。

1949 年 10 月 11 日，大陸撤退，至海南島任海南防衛司令。

1950 年 4 月 16 日，海南島戰役失敗，薛岳撤退來台灣。晉升一級上將，

任總統府戰略顧問，行政院政務委員。

1966 年，任「光復大陸設計委員會」主任委員，居台灣嘉義縣竹崎鄉深居簡出。

1998 年 5 月 3 日逝世，享壽 102 歲。

胡宗南 1896.4.4.～1962.2.14.祖籍寧波鎮海遷湖州安吉縣

胡宗南，原名琴齋、字壽山。南京高等師範學校、黃埔一期。

1932 年，力行社和復興社「十三太保」之首黃埔「太子」。

任排連營團師軍長、軍團長、集團軍總司令、戰區司令長官。

1947 年 2 月 28 日，蔣介石召見胡宗南，預襲延安，胡宗南侍從副官及機要秘書熊向暉為共產黨潛伏間諜，從未發覺。

3 月 19 日，胡宗南十萬大軍攻克延安，因升陸軍上將，並獲二等寶鼎勳章。

胡宗南佔領延安一年中，始終找不到中共主力，由於機要秘書熊向暉暗中通報。國民黨軍於青化砭、羊馬河及蟠龍鎮三次戰役蟠龍鎮軍部糧彈後勤被共產黨勦收，再敗於沙家店戰役。

宜川戰役中，劉戡和嚴明陣亡，旅長李紀雲、李昆崗被俘。

1949 年 5~7 月胡宗南部第 7 兵團裴昌會在德陽降共，第 18 兵團李振在成都降共；第 5 兵團李文在雅安被圍剿，少數人逃往西昌。

1950 年 3 月 26 日，胡宗南在西昌搭專機飛往臺北。調任總統府戰略顧問。

5 月 11 日監察院李夢彪等 50 多名監察委員聯名對胡宗南提出彈劾，以其「受任最重、統軍最多、蒞事最久、措置乖方、貽誤軍機最巨之胡宗南，一無處分，殊深詫異。」因蔣介石的庇護而失敗。

1951 年，胡宗南復職指揮沿海遊擊隊與解放軍作戰，

1952 年，任浙江省主席，不過轄區只有浙江沿海少數離島。

1955 年，胡宗南擔任澎湖防衛司令。

1959 年，退役，仍復任總統府戰略顧問。

1962 年 2 月 14 日病逝享壽 65 歲。2 月 15 日追晉為陸軍一級上將

胡宗南妻子葉霞翟。二子：胡為真、胡為善。女兒：胡為美，是作家。

鄒洪 1897.～1945.4.16.祖籍廣東五華華陽鎮出生台灣新竹芎林鄉鹿寮坑

鄒洪，名若虛，原名德寶，因戰功彪炳，獲頒發四等雲麾勳章及寶鼎勳章，死後追封為陸軍上將，為第一位台籍上將。

父鄒石生，鄒洪曾留學日本，後隨長兄鄒薌谿潛赴中國上海。

1919 年考入保定軍官學校第八期砲兵科肄業，與陳誠、羅卓英成為同學。

1922 年畢業，歷任陸軍第二師排連長。

1932 年，參加江西剿共之役，率四十三師與共軍周旋。

1939 年 10 月，任新編第二軍軍長，守備西江。

1945 年 1 月，任命為粵桂邊區總指揮。

1945 年 4 月 16 日，以勞瘁致疾，葬於粵北陽山縣城郊。

1954 年 3 月，在新竹中山公園建「鄒洪上將紀念碑」。

俞大維　1897.12.2.～1993.7.8.浙江紹興山陰人

俞大維，字瑞伯，上海復旦大學，南洋公學（交通大學前身），上海聖約翰大學，美國哈佛大學，德國柏林大學博士。

清末名臣曾國藩之外曾孫。5 歲啟蒙，天資穎異，讀經書、習英文，過目成誦，有神童之譽。民國 7 年 10 月，赴美入哈佛大學哲學系，研修數學，在校成績優異，僅 3 年即取得碩士與哲學博士學位。10 年，獲哈佛大學獎學金資助，至德國柏林大學深造，專攻數理邏輯與哲學，在當時國人就讀哈佛大學者甚少，而能獲此殊榮者，更是鳳毛麟角。留德期間，因興趣逐漸轉向彈道研究，嗣成為彈道學專家，對兵學也由此奠定深厚基礎。

1918 年，赴美入哈佛大學，後轉德國柏林大學，愛因斯坦教授的相對論課程。

1925 年，發表《數學邏輯問題之探討》刊登在愛因斯坦主編的德國數學雜誌《數學現況》上，後來成為彈道學專家。

1928 年，任「駐德使館商務調查部」主任。

1929 年，返國，任軍政部參事。

1930 年，再度赴德採購軍備，並續習德國參謀教育，某次政府命其採購大砲，按值計量，可買 12 門，迨運抵國門，卻為 15 門，詢其緣故，僅輕描淡寫謂：「是送的」。實其將所得佣金，另購砲 3 門，在當時官場，殊不多見。

1932 年，再度返國，蒙蔣委員長召見，詢問歐洲情勢，及第一次世界大戰後有關戰略戰術與兵器問題，深受蔣公嘉許，派任參謀本部少將主任秘書，經俞氏婉辭，而自願至中央訓練團任兵器總教官。

1933 年，調軍政部兵工署長，並晉升陸軍中將，履新伊始，首即健全組織，堅強陣營，羅致專家、學者參與，積極從事兵工整建與成本會計分析，以落實合乎時代之軍備工業，使兵工研究、製造、補給及保養等工作，趨於一元化，在當時此一成效，可謂不亞於歐美先進國家。

1937 年，抗戰軍興，我京滬及沿海地區，易遭日軍攻擊，為配合長期抗戰，遂將東南各地兵工廠，陸續西遷內陸，此項艱鉅工程，全賴俞氏積極領導，以

有限之人力、物力與獸力搬運，使 30 餘座兵工廠、鋼鐵廠、材料廠、及兵工技術單位，免於敵人破壞，繼續生產，8 年抗戰中，軍火供應不虞匱乏，功不可沒。

1944 年，調軍政部常務次長，並兼中美聯合參謀部中國代表，負責與美方代表魏德邁將軍協商，爭取美國軍援，當時「阿爾發部隊裝備方案」，使國軍 36 個師換裝美式裝備，即為此達成之建議。

1946，參加國府、中共、美國代表之 3 人小組會議；協商戰後還都事宜；5 月，獲國民政府頒授青天白日勳章，同月 16 日，繼俞飛鵬出任交通部部長，任內對建立交通資料中心，全國鐵道狀況之自動化，以及郵政開辦 24 小時服務等科學化之管理政績，尤為國人稱譽；此期間，仍奉命繼續參加 3 人小組會議，周旋於馬歇爾、周恩來之間歷 8 月之久，然中共得寸進尺，商談毫無進展，對中共之本質與伎倆更有深刻體認。

1950 年 1 月，因病赴美療養。蔣公在臺復職視事，陳誠組閣，俞氏受任為國防部長，因耳疾未癒，迄未返國就職；嗣稍癒，即任我駐美採購軍品事務。

1954 年，俞鴻鈞先生組閣，仍受命為國防部部長，共計膺任國防部長達 10 年之久，任內秉承總統蔣公的意旨與指導，擬定戰略作戰計畫，以「海、空軍控制海峽，臺澎為主陣地，金馬為第一線陣地，從而加大防衛縱深」為指導方針，以期將臺灣本島構成不可擊破之作戰基地。並指導大陳轉進及砲轟黃岐，及參與「八二三砲戰」等重要軍事行動，先後赴金門達 130 餘次，對官兵生活照顧無微不至，更積極整軍建設促使國軍成為一支現代化之部隊，奠定了今日臺海安全之堅實基礎。

1958 年 8 月 23 日，金門炮戰指揮作戰受傷，險些殞命。

1965 年，因病辭國防部部長，並推薦副部長蔣經國先生繼任，獲頒授國光勳章。

1966 年，調總統府資政。晚年生活簡樸，以讀書自娛，贏得「當代孫子」美譽，平日不記日記，不寫文章，不作演講，不談以往政績及戰績，平生戎馬，兩袖清風，淡泊名利，與世無爭。

1993 年病逝，享壽 96 高齡。

俞大維的家世顯赫，不但名人眾多，還跟許多知名的家族結為姻親。

父親俞明頤，曾任湖南督練公所（清政府訓練新軍的部門）兵務總辦

母親曾廣珊，為中國清朝末年名臣曾國藩之孫女。

大伯俞明震，為晚清著名詩人、教育家，曾任南京江南水師學堂督辦（即校長）。

堂兄俞大純，曾任交通部隴海鐵路局局長

堂侄俞啟威，曾與江青同居，曾任中共天津市市長、機械工業部第一任部長。

堂侄孫俞強聲，是俞啟威長子，曾任中共北美情報司司長，1986 年叛逃美國。

堂侄孫俞正聲，是俞啟威次子，是現任中共中央政治局常委。

姑丈陳三立，是知名詩人。

表哥陳寅恪，是知名歷史學家。

表姐曾憲植的丈夫葉劍英，是中華人民共和國開國元帥
妹俞大綵，是知名學者、國立台灣大學前校長傅斯年的妻子。
妹俞大縝，曾任北京大學西語系教授。
妹俞大絪，亦曾為北京大學西語系教授，著名化學家、教育家曾昭掄的妻子。
弟俞大綱，是中國戲曲專家。
弟俞大紱，是植物病理學和微生物學家，曾任北京農業大學校長。
子俞揚和，娶中華民國總統蔣經國的女兒蔣孝章為妻。
孫俞祖聲。

王東原　1898.2.13.～1995.4.8.，安徽全椒人，原籍徽州

王東原，原名修壙，安徽全椒人，

早年曾先後在北京師範大學、保定陸軍軍官學校第八期工兵科學習。

歷任唐生智部參謀，第三十五軍何鍵部炮兵團副官、參謀長、第二師營長，唐生智部第三方面軍教導團團長，期間曾參加馬日事變。

1928 年後，歷任何鍵部教導師師長、第 15 師第 45 旅旅長、第 15 師副師長兼湖南省會警備司令、湘南警備司令。

1935 年，出任第十五師師長。同年，授陸軍中將銜。

1937 年，抗日戰爭時期，歷任第 73 軍軍長、武昌軍官訓練團將官研究班副主任、第 34 軍團軍團長、中央訓練團副教育長、第 32 集團軍副總司令、重慶中央訓練團副教育長、教育長兼軍事委員會政治部副部長、國防研究院主任兼黨政高級訓練班主任等職。期間，還曾在三民主義青年團擔任過臨時幹事會幹事、臨時幹事會團部組織訓練處處長、中央幹事會幹事、常務幹事、中央組織人事甄核委員會常委等職。

1944 年，任湖北省政府主席兼保安司令、第六戰區副司令長官、湖南省政府主席、湖南省軍管區司令。

1946 年，當選制憲國民大會代表。

1947 年，任戰略顧問委員會委員兼總裁辦公室軍事組組長。

1949 年，赴台。

1951 年至 1961 年間，任中華民國駐大韓民國特命全權大使。

1970 年，任總統府國策顧問。

1971 年，前往美國定居。

1995 年，於洛杉磯逝世。

湯恩伯　1898.9.20.~1954.6.29.浙江金華武義人

湯恩伯，字克勤，金華中學、杭州私立體育學校、陳儀出資保送留學日本明治大學。1926 年日本陸軍士官學校第 18 期。

　　陳儀推薦，加入國民革命軍，任參謀，中央軍校連長、總隊隊長、教育處副處長。

　　1930年，任軍校教導師旅長、副師長、師長，參加平定閩變。

　　1935年，升軍長、軍團長，參加南口戰役、魯南會戰，台兒莊會戰。

1937年，台兒莊會戰湯具功勞，但湯與李宗仁不和。

1938年5月10日，獲頒青天白日勳章。

1940年，兼任豫皖蘇魯四省戰區（應為魯蘇豫皖邊區司令部）的行政長官。

1942年，湯兼任第一戰區副司令，花園口決堤事件等一系列事件，聲譽受損。

1944年，任首都（南京市）衛戍司令。徐州綏靖公署第一兵團司令等職。

1945年日本投降後，湯恩伯為侵華日軍總司令岡村寧次辯護，認為其無罪。

1947年，國共內戰，張靈甫整編74師在孟良崮戰役中被共軍殲滅，湯因而被撤職。隨後因黃泛區大會戰有功，又任陸軍副司令，並曾代理總司令。

1949年，蔣中正下野後，陳儀力薦湯出任京滬杭警備司令，負責隔江保護南京、上海。但是代總統李宗仁對湯能否勝任表示質疑，在李宗仁回憶錄中曾說：「湯恩伯當一師長已嫌過份，你〈蔣介石〉竟還把這種人引為心腹。」不久，共軍渡江戰役勝利，隨即佔南京和上海，湯將所部撤往福建、台灣。

　　陳儀試圖向湯恩伯策反投奔中共，為湯所拒，並密報蔣介石，陳儀被捕，後並在台北遭到處決。湯恩伯是陳儀是一手提攜舉薦的人，深受蔣賞識。湯非常感激他，人前人後，常言他有兩個父親，一個是「生我者」，一個是「育我者」，為了不亡陳被儀提攜之恩，改名為「恩伯」。陳被槍斃，湯如喪考妣，在家設置靈堂，焚香拜佛，痛苦萬分。

　　湯任福建省主席兼廈門警備司令。古寧頭戰役，共軍攻金門，多陣亡或被俘。

1953年，任駐日本軍事代表團團長，旋被免職，後遷居東京。

1954年，胃病逝世日本，傳說是被日本醫生謀殺的。

黃鎮球　1898～1979廣東梅縣人

　　黃鎮球，字劍靈，湖北陸軍預備學校、保定官校、三軍聯合大學、國防研究院畢業。陸軍一級上將。歷任參謀、團長、師長、警備司令、防空學校校長、後勤司令、國防部次長、總統府參軍長、台北衛戍總司令、台灣警備總司令等職。

　　1931年，張發奎反蔣失敗，張給黃去德國防空學校，巧遇周至柔，兩人成莫逆之交。黃鎮球寫「中國防空」送呈蔣委員長，大為讚賞，任命他為防空學校校長，建設防空設施，加強民間防空意識，廣布防空洞，有效減少日機轟炸損失。

1946年2月28日，獲頒青天白勳章。

1950年，隨政府遷台，1979年病逝台北，享壽81歲.

李玉堂　1899~1951 山東廣饒人

李玉堂，字瑤階，濟南工業學校、黃埔一期，陸軍中將。歷任排、連、營、團、旅、師、軍長、海南防衛副總司令。

1942 年，長沙天捷有功，獲頒青天白日勳章。

1948 年，兵敗被俘，潛逃回州，隱居上海。1949 年，復出任海南防衛副司令。

1951 年，撤退來台灣，「知匪不報」罪，與妻同日在新店碧潭槍決，年 52 歲。

其女李國英，矢志為父母平反，終於在 2004 年獲頒李玉堂將軍「回復名譽證書」。

周至柔　1899.11.30.～1986.8.29.浙江省臨海

周至柔，字百福，保定軍官學校 8 期，與陳誠同學，黃埔軍校任教官，參與北伐。出國考察空軍教育，被任中央航空學校長。

1936 年，調航空委員會主任，抗日戰中，任中國空軍總指揮。

1944 年，榮獲青天白日勳章。

1946 年，中國的空軍正式建軍。周至柔擔任第一任空軍總司令。

1949 年，隨國軍到台灣。

1950 年，晉陞陸軍一級上將，任參謀總長兼空軍總司令。捲入毛邦初事件。

1951 年，獲頒「國光勳章」

1957 年，任台灣省政府主席。

1962 年，任總統府參軍長，1967 年任國家建設計劃委員會主任委員。

1986 年 8 月，任內病逝於臺北，享壽 88 歲。

桂永清　1900～1954 江西貴溪

桂永清，字率真，黃埔一期。

1926 年，北伐入閩，升任團長。

1927 年，晉陞上校，旋授少將，遷警衛師第 31 旅旅長。

1930 年，留學德國，從步兵學校轉到漢諾威明興斯裝甲基地，專門研究戰法與重武器，結識德國納粹第二號人物戈林。

1934 年，回國任中央軍校教導總隊長，倣德國祕密組織「復興社」。

1935 年，擔任童子軍大檢閱評閱長。

1938 年，首都警備副司令第 46 師長，任第 27 軍長蘭封戰役受挫，落荒而逃。

1940 年 7 月，派駐德國武官。

1941 年 4 月，德國軍官酒酣耳熱透露「希特勒定 6 月 22 日徹底解決蘇聯

問題」。桂永清將此情報以最快速度通報國內，蔣委員長以茶會側面向德國駐華人員打聽獲得證實。中共黨員閻寶航向國民黨元老于右任處得知，即向中共報知轉將此一情報通知蘇聯，史達林得及時防備，事後發電報感謝中共。

1943 年，改任駐英國軍事代表團團長。後轉移瑞士的伯爾尼。

1946 年，任海軍副總司令，並兼代總司令。

1948 年，真除總司令。

1949 年 2 月 25 日，海軍重慶號鄧兆祥艦長臨陣〔叛逃投共〕。

1954 年 6 月 24 日，任命為一級上將國防部參謀總長。

8 月 12 日，於任內去世，享年 54 歲，死後追贈陸軍一級上將。

賀衷寒　　1900.1.5.～1972.5.9.湖南岳陽

賀衷寒，號君山，黃埔一期，人稱黃埔三傑（蔣先雲、陳賡）。

曾任藍衣社領袖，任軍事委員會中將處長，籌辦廬山、峨嵋訓練團，主掌情治系統，被稱復興社四大臺柱之一。

抗戰時任軍事委員會政治部廳長、秘書長，戰後膺選國大代表。

1947 年，任社會部政務次長。

1949 年，蔣中正引退，賀亦隨之辭職。

1950 年，任交通部長。

1954 年，辭去交通部長，出任總統府國策顧問。

1961 年，任國民黨中央設計考核委員會主任委員。

1966 年，任行政院政務委員。

1972 年，骨癌離世，享壽 72 歲。

孫立人　　1900.12.8.～1990.11.19.安徽廬江金牛鎮山南人

孫立人，字撫民，號仲能，父親孫熙澤，清末舉人，世代簪纓，抗日名將。

1914 年，考取清華學校（今清華大學）庚子賠款留美預科。

1923 年，進入普渡大學工程系。

1925 年，美國橋樑公司（American Bridge Company）設計繪圖師。

1926 年，入維吉尼亞軍校文學士畢業，遊歐洲各國。

1928 年，回國任稅警團長、上校司令兼第四團團長。

1937 年 10 月，淞滬會戰重傷，送往香港治療。傷癒後，回武漢任緝私總隊擔任少將總團長。

1938 年，財政部鹽務總局緝私隊總隊長。

1941 年 12 月，緝私總隊改為新編第三十八師，任少將師長，隸屬於第 66 軍，後來成為華民國遠征軍，參加緬甸與英美聯軍併肩作戰。

1942 年，曼德勒會戰，英國緬甸軍步兵第一師及裝甲第七旅在仁安羌被日軍包圍，糧盡彈缺，水源斷絕，孫立人前往支援，解除了七千餘英軍被殲滅之危，救出美國傳教士、新聞記者、及婦女。

蔣中正委員長頒發四等雲麾勳章表彰，美國羅斯福總統授他豐功勳章，英王喬治六世則授予他英帝國司令勳章。

1944.8.3.新一軍擴編成新一軍、和新六軍。新一軍軍長孫立人，新六軍軍長廖耀湘，另調 50 師（師長潘裕昆）納入新一軍編制。

1945.1.27.新一軍打通中印公路，次日兩軍於芒友舉行會師。3 月 8 日連續攻克臘戍、南圖、細胞、猛岩，消滅中緬印邊界日軍，戰事告終。

孫立人因戰功獲頒青天白日勳章。9.7.奉調廣州負責接收日本受降事宜。

1946 年，新一軍調東北，任長春警備司令。

1947 年，杜聿明、孫立人將帥不和，以「農安戰役」調任東北保安副司令長官，新一軍軍長由堅守德惠戰役有功 50 師師長潘裕昆中將升任。

8.4.孫立人代理陸軍總司令兼陸軍訓練司令，旋調台灣練兵。

1949 年，調東南軍政長官公署副司令官、陸軍總司令、兼台灣防衛總司令。

1951.5.晉升陸軍二級上將、兼台北衛戍司令。

1954.6.24.調總統府參軍長。

1955.6.孫立人以涉嫌郭廷亮「窩藏共匪」罪名被捕，革除參軍長職務。

8.20.總統發布命令：

（一）總統府參軍長陸軍二級上將孫立人因匪諜郭廷亮引咎辭職並請查處，應予照准，着即免職。關於本案詳情，另組調查委員會秉公徹查，報候核辦。

（二）派陳誠、王寵惠、許世英、張羣、何應欽、吳忠信、王雲五、黃少谷、俞大維九人，組織調查委員會，以陳誠為主任委員，就匪諜郭廷亮案有關詳情徹查具報。

10.20.公佈「孫立人調查報告書」，「總統令」「前總統府參軍長陸軍二級上孫立人因匪諜郭廷亮案引咎辭職並請查處，特予照准免職，並派陳誠、王寵惠、許世英、張羣、何應欽、吳忠信、王雲五、黃少谷、俞大維組織調查委員會，

以陳誠為主任委員，秉公徹查，復經核辦各在案。一致認定孫上將不知郭廷亮為匪諜，尚屬事實，但對本案有其重大咎責。茲念上將久歷戎行，抗戰有功，且於該案發覺之後，即能一再肫述，自認咎責，深切痛悔，茲特准予自新，毋庸另行處議，由國防部隨時察考，以觀後效。此令。」

1956 年 9 月 29 日孫立人被軟禁台中市向上路一段一棟日式住宅。1980 年退役。

1988 年 5 月，李登輝總統解除長達 33 年長久的軟禁，恢復自由。

1990 年 11 月 19 日病逝台中寓所，享壽 89 歲，葬臺中市北屯區大坑東山墓園。

2001 年，監察院重啟調查，稱孫案「被陰謀設局假案」孫從未有任何叛國行為。

2010.11.孫立人將軍紀念館揭牌：

總統府前參軍長役陸軍二級上將孫立人，學精韜略，性稟剛方，早歲自美國維吉尼亞軍校畢業，歸國陳力，歷經剿匪、抗戰、戡亂諸役，南北馳騁，戰績彪炳，洊膺團、師、軍長、陸軍副總司令、總司令兼台灣防衛總司令等職，勳猷卓著。尤以抗戰時遠征緬甸，解仁安羌盟軍之圍，復破頑敵，打通中印公路，揚威異域，馳聲宇內；來台後，組訓新軍，鞏固復興基地，益宏靖獻。茲聞溘逝，軫悼殊深，應予明令褒揚，用昭勳藎。　總統李登輝行政院長郝柏村

中華民國七十九年十二月七日典璽官　甯紀坤

2011 年 1 月 22 日馬英九總統造訪孫立人將軍紀念館揭匾。

孫立人有二位夫人：元配張晶英、續配張梅英.四子女皆張梅英所生。

二子：孫安平、孫天平；二女：孫中平、孫太平。

黃百韜　1900.～1948.11.22.廣東梅縣生於天津

黃百韜，本名新，一名伯韜，字煥然，號寒玉，家境頗貧，身體清瘦，頭禿頂，被人稱為「黃禿子」。河北工專中學、金陵軍官教育團、陸軍大學特別班結業。

1940 年，黃一篇軍事論文，得到何應欽的賞識，任第三戰區參謀長。但黃紀律整頓，頗不容於當時官僚。

1944 年，任 25 軍軍長。伊始，即大刀闊斧整飭軍紀，加強訓練，黃身體力行、廉潔親切，與士兵同甘共苦，有卓越組織指揮才能，戰力提高優於其他國軍。

1945 年，抗勝利，成功招安汪精衛政權一個軍，獲得重獎。

此後，25 軍一路先後攻克新安鎮等戰略要地，攻克蘇北，大軍進入山東。

孟良崮戰役，黃帶隊衝鋒的唯一戰例。黃雖受傷，仍大呼口號，死戰不退，部隊受兵團司令官激勵鼓舞，拚死猛衝猛打，一舉奪回 4、5 個村莊，遏制華野進攻勢頭，穩定了陣地。同時邱清泉也率部突襲解放軍側背，解放軍被迫撤退。此役黃百韜於九月獲頒青天白日勳章，並被破格擢拔為陸軍第七兵團中將司令官。

濟南失守，王耀武被俘。突襲蘇北解放軍張光中部隊，獲得重大勝利。

1948 年，淮海戰役前夕，徐州剿匪總司令部舉行徐蚌前線最高軍事會議，黃百韜根據陳毅、粟裕的南下動向，提議放棄蘇北重鎮海州，大軍集結徐州，使用「烏龜戰術」，（仿效拿破崙的車輪戰術）以防守防禦戰術待變，然後伺機殲敵。但是此方案遭到邱清泉等人的嘲笑譏諷，在顧祝同的贊同下，得以執行。11 月 4 日，黃在回新安鎮的火車上，對部下嗚嘆這個計劃批准的太晚。此前黃曾向劉峙提出過類似建議，但杳無音信。

黃在回到新安鎮後，即開始着手部署大軍撤退事宜，在撤退途中，七兵團遭受極大損失，自請由窯灣過河的 63 軍陳章同樣因為盲目自大被全殲，100 軍主力第 44 師因為與 25 軍內訌，留守運河大橋的 25 軍一部在極度緊張的情況下，過早炸毀運河大橋，導致 44 師主力無法過河，遭到粟裕的華東野戰軍重大打擊。44 師師長劉聲鶴負氣率殘部離開七兵團，旋被全殲。44 軍，25 軍及 100 軍余部，在過河過程中同樣遭受巨大損失，士兵逃亡非常嚴重，自相踐踏死亡的也不在少數，同時還遭到解放軍炮火轟擊。因此，原本號稱 12 萬大軍的第七兵團，在過河之後，僅殘餘七萬人，且輜重損失慘重。

黃百韜作戰強調以攻為守，幾天的作戰中，曾組織兵力對立足未穩的解放軍發動局部逆襲，取得良好效果，當時國軍空軍的一個報告中指出：某日，黃兵團發動逆襲，包圍徐庄，殲敵千餘。

蔣介石見狀催李彌、邱清泉各部兵團馳援，但邱部主力之第五軍遲遲不肯全面出擊，李彌也並不積極，因此行進十一天，始終無法突破對方阻擊。64 軍軍長劉鎮湘勸黃百韜突圍，黃說：「我老了，而且多病，作俘虜我走不動，也不難為情。我犧牲了，還可使別人知道有忠心耿耿的國民黨人，或可使那些醉生夢死的人醒悟過來，國民黨或許還有希望。你年紀還輕，尚有可為，希望你突圍出去，再為黨國做點事」。

1948 年 11 月 22 日，黃百韜兵團覆滅於碾莊地區，黃百韜自殺。陣亡前拿出一張照片，背面寫：黃伯韜盡忠報國，請楊廷宴轉交蔣委員長。

1949 年 1 月，政府追其為陸軍上將並於南京鍾山舉行國葬，並再追贈其青天白日勳章。將其骨骸遷葬台灣五指山公墓上將區。

1957 年 10 月 29 日，黃百韜之子黃效先因 1956 年 5 月 10 日犯下命案被判死刑。在黃母的求情下，當時的中華民國總統蔣介石因黃百韜功勳，不忍黃家血脈就此中斷，而親自在 11 月 12 日下令減刑改處無期徒刑。

霍揆彰　　1901～1953 湖南酃縣人

霍揆彰，黃埔一期，陸軍中將，歷任排連營團旅師軍長，集團軍司令，青年軍第六軍軍長，第 11 兵團司令，湘贛鄂三邊綏靖總司令儷行政長官。

1945 年 1 月 1 日，因緬北騰龍戰役有功，獲頒青天白日勳章。

1949 年，赴台灣開會，適湖南程潛、陳明仁叛變，從此定居台灣。

1953 年，病逝台北。

邱清泉　　1902.1.27.～1949.1.10.浙江省溫州永嘉縣蒲洲鄉人

邱清泉，學名青錢，字雨庵，人稱「將軍詩人」父邱箴燦，母余氏。八歲入私塾，十歲入基聖小學，13 歲任永嘉縣立高等小學。

1917 年，入浙江省立第十中學。

1920 年，與同鄉黃氏結婚，育有 1 子，1929 年與葉蕤君小姐結婚，生 3 子 2 女。兩位邱夫人與 4 子 2 女均在大陸陷落前抵達臺灣。

1922 年，入上海大學社會系就讀。

1924 年，進入黃埔二期學生。

1925 年，畢業，任少尉排長，參與惠州戰役，升中尉。

1926 年，調回黃埔官校，升上尉連長。

1927 年，寧漢分裂時遭共產黨禁錮，逃出後抵金陵。

1933 年，升少將，任中央陸軍軍官學校政治訓練處處長。

1934 年，公費留學德國工兵專門學校，後進入柏林陸軍大學受訓。

1936 年，參與德國陸軍的秋季大演習。

1937 年，回國，任教導總隊參謀長，參與對日抗戰。

1937 年，七七事變爆發，率機械化縱隊參與信陽之役。

1938.10 月，第 200 師的戰車部隊改為第五軍直屬裝甲兵團，攻下崑崙關。

1940.1.18.崑崙關與日軍激戰，日軍第 5 師團第 21 旅團旅團長中村正雄少將陣亡，兩個步兵聯隊與一個砲兵大隊被殲滅，聯隊長亦陣亡。因功升第 5 軍副軍長，獲頒四等寶鼎勳章，在此戰役勇猛善戰，獲得「**邱瘋子**」的綽號。

1941 年，任軍訓部訓練處處長兼重慶第三警備區司令。

1942 年，中央陸軍軍官學校西安第七分校副主任，升中將，調新編第 1 軍軍長。

1943.1 月，改任第 5 軍軍長。

1943 年，國軍駐印度部隊開始反攻緬北。

1944.8 月，第 5 軍第 200 師前往滇西龍陵作戰，收復畹町，駐守昆明，直到第二次世界大戰結束。

1945.10.3.，第 5 軍奉命解除雲南省政府主席龍雲職務，及部隊武裝。龍雲被圍困省府，至 7 日離開昆明。

1946 年 3 月，對中共淮北軍進行掃蕩，所向披靡。將劉伯承部隊逐出魯西地界。

1947.3 月，兼第 2 兵團副司令，轉戰魯南、魯中、魯西，參與鄆城會戰，以 200 師與友軍連接，於千鈞一髮之際，部下鄧軍林無畏援軍之到達，終將敵擊退。

1948 年，獲頒青天白日勳章。

9 月，任第 2 兵團副司令，10 月，任司令，駐碭山。

11.7.奉命移駐黃口。

11 日,徐蚌會戰奉命增援被共軍圍於碾莊地區的第 7 兵團(司令黃百韜),22 日,被阻於離碾莊 12 公里處的大許家一線,無法突破。而碾莊陣地,22 日下午第 7 兵團覆滅。解圍不成後回防徐州外圍。

30 日,奉命放棄徐州,由於撤退路線為部隊與難民所塞,且為共軍阻擊,12.3.始達陳官莊,但亦在同日與第 13 兵團一同被圍。

4 日,第 2 兵團提出突圍作戰計劃,欲以軍或師為單位,作輻射狀突圍,但在杜聿明主持的會議中,因第 74 軍軍長邱維達反對而否決該議。

1949.1.6.解放軍發動全面攻擊,9 日,攻進陳官莊陣地,10 日凌晨,由於兵力折損殆盡,邱清泉中將親率兵團部特務營發動反擊,血戰殉職(一說突圍不成邱氏飲彈自戕)。戰後追贈邱清泉為陸軍二級上將。7 月頒褒揚令。

1950 年,入祀台灣忠烈祠,1951 年復頒褒忠狀。1954.4.3.完成台 7 甲線清泉橋。

1961 年,台中裝甲兵訓練基地改名為清泉崗基地。

1966.3.20.台中公館機場改名為清泉崗機場,皆以紀念邱清泉上將。

余程萬　1902～1955,廣東台山白沙鎮漲村寧興村人

余程萬,號堅石,早年畢業於番禺師範學校、廣東鐵路專門學校、黃埔軍校第一期、陸軍大學特別班、北平中國大學政治系、陸軍大學研究院。

常德保衛戰時為 74 軍 57 師師長。常德會戰後,抗日英雄淪為階下囚判服刑 2 年,被囚四個月之後無罪釋放,旋任命為國軍 74 軍中將副軍長。

國共內戰末期,會同李彌將軍一起被投共,遭雲南省主席盧漢逮捕,後來在自己率領的 26 軍及李彌的第 8 軍圍攻昆明城救援下才得以獲釋。

1945 年,抗戰勝利余程萬為了紀念常德血戰,邀請張恨水寫《虎賁萬歲》小說。

1949 年,避居香港。

1955 年,在香港新界遭遇匪徒搶劫,中彈身亡。

方天　1902～1991 江西贛縣人

方天,字天瑮,黃埔二期,陸軍大學,革命實踐研究院畢業。陸軍中將,歷任排、連、營、團、師、軍長、集團軍副總司令、國防部廳長、參謀次長等職。

1943 年 10 月 9 日,獲頒青天白日勳章。

1949 年,任江西省主席,年底隨政府來台灣。

1967 年,任國家安全會議副主任委員、國大代表。

1991 年,病逝台北,享壽 89 歲。

郭寄嶠　1902～1998.7.25.安徽合肥人

郭寄嶠，原名光霱，保定軍校第九期砲兵科畢業。

1929 年，任國民革命軍第 45 師參議，

1937 年 11 月 6 日至 1940 年，任第 9 軍軍長。兼第 14 集團軍參謀長。

1942 年至 1943 年，重慶衛戍副總司令。

1944 年 7 月 20 日，第一戰區副司令長官，

1945 年 2 月 11 日，第五戰區副司令長官。

1946 年 1 月，西北行營副主任，旋任國防部參謀次長。9 月獲頒青天白日勳章。

1948 年春，共軍進擾隴東，窺伺西安，與共軍彭德懷部激戰，殲敵 5 萬人，造成著名之隴東大捷。

1949 年，任甘肅省政府主席兼西北軍政副長官。來臺灣後歷任東南軍政長官公署副長官、國防部參謀次長、國防部長、行政院政務委員、國策顧問等職；

1950 年 4 月，負責指揮舟山轉進部隊 15 餘萬國軍來臺，前行政院長郝柏村是郭寄嶠的侄女婿，現任台北市長郝龍斌即其侄外孫。

黃杰　1902.10.2.～1995.1.14.湖南長沙

黃杰，字達雲，父黃德溥，黃埔一期，舊學深厚，善詩文長書法，有名「儒將」。

1924 年，任黃埔軍校少尉區隊長、教導團排長隊長、松口戰役受傷、北伐任團附、團長、1928 年少將旅長。

1930 年，獲寶鼎勳章、升中將師長。

1935 年，八道樓子香水嶺戰役彪凜，獲頒青天白日勳章。

1937 年，任軍長、11 集團軍司令、滇西戰役獲三等雲麾勳章。美國頒授自由勳章、抗戰勝利調中央訓練團教育長。

1948 年，任長沙綏靖公署副署長、翌年出任湖南省主席兼綏靖總司令。

1950 年，大陸戰爭失利，由雲南去越南富國島，譽為「海上蘇武」，1953 年 6 月，富國島官兵全部撤回台灣、任台北衛戍司令、授予陸軍二級上將。

1954 年，任陸軍總司令、警備總司令、台灣省主席、國防部長、總統府參軍長。

1960 年，授予陸軍一級上將，訪問美國西點軍校，受到軍禮歡迎。

1995 年 1 月 14 日逝世。

方先覺

1903-1983 江蘇省蕭縣（今安徽省宿州市埇橋區欄杆鎮方家寨）人

方先覺，字子珊。幼年在家鄉讀書、江蘇省立徐州中學、南京江蘇省立第一工業學校、國立中央大學（南京大學）工學院（今東南大學）電機系。後又轉學軍事，黃埔三期、黃埔高教班第二期、陸軍大學畢業。陸軍二級上將。

1944.6.22.~8.8.，方先覺率領第十軍進行衡陽保衛戰，被日方稱為「中日八年作戰中，唯一苦難而值得紀念的攻城之戰」。在衡陽戰役結束後，方先覺所率第十軍所屬各師師長均獲頒中華民國青天白日勳章，使得第十軍成為中華民國建軍至今唯一一個師長以上將官共獲得中華民國青天白日勳章的部隊。

第十軍以攻城日軍十分之一的兵力守城四十七天，最終敵我死傷比例三比一。在寡不敵眾又久未得到援助的情況下，方以「保證生存官兵安全，保證傷兵得到救治」為條件與日軍談判停戰。衡陽保衛戰後投降日軍，受到世人爭議。根據喬家才著『戴笠先生與他的同志們』記載，方先覺當時被日本軍隊單獨拘禁，軍事委員會調查統計局發動搶救行動，成功將方先覺救出來。政府以『方先覺於衡陽會戰中力戰被俘』記載於官方紀錄。

1945 年，獲頒青天白日勳章。

1949 年後來到台灣，曾任澎湖防衛副司令官、第一軍團副司令官、聯合勤務總司令部研究督察委員會主任委員等職。

1968 年，退役，在家修身養性，勤習書畫。

1983 年，在台北病逝。

李鴻　1903 年～1988 年 8 月 15 日　湖南湘陰縣

李鴻，原名李鳳藻，字健飛，曾上私塾。15 歲時，家貧輟學，在家中幫忙種田。

1925.7 月，考入中央警官學校。

1926.4 月，考取黃埔軍校第五期工兵科。

1927.7 月，畢業至南京陸軍教導師學兵營擔任班長，參與北伐。

1928 年 11 月，孫立人至教導師學兵營擔任排長，與當時擔任班長的李鴻結識。

1930 年，孫立人任財政部稅警總團第四團長，將李鴻調到他屬下任機槍連連長。

1933 年，第四團參與剿共作戰，李鴻厭惡內戰，其部隊並沒有傑出表現。

1937.8.13.松滬會戰，孫立人升少將司令，李鴻調少校營長。孫李成為生死之交。

1938 年，孫立人於湖南長沙財政部鹽務總局緝私總隊長，李鴻任校副大隊長。

1940 年，孫立人升任中將稅警總團長，李鴻調升上校教育長兼學兵團團長。

1941.12 月，太平洋戰爭爆發。稅警團改編新編第 38 師，孫立人任中將師長。1942.3 月，第 38 師改編為中國駐印軍，在印度接受美軍訓練。

1943 年，第 38 師進攻緬甸。李鴻率 114 團，擊敗由田中新一領導的日軍第 18 師團，對峙於胡康河谷。同年 10 月 13 日，第 112 團進攻胡康河谷邊的於邦，李克己營遭到日軍包圍，困在於邦中。12 月，李鴻率 114 團馳援，擊敗日軍，將李克己營救出。

1944.1.12.李鴻進攻陷日軍孟陽河陣地。史迪威命第 38 師向孟拱河谷前進。

1945.1.27.攻佔芒友，打通滇緬公路補給可以由印度進入中國。

6.29.李鴻攻下孟拱城。8 月，盟軍攻下密支那，完全由盟軍控制。

中國駐印軍整編，孫立人升任新一軍軍長，李鴻升任第三十八師師長。

10 月，李鴻率第 38 師進攻八莫。

11.30.中國駐印軍總指揮兼中緬戰區美軍總司令索爾登將軍，代表美國總統，頒發銀星勳章給李鴻，以表彰他在胡康河戰役中的貢獻。

12.15.第 38 師攻克八莫，英國將八莫至莫馬克這段公路命名為孫立人路，八莫市區中心馬路改名為李鴻路。

1946.2 月，第 38 師，由九龍登船，至葫蘆島，參與國共內戰。

5 月，李鴻兼任吉林城防司令。

1947.4 月，孫立人被免去的頭銜，李鴻接替孫立人兼任長春警備司令。

1948 年，率領新七軍。

10 月，李鴻得到傷寒，將指揮權交給副軍長史說。

10.17.曾澤生率六十軍，投入中共。

19 日，鄭洞國的第一兵團與新七軍投降中共，李鴻也隨之投降。

1949 年 1 月，根據國民黨與中共的和約，國民黨被俘高級將領可以遣送回原籍。

6 月，李鴻回到湖南。

1950.5 月，因應孫立人之邀，經香港來到台灣。

6 月，蔣介石下令將李鴻和夫人馬真一逮捕下獄。

此後，孫立人來台灣的舊部接連遭到逮捕。在獄中遭到私刑審問，希望他們誣指孫立人有謀叛意圖，李鴻在獄中，堅持自己與孫立人的清白。孫立人謁見蔣介石，替李鴻等人求情，但蔣介石不為所動。

1955.5 月，孫立人兵變案爆發，孫立人舊部郭廷亮自白為匪諜，之前遭逮捕的孫立人舊部也被軍情單位正式指控為匪諜。

1958 年，李鴻被移押至桃園龍潭臥龍山莊囚禁。

1968.7 月，國防部正式寄送起訴書給李鴻，以匪諜罪起訴。

1971.7.14.宣判李鴻等人無期徒刑。

1975 年，蔣介石過世，7 月 14 日，李鴻被釋放。但此後鬱鬱不得志居住於屏東。

1987 年，中風送醫。

1988 年，病逝於台灣。李鴻妻子為馬真一，兩人生有長女李哈生、兒子李定安。

劉安祺　1903.6.10.～1995.9.8.　山東微山縣韓莊鎮人

劉安祺，字壽如，黃埔三期、革命實踐研究院、陸軍大學、國防大學、革命實踐研究院畢業。早年投身軍旅，歷經東征、北伐以至剿共、討逆諸役，由排長升至兵團司令官、青島十一綏靖區司令官、軍團司令。

1936 年，晉陞陸軍少將。

1943 年，以軍長職轉任青年軍 205 師師長。

1945 年，調升第六軍軍長。

1946 年，任第十一綏靖區司令官兼行政長官，駐青島，指揮國民革命軍第 32 軍和第 19 師，及 2 個保安旅，1 個山東警備旅改編部隊。

1948 年，晉陞陸軍中將。

1949 年，到溪口向蔣介石報告：「美國海軍人員對青島問題，態度已變，表示不願放棄；但我本身實無把握固守。」。後任第 21 兵團司令官。

5 月 3 日，解放軍發起青島即墨圍攻戰役。

6 月 1 日，執行青島大撤退，極為成功，蔣總統謂「此次青島撤退，最為完整，不但軍隊及裝備物資毫未損失，青的反共人士及青年均撤退赴臺，至可嘉慰。」

6 月 2 日，解放軍攻佔青島。劉安祺第 21 兵團在美國第七艦隊撤出青島後，登艦前往台灣基隆。繼赴瓊、穗作戰，掩護廣州撤退。

1950 年，任台中防衛區司令。後任軍第二兵團司令官、金門防衛部司令、陸軍總司令、三軍聯合參謀大學校長、國防研究院副院長等職。

1961 年，晉陞陸軍二級上將，任陸軍總司令。

1965 年，任聯合參謀大學校長。

1970 年，晉陞陸軍一級上將。

1974 年，任中央信託局理事會主席。

1982 年，被聘為中華民國總統府戰略顧問。

1995.9.8.病逝。

張靈甫　1903.8.20.~1947.5.16.　陝西省西安城郊東大村人

張靈甫，名鍾麟，字靈甫，以字行，因殺妻獲罪，被允許在抗戰中「戴罪立功」。

1924 年，考入北京大學歷史系

1925 年，黃埔軍校四期步兵科。

1926 年，從排長、連長、營長、團長等職務。

1936 年，因懷疑妻子是地下黨，於自宅內將其槍殺，被蔣中正下令關入南京「模範監獄」

1937 年，王耀武企重張靈甫，向蔣中正進言釋放張靈甫。

1938 年，升 51 師 153 旅長，武漢會戰萬家嶺戰役，成功包圍日軍第 106 師團。

1939 年 3 月，南昌會戰，右腿中炮彈負傷，被稱為「跛腿將軍」。

1943 年，常德會戰，救援常德，迫使日軍退出，被蔣中正譽為「模範軍人」。

1944 年 5 月，長衡會戰中未能援救圍困於衡陽的第十軍，遭受軍方高層指責。

1945 年 4 月，湖南芷江保衛戰大勝，被稱為「常勝將軍」，獲三等寶鼎勳章。

1946 年 4 月，升任整編 74 師中將師長。

1947 年 3 月底，蔣中正對解放軍控制的山東和陝北區域實施了重點進攻。國民政府以 24 個整編師，45 萬人開始向中國共產黨控制的山東區域發起大規模進攻，整編第 74 師依命令由孟良崮渡汶河攻取坦埠。

5 月 11 日，孟良崮之役，四天激戰，74 師全軍覆沒，張靈甫陣亡。

張靈甫「殺身成仁，為黨盡忠」，蔣中正聞訊親撰祭文：「以我絕對優勢之蔣中正為其頒發第 3 號旌忠狀，在南京玄武湖畔為其修建紀念碑，將山東蒙陰縣改名為靈甫縣，並將英國援助的一艘驅逐艦命名為靈甫號。在臺北市的忠烈祠，張靈甫是烈士第一人。高雄市鳳山區有張靈甫路，陸軍軍官學校內有張靈甫紀念館。

劉玉章　1903.11.11.~1981.4.11.陝西興平人

劉玉章，字麟生，綽號「劉光頭」，黃埔四期。

1921 年，入西安敬業中學。

1925 年，黃埔四期，加入國民黨。

1927 年，擔任排、連長。

1929 年，隨軍西征，討伐桂系，升任副營長。

1930 年，參與中原大戰負傷，傷癒頭髮落光。

1937 年，保定戰役時升任團長。

1939 年 9 月，劉率部參加長沙會戰，升旅長兼長沙警備司令。

1941 年 52 軍由湖南至廣西入雲南，負責滇南守備；此時握有 52 軍人事權的老軍長關麟徵打破學歷資歷的界限，將劉玉章提升為 52 軍第二師師長。

1942 年，升第二師師長。

1945 年，抗戰勝利，率師入越南受降河內、海防的日軍。

10.5.2.由美國第七艦隊的特遣運輸艦隊從越南塗山港北運，抵秦皇島，出山海關。攻佔綏中、新城、錦西等地，至 11 月 26 日入錦州。兼任 52 軍副軍長。

1946 年，摩天嶺之役，不僅殲殺大量解放軍，還打開進入安東的門戶。五天攻克安東，有「常勝將軍」之稱。1946 年冬，52 軍主力 25 師在南滿被共軍殲滅，師長李正誼被俘，但第二師在劉玉章帶領之下縱橫東北戰場，未嘗敗績，

成了國府在內戰戰場上的中流砥柱。

1948.4 月接任 52 軍軍長。9 月 22 日晉授陸軍中將。獲四等寶鼎勳章。

遼瀋戰役，劉玉章認為錦州「守且不足，攻更危險」所部逐次登輪撤往葫蘆島，劉搭乘最後一艘軍艦離去，當時解放軍炮彈如雨，數百位戰士不及撤退遭俘，劉在艦上痛哭不已。

1949 年，52 軍上海戰役，和解放軍激戰，後來撤退到舟山，任舟山防衛副司令。

1950 年，自舟山撤至臺灣。

1953 年，任中部防守區司令官，仍兼 52 軍軍長。

1954 年，任金防部司令官，挖山洞、掘戰壕、鑿地道，開闢太武山登山公路。金門地下化，對後來八二三砲戰起了很大作用。

1955 年，隨周至柔、黃杰、黃鎮球等人赴美，參觀訪問。

1957 年，轉任陸軍副總司令。

1958 年，就任預備部隊訓練司令。

1959 年，赴美國參謀大學特別班深造。

1960 年，晉升陸軍二級上將。

1963 年，調台灣警備副總司令，兼台灣軍管區副司令，襄助陳大慶將軍。

1967 年，任台灣警備總司令兼軍管區司令。授予二等雲麾勳章。

1970 年，晉升陸軍一級上將，同時被聘為總統府戰略顧問。

1981.4.11.病逝台北，終年 78 歲。

康澤　　1904～1967　四川安岳人

康澤，字兆民，黃埔三期，中華復興社創始人之一，復興社的名字是康澤命名；康澤亦是三民主義青年團三位創始人之一（另二人為劉健群、陳立夫），三民主義青年團的名字也是由他建議而被採納的,其受蔣中正之寵信可見一斑。

1928 年，康澤莫斯科中山大學畢業，他不認同馬列主義，認為共產主義不適合中國國情，回國後建議蔣中正總司令採用俄國保衛局制度（格別烏）保護政權。

1931 年，南昌行營別動總隊，康澤任少將總隊長，為蔣所重用。康澤的別動總隊在中共各根據地清剿共黨，成績頗著。

康澤的別動總隊，共產黨稱為特務武裝，其隊員乃是收容黃埔軍校的失業學生而組成，發展至數萬人，當年的劉伯龍、公秉藩等將軍都是康澤系要員。

1932 年後，康澤擔任過中華復興社中央幹事與書記及國民黨中央委員，深受蔣的器重，即成為中國共產黨所謂之「蔣介石的十三太保」之一。

1933 年，蔣中正在盧山成立中央軍校特別訓練班，任用康澤當主任，招收各省高中畢業生，每期數百人，爰成為康澤集團的政治骨幹。

有人認為康澤不僅是蔣中正的愛將，一度亦為蔣蓄意培植的接班人之一；但後來蔣經國自俄歸來，且在贛南頗有表現，康澤與蔣經國為爭三民主義青年

團組織處長和團中央領導位置及青年軍的編練工作而發生直接衝突，終不敵蔣經國。他長期控制的別動總隊，改編為新 28 師、新 29 師，編為第 66 軍，遠征緬甸。康澤想任該軍軍長，但何應欽認為康澤沒有作戰經驗未予批准，改由張軫充任。抗戰勝利後，蔣中正派康澤出國考察。

1947 年，回國，就任第 15 綏靖區中將司令官。

1948 年，參選立法委員，於四川省第九選區第一位當選，後擔任軍職。

襄樊戰役中，襄陽城破，康澤被俘，蔣中正曾在軍事會議中肯定地說：「我所知道的康澤，是不會被俘的，很可能像張靈甫那樣壯烈成仁。」事實上康澤受中國共產黨改造 13 年後出獄，並被安排為中共全國政協委員會文史專員。同樣身屬戰犯，與康澤相處十年的李以劻曾說：「康澤思想仍忠於蔣中正，雖經改造無多大改變，更談不上有認罪服輸的心理，表面上痛罵國民黨與培植他的校長蔣中正，共黨宣稱改造成績很好，但實際上康澤對於共產黨是仇恨的，對共黨私下有微詞。」

毛澤東曾講過「農民對於康澤是不能饒恕的」，共產黨與康澤長期勢如水火，雙方都沾滿了對方的鮮血，所以康澤沒過得了文化大革命這關，其下場是半夜被紅衛兵打得半死，後被拖進秦城大牢，傷重而亡。

王耀武　1904～1968 山東泰安人

王耀武，字佐民，黃埔三期，陸軍二級上將。歷任軍職首長、軍長、第四方面令長官、集團軍司令、第二綏靖區司令長官，曾獲美國金質自由勳章。

1941 年，上高會戰，因功獲頒「武力狀」。6 月 4 日獲頒青天白日勳章。

1948 年，兵敗被中共俘擄，經 11 年戰犯生涯，獲釋後修編史料。

1968 年，病逝北京，享壽 64 歲。

毛邦初

1904～1987 祖籍浙江省奉化縣岩溪村未生長於此（自幼生於上海市）

毛邦初，字信誠，是毛福梅（蔣中正原配）同宗侄子輩，黃埔三期、廣東大沙頭航空學校、蘇聯航空學校畢業，後轉中國交通科技學校學習無線電發報機。

政府選派入蘇聯中山大學空軍，後赴意大利學習飛行。後在杭州成立「杭州筧橋航空學校」飛行和通訊班，政府遷台這通訊班併入崗山空軍通訊學校。

1937 年 7 月 7 日，毛邦初任副總指揮，領導中國空軍對日空中作戰，曾任空軍副總司令。

1944 年，獲頒青天白日勳章。

大陸淪陷前毛邦初被派赴美國任空軍駐美採購處代表，主要機型是 P-51，和加拿大生產的蚊式轟炸機。

毛邦初被美國媒體揭發貪污，美國眾議員周以德和諾蘭參議員，向顧維鈞反映，顧維鈞、宋子文、俞國華、李惟果、胡適等人輪番規勸澄清歸還，毛皆置之不理。政府向美法院控告，向毛追討 636 萬 8 千餘美元，毛邦初潛逃墨西

哥被捕，1958 年葉公超使美，才和毛邦初達成和解，毛同意交出 200 萬美元美國國庫券，但要求給他 20 萬美元生活費。

毛從此定居美國，晚年病逝加州洛杉磯。

毛邦初二子，長子毛昭寰，美國普渡大學電機博士，次子毛昭憲，是生醫及機械雙料博士，美國生物力學權威，首位美國華人生物及機械學院「兩院院士」。

孫元良　1904.3.17.～2007.5.25.四川成都華陽縣（今屬雙流縣）

孫元良，父親孫廷榮，曾是清朝知縣，叔父孫震，曾是川軍將領。

子女共十一人，孫祥輝是中華民國空軍軍官，於 1967 年駕駛 F-104 戰鬥機訓練任務發生意外殉職；孫祥鐘是台灣電影明星，藝名為秦漢；女兒孫祥娟是台灣最大少女品牌服飾比其集團總經理；孫子是偶像劇演員孫國豪。

曾就讀私塾、東南大學附屬中學、北京大學讀、黃埔一期、日本陸軍士官學校。

歷任排連營團師軍長、兵團司令。

1926 年，革命軍北伐，任第 1 師第 1 團團長。

1937 年，參加八一三淞滬會戰，孫將死守上海的命令，親手交給國軍 524 團團附謝晉元，即為八百壯士死守四行倉庫。

1939 年，以民生航運公司身份，經香港考察英、法、德、意等國航空事業，回國任第 28 集團軍副總司令兼 29 軍軍長。

1944 年，日軍攻陷貴州獨山，準備直搗重慶，孫元良率 29 軍緊急持援，收復南丹獨山等要地，扭轉危局，榮獲青天白日勳章。

1946 年，任南京、重慶警備司令。內戰時任第 16 兵團司令官。

1948 年，徐蚌會戰，遭到共軍包圍，大部份部隊被殲，孫元良孤身化裝逃脫。

1949 年，任 16 兵團司令，下屬通電投共，孫元良經香港來台灣後退役。

1970 年，一度在日本開麵館，名為「天福園」。

1975 年，定居高雄，任一家針織品公司董事長。

2007 年 5 月 25 日，因器官衰竭，逝世於台灣，享壽 103 歲。

俞濟時　1904.5.1.～1990.1.25.浙江奉化縣

俞濟時，字良楨，號邦梁、濟士，黃埔一期，曾任陸軍官校校長、粵軍總司令部參謀長、蔣中正侍衛長、憲兵司令。

1931 年，討閻錫山、馮玉祥，獲頒寶鼎勳章。

1932 年，一二八事變，日本登陸上海，俞濟時 88 師增援十九路軍，與日軍白刃戰，反覆肉搏身受重傷，榮譽獲青天白日勳章。

1936.1.28.晉升中將。

1937 年，升任第 74 軍軍長，淞滬戰爭，由漢口調赴上海。

1938 年，隴海抗日有功，獲頒華胄獎章，七月調升 36 軍司令。兼長沙警

備司令，安撫長沙大火民怨，安定民心。

1939 年，調升 20 集團軍副總司令兼 74 軍軍長。

1942 年，調任侍衛長。

1943.11.月隨蔣委員長參加開羅會議。

1944 年，奉頒二等景星勳章一座。

1945 年，調任軍務局長。

1946 年，獲頒自由勳章。

1948 年，獲頒二等卿雲勳章一座，並授陸軍上將待遇。

1949.12.9.四川劉文輝、鄧錫侯通電叛變，企圖扣押蔣介石、參謀總長顧祝同。當時俞濟時呈書：「局勢緊迫敬請鈞座剋日離蓉。」10 日蔣公點頭，下午二時抵鳳凰山登機，十八時安抵台北。

1950 年，聘為戰略顧問及總統府第二局局長。

1952.10.26.奉令「陸軍中將、上將待遇俞濟時准予退役」。

1963.1.8.特聘為總統府國策顧問。

1968 年，俞濟時妻陳志英病故。俞喪偶孤寂，子女各居一方。

1978.6.4.俞濟時與宋雪素女士結婚。

1990 年，去世。

彭士量　1904.8.5.~1943.11.15.　湖南省瀏陽縣鎮頭市百星橋楊眉堂

彭士量，字秋湖。光普（清安）公次子，明德大學肄業，黃埔四期，陸軍大學 11 期。歷任排連營團師長。

1937 年，預備第四師少將參謀長、副師長，

1941 年，第六戰區少將高級參謀、教育處長。

1942 年，29 集團軍 73 軍暫編第五師副師長。

1943 年，任第五師師長。時值湘西會戰，該師奉命防守湖南華容、石門，日軍十萬大軍陸空夾攻，寡不敵眾，彈盡糧缺，不幸壯烈成仁殉國。政府體念其忠貞報國，追贈陸軍中將，葬湖南南嶽駕鶴峰下壽苑，兩岸均以祀忠烈祠。

彭士量臨危受命，抱必死之決心，出戰前立有遺囑：「余獻身革命，念年於茲，早具犧牲決心，報孝國家，茲奉守備石門任務艱鉅，當我全體官兵同胞與陣地共存亡之決心，殲彼後寇，以保國土。倘此次戰役得以成仁，身無遺憾。惟望我全體官兵，服從副師長指揮，精誠團結，發揚我革命軍人之精神，繼續殺敵，完成上級所賦予之任務。余廉潔一生，事無家產，望余妻克苦自持，節儉生活，陪待翁姑，撫育兒女，俾教育成才，以繼余志，此囑」。

1944.2.4.移靈湖南長沙中山堂舉行追悼大會，國葬南嶽忠烈祠下駕鶴峰壽苑。

1985.5.28.中共追認彭士量為革命烈士。

彭士量家屬：

元配凌源清（1906~1991.11）壽 86 歲，一子業裘（子健）、一女以文

繼配王蘇政（1913~1986）二子：紀俊、紀倫。一女紀德。

世系血緣：構雲後裔，湖南瀏陽彭家塅裕后祠：

啟儒－世吉－應川－開堯－雯懋－運爌－觀庠－光普（清安）－士量（秋湖）－業裘、紀俊、紀倫、（女）以文、紀德－果林、果克、彭凱、彭方、彭源、（外孫）趙偉、趙軍、（孫女）安玲、小娟、彭微、（外孫女）趙燕－（曾孫）彭登、康定、康平、彭渤、彭程、彭搏、彭飛、（曾孫女）彭慧、彭璆、張凡、劉雯、（外曾孫）張獻、趙添凱－

戴安瀾　1904.11.25.~1942.5.26.　安徽省無為縣人

戴安瀾，原名戴炳陽，字衍功，自號海鷗，著名遠征緬甸抗日將領，黃埔三期。長城抗戰，獲三等雲麾勳章一枚。七七事變後，因戰功卓著，升任第89師副師長。武漢會戰，升第五軍第200師師長。

1939年12月，在廣西崑崙關與日軍第5師團激烈鏖戰，戴安瀾指揮有方，雖負重傷，不下火線，擊斃日軍旅團長中村正雄少將，贏得著名的崑崙關大捷。

1942年3月，戴安瀾率200師西出雲南，遠征緬甸。他不惜冒孤軍深入的危險，開進同古，逐次接替了英軍的防務，阻擊遲滯敵軍前進。他致夫人王荷馨的信：「余此次奉命固守同古，因上面大計未定，後方聯絡過遠，敵人行動又快，現在孤軍奮鬥，決心全部犧牲，以報國家養育。為國戰死，事極光榮。」他帶頭立下遺囑：只要還有一兵一卒，亦需堅守到底。如本師長戰死，以副師長代之，副師長戰死以參謀長代之。參謀長戰死，以某某團長代之。全師各級指揮官紛紛效仿，誓與同古共存亡。2月25日，以8000人擋住了日軍精銳的第55師團20000餘眾的進攻，取得同古（今稱東吁）保衛戰勝利，贏得中外讚賞。

5月16日，戴安瀾於指揮所部撤退途中，不慎中彈負傷，26日傷口糜爛穿孔，因缺乏藥物醫治，戴自知來日無多，命左右衛士將其扶起，向北面高呼「反攻！反攻！中華民國萬歲！」後病故緬甸茅邦村，享年38歲。

戴安瀾將軍殉國後，中華民國政府於1943年4月1日在廣西全州的香山寺為其舉行了國葬，並追贈陸軍中將；蔣中正委員長以校長身份贈輓聯：「虎頭食肉負雄姿，看萬里長征，與敵周旋欣不忝。馬革裹屍酹壯志，惜大勳未成，虛予期望痛何如？」

毛澤東為其賦詩·輓戴安瀾將軍：「外侮需人御，將軍賦采薇。師稱機械化，勇奪虎羆威。浴血東瓜守，驅倭棠吉歸。沙場竟殞命，壯志也無違。」。

美國總統羅斯福頒發第二次世界大戰中外國同盟軍將領之軍團功勳章給戴安瀾將軍，他是第一個受此殊榮的中國軍人。

關麟徵　1905～1980 陝西鄠縣人

關麟徵，黃埔一期，陸軍中將。歷任排連營團旅師軍長、集團軍總司令、東北保安司令、雲南警備司令、陸軍官校校長、陸軍總司令等職。人稱「關猛」「鐵拳」「中國巴頓」「共軍尅」，練兵作戰有功。政府退守台灣時，自成都乘專機來台灣，在過境香港時，中途「跳機」，隱居香港讀書寫字。1980 年病逝，享壽 75 歲。

王叔銘　1905～1998 山東諸城人

王叔銘，本名醺，黃埔一期、廣東大沙頭航空學校、蘇聯航空學校、蘇聯戰鬥機轟炸學校、杭州中央航空學校畢業。歷任飛行官、航空學校校長、空軍第三、五路司令、空軍總司令、國防部參謀總長、聯合國安理會軍事參謀團代表、駐約旦王國大使。人稱「王老虎」。

1963 年，駐聯合國軍事代表時，向美國獻策，反對蔣總統反攻大陸政策。1998 年，病逝台北。

蕭贊育　1905～1999，湖南邵陽茅塘道童村人

蕭贊育，字化之，又名銘奎，黃埔軍校一期，曾留學莫斯科中山大學與日本明治大學，因追隨蔣介石反共，被視爲心腹親信，歷任國民黨中央軍校畢業生調查科主任、軍事委員會委員長侍從室秘書、第三處中將副主任、中央黨政軍聯席會議秘書處秘書長；曾參與組建複興社，並在賀衷寒接任第二任書記前短暫代理書記，鼓吹法西斯主義，爲蔣介石獨裁造勢，時人將其視爲蔣的"十三太保"之一。三青團成立後，任中央幹事，並任成都陸軍官校、武漢行營政治部主任，南京市黨部主任委員，中央組織部副部長，《和平日報》、《掃蕩報》總社長，當選"立法委員"。赴台後，從事文宣工作，歷任拔提書局、正中書局、"中國廣播公司"董事長，《建社雜志》社主任委員兼發行人，中華文化基金會董事長，台北粥會會長等職。

1963 年，當選國民黨第九屆中央委員，1969 年，任第 10~13 屆"中央評議委員"。

謝晉元　1905～1941.4.24.廣東蕉嶺人

謝晉元，字中民，陸軍官校四期，歷任排、連、營、團長。

1937 年，奉命率領 88 師第 262 旅第 524 團第 1 營官兵四百多名，鎮守蘇州河北岸的四行倉庫，以掩護主力部隊撤退，堅守四晝夜，擊退日軍 10 次猛攻，事蹟振奮全國軍民，揚名海外，人稱「孤軍營」。當時汪精衛僞政府欲引誘入府，遭嚴拒，汪遂收買麾下四名敗類，於 1941 年 4 月 24 日趁孤軍早操，用匕首猛戳謝晉元團長頭、臉、胸等要害而死，得年僅 36 歲。

劉戡　1906～1948 湖南桃源人

劉戡，黃埔一期，陸軍二級上將。官至集團軍總司令，剿共時失去右眼，號稱獨眼龍將軍。

1948 年進剿甘寧邊區時，被中共彭德懷部包圍，全軍潰退，劉戡自殺身亡。年僅 42 歲，死後，被追贈為陸軍上將。

徐煥升　1906～1984.3.4 上海崇明

徐煥升，江蘇醫學院肄業，黃埔四期、中央航空學校第一期，曾赴德、意航空學校深造。初任筧橋中央航校教官、蔣介石座機副駕駛、分隊長、中隊長。

1938 年，任空軍第十四隊隊長、第六重轟炸大隊長、中美空軍第五混合團（即第五大隊）副司令、蘭州地區司令、聯隊長、空軍總部署長、國防部總務局長、駐蘇武官。

1949 年，任侍從室主任、空軍總部主任、參謀長、副總司令。

1963 年，任空軍總司令，後任中華航空公司董事長。

1984 年 3 月 4 日病逝臺北。

滕傑　1906.1.25.～2004.江蘇省淮安府阜寧縣人

滕傑，號俊夫。黃埔軍官學校第 4 期步兵科畢業後，赴日本留學，入明治大學學習政治經濟。歸國後參加北伐，任國民革命軍總司令部政治部副主任，後來改任國民政府軍事委員會委員長侍從室第 4 組組長。

1932 年，滕傑參加藍衣社，任命為書記。

1933 年，任中央陸軍軍官學校政訓處處長。

1934 年，赴歐洲考察政治經濟。

1935 年，歷任湖南省政府參議兼軍管區參謀長、國民政府軍事委員會戰時幹部訓練團第 1 團政治部主任、國民政府軍事委員會政治部辦公廳主任。

1941 年，被任命為準備階段的三民主義青年團中央幹事會幹事。

1943 年，三民主義青年團正式成立，出任中央幹事會幹事，並晉升陸軍少將。1945 年，任第 3 戰區長官部政治部主任。

1946 年，任徐州綏靖公署政治部總務廳及兼第 2 廳中將廳長。

1947 年，出任立法院立法委員、國民大會黨部書記長、陸軍總司令部徐州司令部秘書長兼中央訓練團徐州分團教育長、南京市市長兼黨部主任委員。

1949 年，隨政府到臺灣。任國民大會黨部書記長、央評議委員、中央信託局主席、光復大陸設計研究委員、政戰學校教授。

1973 年 3 月 29 日，滕傑之子滕永康在巴黎巴士底廣場被台獨盟員黃昭夫持刀割喉殺傷，黃昭夫被捕後入獄五年。

1981 年，任臺灣軍火輸出貿易公司董事長。

1990 年，任中華民國全民民主統一會會長。

2004 年，逝世，享壽 99 歲。

何世禮　1906.5.15.~1998.7.26.廣東寶安

何世禮，香港歐亞混血富商何東爵士第三子。

英國烏烈芝皇家軍事學院勒希爾炮兵學校及法國方丁布魯炮兵專門學校）畢業。

1928 年，與洪奇芬結婚，育子鴻毅，女勉君。

1943 年，任聯勤總部中將副參謀長、副總司令，秦葫港口司令，冀熱遼邊區副總司令。

1949 年，國民政府遷台，何世禮任台灣東南補給司令兼基隆港口司令、國防部常務次長、駐日軍事代表團團長、兼盟軍對日理事會臺灣代表。

1952 年後，任駐聯合國軍事代表團團長，聯合國安理會軍事參謀委員會首席代表，行政院美援運用委員會委員。

1956 年，何東爵士去世，何世禮繼承鉅額遺產，擁有《工商日報》，擔任董事長及社長，及後又創辦《工商晚報》。

1984.12 月，台灣國營的民生物產等具台灣背景的公司的董事長。

1959 年，晉升為陸軍二級上將。

1962 年，受聘為總統府國策顧問。

1964 年，任港台貿易公司及台灣民生物產公司董事長。

1998.7.26.何世禮於香港逝世享壽 92 歲。

潘裕昆　1906.8.4～1982.10.28.　湖南瀏陽市官橋鄉一江村會同人

潘裕昆 史迪威 亨特

潘裕昆，字孔希，派名源美，父親潘昌澍，字采藻，母劉氏。曾祖父潘自通，五代同堂，縣令頒贈「旌表百歲、五世其昌」扁額。

1922.6.14.家遭橫禍，父母及第三兄長潘源佑，皆被匪徒殺害，血賤堂屋，四兄潘裕光（源電）爬上屋頂躲藏，幸免於難。潘裕昆被擒，一匪欲以梭鏢刺其胸膛致死，被匪首宋伯卿飛腿將鏢橫腰撥開，高聲叱責：「此乃銀圓贖金所在，為何如此？」潘裕昆由叔父潘采蘋公高價贖回，撿回一命。

遽變之後，潘裕昆心靈受創，常暗自隱泣，不時喃喃豪語，拍胸脯含淚語帶悲傷高吭大聲說：「以後看我細佾唧的」。

潘裕昆在家鄉瀏陽頗具盛名「金江高級小學」畢業（與中共元老宋任窮同班同學），畢業後考入長沙第一師範，歷史老師毛澤東，見潘裕昆不時捉弄同學，毛澤東批評他說「你潘裕昆，這個細伢子還蠻調皮呀！」第一師範畢業後考入黃埔軍校第四期，與高魁元及中共林彪，都是同期同班同隊同學，相當要好。1980年，宋任窮在北京，得知他的同窗好友潘裕昆的兒孫也在京城，特意尋找到他們，並邀請到家中作客，當提及潘裕昆在「金江小學」戲鬧玩耍細節時，宋老也忍不住笑出聲來。

潘裕昆參加戰役甚多：武漢會戰、粵北大捷、昆侖關會戰、滇越邊境桂南河口之戰、緬甸密支那戰役，以及國共內戰多次戰役。

獲得獎勳章有：陸軍三等一級獎章、陸海空軍甲種一等獎章、光華甲種一等獎章、光華甲種一等獎章、中國四等寶鼎勳章、中國忠勤勳章、美國自由勳章、中國勝利勳章、中國四等雲麾勳章、中國三等雲麾勳章、美國立功勳章、美國銀星勳章、美國總統羅斯福所頒贈的美國自由勳章、英皇喬治六世 C、B 巴斯榮譽勳章（營救英軍七千人）等。

1945年9月潘將軍率領50師隨新一軍進駐廣州接受日軍繳械投降，出席日軍簽字投降儀式。年底潘將軍代表國軍在香港與英軍談判商定中國軍隊進駐香港接受九龍日軍投降事宜。

1946.3 月，新一軍北調，潘裕昆將軍指揮著名德惠保衛戰果。

1947 年，接替孫立人將軍升任新一軍中將軍長。

1948 年，東北遼西戰役失利，新一軍潰敗回湖南，避居香港。

1949.8 月，與黃紹竑、龍雲、李覺、李默庵等 44 位，通電和平擁護新中國。

1982.10.28.潘裕昆將軍病逝杭州醫院。

1989 年，潘將軍骨灰運回老家，安葬在湖南瀏陽官橋鄉一江村會同山麓。

潘裕昆有六個兄弟、三個姐妹：源泉、源森、源佑、源電、源從、源美（潘裕昆）。

妻蔣慶元，湖南醴陵人（1911.4.15.~1992.12.31.）育有六子三女：

（男）君奇、君陵、君陽、君桃、君滇、君惠。

（女）步喬、步喬、步南、步平。散居英國、香港、北京、杭州、深圳。

高魁元　　1907.3.26.～2012.5.7.山東嶧縣

字煜辰，黃埔四期，陸軍一級上將曾任排連營團師軍長。

1949 年 18 軍軍長戍守金門「古寧頭戰役」戰勝關鍵人。

1952 年任台北防衛區副司令、軍長。

1955 年政戰部主任兼行政院反共義士輔導處副處長、總隊長。

1957 年任陸軍副總司令。

1961 年任國防部總政治部主任。

1965 年，任陸軍總司令。

1967 年，任參謀總長並晉升陸軍一級上將。

1970 年，任總統府參軍長。1973 年，國防部部長。

1980 年辭職，獲頒青天白日勳章，轉任總統府戰略顧問。

2012 年 5 月 7 日晚間 9 點 41 分因多重器官衰竭，病逝三軍總醫院，壽 105 歲。

高魁元、潘裕昆、中共林彪三人在黃埔四期為同班同隊最要好的同學。

宋希濂　　1907.4.9.～1993.2.13.湖南省湘鄉縣溪口人

宋希濂，字蔭國，長沙長郡中學、廣州講武學校、黃埔一期、日本千葉陸軍步兵學校畢業。

1923 年，加入中國國民黨。

1925 年，陳賡介紹加入共產黨。同時他也是國民黨黨員。

1930 年，宋希濂回國，任中校參謀、團長、旅長。

1932 年，參加一二八淞滬抗戰，升第 36 師師長，兼該城警備司令。一年後晉陞陸軍中將，時年 27 歲。

1934 年，鎮壓福建事變「討伐叛亂戰鬥中首建奇功」。

1935.6 月，奉命處決中共領導人瞿秋白。

1936 年，參加討伐張學良楊虎城西安事變。

1937.8.13.淞滬抗戰晉陞為第 78 軍軍長。南京保衛戰，歸唐生智指揮防衛下關。

1939 年，武漢會戰，阻擊日軍進犯有功，獲得華胄榮譽獎章和獎狀。

1941 年，升任第 11 集團軍總司令、兼昆明防守司令。

1944 年 5 月，打通滇緬公路，因而獲得青天白日勳章和美國自由勳章。

1946 年，任新疆省警備總司令。

1949.8 月，被調任為川湘鄂綏靖公署主任。在觀音寺、黃草壩等戰鬥中。遭到解放軍追擊，部隊潰散，他率領殘部向邊境逃亡。途中。

1949 年 12 月 19 日，剛渡過大渡河邊，於峨邊縣被中共俘擄。

1954 年，幽禁北京功德林戰犯管理所。1959 年獲得特赦，作文史專員。

1957 年，與儲安平離婚，1961 年與易吟先結婚。

1980 年，兩人移居美國，後參與組織黃埔軍校同學會，擔任副會長。

1993 年，病逝美國紐約。

高志航　　1907.5.14.～1937 遼寧通化

高志航，原名高銘久，字子恆，

1920 年考入東北陸軍軍官教育班，後被選派赴法國學習兩年飛機駕駛，繼而專修驅逐機專科，改名為高志航。

1924 年，與邵文珍結婚，邵 1927 年自殺，無生育。

1925 年，往南錫的法國莫拉諾高等航空學校。

1927 年，回國，任張學良部東北航空處飛鷹隊少校隊員。

1928 年，參加枚平蒙變，因功升東北航空教育班少校教官。

和嘉莉亞（白俄羅斯人）結婚 1931 年離婚，育高麗良高友良。

1932 年，與葉容然結婚，育一男一女為高耀漢（曾任新生報記者）、高憶椿。

1933 年，入筧橋中央航空學校第一期高級班，調飛行教官。

1934 年，晉陞為空軍第四大隊中校大隊長。

1935 年，派至意大利考察航空 1 年。後在飛行表演中表現出眾，墨索里尼看過後說過，「這樣技術的飛行員在意大利也是數一數二的。」墨索里尼非常欽佩他的行為，並將隨身所帶的鋼筆手槍送給他作為紀念。

1937.8.13.淞滬戰爭爆發，日機進襲，高志航立刻駕機起飛，擊落日機一架，這是中國空軍首次擊落日機。在十多分鐘的空戰中，高志航再擊落日機一架共擊落敵機兩架，全大隊擊落日機六架。事後統計，光是落在筧橋附近的敵機殘骸，就有六架，都有照片，據信日本飛機也有可能墜落在錢塘江、太湖、及附近海面，所以，八一四空戰締造的六比○紀錄，是一個非常保守的成績。日本軍閥稍晚承認，出擊杭州筧橋的十八架飛機當中，有十三架「失蹤」。

　　高志航與劉粹剛 1937 年 10 月在支援忻口戰役時，座機燃油告罄，迫降時不幸碰撞城樓而以身殉職，時年 24 歲。

　　政府追授高志航少將軍銜，蔣介石親自主持，「高志航英雄殉國，死之偉大，生之有威，永垂千古」。周恩來稱讚高志航「是中華民族的英雄，為抗日犧牲的，為民族犧牲的。」

　　1939.9 月，國民政府正式下令每年 8 月 14 日為空軍節。

劉詠堯　1907.8.18.～1998.822.湖南醴陵縣

　　劉詠堯，字則之，湖南岳雲中學、廣州陸軍講武學校、黃埔軍校一期，同期同學中年齡最小者（15 歲）。

　　1925 年 12 月，入學莫斯科中山大學，和蔣經國同為第七班（「理論家班」共 20 人，鄧小平為班長）。

　　1929 年，加入力行社和復興社，任職「中正學校」校長。

　　1936 年，任湖南抗日自衛軍副總司令兼軍管區副司令、國立中正大學（南昌大學）校長、軍事委員會侍從室副主任。

　　1945 年，陸軍大學將官班畢業，任國防部人事參謀次長、部長辦公室主任。

　　1949 年，任國防部次長、升陸軍二級上將。12 月 31 日與顧祝同一道，從成都機場搭乘最後一架飛機離開，經海南島到達台灣。

　　1950 年，調戰略顧問、

　　1951 年，晉升陸軍一級上將，同年退役。

　　1961 年，兼任「中國歷史文化協會」常務理事。

　　1963 年，兼「中國社會學會」理事長。

　　1971 年，兼「中國政治學會」理事。

　　1974 年，兼「中國教育協進會」常務理事。

　　1980 年，兼「中國文化界聯誼會」首席顧問。

　　1998 年 8 月 21 日，逝於台北市空軍總醫院。

　　妻鍾光儀，為南京新生學校學生，劉是該校校長，兩人相差 18 歲。育兩子一女，孫女劉若英是兩岸三地著名音樂家演員暨作家。

胡璉　1907.10.1.～1977.6.22.陝西省華縣

　　胡璉，字伯玉，陝西華縣人。黃埔軍校四期，陸軍一級上將。歷任連營團師軍長、軍團司令、金門防衛司令、1949 年，任福建省政府主席。毛澤東評論胡「猛若虎，狡如狐」，凡遇作戰，共軍寧避其鋒。

　　1943 年，鄂西會戰，時任師長，英勇果決，重創日軍，榮獲青天白日勳章。

　　1952 年，晉升陸軍二級上將。

　　1957 年，任金門防衛司令，金門炮戰，適患青光眼，

赴德就醫。

1964 年，任駐越南大使館大使。

1972 年，晉升一級上將、任戰略顧問。

1977 年，胡璉愛讀書史，在國立臺灣大學歷史研究所旁聽進修。

1977.6.22.逝世，遺命遺體火化，骨灰海葬撒灑金門水頭灣海面，在金門金城鎮建有「伯玉亭」以茲紀念。

妻室曾廣瑜，3 子 5 女。

子：胡之光、胡之輝、胡之耀。

女：胡之冰、胡之玉、胡之潔、胡之玲、胡之清。

彭孟緝　1908.9.12.～1997.12.19.湖北武昌

　　彭孟緝，字明熙，中華民國陸軍一級上將。肄業於湖北漢陽文德書院、廣州中山大學，黃埔軍校第五期砲兵科畢業後，參與東征、北伐；後奉派赴日本戰野砲兵學校進修，返國後任陸軍砲兵學校主任教官。中日戰爭期間，曾參加淞滬戰役、長沙會戰，升任陸軍總司令部中將砲兵指揮官。

　　1937 年，重砲兵第十團團長、野戰砲兵第一旅旅長、中將砲兵指揮官。

　　1946 年，擔任高雄要塞中將司令時，對 228 事件強力鎮壓，造成不少民眾傷亡，其他「澎湖七一三事件」、「師大四六事件」、「清鄉」中，強力進行鎮壓，有「高雄屠夫」之稱，成為日後爭論人物。

　　1947 年，臺灣警備司令部司令。

　　1949 年，臺灣省警備總部副總司令、臺灣省政府委員、臺灣省保安司令部司令、臺北衛戍司令部司令、圓山軍官團教育長、革命實踐研究院主任。

　　1950 年，擔任革命實踐研究院軍官訓練團主任，成立高級班及石牌班訓練機構。

　　1952 年，擔任陽明山革命實踐研究院主任。

　　1954 年，擢升為副參謀總長，在參謀總長桂永清去世後，彭孟緝接任參謀總長。1957 年，調任陸軍總司令並兼台灣防衛總司令。

　　1959 年，晉升陸軍一級上將，再任參謀總長。

　　1965 年，擔任總統府參軍長。

　　1967 年，先後出任中華民國駐泰國及日本大使。

　　1972 年，擔任戰略顧問，退休後住於台北。

　　1997 年 12 月 19 日，逝世。

　　子：彭蔭剛，（1935.12.29～），曾任臺灣中航董事長及海基會董事等。

　　媳：彭蔭剛之妻董小平，為「中國船王」董浩雲之女、首任香港特別行政

區行政長官、現中國全國政協副主席董建華為其妹。

　　子：彭蔭宣,(約 1936～2012.7.29),建築師,哈佛大學建築學研究所碩士,曾任職於貝聿銘事務所。孫：彭士佛,建築師,彭蔭宣的兒子。

賴名湯　1911.6.1.～1984.11.30.　江西石城

　　賴名湯,號曉庵。中央航校、美國空軍參謀大學畢業。

　　歷任飛行員、隊長、航校主任教官、參謀長、駐英武官、情報署長、聯勤總司令、空軍總司令、國防部參謀總長、戰略顧問等職。

　　1945 年,與名作曲家賴孫德芳女士結婚,育有三子,長子賴士倫現居美國、長女賴曉倫、次子賴世聲為前台北市捷運局長。

　　1953 年,處理韓戰 14,000 名中共戰俘來台得宜,晉升國防部參謀次長,先後擔任聯勤總司令,空軍總司令。

　　1970 年,升任參謀總長。

　　1976 年,獲頒授青天白日、寶鼎、雲麾、勝利、忠勤、復興勳章。

　　1984 年 11 月 30 日病逝於臺北,享年 73 歲。

馬紀壯　1912～1998

　　馬紀壯,海軍青島學校第三期,曾參與遼瀋戰役。

　　1950 年,曾指揮舟山撤退,日後大陳島、南日島、東山島戰役,卓有戰績。海軍總司令桂永清樂意栽培,從永順艦長接太康艦長,並兼第一海防艦隊參謀長,隨後調第一海防艦隊司令,總部參謀長。平步青雲,曾任海總、聯勤總司令、國防部副部長。

　　1972 年,接替沈昌煥出任駐泰大使。

　　1975 年,泰國與北京關係正常化,回國轉任中國鋼鐵公司董事長。

　　1978 年,內閣改組,出任總統府秘書長。

　　1984 年,任行政院擔任首席政務委員。

　　1986 年,出任駐日代表。

　　1990 年,任總統府資政。

　　1998 年,過世,享壽 87 歲。

譚文　1912～1938 山東海陽人

譚文，字書元，中學畢業後，有感日本侵略中國，加入東北軍。考取位在瀋陽東塔的東北航空學校。

1931年，「九一八事變」，日本佔領東北三省及熱河，東北空軍及航空學校被日本關東軍接收停辦，航空學校師生，均離開東北前往北平。

投考中央航空學校，接受兩年飛行專業訓練。

1934年，航校畢業，留校擔任少尉飛行教官。後任少尉分隊長，立下戰功，

1937年，擢升中尉分隊長。「七七事變」，8月13日日軍大規模進攻淞滬。14日，日軍駐防臺北的本鹿屋航空隊出動18架九六式轟炸機，於下午十四時五十分襲擊廣德及杭州筧橋機場。第四大隊迎戰，大隊長高志航在譚文協助下，於杭州上空擊落一架敵機，此為中華民國空軍在空戰中首次擊落日本飛機之歷史紀錄。同日，又擊落數架日機，史稱「八一四大捷」。

8月15日上午七時，日機再度前來襲擊杭州筧橋機場，大隊長高志航率領下，升空迎敵。譚文在喬司上空擊落敵機一架。同日中午，南京防空司令部接獲情報，日機將攻擊南京，第四大隊奉命前往協同駐句容第三大隊作戰。下午十三時三十分，第四大隊與敵機在南京方山上空展開空戰，譚文與苑金函兩人合力擊落一架敵機。15日筧橋與方山兩次空戰，擊落敵機多架，戰果豐碩。

9月3日，空軍第四大隊奉命飛往吳淞支援友軍作戰，譚文駕編號2310號霍克機飛抵瀏河南方時，發現七、八架敵機，在陣地上空飛翔。譚文與敵戰鬥擊傷敵機兩架，可惜他的座機油箱中彈著火，導致機毀人亡，年僅26歲。譚文殉職後，政府追贈他為空軍上尉

趙聚鈺　1913～1981 湖南衡山

趙聚鈺，字孟完，上海復旦大學、陸軍步兵學校畢業。

1932年，一二八事變，當時在學，組義勇軍參與該戰役，旋轉任軍職，中日戰爭期間，先後在湖北省建設廳、軍委會審計廳服務。

1945年，抗戰勝利，進入中央信託局，擔任杭州分局經理。

1949年，來臺灣協助俞鴻鈞，將上海黃金準備金移往台灣基隆，並擔任中央信託局臺灣分局經理、兼中央存臺剩餘物資處理委員會主任委員。

協助香港、澳門、廣州等地中央政府人員、外匯移轉來臺灣，首創台灣保險制度。

趙聚鈺在杭州任職時，與蔣經國相交甚篤，來台灣後，趙聚鈺任職中央信託局任局長時，行政院退除役官兵輔導委員會主任委員蔣經國任，延攬其來輔導會擔任秘書長，旋陞副主任委員，蔣經國調升國防部長，趙聚鈺繼任主任委員。

趙聚鈺在輔導會對榮民就業、就養、醫療、榮民農工事業，建樹良多，設置山地、平地、合作農場、榮家、榮民醫院、生產事機構，榮民生老病死，照顧得無微不至，對社會安定，國家經濟建設，厥功至偉。今日台灣有水密桃、蘋果，皆由其首創。

在位時，身患肺癌，仍忠堅職守，主持國際會議後，方赴美就醫，不幸死於手術台上，靈柩運回台灣，蔣經國防部長以「鞠躬盡瘁」輓之，三至靈堂行禮悼念，遺體安葬陽明山公墓。

王昇　1917.10.28.～2006.10.5.江西龍南人

王昇，號化行，「戰地幹部訓練團」畢業（比敘陸軍官校第十六期）跟隨蔣經國到贛南，抗戰勝利在上海出任「勘建總隊長」，來臺灣後任政工幹部學校訓導處長、校長，越南戰爭時曾次赴西貢參與台北對南越政權的協助。

1977 年，中壢事件，李煥下臺，王昇權力擴大，權傾一時。

1979 年，主持「劉少康辦公室」自國安局、外交部、新聞局、文工會，勢力伸入警總、國安局、調查局，「王昇接班」流言，蔣下令裁撤劉少康辦公室。

1983 年，蔣經國函電宋美齡：「總政治作戰訓練部主任王昇任職已久擬改調其為聯合作戰訓練部主任其餘陸軍空軍聯勤均擬連任」。爾後派為巴拉圭大使。

1983 年，《在野者論壇》雜誌刊出《將軍百戰身名裂 —— 是誰要毀滅王升》。

1987 年，蔣經國辭世前對近屬表示：「叫他回來罷！還是王化行說得對，我還是要重用王化行！」

1996 年，訪問上海，「見到中國海協會會長汪道涵」

2005 年，應邀前往中國大陸慶祝抗日戰爭勝利六十年。

2006 年 10 月 5 日凌晨，病逝臺北榮民總醫院。

政壇元老張群，在王昇出使巴拉圭前，親筆寫了三句話給王昇：「是非審之於己，毀譽聽之於人，得失安之於素」或許，這正是王昇一生最貼切的寫照。

鄭為元　1913.20.～1993.8.3.安徽合肥人

安徽省立二中、陸軍官校八期、義大利步兵學、三軍聯合參謀大學畢業。

1936 年，留學義大利，入步兵學校第 9 期；繼入輕步兵學校，並在義軍部隊見學；返國後，初任軍訓部步兵監監員。

1940 年，先後在步兵學校、中央訓練團任職。

1945 年，任團長、參謀長、駐美義大利武官、署長、軍長。

　　1952 年，三軍聯合參謀大學、聯戰班受訓、美國陸軍參謀大學深造。任國防部第 3 廳長兼中興計畫室副主任。

　　1958 年，晉升陸軍中將，任陸總參謀長，海軍陸戰隊司令，軍團司令。

　　1966 年 9 月，奉調中華民國國防部陸軍二級上將副參謀總長。

　　1972 年 7 月，奉調聯勤總司令、警備總司令兼台灣軍管區司令。

　　1978 年，調任中華民國國防部副部長。

　　1981 年，調任中華民國退除役官兵輔導委員會主任委員。

　　1987 年 4 月，任中華民國國防部部長。

　　1989 年 12 月卸職，任中華民國總統府資政，

　　1993 年 8 月病逝，享年 80 歲。

　　獲李登輝總統頒授青天白日勳章，但鄭部長認為其個人事蹟不足以獲得等值獎勵，去世前要求家屬不得在靈堂上陳列，以示對青天白日勳章之尊重。

李桂丹　　1913.12.～1938.2.18.遼寧省新民縣人

　　1925 年 1 月，考入遼寧成城中學。

　　1929 年，中學畢業

　　1930 年入中央軍校。

　　1932 年，考入中央航校，畢業分配到航校飛行見習，留校任航校少尉飛行教官，飛行科驅逐組少尉組長。

　　1936 年，綏遠之役，李桂丹奉命支援，在偵察、轟炸和配合陸軍的作戰中屢次建立戰功，升驅逐機中尉代組長、中尉隊長。

　　1937 年 8 月 13 日，淞滬戰爭爆發，李桂丹作戰勇敢，先後擊毀敵機 8 架，與高志航、劉粹剛、樂以琴一併被譽為中國空軍的 "四大金剛"。

　　1938 年 1 月 1 日，頒授李桂丹二級雲麾勳章，以獎勵他的作戰功績。

　　2 月 18 日，日本大肆轟炸武漢。李桂丹、呂基淳兩大隊長率機升空應戰，李桂丹先後擊落 3 架敵機，惟不幸被日機槍彈擊中，壯烈殉國，年 24 歲。同時殉國的還有呂基淳、巴清正、王怡之、李鵬翔等烈士。

　　武漢三鎮後來舉行盛大的空戰祝捷及追悼殉國空軍將士大會，以紀念那些為保衛武漢壯烈犧牲的將士。

柳哲生　　1914.2.22.~1991.2.18.湖南醴陵生於河北保定

　　柳哲生，空軍官方認為可擊落架數最高的王牌飛行員。

　　1933 年，入陸軍軍官學校第十期，隨後改入義大利顧問指導南昌飛行學校，這些訓練生改入杭州的中央航空學校。

　　1936 年，中央航空學校第五期畢業，入四大隊服役，使用戰機 Hawk-III。

　　1937 年，抗戰爆發，四大隊於 8 月 14 日進駐杭州攔截

敵機。當天下午的空戰中柳哲生協同 21 中隊中隊長李桂丹擊落一架九六式**轟**炸機獲得第一次擊落架數。隨後在高志航戰死、李桂丹上任四大隊隊長等事件下柳哲生一路晉升至四大隊重要戰力。後赴美國陸軍參謀學校進修，對日抗戰擔任第 5 大隊 24 中隊長，獲頒 9 星星序，意即 9 架正式擊落紀錄。

1949 年，隨國民政府來台，官拜少將，後因被誣瑠公圳分屍案而被迫退役，改行賣冰淇淋，即台灣有名的百樂冰品。

1990 年，赴加拿大探親。

1991 年，逝世於加拿大。

黎玉璽　1914.5.28.～2003.2.19.四川達縣人，別號薪傳

1934 年，海軍電雷學校畢業。

1938 年，江陰江防司令部任基層海軍軍官。

1946 年，國共內戰，歷經膠東、遼東沿海海戰。

1947 年，截擊中共海康號，海燕號，收復煙臺、威海衛、營口港。

1948 年，國共內戰掩護國軍漸次從大陸撤退，頗有功績。

1950 年，政府遷台，任少將參謀長，副總司令。

1955 年~1958 年參與八二四海戰與九二海戰，在於金門海戰，達成運送八英吋巨砲任務（**轟雷行動**），為該海戰關鍵人物之一。

1959 年，升海軍總司令，同年 7 月，晉升海軍二級上將。

1965 年 7 月，任國防部參謀總長。

1967 年 7 月，任總統府一級上將參軍長。

1970 年 6 月，任駐土耳其大使。

1973 年 7 月，回任總統府參軍長。

1978 年 5 月，任總統府戰略顧問。

2003 年，罹患肺癌，引發呼吸衰竭，2 月 19 日病逝三軍總醫院，享壽 90 歲。

黎玉璽的名字，蔣介石總統曾經讚道：「**玉璽在，則國運不墜**」。每次只要有人提起這句話，幾乎他都會臉紅並阻止別人說下去。

劉廣凱　1914.7.13.～1991.5.8.遼寧人

劉廣凱，哈爾濱商船學校航海科、青島海軍學校、英國皇家海軍大學、國防大學聯戰班二期畢業。

1965 年 8 月 6 日八六海戰慘敗，導致台灣為反攻大陸進行國光計畫，徹底失敗而引咎辭職，只短暫任職七個月。

劉廣凱，中英文上乘，政治上接近桂永清，桂永清對劉廣凱頗為倚重。劉廣凱想盡辦法加速海軍的飛彈化。宋長志是劉一手提拔的，劉擔任總司令後，宋長志方獲得提拔當參謀長。

宋長志　1916～2002 遼寧遼中縣

1941 年，青島海軍學校畢業，參加馬當戰役，後任航海員、隊長、教官、科長、主任等職。

1944 年，赴英國皇家海軍大學深造。

1949 年，任逸仙軍艦艦長，兼第一江防區指揮官，駐守江陰。江陰要塞守軍投共，當時第二艦隊在江陰水域正好有兩艘「逸仙」軍艦艦長宋長志，與「信陽」艦。與（艦長白樹綿），由於正在要塞砲的射界之下，只好乖乖懸起白旗投降。到了 22 日傍晚，兩艦偷偷起錨，加速衝向下游，通過封鎖，安全抵達上海。

1954 年，宋長志升任海軍登陸艦隊司令、兼大陳特種任務艦隊指揮官。大陳島失守後，宋長志任海軍軍官學校校長六年後，劉廣凱提拔為海軍第一軍區司令，後任海軍總部參謀長、海軍總司令，參謀總長，與國防部長，

1986 年，退役任駐巴拿馬大使、總統府戰略顧問。6 月 30 日獲頒青天白日勳章。

2002 年 8 月，病逝台北，享壽 86 歲。

宋達　1916.2.28.～1975.8.7.湖南省湘潭縣

宋達，原名揚暉，號映潭，1926 年，10 歲喪父。

1930 年，由湘潭前往青島，考進海軍雷電班，由三等兵入伍展開軍旅生涯，畢業于青島海軍無線電教練所。

1931 年 5 月，南京陸軍軍官學校第九期，得到徐永昌力保入陸軍大學參謀班、將官班、國防大學聯戰班、國防研究院受訓。

後受蔣委員長賞識，御批送往美國受訓並晉升中將。早年供職于軍事委員會海軍事務處，後升任國防部第三廳辦公室主任，第四廳副廳長，後任國民政府國防部聯勤總部中將副總司令。

1939 年，與胡窈容結婚，兩人是在湖南桂陽李靜將軍（原名李伯仁 1882-1945）姨妹，介紹相識結婚，因之宋達與李靜（妻胡淑心，有兩個妹妹胡窈容、胡窈容）成為連襟。1942 年 3 月 16 日胡窈容在溜園生下前任臺灣省長宋楚瑜。

1949 年，來台灣，出任國防部中將第四廳廳長、國防部人事行政局局長、人事參謀次長、聯勤供應司令、聯合勤務總司令。

1969 年，出任行政院研究發展考核委員會副主任委員，創立「設計、執行，考核」行政三聯制。

蔣經國器重，轉任行政院退除役官兵輔導委員會秘書長。宋作事嚴謹，講

求效率精準，尊重部屬專業，禮賢下仕，政策上常傾聽尊重專業部屬意見，最後才裁決，常對學有專長專業技術人員為「專家」，虛心求教，殊屬罕見。

宋達一生勤儉好學，精研史書，公事之餘，兼任中國文化學院企業管理學系教授、系主任，曾獲韓國檀國大學榮譽博士學位。

1975 年，病逝臺北。死前，宋達把兒子宋楚瑜託付給蔣經國。享年 60 歲。

郝柏村　1919.8.8.~　江蘇鹽城，字伯春

郝柏村，字伯春，江蘇鹽城人，考取常州中學，因家境不寬裕，到南京報考黃埔軍校十二期砲科，郭寄嶠上將為其岳父。

1938 年，軍校畢業，到河南省炮兵學校學習蘇聯火炮射擊技術。參加廣州戰役。

1939 年，參加皖南戰役，隨即調貴州炮校學習。

1942 年，隨孫立人遠征軍 38 師赴緬甸印度作戰任上尉連長。

1944 年，陸軍大學受訓，升任炮兵 14 團參謀主任，先後駐防鄭州、徐州。

1946 年，陸軍大學畢業，分發至陸軍總部三署二組任中校參。

1946 年，任顧祝同隨員，後任炮十二團二營中校營長。

1947 年，隨炮十二團開赴東北。

1948 年，為蔣介石總統侍從官。後去陸軍 196 師任上校參謀長，駐防湖南衡陽。

1949 年，渡江戰役前夕，離開部隊到上海，旋到重慶，任的永川中學教員。

1950 年，由香港輾轉來到臺灣，在炮兵學校任總教官。

1954 年，陸軍大學將官班受訓，結業後，旋任炮兵上校指揮官。

1958 年，八二三砲戰任師長戍守小金門（烈嶼）有功，獲頒雲麾勳章與虎字榮譽旗，並升金門防衛司令部司令。"三軍聯合參謀大學"及美國陸軍參謀大學深造。

1963 年，回臺灣出任陸軍第三軍副軍長。

1964 年，晉升金門防衛部中將副司令。

1965 年，接替胡璉，出任"總統府"的侍衛長。

1977 年，晉升陸軍二級上將，調升國防部副參謀總長。

1978 年，執掌陸軍總司令。

1981 年，晉任一級上將，並調升國防部參謀總長。

1986 年,當選為國民黨中央常務委員會委員,中常委中唯一的一位職業軍人。

1988 年,月蔣經國總統逝世,李登輝繼任,郝柏村被留任參謀總長。

1989 年,升任國防部長。

1990 年,行政院長李煥請辭,郝柏村獲任閣揆,時稱「李郝體制」。

1991 年,李登輝提升蔣仲苓為一級上將延役除役,郝柏村以不合體制堅不副署。

1992 年,李登輝擬發表蔣仲苓為一級上將,郝柏村不同意,並呈請辭職。李登輝不接受。蔣仲苓升一級上將案未果,蔣仲苓如期退役,轉任戰略顧問。

自此以後,李登輝對閣揆副署權耿耿於懷,最後成功修憲,廢除閣揆副署權。

1993 年,國民大會閉幕時,民進黨國代與一些國民黨主流派國代大呼郝柏村下台,郝不甘受辱,在高呼「中華民國萬歲,消滅臺獨」後宣布辭職。

1996 年,郝與林洋港退出中國國民黨,「林郝配」以無黨籍參選總統失敗。

1999 年 4 月 3 日,郝柏村偕夫人郭莞華,率兒子郝龍斌、郝海嬰及孫女郝漢祥,經香港抵達南京,開始闊別家鄉 61 年以來的首次返鄉祭祖掃墓之行。

2005.2.6.連戰當選國民黨主席,恢復黨籍為中央評議委員會主席團主席。

2011 年,撰編「郝柏村解讀蔣公 1945~1949 年日記」。

2013 年,撰編「郝柏村解讀蔣公(1945~1949)八年抗戰日記」。

陳慶堃　　1919~1983 廣東番禺人

陳慶堃,字悟怡,黃埔海校、三軍大學戰爭學院畢業,海軍中將。歷任分隊長、教官、中基、永嘉、太倉、咸陽艦長、驅逐艦隊司令、海軍艦隊司令等職。

1949 年任永嘉艦掃雷艦長,4 月 23 日,共軍渡江,海防第一艦隊司令林遵率部投共,陳慶堃不願附從,聯絡同僚衝過共軍砲兵陣地及江陰要塞,經過一夜苦戰,陳慶堃帶領 11 艘軍艦安然抵達上海,因此聲名大噪。來台灣後任驅逐艦隊司令、海軍艦隊訓練司令、海軍艦隊司令等職。

1949 年,率艦隊冒著戰火衝出共軍長江封鎖防線抵達上海,獲頒青天白日勳章。

1983 年,癌症病逝台北,享壽 64 歲。

許歷農　　1921.3.1.~　安徽貴池人

　　黃埔軍校 16 期，陸軍二級上將，曾任政治作戰學校、陸軍官校校長，金門防衛司令，總政治部主任，國軍退除役官兵輔導委員主任委員，現任同盟會長。

　　1944 年，青年軍排、連長。

　　1968 年，陸軍 84 師師長。

　　1973 年，陸軍第 8 軍軍長。

　　1974 年，三軍大學戰爭學院將官班 63 年春班、三軍聯合大學正 12 期、政治作戰學校政戰研究班 14 期、實踐學社 8 期。

　　1959 年，陸軍參謀大學正 1 期。

　　1975 年，政治作戰學校校長。

　　1977 年，陸軍軍官學校校長。

　　1979 年，陸軍第六軍團司令。

　　1981 年，金門防衛司令部司令官。

　　1982 年，晉陞陸軍二級上將。

　　1983 年，國防部總政治作戰部主任。

　　1987 年，行政院國軍退除役官兵輔導委員會主任委員，勤訪低層慰問窮困榮民，常夜不歸家，睡在辦公室內，人稱「許老爹」。

　　1993 年，總統府國策顧問。

　　1994 年，任新同盟會會長。

　　1996 年，國民大會（第三屆）代表，國家統一委員會副主任委員。

　　1988 年，恢復中國國民黨黨籍，任中央常務委員。

　　2005 年，致力兩岸交流，擔任促進中華民國國家統一的新同盟會會長。

陳守山　　1921.2.20.~2009.台灣臺北市

　　陳守山，曾祖父陳澤栗，為福建省南安市溪美鎮蓮塘村人，追隨李春生來台，做茶業生意。在日據時期，祖父陳天椿，人稱台灣村，祖母洪好娟，父陳清昆，又名忠泉，人稱台灣泉，母周早娟。

　　少年時隨父母返回福建，就讀蓮塘小學。曾在福建參與抗日戰爭，加入國民黨。

　　1938 年，畢業於福建省保安幹部訓練所第一期，

　　1939 年，畢業於中央陸軍軍官學校第三分校第十六期步科。

　　1981 年，晉升二級上將，擔任臺灣警備總司令部總司令兼臺灣軍管區司令。

　　2009 年，逝世

蔣仲苓　　1922.9.21.~2015.3.19.浙江義烏人

　　蔣仲苓，陸軍官校 16 期，三軍大學戰爭學院將官班結業。任內與美國合作生產 M48H 勇戰車，促進軍隊現代化。

　　蔣仲苓先後投入對日抗戰的宜昌戰役，以及淞滬戡亂戰役，並曾於一江山戰役期間駐防上大陳，配合政府國策，完成大陳撤退任務。

蔣仲苓曾任陸軍第 6 軍團司令、金門防衛司令官、陸軍總司令、國防部副參謀總長兼執行官。

1989 年，蔣仲苓調總統府任參軍長。

1992 年，李登輝總統欲提升蔣仲苓為一級上將，時行政院長郝伯村，以不合軍方體制，不予連署，未能如願。

1994 年，出任國防部部長，任內致力於軍隊轉型，完成博愛大樓初步構想，展開各項設計藍圖與先期規劃作業，推動老舊營區都市計畫變更及審議等程序，活化土地資源運用，與募兵制奠立成功基礎。

1998 年 3 月 2 日獲頒青天白日勳章。

2015 年 3 月 19 日病逝台北榮民總醫院。

劉和謙　1926.9.28.～安徽合肥

1938 年，貴州省立遵義師範附中畢業。

1941 年，考入中華民國海軍軍官學校。

1947 年，太平艦參與淞滬保衛戰、曾任情報官、作戰官、艦隊通信官、總統府侍衛室侍衛官、大和艦副長、永寧艦艦長、作戰組組長。

1960 年，任海軍作戰處長，國防部情報七處副處長，海軍總部辦公室特別助理。

1967 年，任會稽軍艦艦長。

1969 年，任海軍指揮參謀大學總教官。

1970~1988 年，任海軍勤務艦隊長、作戰署長、海軍總部副參謀長、國防部計畫參謀次長、海軍艦隊司令、海軍總司令、國防部聯合作戰訓練部主任。

1989 年，任總統府戰略顧問。

1991 年，任參謀總長並晉升海軍一級上將。

1995 年 6 月 29 日，獲頒青天白日勳章，任總統府戰略顧問。

歐陽位　1926.12.10.～2009.1.18.湖南瀏陽普蹟青龍頭

歐陽位，字喜芝，元代道德文章卓然鳴世，楚國公歐陽玄之後裔。兄弟四人：歐陽俊、歐陽傑、歐陽位、歐陽義，一個妹妹歐陽儀。父親在湖南瀏陽普蹟經營〔鴻鈞南貨行〕，大陸赤化土地改革時，被鬥爭去世。夫人趙錦融，台北市立女子師範大學畢業，育有一子歐陽翊，美國威斯康辛大學企業管理博士，媳賀唯安，一女歐陽翎，淡江大學畢業留學瑞士。

歐陽位，在湖南瀏陽頗著盛名的金江高級小學（清朝著名金江書院）畢業，

上海唸完高中。適海軍官校招生，進入海軍官校 39 年班，以第一名優異成績畢業，繼入海軍參大正規班 14 期、三軍大學戰爭學院將官班，三度赴美受訓、兩次去美國接艦。歷任永順、太原、柳江艦、DE-27 護航驅逐艦艦長、參謀、海軍總司令部辦公室少將主任、艦隊長、作戰署長、海軍官校中將校長、艦隊司令、海軍政治部主任、海軍中將副總司令等職。榮獲先總統蔣公兩次召見，獲頒勳章獎狀 46 座、美國贈勳章 3 座。歐陽將軍逝世後，夫人將該勳章、獎狀，悉數贈送『海軍軍史館』，留作紀念。

1965 年 8 月 6 日我國海軍劍門、章江兩艦執行任務，與中共艦艇海戰，兩艦均被擊沉，艦長殉職，指揮官胡嘉恆少將陣亡，時任海軍總司令劉廣凱上將，引咎辭職。

1968 年 8 月，柳江艦歐陽位艦長，奉命執行「艱鉅危險萬分相同特殊任務」，運送敵後工作人員登陸。執行任務中，歐陽沉著冷靜，足智多謀，以智制敵，圓滿達成使命，人艦均安全返航，為當時國情陰沉隱憂時，獲得一次無比的勝利，榮獲層峯召見，格外獎賞！爾後歐陽平步青雲，官位接接上昇，最後以海軍副總司令退役。

歐陽位退役後，接任陽明海運董事長，建立陽明海運制度，陽明股票上市，公司民營化，建立陽明產業工會，功績昭彰。旋轉任全國輪船聯合公會監察人、海洋事業協會理事長、中華航業人員訓練中心董事長、中國貨櫃公司董事。

2009.1.18.歐陽位將軍不幸辭世，享壽 84 歲。

羅本立　　1927.2.11～安徽合肥人

1933 年入學啟蒙。1939 年，考入安徽肥西中學就讀。1946 年，畢業於安徽六安高級中學，考取安徽學院，攻讀法律。1947 年，入陸軍軍官學校 22 期。

1949 年，軍校畢業，任陸軍第 70 軍機槍連長。來臺灣後接受步兵學校，陸軍指揮參謀大學正規班，三軍大學戰爭學院將官班。並歷任連、營、旅長、指揮官、參謀長，師、軍長、院長、軍團司令、副總司令、校長、總司令等重要軍職。

1974 年，任第 9 師少將師長，駐防馬祖前線，戍守西莒離島。

1977 年，調任第十軍團參謀長。

1979 年，升任第 69 軍軍長，駐守臺北市郊，兼負拱衛中樞安全，克盡職責，指導部隊演訓，卓有成效。

1980 年，調三軍大學陸軍指參學院院長。

1981 年，晉升陸軍中將，獲頒景風、光華甲種獎章、忠勤勳章等。

1983 年，調升陸軍第 6 軍團司令。

1986 年，調升陸軍副總司令，督導計畫、情報、作戰、教育與訓練等工作。

1987 年，晉升陸軍二級上將，任三軍大學校長。獲頒洛書勳章、三等寶鼎

勳章。

1989 年，調任聯勤總司令。

1993 年，調任國防部副參謀總長兼執行官，

1995 年，升任參謀總長，晉升陸軍一級上將。

1998 年 3 月卸職，獲頒青天白日勳章乙座。

2005 年，返回安徽祭祖探親。

郭宗清　1927.4.7.～2010 出生於台北市建成圓環真人廟附近

　　郭宗清，中華民國海軍軍官學校 39 年班，第一位台灣籍學生，也是第一位晉升海軍二級上將的台灣人，曾任駐日本武官、國防部常務次長、駐巴拉圭大使。

　　其父為新竹縣關西鎮人，在日治時期，曾任新竹警佐。後於日本人開設的法律事務所中擔任通譯，因而舉家搬到台北。

　　1944 年，曾因涉及謝娥抗日行動而被捕，日方利用郭宗清誘捕謝娥。郭宗清被拘捕兩個多月後，以涉案輕微為由被釋放。

　　1950 年，放棄台灣大學政治系錄取，考取海軍官校 39 年班畢業。之後進入海軍參謀大學、美國海軍情報學校、海軍航海學校驅逐艦艦長訓練班、三軍大學戰爭學院將官召訓班。

　　1985 年，晉升中將，被任命為左營海軍軍區司令。

　　1987 年，晉升為海軍二級上將，同時升任國防部常務次長。

　　1991 年，接替王昇擔任駐巴拉圭特命全權大使。

　　1994 年，任中華民國體育運動總會會長。

　　2010 年，去世。

莊銘耀　1929.11.16.～2002.1.6.臺灣高雄市

　　1948 年，進入位於青島的海軍軍官學校。

　　1952 年，畢業於左營。擔任中榮艦航海員，參加東山島戰役，第一舟波登陸成功。留學日本學習魚雷，任海軍修械所工程師。其後歷任艦長、作戰組長、新訓中心指揮官、勤務處長、海軍一四二艦隊少將艦隊長、國防部情報參謀長、少將助理次長、海軍中將副總司令，國防部上將副部長等職務。

　　1971 年，當選國軍英雄。

　　1991 年 7 月 1 日晉任海軍二級上將海軍總司令。

1993 年 12 月 10 日，爆發尹清楓命案。

1996 年 5 月 30 日，出任駐日代表。

2000 年，擔任國家安全會議秘書長。

2000 年 9 月 6 日獲總統陳水扁頒授一等景星勳章。辭世後，於
2002 年 1 月 6 日，肝癌病逝於臺北榮民總醫院。
2002 年 1 月 16 日由總統明令褒揚。

顧崇廉　1931.6.6.～2007.1.15.江蘇無錫人

顧崇廉，親民黨，曾任海軍總司令、國防部副參謀
總長、副部長、駐荷蘭代表、及第五、六任立法委員。

在 2004 年中華民國總統選舉時，當選者陳水扁先生
曾指有「退役將領」曹文生、羅本立、陳肇敏、蔣仲苓，
鼓動現役將領發動柔性政變。亦有者指稱顧崇廉曾居中
策應，但是顧崇廉已經鄭重否認。

2005 年，查出患上淋巴瘤，已無法出席立法院會議。

2007 年 1 月 15 日，病逝三軍總醫院，享年 76 歲。

伍世文　1934.7.24～廣東台山海宴那馬村人人

隨父親伍根華到臺灣，海軍官校，海軍參謀大學畢業。

1958 年，八二三砲戰，負責炮戰中運補。因為戰功，升
任兵器處處長、人事署署長、艦隊訓練指揮部指揮官、海軍
官校校長、海軍副總司令、海軍總司令等重要隊職主官。

1995 年，晉任海軍二級上將，

1997 年，調任海軍總司令。唐飛國防部長時他任副部長。

2000 年，陳水扁總統請唐飛出來組閣，伍世文升任國防
部長。2002 年，卸任國防部長，受聘為總統府資政。

湯耀明　1940.11.29.～台灣台中霧峰區，台灣客家人

陸軍官校 31 期、三軍大學戰爭學院畢
業。陸軍一級上將，歷任排、連、旅、師、
軍長、軍團司令、參謀總長、國防部長等職。

臺中二中畢業，1958 年進入高雄縣鳳山
鎮的陸軍軍官學校第 31 期就讀，並在服役期
間先後進入陸軍指揮參謀學院、戰術研究
班、三軍大學戰爭學院深造。

1996 年擔任陸軍總司令，
1999 年，升任國軍參謀總長。
2002 年，任國防部長。
2004 年。辭去國防部長職務。
2002 年，獲頒青天白日勳章。

李傑　1940.6.6.～天津人

海軍官校 52 年班，三軍大學海軍參謀學院、美國海軍戰爭學院函授班畢業。

海軍一級上將，歷任艦長、艦隊長、海軍總司令、國防部參謀總長、國防部長。

1963 年，海軍軍官學校航輪科系畢業後，即進入海軍服役。

1981 年，進入海軍參謀大學，1990 年再前往美國海軍戰爭學院深造。

1963 年，任中華民國海軍海獅潛艦兵器長、副長。

1980 年，再任海獅潛鑑與太原、洛陽兩驅逐艦艦長。之後歷練 226 及 256 艦隊艦隊長，對潛艦發展影響深遠，並獲登入中華民國潛艦名人榜。

美國海軍戰爭學院進修結業後，李傑回任海軍，並先後擔任 124 艦隊艦隊長、反潛部指揮官、海軍總部副參謀長、參謀長、艦令部司令、總部副總司令及中華民國國防部副參謀總長等重要隊職主官。

1997 年 12 月 16 日，晉任海軍二級上將。

1999 年 2 月 1 日，調任海軍總司令，致力海軍第二代軍艦成軍。因表現稱職。

2002 年 2 月 1 日，晉陞海軍一級上將並接任國防部參謀總長。

2004 年 5 月 20 日，接任中華民國國防部部長，同時獲得青天白日勳章。

2005 年 3 月 1 日，李傑廢除國軍晚點名，禁唱《我愛中華》。

2007 年 3 月，因執政黨民主進步黨「去蔣化」運動，配合移除軍中蔣中正銅像一事，且表示「哪一黨執政，我就聽哪一黨的」、「反正國民黨執政想搬回來就搬回來」，而國民黨方面認為蔣中正乃是國民革命軍之父，李傑此舉可謂「破壞軍中倫理，趨炎附勢」，並以此為由撤銷李傑黨籍。

2007 年 5 月 21 日，隨著內閣的更動，李傑也卸下國防部長的責任（同時也被國民黨開除黨籍），由總統府戰略顧問李天羽接任。

2007 年卸任國防部長，2004 年獲頒青天白日勳章。

陳肇敏　1940.7.10.～　臺灣彰化縣溪湖鎮人

1996.9.12.，空軍司令部營區內女童遭姦殺，江國慶遭軍法審判無辜者被槍決。1999.10.3.，空軍桃園縣基地指揮部 B 區彈藥庫遭竊案，軍方調查人員誣指該基地的王、蘇、羅三名士兵涉案，遭刑求與毆打，屈打成招後定罪。真正真兇因犯下他案而被捕，三人獲改判無罪，辦案軍官也被陳肇敏撤職。

2000 年，陳水扁總統提升陳肇敏為國防部副部長。監察院為江國慶案，指陳肇敏違反軍事審判法，重啟調查，但法律追訴期已過，難以懲誡。

2004 年，未能升任參謀總長，以空軍二級上將退役，加入三一九槍擊案真調會。

2008 年，馬英九當選總統，陳肇敏獲出任國防部部長。

2008.5.21.陳肇敏列席立法院質詢，謂三一九槍擊案「陳水扁肚子的槍傷，根本就不是在 2004 年 3 月 19 日當天在台南市金華街第一現場所造成。」

2009 年 8 月，莫拉克颱風八八水災，行政院長劉兆玄內閣總辭，陳肇敏也下台。

2011 年 11 月 29 日，國防部向台北地方法院遞狀，對陳肇敏等 8 人聲請假扣押。2012 年 4 月 12 日，江國慶案補償，當年保防官鄧震環表示悔意，願意賠償 280 萬元，並已繳交，陳肇敏、曹嘉生、黃瑞鵬、柯仲慶、何祖耀、李植仁等六人，則悍拒求償新台幣 1474 萬 714 元，總計求償 9124 萬 4284 元。

陳肇敏江國慶表達歉意，但拒絕道歉與認錯。

陳邦治　　1942.11.4.～台灣台中縣沙鹿人

陳邦治，海軍軍官學校航輪科 55 年班、海軍陸戰學校正規班 29 期、三軍大學海軍學院 68 年班、三軍大學戰爭學院 77 年班畢業。

1966 年，海軍官校畢業。歷任海軍陸戰隊 651 團團長、海軍陸戰隊司令部參四處處長、海軍陸戰隊 99 師副師長、海軍陸戰隊 66 師師長、海軍陸戰隊司令部參謀長、海軍陸戰隊副司令、海軍陸戰隊司令、軍管區司令部副司令、軍管區司令部司令、總政治作戰局長、海軍總司令。

2001 年，任職軍管部中將副司令時，申請提前退伍，當時陳水扁總統未予核准。

2002 年 2 月，升任為軍管部司令，8 月 6 日晉升上將。

2003 年 2 月 1 日，轉任總政治作戰局（由國防部總政治作戰部改制）局長。

2005 年 2 月 1 日，再轉任海軍總司令，是台灣海軍史上第一位陸戰隊官科出身的海軍總司令，也是海軍建軍以來，第 3 位非傳統艦艇作戰兵科的海軍總司令。

曹文生　　1943.2.17.湖南永興人

1966 年，臺灣陸軍軍官學校第 35 期。

1981 年，陸軍指揮參謀學院戰術研究班畢業。美國德州防空學校鷹式飛彈戰術軍官班畢業。

1986 年，臺灣三軍大學戰爭學院畢業。

曾任臺灣國民黨軍連長、營長，陸軍後勤司令部飛彈光電處處長，臺灣陸軍總部飛彈指揮部指揮官。

1989 年 6 月，任臺灣陸軍第二二六師師長。

1990 年 4 月，任"總統府"侍衛長。1991 年元旦晉升中將軍銜。1992 年 8 月任憲兵司令部司令。1996 年 7 月任陸軍副司令。

1997 年 12 月，任總政治作戰部主任，晉升上將軍銜。
2000 年 5 月 16 日退役，現任臺灣"總統府"戰略顧問。

霍守業　　1943.4.24～河南尉氏人

陸軍官校 36 期、三軍大學戰爭學院，56 年班裝甲兵科。
1987 年，晉升陸軍少將。
2000 年，任參謀本部副參謀總長時晉升為陸軍二級上將。
2007 年，任國防部參謀總長並晉升陸軍一級上將。曾任陸軍第 8 軍團司令、副參謀總長、陸軍總司令、國防部副部長、參謀本部參謀總長。
2009 年 2 月 2 日，調任總統府戰略顧問，獲頒青天白日勳章。
水扁卸任後，霍守業參謀總長宣布漢光演習不再實彈射擊。

費鴻波　　1944.8.12.~山東日照市人

海軍軍官學校、海軍航海學校作戰高級班、三軍大學海軍指揮參謀學院、三軍大學戰爭學院、三軍大學兵學研究所。
1995 年 7 月 1 日調任臺灣海軍作戰署長。
1995 年 7 月 1 日調任海軍作戰署署長。
1996 年 8 月 1 日任海軍艦隊司令部司令。
2001 年 6 月任海軍總司令部副總司令。
2002 年 2 月任臺灣參謀本部副參謀總長，晉升海軍二級上將。

李天羽　　1946～山東臨淄人

空軍官校 46 期、歷任空軍中隊長、大隊長、聯隊長、督察長、空軍作戰司令、空軍總司令、國防部參謀總長、國防部長等職。2008 年 2 月，因受「鏈震案」辭去國防部長。2007 年 2 月 3 日獲頒青天白日勳章。

高華柱　　1946.10.2.~山東即墨人

高華柱，父親是武術宗師高芳先將軍，母親高矯珍玉。
畢業於南投中學，陸軍官校 37 期。曾兩次擔任退除役官兵輔導委員會主任委員，軍職退伍後出任國防部長。
1974 年，陸軍 UH-1H 墜機空難，天候惡劣，致兩架 UH-1H 直升機於桃園墜毀。于豪章等多位將校軍官殉難。時高華柱任職司令侍從官，身受重傷，雙腿骨折，仍奮不顧身向外求援，使得總司令保住性命，也因而深得長官信任。
2011 年 1 月，罹患肺腺癌，手術後恢復情況良好。

　　任內有兩大要案：林毅夫叛逃時，高華柱時擔任營長。洪仲丘事件，高華柱辭去國防部長職務。

　　2015 年 2 月 1 日總統馬英九任命其為國家安全會議秘書長。

嚴明　1949.11.14.~江西南康

空軍軍官學校、三軍大學空軍學院、戰爭學院、兵學研究所畢業。

　　2008 年，調升國防部空軍副參謀總長，晉升空軍二級上將。

　　2012 年，接替雷玉其，擔任空軍司令。

　　2013 年 1 月 16 日，接替林鎮夷，調升參謀總長，8 月 6 日晚，楊念祖因遭人爆料其所編著書籍中有一篇由代筆者所寫文章涉及抄襲，就任 6 日即請辭國防部長，8 月 7 日改由嚴明接任，代理部長海軍上將高廣圻則接任參謀總長。

　　2015 年 1 月 27 日，嚴明請辭國防部長，遺缺由高廣圻接任。

高廣圻　1950~

　　海軍官校、美國佛羅里達理工學院（英語：Florida Institute of Technology）企業管理碩士、美國海軍戰爭學院（英語：Naval War College）85 年班。歷任國防部戰規司長、海軍艦隊指揮部指揮官、國防部常務次長、參謀本部海軍上將副參謀總長兼執行官。

　　2009 年，接任海軍總司令。

　　2012 年，調任國防部軍備副部長。

　　2013 年 8 月 6 日，楊念祖辭國防部長，其職由高廣圻代理。

　　8 月 8 日，嚴明接任國防部長，高廣圻接任參謀總長。

　　2015 年，國防部長嚴明辭職，高廣圻接任國防部長。高廣圻歷任國軍重要軍職，學經歷完整，表現優秀，深獲馬總統肯定，未來將在政策指導下，賡續精進國軍建軍備戰。

嚴德發　江蘇省南京市

陸軍官校、陸院 75 年班、戰院 78 年班畢業。

　　2009 年，八八水災後於臺灣南部指揮救災。

　　2011 年元月 1 日，調陸軍司令部副司令，同年 8 月 16 日接任國防部參謀本部副參謀總長並晉升陸軍二級上將。

　　2013 年 8 月 1 日，以副參謀總長兼執行官，同年 8 月 16 日出任國防部軍備副部長。

　　2014 年 1 月 10 日，嚴德發接陸軍司令。

2015 年 1 月 27 日，嚴德發接參謀總長。

劉震武

空軍官校畢業，歷任空軍第 499 聯隊長，空軍司令司參謀長，空軍作戰指揮官，國防部副參謀總長，國防部常次長，

國家安全會議表示，國安局長蔡得勝以健康因素請辭，總統馬英九勉予同意，遺缺由國防部副部長李翔宙接任。國防部軍備副部長一職將由空軍司令劉震武接任。

2015.1.27. 調升國防部副部長.

李光前　1917～1949.10.25.湖南平江縣人

李光前，字帆天，中央軍校 16 期，歷任排、連、營、副團長、團長。

抗戰勘亂時，驍勇善戰，屢建奇功，石牌戰獲記大功，湘西會戰獲光華乙種獎章，魯西麻城戰役獲忠勤獎章，華中王家店戰獲記大功。

1949 年，部隊來台灣後，他奉命戍守金門。10 月 25 日，古寧頭戰役中，他率領第 19 軍 14 師 42 團反攻古寧頭，急烈爭奪戰中，遭遇解放軍砲火擊中陣亡，壯烈成仁，時年 32 歲。戰死時軍階為中校代團長，政府追贈為上校。

李光前殉職，春秋英烈，風悲日曛，英靈時常出顯各村落，疪佑蒼生，政府將其遺骸移葬太武山公墓。

金門縣民眾為紀念他英靈，保國佑民，金門縣政府將金城鎮市區新築的道路，命名為「光前路」、金沙鎮一村莊命名為「光前村」，尤以金門西浦頭村民，對李光前神靈時常出現村中，更是感德。

1951 年，村民興建「李光前將軍廟」，豎立塑像，稱其為「金門守護神」，馬英九總統頒贈〔忠烈重範〕匾額。每逢農曆九月初九日，當地居民眾即熱烈慶祝紀念。地方百姓崇拜其英烈，自行追晉李光前為少將，2013 年又追晉級為中將，為民愛戴，可見一般，社會上為殉職軍人建廟者，殊屬罕見。

（二）春秋英烈

張學良　1901.6.4.～2001.10.15.　東北人

張學良，字漢卿，號毅庵。父張作霖，奉天軍閥。被日本陰謀暗殺而死。

1915 年，任 27 師師長。

1916 年，與于鳳至結婚。

1919 年 3 月，入東北講武堂炮兵科學習。

6.20.任奉天軍務督辦。7 月升上校。7.3.為東北三省保安總司令兼省保安司令。

1928.6.3.張作霖被日本陰謀炸死。

7.2.張學良通電蔣介石，明確表示愛國愛鄉，7.22.易幟，降下滿漢蒙回藏五族共和的紅藍白黑五色旗，改懸國民黨青天白滿地紅國旗，服籲南京國民政府，將東北主權歸於中央。

張學良向全國發出「易幟通電」『自應仰承先大元帥遺志，力謀統一，貫徹和平，已於即日起宣布，遵守三民主義服從國民政府，改易旗幟，伏祈諸公不遺在遠，時賜明教，無任禱盼』。

30 日南京國民政府正式任命張學良為東北邊防軍司令長官，張作相、萬福麟為副司令，翟文選為奉天省政府主席，張作相為吉林政府主席，常蔭槐為黑龍江省政府主席，湯玉麟為熱河省政府主席。

1930.10.8.國民政府宣佈張學良為國府委員。

12.29.東北四省同時宣佈易幟。張學良、張作相、萬福麟等發出通電，表示信仰三民主義，服從國民政府。

1935 年，在西安設「西北剿匪總司令部」蔣自任總司令，張學良為副總司令。他與日本有殺父之仇、失土之恨，「剿共」使張損失幾個師，憤恨填膺。

英人亞歷克甘普霖，共產黨員，在我家頂樓小房間，設置共產國際中國組秘密電台。

劉鼎，中共潛伏在張學良身旁地下黨員，為非同等閑人物，宋慶齡由上海商業儲蓄銀行的章乃器，協助張學良將一萬元匯給劉鼎。

1936 年春，張學良命愛將李杜。把毛澤東孩子毛岸英、毛岸青帶到法國，輾轉抵達蘇聯。劉鼎當時擔任中共駐張學良的秘密聯絡員。

4.9.張學良與周恩來在東北軍駐地膚施（延安）舉行秘密會談，雙方決定互不侵犯，互派代表，結成抗日聯盟。張學良即贈紅軍五十萬元作抗日經費。

5 月楊虎城與中共代表王世英達成互不侵犯，共同抗日四項協定中共派幹部到張學良、楊虎城部隊參加工作，加強交往團結。

10.22.蔣介石在西安分別召見張學良和楊虎城，命令攻打紅軍，同時調遣平漢、隴海沿線國軍，隨時進攻陝，甘挑起內戰。

29 日張學良飛洛陽為蔣介石祝壽，勸蔣聯共抗日，遭蔣怒斥。

11.27.張學良上書蔣介石委員長請纓抗戰，遭蔣嚴詞拒絕。

12.2.張學良飛洛陽晉見蔣委員長要求釋放抗日救國會「七君子」

3 日張學良來洛陽，懇請蔣委員長去西安。

4 日蔣不顧左右勸阻去西安，向張學良、楊虎城提出兩個方案：

（一）東北軍及楊虎城軍全部開往前線剿共。

（二）分別調赴福建、安徽。但都非張、楊所願意。

7 日張學良到華清池晉見蔣介石，陳訴停止剿共，一致抗日，再三苦諫，聲淚俱下，然而蔣介石嚴詞申斥，並怒拍桌子說「現在你就是拿槍把我打死我，我的剿共計劃也不能改變。」在此情況下，張、楊別無其他選擇，是晚不得已密商「兵諫」。

9 日蔣中正再勉張學良部屬將領，謂剿共已至最後五分鐘階段。

當天西安學生遊行請願紀念「一二·九」運動一周年。槍傷一名小學生。蔣介石聞訊責令張學良制止學生運動，必要時可強行鎮壓開槍。

張學良接到命令，立即趕去與遊行隊伍協商，力勸學生回去。

10 日蔣介石委員長召開中央將領會議，正式通過發動第六次「剿共」計劃。

11 日晚上蔣委員長邀請張學良、楊虎城、蔣鼎文、陳誠、朱紹良等晚宴，席間，蔣宣佈蔣鼎文為西北剿匪軍前敵總司令，衛立煌為晉陝綏寧四省邊區總指揮等將領任命書。

同日夜，張學良又再三番兩次向蔣委員長苦言進諫，遭蔣訓斥為「犯上作亂」兩人大吵一陣，爭持不下。張、楊深感非實行「兵諫」事不可成，乃命東北軍與第十七路軍分工合作執行任務，劉多荃負責指揮，白鳳翔、劉桂五、孫

銘九等人執行搜捕領袖。

　　蔣隨扈工作人員住西安城內者，由十七路軍趙壽山指揮，宋文梅、孔從周、王勁哉等人負責包圍西京招待所、政府憲兵團、以及警察等機關。

　　12.12.05:30.拂曉，張學良部圍攻蔣駐在地臨潼，華清池四面槍響，蔣委員長爬越十英尺高牆，躲入附近山谷岩隙，翻滾時跌進溝壑中，脊椎受到嚴重挫傷，假叹掉落，被孫銘九等人搜獲劫持。當時天氣奇寒，蔣全身顫抖，憤怒大聲嚷喊「把我一槍打死，一了百了吧！」孫銘九背伏蔣下山，由一輛轎車接送至西安城內。

　　蔣隨行 30 名侍衛遭到槍殺，隨來西安藍衣社人員及隨行親信幕僚、與西安中央高級文武官員十餘人，悉被拘留幽禁。五十架飛機和飛行員被接管，邵元沖逃竄被流彈射傷，流血過多致死，陳誠躲在貨物箱裡被拘捕。

　　隨即張學良、楊虎城等 18 位高級將領連署發表「對時局通電」八項主張：
　　（1）改組南京政府，容納各黨各派　　（2）停止一切內戰
　　（3）立即釋放上海被捕愛國領袖　　　（4）釋放一切政治犯
　　（5）開放民眾愛國運動　　　　　　　（6）保障集會結社自由
　　（7）確實遵行孫總理遺囑　　　　　　（8）立即召開救國會議

　　事變當天，張學良同時致電蔣宋美齡夫人，及行政院副院長孔祥熙，聲稱「暫時請蔣委員長留駐西安，促其反省，決不會加以傷害」。

　　事變爆發後，張學良當夜也電告中共毛澤東和周恩來，張立獲復電，表示擬派周恩來前往西安商量大計。

　　「西安事變」，南京主張討伐的以戴傳賢為最力，主張疏導和平解決的有孔祥熙、宋子文、陳果夫、陳立夫等人，主張軍事用兵者何應欽等部屬。

　　中央一面央人渦漩，一面作軍事佈署。一面請張學良前任顧問澳洲人端納（W. H. Donald）飛西安渦旋勸說。

　　13 日陳果夫、請潘漢年轉告共產國際，如蔣不幸，中國失去領導，嚴重性極大。另懷疑事變為蘇聯與中共共同策劃，電駐俄大使蔣廷黻，命其提出抗議。中共中央舉行政治局常委擴大會議，討論西安事變問題。

　　14 日陳立夫再晤潘漢年，希望周恩來調解，設法救蔣。

　　蘇俄史大林電報由宋慶齡自上海轉到保安，中共的態度隨之改變，立即通知前去西安的周恩來。彭德懷、任弼時認為應迅速停止內戰，發動抗日戰爭，爭取綏遠與傅作義。

　　15 日楊虎城將蔣迎至自己住宅附近，詳為說明抗日計劃，蔣責張、楊魯莽。

　　16 日張學良發表演講，主張在蔣委員長領導下各黨派從事救國運動。是日晚周恩來抵西安，張學良完全瞭解中共、蘇俄的主張。毛澤東致電閻錫山，提出「時局應和平解決，萬不宜再起內戰」一宿返回南京。

　　17 日周恩來隨張學良見蔣，態度謙恭誠懇，聲言中共決無不利蔣意圖，希望化除成見，團結禦侮，擁護蔣為全國領袖。蔣認為和自己的希望符合，即親函令討逆軍總司令何應欽停止行動。

18 日周恩來提解決西安事變五項條件：

1.召開抗日救國代表大會　2.停止內戰，一致抗日。

3.展開抗日救國運動　　　4.釋放政治犯實現孫中山先生的三大政策。

5.自陝甘撤退「中央軍」援助晉綏抗日前綫，承認紅軍和西安方面的抗日要求。

19 日張學良電告上海倫敦「泰晤時報」，蔣已同意他的意見，蔣即可歸去。

中共召開政治局會議，認為西安事變是為了要抗日救國而產生的，主張和平方式解決，反對新的內戰，中國共產黨同情張學良、楊虎城，準備在軍事上、政治上給予積極的援助，發出「中央關于西安事變及我們的任務的指示」

20 日宋子文到西安，張學良要求先實行一二事，蔣仍不允，宋子文繼續調停，復返南京。

21 日周恩來、張學良、楊虎城商定計劃，中共軍委主席團命令紅軍南下，協助東北軍和第 17 路軍抵抗政府軍進攻。

22 日蔣宋美齡夫人、宋子文飛抵西安，勸蔣先設法離開西安，再言其他。

23 日蔣夫人對張學良說：「她願代蔣委員長承擔一切，蔣亦答應改組政府，停止剿共」，張學良與周恩來甚為滿意，最後達成六項條件：

1.改組國民黨和國民政府，驅逐親日派，容納抗日分子。

2.釋放上海愛國領袖，釋放政治犯，保證人民的自由權利。

3.停止「剿共」政策，聯合紅軍抗日。

4.召集各黨派各界各軍的救國會議，決定抗日救亡方針。

5.與同情中國抗日的國家合作。

6.實行蔣委員長一貫之主張，及其他具體的救國辦法。

24 日周恩來向蔣夫人詳述中國革命問題及中共懷抱的煩悶.最後又說「國事如今日，捨委員長外實無第二人可為全國領導者。」「我等並非不信任蔣委員長救國之真誠，惟恨其不能迅速率」蔣夫人稱道他頗明大義，識大體。

張學良主張立即送蔣委員長回南京，楊虎城堅決反對，張、楊兩人之間忽有岐見，幾至決裂，周恩來力予勸解。

25 日上午蔣委員長與夫人一同接見周恩來，周再表示希望內戰停止。蔣夫人謂「中共如果有為民服務誠意，必須在政府領導下共同努力，方是正道…斷不應自相殘殺。內政問題應在政治上求解決，不應擅用武力。此為委員長一貫之主張。下午張學良護送蔣委員長離開西安飛洛陽，西安事變宣告結束，蔣委員長安全脫險。

26 日蔣委員長返抵南京，張學良隨同送行，表示一切責任由我自己一身承當。張學良雖未被處死罪，但判刑十年，雖即特赦，管束軟禁數十年，張學良軟禁溪口時，曾寫信給楊虎城「凡利於國者，弟任何犧牲，在所不惜，盼勿專為我個人謀計」胸襟坦蕩。

27 日中共發出「關于蔣介石釋放的指示」督促蔣介石實現承諾。

28 日中共針對蔣介石 12 月 26 日發表歪曲西安事變真象的「對張楊的訓詞」

發表「關于蔣介石的聲明」批評蔣歪曲事實，要求履行諾言，否則，全國人民革命浪潮勢將席捲蔣氏而去。

聯合報（中華民國 101 年 5 月 12 日）副刊 D3 版史學家「西安會議記」概述：西安事變時，中共尚在保安，而非延安，12 日晚間，消息傳來，毛澤東等人欣喜若狂。13 日下午四，中共召開三百餘人會議，毛澤東高呼「1927 年四一二事件以來，蔣介石欠共產黨人的血債如山，現在是清償的時候了。」接著表示「必須把蔣介石解送保安，交由人民公審，給予應得的制裁。」換言之主張「殺蔣」。

1936 年 12 月 14 日深夜，莫斯科共產國際電令，讓毛澤東只高興了兩天，批評中共是報復主義，內戰方針也是錯誤的。斯大林非常明白蔣介石「不抗日」「向日本屈辱投降」，但蔣委員長必能領導中國抗日，斷不能犧牲於張、楊和中共手中，否則受害的是蘇聯。「西安事變」是當時一般陰謀者藉抗日之名，慫恿中國將領反對南京政府。中共絕口不提，因為與它的宣傳出入太大了。斯大林對張學良不悅，非自西安事變始，在此之前，他已否決張學良的加入共產黨，「西安叛亂」益使斯大林深信張學良是麻煩製造者，中共是共國際的產兒，當時需聽命於莫斯科，毛澤東聽命只有屈從。中共「討論蔣介石先生的處置問題」徒費心思，毛澤東的願望落空。其實西安事變和平解決的關鍵人物是斯大林，而非毛澤東或周恩來及其他的人。

30 日受軍法審判，審判長李烈鈞，審判官朱培德和鹿鍾麟，判決主文：「張學良首謀夥黨，對於上官暴行脅迫，判處有期徒刑十年，遞奪公權五年。」

1937.1.4.國民政府將其特赦，「交軍事委員會嚴加管束」。然而卻遭到長期幽禁。

3 月張學良被軟禁，夫人于鳳至與趙四小姐輪流到溪口陪伴，一個來，一個便走。趙四小姐因小孩尚幼留在上海，後移居香港。于鳳至顛沛流離由溪口而黃山、萍鄉、郴州、沅陵、貴州修文。在貴州時，于鳳至查出身患乳腺癌，赴美國就醫去世，未再見到張學良一面。

于至鳳走後，趙四小姐只有放下小兒來到張學良身邊，兩相廝守到台灣。

1946 年 11 月來到台灣。幽居新竹新峯鄉清泉溫泉、高雄西子灣、新北投等地。

1964.3 月張學良信奉基督教，事先獲得元配于鳳至成人之美諒解（1916~1990.6.22.去世）。與張學良辦妥離婚手續。

7.4.張學良與時年 52 歲趙四小姐（1912.5.28~2000.6.22.）在台灣北投溫泉教堂結婚，陳維屏牧師證婚。黃仁霖主婚，觀禮有宋美齡、張群、何世禮、王新衡、張大千、馮庸等人。

1975.4.5.蔣中正逝世，張學良輓啍「關懷之殷，情同骨肉，政見之爭，宛若寇讎」。

1990 年，由於李登輝總統之助，張學良逐漸恢復自由。

1993.4 月，張學良受聘為東北大學名譽校長。

5 月受聘為哈爾濱工業大學名譽理事長。

1995 年，離台，耶誕節過後偕趙四小姐僑居美國夏威夷。

2000.6.22.趙四小姐離開人世（1912.5.28~2000.6.22.）。

2001.1.14.張學良病逝檀香山史勞比醫院，安葬夏威夷享壽 101 歲。

10.19.總統府明令褒揚，全文為：

「東北耆宿張學良，早預戎行，勇略丰昭，英雋秀發，蜚聲於時。民國十七年臨危授命，主政東北，懷民族大義，秉愛國志節，勇拒日人威逼利誘，毅然宣布易幟，擁護中央，促成統一，奠定訓政時期建設根基。旋於中原大戰期間，通電支持國民政府，調停各方，止息戰禍，厥功至偉。綜其生平，愛國情殷，慷慨貞固；淡泊恬靜，壽登期頤。邇聞殂謝，悼惜良深，應予明令褒揚，以示政府篤念耆賢之至意。」

張學良，中共捧為「民族英雄」「千古功臣」但是民間卻視為「草莽英雄，有勇無謀」「民族敗類、千古罪人」。斯人已逝，蓋棺論定，功過自在人心。

張學良當年「翻手作雲，覆手作雨。」不可一世。晚年淒涼，自己作一首詩，即可表明其心境：「白髮催人老，虛名誤人深；主恩天高厚，世事如浮雲。」

蓋棺論定，曾經擔任中共中央統戰部長的閻明復披露，葉劍英生前曾經對主持東北軍黨史整理的編輯宋黎（西安事變時曾在張學良身邊工作的中共秘密黨員）有過交待，肯定張學良就是中共黨員。

楊虎城 　1893.11.26.～1949.9.6 陝西蒲城

楊虎城，原名虎冬、忠祥，後更名虎城。綠林遊俠，伯父為哥老會首領，父親受牽連，1908 年因之而死。

1915 年，參加陳樹藩陝西護國軍，反對袁世凱的革命活動。

1917 年，任陝西靖國軍第五路司令，後屬馮玉祥國民軍。1924 年，孫中山親自介紹加入中國國民黨，參與北伐。

1928 年，國民黨清黨時，楊虎城反啟用了大量共產黨人楊虎城同中共黨員謝葆真在皖北太和縣結婚。

1929 年，任新編第 14 師師長，蔣、唐戰爭中擊敗唐生智。

1930 年，升任第 17 路軍總指揮，鎮守平漢鐵路以西地區，後任陝西省主席、西安綏靖公署主任，升陸軍二級上將。

1933 年，楊虎城向中共皖北特委提出申請想加入共產黨，被河南省委拒絕。

1935 年，張學良「剿匪總部」、楊虎城的「西安綏靖公署」（中共派汪鋒做

工作。）、和邵力子陝西省主席，形成三種勢力並存。

1936 年，中共派王炳南作楊虎城幕僚，中共、楊虎城、張學良「秘密三角軍事聯盟」。

12 月楊虎城和張學良發動「西安兵諫」，蔣中正獲得釋放後，楊虎城失去對西北軍的控制，被迫去歐洲「考察」。

1937 年 12 月回國，楊虎城和秘書及家人在南昌被軟禁 12 年，其間楊虎城的小女兒出生，妻謝葆貞病死。

1946.12.12.周恩來提出釋放張學良、楊虎城的強烈要求。

1949 年，李宗仁下令釋放楊虎城，並未被施行。

9 月 6 日，傳聞在毛人鳳的直接命令下，楊虎城及其子女、衛士、秘書一共 8 人在重慶戴公祠被保密局人員用匕首捅死並用硝鏹水毀滅屍體。

1950.1.15.中華人民共和國建國後，將其安葬於陝西省西安市長安區的「楊虎城將軍烈士陵園」內。

鄭洞國　　1903.1.13.~1991.1.27.湖南石門縣

鄭洞國，字桂庭，黃埔一期、高教班畢業。

歷任營、團、旅、師、軍長。兵團司令、東北行轅副主任、吉林省副主席。

1943 年，駐印度的新一軍軍長，1945 年，回國，任陸軍第三方面軍副司令。

1945 年 1 月 1 日，獲頒青天白勳章，旋參加日軍投降簽字儀式。

1946 年，任東北保安司令副長官，1947 年，改任東北行轅副主任。

1948 年，任新成立的東北剿匪總部副總司令。

3 月他兼任第一兵團司令和吉林省政府副主席。

5 月，鄭率部在長春被共產黨領導的東北野戰軍第一兵團包圍，長春圍困戰持續數月，最終國軍彈盡援絕被俘。

1952 年 6 月，鄭洞國從上海遷往北京，任水利部參事。後又任國防委員會委員，政協委員，民革中央副主席，黃埔同學會副會長。

文化大革命時期鄭洞國全家被下放到農村勞改

1991 年 1 月 27 日凌晨 3 時 30 分，鄭洞國因病在北京去世，享壽 88 歲。

杜聿明　　1904.11.29.～1981.5.7.陝西省米脂縣杜家灣人

杜聿明，字光亭，父親杜良奎，舉人。

1925 年後，相繼出任連、營、團、師、軍長。兵團總司令、昆明警備司令。

1942 年，兼中國遠征軍第一路副司令長官，進入緬甸作戰。

1945 年，升陸軍中將。10 月 26 日任東北九省保安司令長官。東北行轅副主任。

1948.11.6.淮海戰役轉回任徐州剿匪總司令部副總司

令兼前進指揮部主任。

12.25.中共公布杜聿明為國民黨 43 名戰犯中第 36 號戰犯。

1949.1.10.在淮海戰役中杜聿明在河南永城縣陳官莊被俘。

1959.12.4.獲得中華人民共和國政府特赦釋放。

1963 年，妻曹秀清由美國回北京。

1964 年，任中共三屆「人大」代表、四屆「政協」委員。

1972 年，美國總統尼克遜、日本首相田中角榮訪問中國，應邀參加「國宴」。

1981.5.7.因患腎衰竭在北京市逝世，享壽 77 歲。

母親高蘭庭，四個姐姐、一個妹妹、一個弟弟。

妻子曹秀清，曾經是共產黨員。育有三兒三女：

大女兒杜致禮，女婿楊振寧，1957 年榮獲諾貝爾獎得主；二女兒杜致義，女婿徐炳森；三女兒杜致廉，女婿鄧天才；長子杜致仁，在美國求學時自殺，次子杜致勇，兒媳王貴華，三子杜致嚴。

廖耀湘　1906.5.16.～1968.12.2.湖南邵陽縣人

廖耀湘，字建楚，長沙岳雲中學，黃埔軍校六期畢業。

1930 年，赴法國公費留學，進入法國聖西爾軍校。

1936 年，回國，任中央軍校教導總隊騎兵隊少校連長。

1937 年，參加淞滬戰役和南京保衛戰。

1938 年，200 師少將參謀長。9 月師長邱清泉未到職，代理師長。

1939 年，南下廣西，參加崑崙關戰役。

1942 年，緬甸盟軍譽新 22 師為「世界上最精銳的部隊」。

1943 年，在雷多受到美國的訓練和整編，換美式裝備。

1944 年 1 月 1 日獲頒青天白日勳章，新一軍擴編廖任新六軍長，調往東北作戰。

1946 年，抵達東北，攻下長春等地，之後被林彪游擊戰法拖住手腳。

1947 年 8 月，出任第九兵團司令，東北戰局逆轉，部隊被壓縮回瀋陽一帶。

1948 年 9 月，遼瀋戰役，解放軍包圍錦州，切斷東北戰場國軍部隊的退路。廖奉命前去解錦州之圍未果，被解放軍反包圍於黑山、大虎山一帶。10 月 26 日廖耀湘第九兵團全部被殲，廖本人被俘；廖被俘之後，長期關押於北京功德林戰犯管理所。

1961.12.25.出獄，擔任全國政協文史資料委員會專員。

1968.12.2.在批鬥會上心臟病突發，在北京逝世，享壽 62 歲。

于豪章　1918.3.12.－1999.4.19.安徽鳳陽人

1935 年，南京高級中學，軍校十二期。

1946 年，赴美國裝甲兵學校就學，回國後任海軍陸戰隊司令。

1962 年，任陸軍第八軍中將軍長。

1969 年，任陸軍二級上將總司令。

1974 年 12 月 27 日，國防部實施代號「昌平」演習期間，時任陸軍總司令于豪章與其他共 13 位高階將領搭乘 UH-1H 直升機赴桃園縣楊梅鎮（今楊梅市）視察陸軍 68 師與 17 師進行對抗，發生墜機事件，于豪章身受重傷，終生不良於行，軍旅生涯至此終止。

侍從官高華柱（後擔任中華民國國防部長）爬出求救，挽回于豪章一命。

1975 年，任總統府戰略顧問。

1999 年，過世。

2011 年 12 月 28 日，國防部立碑紀念，提醒官兵注意飛安。

陳懷生　1928~1962.9.9.

陳懷生，本名陳懷。中華民國空軍飛行員，黑貓中隊隊員。

空軍幼校第二期畢業，官校二十八期第一名畢業，先後飛過 P-47、P-51、B-25、T-33、RF-84、F-86、F-100 等各型飛機。於 1959 年赴美受訓 U-2 偵察機，加入黑貓中隊，為最早期隊員之一。黑貓中隊的隊徽就是出自他的設計。1962 年 1 月 15 日陳懷獲得蔣中正總統召見鼓勵，合照留念。同年 9 月初，陳懷寫信給蔣中正總統，附上這張合影照片，請求簽名。蔣中正隔天召見，問他的別號，陳懷說沒有，蔣為他題了「懷生」二字，要他保重生命，叮囑「你飛行以前，不要忘了（帶）降落傘才行。」陳懷回答，他絕不在大陸上使用降落傘，絕不願被俘，苟且偷生。

1962 年 9 月 9 日，陳懷駕駛編號「378」的 U-2C 由桃園基地起飛，往江西地區執行偵察任務，在南昌被解放軍空軍以 SA-2 防空飛彈擊落，送南昌市第 157 軍醫院後不治身亡，享年 32 歲，是第一位因出任務而殉職的黑貓中隊隊員。

該處正好是陳懷生的故鄉附近，殉職當時，陳懷生未遷台之父母弟妹都不知道兒子（大哥）戰死的位置竟然離家只有數公里之近！直到近年陳懷生的外甥來台觀光時方之舅父已死，且位置就離家不遠，大感震驚。

　　為查明直接死因，陳的遺體被埋葬後，又被從墓中取出，在江西醫學院進行解剖。其死因被證明是左心室被擊中一指甲大小的綠色彈片。

　　關於陳座機被擊落原因，是因為解放軍當時最新裝備了蘇制 SA-2 型防空飛彈和雷達網，已經可以探測到 U-2 飛機的行蹤。在前幾次 U-2 偵查行動中，中共方面已經探測並秘密跟蹤了數次 U-2 任務，並未進行攻擊。而在陳座機進入江西後，因飛過軍事重地，經權衡後才下令擊落。

　　陳懷生殉職後，蔣中正和蔣經國曾多次表達追思和紀念，蔣經國並為陳懷生銅像揭幕撰寫〈看不見，可是你依舊存在〉專文紀念。（後收入「風雨中的寧靜」台北市：正中書局）蔣中正為感念陳懷的英勇事蹟，改名陳懷為「陳懷生」，以下是以「懷生」命名的建築：

　　「懷生國小」：在 1967 年 8 月將台北市仁愛路空軍總部旁的「台北空小」改名為「懷生國小」。「懷生國中」：在 1969 年懷生國小遷移後，在原地興辦「懷生國中」。「懷生廳」：救國團金山青年活動中心禮堂以「懷生」命名。並在二樓有銅製胸像。（該建築一樓為活動中心餐廳，二樓為會議禮堂）

　　「懷生機場」：將桃園縣八德市的機場取名為「懷生機場」。

（三）國家安全

中華民國國家安全局

　　中華民國國家安全局（簡稱國安局）為中華民國國家安全會議唯一的直屬機關，也是中華民國最主要的情報機構，主要進行統合國家情報、策劃特種勤務兩大工作。

　　1949 年 8 月 20 日，當時已辭去中華民國總統的蔣中正，以中國國民黨總裁身分在台北圓山成立「政治行動委員會」，以統合中華民國各情報機構；

　　1950 年，蔣中正復職任總統後，政治行動委員會隨之改為總統府機要室資料組，由蔣經國擔任主任。

　　1954 年 10 月，總統府機要室資料組改組為中華民國國家安全局（早期稱為「中國 CIA」或為「CCIA」），隸屬於國防會議，第一任局長為鄭介民。

　　1955 年，中華民國政府進行情報機構改制：內政部調查局（原中統局，今法務部調查局）負責治安偵查工作；國防部保密局與國防部大陸工作處合併為國防部情報局（原軍統局，今國防部軍事情報局），負責國防軍事戰略相關之情報工作；國家安全局則成為各情報機構的最高統籌機關，對各情報機構負有督導、考核、指導和協調作用，並負責對外國際情報工作。

　　1967 年，國防會議裁撤由新成立的國家安全會議取代，國家安全局亦隨之改隸。

　　國家安全局成立之初，組織方面沒有獨自的官員或是幹員，組織也是相當的紊亂，所以組織必須在工作時，也得隨著社會以及國際上的變遷，調整組織結構以及工作內容，並且建立相關制度，也因此國家安全局日後逐漸茁壯。1994年《國家安全局組織法》立法後，確立了組織綜合國家情報、策劃特種勤務等

策劃與執行，以「依法行政」、「行政中立」、「情治分立」為原則。

2005 年 2 月 5 日《國家情報工作法》經總統公佈後，強化了組織統籌一切底下情報機構的法源依據，透過法令強化組織行政基礎、組織制度。

國家安全局主要分為三大部門：情報業務處、情報支援單位、中心情報業務處

進行台海地區、國際諜報工作、密碼裝備研發、國際戰略情報研究等。

第一處：負責國際情報工作。

第二處：負責大陸地區情報工作。

第三處：負責台灣地區安全情報工作。

第四處：負責國家戰略情報研析。

第五處：負責科技情報與電訊安全工作。

第六處：負責密碼及其裝備之管制、研製。

督察處：負責內部反情報工作。

公開情報中心：負責公開情報蒐整有關事項

支援單位：人事處、會計處、政風處、秘書室、資訊室、總務室

訓練中心：負責教育訓練

電訊科技中心：負責掌管電訊科技情報

特種勤務指揮中心：負責維護正副總統與其家屬、卸任正副總統與特定人士、正副總統候選人之安全

主要三大任務：國家安全情報、特種勤務策劃執行、統籌密碼管制研發。

綜理國家安全情報工作：掌握國際情報、中國大陸與共軍情報、臺灣安全情報，國家戰略情報分析、科技情報電訊研發工作。可對於國防部軍情局、國防部電訊發展室、國防部軍事安全總隊等情報機構，或是行政院海巡署、憲兵司令部、內政部警政署等視同為情報機構作統整、指揮、協調等工作。

特種勤務策劃執行工作：在職或卸任正副總統安全、選舉時期總統候選人安全。

統籌密碼管制研發工作：政府機關密碼管制、綿密資訊網路監控。

姓　名	生　　　歿	籍　貫	在職時間
戴　笠	1897.5.28~1946.3.17.	浙江江山市保安鄉	
鄭介民	1897.9.18.~1959.12.11.	海南省文昌縣）人	
毛人鳳	1898~1956.12.11.	浙江江山（江山市）	
葉翔之	1912.9.29.~2001.1.3.	浙江省餘杭縣	
徐曾恩	1896~1985	浙江湖州吳興人	
張炎元	1904~2005.8.13.		
阮成章	1919~2004		
沈之岳	1913.2.18.~1994.2.24.	浙江仙居縣	
汪希芩	1929.7.18.~	浙江紹興人	
陳大慶	1904.~1973.8.22.	江西崇義	1959.12.12.~1962.11.30.

姓　名	生　　歿	籍　貫	在職時間
夏季屏			1962.12.01.~1967.06.30.
周中峰	1915~1985	河北慶雲縣（山東）	1967.07.01.~1972.06.30.
王永樹			1972.07.01.~1981.11.30.
汪敬煦			1981.12.01.~1985.12.14.
宋心濂			1985.12.15.~1993.07.31.
殷宗文	1932~2003.3.28.		1993.08.01.~1999.01.31.
丁渝洲	19443.15.~	山東日照	1999.02.01.~2001.08.15.
蔡朝明	1941.1.1.	臺灣省南投縣人	2001.08.16.~2004.03.31.
薛石民	1943.9.29.~	江蘇常熟市人	2004.04.01.~2007.02.06.
許惠祐	1952.	台灣南投人	2007.02.07.~2008.06.19.
蔡朝明	1941.1.1.	臺灣省南投縣人	2008.06.20.~2009.03.10.
蔡得勝	1949.2.~	澎湖西嶼竹灣村	2009.03.11.~2014.05.05.
李翔宙	1952.8.2.~	臺灣河南新鄉	2014.05.05.~

戴笠　1897.5.28～1946.3.17.浙江江山市保安鄉人

戴笠，原名春風，字雨農，浙江省第一師範學校畢業。

母親藍月喜。

1897 年，戴笠出生。

1915 年，與毛秀叢結婚，1939 年病逝。

1926 年，黃埔軍校六期（原名春風另改名為戴笠）。

1927.4.12.國民黨清黨，戴笠揭發 20 餘名共產黨員，得到蔣介石的賞識，自此開始情報工作。

1928 年，從事情報組織活動。

1930 年，任國民革命軍「調查通訊小組」聯絡參謀。

1932.1.26.~1938.3.29.成立軍事委員會「中華民族復興社」、「力行社」（又稱藍衣社）、「中華復興社」，擔任復興社特務處處長。

1934.6.13.破獲日本駐南京副領事藏本英明自導自演失蹤案，使日本出兵陰謀在國際間，顏面無光。

1937 年，成立「武裝別動隊」（後稱忠義救國軍），在敵後淪陷區發揮高大作用。又找到杜月笙，成立「蘇浙別動隊」，日軍受到極大威脅，日軍為了追殺他，懸賞金額，遠超過緝拿毛澤東懸賞金之上。

1938 年 1 月，戴笠奉命將頑抗中央命令山東省主席韓復渠，誘捕審判槍決，同時在萬國醫院，以病菌房毒死韓復渠同謀通敵的四川軍閥劉湘。

4.1.~8 月，擔任調查統計局第二處處長。成立調查統計局，擔任副局長。

1939 年，到越南河內，部署刺殺投靠日本的汪精衛，但行動失敗。

1940 年，任運輸統制局監察處處長、財政部緝私署署長。

日皇裕仁派遣表弟高月堡大佐來華北視察，11 月 29 日高月被軍統特工擊斃。

將不肖官商走私囤積，哄抬物價，大發國難財，成都市長楊全宇處死，走私貪污的財政部中央信託局經理林世良活埋。

1941 年，赴緬甸建立情報網，人稱「只要有華人血統的地方，就有戴笠的情報員」。獲得大卡車 1,000 張牌照，使得戰時國際物資運輸暢通無阻。

1942 年 5 月，美國海軍中校梅樂斯（MaryMiles）來中國「搜集日軍情報」。在中國駐美武官蕭信如協助下，梅樂斯與戴笠協調合作事宜。

1942.7.~1946.3.17.成立「中美特種技術所」（中美合作所），擔任所長。

破譯日軍密碼，將日本偷襲珍珠港訊息事前通知美國。美國從戴笠那裡學會破譯日本海軍密碼，順利取得中途島勝利，對太平洋戰事起了決定性作用。1943 年，戴笠兼任財政部緝私總署署長、和戰時貨物運輸管理局局長。

簽訂《中美特種技術合作協定》（1943.4.15.~1946.1 月），當日即得到美國羅斯福總統、和蔣委員長的批准。直屬中、美兩國最高軍事統帥部。總部設在中國重慶西北郊的歌樂山下楊家山。戴笠擔任中美合作所主任，美國的梅勒斯出任副主任，參謀長中方為鄭介民、李崇詩，美方為貝利美，主任秘書中方潘其武，美方史密斯。戴笠負責領導，雙方協議，「任何事務須經雙方組長共同決定」。

1944 年，汪精衛因病在日本就醫，戴笠密令潛伏的中日混血日籍女傭以慢性毒物致汪併發症死亡。

9 月，戴笠調查重慶美軍穿著中共蘇區服裝，「查明美方盟軍協助華北淪陷區活動」。

是年秋，a.23.－1989.4.23.）有往來，**胡蝶原名胡瑞華，廣東鶴山人，生於上海。**

鄭介民　1897.9.18.~1959.12.11.廣東瓊州府文昌（今海南省文昌縣）人

鄭介民，名庭炳，字耀全，別號杰夫，參加革命後為避開敵方之緝捕而改名為介民。曾祖父憲邦公，祖父令壽公，父香圃公，母邢氏，育五女四子。在諸男中，介民居長，二弟庭煒，三弟庭烽，四弟庭烘。黃埔二期，蘇俄莫斯科孫逸仙大學政治經濟研究，陸軍大學將官班甲級三期畢業。中華民國陸軍一級上將，軍統主要領導人。

1935 年，升任參謀本部第二廳第五處處長，

1941 年，升任軍令部第二廳廳長。

1943 年 2 月 10 日，隨蔣委員長參加開羅會議，負責警衛工作，同年升任少將。

1946 年，任北平軍事調停處代表，旋任國防部第二廳中將廳長、國家安全局長。

1954 年，陞二級上將、任國防部參謀次長、國防部大陸工作處處長。

1959 年 12 月 11 日，在台北去世，追晉一級上將。墓地位於新北市八里區。

妻柯漱芸，子鄭心雄，曾為國立台灣大學心理系教授、大陸工作會主任委員。

鄭介民一生為人作事，諸多值得景仰：

一、誠信可風：

「誠之所至金石為開」，其母邢太夫人訓誨：「凡人從小到老，無論做任何事必須誠實不欺，實話實說…」

二、忠貞不貳：

「疾風知勁草，板蕩識忠臣」美國外交文件 1949 年 11 月 15 日有載，「倒戈投共的劉裴，力勸鄭投效中共，鄭當即斷然拒絕，顯示其對黨國忠貞不二。

三、謙沖君子：

將軍之參加情報工作，遠在戴雨農先生之前；且他是黃埔二期畢業生，為雨農先生學長，從不爭取名位，埋頭苦幹，不求聞達於諸侯，淡薄名利。

四、機智敏明：

足智多謀，隨機應變，廣西脫險，兩粵兵變，密赴港穗，策動其陸空軍反正，一場兵變，消滅於無形，不戰而屈人之兵，顯現他足智多謀。

五、大公無私，具組織長才：

大公無私公私分明，官場中少見。部屬多從未去過他家，亦不知他家在何處。」

「主義、領袖、紀律」之外，必須竭組織之力，凡事三思，澈底檢討，真理熱情，則無事不克，沒有不成功的。

六、愛才惜才不及于私

從不用私人，無私心，當今之世，無人可比。

鄭介民將軍巨著「軍事情報學」，為中國近代創立情報學之第一人，進一步言之，語之為中國情報學之鼻祖，亦不為過。

徐恩曾　　1896～1985 浙江湖州吳興人

徐恩曾，字可均，浙江湖州吳興人，徐新六之子。

畢業於南洋大學，後到美國卡內基梅隆大學學習電機工程並獲碩士學位。回國後，加入中國國民黨。

1927年，參加陳果夫、陳立夫兄弟創建的中央俱樂部。

1931年，出任中國國民黨中央組織部黨務調查科科長。

1935年，軍事委員會調查統計局成立，陳立夫任局長，徐恩曾任第一處處長，戴笠任第二處處長。

1938年，調查統計局成立，徐恩曾歷任副局長、局長。

1944年，徐恩曾涉嫌中印緬邊境交通線走私案被蔣中正免職。

1949年3月，從上海赴台灣。

1985年，在台灣去世。

毛人鳳　　1898～1956.12.11.浙江江山縣（江山市）

毛人鳳，字齊五，復旦大學肄業，黃埔軍校四期，因病休學，是戴笠同在江山文溪小學的同學，後來作為戴笠的得力助手。

1934年，戴笠請毛為助，在浙江省警官學校、武漢、西安行營第三科服務。

1937年，主持軍委會調查統計局內勤工作。抗戰勝利，任軍統局副局長。

1947年，晉升局長，政府遷台後，破獲多起匪諜。獲盼三、四等寶鼎勳章、

忠勇勳章。

1952 年，「毛邦初事件」「杜長城案」蔣經國改組情報組織，建立新諜報體制。

1955 年，保密局改組，不再是肅諜與保安的情報局，改隸國防部。毛人鳳仍為國防部情報局首任上將局長，但無實權。

1956.12.11.毛在任內因心臟病病逝，享年 59 歲。政府追贈陸軍二級上將。

毛人鳳有兩個兒子：毛渝南、毛佛南。均為企業家，事業有成。族侄毛森，跟隨毛人鳳，也是軍統出身，陸軍上將，因得罪蔣經國亡命海外。毛森的兒子，毛漢光是中央研究院歷史語言研究所前研究員，另一兒子毛河光，為中央研究院院士

張炎元　1904～2005.8.13.廣東梅縣人

字炳華，黃埔軍校第二期工兵科畢業，後廬山中央軍官訓練團將官班、陸軍大學將官班甲級第二期畢業，國民黨陸軍中將，建國後逃到臺灣。

1925 年，秋任國民革命軍海軍安北艦黨代表。

1927 年，任第二十六師七十七團副團長。曾加入中國共產黨，後失去組織關係。

被保送蘇聯莫斯科中山大學學習。同年冬離開蘇聯，避居港澳。

1928 年，夏赴印尼爪哇，先後在林氏店鋪當店員，華僑補習學校教員。

1929 年，任加拉漢中華學校教員。

1930 年，回國，往黃埔同學會登記，參與復興社的早期組創活動。

1931 年，"九一八事變"後，奉派在廣州、香港從事情報工作。

1932 年，復興社骨幹之一，任華南區情報站長，華北辦事處行動組長、副主任。

1937 年，抗日戰爭爆發後，任中央憲兵司令部政訓處長。軍事委員會西南運輸稽查組長，中美合作運輸處長，運輸統制局監察處處長。

1943 年，授陸軍少將。

1945 年，任公路總局副局長。

1946 年，任國防部第二廳副廳長。

1947 年，返粵任廣東保安副司令，兼保密局廣州站長。

1949 年，到香港。

1952 年，到臺灣，任國防部情報局中將局長。

1956 年，授陸軍中將。

1971 年，當選國民黨中央評議委員，臺灣足球協會主任委員。

1976 年，續選為國民黨第十一至十四屆中央評議委員。

1992 年，捐款建教學樓，同意受聘任程風中學名譽董事長。

1937 年，憲兵政訓處處長，嗣調西南運輸處警衛稽查組長兼中美合作運輸處長。

1945 年，抗戰勝利後，任南京戰時運輸局處長。

1952 年，由香港至臺灣，歷任國民黨中央第六組主任、"國防部"情報局局長、國民黨中央第二組主任。國民黨八屆中央委員，十一、十二屆中央評議委員。

1960 年，張炎元由"情報局"局長調任國民黨中央委員會第二組主任。

陳大慶　1904.～1973.8.22.江西崇義

陳大慶，黃埔一期，東征北伐、剿匪，由排、連、營、團、旅長，抗日戰爭任師長、軍長、集團軍司令。抗戰勝利，任第一綏靖區副司令官，翌年，調南京衛戍副司令官。

1948 年後，相繼任衢州綏署副主任、京滬杭警備副總司令、警備司令。曾參加棉湖、惠州、南昌、冀東、黃岡、廣昌之役。抗日戰爭台兒莊、武漢、鄂北、豫南、中原會戰、上海保衛戰等。

1954 年，任國家安全局副局長，繼掌國家安全局。

1960 年，晉任陸軍二級上將。

1962 年，任台灣警備總司令、兼軍管區司令。

1967 年，任陸軍總司令，台灣省政府主席，國防部長。

1973 年 8 月 22 日逝世，被追贈為陸軍一級上將。墓地位於新北市八里區。

梁敦厚　1905~1949.4.20.山西定襄師家灣村

梁敦厚，字化之，河邊高小、川至中學、山西大學文學院英文系畢業。早年曾加入中國共產黨。他是閻錫山的姨表侄，任太原綏靖公署少校機要秘書。

1936 年，任「自強救國同志會」總幹事。

1948 年，任特警處處長，逮捕共產黨員、進步人士 3300 餘人，秘密處死 370 餘人。

1949 年，任山西省代主席，4 月 20 日太原失守，率眾集體在省政府服藥自殺後焚毀遺體，史稱「太原五百完人」。

父梁善濟是民初政派研究系的領導之一。

李麗　1910~1983

李麗，或稱北平李麗，抗日時期美艷女情報員。

眾人只知她是東北名媛，電影明星，綽號「一代尤物」、「摩登賽金花」。

1938 年，加入軍統。因為曾經周旋在日軍顧問柴山兼四郎與矢崎勘十之間，李麗一直被國人視為媚日的漢奸。

1955 年，由香港到台灣定居。過世多年後，其子於 2010

年將她的回憶錄手稿為她出書平反才披露於世。

1938 年，受戴笠的感召加入軍統局。與戴笠日久生情，生下一子，當時未免影響戴的聲譽，故從母姓，戴曾於香港九龍窩打老道給她買了一棟洋房。

1944 年，與著名京劇票友章英明結婚。

1945 年，李麗生子，取名少英，字明，小名蓓蓓。（來源於民國三十八年毗陵章氏族譜）五十年代初，兩人離異，章隻身一人去日本發展。

有一次，李麗受到日本將領華南派遣軍總司令松井中將之邀，到廣州公演，那一次在台上由師傅梅蘭芳露臉，李麗負責唱。戲後，松井將李麗帶回總司令官邸，一進門，松井就醉得不省人事，李麗趁機翻了他桌上的公文，得知日軍十多艘運兵船的地點，電報發回情報局，是後日軍果然被我方擊沉，此次日方傷亡一千多人。她著有《誤我風月三十年》一書。

葉翔之　1912.9.29.～2001.1.3.　浙江省餘杭縣

葉翔之，化名陸重光、葉光華，軍統局少將處長、國防部情報局局長。日本明治大學畢業，加入國民黨，從事情報工作。

1949 年，擔任國家保密局第二處處長，負責在香港暗殺楊傑，並偵破吳石案、台灣省工作委員會，受到蔣介石的賞識。

1950 年，蔣經國希望藉由改組保密局，葉翔之成為蔣經國得力助手。

1960 年，任國防部情報局局長。

1975 年，退休後，聘為國策顧問。

2001 年，病逝台北榮民總醫院。

2014 年，蔣經國發現葉翔之住豪邸，家裡裝潢得金璧輝煌，被立刻請他走人。

2001 年，病逝於台北榮民總醫院。

沈之岳　1913.2.18.～1994.2.24.浙江仙居縣

沈之岳，畢業於臨海回浦中學、上海復旦大學、延安抗日大學、中央警官學校、革命實踐研究院、陸軍參謀大學、三軍聯合大學、國防研究院。

1933 年，復旦大學時，由戴笠陪同晉見蔣介石，秘密派遣潛入中共組核心組織。

1941 年，就任軍統科長。

1947 年，胡宗南攻打延安，所有情報均由沈之岳提供，在作戰中，成功安全逃出延安。毛澤東甚為震怒，後來毛說：「智勇雙全，治國有方，一事二主，兩邊無傷。」

1949.3 月，調任情報站長、兼總統府資料組石牌訓練班副主。

1951 年，奉派擔任大陳島反共救國軍政治部主任，

1955 年，大陳島撤退，協助蔣經國將一萬八千多居民平安撤退來台灣。

1964.5 月，任司法行政部調查局局長。

1978 年，改任國民黨中央社工會主任。

1979.3 月，獲聘總統府國策顧問。

1994.2.24. 病逝榮民總醫院，享壽 82 歲.

陳恭澍　　1907～1969 福建龍海，出生北京

陳恭澍，綽號辣手書生，黃埔軍校第五期，

1932 年，加入力行社特務處，任組長，軍統局著名特工和殺手，戴笠手下四大金剛之一（陳恭澍，趙理君，沈醉，王天木）。曾任天津、北平站站長。

1933 年，槍殺北洋皖系軍閥、漢奸張敬堯；

1934 年，刺殺西北軍高級將領吉鴻昌；毒謀殺臭名昭著"倒戈將軍"石友三；

1935 年，連續設計暗殺大漢奸殷汝耕；

1938 年，襲擊華北頭號大漢奸王克敏。

7 月，日本決定撇開蔣介石，誘降汪精衛，日汪勾結越來越密切。10 月，汪精衛發表談話，準備接受日本提出的議和條件。11 月中旬，雙方代表在上海"重光堂"簽訂密約，並擬定汪精衛從重慶出逃。

12 月 19 日，汪精衛率陳璧君、曾仲鳴、周佛海、陶希聖等 10 余人乘飛機逃離昆明，飛抵越南河內，公開投降日本。

日本政府得知汪精衛出逃提出所謂"善鄰友好、共同防共、經濟提攜"三原則。

12 月 29 日，汪精衛在香港發表臭名昭著的"艷電"，希望以蔣介石為首的國民政府與日和談。翌日，汪精衛建議日本對重慶施以致命的轟炸。

1939 年 2 月，蔣介石委員長派出與汪精衛素有淵源的國民黨中央委員穀正鼎，赴河內勸汪精衛迷途知返，遭到汪精衛的拒絕。鑑於汪精衛的叛國行徑，蔣介石召開緊急會議，決定開除汪精衛黨籍，撤銷黨內一切職務，並命戴笠在汪精衛離開河內前往南京組建偽政府之前把他除掉。

戴笠隨即向陳恭澍下達鋤奸令，要求以最嚴厲手段制裁汪逆精衛。陳恭澍接到指令，立即帶領「十八羅漢」赴越南河內行刺，親自探查，佈置行動。獲悉汪精衛每天早餐吃的麵包是由河內一家麵包店準時送去的，就把送麵包的人攔截下來，換上一個含毒麵包，由特工人員化裝成送麵包的人送去。不料汪精衛當天食欲不佳，不吃麵包，而予退回。陳恭澍再次策劃，欲在汪精衛住宅的浴室中放置毒氣罐，只等汪精衛洗浴時散發的水蒸氣引發毒氣，將汪精衛毒死。但苦於沒有內應，此計畫無法實施，只得作罷。

過了兩天，汪精衛要到離河內八十裡的丹道鎮三島山麓旅遊。陳恭澍立刻

佈置，由陳恭澍率行動員分乘兩輛小汽車，埋伏在汪精衛此行的必經之路上，等待汪車的到來，看準汪精衛在車上時，便尾隨追擊。不料，汪精衛未到目的地又突然折返。陳恭澍只好調頭，決定跟上去立即下手，也不再考慮在河內市區能否安全脫身的問題了。軍統局的兩輛追擊車追到市區十字街頭，汪車穿過馬路後，正好一輛電車橫駛過來，兩輛追擊車被阻，這次行動又無果而終。最終，陳恭澍決定孤注一擲，發起突擊性強攻，深夜直搗汪宅，實行武裝襲擊刺殺。

1939 年 3 月 21 日凌晨，陳恭澍親自指揮行動人員王魯翹等來到汪宅，翻牆進入汪寓。偵得三樓朝南的一間，幾個晚上電燈通夜未熄，斷定此房必為汪精衛臥室無疑，立即沖上樓去，發現房間中正有一人躲在床下，認為此人就是汪精衛，於是亂槍齊發，將此人打死，即下樓奪門而逃。

其實，被殺之人並非汪精衛，而是其秘書曾仲鳴。至此，河內刺殺汪精衛行動徹底失敗。陳恭澍調任上海，又組織刺殺汪精衛未遂，繼續主持除奸暗殺活動，手下有尹懋萱，暗殺對象包括季雲卿，張敬堯等人。令漢奸日寇聞風喪膽。

1941 年 10 月 29 日，陳恭澍在上海被汪偽 76 號特工總部李士群逮捕，為保全性命被迫叛變投降，暗中卻與軍統頭子戴笠取得聯繫。

1945 年，抗戰勝利後，被以漢奸罪為名逮捕，兩年後獲釋。後任中央訓練團河北大隊長、綏靖總隊上校總隊長，駐守北平、河北一帶，負責所謂的政治作戰。

1949 年，到臺灣，任國防部情報局第二處少將處長。

1969 年，退休，晚年著有回憶錄《英雄無名》一書。

趙理君　1905～1942 四川蒲江人

趙理君，黃埔軍校五期政治科畢業，官拜中將，軍統四大殺手之一，戴笠的心腹愛將，江湖人稱追命太歲。一手拿粉筆，一手拿手槍，可稱允文允武。

趙理君，早年曾為共產黨員，是早期投身武裝鬥爭的一員。

1924 年，中學畢業，在家鄉當小學教師。

1927 年，參加廣州起義，起義失敗後便回家鄉，繼續教書。

1928 年，任縣民團員教練，兼任大足中學軍事教練。同年，張希銘也到足中住教，創建中共大足地方組織，乃大足縣第一個黨支部，趙理君與他取得組織聯繫，介紹鄭凌燦等人入黨。在此期間趙理君入黨。

1930 年，參加銅梁地區的土橋暴動，失敗後潛赴成都。

1931 年，叛離共產黨，後奔走南京投靠軍統。

1932 年，在洪公祠特訓班畢業，盤踞在上海，從事罪惡勾當，以殺人為樂，先後殺害楊杏佛、史量才等愛國人士，血債累累。而後變本加厲，因私人恩怨殺害國民黨行政督察專員韋孝儒，案發後居功自傲，有恃無恐。

1933 年底，宋慶齡用中國民權保障同盟的名義，起草宣言，抗議蔣介石派人暗殺鄧演達、楊杏佛，將它翻譯成中文，希望史量才設法發表，史量才通過關係，在某通訊社的稿件上進行發表。凡此種種，迫使蔣介石下了暗殺史量才

的決心。

1934 年 11 月 13 日，史量才遭到趙理君等槍殺。

1937 年，八一三事變爆發，上海淪陷，而國民黨元老唐紹儀仍留在上海，

1938 年，日本特務土肥原賢二親自赴唐紹儀宅長談，拉出山，唐紹儀對此不置可否。軍統偵知後，層峯欲將唐紹儀除掉。戴笠將此任務交給心腹愛將趙理君。

趙理君探知唐紹儀喜愛古玩，乃藉贈送古瓶，偽裝與唐紹儀一同鑒別瓷瓶，抽出褲袋中利斧，照準唐紹儀後腦用力猛砍下去，唐紹儀當場立時身亡。

1942 年，山西土皇帝閻錫山與蔣介石不和，蔣介石為了控制閻錫山，下令戴笠封鎖晉南到河南洛陽的通道，監視控制人員往來。戴笠藉口保舉趙理君為第一戰區少將編練專員兼洛陽專區行政督察專員，監控制從洛陽到山西的黃河渡口。

1938 年，趙理君以抗日為幌子，實際上與日本人勾結，從事毒品走私等犯罪活動，趙理君淪為漢奸，是日本人的走狗。

1941 年，趙理君的督導團公然用槍枝與土匪換鴉片，被河南行政督察專員韋孝儒的軍隊查獲扣押，處死首惡分子，趙理君懷恨在心，伺機報復。

1942 年 3 月 15 日，韋孝儒來洛陽離奇失蹤，經查兇手為趙理君，遭到拘捕審訊，得悉趙理君早已投降日寇當漢奸，為日本藍衣社特務。

蔣介石委員長命令就地正法。趙理君死去，戴笠不捨愛將，稱趙理君是一位勇於衝鋒的同志，是組織中的佼佼者。指示將趙理君的屍體厚葬在成都龍泉驛軍統公墓，給家屬給予厚恤，以示安慰懷念。

王天木　東北人

王天木，原名王仁鏘，化名鄭士松，保定軍校、東北講武堂畢業。早年在東北軍、西北軍中工作，加入軍統成為軍統四大金剛之一。抗戰時投降日偽。

早年在黑龍江督辦吳俊升部任職，西北軍當參議，還在河南收編過土匪。

1915 年，經吳俊升之子吳泰勳介紹，結識戴笠，成為特務處骨幹分子。

1932 年，任復興社特務處天津站長，與陳恭澍、趙理君、沈醉稱軍統四大殺手。

1933 年，湖南督軍張敬堯受日本阪垣、土肥原的指使，妄圖策動駐軍叛變。王天木會同陳恭澍、白世維、馬河圖、岳清江、丁寶齡等人，將張敬堯在北平東交民巷的六國飯店刺殺。

1934 年，王天木同天津行動隊隊員胡大虎，綁架熱河省主席湯玉麟的小孫女綁架，勒索五萬元分贓。『箱屍案』轟動北平，傳到蔣介石委員長耳中大怒，下令嚴辦。結果，胡大虎被捕正法，王天木被判處無期徒刑，關在南京老虎橋

陸軍監獄中，服刑兩年。

1936年，王天木被釋放，後到洛陽、潼關隴海沿線工作。

1937年，"七七事變"王天木調到天津任國民黨軍統特務華北區區長。

1938年，組織"華北忠義救國軍"，任總指揮。

1939年，調任軍統局上海區區長。在上海，他策劃暗殺了"維新政府"的外交部長陳籙。日本與汪精衛"部分和平"的企圖，軍統對投敵賣國的漢奸展開系列暗殺行動，尤其是汪精衛出走河內，叛國"漢奸陳籙夜登鬼錄"，人人稱快。

1939年夏末，李士群的手下光天化日之下綁架了王天木，押到極司非而路76號，關了三個星期釋放，王受到日本相當禮遇，安然歸來。在管理極嚴的軍統內部，無論如何都洗脫不掉叛徒的嫌疑。於是戴笠密令除掉王天木。但被王天木僥倖逃脫，大罵戴笠無情無義，聲稱從此脫離軍統。

這時，軍統特務陳明楚投敵，並出賣劉戈青，使劉落到漢奸特務手中。戴笠毫不含糊地下令處死陳明楚。聖誕夜，陳明楚在夜總會被刺，當場斃命。當時王天木與陳明楚同在舞廳，特工開槍時，他正巧離開舞廳，僥倖逃脫。

王天木在上海的叛變，促使軍統青島站的頭目趙剛義投降。趙與王天木是故交。11月15日，趙剛義帶領日本憲兵在青島大肆搜捕。軍統青島站的代理站長交出了特工名單、地址和電臺。

11月24日，軍統在北平的辦公處和電臺陷入敵手，副區長周世光被殺。

日本憲兵擴大對張家口、察哈爾、綏遠、丹東、內蒙等地進行了系統的搜捕，國民黨情報員、積極分子、遊擊隊長紛紛落網，電臺被毀。軍統在敵後的情報體系幾乎毀滅殆盡。由於王天木的叛變，軍統北平、天津、濟南各站均被日軍破獲，損失慘重，一時軍統在華北的活動，幾近停頓。

1941年，任汪偽特工總部華北工作團副團長兼天津站站長。

1942年，任汪偽華北工作團副團長、團長、偽中央監察委員會委員。

1943年，任江蘇省鎮江地區行政督察專員。

1944年，任偽江蘇省第四行政區督察專員。

1945年，抗戰勝利，王天木藏於北平西山，後去臺灣。

沈醉　1914.6.3.~1996.3.18.湖南湘潭人

沈醉，字叔逸，陸軍中將，戴笠手下情報將領四大金剛之一（陳恭澍，趙理君，沈醉，王天木）。

1932年，加入復興社特務處，在上海從事特務活動。

復興社改組為調查統計局，歷任軍統上海站行動組長、常德警備司令部稽查處上校處長、軍統局總務處少將處長（28歲），「年紀小、資格老」著稱。

後任保密局雲南站長、國防部少將專員、雲南專員公署主任、中將游擊司令。

　　1949 年 12 月 9 日，被盧漢（原雲南省主席）扣押，被迫投共，當成「被俘戰犯」，關在昆明陸軍模範監獄，後轉移至重慶歌樂山白公館戰犯管理所，後轉去北京功德林戰犯管理所。

　　1960 年 11 月 28 日，特赦，周恩來親自安排杜聿明、宋希濂、王耀武、陳長捷、溥儀、溥傑等任全國政協文史資料委員會文史專員。

　　1980 年，身份由戰犯改為起義將領，享受副部級待遇。曾任第 5、6、7 屆全國政協委員。

　　八十年代曾到香港探親訪友，不顧友人勸阻，毅然在短暫留港後返回北京。

　　1996 年，病逝於北京。

周中峰　1915～1985 河北慶雲縣第五區（尚家堂）大周莊（今山東省陽）

周中峰，字秀三，6 歲入本村私塾讀書，後入本村小學，

1928 年，考入慶雲縣第一高等小學，

1929 年，轉讀惠民城岱北公學，省立四中（民中學）。

1935 年，任教於蔡莊小學。

1936 年，黃埔軍校南京分校十三期工兵科一中隊。

　　12 月，"西安事變"，周極力保護蔣，並背蔣逃出臨潼華清池寓所，之後倍受蔣的器重。

1938 年，任排長，連長，選送工兵學校軍官班十一期受訓。

1942 年，遠征軍赴緬甸與日軍作戰，後轉進印度。

1943 年，遠征軍向日軍展開全面反攻，大獲全勝。此時，周任新六軍營長，

1944 年，國民黨新六軍空運返國。

1945 年，馳援湘西，不久日軍投降，抗戰勝利。

1946 年，任副團長，隨軍進駐吉林、長春等地。

1947 年，調任青年軍 207 師第五團團長，又進中央訓練團第二期受訓。

1948 年，升副旅長，駐紮瀋陽、天津塘沽。平津戰役後，率部到臺灣。重新編訓，晉升為副師長。

1949 年，駐馬祖島。

1950 年，革命實踐研究院第四期受訓。當年升任 207 師少將師長。

1952 年，底調任臺灣"總統府"高級參謀。

1954 年，任第八軍 68 師師長，駐金門島。

1957 年，任臺灣"國防部"第五廳副廳長，旋調第一軍團中將參謀長。

1958 年，任第一軍中將軍長，受蔣介石之令籌畫反攻大陸。

1959 年，周大陸的女兒周主文播發《告爸爸周中峰書》為蔣所悉，調出軍界。

1960 年，調任國民黨政戰學校中將校長。

1964 年，任臺灣省警務處處長。

1967 年，接替夏季屏任第四任"國家安全局"局長。

1969 年，在國民黨第十屆中央委員會上，周被選為委員。

1972 年，任國民黨國家安全會議副秘書長。

1976 年，當選為第十一屆國民黨中央委員會中央評議委員會主席團委員。

1981 年，當選為第十二屆國民黨中央委員會評議會主席團委員。

1985 年 2 月 23 日，因患肝癌病故於臺北。

阮成章　1919~2004 湖北省黃安人

先後畢業于成都中央陸軍軍官學校第十五期、陸軍參謀大學第一期、國防大學第三期、三軍大學戰爭學院第三期、國防研究院第七期。歷任排長、連長、西南遊擊幹部訓練班指導員等職。

抗日戰爭期間曾負責關押軟禁葉挺等，參與策劃逮捕殺害何功偉（中共鄂西特委書記）及 1945 年武漢市“六一慘案”等行動。抗日戰爭勝利後任第六戰區長官部研究室主任、武漢警備司令部稽查處處長。

1947 年任海軍總司令部情報處處長、聯勤總部武漢被服總廠廠長。

1949 年去臺灣，後任憲兵司令部政治部主任。

1956 年任海軍總司令部政治部主任。

1958 年前後任“國防部”總政治作戰部副主任。

1970 年前後任臺灣警備司令部副總司令。

1978 年 1 月任“法務部”調查局局長。

1981 年當選中國國民黨第十二屆中央委員。

1984 年退職後，被聘任“國家安全局”顧問，軍階中將。其妻廖淑仙，次女阮雅倫、次婿郭蘇生，系立法委員郭德權之子；妹阮竹英、元英、妹夫徐從德、弟阮成同、成瑞、成斌、成瑜、成文均在台。著有《抗戰勝利第六戰區受降親歷記》、回憶錄《往事憶舊》。

汪希苓　1929.7.18.～ 浙江紹興人

1948.12 月陸軍軍官學校 23 期畢業，赴美國接受海軍訓練，轉為海軍軍種。

曾任蔣中正官邸侍衛官。

1965 年，擔任駐義大利副武官時向義大利民間船廠『Cos. Mo. S. SpA，Livorno』突破外交困境，訂購兩艘排水量僅 40 噸的 SX-404 級微型潛艇，是中華民國第一次潛艦國造創始人，亦是台灣第一次建造船艦發起人。

1969 年，派駐美海軍武官。

1972 年，任駐美國副武官，遊說美國國會及政府官員爭取到美國出售「海獅」、「海豹」兩艘柴電潛艦作為海軍反潛訓練之。

1974 年，任國家安全局副局長。

1975 年，蔣夫人赴美，為其侍從官。

1979 年，改任北美事務協調委員會顧問，負責北美地區情報資料收集工作。

1980 年，回台任國防部情報局副局長。

1983 年，任國防部情報局少將局長。

1984 年，晉升海軍中將，接替李筱堯繼任情報局長。

1985.1.10.因江南案被捕，判處無期徒刑，經兩次減刑，

1991.1.21.獲假釋出獄。

殷宗文　　1932～2003.3.28.江蘇省東海縣人

陸軍軍官學校 25 期，西德陸軍參謀大學，上將退役後成為總統府資政，曾任國家安全局長、國家安全會議秘書長。

1970 年學成歸國後，升任中校、營長。之後，在三軍大學戰爭學院 65 年班畢業後，升上校，從旅長、師長、國防部作戰助理次長、軍團參謀長做到澎防部司令。

1989 年，任國防部軍事情報局局長，主要負責國家安全保障、情報工作的職責。計畫施行五個專案：龍騰、復華、宏展、突穿、先知等五個專案，派遣情報員至大陸潛伏，每位情報員潛伏的時間都在一年以上。

1993 年，滿 60 歲想退休之際、李登輝總統任命他為中華民國國家安全局副局長，補佐局長宋心濂。同年 8 月，升任國家安全局長。

1999 年，任國家安全會議秘書長。

2000 年，總統府資政。

2002 年，劉冠軍案遭監察院彈劾，辭資政職務。

2003 年 3 月 28 日，因肺腺癌病逝於台北榮民總醫院。

劉連昆　　1933~1999.8.15.齊齊哈爾市

中國人民解放軍後勤學院畢業。

1986 年，任中國人民解放軍總後勤部軍械部部長，負責中國人民解放軍軍械的採購和產制任務。

1988 年 9 月，被授予少將軍銜。據稱在軍中人脈很廣，與中共將領洪學智、趙南起、劉華清均熟識。

1992 年，劉連昆由解放軍大校邵正宗從中搭線，被中華民國國防部參謀本部發展成為間諜。劉向軍情局透露自己在六四事件時，曾因發表同情學生的言論，而遭到上級警告。他曾託人代為營救因反對鎮壓學生而被拘禁的三十八集團軍軍長徐勤先。不過真正令其不滿的是，他希望升中將後退休，但未被軍方理會。

劉連昆參加情報工作後，提供了大量有價值的情報。如在解放軍購買蘇 27 戰機、駐地湛江、蕪湖，飛彈放置的杭州空軍軍械庫、及洛陽維修廠等地詳情。1996 年，台海危機中，「大陸演習飛彈所發是空彈」的消息，據稱是透過他、邵正宗與張志鵬的渠道帶回台灣的。

1999 年 2 月，在北京被逮捕，後因間諜罪被中國人民解放軍軍事法院判處

死刑。1999 年 8 月 15 日，被執行藥物注射死刑。

蔡朝明　1941.1.1.　臺灣省南投縣人

　　蔡朝明，陸軍官校第 31 期、三軍大學陸軍學院、美國陸軍參謀大學、美國國防工業大學、三軍大學戰爭學院、美國蘭德研究所畢業。歷任駐東南亞軍事代表，政治大學國際關係研究中心研究員，"國防部"聯二執行官、電訊發展室主任，"經建會"文化暨教育會諮詢委員，"國安局"常務副局長，駐美國臺北經濟文化代表處顧問。

　　1999 年，任"國安局"首席政務副局長。

2009 年，因健康因素請辭獲准。

2001 年，蔡朝明出任"國安局長"，因 319 槍擊案在 2004 年 5 月請辭下臺。

2004 年，又再受重用回鍋擔任"國安局長"，因健康不佳，

2008 年，住院開刀，多次向馬英九總統請辭，馬勉強同意蔡卸任"國安局長"。

　　2009 年，蔡朝明再度獲馬英九拔擢二度出任"國安局長"，未料身體每況愈下，馬英九多次跟蔡朝明交心話：「除非你自己想走，否則'總統府'挺你挺到底！」信任程度宛如"投名狀"，無奈"老蔡"心力交瘁堅持走人。

薛石民　1943.9.29.～江蘇常熟市人

　　薛石民，陸軍軍官學校第 36 期、三軍大學陸軍指揮參謀學院、戰爭學院戰研班、戰爭學院正規班。曾任陸軍第 206 師炮兵指揮部指揮官、陸軍空降特戰司令部第 62 空降兵旅少將旅長、陸軍空降特戰司令部參謀長、陸軍第 292 師長、陸軍總部人事署署長、陸軍空降特戰司令部司令。

　　1995 年 1 月晉升為陸軍中將。

　　1997 年 7 月任陸軍第 8 軍團副司令。同年 12 月，任馬祖防衛司令部司令。

2000 年 6 月任金門防衛司令部司令。

2001 年 8 月轉任"國防部軍事情報局"局長。後調任"國防部"後備司令。

2004 年 3 月任"國安局"局長。2007 年卸任。

丁渝洲　1944.3.15.～山東日照

　　丁渝洲，官校 35 期，步校，三軍大學陸軍指參學院正規班，陸軍指參學院戰術研究班，三軍大學，戰爭學院正規班，兵學研究所班畢業。

1980 年任陸軍第 117 師 351 旅旅長。

1983 年，金門金東師師參謀長。

1985 年，金門防衛司令部作戰處處長、226 師（關渡師）師長。

1989 年，陸軍總司令部作戰署署長。
1990 年，中華民國陸軍步兵訓練指揮部指揮官、陸軍步兵學校校長。
1993 年，陸軍總司令部參謀長。
1995 年，陸軍第八軍團司令。
1997 年，陸軍軍官學校校長。
1998 年，國防部軍事情報局局長。
1999 年，國家安全局局長、國家統一委員會研究委員。
2001 年，國家安全會議秘書長。

劉廣智　1947.3.～2004 山東招遠人

　　劉廣智，畢業於西北大學，被逮捕前軍銜為中國人民
解放軍空軍少將，歷任蘭州軍區空軍副參謀長、空軍指揮
學院院長。

　　1964 年 8 月，參加中國人民解放軍空軍，曾任飛行大
隊長、團長、副師長，空軍訓練部副部長，空軍某基地參
謀長，蘭州軍區空軍副參謀長，空軍指揮學院院長，曾獲
得的最高軍銜為中國人民解放軍空軍少將。他發表的多篇
軍事學術理論文章散見於《解放軍報》《空軍軍事學術》等報刊。

　　2004 年 3 月 2 日，因為為台灣搜集情報，而被逮捕。

　　時任中國共產黨中央軍事委員會主席的江澤民稱此案為「建國以來最嚴重
的間諜案」，親自下令「嚴肅處理，絕不輕饒」。後來被中國人民解放軍軍事
法院以間諜罪判處死刑，被注射藥物處決。

沃維漢　1948～2008.11.28.黑龍江省齊齊哈爾市達斡爾族

　　沃維漢，奧地利永久居民身份華僑，又具中華人民共和國
籍生物物理學家。

　　1981 年，哈爾濱大學醫學系畢業。

　　1982 年，中國科學院生物物理所碩士研究生助理研究員。

　　1987 年，德國慕尼黑技術大學生物物理系博士。

　　1990 年，在奧地利他的前妻與兩個女兒都獲得奧地利國
籍，因為準備歸國創業，沃維漢僅持有奧地利永久居民身份，
仍屬中華人民共和國公民。

　　他利用天然生物膜脂和蛋白相互作用的理論，發明脂質體嵌入（或稱生物
膜嵌入）技術，他研究開發的新藥「人降鈣素基因相關肽脂質體（血捷活素）」
被列入國家 863 計劃。

　　1993 年，在北京通州與他人合夥成立生物技術公司，並獲得政府 500 萬元
借款。

　　1994 年，任北京沃華生物技術股份有限公司首席科學家。

1998 年，任北京北醫科泰藥物載體技術有限公司董事長，被指控（1989~2003）將中國大陸軍事情報提供給台灣。

2005 年，沃維漢、與郭萬鈞間諜案兩項罪狀而被捕，包括與大陸飛彈專家郭萬鈞一起向以「三民主義統一中國」為宗旨的中國國民黨外圍組織「三民主義統一中國大同盟」出售飛彈部署的情報，並收受約 1220 萬元台幣報酬。也有傳聞說，定罪的理由還包括了討論中共高層領導人的健康情況，並發表於國外科學雜誌上，中共高層領導人的健康通常被看成是國家機密。經法院審理認定，郭萬鈞先後向沃維漢提供了涉及戰略飛彈等 7 項絕密情報被捕。

2007 年 5 月 24 日，不對外公開的審判中，沃維漢與郭萬鈞被判死刑。

國際特赦組織認為這是一場不公平的審判，其家人則說他被審訊和關押的時候，沒有律師在場。兩人也堅持自己無罪，沒有為台灣作間諜，當初承認間諜罪是迫於壓力。

歐盟多次請求北京政府不要處決沃維漢，但最終沃維漢還是被法庭判處死刑。

2008 年 1 月 29 日，北京市高級人民法院二審終審裁定，維持一審原判。

11 月 28 日，被執行死刑。

此舉引起歐盟（主要為奧地利）和北京政府之間外交糾紛。歐盟認為北京政府「公開侮辱歐盟，嚴重侵犯人權，審判不符合國際慣例和正常的司法程序。

中華人民共和國政府認為對沃維漢的審判程序公正，充分保障了被告人的各項訴訟權利，並對歐盟表示強烈不滿和堅決反對，認為歐盟的做法「粗暴干涉大陸司法，踐踏法治精神，損害雙方人權對話健康發展的基礎」。

此外美國國務卿賴斯也曾要求大陸放人，遭到中共拒絕，並被指控干涉中國內政。台灣有關方面目前對此案皆不表任何意見。

蔡得勝　1949.2.～台灣澎湖縣西嶼鄉竹灣村人

蔡得勝，畢業於竹灣國小，澎湖縣立西嶼國民中學，省立馬公中學，政工幹校、政治作戰學校政治研究所。

任職國家安全局，擔任處員、專員、專門委員、組長、副處長、研究委員、處長（少將）、特派員（中將）、副局長、政務第一副局長、中央警察大學「國家安全情報法制」專任講座等職務。

情研處長時，晉升中將，以參事名義在局長辦公室裏贊國安局的大小事務。馬英九總統時，任國安局副局長。

2014 年 5 月 5 日，國安局長蔡得勝以健康因素請辭，轉任總統府國策顧問，其遺缺由國防部副部長李翔宙接任。

佟達寧　1950.9.～2006.4.21.遼寧省北鎮市人，滿族

佟達寧，曾任中華人民共和國全國社會保障基金理事會辦公廳主任，後因

為向台灣出售情報，讓台灣避免了約 2000 億新台幣的損失，於 2006 年被處死。

李翔宙　1952.8.2.～臺灣屏東出生祖籍河南省新鄉縣

李翔宙，陸軍官校 43 期砲科、陸軍官校正規班 63 年班、陸院 78 年班、戰院 80 年班等軍事學歷外，任職期間，也獲得台灣大學管理學院高階管理碩士、中興大學研究所碩士、美國喬治城大學戰略研究班等國內外管理、戰略研究。

曾任飛彈群指揮官、陸軍飛彈指揮部指揮官、總統府副侍衛長、國防部情報參謀次長室助理次長、國防部電訊發展室主任、陸軍澎湖防衛指揮部指揮官、陸軍教育訓練暨準則發展指揮部指揮官、國防大學副校長、憲兵司令部司令、國防部參謀本部副參謀總長、陸軍司令部司令、現任中華民國國家安全局局長。

1996 年，擔任陸軍飛彈指揮部指揮官時，建立反飛彈防空網，嶄露頭角，獲前總統李登輝等層峰賞識。

調任大安警衛室內衛組主任時，在前總統李登輝訪美下榻麗池卡爾登飯店抵達前，攀爬飯店塔樓，懸掛中華民國國旗，令中共高層不滿。

調任澎防部後，常到幹訓班跟新兵聊談，將自己手機公布，每天查看，瞭解基層官兵反映的建議。

擔任憲兵司令，製作「國軍官兵權益服務卡」，破獲歷年來第二大販毒案。

2010 年，以身示範在大熱天站哨，並予改善，受到男女基層士官兵的肯定反應。

擔任陸軍司令時，提高陸軍的文化、幹部素質和各種管理、運作的模式，舉辦各種幹部講習班。

2011 年，首創「請幫幫我多元溝通部落格」。

2012 年，赴美國接收採購全球第 4 代攻擊直升機（AH-64 阿帕契直升機）回台。

2013 年，洪仲丘事件，致信其家屬，強調貪贓枉法的官僚只是少數，同時附上個人手機專線，讓家長或受了委屈的軍士官隨時跟他本人投訴。保證士兵們不被秋後算帳，並提出辭呈，主動申請退役，表明無意接任總統府戰略顧問。

2014 年 1 月 10 日，嚴德發接陸軍司令，李翔宙接軍備副部長。

2014 年 5 月 5 日，國安局長蔡得勝請辭，國防部副部長李翔宙接任國安局局長。

劉從文　?～1950.9.28.

劉從文，早年做過店員、小販、及修建鐵路的苦力。抗日戰爭爆發後，參加共產黨領導的抗日義勇軍，後在新樂縣作戰負傷回家。

　　1939 年 9 月，做合作社炊事員，後調軍區司令部當炊事員、上士、司務長。
　　晉察冀軍區司令部管理處煙廠經理孟憲德被國民黨特務吸收，劉從文被策反，任上尉諜報員，孟憲德將幾包毒藥交給劉從文，試圖謀害聶榮臻和其它領導人。
　　1948 年 4 月 11 日，中共中央和毛澤東到達阜平的城南庄。孟德憲和劉從文向外轉遞訊息，5 月 18 日國軍空軍對城南庄空襲，毛澤東因事臨時轉移他處，空襲未能達到目的，而且此次轟炸未造成人員傷亡。
　　有一說，劉從文企圖陰謀毒殺毛澤東失敗，轉而向軍統局報告毛澤東行蹤、及城南庄地形圖。在聶榮臻的回憶錄中，只提及劉在毛澤東到達前曾企圖毒害自己及其它領導人。同時聶榮臻在毛澤東到達城南庄後，指派專人為他單獨做飯，其它人員無法接觸。
　　城南庄事件，劉從文並未暴露身份。其後，解放軍攻佔大同、保定，通過查閱繳獲檔案，才查清事情原委。
　　1950 年 9 月 28 日，劉從文被揭發真實身份後。被解放軍華北軍區軍法處判處死刑並於同日處決。

王魯翹　1914～1974 山東濟南人

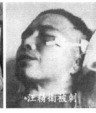

汪精衛被刺　　王魯翹之子王本哉　　日本東條與汪精衛

　　王魯翹。字嵩阜。
　　1935 年，浙江警官學校畢業，「中美合作訓練所蘭州特警班」受訓，在軍統局第二處任組長、通訊員。抗戰後天津警備司令部稽察處科長、督察長、及天津院轄市軍憲警聯合突擊總隊隊長等職。
　　1936 年，王魯翹在「軍事統計局」（簡稱軍統局）。
　　當年的「中美合作訓練所」由戴笠將軍主持，以專門訓練情報人員為目的，受訓的情報人員都抱持著隨時為國犧牲，在所不惜的愛國情操，王魯翹就投入對日抗戰情報工作，遠赴越南河內執行刺殺「頭號漢奸」汪精衛的任務，當時的對日地下情報工作遠比電影「色戒」情節，辛苦艱鉅，四處都得提防「漢奸」及日本軍警的搜捕。
　　王魯翹奉命到越南河內刺殺「頭號漢奸」汪精衛的任務，情報掌握正確，但是卻因為汪精衛臨時有事耽擱行程，還沒進入辦公室，王魯翹和突襲執行刺殺任務的三位情報人員只刺殺到汪精衛的秘書曾仲鳴，刺殺任務執行後他們逃逸很快，隨即遭到汪精衛辦公室警衛及日本軍警的追擊和逮捕，王魯翹等三位情報人員被捕後，被日本軍警特務押往當年有名的日本軍上海特務機關「虹橋

監獄」，王魯翹遭到日本特務的嚴刑拷打逼供，要逼問出其他的地下情報人員和工作站，但在王魯翹堅拒吐實下，日本特務就天天施盡各種逼供手段嚴刑拷打，他們寧死不屈的抗拒，也使日本特務留著「活口」輪番逼供，熬過近一年，對日抗戰就勝利。

抗戰勝利、國共內戰、政府遷台，王魯翹深受先總統蔣中正的器重，任臺灣警務處專員、刑警總隊督導、臺灣保安員警第一總隊長、台北市警察局長、台灣警務署長。

1972年，因執法公正得罪了先總統蔣中正官邸侍衛官，不願屈服官邸侍衛官權威壓力，王魯翹毅然憤慨辭職，也不屈就另外安排在其他情治單位工作。

1974年，不幸車禍過世。

虎父無犬子，王魯翹兒子王卓鈞靠著自己本身的才能，先後擔任台北市警察局長、警政署長（任職六年九個月 2015.3.31.辭職）。

毛萬里　　1903～1982 浙江江山人

毛萬里，毛人鳳的胞弟。中央軍校高等教育班第八期，後任國民政府國防部保密局中美聯合辦公室少將主任。與籍貫江山的軍統人員戴笠、毛人鳳、毛森並稱"三毛一戴"，後逃到臺灣。

1932年，加入復興社特務處

1941年，任軍統上海實驗區區長，因上海被日軍佔領，辦公地點還在重慶。

1942年，奉戴笠之命，帶領畢高奎、劉方鑑、肖覺非（女）等人，籌建軍統東南辦事處。毛萬里任少將主任，兼任軍統局浙江站站長，第三戰區執法隊隊長。

1943年，中美特種技術合作所正式成立，由戴笠任主任，梅樂斯任副主任，中方參謀長李崇詩，美方參謀長貝樂利。下設軍事、情報、心理、氣象、行動、交通、經理、醫務、總務等9個組和1個總辦公室、1個總工程處。

1944年，江西鉛山縣設"第三戰區司令長官司令部調查室"毛萬里任少將主任。

1945年，抗日戰爭勝利，毛萬里任為浙江省處理漢奸委員會主任。

1946年，赴美國費城接收特種訓練，直到1947年7月才回國，任保密局浙江站少將站長，兼任浙贛鐵路警務處少將處長。

1949年5月3日，杭州解放。

5月6日，江山縣城解放。毛萬里（乘坐雪佛蘭轎車）倉皇出逃，看見兒子毛世榮（原名毛書庸，系前妻所生，當過青年軍。）開車前來接應。到了建陽縣龍村，被解放軍包圍，毛萬里燒毀隨身攜帶的在美國接受特種訓練的畢業證書及相關文件，次日，毛萬里被解放軍關押在一個樓上，蒙混過關被釋放了。

毛萬里後來逃到福州後偷渡至臺灣。也有人回憶說，毛萬里後來逃到了海

南島，是其兄毛人鳳派飛機接到臺灣的。

1982 年 2 月 8 日，在臺北病逝，終年 79 歲。

陳祖康　1901～1979 福建漳平縣人

陳祖康，字子侃，中共早期黨員，黃埔軍校政治教官，軍統特務。

1922 年，在法國的一所大學留學，經熊雄介紹加入中共。

1925 年，入黃埔軍校任政治教官。

1926 年，創作黃埔軍校校歌。

1928 年，任福建臨時省委組織部長兼代理省委書記。聽從父親清末秀才陳壽山（字福如）的勸說，轉投國民黨 49 師師長張貞，捕殺了幾名共產黨員。

後來陳祖康先入第三黨，參加閩變。再入國民黨，因為開罪了陳儀，一直在戴笠手下的軍統工作，擔任過北站和上海站站長以及重慶中美合作所的組長。中華民國政府遷台以後，任職於香港之保密局，授國軍少將軍銜。

姜毅英　1908.5.～2006.1.浙江江山新塘

姜毅英，原名姜鶴根，第一位女少將軍官。

1908 年，出生於木匠家庭，少年時期就讀於嘉湖小學和衢州中學，後轉學浙江中學，

1932 年，中學畢業後考入浙江警官學校，畢業後入軍統從事無線電收發和密電譯電工作，是軍統電訊第一人魏大銘的得意門生，姜毅英初任軍統廈門電臺的報務員。抗戰期間，由於及時偵知日軍南進情報被嘉獎，升軍統本部第四處電臺台長。

1940 年，任中校譯電科長。

1941 年 12 月初，姜毅英破譯日本軍部無線電密碼，偵查得知日軍將於同年 12 月 7 日偷襲珍珠港美國海軍的絕密情報，其實這個計畫早在一個星期前，就被我國軍統局破譯組長姜毅英成功攔截，當時蔣介石委員長大為讚許。

1942 年，任上校譯電科長，後譯電科改機要組，姜毅英因繹電有功晉升少將任機要組組長，是戴笠身邊的紅人。

1949 年，去臺灣，作「匪情研究室」收編中共在臺情報系統。1952 年，情報局（軍調局改名保密局，後改現名），設「立人幼稚園」。

1953 年，幼稚園內附設小學一班。

1954 年，改名為「私立雨聲小學」，幼稚園附設於小學，由潘其武局長兼任校。

1956 年，情報局長毛人鳳去世，姜毅英脫離情治工作。

1957 年，由情報局少將姜毅英擔任校長。直到 1980 年 2 月。

姜毅英的丈夫葉文照，軍統第四處報務負責人，後來兩人離婚。

十三、台灣碩彥

沈光文　　1613~1688　浙江鄞縣

　　沈光文，字文開，號斯菴，陸九淵門人沈煥的後裔，布政使沈九疇族曾孫。南明時期文人，後半生因故流寓台灣，留下若干台灣風土民情資料，被譽為臺灣古典文學之祖、海東文獻初祖。

　　沈光文自幼苦讀，參加明經科考進入太學；後福王朝廷授予太常博士，曾參軍務，晉陞工部郎。福王政權被清軍消滅後，沈光文得知桂王在廣東肇慶一帶另立朝廷，乃前往投奔，累遷為太僕寺少卿。

　　1649 年，沈光文往金門，因故滯閩未歸。後來沈光文計畫經海路遷居泉州，卻在途中遭遇颱風，漂流到台灣。

　　1661 年，鄭成功攻佔台灣，作為反清復明基地，明朝宗室與遺老紛紛輾遷臺灣；鄭成功得知沈光文也在台灣，曾接見並賜予田宅。

　　鄭成功死後，鄭經若干施政，沈光文很不滿，為文譏諷，幾遭迫害，心灰意冷，落髮出家、避難「羅漢門」（今高雄市內門區）山中

　　晚年組織「東吟詩社」，定居臺南市善化區，從事原住民醫療文教工作，在台灣流寓多年，留下一些感懷身世，記述當地風土民情的詩文，是十七世紀以前島上，極為珍貴的第一手文字資料。

鄭成功　　1624.8.27（農曆 7.14.）～1663.6.23.福建泉州安南石井安平鎮

鄭成功，原名森，字大木，小名福松。明隆武帝曾賜姓朱，名成功。後人以「國姓爺」稱呼。父親鄭芝龍，旅居日本平戶時，與日本九州田川氏結婚，回中國後改為名森，號大木。鄭芝龍浪跡四海，縱橫東南亞，為海上霸主，亦商亦盜，成為閩南首富，任福建總兵。

1631 年，7 歲，鄭成功從日本回中國泉州，接受儒家教育。

1639 年，成為南安縣為「秀才」「廩膳生」。後拜錢謙益為師，所以鄭成功能詩、能文，擅長書法，聰穎過人，耳濡目染父親鄭芝龍圍繞著歷海上風霜軍事行動。

1642 年，18 歲，與董夫人結婚，董夫人係明禮部侍郎董颺光之胞侄女。

1643 年，鄭芝龍安排鄭成見隆武帝，見其相貌魁偉，撫其背曰：「惜無一女配卿，卿當盡忠吾家，無相忘也。」長子鄭經（乳名錦）出生，後到南京入太學。

1644 年，清軍入關，明朝滅亡。父降清，鄭成功哭諫不從，母哀嘆其變節自殺。鄭成功身心受創，到孔廟燒毀儒服，孤臣孽子自許，決心棄文從武，反清復明。

1645 年，鄭成功感恩唐王走死汀州，國恨家仇，毅然棄文就武，以反清復明大義為號召。泛海走廈門，泉州、漳州、同安等地，據鼓浪嶼，南澳起兵反清。

1646 年，隆武帝詔賜鄭成功賜姓朱，名成功，封「忠孝伯」，賜尚方寶劍，掛「招討大將軍」印，從此大家尊稱他為「國姓爺」（Koxinga）。反對其父降清。

1647 年，鄭成功組織義軍，與清廷作殊死戰。清廷逼迫鄭芝龍以親情向他招降。鄭成功基於民族大義，堅拒回絕，並打南京失利，籌劃攻佔台灣。

1648 年，明永曆帝封鄭成功為威遠侯、延平公。

1649 年，明永曆帝封鄭成功為廣平公。

1651 年，鄭成功攻取廈門同安諸群。

1654 年，清廷招撫他，封鄭成功為靖海將軍海澄公，鄭成功不受，清再遣葉成格為說客，許割（福建）福、興、漳、泉四府歸府，鄭成功仍堅拒不理。聘報父書「萬一不幸，兒唯有縞素復仇，以結忠孝之局」清大怒流徙禁錮鄭芝龍。

1656.4 月，「圍頭海上之戰」，鄭成功大敗清軍。惟惜部將黃梧叛離，剃髮降清。

1657 年，明永曆帝封鄭成功為延平郡王，賜上方寶劍。

1658 年，鄭成功大舉北伐，自崇明入長江，直趨南京。遇颱風碎船數十，漂流七八千人，鄭成功子鄭濬、鄭浴、鄭溫皆溺死，乃引軍還。

1659 年 7 月，鄭成功再大舉北伐，入長江，連陷江蘇瓜洲鎮江，攻南京敗退。

1661 年，清斬鄭芝龍，滅其族。鄭成功自料羅灣向澎湖進攻，在台灣鹿耳門登陸佔領台灣。定台灣為東都，赤崁為承天府，置天興、萬年二縣，改大員為安平鎮。軍隊屯墾。設立官署，清查田籍，允許官兵圈地成家，招募大陸台灣開墾。清廷為防止福建沿海居民協助鄭成功，下令遷移同安等縣人至內地。

1662.2.1.荷蘭無條件投降，結束荷蘭 21 年（1642-1662）統治。

2 月 9 日，鄭成功以明臣赤子身份，誥禱於山川神祇，永遠效忠明室的心跡。

6 月 23 日（農曆五月初八日），鄭成功在安平王城病逝，享年 39 歲。

鄭經 　1643～1681 福建南安人

鄭經，鄭成功之子，鄭成功猝逝，子鄭經 1662 年繼位。

1663.1 月，鄭經得知桂王在雲南遇害，仍奉「永曆」年號，返回廈門。

寧靖王朱術桂抵達台灣，營府邸於赤崁，即今日台南大天后宮。

5.26.，鄭經在金門大敗清兵及荷蘭聯軍，6 月鄭泰被鄭經扣留自殺。鄭經對五商十行的控制力大減。

6 月 231 鄭經在廈門發喪，以周全斌為五軍都督，以陳永華為諮議參軍，馮錫範為侍衛。11 月鄭經抵台灣.

1664.3 月，鄭經放棄金門、廈門退守台灣，改東都為東寧，改天興、萬年 2 縣為州，清屬行「遷界」令，嚴禁非利。

1665.明鄭經在台灣台南興建「先師聖廟」並立「國學」，4 月施琅首次率軍進攻台灣，半途遇颱風折返。

1666.1 月，承天府孔廟落成，鄭經鑄造永曆錢。

1670.5.7.英國人與鄭經通商，英船至東寧。7.27.鄭經王朝與英國就非正式通商條款達成 37 條協議，鄭經部將林伯馨降清。

1674.6 月，鄭經入泉州，10 月佔漳州，鄭經助靖南耿精忠反清。

1680 年，鄭經與清戰敗北，放棄內陸、金門、廈門，退守台灣東寧，可惜 10 萬大軍降清。鄭經毀雞籠城，又西征失敗，退守台灣。

1681.1.28.明延平郡王鄭經死，由子鄭克塽繼立，內部大亂。

1683.潤 6 月，清施琅戰船抵達澎湖攻台灣，鄭克塽出降，台灣遂入中國版圖。

鄭克塽 　1670.8.13.～1707.9.22.福建同安人

鄭克塽，幼名秦，人稱秦舍，字實弘，號晦**堂**，鄭成功之孫，鄭經之子，

1666 年，鄭克塽為文王次子，鄭克𡒊為同父異母兄弟。文王西征滿清時，冊立元子鄭克𡒊為世子，授予監國職務、掌理國政。

1670 年，鄭克塽於東寧承天府出生，其生母為文王鄭經的後宮夫人黃氏，嫡母為早逝。馮錫範之女馮氏許配給次子克塽。

1680 年，文王無功而返，陳永華遭馮錫範設計卸下軍權，不久逝世。

1681 年，馮錫範擁立，嗣延平郡王位，年僅 12 歲，康熙 22 年降清，隸漢軍正紅旗，封公爵。文王鄭經薨殂於承天府行臺。身為外戚又兼任侍衛鎮的馮

錫範遂聯合鄭哲順、劉國軒等宗室與將領，向太妃董氏進「克壓非鄭氏骨肉，而是李氏之子」等讒言，共同策劃、發動東寧之變。政變後，克壓被擁立為新王。繼位後，克壓先是晉封宗室與政變功臣，分別賜予公、侯、伯等爵位；隨後又追賜祖輩鄭成功夫婦以及父輩鄭經夫婦諡號。

1683 年，清、鄭爆發澎湖海戰，施琅大敗劉國軒及董騰等人，取得澎湖安撫司；劉國軒隨後逃回東寧。戰敗後，東寧朝廷商討對策，分為「再戰派」與「主和派」。再戰派以鄭得瀟、黃良驥、鎮蕭武、洪拱柱等人為中心，向鄭克壓以及馮錫範力主征伐呂宋、永保鄭朝國祚；然而，原本聽從再戰派的馮錫範卻聽信劉國軒的主和言論，最終選擇投降滿清，年幼無權的克壓從之。七月初五，馮錫命鄭德瀟寫降表。七月十五，馮錫範將鄭克壓送交施琅。八月十三，施琅進入臺灣受降。隨後鄭克壓全家被送往京師，隸屬漢軍正紅旗，受封為海澄公。

1707 年八月二十七日（9 月 22 日），37 歲的鄭克壓卒於北京，爵位無襲。鄭克壓弟鄭克塙，奉清朝之命將鄭成功、鄭經骸骨遷葬福建泉州。鄭克壓死後，其母黃氏向清廷要求發還鄭家產業，但不了了之。子鄭安福、鄭安祿、鄭安康。著名現代詩詩人鄭愁予是鄭克壓後代。

郭懷一　?~1652.9.12.

郭懷一，為台灣荷蘭統治時期在今臺南縣永康市一帶從事墾殖。當時漢人在永康地區種植麻、米等經濟作物，亦發展成交易小村落，即「油車行村」（車行），郭懷一為當地領袖。

1651 年後，漢人因甘蔗種植的減少而謀生困難，不滿荷軍士兵在臨檢人頭稅時的各種惡行，郭懷一便密謀起事，被人密告，郭懷一便於 1652 年 9 月 8 日率眾攻打赤崁，很快就擊潰郭懷一的攻勢，郭懷一和餘眾逃至漚汪（現在的高雄縣岡山鎮後紅里），逃亡途中被新港社原住民用箭射死。郭懷一事件平息後，荷蘭人考量赤崁新築一座堡壘，並取名為普羅民遮城。

施世榜　1671.11.26.～1743.1.27.祖籍福建泉州晉江安平落籍臺灣鳳山縣

字文標，號澹亭，清代臺灣重大水利工程——八堡圳的創建者。他是施琅的族侄，其父施啟秉與施琅同為潯海施氏十六世，乃第七世祖之後代，而施琅為三房之後，施啟秉為二房之後。施世榜除開鑿八堡圳外，還在臺灣府城大南門外捐建敬聖樓、捐學田給海東書院、建恩赦橋，於晉江修文廟、安平橋，亦修建了鳳山縣文廟。

施世榜先後在 1718 年與 1726 年重修安海龍山寺與捐地擴建聖母宮（今鹿港天后宮），並捐獻銀五十元以整修潯海施氏大宗祠。他在林先生廟與鹿港天后宮右廂供有其祿位。

藍鼎元　1680.9.19.～1733.8.1.福建漳浦落籍腳屏東里港

藍鼎元，字玉霖，別字任菴，號鹿洲。出身書香世家，父親藍斌精通理學，但屢科不第；藍鼎元十歲喪父，家境艱苦，靠母以女紅度日。自幼聰穎好學，清康熙末年，藍鼎元隨堂兄南澳總兵藍廷珍入台平定朱一貴之亂，事後，百餘宗族、兵員未返，落腳**阿里港**（今屏東縣里港鄉）墾荒開發。

藍鼎元對於台灣經濟，力主彰化以北設縣添兵，更主張在今新竹地區增置兵防，淡水八里坌作縣（置淡水廳）。「大聲疾呼，不啻舌敝穎禿」。藍鼎元入台後，全面考察台灣各方面情況，最早提出台灣綜合治理具體措施十九事：「信賞罰，懲訟師，除草竊，治客民，禁惡欲，儆吏胥，革規例，崇節儉，正婚嫁，興學校，修武備，嚴守御，教樹畜，寬租賦，行墾日，復官莊」，其中「恤澎民，撫士番，招生番。」等尤為切中治台時務。

藍鼎元全面系統提出《平台紀略》1787 年乾隆手諭：「朕披閱藍鼎元所著《東徵集》，其言大有可採，確中利弊者，不妨參酌採擇，俾經理海疆，事事悉歸盡善。」被乾隆譽為『籌臺宗匠』。

張達京　1690～1773 廣東潮州大埔縣客居台灣中部地區平埔族岸裡社

張達京，字振萬，號東齋，綽號番仔駙馬，台灣平埔族岸裡社首任通事，其兄弟為張達朝、張達標，著名的農業墾荒者。

1711 年，臺灣瘟疫，張達京精於中醫，以草藥為人治病，社人感激，阿穆賜以女兒為妻，其餘諸社頭目皆以女妻之，張達京成為番仔（原住民）俗稱「番仔駙馬」。

1723 年，番漢紛爭，清廷舉張達京為岸裏社第一任通事。大甲西社番先勾結樸仔籬社（豐原朴子里）等八社倡亂，張達京協助平亂，雍正皇帝嘉其功，賜七品京官銜，並欽頒御衣一襲，至今張家仍珍藏視為傳家至寶。

他在台中教化農耕，興修水利，閩粵移民湧至，他以割地換水取得地權，邀同漢人出資開鑿葫蘆墩圳，從石岡水壩西南處築埤引進大甲溪水，荒埔變良田。

吳鳳　1699.2.17.～1769.9.9.清福建省平和縣，台灣嘉義番仔潭人

　　吳鳳，字元輝，臺灣清治時期之嘉義通事。「為革除原住民出草的習俗而捨生取義」嘉義有吳鳳廟，奉吳鳳為神祇。吳鳳「犧牲自己以革除原住民出草習俗」。

　　山地番語、貿易番地者，名曰「番割」；生番以女妻之，常誘番出為民害。吳鳳，為蒲羌林大社通事。十八社番，每欲殺阿豹厝兩鄉人，吳鳳請命緩期，密令兩鄉逃避。久而番知吳鳳所為被上司洞悉，欲殺吳鳳。吳鳳告家人「吾寧一死以安兩鄉之人。」社番每於薄暮見鳳披髮帶劍騎馬而呼，社中人多疫死者，因致祝焉，誓不敢於中路殺人。南則於傀儡社，北則於王字頭，而中路無敢犯者。

　　吳鳳，為漢族而死，「連橫」曰：鳳之死也，或言 1718 年，或言 1769 年 8 月 10 日，相距竟 52 年。余以後說確也。朱一貴平定之後，阿里山番始內附，則鳳為通事，當在乾隆時也。鳳生於 1699 年正月 18 日，歿時年 71，配陳氏，生二子，曰汀援，曰汀巽。光緒中，其後嗣請列祀典，嘉人士亦以為言，未成而遭割臺之役。然鳳之威稜，至今猶在阿里山也。

　　1909 年，嘉義廳長津田義一編纂《吳鳳傳》。

　　1912 年，中田直久寫了一篇《殺身成仁通事吳鳳》。

　　1913 年，日本興建吳鳳廟，將吳鳳事蹟編入小學教科書。宣達原住民的行為是「野蠻落後」，應該被「教化」與「開化」，而吳鳳則是「寬大」、「仁慈」，以自我犧牲弭平紛爭的「義士」。

郭錫瑠　1705～1765 福建漳州幼年隨父親移民至台灣彰化

　　郭錫瑠，又名錫流、天賜。1736 年連同漳州族人從彰化北上台北開墾，定居於台北中崙庄，興建灌溉溝渠，1740 年，開始從新店溪青潭源頭，引水至中崙附近的錫口興雅庄，經過新店、景美、公館、松山等地的水道，後人稱為瑠公圳，對他的尊稱。1765 年 8 月最大颱風襲台，瑠公圳全毀，郭錫瑠因此抑鬱身亡。

　　瑠公農田水利會因煤礦廢土淤積而淤淺的永春坡（位於現台北市信義區）捐贈予台北市政府，建成學校，命名為瑠公國中。

蔡牽　1761～1809 福建同安人

　　蔡牽，家境貧寒，幼喪父母。初浙閩沿海，打擊清軍，為著名的華南海盜。

　　1794 年，因飢荒而下海為盜寇，船幫馳騁於閩浙、兩廣海面，劫船越貨，封鎖航道，收「出洋稅」，與出沒香港海盜張保仔互相支援呼應。

　　1802 年，率船隊攻廈門海口的大、小擔山登岸奪炮。

　　1804 年，蔡牽駛至台灣鹿耳門，在浮鷹洋面破溫州鎮水師。

　　1805 年，攻奪台灣淡水、鳳山，當地洪老四、吳淮泗等響應，眾多二萬多，被推為鎮海王，在台灣堅戰一年餘。

　　浙江提督李長庚率兵鎮壓，在定海洋面擊敗蔡牽。次年稱鎮海王，船隊駛入鳳山（今高雄市鳳山區），包圍台灣府城。

　　1807 年，李長庚與福建水師提督張見陞在廣東黑水外洋合擊蔡牽，蔡牽在只剩大船三艘的情況下於船尾發炮，狙殺了李長庚。

　　1808 年，在黑水洋與清軍激戰，擊殺水師提督李長庚。

　　1809 年，李長庚部將王得祿、邱良功分接任福建、浙江提督，合兵圍攻蔡牽於浙江台州漁山外洋，血戰一晝夜，裂船自殺。

　　蔡牽之妻也是海盜，能督造炮彈。蔡牽彈丸射盡竟以銀元為彈。次日寡不敵眾，開炮自炸座船，與妻小及部眾 250 餘人沉海而死，餘眾四千人降服；閩南語俗諺所謂：「蔡牽造炮炸自己（自作自受）」。

鄭用錫　1788.6.10.~1858.3.21.　福建漳州府漳浦遷居泉州府同安縣金門

1775 年祖父鄭國唐攜子崇和渡海至臺在淡水廳後龍（今屬苗栗市）居住。鄭用錫，譜名文衍，又名蕃，字在中，號祉亭，官至禮部員外郎，誥授通奉大夫。

　　鄭用錫是臺灣納入清朝版圖後第一位臺灣本籍進士，有「開臺進士」、「開臺黃甲」之譽。

　　崇和後成國子監生。乾隆五十三年（1788 年），鄭用錫生於後龍。嘉慶十一年（1806 年），全家遷居竹塹（今屬新竹市）。

　　鄭用錫自幼穎異，通曉經史，尤其精於《易經》。曾主明志書院講席。嘉慶二十三年（1818 年）戊寅科鄉試，用錫中式舉人。道光三年（1823 年）赴京參加癸未科會試，殿試位列三甲第一百零九名，賜同進士出身。此為臺灣入清百餘年來，本地考生首次登科，當地以為盛事，人稱「開臺黃甲」。

　　1826 年，鄭用錫改建淡水廳城，即竹塹城，將原來的土牆改爲石砌。由臺灣道孔昭虔親自履勘，歷時兩年完成。用錫督建城池有功，加同知銜。

　　1834 年，用錫捐京官，再次前往京師，籤分兵部武選司任職，補授禮部鑄印局員外郎。因不習官場應酬。

　　1837 年，以母老為由請求歸養。返回家鄉後，用錫開始興建自宅，即「進士第」。

　　1842 年，英國海軍犯大安，鄭用錫援救，受賞花翎，又以剿敵之功加四品銜。

　　1851 年，鄭用錫開始在竹塹城北修築「北郭園」以自娛。

　　1853 年，漳泉械鬥，鄭用錫調解，撰寫《勸和論》勸告鄉民平息。鄭用錫與施瓊芳等協辦團練，並助捐米糧，獲得二品封典。

　　1858 年，病卒，享年 70 歲，入祀鄉賢祠，《淡水廳志》有傳。

丁克家　1813~1873 本籍福建，後移民台灣

　　丁克家，丁克家為台灣史上有名孝子，於 1996 年納入台灣新版《三十

六孝》。

1826年，年僅13歲的丁克家自福建移民台灣鹿港，並與父親丁樸實一同經營雜貨、航運，後丁克家承父業成立鹿港知名丁協源商號。丁樸實晚年全盲，丁克家「夜引其父聽戲」並曾於負父逃離火災。

1873年，丁克家去世。

1884年，丁克家六子丁壽泉考中閩台進士，已去世的丁克家孝行隨之廣揚，並奉清朝皇室聖旨建立牌坊，同時丁克家牌位入祀孝悌祠。

20世紀末期，丁克家的「侍疾救父」義行，入選台灣新訂《三十六孝》教科參考資料，廣成為台灣境內孝道楷模。

陳星聚　1817～1885 河南省臨潁縣台陳鎮台陳村人

陳星聚，字耀堂，1849年中舉人。1853年河南境內捻軍起義，他督率鄉團與捻軍人士對抗，亂平後，因功授知縣。1871年，奉命赴臺擔任台灣府淡水撫民同知，掌管今從新竹到基隆的台灣北部行政軍事工作。其中，該管轄地的三角湧、大嵙崁內山處，多有盜賊，劫殺頻仍，前任同知以是被劾。陳星聚以懸賞方式緝捕，親赴山區，後遂獲盜賊賊首吳阿來，並予以捕殺。之後，兩度擔任淡水同知的他，任內時間連同代理，共約達五年，政績頗佳。1875年，光緒帝正式批准臺北建府，他則為籌建府城要員。

1878年，臺北正式建府，裁撤淡水同知官署，他隨之調任中路撫番同知，不久試署的臺北知府林達泉驟逝，升任臺北知府，有人稱他為臺北首任知府。而其臺北府管轄區域，為今臺灣宜蘭、基隆、臺北縣市與新竹縣市，是整個北臺灣的地方父母官。他輾轉擔任臺北知府約七年，也為臺北城的真正督工建造者，後歷經中法戰爭的台北西仔反戰役，頗有戰功。1885年於知府任內去世。

沈葆楨　1820～1879 福建省閩侯縣（今福州市區）人

沈葆楨，字翰宇，又字幼丹。晚清重臣，諡文肅。沈葆楨是「同治中興」時洋務運動的重臣之一，先後曾任總理船政大臣及南洋通商大臣，對臺灣近代

史也。

　　有重要影響。其妻林普晴是清朝著名大臣林則徐的女兒。

　　1847 年，考中進士，選庶吉士，散館後授翰林院編修。

　　1854 年，改任御史。

　　1856 年，任九江知府，隨曾國藩與太平天國作戰，沈葆楨與夫人同登上城樓，沈夫人仿效梁紅玉擊鼓助陣，守軍士氣為之大振、擊退敵軍。

　　1861 年，沈葆楨升任江西巡撫。

　　1864 年，清軍攻破太平天國首都天京，洪天貴及洪仁玕、黃文英等逃至江西，皆為沈葆楨所擒，因功授輕車都尉，加頭品頂戴。

　　1866 年，左宗棠於福建福州設立馬尾船廠，薦舉沈葆楨代其事。

　　1867 年，任船政總理大臣，對中國的現代航海事業及洋務運動皆貢獻甚大。沈葆楨在馬尾興建船塢，製造船艦裝備福建水師，建立海軍學校福建船政學堂。

　　1874 年 5 月，日軍攻打臺灣，清廷派沈葆楨馳援辦理臺灣防務。獲知日軍已在台灣登陸，改授沈葆楨為欽差大臣，將福建所有鎮、道歸其節制，江蘇、廣東沿海各口輪船准其調遣，以便與日本及各國交涉。沈葆楨受命，提出聯外交、儲利器、儲人才、通消息等四項要求，清廷均予以嘉許，並命迅速辦理。

　　沈葆楨於安平興建砲台，置放西洋巨砲以為防禦（億載金城）。日本飽受臺灣南部瘴癘之氣所苦，雙方遂簽訂北京專約，日軍撤離臺灣。

　　牡丹社事件後，沈葆楨設置恆春縣，在臺灣北部設立臺北府，將淡水廳及噶瑪蘭廳分別改為淡水縣及宜蘭縣、新竹縣，雞籠單獨設基隆廳。大甲溪以北地區新設臺北府，下設淡水、新竹、宜蘭三縣及基隆廳，以淡水縣為附郭縣，增強行政組織，配合其在臺灣開港以後的迅速發展。

　　沈葆楨調整中南部行政區，嘉義縣南部的曾文溪以南地區，劃入臺灣縣。此外設立埔里社廳，改「北路撫民理蕃同知」為「中路撫民理蕃同知」移駐埔里。另在後山地區設置卑南廳，移「南路撫民理蕃同知」駐守。於是大甲溪以南的中南部地區仍設台灣府，下轄彰化縣、嘉義縣、臺灣縣、鳳山縣、恆春縣五縣及埔里社廳、澎湖廳、卑南廳三廳。

　　沈葆楨認為開山、「撫蕃」必須同時進行，且必須積極開發後山地區，以免為外人所佔，因此他急於打通前後山的通道，分北路、中路、南路同時進行。北路由噶瑪蘭廳蘇澳至花蓮奇萊，共計 205 里、中路由彰化林圮埔至花蓮璞石閣，共計 265 里，以及南路由屏東射寮至台東卑南，共計 214 里，其中中路即是三路中碩果僅存，現今為國定古蹟的八通關古道。

　　沈葆楨「撫蕃」，使「蕃」民漢化，包括選土目、查蕃戶、定蕃業、通語言、禁仇殺、設「蕃學」、修道路、易冠服等。

　　1875 年，解除對台灣一切禁令，建專祠，並追諡「忠節」。手書寫對聯：「開萬古得未曾有之奇，洪荒留此山川，作遺民世界；極一生無可如何之遇，缺憾還諸天地，是創格完人。」

沈葆楨在臺灣各地修築相關建築，如臺南二鯤鯓砲臺、恆春縣城牆等。

1875 年，沈葆楨在台灣台南安平建〔台灣億載金城〕安放西洋大炮，

1876 年竣工。沈葆楨回國任兩江總督兼南洋大臣，督辦南洋水師，建北洋水師。

1879 年，沈葆楨在江寧病逝於任上。諡文肅，朝廷追贈太子太保銜，沈葆楨墓位於福建省福州市鼓樓區。

林達泉　　1830～1878 廣東大埔人

林達泉，字海巖，1861 年中舉人。其留心經濟，熟悉今古輿圖及外洋各國形勢，曾入江蘇巡撫丁日昌幕府。後返鄉，督辦團練，防剿太平軍及捻軍有功，又奉命辦理江蘇機器局暨通商交涉海運諸事宜，歷署崇明縣、江陰縣知縣，補海州直隸州知州。

1873 年，短暫接替陳星聚，擔任台灣府淡水撫民同知。光緒元年（1875年）臺北府正式建立，林達泉與另一官員陳星聚護理同知，以籌建臺北城為主要任務。1877 年，欽差大臣沈葆楨以其「器識閎遠，潔己愛民」，奏請調署臺北府知府。次年三月抵任。為求防務需求，林達泉經過實地探勘，初步決定於艋舺與大稻埕之間的未開墾荒地構築臺北城。並構想將重要臺北府城官署、宗廟等建築設立其中。十月，因父喪丁憂，哀毀勞瘁，發背疽而卒。年四十九。

劉勳　　1830～1889 江蘇省常州府武進縣（今屬常州市）人

劉勳，原名劉斌，字虎臣。監生出身，福建候補未入流。以軍功保舉府經歷、縣丞加六品銜，捐升同知。以候補同知署理長泰縣、浦城縣知縣，因事遭革職。

1871 年，准予撤銷暫行革職處分及恢復原參摘頂戴。之後署理同安縣知縣。1882 年，署理漳浦縣知縣。十年（1884 年），署理台灣淡水縣知縣。

1885 年，補汀州府稽捕同知，加三品銜。署理台北府知府加五級，升二品封典。任內札新竹縣：「將大甲地方匪徒乘間搶竊，請飭貴字營勇調回六棚，赴各該處駐紮巡防，俾安商民事，補稟臺北府備查。」札新竹知縣彭達孫：「議定台灣制勇土勇，應否分別緩急裁留一事。」飭新竹縣：「遵照擬定之夫價川費章程，辦理墊給夫價等事項。」札新竹知縣方祖蔭：「查明光緒十一年夏秋兩季，該縣有無就地正法人犯。」奉福建巡撫張兆棟轉知，將光緒十年冬季分臺灣各屬拿獲重匪就地正法一案附片具奏在案。淡水各鄉拆毀教堂一案，與陳霞林等函請李彤恩於十月底來臺，立將教案結清，捐輸亦辦理就緒。

1886 年，曉諭台北、新竹各商民人等，停止抽收清水岩廟捐，改抽茶捐作為撫番經費。發布〈台灣出口百貨行商釐金章程〉。閩浙總督楊昌濬請豁免閩省民欠未完錢糧摺，抄稿札新竹縣、詳細造具實在民欠數目清冊。」札飭新竹縣辦理豁免錢糧事。例封通奉大夫，晉封資政大夫。

鄭元傑 浙江人

鄭元傑 1852 年（道光 32 年）接替管裕疇，於台灣擔任台灣府台灣縣知縣。管轄約今台灣南部之嘉義縣、嘉義市、台南縣、市全境及高雄縣部份區域。該區域面積約為 4500 平方公里，也是清治時期台灣島之漢人集中地所在。

1862 年，他則再度前往台灣擔任台灣府淡水撫民同知，他於 1865 年卸任之後，又於 1875 年重回台灣擔任該職。不過因為「延不獲犯」，1878 年遭革職查辦。

趙鈞 浙江人

趙鈞，號樾軒，為中國清朝官員，本籍浙江。監生出身的趙鈞於 1880 年（光緒 6 年）奉旨擔任台北府知府，但因為未到任。之後，他則旋即接替周懋琦，於台灣地區擔任台灣府知府。而此官職是台灣清治時期此期間，受台灣道制約的台灣地方父母官。

管裕疇 江蘇人

管裕疇，中國清朝官員，本籍中國江蘇。管裕疇於 1850 年（道光 30 年）接替胡國榮，於台灣擔任台灣府台灣縣知縣。管轄約今台灣南部之嘉義縣、嘉義市、台南縣、市全境及高雄縣部份區域。該區域面積約為 4500 平方公里，也是清治時期台灣島之漢人集中地所在。

高鴻飛 ？－1853 江蘇高郵州人

高鴻飛，字伯鸞，號南卿，為拔貢，道光二十一年（1841 年）中二甲第六名進士。改庶吉士，散館授知縣。道光二十八年（1848 年）署臺灣府鳳山縣知縣。咸豐二年（1852 年）任臺灣縣知縣。翌年，臺灣發生民變，四月，林恭攻陷鳳山城，高鴻飛在灣裡街陣亡殉職。咸豐五年（1855 年），入祀京師昭忠祠，並於臺灣安平縣任所建立專祠。

張世英 甘肅省秦州直隸州人

張世英，字育生，光緒六年中式庚辰科二甲進士。
同年五月，改翰林院庶吉士。
1762 年（乾隆 27 年）奉旨接替編柱，擔任台灣北路協副將。而隸屬台灣鎮之下的此官職是台灣清治時期中的這階段，台南以北之台灣中南部及北部的駐地最高武官將領。

王鏞 安徽人

王鏞於 1865 年（同治 4 年）接替鄭元傑，於台灣擔任台灣府淡水撫民同知。台灣府淡水撫民同知又稱淡水同知，為台灣清治時期的重要地方官員，官職品

等為正五品，專司負責北台灣內政，為駐守於淡水廳的地方父母官。因為當時淡水廳管轄區域約今台灣基隆至新竹，因此實為北台灣的統治者。

周懋琦　安徽人

周懋琦，字子玉，號韓侯，1872 年（同治 11 年）奉旨以台灣知府身分兼任按察使銜分巡台灣兵備道，而 1879 年，台灣建省後，他亦再代理一回。

張夢元　天津人

張夢元，號蓉軒，舉人出身。同治四年，接替吳紹吉任邵武府知府一職，同治六年（1867 年）由葉炳華接任。

1879 年（光緒 5 年），奉旨擔任按察使銜分巡台灣兵備道，為台灣清治時期這階段受福建巡撫與布政使制約的地方官員。光緒九年九月初九，由前福建按察使、船政督辦調任廣西布政使。光緒十一年六月十一（1885 年 7 月 22 日），調任福建布政使。

孫壽銘　江蘇

孫壽銘，號少坪，舉人出身，1876 年（光緒 2 年）以台防同知奉旨接替張夢元，於台灣地區擔任台灣府知府。而此官職是台灣清治時期此期間，受台灣道制約的台灣地方父母官。光緒四年，接替方熊祥任興化府知府一職，光緒七年由沈定鈞接任。

袁聞拆　江西

袁聞拆於 1881 年（光緒 7 年）由卑南同知身分奉旨接替趙鈞，於台灣地區擔任台灣府知府。此官職是台灣清治時期此期間，受台灣道制約的台灣地方父母官。

胡國榮　浙江德清人

胡國榮於道光二十三年（1843 年）任嘉義縣知縣。道光二十四年（1844 年）接替王德潤擔任台灣府台灣縣知縣。道光三十年（1850 年）再任。

李雲標　直隸人

李雲標於 1760 年（乾隆 25 年）奉旨接替張世英，於台灣地區擔任台灣北路協副將。而隸屬台灣鎮之下的此官職是台灣清治時期中的這階段，台南以北之台灣中南部及北部的駐地最高武官將領。

劉奇偉

劉奇偉於 1760 年代奉旨接替張世英，於台灣地區擔任台灣北路協副將。而隸屬台灣鎮之下的此官職是台灣清治時期中的這階段，台南以北之台灣中南部及北部的駐地最高武官將領。1769 年，因案被革職。

嚴金清　江蘇

嚴金清，字紫珊，於 1866 年（同治 5 年）接替王鏞，於台灣擔任台灣府淡水撫民同知。台灣府淡水撫民同知又稱淡水同知，為台灣清治時期的重要地方官員，官職品等為正五品，專司負責北台灣內政，為駐守於淡水廳的地方父母官。因為當時淡水廳管轄區域約今台灣基隆至新竹，因此實為北台灣的統治者。

定保　滿洲人

定保，於 1871 年（同治 10 年）奉旨擔任按察使銜分巡台灣兵備道，為台灣清治時期這階段的地方統治者。

潘駿章　安徽人

潘駿章，於 1872 年（同治 11 年）奉旨擔任按察使銜分巡台灣兵備道，為台灣清治時期這階段的地方統治者。

夏獻綸　?-1879 江西人

夏獻綸於 1872 年（同治 11 年）奉旨擔任按察使銜分巡台灣兵備道，為台灣清治時期的地方統治者。

1879 年卒於任。

劉璈　?～1889.12.湖南臨湘人

劉璈投左宗棠，頗有戰功，任甘肅蘭州道與臺灣道道員。其中，以臺灣道任內興建台北城與戰勝西仔反戰役最為著名。其後受政敵劉銘傳參劾，謫死黑龍江。劉璈為台北府城實際建造者，也為中法戰爭（清法戰爭）中，少數獲勝的官員，著有《巡台退思錄》。

初為諸生從左宗棠湘軍，同治年間浙江知府，任上大興文教，建書院、設義塾、籌辦學經費；光緒初年甘肅蘭州道員，次年授臺灣兵備道。

在臺灣，興學校，招開墾，理冤獄，整頓鹽、茶和煤礦、稅務行業，頗有政。1884 年，法軍侵台，劉璈積極備戰，堅守陣地。基隆淪陷後，全台震動，他言詞急切為前政敵巡撫劉銘傳所忌，終被羅織罪名，彈劾入獄。中法議和後被流黑龍江。

1886 年，抵達戍所，流放期間，黑龍江將軍穆圖善延為幕客。

1889 年 12 月，病死於穆圖善幕府。

後人稱譽劉璈是有清 240 餘年守臺治績最著的道臺，臺灣史家連雅堂編撰的《臺灣通史》中，亦稱他為「有經國之才」的能吏。

孫壽銘　江蘇

舉人出身，1876 年（光緒 2 年）以台防同知奉旨接替張夢元，於台灣地區擔任台灣府知府。而此官職是台灣清治時期此期間，受台灣道制約的台灣地方父母官。光緒四年，接替方熊祥任興化府知府一職，光緒七年由沈定鈞接任。

王德潤　安徽六安州人

王德潤，舉人出身。道光二十三年（1843 年）接替閻炘擔任台灣府台灣縣知縣。次年改任嘉義縣知縣。

道光二十五年（1845 年），他因辦事不力，遭革職查辦。

易金杓　江蘇儀征人

易金杓本為監生，靠捐納獲得官職，道光十七年（1837 年）接替蔣律武擔任臺灣府淡水廳艋舺縣丞一職。後任嘉義縣知縣。

張啓煊　浙江人

張啟煊於 1848 年（道光 28 年）接替胡國榮，於台灣擔任台灣府台灣縣知縣。管轄約今台灣南部之嘉義縣、嘉義市、台南縣、市全境及高雄縣部份區域。該區域面積約為 4500 平方公里，也是清治時期台灣島之漢人集中地所在。1851 年，他則升任台灣府淡水撫民同知。

富樂賀　滿洲人

富樂賀，字崇軒，1868 年（同治 7 年）接替嚴金清，於台灣擔任台灣府淡水撫民同知。台灣府淡水撫民同知又稱淡水同知，為台灣清治時期的重要地方官員，官職品等為正五品，專司負責北台灣內政，為駐守於淡水廳的地方父母官。因為當時淡水廳管轄區域約今台灣基隆至新竹，因此實為北台灣的統治者。

黎兆棠　廣東順德縣人

黎兆棠，字召民，咸豐三年（1853 年）中舉人，咸豐六年（1856 年）三甲第二十二名賜同進士出身。同治八年（1869 年）奉旨任按察使銜分巡台灣兵備道。任內發生大南澳事件。

白鷺卿　?～1877 河南

白鷺卿於 1860 年（咸豐 10 年）接替于湘蘭，於台灣兩度擔任台灣府台灣縣知縣。管轄約今台灣南部之嘉義縣、嘉義市、台南縣、市全境及高雄縣部份

區域。該區域面積約為 4500 平方公里,也是清治時期台灣島之漢人集中地所在。
1877 年,長期擔任該職務的白鷺卿卒於任。

孫繼祖　浙江人

孫繼祖於 1877 年(光緒 3 年)接替孫壽銘,於台灣擔任台灣府台灣縣知縣。
管轄約今台灣南部之嘉義縣、嘉義市、台南縣、市全境及高雄縣部份區域。該
區域面積約為 4500 平方公里,也是清治時期台灣島之漢人集中地所在。

陳培桂　廣東人

陳培桂,字香根,1869 年(同治 8 年)接替富樂賀,於台灣擔任台灣府淡
水撫民同知。台灣府淡水撫民同知又稱淡水同知,為台灣清治時期的重要地方
官員,官職品等為正五品,專司負責北台灣內政,為駐守於淡水廳的地方父母
官。因為當時淡水廳管轄區域約今台灣基隆至新竹,因此實為北台灣的統治者。
陳氏任內招集文人修纂淡水廳志,為當時北台灣重要文獻史料之一。

梁元桂　廣東恩平縣歇馬村人

梁元桂,字世液,號馨士,清道光二十六年中舉人,咸豐二年(1852 年)
中進士。欽點戶部即用主事,歷任福建延平、福寧、邵武知府,同治七年(1868
年)任台灣知府並兼任按察使銜分巡台灣兵備道。

于湘蘭　山東人

于湘蘭 1860 年(咸豐 10 年)接替雷以鎮,於台灣擔任台灣府台灣縣知縣。
管轄約今台灣南部之嘉義縣、嘉義市、台南縣、市全境及高雄縣部份區域。該
區域面積約為 4500 平方公里,也是清治時期台灣島之漢人集中地所在。

張傳敬　貴州

張傳敬於 1858 年(咸豐 8 年)接替姚鴻,於台灣兩度擔任台灣府台灣縣知
縣。管轄約今台灣南部之嘉義縣、嘉義市、台南縣、市全境及高雄縣部份區域。
該區域面積約為 4500 平方公里,也是清治時期台灣島之漢人集中地所在。1860
年,他則陞署台灣府淡水撫民同知。

章觀文　四川宜賓人

道光二十六年(1846 年)舉人。同治元年(1862 年)接替白鷺卿擔任台灣
府台灣縣知縣。同治九年(1870 年)任嘉義縣知縣。

周式濂　河南濬縣人

周式濂,字筱溪,咸豐三年(1853 年)癸丑科進士。同治三年(1864 年),
任福建永春知州,同治九年(1870 年)任臺灣府北路理番駐鹿港海防同知,同

治十年（1871 年）五月十三日接替陳培桂，擔任台灣府淡水撫民同知。次年（1872年）調離臺灣。

祝永清　直隸

監生出身，1870 年（同治 9 年）以鹿港同知奉旨接替梁元桂，代理擔任台灣府知府。而此官職是台灣清治時期此期間，受台灣道制約的台灣地方父母官。

雷以鎮　江蘇人

雷以鎮於 1859 年（咸豐 9 年）接替王衢，於台灣擔任台灣府台灣縣知縣。管轄約今台灣南部之嘉義縣、嘉義市、台南縣、市全境及高雄縣部份區域。該區域面積約為 4500 平方公里，也是清治時期台灣島之漢人集中地所在。

姚鴻　江蘇

1853 年（咸豐 3 年）接替高鴻飛，於台灣兩度擔任台灣府台灣縣知縣。管轄約今台灣南部之嘉義縣、嘉義市、台南縣、市全境及高雄縣部份區域。該區域面積約為 4500 平方公里，也是清治時期台灣島之漢人集中地所在。

甯長敬　安徽人

甯長敬，字起冊，1859 年（咸豐 9 年）接替恩煜，於台灣擔任台灣府淡水撫民同知。台灣府淡水撫民同知又稱淡水同知，為台灣清治時期的重要地方官員，官職品等為正五品，專司負責北台灣內政，為駐守於淡水廳的地方父母官。因為當時淡水廳管轄區域約今台灣基隆至新竹，因此實為北台灣的統治者。

王衢　甘肅人

王衢於 1858 年（咸豐 8 年）接替張傳敬，於台灣擔任台灣府台灣縣知縣。管轄約今台灣南部之嘉義縣、嘉義市、台南縣、市全境及高雄縣部份區域。該區域面積約為 4500 平方公里，也是清治時期台灣島之漢人集中地所在。

王文棨　山東海豐縣（今無棣縣）人

王文棨，字柳莊，同治二年（1863 年）癸亥恩科三甲進士，即補福建惠安知縣。三年，奉檄赴臺灣，歷署嘉義、彰化知縣。同治七年（1868 年），署任台灣府海防兼南路理番同知，同年回任嘉義縣知縣。九年（1870 年），署噶瑪蘭通判，通判期間著重吏治，平反許多冤案，獲入文昌廟生祠。

支昭訓　江蘇省丹徒縣人

支昭訓，附貢生。同治十年（1871 年）接替章觀文，於台灣擔任台灣府嘉義縣知縣，掌管今嘉義、雲林一帶政事。

梁元桂　廣東恩平縣歇馬村人

梁元桂，字世液，號馨士。清道光二十六年中舉人，咸豐二年（1852年）中進士。欽點戶部即用主事，歷任福建延平、福寧、邵武知府，同治七年（1868年）任台灣知府並兼任按察使銜分巡台灣兵備道。[

陳思燏　籍貫不詳

陳思燏，於浙江溫州知府就任。同治9年（1870年）接替祝永清擔任台灣府知府。而此官職是台灣清治時期此期間，受台灣道制約的台灣地方父母官。

許鳳翔　安徽廬江縣人

許鳳翔，字尊榮，號恂堂，道光二十五年（1845年）乙巳恩科進士。於咸豐四年（1854年）接替姚鴻擔任台灣府台灣縣知縣。管轄約今台灣南部之嘉義縣、嘉義市、台南縣、市全境及高雄縣部份區域。該區域面積約為4500平方公里，也是清治時期台灣島之漢人集中地所在。

恩煜　滿洲

恩煜，子榮，監生出身，1858年（咸豐8年）接替秋曰觀，於台灣任台灣府淡水撫民同知。台灣府淡水撫民同知又稱淡水同知，為台灣清治時期的重要地方官員，官職品等為正五品，專司負責北台灣內政，為駐守於淡水廳的地方父母官。因為當時淡水廳管轄區域約今台灣基隆至新竹，因此實為北台灣的統治者。

陳祚　?～?　南直隸吳縣（今屬蘇州市）人

陳祚，字永錫，永樂九年（1411年）辛卯科三甲第一名進士。選庶吉士，擢升河南布政使司參議。永樂十五年（1417年），與布政使周文褒、王文振聯名上疏，反對定都北京，結果三人均被謫為均州太和山佃戶。陳祚卻躬耕力作，處之泰然。宣德二年，朝廷派人到均州召試，陳祚策論第一，又試吏部，再得第一，於是擢為御史，巡按福建、江西。當時天下承平日久，宣宗好遊獵玩好，陳祚上疏諫言，宣宗大怒，將其逮至京師，籍沒家產，家人十餘口也被禁錮，父親死在獄中。英宗即位後，獲釋復官，再出按湖廣，上奏遼王朱貴烚有罪，卻被指責有所隱瞞，又被逮至京師關押，不久獲得赦免，改南京任職，又遷任福建按察使司僉事。數年後，引疾致仕。[4]家鄉房舍早已被籍沒，值得在封門郊外租房居住，人稱其「冷鐵御史」。四年後卒，年七十五歲。葬橫山桃花塢。

葉宗元　江西

葉宗元於1863年以台防同知奉旨接替陳懋烈，於台灣地區代理擔任台灣府知府。1868年回任。此是台灣清治時期，受台灣道制約台灣地方父母官。

吳大廷　1824～1877 湖南沅陵人

吳大廷，字桐雲，號小酉腴山館主人。咸豐五年舉人。追隨胡林翼，曾國藩，李續宜，左宗棠，曾勸阻胡在臨終前彈劾勝保。他於 1866 年（同治 5 年）由左推薦奉旨擔任按察使銜分巡台灣兵備道，為台灣清治時期這階段的地方大員。

台美間知名外交事件－羅發號事件為吳大廷值任台灣道所發生。

著述有小酉腴山館全集四冊，讀書隨筆 6 卷。

陳懋烈　湖北

陳懋烈，號芍亭，舉人出身，1862 年擔任台灣知府，並於 1863 年（同治 2 年）奉旨擔任按察使銜分巡台灣兵備道，為台灣清治時期這階段的地方統治者。

馬樞輝　本籍不詳

馬樞輝於 1862 年（同治元年）奉旨接替陳鍔，於台灣地區擔任台灣府知府。而此官職是台灣清治時期此期間，受台灣道制約的台灣地方父母官。

洪毓琛　1813～1863 山東臨清州人

洪毓琛，字琢崖，號潤堂，道光二十一年（1841 年）辛丑恩科二甲進士，選翰林院庶吉士，散館改知縣。咸豐年間擔任福建臺灣府知府。同治元年（1862年）擔任按察使銜分巡台灣兵備道。同治二年六月（1863 年 7 月）卒於任內。

陳鍔　本籍不詳

陳鍔於 1862 年（同治元年）奉旨接替洪毓琛，於台灣地區擔任台灣府知府。而此官職是台灣清治時期此期間，受台灣道制約的台灣地方父母官。

劉銘傳　1836～1896 安徽合肥

劉銘傳，字省三，11 歲喪父，18 歲放棄讀書，落入江湖，曾一度上山做強盜，清淮軍將領。1854 年在鄉辦團練。1856 年母親受牽連自殺，還鄉做團練。

　　1857年，投靠李鴻章淮軍加入對太平天國的戰爭。

　　1862年，進攻蘇南，接受太平軍投降，收復上海浦東。

　　1864年，率部隊攻克常州俘擄陳坤書，晉陞為直隸提督。

　　1865年，隨曾國藩、李鴻章鎮壓捻軍，升提督。

　　1867年，對捻軍作戰首功，被封為一等男爵，卻數日後，自馬上摔落，昏厥一個月，直到服了李鴻章於紫禁城求來的通竅丹才甦醒。

　　1868年，辭職還鄉，創辦肥西書院、修祖祠等。

　　1880年，上疏建議修建鐵路。

　　1884年，以福建巡撫身分督辦台灣軍務，整備海防，曾擊退登陸基隆的法軍；坐鎮臺北府城，滬尾之役湘軍孫開華等挫敗法軍攻佔臺北行動，加之基隆疫病流行，終使法軍放棄攻佔台灣的計畫、撤往澎湖。

　　1885年，清廷決定臺灣建省，劉銘傳成為首任巡撫。

　　劉銘傳對臺灣建設規劃，以軍事為先，建立自給的軍工產業，設兵工廠，建立海軍，設砲台等現代化軍備外，同時推行多項基礎建設，包括台灣鐵路（初期僅大稻埕到錫口段完工通車）、台北到基隆火車通車，兩年後又通到新竹、福州和滬尾（今臺北縣淡水鎮）間的海底電纜，辦理電報、煤務、郵務等；動用大量軍力「開山撫番」清丈全省田賦等，就地為防務及新政開拓財源。

　　1890年，加兵部尚書銜幫辦海軍軍務，不久因病退職。

　　1891年，告老還鄉，臺撫職由布政使沈應奎署理，再由原湖南巡撫邵友濂接任。

　　1894年，甲午戰爭，率軍二萬駐守北韓鴨綠江畔，日軍竟繞過劉部頗啟人疑竇。

唐景崧　　1841~1903 廣西桂林府灌陽縣人

　　唐景崧，字維卿，同治年間以進士入詞林，改吏部主事。

　　1841年，唐景崧家境貧寒，母親早逝，與弟唐景崇、唐景對三人刻苦讀書不倦。

　　1865年，考取進士，選翰林院庶吉士，散館改吏部主事，多年不得升遷。

　　1882年，法國與越南發生衝突，河內和南定等地相繼失陷。唐景崧主動請纓，自薦前往越南。唐景崧先到廣東，拜謁曾國荃，得到資助出關。

　　1883年，到達越南保勝，會見劉永福，成功勸其內附，以功賞四品卿銜。

　　1884 年，中法戰爭，唐景崧馳騁援助大勝，因功賞花翎，賜號「霍伽春巴圖魯」，加二品秩，任福建臺灣道。

　　1887 年，唐景崧正式到臺任職。

　　1891 年，唐景崧升任臺灣布政使，改駐臺北。飭纂《臺灣通志》。

　　1894 年，日本在朝鮮尋釁，於清朝開戰，甲午戰爭爆發。朝廷以臺灣為東南重鎮，命劉永福率兵至臺防守。八月，唐景崧與到達的劉永福商議軍事。九月，臺灣巡撫邵友濂辭職，唐景崧署任臺灣巡撫。上任伊始，即整飭軍政，命劉永福鎮守臺南，棟軍統領林朝棟鎮守臺中。然而，光緒二十一年春，日軍攻破澎湖，守將周振邦潛逃。清軍節節敗退，命李鴻章赴日議和。

　　1895 年 4 月 17 日，《馬關條約》，割讓臺灣。民眾激憤，上書景崧：「萬民誓不服倭，割亦死，拒亦死，寧先死於亂民之手，不願死於倭人手。」五月初二（5 月 25 日），士紳丘逢甲等擁立唐景崧為臺灣民主國總統。唐景崧身著朝服而出，遙拜宮闕方向謝罪，然後北面受任，大哭而入，就任總統，劉永福為大將軍，年號「永清」。

　　五月初十（6 月 2 日）清廷割臺特使，李鴻章之子李經芳在臺灣基隆外海的日本軍艦上，正式與日本海軍大將樺山資紀辦理交割事宜。次日，日軍攻陷基隆，唐景崧逃至滬尾（臺灣淡水）的德商忌利士洋行（Douglas），乘德國籍輪船鴨打號（Arthur）逃亡廈門，朝廷念其舊功未降罪，僅命其休閑返鄉。

　　1903 年，卒於桂林，享年 63 歲。

馬偕　1844.3.21.~1901.6.2.　加拿大人

　　喬治·萊斯里·馬偕 George Leslie Mackay，加拿大長老教會牧師。漢名叫偕叡理，台灣人一般稱「馬偕博士」或「偕牧師」。父親是蘇格蘭佃農，因巽德蘭郡驅逐事件逃到加拿大，於安大略省生下馬偕。

　　1867 年，多倫多大學神學院畢業。

　　1870 年，美國普林斯頓神學院（Princeton Seminary）畢業，英國愛丁堡大學研究。

　　1871 年，加拿大長老會派遣馬偕至東方傳教，先到香港，輾轉經過中國廣州、汕頭，到達臺灣打狗（今高雄市）。

　　1872 年 3 月 9 日，到達滬尾（今淡水區）開始傳播福音，在基隆、艋舺、錫口（今松山區）大稻埕、五股、新竹、苗栗等地教會。

　　1878 年，與台灣籍張聰明女士阿蔥結婚，女兒偕瑪連（適陳）偕以利（適

柯,夫婿即柯維思),獨子偕叡廉創辦淡江中學,承接衣缽投入宣教台灣的教育工作,人稱「小馬偕」。偕叡廉有二兒、三女,即偕威理與偕約翰,都在淡水長大。目前後代都分居在加拿大及台灣。

1880 年,獲學博士(Honorary Doctor of Divinity)馬偕在滬尾(今日新北市淡水區)創建西醫醫院(馬偕紀念醫院前身)。

1883 年,前往宜蘭、花蓮等原住民的居住地傳教,

中法戰爭,法軍轟炸台灣淡水,馬偕照顧傷患受到清廷褒獎。是年創建牛津學堂(Oxford College,漢名為「理學堂大書院」,今台灣神學院)。

1884 年,建立女子學堂,學費全免,補助交通費、提供吃住衣著。

1887 年,蘇澳教會成立。

1890 年,起馬偕開始前往花東地區傳教。

1893 年,回加拿大述職。

1900 年,馬偕罹患喉癌。

1901 年 6 月 2 日,受病痛糾纏的馬偕病逝於家中,告別了他的傳教事業。其骨灰葬於今日淡江中學內。

曹　謹

曹謹,原名瑾,字懷樸,原字懷璞,號定庵,年幼時父親去世由母親撫養長大。

1807 年,鄉試時高中解元,但於禮部會試一直落第。

1817 年,經過「大挑」後列為一等,為候補知縣。

1825 年,補威縣令,後於調任豐潤時被議而落職。

1834 年,改任福建將樂知縣,又被議,引見後仍以知縣用。

1836 年,擔任閩縣知縣兼福州府海防同知。

1837 年,曹謹來臺擔任鳳山縣知縣,興建高屏溪水灌溉工程。

1838 年,臺灣知府熊一本命名為「曹公圳」並立碑及纂曹公圳記。

1840 年 12 月 14 日,因政績卓越,道光下旨准奏升補淡水同知。

1841 年,曹謹任台灣府淡水撫民同知,上任前修築「曹公新圳」(1844 年完工)。

1842 年四月二十六日內閣奉上諭予以嘉勉,論功可以知府升用之後更賞戴花翎。

1843 年,英國控告當時臺灣官員冒功殺俘,曹謹遭到革職查辦。

　　1844 年，因平息械鬥與緝捕海盜之功恢復賞戴花翎，補以海疆知府但他未復職。

　　1845 年。告病返鄉。

　　1849 年 6 月 8 日。在家中去世，與同年逝世的長子曹檁安葬於故鄉城南祖墳旁（今河南沁陽市南門街東側）。

吳湯興　　1860~1895.8.28.臺灣苗栗銅鑼灣客家人

　　吳湯興，字紹文，抗日人士、義勇軍大統領。母吳秋妹為淡水廳苗栗堡樟樹林庄人（今苗栗縣銅鑼鄉樟樹村）人，家無兄弟，故招贅隻身到台灣謀生的湯悅來為夫，生四子。吳湯興之父湯四，字悅來，原配丘氏，為丘逢甲之親戚。長子傳嗣吳家而取雙姓為吳湯興，其餘三子為湯新蘭、湯新河、湯新漢皆從父姓。吳湯興曾為生員，亦學習武藝，以行俠仗義聞名於鄉里。

　　1895 年 4 月，馬關條約臺灣割讓日本。居民憤怒，吳湯興召集鄉勇守衛鄉里。

　　5 月 29 日，日軍登陸澳底，乙未戰爭遂起。6 月中旬，臺北城失陷，吳湯興召集眾人祭旗，面向北方發誓：「是吾等效命之秋也。」眾人皆起而應和。當時徐驤起義於苗栗，姜紹祖起義於北埔，吳湯興召集眾人，誓言合作抗日。6 月 15 日，吳湯興領民兵北上支援時，前鋒邱國霖於楊梅壢遭遇日軍，經眾軍合擊，日軍稍有退卻。但隨後日軍增援攻下新竹城，圖謀順勢南下。苗栗知縣李烇與吳湯興商議戰情後，急派徐炳文赴臺中告急，而徐驤則協同新楚軍力守竹南尖筆山，日軍無法前進。

　　8 月，日軍大隊攻陷尖筆山，吳湯興和徐驤率軍交戰，炮火猛烈，吳湯興陣亡。其妻黃賢妹聞訊後，投水自盡；雖被旁人救回，之後仍絕食而死

徐驤　　1860～1895 臺灣苗栗縣頭份鎮客家人

　　甲午戰爭，台灣割讓日本，人心憤慨，成立臺灣民主國。組織民軍，企求聯合全島志士合力抵禦來接收的日本軍隊。

　　日軍在艋舺士紳的引導下，首先入主台北城，惟當時各地義軍群起抗日。

　　徐驤散盡家財，號召鄉民組成「田賦軍」，與吳湯興和姜紹祖共統民兵抗日。投身於乙未戰爭的抗日先鋒行列，徐驤加入南臺灣義軍，多次殲滅日軍軍隊。不幸斗六的纏鬥中陣亡，劉永福說道：「內地諸公誤我，我誤台人。」

丘逢甲

1864.12.26.~1912.2.25.臺灣府淡水廳銅鑼灣（今苗栗縣銅鑼鄉竹森村）

客家人，祖籍廣東嘉應府鎮平縣（今梅州市蕉嶺縣）。

丘逢甲，譜名秉淵，字仙根，號蟄仙，晚號倉海君，一作滄海君，清朝官員、詩人和教育家，父親丘龍章受聘講授漢文，

1889年，丘逢甲至燕京考中進士，舉家遷往臺中。丘逢甲曾到臺中「衡文書院」任主講，後又於臺南和嘉義舉辦新式學堂。

1894年，甲午戰爭爆發，丘逢甲奉旨督辦團練。

1895年，《馬關條約》割讓臺灣，人民激憤，丘逢甲呈文，反對割臺。丘逢甲倡立民主國，率紳民奉旗、璽及總統印，獻於巡撫唐景崧，聲援義軍反抗。5月23日唐景崧發表《臺灣民主國獨立宣言》。5月25日，臺灣民主國成立，年號「永清」，唐景崧出任總統，劉永福為大將軍，李秉瑞為軍務大臣，丘逢甲為義勇軍統領。唐景崧駐守臺北，丘逢甲奉命駐兵南崁策應。

5月29日日軍登臺進佔基隆，守軍不敵。6月4日，總統唐景崧棄職乘德商輪船逃往廈門。丘逢甲見局勢不可為，便返回臺中，攜家眷內渡廣東嘉應州。離臺前有詩：「宰相有權能割地，孤臣無力可回天；扁舟去作鴟夷子，回首河山意黯然。」

1896年6月，丘逢甲到廣州萬木草堂，清廷將屋宇歸還丘家。

1903年，中國現代教育奠基人何子淵等聘為興民學堂首任監督。

1904年，再赴廣州，任廣東學務公所參議，長住萬木草堂。

1906年，兩廣總督岑春煊聘其為兩廣學務處視學、廣州府中學堂監督、商業職業學校監督。

1907年，與辛亥革命元老何子淵等秘密籌劃潮州黃岡起義

1908年，被推為廣東教育總會會長。

1909年，廣東諮議局成立丘逢甲當選議員，被推舉為副議長。支持姚雨平、鄒魯等人反清革命活動。

1911年，武昌起義爆發，各省響應，廣東宣佈獨立，推胡漢民為都督。丘逢甲被選為代表，選舉孫文為中華民國臨時大總統。

1912年，丘逢甲因積勞成疾，請假南返。2月25日，卒於廣東鎮平縣（今梅州市蕉嶺縣）員山裡門第，遺言「葬須南向，吾不忘臺灣也」。丘逢甲出殯時，「執紼而哭者數千人」，有輓聯曰：「憶當年，禍水滔天，空拼九死餘生，雙手難支新建國；病今日，大星墜地，只剩二三遺老，背面同哭故將軍。」

辜顯榮　1866.2.2.~1937.12.9.祖籍福建省泉州府惠安縣，台灣彰化鹿港人

辜顯榮，字耀星，日據時期商業鉅子，歷史地位評價不一。他是台灣名人辜振甫與辜寬敏的父親。被稱為「台灣五大家族」之一的「鹿港辜家」。

父親辜琴長年病臥在床，不久病逝，由母親薛麵。讀過漢學，當過苦力、轎夫。

1895 年，《馬關條約》清廷將台灣割讓日本。辜顯榮等人引導日軍進入臺北城。

1896 年，任台北保良局長，取得的鹽和樟腦等專賣權，奠定家庭經濟基礎

1904 年，日俄戰爭，率領戎克船，參加偵察活動。

1909 年，被選為臺中廳參事。

1923 年，與板橋林家的林熊徵等人組織「台灣公益會」

1924 年，在《台灣日日新報》發表請願運動意見。

1934 年，昭和天皇敕選為貴族院議員。

1937 年，辜赴東京出席貴族院臨時會議時，因宿疾復發病逝，靈柩以船運返台灣，安葬在彰化快官（今彰化市內）。

簡大獅　1870～1900.3.29.台灣新北市淡水，祖籍福建漳州南靖梅林坎下

簡大獅名忠誥，號大獅，本名簡忠誥，台灣日治時期抗日領袖。簡大獅與柯鐵虎、林少貓被並稱為「抗日三猛」。因一再抗日，後被台灣總督府處決。

眾人稱他「氣力大過石獅」，於是為簡取號為「大獅」，從此以簡大獅三字知名。後返台，在滬尾開設武館。

甲午戰爭簽立馬關條約，臺灣割讓。

1895 年，台灣日治時期開始，簡大獅起事，他先率眾在大屯山山區一帶抗日。參加二次圍攻台北城的行動。

1898 年，歸順台灣總督府，不久後受不了日軍橫暴又率眾繼續抗日，卻因事出倉促被日軍擊敗。簡大獅走投無路下。

1899 年，偷渡到福建廈門。日本惟恐簡大獅回台合作對，要求清廷交出簡大獅。

1900 年，清廷應日方要求將簡大獅逮捕。簡大獅得知將受日本人審判時，在獄中寫陳情表：「我簡大獅，係台灣清國之民。皇上不得已以台地割畀日人，日人無禮，屢次至某家尋釁，且被姦淫妻女；妻、妹死之、嫂與母亦死，一家十餘口僅存子侄數人，又被殺死。因念此仇不共戴天，曾聚眾萬餘以與日人為難。然仇者皆係日人，並未毒及清人；故日人雖目我為土匪，而清人則應目我為義民。況自台灣歸日，大小官員內渡一空，無人敢出首創義；惟我一介小民，猶能聚眾萬餘，血戰百次，自謂無負於清。去年大勢既敗，逃竄至漳，猶是歸化清朝，願為子民。漳州道、府既為清朝官員，理應保護清朝百姓。然今事已至此，空言無補！惟望開恩，將予杖斃，生為大清之民，死作大清之鬼，猶感大德！千萬勿交日人，死亦不能瞑目。」表其寧願被清朝處死之願。但是，清官仍將簡大獅交給日兵帶回台灣處死，1900 年 3 月 29 日在台北被處決。

姜紹祖　1874.12.26.～1895.7.11.臺灣新竹縣北埔鄉海陸腔客家人

姜紹祖，為北埔「金廣福大隘」第一代墾戶首姜秀鑾的後人，家境富裕。為棟軍主要將領，軍階為都司。

1895年，組織義勇軍參與乙未戰爭抗日，被日軍俘虜後服毒自盡，年僅19歲。

1895年，甲午戰爭，割讓臺灣主權予日本。日軍登陸，各地民眾揭竿而起，組織義勇軍與「臺灣民主國」正規軍共同抵抗日軍，史稱乙未戰爭。

7月7日姜紹祖與吳湯興和徐驤率領義軍數百人，鍾石妹從竹東募義勇軍二營駐紮二重埔，苗栗黃南球進入十八尖山，多支義勇軍伺機反攻新竹城。

7月10日姜紹祖於在枕頭山被俘，隔日於獄中吞食鴉片膏自盡。姜紹祖殉難32天後，遺腹子出生，取名為振驤，即新竹國際商業銀行（現渣打國際商業銀行）的前身－「新竹區合會儲蓄公司」的創辦人之一，並擔任第一任董事長。

柯鐵　1876～1900臺灣雲林縣古坑鄉

柯鐵，號鐵虎，臺灣抗日領袖，人稱柯鐵虎。

1899年，歸順日方，隔年病逝。與簡大獅、林少貓被並稱為「獅虎貓抗日三猛」。

父親務農，母親早逝，家中共有兄弟四人，排行第三。

1895年，馬關條約臺灣割讓日本，臺灣人紛起抗拒。柯鐵虎年僅20歲，招募義士數百人，持械據雲林大坪頂為天險，揭竿起義，並改稱「鐵國山」。

1896年6月14日，簡義於鐵國山大會群雄，昭告天地，改年號為天運元年，各地義軍紛起響應。日軍圍剿，鐵虎率部突擊日軍，大獲全勝。

18日，日軍攻古坑東和庄與鐵國山，死傷慘重，鐵虎率義軍抗日，大勝。

舊曆六月，簡義率壯士六百人，以迅雷之勢破雲林，進而激起各地抗日，嘉義主城亦破。臺灣總督府令攻奪雲林，待日軍至，義軍四散，殘部返鐵國山困守。日改採懷柔手段，辜顯榮和陳紹年勸誘下，簡義下山投降。

12月12日，日主力猛攻鐵國山，鐵虎等人奔向山中，繼續抵抗。日軍無策對付，臺灣總督府改以懷柔政策但皆無效，民政長官後藤新平遂派白井新太郎至斗六招降。鐵虎自知糧草和軍火不繼，終於在1899年放棄抵抗，歸順日本官方，1900年病逝，而柯鐵虎義軍旋即遭總督府派兵全數殲滅。

連橫（連雅堂）1878.2.17.～1936.6.28.　福建漳州龍溪縣台灣台南人

連橫，字武公，號雅堂，又號劍花，著名的台灣歷史學家，著有《台灣通史》、《臺灣語典》、《臺灣詩乘》《劍花室詩集》，同時也是台灣日治

時期的著名詩人。

1895 年，馬關條約臺灣割讓日本，爆發乙未戰爭，連橫時年 17 歲，1902 年，連橫曾經赴福建參加科舉考試，先去廈門，以銀錢捐得監生功名，取得應考資格，再到福州應鄉試，但不第。他的兒子連震東宣稱連橫「非不知以其思想之新，獲雋至難，特借應試之便，赴閩調養身體也。」

1905 年，連橫離開臺灣，在福建廈門創辦《福建日日新聞》「鼓吹排滿，時同盟會同志在南洋者，閱報大喜，派閩人林竹癡先生來廈，商改組為同盟會機關報。清廷忌先生之言論，飭吏向駐廈日本領事館抗議，遂遭封閉。」

1908 年，連橫舉家遷到台中，發行的《台灣新聞》漢文部。開始著作《台灣通史》。1918 年完成，全書共 36 卷，體裁略仿司馬遷的史記，分為紀、志、傳三部分。總共包括了 4 紀、24 志、60 傳，總計約 60 萬字。記錄則起自隋大業三年（公元 607 年），迄清光緒二十一年（公元 1895 年），凡約 1290 年的歷史。

1909 年，連橫與林癡仙、賴紹堯、林幼春等人創櫟社，以道德文章相切磋。

1912 年，連橫去日本轉赴中國旅遊，抵達上海，再遊南京、杭州等地。

1913 年，參加北京華僑選舉國會議員。轉往奉天、吉林，入新吉林報社工作。

1914 年春，連橫再度回到北京，「時趙次珊先生長清史館，延先生入館共事，因得盡閱館中所藏有關臺灣建省檔案，而經其收入臺灣通史」冬天，連橫回到台灣台南，繼續在《台南新報》任職。

2005 年 5 月 1 日臺北《中國時報》報導，連橫曾於 1914 年 1 月 31 日，「呈請北京政府恢復其中國國籍」這份原始檔案材料仍存於南京的中國第二歷史檔案館」中。

1919 年，連橫移居台北，任華南銀行的發起人。

1923 年，連橫與夫人一起同遊日本。

1926 年，連橫又舉家移居杭州一年。

1927 年，回台灣與黃潘萬合開雅堂書局。兩年後因經營不善而關閉。

1930 年 3 月 2 日，發表「鴉片不僅無害論，「全台輿論譁然，蓋當時台胞方藉鴉片特許問題，義正辭嚴，以與日本統治當局奮戰，驟見此文為虎作倀，都怒不可遏。連橫頓成眾矢之的」連橫如此媚日之舉，連當時的民族運動領袖林獻堂都看不下去。3 月 6 日，林獻堂在日記上寫著：

連雅堂曾在《台日》報上發表一篇，說荷蘭時代阿片即入台灣，當時我先民移殖於台灣也，台灣有一種瘴癘之氣，觸者輒死，若吸阿片者則不死，台灣得以開闢至於今日之盛，皆阿片之力也。故吸阿片者為勤勞也，非懶惰也；為進取也，非退步也。末云僅發給新特許二萬五千人，又何議論沸騰若是？昨日槐庭來書，痛罵其無恥、無氣節，一味巴結趨媚，請余與幼春、錫祺商量，將他除櫟社員之名義。余四時餘往之幼春，他亦表贊成。

該文章影響，台中詩社櫟社開除連雅堂會籍，使他和兒子連震東遭林獻堂一派人士疏離，父子兩人只好先後到《昭和新報》任職。在台北幾乎已經沒有人願意再和連橫交往，他於 1931 年返回台南借寓別人家中，「不復與北人士相

聞問」。

連橫在台灣無法立足，籌謀獨子連震東去中國大陸，該年4月，連震東帶著連雅堂的八行書，前往中國投靠民國初的參議院議長張繼。兩年後，連雅堂在台灣「不可一日居」，移居上海。1936年連橫因肝癌病逝上海，後遷葬返臺，墓園位於今新北市泰山區。

余清芳　1879.11.16.~1915.9.23.出生屏東市，幼遷高雄市路竹區

余清芳，又名清風、青芳，字滄浪，號春清、春芳。化名邱九、徐清風。幼年私塾就學，習四書五經，後因父逝，中輟學業，到左營庄米店、雜貨店打工。

1895年，日治時期，半工半讀，入公學校學習。深感日語之重要，苦學有成。

1899年，考選臺南警員，擔任巡查補，分發到阿公店支廳（高雄市岡山區）。1900年，因涉嫌詐欺，被解職。

1902年，復職，入鳳山警察單位，不久又遭解職，隨即到臺南市關廟區役所擔任書記，兩個月後，被歧視離職，無以謀生，參與羅祖教，混合釋老齋教活動。

1908年，余清芳鼓吹反日，參加抗日團體「二十八宿會」，不久公家破獲，余清芳遭捕入臺東「加路蘭浮浪者收容所」。

1911年10月獲釋。

1911年，獲釋後，擔任日商保險公司的業務員，因日籍負責人過世被迫離職。

1913年，從事酒業，經營不善而倒閉。

1914年，遷居臺南市區，改事米業，一度化名「邱九」，又改稱「徐清風」。不久恢復本名，參與臺南西來庵扶乩活動，繼續抗日。

1915年，西來庵事件領袖，該事件為臺灣日治時期最大規模的反日民變之一。

余清芳保密工作欠佳，行動策劃不細膩，被基隆港警察逮捕。官方暗地監視，發覺余清芳、羅俊江等人是事件主謀，於是大舉搜捕抗日分子。羅俊江走避不及，於嘉義竹崎遭到逮捕。余清芳於事洩後潛入山中，和同謀商討對策。

1915年7月6日，遭日官方通緝，余清芳佔領虎頭山，襲殺日本官警及其眷屬，日軍鎮壓。於武力形勢難以抗衡下，起事失敗，是為西來庵事件（噍吧哖事件），余清芳與羅俊江、蘇有志、鄭利記等1,900人被捕。余清芳判處死刑絞死。

葉清耀　1880年~1942年，台灣台中東勢

葉清耀，他不但是台灣日治時期的知名律師，也於治警事件內，擔任台灣當事人的律師。

1932年，他成為台灣在日本明治大學首位法學博士。

台灣日治時期著名的學者，目前已知的有：葉清耀、沈榮、陳紹馨、張漢裕、林朝棨、沈乃霖等人。

林獻堂　1881.12.13.～1956.9.8.臺灣臺中霧峰人

林獻堂，名朝琛，字獻堂，號灌園，以字行。出自世家霧峰林家。日治時期非暴力反日人士，被稱為「台灣議會之父」。後因二二八事件，遭國民黨所忌，避居日本。歷史學者 Johanna M. Meskill 譽為「台灣自治運動領袖與文化褓母」。

他是台中霧峰林家望族，生於阿罩霧（今台中市霧峰區）為林家頂厝支系中 5 位堂兄弟的老三，父親林文欽清末舉人，獻堂與林朝棟同輩。7 歲時於自家開設的家塾蓉鏡齋接受漢學教育。14 歲時，台灣依《馬關條約》被割讓給日本，林獻堂祖母羅太夫人命遷往福建泉州，幾年後又返回台灣。

1899 年，父親林文欽於香港病逝。林獻堂接掌家庭樟腦事業。

1902 年，擔任霧峰參事、區長。

1905 年，授予紳章，出任台灣製麻株式會社取締役（董事）。

1907 年，與梁啟超會面請教台灣自治之道，鼓勵林獻堂以非武力運動模式對抗。

1910 年，加入櫟社。

1913 年，林獻堂與林紀堂、林列堂等人，聯合台灣北、中部士紳向總督府請願，表達台灣人出錢成立台中學的意願，兩年後（1915 年 5 月）台中中學（即台一中前身）成立，後又在霧峰創辦萊園中學（今明台高中前身）。

1914 年，請板垣退助伯爵來台訪問，12 月成立「同化會」（1915 年即遭解散）

1919 年，與蔡惠如等人於東京成立「啟發會」「新民會」擔任會長。

1921 年，林獻堂等人提出《台灣議會設置請願書》，要求設立台灣議會，10 月與蔣渭水成立台灣文化協會。

1921 年，與蔣渭水在台北大稻埕成立台灣文化協會，林獻堂為總理，蔣渭水為專務理事，林幼春等人為常務理事。

1923 年，林獻堂擔任台灣民報社長，打破在台日本人及御用紳士壟斷銀行、信託、保險等金融業的狀況，林獻堂等人籌設大東信託株式會社（1927 年 2 月成立，今華南銀行）林獻堂出任董事長，陳炘擔任總經理。

1927 年，與蔣渭水、蔡培火等人另組台灣民眾黨。

1930 年，林獻堂脫離台灣民眾黨，與蔡培火等籌組台灣地方自治聯盟，任顧問。

1932 年，霧峰林家重要「社區總體營造」活動，林獻堂留下珍貴史料。

1936 年，林獻堂往廈門、上海等地考察遊歷，發生毆打林獻堂耳光「祖國事件」。

1937 年，中日戰爭爆發，台灣地方自治聯盟召開全島大會後，便自行宣布解散。

1946 年，當選第一屆台灣省參議會參議員，又擔任台灣省通志館館長。

1946 年，蔣中正總統來台灣視察，林獻堂與之會面。

1947 年，二二八事件，被列「台省漢奸」，得友人相助，免去牢獄之災。

1949 年，林獻堂以治療頭部暈眩為由，離開台灣，寓居日本，留下了傷感的詩句：「異國江山堪小住，故國花草有誰憐。」

1956 年 9 月 8 日，林獻堂病逝於東京杉並區久我山寓所，享年 74 歲，歸葬台灣。

莫那魯道　1882.～1930.12.1.台灣霧社

莫那魯道（Mona Rudao），台灣塞德克族（泰雅族中的一個分支）馬赫坡社大頭目，霧社事件，莫那魯道是領導人。起義後期，形勢對塞德克的戰士們越來越不利，莫那魯道最後持槍自殺，而霧社事件不久也宣告失敗。

南投縣仁愛鄉霧社，設有霧社事件紀念公園，其中有莫那魯道的雕像，以紀念他的事蹟；另外新臺幣 20 元硬幣，亦採用他的肖像。

霧社事件的肇因之一，是日本員警近藤儀三郎拋棄了馬赫坡社頭目莫那魯道之妹特娃絲魯道，日本人一再聲稱近藤日警系前往花蓮港廳就職途中失蹤，但日人並未加以撫恤；反倒是被日警下山治平遺棄的泰雅妻子貝克道雷（馬力巴群），在下山治平返回日本後，日人安排了貝克道雷在駐在所內任囑託工作，使其生活無後顧之憂。同樣也是「和蕃」婚姻的日警佐塚愛祐，後來因「理蕃有功」，被日人當局擢升為霧社分室主任，其妻亞娃伊泰目（白狗群）則貴為警部夫人。這對特娃絲·魯道相當不公平，導致了莫那魯道開始籌劃抗日。導至「霧社事件」的爆發，後來為了不讓日本人取走他的頭顱，因此舉槍自盡。

1933 年，其遺骸被日本人意外尋獲，日人將其送至臺北帝國大學做為學術標本。1974 年，在其族人強烈要求下，遷葬至霧社的「山胞抗日起義紀念碑」。

蔡培火　1889.6.20.～1983.1.4.台灣雲林北港

蔡培火，號峰山。

　　1902 年，13 歲接觸基督教關係，學會羅馬拼音，自修台灣白話文、日文與漢文。

　　1906 年，進入台灣總督府國語學校師範部就讀。

　　1910 年，任教阿公店公學校，及台南市第二公學校。

　　1914 年，加入台灣同化會。

　　1915 年，同化會遭解散，蔡培火也被迫離開教職，之後他在親友與林獻堂的資助下前往日本留學，並考上了東京高等師範學校理科二部（物理化學科）。

　　1920 年，畢業，擔任《台灣民報》編輯兼發行人。

　　1923 年，加入文化協會，協助推動「台灣議會設置請願運動」。因違反《治安警察法》遭逮捕，與蔣渭水一同被判刑四個月。

　　1927 年，蔡培火不滿協會搞階級鬥爭，又與連溫卿主張不合，脫離文化協會與蔣渭水共組台灣民眾黨，但蔣渭水大力支持工農運動，蔡對蔣產生不滿。

　　1929 年，在台南舉辦「台灣白話字第一回研究會」，日本以「恐有影響於日語的普及，有礙教育方針」為由，加以禁止。

　　1930 年 8 月，蔡培火又因不滿黨內同志主張社會主義和工農運動，於是聯合楊肇嘉等人另組台灣地方自治聯盟，12 月遭台灣民眾黨開除黨籍。

　　1937 年，中日七七戰爭爆發，前往東京以避開總督府。

　　1942 年，由東京轉至上海。

　　1945 年，日本宣佈無條件投降後，加入中國國民黨，回到台灣。

　　1948 年，當選行憲後第一屆立法委員。

　　1950 年，行政院長陳誠聘為政務委員。

　　1952 年，擔任中華民國紅十字總會副會長兼台灣省分會會長。

　　1974 年，捐款創辦中華民國捐血運動協會，自任會長。

　　1983 年 1 月 4 日，因病過世，高齡 95 歲。

蔣渭水　　1891.2.8.～1931.8.5.　台灣宜蘭

　　蔣渭水，字雪谷，醫師、民族運動者，台灣文化協會與台灣民眾黨的創立者，反殖民運動運動領導領袖之一。

　　蔣渭水父親蔣鴻彰在宜蘭城隍廟以命理為業，自幼熟習臺灣宗教民俗活動，哥哥蔣來福，弟弟蔣渭川。他後來受業於宿儒張鏡光，接受私塾漢文教育，

　　1908 年，17 歲就讀宜蘭公學校。

1910 年，考進臺灣總督府醫學校。

1912 年，蔣渭水加入中國同盟會臺灣分會。

1913 年，與翁俊明、杜聰明密謀至北京暗殺袁世凱，但未能成功。

1914 年，曾鼓吹醫學院學生加入「臺灣同化會」。

1915 年，畢業後分發宜蘭醫院（現國立陽明大學附設醫院）。

1916 年，在臺北市大稻埕太平町（今延平北路）開設大安醫院。

1921 年，蔣渭水參與臺灣議會設置請願運動，並時常從日本進口《臺灣青年》，以啟蒙其自主意識；結識林獻堂，成立臺灣文化協會，發表文章《臨床講義》，針貶臺灣的各種「疾病」。

1923 年，因治警事件被判刑 4 個月，以臺灣議會期成同盟會名義持旗向日本太子請願，為臺灣人因政治請願被拘禁的第一。

1925 年，又因反抗總督政令被囚禁 4 個月，兩次入獄被監禁 144 天。蔣渭水一生受日本方面拘捕、囚禁達十餘次之多。

1926 年，蔣渭水在大安醫院旁開設文化書局，販售進思潮的書籍。

1927 年，臺灣文化協會因為右派的路線之爭而告分裂，蔣渭水成立臺灣民眾黨，出任中央常務委員兼掌財政部長。爭取地方自治、提倡言論自由，是臺灣第一個有現代化性質的政黨。

1928 年，籌組臺灣工友總聯盟，並擔任顧問，且與臺灣農民組合聯合進行階級鬥爭，但是蔣渭水的行為受到黨內右派所批判。

1930 年，林獻堂、蔡培火、葉榮鍾等人籌組臺灣地方自治聯盟。

1931 年 8 月 5 日蔣渭水因傷寒病逝於臺北醫院，時年 41 歲。

逝世時的境況，兒女遺孤猶在讀，留下弱妻與稚子，租來的房舍被追討，連家中唯一值錢的電話也被抵債，遺眷靠同志捐贈的奠儀生活，不安定的生活。臨終下遺囑如下：「臺灣革命社會運動，已進入第三期，無產階級的勝利迫在眉睫。凡我青年同志須極力奮鬥，而舊同志要加倍團結，積極的援助青年同志，期望為同胞解放而努力，實所至望。」

顏欽顏　台灣基隆人

　　林獻堂，名朝琛基隆顏家是台灣五大家族之一，日治時期以開採金礦、煤礦起家，被稱為「炭王金霸」，之後成為台灣的富商巨賈。顏家祖先是唐朝的大書法家顏真卿後代。

　　清乾隆四十年間，從福建安溪縣金田鄉率子渡台的顏浩妥在大肚溪附近開採石材；但 10 餘年後遭遇大飢荒，被迫返回福建，並卒於安溪。

　　嘉慶年間，顏浩妥之子顏玉蘭、顏玉賜再度赴台，在梧棲港一帶過著半農半漁的生活，之後北上遷居至基隆暖暖，家族也逐漸安定下來。

顏玉蘭的兒子顏斗猛。

1847 年，在瑞芳鮜魚坑購地開墾，成為顏家的發跡地，遷居瑞芳。顏斗猛有三子：顏正選、顏尋芳、顏正春。其中由顏尋芳承繼採礦事業，並率領族人在四腳亭（瑞芳吉慶里中央路附近）一帶開採煤礦，偶兼及金瓜石金礦。

1895 年，日本統治台灣後，台灣的民營礦業全部被日本當局徵收。

1896 年 9 月，臺灣日本總督府實施「臺灣礦業規則」，准許台灣人申請開採。

1897 年，獲准承租採礦權。

1899 年，設立「金裕豐號」承租瑞芳礦區。

1904 年，取得三爪子煤礦（位於現瑞芳車站後方）、一坑（今日瑞芳祖師廟一帶）的開採權，接著又陸續取得猴硐、瑞芳一帶及深澳、平溪石底、五堵、三峽、板寮等地的採礦權，奠定了顏家礦產事業的基礎。

1914 年，顏家租下藤田組在瑞芳的所有礦區。

1918 年，顏家與藤田組合資成立「臺北炭礦株式會社」。

1920 年，顏家將臺北炭礦會社改組為「台陽礦業株式會社」。

1921 年，顏雲年商而優則仕，出任臺灣總督府評議會評議員。

1923 年，顏家投資橫跨礦業、交通、木材、金融、水產、造船、倉儲、化工、拓殖、食品、保險....等領域，擁有五十幾間會社（公司），規模驚人。

正值壯年的顏雲年卻因罹患傷寒不治去世，享年 49 歲。由其 38 歲的弟弟顏國年承續，繼續進行多角化投資，並將其事業拓展至中國大陸。

1924 年，顏國年造訪大陸，曾計畫礦業的經營觸角延伸至礦業興盛的山西。

1937 年，顏國年辭世，享年 52 歲。長子顏欽賢接掌台陽礦業後，產金量達於巔峰，煤礦產量大量供與內銷，並銷往國外，乃成全台煤業之首。

1945 年，台灣光復後，台陽礦業恢復運作，但由於台陽的日本人股份過高而被國民政府接收，三年後才由顏家重掌經營權，改組為台陽礦業股份有限公司。

1951 年代，顏欽賢廉售台中市大智路 30 號土地給台中市籌建孔廟。

1960 年代，顏欽賢多角化經營，投資造船、運輸與金屬等事業，成立蘇澳造船、三陽金屬與瑞芳工業，買下台北客運。

1971 年，台陽礦業虧損，停止採礦。顏家「台陽王國」的霸業也正式劃下句點。

顏家熱中公益，大力興學，，捐款建學校，成立「基隆博愛團」、蓋寺院。

李建興　1891.11.10.~1981.9.24.　台灣台北瑞芳祖籍閩南泉州安溪廣孝鄉

　　李建興，字紹唐，先祖太平天國時遷台。家中六子居長，幼為牧童，貼補家用。

　　1916 年，進入「猴硐福興炭礦」擔任書記員、後升為經理。

　　1919 年，「福興炭礦」被「三井基隆炭礦」所併，李建興轉而組織人馬，承攬採礦，逐漸發達，後被推為平溪庄協議員。

　　1930 年，在瑞芳興建「義方居」，並任地方公職。

　　1934 年，開設「瑞三礦業」，與弟李建川、李建和等人一起共事。1940 年 5 月 27 日，被指控以叛亂罪被捕，李建炎冤死獄中。

　　五弟李建川拷打失聰。父親李百祿憂心辭世。

　　1945 年 10 月臺灣光復，李建興被選為首任瑞芳鎮鎮長。

　　1947 年二二八事件，李家被不軌官吏指為叛亂分子險遭陷害。幸白崇禧將軍巡按臺灣，查明真相，李家才免於其難。

　　1947 年，奉母命成立「瑞三公司社會福利基金會」嘉惠礦工子弟。

　　1950 年，出任「石炭調整委員會」會長，家業日漸興隆。

　　1981.9.24.去世，追悼會上，冠蓋雲集。

　　李建興將陽明山（草山）土地無償借與蔣介石使用，與何應欽、于右任、陳立夫等國民黨高層人士，交往密切。

楊肇嘉　1892.10.13.～1976.4.19.，出生台灣臺中清水牛罵頭牛埔子

　　楊肇嘉，台灣政治人物、社會運動家。本名番兒，兄弟共十三人，排行第七。

　　1897 年，過繼給台中縣清水鎮首富、前清誥授奉政大夫楊澄若為養子，改名楊肇嘉，排行第三，養母陳氏春玉無子嗣。因養父家境寬裕。

　　1901 年，進入牛罵頭公學校就讀。

　　1908 年，赴日本東京市黑田高等小學校就讀，隔年轉入東京京華商業學校。

　　1917 年，楊澄若任牛罵頭區長，實務均由楊肇嘉代理。

　　1920 年，地方制度改制，任清水街長，爭取海線鐵路經清水、沙鹿之建築計劃。

　　楊氏投身台灣民族運動，主要是受蔡惠如影響。

　　1925 年，不顧總督府之壓迫，代表台灣議會設置請願運動赴東京請願。

　　1926 年，入早稻田大學攻讀政治經濟，同時任東京新民會常務理事，並結交日本政界開明人士，厚植台灣民族運動之根基。

　　1930 年，反對「阿片吸食牌照」，刊印《台灣阿片問題》發佈各界，迫使總督府收回成命。

　　1930 年，林獻堂等人致書楊氏回台主持台灣地方自治聯盟。

　　1931 年，台灣民眾黨被禁後，台灣地方自治聯盟即擔負台灣民族運動之

責。九一八事變後，以荻洲（立兵）為首之軍部，對台人壓迫日深，至 1934 年台灣議會請願運動亦被迫停止。

1933 年，偕同葉清耀、葉榮鐘赴朝鮮考察地方自治制度。

1934 年，台灣議會請願運動亦被迫停止。

1935 年，台灣實施第一屆市會及街莊協議會員選舉，地方自治聯盟獲勝，林獻堂提議改組為政黨，未獲通過。

1936 年，林獻堂引發「祖國事件」。

1937 年 4 月，台灣報刊全面廢止中文版，遷居東京與林獻堂、吳三連共謀他計。

1939 年，總督府提出米穀管理案，楊氏與吳三連等人策劃抵制。

1940 年 1 月 18 日，蔡培火、吳三連以「反軍思想」之嫌遭逮捕，楊氏為躲避風頭而前往支那。

1941 年，擬取道朝鮮，轉北京，往上海，但於新義州時，被疑為重慶間諜而遭到逮捕，後由吳金川營救而出。

1949 年，出任省府委員，兼任民政廳長。

1950 年，辦理第一屆縣市議員選舉，善後「八七水災」。

翁俊明　1893.1.12.～1943.台灣台南石門腳，祖籍廣東潮州府澄海縣

翁俊明，知名抗日分子，第一位參與同盟會的台灣人。祖先在明鄭時期過台灣。

聰慧，三歲已能識字，有神童之稱。13 歲之前致力攻讀經史，並習作詩文。

1905 年，始入臺南第一公學校（國立台南大學附設實驗小學）接受新式教育。

1909 年，考入臺灣總督府醫學校（國立臺灣大學醫學院醫學系）與杜聰明同學。

同學王兆培是中國革命同盟會福州分會會員，秘密吸收革命同志。

1910 年 5 月 2 日，宣誓加入同盟會為會員。同年 9 月 3 日，孫中山委派其為臺灣通訊員，並於校內成立同盟會臺灣通訊處。2 年後會員已增至三十餘人，包括同學蔣渭水、蘇樵山、曾廣福、黃清調、杜聰明等。

隨後又推廣至國語學校及農業試驗場，組織外圍團體「復元會」以推動會務，會員增到 76 人。其後因情勢惡劣，遂於 1915 年底宣告解散。

1913 年，翁俊明與同學杜聰明共同攜帶霍亂細菌，赴北京計畫毒殺袁世凱，但因警衛森嚴而無法如願。

1915 年畢業後，翁俊明進入臺北馬偕醫院實習。

1916 年，與吳湘蘋結婚，史學家連雅堂擔任司儀。臺南發生西來庵事件，日本軍警大量屠殺當地居民，翁俊明全家搬到福建廈門。

1916 年，在廈門開設俊明醫院，

　　1926年，在上海開設俊明醫院，暗中結合同志，掩護革命工作。在上海創辦「中華醫學專科學校」，

　　1930年，在廈門創設「廈門中華醫學校」，自任校長，培育諸多人才。

　　1937年，蘆溝橋事變，翁俊明立即聲明脫離日本國籍。

　　1938年，，日軍攻陷廈門，他到英屬香港。

　　1940年在香港成立中國國民黨「臺灣黨部籌備處」即「中國國民黨臺灣省黨部」。

　　1943年，中國國民黨臺灣黨部籌備處秘密遷到福建漳州，設「中正醫院」掩護。

　　1943年11月18日晚間，翁俊明飲酒後中毒，在漳州去世，享年52歲。

　　翁炳榮是他的兒子，翁祖模、翁倩玉是他的孫子女。

丘念台　1894.3.11.～1967.1.12.台灣台中潭子祖籍廣東嘉應州鎮蕉嶺縣

　　丘逢甲之子，初名伯琮、國琮，入中學時更名琮，先世於清嘉慶年間，由粵遷臺，世居臺中縣潭子鄉大埔厝（今臺中市潭子區大豐里）。其父為臺灣先賢丘逢甲，臺灣民主國失敗後，丘逢甲返回大陸在其鎮平故里，榜其居曰「念臺山館」，以示不忘光復臺灣。念臺亦是其長子琮之別號，冀其繼承父志，完成復臺宏願。念台仰承庭訓，奉為畢生力行之鵠的，日後辦中國國民黨黨務時，總裁蔣中正發給黨部委任狀，書其名為「丘念台」，自此以「念台」為正名，易「臺」為「台」。

　　日本東京帝國大學礦冶畢業，曾任廣東工專校長、廣東省工業專門學校校長、瀋陽兵工廠技師、西安煤礦公司採礦主任、廣東省政府顧問、中國國民黨臺灣省黨部委員、監察院監察委員、臺灣省民政廳廳長、中國國民黨臺灣省黨部主任委員、逢甲工商學院董事、總統府資政、中國國民黨中央常務委員、中國國民黨中央評議委員。其哲嗣為國際知名物理化學家丘應楠。

　　念台天資聰穎，五歲啟蒙，父母即教以詩文，灌輸其民族思想。年十三，入鎮平縣立中學，時革命思潮到處湧盪，次年經教師丘君實（光漢）介紹加入同盟會，立志獻身革命事業。中學畢業後，適值武昌起義成功，認為報國時機已至，乃獨往梅縣欲參加革命工作，為家人發覺追回。次年二月，父喪，守制盡孝。是年秋赴滬升入大同學校就讀。民國二年，赴日深造，初入成城中學，未久，中國政局不安，發生倒袁運動，學費難籌，乃返國考取官費生。民三年，入東京第一高等學校預科，隔，以成績優異，依制派至日本國立第四高等學校，接受嚴格軍國民教育。

　　念台留日，志在陸軍，次在造船，以臺灣為一海島，當發展造船，以便對外聯絡，然二者入未能如願。為方便聯絡留日臺籍學生，乃於民八年秋四高畢業後，入東京帝國大學理學部物理科，次年轉讀工學部採礦科。十二年復入該校大學院深造，從事各種礦場研究。在此期鼎，念台結合臺籍青年組織「東寧學會」，聯絡感情，研究學術，並發展臺人嚮往中國祖國之意念。另有意返粵協

辦開發廣東高州石油礦計畫，後因時局動盪，擱置未行。

黃朝琴　1897.10.25.～1972.7.5.　臺灣省嘉義縣鹽水港

　　黃朝琴，外交、政治人物。早年留學日本期間，參加抗日運動，鼓吹民族思想；曾赴美國研究國際公法，學成任職外交部。歷任省議長、國民黨中央委員等職，主持台灣省議會近二十年，為台灣 1950 年代「半山」派的政治人物代表。

　　1923 年，畢業於日本早稻田大學經濟科，在日創辦《台灣民報》。後往美國伊利諾大學就讀，翌年獲得政治學碩士。

　　1925 年，加入中國國民黨，其後前往中國。

　　1928 年，歷任外交部僑務局亞洲司科員、科長，駐三藩市、加爾各答總領事。

　　1945 年，以外交部駐台特派員兼台北市市長，戰後首任市長。

　　1946 年，台灣省參議會成立，膺選首任參議會議長長達 17 年。

　　1947 年，任台灣第一銀行董事長、常務董事，第五屆聯合國大會中華民國全權代表等要職。

　　1976 年 4 月 19 日，逝世。

李應章　1897～1954

　　李應章，總督府醫學院畢業，曾擔任文化協會二林支部長，參與台灣民眾黨，兼具醫生與自耕農身份。

　　1925 年，組織「二林蔗農組合」點燃「台灣農民運動」，反抗「林本源製糖株式會社」爆發二林事件被捕入獄。

　　1932 年，潛至福建廈門，在鼓浪嶼開設「神州醫院」，後至上海日本租界定居，改名李偉光，開設「偉光醫院」。暗中聯絡中共，與施石青、郭星如等人成立「台灣解放聯盟」。

　　1945 年，中日戰爭掩護中共地下工作人員張志忠蔡孝乾等來台灣。

　　1949 年，出任「出任解放聯盟」政協代表、兼上海台灣同鄉會長。

　　1954 年，出任中共人代會代表。不久因病去世。

陳兼善　1898.1.22.～1988.8.21.

陳兼善，字達夫，號得一軒主人。1931 年，留學法國，

1934 年，英國大英博物館研究，9 月結束留學生活。

1945 年，隨陳儀到台灣，接收臺灣總督府博物館，改名「臺灣省博物館」，

並擔任館長。動物學家，著有《台灣脊椎動物志》、《普通動物學》等書。

12 月，出任國立臺灣大學教授兼總務長兼動物學系主任，省博物館長。

1947 年，台灣省省政府成立改名「臺灣省立博物館」他仍任館長。

1955 年，去職，專任館長 10 年，奠定初步規模。

1956 年，轉任台中市東海大學生物學系教授兼主任。

1966 年，退休。

1972 年，移民美國。

1982 年，回到中國大陸。

1988 年，在上海病逝。

葉榮鐘　1900～1978.11.3.，字少奇，台灣彰化鹿港人

葉榮鐘，字少奇，台灣作家、詩人、記者、社會活動家，日本留學。

1931 年，與施錦標先生及陳謙女士之長女施纖纖結為連理，施氏畢業於彰化高女，執教於鹿港女子公學校。二人育有長女蓁蓁、長子光南、次女芸芸、三女青青、次子蔚南共五名子女。著有漢語古典詩集《少奇吟草》和《台灣人物群像》等多部書，身後輯為《葉榮鐘全集》。

林獻堂長期的秘書，在日本留學時，自 1927 年起在矢內原忠雄先生特許下每周到東京帝國大學旁聽日本治下台灣殖民經濟的講課。

蔡培火先生介紹，1929 年 11 月成為先生的第一個《聖經》學生和第一個台灣人《聖經》學生。不久第二位台灣人《聖經》學生：東京帝大法學部卒業的陳茂源法學士。（矢內原伊作，《矢內原忠雄傳》）

葉回台後致力社會運動和台灣新文化運動，工作餘暇著述豐富。

謝雪紅　1901.10.17.~1970.1.15.台灣彰化人

謝雪紅，原名謝阿女，共產黨黨員、台灣民主自治同盟黨員。

謝雪紅為製帽工之女，父母文盲，12 歲父母雙亡，賣給台中洪姓人家作童養媳與小妾以籌葬母費及還債。

1917 年，謝雪紅逃家，至台南當製糖場女工（一說返回彰化）。後遇台中大地主、霧峰林家之親戚張樹敏並成為其妾。

1919 年，共赴日本神戶三年，自修日文與漢文。返台後以經營洋服店為生。

1921 年，加入「台灣文化協會」而深刻體認到台灣政治社會的脈動和方向。

1925 年，去上海，參加五卅運動，化名謝飛英，入上海大學社會系（主任瞿秋白），經黃中美介紹加入中國共產黨。10 月與林木順至俄國莫斯科東方大學，改名為謝雪紅。

1927 年，由日本共產理論家片山潛下達國際共產創建台共命令。

謝雪紅是日本殖民統治台灣時期的「台灣共產黨」創始黨員之一。11 月在上海租界籌組「台灣共產黨」。

1928 年 4 月 15 日在上海成立「日本共產黨台灣民族支部」。

回台開設「國際書局」因「台共事件」判刑 13 年，5 年後出獄。

1945 年 10 月謝雪紅在台中組織農民協會，攻擊陳儀的弊政。

1947 年，二二八事件，謝雪紅成立「二七部隊」。政府軍隊鎮壓大勢已去，謝雪紅與楊克煌逃至香港。抵港後，廖文毅邀謝雪紅共組「台灣再解放聯盟」遭其拒絕，但她成立「台灣民主自治同盟」以主席身份進入中共高層，擔任黨政要員。

1948 年，進入中國大陸，歷任中國婦女聯合會副主席、人大代表、政協委員，並是中共建國初期對台政治的主要發言人。

1949 年，謝雪紅在中國人民政治協商會議第一屆全體會議上發言

1951 年，謝雪紅提出處理台灣問題，須考慮台灣政治、經濟、文化特殊環境不近人情的要求，被李純青等人批評為地方主義。

據「台盟」人士指出，有三個重要因素導致謝雪紅後來失勢：

第一，早在「二七事件」時，便有戰友對謝的領導風格有意見。台盟改選主席時，謝雪紅遭到內外諸多批評，因劉少奇認為貿然撤換謝雪紅不利對台工作，謝仍留任主席虛銜。

第二，謝雪紅傾向任用具有日本經歷、或曾在日本、汪精衛政權下任職的台籍幹部，其他台盟與中共人士對此不能理解。

第三，據台盟反對謝雪紅的人士稱，謝雪紅在 1949 年後曾與許多台盟幹部有異議，被責者認為謝之意見純屬誣陷。

1957 年反右運動中，謝雪紅被打成右派。特別是台盟與謝有個人恩怨者，紛紛出面指責謝雪紅。

1966 年，文化大革命發生後，多次被台灣民主自治同盟派批鬥。

1970 年 11 月 5 日，謝雪紅因患肺癌病逝於北京，終年 69 歲。

1986 年，謝雪紅獲得平反，骨灰移放八寶山革命公墓。

陳茂源　1903.2.16～　　，台灣桃園大溪

陳茂源，字少鵠，台灣法學教師、詩人、翻譯家，父陳乾，弟陳茂棠醫生。妻林芯是板橋林家林熊祥的女兒。

著作有《自由丘吟草》（漢語古典詩集，自由之丘是作者和作者老師矢內原先生在東京住的所在）等，譯作有矢內原忠雄《日本帝國主義下之台灣》等。

與葉榮鐘同為矢內原忠雄最早期的《聖經》學生和台灣人《聖經》學生。

1925 年，考入東京帝國大學法學部，1928 年卒業，法學士，同年考中高等文官試驗（舊日本帝國的公務人員高等考試）司法科。

在日本本土多個地方做司法官。

1929 年到 1932 年間每周到矢內原先生家裡，在先生指導下學《聖經》，是這段時間裡矢內原先生最主要的 1 位《聖經》學生（矢內原伊作，《矢內原忠雄傳》）。

第二次世界大戰後回台灣，出任國立台灣大學法學院法律學系教授，直到退休。

連震東　1904.4.23.～1986.12.1.台灣台南市中西區人

連震東，字定一，台灣本省半山人士，連雅堂之子，中國國民黨榮譽主席連戰的父親。曾任內政部長、國策顧問、臺北縣長等職。

1929 年，畢業於日本慶應義塾大學經濟科，回台灣後加入《昭和新報》。

1931 年，因父親連雅堂發表《阿片有益論》遭到台灣知識份子排擠，隨父親前往中國大陸，投靠中國國民黨元老張繼提拔下，加入國民黨。

連震東於中日戰爭期間，出任重慶國民政府國際問題研究所組長、西京籌委會專門委員，國民政府當時有意委派他在西安改制為西京後出任第一任市長，但因中日戰爭爆發而被擱置。

第二次世界大戰後，台灣由國民政府接收。

1945 年，臺灣省行政長官陳儀委任連震東擔任台北州接收管理委員會首任主任委員，正式接管台北州軍政事務。

1946 年 1 月 27 日，台北州接管委員會裁撤，在連震東的籌劃下，台灣公路、鐵路很快修復通車，市政正常運轉，工廠開工生產。

1946 年 1 月，連震東代理台北縣長兼建設局局長，繼續為台北重建奔波；

2 月，連震東與護送連雅堂遺骨還鄉的夫人趙蘭坤和兒子連戰在台北團聚；

是月底，連震東調任台灣省行政長官公署參事，負責籌備省參議會；

5 月，台灣省參議會正式成立，連震東任台灣省參議會祕書長。

1947 年 11 月，連震東當選家鄉台南競選第一屆國民大會代表。

1948 年，連震東奉聘為憲政監督委員會委員。

1949 年，任東南軍政長官公署土地處長兼臺灣省地方自治綱要起草委員，對推行地方自治及土地改革，頗有貢獻。

1950 年，連震東奉派為中央改造委員會委員，為 16 名委員中唯一的台灣籍人士；另兼中華日報社長，旋改任董事長。

　　1953 年，連震東任中國國民黨中央黨部第五組主任，旋奉派為台灣省政府委員兼建設廳長。

　　1954 年，調任台灣省民政廳長兼台灣省政府秘書長，推動地方自治。

　　1955 年，政府舉辦台灣省戶口普查，兼戶口普查處副處長。

　　1960 年 3 月 25 日，奉派為國民黨副秘書長，辭去台灣省政府各職，5 月任內政部長，推動台灣經濟建設、土地改革、兵役制度、地方選舉政務之策劃執行。

　　1961 年，奉聘為國立故宮及中山博物院共同管理委員會理事。

　　1963 年，國民黨九全大會，連震東當選為中央常務委員。

　　1966 年，任戶口普查處處長，辭內政部長，專任行政院政務委員。

　　1967 年，為國家安全會議委員兼國家建設計畫委員會政治組召集人。

　　1969 年，國民黨十全大會，連震東奉派為中央評議委員。

　　1976 年，獲聘總統府國策顧問。

　　1980 年，獲聘為總統府資政。

　　1986 年，連震東在台大醫院逝世，享年 82 歲。12 月 23 日，蔣經國總統特頒「總統令」褒揚連震東狀。

　　血緣：連得政－連橫（沈璈）－連震東（趙蘭坤）－連戰（連方瑀）－連勝文（蔡依珊）（生子連定捷、連安捷）、連勝武、『女』連惠心（陳弘元）、連詠心。

余登發　1904.9.12.～1989.9.13.　台灣高雄縣橋頭人

　　余登發，被稱為「台灣野生的政治家」。幼入楠梓坑公學校，1920 年入臺北高商，1935 年當選高雄楠梓庄協議會員。

　　日本統治時，余登發曾經發起罷免日本官派楠梓庄長，**轟**動一時。

　　1945 年台灣光復，當選高雄縣岡山鎮橋頭里長。

　　1947 年，當選橋頭鄉鄉長、第一屆國大代表。高雄水利會主任。

　　1951 年，參選高雄縣長未能當選，當選余登發的國大代表身份一直到 1973 年才被政府取消。

　　1960 年，無黨籍余登發當選高雄縣長，任內開源節流，刪除國民黨高雄縣黨部之補助款以建設學校教室，在在獲得好評；

　　1963 年台灣省政府以「八卦寮地目變更案」、「萬金松丁壩工程案」為由將其強迫停職，並被以瀆職罪判處有期徒刑兩年。

　　1973 年入獄，1974 年余登發獲准保外就醫。後來規定縣長候選人不得超過 60 歲，余也因此未曾競選。

　　1979 年 1 月 21 日，余登發與其子余瑞言因為「涉嫌參與匪諜吳泰安叛亂」罪名遭逮捕，余登發以「知匪不報」與「為匪宣傳」被判處有期徒刑 8 年，褫奪公權 5 年。

　　1980 年，余登發獲准保外就醫，晚年居住於仁武鄉八卦寮自宅。

　　1987 年，許信良返國時，余登發曾經前往中正國際機場支持。

　　1988 年余登發曾經出任中國統一聯盟名譽主席。余登發本人事實上並不特別支持統一或獨立，看到國民黨官員用金條賄選，因此退出國民黨，所以比較反國民黨而支持黨外。

　　1989 年 9 月 13 日余登發死於自宅臥室血泊中，法醫楊日松和美國知名法醫賽瑞爾·韋契特認為是他殺，其他 7 位法醫認為是意外，後來用投票表決通過是意外，推翻他殺之說，但其實原因仍爭議不決，如今仍是一樁懸宕已久的命案。當時兒媳婦余陳月瑛正準備連任第 11 屆高雄縣長。

　　余登發開創了高雄縣的政治家族「余家班」，他與女婿黃友仁、兒媳婦余陳月瑛、長孫余政憲合計擔任過 6 次高雄縣縣長；余陳月瑛、余政憲及女兒黃余秀鸞、孫余政道、孫女余玲雅、孫媳鄭貴蓮合計擔任過 11 次立法委員；余陳月瑛、余政道、余玲雅合計擔任過 8 次省議員；另外余政憲更出任過內政部長。其他受過余登發栽培的地方政治人物更不在少數；余家班不但是高雄縣重要的地方派系，也是民主進步黨內重要的地方派系。

　　余登發在國族認同上一直認為自己是中國人，並曾在戒嚴時代時主張兩岸和平統一，遭當時的國民黨以「通匪」名義逮捕過。余登發也曾在民進黨的場合上喊出中國統一的口號，結果被支持台獨的民進黨支持者丟食物攻擊。在現在來看，他跟現在的民進黨在兩岸政策主張和國族認同上南轅北轍；而余家班仍為民進黨的要角。

張秀哲（張月澄）1905.～1982.2.27.台灣台北人，台北宮前町

　　張秀哲，原名張月澄，台灣文學家、翻譯家、社會活動家、企業家，魯迅的學生。著有《台灣痛史》《一個台灣人告訴中國同胞書》《國民政府之外交及外交行政》《「勿忘台灣」落花夢》等書。

　　父親張聰明，因開採煤礦致富，（張）葉月女士的獨子。

　　16 歲赴日本京都留學，返台後入日人專屬台北一中（現今建國中學），後赴香港拔萃書院，嶺南大學，以及廣州中山大學法科政治系畢業。

　　在中國進行台灣反殖抗日運動。轉往日本在東京帝大神川彥松研究室任研

究員。

1927.2.15.台灣學生聯合會組織了參觀黃埔陸軍軍官學校的活動,他帶隊,校方送 1 幅「聯合組織、奮鬥前進」綢幛匾給他們。

7.26.在中國上海被抓捕,被日本駐上海總領事館經日本九州押送到台灣拘禁。

1929 年被判緩刑釋放,再度前往中國大陸,遇一二八事變。

1930.1 月,與蔣渭水在台北策劃反鴉片特許運動,向日內瓦國際聯盟拍發的請願電報和向調查團遞交的請願書都由他直接用英文草擬。

8.10.,25 歲,經杜聰明、蔣渭水介紹與彰化甘得中長女甘寶釵結婚。

1931 年在中國上海生長女超雄。

1932 年入日本東京帝國大學大學院(日本語稱研究生院為大學院)。

1933 年在日本東京生長男超英,子張超英是台灣中華民國外交官。

第一個太太過世之後.再娶日籍女士[吉井正子]為妻.並在中山北路現址台泥大樓對面.經營[綠園飯店]婚後育有 2 子 2 女.其子依次為張超峯.張超群.其女依次為張靜惠.張美娜.[綠園飯店]是極少數當時能每週由日本進口食材來經營.

廣州留學的張深切(又名張死光,死光就是雷射)、郭德金、林文騰、李友邦等台灣同學組成「廣東台灣學生聯合會」和「台灣革命青年團」,發行機關刊物《台灣先鋒》和《勿忘台灣》雜誌。

1945.8.15.第二次世界大戰終止,國民政府在 10 月 25 日代表盟軍接收台灣,他出任台灣紡織公司(行政長官公署經營)協理。

1947 年二二八事變,以「叛亂嫌疑」被逮捕入獄,用盡政商關係,送鉅款,才讓他免於被殺全身而退。

8 月出版『「勿忘台灣」落花夢』,因故回收湮滅。

張月澄的長子張超英回憶「他的夢、他的希望,完全的破滅」「他的餘生從此在孤獨的書房度過,不再與外界接觸,也不與家人多說一句話,過著自我封閉的日子」「放出來後就如同廢人一般,連笑都不會笑了」。

1982.2.27.晚上 8 點,在台北病逝,安葬在陽明山公墓。

黃國書　1905.8.8.~1987.12.8.　台灣新竹北埔客家人

黃國書,本名葉焱生。

1907 年,日本士官學校第 19 期、日本砲兵專科學校畢業、德國砲兵學校畢業。

1920 年,上海暨南大學攻讀政治經濟。

1934 年,法國戰術院畢業,曾獲得希特勒相贈軍刀。曾任國民革命軍中將,與鄒洪上將為二戰期間中國軍隊中的台籍兩大將領。

1945 年,抗戰勝利後,歷任臺灣省警備總司令部參議、高參室主任、臺灣鐵路管理委員會委員、制憲國民大會代表、立法委員、臺灣省社會救濟事業協會理事長、臺灣省合會儲蓄公司董事長、立法院副院長、立法院院長。

1946 年,召開制憲國民大會台灣省代表。

1948 年，當選台灣省立法委員。

1950 年，出任立法院副院長。

1961 年 2 月 24 日，當選立法院院長，為中華民國首位台籍五院院長。

1972 年 2 月，受國光人壽弊案牽連，遭蔣經國命令辭去立法院長並遭沒收財產。辭去立法院長之後，黃國書仍繼續擔任立法委員，1987 年過世。

謝東閔　1908.1.25.～2001.4.8.台灣彰化縣二水鄉光化村人

謝東閔，自號求生，長子謝孟雄醫師，曾任第二屆監察委員、考試院典試委員、台北醫學院校長，實踐大學董事長。長媳林澄枝，謝孟雄之妻，曾任行政院文化建設委員會主委，曾任國民黨副主席。三子謝大立設計師，曾任實踐大學媒體傳達學系系主任。

謝東閔出生於小康之家，原名謝進喜。在中學時代，謝東閔因為對日本人異族殖民地統治的不滿，所以萌生回他心中的祖國中華民國求學的念頭。

1925 年中學尚未畢業自台灣抵達日本後，在長崎搭船前往上海。先赴上海東吳法學院，再往廣東就讀中山大學政治系，畢業後留校擔任日文助教，並且在廣州、香港等地寫稿維生。

1942 年，在桂林《廣西日報》社工作的謝東閔被邀參加中國國民黨台灣省黨部的籌備工作。

1943 年至 1945 年謝東閔在漳州、永安、福州等地從事抗日活動。

1945 年，中日戰爭結束，隨接收台灣船隊回到台灣，而後出任高雄州接管委員會主任委員、任高雄縣長、台灣省行政長官公署民政處副處長、台灣省政府教育廳副廳長、台灣省立師範學院院長、台灣新生報董事長、中國青年反共救國團副主任、中國國民黨中央黨部副秘書長、台灣省政府秘書長、台灣省議員、台灣省議會副議長、議長。

1957 年，創辦家政學校。

1958 年 3 月 26 日私立實踐家政專科學校，後改制為實踐大學；

1972 年，出任台灣省政府主席。

1976 年 10 月 10 日的雙十節，謝東閔於台灣省政府主席任內，收到由台灣獨立運動參與者王幸男寄的炸彈郵包，在拆封的時候炸傷左手，醫院因擔心引發敗血症，動手術切除謝東閔的左手，裝上義肢。

1978 年，出任中華民國第六任副總統到 1984 年。

1984 年，榮任台北語文學院名譽董事長。

2001 年，因病去世。

林頂立　1908～1980 台灣雲林刺桐人

滿洲事變後，赴中國參加抗日運動，二次大戰結束，任保密局台灣站站長，二二八事變，組織「特別行動隊」協助平亂。

許世賢　1908～1983.6.30.台灣嘉義

　　許世賢，臺灣第一位女博士、女縣市長，有「嘉義媽祖婆」美名，嘉義政壇「許家班」的開山始祖，父親許煥章為清朝秀才。

　　1930年，日本醫專畢業，在台南醫院服務，後自行開設泰德醫院、世賢醫院。

　　1933年，與張進通醫師結婚，夫婦前往九州帝國大學醫學部深造專攻婦產科。

　　1939年，夫婦都取得醫學博士學位，人稱為「鴛鴦博士」許世賢成為臺灣第一位女醫學博士，也是日本第三位女醫學博士。

　　1940年，夫婦回台灣，開設順天堂醫院。許世賢任嘉義女中校長。

　　1945年，前往日本東京女子醫專就讀。

　　1946年，許世賢當選嘉義市參議員、以及候補制憲國大代表。

　　1947年，二二八事件爆發，許世賢與女兒張博雅前往陽明山避難。

　　1954年，許世賢當選臨時省議員、之後當選台灣省議員15年。

　　1960年，許世賢曾參與雷震中國民主黨從事創黨活動，兩度挑戰嘉義縣長落選。

　　1968年，當選嘉義市長。

　　1972年，當選增額立法委員，1975年獲得連任。

　　1982年，許世賢以75歲高齡再度當選嘉義市長。

　　1983年，逝世，嘉義為紀念她，設有一條「世賢路」。

　　許世賢推動中山路電路地下化、七彩噴水池等市政建設，被市民尊稱為「嘉義媽祖婆」。女兒張博雅、張文英先後出任嘉義市長，台灣首見的三人母女市長。

郭雨新　1908.8.20.～1985.8.2.臺灣宜蘭人

　　郭雨新，字沖雲，臺灣宜蘭人。日治時期於臺北帝國大學農林專門部畢業（現國立中興大學），戰後為臺灣省議會「五龍一鳳」之一，也是黨外運動元老之一。被稱為「黨外祖師爺」。因被國民黨政府迫害，赴美不返，病逝美國。

　　1926年，宜蘭成立台北州立宜蘭農林學校。

　　1931年，進入臺北帝國大學農林專門部（農林專門部1943年獨立，改稱臺中高等農校，後改為中興大學）。

　　1934年，入林松壽公司林本源興殖株式會社，同年與石宛然結婚。

　　1938年（昭和13年）長女出生。

　　1948年，郭雨新加入中國青年黨。

　　1949年，獲遴選擔任台灣省參議會參議員。

　　1951年至1971年間擔任中華民國臺灣省臨時省議員廿二年。

　　1960年，郭與雷震等人籌組「中國民主黨」對抗中國國民黨。

　　1972年，郭雨新欲競選連任省議員，遭到國民黨當局破壞而放棄。

　　1973年，郭雨新參加增額監察委員選舉，「零票」落選。

　　1975年，參與立法委員增額選舉落選。

1976年，林義雄律師與姚嘉文律師為其提起選舉無效之訴官司。

1977年，由於政治主張不同，於4月離開台灣，轉赴美國。

1978年1月21日，郭雨新在華盛頓特區宣佈競選台灣總統。

1979年，郭雨新成立台灣民主運動海外同盟。

1985年8月2日，病逝美國華盛頓特區亞歷山大醫院葬臺北陽明山。

周百鍊　1909.2.23.～1991.9.11.台北市人

周百鍊，日治時期生於臺北，日本長崎醫科大學學士，九州大學醫學博士。1961年8月以臺灣省政府委員代理臺灣台北市長，1963年卸任。1969年，監察院增額監察委員改選，周百鍊當選監察委員，並出任監察院副院長二十餘年，任內整飭公家風紀，策進行政效能，頗有貢獻。

戴炎輝

1909.11.28～1992.7.3.，台灣屏東縣人　日本皇民化運動改名田井輝雄

日本東京帝國大學畢業，法律史學家，曾任中華民國司法院院長、司法院大法官。他所命名且整理的淡新檔案，為目前最完整的清朝縣級行政檔案。

1945年於台大法學院任教的戴炎輝，以十數年的時間，將台灣淡水廳（掌管北台灣），台北府，新竹縣三衙門的資料加以編纂，並將其資料命名淡新檔案。他除了將檔案命名為「淡新檔案」外，也將該之文件分為行政、民事與刑事三門；每門項下再分類、款、案等。經整理後，該檔案已成為世界有名的傳統中國縣級檔案。也因法制素養，1977年4月～1979年7月，擔任中華民國司法院院長，為第一位擔任司法院院長的台灣人。

卸任司法院院長後，戴炎輝仍與其同為知名民法學者及司法院大法官之子戴東雄共同發表相關法律著作。另外，他也曾擔任中華民國總統府資政，直至1992年去世為止。曾任台大醫院院長的戴東原係其另一子。

黃啓瑞　1910～1976.6.14.台北市

黃啟瑞字青萍，本籍台灣台北，日本京都帝國大學畢業。1957年4月經由選舉當選台灣台北市長，6月上任。1960年，當選連任。翌年因涉嫌貪污被予以停職。1963年12月經判決無罪後復職。1964年卸任。

廖文毅　1910.3.22.～1986.5.9.台灣雲林西螺

廖文毅，本名廖溫義，台灣獨立運動先驅，曾任東京之「台灣共和國臨時政府」大統領。父親廖琛（廖承丕）於1895年乙未戰爭之時，英勇抗日，義軍重要將領。以西螺七嵌功夫聞名。

祖父廖龍院（1835-1893）以開私塾教漢學為生，父親廖承丕（1871-1939）為當地大地主。母親陳明鏡

（1875-1966）畢業於台南市長榮女子中學。兩代之間出了六位博士，大哥廖溫仁（1893-1936），為醫學家、醫史家。二哥廖文奎（1905-1952）為政治哲學家。廖文毅在家中排行老三。

1925年，淡水中學讀一年轉至日本同志社中。

1928年，進入南京的金陵大學工學院機械科。

1932年，赴美就讀密西根大學（University of Michigan），獲得碩士後，轉至俄亥俄州立大學（Ohio State University）。

1935年，以〈用鈉氯化物電解法從事紙漿生產〉論文獲得化學工程博士。畢業不久，與在美國出生的李惠容結婚，婚後不久與妻子一起返台。

1936年，廖文毅攜眷到中國，擔任浙江大學工學院教授兼任系主任。

1939年，廖父病危，廖文毅於是舉家返台探視父親。

1941年，日本偷襲珍珠港，再赴中國。

1945年，二次世界大戰結束，政府接收台灣，廖文毅被指派為台灣行政長官公署工礦處簡任技正，並兼台北市政府工務局長。

1946年，辭去兼工務局長，改兼任台北市公共事業管理處處長。

廖文毅精通中文、日文、英文，又有社會聲望的，對於參政的意願，創立了「台灣民族精神振興會」，自任會長，又組「台灣憲政會」，創刊《前鋒》雜誌。廖文毅提出「聯省自治」主張應該尊重台灣文化，尊重台灣人的訴求，。

1947年，二二八事件後，廖文毅代表「台灣革新協會」組成「台灣二二八慘案聯合後援會」，發展告全國同胞書。陳儀反而於4月18日發佈「二二八事變首謀叛亂犯在逃主犯名冊」30人，廖文毅、文奎名列其中，成為叛亂通緝犯。廖氏兄弟乃感時局無可作為，遂先後赴港，提出台灣獨立。

1948年，廖文毅與謝雪紅等在香港組織台灣再解放聯盟。

1949年，潛赴日本。

1950年，在京都召開「二二八事件三周年紀念日」，發表台獨主張，遭到美軍以「非法入境」逮捕，進巢鴨監獄七個月。5月17日成立台灣民主獨立黨，以台灣由美軍接管、公民投票決定台灣前途為訴求。

1956年，廖文毅成立台灣共和國臨時政府，就任大統領，創《臺灣民報》。

1965年5月14日，廖文毅因中國國民黨政府凍結其在臺灣的資產，並以其親友的安危做為要脅，只得聲明放棄臺灣獨立運動回到臺灣，6月獲得蔣中正特赦，12月獲國民政府任命為曾文水庫建設委員會副主任委員，卸任後曾參與臺中港的建設。但餘生飽嘗監視，終身不得出國。

1986年5月9日，病逝於台中沙鹿醫院。

蔡鴻文　1910.9.21.～1994.4.16.台灣台中縣人

台灣嘉義農校畢業，曾任台中縣參議會參議員、台灣省臨時省議會議員、議長。後擔任總統府國策顧問及資政。在台灣地方派系中，屬於台中縣紅派人物。

高玉樹 1913.9.3.～2005.6.15.台灣臺北市興雅庄祖，先來自福建安溪

　　高玉樹，曾祖父高挺定做賣米生意，祖父高烏頭繼承父業，機械化取代手工，使高玉樹對機械產生興趣。父親高清河與母親李市同年生，在十七歲時結婚。

　　1920年，高玉樹進松山公學校。家道中落搬到蓬萊町租房子。

　　1924年，轉入太平公學校。

　　1926年，考入台北工業學校電器工程科。

1931年，參加總督府遞信部考試失敗深感歧視。

1933年，赴日本留學，在東京繪畫製造工業公司技術顧問。

1938年，考入早稻田大學專門部。

1941年，畢業進大學部，因為與事務員衝突而被開除。

1941年。結婚。

1945年，任「東京台灣同鄉會」副會長，「日本華僑總會」會長。因「澀谷事件」，被以「戰俘疑犯」罪名在上海看守所92天，避過二二八事件。

1951年，參選台北市市長選舉落選。高則利用農復會留學計畫前往美國進修工程，研究冶金技術，參加工業經營講習。

1952年9月回國後受懷德公司推薦擔任四十四兵工廠技術顧問。1954年，競選第二屆民選台北市長，當選台北市長。

1960年，與李萬居、雷震籌組中國民主黨，於雷震案發生前後被控侵佔罪。

1964年，以無黨籍身份參選台北市長選舉，擊敗周百鍊當選。

1967年，台北市升格為直轄市後連任台北市市長。

1968年5月29日，高玉樹為自殺身亡的長子高成器與吳家小姐吳純純完成「冥婚」，是台灣有名的「冥婚」案例。

辜振甫 1917.1.6.～2005.1.3.台灣彰化鹿港人祖籍福建省惠安縣

　　辜振甫，字公亮，企業家。早年曾因臺灣獨立坐過牢，曾任海峽交流基金會董事長、總統府資政等要職。

　　辜振甫的父親是日治時期的富商辜顯榮，自台北帝國大學畢業後，曾赴日本帝國大學進修。20歲繼承家業，由台灣水泥打下和信集團基礎。長子辜啟允接掌電信產業，和信超媒體於美上市。

　　1990年10月7日，國家統一委員會正式成立，辜振甫以工商協會理事長身分擔任第一屆委員。

　　11月21日，海基會正式成立，辜振甫擔任董事長。

　　1992年10月26日至10月29日，許惠祐代表海基會赴香港與海協會會談，此次會談又稱為九二香港會談。兩岸於會中就「一個中國」原則的涵義該如何表述進行了討論，根據辜振甫的回憶錄，雖然兩岸各自提出具體意見，卻未達成共識。然2000年4月蘇起聲稱兩造於九二香港會談達成「九二共識」，但這項共識並無書面簽訂。直到2006年2月蘇起才公開承認「九二共識」一詞為他所創造。

　　1993年4月，辜振甫代表海基會與海協會會長汪道涵在新加坡舉行了舉世矚目的「辜汪會談」。

　　1998年10月他們又在上海舉行了「辜汪會晤」。

　　2003年，辜啟允去世，辜振甫叔姪悄然分家，次子辜成允掌握傳統產業，女婿張安平接掌台灣慧智等科技事業，而姪子辜濂松的中信集團則掌握金融版圖。

　　2004年10月25日因胰臟癌復發，住進台北振興醫院，接受洗腎及呼吸器治療。

　　2005年1月3日終因腎功能衰竭逝世，享年88歲。

　　中華人民共和國全國政協主席賈慶林、與海協會會長汪道涵曾來唁電。

　　2008年6月，台泥董事長的辜成允身價淨值12.5億美元。

　　辜振甫續弦嚴倬雲，是嚴復的孫女，亦是台灣望族士紳林熊徵的外甥女，由於來台為林熊徵奔喪，有緣和辜振甫結識，幼年已隨姑姑（蔣宋美齡的姐妹淘）和蔣家過從密切。1992年被任命為中華民國婦女聯合會總幹事。

　　有兩子三女。長女辜懷群適胡其龍、次女辜懷箴適趙元修、幼女辜懷如張安平。長子辜啟允2001年去世，妻謝載慶，次子辜成允，妻侯天儀，育有一子一女。

　　其異母胞弟辜寬敏是臺灣獨立運動大老。

王永慶

1917.1.18.～2008.10.15.台灣台北人祖籍福建安溪生於台灣日治時期

　　台北廳新店支廳新店區直潭庄(今屬新北市新店區)、逝世於美國紐澤西州。

　　王永慶，企業家、台塑集團創辦人，被譽為臺灣的「經營之神」、出身於窮苦的茶農之家，曾祖父王天來，於道光年間自福建省泉州府安溪渡海來臺，後仍操故里舊業，以茶為生。

　　王永慶 15 歲小學(新店國小)畢業後，先到茶園當雜工，後來又到嘉義一間米店當學徒。16 歲時用父親所借的 200 日圓(註：當時約普通人數十倍薪資)自己開辦了一家米店，之後生意越作越大，曾經營過碾米廠、磚瓦廠、木材行等，其中以木材的生意獲利最豐，甚至曾讓王永慶不惜冒險盜伐珍貴林木銷往日本，弟王永在也曾因參與而入獄。

　　1954 年 7 月，在美國援助與國民政府計劃經濟的背景下，王永慶獲得了 79.8 萬美元的貨款，並配合政府規劃投資生產 PVC 塑膠粉，於同年籌設福懋塑膠公司。王永慶終其一生強調「追根究底、實事求是」態度經營企業。

　　1957 年 4 月，『福懋』開始生產 PVC，由每日僅 4 公噸的 PVC 廠起家，並將公司改名為『台灣塑膠公司』，開始一路向上游發展，並完成垂直整合的石化供應鏈，事業版圖也從石化擴及電子、醫療等範疇。台塑集團被譽為台灣經濟奇蹟的象徵，王永慶也被各界譽為「台灣的經營之神」。

史明　1918.11.9.~　台灣士林（今臺北市士林區）

　　史明，本名施朝暉，台灣獨立運動的重要領袖之一，台獨團體「獨立台灣會」的創始人，政治立場偏向台獨左派。著有《台灣人四百年史》影響台獨運動甚深。

　　父親林濟川，出身潭子鄉頭家厝(今臺中縣潭子鄉)，早年留學日本，參與過台灣文化協會的活動，擔任《台灣青年》編輯。母親則出身於士林的施家大戶。五個兄弟中，只有史明從母姓。

　　史明強烈反日，1937 年，赴日本早稻田大學唸政治經濟學部，畢業後，1942年到中國，支援中國共產黨的抗日活動。1947 年，他組成「台灣隊」，有台灣獨立的想法，從這次的中國經驗中萌芽。

　　史明第一次對中國感到失望，「中共獨裁」「中共土地改革，不但土地拿起來，也把地主殺了」此外，對台灣人實施「分化政策」，「叫客家人來打福佬人，也叫福佬人來鬥一個客家人。」史明從此認定「台灣人不能跟中國人一起」。

　　1949 年底逃離中國大陸，回到台灣，看到台灣國民政府的白色恐怖與中共

如出一轍，認為漢人系台灣人與中國漢人雖血出同源，但在社會發展上已與中國分裂為不同民族，要解決台灣的問題，唯有台灣獨立一途。於是在 1952 年，他組織「台灣獨立革命武裝隊」刺殺蔣介石，事跡洩漏，偷渡到日本。

亡命日本後，撰寫《台灣人四百年史》，同時重新學習馬克思主義。1962 年七月《台灣人四百年史》日文版在東京出版。史明在日本曾與「台灣青年社」的王育德接觸過，認為王育德「才華別具」。不過，道不同不相為謀，他在該組織短期逗留後就離開了。

1967 年 4 月，創立「台灣獨立連合會」在日本東京成立，同年 6 月因為無法獲得「台灣青年獨立聯盟」和「台灣獨立總同盟」的協調加入，而宣告該組織解散。史明又立刻籌組「獨立台灣會」，1967 年 6 月 30 日正式成立，奉行「主戰場在島內」為圭臬，積極從事島內的地下工作和群眾運動。出版《獨立台灣》刊物，標明其為「台灣人民解放革命陣線機關誌」。

林挺生　　1919～2008 台灣台北市人

台北帝國大學化學畢業，大同公司董事長，曾任台北市政府議會議長。

王育德　　1924.1.30.～1985.9.9.台南市人

國際台灣語研究的權威、台灣獨立運動的重要領導人之一，亦為日本「台灣青年社」及其機關刊物《台灣青年》的創辦者。為台灣清治時期太子太師王得祿著名後代。

王育德是應二二八事件而生的戰後第一代台獨運動人士中，非常具有代表性的一位人物。他是知識分子、作家，同時也是專業的語言學家。他之所以投入政治，和當時許多台灣人之所以投入政治的原因都相當接近，在某種程度上算是歷史的偶然。

有一位在法律界知名的哥哥王育霖，於新竹檢察官任內，將市長郭紹宗以貪污罪名起訴，後被迫辭職。如果說王育霖或者是廖文毅是想在政治上有一番作為的話，王育德則是和他們兩個截然不同。他毫無政治野心，他之所以投入台獨運動，乃是對國民黨這個新政權在政治、經濟、及文化上的多方壓迫深感不滿，而終於想奮力抵抗。王育德對台獨運動的參與，對戰後這一代之台獨思想的形成，有極大的影響和貢獻。

在台灣完成基礎學業以後，王育德也循當時一般富家子弟的腳步，遠赴日本進入東京大學攻讀中國哲學的博士學位。他的求學因為第二次世界大戰的爆發而中斷，但是，他仍然擁有詩詞、語言研究方面的才華，詩、戲劇及語言學，才是他主要興趣的所在。戰後國民黨政權初期，王育德受廖繼春邀請，任教於台南一中，推行台語話劇，並自行以台語撰寫劇本演出，他的第一個劇本是「新生之朝」。

二二八事件，其兄王育霖無故被殺，王育德逃到香港去，1949年再由香港轉往日本，並重回東京大學繼續其未完成的博士學位。

加入廖文毅所主導的「台灣共和國臨時政府」，但兩人意見不同，南轅北轍，僅合作兩年。特別是他們對二二八的見解有相當的差異，王育德並不同意廖文毅將二二八事件視為是一種「革命」的看法。基本上，他對廖文毅所從事的政治活動持保留態度，雖然認同在當時那種背景下，廖文毅仍然有值得讚揚的「貢獻」，他本人卻寧可以學術界為其利器，口誅筆伐，從事各色各樣的台灣研究工作。

辜寬敏　1926.10.15.～

辜寬敏，民主進步黨大老，台灣獨立運動重要人物，企業家。國立台灣大學政治學系肄業。父親為辜顯榮，兄辜振甫，姪子辜濂松，妻子王美琇。長子辜朝明、次子辜英明、三子辜千里。

1895年，清廷割讓台灣、澎湖予日本，辜顯榮帶領日軍和平進入台北城。辜顯榮處事手腕甚受日本人賞識，遂獲得日本人准許下商品專賣權，逐漸成為當時台灣第一富商。

辜顯榮第八子，辜振甫同父異母弟，母為日本人岩瀨芳子。

1947年，台灣二二八事件後，辜寬敏流亡海外，因與黨外人士在日本成立台獨聯盟而遭國民黨政府通緝。

1972年2月22日，辜寬敏在調查局局長沈之岳安排下，秘密從日本取道泰國返台，與蔣經國對話，呼籲解除台灣戒嚴，遭台獨聯盟日本本部除名。

1981年7月至1984年5月間，辜寬敏與俞國華晤談，辜寬敏是否維持一貫反對國民黨政府之立場，令人存疑。

1984年8月，台灣黨外運動期刊《新潮流叢刊》，他的反蔣，植根於投日；他的投日，植根於戀棧權貴。

2000年4月初，在《華盛頓郵報》訴求「台灣在完成政黨輪替後應該宣布獨立」。

2005年11月，辜寬敏以總統府資政的身份，在《紐約時報》登廣告批評海峽兩岸「一中」架構，受到各界矚目。

2006年10月15日，陳水扁等民進黨政治人物慶祝辜寬敏八十大壽，辜寬敏宣布自己的生日願望有三個：「正名」、「制憲」、「2008本土政權繼續執政」。

2007年9月中，在《紐約時報》及《華盛頓郵報》自費刊登廣告，呼籲美國人民和政治人物幫助台灣以「台灣」名義加入聯合國。

2008年1月15日，一反過去批評謝長廷台海兩岸主張（「憲法一中」等）態度，以曹植〈七步詩〉比喻兩岸是「兄弟」，「本是同根生，相煎何太急？」

2012年1月20日《自由時報》專訪「台灣與中國是兄弟之邦」「本是同根生，相煎何太急」，中國應調整想法、不要老想著「台灣是中國的一部分」。他

同時批評，民進黨的中國政策是空的，台灣共識與台灣前途決議文都是對內的主張而不是對中國的主張，「敵人都在門口開砲了，還講台灣共識，無效啦！」

10 月 29 日，在《自由時報》刊登〈兄弟之邦 ── 中國政策與兩岸問題芻議〉「兄弟之邦」。「中國如果願意承認台灣是一個國家、幫助台灣加入聯合國，台灣人的子子孫孫將會永遠感謝中國人、也會和中國維持最友好的『兄弟之邦』的情誼與關係。」

12 月 30 日民進黨必須有一套對中國的政策，但他只能用「無能」二字形容民進黨此刻的中國論述。四大天王「不要再出來了」。

辜濂淞　1933.9.8.～2012.12.6.台灣鹿港

辜濂松，企業家，中國信託金融公司董事長、曾任總統府資政、臺北國際社區文化基金會（ICRT 廣播電臺）董事主席。

經常代表臺灣參加亞太經合會（APEC）等企業領袖外交會議，長期力挺文化事業「新舞臺」。

1985 年發起為弱勢兒童募款活動。

2012 年 12 月 6 日（美東時間）在美國紐約凱斯隆特林紀念醫院因病（腦部腫瘤）逝世，享壽 79 歲。

黃順興　1923.3.12.~2002.3.5.　臺灣省彰化縣彰化市人

黃順興，中華民國、與中華人民共和國政治人物，無黨籍，曾當選台東縣議員、第五屆台東縣長，增額立法委員。

黃氏曾參與《公論報》經營，常被國民黨渲染為中國青年黨人。與李萬居、郭雨新等人在臺灣黨外運動史上具有一定地位。

其支持中國統一的政治立場，則與李萬居略異（反共），與郭雨新相反（台獨）。

1985 年，他利用到美國探親的機會赴中國大陸旅行，被中華人民共和國官方延攬為全國人大代表，最後做到常委。

2002 年 3 月 5 日在北京因心臟病過世。

林洋港　1927.6.10.~2013.4.13.　南投魚池鄉日月潭畔頭社

林洋港，祖先來自福建漳州龍文區郭坑鎮霞貫村林氏開基祖先林仕壽，第十二世後裔汝字輩遷居台灣，傳至林洋港已是第八世，暱稱「阿港伯」、因愛養牛又有人稱「水牛伯」。

1951 年，國立台灣大學政治學系畢業。在臺南市稅捐處擔任稽查員，之後調任南投縣政府民政局擔任科員。

1953 年，升任南投縣政府民政局局長，接著又當南投縣政府秘書。

1964 年，調任臺灣省政府秘書處秘書，兼任中國國民黨雲林縣黨部主任委員。

1967 年，代理南投縣縣長，國民黨南投縣黨部主任委員，救國團南投縣主委。

1968 年 6 月 2 日－1972 年 6 月 16 日調任第六屆南投縣縣長。

1972 年，蔣經國擔任閣揆，提拔臺灣本省籍菁英。前後出任台北市長、內政部長、台灣省主席。而後又官拜司法院長。

1987 年任司法院長，言「司法像皇后的貞操，不容懷疑」認司法形象公正廉明。

1990 年，李登輝參選總統，國民黨提名上，滕傑等國大代表推出林洋港為總統候選人，蔣緯國為副總統候選人的「林蔣配」與李登輝對抗。林洋港表態「候選而不競選」，引起國民黨內部對立。

3 月 2 日李登輝請林洋港入總統府「懇談」，李登輝為了要林洋港退選，私下承諾林洋港，如林洋港退選，六年總統任期屆滿後，不會連任，會支持林洋港競選總統。後來更派出國民黨「八大老」黃少谷、陳立夫、辜振甫、李國鼎、倪文亞、謝東閔、蔣彥士出面調停勸退。3 月 9 日林洋港發表「不候選聲明」宣佈退選。李登輝當選總統後，嚴詞否認前說。

1993 年，李登輝聲言不任命林洋港為行政院長，是愛護林洋港，「從容準備三年後的發展」。

1994 年，林洋港辭去司法院長，預備參加 1996 年總統直接民選，並請出前行政院長郝柏村搭配參選副總統，但結果失敗。

1995 年，因參選遭國民黨以違反黨紀參選為由開除黨籍，後來 2005 年恢復黨籍。

2013 年 4 月 13 日辭世。

黃信介

1928.8.20.～1999.11.30.台灣台北市大龍峒祖籍福建省泉州府安溪縣

黃信介，原名黃金龍，祖父是前清秀才黃宗河。

黃金龍小學，到日本印刷廠半工半讀，旋回台灣。

1948 年，考取國立北京大學（今北京大學）因國共內戰未能成行。

1949 年，台灣省立行政專校（後改中興大學法商學院）加入中國國民黨。

幫吳三連、高玉樹、黃金龍、康寧祥助選。因推崇日本總理大臣岸信介，改名信介，從此正式步入政壇。與人合辦《台灣政論》《這一代》雜誌社《美麗島》雜誌。

1980 年，美麗島事件，被判處有期徒刑 14 年，1987 年獲得假釋。

1988 年，加入民進黨，聘為黨務顧問，旋當選第三、四屆黨主席。

1991 年，黃信介卸任黨主席，任民進黨首席顧問。

1992.4.19.「419 大遊行」任總指揮，要求總統直接民選。

年底「元帥東征」參選花蓮縣立委先敗，後計票逆轉判定當選。

1999 年 11 月 30 日，心肌梗塞引發心臟衰竭去世，墓地位於新北市八里墓園，經常有政治人物去祭祀掃墓。

黃信介人稱為「台灣民主之父」「民進黨永遠的大老」「永遠的歐吉桑（日語「老爺爺」之意）」信介仙」民進黨永遠精神領袖。

劉松藩　1931.12.3.～臺灣臺中縣大甲鎮（今臺中市大甲區）人

劉松藩的父親劉雲騰，為劉姓抱養之養子，本姓潘大甲頂店人。劉松藩是臺中縣紅派出身。為競選立法委員，與堂姪劉銓忠決裂，後因廣三案而逃亡，並遭通緝。

劉松藩中華民國立法院第一屆（第 1～6 次增額立委）、第 2~5 五屆立法委員，並擔任第一屆（第九任）、第二屆、第三屆院長。

1998 年院長任內，涉嫌協助台中商銀董事長曾正仁，居中介紹經營不善的知慶公司向台中商銀非法超貸 15 億元，劉松藩並從中取得 1 億 5000 萬元的傭金。

2000 年，脫離中國國民黨，加入宋楚瑜新成立之親民黨。

2004 年 9 月 7 日，法院判決背信罪成立，同日宣佈退出親民黨，及辭出親民黨不分區立法委員職務，接著下落不明。

2009 年，其妻蔡雲卿在台病逝喪禮，也未見劉松藩身影。

許世楷　1934.7.7.～台灣彰化人

祖父許嘉種是當年臺灣文化協會的調查部部長，曾在 1923 年治警事件中被日警逮捕迫害。父親許乃邦畢業於京都大學法學部、東京大學經濟學部，有名的開業律師；母親洪金雀畢業於東京女子醫學專門學校，回臺灣後在南投的草屯開診所。伯父許乃昌，曾前往蘇聯首都莫斯科的孫逸仙大學進修。

許世楷畢業於簡稱臺中一中初中、國立臺灣師範大學附屬高級中學、國立

臺灣大學法學院政治系，和連戰是高中及大學共七年的同窗。

　　1959 年，獲得日本文部省獎學金，自臺灣前往東京留學。

　　1960 年，先後加入「臺灣青年社」、「臺灣獨立聯盟」、「臺灣獨立建國聯盟」、「臺灣共和國憲法草案」。

　　1968 年，獲東京大學法學博士，在日本津田塾大學任教授，名譽教授身份退休。

　　1998 年，在靜宜大學任職兼任教授。

　　2004 年，出任台北駐日文化代表處大使。

　　2008 年，臺日雙方在釣魚台海域發生聯合號海釣船事件後，被外交部召回臺灣，遭到立法委員批評，渠以「士可殺不可辱」拒絕赴立法院備詢請辭。

　　2009 年，靜宜大學兼任講師到 2010 年六月止。

蔡同榮　1935.6.13.~2014.1.11.臺南州東石郡布袋庄新塭

　　蔡同榮，嘉義高中畢業，考取國立臺灣大學政治系，後轉入臺大法律系就讀。在臺大就讀期間，曾經以第一位非中國國民黨籍學生當選臺大。

　　1958 年臺大畢業後服兵役。

　　1960 年 6 月 19 日，與張燦鍙、侯榮邦、陳榮成等人發起關子嶺會議，討論有關推翻中國國民黨與臺灣獨立問題；也因此被列入黑名單，二十餘年無法回臺。之後，獲得美國田納西大學政治學碩士。

　　1966 年，與陳以德、張燦鍙、羅福全等成立台灣獨立聯盟。

　　1969 年，取得美國南加州大學政治學博士，任教於美國紐約市立大學。

　　1970 年 4 月 24 日，行政院副院長蔣經國訪問美國，黃文雄開槍行刺未遂；當場被捕，但原本約好也要去行刺的蔡同榮不在場。事後，蔡同榮說，他有開車去，但一直找不到停車位，以致錯過時間。

　　2013 年 12 月 18 日，蔡同榮因出血性腦中風，開刀後昏迷。

　　2014 年 1 月 11 日凌晨 0 時 10 分，蔡同榮心臟衰竭辭世，享壽 78 歲。

連戰　1936.8.27.~　原籍台灣台南　在中國陝西西安出生

　　連戰，字永平，祖先是山西省上黨人，馬崎社的開基始祖連佛保於十五世紀初來馬崎。清康熙年間，連佛保的十世孫連興位從馬崎社渡過臺灣海峽赴臺灣，定居臺南馬兵營，連戰是連興位的第九世孫，連佛保第十八世孫。

　　祖父連橫，著《台灣通史》曾在日佔台灣，反日立場，產業全數被沒收。連戰出生前兩個月，祖父連橫在上海病逝，死前給未出生的孫子取名「連戰」。

　　父親連震東，曾任內政部長，母親趙蘭坤，北平燕京大學畢業，2011 年 4 月 17 日辭世，享壽 103 歲。

　　1941 年，連戰就讀西安作秀小學（今西安市後宰門小學）一年級。

　　1942 年，轉學到新街小學二年級。

　　1944 年，因連震東轉調重慶，隨父親遷往重慶就讀重慶南山小學四年級。

　　1946 年，連戰隨母到台灣，就讀日新國小，成功中學，師大附中。

　　1953 年，考入陸軍官校，轉學國立臺灣大學政治系。取得美國芝加哥大學國際公法與外交學碩士、政治學博士、廈門大學名譽法學博士、國立中山大學名譽博士、韓國成均館大學名譽博士、香港城市大學榮譽社會科學博士學位。做過臺北市大安區仁愛里 19 鄰鄰長、大學教授、系主任、交通部長、外交部長、台灣省政府主席、駐薩爾瓦多大使、行政院長、中華民國副總統、國民黨主席。

　　1961 年，與中國小姐方瑀（現冠夫姓為連方瑀）結婚。育有二子二女，長子連勝文，次子連勝武，長女連惠心，次女連詠心，長媳蔡依珊，女婿陳弘元，長孫連定捷。

　　1970 年，連戰當選為十大傑出青年。

　　2005 年，「破冰之旅」訪問大陸，與中共總書記胡錦記會晤，拜謁中山陵。

　　2006 年，參加「國共經貿論壇」與中共中央總書記胡錦濤再度於北京會晤，雙方重申「九二共識」與「一個中國」政策，並南下福建，作「尋根之旅」。

　　2008 年至 2011 年，代表中華民國參加亞太經濟合作會議。

　　2009 年，清明赴陝西黃帝陵祭祖。7 月，參訪中國大陸。

　　2010 年，出席上海世博會開幕式。9 月，出席台胞社團論壇。12 月，連戰獲得由中國大陸民間機構頒發的「孔子和平獎」。

　　2011 年，連戰與連方瑀，在上海會見中共上海市委書記俞正聲。

　　2012 年，代表中華民國參加海參威 APEC 各國領袖級會議，會見中國主席胡錦濤、美國國務卿希拉蕊、日本首相、新加坡首相李顯龍，分別舉行會談。

　　2013 年 2 月 25 日，同新任中共中央總書記習近平會晤。

　　2014 年 2 月 17 至 19 日率團參訪北京，第二度會面中共中央總書記習近平。

　　2 月 18 日，連戰和中共總書記習近平會面時表示，兩岸關係應在一中架構

下進行，同時也強烈堅持九二共識，兩岸關係並不是國際關係，這些都比以前更明確。隨後，連戰接連向中共總書記習近平拋出「中華民國」議題。

2月19日，北京大學授予名譽教授（Emeritus Professor），連戰親切稱其為「母校」，其母趙蘭坤 30 年代曾就讀原燕京大學，連戰親切地稱為「『母校』」。

11 月 29 日協助兒子連勝文競選台北市長失敗。

蕭萬長　　1931.1.3.-台灣嘉義

曾讀日治時期幼稚園、北園國小、嘉義大同國小、嘉義商職、嘉義工職、嘉義中學、國立政治大學外交系。

1978 年，任國貿局副局長赴美談判「永久最惠國待遇」。

1990 年，任經濟部長，

1992 年，提出「亞太營運中心」構想。

1993 年及 1994 年，兩度參加亞太經合會領袖會議。

1995 年，當選立法委員。後因出任行政院長辭去立委職務，隨後的嘉義市立委補選，則由先前落敗的蔡同榮當選。

1997 年，出任行政院長。

2000 年，連戰與蕭搭檔競選總統副總統落敗，卸下行政院長職務。

2005 年，以「世代交替」辭去國民黨副主席，被聘為國民黨中評會主席團主席。

2007 年，馬英九邀請蕭萬長，搭配競選總統、副總統。

2008 年，蕭萬長當選第 12 任副總統。參加博鰲論壇，與中共中央總書記胡錦濤會面，兩岸融冰，提出「正視現實，開創未來，擱置爭議，追求雙贏」替兩岸經濟及政治對談帶來新的局面。

2011 年，宣布不再尋求連任，與馬英九搭檔參選 2012 年總統大選。

2012 年，李登輝屬意蕭萬長任台灣團結聯盟創黨主席，但蕭推卻。

2013 年，在印尼巴厘島舉辦 APEC 領導人非正式會議，蕭萬長擔任特使，與中共中央總書記習近平會晤，這是兩岸關係進展大突破。

2014 年，馬英九總統請他負責整合「跨太平洋經濟夥伴協議（TPP）」和「區域全面經濟夥伴協定（RECP）」事宜。

吳敦義　1948.1.30.～　台灣南投草屯

吳敦義，臺灣南投縣草屯鎮人。1990 年時獲總統李登輝與國民黨秘書長宋楚瑜拔擢被委派為最後一任的官派高雄市市長。

1994 年獲選第一屆民選高雄市長。

1998 年角逐連任高雄市市長以陳春生偽造「外遇錄音帶」影響民意而敗選。

2006 年出任國民黨秘書長，被視為馬系核心成員。

2008 年當選第七屆立法委員。

2009 年 9 月 7 日出任行政院長。

2012 年 1 月 14 日總統副總統選舉，和馬英九當選總統、副總統。

2012 年 5 月 20 日就任第 13 任副總統。

吳敦義父親吳奚，1945 年戰後出任南投縣農會第一任總幹事，曾任第一屆南投縣縣議員，二二八事件因白色恐怖受難入獄。之後吳奚連任多屆南投縣草屯鎮新庄里長。

2014 年 10 月 29 日台灣九合一選舉，國民黨慘敗，馬英九辭黨主席，由吳敦義代理黨席。吳敦義妻子為蔡令怡，有三子一女長子：吳瑛智、長女：吳子安、次子：吳子文、三子：吳子均。

邱創煥　1925.7.25.～台灣彰化縣人

邱創煥，日本佔領台灣皇民化運動時改姓岡田。貧農家庭，沒有高中畢業文憑，靠自修創下"考試院"迄今無人能破的高普考紀錄。歷任"內政部長"、"行政院副院長"、"台灣省主席"、"考試院長"和國民黨副主席等要職。

1978 年，登上內政部長之位。

1990 年，任台灣省主席，後任考試院長。

1996 年，邱創煥曾有意競選總統，因蔣經國已提名李登輝而作罷。

王金平　1941.3.17.～　臺灣高雄路竹

王金平，父親王科，六個兄弟，家庭經濟因素無法求學，自己創業食品工廠。臺南一中，國立臺灣師大數學系畢業，任教德實驗中學，並做進出口貿易。

1975年，高雄縣白派林淵源的支持下，高票當選立委。

1980年至2012年，連任立法院長。

1990年，擔任中央政策會副主委。

1991年，擔任立法院工作會主任及黨團書記長。

1992年，順利當選中央常務委員。

2000年，國民黨敗選成為在野黨，被選為中國國民黨副主席，國會議長。

2005年，拒絕馬英九的邀請擔副主席之職，專任國會議長。

2009年，王金平投資事業有民眾日報、龍昌實業、東昌食品等約1800多萬元。

2013年，代表參加美國總統歐巴馬與韓國總統朴槿惠的就職典禮。3月，率團參加在東京舉行的第44屆亞太國會議員聯合會（APPU）年會，會晤副首相兼財政大臣麻生太郎、前首相野田佳彥、國家公安暨防災大臣古屋圭司、與復興大臣根本匠等政要，並催生《臺日漁業協議》。

2013年9月6日，特偵組公布王金平與柯建銘的電話監聽記錄，在對話中，王金平向法務部長曾勇夫表示，希望檢察官在柯建銘已獲高等法院判決無罪後，不要上訴。

9月8日，總統馬英九、副總統吳敦義與行政院長江宜樺在總統府內召開記者會，馬英九重批王金平。

9月9日，王金平的核心幕僚接受聯合報採訪說：「昨天盯著馬總統的記者會逐字逐句聽，人家說『刀刀見骨』，馬總統是『字字見血』，不等王金平返國說明，就先行動手，而將王金平逼向死角，人活著有什麼意思？馬總統罵王金平關說是『民主政治最恥辱一天』，但是馬總統是學法的人，違法監聽、檢察總長逕自向馬總統報告，這難道不是違法的事？」。

9月11日，在馬英九的堅持下，中國國民黨考核紀律委員會開會決議撤銷王金平黨籍，唯其法律效力因王金平向臺北地方法院聲請假處分而尚未確定。

王金平所提訴訟有2項要求：

（1）要求國民黨不得在訴訟確定前，將撤銷黨籍之證明書送達中選會，並

要求讓他在判決確定前，繼續行使黨員職權。

（2）王金平認為，自己並未違反國民黨紀律、亦未損及黨的榮譽，沒理由撤銷他的黨籍，要求法院判決確認他仍具國民黨黨籍。

法院判決：王金平仍具國民黨籍立委資格。

2015年，朱立倫當選國民黨主席，對王金平案以不追訴為原則。

施啓揚　1935.5.5.～臺灣臺中縣人

施啟揚，著名法學家，配偶為李鍾桂。

1958年，臺灣大學法律系畢業後，一方面擔任助教，一方面攻讀碩士學位。

1962年，取得碩士學位，至德國攻讀博士學位。

1967年，獲海德堡大學法學博士學位。回國任臺大副教授，政大國際研究員等。

1971年，擔任臺大法律系兼任教授。

1976年，擔任過教育局常務、政務次長以及法務部常務次長。

1984年，出任法務部部長。

1988年，任行政院副院長，經歷俞國華、李煥及郝柏村等人出任行政院院長。

1993年，連戰出任行政院院長後，轉任國家安全會議秘書長，隔年司法院院長林洋港辭職，施啟揚出任遞補院長的位置。

1999年，將院長一職交棒給翁岳生後，卸下官職退休。

賴英照　1946.8.24.～臺灣宜蘭縣礁溪鄉

賴英照，曾就讀國立宜蘭大學，國立中興大學、國立臺灣大學、美國哈佛大學，獲法學碩士、博士之學位。歷任財政部關政司司長、常務次長、政務次長、財政部法規委員會主委、稅制委員會副主委、臺灣省財政廳廳長、省副省長、省政府顧問、司法院大法官、行政院副院長、行政院消費者保護委員會主委、司法院院長、司法院大法官。曾任中興大學、臺北大學、中原大學教授。

2007年，任大法官，旋接司法院長。

2010年，臺灣高等法院司法官集體收賄案，負政治責任，請辭獲准。馬英九總統欲增聘其為總統府資政顧問，賴英照婉拒之。

賴英照，農村子弟，苦學有成，學而優則仕，無黨籍身分，不涉政漩渦，受李登輝賞識、宋楚瑜重用，陳水扁、馬英九兩位總統有識英才擢拔，殊為罕見。

郭婉容 1930.1.25.～台灣台南人

郭婉容，中華民國第一位女性部長，父親為醫生，1952年自台灣大學經濟系畢業，取得美國麻省理工學院經濟學碩士、及日本神戶大學經濟學博士。

1973年，任台灣大學經濟系教授時，被行政院長蔣經國延攬至政府部門。

1977年，任經濟建設委員會副主委。及中央銀行副總裁；

1979年，任中央銀行副總裁，致力於逐步放鬆對台灣經濟的管制。

1988年，李登輝總統任命為行政院財政部長、經濟建設委員會主委、政務委員。

1989年，郭婉容成為台灣第一位訪問中國大陸的高級官員。

1990年，轉任經建會主委。

2000年，退休。歷經四屆總統及六任行政院長，可謂政壇長青樹。

張博雅 1942.10.5.～台灣臺南州嘉義市

張博雅，母親許世賢，父親張進通。現任亞洲選舉官署協會（The Association of Asian Election Authorities, AAEA）主席，母親許世賢開設「順天堂醫院」，形成嘉義政壇「許家班」。

張博雅就讀嘉義女中、臺北市師大附中，起先就讀於台中市中國醫藥學院藥學系，後來轉學至高雄醫學院，後讀國立臺灣大學公共衛生研究所碩士畢業。

1969年，參選增額立法委員，但是落選。

1970年，在臺灣省防癆局擔任醫師，

1971年，結婚，前往美國約翰霍普金斯大學攻讀公共衛生學碩士，

1974年，回國到高雄醫學院擔任副教授。之後又取得日本杏林大學醫學博士。

1983年，許世賢在任嘉義市長的任內過世，張博雅當選嘉義市長。

1985年，獲得連任。

1986年，民主進步黨成立，張博雅雖然沒有加入民進黨，但立場上與民進黨較接近。張博雅於嘉義市興建二二八事件紀念碑。

1989年，當選立法委員，並且與張俊雄搭檔參選立法院正副院長落敗。

1990年，郝柏村擔任行政院長時，延攬張博雅出任衛生署長。

1997 年，張博雅辭衛生署長並再度參選嘉義市長當選。

2000 年，總統選舉時，張博雅成為各方爭取的對象，結果她支持陳水扁。陳水扁當選總統後，張博雅任內政部長與台灣省主席。

2002 年，張博雅因考試院長提名，與民進黨決裂。年底，參選高雄市長慘敗。

2004 年，無黨團結聯盟成立後，張博雅出任無黨團結聯盟第一任主席。

2005 年，民進黨立委蔡啟芳公開揚言「消滅許家班」。

2014 年，就任監察院長。

康寧祥　1938.11.16.~　台北萬華人

康寧祥，出身製餅家庭，年輕時曾做過加油站工人。

1969 年，參選台北市第一屆台北市議員當選；

1972 年，參選增額立法委員當選。

1976 年、1980 年都獲得連任。

1975 年，康寧祥與黃信介創設《台灣政論》《八十年代》雜誌。中華民國與美國斷交時，黃信介、許信良等人提出組黨建議，但康寧祥認為時候未到，導致康寧祥與黨外領袖分道揚鑣；

1979 年，美麗島事件，康寧祥也因此未被逮捕。康寧祥問政溫和，黨外新生代不滿，康寧祥於 1983 年落選。

1986 年，康寧祥重新當選立法委員。

1989 年，康寧祥宣佈不再連任立委，並且創立《首都早報》，但是《首都早報》由於資金不足，於 1990 年 8 月 27 日停刊。

1993 年，監察院為第二屆監察委員；且於 1999 年連任監委。

2002 年。出任國防部副部長。

2003 年，任國家安全會議秘書長，陳水扁總統時期任總統府資政。

簡又新　1946.4.16.~臺灣桃園市人

簡又新，曾任淡江大學航空工程學系教授、系主任、工學院院長、立法委員，環保署長、交通部長、駐英國代表、國安會諮詢委員、外交部長。

民進黨執政後，被任命為總統府副秘書長。

出任外交部長。任內宣布中華民國「再度承認」外蒙古獨立和其主權國家地位，並與蒙古國互設代表處。結束自 1953 年中華民國政府廢除《中蘇友好同盟條約》以來，對外蒙主權長達半世紀的聲索。以及在護照封面加上「Taiwan」字樣，以便與中華人民共和國護照區隔等重大政策。

2004 年因夏馨賀電事件宣佈請辭。

張俊宏　1938.5.17.~台灣南投縣南投市人

張俊宏，字景涵，國立台灣大學政治學系畢業，又取得碩士學位。

1967 年，與許榮淑結婚，之後在中國國民黨的「吹台青」任職，。

1971 年，與人發行《大學雜誌》《台灣政論》《台灣社會力的分析》發表國是諍言，指出政治社會必須改革。

1977 年，與林義雄、余陳月瑛並稱「黨外十三人組」出任《美麗島雜誌》總編輯。

1979 年美麗島事件被捕，被處刑 8 年。

出獄後出任民主進步黨秘書長、國大代表、立法委員。

2000 年，陳水扁當選中華民國總統，出任海基會副董事長。

2007 年，批評民進黨執政七年來「只完成『打天下』的革命，沒有做到『治天下』的革命」。

許信良　1941.5.27.~　臺灣桃園縣中壢客家

許信良，新竹中學、政治大學畢業，先入中國國民黨，後入民主進步黨。

1964 年，進入政大研究所。

1967 年，獲中山獎學金，留學英國愛丁堡大學。

1969 年，返國，由李煥推薦，蔣經國欽點為國民黨幹部。

1973 年，參選臺灣省議員當選，但經常公開批評國民黨政策。

1977 年，自行參選桃園縣長選舉當選，被國民黨開除黨籍。

1979 年，「橋頭示威」聲援余登發父子。美麗島事件，被拒絕入境滯留美國。組成「台灣建國聯合陣線」誓言要讓國民黨從地球上消失。

1980 年，洛杉磯開辦《美麗島週報》鼓吹在台灣推動人民革命。

1981 年，《美麗島週報》推出「424 刺蔣專輯」

1986.9.28.民主進步黨在台灣本土宣佈正式成立。12.2.許信良企圖闖關回國未果。

1989 年，許信良經由中國大陸偷渡回台灣經以叛亂罪判刑 10 年。

1990 年，許信良獲得特赦出獄。

1991 年，當選民進黨主席。

1992 年，參與推動總統直接民選。

1993 年，縣市長選舉失利，許信良主動辭去黨主席職務，由施明德暫代。

1995 年，許信良提倡「西進中國大陸」遭到黨內指責

1996 年，再接黨主席職務，推動朝野協商，廢除台灣省主席。

1997 年，縣市長選舉，打出「綠色執政，品質保證」口號。

1998 年，卸任黨主席，為 2000 年參選總統做準備，然而陳水扁竄升獲得提名。

1999.5.7.許信良退出民進黨發表「同志們，我們在此分手」宣言。

2000 年，獨自參選總統選舉，在沒有政黨支援的情況下落選。

2004 年，以在野黨身份，為總統候選人連戰與宋楚瑜助選。參選立法委員落選。

2008 年，許信良重返民進黨。2011 年，許信良登記參加黨內總統初選落選。

施明德　1941.1.15.～　高雄鹽埕區

施明德父親施闊嘴，中醫師，擅長接骨，二二八事件被捕旋釋放，卻一病不起。

施明德入高雄水產學校、高雄工業學校、高雄中學、中正中學。

1959 年，考入陸軍砲兵學校。

1962 年，涉入「台灣獨立聯盟案」被捕。

1964 年，以首謀叛亂罪遭判處無期徒刑，偵訊中慘遭刑求，牙齒全部脫落。

1970 年，施明德與柯旗化被隔離囚禁的政治犯直到移送綠島監獄。

1974 年，妻陳麗珠要求離婚。

1977 年 6 月 16 日，施明德囚滿 15 年釋放。

1978 年，發表「萬年國會」文，美籍妻艾琳達請美方介入，方保人身安全。主張解除黨禁、報禁、戒嚴令、首倡政治人權、經濟人權、社會人權。

1979 年 1 月 21 日，余登發及子余瑞言被捕發動示威遊行。

創辦「美麗島雜誌」擔任總經理。12 月 10 日世界人權日，在高雄舉行紀念大會，施明德擔任總指揮，發生警民衝突。施明德在挑亡中，牙醫師張溫鷹為其易容，26 日後，被捕入獄，被判無期徒刑。

1980 年，軍法審判依《懲治叛亂條例》，施明德被判處死刑並褫奪公權終

身，在國際壓力下，改判無期徒刑。

1983 年，陳文成命案施明德絕食以抗議政府的恐怖暗殺政策。

1985 年，施明德因江南案宣佈無限期絕食抗議，被強行實施鼻胃管插管灌食共達 3040 次。

1987.7.15.台灣解除戒嚴令，蔣經國總統原擬對施採取減刑、假釋，但施明德宣稱自己無罪，不接受當局特赦與假釋，一再堅持「寧要尊嚴，不要赦免」。

1988 年，施明德絕食中。8 月 22 日施明德之兄施明正為聲援其弟，默默絕食抗議四個月後，因營養不良心肺衰竭而死。

1990 年，李登輝就任總統，對美麗島事件政治犯頒布特赦令，堅持無條件釋放。李登輝宣布美麗島事件判決無效，施明德以無罪恢復自由。

10.11.應美國會之邀出席外交委員會聽證會，以台語發表證詞《我帶來信心》。

1992 年底，施明德於台南市當選立法委員。

1994~1996 年，任民進黨黨主席。

1995 年，提出「台灣已經是一個主權獨立的國家，民進黨執政，不必也不會宣布台灣獨立」，並提出「大和解」。

1997.4.1.違反集會遊行法，第三次入監服刑 41 天。

1998 年，推動美麗島口述歷史研究，歷時三年，60 多萬字。

2001 年與 2004 年，以無黨籍身分參選立法委員，皆未當選。

2002 年，參選高雄市長落選。

2003 年，施明德應邀前往美國喬治梅森大學擔任客座教授一年。

2005 年 10 月 6 日，國立台灣大學政治學系設立『施明德先生講座』，推動族群和諧、政治和解、兩岸和平為宗旨。

2006 年 8 月，發起反貪倒扁運動，呼籲陳水扁總統作一個強者，為了台灣，勇敢認錯，鞠躬下台。

8.12.施明德發動國人捐助一人一百元，百萬人凱達格蘭大道靜坐抗議，要求貪腐的陳水扁總統下台。『陳水扁不下台，絕不停止抗爭』

2007.4.1.施明德宣佈結束自囚。

2008.9.5.對於扁家洗錢案的爆發和擴大，高俊明牧師對於紅衫軍時期攻擊施明德的言論向施明德道歉，公開和解。

2009.3.20.施明德發表「誰特赦陳水扁，誰就是人民公敵」。

施明德堅持，只要中華人民共和國飛彈對準台灣的一天，他就不到、也不過境中華人民共和國。對於兩岸關係，施明德贊成交流、合作，並提倡兩個基本原則-和平原則、公民投票原則。反對兩岸的分合使用武力決定，認為是分是合必須尊重全體台灣人民。另外他也建議兩岸應朝歐盟體制發展。

關於台灣的國家定位問題，施明德依舊堅持其美麗島大審時所主張的「中華民國模式台灣獨立」，並認為藍綠兩陣營的國家認同分歧仍應該靠「台灣是個主權獨立的國家，國名叫中華民國」這一共識解決

尤清　1942.3.20.～　台灣台北

尤清，1978 年獲德國海德堡大學法學博士。

1989 年，任台北縣縣長。

2001 年，代表民主進步黨參選立法委員。

2007 年，出任中華民國駐德代表。

2010 年 5 月 23 日參選民主進步黨主席，敗給蔡英文。

陳定南　1943.9.29.～2006.11.5.　臺灣宜蘭縣三星鄉

陳定南，宜蘭中學、國立台灣大學法律系畢業，進入廣告公司、台塑集團；1971 年，在亞中鞋業公司出任業務經理，1979 年，自組貿易公司從商 14 年。

1981 年，成立蘭陽法律服務中心。

1981 年底，當選宜蘭縣長。推動「環保大憲章」，設立漁民海難救助基金，反對電影院唱中華民國國歌，撤除公共場合的懸掛蔣介石遺像，辦理二二八事件追悼紀念活動，撤銷各部門「人二室」銷毀安全資料。全力整治冬山河，在冬山河左岸建設冬山河親水公園、設立宜蘭運動公園，政績斐然。

1989 年，當選立法委員。

1993 年，加入民進黨。

2000 年，陳水扁總統延攬出任法務部長。

2006 年，陳定南肺腺癌第三期，11 月 5 日病逝臺大醫院，享壽 63 歲。

呂秀蓮　1944.6.6.～　台灣桃園市

呂秀蓮，呂氏家族的開臺祖先呂廷玉攜妻子余慈成從漳州府南靖縣東渡臺灣，在桃園縣埔子墾荒，是桃園當地望族。

臺北市第一女子中學、國立臺灣大學法律系，美國的伊利諾大學法學碩士。

1971 年，行政院諮議、專員兼科長。

1977 年，赴美哈佛大學，取得法學博士學位。

1978 年，回國擔任《美麗島》雜誌社副社長，「黨外候選人聯誼會」的秘書。

1979 年 12 月 10 日「美麗島事件」呂秀蓮罪處 12 年有期徒刑。

1985 年，甲狀腺癌復發獲得「保外就醫」並在隔年獲准離臺赴美進一步就醫。

1990 年，訪問福建漳州南靖縣書洋鄉田中村，進行祭祖活動。

1992 年，當選立法委員。

1995 年，訪問日本，宣稱「臺灣人民應該感謝清廷把臺灣割讓給日本。」
1996 年，桃園縣長劉邦友遭人槍殺，補選選舉獲得勝利。
2000 年，與陳水扁搭檔成功當選成為中華民國第一位女性副總統。
2001 年，創立臺灣心會，獲頒「2001 年世界和平獎」。
2004 年，陳水扁與呂秀蓮以「兩顆子彈的勝利」驚險贏得總統選舉。
2005 年，呂秀蓮所提出民主太平洋聯盟（Democratic Pacific Union）在臺灣成立。
2006 年，邀集 30 個民間團體成立藍天綠地好台灣大聯盟。
2005 年，被選舉為民進黨代理主席。12 月 12 日宣佈請辭。
2007 年，宣布參加黨內總統初選。
2011 年，宣布參選總統，迫於黨內壓力，退出黨內總統初選。
2014 年 12 月，為爭取前總統陳水扁〔保外就醫〕絕食抗議。

謝長廷　　1946.5.18.～　台灣台北縣

　　謝長廷，祖先為福建省漳州府詔安縣銅缽村閩南人，來臺灣歷經七代，祖先謝光玉，來自福建省漳州府詔安縣銅山（今日漳州市東山縣），1815 年遷居臺灣。

　　成功中學肄業，上臺北商職，臺灣大學法律系畢業，律師檢定考試及格，取得律師考試資格。

　　1972 年，留學日本進入京都大學。

　　1973 年，回臺與臺大同窗的女友游芳枝結婚，一同赴日。
美麗島事件審判為辯護律師之一，先後當選臺北市議會議員、立法委員，「民主進步黨」命名者。

1994 年，擔任陳水扁競選臺北市長競選總幹事。
1996 年，與彭明敏聯袂參選正副總統失敗。
2000 年，當選高雄市長，後又擔任第九屆民進黨主席。
2005 年 2 月 1 日起接替游錫堃擔任行政院院長。
2006 年 1 月 16 日深夜，陳水扁總統同意謝閣揆率閣員總辭。
17 日以資深研究員身份，到美國哈佛大學甘迺迪學院進修。
6 月參選臺北市長落選。
2007 年，參選中華民國總統失敗，宣佈就此退出政壇。
2009 年 3 月 2 日，登報澄清未涉入「吳敦義緋聞錄音帶」。
2010 年 7 月 18 日，當選民進黨中央常務委員。

　　2012 年 10 月 4 日，以「臺灣維新基金會董事長」非民主黨身份，前往中國大陸訪問，並至北京參觀世界調酒大賽，倡言兩岸是「兩憲一中」10 月 8 日返臺。

蘇貞昌　1947.7.28.~　臺灣屏東縣屏東市人

蘇貞昌，曾任行政院院長、總統府秘書長、臺北縣長、屏東縣長等職。1981 年於屏東選區當選臺灣省議員；2006 年初，任命為行政院院長，2007 年 5 月辭職。蘇貞昌於 2008 年總統大選出任民進黨副總統候選人、2010 年五都選舉任民進黨台北市長候選人，但皆敗選。

2012 年 5 月 30 日，蘇貞昌二度就任民進黨主席至今。

游錫堃　1948.4.25.~　台灣省宜蘭縣冬山鄉太和村人

游錫堃，東海大學政治學學士，曾任臺灣省議員、宜蘭縣縣長、行政院院長、及民主進步黨主席等職，與謝長廷、呂秀蓮、蘇貞昌合稱民進黨「四大天王」，是四大天王中，最深綠和扁政府任期最長的行政院院長。

2012 年中華民國總統選舉蔡英文競選總部總督導、臺北市及新北市宜蘭縣同鄉會理事長、台灣管理學會理事。

2014 年參選新北市長選舉失敗。

陳婉真　1950.6.10.~台灣省彰化縣

從事台灣獨立運動，文史工作，研究台灣史。她將《三民主義》倒背如流，考入國立台灣師範大學社會教育學系，畢業後擔任記者。

1978 年，陳婉真與陳鼓應發表《競選國大代表立法委員告中國國民黨宣言》，被中國國民黨開除黨籍。

1979 年，在美國組織台灣建國聯合陣線。日後「越牆闖關回國」。

1989 年，陳婉真返國，參加鄭南榕葬禮；不久陳婉真恢復中華民國國籍。

1991 年，成立台灣建國運動組織被捕，引發「要求廢除刑法第一百條」的聲浪。

1992 年，陳婉真以「中華民國終結者」為口號，當選第二屆立法委員

1994 年，參與台灣爆發反核電大遊行，相關抗議行動。

1995 年，陳婉真競選連任，高票落選。

1996 年，陳婉真當選國民大會代表。

1997 年，陳婉真被民進黨以「毀謗同志」為由開除黨籍。

1997 年，陳婉真等在美國登廣告「高喊三通，維持現狀，台獨無用，大膽西進！

1998 年，擔任南投縣政府社會局局長。

2001 年，毀損蔣公銅像，法院判決拘役 50 天。參選彰化縣正副縣長落選。

2006 年，出任彰化縣政府新聞處處長，讓很多泛綠人士感到錯愕。

2007年5月17日表示：「我主張台灣應該獨立，其實台灣已經獨立了。

2008年9月，卸任彰化縣新聞處長。淡出政治圈，埋首台灣史寫作「離亂十年」。

許惠祐　　1952.11.2.～臺灣南投人

許惠祐，政治大學法學博士、德國慕尼黑大學法律哲學及法律資訊研究所進修。

曾任法官、副教授、行政院大陸委員會副主任委員、海巡署署長、中華民國國家安全局局長，為國安局首位文人局長。

1978年司法人員乙等特考司法官考試及格。

1985年專門職業及技術人員高等考試律師考試及格。

1992年10月26日至10月29日，許惠祐代表海基會赴香港與海協會會談。兩岸於會中就「一個中國」原則的涵義該如何表述進行了討論，雖然各自提出具體意見，卻未達成共識。許惠祐雖出身藍營，但政治身段非常柔軟。此次接任軍文可任的國安局長，年僅55歲。

蔡英文　　1956.8.31.～屏東縣枋山鄉楓港人

蔡英文，父親是客家人，母親是閩南人，祖母為排灣族原住民。父親蔡潔生為屏東縣枋山鄉楓港客家人，共有九位兒女，蔡英文就讀臺北市長安國小、後轉新成立的吉林國小，考上中山女中，國立臺灣大學法律系、美國康乃爾大學取得法學碩士，並於英國倫敦政治經濟學院（LSE）取得法學博士。

回國擔任經濟部國際經濟組織首席法律顧問，及國立政治大學和東吳大學國際貿易研究所兼法律系所教授。

蔡英文在李登輝於總統任內時，參與《特殊兩國論》的起草。

2000年，出任民主進步黨執政後出任行政院陸委會主委。

2004年，加入民主進步黨，同年當選全國不分區立法委員。

2000年5月20日就任大陸委員會的主任委員主持兩岸關係政策，

2006年，受任行政院副院長，

2008年，當選民主進步黨主席。

2010年，角逐新北市市長失利。

2012年，參選中華民國總統選舉失敗，辭去民主進步黨主席。

2014年，成功競選到民進黨主席。10月29台灣九合一選舉，民進黨大勝，蔡英黨主席聲望隨之高漲。

劉闊才　　1911～1993.5.21.台灣苗栗縣

劉闊才，日本京都大學取得法律學碩士，關西學院大學取得法學博士。

1945 年，第二次世界大戰之，任苗栗區長，之後出任新竹縣建設局長。

1946 年，劉闊才當選台灣省參議員。

1947 年，二二八事件後被捕，家人付舊臺幣五百萬「保命錢」疏通始得釋放。

1948 年，劉闊才、黃純青、翁鈐等組團赴南京向第一任總統蔣中正獻旗致敬。

1951 年，劉闊才當選臺灣省臨時省議會議員。

1956 年，任臺灣省政府委員。

1969 年，當選增補立法委員，進軍中央民意代表；

1971 年，任中華電視台第一任董事長；

1972 年，因為當選立法院副院長而辭職。

1972 年，倪文亞、劉闊才當選正副院長，擔任亞洲國會議員聯合會理事會主席。

1987 年，劉闊才代理立法院院長。

1989 年，當選立法院院長。

1990 年，劉闊才公開宣布辭職，受聘為總統府資政。

1993 年，逝世。

張豐緒　　1928.8.5.～2014.6.1.台灣屏東縣人

國立臺灣大學政治系，獲美國新墨西哥大學政治學碩士。

1960 年，當選為第二、三屆臺灣省議員；

1964 年，任屏東縣縣長；

1972 年，獲任命為台北市長；

1976 年，擔任內政部長；

1978 年，擔任行政院政務委員，復出任民國體育運動總會會長及親民黨顧問。

2014 年 6 月 1 日，張豐緒病逝於台北榮總。

江宜樺 1960.11.18.～台灣基隆市暖暖區

　　江宜樺，父親在基隆市暖暖區經營一間中藥房江宜樺的兩個姐姐，都是中學教師。妻子李淑珍曾任台北市立大學教授，育有一子一女。弟弟江志鵬接手經營父親的中藥房。2013 年 10 月 15 日，因肝癌病逝。

　　江宜樺，美國耶魯大學政治學博士。

　　1983 年，國立臺灣大學政治學學士。

　　1987 年，國立臺灣大學政治學碩士。

　　1993 年，美國耶魯大學政治學博士。

1983 年-1985 年，在左營服兵役。

1994 年-1995 年，中央研究院社會科學助理研究員。

1995 年-1999 年，國立臺灣大學政治學系副教授。

1999 年，國立臺灣大學政治學系教授。

2000 年，英國劍橋大學達爾文學院訪問學人。

2003 年-2005 年，國立臺灣大學社會科學院副院長。

2004 年，教育部顧問室顧問。

2006 年-2008 年，國立臺灣大學副教務長。

2008 年-2009 年 9 月，行政院研究發展考核委員會主任委員。

2009 年 9 月-2012 年 2 月 5 日，內政部部長。

2012 年 2 月 6 日-2013 年 2 月 17 日，行政院副院長。

2013 年 2 月 18 日-2014 年 12 月 8 日，行政院院長。

　　2014 年 11 月 29 日，台灣九合一選舉，執政黨慘敗，江宜樺負行政責任，行政院長職務。

柯文哲 1959.8.6.～台灣新竹人

　　臺大醫學院畢業，曾任臺大醫院急診部醫師、臺大醫院創傷醫學部主任、臺大醫學院教授，專長外科重症醫學、器官移植、葉克膜（ECMO）、人工器官等，為臺灣器官標準移植程序的建立者，也是首位將葉克膜技術引進臺灣的醫師。

　　曾祖父柯賢蔭，新竹縣寶山鄉印月佛堂管理人，長年持齋。

　　祖父柯世元，1895 年生於新竹，為家中長子。1924 年從臺灣總督府國語學校（今國立臺北教育大學）畢業後，分發到新竹國小當公學校訓導。

　　1944 年，在皇民化運動中改日本名為「青山觀也」。

　　1945 年，國民政府來臺後，擔任新竹督學。同年 10 月以後，由臺灣省行政長官公署教育處派任至新竹女子高等家政學校當校長。

　　1947 年，228 事件發生，柯世元被國民黨政府軍隊抓去拘禁將近一個月，其間遭毆打，返家後臥床 3 年多，於 1950 年（民國 39 年），以 54 歲之齡病逝。

　　2003 年 8 月 2 日，陳水扁頒發「228 回復名譽證書」給 491 位受難者及家屬，柯家是其中之一，證書長掛柯文哲辦公室牆上。

　　父親柯承發，生於 1933 年。中學畢業考取臺灣大學醫學系，因家庭陷入困境，以公費就讀新竹師範專科學校。任教師 32 年。退休後，至南太平洋馬紹爾群島擔任 3 年水電方面的監工，賺取高薪水。精通日文，成為日系企業的顧問，家境因此轉好。現仍擔任新竹工業園區內某 3 家日系企業的顧問。因其祖父在 228 事件的遭遇，柯文哲宣稱可能參選臺北市長後，柯承發曾堅決反對他踏入政治。

　　母親何瑞英，為退休公務員。柯文哲為家中長子、長孫。弟弟柯宇謙是交大資訊管理博士，現任中華大學助理教授。么妹柯美蘭，臺大醫學院生理所博士，現任臺大醫學眼科主治醫師。

　　妻子陳佩琪是臺灣澎湖人，澎湖馬公高中、臺灣大學醫學系畢業，任臺北市立聯合醫院和平婦幼院區小兒科主任。兩人經相親結婚，婚後育有 1 子 2 女。長子被診斷出有亞斯伯格症候群。

　　2014 年，以無黨籍身份當選台北市長。